Time Out Guía

Londres

BLUME

WORLD

BLUME

Título original:
Time Out Guide: London

Equipo editorial Time Out:
Lesley McCave, Jonathan Cox, Zoë Sanders, Tamsin Dhelton, Peter Fiennes, Caroline Taverne, John Oakey, Mandy Martin, Scott Moore, Benjamin de Lotz, Lucy Grant, Chris Quinn, Kerri Miles, Olivia Duncan-Jones, Kit Burner.

Traducción y actualización:
Gloria Méndez Seijido
Laura Hernández del Valle

Coordinación de la edición en lengua española:
Cristina Rodríguez Fischer

Primera edición en lengua española 2001

Av. Mare de Déu de Lorda, 20
08034 Barcelona
Tel. 93 205 40 00 Fax 93 205 14 41
E-mail: info@blume.net

I.S.B.N.: 84-89396-54-X
Depósito legal: B.24.296-2001
Impreso en Talleres Gráficos Soler, S.A., Esplugues de Llobregat (Barcelona)

Los datos y la información que aparecen en esta guía han sido redactados y recopilados por las siguientes personas: **Introducción** Lesley McCave. **Londres en cada estación** Zoë Sanders **Historia** Jonathan Cox, Sarah McAlister. **Londres hoy** John Vidal (*Podría haber sido un competidor*, Andrew White). **Lugares de interés** *El centro de Londres* Jonathan Cox, Lesley McCave; *El norte de Londres* Louise Gray, Zoë Sanders; *El este de Londres* Ian Cunningham, Angela Jameson; *El sur de Londres* Ian Cunningham, Michael Ellis; *El oeste de Londres* Patrick Marmion; *Pistas de lo inesperado...* Derek Hammond. **Alojamiento** Zoë Sanders, Lesley McCave. **Restaurantes** Jonathan Cox. ***Pubs* y bares** Jonathan Cox. **Tiendas y servicios** adaptado de *Time Out Shopping and Services Guide*. **Niños** Sarah Halliwell, Nana Ocran. **Espectáculos de humor** Andrew White. **Discotecas** Frank Broughton, Dave Swindells. **Arte contemporáneo** (y galerías de arte que aparecen en todos los capítulos) Michael Ellis. **Danza** Daniele Guerra. **Cine** Tom Coates. ***Gays* y lesbianas** Stevan Alcock. **Música clásica y ópera** Will Fulford-Jones. **Rock, jazz y música étnica** Will Fulford-Jones. **Deportes y *fitness*** Andrew Shields. **Teatro** Patrick Marmion. **Excursiones por los alrededores** Jonathan Cox. **Directorio** Jonathan Cox, Lily Dunn, Edward Fortune, Zoë Sanders.

El editor desea agradecer su colaboración a:
Sophie Blacksell; Alex Brannan, del London Tourist Board; Claire Brighty y David Taylor, de New Millennium Experience Company; Jonathan Cox; Guy Dimond; Olivia Duncan-Jones; Frances Dunkels; Kirsten Jarvis y Liz Lewington del British Museum; Lily Dunn; Peter Fiennes; Ottilie Godfrey; Sarah Guy; Ruth Jarvis; Mary McCave; James Mitchell; James Pretlove; Zoë Sanders; John Scott; Tamsin Shelton; Andrew Stern, de la Council Press Office de Greenwich; Caroline Taverne; Jill Tulip y Simon Wallis, del London River Services. **Los mapas son de** JS Graphics, 17 Beadles Lane, Old Oxted, Surrey RH8 9JG. Los planos de las calles se basan en el material proporcionado por Alan Collinson y Julie Snook a través de Copyright Exchange.

Las fotografías son de Sarah Blee, excepto: Actionplus; pág. 9 Jon Spaull; págs. 11 y 23 Hulton Getty; págs. 12 y 21 Mary Evans Picture Library; págs. 13 y 14 AKG; pág. 19 Guildhall Library, Corporation of London; pág. 20 Imperial War Museum; págs. 28 y 32 Hayes Davidson; pág. 29 Dennis Gilbert/View; pág. 31 James Finlay; págs. 36, 327, Jonathan Cox; pág. 50 Jon Perugia; pág. 52 Corporation of London; pág. 74 Sara Hannant, pág. 82 Peter Mackertitch; pág. 124 NMEC/Hayes Davidson; pág. 126 NMEC mapa; pág. 136 Dan McCallister; págs. 59, 60, 152, 198, 203 y 245 Georgie Scott; págs. 168 y 195 Dominic Dibbs; pág. 170 Luca Zampedri; págs. 184, 317, 321 y 324 Paul Avis; págs. 183 y 215 James Winspear; pág. 235 Michael Franke; pág. 254 Steve Perry; pág. 257 Stephen White; pág. 263 Chris Nash; pág. 100 Tony Gibson; pág. 309 Catherine Ashmore; pág. 310 Clive Barda; pág. 318 Trevor Ray Hart; pág. 334 National Trust Photographic/Andrew Butler.

Las siguientes fotografías las han proporcionado las instituciones retratadas: págs. 31, 206, 253, 280, 281 y 317.

Contenido

Sobre esta guía

Esta edición de *Time Out Londres* es la más exhaustiva de todas las que se han publicado hasta ahora. Durante más de treinta años, la revista *Time Out* ha narrado la vida de esta ciudad proporcionando una relación completa de películas en cartelera, libros publicados, discos compactos vendidos, obras de teatro en cartel, cafés, bares, restaurantes y clubes abiertos (y cerrados). Esta guía se beneficia así de esta combinación de conocimiento y experiencia, y forma parte de una colección de guías de ciudades que en la actualidad incluye Amsterdam, Berlín, Nueva York, París y Praga.

Una buena guía no debe imponer un itinerario, sino, más bien, descubrir al visitante curioso (y a los mismos residentes) lugares, informaciones, entretenimientos y descripciones sobre los distintos ambientes y la vida interior de la ciudad, facilitando los medios que permitan la visita por libre. Éste ha sido nuestro objetivo a la hora de elaborar esta guía.

MÁXIMO RIGOR

Toda la información que aparece ha sido completamente revisada y corregida hasta el momento de la impresión; no obstante, los propietarios y directores pueden variar sus condiciones en cualquier momento. Por esta razón es preferible llamar siempre por teléfono antes de partir con el fin de comprobar que los horarios de visita, fechas de exposición, entradas gratuitas y otros detalles no hayan cambiado.

Los precios que aparecen a lo largo de toda la guía deben considerarse orientativos. El cambio de divisas y la inflación –incluso un cambio de Gobierno– pueden provocar una repentina modificación. Si alguno de los servicios que referimos ha variado su precio de forma sorprendente, pregunte a qué se debe (usted siempre puede ir a otra parte: tiene dónde elegir); pero, por favor, infórmenos. Nosotros deseamos ofrecer la mejor información actualizada, por lo que nos interesa saber si cree que ha sido engañado.

TELÉFONOS

Desde el 22 de abril de 2000 no es necesario marcar el prefijo 020 para llamar a un número de teléfono de Londres si se hace desde la misma ciudad. Los teléfonos móviles no se ven afectados por este cambio: a la hora de marcar un teléfono móvil debe hacerlo con el número completo.

TARJETAS DE CRÉDITO

Hemos utilizado las abreviaturas siguientes: **AmEx**: American Express; **DC**: Diners Club; **MC**: MasterCard; **CV**: cheques de viaje para cualquier moneda (USDTC en dólares, TCL en libras); **V**: Visa. **Si las tarjetas de crédito no aparecen indicadas, significa que no se aceptan**.

HÁGANOSLO SABER

En todo caso, hemos procurado dar una información imparcial. No hemos incluido ninguna organización o empresa por el mero hecho de que sus dueños o directores la hayan anunciado en nuestras publicaciones. Queremos que disfrute con esta guía de Londres, pero si alguno de nuestros comentarios no le parece apropiado, por favor háganoslo saber. Las opiniones de nuestros lectores siempre son bien acogidas y tenidas en cuenta a la hora de preparar posteriores ediciones de la guía.

Hay una versión en Internet de esta guía (en inglés), así como una relación semanal de los acontecimientos más destacados de otras ciudades en http://www.timeout.com

Introducción

¿Londres? Sin duda, una ciudad difícil de conocer. Un lugar egocéntrico, insensible, sin urbanidad, que, más allá del brillo superficial de la industria turística, no se esfuerza por mostrar a los visitantes su verdadero carácter. La pompa de las típicas postales de Saint Paul, el palacio de Buckingham, o las casas del Parlamento y la Torre de Londres no son más que una capa superficial que esconde una ciudad extraña, secreta, con varios niveles que, a pesar de su ruido y bullicio, es fundamentalmente tímida. Londres está y ha estado tan concentrada en seguir con su vida diaria y ganarse el pan que a menudo se olvida de los detalles. Si ahonda en su realidad obtendrá una recompensa. Por supuesto, vaya a ver los lugares más turísticos, la mayoría merece la pena. Pero si realmente quiere descubrir Londres, debe ir más allá de la *Circle line*.

Sin embargo, la queja sobre los precios, el ruido y el desorden de la ciudad se ve compensada por la maravilla de descubrir su atrevimiento, su vida y su bullicio. Dos mil años de historia han dado lugar a yuxtaposiciones fascinantes, arquitectónica, cultural y socialmente. Bajo una capa de la ciudad siempre se esconde otra. Y aunque el fasto de la noche del milenio ya se ha apagado, su paso ha dejado toda una serie de proyectos y planes interesantes para una de las ciudades más apasionantes del mundo.

Londres en números

Si usted prefiere informarse de una manera más visual, las siguientes cifras le permitirán hacerse una idea sobre el tamaño y la diversidad de la ciudad.

Número de...	
residentes	**7 millones**
visitantes cada año	**28 millones**
pasajeros internacionales que pasan cada año por los cinco aeropuertos de Londres	**90 millones**
terminales nacionales de trenes	**12**
estaciones locales de trenes	**570**
estaciones de metro	**271**
líneas de autobuses	**700**
taxis con licencia	**18.300**
localidades disponibles en eventos culturales cada noche	**60.000**
teatros	**200**
salas de cine	**600**
museos	**200**
restaurantes y cafés	**12.000**
cocina nacional y regional disponible	**70**
pubs y bares	**5.300**
tiendas	**30.000**
campos de golf dentro de la M25	**100**
clubes profesionales de fútbol	**13**
bancos extranjeros en Londres	**539**
lenguas habladas	**300**
comunidades de residentes con 5.000 o más personas nacidas fuera de Reino Unido	**45**
Albert Halls que caben dentro del Dome	**13**
círculos que se realizan durante un saludo real	**21**
generaciones de perros galeses de raza regalados a la reina (entonces princesa) Isabel en su dieciocho cumpleaños	**10**

*La mayoría de los datos y cifras arriba citados proceden del London First Centre (*www.lfc.co.uk).

Time Out

www.blume.net

Contexto

Londres en cada estación

Desde las celebraciones de la comunidad hasta los cumpleaños reales, pasando por acontecimientos deportivos y festivales de arte, en el calendario de la capital se puede encontrar de todo

Ningún año han faltado en Londres acontecimientos periódicos relacionados con el ocio ni eventos especiales, desde las ceremonias tradicionales más solemnes (el cambio de guardia) hasta la reunión más informal, contemporánea y joven (el solsticio de verano).

Este capítulo recoge lo mejor de los acontecimientos anuales, aunque puede encontrar más información detallada en la prensa nacional y en la revista *Time Out*. Para ciertos espectáculos es preciso comprar la entrada con antelación (en ocasiones con varios meses), mientras que, en otros casos, se puede comprar el mismo día, y algunos son gratuitos; es preferible llamar para confirmarlo. Las fechas que aparecen a continuación son correctas en el momento de impresión de esta guía, pero le aconsejamos que se asegure de que lo siguen siendo cuando se acerque el momento.

Para detalles sobre festival de **danza,** *véase* pág. 262; sobre **películas,** *véase* pág. 267; sobre **música,** *véanse* págs. 280-295. Para conocer los días festivos oficiales del Reino Unido, *véase* pág. 344.

Acontecimientos más frecuentes

Muchos de los principales museos y galerías, como la **National Gallery** (*véase* pág. 90) y el **British Museum** (*véase* pág. 66), organizan conferencias, pases de películas, debates y otros eventos. Llame a la propia institución para conocer más detalles.

Ceremonia de las llaves

Torre de Londres, EC3 (7709 0765). Metro: Tower Hill. **Fecha** todos los días de 21.53 a 22.00 horas**. Temporada alta** de la fiesta *del 8 de abril al 8 de octubre y del 15 de noviembre al 15 de marzo.* **Plano 12 R7**.

Esta ceremonia con setecientos años de historia empieza puntualmente a las 21.53 horas, cuando el celador jefe sale de la torre de Byward, y finaliza a las 22.00 horas en punto, cuando suena el último toque de retreta. Si quiere asistir a la ceremonia, envíe por correo un sobre franqueado con su nombre y dirección entre seis y ocho semanas antes.

El cambio de guardia

Palacio de Buckingham, Guardia Montada y Palacio de St. James, SW1 (información por teléfono 0839 123411). Metro: Victoria, Green Park o St. James's Park; estación de tren: Victoria. **Ceremonias** *Palacio de Buckingham*, todos los días a las 11.30 horas o en días alternos (llamar para fechas). **Plano 7 H9**.

Palacio de St. James 11.15 horas (las mismas fechas que para el Palacio de Buckingham). **Plano 7 J8**.

Guardia Montada a las 11.00 horas de lunes a sábado; a las 10.00 horas los domingos. **Plano 8 K8.**

La ceremonia más espectacular es la del **Palacio de Buckingham**. En los días del cambio de guardia la nueva guardia y su banda militar se forman en el patio del **Wellington Barracks**, llegados desde el Birdcage Walk, a partir de las 10.45 horas. Normalmente se trata de uno de los cinco regimientos de la guardia a pie, con sus chaquetas escarlatas y sus gorros militares de piel de oso. A las 11.27 horas, acompañados por una banda, se ponen en marcha hacia el palacio para el cambio de centinelas, quienes montan guardia en el patio del palacio. Tenga en cuenta que la ceremonia se puede cancelar si hace muy mal tiempo. En cuanto al **Palacio de St. James**, un destacamento de la vieja guardia sale del palacio a las 11.15 horas y regresa a las 00.05 horas. En la ceremonia de la **Guardia Montada** de Whitehall, la Caballería de la Guardia Real monta guardia todos los días de las 10.00 a las 16.00 horas; van a caballo a Whitehall desde Hyde Park a través de The Mall para el cambio de guardia a las 11.00 horas.

Parques de atracciones

Alexandra Park *Muswell Hill, N22 (020 8365 2121). Metro: Wood Green; estación de tren: Alexandra Palace; autobús: W3.* **Fechas** desde la primavera hasta el otoño (llame para confirmar las fechas exactas).

Hampstead Heath *NW3 (llame al 7485 4491 si desea un folleto detallado de los espectáculos programados durante el año). Metro: Belsize Park o Hampstead; estación de tren: Gospel Oak o Hampstead Heath; Autobuses: 24 y C11.* **Fechas** durante la primavera y el verano (llame para confirmar fechas exactas. **Plano** *véase* pág. 103.

Salvas (*gun salutes*)

Hyde Park, W2 y Torre de Londres, EC3. **Fechas** 7 de febrero (día de la Subida al Trono); 21 de abril

Royal Ascot. Véase *pág. 7*.

(cumpleaños de la reina); 2 de junio (día de la Coronación); 17 de junio (desfile de la bandera, *véase* pág. 6); 4 de agosto (cumpleaños de la reina madre); ceremonia de apertura del Parlamento (*véase* pág. 7). Si la fecha coincide con un domingo, las salvas se disparan el lunes siguiente. **Plano 12 R7**.
Los cañones se cargan en celebraciones reales importantes para las salvas. El escuadrón del rey de la Real Artillería Montada desfila por **Hyde Park**, levantan las armas y disparan una salva de 41 cañonazos frente al Dorchester Hotel (generalmente a mediodía, excepto en la ceremonia de apertura del Parlamento). A continuación, para no ser menos, la Honorable Compañía de Artillería dispara una salva de 62 cañonazos a las 13.00 horas en la **Torre de Londres**.

Primavera

Ideal Home Exhibition 15 de marzo al 8 de abril
Earl's Court Exhibition Centre, Warwick Road, SW5 (taquilla 0870 606 6080/grupos 0870 241 0272). Metro: Earl's Court. **Plano 3 A11**.
La mayor feria de consumo del Reino Unido atrae a una gran cantidad de gente venida de diversos puntos del país posiblemente fascinada por los objetos para la casa y las innovaciones en este campo, aunque lo cierto es que no destaca por su buen gusto.

Día de san Patricio 17 de marzo
Londres es la tercera ciudad del mundo con mayor población de irlandeses después de Nueva York y Dublín. No hay grandes desfiles, pero diríjase hacia Kilburn (NW6) para admirar el bullicio de la fiesta irlandesa.

Head of the River Race 17 de marzo
En el Támesis, desde Mortlake, SW14, hasta Putney, SW15 (019 32 220401/www.horr.co.uk). Salida, estación de tren: Mortlake; punto intermedio, Metro: Hammersmith; meta, Metro: Putney Bridge.
Menos conocida que la regata entre Oxford y Cambrigde, pero igualmente impresionante. Para diferenciarse, ésta va a contracorriente y en ella participan unas 420 tripulaciones que compiten por ver quién logra el mejor tiempo. Llegue alrededor de las 14.30 horas para observar la salida desde Mortlake a las 15.30 horas; el mejor lugar para contemplar la carrera es el puente Hammersmith; otra alternativa es seguir la regata desde la meta, en Putney.

Regata entre Oxford & Cambridge 24 de marzo
En el Támesis, desde Putney, SW15 hasta Mortlake, SW14 (7379 3234). Salida, Metro: Putney Bridge; punto intermedio, Metro: Hammersmith; meta, estación de tren: Mortlake.
Las tripulaciones de las universidades de Oxford y Cambridge disputan la regata de 6,8 km desde Putney a Mortlake. Los *pubs* situados a lo largo de la orilla entre Mortlake y Hammersmith tienen una vista privilegiada, así que prepárese para encontrar una gran cantidad de público. La regata comienza a las 16:10 horas.

London Harness Horse Parade 16 de abril
Battersea Park, Albert Bridge Road, SW11 (01 733 234451). Estación de tren Battersea Park o Queenstown Road; autobuses: 97, 137.
Caballos para el trabajo, carros pesados de cerveza de estilo tradicional y una gran variedad de carretas y carruajes recorren Battersea Park compitiendo por una medalla.

El maratón de Londres 22 de abril
De Greenwich Park hasta Westminster Bridge, pasando por la Isle of Dogs, Victoria Embankment y St. James' Park (7620 4117/www.london.marathon).
La mayor carrera urbana del mundo, con alrededor de 35.000 participantes, en la que encontrará desde famosos hasta plusmarquistas, que corren los 16 km. Si desea parti-

cipar, apúntese en octubre: entrará en un sorteo y tiene un cincuenta por ciento de posibilidades de ser elegido.

Final de la copa de la liga de rugby 29 de abril
Wembley Stadium, Wembley, Middlesex (8902 0909). Metro: Wembley Park y Wembley Central; estación de tren: Wembley Central.
Momento culminante del calendario de la liga de rugby.

Mes de los museos y galerías 1 de mayo al 3 de junio
Varios lugares (7233 9796/www.may2001.org.uk).
Museos y galerías de todo el país organizarán eventos especiales y actividades, con exposiciones y días de puertas abiertas.

May Fayre & Puppet Festival 14 de mayo
St. Paul's Church Garden, Covent Garden, WC2 (7375 0441). Metro: Covent Garden. **Plano 8 L7**
Un festival gratuito de guiñoles y otros títeres, de 10.30 a 17.30 horas.

Final de la copa de fútbol 20 de mayo
Wembley Stadium, Wembley, Middlesex (8902 0902). Metro: Wembley Park y Wembley Central; estación de ferrocarril: Wembley Central.
El día más importante del año para los aficionados al fútbol. Las entradas son extremadamente difíciles de obtener (y terriblemente caras).

Chelsea Flower Show 22 al 25 de mayo
Patios del Royal Hospital, Royal Hospital Road, SW3 (información: 7649 1885 / entradas: 0870 906 3781/ www.rhs.org.uk). Metro: Sloane Square.
Plano 4 F12
Muestra de jardinería reconocida internacionalmente que tiene lugar junto al río. En los primeros dos días sólo pueden acudir los miembros de la Royal Horticultural Society.

Acontecimientos veraniegos en los Victoria Embankment Gardens 27 de mayo al 22 de julio
Victoria Embankment Gardens, Villiers Street, WC2 (7375 0441). Metro: Embankment. **Plano 8 L7**
Una serie de actuaciones gratuitas al aire libre compuesta por la **ópera al aire libre** (junio y julio), el **festival de danza al aire libre**, el **festival de mimo**, el **festival de poesía del solsticio de verano** (junio) y la **temporada de verano de teatro callejero** (julio). Llame para informarse sobre las fechas y las horas de cada espectáculo.

Festival of Mind, Body, Spirit 28 de mayo al 4 de junio
Royal Horticultural Halls, Greycoat Street, SW1 (020 7938 3788). Metro y estación de tren: Victoria.
Plano 7 J7
Un festival *New Age* que propone un enfoque alternativo para temas como la salud, la espiritualidad y el medio ambiente.

Verano

Toque de retreta 6 y 7 de junio
Desfile de la Guardia Montada, Whitehall, SW1 (7930 4466). Metro: Westminster y Charing Cross; estación de tren: Charing Cross.
Plano 8 K8
Para quienes gusten de estruendos con pompa, la banda de la Caballería Real y la de la División de Guardias realizan el toque de retreta con sus tambores en una ceremonia musical llena de colorido.

Día del Derby 9 de junio
Hipódromo Epson Downs, Epson Downs, Surrey (informaciones/ taquilla 01372 470047/ www.epsonderby.co.uk). Estación de tren: Epson Town Centre o Tattenham Corner, luego coja el autobús interior.
La mayor carrera sin obstáculos de la estación es un acontecimiento genuinamente inglés. Las clases populares tienen un recinto asignado, mientras que quienes tienen las carteras llenas y dicen burradas pueden pavonearse desde lugares privilegiados.

Trooping the Colour 16 de junio de 2001
Desfile de la Guardia Montada, Whitehall, SW1 (7414 2479). Metro: Westminster o Charing Cross; estación de tren: Charing Cross.
Plano 8 K8
Aunque el cumpleaños de la reina es en abril, su fiesta se celebra oficialmente ese día. La reina sale del Palacio de Buckingham a las 10.40 horas y baja desde The Mall para asistir al desfile de la Guardia Montada, al que llega a las 11.00 horas. El recorrido siempre está atestado de gente, pero puede encontrar un hueco entre la multitud en Green Park en el lado de The Mall. La reina regresa a palacio hacia las 12.30 horas y aparece en el balcón para contemplar el paso de un *jet* de las Fuerzas Aéreas Reales alrededor de las 13.00 horas, y para oír una salva en su honor que se dispara desde la Torre de Londres.

Royal Ascot 19 al 22 de junio
Hipódromo de Ascot, Ascot, Berkshire (01344 622211). Estación de tren: Ascot.
Ascot es la carrera de caballos de la gente «guapa» y la reunión social más importante del año. En el Día de las Damas (21 de junio), cuando asiste la reina, los impresionantes sombreros que llevan las mujeres se convierten en el centro de atención, muy por encima de los resultados de la carrera.

Covent Garden Flower Festival 20 al 24 de junio
Dentro y en los alrededores del mercado de Covent Garden (09064 701777/ www.cgff.co.uk). Metro: Covent Garden.
Plano 8 L7
El cuarto festival floral anual ofrece creaciones llenas de flores, así como jardines especiales, zonas de exposición y espectáculos en la calle.

City of London Festival **20 junio al 13 de julio**
Conciertos en toda la ciudad, EC2 (taquilla 7638 8891/ información 7377 0540/ www.city-of-london-festival.org.uk).
Actúa una gran variedad de solistas, cuartetos de cuerda, orquestas y coros de prestigio internacional. Hay también poesía y teatro, y se hacen representaciones en las iglesias del centro (*véase* pág. 283).

Campeonato de tenis sobre hierba de Wimbledon **25 de junio al 8 de julio**
Apartado de correos 98, Church Road, SW19 (8944 1066/ información pregrabada 8946 2244/ www.wimbledon.org). Metro: Southfields o Wimbledon; estación de tren: Wimbledon.
El trofeo que todos los jugadores quieren ganar y todos los aficionados quieren ver (*véase* pág. 134).

Henley Royal Regatta **4 al 8 de julio**
Henley Reach, Henley-on-Thames, Oxfordshire (01491 572153/www.hrr.co.uk). Estación de tren: Henley-on-Thames.
Una competición de remo de fama internacional y un acontecimiento al que acude en pleno la clase alta; la carrera final tiene lugar en domingo.

Festival Internacional de Greenwich y Docklands **6 al 15 de julio**
Varios lugares de reunión cerca del Támesis, en Greenwich y Docklands (8305 1818/ www.festival.org).
El festival consta de espectáculos de danza, teatro y música en distintos espacios situados junto al río (*véase también* 31 de diciembre).

BBC Henry Wood Promenade Concert **20 de julio al 15 de septiembre**
Royal Albert Hall, Kensington Gore, South Kensington SW7 (7765 5575/taquilla 7589 8212/ www.bbc.co.uk/proms). Metro: Gloucester Road, Knightsbridge o South Kensington; autobuses: 9, 10, 52. **Plano 4 D9**
Sin lugar a dudas, se trata del festival de música clásica más importante del mundo. Cuenta con más de setenta conciertos con una impresionante variedad de compositores y programas (*véase también* pág. 278).

Cisnes en el Támesis **16 al 22 de julio**
Desde varios puntos a lo largo del Támesis (7236 1863/7236 7197)
Esta antigua costumbre, a la vez extraña y deliciosa, permite ver chapoteando o remando a un grupo de hombres que identifican y marcan a los cisnes que pertenecen a la reina y a los gremios de vinateros y tintoreros. Los cisnes de los tintoreros tienen una señal en el pico, los de los vinateros, dos, y los de la reina, no tienen ninguna. Puede ver la acción desde el camino que sigue todo el recorrido. La ruta y la salida cambian diariamente; llame para pedir detalles.

Great British Beer Festival **31 de julio al 4 de agosto**
Olympia, Hammersmith Road, Kensington W14 (01727 867201/www.camra.org.uk). Metro: Kensington (Olympia).
Esta fiesta está dedicada a los amantes de la «verdadera» cerveza —literalmente hablando— y está organizada por la CAMRA (Campaña a favor de la cerveza legítima). Prepare sus papilas gustativas para degustar 300 tipos de cervezas inglesas y sidras y para probar una gran variedad de cervezas internacionales, presentes a pesar de lo que pudiera sugerir el nombre del festival.

Solsticio de verano **5 de agosto**
Brockwell Park, Herne Hill SW2 (7278 0995). Metro: Brixton; estación de tren: Herne Hill.
Un próspero festival, dedicado a los homosexuales, que incluye atracciones, bares, casetas, gran cantidad de actuaciones en vivo y carpas de las mejores discotecas de Londres. Al cierre de esta edición, los organizadores estaban todavía considerando celebrar una fiesta para todos los públicos el domingo 6 de agosto.

Royal Academy Summer Exhibition **12 de agosto**
Royal Academy, Burlington House, Piccadilly, W1 (7300 8000/www.royalacademy.org.uk). Metro: Green Park o Piccadilly Circus. **Plano 7 J7**
Cada año, artistas de todos los estilos y tendencias (desde miembros de la Royal Academy hasta aficionados entusiastas) presentan alrededor de 10.000 trabajos ante un jurado de eminentes académicos. El millar de trabajos seleccionados para la exposición suelen suponer una mezcla artística tan variada como interesante.

Carnaval de Notting Hill **26 al 27 de agosto**
(8964 0544). Metro: Ladbroke Grove, Notting Hill o Westbourne Park.
En esta gran y siempre popular fiesta callejera se pueden ver grupos de percusión, música electrónica, carrozas llenas de colorido y excelente comida caribeña (*véase también* pág. 138).

Otoño

Chelsea Antiques Fair **14 al 23 de septiembre**
Chelsea Old Town Hall, King's Road, Chelsea SW3 (01444 482514). Metro: Sloane Square. **Abierto** de lunes a viernes, de 11.00 a 20.00 horas; los sábados, de 11.00 a 19.00 horas y los domingos, de 11.00 a 17.00 horas. **Entrada** 5 £; menores de 18 años gratuita. **Plano 4 E12**.
Festival que se celebra dos veces al año (también del 16 al 25 de marzo de 2002), donde todo el que cuente con un presupuesto de 20 a 50.000 L puede encontrar algo interesante.

2001 Thames Festival **15 al 16 de septiembre**
Entre el puente de Waterloo y el puente de Blackfriars (7928 8998).

Un interesante festival cuyo objetivo es avivar el entusiasmo por la gran vía fluvial de Londres con una serie de eventos cuyo lema es el Támesis. Un parque de atracciones y un puesto de comida están abiertos todo el día. El final a las 19.30 horas consiste en 1.500 artistas en una procesión llena de color, con estridentes sonidos callejeros.

Great River Race **15 de septiembre**
En el Támesis, desde Richmond, Surrey hasta Island Gardens, E14 (8398 9057).
Más de 250 embarcaciones de estilo tradicional compiten en este maratón de 35 km con la intención de ganar el Campeonato de Embarcaciones Tradicionales del Reino Unido. La carrera empieza en la Ham House, en Richmond, a las 10.30 horas y termina en Island Gardens, enfrente de Greenwich, alrededor de las 13.45 horas.

London Open House **22 al 23 de septiembre**
Varios puntos en Londres (información grabada 09001 600061/www.londonopenhouse.org).
Durante el fin de semana de puertas abiertas, el público tiene acceso gratuito a aquellos edificios, normalmente cerrados con valor arquitectónico. Los más de quinientos edificios participantes van desde edificios antiguos como el Banco de Inglaterra y el asombroso India & Foreign Exchange hasta habitaciones individuales en casas privadas. Un paraíso de curiosidades.

Horseman's Sunday **23 de septiembre**
Iglesia de St. John & St. Michael, Hyde Park Crescent, W2 Paddington (7262 1732). Metro: Edgware Road o Paddington; estación de tren: Paddington.
Plano 2 E6
Esta celebración se remonta a 1969, cuando los establos locales corrían el peligro de cerrarse y se organizó una misa al aire libre como protesta en la que un vicario montado a caballo bendijo a más de cien caballos antes de que éstos iniciaran un paseo por Hyde Park.

Pearly Kings and Queens Harvest Festival **7 de octubre**
St. Martin-in-the-Fields, Trafalgar Square, Westminster WC2 (7766 1100). Metro y estación de tren: Charing Cross. **Plano 8 L7**
Cada año, vestidos con sus llamativos trajes tradicionales, los reyes y princesas de todo Londres celebran una misa a las 15.00 horas para dar gracias por la cosecha.

Punch and Judy Festival **principios de octubre**
Covent Garden Piazza, WC2 (7836 9136).
Metro: Covent Garden. **Plano 8 L7**
La gente se reúne en torno a la *Piazza* para ver cómo los polichinelas se dan palizas el uno al otro. Llame para preguntar por las fechas exactas.

Trafalgar Day Parade **21 de octubre**
Trafalgar Square, Westminster WC2 (020 7928 8978/www.sea.cadetes.org). Metro y estación de tren: Charing Cross. **Plano 8 K7**
La victoria de Nelson en la batalla de Trafalgar (21 de octubre de 1805) se conmemora con desfile de bandas y la ejecución de piezas musicales interpretadas por cadetes marinos. La fiesta termina con la ofrenda de una corona a los pies de la estatua de Nelson.

Ceremonia de apertura del Parlamento **finales de octubre/principios de noviembre**
Cámara de los Lores, Palacio de Westminster, SW1 (7219 4272). Metro: Westminster. **Plano 8 L9.**
La reina da la bienvenida a los miembros del Parlamento tras regresar de sus vacaciones de verano. Es un asunto privado (aunque se televise), pero al menos el público tiene la suerte de ver cómo la reina llega y se marcha en su diligencia irlandesa o australiana, acompañada por la Caballería de la Guardia Real. Cuando entra en la Cámara de los Lores, se dispara una salva. Llame un poco antes para conocer las fechas exactas.

Festival de cine de Londres **2 al 16 de noviembre**
National Film Theatre, South Bank, SE1 (020 7928 3535/taquilla 020 7928 3232/ www.lff.org.uk). Metro: Embankment o Waterloo; estación de tren: Waterloo.
Plano 8 M8.
Durante tres semanas se proyectan un gran número de estrenos cinematográficos internacionales, con descuentos en el NFT (National Film Theatre) y seleccionados por los cines del West End (*véase también* pág. 270).

Bonfire Night **5 de noviembre**
En todo Reino Unido (7971 0026).
Cada año los ingleses conmemoran el fracaso de la Conspiración de la Pólvora de 1605, cuando Guy Fawkes intentó hacer volar a Jaime I y a todo el Parlamento. En esta celebración, se quema al «guy» (una efigie de Fawkes) y se hace explotar una gran cantidad de artefactos pirotécnicos. Tenga en cuenta que las mayores celebraciones tienen lugar durante el fin de semana más próximo al 5 de noviembre.

Carrera de coches antiguos Londres–Brighton **4 de noviembre**
Punto de partida; Serpentine Road, Hyde Park, W2 (01753 681736). Metro: Hyde Park Corner.
Plano 2 E
Los coches, limitados a una velocidad de 32 km/h, tienen como objetivo llegar a Brighton antes de las 16.00 horas. La salida (a las 07.30 horas) desde Hyde Park es lo mejor, pero si no puede asistir a ella, únase a la gente que ve la carrera desde los distintos puntos del recorrido (por el puente de Westminster).

Lord Mayor's Show **10 de noviembre**
Por varias calles de la ciudad (7606 3030).
La ciudad se engalana un día al año con una procesión de 140 carrozas, en el día en que un nuevo alcalde se desplaza desde su residencia en una carroza adornada para la ocasión. La salida es a las 11.00 horas, la procesión

Dos caras del **Festival Internacional de Greenwich y Dockland**. Véase *pág. 7.*

avanza por la ciudad hasta el Royal Courts of Justice a las 11.50 horas. Aquí, el nuevo alcalde jura solemnemente sus votos antes de regresar a su residencia hacia las 14.20 horas. Más tarde, la celebración continúa con el lanzamiento de fuegos artificiales desde una falúa amarrada entre los puentes de Waterloo y Blackfriars.

Remembrance Sunday Ceremony **11 de noviembre**
Cenotafio, Whitehall, Westminster SW1.
Metro: Westminster o Charing Cross; estación de tren: Charing Cross. **Plano 8 L8**
La reina, el Primer Ministro y otros dignatarios ofrecen coronas de flores y guardan un minuto de silencio (a las 11.00 horas) en el Cenotafio en honor de aquellos que dieron sus vidas por su país en las dos guerras mundiales. Posteriormente, el obispo de Londres oficia un breve servicio religioso en memoria de estos soldados.

Árbol y luces de Navidad **Noviembre y diciembre**
Covent Garden, WC2 (7836 9136);
Oxford Street, W1 (7629 2738);
Regent Street, W1 (7491 4429);
Bond Street, W1 (7821 5230);
Trafalgar Square, SW1 (7211 2109).
Cada año, a principios de diciembre, Londres recibe del pueblo noruego un abeto en agradecimiento por el papel jugado por Gran Bretaña en la liberación de Noruega del yugo de los nazis. El árbol se planta en Trafalgar Square adornado con luces, y un gran número de las principales calles comerciales decoran especialmente sus escaparates para la ocasión. Un personaje famoso es el encargado de realizar el encendido oficial del alumbrado navideño en Regent Street a principios de noviembre. Otros alumbrados, con frecuencia mucho más atractivos, son los que se encuentran en St. Christopher Place, W1; Bond Street, W1; y Kensington High Street, W8.

Invierno

Campeonato internacional de saltos **19 al 23 de diciembre**
Olympia, Hammersmith Road, W14 (taquilla 7370 8202/www.olympiashowjumping.com).
Metro Olympia.
Todo gira en torno al caballo, desde las competiciones internacionales de jinetes hasta el Shetland Pony Grand National. Hay también demostraciones de habilidades de perros y más de cien puestos comerciales dedicados a todo lo relacionado con la equitación.

Celebraciones del Fin de Año **31 de diciembre**
Trafalgar Square, W1. Metro y estación de tren: Charing Cross. **Plano 8 K7**.
Hordas de borrachos llegan a Trafalgar Square en estampida e intentan meterse dentro de la fuente (vacía y desconectada). Alrededor de la plaza se puede ver a una gran cantidad de londinenses perder la dignidad. La lista de festividades está encabezada por la fiesta del Real Colegio Naval, SE10, durante su primera noche en **Greenwich & Docklands** (8305 1818), una tarde de entretenimientos y espectáculos con teatro callejero, representaciones y fuegos artificiales. El éxito de las celebraciones que dieron la bienvenida al año 2000, cuyo momento culminante fueron los fuegos artificiales sobre el Támesis, ha animado a las autoridades de la capital a seguir organizando acontecimientos similares en el futuro.

London International Boat Show **3 al 13 de enero de 2002**
Earl's Court Exhibition Centre, Warwick Road, SW5 (información 01784 472222/www.bigblue.org.uk).
Metro: Earl's Court. **Plano 3 A11**
Lo último en barcos, equipamientos y vacaciones constituye uno de los eventos más populares de Londres.

Festival Internacional de Mimo de Londres **17 al 27 de enero de 2002**
Representaciones por todo Londres (teléfono 7637 5661 para el folleto, desde diciembre de 2000/ www.mlmetest.co.uk).
No, no se trata de Marcel Marceau, pero es mimo actual, diferente y con artistas venidos de todas las partes del mundo.

Festival del Año Nuevo Chino **20 o 27 de enero de 2002**
Chinatown, alrededores de Gerrard street, W1 (7439 3822). Metro: Leicester Square o Piccadilly circus. **Plano 8 K7**. *Llame para confirmar la fecha exacta.*
El momento culminante del calendario chino se celebra en Londres con casetas que venden artesanía y manjares exquisitos, y dragones que bailan por las calles, recogiendo dinero y comida.

Masters Snooker Tournament **4 al 11 de febrero de 2002**
Wembley Conference Centre, Wembley, Middlesex (taquilla 8902 0902). Metro: Wembley Park o Wembley Central; estación de tren: Wembley Central.
Los mejores especialistas mundiales se disputan la victoria de este deseado trofeo.

Great Spitalfields Pancake Day Race **26 de febrero de 2002**
Spitalfields Market, entrada por Commercial Street o Brushfield Street, E1 (7375 0441). Metro y estación de tren: Liverpool Street.
Plano 10 R5
Antes de que lleguen la Cuaresma y sus cuarenta días de ayuno tiene lugar el martes de Carnaval (Shrove Tuesday o Pancake Day). Los que deseen participar, deben llamar unos cuantos días antes.

Historia

Dos mil años del nacimiento de Londres

Londres: de los romanos a los normandos

Londres fue fundada por el príncipe troyano Bruto y liderada por una raza de gigantes heroicos descendientes del rey celta Lud. O, por lo menos, eso creía el cronista del siglo XII Geoffrey de Monmouth. ¡Y cuán poético hubiese sido de resultar cierto! De hecho, aunque se sabe que algunas tribus celtas vivían en las riberas del Támesis antes de la llegada de los romanos a Inglaterra, no se han encontrado restos que prueben la existencia de un asentamiento situado en el lugar de la futura metrópolis antes de la invasión de las legiones del emperador Claudio, en el 43 d. C. En la conquista del país, los romanos cruzaron el Támesis por su parte más estrecha y, después, construyeron un puente de madera en ese mismo lugar cerca del actual London Bridge. En la década siguiente se fue desarrollando un asentamiento al norte de ese cruce estratégico.

Durante los dos primeros siglos de nuestra era, los romanos construyeron carreteras, pueblos y fuertes, y el comercio comenzó a florecer. La primera mención de Londres (Londinium) data del año 60 de nuestra era, cuando el historiador romano Tacitus la describe como una ciudad: «llena de mercaderes y un conocido centro de comercio». Este progreso se frenó en el año 61, cuando Boudicca, la viuda de un jefe del este de Inglaterra, se rebeló contra las fuerzas imperiales que se habían adueñado de sus tierras, la habían azotado y habían violado a sus hijas. Dirigió a los iceni en una revuelta sangrienta, destruyó la colonia romana de Colchester y, a continuación, partió hacia Londres. Una vez allí mató a todos sus habitantes y quemó la ciudad, pero los romanos restablecieron el orden y la reconstruyeron. Hacia el año 200 de nuestra era, se levantó una muralla alrededor de Londres de 3 km de largo y 6 m de alto con el fin de protegerla. Hoy en día se conservan restos de esa muralla y en el mapa de la ciudad se indican los nombres de las puertas (Ludgate, Newgate, Bishopsgate y Aldgate). La calle London Wall sigue en gran parte el trazado original de la muralla.

Hacia el siglo IV de nuestra era, el Imperio romano entró en decadencia a causa de las constantes invasiones bárbaras y de sus luchas internas. En el año 410, las últimas tropas romanas abandonaron la ciudad y Londres se convirtió en una ciudad fantasma. El estilo de vida romano

Mapa de la ciudad de finales del siglo XVI, antes de que creciese más allá de la muralla romana

desapareció y el único legado que dejó el Imperio fueron las vías trazadas y un cristianismo incipiente.

EL LONDRES SAJÓN Y VIKINGO

Durante los siglos V y VI, la historia dejó paso a la leyenda. Los sajones cruzaron el mar del Norte y se asentaron en el este y el sur de Inglaterra, al parecer, con el fin de evitar las ruinas de Londres, y construyeron granjas y centros de comercio fuera de las murallas de la ciudad.

En el año 596, el papa Gregorio mandó a san Agustín, el apóstol de los ingleses, para que convirtiera a los sajones al cristianismo. Ethelbert, el rey sajón de Kent, se convirtió con gran fervor y san Agustín se convirtió en el primer arzobispo de Canterbury. Desde entonces, Canterbury no ha dejado de ser el centro de la iglesia anglicana. El primer obispo de Londres fue Mellitus, uno de los misioneros de san Agustín, que logró convertir al rey de Sajonia del este, Sebert, y, en el año 604, mandó construir una catedral de madera en honor a san Pablo en el corazón de la ciudad. Al morir Sebert, sus súbditos retomaron el paganismo, pero las siguientes generaciones de cristianos reconstruyeron la catedral de Saint Paul.

Y Londres siguió creciendo. En el año 731, Bede el Venerable describió «Lundenwic» como «un lugar de reunión de gentes de muchas naciones distintas que llegan por mar y por tierra». Es probable que se refiera a un asentamiento situado al oeste de la ciudad romana, en el área que hoy ocupa Aldwych (que en inglés antiguo significa «viejo asentamiento»).

En el siglo IX, la ciudad se enfrentó a un nuevo peligro procedente del mar del Norte: los vikingos. Éstos saquearon la ciudad en el año 841 y, en el 851, los guerreros daneses volvieron a asediarla con 350 barcos y dejaron Londres en ruinas. La reconquista de la ciudad llegó de manos del rey Alfredo de Wessex (Alfredo el Grande), en el año 886, y Londres volvió a convertirse en un gran centro de comercio, con una poderosa marina mercante y muelles en Billingsgate y Queenhithe.

A lo largo del siglo X, la ciudad sajona no dejó de prosperar. Se construyeron iglesias, se crearon parroquias y se pusieron en marcha mercados. Los líderes de la ciudad eran el juez del Puerto, el juez del condado o *sheriff*, cuya oficina más antigua sigue en pie en el casco antiguo, el obispo y el concejal.

¡Ahí están los vikingos!

El siglo XI trajo consigo más saqueos vikingos y los ingleses se vieron obligados a aceptar a un rey danés, Cnut (Canute, 1016-1040), durante cuyo reinado Londres substituyó a Winchester como capital del país. En 1402, el trono fue a parar a manos de un rey inglés, Eduardo el confesor, que se dedicó a construir la mayor iglesia de Inglaterra, 3 km al oeste de la ciudad, en Thorn-ey («la isla de las zarzas»). Asimismo, substituyó la iglesia de madera de San Pedro por la enorme abadía de West Minster (la actual abadía de Westminster), que se consagró en diciembre de 1065. Eduardo murió una semana después, y fue enterrado en su nueva iglesia. A partir de ese momento, Londres giró en torno a dos ejes: Westminster como espacio para la Corte, el Gobierno y las leyes y la ciudad de Londres como centro comercial.

LA CONQUISTA NORMANDA

Al morir Eduardo, se inició una lucha por la sucesión. Guillermo, duque de Normandía, afirmaba que su primo le había prometido la corona inglesa; pero los ingleses escogieron al cuñado de Eduardo, Harold. Guillermo reunió un ejército e invadió el país. El 14 de octubre de 1066, derrotó a Harold en la batalla de Hastings y marchó triunfal sobre Londres. A los dirigentes de la ciudad no les quedó más opción que dar el trono a Guillermo, que fue coronado rey en la abadía de Westminster el día de Navidad de 1066.

Guillermo comprendió la necesidad de ganar el favor de los prósperos comerciantes de la ciudad negociando en lugar de usar la fuerza. Concedió al obispo y a los burgueses de Londres un fuero (que aún se conserva en Guidhall) que reconocía sus derechos y su independencia en los impuestos. Pero «para protegerse de la vasta y fiera población de la ciudad», mandó construir una robusta muralla que la rodease, la cual incluía la White Tower (el edificio más alto de la Torre de Londres) y el hoy desaparecido castillo de Baynard, en Backfriars.

La primera descripción de Londres que ha llegado hasta nuestros días nació de la pluma del monje William Fitz Stephen, cuarenta años después. Fitz describe con gran viveza la ciudad amurallada y lo que se encontraba fuera: los pastos y los bosques en los que se cazaba, los combates y luchas con espada en Moorfields y el patinaje sobre los estanques helados en invierno.

La Baja Edad Media

En la próspera ciudad de Londres, la mayor parte de las políticas de la Baja Edad Media (de finales del siglo XII a finales del XV) giraron en torno a una lucha tripartita por el poder protagonizada por el Rey y los aristócratas, la Iglesia, y el Alcalde y los gremios de la ciudad.

EL NACIMIENTO DEL PARLAMENTO

A principios de la Edad Media, el Rey y su Corte solían viajar por el reino y por otros países con frecuencia, pero en

Talla de madera medieval en la que se ve a los londinenses huyendo de la ***Peste***

los siglos XIV y XV, el palacio de Westminster se convirtió en la sede de la Ley y del Gobierno. Los nobles y los obispos miembros de la Corte se construyeron casas palaciegas alrededor de la ribera, desde la ciudad hacia Westminster, con jardines con vistas al río.

El primer Parlamento (de acuerdo con los principios del gobierno) tuvo lugar en Westminster Hall, en 1295. Lo presidió Eduardo I y asistieron los barones del reino, el clero y los representantes de los caballeros y de los burgueses. El primer paso hacia la defensa de los derechos individuales y de la libertad política y del control del poder del Rey se había dado en 1215, cuando el rey Juan firmó la Carta Magna. En el siglo XIV, las distintas asambleas dieron paso a la Cámara de los Lores (House of the Lords), que se reúne en el palacio de Westminster, y a la Cámara de los Comunes (House of the Commons), que se reúne en la Chapter House de la abadía de Westminster.

Las relaciones entre el monarca y la ciudad no fueron nunca fáciles y, a menudo, eran francamente hostiles. Los londinenses protegían sus privilegios con justa intransigencia y resistieron todos los intentos de los sucesivos reyes por sacarles dinero para financiar guerras o edificios. Los reyes se vieron obligados a pedir dinero a los judíos y a los lombardos, pero los londinenses se mostraban tan poco hospitalarios con los extranjeros como con las autoridades reales. Las revueltas periódicas, las persecuciones y algún que otro linchamiento o masacre marcaron la vida del Londres medieval.

SUPREMACÍA Y AUGE COMERCIAL DE LA CIUDAD

Los monarcas siguientes aumentaron, a cambio de favores económicos, los privilegios de independencia y autorregulación que los reyes normandos habían otorgado a los comerciantes de la ciudad. En 1191, durante el reinado de Ricardo I, la ciudad de Londres consiguió el reconocimiento oficial de «comuna» (una comunidad con autogobierno) y, en 1197, se hizo con el control del Támesis, incluidos los lucrativos derechos de pesca (que conservó hasta 1857). En 1215, el rey Juan confirmó el derecho de la ciudad a «elegir cada año a un alcalde», un puesto de gran poder y autoridad por encima del *sheriff* o juez del condado y del obispo. Un mes después, el alcalde se unió a los barones rebeldes y firmó la Carta Magna.

A lo largo de los dos siglos siguientes, el poder y la influencia de los gremios de comerciantes y artesanos (futuras City Livery Companies) aumentó gracias al incremento del intercambio comercial con Europa. Los muelles del London Bridge estaban repletos de importaciones: telas de calidad, pieles, vinos, especias y metales preciosos. Se pagaban impuestos portuarios a oficiales de aduanas como el poeta a tiempo parcial Geoffrey Chaucer, cuyos *Cuentos de Canterbury* se convirtieron en la primera obra publicada de la literatura inglesa.

Los mercados de la ciudad, bien asentados, traían productos desde muy lejos: animales de granja de Smithfield, pescado de Bilingsgate y aves de Leadenhall. Los mercados callejeros ubicados entorno a Westcheap (Cheapside) y Eastcheap estaban llenos de una gran variedad de productos, y a medida que el comercio fue ganando fuerza, varios comerciantes y artesanos extranjeros se mudaron a los alrededores del puerto. La población de la ciudad amurallada pasó de las 18.000 personas en 1100 a cerca de 50.000 hacia 1340.

LA PESTE NEGRA Y LA REVUELTA CAMPESINA

La falta de higiene acabó convirtiéndose en un grave problema para la ciudad. El suministro de agua se realizaba por medio de cisternas situadas en Cheapside y en otros lugares, pero el agua, que procedía más o menos directamente del Támesis, era escasa y estaba contaminada. Houndsditch («el foso de los perros») se llama así porque los londinenses tiraban a sus perros muertos en el foso que marcaba el linde oriental de la ciudad. No había cloacas y en la zona de Smithfield (the Shambles) los carniceros tiraban a la calle las vísceras de los animales sacrificados.

Esta situación se convirtió en terreno abonado para dar lugar a lo que fue la mayor catástrofe de toda la Edad Media: la peste negra de 1348-1349. La plaga llegó a Londres desde Europa, a través de las ratas de los barcos, y mató a cerca del treinta por ciento de la población inglesa. Además, una vez remitida la enfermedad, la plaga volvió a asolar Londres varias veces durante los tres siglos siguientes.

El gran número de muertes dejó sin mano de obra a los muchos mercados, y el exceso de trabajo que recayó sobre los fatigados campesinos, junto con la imposición de un nuevo impuesto (de un chelín por cabeza), llevó a la revuelta campesina de 1381. Ese año, miles de campesinos marcharon hacia Londres, guiados por Jack Straw, de Essex, y Wat Tyler, de Kent. En la revuelta y motín que siguieron a su llegada, destruyeron el palacio Savoy en la orilla del río, asesinaron al arzobispo de Canterbury y liberaron a cientos de presos. Cuando el rey Ricardo II, de catorce años, fue a Smithfield para hacer frente a la revuelta, Wat Tyler murió apuñalado por lord Mayor William Walworth, y los demás revolucionarios fueron hechos prisioneros y ahorcados. Pero lo cierto es que se consiguió retirar el impuesto.

IGLESIAS Y MONASTERIOS

Al igual que el resto de ciudades medievales, Londres contaba con un gran número de parroquias e iglesias monásticas, además de la gran catedral gótica de Saint Paul. Aunque todos los londinenses tenían acceso a las grandes iglesias, la vida de la mayoría de ellos giraba en torno a las parroquias locales, lugares de oración en los que eran bautizados, se casaban y se oficiaba su funeral. Muchas iglesias estaban vinculadas a un determinado gremio de comerciantes o artesanos.

Se habían construido monasterios y conventos que poseían valiosos acres tanto dentro como fuera de la ciudad amurallada. Los caballeros templarios de las cruzadas y los caballeros hospitalarios fueron dos de las primeras órdenes en instalarse en la ciudad. Sin embargo, en 1312, el Papa prohibió la Orden de los templarios, que eran cada vez más rebeldes, y sus tierras fueron ocupadas por otros.

La iglesia de St. Bartholomew-the-Great, fundada en 1123 y aún en pie y los nombres de St. Helen's Bishopsgate, Spitalfields y St. Martin's-le-Grand son recuerdos de esos primeros monasterios y conventos. A los frailes, que ayudaban mucho a los pobres que vivían fuera de la ciudad amurallada, se les llamaba por el color de su hábito. Así, los frailes negros (*Blackfriars*) eran los dominicos, los frailes blancos (*Whitefriars*), los carmelitas, y los frailes grises (*Greyfriars*), los franciscanos. Sus nombres están presentes alrededor de Fleet Street y en el oeste de la ciudad.

Las dinastías de los Tudor y los Estuardo

Durante el reinado de la dinastía de los Tudor (1485-1603), Londres sacó partido del descubrimiento de América y de las rutas marítimas hacia África y Oriente, y se convirtió en una de las mayores ciudades de Europa. Enrique VII concluyó la guerra de las Dos Rosas venciendo a Ricardo III en la batalla de Bosworth y casándose con Isabel de York. La rosa Tudor resultante se puede ver en muchos de los palacios Tudor que se han conservado hasta nuestros días. El otro gran éxito de Enrique VII fue crear una marina mercante y mandar construir la capilla en honor a Enrique II en la abadía de Westminster, el lugar en que habrían de reposar sus restos y los de la reina.

ENRIQUE VIII Y LA REFORMA ANGLICANA

A Enrique VII le sucedió el coleccionista y asesino de esposas Enrique VIII, quien se casó en primeras nupcias con Catalina de Aragón, pero puesto que ésta no pudo darle un heredero, el Rey decidió anular el matrimonio en 1527. Como el Papa no quería ayudarle, Enrique VIII desafió a la Iglesia católica, se erigió en autoridad suprema de la Iglesia en Inglaterra y mató a todo el que se opuso a su proyecto (incluyendo a su canciller sir Thomas More). De este modo, Inglaterra inició la transición hacia el protestantismo, y la consiguiente eliminación de los monasterios transformó por completo el rostro de la ciudad medieval. Todos los bienes de la Iglesia católica fueron confiscados y utilizados para otros fines.

En un orden de cosas más positivo, Enrique VIII inauguró una marina profesional con la fundación del Royal Dockyard en Woolwich, en 1512, y en Deptford, al año siguiente. Además, construyó palacios en Hampton Court y en Whitehall y creó una residencia en el palacio de St. James. La mayor parte de las tierras de caza se convirtieron, con el tiempo, en los Royal Parks entre los que figuran los parques de Hyde, Regent's, Greenwich y Richmond.

Con la reina María (1553-1558), el catolicismo retomó fuerzas durante un breve lapso de tiempo, por lo que su matrimonio con Felipe II de España no se vio con buenos ojos en Londres. La quema de 300 protestantes en la hoguera en Smithfield le valió el sobrenombre de «Bloody Mary» («María la Sangrienta»).

EL LONDRES ISABELINO

Durante el reinado de Isabel I (1558-1603), las artes y el comercio volvieron a florecer. Sir Thomas Gresham dotó a Londres de su primer centro de comercio y lo convirtió en el principal centro comercial de Europa al crear, en 1566, el Royal Exchange. Los inversores y las primeras sociedades anónimas (Russia Company y Levant Company) crearon nuevas empresas comerciales, y Drake, Ralegh y Hawkins zarparon rumbo al Nuevo Mundo. En 1580, Isabel I nombró caballero a sir Francis Drake, que había pasado tres años recorriendo el mundo. Ocho años después, Drake y Howard derrotaron a la Armada española.

Londres creció a medida que se desarrolló el comercio. En 1600, ya contaba con 200.000 habitantes, aunque muchos de ellos vivían en la miseria, hacinados y sufriendo plagas e incendios constantes. John Stow da en su *Survey of London* (1598) una de las mejores descripciones del Londres de los Tudor. Se trata de un análisis fascinante realizado por un londinense que cuenta con un monumento en la iglesia de St. Andrew Undershaft.

Pero lo mejor de la época isabelina fue el desarrollo del teatro inglés, apreciado por todas las clases sociales

El «retrato de la Armada» de **Isabel I**

pero desdeñado por la Corporación de Londres, que llegó a prohibir los teatros en la ciudad en 1575. Dos famosos teatros rivales, el Rose (1587) y el Globe (1599) se construyeron en la orilla sur del Támesis, en Bankside. En ellos se representaban las obras de Marlowe y Shakespeare. Tachado por las autoridades de «lugar inmoral», el Bankside era el Soho de la época, una zona en la que no sólo había teatros, sino luchas de perros contra osos encadenados, peleas de gallos, tabernas y burdeles.

La dinastía de los Tudor acabó con la muerte de Isabel I, en 1603. Su sucesor, el rey estuardo Jaime I, se salvó de ser asesinado el 5 de noviembre de 1605, cuando se encontró a Guy Fawkes y a un grupo de pistoleros en el sótano del palacio de Westminster. El complot de los pistoleros se debía al fracaso de los intentos de mejorar las condiciones de vida de los católicos perseguidos, pero sólo consiguió unas ejecuciones confusas y reforzar el sentimiento antipapista del Londres más intolerante. La fecha se conmemora con el nombre de Bonfire Night (la «noche de la fogata»). Jaime I contrató a Iñigo Jones para que diseñara los primeros edificios renacentistas de Londres, la casa de la reina en Greenwich (1616) y la Banqueting House en Westminster (1619).

LA GUERRA CIVIL

Carlos I sucedió a su padre en 1625 y se fue enemistando progresivamente con la ciudad (a cuyos ciudadanos trató de extorsionar con impuestos) y con un Parlamento cada vez más independiente y antagónico. La gota que colmó el vaso llegó en 1642, cuando mandó a sus hombres al Parlamento para que arrestaran a cinco de sus miembros. El país sufrió una guerra civil (1642-1649) en la que los que apoyaban al Parlamento (dirigidos por el puritano Oliver Cromwell) se enfrentaban a quienes estaban a favor del Rey.

Ambos bandos sabían que controlar el puerto y la ciudad más importantes del reino era vital para obtener la victoria. La simpatía de los londinenses se inclinaba a favor de los parlamentarios y, en 1642, 24.000 habitantes se reunieron en Thurnham Green, al oeste de la ciudad, para enfrentarse al ejército de Carlos. Al final, el Rey no se sintió con ánimos y se retiró. Nunca volvió a amenazar gravemente a la ciudad y los realistas acabaron siendo derrotados. El rey Carlos fue juzgado por traición y, aunque él nunca admitió la legalidad de la Corte, ésta le declaró culpable y, el 30 de enero de 1649, fue decapitado en el Banqueting House de Whitehall.

Durante los once años siguientes, Cromwell dirigió el país como una *Commonwealth* (mancomunidad). El cierre de los teatros, la prohibición de la supuesta superstición católica de la Navidad y otras medidas puritanas destinadas a abolir todo cuanto implicase algo de diversión lograron que el pueblo recibiese con regocijo y alivio la vuelta del exilio de Carlos II, en 1660.

PLAGAS, INCENDIOS Y LA «REVOLUCIÓN GLORIOSA»

Sin embargo, la primera década del reinado de Carlos II en la capital estuvo marcada por dos catástrofes. En 1665, la plaga de peste bubónica más importante desde la famosa Peste Negra diezmó a los habitantes de la ciudad. Cuando el frío del invierno puso fin a la plaga, se contaban más de 100.000 muertes.

Y cuando la ciudad empezaba a recuperarse, llegó la segunda catástrofe. Un incendio que inició involuntariamente un panadero poco precavido de Pudding Lane en septiembre de 1666 duró tres días y consumió cuatro quintas partes de la ciudad, incluyendo 87 iglesias, 44 comercios artesanos y más de 13.000 casas.

Era una buena oportunidad para volver a construir Londres de forma que fuese una ciudad espaciosa, racional y moderna. Al principio se barajaron varios proyectos pero, al final, los londinenses tenían tanta prisa por recuperar sus negocios que la ciudad volvió a nacer con el trazado medieval, aunque en esa ocasión, en lugar de madera, se empleó ladrillo y piedra. El personaje más famoso de ese momento es Christopher Wren, que dirigió las obras de reconstrucción de 51 de las 54 iglesias que fueron rehechas, incluida su obra maestra: la reconstrucción de la catedral de Saint Paul, que terminó en 1711 y que dio paso a la primera catedral protestante del mundo.

Después del incendio, muchos antiguos ciudadanos con medios se mudaron a los nuevos conjuntos residenciales que se situaban al oeste de la ciudad. En el centro, se reconstruyó el Royal Exchange, pero los comerciantes empezaron a intercambiar noticias en las nuevas «casas de café». La expansión de las sociedades anónimas y de las posibilidades de invertir capital hicieron que la ciudad pasase de ser un centro de comercio a un centro financiero.

El sentimiento anticatólico no descendía, así que el ascenso al trono del católico Jaime II agudizó el miedo a una vuelta al catolicismo. Por ello, se le ofreció el trono al protestante holandés, Guillermo de Orange, y a su mujer, María Estuardo (la hija de Jaime). Jaime partió hacia Francia en 1688, para lo que se dio en llamar «la revolución gloriosa». Uno de los avances más significativos que se produjo durante el reinado de Guillermo III fue la fundación del Banco de Inglaterra, en 1694, que tenía como fin financiar las guerras del Rey en Francia.

El Londres georgiano

De acuerdo al Acta de Asentamiento (*Act of Settlement*, 1701), después de morir la reina Ana, el trono pasó a Jorge, el biznieto de Jaime I, que se había criado y educado en Hanover, Alemania. Así, un Rey de habla alemana (que jamás aprendió inglés) se convirtió en el primero de una saga de cuatro Jorge, en la línea de sucesión de los Hanover. Durante su reinado, de 1714 a 1727, e incluso unos años más tarde, el partido progresista Whig (liderado por sir Robert Walpole) se hizo con el monopolio del Parlamento. Sus opositores, los *tories*, estaban a favor de los estuardos y se habían opuesto a la exclusión del católico Jaime II. Walpole nombró, en nombre del Rey, a un grupo de Ministros (el precedente del Consejo de Ministros actual) y se convirtió, de hecho, en el Primer Ministro británico. Además, fijó su residencia en el número 10 de la calle Downing que, aún hoy, sigue siendo la residencia oficial del Primer Ministro en funciones.

Durante el siglo XVIII, Londres creció a una velocidad sorprendente, tanto en términos de población como de extensión. En Bloomsbury, Soho, Mayfair y Marylebone surgieron nuevas plazas y calles con casas de estilo georgiano a medida que los propietarios ricos y los especuladores de la construcción iban ganando la partida a las viviendas de alquiler. Las cocheras y las caballerizas que se construían en los patios se han convertido hoy en modernas casas pequeñas. La construcción de los nuevos puentes de Westminster (1750) y Blackfriars (1763) hizo más accesible el sur de Londres, pues hasta entonces el London Bridge era el único puente que cruzaba el Támesis. Se mantuvieron las antiguas puertas de la ciudad y la mayor parte de la muralla romana, pero se derruyeron las casas del viejo puente de Londres para facilitar el tráfico de carruajes y transeúntes.

POBREZA Y CRIMINALIDAD

Sin embargo, en los barrios más antiguos, la gente sobrevivía en medio de una gran pobreza y criminalidad, mucho peor que la de la época victoriana. Un buen número de barriadas pobres iban a dar a la calle Fleet y a St. Giles (al norte de Covent Garden), a poca distancia de las calles de moda llenas de casas con sirvientes. Para agudizar aún más el problema, la ginebra (conocida como «la ruina de las madres») era muy barata y fácil de conseguir y muchos londinenses pobres bebían demasiada para escapar al horror de su vida cotidiana.

Y lo que es peor, a la gente acomodada parecía complacerle la situación. Solían organizar recorridos por los jardines de barrios populares como Ranelagh o Vauxhall Pleasure y acudían periódicamente a Bedlam (Bethlehem u Hospital de Bethlem) para burlarse de los enfermos mentales. De igual modo, las ejecuciones que tenían lugar en Tyburn (cerca del actual Marble Arch) eran uno de los espectáculos más importantes del calendario social.

El indignante desequilibrio en la distribución de la riqueza incitaba al crimen: los robos en el West End solían realizarse a plena luz del día. Entre los pocos reformistas de la época destaca el escritor satírico y autor de la picaresca novela *Tom Jones*, Henry Fielding, que era, además, un brillante magistrado de la corte de Bow Street. En 1751, con la ayuda de su hermano ciego, John, creó una fuerza de voluntarios contra los robos para respaldar los ineficaces intentos de los vigilantes y los serenos, que eran los únicos que luchaban contra el crimen en la ciudad. Ese grupo de primeros policías conocido como los Bow Street Runners es el precedente del actual cuerpo de policía (*Metropolitan Police*) inaugurado en 1829.

El espectáculo más antiguo de la ciudad

Antes de Arsenal y Spurs y de Pavarotti no había espectáculo que los londinenses amasen más que una buena ejecución a la antigua usanza. Tyburn era el estadio de Wembley de la pena capital. De 1388 a 1783 (cuando los ahorcamientos se empezaron a realizar en el patio de la prisión de Newgate), la mayor parte de los condenados de Londres eran conducidos a ese punto, cerca del actual Marble Arch, para reencontrarse con su creador (*véase también* pág. 69). La primera horca permanente se instaló allí en 1571 y supuso una revolución en el mundo de la pena capital por su espectacular diseño triangular y por el hecho de que podía albergar a ocho condenados en cada uno de sus tres brazos. ¡Qué economía!

Se esperaba que si la gente podía ver a los verdugos en acción, se lo pensaría dos veces antes de delinquir. Pero, a menudo, se daba lo contrario. Los aprendices de ladrón de Londres tenían el día libre para acudir a las ejecuciones de los criminales más notorios como, por ejemplo, Jack Sheppard, que murió ahorcado en 1714, ante 200.000 personas. El traslado de los prisioneros desde la prisión de Newgate hasta Tyburn (junto a la actual calle Oxford) solía durar unas dos horas y se parecía más a un desfile triunfal que a un triste camino hacia la muerte. Los presentes saludaban efusivamente a los condenados y éstos hacían escalas en las tabernas del recorrido para tomarse sus últimas copas (a menudo llegaban borrachos a Tyburn).

El espectáculo reunía a una gran multitud y la construcción del palco para espectadores hizo rico a su dueño. Samuel Pepys, que acudió a presenciar la ejecución del coronel Turner en 1664, pagó un chelín por subirse a una rueda de carro y tener un mejor punto de vista. La multitud solía mostrar su indignación cuando se daba un indulto de última hora y se quedaban sin diversión.

El verdugo tenía el privilegio de poder vender trozos de la cuerda utilizada a modo de *souvenir* y también se podía quedar la ropa de los condenados. En una ocasión, en 1447, cinco condenados que ya habían sido desvestidos y preparados para la horca recibieron un indulto de última hora. Pero el verdugo se negó a devolverles la ropa y tuvieron que abandonar el lugar desnudos.

La virulencia del público y el mal gusto del espectáculo llevaron a las autoridades a trasladar las ejecuciones al interior de la prisión de Newgate en 1868. Cuando ésta se demolió en 1902, las ejecuciones pasaron a realizarse en otras cárceles de la ciudad. La última ejecución que tuvo lugar en Reino Unido fue en 1964.

El descontento era evidente también en las actividades de los londinenses de esa época. Los precios abusivos o la adulteración de alimentos por parte de los comerciantes solían zanjarse con revueltas en las calles. En junio de 1780, Londres sufrió las revueltas de los gordonianos anticatólicos (llamados así por su líder George Gordon), unas de las más violentas de la historia de la ciudad y que dejaron un saldo de trescientos muertos.

Algunos filántropos trataron de aliviar el dolor de los pobres creando cinco grandes hospitales. El St. Thomas y el St. Bartholomew existían desde hacía tiempo, ya que eran instituciones religiosas dedicadas al cuidado de los enfermos, pero el Westminster (1720), el Guy (1725), el St. George (1734), el Londres (1740) y el Middlesex (1745) se convirtieron en los más famosos. El hospicio de Thomas Coram para niños abandonados fue otro de los logros de la época.

Pero en el siglo XVIII, no sólo aumentaba la población de londinenses. Los campesinos (que habían dejado atrás sus tierras y propiedades y se enfrentaban al paro y al hambre) emigraron hacia las ciudades. El East End se convirtió en el lugar de acogida de los pobres y de la inmigración rural, sobre todo a finales del siglo XVIII, cuando se construyeron los muelles. En 1801, Londres contaba ya con un millón de habitantes, lo que la convertía en la mayor ciudad de Europa. En 1837 (el año del ascenso al trono de la reina Victoria), se construyeron cinco nuevos puentes y la primera línea de tren de la ciudad (cuyo trazado cubría del puente de Londres a Greenwich), signo inequívoco de su futura expansión.

La época victoriana

Además de ser la capital administrativa y financiera de un Imperio británico en plena expansión por los cinco continentes, Londres era un puerto clave y el centro industrial más importante del mundo, con destilerías, curtidurías, astilleros, fábricas y otras industrias que ocupaban la orilla sur del Támesis. Por un lado, Londres contaba con impresionantes edificios, magníficas tiendas, teatros y museos y, por otro, estaba la ciudad de los robos, la pobreza, las enfermedades y la prostitución. Las zonas residenciales se iban separando en barrios con casas elegantes mantenidas por una gran cantidad de sirvientes, y barriadas marginales, sobrepobladas, insalubres y llenas de enfermedades.

El crecimiento de la metrópolis durante el siglo an-terior a la llegada al trono de la reina Victoria fue espectacular, pero durante su reinado (de 1837 a 1901) se construyeron miles de acres de casas, carreteras y líneas ferroviarias. Hoy, si elige al azar una calle situada en un radio de 8 km del centro de Londres, tiene muchas probabilidades de dar con una calle victoriana. A finales del siglo XIX, la ciudad contaba con más de seis millones de habitantes.

A pesar de los problemas sociales (tan bien descritos en la obra de Charles Dickens), a principios de siglo se hicieron muchas cosas por mejorar las condiciones de vida de los londinenses. El Metropolitan Board of Works instaló un sistema de cloacas eficaz, iluminó las calles, mejoró las carreteras y substituyó las peores barriadas pobres por barrios de casas de bajo coste financiadas por el filántropo estadounidense George Peabody y por el London County Council (creado en 1888).

EL FERROCARRIL

La expansión metropolitana que tuvo lugar durante la época victoriana no hubiese sido posible sin un eficiente sistema de transporte público capaz de llevar rápidamente a los trabajadores de un extremo a otro de la ciudad. El autobús tirado por caballos salió a las calles de Londres por primera vez en 1829, pero lo que acercó la urbe al futuro fue la inauguración del primer tramo de tren de la línea que unía Greenwich con el London Bridge, en 1836. En 1863, se creó la primera línea de tren subterráneo, que iba de Paddington a Farringdon Road. El éxito fue rotundo y el metro transportó a más de 30.000 pasajeros en su primer día. El primer metro (en Londres llamado *tube*) abrió en 1890 para unir el centro de la ciudad con Stockwell (un tramo que acabó por integrarse en la actual línea norte).

LA GRAN EXPOSICIÓN

La Gran Exposición de 1851 representa el espíritu de la época: confianza, orgullo y grandes descubrimientos e invenciones. El príncipe Alberto, el consorte de la reina, participó en la organización de este triunfal evento para el que se construyó en Hyde Park un edificio de acero y vidrio, el Crystal Palace (que no fue diseñado por un arquitecto sino por el talentoso jardinero del duque de Devonshire, Joseph Paxton). En los cinco meses que permaneció abierta, la Gran Exposición acogió a unos seis millones de visitantes procedentes de Reino Unido y del extranjero. Con las ganancias, el príncipe consorte decidió crear un centro permanente para el estudio de las artes plásticas y de las ciencias, y el resultado fueron los museos de South Kensington y el Imperial College. Después de la Exposición, el Crystal Palace se trasladó a Sydenham y se utilizó como sala de exposiciones hasta que un incendio lo destruyó en 1936.

Los victorianos, que no colonizaban el mundo por la fuerza, tenían la capacidad de combinar su interés por las conquistas y por el desarrollo científico. La Royal Geographical Society envió a cartógrafos para que hicieran mapas de tierras desconocidas, a botánicos para que diesen a conocer nuevas especies y a geólogos para que estudiasen el planeta. Muchos de los resultados de esas exploraciones acabaron engrosando el Real Jardín Botánico de Kew.

El siglo XX

Durante el breve reinado de Eduardo VII (1901-1910), Londres ganó parte de la alegría y el esplendor de los que había carecido a finales del reinado de Victoria. La inauguración del Ritz en Piccadilly le dio un toque de elegancia parisina y el Café Royal estaba en la cúspide de su popularidad como lugar de encuentro de artistas y escritores, al tiempo que las Lyons Tea Shops y Lyons Cor-

Un puente de más

Hasta el siglo XVIII, el único punto por el que se podía cruzar el río era el concurrido y antiguo puente de Londres, tremendamente pintoresco pero exasperantemente lento. Desde entonces, los constructores de puentes de la ciudad se han ido al otro extremo (tal vez para compensar) y, excepción hecha del Tower Bridge, queda poco espacio para lanzarse al agua entre la multitud de puentes que unen las orillas norte y sur del Támesis...

EL PUENTE DE WATERLOO

En la década de 1770, **Thomas Sandby** creó un puente extraordinariamente decorado en el lugar del actual puente de Waterloo. Repleto de columnas, arcos y balaustradas con cúpulas aladas y edificios italianizantes, estaba adornado y, prácticamente saturado de toda forma de ornamento clásico. Ese diseño inicial, fue modificado poco después por el discípulo de Sandby, sir John Soane (*véase* pág. 62).

(El gracioso puente de Waterloo de granito de John Rennie se construyó entre 1811 y 1817. Canova lo consideraba «el puente más noble del mundo». Se demolió en medio de grandes protestas y se sustituyó por el actual puente de acero y cemento creado por sir Giles Gilbert Scott entre 1937 y 1942.)

EL PUENTE DE CHARING CROSS

El viejo y feo puente de hierro de Charing Cross (o Hungerford) era ferroviario y fue substituido en 1864 por el puente colgante peatonal Hungerford de Brunel. El puente ferroviario, situado en uno de los puntos más estratégicos de la ciudad, no fue nunca apreciado, pero uno de los planes más delirantes para substituirlo fue el que tuvo **TE Colcutt** en 1906. Se partía de la base de que la línea de tren terminaría en la orilla sur del Támesis y que el puente sería el vínculo entre Trafalgar Square y la estación de Waterloo. Se proponía llenar el puente de arcadas que contuvieran cincuenta tiendas en cada lado. Después, sir Edwin Lutyens propuso la creación de un nuevo puente, una audaz mezcla de puente ferroviario y carretera con seis vías en su parte inferior y una carretera de 18 m de ancho en su parte superior.

(El puente original sigue en su sitio pero está previsto que se construyan dos puentes peatonales junto a él. Las obras empezaron en diciembre de 2000 y en abril de 2001 respectivamente.)

EL PUENTE SAINT PAUL

A mediados del siglo XIX, era muy necesario contar con un puente que uniese Saint Paul y Southwark. Francis Bennoch ideó un primer plan que nunca se llevó a término. Las siguientes propuestas no se materializaron hasta que un Acta del Parlamento aprobó, en 1911, la construcción del puente. Décadas de discusiones sobre el diseño y la colocación no dieron fruto y la idea se abandonó en la década de 1940.

ner Houses (una filial abierta en 1907, con cabida para 4.500 personas) proporcionaban «comidas de lujo para personas normales». Y en 1909, abrió sus puertas en Oxford Street el primer gran almacén de estilo norteamericano, Selfridges.

Para la gente normal, el entretenimiento consistía en una noche en el *music hall*. El público aplaudía y reía las canciones y bromas de Max Miller y Marie Lloyd en los años treinta, momento en que las variedades perdieron fuerza a favor del cine, la radio y, algo después, la televisión.

El mercado automovilístico sufrió una revolución espectacular, y los coches empezaron a invadir las calles de la ciudad. El primer autobús con motor data de 1904, pero en 1911 ya se habían abandonado por completo los autobuses tirados por caballos. Los tranvías eléctricos empezaron a funcionar en 1901 (aunque no en el West End ni en el centro) y siguieron haciéndolo hasta 1952.

LA PRIMERA GUERRA MUNDIAL (1914-1918)

Londres sufrió los primeros ataques aéreos durante la primera guerra mundial. La primera bomba que cayó sobre la ciudad fue lanzada desde un zepelín cerca de Guildhall en septiembre 1915, y a ese ataque siguieron muchos otros. Los ataques aéreos desde aviones empezaron en 1917. El Cleopatra's Needle en el embarcadero Victoria, sufrió un accidente fatal que dañó su base y una de sus esfinges, y las secuelas todavía son visibles. Se calcula que un total de 650 personas murieron a causa de los ataques aéreos desde zepelines.

PERÍODO DE ENTREGUERRAS

Tras la primera guerra mundial se produjo un importante cambio político. El gobierno de Lloyd George evitó una revolución en 1918-1919 al prometer (promesa que no se cumplió) «casas para los héroes» que volvían de la guerra destrozados. Pero los días de poder del partido liberal estaban contados y, en 1924, el partido laborista consiguió los suficientes representantes en el Parlamento como para crear su propio gobierno presidido por Ramsay MacDonald.

Después del trauma de la primera guerra mundial, los jóvenes de las clases altas adoptaron la actitud de «vivir sólo para el presente», lo que dio pie a la llegada de los «felices veinte». Una época llena de fiestas en Mayfair y bailes en el Ritz. Pero aquello no implicó gran cosa para el grueso de los londinenses, que seguían sufriendo los efectos de la posguerra. En 1921, el Poplar Council, en el este de Londres, se negó a aumentar los impuestos a su empobrecida población. Todos los miembros del

(Sigue sin haber un puente que comunique Saint Paul, aunque el Puente del Milenio de sir Norman Foster, diseñado en colaboración con el escultor Anthony Caro, terminado en abril de 2000, une la Tate Modern Gallery con la orilla norte, cerca de la catedral de Saint Paul.)

LONDON BRIDGE

En 1800, **George Dance the Younger** concibió un ambicioso y audaz diseño para el nuevo puente de Londres. De hecho, su propuesta abarcaba dos puentes paralelos separados por 100 m, con un puente levadizo para dejar paso a los barcos y una inmensa serie de casas de un puente a otro alrededor de grandes plazas. Otro de los diseños más famosos, aunque tampoco llevado a la práctica, fue el de **Thomas Telford**, que proponía un puente de hierro colado de un solo tramo. El proyecto se desechó más por problemas de enfoque que por el puente en sí.

(El puente de cinco arcos de piedra diseñado por John Rennie se construyó de 1823 y 1831 y fue substituido por la actual e imponente estructura de cemento en 1967-1972.)

TOWER BRIDGE

A mediados del siglo XIX, era obvio que el caudal de tráfico que cruzaba el río imponía la necesidad de crear otro puente cerca del de la Torre de Londres. De la serie de planes propuestos para el puente de la Torre (Tower Bridge) el más peculiar era el de **Sidengham Duer**, que sugería un puente de metal elevado en el que grúas hidráulicas elevaban a los coches y a los peatones unos 24 m hacia el puente y, luego, los descendían en el otro lado.

(El puente más conocido de Londres se acabó de construir en 1894. Las torres de estilo neogótico diseñadas por sir Horace Jones, en boga en la época victoriana, ocultan la estructura de acero.)

consejo acabaron en la cárcel, aunque poco después fueron puestos en libertad y consiguieron un equilibrio impositivo de todo Londres que restaba la carga a los más pobres.

Los desórdenes civiles, provocados por el aumento del desempleo y el alza de los precios, desembocaron en la Huelga General de 1926, cuando toda la clase trabajadora apoyó la huelga iniciada por los mineros. El primer ministro Baldwin reclutó voluntarios para que se hicieran cargo de los servicios públicos, y las calles se llenaron de *convoys* de comida, aristócratas preparando sopa para los pobres y estudiantes conduciendo autobuses. Tras nueve días de caos, un congreso de sindicatos (Trades Union Congress, TUC) declaró el fin de la huelga.

La situación económica no hizo más que empeorar a principios de los años treinta, a consecuencia del *crack* de la bolsa de Nueva York, en 1929. En 1931, había más de tres millones de desempleados en el Reino Unido. Durante esos años, el London County Council empezó a tener mayor influencia sobre la vida de la ciudad: puso en marcha programas para sustituir las barriadas pobres por nuevas viviendas en construcción, aumentando el número de parques de la ciudad y haciéndose cargo de la educación, el transporte, los hospitales, las bibliotecas y el servicio de bomberos. La población de Londres aumentó de forma espectacular en el período de entreguerras, y llegó a los 8,7 millones en 1939. Para asumir el flujo de población, los suburbios crecieron a una velocidad de vértigo, sobre todo en el noroeste de la ciudad, con la extensión de la línea de trenes urbanos (una zona que ahora se conoce como Metroland). Las casas idénticas y adosadas se multiplicaron de Golders Green a Surbiton.

Los nuevos londinenses se entretenían con los nuevos medios de comunicación: el cine, la radio y, más adelante, la televisión. El primer programa de radio de Londres se emitió desde la azotea del Marconi House, en el Strand, en 1922. En poco tiempo, las familias se acostumbraron a reunirse en torno a los enormes aparatos de baquelita para escuchar los programas de la BBC (British Broadcasting Company, llamada, desde 1927, British Broadcasting Corporation). La televisión empezó a emitir el 26 de agosto de 1936, desde los estudios del Alexandra Palace.

SEGUNDA GUERRA MUNDIAL

La política colaboracionista de Neville Chamberlain con Hitler y la cada vez más agresiva Alemania durante los años treinta terminó cuando el ejército alemán invadió Polonia. El 3 de septiembre de 1939, el Reino Unido declaró la guerra a Alemania. El gobierno dispuso medidas para evitar muertes durante los ataques aéreos, entre las que destacaban la excavación de trincheras en todos los parques y la evacuación de 600.000 niños y mujeres embarazadas. Pero los esperados ataques aéreos no se produjeron en el período de 1939 a 1940, durante la llamada «Phoney War». En julio de 1940, Alemania se empezó a preparar para invadir Inglaterra lanzando ataques aéreos durante tres meses, en lo que se conoce como la Batalla de Inglaterra.

Para los londinenses, la «Phoney War» terminó de forma abrupta el 7 de septiembre de 1940, cuando cientos de bombarderos alemanes dejaron caer sus bombas sobre el este de la ciudad y sobre los muelles. Calles enteras quedaron arrasadas y el número de muertos y heridos fue de unas 2.000 personas. Era el inicio del Blitz. Los ataques aéreos sobre Londres siguieron durante 57 noches consecutivas y, luego, de forma intermitente durante seis meses. Los londinenses reaccionaron con extraordinario valor y estoicismo durante una época que se sigue mencionando con nostalgia como «lo mejor de Inglaterra». Tras un ataque aéreo masivo producido el 10 de mayo de 1941, los alemanes centraron su atención en otro lugar, pero al terminar la guerra, un tercio del centro y del East End estaba en ruinas.

A partir de 1942, la guerra empezó a cambiar de rumbo, pero a los londinenses todavía les quedaba hacer frente a un nuevo terror: el V1 o doodlebug. En 1944, decenas de estos aviones explosivos sin piloto descendieron sobre la ciudad, provocando una destrucción generalizada. Algo más tarde, ese mismo año, los alemanes lanzaron sobre Londres los potentes V2. En invierno, 500 V2 cayeron sobre Londres, sobre todo en el East End. El último cayó el 27 de marzo de 1945 en Orpington, Kent. La victoria europea (el día VE) se declaró el 8 de mayo de 1945, y miles de personas tomaron las calles de Londres para celebrarlo.

Ruinas tras el bombardeo alrededor de la catedral de **Saint Paul**

EL LONDRES DE POSGUERRA

La posguerra de la segunda guerra mundial dejó a Londres casi tan destruida como Alemania. Poco después de proclamar la victoria, se realizaron unas elecciones generales que Churchill perdió y ganó el partido laborista con Clement Attlee. El nuevo gobierno creó la Seguridad Social británica (National Health Service) en 1948 y empezó un amplio programa de empresas públicas que incluía al transporte, la electricidad, el gas, correos y la compañía telefónica. Pero a pesar de los cambios, la mayoría de la gente vivía en un ambiente difícil y austero.

En Londres, el principal problema era la escasez de viviendas. Las casas prefabricados se pensaron como una solución de emergencia (aunque muchas siguen habitadas cuarenta años después), pero las nuevas viviendas que se construyeron a toda velocidad eran, a menudo, de muy baja calidad y poco apreciadas por sus habitantes.

De todos modos, también hubo cosas buenas en una época tan dura como ésa. Londres albergó los Juegos Olímpicos de 1948 y, tres años más tarde, el Festival de Inglaterra (cien años después de la Gran Exposición), una celebración de la tecnología y el diseño británicos. Las exposiciones se llevaron a cabo en terrenos abandonados de la orilla sur del Támesis, lo que dio pie a la construcción del South Bank Centre que, en la actualidad, es uno de los centros artísticos más grandes de Europa.

LOS AÑOS CINCUENTA Y SESENTA

A medida que fueron avanzando los años cincuenta, Londres fue recuperando poco a poco la vida normal y la prosperidad. El primer ministro Harold Macmillan proclamó, en 1957, que «la mayor parte de nuestro pueblo nunca ha estado mejor». La coronación de la reina Isabel II en 1953 fue el programa televisivo más visto de la historia del país y todo el mundo sentía que se iniciaba una nueva era.

Sin embargo, muchos londinenses abandonaban la ciudad. La población se redujo a la mitad durante los años cincuenta, lo que produjo una falta de mano de obra que se resolvió trayendo trabajadores de las antiguas colonias británicas. El servicio de transportes y la Seguridad Social fueron los que animaron a más habitantes de las Antillas a instalarse en Inglaterra. Por desgracia, como indican las revueltas racistas que ocurrieron en 1958 en Notting Hill, los emigrantes rara vez fueron bien acogidos. Una de las pocas zonas relativamente tolerantes de la ciudad era el Soho, que en los años cincuenta, se llenó de sus conocidos *pubs* bohemios, clubes y locales de jazz como el de Ronnie Scott, que aún sigue de moda.

A mediados de los años sesenta, Londres empezó a cambiar. Los innovadores diseños de Mary Quant, entre otros, empezaron a romper el imperio de París en el ámbito de la alta costura; King's Road se lleno de boutiques, Biba se instaló en Kensington. Carnaby Street se volvió popular entre los modernos y la ciudad fue haciéndose con la fama de ser la capital mundial de la música y la moda.

En agosto del año en el que los estudiantes iniciaron su movimiento en todo el mundo, 1968, salió a la calle la primera edición de la revista *Time Out* (un folleto que costaba cinco peniques). La década terminó con los Beatles nombrando su último álbum *Abbey Road*, la calle donde se encontraba su estudio de grabación de Londres NW8, y con los Rolling Stones dando un concierto gratuito en Hyde Park (en julio de 1969) que atrajo a medio millón de personas.

LOS AÑOS SETENTA Y OCHENTA

La situación tenía que explotar. Muchos londinenses recuerdan los años setemta como un período de dificultades económicas. La inflación, la crisis del petróleo y la deuda internacional provocaron un caos económico, y el IRA empezó a bombardear intereses ingleses. La explosión del movimiento *punk*, en la segunda mitad de la década, inspirado por el idiosincrático genio de Vivienne Westwood, le dio un toque de color nihilista a la ciudad.

Los años ochenta pasarán a la historia como la era Thatcher. Cuando los conservadores ganaron las elecciones, en 1979, la primera mujer Primer Ministro de Inglaterra (que abogaba por «las fuerzas del mercado» y la moralidad inglesa) se propuso erradicar el socialismo y reducir la influencia de las décadas anteriores. Su política monetaria y sus recortes presupuestarios agravaron la brecha que separaba a los ricos de los pobres, y mientras los profesionales y los *yuppies* (Young Urban Profesionals) se beneficiaban de la bajada de impuestos y de la facilidad de los créditos, el desempleo se agravaba. En Londres, estallaron revueltas callejeras en Brixton (1981) y en Tottenham (1985) causadas por el desempleo masivo y unos métodos políticos de gran dureza.

El Greater London Council (GLC) se opuso con firmeza al gobierno de Thatcher, un pecado que le valió su abolición en 1986. Desde entonces, Londres no ha tenido un cuerpo gestor que saliese de las urnas. Pero en mayo de 1998, se volvió a retomar la idea de crear la figura de un alcalde electo que dirigiese toda la ciudad (*véase* **Podría haber sido un competidor**, pág. 27).

Al espectacular aumento de los precios de la vivienda a finales de los años ochenta (con su punto álgido en agosto de 1988) le siguió una crisis igualmente alarmante y una recesión de la que la ciudad no empezó a salir hasta mediados de los años noventa. El desarrollo de las Docklands (uno de los modelos empresariales que Thatcher puso en marcha en 1981 para crear un centro de negocios en la zona que rodea al puerto, al este de Londres) fracasó en numerosas ocasiones. Aunque hoy se podría considerar un proyecto acertado que atrajo negocios a la Isle of Dogs, lo cierto es que la aridez del entorno y la falta de infraestructuras la han convertido en un espacio poco apreciado por quienes trabajan en él, y los habitantes de la zona tampoco están contentos con la invasión de *yuppies* que esto supuso.

Guía oficial del **Festival de Inglaterra** *de 1951*

LOS AÑOS NOVENTA

El sucesor de Margaret Thatcher, John Major, nombrado líder del Partido Conservador inglés en octubre de 1990, le devolvió la esperanza al electorado londinense. La revuelta callejera llevada a cabo en Trafalgar Square había servido para sacar del panorama tanto a Margaret Thatcher como a su sistema impositivo.

Sin embargo, los primeros años de la década siguieron siendo de recesión y, en la capital, el problema de los «sin techo» se hizo evidente. Poco después de la reelección del partido conservador en 1992, el IRA hizo estallar una enorme bomba en el centro de la ciudad. En el atentado murieron tres personas y se destruyó la bolsa báltica. Un año después, le siguió una segunda bomba que destrozó los edificios que rodean a la Bishopsgate. La bomba colocada en los Dockland en febrero de 1996 rompió un frágil alto el fuego que había durado dieciocho meses. Sin embargo, ahora, con el tratado de Good Friday y la devolución del poder a Belfast, las cosas han cambiado de verdad y la situación en la zona se ha tranquilizado, reduciéndose así el peligro al que antes se enfrentaba la capital.

En mayo de 1997, el pueblo británico sacó del poder a los cansados conservadores (los *tories*), y el partido laborista de Tony Blair, nada socialista, consiguió una aplastante y entusiasta victoria en las urnas. Y aunque el gobierno laborista todavía no ha cumplido todas sus promesas, su popularidad no ha decaído (gracias en parte a

Siga al líder

En los últimos dos siglos, el clima político, relativamente liberal de Inglaterra, ha dado asilo y apoyo intelectual a numerosos activistas políticos extranjeros y a pensadores radicales. Michael Collins, Sun Yat Sen, Marcus Garvey, Lenin y Ho Chi Minh pasaron una temporada aquí (este último como lavaplatos en El Savoy) antes de volver a sus respectivos países a iniciar una revuelta o una revolución.

El recorrido que detallamos a continuación visita las casas en las que vivieron personajes de peso internacional (marcadas con una placa azul) y va desde Earl's Court, en el oeste de Londres, a Regent Park, pasando por Notting Hill, para desviarse, luego hacia el sur, hacia Bloomsbury, y acabar en el Soho.
(Sólo se dan indicaciones para las zonas que no abarcan los planos que figuran al final de esta guía.)

(Tome las líneas de metro District Line o Piccadily Line hasta West Kensington o Baron's Court.)

1 Mahatma Gandhi (1869-1948)
20 Baron's Court Road, W14 (junto a **Plano 3 A11**)
En la carretera que va paralela (al sur) a la congestionada Talgarth Road, se encuentra una de las casas en las que vivió Mohandas Karamchand Gandhi de joven, cuando estudiaba Derecho en el Inner Temple, en la década de 1880. Por aquel entonces, Gandhi consideraba Inglaterra como «la tierra de los filósofos y de los poetas, el centro de la civilización», y se vestía al estilo occidental. Los líderes de su casta no estaban de acuerdo con eso y lo expulsaron.

(Cruce la carretera principal hacia la estación de West Kensington y suba por la North End Road. Gire en el cruce hacia Hammersmith Road en el centro de exposiciones Olympia; Russel Road es la segunda empezando por la izquierda.)

2 Mohammed Ali Jinnah (1876-1948)
35 Russel Road, W14 (junto al **Plano 3 A9**)
A tan sólo una milla del estudio de Gandhi se encuentra la casa en la que vivió el fundador de Pakistán cuando estudiaba en la Lincoln's Inn, en 1895. Al principio, a Jinnah Inglaterra le parecía «un país extraño», pero no tardó en integrarse y sentirse feliz.

(Partiendo de Russel Road, tome la Napier Road, pasada la Holland Road, y siga recto hasta el parque Holland por Melbury Road. Vaya hacia el norte por el parque Holland hasta la calle Holland Park. Gire a la derecha en Holland Park Avenue y, luego, a la izquierda en Ladbroke Grove. Elgin Crescent es la octava calle a la izquierda.)

3 Jawaharlal Nehru (1889-1964)
60 Elgin Crescent, W11 (junto al **Plano 1 A6**)
Del tercer estudiante de Derecho indio en Londres se puede visitar la casa en la que vivió el primer ministro de la India entre 1910 y 1912, cuando leía en la barra del bar del Inner Temple (y vivía a lo grande). Nehru era el más anglófilo de los tres y había estudiado en Harrow y en el Trinity College de Cambridge.

(Desde el extremo este de Elgin Crescent, gire a la derecha hacia Kensington Park Road y, luego, tome la segunda a la izquierda, hacia Chepstow Villas.)

4 Lajos (Louis) Kossuth (1802-1894)
39 Chepstow Villas, W11, (**Plano 1 A6**)
Considerado el padre de la democracia húngara, Kossuth, editor liberal y abogado, apoyó la independencia de Hungría en 1848. Se vio obligado a dejar el país al año siguiente y, tras ser encarcelado en Turquía, llegó a Inglaterra, donde fue recibido con cariño y comprensión en 1851. Vivió en esa casa de Notting Hill hasta que se mudó a Estados Unidos aunque, después, regresó.

(Continúe hacia abajo por Chepstow Villas, que desemboca en Pembridge Villas y Westbourne Grove, que, al igual que Queensway, está lleno de lugares estupendos donde comer, y diríjase hacia la estación de metro de Warwick Avenue. Warrington Crescent sale de la misma estación de metro.)

5 David Ben-Gurion (1886-1973)
75 Warrington Crescent, W9 (junto a **Plano 1 C4**)
El futuro Primer Ministro de Israel vivió en esta casa de Maida Vale en 1920. Durante su estancia en Inglaterra luchó por conseguir apoyo para su propuesta de una tierra judía en Palestina y, en una ocasión, llenó el Royal Albert Hall.

(Vuelva hacia la estación de metro de Warwick Avenue, gire hacia la derecha por Clifton Gardens / Clifton Road, hacia Maida Vale/Edgware Road y baje por St. John's Wood Road, junto al campo de cricket de lord. Al final de la calle, gire a la derecha hacia Park Road.)

6 José de San Martín (1778-1850)
23 Park Road, NW1 (al norte del **Plano 1 F4**)
Este soldado y hombre de estado argentino desempeñó un importante papel en la independencia de su país del poder de España.

(Camine hacia el norte y cruce Regent's Park hasta llegar a Prince Albert Road. Luego, gire hacia Albert Terrace y diríjase a través de Primrose Hill hacia Regent's Park Road. Chalcot Crescent sale de Regent's Park Road, al este de Primrose Hill.)

7 Dr. José Rizal (1861-1896)
37 Chalcot Crecent, NW1 (al norte del **Plano 5 G2**)
El escritor y héroe nacional de Filipinas vivió en esta casa durante el largo viaje por toda Europa que realizó entre

1882 y 1887. Publicó su famosa novela *Noli me Tangere* en 1886. Su condena de la Iglesia católica en Filipinas por su apoyo al colonialismo español y sus ideas a favor de un nacionalismo no violento le obligaron a exiliarse. En 1896, Rizal fue arrestado y fusilado.

8 Friedrich Engels (1820-1895)
121 Regent's Park Road, NW1 (al norte del **Plano 5 G2**)
El político y filósofo alemán que escribió, junto con Marx, *El Manifiesto comunista*, pasó la mayor parte de su vida en Inglaterra. Vivió en esta casa de 1870 a 1894.

(Baje hacia Regent's Park Road o Gloucester Avenue y, luego, gire a la derecha hacia Albany Street. Siga bajando hacia la estación de metro de Great Portland Street y gire a la izquierda. Gower Street es la sexta calle a la derecha, junto a la estación de metro Euston Square.)

9 Giuseppe Mazzini (1805-1872)
183, Gower Street, NW1 (**Plano 6 K4**)
Mazzini, uno de los líderes del *Risorgimento* italiano, exiliado primero de su país y, después, de Francia y de Suiza, consiguió refugio político en Londres en 1837. Vivió en la pobreza, enseñando y ayudando a niños italianos y, más tarde volvió a Italia para participar en la revolución del país.

10 Karl Marx (1818-1883)
28 Dean Street, W1 (**Plano 6 K6**)
El político y teórico económico y social alemán se mudó a Londres en 1849, después de escribir y publicar durante una década periódicos y libros radicales y de sentar las bases de la teoría del comunismo en Alemania, París y Bruselas. De 1851 a 1856, Marx vivió pobremente con su familia en el Soho. Pero en esa época inició en la cercana Biblioteca Británica (que estaba en su antigua sede de Great Russell Street) la investigación que le llevaría a publicar *El capital.*

la falta de credibilidad de la oposición) y el ambiente general que se respira en Londres sigue siendo optimista.

El funeral de la princesa Diana en la abadía de Westminster, en septiembre de 1997, dio lugar a escenas sorprendentes y a unas muestras de emoción muy poco habituales en los británicos. Mucho más británica fue, en cambio, la velocidad con la que las cosas volvieron a la normalidad. Las flores dejaron de llegar a la puerta del palacio de Kensington y los residentes de la zona empezaron a protestar ante la creación del prometido «Jardín en memoria de Diana», que ahora ha quedado reducido a un monumento que habrá de ser colocado en alguno de los parques reales. Este tipo de rechazo se extiende a proyectos más provechosos como, por ejemplo, la propuesta de sir Norman Foster de volver peatonal parte de Trafalgar Square y de Westminster. Pero un gran número de proyectos están saliendo adelante (*véanse* págs. 28-31), y aunque el Dome acabe siendo una enorme pérdida de dinero como algunos temen, aún se salvarían proyectos interesantes (en especial la Tate Modern, situada en la ribera sur del Támesis) que acercan la ciudad al nuevo siglo.

Los principales problemas de Londres siguen siendo los elevados precios del transporte público, lo congestionadas que están sus calles y la polución ambiental que sufre, pero a pesar de ello el turismo está más presente que nunca en la capital. La ciudad está ganando fama internacional por la excelencia de sus tiendas, restaurantes y clubes, y por su talento creativo, y la tantas veces pospuesta elección de un alcalde con poderes reales para cambiar las cosas proporcionará a los londinenses la posibilidad de elegir cómo quieren que sea su ciudad en el próximo milenio.

Carnaby Street, *en sus días de mayor apogeo*

Hechos clave

43 d. C. Invasión romana de Inglaterra; construcción del puente sobre el Támesis y fundación de Londinium.
61 Boudicca incendia Londinium, la ciudad se reconstruye y es nombrada capital de provincia.
200 Construcción de la muralla de la ciudad; Londinium se convierte en capital de la Britannia Superior.
410 Las tropas romanas abandonan Inglaterra.
h. 600 Construcción del Londres sajón, al oeste de la ciudad romana.
604 Primera iglesia de San Pablo, levantada por el rey Ethelbert; Mellitus es nombrado obispo de Londres.
841, 851 Ataques escandinavos contra Londres.
h. 871 Los daneses invaden Londres.
886 El rey Alfredo de Wessex reconquista Londres.
1013 Los daneses recuperan Londres.
1042 Eduardo el confesor construye un nuevo palacio «West Minster» alejado de la ciudad.
1066 Muere Harold en Hastings; Guillermo I es coronado en la abadía de Westminster; Londres logra un fuero.
1067 Se inicia la construcción de la Torre de Londres.
1176 Construcción del primer puente de piedra de la ciudad.
1185 Se consagra como iglesia el templo de la ciudad.
1191 Henry Fitzalwin se convierte en el primer alcalde.
1213 Se funda el hospital de St. Thomas en Southwark.
1215 El alcalde de Londres es uno de los firmantes de la Carta Magna, lo cual aumenta el poder de Londres.
1240 Se reúne el primer Parlamento en Westminster.
1290 Los judíos son expulsados de Londres.
1327 Se crea el primer Common Council de Londres.
1348-1349 La Peste Negra devasta la ciudad.
1381 Revuelta campesina de Wat Tyler.
1397 Richard Whittington se convierte en alcalde (lord Mayor).
1411 Se construye el primer Guildhall.
1476 William Caxton instala la primera imprenta en Westminster.
1513 Enrique VII funda la Royal Dockyard en Woolwich y Deptford.
1534 Enrique VIII rompe con la Iglesia católica.
1566 Thomas Gresham abre el Royal Exchange.
1577 Primer teatro de Londres en Shoreditch.
1598 John Stow publica *Survey of London.*
1599 Se construye el teatro Globe en Southwark.
1605 Fracasa el complot de Guy Fawkes, que pretendía desbancar a Jaime I y al Parlamento.
1642 Empieza la guerra civil; los realistas sufren una derrota en Turnham Green.
1649 Carlos I muere ejecutado y Oliver Cromwell instaura una Commonwealth (mancomunidad).
1664-1665 La Gran Plaga.
1666 El Gran Incendio.
1675-1711 Reconstrucción de la catedral de Saint Paul, destruida durante el incendio de la ciudad.
1692 Lloyd's abre el primer mercado de seguros.
1694 Se crea el banco de Inglaterra.
1717 Se trazaron Hanover Square y Cavendish Square; se inicia el desarrollo del West End.
1732 El 10 de Downing Street se convierte en residencia oficial con sir Robert Walpole.
1750 Se construye el puente de Westminster
1759 El Real Jardín Botánico de Kew es fundado.
1766 La muralla de la ciudad es derruida.
1780 Revueltas callejeras anticatólicas y antirlandesas de los Gordons.
1802 Se funda la bolsa.
1803 Se pone en marcha la primera línea de tren de Croydon a Wandsworth.
1812 El primer ministro Spencer Perceval muere asesinado en la Cámara de los Comunes.
1824 Se funda la National Gallery.
1827-1828 Se abre el zoo de Regent's Park.
1829 Empieza a funcionar el primer coche de línea de Londres tirado por caballos desde Paddington hasta el centro de la ciudad; Metropolitan Police Act.
1833 Se crea el cuerpo de bomberos de la ciudad.
1835 Abre el museo de cera de Madame Tussaud.

1836 Empieza a funcionar el primer tren de pasajeros que une Greenwich y London Bridge. Se funda la Universidad de Londres.

1837-1852 Se reconstruyen las casas del Parlamento destruidas por un incendio.

1841 Última helada del Támesis.

1843 Se traza Trafalgar Square.

1848-1849 Importante epidemia de cólera.

1851 Se lleva a cabo la Gran Exposición en Hyde Park.

1853 Harrods abre sus puertas.

1858 El Támesis sufre una fuerte contaminación («the Great Stink»).

1863 Se inaugura el primer tren subterráneo del mundo, la línea metropolitana.

1864 Se construyen las primeras viviendas Peabody en Spitalfields para los más desfavorecidos.

1865 Se funda el cuerpo de bomberos metropolitanos.

1866 Última gran plaza de cólera: Sanitation Act.

1868 Última ejecución pública en la prisión de Newgate.

1877 Primer torneo de tenis de Wimbledon.

1884 Se establece el horario del meridiano de Greenwich.

1888 Los asesinatos de Jack el Destripador aterrorizan a todo el East End.

1889 Se crea el London County Council.

1890 El Housing Act permite limpiar los barrios marginales; se inaugura el primer metro eléctrico que une Bank con Stockwell.

1915-1918 Bombardeos aéreos desde zepelines.

1940-1944 El Blitz destruye gran parte de Londres.

1948 Londres acoge los Juegos Olímpicos.

1951 Festival de Inglaterra.

1953 Coronación de la reina Isabel II.

1966 Inglaterra gana la Copa del Mundo en Wembley.

1982 Se cierra el último de los muelles de Londres.

1984 Se acaba la Thames Flood Barrier.

1986 Abolición del Greater London Council.

1990 Revuelta callejera en contra de los impuestos individuales en Trafalgar Square.

1991 Revuelta en Brixton.

1992 Inauguración del plan de desarrollo Canary Wharf; el IRA pone una bomba en el Baltic Exchange, en el centro de la ciudad.

1997 Funeral por la princesa Diana en la abadía de Westminster.

2000 Londres elige a su alcalde; inauguración de las galerías Tate Modern y Tate Britain, el Dome, el Puente del Milenio (Millennium Bridge) y la noria London Eye, y realización de otros muchos proyectos relacionados con el cambio de milenio.

Londres hoy

En vivo y en directo

Vi por primera vez el London Eye, la enorme noria situada en la orilla sur del Támesis, un domingo gris, lluvioso y helado. Echaba de menos la sensación que se experimenta cuando la noria se eleva lentamente sobre el río; no estaba en la ciudad cuando los ecologistas españoles la escalaron para protestar por su construcción el mismo día en que se inauguró. Pero ahora estaba en Waterloo; me giré hacia la izquierda y la vi, sobresaliendo sobre el County Hall. Era como si una nueva luna hubiese caído sobre el río. Miré desde otro lugar y, ahí estaba de nuevo, en esa ocasión como una forma gris contra un bloque de oficinas. De repente era un cuarto de circunferencia insolente que asomaba entre edificios; otras veces, un arco, un parpadeo, una sonrisa y, por último, un rostro completo pero vacío. Desde la orilla sur del Támesis podía verla en crudo contraste con las líneas góticas y verticales de las casas del Parlamento y con el frío estilo colonial de Westminster. La noria, colgada sobre el río, reflejándose en el agua, tocando el cielo bajo y gris. Si el gigantesco Dome, situado 16 km al este, es una molesta y sosa conferencia corporativa sobre el «cambio» y el «progreso» y una reflexión de los políticos y diseñadores sobre lo que creen que son los ingleses, la noria es más sencilla y más ingenua: se limita a dar vueltas y a dejar que los visitantes disfruten de la vista de Londres. Es una especie de «véalo usted mismo», «pruebe una perspectiva nueva», «déjese maravillar».

¿No son encantadores nuestros amigos cubiertos de plumas?

REFLEJAR EL PASADO

Rodeada por el secretismo del Whitehall, la impenetrabilidad del Gobierno, las estrechas calles y la prisa por vivir, propia de la metrópolis, la noria es el primer observatorio genuino en un siglo en el que se privatiza el cielo y se cierran las vistas. Va acorde con la ciudad y con el país, que tratan de verse a sí mismos desde una nueva perspectiva, de saldar cuentas con el pasado y buscar un nuevo futuro. ¿Cómo es posible que una ciudad tan grande, tan rica, tan importante y con tantos habitantes convierta la elección democrática de un alcalde en una especie de farsa del Lejano Oeste? ¿Cómo es posible que se gasten 758 millones de libras en una estructura, el Dome, que sólo interesa a unos cuantos políticos y que será desmantelada en uno o dos años? ¿Cómo puede ser que el apartamento que hace 15 años me costaba 20 libras de alquiler «valga» hoy 150.000? Sin comentarios.

Londres es una ciudad muy humana y al mismo tiempo muy alienada. No es una típica ciudad inglesa, sino una urbe cosmopolita, un cruce de caminos y un lugar de encuentro para diversas culturas que cuenta con todas las ventajas y desventajas que implica su identidad. Si pudiese hablar, lo haría en una mezcla de 300 idiomas distintos; si acudiese al médico, le mandarían de urgencias. Da la sensación de que, a lo largo de los años, su cuerpo y su espíritu se han ido deteriorando y hoy tiene mala circulación, sus extremidades sufren un claro abandono y su corazón está gravemente enfermo.

A PESAR DE LAS IMPERFECCIONES

Sin embargo, a pesar de las imperfecciones (o tal vez gracias a ellas), los londinenses adoran su ciudad. Odio ver cómo se va homogeneizando lo que era único, cómo se empiezan a repetir las tiendas, los bares, los restaurantes, los espectáculos y los hoteles en Roma o París. Detesto observar cómo se corporativiza el espacio, cómo se enriquece el centro a costa de los extremos, aunque puede que usted esté de acuerdo en el hecho de que se saneen espacios tan queridos como Brick Lane y los conviertan en nuevos bares, clubes o pisos. Es posible que todos odiemos las escuelas en las que no se trabaja y el hecho de que asistir a un partido de fútbol sea tan caro, pero, sin embargo, nos gustan los nuevos edificios de cristal, los proyectos de nuevos puentes, los fuegos artificiales, los carnavales, la recuperación de las playas del río y la fuerza de las comunidades y las asociaciones.

Las partes excluidas de la ciudad son las que impiden que el optimismo se desate. En los barrios marginales de Manor House, Southall y otros suburbios grises, Fulham, Chelsea o Belgravia son irrevelantes. En estos viejos y endogámicos oasis imperan la presunción y la arrogancia.

LO HAREMOS A NUESTRA MANERA

Cada londinense escoge su propio Londres, sus propias islas y grado de profesión, su nivel de riqueza, su vecindad, la velocidad a la que vive, las calles y los intereses que le mueven. Aprendemos a determinar qué queremos y qué o a quién debemos evitar. Observamos la ecología humana, la forma en que una zona o un grupo se come a otra y se convierte, a su vez, en alimento de otros. Oímos como los políticos repiten orgullosos que Londres es la capital del comercio, del diseño, del nivel de vida, de la excelencia medioambiental y de la tranquilidad, el lugar más rico de Europa. Y, les creamos o no, aprendemos a convivir con los aspectos negativos de la ciudad.

Desde lo alto de la noria, con la ciudad a nuestros pies en lento pero constante movimiento, podemos apreciar sus límites físicos. Vemos cómo evolucionó. Primero, integró el río, luego, se extendió hacia el oeste y hacia el este, y, ahora, crece en todas las direcciones. Una selva de cemento, un río vacío que avanza entre los edificios, una infinita gama de verdes, azules y grises. Si tenemos un mal día, nos parecerá remota, ajena, intocable. Si, en cambio, el día ha amanecido bueno, nos sentiremos parte de ella y nos emocionaremos al ver lo nuevo al lado de lo antiguo: creeremos que el mundo cambia ante nuestros ojos. Aunque sea durante unos minutos, tomaremos conciencia de encontrarnos en un momento clave, en un punto de inflexión que merece una celebración. Y la humanidad de todo ello llega a resultar dolorosa.

John Vidal es editor de la sección de medioambiente del Guardian.

Podría haber sido un competidor

Mayo de 2000 ha supuesto una revolución en la vida política de la ciudad. Por primera vez en la historia de Londres, los ciudadanos han tenido la oportunidad de elegir al jefe de la ciudad. Mientras el centro de la urbe, la City, la milla cuadrada que es la capital de las capitales, ha votado a todos sus alcaldes (llamados lord Mayor), desde el filántropo y amante de los gatos Dick Whittington hasta el actual en el cargo Ken Livingstone, el nuevo alcalde de Londres (London Mayor) tiene poder sobre el conjunto de la ciudad y le han votado cinco millones de personas, lo que le convierte en uno de los políticos de más peso del país.

Pero los intentos por escoger candidatos han resultado caóticos y absurdos. Los líderes de los partidos hacían cualquier cosa por influir en los que se suponía que tenían que tomar la decisión, la base del partido. A los nuevos laboristas les preocupaba la perspectiva de que el «rojo» Ken Livingstone, el amante de las salamandras que dirigió el Greater London Council, pudiera ser el preferido del público, y alegaron que la cúpula del partido había interferido en la elección. El elegido por Tony Blair, el exsecretario de Sanidad Frank Dobson, era un hombre de Yorshire con el carisma y el aspecto de Papá Noel. Glenda Jackson, la actriz que un día interpretara en el cine a la reina Isabel, era la tercera candidata.

El partido conservador dejó que los más puritanos escogieran como representante del partido a lord Archer, un hombre con fama de ser poco honesto con los asuntos de dinero. Como muchos predecían, empezaron a salir a la luz asuntos turbios de su pasado que le hicieron abandonar la carrera y, de paso, la vida pública. El siguiente elegido por los *tories* fue Steven Norris, muy apreciado por la gente, en parte por su variada e intensa vida amorosa. Norris reconocía abiertamente ser muy dado al flirteo, lo que debía de poner un poco nerviosos a los conservadores que le apoyaban en la campaña.

Lo cual nos lleva a Susan Kramer, la candidata de los demócratas liberales. Salió a la calle a recorrer la ciudad con la esperanza de mejorar su imagen pública y de llamar la atención de la gente sobre los temas de interés. Por desgracia, su aparente integridad y su falta de cosas que ocultar, la capacidad de su partido para tomar decisiones con rapidez y eficiencia y el hecho de que no había nadie con quien hablar de los temas interesantes, se volvieron contra ella.

Pero, ¿qué temas importantes son esos? El nuevo alcalde tiene ingerencia en asuntos como el transporte, el Gobierno, la sanidad pública y el medio ambiente. Pero, paradójicamente, no tiene capacidad para subir los impuestos y debe delegar el cumplimiento de las mejoras que introduzca a los distintos municipios. Tal vez la perspectiva de tener a un tigre sin dientes en el poder haya hecho que las diferencias políticas pasen a un segundo plano e interesen sólo las diferentes personalidades. Para que me entiendan, es como si al final de 1999, Malcolm McLaren, exjefe de los Sex Pistols y padrino del *punk*, tirase la toalla y le sustituyeran, días después, los compositores de Cockney, Chas y Dave.

Sin embargo, en el momento en que usted lea esto, es más que probable que las patadas en el hígado y las puñaladas por la espalda hayan quedado en el pasado. Londres ya ha elegido alcalde y ha empezado la aventura de saber si eso va a suponer algún cambio para la ciudad.

Construir para el futuro

Un repaso a las obras de la ciudad

Tome la Central Line hasta Saint Paul, camine hacia la fachada sur de la catedral, cruce la calle y siga paseando hasta llegar al río. Allí encontrará, concentrado, un microcosmos que reúne la tensión, la ambigüedad y las contradicciones de la arquitectura londinense. Lo primero que verá frente a usted es el largo y nuevo Millennium Bridge; más allá se encuentra la antigua central eléctrica de Bankside, un monolito de ladrillo sabiamente transformado en una de las mayores galerías de arte moderno del mundo, y, a su izquierda, el Globe Theatre, un nuevo complejo construido a imagen de los del siglo XVI, con madera y techo de paja.

Así pues, ¿qué está pasando? Londres está embarcada en la mayor fiebre constructiva desde el siglo XIX, un fenómeno causado por la combinación de distintos factores, entre los que figuran una etapa de prosperidad, el inicio de la Lotería Nacional y la fiebre del milenio. Pero Londres no es ni ha sido nunca un ejemplo de urbanismo; por el contrario, está formada por una curiosa yuxtaposición de todos los estilos arquitectónicos que han existido desde la época de los romanos. Desde la abolición del Greater London Council, a mediados de los ochenta, cada municipio ha contratado a los arquitectos que ha creído oportuno para que realizasen proyectos propios, sin prestar atención a los de los municipios vecinos. Como resultado, Londres carece de una perspectiva de conjunto en lo referente a la arquitectura, el transporte y los servicios.

Es importante comentar que Londres está rodeado por una zona llamada «el cinturón verde», una zona protegida que impide que la ciudad crezca hasta ocupar todo el sudeste de Inglaterra. Esto, y un ejército de conservacionistas empeñados en proteger cualquier edificio que tenga más de una generación de antigüedad, ha obligado a los arquitectos a respetar la herencia arquitectónica de la ciudad y a rehabilitar los edificios en lugar de derruirlos. Lo nuevo suele estar integrado en lo viejo sin que se vea desde la calle. A muchos turistas les sorprende descubrir interiores totalmente contemporáneos en edificios muy antiguos, aunque afortunadamente eso no significa que no se construyan también numerosos edificios nuevos.

ALTA TECNOLOGÍA

Así pues, no deja de sorprendernos que Londres cuente con algunos de los edificios modernos más extraordinarios de Europa. Lo quiera o no, no podrá ignorar el **Dome** de Greenwich (*véase* pág. 124); piense lo que piense de su carpa de 758 millones de libras, lo cierto es que la lista de arquitectos que participaron en su creación es impresionante. Entre ellas figuran Zaha Hadid, Shigeru Ban y Nigel Coates, el diseñador del hermoso y poco famoso, gran

Imagen generada por ordenador del **Millennium Bridge** *junto a la* **Tate Modern** (*véase pág. 30*)

El final de la línea

¿Puede creer que ésta sea la estación de **Canary Wharf***?*

Es curioso que una de las mejoras arquitectónicas más importantes de Londres se encuentre bajo tierra. La largamente esperada **Jubilee Line Extension** que une Green Park, en el oeste, con Stratford, en el este, es una verdadera muestra de talento arquitectónico. Cada parada de metro y parada de autobús es obra de una escuela de diseño diferente y, para los aficionados a la arquitectura, merece la pena dedicar un tiempo a recorrerlas.

Alsop, Lyall y Stömer diseñaron la parada de **North Greenwich**, y no necesitaban ganar el premio de arquitectura Sterling (que comparten con la parada de Stratford) para darse a conocer: es la parada más cercana al Millennium Dome. Compuesta por una espectacular mezcla de acero, mosaicos color cobalto y una iluminación azul, la estación es un marco espectacular para el inicio de la línea de metro. El edificio, que costó 110 millones de libras, recibe un promedio de 12.000 viajeros por hora, que pueden ver los andenes desde arriba. La rehabilitación de la parada de **Stratford** fue prácticamente una ganga a su lado, ya que costó 25 millones de libras. Se trata de una parada elevada, con un estupendo techo voladizo que parece un homenaje a las grandes estaciones de tren del siglo XIX.

Pero, si quiere ver algo grande, acuda a la parada de **Canary Wharf**, una prueba más de la omnipresencia de Norman Foster. La torre adyacente es tan alta que uno no puede evitar sentir cierta reverencia hacia la estructura alada de cemento que cuelga sobre la entrada. Si quiere ver la clase de espacio que los críticos de arquitectura tienen en mente cuando hablan de «tipo catedral», compre un billete para Canary Wharf.

escaparate del **Geffrye Museum** de diseño de interiores (*véase* pág. 112).

Al margen de estos actos de extravagancia, al visitante le sorprenderá descubrir que se han invertido grandes sumas en los museos, los estadios, los puentes e incluso en el abandonado sistema de transportes de la ciudad. Una buena parte de ese trabajo procede de los padres fundadores del movimiento tecnológico del Reino Unido, **Richard Rogers** (perdón, lord Rogers) y **Norman Foster** (o mejor, lord Foster), de la orilla del Támesis.

Rogers, el creador del Dome, tiende a trabajar para empresas, lo que explica que sus obras no estén abiertas al público. Pero, si ve que entre las pulcras líneas geométricas de un edificio de oficinas o de apartamentos surgen conductos de calefacción, tubos de agua y de electricidad y cosas por el estilo, es muy probable que se encuentre ante una de sus obras. Como prueban con acierto el **Lloyd's Building** (Lime Street, EC3, *véase* pág. 47) y el **Channel 4 Building,** en Horseferry Road, SW1 (1994, *véase* pág. 87), Rogers defiende que la estética industrial y el acero inoxidable no están reñidos con el ladrillo y el granito. Hoy, catorce años después de su diseño, el edificio Lloyd's sigue superando con creces muchas obras contemporáneas. Aproveche las jornadas «Open House», que tienen lugar en septiembre, para ver su interior, que es único (*véase* pág. 8).

El amigo y rival de Rogers, Norman Foster, ha tenido más éxito en el campo de los edificios públicos, un área que le ha permitido explorar las posibilidades de los techos de cristal, un elemento que ha utilizado con gran acierto en la remodelación del Reichstag berlinés. Esa misma tecnología se puede ver en la osada ampliación del **British Museum** (*véase* pág. 66), inaugurado en noviembre de 2000 y que ha costado 98 millones de libras. El edificio del museo, que data del siglo **XIX,** contaba con un gran patio central que se pensó como un jardín para los visitantes. Sin embargo, a los encargados les pareció que eso suponía desaprovechar un espacio enorme y decidieron instalar la British Library en esa zona. Pero cuando la biblioteca se mudó a una sede propia (en un edificio muy controvertido) hace dos años, el museo, que siempre estaba saturado de gente, cobró nueva vida. Foster lo ha derribado todo menos la sala de lectura circular situada en el centro, y ha colocado sobre el enorme patio una cubierta de 1.000 toneladas de vidrio y acero. Una vez superada la presión de los conservacionistas, indignados ante la idea de que se pudiera mejorar visualmente el museo, el tejado subió, se tensó y se curvó a lo largo del patio para que no se pudiera apreciar su presencia desde la calle. El nuevo espacio alberga exposiciones, una zona educativa y el obligado restaurante. Y lo mejor, la sala de lectura circular se ha convertido en una biblioteca pública por primera vez.

Foster también se hizo con un buen encargo al ganar el concurso para crear el nuevo Parlamento de la **Greater London Authority**, el consejo de la ciudad que ha vuelto a existir después de las elecciones de mayo del 2000. Cuando Thatcher abolió por despecho esta institución, vendió la sede a un consorcio que degradó el edificio histórico convirtiéndolo en un hotel, un acuario, un local de videojuegos y un McDonalds. Cuando el nuevo Gobierno se propuso recuperar lo que los conservadores habían destruido, vio que era preciso construir una nueva sede. Después de enfrentarse a una competencia feroz, Foster se llevó el gato al agua con un edificio de bajo consumo que muchos describen como un casco aplastado, un faro o un testículo. Sea cual sea su aspecto, este edificio de vidrio y acero dará vida al apagado espacio situado cerca del Tower Bridge, cuando se acabe de construir, en el 2003. Estará abierto al público, tendrá un palco con capacidad para doscientos ciudadanos ávidos de saber qué maquina el Gobierno de la ciudad y contará también con una terraza con vistas sobre toda la ciudad.

VISTAS DEL TÁMESIS

Sin duda, Foster se reunirá con Hawksmoor, Nash y Wren en el panteón arquitectónico londinense. Su **Millennium Bridge,** diseñado en colaboración con el escultor Anthony Caro, se inauguró en el año 2000 y es el primer puente nuevo que se construye desde hace más o menos un siglo. Exclusivamente peatonal, el fino puente colgante conduce a la gente de la catedral de Saint Paul hacia la nueva zona artística situada en la orilla sur del río.

De todos modos, es una lástima que se haya dado prioridad a esta ruta frente a la mejora del **Hungerford Bridge**, un puente entre Charing Cross y el South Bank Centre cerca de Waterloo, que comparten los peatones y los trenes, y que lleva tiempo siendo un problema para la ciudad. La vista de las casas del Parlamento hacia el oeste queda ensombrecida por las vallas que separan a los peatones de los trenes, mientras que el puente en sí es demasiado estrecho y casi siempre está lleno de charcos y de mendigos. Se planeó corregir este desbarajuste construyendo dos puentes peatonales más a ambos lados del tren. Los nuevos puentes cuentan con siete enormes columnas de acero y cable y se espera que los utilicen siete millones de personas al año, el doble que antes. El incremento del tráfico se deberá, en parte, al hecho de que el puente oeste ofrecerá unas vistas que no se han tenido en los últimos cien años, una oportunidad que hará que valga la pena soportar la congestión de las líneas de metro entre Embankment y Waterloo.

Si ya ha llegado a los puentes, merece la pena que se dé una vuelta por el **Royal Victoria Dock**, en el East End de Londres. Allí, Lifschutz Davidson, el arquitecto que remodeló por 26 millones de libras el puente Hungerford, ha creado un puente poco habitual, lo suficientemente alto como para que pasen yates por debajo y lo suficientemente bajo como para no suponer un peligro para los aviones que aterrizan en el cercano aeropuerto de la ciudad. Su creador imaginó un diseño en el que los peatones toman un ascensor en un extremo con el fin de llegar al puente, expuesto a los vientos por encima del muelle, y toman otro ascensor para bajar en el otro lado. El puente, creado con acero y madera (los cuales con el tiempo adquieren un único tono plateado), tiene una estructura elegante, bien concebida, que destaca sobre un paisaje posindustrial bastante anodino.

Pero si lo que busca es una vista del río, olvídese de los puentes y diríjase a la **British Airways London Eye** (*véase* pág. 36), la noria gigante que se encuentra en la orilla opuesta al Parlamento. Se trata de una estructura de 135 m de altura, lo que la convierte en la noria más grande del mundo. Se ensambló en el margen del río y se puso en pie por medio de una compleja operación que se tuvo que aplazar la primera vez porque uno de los cables se soltó, lo que permitió a la prensa hacer lo que mejor se le da: burlarse de algo innovador y predecir que sería un rotundo fracaso. Afortunadamente, hoy la noria está en pie, equipada con sus 32 cápsulas de vidrio, y funciona de maravilla. Está previsto desmantelarla en el 2005 pero muchos, conscientes de que la Torre Eiffel se concibió como algo temporal, esperan que la noria se convierta en un elemento característico del paisaje londinense.

MUSEOS Y GALERÍAS

Uno de los principales eventos arquitectónicos de 2000 fue la inauguración de la **Tate Modern** (*véase* pág. 39, **Tate, el arte en primer lugar**), una nueva galería de grandes dimensiones, situada en el gran espacio abierto que antes ocupaba la central eléctrica de Bankside. Los arquitectos suizos Herzog y de Meuron se han esforzado por respetar la integridad del edificio original (diseñado por sir Giles Gilbert Scott, creador también de la tan querida cabina de teléfonos roja), al tiempo que añadían dos pisos en un cubo de cristal del largo de la azotea. Esto supone un total de siete plantas de salas de exposiciones, parte de las cuales se han instalado en la antigua sala de turbinas, lo que permite la colocación de esculturas realmente impresionantes. Este centro dedicado al arte contemporáneo ha costado 143 millones de libras y abrió sus puertas en mayo de 2000.

Dos meses antes de la inauguración, la Tate original, situada más arriba, cerca de Pimlico, abrió de nuevo sus puertas tras una intensa remodelación con el nombre de **Tate Britain**. De todos modos, las obras han continuado hasta el 2001 para aumentar el espacio de exposición y para crear una nueva entrada en Atterbury Street.

El mundo del arte recibió un nuevo impulso en mayo del 2000, cuando se inauguró la ampliación de la **National Portrait Gallery** (*véase* pág. 90), la pariente pobre que vive en una de las esquinas de Trafalgar Square. Afortunadamente, este museo rehuyó los pastiches posmodernos (como los que se emplearon en la ampliación de su hermano mayor realizada hace una década) y optó por lo espectacular. En el vestíbulo se ha construido una nueva escalera mecánica que conduce a un nuevo grupo de salas de exposición que aumentan en un 50 % el espacio disponible.

Pero, en espectacularidad, es el **Victoria & Albert Museum** (*véase* pág. 97) el que se lleva la palma. El museo encargó una necesaria ampliación al arquitecto Daniel Libeskind, quien creó una serie de estructuras en forma de caja, blancas, brillantes y de aspecto frágil conocidas como «la espiral», que costaron 80 millones de libras. Apenas recuperado de la admiración que despertó su diseño del Museo del Holocausto de Berlín, Libeskind ha diseñado un edificio que catapultará a Londres a la vanguardia de la arquitectura, del mismo modo que Gehry puso a Bilbao en el mapa con el museo Guggenheim. Esta estructura, compuesta por distintos bloques, está formada por planos inclinados interrelacionados y, cuando esté acabada, dentro de unos años, proporcionará espacios de exposición tan originales que parece un milagro que los responsables del museo hayan dado el visto bueno al proyecto. La nueva galería de materiales del (**Science Museum** (*véase* pág. 96) y el proyecto de crear una sala Charles Darwin en terracota y vidrio para ampliar el **Natural History Museum** (*véase* pág. 96), ponen de manifiesto que el complejo artístico de Kensington se ha decidido por fin a mirar hacia el futuro y no centrarse sólo en las glorias del pasado.

En cuanto a los complejos artísticos, todavía está en elaboración un proyecto para mejorar el paisaje de hormigón que forma el conjunto del **South Bank Centre** (*véanse* págs. 264 y 282). Desde la propuesta de Richard Rogers de cubrirlo todo con un tejado de vidrio ondulado, el proyecto de renovación está en manos del arquitecto norteamericano Rick Mather, que en la actualidad lleva a cabo la reforma de la **Dulwich Picture Gallery** (*véase* pág. 129), en el sur de Londres, y de la **Wallace Collection,** en Marylebone (*véase* pág. 71). Mather es reticente a la hora de comentar sus ideas, que al parecer giran en torno a si es preferible conservar la **Hayward Gallery** (el máximo exponente del movimiento brutalista de los años setenta; *véase* pág. 40) o derruirla y levantar una nueva construcción en los cercanos jardines Jubilee.

El espectacular **Natwest Media Centre**

ESPACIOS DEPORTIVOS

Al margen del deseo de Londres de albergar futuros eventos deportivos, lo más actual es la puesta en marcha del plan para sustituir el querido (pero inadecuado) **Wembley Stadium** (*véase* pág. 305). Las grandes empresas públicas no son nada fáciles, y parece que a finales de 1999 el proyecto fracasó y los arquitectos tuvieron que volver a empezar de cero. Por otro lado, el éxito arquitectónico de ese año fue un edificio relacionado con el deporte. El **Natwest Media Centre**, una especie de pastilla de jabón gigante que emerge de las gradas del **Lord's Cricket Ground** (*véase* pág. 302), es un edificio realmente innovador. Lo diseñó Future Systems, una empresa que se gana la vida tirando por la ventana el libro de normas, y posee una estructura de aluminio que se fabricó en un astillero, con la tecnología que se aplica a la construcción de yates. Puede albergar a 140 periodistas y tiene un interior de color azul claro que recuerda a un Chevy de los años cincuenta. El edificio bien merece el premio de 20.000 libras que le concedió la RIBA (Royal Institute of British Architects) a finales de 1999.

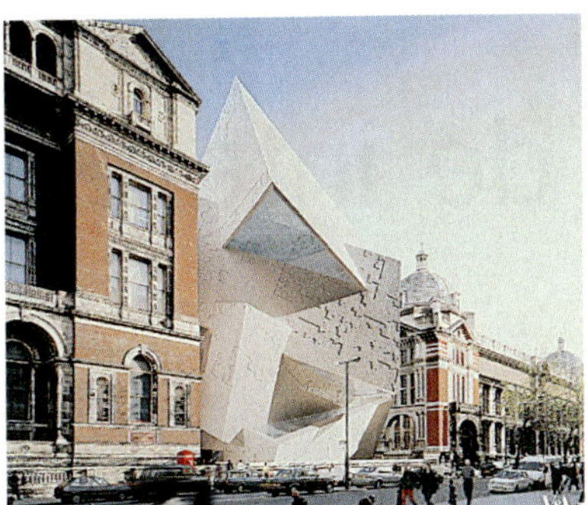

Aspecto que tendrá la «espiral» o ampliación del **V&A**

Por cierto, el Marylebone Cricket Club ganó el premio de Cliente del Año, lo que le ayudó a construir su palco de prensa sin que se creara demasiada polémica. Esa apertura de mente no es muy habitual en Inglaterra, lo que explica por qué los proyectos comentados en este apartado han sufrido retrasos, han tenido problemas de financiación y han recibido críticas por parte de los medios de comunicación. Conviene recordar que a Christopher Wren le redujeron el sueldo a la mitad antes de que fuera despedido como arquitecto de la catedral de Saint Paul, que Charles Barry recibió el desprecio del público cuando acabó las Casas del Parlamento y que el exceso de trabajo y de críticas aceleró la muerte de Edmund Street, arquitecto de la Royal Courts of Justice. ¿Quién querría ser arquitecto en esta ciudad?

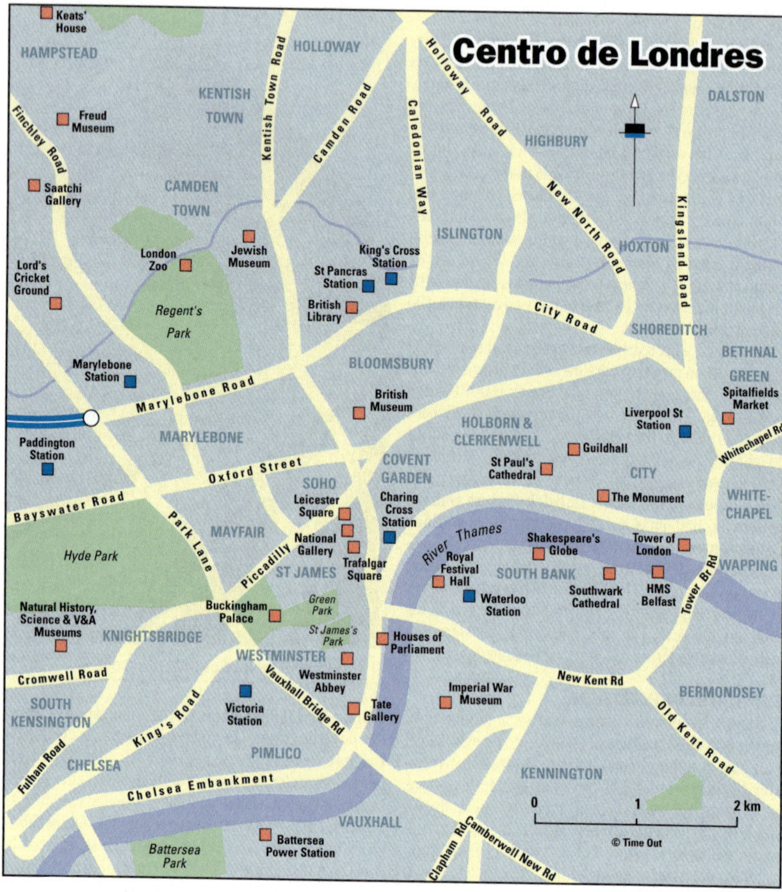

Lugares de interés

Introducción

La fiebre del milenio ha tenido un peso increíble en los lugares de interés, monumentos y galerías de Londres. Se diría que cada institución tiene su proyecto y la mayoría de ellos son muy ambiciosos. Entre los más importantes figuran el Gran Patio del **British Museum**, la nueva Welcome Wing del **Science Museum**, la Galería del Holocausto del **Imperial War Museum**, la creación de la Galería de Mundos Africanos en el **Museo Horniman** y la ampliación del espacio de exposiciones de la **Wallace Collection**. Esta frenética actividad ha hecho que algunos museos cierren ciertas salas, de modo que es conveniente llamar antes de ir para preguntar qué hay abierto y qué se puede ver.

EL IMPACTO DE LO NUEVO

Muchos museos se dieron prisa en acabar los retoques para recibir al nuevo milenio durante los años 1998 y 1999. El **Museo Geffrye** inauguró una ampliación de diseño espectacular, el **National Maritime Museum** mostró con orgullo al público su Patio de Neptuno y el **Courtauld Institute of Art** realizó una mejora de su entorno. A finales de 1999, la remodelada **Royal Opera House** de Covent Garden abrió sus puertas con gran éxito. Otra inauguración, distinta pero igualmente exitosa fue la del **Centro Wetland** de la Wildlife and Wetlands Trust, en Barnes, al sur de Londres.

Desde 2000, pueden verse dos nuevas colecciones en la Courtauld de Somerset House. En mayo, abrió sus puertas la **Gilbert Collection,** que expone cajas de tabaco de oro, objetos de plata europeos y mosaicos italianos; en otoño, la exposición **Hermitage Rooms** en la **Somerset House**, con los tesoros del museo más importante de Rusia. También en mayo, la galería pública más antigua de Inglaterra, la **Dulwich Picture Gallery**, volvió a abrir tras una exhaustiva remodelación. Pero probablemente, el proyecto de mayor envergadura sea la majestuosa **Tate Modern** situada en la antigua central eléctrica de Bankside, en la orilla sur del río. Por su parte, la antigua Tate Gallery ha pasado a llamarse **Tate Britain** que volvió a abrir sus puertas en marzo de 1999.

¿GRATIS PARA TODOS?

La cuestión de si hay que cobrar o no entrada en las principales galerías y museos del país ha venido persiguiendo al Gobierno laborista desde que éste llegó al poder en mayo de 1997. De entrada, parecía que seguían los pasos de sus predecesores conservadores (*tories*) obligando a los principales museos a autofinanciarse por medio del cobro de entradas, pero en 1998, dieron un vuelco a la situación: era preciso eliminar las entradas en las instituciones más importantes. Sin embargo, a principios del año 2000 la situación se volvió caótica y algunos de los grandes (entre los que figuraban los museos de Historia Natural y de la Ciencia) se negaron a dejar de cobrar entrada porque alegaban que el Gobierno no podría compensar los ingresos que dejarían de percibir. La primera parte del plan, es decir, que los niños no paguen entrada, funciona desde abril de 1999; la idea era que los jubilados tuvieran acceso gratuito a partir del año 2000 y que el resto dejara de pagar en el 2001.

Nota: muchos museos importantes (**British Museum, National Portrait Gallery, Tate Gallery**) han sido siempre gratuitos y otros dejan pasar al público gratis a partir de una determinada hora (generalmente, las 16:30 horas).

LA TARJETA GOSEE PARA VISITAS TURÍSTICAS

Si tiene pensado visitar numerosos lugares turísticos, museos y galerías en un breve lapso de tiempo, es posible que le merezca la pena comprar una **tarjeta GoSee** (aunque conviene tener en cuenta que algunos museos pueden dejar de cobrar entrada pronto). Estos pases de tres o siete días dan acceso ilimitado a más de 16 lugares turísticos, museos y galerías dentro del tiempo especificado en la tarjeta. Las instituciones que participan en el programa están marcadas con un asterisco (*) en el índice de la página siguiente. El precio de la tarjeta individual para tres días es de 16 £, y para siete días, de 26 £. Las familias cuestan 32 £ por tres días y 50 £ por siete días. Estas tarjetas se pueden adquirir en cualquiera de los museos o galerías participantes y en la mayoría de los centros de información turística de la ciudad. Para más información, visite la página *web www.london-gosee.com.*

Interior de la impresionante **Tate Modern**

Índice de museos y lugares de interés

La lista siguiente no es exhaustiva, pero incluye los principales puntos de interés turístico de la ciudad. Los lugares marcados con un asterisco (*) colaboran con el programa **GoSee** (*véase* pág. 33).

El centro de Londres

La orilla sur

Llévame al río

PLANOS 8, 11 Y 12

Puede que la orilla sur del Támesis, entre los puentes Lambeth y Tower, parezca un lugar poco ortodoxo para iniciar un recorrido por el centro de Londres, pero en términos de historia, cultura y riqueza de creaciones para el nuevo milenio, no hay zona de la ciudad más espectacular e interesante. De hecho, el área ha cambiado tanto de ambiente y de aspecto que si vuelve a Londres después de unos años, es posible que no la reconozca. Probablemente el mayor encanto de la orilla sur consiste en que, contrariamente a lo que ocurre en la orilla norte, repleta de vías rápidas contaminadas, uno puede pasear por toda su extensión sin encontrarse con un solo coche. En 1997, la inauguración de la carretera de la orilla sur supuso un nuevo comienzo para la zona. La carretera va paralela al río atravesando los antes nada interesantes Upper Ground, Belvedere Road y Concert Hall. El nuevo enfoque se consiguió introduciendo bulevares con árboles, aceras anchas y una iluminación cálida. Se instalaron nuevas señales, se pusieron placas con los nombres de las calles, se colocaron mapas iluminados de la zona y se colgaron 66 pancartas de farolas especialmente diseñadas para la ocasión, lo que constituye la galería al aire libre más larga de Londres. El paseo **Millennium Mile** también ha ayudado mucho (*véase* pág. 42, **Cuestión de orillas**).

DE LAMBETH BRIGE A HUNGERFORD BRIDGE

Al norte del puente Lambeth Bridge se encuentran los edificios de ladrillo rojo que forman el **Lambeth Palace**, la residencia oficial del arzobispo de Canterbury desde el siglo XII. El palacio no suele estar abierto al público (para mayor información llame al 7898 1198). Al lado se encuentra el interesante **Museum of Garden History** (*véase* pág. 41), en la iglesia de St. Mary-at-Lambeth. El St. Thomas' Hospital en el que se encuentra el **Florence Nightingale Museum** (*véase* pág. 39), está situado junto al puente de Westminster, donde domina la imponente presencia del renovado **County Hall**. Sede del Greater London Council hasta su abolición en 1986, ahora contiene dos hoteles (*véase* pág. 159), restaurantes de comida china e italiana, un McDonalds, el **London Aquarium** (*véase* pág. 40), las dos plantas de la **Namco Station** y la **FA Premier League Hall of Fame** (*véase* pág. 38).

Los vecinos de **Jubilee Gardens** se convirtieron en un gran centro de interés en el otoño de 1999, cuando una multitud se concentró en ellos para contemplar la instalación de la impresionante noria **British Airways London Eye** (*véase* pág. 36). Con sus 135 m de alto, la noria es la cuarta estructura más alta de la ciudad, y empezó a funcionar a principios del año 2000. Los jardines también han sido acondicionados y renovados. El **Hungerford Bridge** (junto al puente ferroviario de Charing Cross) ha sido objeto de un ambicioso proyecto: se demolió el anterior puente peatonal y se crearon dos a ambos lados del puente de ferrocarril. Las obras de ambos se terminaron en abril de 2001 (*véase también* pág. 30).

DE HUNGERFORD BRIDGE A BLACKFRIARS BRIDGE

El complejo artístico de la orilla sur, que recibe el poco original nombre de **South Bank Centre**, reúne lo más moderno de Londres. El **Royal Festival Hall** (*véanse* págs. 264 y 282), de Denys Lasdun, se construyó para conmemorar la alegría del fin de la guerra con el Festival de Inglaterra de 1951, y los edificios nuevos eran un escaparate de la arquitectura y la construcción contemporáneas. Es justo decir que no a todo el mundo le gusta, aunque tampoco ayuda nada el hecho de que esté bordeado de senderos de cemento ni la cercanía de un edificio de estilo brutalista como es la **Hayward Gallery** (*véase* pág. 40). Desde los años ochenta se sugerían planes para humanizar la zona, pero hasta 1999 no se nombró a un encargado del proyecto, en este caso el arquitecto Rick Mather, ni se dio permiso para valorar cada edificio por separado. El Royal Festival Hall se salvará (de hecho, hace poco le concedieron 12 millones de libras procedentes de la lotería nacional, para restaurarlo e intentar mejorar la acústica interior). Pero los edificios que albergan la Hayward Gallery, el **Queen Elizabeth Hall** y la **Purcell Room** serán derruidos junto a los muros de cemento de los paseos (algo que ya se ha hecho en Belvedere Road junto al Royal Festival Hall) y se sustituirán por un edificio bajo situado al otro lado del puente Hungerford Bridge. En su lugar, se creará un nuevo complejo relacionado con el cine que incluirá el **National Film Theatre** (*véase* pág. 270), el **Museum of the Moving Image (MOMI)** que permanecerá cerrado hasta el 2003, y el **BFI London IMAX Cinema** (*véanse* inferior y pág. 270), así como la nueva sede del British Film Institute.

Al lado, igualmente necesitado de algunas mejoras, se encuentra el inmenso y cuadrado edificio del **Royal National Theatre**, que también forma parte del nuevo proyecto para la orilla sur (*véase* pág. 306). La estupenda vista que hay desde el **Waterloo Bridge**, especialmente hermosa al atardecer, inspiró la canción de los Kinks que tanto éxito tuvo en 1967, *Waterloo Sunset*. En el paseo junto al río se instala habitualmente un mercadillo de libros.

En el tramo que va del Waterloo Bridge al de Blackfriars, el edificio más llamativo es, sin lugar a dudas, la hermosamente restaurada **Oxo Tower Wharf**. El acertado diseño estilo Art Déco de la torre incluye la palabra «OXO», lo que sirve para burlar las leyes que prohiben los grandes carteles publicitarios. Hoy, en la torre hay apartamentos y pequeñas tiendas de artesanía y cuenta con un elegante restaurante y bar (*véase* pág. 168) que dirige el equipo de Harvey Nichols, el **Fifth Floor** (*véase* pág. 167). Todo el mundo puede disfrutar de las vistas en el mirador público de la octava planta. Un nuevo museo, con el intrigante nombre de **The Museum of...** (*véase* pág. 41) abrió sus puertas a finales de 1998. La torre y gran parte de las casas (y la bonitas tiendas de **Gabriel's Wharf**) se deben a la admirable Street Community Builders, una organización sin ánimo de lucro, que ha hecho todo lo posible por mantener la integridad de esta zona en rápido crecimiento y por asegurarse de que los habitantes originales no tengan que abandonar el lugar por una subida excesiva de los precios. En el área tiene lugar el **Coin Street Festival**, se trata de una multifacética celebración anual de la vida y el arte de la localidad (de junio a septiembre). Otro de los proyectos más interesantes es la construcción de una piscina olímpica en el Támesis, junto a la torre Oxo.

LOS ALREDEDORES DE WATERLOO

Del Royal Festival Hall parte un paseo que va a dar a la **Waterloo Station**, desde donde se ven llegar y partir los trenes Eurostar bajo la terminal con techo de cristal diseñada por Nicholas Grimshaw. Antaño, ese corto paseo estaba repleto de autobuses, ruidos y malos olores, pero, al igual que en otros casos, se han tomado medidas para que la experiencia sea más fácil y placentera. La rotonda situada frente a la salida de la estación de Waterloo solía ser el hogar de legiones de vagabundos que habían construido una especie de ciudad de cartón, pero eso ya es historia. El **BFI London IMAX Cinema** de Londres que se ha construido al lado (*véase* pág. 270), que con una pantalla de alta definición de diez pisos de altura es el mayor de Europa, lo ha cambiado todo. No en vano costó veinte millones de libras.

Detrás de la estación, al otro lado, en **Lower Marsh** hay un mercado lleno de vida entre semana, y cerca está

London Eye

Si hay un proyecto relacionado con el nuevo milenio al que no le faltan admiradores, ése es la noria que sobrevuela el Támesis y que se conoce como **British Airways London Eye**. El artilugio se montó a finales de 1999, después de varios meses de «problemas técnicos» para que se mantuviese en pie (en un momento dado Virgin lanzó un globo en el que se podía leer: «A British Airways no se le levanta»). A pesar de las bromas, la estructura es impresionante y se ve desde prácticamente todo el centro de Londres, lo que no es nada sorprendente si se tiene en cuenta que mide 135 m de altura. Se diferencia de las norias de feria en el hecho de que aquéllas van sujetas por dos extremos y tienen compartimentos abiertos, mientras que ésta es más bien un mirador. Sus 32 cápsulas (que pueden albergar a 25 personas cada una) giran sin parar, proporcionando a los usuarios un paseo de treinta minutos con vistas que, en los días claros, pueden alcanzar extensiones de hasta 40 km. Teniendo en cuenta que el público no tiene acceso a tres de los edificios más altos de Londres, la Torre Canary Wharf, la Torre NatWest y la Torre BT), el London Eye, que es el cuarto en altura, se puede jactar de ofrecer unas vistas únicas de la capital.

British Airways London Eye
Jardines Jubilee, junto al County Hall, SE1 (0870 500 0600). Metro: Westminster o Waterloo; estación de tren: Waterloo. **Abierto** de octubre a marzo de 10.00 a 19.00 horas diariamente. Del 31 de marzo al 25 de mayo y del 10 al 30 de septiembre de 10.00 a 20.00 horas diariamente. Del 26 de mayo al 9 de septiembre de 10.00 a 22.00 horas diariamente. **Entrada**: Hasta el 1 de abril, 8.50 £, adultos minusválidos; del 2 de abril al 1 de julio y del 1 de octubre al 31 de diciembre, 9 £; adultos; y del 2 de julio al 30 de septiembre, 9,50 £, adultos. Resto del año, 5,5 £. Niños gratis hasta 5 años.
Mapa 8 M8
www.ba-londoneye.com

un lugar que lleva el curioso nombre de **The Cut**, donde se encuentra el teatro **Young Vic** (*véase* pág. 313). En la zona está el excelente café **Konditor & Cook** (*véase* pág. 183) y otros restaurantes entre los que destaca el bar de tapas **Mesón Don Felipe** (número 53), la marisquería **Livebait** (número 41-43; *véase* pág. 185) y el amplio bar restaurante **Fire Station** (150 Waterloo Road; *véase* pág. 199).

BANKSIDE

El puente de Blackfriars original (1760-1769) fue el tercero en cruzar el Támesis, y en él se ahorcó el banquero italiano Roberto Calvi en 1982. El área que va de este puente al de Londres se conoce como **Bankside** y fue, durante muchos siglos, la zona de diversión de la ciudad. Fuera de la influencia del puritano centro de la ciudad (la City), en la zona prosperaron teatros, peleas de osos, burdeles, tabernas y tugurios de mala muerte. Parece irónico que Bankside, declarada oficialmente «un lugar nefasto» por la realeza, en 1547, cayera bajo la jurisdicción del obispo de Winchester. En lugar de condenar la depravación, la Iglesia sacó una buena tajada al imponer sus normas, y si alguien se volvía demasiado rebelde, acababa sus días en la prisión de Clink. La prisión fue destruída en 1780, y en su lugar, en una de las calles más miserables y dickenianas se encuentra hoy la **Clink Exhibition** (*véase* pág. 38). Junto a ella están los escasos restos del **Winchester Palace**, del que poco queda, más allá del rosetón del Great Hall. Si le apetece una copa y no le inspira ninguno de los bares de la orilla del río (aunque el **Anchor Bankside** merece una visita; *véase* pág. 198), puede matar dos pájaros de un tiro y visitar **Vinopolis, City of Wine** (*véase* pág. 43), pasado el Clink.

La presencia más imponente del Bankside moderno es su monolítico templo de la industria, **Bankside Power Station**, que sólo funcionó durante 17 años y cerró definitivamente en 1980. Al igual que la central eléctrica de Battersea, un poco más arriba (*véase* pág. 132), es obra de sir Giles Gilbert Scott. En mayo de 2000 se convirtió en la sede de la **Tate Modern** y de su colección de arte contemporáneo (*véase* pág. 39). El edificio será uno de los espacios más impresionantes de la ciudad, con el largo, el alto y prácticamente el doble del ancho de un mamut, y estará abierto a todo el mundo, no sólo a quienes visiten la galería. En comparación, el vecino y recién restaurado teatro **Shakespeare's Globe**, otro de los centros de interés del Bankside, resulta diminuto (*véanse* págs. 42 y 307). A la sombra de este primero, tanto en sentido real como figurado, se encuentra otra herencia del siglo XVI, el Rose Theatre.

Cerca del Globe hay una pequeña terraza en la que se encuentra la casa en la que se supone que Wren vivió mientras se construía la catedral de San Pablo. Entre los proyectos del cambio de milenio, uno de los más interesantes es el **Millennium Bridge**, un puente peatonal que cruza el río y une la nueva Tate Modern con la catedral de San Pablo. La orilla norte del río se despejará para que todos podamos ver la vista que Wren tenía de su obra desde el sur. Cerca de allí, hay dos lugares de menor interés como son el **London Fire Brigade Museum**, en Southwark Bridge Road (*véase* pág. 40) y la **Bankside Gallery**, en el 48 de Hopton Street, actual sede de la **Royal Watercolour Society** y de la **Royal Society of Painter/Printmaker**.

BOROUGH

Si le gusta la literatura, le encantará Borough. Uno de los principales atractivos de la zona es el magnífico *pub* **The George**, el único que cuenta con un patio de balcones; antes de que se construyeran los teatros, se representaban obras de teatro en el patio y la gente las contemplaba desde los balcones. La White Hart Inn, en la que el Mr. Pickwick se encuentra con Sam Weller en *The Pickwick Papers*, estaba en White Hart Yard pero fue derruida en 1889. En Talbot Yard se halla la Tabard Inn, en la que se encuentran los peregrinos al inicio de *Los Cuentos de Canterbury*. La iglesia de **St. George-the-Martyr** (en la esquina de Borough Hight Street y Long Lane) aparece en la obra de Dickens, *Little Dorrit*, cuya heroína había nacido en la prisión de Marshalsea, que antaño quedaba a unos metros de allí y donde el padre del escritor fue encarcelado en 1824 por no pagar sus deudas.

Borough siempre ha sido un lugar muy concurrido. Hasta 1750, el puente de Londres era el único que cruzaba el río y la Borough High Street era la terminal de las diligencias. El poeta del siglo XVII Thomas Dekker describía la calle como «una sucesión de tabernas, sin ninguna tienda». En septiembre de 1462 a 1763 se organizaba la caótica y ruidosa Southwark Fair, hasta que los aguafiestas de la Corporation of London la suprimieron.

Oculta bajo los nudos de carreteras y las líneas de tren, la **Southwark Cathedral** (*véase* pág. 42) está siendo restaurada con el dinero recaudado por la lotería, pero las calles de Borough no han tenido la misma suerte: han permanecido inalteradas durante los últimos siglos y eso las convierte en el escenario ideal para las películas de época, pero aún así, están amenazadas por el trazado de una línea ferroviaria. La mayor tragedia sería la desaparición del **Borough Market**, un mercado cubierto de frutas y verduras que lleva en pie desde el siglo XIII. La buena noticia es que los mercados de comida de los sábados en los que se venden quesos, carne y pan de gran calidad (*véase también* pág. 226) han supuesto un nuevo soplo de vida para la zona. Además, la presencia de nuevos lugares de interés como el conocido **fish**!, tienda y restaurante (*véase* pág. 184), han contribuido a estas mejoras.

Cerca de la catedral se encuentra la impresionante réplica del **Golden Hinde** de sir Francis Drake (*véase* pág. 39), que merece la pena visitar, sobre todo si va con niños. En torno a la estación de London Bridge hay varios lugares de interés: el **Old Operating Theatre, Museum & Herb Garret** (*véase* pág. 41), frente al hospital Guy, la **Winston Churchill's Britain At War Experience** (*véase* pág. 43) y el sangriento calabozo **London Dungeon** (*véase* pág. 40).

TOWER BRIDGE Y BERMONDSEY

La parte del río que va desde Londres hasta Tower Bridge está dominado por la masa del **HMS Belfast** (*véase* pág. 40) y la enorme arcada con techo de cristal de la Hay's

Galleria. Su pieza central la forma la espléndida escultura mecánica de David Kemp *The Navigator*. Aquí empieza **Bermondsey**, una zona que fue, durante mucho tiempo, el centro de la cristiandad (en **Tooley Street** vivieron una vez tres abades y un prior junto a la iglesia de St. Olave). La **St. Olaf House** es un fabuloso almacén Art Déco de los años treinta que no debe perderse. La zona que queda inmediatamente al oeste del **Tower Bridge** se transformará en pocos años con la construcción del nuevo cuartel general de la **Greater London Authority** (GLA), diseñado por Norman Foster, que se calcula estará terminado en el 2003 (*véase también* pág. 29). El puente más espectacular de la capital, el **Tower Bridge** es una adquisición relativamente reciente, puesto que se inauguró hace poco más de un siglo, en 1894. Si quiere saber más sobre él apúntese a la **Tower Bridge Experience** (*véase* pág. 56). Al este, en **Butler's Wharf** se encuentra el trío de restaurantes de sir Terence Conran, y, un poco más allá, el excelente **Design Museum**, que Conran, el hombre que tanto hizo por el diseño de uso doméstico, ayudó a crear. En la esquina siguiente se encuentra el **Bramah Tea & Coffee Museum**, con un encanto mucho más personal (*véase* inferior).

La mayor parte del barrio tiene un aire dickensiano, en especial lugares como el **St. Saviour's Dock**, un callejón oscuro entre torres de almacenes que sólo se ve desde la parte baja de Jamaica Road. En la época de Dickens, las calles de esta zona formaban un barrio marginal llamado Jacob's Island en el que Bill Sikes recibe su merecido castigo en la obra *Oliver Twist*. Bermondsey Square acoge un excelente mercado de antigüedades al que acude un gran número de coleccionistas y vendedores (*véase* pág. 227).

Lugares de interés

Bramah Tea & Coffee Museum

Esquina de Gainsford Street y Maguire Street, SE1 (7378 0222). Metro y estación de tren: London Bridge; autobuses: P11, 15, 42, 47, 78. **Abierto** todos los días, de 10.00 a 18.00 horas. **Entrada** 4 £, niños de 5 a 15 años, jubilados, inválidos y estudiantes 3 £; familias, 10 £. **Tarjetas de crédito** AmEx, DC, MC, V. **Plano 12 S9**

Aunque ha trabajado en esta área durante medio siglo, no fue hasta principios de los años noventa cuando Edward Bramah, un antiguo catador de té, abrió su peculiar museo sobre la historia del té y del café. Las exposiciones permiten estudiar por separado las dos bebidas y documentan el importante papel que tuvieron en la sociedad británica. El museo cuenta, asimismo, con una impresionante colección de cafeteras y teteras (entre la que figura la mayor del mundo) y una cafetería en la que los clientes pueden saborear las bebidas en cuestión.
www.bramahmuseum.co.uk

Clink Exhibition

1 Clink Street, SE1 (7378 1558). Metro y estación de tren: London Bridge. **Abierto** todos los días de 10.00 a 18.00 horas. **Entrada** 4 £; niños de 5 a 15 años, jubilados, discapacitados y estudiantes, 3 £; familias, 9 £. **Tarjetas de crédito no se admiten. Plano 11 P8**

Se podría haber hecho más por revivir el pasado terrenal del Bankside que recrear un par de celdas, poner una música fácil y exponer unas cuantas ilustraciones. Se trataba de la pequeña cárcel de los obispos de Winchester, a la que iban a parar actores que se portaban mal, prostitutas y borrachos salidos de las peores tabernas, teatros y burdeles de la zona. Hasta que la prisión fue destruida durante las revueltas Gordonianas de 1780. La expresión inglesa *to be in the clink*, que equivale a estar encarcelado proviene de este oscuro lugar.
www.clink.co.uk

Design Museum

Butler's Wharf, junto a Shad Thames, SE1 (7403 6933). Metro y estación de tren: London Bridge; autobuses 15, 78, 100. **Abierto** de lunes a viernes de 11.30 a 17.30 horas (hora límite de entrada: 17.30 horas). **Entrada** 5,5 £; niños de 5 a 18 años, estudiantes, discapacitados y parados de más de 40 años, 4 £; menores de 5 años, gratuita. *Tarjeta GoSee* (*véase* pág. 33). **Tarjetas de crédito** AmEx, MC, V. **Plano 12 S9**

El edificio construido en los años treinta es blanco, pulcro y espacioso, lo que lo convierte en la mejor elección para albergar una colección de diseños innovadores. Increíblemente agradable, el museo cuenta con dos únicas plantas y un mínimo de exposiciones. En el primer piso se encuentra la **Review Collection** (exposición de diseños actuales procedentes de todo el mundo) y la **Temporary Exibition Gallery**. Entre las exposiciones temporales previstas para el 2001 incluye una muestra del trabajo del arquitecto y artista Luis Barragán (hasta el 8 de julio) y la moda y el diseño de John Galiano (del 30 de noviembre de 2001 al 31 de marzo de 2002).

La **Collection Gallery**, dedicada al diseño aplicado a la producción en masa se encuentra en la segunda planta. Organizada por temas, se ocupa de distintos tipos de productos. El coche es uno de ellos: busque la maqueta de madera realizada a partir de los dibujos que el arquitecto y diseñador Le Corbusier realizó en 1928. También se encuentran aquí algunos ejemplos de los primeros televisores, lavadoras, teléfonos, sillas (incluida una diseñada por Rennie Mackintosh) y una colección de servicio de mesa. El museo prevee una reorganización a finales de 2001 o principios de 2002 para ampliar el espacio destinado a las exposiciones temporales. El **Blue Print Café**, situado en el mismo edificio, tiene un mirador sobre el río y un estilo acorde con el museo (pero es más un restaurante que un café, y eso se nota en los precios).
www.designmuseum.org

FA Premier League Hall of Fame

County Hall, Riverside Building, Westminster Bridge Road, SE1 (7928 1800). Metro: Westminster o Waterloo; estación de tren: Waterloo. **Abierto** todos los días, de 10.00 a 18.00 horas (hora límite de entrada: 17.00 horas). **Entrada** 9,95 £; niños de 4 a 15 años,

Tate, el arte en primer lugar

El 12 de mayo de 2000 abrió sus puertas uno de los proyectos más esperados del nuevo milenio: la nueva sede de la colección Tate de arte moderno internacional que reúne obras desde 1900 hasta nuestros días. Los encargados han escogido con acierto la antigua central eléctrica del Bankside, diseñada por sir Giles Gilbert Scott, un verdadero icono de la modernidad. Se han invertido 134 millones de libras para remodelar el monolítico edificio de ladrillo de posguerra, al que se han añadido dos plantas con una cubierta de vidrio en la azotea, lo que permite el paso de mayor cantidad de luz y proporciona excelentes vistas de la ciudad.

La **Tate Modern** mostrará su magnífica colección en exposiciones temáticas y, dadas las grandes dimensiones de las nuevas salas, podrá incluir un número de obras muy superior al que podía ofrecer en Millbank. Un acuerdo firmado con el **Victoria & Albert Museum** garantiza el intercambio periódico de obras entre ambas instituciones (*véase* pág. 97): para empezar, los fotógrafos de los años veinte y treinta del V & A integraban en la exposición inaugural de la Tate Modern. Como parte de las **Unilever Series** la Tate expuso a continuación la obra de la francesa Louise Bourgeois , que incluía una obra de gran tamaño realizada por encargo para el **Turbine Hall**, de 152 m de alto, para el que se irá encargando una obra anual durante al menos cinco años. Además, los arquitectos creadores del proyecto, los suizos **Herzog** y **De Meuron**, dan a conocer su obra con una exposición dedicada a sus creaciones.

Desde el momento de apertura de la galería, el atractivo **Puente del Milenio**, diseñado por Norman Foster, Anthony Caro y Ove Arup, ha unido la Tate Modern con la catedral de Saint Paul situada enfrente, al otro lado del río. También existe un proyecto para unir mediante lancha, autobús, bicicleta o recorridos a pie las dos galerías Tate, la nueva y la antigua, que pasa a llamarse **Tate Britain** (*véase* pág. 91, **Tate en segundo lugar**).

Tate Modern

25 Summer Street, SE1 (020 7887 8000).
Metro: Southwark. **Abierto**: de lunes a jueves y domingos de 10.00 a 18.00 horas; viernes y sábado de 10.00 a 22.00 horas. **Entrada** gratuita. **Plano 11 O7**

6,50 £; jubilados, discapacitados, estudiantes y parados mayores de 40 años, 7,50 £. **Tarjetas de crédito** AmEx, MC, TCL, V. **Plano 8 M9**

No está mal para conocer la historia del fútbol desde sus orígenes hasta el presente, aunque se puede prescindir de la primera exposición, el lamentable Laboratorio de Física Futbolística. La mayor parte de la exposición se basa en paneles informativos e interesantes pantallas pero se echan de menos los objetos conmemorativos, bastante escasos. No sorprende que la mayor parte de la exposición se base en la Copa del Mundo que Inglaterra ganó en 1966. Las últimas dos exposiciones decepcionan un poco: el llamado «Hall of Fame» cuenta con modelos a escala de algunos de los futbolistas ingleses más famosos de la historia como, por ejemplo, David Seaman, Alan Shearer y demás (aunque curiosamente no aparece Michael Owen) y una sección en la que se puede jugar a videojuegos de fútbol.

www.hall-of-fame.co.uk

Florence Nightingale Museum

St. Thomas's Hospital, 2 Lambeth Palace Road, SE1 (7620 0374). Metro: Westminster, Waterloo; estación de tren: Waterloo. **Abierto** de 10.00 a 17.00 horas, de lunes a viernes (hora límite de entrada: 16.00 horas). Sábados y domingos de 11.30 a 16.30 horas (hora límite de entrada: 15.30 horas). **Entrada** 4,80 £; niños de 5 a 15 años, jubilados, estudiantes y parados de más de 40 años, 3,60 £; familias 10 £. **Tarjetas de crédito** AmEx, MC, V. **Plano 8 M9**

Este pequeño pero bien concebido museo, situado cerca del puente de Westminster, rinde homenaje a la famosa enfermera cuyo principal logro fue convertir la enfermería en una profesión (de hecho, su ayuda en la guerra de Crimea no representa más que una pequeña parte de su aportación a la medicina) y abrir la primera escuela de enfermeras en St. Thomas, en 1859.

www.florence-nightingale.co.uk

Golden Hinde

St. Mary Dock, Cathedral Street, SEI (7403 0123) Metro y Tren London Bridge. **Abierto** todos los días, con horario variable (llame para comprobarlo). **Entrada** 2,50 £; niños de 4 a 13 años, 1.75 £; jubilados, estudiantes, discapacitados y parados de más de 40 años, 2,10 £, familias, 6,50 £. **Tarjetas de crédito** MC, V. **Plano 11 P8**

Esta reconstrucción del barco que sir Francis Drake utilizaba en el siglo XVI se conserva muy bien, si tenemos en cuenta que lleva dos décadas recorriendo el mundo como un museo itinerante. Cuesta creer que este pequeño barco haya surcado unas 100.000 millas, muchas más que el original. Tras años de investigación, se logró crear esta reproducción exacta que hoy permanece en dique seco. El interior se ha recreado con minucioso detalle, al igual que la cubierta, donde están los cañones. La tripulación, vestida con trajes isabelinos, ayuda a recrear el ambiente que había a bordo. Las entradas se venden en la tienda situada junto al barco.

www.goldenhinde.co.uk

Hayward Gallery
Belvedere Road, SE1 (taquilla 7960 4242/información pregrabada 7261 0127). Metro: Embankment y Waterloo; estación de tren: Waterloo. **Abierto** los lunes durante las exposiciones de 10.00 a 18.00 horas, y de jueves a domingo, y de 10.00 a 20.00 horas, los martes y los miércoles. **Entrada** varía (llame para pedir información). *Tarjeta GoSee* (*véase* pág. 33). **Tarjetas de crédito** AmEx, DC, MC, V. **Plano 8 M8**
La Hayward Gallery, que forma parte del centro artístico de la orilla sur, es uno de los mejores lugares de Londres para ver exposiciones temporales de arte contemporáneo e histórico. La entrada suele ser bastante cara, pero el precio se justifica por la calidad de las obras. Una de las últimas políticas de sus exposiciones ha consistido en contratar arquitectos famosos como Zaha Hadid y Rem Koolhaas para que adaptaran el espacio a una exposición concreta. La Hayward Gallery trabaja con grandes nombres del arte como Bruce Nauman, Anish Kapoor y el artista belga **Panamarenko** en los últimos años. Durante el 2001 estarán presentes la **Sonic Boom**, **Force Fields** y **Know Thyself**, una muestra que explora el arte y la ciencia del cuerpo humano, desde Leonardo da Vinci hasta nuestros días (del 19 de octubre al 14 de enero de 2001). También hasta el 13 de mayo se podrá admirar una retrospectiva del fotógrafo Brassai al lado de los dibujos de Goya y de las pinturas del fotorrealizador americano Malcolm Morley (del 14 de junio al 17 de agosto).
www.sbc.org.uk

HMS Belfast
Morgan's Lane, Tooley Street, SE1 (7940 6328). Metro y estación de tren: London Bridge. **Abierto** de marzo a octubre, todos los días de 10.00 a 18.00 horas (hora límite de entrada: 17.15 horas); de noviembre a febrero, todos los días, de 10.00 a 17.00 horas (hora límite de entrada: 16.15 horas) **Entrada** 5 £; estudiantes, jubilados y niños menores de 16 años, 3,90 £. **Tarjetas de crédito** MC, TCL, V. **Plano 12 R8**
Se trata de uno de los monumentos más impresionantes del Támesis, un barco de guerra de 11.500 toneladas de peso, construido en 1938, que fue crucial para el hundimiento del navío alemán *Scharnhorst* durante la segunda guerra mundial y siguió prestando servicios hasta después de la guerra de Corea. Explorar sus siete cubiertas, su caldera, su sala de máquinas y las enormes torretas de cañones resulta muy entretenido, sobre todo para los niños. Es curioso que las dos torretas frontales se han entrenado en el área de servicios de la autopista de Scratchwood, en la M1, suponemos que más para demostrar el largo alcance de las armas que para poder comentar la calidad de la comida de la autopista.
www.hmsbelfast.org.uk

London Aquarium
County Hall, Riverside Building, Westminster Bridge Road, SE1 (7967 8000). Metro: Westminster y Waterloo; estación de tren: Waterloo. **Abierto** todos los días, de 10.00 a 18.00 horas (hora límite de entrada: 17.00 horas). **Entrada** 8,50 £; niños de 3 a 14 años, 8,50 £; estudiantes y jubilados, 6,50 £; familias, 24 £, menores de 3 años, gratuita. **Tarjetas de crédito** MC, V. **Plano 8 M9.**
El acuario cuenta con tres plantas en las que se exponen cientos de variedades de peces y fauna marina, desde los más pequeños hasta los más grandes, procedentes de todo el mundo. Si va con niños, el éxito está asegurado, sobre todo en las secciones en las que pueden tocarlo todo, pero a los adultos les puede resultar algo aburrido. Los monitores interactivos y los intentos de despertar la conciencia medioambiental del visitante son admirables (se facilita información sobre especies en peligro de extinción como, por ejemplo, el nautilo, el diminuto pez rana o los arrecifes de coral los cuales forman parte de la nueva **Coral Reef Conservation Experience**), pero quedan oscurecidos por los huéspedes más populares del acuario, los tiburones. De todos modos, si hay que criticar algo es el hecho de que se cobre más si se desea el folleto de la exposición (aunque sólo sean treinta peniques).
www.londonaquarium.co.uk

London Dungeon
28-34 Tooley Street, SE1 (7403 7221). Metro y estación de tren: London Bridge. **Abierto** de octubre a marzo todos los días, de 10.00 a 18.00 horas (última entrada: 17.30 horas); y de abril a septiembre todos los días, de 10.00 a 18.30 horas. **Entrada** 10,95 £; estudiantes, 9,50 £; niños de 5 a 14 años, 6,95 £; jubilados, discapacitados y menores de 5 años, entrada gratuita. Sillas de ruedas. **Tarjeta de crédito** AmEx, MC, V. **Plano 12 Q8.**
Es difícil no sentirse incómodo ante la glorificación del sufrimiento, del horror y de la muerte en los calabozos de Londres; y es igualmente duro admitir que a los adolescentes aficionados a la sangre les encanta: hacen cola en el patio para poder entrar y caminar bajo las arcadas malolientes junto a rincones aterradores, en un ambiente húmedo y oscuro para ver escenas de torturas medievales y oír gritos. Los grupos de visitantes entran en una corte falsa donde un «juez» les juzga y declara culpables. El castigo es un paseo en barca supuestamente aterrador que, francamente, no produce nada de miedo. La parte final del museo se centra en uno de los episodios más negros de la historia de Inglaterra: la conocida historia del viejo mutilador de mujeres, Jack el Destripador. Actores con disfraces de época conducen a los visitantes por un decorado que simula ser un barrio del este de la ciudad (antes del *curry*) a la caza del loco asesino. Actualmente, el museo cuenta con otro espectáculo titulado **Firestorm! 1666**, basado en el gran incendio que destruyó la ciudad en ese año. ¿Emocionante y divertido o abusivo y enfermizo...? Usted decide.
www.dungeon.com.

London Fire Brigade Museum
9A St. Thomas' Street, SEI (7955 4791). Metro y estación de tren Borough, SE1 (020 7587 2894). **Visitas guiadas** a las 10.30, a las 12.30 y a las 14.30

horas, de lunes a viernes, sólo con cita previa. **Entrada** 3 £, niños de 2 a 7 años, estudiantes, jubilados y parados de más de 40 años, 2 £; menores de 7 años, gratuita. **Tarjetas de crédito** MC, TCL, V. **Plano 11 O9.**
Pida cita con antelación para la visita guiada de dos horas que recorre el museo y explica la historia de los grandes incendios de Londres, empezando por el año del Gran Fuego, 1666. En el museo se hallan expuestos viejos útiles para apagar fuegos y los visitantes pueden echar un vistazo a los bomberos en pleno entrenamiento en el patio adyacente.
www.thegarret.org.uk

The Museum of...
The Bargehouse, Oxo Tower Wharf, Bargehouse Street, SE1 (7401 2255). Metro: Waterloo o Southwark; estación de tren: Waterloo. **Abierto** desde las 12.00 hasta las 18.30 horas, de miércoles a domingo (hora límite de entrada: 18.00 horas). **Cerrado** lunes y martes. **Entrada** gratuita. **Plano 11 N7.**
Una experiencia única que intenta «poner en solfa la manera en que pensamos sobre los museos... y hacer que nos hagamos preguntas sobre nuestra relación con la cultura material». En la práctica, eso se traduce en cinco museos diferentes que duran 16 semanas cada uno. En el momento de imprimir esta guía no se nos había facilitado información acerca de los museos siguientes.

Contemplando el panorama desde el **puente de Waterloo**

Museum of Garden History
St. Mary-at-Lambeth, Lambeth Palace Road, SE1 (7633 9701). Metro y estación de tren: Waterloo; autobuses: C10 y 507. **Abierto** en febrero, de 11.00 a 14.00 horas; del 5 de marzo a diciembre, de 10.30 a 16.00 horas y, los domingos, de 10.30 a 17.00 horas. **Entrada** gratuita, aunque se sugiere dar un donativo. **Mapa 8 L 10.**
En el interior de la antigua iglesia de St. Mary-at-Lambeth se ha instalado una exposición que explica la historia de una afición tan británica como es la jardinería: se muestran antiguas herramientas de horticultura y paneles con información sobre los diseñadores de exteriores y los jardineros más famosos. El incansable John Tradescant, jardinero de Jaime I, y Carlos I, tiene una gran presencia en el museo. En el pequeño patio de la iglesia se ha recreado un jadín clásico al estilo del siglo XVII. Uno de los sarcófagos del patio contiene los restos del capitan Bligh, al que su tripulación abandonó en pleno Pacífico durante un motín.

Old Operating Thetre, Museum & Herb Garret
9A St. Thomas' Street, SE1 (7955 4791). Metro y estación de tren: London Bridge. **Abierto** diariamente de 10.30 a 17.00 horas (hora límite de entrada: 16.45 horas). **Entrada** 3,25 £; 2,25 £, con descuento; 1,60 £, menores de 16 años; 8 £ familias. **Plano 12 Q8**
A la única sala de operaciones del XIX que ha llegado hasta nuestros días se accede subiendo las escaleras del campanario de una vieja iglesia. Allí, en una habitación anexa se conserva un hemiciclo en torno a un crudo lecho de madera. Si cierra los ojos, casi podrá oír los gritos de los pacientes a los que se cubría los ojos con una venda mientras el cirujano les serraba la pierna sin anestesia. La exposición que se encuentra en la buhardilla narra la historia de la cirugía, la medicina con hierbas y la enfermería en los hospitales de St. Thomas y Guy's.

Rose Theatre
56 Park Street, SE1 (020 7593 0026). Metro y estación de tren: London Bridge o Cannon Street. **Abierto** todos los días, de 10.00 a 17.00 horas (hora límite de entrada: 16.30 horas). **Entrada** 3 £; niños de 5 a 15 años, 2 £; estudiantes, jubilados y discapacitados, 2,50 £. **Tarjetas de crédito** MC, DC, MC, V. **Plano 11 P8.**
Los restos del teatro Rose, uno de los cuatro primeros que se construyeron en el Bankside, se descubrieron casualmente en 1989, al excavar para hacer los cimientos de un bloque de oficinas. La extensión de los restos; dos tercios del edificio original hubieran desaparecido bajo una nueva construcción de no ser por la campaña de un grupo de actores, universitarios y aficionados al teatro. En la actualidad, allí tiene lugar un espectáculo de luces y sonido con un vídeo narrado por sir Ian McKellan que pretende despertar las conciencias sobre el futuro del Rose. A largo

Cuestión de orillas

Paseos y eventos

Con la inauguración de tres de los principales proyectos del cambio de milenio junto al Támesis (la **Tate Modern**, el **Millennium Bridge** y la **British Airways London Eye**, a falta de que se acabe el cuarto, el **Dome**, situado un poco más abajo, *véanse* págs. 124-126), la orilla sur está empezando a atraer a un gran número de visitantes. Un folleto gratuito titulado «Explore la milla del milenio» detalla dos paseos que cubren esta milla (aproximadamente 1,5 km^2) en la que se encuentran estos nuevos centros de interés y otros que se citan en este capítulo. La más llamativa de las dos rutas es la que abraza al río: empieza al oeste del **County Hall**, pasa por el **South Bank Centre**, el **Gabriel's Wharf**, la **Tower Oxo Wharf**, el **Shakespeare's Globe**, el **Rose Theatre**, **Vinopolis**, **City of Wine** y el **Golden Hinde**, punto en el que entronca con la segunda ruta que se dirige hacia la **HMS Belfast** y el **Tower Bridge**, y acaba en el **Design Museum** y en el **Bramah Tea & Coffee Museum**. El folleto se puede conseguir en cualquiera de los puntos del recorrido o solicitándolo por teléfono marcando el 7928 6193.

Cómo desplazarse

Además del metro y del tren (cuyas líneas se han visto ampliadas con la nueva Jubilee Line Extension) que cubren perfectamente la zona, la orilla sur ha sabido sacarle partido al río y genera un intenso movimiento de lanchas que ha provocado la consecuente construcción de muelles. En el mapa que figura al final de esta guía encontrará reseñados los muelles disponibles. Para una lista exhaustiva de los servicios, *véanse* págs. 345-346.

plazo, la fundación Rose Theatre Trust quiere que se excave el conjunto de los restos (y que el público pueda ver trabajar a los arqueólogos), pero eso depende de que consigan los fondos suficientes.
www.rosetheatre.org.uk

Shakespeare's Globe

New Globe Walk, Bankside, SE1 (7902 1500). Metro: Mansion House, Southwark o London Bridge; estación de tren: London Bridge. **Abierto** de mayo a septiembre todos los días, de 09.00 a 12.30 horas; de octubre a abril todos los días de 10.00 a 17.00 horas. **Entrada** 7,50 £; niños de 5 a 15 años, 5 £; estudiantes y jubilados, 6 £; familias, 23 £. **Tarjetas de crédito** AmEx, MC, V. **Plano 11 O7**

El Globe original, en el que se representaron las obras de Shakespeare por primera vez, se quemó en 1613, durante una representación de *Enrique VIII*, por un fuego que se inició en el tejado por el disparo de un cañón; el único herido fue un hombre al que se le quemaron los pantalones por accidente. Cerca de 400 años después, el Globe se reconstruyó cerca de su ubicación inicial y recurriendo a métodos constructivos y materiales lo más parecidos posible a los de la época. Las obras que se representan en él (la temporada va de mayo a septiembre) son todas de la época isabelina, dependen de la luz natural, precisan un único decorado sencillo, que no cambia, y en ellas se insta al público a participar. El precio de la entrada incluye un fascinante recorrido guiado (con guías bien informados y vitales, que transmiten pasión con su trabajo) y el derecho a asistir a la representación en el amplio espacio situado bajo el teatro Iñigo Jones (donde se llevan a cabo las representaciones durante el invierno). La nueva exposición multimedia abarca todos los aspectos de la obra de los escritores y de los actores, sin olvidar el papel del público ni la importancia de la arquitectura del teatro. En el lugar ya hay un excelente café restaurante, y está prevista la inauguración de una tienda, una sala de conferencias y un espacio para talleres creativos. Tenga en cuenta que, por las tardes, de mayo a septiembre no se realizan visitas guiadas porque es cuando se representan las obras (aunque los visitantes pueden acceder igualmente a la exposición).

Llame por teléfono para conseguir más información.
www.shakespeares-globe.org

Southwark Cathedral

Montague Close, SE1 (7367 6700). Metro y estación de tren: London Bridge. **Abierto** todos los días, de 08.00 a 18.00 horas (los días en que cierran varían según el calendario de las fiestas religiosas). **Horario de las misas** de lunes a viernes a las 08.00, 08.15, 12.30, 12.45 y 17.30 horas; los sábados, a las 09.00, 09.15 y 16.00 horas; los domingos, a las 09.00, 09.15, 11.00 y 15.00 horas. **Entrada** gratuita, pero se sugiere un donativo de 2,5 £. **Plano 11 P8**

La iglesia monástica de St. Mary Overie, un edificio espléndido, pero poco visitado, se convirtió en una catedral anglicana en 1905. La primera iglesia que ocupó ese lugar podría datar de principios del siglo VII, aunque las partes más antiguas del edificio actual son del siglo XII. Con la Reforma, la iglesia cayó en desuso y se empleó como panadería y como pocilga. La exagerada restauración que sufrió durante la época victoriana supuso una fascinante mezcla de estilos arquitectónicos con el añadido de un impresionante coro de estilo gótico. John Harvard, el benefactor de la Universidad de Harvard, nació en Southwark en 1607 y fue bautizado en esta iglesia, la cual, en épocas recientes sirvió de decorado para la película *The Slipper and the Rose*. Hoy, la catedral está siendo reformada gracias a un ambicioso proyecto; se propone añadir un ala nueva con dos plantas que incluirán un comedor

y una biblioteca, la creación de una nueva entrada en la fachada norte y la construcción de un centro de visitantes y una sala de exposición con la historia de la catedral y de los alrededores.
www.dswark.org.

Tate Modern
Véase pág. 39, **Tate, el arte en primer lugar**.

Vinopolis, City of Wine
1 Bank End, SE1 (0870 444 4777). Metro y estación de tren: London Bridge. **Abierto** los lunes de 11.00 a 21.00 horas; de martes a viernes de 11.00 a 18.00; sábados y domingos de 11.00 a 20.00 (hora límite de entrada, 2 horas antes de la hora de cierre). **Entrada** 11,50 £; de 5 a 18 años, 4,50 £; jubilados, 10,50 £; 1 £ de descuento si se reserva con antelación. **Tarjetas de crédito** AmEx, MC, V. **Plano 11 P8**
El lema de esta atracción enófila que abrió sus puertas en julio de 1999 se podría resumir en una sola frase: «Explora, prueba y disfruta». Las dos primeras están garantizadas. El visitante recibe unos auriculares y, algo después, un vaso de vino, y se embarca en un recorrido por la historia del vino de todo el mundo. El recorrido está decorado con grandes ampliaciones de fotos de viñedos y de lujosos castillos, pero los comentarios de enólogos reconocidos como Jancis Robinson, Hugh Johnson y compañía son tan breves y superficiales que uno se queda con la sensación de no haber aprendido demasiado. Pero, por otro lado, la entrada (no demasiado cara) incluye vales para probar cinco vinos que sirven camareros muy bien informados (si se atreve, pruebe un vino rumano o uno georgiano). El anunciadísmo recorrido en Vespa de uno de los viñedos parece una pérdida de tiempo. De todos modos, es una buena excusa para beber algo durante el día. Otra ocasión para hacerle beber demasiado es la visita a las bodegas Majestic, al final del recorrido. Además, encontrará una tienda excelente en la que se venden toda clase de productos relacionados con el vino (desde sacacorchos a botelleros pasando por libros, etcétera) y con la comida para *gourmets*.
www.vinopolis.co.uk

Winston Churchill's Britain at War Experience
64-66 Tooley Street, SE1 (7403 3171). Metro y estación de tren: London Bridge. **Abierto** de abril a septiembre, de 10.00 a 17.30 horas (hora límite de entrada: 17.00 horas); de octubre a marzo, de 10.00 a 16.30 horas (hora límite de entrada: 16.00 horas). **Entrada** 5,95 £; niños de 5 a 16 años, 3,95 £; estudiantes y jubilados 3,95 £; familias, 14 £. **Tarjetas de crédito** AmEx, MC, V. **Plano 12 Q8**
Esta experiencia que pretende ser «tan real como la vida misma» no consigue serlo en absoluto. Lo que proporciona es un pálido intento de hacer sentir al visitante como si estuviese en pleno Blitz, la época de ataques aéreos alemanes sobre Londres. Los organizadores se han contentado con emitir canciones y sintonías de los años cuarenta y con colocar por doquier maniquíes de aire extraño vestidos de época. De todos modos, en los muros hay una serie de recuerdos interesantes y, si tiene hijos, éstos disfrutarán mucho al vivir un ataque aéreo simulado, entrar en una sala de baile de la época u ocultarse en un oscuro refugio antibombas.
www.britain-at-war.co.uk

El centro (la City)

Dada la riqueza de la historia de Londres (en más de un sentido), el dinero ha contribuido a dar forma a sus monumentos más antiguos

PLANOS 9-12

De las 250.000 personas que trabajan en el centro de Londres, sólo 6.000 viven en la zona que controla el gobierno de la ciudad, la Corporation of London. Si recorre las calles del centro un sábado o un domingo, o cualquier otro día, a partir de las nueve de la noche, tendrá la sensación de pasear por una ciudad fantasma, con oficinas sin gente, tiendas y bares cerrados y calles vacías. Sin embargo, si acude un día entre semana, sentirá parte de la emoción que embargó a Charlotte Brontë.

Al ser fundada como puerto, el comercio ha sido siempre la razón de ser de la ciudad. Según Tácito, en el año 60 de nuestra era, el Londinium romano ya estaba «lleno de comerciantes y era un conocido centro de negocios». Y, ahora que el comercio es más virtual y no tiene tanta relación con la materia, se podría establecer un paralelismo, aunque parezca forzado, entre los tenderetes caóticos y cacofónicos de la Edad Media y las caóticas y cacofónicas salas de la bolsa de la City actual. Londres es uno de los centros económicos clave del planeta, tiene más bancos extranjeros que ninguna otra ciudad (más de 540) y su mercado de valores extranjeros es el más grande del mundo. Esta posición mundial se confirmó cuando el Nasdaq (el mercado de valores tecnológicos norteamericano) decidió instalar su futura filial (electrónica) europea en Londres. En el aire se respiran millones de ganancias y pérdidas, pero la City es mucho más que un conjunto de personas trajeadas gritando por teléfono.

Durante la mayor parte de la historia de Londres, el centro (*the City*) era toda la ciudad, de ahí su importancia y el uso de la mayúscula. A excepción de una breve excursión sajona, no fue hasta el siglo XVII cuando se empezó a construir de forma sistemática y relevante fuera de los márgenes de la muralla romana.

La City actual, que ocupa 320 hectáreas y se conoce como la milla cuadrada, viene a ser lo que componía la antigua ciudad romana de Londinium. Sus límites se definen, al oeste por el Temple Bar, al norte por Smithfield y Moorfields, al este por Tower Hill y al sur por el Támesis. Destruido durante el Gran Incendio de 1666 y por los ataques aéreos del Blitz de 1940 a 1941, la City ha tenido siempre tanta prisa por reconstruirse, por volver a los negocios, que no ha habido ocasión de hacerlo con un plan urbanístico como el que Haussmann aplicó a París. Pero, por muy orgullosa que la City se muestre de su falta de sentimentalismo, ésta no ha olvidado del todo su pasado. Hoy, en la mayoría de sus calles abundan sosos edificios de oficinas, pero las calles siguen su curso medieval y sus nombres son testigos de la Historia: Old Jewry (vieja judería), Ironmonger Road (carretera de los quincalleros),

«Di pa-ta-ta...» retrato de la **Tower of London**. Véase *pág. 56*

Poultry (aves), Bread Street (calle del pan)... Por lo demás, algunos museos y algunas iglesias del siglo XVII perfectamente conservadas siguen ligando el centro con su variado pasado (*véanse* págs. 48-49).

A LO LARGO DE FLEET STREET

Fleet Street, antaño sinónimo de periódicos nacionales y suplementos del domingo, avanza hacia el este desde el Strand hacia Ludgate Hill y Saint Paul. Sigue siendo una calle con mucho ajetreo, pero la amarga partida de los periódicos hacia Wapping y Docklands a finales de los años ochenta, que le destrozó el corazón, le ha hecho perder su carácter especial. Las prensas ya no trabajan por la noche, los periodistas ya no van de las oficinas a los bares y de los bares a las oficinas. El señorial edificio de piedra gris del *Daily Telegraph* (en el número 135 de la calle), está ocupado ahora por empresas de finanzas. La antigua sede de vidrio y acero del *Daily Express* (que, construido en 1932, fue el primer edificio de cristal de Inglaterra), que va del 121 al 128 de la calle está vacío. Las oficinas de la agencia de prensa Reuters (el número 85) son el único testimonio de los 500 años de relación entre Fleet Street y la prensa. Todo empezó cuando el sucesor de William Caxton, Wynkiyn de Worde, trajo las imprentas a la calle, procedentes de Westminster, en 1500, y abrió una tienda en **St. Bride's** (*véase* pág. 48). El lugar se sigue considerando la iglesia de los impresores y de los periodistas, aunque éstos no sean oficios famosos por su piedad religiosa.

Algunos personajes literarios tenían una estrecha relación con las pensiones y los restaurantes de Fleet Street. En el muelle Child (número 1) hay una placa que indica dónde se encontraba situada la Taberna del Diablo, en la que cenaban Ben Jonson, Samuel Pepys y Samuel Johnson. Johnson era también un incondicional de uno de los *pubs* más famosos de Fleet Street, el todavía lleno de encanto **Ye Olde Cheshire Cheese** (en la esquina con Wine Office Court). La casa del corpulento doctor, en Gough Square, que ha sido restaurada y convertida en museo, se encuentra a tan sólo unos minutos de allí: **Dr. Johnson House** (*véase* pág. 52). Cerca de allí se encuentra asimismo la Johnson's Court, en la que Charles Dickens reflexionaba sobre la que sería su primera historia publicada: «una furtiva noche, en un oscuro buzón de una oscura oficina de un oscuro rincón de Fleet Street».

Si se dirige hacia el valle Fleet (el río está ahora bajo tierra), hacia Ludgate Circus, la vista de Saint Paul, sobre todo si es de noche y está iluminada y parece flotar sobre la ciudad, es mágica.

ALREDEDORES DE SAINT PAUL

Aunque ahora, la obra maestra de Wren tiene que convivir con edificios de oficinas sin gracia, la **St. Paul's Cathedral** (*véase* pág. 55) sigue erigiéndose con orgullo como un símbolo de la resistencia y del Blitz, ya que da la sensación de que las bombas no la dañaron. De hecho, fue alcanzada en varias ocasiones y, en una sola noche, le cayeron cerca más de 28 bombas, pero la imagen de St. Paul's Cathedral manteniendo en alto su cabeza blanca en medio de la lluvia de bombas era justo la imagen heroica que el pueblo necesitaba.

La vecina **Paternoster Square** no tuvo la misma suerte. La Luftwaffe la destruyó por completo y, en 1960, se construyó en su lugar un centro de tiendas y oficinas que no tardó en hacerse famoso por su fealdad. Después de una polémica que se alargó diez años, se optó por reconstruir la plaza con una mezcla de estilos clásicos y modernos. El proyecto está en construcción.

El antiguo mercado del Londres medieval, **Cheapside** (del inglés antiguo *ceap* o *chep*, que significaba «mercado») va de la catedral al muelle. Shakespeare y John Donne solían beber en las sórdidas tabernas de la zona en las que también mojaban sus gargantas los vendedores callejeros, mientras las calles se hacían eco del trabajo de los artesanos: no es difícil saber qué se hacía y vendía en calles como Milk Street (calle de la leche) o Bread Street (calle del pan).

Bow Lane, junto a **St. Mary-le-Bow** (*véase* pág. 49) es hoy una estrecha pero agradable calle peatonal repleta de tiendas, bares y *pubs*. En su extremo sur, se encuentra **St. Mary Aldermary**, uno de los experimentos de Wren con un estilo perpendicular basado en la iglesia que había antes del incendio. Sobre la calle Queen Victoria encontramos Garlick Hill (la colina del ajo) cuyo nombre demuestra que el supuesto odio de los ingleses hacia ese bulbo es falso. Al final de la calle está la iglesia de **St. James Garlickhythe**, que es la que tiene el techo más alto de toda la ciudad (después, claro está, de St. Paul's Cathedral). Su interior, bañado en luz, como lo estaba ya en el siglo XVII le ha valido el sobrenombre de «la linterna de Wren». Entre este lugar y Cannon Street se encuentra el territorio Whittington. El que fuera cuatro veces alcalde del centro de la ciudad, vivió en la semiempedrada College Hill (una placa situada en los número 19 y 20 indica cuál era su casa), y fue enterrado en **St. Michael Paternoster Royal**, a los pies de la colina. En el interior de la iglesia se puede ver una vidriera de los años sesenta en la que su autor, John Hayward, representa a un anacrónico Dick, con su gato apócrifo. El nombre de esta iglesia, diseñada por Wren, deriva de dos antiguos espacios, por un lado, la Paternoster Lane (en la que se fabricaban rosarios) y, por otro, La Réole, una región vitícola de Burdeos muy apreciada por los importadores de vino londinenses. El **Vintners' Hall** (*véase* pág. 53, **Una liga propia**) queda cerca, cruzando la Upper Thames Street.

Al sur de St. Paul's Cathedral, se encuentra una zona poco conocida y llena de encanto con tiendas, *pubs* y otra iglesia de Wren de escasa importancia: **St. Andrew by the Wardrobe**. Construida entre 1685 y 1695, debe su curioso nombre a que en la misma época se instaló el vestidor del rey en un edificio vecino (un lugar en el que se guardaba la ropa de ceremonia de la familia real). Cerca de allí se pueden visitar otras dos creaciones de Wren, **St. Benet** y la abadía **de St. Nicholas Cole**, aunque por desgracia suelen estar cerradas. Frente a la antes bulliciosa calle Queen Victoria se encuentra un inesperado edificio de ladrillo rojo del siglo XVII, el **College of Arms** (*véase* pág. 51), en el que se estudia y se certifica el pedigrí de todos aquellos que así lo deseen. Hacia el oeste, en la congestionada puerta de **Blackfriars**, llamada así por los «monjes negros» o dominicos, había antaño un monasterio de esta orden, que se disolvió en 1538 y del que sólo queda un trozo de muro en Ireland Yard, y un fuerte que los normandos habían construido para vigilar a los rebeldes londinenses: el **Baynard's Castle**.

Al este se encuentra el espectacular Millennium Bridge de Foster, inaugurado en mayo de 2000, coincidiendo con la apertura de la Tate Modern Gallery en la orilla sur (*véase* pág. 39, **Tate, el arte en primer lugar**), y cuya finalidad es la de vincular directamente la Tate Gallery y la St. Paul's Cathedral.

Al norte de la estación de Blackfriars está en el **Apothecaries' Hall**, uno de los gremios más encantadores de la ciudad (*véase* pág. 53, **Una liga propia**) y, cerca de Lugate Hill, está la iglesia de **St. Martin Within Ludgate**, cuya aguja sobresale por encima de los edificios circundantes tal y como Wren pretendía (lo que por desgracia no se puede decir del resto de sus iglesias). Después de contemplar los edificios religiosos, asómese al mundo del pecado acudiendo a la corte más famosa de la localidad, **Old Bailey** (*véase* pág. 55), situada donde antes se encontraba la infame prisión de Newgate.

HACIA EL NORTE POR SMITHFIELD

Los dos elementos principales al norte de St. Paul son el mercado de Smithfield y el hospital de St. Bartholomew, ambos de raíces muy antiguas. Smithfield deriva del inglés *smooth field*, y no tenía nada que ver con los herreros (*smith*), sino más bien con los caballos. En 1173, William Fitz Stephen, describía: «un *smoth field* donde se organiza cada viernes una venta de caballos de calidad».

En tanto que gran espacio abierto junto a la City, en Smithfield se organizaban numerosos eventos públicos: justas, encuentros deportivos, torneos, ejecuciones y las famosas y antaño frecuentes ferias anuales de Londres. La **Bartholomew Fair** se inauguró por primera vez en 1123, y se trataba de una feria de comerciantes de telas, aunque luego se transformó en un grotesco medio de entretenimiento que Ben Jonson describe en su obra de teatro del siglo XVII *Bartholomew Fair*. Las autoridades de la ciudad decidieron suprimir la feria en 1855, alegando que incitaba al desorden público, y construyeron el **Smithfield Market** que abrió sus puertas en 1868. En la zona siempre se había vendido ganado, pero, poco a poco, los mataderos se fueron extendiendo y Smithfield se convirtió en lo que sigue siendo: un mercado especializado en carne (aunque ahora, en realidad, son cuatro mercados juntos). En la actualidad, un programa llamado London Central Markets invierte 70 millones de libras en la restauración de los mercados victorianos del este y el oeste de la ciudad. Los mercados recuperan así sus colores originales: azules, rojos y verdes intensos con estrellas doradas. Si desea ver uno de esos mercados en funcionamiento, tendrá que madrugar: aunque abren a las 03.00 horas, su punto álgido suele alcanzarse en torno a las 08.00 horas, pero se puede premiar tomando un estupendo desayuno en alguno de los *pubs* cercanos al mercado (que tienen permiso para abrir temprano). Los vendedores no tienen inconveniente en vender carne al público, pero tendrá que comprar una buena cantidad.

La creación de la feria de St. Bartholomew fue una de las diversas acciones que llevó a cabo Rahere, el bufón del rey Enrique I, que casi murió de malaria en un peregrinaje a Roma y prometió construir un hospital a su regreso. Cumplió su promesa y creó el **St. Bartholomew's Hospital**, un monasterio y una bella iglesia llamada **St. Bartholomew-the-Great** (*véase* pág. 48). A pesar de las constantes amenazas de cierre (los departamentos de urgencias y accidentes ya no existen), el St. Bartholomew sigue siendo el hospital más antiguo y más querido de Londres. A él llegó Wat Tyler después de que lord Mayor le apuñalara en Smithfield, en 1381, aunque los guardas del rey lo sacaron inmediatamente y lo decapitaron (*véase* pág. 13). Existe un pequeño museo que narra la historia del hospital, el **Museum of the Order of St. John** (*véase* pág. 54), que se encuentra junto a la calle St. John, cerca de una original puerta del siglo XVI.

ALREDEDOR DEL MUELLE

La City no tiene un centro claro, pero si tuviese que escoger uno, elegiría las calles que van a dar al muelle (**Bank**), ante la atenta mirada del inquebrantable triunvirato formado por el **Bank of England**, el **Royal Exchange** y la residencia del lord Mayor, la **Mansion House** (*véase* pág. 53).

El banco nacional de Inglaterra se fundó en 1694 para que Guillermo III dispusiese de los fondos suficientes para combatir contra los franceses. Tuvo sus más y sus menos pero, por fin, se afianzó como el banco del Gobierno, con autoridad para imprimir y sacar billetes y con la responsabilidad de custodiar las reservas de oro del país, manejar la deuda pública y salvaguardar el valor de la moneda inglesa, la libra. El edificio actual data de 1925 a 1939, aunque se mantuvo la «cortina» de muros de la estructura creada por sir John Soane en 1788. El **Bank of England Museum** cuenta con una exposición que narra la historia y el presente del banco y bien merece la pena una visita (*véase* pág. 51). Detrás del banco se encuentra el moderno edificio del **Stock Exchange**, la bolsa de valores (cerrado al público).

Frente al banco está el imponente pórtico neoclásico del Royal Exchange, diseñado por William Tite e inaugurado por la reina Victoria en 1844. Sir Thomas Gresham creó el Exchange en 1566 para que los hombres de negocios tuvieran un centro en el que reunirse y llevar a cabo sus transacciones. En la entrada del edificio hay una estatua suya y en la torre del campanario figura su escudo. Hoy, el Royal Exchange es la sede del mercado de futuros, pero ya no se llevan a cabo negocios en sus instalaciones.

Más hacia el oeste, en el centro de la vida social de la ciudad se encuentra **Guildhall** (*véase* pág. 52), la sede de la Corporación de Londres, además de una excelente biblioteca, el **Clockmakers Company Museum** (*véase* pág. 51), la iglesia de **St. Lawrence Jewry** y la **Guildhall Art Gallery** (*véase* pág. 52), que expone la colección de arte de la Corporación de Londres y que abrió sus puertas en 1999.

Junto a la Mansion House está una de las mejores iglesias de la ciudad, la **St. Stephen Walbrook** (*véase* pág. 49), la prueba de Wren antes de realizar la catedral de Saint Paul. Cerca se encuentra el montón de piedras que antaño constituyeran el **Temple of Mithras** (*véase* pág. 56). Entre otras iglesias notables de la vecindad figuran la personal **St. Mary Woolnoth,** de Nicholas Hawskmoor, en la esquina de King William Street y Lombard Street, y la exquisita **St. Mary Abchurch**, de Wren, junto a Abchurch Lane (para ambas, *véase* pág. 49). En la esquina siguiente a la St. Mary Abchurch, en el muro de la Overseas Chinese Banking Corporation en la calle Cannon, se encuentra uno de los objetos más esotéricos de la urbe: **London Stone** (*véase* pág. 53).

Como ocurre con el resto de la City, lo mejor para conocer bien esta zona tan enigmática de Londres es pasear sin rumbo. Más al norte, la St. Michael's Alley conduce a la **Jamaica Wine House**, un *pub* muy conocido situado en la Jamaica Coffee House. En este local, que abrió sus puertas en la década de 1670, se encontraban capitanes de barco y comerciantes para hablar de negocios con las Antillas y comprar el mejor ron de todo Londres.

LOS ALREDEDORES DE LA TORRE DE LONDRES

Durante más de 900 años, la **Tower of London** (*véase* pág. 56) ha marcado el límite este del centro de la ciudad y, de hecho, no hay mejor símbolo de la capital. Sin embargo, para los londinenses, ese simbolismo siempre ha sido complejo. Construida para proteger a los conquistadores normandos y someter al pueblo, la torre acabó por verse como un severo centinela, un defensor de las libertades de Londres contra quienes intentasen mermarlas. A veces palacio, a veces prisión, a veces lugar de ejecución, las historias y leyendas sobre la torre se encuentran a millares. Si a eso añadimos que es la fortaleza mejor conservada de Inglaterra, no es de extrañar que sea uno de los cinco lugares más visitados de Londres.

Toda la zona de Tower Hill, dividida con poco acierto por una carretera con mucho tráfico, es uno de los lugares que reciben más turistas. Al salir de la estación de Tower Hill, en los jardines Wakefield, se encuentra uno de los fragmentos mejor conservados del Roman Wall. Aunque los añadidos realizados durante la Edad Media han aumentado de 6 a 10 m la altura de la muralla, el tamaño sigue siendo muy impresionante. Un paseo de cerca de 3 km señalado con 21 placas informativas sigue el curso de la vieja muralla hasta el **Museum of London** (*véase* pág. 54). La **Tower Bridge Experience** (*véase* pág. 56), orientada a los turistas, está cerca de St. Katharine's Dock, pero si se sale un poco de la ruta turística descubrirá más sobre el pasado —y el presente— de Londres.

Samuel Pepys vivió y trabajó en Seething Lane: en el pequeño oasis verde formado por los jardines de Seething Lane hay un busto del promiscuo escritor. En esa misma zona está, también, la iglesia de **St. Olave Hart Street** (a la que Dickens calificó de horrible y macabra por las calaveras que se encuentran en la entrada del terreno), donde rezaban y están enterrados Pepys y su mujer. En el otro extremo de Seething Lane está **All Hallows by the Tower** (*véase* pág. 48), que es la torre desde la que Pepys observó el avance del Gran Incendio.

Entre esta zona y el London Bridge hay dos restos de los días en los que Londres era un gran puerto: la **Custom House** de principios del siglo XIX, cuya fachada es obra de Robert Smirke y, a su lado, el antiguo **Billingsgate Market**. El muelle de Billingsgate fue famoso durante siglos por dos cosas: por la pesca y por la forma de hablar tan peculiar de los porteadores. El mercado se mudó a un recinto mayor en la Isle of Dogs en 1982, pero el edificio original de la década de 1870, diseño de Horace Jones, se ha restaurado con gran acierto. Busque los peces en las veletas.

Las calles situadas detrás del muelle están llenas de iglesias. **St. Magnus the Martyr** (*véase* pág. 49), **St. Mary at Hill, St. Margaret Pattens** y **St. Dunstan in the East** se hallan muy cerca las unas de las otras. Los jardines de la última son un lugar ideal para relajarse después de haber hecho el esfuerzo de subir a **The Monument** (*véase* pág. 54). El 2 de septiembre de 1666, en una panadería situada cerca de Pudding Lane se inició un incendio a primera hora de la mañana que duró tres días y destruyó cuatro quintas partes del Londres medieval. Aunque, paradójicamente, se cree que sólo murieron nueve personas, más de 13.000 casas, 87 iglesias y 44 gremios se vieron reducidos a cenizas. El lord Mayor se despertó al poco de iniciado el incendio y se hizo famoso por su frase: «Que una mujer se mee sobre el fuego». Afortunadamente, el incendio acabó también con las ratas y la peste, que se había cobrado más de 100.000 vidas tan sólo un año antes.

Un poco más al norte, alrededor de la puerta Bishopsgate, se encuentra la mayor concentración de rascacielos del centro de la ciudad. Sin embargo, no es Manhattan, y la falta de imaginación arquitectónica le da un aire deprimente. La **Nat West Tower** (en Bishopsgate) carece de gracia, a pesar de sus 52 plantas y sus 373 m de altura, pero por lo menos, cuando se construyó, en 1980, se distinguía por ser el rascacielos más alto de Europa.

La única excepción a esta regla es la impresionante **Lloyd's Building** diseñada por Richard Rogers en 1986 y situada en Lime Street. Los conductos a la vista recuerdan al centro Georges Pompidou de París, pero también son propios de la obra de Rogers y de una visión libre de la arquitectura que rara vez se ve en el reaccionario centro de Londres. Se ha conservado parte de la fachada del viejo edificio de 1928 (el de la calle Leadenhall). Lloyd's of London, la mayor empresa de seguros del mundo, es una sociedad de «abajo firmantes» que acepta asegurar contra cualquier riesgo personal o empresarial, y sus orígenes se remontan a la cafetería que Edward Lloyd tenía en Tower Street, en la década de 1680. Tradicionalmente, las empresas de seguros se limitaban a esperar que les llegaran suculentos cheques a fin de mes; pero eso era demasiado bonito para ser verdad, como pudieron comprobar sus directores en los años noventa, cuando una serie de desastres les hicieron sufrir pérdidas millonarias. Muchos de los asegurados perdieron sus fortunas personales, y la empresa estuvo al borde del colapso.

Las iglesias de la City

Antes del Gran Incendio de 1666, en el centro de la ciudad había cerca de cien iglesias, pero el fuego destruyó 87. Sir Christopher Wren diseñó 51 de las 54 que se reconstruyeron, por lo que la mayoría de las iglesias del centro son de la misma época (finales del siglo XVII) y se deben al trabajo de la misma persona. El hecho de que eso no se haya traducido en una exagerada reiteración de estilos testimonia el incomparable talento de Wren, tanto más genial si tenemos en cuenta que disponía de espacios muy reducidos. Las iglesias presentan una extraordinaria diversidad de diseños y decoraciones, aunque también tiene rasgos comunes: interiores iluminados, muros pintados de blanco y dorado, ventanas de vidrio transparente, finas tallas de madera, altares pintados y un uso muy creativo del hierro. Los creadores victorianos que se afanaron por «mejorarlas» introdujeron luces más ténues y vidrieras de estilo gótico que desfiguraban el concepto original de Wren. Durante las guerras, las bombas destruyeron 11 iglesias más, por lo que hoy sólo quedan 38. La iglesia de St. Ethelburga, en la puerta de Bishopsgate (una de las pocas iglesias medievales que había sobrevivido al Gran Incendio y al Blitz), quedó prácticamente destruida en un atentado con bomba que el IRA realizó en 1993 (*véase* pág. 49). Muchas iglesias organizan conciertos gratuitos a la hora de la comida (*véase* pág. 283-284).

All Hallows by the Tower

Byward Street, EC3 (7481 2928). Metro: Tower Hill. **Abierto** de 09.00 a 17.45 horas, lunes, miércoles y viernes; de 08.00 a 17.45 horas los martes; de 09.00 a 18.45 horas los jueves; de 10.00 a 17.00 horas, los sábados y los domingos. **Plano 12 R7**

Samuel Pepys veía avanzar el Gran Incendio desde la torre de *All Hallows*; la iglesia resistió el incendio pero cayó bajo las bombas de la Luftwaffe en 1940. Sólo permanecieron en pie los muros y la torre del siglo XVII, pero durante la posguerra se reconstruyó el interior. Entre otras reliquias de interés, cuenta con cruces sajonas, un suelo de mosaico romano, escudos, espadas y armas de la época de los Tudor, una impresionante talla de madera de Grinling Gibbons (1682) y una colección de maquetas de barcos. William Penn fue bautizado en All Hallows y John Quincy Adams se casó en ella.

www.allhallowsbythetower.org.uk

St. Bartholomew-the-Great

West Smithfield EC1 (7606 5171). Metro y estación de tren: Farringdon y Barbican. **Abierto** *de mediados de noviembre a mediados de febrero,* de 08.30 a 16.00 horas de lunes a viernes; los sábados, de 10.30 a 13.30 horas, de 14.00 a 18.00 horas los domingos. De mediados de febrero a mediados de noviembre, de 08.30 a 17.00 horas de lunes a viernes; los sábados de 10.30 a 13.30; los domingos, de 14.00 a 18.00 horas. **Plano 9 O5**

Esta iglesia es lo que queda del monasterio normando fundado por Rahere en 1123, y es la parroquia más antigua y con más encanto de Londres. La nave antaño ocupaba todo el terreno hasta la puerta del siglo XIII, ahora entrada de Smithfield. A raíz del saqueo de los monasterios que llevó a cabo Enrique VIII, sólo quedó en pie un tercio de la nave, pero aún así sigue siendo un lugar muy evocador. La mayor parte de los arcos son originales de la época normanda; busque la tumba de Rahere del siglo XVI. Hogarth fue bautizado en esta iglesia; cuando se convirtió en taller, Benjamin Franklin trabajó como aprendiz de impresor en ella.

St. Botolph Aldgate

Aldgate, EC3 (7283 1670). Metro: Aldgate. **Abierto** de 10 a 16 horas, de lunes a viernes; de 09.30 a 13.00 horas, los domingos. Sábados cerrado. **Plano 12 R6**

La primera iglesia de St. Botolph construida al este del centro de la ciudad puede datar del siglo X. La actual estructura de ladrillo recubierto con piedra (construida por George Dance, en 1744) destaca por el extraño aunque original techo de ángeles pintado por John Francis Bentley. Daniel Defoe contrajo matrimonio en esta iglesia, en 1683. St. Botolph tiene una fuerte tradición de obras sociales que sigue manteniendo viva en nuestros días: la cripta se convierte en un centro de acogida de día para los vagabundos.

St. Bride's

Fleet Street, EC4 (7427 0133). Metro y estación de tren: Blackfriars. **Abierto** de 08.00 a 16.45 horas, de lunes a viernes; de 10.00 a 16.00 horas, los sábados;

St. Bride's *(véase superior)*

de 09.30 a 12.30, y de 17.30 a 19.30 horas, los domingos. **Plano 11 N6**
Acabada por Wren en 1703, St. Bride's es uno de los mejores ejemplos de iglesia de estilo italiano en Inglaterra. El pináculo de 69 m es el más alto de los construidos por este arquitecto, y se dice que sus cuatro arcadas octogonales inspiraron la forma del primer pastel de boda con niveles. La iglesia fue bombardeada durante el Blitz, lo que puso al descubierto restos romanos y sajones que ahora se muestran, convenientemente catalogados, en la cripta, junto a información sobre la larga relación que St. Bride mantuvo con los periódicos y las imprentas. La prensa ha abandonado Fleet Street, pero St. Bride's, el lugar en el que Wynkyn de Worde creó la primera imprenta de la ciudad, sigue siendo la iglesia de los periodistas y de los impresores.

St. Helen Bishopsgate
Great St. Helen's, EC3 (7283 2231). Metro y estación de tren: Liverpool Street. **Abierto** de 09.00 a 17.00 horas, de lunes a viernes. **Plano 12 R6**
Después de sobrevivir al Gran Incendio y resistir el Blitz, St. Helen's sufrió terribles daños provocados por un atentado con bomba que el IRA realizó en el centro de la ciudad en 1992. Construida en el siglo XIII, el amplio edificio cuenta con arcos góticos del siglo XV y una capilla del siglo XIV. Su nave doble indica que en alguna vez hubo dos iglesias situadas la una junto a la otra, y se cree que una de ellas pertenecía a un convento benedictino. A St. Helen se la considera la «abadía de Westminster del centro de la ciudad» por su espléndida colección de monumentos funerarios medievales y de la época de los Tudor, sin olvidar a los dignatarios de la ciudad. **St. Andrew Undershaft,** cercano a ella y **St. Olave's,** en Hart Street, son otras iglesias que resistieron al Gran Incendio.

St. Magnus the Martyr
Lower Thames Street, EC3 (7626 4481). Metro Monument. **Abierto** de 10.00 a 16.00 horas, de martes a viernes, de 10.30 a 13.00 horas, los domingos.
Plano 12 Q7
La carretera que conduce al viejo puente de Londres (situado un poco más abajo del nuevo) atravesaba la puerta de esta iglesia que fue reconstruída por Wren. En *The Waste Land*, T. S. Elliot califica su interior como: «el inexplicable esplendor del banco y el oro de los Ionos». Es probable que St. Magnus fuese un jefe noruego de los Orkneys, durante el siglo XII.

St. Mary Abchurch
Abchurch Yard, Abchurch Lane, EC4 (020 7626 0306). Metro y estación de tren: Cannon Street. **Abierto** de 10.30 a 14.00 horas, de lunes a viernes. **Plano 12 Q7**
El sencillo aspecto exterior de ladrillo rojo de esta iglesia de influencia holandesa diseñada por Wren (1681-1686) oculta un interior rico y luminoso, muy modificado por posteriores «mejoras». Bajo la cúpula baja (pintada por William Snow) se encuentra un magnífico conjunto de tallas de madera del siglo XVII. Sin embargo, la verdadera estrella es el altar, el único de toda la ciudad que se puede atribuir con bastantes probabilidades de acierto a Grinling Gibbons. La iglesia original data del siglo XII y podría haberse llamado *up church*, por encontrarse río arriba con respecto a su propietario de entonces, el priorato de St. Mary Overie (actual catedral de Southwark).

St. Mary-le-Bow
Cheapside, EC2 (7248 5139). Metro: Bank o St. Paul. **Abierto** de 06.30 a 18.00 horas, de lunes a jueves; de 06.30 a las 16.00 horas, los viernes. Cerrado sábados y domingos. **Plano 11 P6**
Esta iglesia, con una esbelta torre blanca y un pináculo rematado con una veleta en forma de dragón (1670-1673), es uno de los mejores trabajos del arquitecto. Los bombardeos alemanes acabaron con el interior original, y lo que se ve ahora es una reconstrucción realizada después de la guerra. Es probable que la tradición que dice que sólo son verdaderamente *Cockney* aquellos que nacen donde se pueden oír las campanas de Bow naciera en el siglo XIV, durante la Edad Media, cuando las campanas avisaban del toque de queda nocturno. La cripta de la iglesia normanda original ha llegado hasta nuestros días (de hecho, los arcos llamados *bows* son los que dan nombre a la iglesia), aunque convertida en el local de un restaurante vegetariano, **The Place Below** (*véase* pág. 188).

St. Mary Woolnoth
Lombard Street, EC3 (7626 9701). Metro: Bank. **Abierto** de 08.00 a 17.00 horas, de lunes a viernes. Cerrado sábados y domingos. **Plano 12 Q6**
Se cree que Wulnoth, un noble sajón, fundó esta iglesia sobre las ruinas de un templo de la concordia romano. Se volvió a construir en varias ocasiones, la más reciente por encargo de Nicholas Hawksmoor en 1716 y 1717. Su pequeño pero bien proporcionado interior, inspirado en el vestíbulo egipcio de Vitruvio, es de lo mejor de este arquitecto. Edward Lloyd fue enterrado en esta iglesia en 1713. Cuando se construyó la parada de metro Bank entre 1897 y 1900, se excavó la iglesia, se sacó a los muertos de las tumbas y las columnas quedaron aplastadas por el edificio.

St. Stephen Walbrook
39 Walbrook, EC4 (020 7283 4444). Metro: Bank Mansion House, Monument o Cannon Street. Estación de tren: Cannon Street. **Abierto** de 10.00 a 16.00 horas, de lunes a jueves; de 10.00 a 15.00 horas, los viernes. Cerrado sábados y domingos. **Plano 11 P6**
Se trata de una de las mejores iglesias realizadas por Wren, en la que utilizó muchas de las ideas que luego le darían muy buen resultado en Saint Paul. Al utilizar un plano en cruz con una cúpula central, lo que crea una maravillosa sensación de espacio, permite la entrada de una gran cantidad de luz y consigue sacar partido a un espacio bastante reducido. Aunque sufrió graves daños durante el Blitz, la iglesia ha sido magníficamente restaurada, en gran medida gracias al apoyo de lord Palumbo, que le encargó el peculiar altar deforme de mármol travertino a Henry Moore. El rector, Chad Varah, fundó la orden de los samaritanos aquí en 1953. La iglesia original sajona del siglo VII estaba en las orillas del desaparecido río Walbrook.

Cerca se encuentra uno de los rincones con más encanto de la City: el **Leadenhall Market**, en el que, en el siglo XIV, se dejaba vender aves a los «extranjeros» (término que englobaba a todo aquel que no fuera del centro de la ciudad). Más adelante pudieron vender, también, queso y mantequilla. El actual edificio tiene unas arcadas pintadas de verde, marrón y crema, llenas de maravillosos detalles decorativos que son obra de Horace Jones (el arquitecto del mercado de Smithfield y del puente de la Torre). Uno de los principales atractivos del mercado era un ganso de Ostend llamado Old Tom; no se sabe cómo logró escapar a la muerte que tuvieron otros 34.000 gansos y se convirtió en un personaje muy querido en Leadenhall. Se paseaba por los *pubs* de la localidad a la espera de que le dieran algo de comer, y murió en 1835, a la venerable edad de 38 años, y fue enterrado en el mercado. Hoy, Leadenhall sigue siendo un lugar excelente para pasear, sobre todo a la hora de comer. Afortunadamente, los vendedores de productos frescos no han abandonado la zona y siguen vendiendo queso, carne y pescado.

Entre Leadenhall y la estación de tren Liverpool Street hay todavía más iglesias por descubrir: **St. Helen Bishopsgate**, junto a Bishopsgate (*véase* pág. 49), **St. Andrew Undershaft**, en St. Mary Axe, **St. Botolph Aldgate** (*véase* pág. 48) y **St. Katharine Cree**, en Leadenhall Street. Esta última es una de las pocas iglesias que se construyeron en Inglaterra unos años antes de la guerra civil, y el resultado es un extraordinario híbrido de estilo gótico y clásico.

Cerca, está la sinagoga más antigua de Inglaterra, **Bevis Marks**, perfectamente conservada. Se encuentra en un patio, junto a Bevis Marks, y la construyeron en 1701 los sefardíes que habían huído de España y Portugal por culpa de la Inquisición. Esta zona quedó gravemente dañada por las bombas que el IRA colocó en el centro de Londres en abril de 1992 y abril de 1993, aunque la mayor parte de los destrozos ya se han arreglado. La diminuta iglesia de **St. Ethelburga** que había antes del incendio (databa de 1390) en Bishopsgate quedó hecha cenizas, pero las autoridades van a invertir 4,5 millones de libras para reconstruirla y convertirla en sede de un Centro para la Reconciliación y la Paz y en un centro de investigaciones sobre la capacidad de la religión para acabar con los conflictos.

El encantador **Leadenhall Market**

LOS ALREDEDORES DE LA ESTACIÓN DE LIVERPOOL STREET

La amplia extensión de **Finsbury Circus** permite que los trabajadores tengan espacio suficiente, un bien muy preciado y escaso en el centro de la ciudad, donde los lugares abiertos se ven más como espacios perdidos en los que no se ha construido que como elementos que enriquecen la calidad de vida. Los grupos de torres de oficinas (ninguna de las que se habían construido a principios del siglo XIX ha llegado hasta nuestros días) disfrutan de unas vistas muy agradables, casi bucólicas, con jardines bien cuidados y campos de césped, terrazas con orquestas y pequeños restaurantes.

En la enorme oficina de **Broadgate**, al oeste de la estación de Liverpool Street, se revisan los planes de desarrollo. El edificio, bien diseñado, como muchos edificios del centro, tiene un aspecto conservador, con sus atrios y su follaje en cascada. Éste es un buen lugar para ir de compras, comer o beber algo, o para asistir a un concierto en verano o para patinar sobre hielo al aire libre en invierno (*véase* pág. 294). La amplia, aunque algo aislada, plaza de **Exchange Square**, con vistas a la estación de Liverpool Street, también merece una visita (por lo menos eche una mirada rápida a la moderna escultura de nombre tan poco imaginativo como *Venus de Broadgate*).

La **Liverpool Street Station**, una de las más concurridas de Londres, bombea cada día miles de personas al torrente sanguíneo de la ciudad y, al final del día, las devuelve a sus casas de estilo inglés. La increíble remodelación de la estación tuvo lugar a finales de los años ochenta y principios de los noventa para adaptarla a las demandas del siglo XXI. En el extremo este se encuentra el venerable **Great Eastern Hotel**, de Charles Barry, de estilo victoriano, que ha sido acondicionado y restaurado (*véase* pág. 146). Una buena muestra de que el hotel aspira a llegar muy arriba es que el cátering y el diseño interior de sus cuatro restaurantes son del ubicuo sir Terence Conran (que es socio del negocio). A poca distancia del hotel, hacia el este, están las tiendas y puestos de comida del **Spitalfields Market** (*véase* pág. 227) y, más hacia el este todavía, las casas de **Brick Lane** (*véase* pág. 111).

AL NORTE DE LA MURALLA DE LONDRES

La **London Wall** se extiende desde Barbican hasta cerca de la estación de Liverpool Street, siguiendo el curso norte de la antigua ciudad romana. En **St. Alfage Gardens** se pueden ver restos de las murallas y de las puertas del fuerte romano de Cripplegate. La zona que quedaría un poco más al norte fue destruida durante el Blitz. En lugar de apoyar lucrativos negocios inmobiliarios, la City of London y el London County Council optaron por la honrosa solución de comprar, en 1958, las 14 hectáreas de terreno y construir una zona residencial agradable, con escuelas, tiendas, espacios abiertos y servicios. Por desgracia, lo que lograron fue **Barbican**.

En la posguerra, es posible que pareciese una buena idea, visto en planos. Así se imaginaba la vida en el futuro: 6.500 pisos, algunos en edificios de más de 40 plantas, con más de 135 m de altura, los más altos de Europa en aquel momento, un gran centro de arte con una enorme sala de conciertos (donde ensaya la London Symphony Orchestra), un teatro (sede de la Royal Shakespeare Company), un cine, galerías de arte, salas para exposiciones, cafés y restaurantes. El complejo también incluye uno de los mejores museos de la ciudad: el **Museum of London** (*véase* pág. 54) y la **Barbican Art Gallery**, con una amplia gama de exposiciones (*véase* pág. 51), la escuela Guildhall de danza y teatro y la City of London School for Girls.

Por desgracia (teniendo en cuenta el inmenso coste económico: sólo los centros de arte implicaron una inversión de 150 millones de libras), el concepto ya estaba obsoleto en el momento en que se acabaron las obras, en los años ochenta. Por supuesto, todos los pisos están habitados (no tiene mucho donde elegir si quiere vivir en el centro; cinco sextas partes de los habitantes de la «milla cuadrada» viven en este complejo) y los programas de los centros de arte figuran siempre en primera línea... El problema es conseguir que le guste el lugar, un espacio frío y sin alma que no da sensación alguna de barrio. Es un coloso confuso y sin encanto, que se distingue desde lejos por su característico contorno.

Oculto entre los imponentes rascacielos se encuentra el único edificio de antes de la guerra que queda en el barrio, la felizmente restaurada iglesia de **St. Giles**, en la que Oliver Cromwell se casó y en la que está enterrado John Milton. Más hacia el nordeste está **Bunhill Fields**, que se designó como cementerio durante la Gran Plaga, aunque parece que no se llegó a utilizar en ese momento. De hecho, como parece que el terreno nunca llegó a ser consagrado, se utilizó para enterrar a los protestantes británicos, lo que le ha valido el nombre de «cementerio de la Inglaterra puritana». Hoy, la mayor parte del cementerio es privado, pero aún así se pueden ver las tumbas de John Bunyan, Daniel Defoe y el más inconformista de los protestantes: William Blake. John Milton vivió en la cercana Bunhill Row, desde 1662 hasta su muerte en 1674, y allí escribió algunas de sus mejores obras, entre las que destaca *El paraíso perdido*. Enfrente de Bunhill Fields, en la City Road, tiene sus sedes el **Museum of Methodism** y la **John Wesley's House** (*véase* pág. 54). El fundador del metodismo vivió sus últimos años en esta casa de estilo georgiano y se le enterró en la sorprendentemente adornada capilla. En la cripta hay un museo y, arriba, en la iglesia, Denis Thatcher y Margaret Hilda Roberts se casaron en 1951.

Lugares de interés

Bank of England Museum

Bartholomew Lane, EC2 (7601 5545). Metro: Bank. **Abierto** de 10.00 a 17.00 horas, de lunes a viernes. Cerrado sábado y domingo. **Entrada** gratuita. **Plano 12 Q6**

Este museo, sorprendentemente de gran interés, está dedicado a la restauración de las oficinas del banco creadas por sir John Soane en 1793 e incluye también algunos trajes de época y un gato disecado. Los paneles informativos bien diseñados dan cuenta de los 300 años de historia del banco, detallan su importante papel histórico al proporcionar la estabilidad y el bienestar que Inglaterra necesitaba para poder lograr un Imperio y explican en términos sencillos los rudimentos de las finanzas nacionales. Los visitantes pasan tentadoramente cerca de una pila de lingotes de oro, aprenden cosas sobre las complejidades de la emisión de billetes y a través de pantallas interactivas descubren cómo condicionan los mercados extranjeros a los ambiciosos hombres de negocios de la ciudad.

Barbican Art Gallery

Planta 3, Barbican Centre, Silk Street, EC2 (recepción 7638 8891/información 7382 7105). Metro: Barbican o Moorgate; estación de tren: Moorgate. **Abierto** de 10.00 a 18.00 horas, lunes, martes, jueves y sábados; de 10.00 a 20.00 horas, los miércoles; de 12.00 a 18.00 horas, los domingos. **Entrada** 7 £; jubilados, pensionistas y estudiantes, 5 £ (*véase* pág. 33). **Tarjetas de crédito** AmEx, MC, V. **Plano 9 P5**

La galería principal de esta desorientada ciudad de las artes organiza muchas exposiciones interesantes de obras antiguas y modernas, entre las que destacan exposiciones sobre grandes fotógrafos como la retrospectiva de David Bailey en 1999. La galería se ocupa también del arte en un contexto más amplio, así como de campos como el diseño y la moda. Durante el 2001 se muestra una exposición del fotógrafo Helmut Newton, coincidiendo con su 80 aniversario (8 de mayo-8 de julio). Al mismo tiempo el llamado desenfadadamente Jam # 2001: Londres-Tokyo ofrece una selección de arte, diseños y moda de ambas ciudades: todo dentro del Japan Festival Hatir.

Mientras tanto, la galería Concourse ha acogido el **Carnegie Art Award**, unos premios de pintura nórdica contemporánea que se exponen por primera vez fuera de Escandinavia; **Paris sur Scène**, una selección de fotografías de la Maison Européenne de la Photographie de París, y **Time** (del 31 de agosto al 29 de octubre) que va junto a un documental sobre el escultor **Andy Goldsworthy**. Los seguidores de Goldsworthy pueden admirar sus enormes bolas de nieve situadas en una selección de espacios exteriores del centro de la ciudad del 21 al 25 de junio... o hasta que se fundan.
www.barbican.org.uk

City Information Centre

St. Paul's Churchyard (en la fachada sur de la catedral) EC4 (7332 1456). Metro: St. Paul. **Abierto** *de abril a* *septiembre*, de 09.30 a 17.00 horas, todos los días; de octubre a marzo, de 09.30 a 17.00 horas, de lunes a viernes; de 09.30 a 12.30, los sábados. Domingo cerrado. **Plano 11 O6**

Un centro de información sobre los lugares de interés, los espectáculos y las conferencias que se dan en la llamada «milla cuadrada».

Clockmakers' Company Museum

The Clockroom, Guildhall Library, Aldermanbury EC2 (7332 1868/1870). Metro: Bank, Mansion House, St. Paul o Moorgate; estación de tren: St. Paul o Moorgate. **Abierto** llamar para confirmar días y horarios. **Entrada** gratuita. **Plano 11 P6**

Esta colección de relojes, abundante pero fácil de ver, es la más antigua del mundo. Incluye el reloj que sir Edmund Hillary llevó en la primera ascensión exitosa al Everest en 1953 y el cronómetro del siglo XVIII de John Harrison, ganador de varios premios. Los lectores que conozcan el *best-seller* de Dava Sobel titulado *Longitude*, querrán echar un vistazo a este último, un invento espectacular que hizo posible que los barcos pudiesen fijar su posición exacta aún en plena mar y sentó las bases para el surgimiento del Imperio británico.

College of Arms

Queen Victoria Street, EC4 (7248 2762). Metro y estación de tren: Blackfriars. **Abierto** de 10.00 a 16.00 horas, de lunes a viernes. Cerrado sábados y domingos. **Entrada** gratuita. **Plano 11 O7**

El College of Arms lleva revisando genealogías y certificando *pedigrees* desde 1484. Su sede, una pequeña mansión del siglo XVII, ha sido bellamente restaurada. Por libre, sólo se puede visitar la Earl Marshal's Court (el vestíbulo de madera lleno de cuadros de distinto valor); si desea ver la Record Room y a los artistas elaborando certificados, apúntese a una visita guiada. Si quiere que estudien su genealogía, pídaselo al oficial de turno, aunque le cobrarán por hacerlo. Facilite todos los detalles que conozca sobre su historia familiar.

www.college.of.arms.gor.uk

Dr. Johnson's House

17 Gough Square, junto a Fleet Street, EC4 (7353 3745). Metro: Chancery Lane, Temple (ambas cerradas los domingos) o Blackfriars; estación de tren: Blackfriars. **Abierto** *de mayo a septiembre*, de 11.00 a 17.30 horas, de lunes a sábado; domingo, cerrado; *de octubre a abril*, de 11.00 a 17.00 horas, de lunes a sábado. **Entrada** 4 £; niños hasta 14 años, 3 £; estudiantes, pensionistas, parados de más de cuarenta años y discapacitados, 2 £; menores de 10 años, gratuita; familias, 9 £. **No acepta tarjetas de crédito. Plano 11 N6**

Cansarse de Londres es, probablemente, cansarse de las innumerables referencias a Samuel Johnson. Ésta es la única de las residencias londinenses (tenía 17) del inimitable e ineludible doctor que ha llegado hasta nuestros días. Johnson vivió en esta casa de finales del siglo XVII entre 1748 y 1759, mientras trabajaba en el primer diccionario completo de la lengua inglesa. Los visitantes pueden merodear por la casa y consultar los carteles informativos que recogen descripciones y anécdotas. Los muebles no tienen demasiado interés, los cuadros y los grabados son más importantes. En el piso de arriba se encuentra la buhardilla, que hacía las veces de despacho, donde Johnson trabajaba con sus seis empleados en la recopilación lexicográfica. Se pasa un vídeo que explica distintos aspectos de la vida y la obra de Johnson. Entre los elementos más curiosos figura un ladrillo de la muralla china donado a la casa (Johnson nunca logró hacer realidad su sueño de visitarla). Busque la estatua del gato del doctor, Hodge, en Gough Square.

www.drjh.dircon.co.uk

Guildhall

Gresham Street, EC2 (7606 3030/visitas guiadas, extensión 1460). Metro: Bank. **Abierto** diariamente, de abril a septiembre, de 09.30 a 17.00 horas. De octubre a marzo de 09.30 a 17.00 horas, de lunes a viernes. Cerrado sábado y domingo. **Entrada** gratuita. **Plano 11 P6**

Guildhall fue, durante ocho siglos, la sede del gobierno de la *City*, el centro de la ciudad (además del lugar en el que se llevaban a cabo juicios importantes como el de Lady Jane Grey y el arzobispo Cranmer en 1553). El impresionante Great Hall del siglo XV, sufrió graves daños durante el Gran Incendio y durante el Blitz, pero ha sido restaurado con acierto. Está decorado con los estandartes y los escudos de los cien gremios de la ciudad, y en las ventanas aparece el nombre de todos los alcaldes desde 1189 y hay monumentos en honor de Mayor William, Beckford, Wellington, Nelson, Churchill y los dos Pitts. No se pierda las estatuas de aire casi oriental de los legendarios gigantes Gog y Magog, que custodian la West Gallery. Son copias creadas en la posguerra porque las estatuas originales fueron destruidas durante el Blitz; el fénix que se encuentra en el escudo de Magog es un símbolo de la renovación que sigue al fuego. En esta sala se reúne la Court of Common Council, presidido por el lord Mayor, una vez al mes, un martes, a la 13.00 horas, salvo durante el mes de agosto. Se acepta público, pero es preciso llamar para pedir cita. El vestíbulo se emplea también para realizar banquetes o ceremonias. Bajo el Guildhall se encuentra la mayor cripta medieval de Londres.

El espectacular Great Hall de **Guildhall**

Alrededor de la sede de la Corporation se encuentran la **Guildhall Library** (una biblioteca financiada en parte por la fortuna del Mayor Dick Whittington, y la primera oficial abierta en la ciudad), una tienda en la que se venden libros de Londres y el **Clockmaker's Company Museum** (*véase* pág. 52). *Véase también* **Guildhall Art Gallery** (inferior).
www.corpoflondon.gov.uk

Guildhall Art Gallery
Guildhall Yard, junto a Gresham Street, EC2 (Información pregrabada 7332 3700). Metro: Bank, Hanston House o St. Paul's. **Abierto** de 10.00 a 17.00 horas, de lunes a sábados; de 12.00 a 16.00 horas, los domingos. **Entrada** 2,50 £; menores de 16, gratis; familias, 5 £; gratis después de las 15.30 horas todos los días de la semana. **Plano 11 P6**
La galería de arte Guildhall volvió a abrir sus puertas a finales de 1999. La original, creada en 1885, fue destruida en un incendio durante la segunda guerra mundial. Se exponen 250 de los 4.000 cuadros de la Corporación y se organizan exposiciones temporales para airear los elementos más oscuros de la colección. Generalmente, el valor de los cuadros es más histórico que artístico: grupos de londinenses desde el siglo XVII a nuestros días, retratos de antiguos alcaldes y autoridades, y una selección de cuadros de batallas entre los que figura la impresionante obra de John Singleton *La derrota de Floating Batteries, septiembre de 1782*. En un orden más estético, aunque igualmente emocional, destacan los cuadros de los autores prerafaelistas, entre los que destaca *Woodman's Daughter*, de Millais, y *The Music Lesson*, de Frederic lord Leighton. También puede verse un óleo bastante grande de Constable: *Salisbury Cathedral from the Meadows*. Los distintos terminales informáticos distribuidos por las salas ejercen de galería digital y permiten ver en pantalla los cuadros del fondo.
www.guildhall-art-gallery.org.uk

Una liga propia

Los **gremios** del centro de la ciudad son lo que queda de los antaño poderosos gremios comerciales de la capital. Gremios como el de los cirujanos, los artesanos del cuero o los que confeccionaban pelucas perdieron sus magníficas sedes durante el Gran Incendio o durante el Blitz, pero siguen figurando en una liga de valores medievales propia. Los gremios hacen muchas obras de caridad, se ponen peluca y zapatos con grandes pinzas para la ceremonia del lord Mayor, tienen más influencia que los masones y siguen siendo dueños del quince por ciento del centro de la ciudad. Con algo de suerte y tenacidad podrá contemplar los tesoros más interesantes de las sedes actuales. El número uno en cuanto a curiosidades es el **Fishmongers' Hall** (London Bridge, EC4; 7626 3531) en el que se conserva la daga de 30 cm que el pescatero Mayor William Walworth utilizó para apuñalar por la espalda a Wat Tyler y acabar así con la revolución de los campesinos de 1381; incluso existe una estatua del asesino empuñando la daga. Comparado con eso, el orgullo del **Skinner's Hall** (Dowgate Hill, EC4; 7236 5629), una pomposa lámpara rusa del siglo XVIII es una minucia. El **Vintners' Hall** (Upper Thames Street, EC4; 7326 1863) tiene la sede más antigua conservada, que data de 1671. Por su parte, el **Apothecaries' Hall** (Blackfriars Lane, EC4; 7236 1180) cuenta con un boceto de Reynolds y retratos de Jaime I y Carlos I, mientras que el **Goldsmiths' Hall** (Foster Lane, EC2, 7606 7010), de estilo renacentista, es uno de los más fáciles de visitar y organiza exposiciones de objetos de plata, joyas y monedas.

El caro aunque tímido **Apothecaries' Hall**

London Stone

Se encuentra en el muro de la Overseas-Chinese Banking Corporation, 111 Cannon Street, EC4. Metro: Cannon Street. **Plano 11 P7**

Uno de los lugares de interés menos conocidos y menos espectaculares de Londres es un rugoso trozo de piedra caliza de Clipsham apenas visible tras una verja de metal, en la pared que queda enfrente de la estación de Cannon Street. Los orígenes de esta nada llamativa piedra, sin marcas salvo dos huecos en la parte superior, no están muy claros. Probablemente sea de la época romana y sirviera como punto kilométrico, y en 1198 ya era conocida como «Lonenstane». Originalmente estaba en el suelo en el otro lado de la carretera, pero se pasó al lado norte en 1742 y, en 1798, se empotró en el muro de la hoy derruida iglesia de St. Swithin. Nadie conoce a ciencia cierta el propósito de la piedra pero se supone que era un símbolo de los cimientos de la ciudad. Se cree que en 1450, Jack Cade, llamado John Mortimer, líder de los Kentish, golpeó la piedra con su espada y proclamó: «Ahora, Mortimer es el señor de la ciudad».

Mansion House

Walbrook, EC4 (7626 2500). Metro: Bank.
Abierto para grupos que hayan pedido cita por escrito a Ms. Sarah Jane Mayhew con por lo menos dos meses de antelación (mínimo de 15 personas y máximo de 40). **Entrada** gratuita. **Plano 11 P6**

Entre el Banco de Inglaterra y el Royal Exchange se encuentra otro pórtico neoclásico, el de la residencia oficial del lord Mayor, la Mansion House. Diseñada por George Dance, se terminó de construir en 1753 y cuenta con varias habitaciones suntuosas como el Egyptian Hall en el que se han organizado numerosos banquetes oficiales. La Mansion House es la única residencia privada de Inglaterra que es también Corte de Justicia y dispone de 11 celdas, con una especial para mujeres, la *birdcage* («jaula») en la que estuvo como prisionera Emmeline Pankhurst.
www.cityoflondon.gov.uk

The Monument

Monument Street, EC3 (7626 2717). Metro: Monument. **Abierto** de 10.00 a 17.40 horas, todos los días. **Entrada** 1,50 £; de 5 a 15 años, 50 p; niños menores de 5 años, gratis. **Plano 12 Q7**

Construida entre 1671 y 1677 por Christopher Wren y Robert Hooke, esta sencilla columna dórica rematada por una flamante urna de bronce conmemora el Gran Incendio de 1666 (*véase* pág. 15). El fuego empezó a 61 m de ese punto, en una panadería de Pudding Lane, y eso es lo que mide la columna, que era la mayor del mundo en el momento en que se erigió. A todo aquel que haga el esfuerzo de subir sus 311 escalones no le costará creerlo (y obtendrá un certificado por su esfuerzo). Salvo que tenga un problema de salud, merece la pena que lo intente para disfrutar de las vistas desde la cima. Los que tengan vértigo estarán de acuerdo con James Boswell cuando afirma que «es horrible estar tan arriba sin nada alrededor». Fíjese en el hueco que hay junto a la inscripción latina situada en uno de los lados del monumento. Tras la descripción de cómo se extinguió el fuego, se añadieron en 1681 unas palabras: «pero el fanatismo papista que trajo tales horrores todavía no se ha apagado», que no se borraron hasta 1830. Por supuesto se trataba de un prejuicio sin fundamento.

Museum of London

150 London Wall, EC2 (7600 3699/ información las 24 horas 7600 0807/ info@museumoflondon.org.uk). Metro: Barbican, St. Paul o Moorgate; estación de tren: Moorgate.
Abierto de 10.00 a 17.50 horas, de lunes a sábado; de 12.00 a 17.50 horas, domingos y festivos. **Entrada** (los billetes tienen un año de validez) 5 £; estudiantes y pensionistas, 3 £; menores de 16 años y discapacitados, gratuita. Gratuita después de las 16.30 horas (*véase* pág. 33). **Tarjetas de crédito** MC, V. **Plano 9 P5**

El puente levadizo que cruza un mar de tráfico es un buen punto de partida para la exploración de la historia de Londres. El museo, considerado Mejor Atracción del año 1999, premio que concede el Departamento de Turismo de Londres, abrió sus puertas en 1976. El edificio, proyectado a medida para el museo, se encuentra sobre las ruinas de un antiguo fuerte romano, y su interior corresponde a uno de los museos más imaginativos de la ciudad. Los visitantes pueden seguir el desarrollo de Londres desde la época prehistórica hasta nuestros días a través de una interesante combinación de maquetas, instrumentos y reconstrucciones. Los planes de remodelación implican un aumento del espacio para galerías con el fin de conseguir una mayor presencia del Londres de posguerra posterior a 1945.

También merece la pena dar una vuelta por el impresionante interior de época romana, que conserva mosaicos originales; el tesoro de Cheapside (un cúmulo de joyas fechadas entre 1560 y 1640, encontradas en una caja bajo una tienda) y la **Great Fire Experience**, una maqueta iluminada con efectos especiales en la que una voz en *off* narra cómo el fuego destruyó cuatro quintas partes del Londres de 1666. Las imitaciones de las celdas de Newgate y de la ceremonia de la elección del lord Mayor, así como el interior victoriano y eduardino de las tiendas y el restaurante (que incluye el magnífico ascensor Art Déco de Selfridge) ayudan a crear una atmósfera a la vez formativa y única.

Las exposiciones temporales suelen ser excelentes; destacó **High Street, Londinium**, una recreación del Londres romano (2000-2001).
www.museumoflondon.org.uk

Museum of Methodism y John Wesley's House

Wesley Chapel, 49 City Road, EC1 (7253 2262). Metro y estación de tren: Old Street. **Abierto** de 10.00 a 16.00 horas, de martes a sábado; de 12.00 a 14.00 horas, los domingos. Lunes, cerrado. **Entrada** *(casa y museo)* 4 £; de 5 a 15 años, pensionistas y parados de más de 40 años, 2 £; las siguientes visitas durante el mismo mes, gratuitas. **Plano 10 Q4**

En Bunhill Fields, enfrente de City Road, están enterrados muchos de los rebeldes religiosos de Londres. Las asambleas poco ortodoxas que organizaba John Wesley desembocaron en la formación de una Iglesia (la metodista) que, en la actualidad, cuenta con más de 50 millones de seguidores en todo el mundo. En 1778, Wesley abrió esta capilla a la oración y, en 1981, se abrió un museo en la cripta que recoge la obra de su fundador. Entre los elementos más destacados figura el púlpito y un gran óleo que le retrata en su lecho de muerte. Su casa, situada justo al lado, se ha restaurado para recuperar el estilo georgiano original del interior, con tal fidelidad que hasta se escogió el color de pintura que se suponía hubiese preferido Wesley. En la cocina y en el estudio se pueden ver su gorro de dormir, su sotana y, curiosamente, su máquina experimental de electroshock.

Museum of the Order of St. John

St. John's Gate, St. John's Lane, EC1 (7253 6644). Metro y estación de tren: Farringdon. **Abierto** de 09.00 a 17.00 horas, de lunes a viernes; de 10.00 a 16.00 horas, los sábados. Visitas guiadas, a las 11.00 y a las 14.30 horas, los martes, viernes y sábados. **Entrada** gratuita; se piden donativos. **Plano 9 O4**

La puerta de acceso que ha llegado hasta nuestros días perteneció antaño al priorato de San Juan de Jerusalén, fundado en el siglo XII, y ahora es la sede de la orden británica de San Juan. Detrás de la puerta hay un pequeño museo que recoge la historia de la orden desde los remotos tiempos de los caballeros templarios de las cruzadas a los más actuales y mundanos de las ambulancias de la St. John Ambulance Brigade. Las salas Chapter Hall, Council Chamber y la Old Chancery sólo se pueden ver en visitas guiadas, al igual que la iglesia nueva y la cripta normanda. De la iglesia redonda que había antaño en el priorato sólo queda su trazado reconstruido con adoquines en la cercana plaza de St. John, situada al norte de la puerta.

Old Bailey

En la esquina de Newgate Street y Old Bailey, EC4 (7248 3277). Metro: St. Paul. **Abierto** de 10.30 a 13.00 horas y de 14.00 a 16.00 horas, de lunes a viernes. Cerrado sábado y domingo. **Entrada** gratuita (no se permite la entrada a menores de 14 y los jóvenes de 14 a 16 años han de ir acompañados de un adulto). **Plano 11 O6**

El Old Bailey, antigua corte criminal, ha tratado algunos de los casos criminales más conocidos de la historia de Londres (entre ellos los de Oscar Wilde en 1895, el doctor Crippen en 1910, William «lord Haw-Haw» Joyce en 1945 y Peter Sutcliffe en 1981). La corte se construyó junto a la famosa prisión de Newgate (derruida en 1902) y la escultura de bronce situada sobre la cúpula mira hacia la zona en la que antaño se ejecutaba a los convictos. Las piedras de la prisión sirvieron para la restauración de la fachada, en la que pueden verse las esculturas de Pomeroy que representan a un ángel junto a la Entereza y la Verdad. La tradición de que los jueces lleven un ramo de flores a la Corte surgió de la necesidad de camuflar el hedor procedente de la prisión y protegerse de los gérmenes. En los juicios, se admite público.

St. Bartholomew's Hospital Museum

West Smithfield, EC1 (7601 8152/visitas guiadas 7837 0546). Metro: St. Paul. **Abierto** de 10.00 a 16.00 horas, de martes a viernes; cerrado lunes, sábado y domingo; visitas guiadas los viernes a las 14.00 horas. **Entrada** gratuita; en visitas guiadas, 4 £; pensionistas, parados de más de 40 años y discapacitados, 3 £. **Plano 11 O5**

El hospital más antiguo y querido de Londres estuvo a punto de cerrar durante muchos años pero, afortunadamente, ya ha resuelto sus problemas (por lo menos, por ahora). En el sótano se encuentra un pequeño pero interesante museo que narra la historia del hospital, y la única de las cuatro capillas originales que ha llegado hasta nuestros días: **St. Bartholomew-the-Less**. Las paredes del Great Hall y la escalera están decoradas con murales épicos de tema bíblico obra de William Hogarth. Todo ello se ve también desde el museo, pero en los recorridos guiados que se organizan semanalmente se aprecia mejor y también se visita Smithfield y los alrededores.

St. Paul's Cathedral

EC4 (7236 4128). Metro: St. Paul. **Abierto** de 08.30 a 16.00 horas, de lunes a sábado; domingos cerrado, excepto para misas; l*as galerías, cripta y ambulatorio*, de 10.00 a 16.00 horas, de lunes a sábado. Hora límite de entrada: 16.00 horas. **Entrada** *catedral, cripta y galerías* 5 £; de 6 a 16 años, 2,50 £, estudiantes, pensionistas, parados de más de 40 años y discapacitados, 4 £; *visita con sonido* 3 £, familias 2,50 £; estudiantes, pensionistas, parados de más de 40 años y discapacitados, 2,50 £; de 6 a 16 años, 1 £. *Visitas guiadas*, 2,50 £; de 6 a 16 años, 1 £; pensionistas, jubilados y estudiantes, 2 £. Visitas guiadas, 2,50 £, a las 11.00, 11.30, 13.30 y 14.00 horas, de lunes a sábado. **Tarjetas de crédito** *tienda* MC, V. **Plano 11 O6**

Si nos sigue impresionando aún hoy, ¡qué efecto no produciría en los hombres del siglo XVII la obra maestra de sir Christopher Wren! Es probable que, cuando el rey Ethelbert construyó la primera iglesia de madera, en el 604 d. C., lo hiciera sobre las ruinas de un antiguo templo romano dedicado a Diana. A esta iglesia le siguieron dos catedrales normandas (las tres se destruyeron en incendios), antes de que los normandos construyeran la «antigua St. Paul», a finales del siglo XI. Ese colosal edificio gótico que se quemó durante el Gran Incendio de 1666 era impresionante, y mucho más alto que su sucesor concebido por Wren. La catedral de Saint Paul de hoy es una de las pocas catedrales creadas por un único arquitecto, construida bajo supervisión de un único maestro (Thomas Strong) y acabada antes de que ambos murieran (las obras duraron 35 años). El epitafio de Wren, inscrito en el muro, junto a su tumba en la cripta resulta muy claro: «Si desea conocer su obra, mire a su alrededor».

Al igual que la iglesia de San Pedro, en Roma, la escala del edificio implica sacrificar la sensación de santidad y sustituirla por la grandiosidad, pero el resultado tiene un sentido de la proporción, el espacio y la armonía maravilloso, que nada puede estropear. Uno de los elementos más sorprendentes es el impresionante, casi bizantino, mosaico de la Creación que se encuentra en el **coro** que, junto al incongruente *Light of the World*, de Holman Hunt, que cuelga en el ala sur, forma parte de los añadidos realizados durante el siglo XIX. En el campanario de la fachada oeste se encuentra «**Great Paul**», la campana más pesada de Inglaterra, con cerca de 3 m de diámetro, que suena cada día a las 13.00 horas.

Arriba, en la cúpula decorada por James Thornhill con frescos que narran episodios de la vida de San Pablo, se encuentra la **Whispering Gallery**, donde la gente intenta oír el eco amortiguado de las voces. Subiendo un poco más se encuentran la **Stone Gallery** (en la base de la cúpula) y la **Golden Gallery** (en la parte superior de la cúpula). Para alcanzarlas es preciso hacer el esfuerzo de subir una larga escalera de 530 peldaños, pero merece la pena porque las vistas de Londres que ofrecen no tienen parangón. En la luminosa y blanca **cripta** (una de las mayores de Europa) destacan los grandiosos monumentos dedicados al duque de Wellington y al almirante Nelson; y provoca una sonrisa ver un discreto monumento en honor a Florence Nightingale en medio de tan gloriosos militares que tanto hicieron por facilitarle clientes. En el rincón de los pintores (**Painters' Corner**) se encuentran los monumentos funerarios dedicados a Reynolds, lord Leighton, Alma-Tadema, Turner, Millais y Holman Hunt. El objeto más interesante del **Treasury** es una capa de ceremonia que tiene bordados los pináculos de 73 iglesias. Abajo hay también un bar y restaurante de calidad aceptable.

Merece la pena hacer alguno de los «Supertours», unas visitas guiadas dinámicas y llenas de anécdotas, que permiten acceder a zonas que normalmente están cerradas al público como, por ejemplo, el magnífico coro en el que están las tallas de Grinling Gibbons.
www.stpaulslondon.anglican.org

Temple of Mithras

En el patio elevado situado frente a Sumitomo y al edificio de Legal & General, Temple Court, 11, Queen Victoria Street, EC4. Metro: Mansion House. **Abierto** 24 horas, todos los días. **Entrada** gratuita.
Plano 11 P6

Durante el siglo III d. C., los cultos rivales mitraísta y cristiano luchaban por hacerse con la supremacía. La adoración del dios persa Mitras tenía mucho éxito entre los soldados romanos, y las tropas de la frontera británica construyeron este pequeño templo dedicado a su dios cerca de este lugar (h. 240-250 d. C.). Los cimientos reconstruidos (para restablecer el aspecto que tenían cuando se desenterraron en 1954) no tienen demasiado interés, pero son una clara muestra de la influencia romana en el diseño de las iglesias: ábside redondo, nave central y alas laterales. La diferencia era que las iglesias cristianas se construían en forma de cruz y el altar se orientaba siempre hacia el este. La historia del templo y de las esculturas de mármol que se encontraron enterradas en él se narra en una sala del **Museum of London** (*véase* pág. 54).

Tower Bridge Experience

SE1 (7403 3761). Metro y estación de tren: Tower Hill o London Bridge. **Abierto** *de abril a octubre*, de 10.00 a 18.30 horas, todos los días; *de noviembre a marzo*, de 09.30 a 18.00 horas, todos los días (hora límite de entrada: 1 hora y 15 minutos antes del cierre). **Entrada** 6,25 £; de 5 a 15 años, pensionistas y estudiantes, 4,25 £; familias, 18,25 £. *Tarjeta GoSee* (*véase* pág. 33). **Tarjetas de crédito** AmEx, MC, V.
Plano 12 R8

A pesar de su aspecto gótico, el Tower Bridge o puente de la Torre es, en realidad, una de las primeras construcciones de acero. La «Tower Bridge Experience» puede parecer un absurdo, pero lo cierto es que ofrece al visitante una completa y documentada historia de un puente que se inauguró en el año 1894 y que fue considerado por muchos como «un símbolo colosal del genio británico». La «experiencia» consta de animaciones, pantallas interactivas y el «fantasma» de Horace Jones, el primer arquitecto del puente, que murió poco después de que se iniciaran los cimientos. En los pasillos se expone una serie de imágenes fotográficas tomadas a lo largo de los cien años de vida del puente. Las vistas que se obtienen desde allí pierden algo de gracia por culpa del vidrio y el metal que componen los pasillos. La visita acaba en la sala de máquinas, en la que se encuentra el motor de vapor que se utilizó para levantar el puente hasta 1976 (año en el que se sustituyó por un motor eléctrico). Para averiguar cuándo se volverá a levantar el puente (generalmente se hace por lo menos una vez al día) y el nombre y la clase de barco que pasará bajo la estructura, llame al 7378 7700.
www.towerbridge.org.uk

Tower of London

Tower Hill, EC3 (7709 0755). Metro: Tower Hill; estación de tren: Fenchurch Street. **Abierto** *de marzo a octubre* de 09.00 a 17.00 horas, de lunes a sábado; de 10.00 a 17.00 horas, domingos; *de noviembre a febrero* de 10.00 a 16.00 horas los lunes y domingos, de 09.00 a 16.00 horas, de martes a sábado. **Entrada** 11 £; pensionistas, jubilados, estudiantes, con carnet de paro, 8,30 £; niños, 7,30 £. **Tarjetas de crédito**: AmEx, MC, V.
Plano 12 R7

A lo largo de su larga historia, la Tower of London ha sido castillo, palacio y prisión, y sigue siendo una de las principales atracciones turísticas de la ciudad. La torre recibe dos millones y medio de visitantes al año, por lo que es recomendable llegar pronto para evitar las aglomeraciones. Las visitas guiadas, que duran una hora, son una buena introducción, y las realizan los guardas de la torre llamados Yeoman Warders.

La parte más antigua del complejo está constituida por la **White Tower**, de Guillermo el Conquistador, que se empezó a construir en 1076 (el nombre hace referencia al encalado que se realizó durante el reinado de Enrique III), y que en la actualidad alberga una importante sección de la **Royal Armouries**. En la segunda planta se encuentra la exquisita y austera **Chapel of St. John**, que data de 1080, lo que la convierte en la iglesia más antigua de Londres.

A pesar de que se la conoce como el lugar en el que se decapitaba a los aristócratas, en realidad, en la **Green Tower** sólo se ejecutó a siete personas (en el centro hay una placa con sus nombres). Los cuervos que graznan alrededor son una especie protegida por decreto desde hace más de 300 años y son lo que queda de la colección de animales exóticos que había en la torre desde 1235 hasta que fue transferida, en 1831, al zoo de Londres. Las Waterloo Barracks, del siglo XIX, albergan las famosas **Joyas de la Corona**, cuyo mayor tesoro es la Corona Imperial, en la que se emplearon 317 diamantes. Su popularidad es tal que el tiempo de visita está seriamente restringido.

Al sur de la Torre Blanca se encuentra la llamada **Bloody Tower**, en la que el futuro Ricardo III incineró a sus sobrinos, Eduardo V, de doce años, y a su hermano, de diez años. Los Tudor afirmaron que Ricardo había matado a los dos niños y, aunque el esqueleto de ambos se encontró en la torre, en 1674, la suerte de los dos príncipes no ha dejado de constituir uno de los grandes misterios de la historia del país. Un siglo antes, sir Walter Raleigh estuvo preso en la torre en tres ocasiones distintas, la última de las cuales duró seis semanas y terminó con su ejecución en Westminster. Junto al río se encuentra la **Traitors' Gate**, por la que accedían a la torre desde el río los prisioneros condenados en la corte de Westminster. La puerta pertenece a la **St. Thomas Tower** que, junto a la vecina torre Wakefield, se remodeló a semejanza del palacio medieval de Eduardo I.

La **celda de sir Thomas More** se abrirá al público por primera vez hasta el 10 de diciembre.

En 1999, se dio luz verde a un proyecto que pretendía humanizar los alrededores de la torre creando un centro de visitas, un camino y una zona de acceso; las obras estarán terminadas en el plazo de dos años.

A pesar de su brillo, la torre es un lugar sorprendentemente aséptico, sin alma y, además, caro. Podría aprender mucho del **Hampton Court Palace** (*véase* pág. 135) que resulta bastante más interesante y evocador.

Para conseguir información actualizada, remítase a los folletos que publica la torre, en los que se detallan los espectáculos previstos. Los billetes para éstos se pueden comprar en las taquillas de todas las estaciones de metro de la ciudad.

www.hrp.org.uk

Holborn y Clerkenwell

Una mezcla de modernidad y tradición

PLANOS 6 Y 9

Holborn (se pronuncia «Hobun»), encajado entre el comercial Covent Garden, el culto Bloomsbury y el codicioso centro de la ciudad, le debe parte de su carácter a esos tres barrios, aunque su esencia tiene que ver con el disperso y anacrónico **Inns of Court** (*véase* pág. 60, ***Inns & outs***).

No es una caravana, sino un **refugio para taxistas**

LOS ALREDEDORES DE ALDWYCH

El río Holebourne, inexistente hace tiempo, desembocaba en el Fleet, desaparecido hace poco, a través de lo que hoy es Farringdon Road. El extremo oeste del Holborn moderno lo constituye Kingsway, una calle repleta de tráfico, a pesar de que se creó a principios de siglo con la esperanza de descongestionar las calles de lo que era un barrio marginal muy poblado, y acaba en Aldwych. El atractivo hotel **Meridien Waldorf**, construido más tarde, y el **One Aldwych** (*véase* pág. 149), uno de los hoteles más recientes y lujosos de Londres, están frente a un trío de edificios imperiales: la India House, la Australia House y la Bush House, que se diseñó como un gran centro comercial pero que hoy es sede del querido y odiado World Service de la BBC. En la tienda situada en la entrada se pueden comprar recuerdos con el logo de la BBC (*véase* pág. 230).

Entre esta zona y el Támesis se encuentra el **King's College** (un horroroso añadido de los años sesenta convive sin problemas con el elegante edificio original de Robert Smirke, construido entre 1829 y 1831) y la grandiosa **Somerset House** de finales del siglo XVIII, diseñada por William Chamber, que ha sido restaurada y abrió sus puertas de nuevo en mayo de 2000. En el patio central se organizan eventos culturales, y la impresionante River Terrace, que cuenta con excelentes vistas y un café, está conectada con el puente de Waterloo por un puente de acero y cristal. Sin embargo, los principales atractivos turísticos de la Somerset House son sus museos: la **Courtauld Gallery**, los mosaicos, el oro y la plata de la **Gilbert Collection** (para ambos, *véanse* págs. 60-61) y la gran exposición **Hermitage Rooms at Somerset House,** abierta en otoño del año 2000, en forma de una sucesión de exposiciones temporales con piezas del gran museo de San Petersburgo.

Cerca de allí hay dos curiosidades que merecen una visita. En la Temple Place se encuentra un conjunto de **«refugios» para taxistas** que todavía sigue en funcionamiento. Esas encantadoras cabañas pintadas de verde son un legado de la Cabmen's Shelter Fund que, en 1874, decidió crear lugares en los que los taxistas (demasiado aficionados a los *pubs* y al alcohol) pudiesen protegerse de los elementos, comer un plato caliente y beber un refresco. Cerca de allí, en la esquina de la Strand Lane, se encuentran los **baños «romanos»**, a los que se accede a través de un callejón cercano a Surrey Street. David Copperfield se tomó más de un baño frío en ellos. Si no están abiertos cuando pase (abren de 10.00 a 12.30 horas, de lunes a viernes), eche un vistazo a través de las ventanas.

De vuelta al Strand, pueden verse dos iglesias aisladas del tráfico: la **St. Mary-le-Strand** (el primer edificio público creado por James Gibb, construido entre 1714 y 1717) y **St. Clement Danes** (*véase* pág. 62). Samuel Johnson acudía con frecuencia a las solemnes misas de esta última.

Hacia el norte, puede verse el imponente edificio neogótico de la **Royal Courts of Justice** (*véase* pág. 62), que la reina Victoria inauguró en 1882. El encargo se realizó con tanta tensión que al arquitecto su éxito le costó la vida.

Almuerzo en una terraza de Clerkenwell

Los fieros grifos de bronce situados en plena calle, cerca de allí, marcan el lugar en el que se encontraba el **Temple Bar,** así como el límite oficial de la City. Detrás puede verse la iglesia de **St. Dunstan in the West** (*véase* pág. 62) y la poco conocida **Prince Henry's Room** (*véase* pág. 62), del siglo XVII. Hacia el sur quedan las laberínticas calles de **Middle** e **Inner Temples** (que oficialmente se encuentran en los límites de la City; *véase* pág. 60, ***Inns & outs***).

LOS ALREDEDORES DE LINCOLN'S INN FIELDS

Las calles que quedan al oeste de las Cortes llevan el nombre de muchas **Inns of Chancery** ya desaparecidas como, por ejemplo, New Inn y Clement's Inn, las cuales han sido cuna de muchos movimientos de izquierdas, como es el caso de la London School of Economics (**LSE**). Cerca de ella, en el número 13 de Postsmouth Street está la **Old Curiosity Shop**, que se supone inspiró la novela de Dickens que lleva el mismo nombre (aunque no está del todo claro), y cuyo origen se remonta a 1567.

La amplia **Lincoln's Inn Fields** es la plaza más grande Londres y el centro de Holborn. Al norte queda el **Sir John Soane's Museum** (*véase* pág. 62) y hacia el oeste se encuentra el edificio de la posada en sí. En Chancery Lane, que va desde el Strand hasta High Holborn, se encuentra un ambicioso edificio de oficinas de acero y cristal que es la sede de la Public Records Office y de la Law Society. En el extremo norte de la plaza se encuentra el extraño conjunto de tiendas subterráneas llamado **London Silver Vaults** (*véase* pág. 211) en las que se vende de todo, desde cucharas de plata hasta relojes antiguos. En el extremo sur de la plaza están los diversos **Museums of the Royal College of Surgeons** (*véase* pág. 61), no aptos para personas impresionables.

En la esquina siguiente, en dirección a Holborn Circus, se puede ver la tambaleante estructura de madera del **Staple Inn**, de la época tudor, que es una de las antiguas posadas de la Cancillería. Al otro lado de la calle, junto al *pub* Cittie of Yorke, nace una calle que conduce a la más alejada de las posadas, la **Gray's Inn**.

CLERKENWELL

Al norte y al este de esta zona queda el barrio de **Clerkenwell**, que está muy de moda. En el siglo XII surgió una aldea alrededor del priorato de San Juan de Jerusalén y del hoy desaparecido convento de St. Mary. En el siglo XIV se creó el monasterio cartujano de **Charterhouse** (que hoy es una lujosa residencia de la tercera edad).

El **Clerk's Well**, que da nombre al lugar, se menciona ya en escritos de 1174 y, aunque desapareció, se volvió a encontrar por casualidad en 1924. Se puede ver a través de la ventana del edificio situado en los números 14-16 de Farringdon Lane. Con los siglos, en Clerkenwell se fue imponiendo una fuerte tradición artesanal potenciada por la llegada de inmigrantes extranjeros como, por ejemplo, los hugonotes franceses que trabajaban sin someterse a las estrictas leyes de los gremios de la ciudad. El lugar se consideraba cuna de notables hasta que en el siglo XIX se instaló una verdadera ola de inmigrantes irlandeses e italianos en busca de alojamientos baratos (la importante presencia italiana se pone de manifiesto en la **St. Peter Italian Church** y en la excelente tienda de víveres situada justo al lado: **L. Terroni & Sons**). Los radicales políticos también se sintieron atraídos por Clerkenwell en esa época, y Clerkenwell Green se convirtió en un centro político: Lenin imprimió 17 ediciones de su periódico bolchevique *Iskra* en una habitación que se conserva en la **Marx Memorial Library** (en el número 37A).

EL CLERKENWELL DE DICKENS

A finales del siglo XIX, el barrio se había convertido en «un lugar amoral y desagradable»; el marco ideal para una novela de Dickens. Después de la cesión de los campos de cultivo de azafrán, *Oliver Twist* describe con agudeza el desesperado horror que se vivió en **Saffron Hill**. **Bleeding Heart Yard**, junto a la calle Greville, es el lugar en el que Arthur Clennam se convierte en socio de la empresa de Doyce y Clennan en *Little Dorritt*, y donde el Sr. Pancks trata sin éxito de cobrar el alquiler a sus arruinados arrendadores. Se cree que la calle debe su nombre al horroroso asesinato de Elizabeth Hatton que tuvo lugar en ella: el criminal le arrancó el corazón y, al parecer, éste seguía bombeando sangre cuando lo encontraron entre los adoquines, al día siguiente. Puede meditar sobre la veracidad de la leyenda tomando algo en el **Bleeding Heart Restaurant & Wine Bar** (*véase* pág. 196).

En la cercana **Ely Place,** David Copperfield conoció a Agnes Wakefield y renovó su amistad con Tommy Traddles. En este fascinante enclave se encontraba antaño el palacio del obispo de Ely, del que sólo queda la encantadora iglesia de **St. Etheldreda**, que cuenta con una buena cafetería (*véase* pág. 62). La calle privada con puerta de acceso que ahora está bordeada de casas estilo georgiano es propiedad de la Corona británica y no queda bajo la jurisdicción de la City. Los aficionados a los *pubs* no pueden dejar de acudir a la **Olde Mitre Tavern,** que abrió sus puertas en 1546 en una calle estrecha y tranquila que parte de Ely Place. Al oeste se encuentra el práctico y venerable **Leather Lane Market**, en el que se vende ropa, comida y vídeos piratas. Alrededor hay una serie de cafeterías eco-

Compre un bolso viejo en el **Exmouth Market**

nómicas. Junto al mercado está el **Hatton Garden**, hoy el centro del mercado de diamantes de la ciudad.

EL CLERKENWELL DE MODA

Los barrios marginales se derruyeron pero no se construyó nada en su lugar, lo que supuso una reducción de la población y un estancamiento del crecimiento de Clerkenwell. Sin embargo, desde los años ochenta, algunos constructores empezaron a interesarse por una zona tan cercana a la City y al West End. Asimismo, se está empezando a explotar el potencial turístico del barrio: se organizan visitas a propiedades destacadas, a la fantasmagórica **House of Detention** (*véase* pág. 61), a la **St. John's Gate,** del siglo XVI, y al **Museum of the Order of St. John** (*véase* pág. 54).

Si el atractivo de un barrio se midiese por la cantidad de restaurantes de buena calidad que hay en él, Clerkenwell estaría muy bien considerado. En la calle St. John se encuentra el **St. John** (número 26, *véase* pág. 170), el **Stephen Bull Smithfield** (número 71, *véase* pág. 168) y el bar oriental **Cicada** (número 132-136, *véase* pág. 196). Muy cerca de allí, en la Farringdon Road está el **The Eagle** (número 159, *véase* pág. 196), un de los primeros bares que apostaron por las tapas de calidad combinadas con las bebidas, mientras que el ultramoderno bar español **Moro** (*véanse* págs. 173-174) lidera el cada vez más conocido **Exmouth Market** (números 34-36).

El único inconveniente del inexorable ascenso de Clerkenwell es que las viviendas tipo *loft* que se están imponiendo en la zona sólo están al alcance de jóvenes profesionales con un buen sueldo. Los ejecutivos de publicidad y los abogados no tardarán en llenar los pocos locales que hayan dejado libres los artistas refugiados en uno de los barrios más interesantes y tranquilos del centro de Londres.

Lugares de interés

Courtauld Gallery

Sumerset House, Strand, WC2 (7848 2526). Metro: Covent Garden o Temple (cerrado los domingos).
Abierto de 10.00 a 18.00 horas, de lunes a sábado. **Entrada** 4 £; menores de 18 años, gratuita; estudiantes y pensionistas 3 £; *entrada conjunta con la Colección Gilbert*, 7 £, y pensionistas, 5 £. **Plano 8 M7**
Situada en el magnífico edificio del siglo XVIII de la **Somerset House,** que abrió sus puertas al público en mayo del año 2000, la Courtauld Gallery expone varias colecciones privadas que le han sido donadas. La galería empezó su singladura con la colección del magnate textil Samuel Courtauld, formada, en su mayoría, por obras impresionistas y posimpresionistas. Entre ellas figuran ejemplos destacados de ambos estilos como *Un bar en el Folies-*

Inns & outs

Las tranquilas y agradables **Inns of Court** resultan ideales para pasar veladas en un ambiente reposado y lleno de historia. En ellas, los miembros de las profesiones jurídicas pierden contacto con la realidad, preocupados pero serios, meditan sobre la famosa justicia británica. Como explicaba el ensayista Charles Lamb a finales del siglo XVIII, pasear por los alrededores de Lincoln's Inn y Gray's Inn permite disfrutar de «formas inesperadas, de pasajes inesperados que dan a sus magníficas y amplias plazas con bellos jardines clásicos». Hoy, los tranquilos pasajes y los espacios abiertos a los que se refería son un refugio divino contra el tráfico y la contaminación del centro de Londres. Las posadas no están siempre abiertas, por lo que conviene llamar para pedir información antes de ir.

Gray's Inn (Gray's Inn Road, WC1; 7458 7800) fue la última posada en fundarse y data de 1569. En su vestíbulo hay un magnífico biombo que según se cree se fabricó con la madera de un galeón de la Armada española. En una visita guiada por el Great Hall y el Old Hall de la **Lincoln's Inn** (Lincoln's Inn Fields, WC2; se suele pedir cita mediante escrito; llamar al 7405 1393 para más información) se pueden revivir escenas de *Bleak House*, el feroz ataque de Dickens al sistema legal: todo sigue igual. Al sur del Strand se encuentran el **Middle Temple** (Middle Temple Lane, EC4; 7427 4800) y el **Inner Temple** (Inner Temple Treasury Office, EC4; 7797 8250), formados por un laberinto de paseos y patios que resultan especialmente atractivos cuando oscurece y se iluminan con farolas de gas. De las salas y edificios abiertos al público, sólo la **Temple Church** (Inner Temple, King's Bench Walk; 7353 1736), construida en 1185, está llena de esculturas de caballeros templarios yaciendo y gárgolas con muecas extrañas, aunque no parecen muy antiguas. Las otras cuatro Inns of Court están situadas para simbolizar el papel de la ley como mediador en la batalla histórica por el poder que mantuvieron la City y Westminster. Esa lucha se sintió con especial virulencia en el Temple Bar del Strand: la reina no podía pasear junto al grifo sin permiso del lord Mayor de la ciudad. Está previsto sacar de su exilio en Hertfordshire el arco original diseñado por Wren y volverlo a colocar en la restaurada plaza Paternoster, junto a la catedral de Saint Paul.

Bergère, de Manet, una versión de su *Déjeuner sur l'Herbe*; *Los jugadores de cartas*, de Cezanne, y *Nunca más*, de Gauguin. La colección se enriqueció con el legado del conde Antoine Seilern, cuya donación a la institución de obras de los siglos XIV al XX permitieron crear una sala dedicada a Rubens y exponer maravillosos ejemplos de pinturas holandesas e italianas. Entre las más importantes destacan *Hombre arrepentido*, de Fra Angelico, *Adán y Eva*, de Cranach, y la casi translúcida *Virgen y el niño con ángeles*, de Quentin Metsys.
www.courtauld.ac.uk

Gilbert Collection

Somerset House, Strand, WC2 (7240 4080). Metro: Covent Garden o Temple (cerrada los domingos). **Abierto** de 10.00 a 18.00 horas, de lunes a sábado; de 12.00 a 18.00 horas, los domingos (hora límite de entrada: 17.15 horas). **Entrada** 4 £; menores de 18 años, estudiantes ingleses a tiempo completo y parados mayores de 40 años, gratuita; estudiantes extranjeros y a tiempo parcial, 3 £; discapacitados y personas que les ayudan, 2 £; *entrada conjunta con la Courtauld Gallery*, 7 £, y pensionistas, 5 £. **Tarjetas de crédito** AmEx, MC, V. **Plano 8 M7**

A partir de mayo del 2000, el edificio sur de la Somerset House se convirtió en la sede del museo de artes decorativas más moderno de Londres. Las tres colecciones del londinense Arthur Gilbert están formadas por 800 objetos, y se centran en una excelente colección de cajas de oro, plata europea y mosaicos de italianos *pietre dure*. El precio de la entrada incluye una explicación grabada. También cuenta con una cafetería y una tienda.
www.gilbert-collection.org.uk

House of Detention

Clerkenwell Close, EC1 (7253 9494). Metro y estación de tren: Farringdon. **Abierto** de 10.00 a 18.00 horas, todos los días (hora límite de entrada: 17.15 horas). **Entrada** 4 £; de 5 a 16 años, 2,50 £; estudiantes y pensionistas, 3 £; familias, 10 £. **Plano 9 N4**

En el siglo XIX uno podía acabar entre rejas por mendigar, intentar suicidarse o incluso robar dos uvas. En este lugar ha habido una prisión desde 1616, pero su período de mayor actividad fue de 1846 a 1878, época durante la cual llegó a tener 10.000 reclusos en un año. Si recorre los pasadizos del sótano se hará una idea bastante realista de las condiciones de oscuridad y humedad que tenían que soportar los presos. En las celdas individuales, situadas al final de la ruta marcada, se ha expuesto una serie de instrumentos de tortura que tienen nombres tan expresivos como «desgarralenguas» o «aprietagargantas». El lugar tiene un ambiente especial (la BBC filmó en él parte de *Great Expectations*, en 1998) pero no es el sitio en el que uno quisiera que le sorprendiese un corte de luz.

Museums of the Royal College of Surgeons

35-43 Lincoln's Inn Fields, WC2 (7869 6560/ información grabada 7869 6563/

Somerset House, *restaurada con su antiguo esplendor*

museums@rcseng.ac.uk). Metro: Holborn. **Abierto** de 10.00 a 17.00 horas, de lunes a viernes. **Entrada** gratuita, aunque se agradecen donativos. **Plano 6 M6**

El Real Colegio de Cirujanos tiene a su cargo cuatro museos situados bajo un mismo techo: el **Hunterian**, el **Odontological** y los **Wellcome Museums of Pathology y Anatomy** (que se pueden visitar sólo pidiendo cita). El museo Hunterian, probablemente el más impresionante, está situado en Lincoln's Fields y cuenta con una colección de muestras de patología y anatomía que el Gobierno inglés compró en 1799 a John Hunter (1728-1793); no es un lugar para personas impresionables. En las altas vitrinas se exponen jarras con órganos internos o fetos de animales y personas en distintas etapas de desarrollo. También pueden verse el esqueleto del «gigante irlandés» y el de una mujer enana. En el museo odontológico se exponen mandíbulas, moldes y cráneos, además de los famosos dientes de Waterloo que se extraían a los muertos durante la batalla para sustituir los que habían perdido los vivos. Los instrumentos dentales y quirúrgicos sirven para convencer de la importancia de la anestesia.
www.rcseng.ac.uk

Prince Henry's Room

17 Fleet Street, EC4 (020 7936 4004). Metro: Temple (cerrada en domingo). **Abierto** de lunes a sábado, de 11.00 a 14.00 horas. **Entrada** gratuita. **Plano 11 N6**

Construido en 1611 y bautizado en honor del hijo mayor del rey Jaime I, éste es uno de los pocos edificios que sobrevivió al Gran Incendio, que dejó intacto su techo de roble y yeso. En la actualidad, alberga una colección de recuerdos de Samuel Pepys.

Royal Courts of Justice

Strand, WC2 (7947 6000). Metro: Temple (cerrada los sábados y domingos). **Abierto** de 09.30 a 16.30 horas, de lunes a viernes (en agosto y septiembre no hay juicios, por vacaciones). **Entrada** gratuita. **Plano 6 M6**

Todo el mundo puede entrar en los 88 juzgados de los Royal Courts of Justice. Ejercer el derecho a ver el pleno funcionamiento de la decrépita justicia británica resulta a la vez tranquilizador y fascinante. El interior del edificio es tan impresionante como la fachada, y cuenta con una cafetería y una pequeña exposición.

www.open.gov.uk

St. Clement Danes

Strand, WC2 (7242 8282). Metro: Temple. **Abierto** de 08.30 a 16.30 horas, de lunes a viernes; de 09.00 a 15.30 horas, los sábados; de 09.00 a 12.30 horas, los domingos. **Plano 6 M6**

El curioso nombre de esta iglesia de Wren (con una torre añadida obra de James Gibbs) procede de la época en la que Alfredo el Grande expulsó a todos los daneses del reino, excepción hecha de los que estaban casados con inglesas. Una conocida canción infantil inglesa dice: «Naranjas y limones, tocan las campanas de St. Clement», pero todo parece indicar que, aunque a los niños de la escuela Clement Danes Primary School se les sigue dando una naranja y un limón al acabar el curso, la iglesia a la que se refiere la canción es la de St. Clement Eastcheap, que se encuentra cerca de los muelles a los que llegaban los cargamentos de cítricos. La mayor parte del interior de la iglesia fue destruido durante el Blitz y se ha restaurado para darle el aire sereno y digno de una iglesia de las RAF (Royal Air Force). Frente a la iglesia se encuentra el controvertido monumento en memoria del mariscal de las fuerzas aéreas sir Arthur «Bomber» Harris, responsable de los intensos bombardeos sobre varias ciudades alemanas hacia el final de la segunda guerra mundial.

St. Dunstan in the West

Fleet Street, EC4 (7242 6027). Metro: Chancery Lane. **Abierto** de 10.00 a 14.00 horas, los martes; de 14.00 a 18.00 horas. los sábados; de 09.00 a 14.00 horas, los domingos (algunos viernes hay concierto). **Plano 11 N6**

La iglesia original se remonta a 1185, pero la actual construcción neogótica es de 1831-1833, momento en que la ampliación de Fleet Street hizo necesario desplazar la iglesia hacia el norte. John Dome fue rector de 1624 a 1631; Izaak Walton (que escribió *Compleat Angler*, impresa en el patio de la iglesia en 1653) estuvo en ella entre 1629 y 1644, y Samuel Pepys estuvo un día, en 1667, escuchando un sermón y tratando de ganar los favores de una muchacha del lugar, sin conseguirlo («... al final, vi que sacaba unas agujas de su bolsillo para pincharme si volvía a tocarla»).

St. Etheldreda

Ely Place, EC1 (7405 1061). Metro: Chancery Lane. **Abierto** de 07.30 a 19.00 horas, todos los días. **Entrada** gratuita. **Plano 9 N5**

La iglesia católica más antigua de Londres (se construyó hacia 1250) es lo único que queda de lo que fue la extensa residencia londinense del obispo de Ely. La sencilla capilla, bordeada de figuras de mártires locales, es el único ejemplo conservado (excepción hecha de algunas partes de la abadía de Westminster) de la arquitectura gótica del reinado de Eduardo I. Se dice que las fresas que se cultivaban en su jardín eran las mejores de la ciudad (hasta Shakespeare las alabó en su obra *Ricardo III*), por lo que cada año, en junio, la iglesia organiza la Strawberrie Fayre en Ely Place.

Sir John Soane's Museum

13 Lincoln's Inn Fields, WC2 (7405 2107). Metro: Holborn. **Abierto** de 10.00 a 17.00 horas, de martes a sábado; de 18.00 a 21.00 horas, el primer martes de mes. **Entrada** gratuita, aunque se agradecen donativos. **Visitas guiadas** los sábados a las 14.30 horas (3 £; menores, gratuita). **Plano 6 M5**

Éste es uno de los museos con más encanto y personalidad de Londres. Sir John Soane (1753-1837) no era sólo uno de los arquitectos más importantes de su época sino un inspirado y apasionado coleccionista. El adjetivo «ecléctico» no hace justicia a la extraordinaria acumulación de tesoros que se hallan en la casa, reconstruida por él mismo. Entre lo más destacado se hallan las series del *Rake's Progress* y *The Election*, de Hogarth, el sarcófago del faraón Seti I, dibujos indios, el reloj de Christopher Wren, numerosos moldes de esculturas antiguas, un monumento al perro de la mujer de Soane («Alas, poor Fanny») y los planos y maquetas de los proyectos de Soane. En invierno, cuando es primero de mes y abren la casa por las tardes, la iluminan con velas y ésta adquiere una atmósfera casi mágica. Los billetes para las visitas guiadas se venden a las 14.00 horas en la biblioteca, y no se admiten reservas.

www.soane.org

Bloomsbury y Fitzrovia

El Londres literario y académico se da cita en este barrio tan característico, sede de algunas de las mejores instituciones históricas del país

PLANOS 5 Y 6

Entre las calles Gower y Great Portland, y Euston Road y Oxford se encuentra el barrio que, durante los años treinta y cuarenta, era conocido como **Fitzrovia**. Muchos aspirantes a artistas y escritores (Dylan Thomas incluido) sentían fascinación por ese extraño y triste lugar al norte del Soho, donde acababan desperdiciando su talento en tugurios y *pubs* como la **Fitzroy Tavern** de la calle Charlotte. En su *Memory of the Forties*, Julian Maclaren-Ross comenta que Tambimuttu, el editor cingalés de *Poetry London*, le advirtió: «...ten cuidado con Fitzrovia... permanecerás en ella día y noche, siempre, y no terminarás nunca tu obra». El hecho de que pocas persona hayan oído hablar de este autor en nuestros días nos hace sospechar que no siguió tan sabio consejo.

Hoy, las callejuelas parecen extrañamente vacías, sin vida: pocos turistas se aventuran más allá del norte de la calle Oxford, y sólo unos cuantos trabajadores de la zona se pierden por los ya no tan apetecibles bares situados en los alrededores de la calle **Charlotte** (aunque los restaurantes son buenos). De todos modos, la zona empieza a revivir lentamente gracias a la expansión del Soho hacia el norte y a la apertura de bares de moda como el **Jerusalem** (en Rathbone Place; *véase* pág. 196).

Más allá del museo de juguetes **Pollock's Toy Museum** (*véase* pág. 67), del **All Saints** de la calle Margaret (*véase* pág. 64), y de la omnipresente **British Telecom Tower,** de 20 m de altura (no está abierta al público), el barrio tiene pocos lugares de interés. Pero aun descuidadas, las calles de Fitzrovia tienen un encanto innegable, excepción hecha, claro está, de la caótica y contaminada Tottenham Court Road. Hace poco más de un siglo, ésta era un tranquila carretera rural bordeada por unas cuantas granjas de vacas; ahora, es el sitio ideal para comprar electrodomésticos, ordenadores, muebles de diseño y artículos para el hogar (en **Habitat, Heal's,** y **Purves & Purves**, *véanse* págs. 228 y 230). De todos modos, el extremo sur de la calle ha mejorado bastante tras la construcción de un pequeño centro comercial de vidrio en el que se han instalado algunas tiendas de renombre como Sainsbury's y Boots, lo que le ha aportado un nuevo soplo de vida.

EL BLOOMSBURY LITERARIO

Al oeste de Fitzrovia, entre Euston Road, Gray's Inn Road y Theobald's Road/Bloomsbury Way/calle New Oxford, se encuentra una zona con más peso literario: **Bloomsbury**. Sin duda, su atractivo principal es el magnífico **British Museum** (*véanse* págs. 66-67), que encabeza la lista de lugares más visitados por los turistas. El segundo centro de interés de la zona es la **University of London**, cuyo edificio más sorprendente, la Senate House, una torre de 130 m (construida en los años treinta con piedra de Portland), destaca sobre el campus de la calle Malet como un orwelliano defensor de la verdad. Muchos de los edificios de las plazas de fino estilo georgiano de Bloomsbury contienen anexos de la Universidad, como la fundación de arte chino **Percival David Foundation for Chinese Art** (*véase* pág. 65) y el museo egipcio **Petrie Museum of Egyptian Archaelogy** (*véase* pág. 65). **Waterstone's,** la librería de la universidad, situada en la esquina de Torrington Place con la calle Gower, es una de las mayores y mejores de Londres.

El nombre Bloomsbury deriva de *Blemondisberi*, que significa «la propiedad de (William) Blemond», quien adquirió esa área a principios del siglo XIII. Permaneció durante largo tiempo como una finca rural hasta que el cuarto conde de Southampton construyó la **Southampton Square** (actual plaza de **Bloomsbury**) alrededor de su casa, hacia 1660. Cerca de allí, en Bloomsbury Way, se encuentra la iglesia St. George Bloomsbury, del siglo XVIII (*véase* pág. 67), que se distingue por su original campanario con escaleras. La construcción de la plaza de Southampton inició una moda y, tras ella, siguieron muchas más, como la única plaza georgiana de Bloomsbury que ha llegado entera a nuestros días, la **Bedford Square** (1775-1780), antaño lugar donde se iba a la caza de editores, y la gran **Russell Square** (diseñada en 1800), en la que domina el original hotel Russell, de ladrillo rojo y terracota, y una práctica cafetería situada en los jardines de la plaza.

Quedan muy pocas casas originales en **Gordon Square,** construida en la década de 1820, pero ésta sigue siendo la zona que más se relaciona con el llamado **Bloomsbury Group**. En varias de las casas de los alrededores (busque las placas azules), Virginia y Leonard Woolf, Lytton Strachey, Roger Fry, Vanessa y Clive Bell, Duncan Grant y John Maynard Keynes se esforzaban por seguir los preceptos de G. E. Moore, que creía que «las cosas de mayor valor... eran, con diferencia... el placer que proporcionan las relaciones humanas y el poder disfrutar de objetos hermosos».

ESQUINAS OCULTAS

Más hacia el este se encuentran algunas de las esquinas más fascinantes, incluyendo el paseo peatonal **Woburn Walk** (junto a la Upper Woburn Place), con sus escaparates y cafeterías. Los pequeños restaurantes y tiendas que se encuentran en la calle **Marchmont** tienen asimismo mucho encanto, el parque infantil de **Coram's Fields** (*véase* pág. 238) resulta muy agradable, los *pubs* de la calle Lam's Conduit son todos excelentes (aunque recomiendo

Lo mejor de Bloomsbury: **Bedford Square**

muy especialmente **The Lamb**; *véase* pág. 193) y en la calle Doughty (*véase* pág. 65) se encuentra la **Dicken's House**, la única residencia de Londres de este autor que ha llegado hasta nuestros días.

Southampton Row, siempre llena de tráfico, se dirige hacia Holborn y constituye la parte inferior de la columna vertebral de Bloomsbury. Acuda al ruidoso y antiguo **Princess Louise** (en la esquina de High Holborn y la calle Newton) para tomar una cerveza, o coma en el tranquilo **October Gallery Café** (*véase* pág. 182), en la calle Old Gloucester, antes de echarle un vistazo a los libros de segunda mano de **Skoob Books** (*véase* pág. 217), librería situada en la peatonal Sicilian Avenue.

EL DESAGRADABLE NORTE

El norte de Bloomsbury se caracteriza por el tráfico interminable de Euston Road. Aquí se encuentra la funcional **Euston Station,** que es, a la vez, la terminal más antigua y más nueva de Londres. Inaugurada en 1837, fue descrita en su época como «una estación de tren sin igual», pero su magnífico pórtico clásico y su gran vestíbulo fueron derruidos en 1963 para darle forma a su estructura actual.

Algo parecido ocurre con la controvertida, criticada hasta el cansancio, carísima y constantemente atrasada biblioteca **British Library** (*véase* en esta misma página), junto a la estación de **St. Pancras Station** (que será la terminal del Tunel-Canal de alta velocidad que se inaugurará en el 2003). La nueva biblioteca abrió por fin sus puertas al público en la primavera de 1999, y parece más un centro comercial de las afueras de la ciudad que un templo del saber.

La estación de St. Pancras es una maravilla del estilo victoriano. La cubierta de vidrio y hierro, que mide 73 m de ancho y más de 30 m de alto en su ápice, es una notable obra de ingeniería. Frente a ella se encuentra la obra de sir George Gilbert Scott, de estilo gótico, antaño el **Midland Grand Hotel**, una estructura que el arquitecto describe de forma precisa aunque algo falta de modestia como «demasiado buena para su propósito». Hoy se la conoce como **St. Pancras Chambers**, y existe una pequeña exposición sobre el hotel y el futuro edificio en el vestíbulo (en el extremo oeste; abierto de 11.30 a 15.30, de lunes a viernes). Si desea ver más, puede apuntarse a una visita guiada rellenando la solicitud que está a su disposición en el vestíbulo. La cadena de hoteles Marriott considera en volver a convertir en hotel parte del edificio.

Al lado se encuentra la más funcional, aunque menos estética, estación de **King's Cross**. Los alrededores no son demasiado agradables, sobre todo por la noche, y necesitan una remodelación urgente.

Lugares de interés

All Saints

Margaret Street, W1 (7636 1788). Metro: Oxford Circus.
Abierto de 07.00 a 19.00 horas, todos los días.
Servicios llame para solicitar información. **Plano 5 J5**
Esta iglesia de mediados del siglo XIX es la obra más importante de William Butterfield, cuya mano sembró el terror en varias iglesias londinenses con sus reformas victorianas de estilo neogótico. Como el lugar del que disponía para All Saints era demasiado pequeño para las proporciones góticas, utilizó una extraordinaria –aunque sorprendentemente acertada– mezcla de estilos y detalles del siglo XIV, así como ladrillo rojo y franjas de imitación de piedra negra del estilo de los de la catedral de Siena. Fíjese en los murales de azulejos de estilo prerrafaelista.
www.ucl.ac.uk/~ucgbmxd/allss.htm

British Library

96 Euston Road, NW1 (información 7412 7332 / Taquillas: 7412 7222). Metro: King's Cross St. Pancras o Euston Square; estación de tren: Euston. **Abierto** de 09.30 a 18.00 horas, los lunes, miércoles, jueves y viernes; de 09.30 a 20.00 horas, los martes; de 09.30 a 17.00 horas, los sábados; de 11.00 a 17.00 horas, los domingos. **Entrada** gratuita, aunque se agradecen donativos. **Plano 6 K3**
El nuevo edificio posmoderno de ladrillo rojo de esta biblioteca, situado junto a la estación de St. Pancras, no le dejará indiferente: le encantará o lo detestará. Pero aunque pertenezca a este último grupo, no podrá negar que la biblioteca organiza excelentes exposiciones y servicios.

Dominando la plaza, frente a la biblioteca, se encuentra la gigantesca estatua de sir Eduardo Paolozzi, con la famosa imagen de William Blake en la que Isaac Newton mide la inmensidad del universo con sus compases. De todas las exposiciones permanentes, la de la **John Ritblat Gallery,** que acoge los **Treasures of the British Library,** es sin duda la mejor. Muestra una colección de artículos raros e históricos de la biblioteca, tales como los Evangelios de Lindisfarne (h. 700), la Carta Magna (1215) y la Biblia de Gutenberg (1455). También son de interés el **Taller de palabras, sonidos e imágenes**, una galería práctica en la que se recoge la historia de la producción de libros, y la **Exposición filatélica**, considerada «la mejor exposición permanente de sellos clásicos del mundo».

En el centro del edificio se encuentra la espléndida **King's Library**, la biblioteca Jorge III (que Jorge IV donó a la nación en 1823), situada en una torre de seis pisos con fachada de cristal (se encuentra junto al café restaurante, en el cual, aunque no le apetezca tomar nada, no deje de echar un vistazo). La **Pearson Gallery of Living Words** se basa en cinco temas: la historia de la escritura, libros infantiles, el registro científico, imágenes del cerebro y el arte del libro. También se emplea para exposiciones temporales, los **Treasures of the Arc**, exhibición de artefactos que trazan la historia de la cristiandad en América (hasta el 2001). Llame para que le informen acerca de los horarios y del precio de las visitas guiadas, algunas de las cuales incluyen una visita a una de las salas de lectura (para información sobre entradas para lectores llame 7412 7677), y para detalles de los eventos, conferencias y debates organizados por la biblioteca.
www.bl.uk

La controvertida **British Library**

Dickens's House

48 Doughty Street, WC1 (7405 2127). Metro: Chancery o Russell Square. **Abierto** de 10.00 a 17.00 horas, de lunes a sábado. **Entrada** 4 £; niños, de 5 a 15 años, 2 £; estudiantes, pensionistas, discapacitados y parados de más de 40 años, 3 £; familias, 9 £. **Tarjetas de crédito** *tienda* AmEx, MC, V. **Plano 6 M4**

Esta casa de estilo georgiano es la única de todas las residencias de Charles Dickens en Londres que ha llegado hasta nuestros días. Pudo mudarse a esta elegante calle (en aquel entonces privada) gracias al gran éxito que obtuvo con *Los papeles de Pickwick* y, a pesar de que tan sólo vivió aquí dos años y medio (de abril de 1837 a diciembre de 1839), le dio tiempo a escribir *Oliver Twist* y *Nicholas Nickleby*. El primer piso, en el que se encuentra la sala de dibujo, es lo único que se ha restaurado con muebles de la época, pero la casa está llena de recuerdos de Dickens, entre ellos algunos retratos de él y de su familia, su escritorio, barras de la prisión de Marshalsea donde su padre fue encarcelado por deudas y el cuarto en el que murió su cuñada Mary Hogarth (de quien estaba enamorado) a los 16 años. Cada miércoles por la noche, de mediados de marzo a finales de septiembre, se representa un monólogo titulado *El diamante de Albion*, que vuelve a dar vida al autor y a sus personajes.
www.dickensmuseum.com

Foundation of Chinese Art, Percival David

53 Gordon Square, WC1 (7387 3909). Metro: Euston Square, Goodge Street o Russell Square; estación de tren: Euston. **Abierto** de 10.30 a 17.00 horas, de lunes a viernes. **Entrada** gratuita; aunque se agradecen donativos (los menores de 14 años deben ir acompañados por un adulto). **Plano 6 K46**

La antigua colección de cerámica china de Percival David es la mejor que existe fuera de China. En la planta baja se realizan exposiciones temporales, mientras los 1.700 peculiares objetos que componen la colección se exponen en las plantas primera y segunda. La mayoría datan de los siglos X al XVIII, aunque también se encuentran piezas más antiguas, como la majestuosa liebre de la dinastía Tang (siglos VIII-X). Los aficionados sentirán predilección por los extraños vigilantes Ru y Guan y por un par de jarrones de color azul y blanco del templo de la Dinastía Yuan (1351) de belleza única. Los que busquen curiosidades preferirán las figuras Dehua de Guanyin de los siglos X-VII, con una esvástica colgada del pecho.
www.soas.ac.uk

Petrie Museum of Egyptian Archaeology

University College London, Malet Place, WC1 (7504 2884). Metro: Goodge Street. **Abierto** de

El British Museum

Es posible que el British Museum sea el principal atractivo turístico de Londres, y no resulta difícil saber el porqué. Se trata de una de las dos únicas instituciones del mundo —la otra es el Smithsonian, de Washington D.C.— que cumple con el precepto de la Ilustración de reunir todas las ramas del conocimiento humano bajo un mismo techo: una verdadera enciclopedia de la vida real. Los orígenes del museo se remontan al «gabinete de curiosidades» del Dr. Hans Sloane, físico de la Corte, que lo donó a la nación en 1753. La colección contenía una gran variedad de libros, cuadros, antigüedades clásicas y animales disecados. Durante el siglo siguiente el saqueo propiciado por el Imperio, que se hizo, entre otros, con los mármoles de Elgin y varios monumentos egipcios de grandes dimensiones, acabó con el espacio de almacenaje disponible. En 1847, Robert Smirke diseñó el impresionante edificio actual de corte neoclásico, con su fachada con grandes columnas y su amplio espacio interior.

Y claro está, tenía que ocurrir. Con más de cinco millones de visitantes al año y una lista de exposiciones en constante crecimiento, el British Museum no podía justificar que cerca de una hectárea en el centro del edificio, alrededor de la Reading Room (sala de lectura), estuviese ocupada sólo por estantes de libros pertenecientes a la British Library. El 250 aniversario del museo (que será en el 2003) parece el momento ideal para resolver la situación de una vez por todas.

La primera parte del plan pasaba por el traslado de la **British Library** a Euston Road, lo que se llevó a cabo en 1997 (*véase* pág. 64), con el fin de liberar el cuarenta por ciento del espacio del edificio. Al año siguiente se iniciaron las obras para la ampliación del **Great Court,** diseñada por Norman Foster con un presupuesto de 97 millones de libras (*véase* fotografía). Esto aumentará el espacio disponible para galerías, mejorará el acceso a las existentes y proporcionará una plaza central con tiendas y cafés que permanecerán abiertas después del cierre de las galerías. La idea es hacer del museo un lugar tanto para visitar como para pasear. En la ampliación se encuentra también la **Wellcome Gallery of Ethnography**, que servirá de introducción a las temáticas de las galerías adyacentes, dedicadas al arte de África, América, Australia y el Pacífico. La **Reading Room** ha sido restaurada para recobrar su esplendor original y contendrá una biblioteca pública con referencias y el COMPASS, un sistema multimedia que permite al público acceder por vía electrónica a las colecciones del museo. Pero la pieza principal es sin duda alguna el **techo** ideado por Foster, una gran ola ondulada de vidrio y metal sin soportes visibles.

Además, se restaurarán las fachadas originales del patio diseñadas por Robert Smirke y se volverá a instalar el pórtico sur. Las **colecciones etnográficas** del

museo vuelven después de haber pasado por el Museum of Mankind de Mayfair; se mostrarán en diversos puntos del museo, incluidas las **Sainsbury African Galleries.** Para mejorar las instalaciones educativas del museo, en la Great Court se construirá el **Clore Centre for Education**, con dos salas para conferencias en las que se pasarán películas de cine y vídeo, se darán conferencias de nivel universitario y se organizarán conciertos y otros espectáculos.

CONOCER EL BRITISH MUSEUM

La regla básica es: no trate de ver todo en una sola visita. Aunque fuese posible hacerlo, terminaría con los ojos irritados, los pies doloridos y poco más que un vago recuerdo de todo lo visto. Es preferible que centre su atención en áreas de interés concretas. Si no está seguro de lo que quiere ver, compre una de las excelentes guías del museo (5 £) y tendrá una selección de los elementos más importantes, o apúntese a una de las cuatro visitas guiadas que se sugieren en el folleto (1 £). Como una alternativa, contrate en el punto de información una visita guiada de 90 minutos que recorre una selección de los mejores tesoros del museo (7 £) o incorpórese a uno de los «Eye-Openers» que se centran en un solo aspecto de las colecciones del museo, como por ejemplo «Europa: de la época medieval a la modernidad» o «Los tesoros del mundo islámico».

LO MÁS DESTACADO

A continuación, encontrará una lista de lo más destacado de las colecciones del museo. Tenga en cuenta que, en el momento de impresión de esta guía, estaba previsto cambiar el número de las galerías.

Antiguo Egipto: las monumentales **estatuas de los faraones** y la **piedra Rosetta**, en la que está inscrito un decreto en dos lenguas y tres grafías, lo que permitió descifrar por primera vez los jeroglíficos egipcios; *sala 25*.

Antigua Asiria: relieves llenos de fuerza, con escenas de batalla y de caza de Nineveh; *salas 17, 19 y 21*.

Grecia Antigua: la tumba reconstruida de uno de los dirigentes de Xanthos, conocida como el **monumento Neried**; *sala 7*. La esculturas del Partenón, más conocidas como los **mármoles de Elgin**; *sala 8*.

Cultura Celta: el **hombre Lindow**, conservado en turba, que fue asesinado hacia el año 300 a. C.; *sala 50*.

La Britania romana: el **tesoro de Mildenhall**, un juego de mesa de plata del siglo IV; *sala 49*.

Edad Media: el barco de entierro de **Sutton Hoo,** del siglo VII, que cuenta con un fabuloso tesoro anglosajón; *sala 41*.

Mundo islámico: la colección de **porcelana Iznik** procedente de la Turquía Otomana es insuperable; *galería islámica John Addis*.

China: **figuras** encontradas en la **tumba** del general Kiu Tingxun muerto en 728 y miembro de la dinastía Tang (618 a. C. al 906 a. C.); *Galería de China, sur y sudeste de Asia Joseph E. Hotung*.

Galería de Norteamérica Chase Manhattan: cuenta con una serie de exposiciones temporales sobre el arte y la cultura nativa norteamericana; *sala 33d*.

Sudeste de Asia: la **figura de la diosa Tara** del siglo VIII es casi de tamaño real; *Galería de exposición sir Joseph Hotung*.

British Museum

Great Russell Street, WC1 (7636 1555 / información grabada 7323 8783 / información para discapacitados 7637 7384 / minicom 7323 8920). Metro: Holborn, Russell Square o Tottenham Court Road. **Abierto** *galerías* de 10.00 a 17.30 horas, de lunes a miércoles, sábados y domingos; de 10.00 a 20.30 horas, jueves y viernes; *Great Court* de 09.00 a 21.00 horas, de lunes a miércoles; de 09.00 a 23.00 horas, jueves a sábado. **Entrada** gratuita; el precio de las exposiciones temporales varía: llame para solicitar información. **Plano 6 K5**
www.british-museum.ac.uk

13.00 a 17.00 horas, de martes a viernes; de 10.00 a 13.00 horas, los sábados. Cerrado en Semana Santa y en Navidad. **Entrada** gratuita, se agradecen donativos. **Plano 6 K4**

El padre de la arqueología egipcia, sir Flinders Petrie, legó los hallazgos de sus excavaciones en el desierto, una colección de objetos de la vida cotidiana del Antiguo Egipto, al **University College London**, en 1933. El museo es difícil de encontrar (es mejor preguntar a un guardia de seguridad una vez en la zona), pero incluso Indiana Jones consideraría que el esfuerzo merece la pena. En medio de hileras de vitrinas llenas de cerámica, grabados y adornos, podrá ver la pieza de ropa más antigua del mundo (del año 3000 a. C.) y el atrevido ornamento Qua (2400 a. C.). También verá objetos inquietantes, como un jarrón funerario exhumado, situado en una esquina con un esqueleto dentro y la cabeza de una momia con las pestañas y las cejas aún intactas.

Pollock's Toy Museum

1 Scala Street, W1 (7636 3452). Metro: Goodge Street. **Abierto** de 10.00 a 17.00 horas, de lunes a sábado. **Entrada** 3 £; niños de 3 a 18 años, 1,50 £; menores de 3 años, gratuita. **Tarjetas de crédito** *tienda* MC, V. **Plano 5 J5**

Su ubicación no es muy apropiada —se encuentra alejado de todo, más allá de la calle Goodge— pero el museo merece la pena. La mayoría de los objetos expuestos datan de los últimos dos siglos (pero no deje de ver el peculiar ratón de barro egipcio del año 2000 a. C.), e incluye juguetes ópticos con nombres tan complicados como Fenaquistoscopio y Heliocinégrafo. En los expositores de juguetes se encuentran rostros conocidos en Reino Unido como Sooty y Sweep, Punch y Judy o la mula Muffin. La gran colección de casas de muñecas, buena muestra de los cambios de decoración producidos a través de las décadas, contienen una cantidad sorprendente de detalles. También es interesante observar la evolución de los osos de peluche: desde el veterano Eric (que nació en 1905) hasta un ejemplar más grande y suave surgido unos años más tarde. Se pueden alquilar guiñoles para fiestas infantiles (mínimo 10).
www.pollocks.cwc.net

St. George Bloomsbury

Bloomsbury Way, WC1 (7405 3044). Metro Holborn o Tottenham Court Road. **Abierto** de 09.30 a 17.30 horas, de lunes a viernes; de 09.00 a 17.00 horas, los domingos. **Plano 6 L5**

Un pórtico clásico conduce desde el exterior ennegrecido por el humo de la iglesia episcopal de Hawksmoor (1716-1731) a su interior desconchado (está previsto restaurarlo). A pesar del techo azul y dorado, el lugar tiene un aire triste. Jorge I, con un gesto inapropiadamente heroico y una toga romana, corona la gastada torre de la iglesia, inspirada en la descripción del Mausoleo del Halicarnaso realizada por Plinio. En verano, se organizan conciertos gratuitos (los martes, a las 13.10 horas) y misas dominicales en las que participan cantantes de ópera (llame para pedir más información).

Marylebone

Marylebone ve, por fin, los frutos de su inversión, con tiendas, restaurantes y lugares de interés capaces de competir con los del resto del West End

La señorial **Cumberland Terrace** *es una de las obras maestras de Nash* (véase *pág. 69*)

PLANOS 2 Y 5

Enmarcados entre Oxford Street, Edgware Road, Regent's Park y Great Portland Street, los antiguos barrios de Lileston (Lisson) y Tyburn eran lugares de muy mala fama en el siglo XIV. La infame horca se colocó en Tyburn en 1388 y permaneció allí hasta 1783 (el lugar está marcado con una placa en la glorieta situada en el cruce de Bayswater Road y Edgware Road; *véase también* pág. 16, **El espectáculo más antiguo de la ciudad**). Los habitantes de la zona le pidieron al obispo de Londres que desplazara su iglesia, frecuentemente saqueada, media milla más lejos, a un lugar más seguro a orillas del río Tyburn (o *bourne*). La iglesia, St. Mary by the Bourne, da nombre a todo el barrio de Marylebone.

Las pequeñas tiendas, los restaurantes y los bares que se encuentran sobre las sinuosas Marylebone Lane y Marylebone High Street le dan un agradable ambiente de pueblo, aunque lujoso, que contrasta con el frenesí de la cercana Oxford Street. Ésta vive rodeada por un mundo de calles y plazas tranquilas y olvidadas de estilo georgiano.

EL MARYLEBONE GEORGIANO

En el siglo XVI, la parte norte de Marylebone (el actual Regent's Park) se transformó en coto de caza real, mientras que la parte sur creció gracias a la familia Portman. Dos siglos después, los Portman crearon muchas de las elegantes calles y plazas que dieron un aire digno a una parte de la ciudad relativamente desconocida.

En una de estas plazas, la Manchester Square, se encuentra la sede de la **Wallace Collection,** que cuenta con cuadros, armaduras y otros objetos de valor (*véase* pág. 71). Cerca está Harley Street, conocida desde mediados del siglo XIX por sus caros médicos especialistas, mientras que su paralela, la calle Wimpole, fue descrita e inmortalizada (no de forma muy halagadora) por Tennyson en *In Memoriam* como «una calle oscura y desagradable». En 1846, Elizabeth Barrett escapó del número 50 de esta calle con Robert Browning y ambos se casaron en secreto en la **parroquia St. Marylebone,** en Marylebone Road.

La imponente **Portland Place**, que desemboca en el Regent's Park, era la gloria del Londres del siglo XVIII y, aunque muchas de sus casas han sido reconstruidas, sigue manteniendo sus generosas proporciones. En los alrededores, en la unión de la Langham Place con la calle Regent, diseñada por Nash, se encuentra la sede de la **BBC Broadcasting House** y de la **BBC Experience** (*véase* pág. 69). Al lado se encuentra la pequeña y delicada iglesia de Nash **All Souls** (1822-1824), muy ridiculizada en su

Complementos para el hogar en la **Conran Shop**

tiempo por lo afilado de su pináculo. Sobre la carretera se encuentra el Langham Hilton, el primer gran hotel que tuvo Londres, inaugurado en 1865, y en cuya restauración se invirtió mucho dinero.

EL REGENT'S PARK Y BAKER STREET

La Portland Place sube hacia el norte hasta llegar al equilibrado **Park Crescent,** diseñado por Nash (1812-1818), que en sus orígenes se concibió como una estructura circular. Aproximadamente una década después, el arquitecto dió vida a su calle más elegante, **Cumberland Terrace**, en el extremo este del **Regent's Park** (*véase* pág. 71), siguiendo el esquema de transformación de este coto real de caza en un área urbana idílica. En la parte oeste del parque se encuentra la Mezquita Central de Londres, construida en 1978 para atender las necesidades espirituales de los muchos musulmanes de la ciudad, cuyas tiendas, cafés y restaurantes son característicos de **Edgware Road** y **Bayswater**. En el extremo norte del parque se encuentra uno de los lugares turísticos más visitados de la ciudad, el **London Zoo** (*véase* pág. 70), situado cerca de otros lugares que reciben una gran afluencia de turistas como, por ejemplo, el **Madame Tussaud's** (*véase* pág. 71) o el **London Planetarium** (*véase* pág. 70), en Marylebone Road. La cercana Baker Street es sinónimo del ficticio detective Sherlock Holmes, y el **Sherlock Holmes Museum** (*véase* pág. 71) se llena de fervientes admiradores.

TODO CALLE Y NADA OXFORD

El discreto Marylebone se encuentra con el soberbio Mayfair en **Oxford Street. Marble Arch,** otra creación de Nash, marca su extremo oeste. Este monumento apagado y sin importancia debía ser la entrada al Palacio de Buckingham, pero resultó demasiado pequeño y, en 1851, se trasladó a su lugar actual, en el centro de una glorieta con mucho tráfico.

La calle comercial más famosa de Londres, que el Oscar Wilde ficticio de Peter Ackroyd (en *El último testamento de Oscar Wilde*) define acertadamente como «todo calle y nada Oxford», se caracteriza por un cúmulo de gente que avanza en desorden y por un comercio descontrolado, en una curiosa mezcla de elegancia y ordinariez. Junto a los puestos callejeros de ropa y perfumes se encuentran grandes almacenes como **Selfridges, John Lewis** o **Marks & Spencer** (*véase* pág. 221). En el nivel medio figuran tiendas de ropa y zapatos baratos, grandes tiendas de música y establecimientos muy populares, como Gap y Next. En Marylebone High Street se pueden encontrar más tiendas, lo que le ha valido el sobrenombre de «la segunda mejor» calle en lo referente a compras y comida. Esto se debe a la llegada de tiendas de jabones y cremas ecológicas suizas como **Aveda** (números 28-29, *véase* pág. 231), diseñadores franceses innovadores como **Agnès b** (número 41) o la **Conran Shop** de sir Terence (número 55; *véase* pág. 228), en la que se encuentran los mejores diseños de muebles y complementos para el hogar, así como de restaurantes de gran calidad como el **Orrery**.

Los lugares apetecibles para comer y beber —que antiguamente escaseaban en la zona— se multiplican con gran rapidez. Vaya al restaurante **Villandry**, en el número 170 de Great Portland Street, al imperio de la salchicha y la cerveza **RK Stanley**, en el número 6 de Little Portland Street o al restaurante de pasta **Wagamama** (101A Wigmore Street; véase pág. 181). Marylebone High Street no ofrece demasiadas opciones; el **Orrery** (véase pág. 168) y la comida Italiana de **Ibla** (nº 89; véase pág. 177) son la únicas excepciones.

Lugares de interés

BBC Experience

Broadcasting House, Portland Place, W1 (0870 603 0304). Metro: Oxford Circus o Regent's Park. **Abierto** de 11.00 a 18.00 horas los lunes; de 10.00 a 18.00, de martes a domingo. La última visita guiada sale a las 16.30 horas cada día. **Entrada** *sólo con visita guiada* 6,95 £; estudiantes y niños de 5 a 16 años, 4,95 £; pensionistas, 5,95 £; familias, 19,95 £. *Tarjeta GoSee* (*véase* pág. 33). **Tarjetas de crédito** MC, V.
Plano 5 H5

En 1932, a los pocos meses de ocupar la Broadcasting House, la BBC se dio cuenta de que ésta era demasiado pequeña para una empresa en constante crecimiento. A pesar de ello, el edificio de piedra de Portland (diseñado por G. Val Myers, con una escultura externa del Ariel de Shakespeare realizada por Eric Gill) se ha convertido en sinónimo de la «Tía» (*Auntie*, apodo de la BBC), que sigue siendo el corazón de la BBC. Los programas diarios de radio de la cadena se emitieron por primera vez desde Savoy Hill (junto al Hotel Savoy) el 14 de noviembre de 1922. En 1997, se inauguró la BBC Experience dentro de las celebraciones que sucedieron al 75 aniversario de la empresa.

La visita semiguiada (es preciso reservar con antelación) incluye una exposición de Marconi, un repaso a la televisión de la BBC desde los años cincuenta a los noventa, un breve pero excelente cortometraje de lo que ocurre entre bambalinas en la BBC de hoy, y la oportunidad de participar en un programa de radio paródico (lo mejor de la visita). El recorrido termina con varias exposiciones interactivas que permiten, entre otras cosas, «dirigir» una escena corta ya preparada de la serie televisiva *EastEnders* y presentar la información del tiempo. El conjunto permite echar un vistazo agradable, aunque superficial, a una de las mayores instituciones del país.

También puede descubrir lo que ocurre detrás de las cámaras apuntándose a una visita guiada del **Television Centre,** en Wood Lane, White City, W12. Es preciso reservar plaza con antelación (0870 603 0304) y sólo pueden entrar personas mayores de 16 años.
www.bbc.co.uk/experience

London Planetarium

Marylebone Road, NW1 (0870 400 3000). Metro: Baker Street. **Abierto** de *junio a agosto*, de 10.00 a 17.00 horas, todos los días; de *septiembre a mayo*, de 12.20 a 17.00 horas, de lunes a viernes y de 10.00 a 17.00 horas, los sábados y los domingos. **Entrada** 6,75 £; niños de 5 a 15 años, 4,65 £; pensionistas, 5,30 £. *Entrada combinada con Madame Tussaud's* 14,45 £; niños de 5 a 15 años, 9,95 £; pensionistas, 11,25 £. **Tarjetas de crédito** AmEx, MC, V. **Plano 5 G4**

Organice bien su visita al Planetario: el espectáculo principal dura 30 minutos, y se repite cada 40 minutos. Si llega después de que haya empezado, deberá esperar bastante rato para verlo. El espectáculo en sí también puede decepcionarle: los visitantes se apoltronan en las cómodas sillas para ver una historia excesivamente simplificada y algo anticuada del espacio y del universo (por lo menos, para nosotros) que se proyecta sobre la cúpula del techo.
www.madame-tussauds.com

London Zoo

Regent's Park, NW1 (7722 3333). Metro: Baker Street o Camden Town y, después, el autobús 274 o C2. **Abierto** de *noviembre a marzo*, de 10.00 a 16.00 horas, todos los días; de *abril a octubre*, de 10.00 a 17.30 horas, todos los días. **Entrada** 9 £; niños de 3 a 14 años, 7 £; estudiantes y pensionistas, 8 £. **Tarjetas de crédito** AmEx, MC, V. **Plano 5 G2**

El zoológico de Londres celebró su 170 aniversario en 1998. Sea cual sea su opinión sobre el hecho de mantener

Pistas de lo inesperado...

La locura de Marylebone

En Marylebone tuvieron lugar algunos de los mayores escándalos de los siglos XIX y XX. Así que si desea saber qué debe hacer para salir en los periódicos, siga leyendo...

En el número 21 de Shouldham Street, entre Gloucester Place y Edgware Road, murió el «**impostor de Tichbourne**» (alias Arthur Orton, alias sir Roger Charles Doughty Tichbourne, del que hace poco se hizo una película) un día de los Santos Inocentes británico, en abril de 1898, después de haber usurpado el puesto al verdadero Tichbourne haciéndole creer a la madre que su hijo había regresado del más allá, convertido en un gordo e indigente habitante del East End de la ciudad.

En 1933, un par de calles hacia el sur, en el numero 5 de Bryanston Court, un barrio de lujosos apartamentos (en la esquina de George Street y Seymour Place), **Wallis Simpson** comenzó a salir con el **príncipe de Gales** (el futuro rey Eduardo VIII). La consecuencia de esa relación fue que el monarca sólo reinó diez meses, ya que prefirió al amor al deber.

Al este, en el otro extremo de Baker Street se encuentra Manchester Street. En 1814, los ojos de la nación estaban fijos en la inquilina de la casa del número 38, una mujer de 64 años, **Joanna Southcott**, que estaba... ¡embarazada! Por desgracia, no se trataba de la segunda venida de Jesús, como se pensó, sino que era un trágico y mortal ataque de flatulencias.

Bentinck Street se encuentra junto a Marylebone Lane. Hoy, resulta difícil creer que este tranquilo y apartado lugar fuera escenario de algunos de los escándalos más sonados del siglo XX. Durante la segunda guerra mundial, **Guy Burgess** y **Anthony Blunt** alquilaron un piso en el número 5 de la calle y guardaron en él archivos secretos del MI5 y MI6, que luego entregaron a los rusos. Burgess fue descubierto relativamente pronto, en los años cincuenta, pero a su compañero de piso no lo desenmascararon hasta 1979, momento en el que fue deshonrado y despojado de su título de caballero.

En 1963, al nordeste de esa zona, Wimpole Mews salió en los titulares de todos los periódicos por el asunto Profumo. Se supo que el inquilino del número 17, el osteópata **Stephen Ward** organizaba encuentros entre sus queridos «amigos» **Mandy Rice-Davies** y **Christine Keeler** y algunos hombres entre los que figuraba el ministro de la guerra fría, John Profumo... y varios diplomáticos rusos. La historia terminó en tragedia, ya que Ward se suicidó antes de que el juez pudiera dictar el veredicto de culpabilidad.

en cautividad animales salvajes, es indudable que los zoológicos son importantes para la conservación de algunas especies. Comprensiblemente, el zoológico potencia esa faceta de su función y lanza programas como el de «adopta un animal» (25 £ por una piraña; 6.000 £ por un elefante). Uno de sus grandes logros fue el nacimiento en cautividad de un rinoceronte negro (llamado Rosie), una proeza difícil de lograr. Es un lugar maravilloso para los niños: los horarios para alimentar a los animales y eventos especiales se colocan en los paneles de anuncios, y los niños pueden participar en encuentros directos con los animales. Los jardines son tan agradables que puede pasar la mayor parte del día paseando entre las jaulas, y cuenta con algunas joyas de la arquitectura moderna como la Penguin Pool (1936), diseñada por Lubetkin y Tecton, la casa del elefante, de Hugh Casson (1965), y el aviario, de lord Snowdon (1963-1964).

Entre las novedades del zoológico destaca la exposición **Web of Life**, que pretende incentivar la conservación del mundo natural. La exposición tiene lugar en un pabellón de vidrio ecológico, cuenta con una muestra de animales vivos y exposiciones interactivas, y permite observar cómo se da de comer a algunos animales. *Véase también* pág. 240.
www.londonzoo.co.uk/londonzoo

Madame Tussaud's

Marylebone Road, NW1 (7935 6861). Metro: Baker Street. **Abierto** de *mayo a septiembre*, de 10.00 a 17.30 horas, todos los días; *de octubre a junio*, de 10.00 a 17.30 horas, de lunes a viernes, y de 09.30 a 17.30 horas, los sábados y los domingos. **Entrada** 11,95 £; niños de 5 a 15 años, 8,45 £; pensionistas, 9,45 £. *Entrada combinada con el Planetario* 14,45 £; niños de 5 a 15 años, 9,95 £; pensionistas, 11,25 £. **Tarjetas de crédito** AmEx, MC, V. **Plano 5 G4**

Si usted es un niño o una persona muy ingenua, disfrutará en Madame Tussaud's, pero es difícil ver qué encanto puede tener el lugar para los mayores de 16 años de no ser por la oportunidad de hacerse una foto sacándole la lengua a Sadam Hussein. Algunas —aunque no todas— figuras de cera son bastante parecidas al original (entre ellas la de un Tony Blair que parece más falso que en la vida real y un satisfecho Paddy Ashdown) pero hay muy poca información sobre las figuras, no hay relación entre ellas y se echa de menos un poco de animación electrónica. Héroes del mundo del espectáculo y del deporte (incluido un Linford Christie) participan en «la fiesta del jardín», mientras que la cercana figura de Pierce Brosnan/James Bond atrae tanto a las mujeres que hace poco tuvo que mandarse a reparar por los daños causados por los manoseos.

En el vestíbulo, las figuras están ordenadas por profesiones: monarcas, presidentes de Estados Unidos, dictadores... aunque la inclusión de algunas figuras es ciertamente cuestionable (Wilde, Dickens, Shakespeare, ¿junto a Agatha Christie?). La antaño legendaria Cámara de los Horrores ha quedado algo desfasada, sobre todo ahora que el **London Dungeon** (*véase* pág. 40) hace lo mismo de forma más gráfica. Aún así, esta sección contiene algunos elementos auténticos, como la guillotina que decapitó a Maria Antonieta. Finalmente, los visitantes pueden hacer una pausa en la cafetería, antes de subirse al «taxi del tiempo», el Espíritu de Londres, un fugaz paseo a través de 400 años de la historia de la ciudad (una atracción de brevedad insultante y de tal falta de sentido que el saludo de Benny Hill al final del recorrido se convierte en lo más apropiado). Reserve con antelación para evitar las colas.
www.madame-tussauds.com

Regent's Park

NW1 (020 7486 7905/ pistas de tenis 7486 4216). Metro: Baker Street, Camden Town, Great Portland Street o Regent's Park. **Abierto** *parque y jardines de Queen Mary* de 05.00 horas a 30 minutos antes del anochecer, todos los días; *pistas de tenis, de abril a octubre*, de 09.00 horas al anochecer, todos los días; *de mayo a septiembre*, de 08.00 horas al anochecer, todos los días; *campos de juegos*, de 10.00 horas a 30 minutos antes de anochecer, todos los días. **Plano 5 G3**

Diseñado entre 1817 y 1828 por John Nash, el Regent sigue siendo el mejor parque del centro de Londres. Originalmente formaba parte del bosque de Middlesex y más tarde fue coto de caza real. El parque cobra vida especialmente en verano, gracias a su lago con lanchas (en las islas viven garzas), sus tres campos de juegos, su banda de música, las pistas de tenis, el café y un conocido teatro al aire libre que se inauguró en 1932. El Outer Circle, que rodea el parque, mide 3 km y sirve de pista para correr. Por el sur colinda con Marylebone Road y el Park Crescent, por el este y el oeste con mansiones de estilo palladiano y por el norte, con el canal Regent. Poder pasear por los jardines de Queen Mary (dentro del Inner Circle) una tarde de verano ya justifica la estancia en Londres.
www.royalparks.co.uk

Sherlock Holmes Museum

221B Baker Street, NW1 (7935 8866). Metro: Baker Street. **Abierto** de 09.30 a 18.00 horas, todos los días. **Entrada** 6 £; menores de 16 años, 3,50 £. **Tarjetas de crédito** AmEx, MC, V. **Plano 5 G4**

Esta recreación de la casa del gran detective de ficción está muy bien hecha, pero no encontrará ningún tesoro genuino desde el punto de vista histórico ni información sobre Conan Doyle o sobre el cirujano de Edimburgo en quien se basó para crear a su famoso detective. Seis libras es un precio excesivo por visitar un lugar tan pequeño. Los fans del detective no deben dejar de ver la nueva estatua del gran personaje situada fuera de la estación de Baker Street.
www.sherlock-holmes.co.uk

Wallace Collection

Hertford House, Manchester Square, W1 (7935 0687/admin@the-wallace-collection.org.uk). Metro: Bond Street. **Abierto** de 10.00 a 17.00 horas, de lunes a sábado; de 14.00 horas a 17.00 horas, los domingos. **Entrada** gratuita. **Plano 5 G5**

El vestíbulo y la sala de dibujo de la casa de sir Richard Wallace, de finales del siglo XVIII, han sido meticulosamente restauradas para recuperar el esplendor de su diseño original, hasta sus cortinas de seda carmesí y damasco. A pesar de ser heredero ilegítimo del marqués de Hertford, Wallace heredó la extraordinaria colección de muebles francófilos (entre ellos un escritorio que había pertenecido a María Antonieta), cuadros y porcelana, que se mantuvieron a salvo en Londres después de la Revolución. Una impresionante serie de cuadros de grandes maestros, en la que figura *El caballero sonriente*, de Franz Hals, y *El paisaje con arcoiris*, de Rubens, comparten el espacio con magníficas armas y armaduras europeas y asiáticas y con una exposición de la vajilla de Catalina la Grande.

La casa mantiene un encantador aire del siglo XIX, aunque se podría considerar que esto ha desaparecido con el actual proyecto de construir cuatro nuevas galerías y ampliar las instalaciones educativas. El nuevo espacio aloja exposiciones temporales como la **Watercolour Gallery**, la interactiva **Materials and Technique Gallery** y la completa **Reserve Collection**. Además, el patio se ha cubierto con un techo de vidrio, lo que permita ganar espacio para el restaurante del jardín de esculturas. Las obras se acabaron en junio del 2000, momento en que la galería celebró sus cien años como museo nacional. Cuando vaya, no se pierda los fantásticos azulejos de los lavabos.
www.the-wallace-collection.org.uk

Mayfair y St. James

Casas elegantes, tiendas elegantes

PLANO 7

El final del siglo XVII fue una época de gran dinamismo para el desarrollo de Londres. Se diseñaron nuevos barrios, como Covent Garden o Soho, que las personas con dinero habitaron durante un tiempo antes de aventurarse hacia nuevos espacios más de moda al oeste de la ciudad. Las elegantes calles georgianas y los patios de **Mayfair** y **St. James**, así como parte de la nueva moda, se crearon a mediados del siglo XVIII; pero, a diferencia de sus vecinos del este, este barrio no perdió nunca el prestigio social que ha sabido mantener hasta nuestros días.

PICCADILLY CIRCUS

La plaza de Piccadilly Circus es uno de los principales centros de interés de Londres, como pone de manifiesto el caudal de tráfico que circula por ella. El nombre procede de la especialidad de un sastre, Robert Baker, que hizo fortuna vendiendo unos cuellos duros conocidos como *picadils* y que vivió cerca de aquí a principios del siglo XVII. La zona comercial incluye también las lujosas tiendas de Mayfair en las calles Piccadilly y Regent, que se suman a las del barrio.

El gran panel luminoso de la plaza —tan atípico y llamativo para Londres— tiene sus orígenes en 1910. El otro elemento característico que la define es la estatua de **Eros**, un nombre inapropiado en dos sentidos: por un lado, es la fuente en honor del filántropo lord Shaftesbur, y no una estatua; y, por otro, la figura representa al ángel de la caridad cristiana, no al dios del amor. A pesar de que Eros es un símbolo muy popular en Londres, apenas se aprecia en el caos del tráfico circundante. Habría sido mejor si el diseñador, Alfred Gilbert, no se hubiera tenido que enfrentar al continuo boicot del comité organizador y del consejo. Gilbert se negó a acudir a la ceremonia para descubrir la estatua en 1893 y la experiencia le traumatizó para el resto de sus días.

Al este de la plaza, se encuentran dos grandes atractivos turísticos: el desconcertante y popular **Rock Circus** (*véase* pág. 77) y el más interesante y divertido palacio de **Trocadero** (*véase* pág. 77).

Más al sur se encuentra el **Haymarket**, asociado con antiguas formas de diversión. El mercado, que da nombre a la calle, funcionó como tal hasta 1830; para entonces la zona de Haymarket ya era conocida por sus teatros (el Royal Theatre abrió en 1720 y el Her Majesty's Theatre, en 1705) y por sus prostitutas, aunque hoy en día, carece por completo de interés.

REGENT STREET

Al noreste de Piccadilly Circus y al sur de Pall Mall, se encuentra la calle **Regent Street**, que Nash concibió a principios de la década de 1800 como un espectacular bulevar que sustituyese los desagradables barrios bajos, mejorase los medios de transporte y relacionase la residencia del príncipe regente, la Carlton House, con Regent's Park. Sus planes se vieron frustrados en diversas ocasiones por intereses creados, pero los cambios en la sección situada al norte de Piccadilly Circus, conocida como el Quadrant, siguen impresionando aún hoy. Nash pretendía que Regent Street hiciera las veces de un cinturón de protección que separase la suciedad del Soho de la elegancia de Mayfair. Y esa distinción todavía continúa.

Las tiendas «de artículos de moda y buen gusto» han sido siempre características de Regent Street desde sus inicios. Algunas de las tiendas con más historia de la ciudad, como los grandes almacenes de estilo tudor **Liberty** (*véase* pág. 220) y la juguetería **Hamleys**, que es el paraíso de los niños (*véase* pág. 217), sobreviven a la invasión de las grandes cadenas de tiendas. En el número 68 se encuentra, asimismo, el **Café Royal**, un lugar frecuentado por artistas y escritores bohemios en el siglo pasado.

PICCADILLY

Piccadilly, que nace en Piccadilly Circus, atraviesa el **Green Park** (*véase* pág. 76) y muere en Hyde Park (paralela a Oxford Street), una de las antiguas carreteras que salían de la ciudad hacia el oeste. A pesar del atractivo de tiendas antiguas, como la librería **Hatchards**, en el número 187 (fundada en 1797), y **Fortnum & Mason**, la densidad de tráfico ha hecho que sea más agradable comprar en la zona de las arcadas situada junto a Picadilly. La **Burlington Arcade**, que va paralela a la Burlington House, hoy sede de la **Royal Academy of Arts** (*véase* pág. 77), es la más famosa. lord George Cavendish, entonces dueño de la casa, construyó la arcada en 1819 para evitar que los peatones tiraran basura a su jardín. Hoy hay guardas que se encargan de que los clientes de las tiendas no hagan ruido, carguen grandes paquetes ni hagan nada que vaya en contra del decoro del lugar.

En Piccadilly se encuentran muchos de los hoteles más lujosos de Londres, entre los que destaca el **Ritz**. Al poco de abrir sus puertas, en 1906, el hotel se convirtió en sinónimo de *glamour*, lujo y riqueza. Aún ahora, la palabra *ritzy* se emplea para referirse a un gran lujo. Acudir a tomar un té por la tarde es la forma más barata de acceder al ostentoso interior del hotel, de estilo Luis XVI (*véase* pág. 180).

Si desea contemplar algo más humilde pero con idéntico encanto, visite la **St. James's Church Piccadilly** (*véase* pág. 78). En el patio de la iglesia se organiza periódicamente un mercado de artesanías, y la cafetería Aroma, situada junto al mercado, sirve buena comida y cuenta con una terraza para sentarse al aire libre en verano.

Si busca un buen libro vaya directamente a **Waterstone's** (números 203-206; *véase* pág. 221), la tienda de libros más grande de Europa, que consta de ocho niveles.

El gran almacén de estilo tudor **Liberty**

Al margen de si está o no de acuerdo con los críticos que opinan que carece de ambiente, le impresionará la cantidad de libros que contiene.

EL ST. JAMES'S RETRO

El pequeño enclave bordeado por Piccadilly, Green Park, el Mall y Haymarket es una parte de Londres que representa siempre a Inglaterra (bueno, si su idea de Inglaterra es la de edificios victorianos y la de hombres mediocres que fuman puros y se emborrachan con clarete mientras se lamentan de la caída del Imperio). Ésta es la tierra de los clubes, y no me refiero a la música.

La mayoría de estos exclusivos establecimientos (en todos los sentidos) se encuentran a lo largo de la calle **St. James's Street** y del **Pall Mall** (que debe su nombre a un juego parecido al cricket). Algunos empezaron siendo casas de café en el siglo XVII y se convirtieron en centros de reunión de caballeros, aunque la mayoría datan del siglo XIX. El ultraaristocrático **White's** (el príncipe Carlos organizó su despedida de soltero aquí), en el número 37 de St. James's Street, es el más antiguo (fue fundado en 1693); el **RAC Club** (89 Pall Mall) celebró su centenario en 1997, y es el más reciente y conocido, además del menos clasista. El Acta de Reforma de 1832 dio lugar al nacimiento del radical **Reform Club** (104 Pall Mall) y al reaccionario **Carlton Club** (69 St. James's Street), el bastión de los *tories* o conservadores masculinos: Margaret Thatcher tuvo que ser nombrada hombre honorario para permitirle la entrada. **Brooks**, en la esquina de St. James's Street y Park Place (tan exclusivo que no tiene número), es famoso por las espectaculares apuestas que realizaban sus miembros, en concreto en la década de 1770, cuando Charles James Fox podía beber y apostar durante toda la noche antes de ir caminando a la Cámara de los Comunes y deslumbrar a los congresistas con el ingenio y la erudición de sus discursos.

El respetable caballero de St. James podría cubrir todas sus necesidades materiales en las tiendas y restaurantes de la **Jermyn Street** (se pronuncia *jér-mun*) y de St. James's Street, que tienen un aire anacrónico. Si olvidamos que la mayoría de los clientes actuales son prósperos turistas, resulta impresionante ver la calidad de los productos artesanales que se exponen en los originales escaparates de las tiendas. Para más información acerca de las mejores tiendas del viejo St. James, *véase* pág. 229, **Valores victorianos**.

EXPLORAR ST. JAMES

Muy pocos visitantes (y muy pocos londinenses) se aventuran a avanzar por la calle St. James más allá de la calle Jermyn Street. No obstante, merece la pena pasear por sus calles, callejones y paseos. En concreto, no se pierda el animado **Crown Passage**, junto a King Street.

La plaza **St. James's Square** fue el lugar que se puso más de moda en Londres durante los cincuenta años siguientes a la remodelación realizada en la década de 1670, y hacia 1720 contaba con siete duques y siete condes entre sus habitantes. En 1815, el príncipe regente se encontraba en una fiesta en el número 16 cuando un comandante sucio y ensangrentado llegó anunciando la victoria de Waterloo, lo que impresionó sobremanera a la anfitriona, que sintió que le habían arruinado la fiesta. Por desgracia, ninguna de las casas originales han llegado hasta nuestros días. En la esquina nordeste se encuentra la prestigiosa **London Library**, una biblioteca privada fundada por Thomas Carlyle en 1841, molesto por la ineficacia de la British Library (una queja que seguía siendo muy común hasta hace poco).

En la esquina sudoeste de St. James se encuentran varias casas de la alta aristocracia entre las que destaca el **St. James's Palace**. Construido por Enrique VIII sobre el hospital de St. James, fue una de las principales residencias reales durante más de trescientos años y todavía la utilizan tanto el príncipe Carlos como otros miembros de la realeza. Mucho de lo que se puede ver hoy es el resultado de las remodelaciones de Nash a principios del siglo XIX (Nash fue también el creador de la casa de al lado, la **Clarence House**, donde vive la Reina Madre). La tradición aún dicta que los embajadores extranjeros que llegan a Reino Unido se conozcan oficialmente como «embajadores de la Corte de St. James». A pesar de que el palacio está cerrado al público, es posible explorar Friary Court, en Marlborough Road, y asistir al servicio de los domingos en la **Royal Chapel** (de octubre a Viernes Santo de 08.30 a 11.30 horas). Fue aquí donde Carlos I tomó la comunión la mañana del día de su ejecución, y Victoria y Albert (miembros de la realeza) se casaron en la capilla.

Al cruzar Marlborough Road desde el Palacio St. James, se encuentra la **Queen's Chapel**, que fue la primera iglesia clásica construida en Inglaterra. Diseñada por Iñigo Jones hacia 1620 para la prometida de Carlos I, la infanta de Castilla, la capilla ahora pertenece a la **Marlborough House** y sólo está abierta al público durante la misa de los domingos (de Semana Santa a julio, de 08.30 a 11.30 horas). La casa en sí misma fue construida por los dos Christopher Wren (padre e hijo) por encargo de una amiga de la reina Ana, Sarah, duquesa de Marlborough, y ésta solicitó una iglesia «fuerte, sencilla y adecuada».

Más hacia el este, de cara al centro comercial, se encuentra la brillante **Carlton House Terrace**, construida por Nash de 1827 a 1832 sobre la antigua Carlton House. Cuando el príncipe regente subió al trono convertido en Jorge IV decidió que esta casa no era suficientemente ostentosa para su nueva posición y mandó construir lo que Horace Walpole describió como «el palacio más perfecto de Europa». El palacio queda dividido con la **columna del duque de York**, erigida en 1833. El Gran Duque no sólo llevó a sus 10.000 hombres a la cima de la montaña y los hizo descender de nuevo, sino que también les descontó el salario de un día para que pagasen su propio monumento.

Existen otras dos mansiones notables de St. James con vistas al Green Park. Al final del centro comercial está la casa neoclásica de **Lancaster**, reconstruida hacia 1820 por Benjamin Dean Wyatt para Frederick, duque de York, que en la actualidad está cerrada al público y se utiliza principalmente para recepciones oficiales y conferencias. La casa impresionó de tal manera a la reina Victoria por su esplendor que en una visita le comentó a su anfitriona: «He venido de mi casa a su palacio». Un par de casas hacia el norte se encuentra la bella **Spencer House**, del siglo XVIII (*véase* pág. 78), antigua casa de la familia de la princesa Diana, hoy convertida en museo y galería de arte.

MAYFAIR

Para el observador poco informado, la gran extensión de **Mayfair**, englobada entre Oxford Street, Regent Street, Piccadilly y Park Lane, le puede parecer poco más que un conjunto de mansiones homogéneas. Pero hay muchas cosas de interés en esta área tan amplia, que debe su nombre a una ruidosa feria anual que se desplazó de Haymarket a Curzon Street y Shepherd Market en 1686 (hasta que las autoridades locales la prohibieron menos de un siglo después por no ir acorde con el tono del vecindario). En nuestros días, las angostas y sinuosas calles de alrededor de **Shepherd Market**, repletas de restaurantes, bares y tiendas, hacen de Maryfair una de las zonas con más personalidad de la ciudad. El área se conoce desde hace años como una zona de prostitutas de lujo; determinar si la profesión más antigua del mundo sigue prosperando en el lugar es algo discutible, pero quienes sientan curiosidad, pueden darse una vuelta por el agradable *pub* **Ye Grapes** con billetes de 10 £ muy a la vista, y ver qué ocurre.

Un poco más al sur, en **Down Street**, las tejas rojas delatan la situación de la antigua entrada de la estación de metro del mismo nombre, hoy cerrada. La casa del duque de Wellington en Londres, **Apsley House** (*véase* pág. 76), se encuentra cerca, en Hyde Park Corner.

Las grandes plazas dictan la atmósfera de la zona norte de Mayfair: Hanover Square, Berkeley Square (en la que no ha cantado nunca ningún pájaro nocturno) y la gran **Grosvenor Square**, la segunda más grande después de Lincoln's Inn Fields. Construida entre 1725 y 1731, siempre ha sido un lugar de prestigio, aunque es una pena que muy pocas de sus casas originales hayan llegado hasta nuestros días. En la actualidad, la presencia de la embajada de Estados Unidos en el lado este domina toda la plaza. Construida entre 1958 y 1961 por Eero Saarinen, fue descrita por Nikolaus Pevsner como «un edificio impresionante pero definitivamente molesto». La estatua de Franklin D. Roosevelt, situada en el centro de la plaza, refuerza el vínculo con Estados Unidos, y la capilla **Grosvenor Chapel** en South Audley Street (donde está enterrado el radical M. P. John Wilkes) es todavía la preferida de los expatriados norteamericanos. Muy cerca se encuentran los tranquilos **jardines de Mount Street**, junto a la **Church of the Immaculate Conception**, en Farm Street. Una de las pocas iglesias católicas de Londres en las que se sigue celebrando la misa cantada en latín, este espléndido edificio de estilo neogótico es la sede de los jesuitas británicos.

En 1968 Mayfair tuvo un habitante poco habitual, Jimmy Hendrix, que vivió en el número 23 de Brook Street, junto a la casa en la que George Frederick Händel pasó los últimos 35 años de su vida. «No he oído mucho de lo que hizo este tipo, pero escucho algo de Bach de vez en cuando», comentó Jimmy cuando le preguntaron por su vecino. La idea de instalar el museo de la casa de Handel en los números 23 al 25 ha dado frutos: las obras se terminaron en la primavera de 2001 (para más información, llame al 7495 1685).

En Brook Street y Carlos Place se encuentran dos de los hoteles más lujosos y con más historia de Mayfair, el **Claridge's** y **The Connaught**. Frente a Piccadilly, en Albemarle Street, se encuentra otro clásico hotel de Londres, el **Brown's**, desde donde Alexander Graham Bell realizó la primera llamada telefónica en 1876. En el **Faraday Museum** se rinde homenaje a otro científico pionero, Michael Faraday (*véase* pág. 76), en el número 21 de la misma calle, en el sótano de la Royal Institution.

La zona este de Mayfair está totalmente dedicada al comercio, aunque eso sí, un comercio muy exclusivo. De Savile Row sale gran parte de la ropa de caballeros de corte tradicional. En la esquina de **Savile Row** y Vigo Street lo viejo se encuentra con lo nuevo en la venerable **Gieves & Hawkes** (*véase* pág. 229, **Valores victorianos**) en claro contraste con la deslumbrante e iconoclasta **Ozwald Boateng** (*véase* pág. 206).

Bond Street también es famosa por sus opulentos aunque asépticos templos de arte, alta costura, joyería y antigüedades. De hecho, no existe una calle Bond sino dos: **New Bond Street** y **Old Bond Street**. Aquí también se encuentran dos de las más conocidas casas de subastas de Londres: **Sotheby's**, en los números 34 y 35 de New Bond (7293 5000), y **Phillips** (7629 6602), en el número 101 de la misma; no se pierda la oportunidad de

Green Park: *es un parque y es verde. Y no hay más que decir (véase inferior)*

entrar a ver los artículos que estarán a la venta. Los fanáticos del arte también desearán echar un vistazo a las galerías comerciales de las calles Cork Dering, mientras que los interesados por las antigüedades no se pueden perder el **Bond Street Antiques Centre** (124 New Bond Street; 022 7493 1854) y el **Grays Antiques Market** (*véase* pág. 210). Muy cerca, la ahora peatonal **South Molton Street** cuenta con tiendas de artículos refinados y precios por las nubes.

Si busca un momento de paz en la caótica zona comercial acuda a la iglesia de **St. George** (1721-1724), en St. George Street, cerca de la plaza Hanover Square, donde Handel solía tocar el órgano. Ésta fue la primera iglesia de Londres que tuvo un pórtico, y fue durante mucho tiempo el lugar preferido para las bodas de la alta sociedad.

Las opciones para comer en Mayfair son poco imaginativas y abusivas, aunque también hay excepciones. El local de Marco Pierre White **Mirabelle** (*véase* pág. 174) es un ejemplo de buena calidad.

Lugares de interés

Apsley House - The Wellington Museum

149 Piccadilly, W1 (7499 5676). Metro: Hyde Park Corner. **Abierto** de 11.00 a 17.00 horas, de martes a sábado. **Entrada** 4,50 £; estudiantes, pensionistas, parados de más de 40 años y discapacitados, 3 £; menores de 18 años, gratuita. *Tarjeta GoSee* (*véase* pág. 33). **Tarjetas de crédito** AmEx, DC, MC, V. **Plano 7 G8**

Esta gran casa, en otro tiempo conocida como la «número uno de Londres» (era la primera casa que se veía desde el camino de Kensington), fue construida por Robert Adam en la década de 1770 y fue la residencia londinense del duque de Wellington desde 1817 hasta su muerte, en 1852. Sus descendientes aún viven aquí, pero diez de sus habitaciones, que han sido restauradas para recuperar su estilo original, están abiertas al público. Cuentan con cuadros, esculturas, objetos de cerámica, artículos de plata y recuerdos del «Duque de Hierro» (apodado así no por sus deseos indomables, sino por las cerraduras de hierro que puso después de que un grupo de amotinados rompiera su ventana en protesta por su reforma de los impuestos). Entre las obras expuestas figura un retrato ecuestre del gran hombre pintado por Goya. Uno de los toques más excéntricos es la enorme estatua de 3,4 m realizada por Canova del diminuto Napoleón. En el sótano hay una exposición sobre la muerte del duque, que incluye su máscara mortuoria. El precio de la entrada incluye una guía grabada.

Faraday Museum

Royal Institution, 21 Albemarle Street, W1 (7409 2992). Metro: Green Park. **Abierto** de 09.00 a 17.00 horas, de lunes a viernes. **Entrada** 1 £. **Plano 7 J7**

Este pequeño pero interesante museo celebra los logros de Michael Faraday, profesor de la Royal Institution y «padre de la electricidad». Entre las exposiciones figura la recreación del laboratorio en el que Faraday descubrió las leyes de la electromagnética.

Green Park

SW1. Metro: Green Park. **Abierto** del amanecer al anochecer, todos los días. **Plano 7 H7**

Enrique VIII creó el parque y Carlos II lo convirtió en un parque real. Aquí se ascendieron varios globos y se lanzaron fuegos artificiales. Handel compuso su *Music for the Royal Fireworks* para la más famosa de estas *extravanganzas* pirotécnicas en la celebración de la Paz de Aix-la-Chapelle en 1748. Ahora, Green Park es uno de los espacios abiertos más aburridos del centro de Londres, aunque es un lugar agradable para echar una siesta durante una hora en una tumbona.

Trocadero

1 Piccadilly Circus, W1 (09068 881100). Metro: Piccadilly Circus. **Abierto** de 10.00 a 24.00 horas, de lunes a viernes. **Entrada** varía (*véase inferior*). **Tarjetas de crédito** varían. **Plano 8 K7**

Si es reservado y tímido, no acuda a este gran complejo de ocio; por otro lado, los niños acuden en tropel. Pueden pasar mucho tiempo —y sin duda gastar mucho dinero— en los diversos videojuegos y juegos de realidad virtual de **Funland** (7287 8913), que ocupa seis plantas del Trocadero; pruebe la **007 Licence to Kill, The James Bond Ride** (5,95 £; niños, 3,95 £), donde puede usar trucos de espionaje y probar su capacidad para incorporarse al MI6; o si piensa que su estómago puede aguantarlo, súbase al **Pepsi Max Drop Ride** (3 £), donde le atarán a un asiento que cae seis pisos en dos segundos. El **Pepsi London IMAX Theatre** (*véase* pág. 270) es una elección menos aterradora. Entre las demás atracciones destacan **Internet Exchange** y **Old Time Photography**, donde le vestirán con ropas de época y le harán una fotografía.

Rock Circus

London Pavilion, 1 Piccadilly Circus, W1 (7734 7203). Metro: Piccadilly Circus. **Abierto** *de marzo a agosto*, de 10.00 a 20.00 horas, lunes, miércoles, jueves y domingos; de 11.00 a 20.00 horas, los martes, y de 10.00 a 21.00 horas, los viernes y sábados; *de septiembre a febrero*, de 10.00 a 17.30 horas lunes, miércoles y domingos; de 11.00 a 17.30 horas, los martes. **Entrada** 8,25 £; estudiantes, 7,25 £; menores de 16 años, 6,25 £. **Tarjetas de crédito** AmEx, EC, MC, V. **Plano 8 K7**

A pesar de los intentos por mejorar su aspecto, este Madame Tussaud's para aficionados al pop sigue siendo caro y poco divertido. Aunque algunas de las figuras son sorprendentemente reales (por ejemplo, Lenny Kravitz), muchas son para echarse a reír (Elvis), están pasadas de moda (un George Michael que se quedó atrapado en los años ochenta) o son completamente inverosímiles (un Michael Jackson negro; ¿qué vendrá después?). Cada 20 minutos los visitantes pueden ver el «mejor espectáculo de *rock n'roll* del planeta», un exagerado título para cortes de documentales de rock intercalados con la actuación de figuras animadas que tocan «en directo». El documental no está mal (aunque es poco revelador), pero las figuras tienen tan poca gracia que, a su lado, los Thunderbirds parecen la Compañía Real de Shakespeare. Menos embarazosas son las recreaciones de ciertas zonas del Londres de los años sesenta y setenta, entre las que figura las calles Carnaby, Denmark y Sex: las tiendas de Westwood y McLaren, en King's Road, de donde surgieron los Sex Pistols. De todos modos, la parte más grotesca, por no decir macabra, es la del cementerio del rock, donde las figuras de cera que representan a héroes muertos como Marc Bolan, Jimmy Hendrix, Marvin Gaye y Kurt Cobain se encuentran en un lugar oscuro rodeado de tumbas cubiertas de hiedra. La cripta cercana muestra una imagen de Michael Hutchence tomando las medidas para su doble de cera, pocas semanas antes de morir.

El patio de la **Royal Academy of Arts**

Royal Academy of Arts

Burlington House, Piccadilly, W1 (taquilla 7300 5959/ 73008000/boxoffice@royalacademy.org.uk). Metro: Green Park o Piccadilly Circus. **Abierto** de 10.00 a 18.00 horas, de lunes a jueves, sábados y domingos; de 10.00 a 20.30 horas, los viernes. **Entrada** varía. *Tarjeta GoSee* (*véase* pág. 33). **Tarjetas de crédito** AmEx, MC, V. **Plano 7 J7**

La primera escuela de arte de Reino Unido (abrió en 1768), también organizó la primera exposición anual al aire libre de artistas vivos, que continúa bajo el nombre de **Summer Exhibition**, y atrae a un gran número de gente para ver miles de cuadros, esculturas y diseños arquitectónicos. Los espectáculos temporales del resto del año reciben más visitantes que cualquier exposición de Londres y, en ocasiones, es necesario reservar plaza **Monet in the Twentieth Century,** organizada en 1999, se convirtió en la exposición de arte más popular de las presentadas en todo el país. Las exposiciones previstas para el 2001 incluyen **Boticelli & Dank: Drawings for the Divine Comedy** (hasta el 10 de junio), **Ingres to Matisse: The Triumph of French Painting** (30 de junio al 23 de septiembre), **Rembrandt's Women** (22 de sep-

Pistas de lo inesperado...

Gran clase

Ian Fleming generalmente almorzaba en **Boodle's** (número 28 de St. James's Street) porque le gustaban los clubes aburridos y le molestaba el ambiente aristocrático del **White's** (en los números 37 y 38), porque «sus miembros bebían demasiado». lord Boothby invitaba habitualmente a su amante Ronnie Kray, y para evitar que los Boodle's y los White's se sonrojaran, Fleming los hizo miembros del Blade, una mezcla de los dos, y en ocasiones James Bond pasaba a saborear un té con menta y a leer el periódico del día, y también a disuadir a sir Hugo Drax —un enfermo mental, ex nazi desfigurado en un bombardeo a Londres— para que no hiciese trampa al jugar a las cartas.

En la esquina siguiente, en la sala de fumadores del **Reforma Club** (104-105 Pall Mall), Phileas Fogg apostó que podía dar la vuelta al mundo en ochenta días.

Probablemente el último club de apuestas que ha llegado hasta nuestros días, tal y como era en la época de la Regencia, es el **Crockford's** (situado en el número 30 de Curzon Street, al otro lado de Piccadilly). Si puede perder bastante dinero, será bienvenido. Se dice que el fundador, William Crockford, murió de un paro cardíaco después de que su caballo favorito fuese derrotado en el Derby.

El cercano **Clermont Casino** (en el número 44 de la plaza Berkeley Square) es otro lugar ideal para ayudarle a gastar los millones que le sobren; luego baje las escaleras para olvidar sus inhibiciones con princesas árabes y mujeres parecidas a Joan/Jackie Collins en el **Annabel's**, «el mejor club nocturno del mundo», aunque Richard Jobson opina que lo es «para los hombres y mujeres que no han estado nunca en un verdadero club nocturno».

tiembre al 16 de diciembre) y **Frank Auerbach** (mismas fechas). Generalmente, se exponen dos muestras a la vez, una en el espacio principal de exposiciones y otra en las Sackler Galleries del arquitecto Norman Foster.
www.royalacademy.org.uk

St. James's Church Piccadilly

197 Piccadilly, W1 (7734 4511). Metro: Piccadilly Circus. **Abierto** de 08.00 a 19.00 horas, todos los días (llame para información sobre los espectáculos nocturnos). **Plano 7 J7**

Esta encantadora iglesia de Wren (1676-1684), un lugar seguro y tranquilo ajeno al tráfico, es sorprendentemente la única iglesia que el prolífico arquitecto creó desde cero. Fue también una de sus obras favoritas: «Creo que a la gente le parecerá hermosa y adecuada». Los grabados de piedra realizados por Grinling Gibbons fueron muy elogiados por John Evelyn. Gibbons fue además el creador de la pila bautismal y del órgano. El subastador James Christie y el dibujante James Gillray figuran entre las muchas personas distinguidas que han sido enterradas aquí. De jueves a sábado se organiza un mercado de artesanías en el patio de la iglesia.

Spencer House

27 St. James's Place, Sw1 (7499 8620). Metro: Green Park. **Abierto** *de febrero a julio, de septiembre a diciembre*, de 11.45 a 16.45 horas, los domingos. **Entrada** 6 $; niños de 10 a 16 años, 5 $ (no se permite la entrada a menores a 10 años). **Plano 7 J8**

En las visitas guiadas (que son las únicas posibles) a una de las mansiones palladianas más espléndidas de la capital (casa ancestral de la familia de la princesa Diana), el visitante puede ver una serie de habitaciones restauradas. Lo más notable son los curiosos murales de la Painted Room y el hermoso techo pintado en la Great Room. James Vardy, James Stuart y Robert Adam trabajaron en el proyecto de la casa del conde Spencer, que se acabó de construir en 1766.

St. James's Church, *en Piccadilly* (véase *superior).*

Soho

Beber, comprar, comer y bailar

PLANOS 5-8

De coto de caza a lugar donde beber y dar un paseo, el Soho ha recorrido un largo camino en casi trescientos años. Separado del resto de Londres por las calles Oxford Street, Regent Street, Shaftesbury Avenue y Charing Cross Road, el Soho constituye una isla en el centro de la ciudad, un lugar distinguido, elegante y diferente a todo lo demás.

Sin duda este barrio único ha podido mantener su integridad gracias a la falta de «atractivos turísticos» en sentido convencional. Las calles son angostas, las construcciones humildes, y no hay museos o galerías ni preciosos parques verdes. El paisaje del Soho no lo forman las cosas, sino su gente. A medida que su hermano mayor, Covent Garden, se ha vuelto más sobrio y limpio, la zona de ocio de Londres se ha trasladado hacia el oeste. Más sucio y ruidoso, el Soho es el lugar en el que trabaja la mitad de los londinenses y donde la otra mitad se divierte.

La mayor parte del barrio fue construido entre 1670 y 1680 como parte de un plan de expansión general hacia el oeste con el fin de mitigar la sobrepoblación de la ciudad. El Soho (nombre que procede del antiguo coto de caza) se terminó justo a tiempo para absorber la afluencia de cristianos griegos (de ahí la presencia de la Greek Street) que escapaban de la persecución otomana, y una gran ola de protestantes franceses (los hugonotes), forzados a salir de Francia por la intolerancia del Gobierno de Luis XIV. Muchos eran artistas de talento y establecieron talleres de piel, plata y muebles. Así, para el extranjero, Soho ha sido como una esponja, un refugio para exiliados e inadaptados; su espíritu tolerante nació de la necesidad, y ésta sigue siendo una de las principales características de la zona.

A los que no les gustó lo que vieron se fueron: la mayoría de los primeros residentes de la alta sociedad dejaron sus mansiones de la plaza del Soho y se marcharon a zonas más exclusivas como Mayfair a principios del siglo XVIII. En cambio los artistas, escritores, radicales y emigrantes extranjeros (en especial italianos) se instalaron definitivamente en el barrio. En el siglo XIX, John Galsworthy, en *The Forsyte Saga*, describía el Soho como un lugar «desordenado, lleno de griegos, judíos, gatos, italianos, tomates, restaurantes, órganos, cosas de colores, nombres raros...».

Cuando el número de habitantes descendió drásticamente en el siglo XX, el área se hizo famosa por sus entretenimientos (legales y no tan legales) y sus restaurantes baratos. El jazz llegó al Soho en los años cincuenta (el **Ronnie Scott's** en el número 47 de Frith Street cumplió cuarenta años en 1999) y la industria del sexo se expandió rápidamente en los años sesenta. A mediados de los años setenta, a pesar de los operativos y los policías de paisano, el Soho corría el peligro de convertirse en el paraíso de los traficantes de sexo. Fue preciso tomar medidas más contundentes, como procesar a varios policías y oficiales de alto rango por soborno y corrupción, y el número de locales relacionados con del sexo descendió cinco sextas partes durante los años ochenta. Al mismo tiempo, Soho recobró su dinamismo, gracias a la creciente presencia visible y llena de energía de los homosexuales. El Golden Lion de Dean Street ha sido durante años un gueto *gay*, pero en la actualidad los cafés de homosexuales, bares de medianoche, clubes y tiendas fetichistas llenan toda la calle Old Compton Street, inyectando la vitalidad y la *joie de vivre* que el barrio necesitaba para no convertirse en un paisaje desolado lleno de hombres sucios con impermeables.

Ese nuevo Soho es ahora más famoso que nunca, algo que es a la vez motivo de celebración y de preocupación. Empieza a surgir una nueva cultura de las 24 horas, en la que la gente sale a las calles para comer, beber, pasear, y vienen turistas de todo el continente. Incluso las cadenas comerciales están empezando a llegar, trayendo consigo las almas indeseables a las que antes el Soho les parecía demasiado grotesco e inadecuado para sus gustos. Ningún amante del viejo y excéntrico Soho podrá dejar de preocuparse al ver cómo se forman largas colas ante las puertas de antros sin personalidad como el Pitcher & Piano o el All Bar One de Dean Street.

EL CORAZÓN DEL SOHO

Hoy, el corazón del Soho es **Old Compton Street,** un centro comercial desde sus inicios, y las calles adyacentes. Aquí es donde el Soho es más heterodoxo y está más lleno de vida: hay bares de homosexuales, tiendas de bebidas, borrachos, pastelerías, restaurantes baratos y restaurantes de moda. De todos modos, puede que la forma más sugerente de adentrarse en el Soho sea a través del arco del *pub* The Pillars of Hercules, que va de Manette Street a Greek Street. La sensación de pasar a un mundo diferente ha fascinado a más de un recién llegado al Soho en el pasado. Al norte queda la sombreada plaza **Soho Square**, antaño conocida como King Square (en el centro de la plaza hay una desgastada estatua del rey en cuestión, Carlos II, junto a una cabaña de estilo tudor). En verano, los oficinistas bajan a comer sus bocadillos sobre la hierba; mientras que la única iglesia francesa protestante que queda en Londres y la iglesia católica de St. Patrick se encargan de nutrir la plaza espiritualmente.

Las calles cortas que van hacia Old Compton están repletas de historia y de lugares para comer. En **Greek Street**, se alojaron una vez Casanova y Thomas de Quincey, y Josiah Wedgwood tenía aquí un espectáculo londinense; restaurantes famosos como **L'Escargot** (número 48; *véase* pág. 174) y el húngaro **Gay Hussar** (número 2), dos viejos clásicos, siguen en pie. También aquí se

No hay demasiado que imaginar...

encuentra el local preferido de Jeffrey Bernard para tomar unas copas, el anodino **Coach & Horses**, en el número 29.

En **Frith Street** han vivido John Constable, Mozart y William Hazlitt (en el número 6, que ahora es uno de los más adorables y discretos hoteles de Londres; *véase* pág. 151). Sobre el siempre brillante **Bar Italia** (número 22; *véase* pág. 183), con su constante televisor a todo volumen, está precisamente la habitación donde John Logie Baird mostró por primera vez la maravilla de la televisión. Las delicias culinarias vietnamitas de **Saigon** (número 45; *véase* pág. 190) se suman al ambiente multicultural del barrio.

Cerca de allí se encuentra **Dean Street**, cuna de famosos locales para beber como el **French House** (número 49; cuartel general no oficial de De Gaulle y de la resistencia francesa durante la segunda guerra mundial; *véase* pág. 198) y el **Colony Club** (número 41), segundo hogar de Francis Bacon y varios literatos y artistas bohemios de los años cincuenta, o el **Groucho Club** (número 44), un centro de reunión de artistas y periodistas. Karl Marx y su familia vivieron entre 1851 y 1856 en un par de pequeñas habitaciones situadas sobre el restaurante **Quo Vadis** (número 28).

Hacia el oeste, el trabajo empieza a pesar casi tanto como el ocio. La **Wardour Street** se asocia desde hace mucho con la industria del cine, y es la sede de muchas productoras, así como del restaurante de sir Terence Conran el gran **Mezzo** (número 100), que se encuentra donde antes estaba el legendario Club Marquee. En el extremo sur de la calle está el patio de la iglesia de **St. Anne**, en la que el campanario de principios del siglo XIX fue lo único que sobrevivió al Blitz, pero vale la pena echar una mirada para leer las placas en memoria de William Hazlitt y el desafortunado Teodoro, rey de Córcega, que murió sin dinero.

En el extremo oeste de **Brewer Street** las tiendas de sexo, los locales de espectáculo y los cabarets caros dominan el lugar (la entrada sólo cuesta 3 L, pero le arrebatarán el dinero unas cien veces antes de que logre salir); la parte oeste cuenta con restaurantes japoneses y tiendas originales. Si va hacia el sur por la avenida Shaftesbury encontrará el mercado de **Rupert Street**, especializado en ropa, joyas y música; mientras que al norte queda otra de las puertas del Soho. El pequeño arco de Walkers Court, pasado el Revue Bar, de Paul Raymond, va hacia **Berwick Street**, hogar de varias compañías discográficas y tiendas de música, así como del único mercado de fruta y verdura que queda en Londres (*véase* pág. 227).

Más hacia el oeste se encuentra **Broadwick Street**, donde nació William Blake (cada centímetro del Soho tiene historia) y donde se originó una grave epidemia de cólera en 1854. El médico de la localidad John Snow comprendió que la enfermedad se transmitía por el agua contaminada y mandó cerrar las salidas de agua de la calle. Snow estaba en lo cierto y ayudó a avanzar a la epidemiología. Se realizó una escultura en honor del médico y un *pub* de esa calle lleva su nombre (muy apropiado puesto que los únicos habitantes que sobrevivieron a la epidemia fueron los que bebían cerveza en lugar de agua).

EL OESTE DEL SOHO

Broadwick Street desemboca en la peatonal **Carnaby Street,** que es el corazón de la parte oeste del Soho. La calle lleva tanto tiempo llena de vendedores ambulantes y chismes baratos para turistas que es difícil creer que pudiera entrar en el diccionario de inglés de Oxford en los años sesenta como un sinónimo de «ropa de moda para gente joven». A pesar de todo, la calle se va llenando de nuevos locales como **Lush** (número 40; *véase* pág. 232), que vende productos de belleza hechos con extractos naturales de plantas. En la empedrada y pequeña calle Newburgh se encuentran algunas de las tiendas de ropa más auténticas de la ciudad, mientras que cerca de la plaza Foubert Square está la hipermoderna tienda de cosméticos **MAC** (número 28) y **Ted Baker** (números 5-7), una tienda de ropa informal.

CHINATOWN

Al girar se encuentra la **Shaftesbury Avenue**, que va de New Oxford Street a Piccadilly Circus, y que se construyó sobre una zona marginal en la década de 1880, aunque se tuvo cuidado de salvaguardar la estructura del Soho hacia el norte. En los veinte años siguientes se construyeron siete teatros a lo largo de la calle, de los cuales seis siguen funcionando, lo que la convierte en la cuna de los teatros. Asimismo, en la avenida hay un gran número de oculistas chinos, así como herbolarios, restaurantes

Pistas de lo inesperado…

La música de Soho, recuerdos del ayer

Es bastante habitual que al pasear por el Soho de hoy, pase, sin darse cuenta, por lugares que ocuparon las primeras páginas de los periódicos en otros tiempos. A la mayoría les ocurrió lo mismo que a los dinosaurios, y sólo uno o dos sobrevivieron.

De mediados a finales de los años sesenta, el sótano de **Bag O' Nails** (número 9 de Kingly Street, paralela a Regent) era un lugar de visita obligada. Con un poco de suerte podría haber estado allí la noche en la que Stevie Wonder, Mick Jagger y Eric Clapton salieron juntos al escenario mientras Jimmy Hendrix se drogaba en el bar. En ese lugar fue también donde un tal Paul McCartney conoció a una tal Linda Eastman, en mayo de 1967.

Más hacia el este, en el número 7 de la calle Broadwick, el **Bricklayers Arms** (ahora una tienda de reparación de violines) fue el escenario en el que los Rolling Stones pasaron su primera audición, en 1962. Brian Jones había puesto un anuncio en un periódico musical para que alguna gente se uniera al grupo. Al parecer, cuando vio a Mick y Keith, a Jones le impresionó más el aspecto desaliñado de ambos que sus habilidades musicales, pero como era lo que estaba buscando para su nuevo proyecto, los contrató en el acto.

Entre los mejores clubes que sobrevivieron figuran el **Wag Club** (números 33 y 37 de Wardour Street, en la esquina) y el igualmente importante **Flamingo Club** que tuvo su mejor época entre 1960 y 1976. Con el paso de los años estos locales han visto de todo, desde el humo y la velocidad del *Rhythm & Blues*, pasando por la música disco, a los futuristas juegos de percusiones de hoy.

El año anterior, su grupo rival, los Beatles, habían celebrado su primer concierto en Londres, en el hoy desaparecido **Blue Gardenia Club,** en St. Anne Square, junto a Wardour Street. Pocos años después grabaron la lacrimógena *Hey Jude* y otras canciones, unos metros más abajo, en los estudios Trident (que luego cambiaron por los estudios Abbey Road, que tenían una tecnología más avanzada).

Durante el «verano del amor», el sótano del desgastado **Club Blarney,** en el número 31 de Tottenham Court Road (junto a Oxford Street en la esquina con New Oxford) se convertía a base de drogas e incienso en el **club nocturno UFO**. Aquí fue donde el grupo Pink Floyd se estrenó en el mundo de la música. Ahora, el lugar está lleno de tiendas de cadenas de alta fidelidad, lo que no deja de parecer un buen tributo.

y agencias de viaje que nos introducen en el compacto Chinatown de Londres.

En los años cincuenta, muchos chinos (principalmente de Hong Kong y el barrio chino original de Londres situado cerca del muelle de Limehouse) llegaron a las calles **Gerrard** y **Lisle** atraídos por los bajos alquileres. Hoy, los arcos orientales, los leones de piedra y las cabinas con techo oriental hacen que el visitante sienta que entra en un parque en lugar de en una comunidad verdadera. Y sí, a pesar de que la mayoría de los chinos de Londres vivan en otros barrios, Chinatown aún mantiene una autenticidad que (más allá de los muchos restaurantes; *véase* pág. 171) hace pocas concesiones al turismo. El acontecimiento más importante del año aquí es la celebración del Año Nuevo Chino (a finales de enero o principios de febrero; *véase* pág. 10), durante el cual las calles se llenan de dragones que bailan, fuegos artificiales y fiestas. Si le gusta la comida oriental no se pierda el fascinante supermercado **New Loon Fung** en Gerrard Street, bajo la casa en la que vivió John Dryden.

LEICESTER SQUARE

Entre Lisle Street a Leicester Square se encuentra Leicester Place, donde está uno de los cines más baratos y cómodos de Londres, el **Prince Charles** (*véase* pág. 268) y la iglesia católica francesa **Notre Dame de France**. Esta sinfonía circular de cemento contiene algunos murales de fetiches de 1960 realizados por Jean Cocteau.

Leicester Square es uno de los puntos de mayor afluencia turística de la ciudad. A pesar de que empezó siendo un lugar de moda aristócrata en los siglos XVII y XVIII (la Leicester House se encuentra en el lado norte), el atractivo del teatro y de la carne tomaron el relevo a mediados del siglo XIX. Últimamente, la plaza se había convertido en un paraíso para alcohólicos, drogadictos y marginados en general hasta que el Westminster Council tomó las riendas y puso orden en el lugar a mediados de los años noventa.

Hoy en día, la plaza es un espacio agradable, aunque los edificios que la rodean no le hagan demasiado bien. En esa zona están los mayores cines de Londres, el **Empire** y el monolítico y negro **Odeon** (para ambos *véase* pág. 268), en los que se realizan muchos estrenos de películas importantes. Aquí, también, se encuentra la Society of West End Theatres con su servicio de entradas a mitad de precio el **Half-Price Ticket Booth** (*véase* pág. 307) y, en la esquina noroeste, el discreto **Swiss Centre** cuyo barroco reloj, que suena cada hora, ejerce una inexplicable fascinación sobre la multitud que se congrega en el lugar. Uno de los recién llegados a la plaza es el conocido club nocturno **Home**.

Covent Garden y St. Giles's

Una vez recobrado de sus malos momentos, Covent Garden se ha convertido en un verdadero imán turístico, con tiendas, lugares de interés y mucho ambiente

La **Royal Opera House**, *con su aparatosa fachada*

PLANOS 6 Y 8

Hoy en día, con el término «**Convent Garden**» se designa cualquier lugar entre Charing Cross Road, Strand, Kingsway, High Holborn y Shaftesbury Avenue. De todos modos, el centro sigue siendo la plaza peatonal donde una serie de tiendas de regalos, puestos de mercado y espectáculos callejeros luchan por conseguir la atención de los visitantes. El nombre Covent Garden procede del *convent garden* («jardín del convento») de la abadía de Saint Paul en Westminster. Hacia 1630, un especulador de terrenos, el cuarto conde de Bedford, contrató a Iñigo Jones para que diseñara en el centro de Covent Garden un barrio de «habitaciones para caballeros y hombres de talento». Bajo la influencia del neoclasicismo italiano de Palladio, Jones diseñó la absurda y ostentosa iglesia de **Saint Paul** (*véase* pág. 85), con vistas a unas terrazas elevadas sobre una plaza de tres lados con arcada (ninguna de las casas originales ha llegado hasta nuestros días).

De entrada, el proyecto emocionó a los ricos, pero cuando el mercado de frutas y verduras creció hasta alcanzar proporciones incómodas, se crearon nuevos complejos de viviendas más exclusivos hacia el oeste y la fama de Covent Garden descendió, al tiempo que las casas de café, las tabernas, los baños turcos y los burdeles aumentaron. El Fanny Hill, de John Cleland, estuvo en este lugar durante un tiempo. Más tarde, los grandes centros victorianos de juego fueron «el faro que guió a las almas sedientas hacia el camino de la ruina». Más hacia el norte, la miseria de la zona que rodeaba Seven Dials y St. Giles se agravó, recordando a Dickens cuando hablaba de «la salvaje imagen de la debilidad, la necesidad y la pobreza absoluta».

EL COVENT GARDEN DE LOS TEATROS

A lo largo de los años, Covent Garden no ha perdido su condición de importante centro del teatro y la ópera (con instituciones tan famosas como el **Theatre Museum**; *véase* pág. 85). Desde que la **Royal Opera House** (*véase* pág. 281) abriera sus puertas en Bow Lane en 1732, los adinerados aficionados al *bel canto* han tenido que pasar junto a verduras y frutas podridas para poder disfrutar del espectáculo. El **Royal Theatre,** en Drury Lane, es otro de los lugares de interés; en él actuó Nell Gwyn y fue donde David Garrick revolucionó el teatro inglés. La nueva Royal Opera House se inauguró en diciembre de 1999 después de una larga y controvertida (por no hablar de lo cara que resultó: 214 millones de libras) reforma y expansión. La nueva estructura de vidrio y hierro forjado, en la que destaca el Floral Hall, une Bow Street y la plaza de Covent Garden (y cobija a varias tiendas), y hoy es la sede permanente del Royal Ballet y de la Royal Opera. En un intento de acallar las críticas de los que protestaban por el elitismo de la Royal Opera, el nuevo edificio permanece abierto al público durante el día; y en él se puede beber algo, comer un tentempié o una comida completa, o realizar una de las visitas guiadas (llamar al 7304 4000).

LA MECA DEL TURISMO

Es fácil ser cínico acerca de la orientación turística del actual Covent Garden y de la influencia de las cadenas de restaurantes y tiendas, pero lo cierto es que Covent Garden funciona. Es uno de los pocos espacios públicos peatonales de Londres y aunque es verdad que algunas de las tiendas y puestos callejeros venden productos de mala calidad, en la mayoría de los casos no es así. Incluso en el mercado central se venden buenos productos (como algunas de las joyas del **Apple Market,** situado dentro del mercado) y se organizan espectáculos de calidad (música en directo, el curioso **Cabaret Mechanical Theatre** (*véase* pág. 84). En el **Jubilee Market**, en el extremo sur de la plaza, hay básicamente puestos de ropa y de recuerdos, mientras que el viejo Flower Market ha sido convertido en el **London Transport Museum** (*véase* pág. 85).

COMPRAS DE CALIDAD

Uno de los mayores atractivos de Covent Garden es la gran cantidad de tiendas de ropa actual con las que cuenta. Floral Street, en concreto, es el lugar ideal para los aficionados a la moda que busquen pequeñas joyas, mientras que en la calle de al lado, Long Acre, se encuentran las tiendas de las principales cadenas. **Neal Street** es una calle peatonal que tiene un ambiente muy original y agradable, con pequeñas, tiendas en las que se vende de todo, desde cometas hasta juegos de té orientales. **Neal's Yard** (junto a Shorts Gardens) es un paraíso *hippie* con comida sana y remedios naturales, un recuerdo del movimiento «alternativo» que tantas manifestaciones realizó para evitar el exagerado desarrollo urbanístico de Covent Garden cuando el mercado se trasladó a Battersea en 1974.

Entre las tiendas más destacables figura el especialista en quesos **Neal's Yard Dairy,** en el número 17 de Short Gardens *(véase* pág. 211), y el exuberante y exótico esplendor de **Wild Bunch**, la floristería situada cerca de la calle Earlham esquina con Seven Dials (*véase* pág. 215). Las tiendas de instrumentos musicales de Denmark Street (cerca de la parroquia de **St. Giles-in-the-Fields**; *véase* pág. 85) son legendarias en el mundo del rock, al igual que las librerías de Charing Cross Road lo son entre las clases ilustradas. Además de las grandes cadenas de librerías entre las que figura **Borders** (antes Books Etc. en el número 120), el decano de la venta de libros en Londres, **Foyles** (*véase* pág. 219), lleva vendiendo en los números 119-125 desde 1904. Eche un vistazo también a las tiendas de libros de segunda mano y a las librerías especializadas (*véase* pág. 218).

OTROS LUGARES DE COVENT GARDEN

Al este de la plaza, en **Bow Street**, se encuentra Magistrale' Courts. Entre 1750 y 1760, aproximadamente, esta corte fue presidida por el novelista y abogado Henry Fielding y su medio hermano ciego John, del que se decía que era capaz de reconocer a 3.000 ladrones solamente por sus voces. Henry Fielding, horrorizado por la falta de legalidad y el peligro del Londres georgiano, creó un cuerpo que es el antecesor de la policía moderna: los Bow Street Runners. Cerca, en Great Queen Street, se encuentra la monolítica sede de la United Grand Lodge de Inglaterra conocida como **Freemasons' Hall** (*véase* pág. 84). Es bastante sorprendente que los masones, tan amantes del secretismo, organicen excursiones guiadas por el edificio.

Los aficionados a los *pubs* londinenses no se pueden perder el **Lamb & Flag** (*véase* pág. 196), en el número 33 de Rose Street, junto a la calle Garrick. Construido en 1623, es una de las pocas construcciones de madera del centro de Londres que han llegado hasta nuestros días. Otro fascinante eco del pasado es el pequeño callejón **Goodwin's Court**, que va de St. Martin's Lane a Bedfordbury, que cuenta con casas del siglo XVII de fachada curva y que todavía se ilumina por un mecanismo de relojería que enciende farolas de gas. En St. Martin's Lane se encuentra el lujoso hotel de Schrager del mismo nombre (*véase* pág. 149), que abrió sus puertas en 1999.

Neal's Yard: *difícil de mejorar*

RECORRER EL STRAND

En lo referente al sur de Covent Garden, el **Strand** tiene mucho más pedigrí y es más antiguo. Al principio no era más que un fangoso camino de caballos que bordeaba el río, hasta que, hacia 1860, se construyó el embarcadero Victoria. Ideado para unir el centro de la ciudad con Westminster, cuenta con mansiones aristocráticas del siglo XIII, y gira hacia el sur en **Charing Cross**. Frente a la estación del tren hay un monumento de 1863 en recuerdo de la cruz original que Eduardo I, lleno de dolor, mandó levantar cerca de allí para marcar el paso de la procesión en el funeral de su madre, la reina Eleanor, en 1290. Una curiosa tradición dice que Charing procede del francés *chère reine* («querida reina»), pero lo cierto es que ya existía un pueblo llamado Charing en la zona antes de que el cuerpo de Eleanor pasara por allí.

El Strand se hizo famoso por los ladrones y las prostitutas, al igual que Covent Garden (Boswell comenta «...anoche... me encontré una prostituta monstruosamente grande en el Strand, y sentí muchas ganas de estar con ella»), pero cien años después, Disraeli la considera la mejor calle de Europa. La construcción del gran hotel Savoy (*véanse* págs. 149-150) en 1884-1889 mejoró su reputación, gracias a las dotes de mando de César Ritz y al genio culinario de Auguste Escoffier. En la esquina de Savoy Street se encuentra la **Savoy Chapel,** del siglo XVI, que era el lugar prerferido por la alta sociedad para celebrar sus bodas hace un siglo. La capilla original era parte del palacio de John Gaunt Savoy, que fue incendiado durante la revuelta campesina de 1381. El Strand de hoy, lleno de tráfico y edificios de oficinas, tiendas, teatros y viejos bares y restaurantes, sigue siendo importante, pero no tiene ni la gracia ni la distinción de antes. Es un lugar duro y algo desamparado, y las muchas personas sin hogar que duermen en sus calles refuerza aún más esa sensación.

EL EMBARCADERO

En el Strand se encuentra Villiers Street, una vía peatonal que pasa junto al **Embankment Place**, un edificio de ladrillo rojo enorme diseñado por Terry Farrell, y la pequeña pero encantadora vinatería **Gordon's**, que conduce a los **Embankment Gardens** y a la parada de metro Embankment. La gran casa York ocupó ese lugar desde el siglo XIII hasta finales del siglo XVII. Lo único que queda de ella es el puente **York Watergate** (en Waltergate Walk), que una vez estuvo sobre el Támesis. Cruzando los jardines, se encuentra el **Cleopatra's Needle** entre el río y el denso tráfico del muelle (*véase* inferior).

Un poco más abajo se encuentra el Puente **Hungerford**, objeto de una espectacular remodelación .

Si cruza el puente Hungerford hacia el South Bank Centre tendrá ante sí una de las mejores vistas del río desde Londres, sobre todo si es de noche. El enorme edificio blanco del **New Adelphi**, con su reloj gigante, se encuentra al lado del famoso Adelphi de los hermanos Sadam, y fue construido entre 1768 y 1772. Este conjunto de 11 casas sobre arcadas y cúpulas fue más un éxito arquitectónico que comercial, pero su derrumbamiento, en 1936, fue un verdadero acto vandálico.

Lugares de interés

Cabaret Mechanical Theatre

33-34 The Market, Covent Garden, WC2 (7379 7961). Metro: Covent Garden. **Abierto** de 10.00 a 18.30 horas, de lunes a viernes; de 10.00 a 19.00 horas, los sábados; de 11.00 a 18.30 horas, los domingos. **Entrada** 1,95 £; niños de 5 a 16 años, pensionistas y estudiantes, parados de más de 40 años, 1,20 £; familias, 4,95 £. **Tarjetas de crédito** AmEx, MC, V. **Plano 8 L7**

El local de Sue Jackson no es un cabaret ni un teatro, sino mecánica en su más bella forma: más de sesenta máquinas automáticas que giran, saltan y dan vueltas al oprimir un botón; muchas tienen forma de dibujos animados pero con un corazón inteligente. Merece la pena pagar la entrada por lo novedoso de la propuesta. Puede usar las máquinas de monedas situadas junto a la pequeña tienda sin necesidad de entrar en la exposición: hable con Elvis en la «Hotline to the King» o atrévase a dejarle sus dedos al Gran Chopandoff.

www.cabaret.co.uk

Cleopatra's Needle

Victoria Embankment, WC2. Metro: Embankment. **Plano 8 L7**

Al aire libre en la **plaza de Covent Garden**

Este obelisco de 186 toneladas de granito y 37 m de alto data de alrededor del 1475 a. C. pero no tiene nada que ver con Cleopatra. Aunque se lo regaló a Reino Unido en 1819, durante mucho tiempo no se trasladó por miedo a que resultase demasiado complicado, y el viaje no se realizó hasta 1877-1878. Enterrados detrás de la aguja hay varios objetos curiosos como, por ejemplo, fotografías de 12 de las mujeres inglesas más guapas de la época. Las esfinges en la base se colocaron mal por accidente después de limpiarlas, a principios del siglo XX, por lo que quedaron mirando al lado equivocado

Freemasons' Hall

Great Queen Street, WC2 (7831 9811). Metro: Covent Garden o Holborn. **Abierto** de 10.00 a 17.00 horas, de lunes a viernes; de 10.30 a 11.30, los sábados. **Entrada** gratuita. **Plano 6 L6**

Para entrar en este edificio monumental y desazonante de estilo Art Déco, es preciso reservar plaza en una de las visitas guiadas, ya que se trata de la gran logia de los masones. A pesar de que el edificio cuenta con cerca de veinte templos, el elemento central es, sin duda alguna, el Gran Templo —probablemente el lugar más silencioso del centro de Londres— con sus preciosas puertas talladas, su maravilloso techo de mosaico y sus ventanas con vidrieras. Freemasons' Hall es el centro en el que se reúnen las 8.660 logias masónicas de Reino Unido, pero, en un intento de romper con su fama de elitistas, el edificio abre sus puertas para realizar conciertos y otros eventos públicos, además de para las visitas guiadas (los días y horas varían; llame para pedir detalles).

London Transport Museum

Covent Garden Piazza, WC2 (7379 6344). Metro: Covent Garden. **Abierto** de 10.00 a 18.00 horas, de lunes a jueves, y los sábados y los domingos; de 11.00 a 18.00 horas, los viernes (última entrada a las 17.00 horas). **Entrada** 5,50 £; niños de 5 a 16 años, estudiantes, pensionistas, discapacitados, parados de más de 40 años, 2,95 £; estudiantes, 2,95 £, menores de 16 años, acompañados por adulto, gratuita. *Tarjeta GoSee* (*véase* pág. 33). **Tarjetas de crédito** MC, V. **Plano 8 L6**

Este museo varias veces premiado recoge la historia del transporte público en Londres desde los días de los primeros autobuses, en la década de 1820, hasta la actualidad. A los niños les encanta, y no sólo a ellos, que pueden subirse al tranvía y fingir ser un conductor de autobús, sino también a los padres, que no se aburrirán. Es verdad que algunos de los contenidos interactivos se podrían mejorar (como las pantallas que muestran fotos antiguas de los primeros medios de transporte), pero es un fallo menor. El museo, por lo general, trata de encontrar el equilibrio entre diversión y educación: a los niños se les da unas **tarjetas de zonas (kidzone),** que luego pueden pegar en varios lugares a lo largo del recorrido. También se facilitan datos interesantes como la aterradora predicción que afirma que el volumen de tráfico de Londres habrá aumentado en un 98 % en el año 2025. Las exposiciones temporales previstas para el año 2001 incluyen una exhibición en verano sobre los autobuses, con la mira puesta en los niños, y otra sobre cómo los londinenses usan el transporte público para sus actividades en su tiempo libre (provisionalmente programada para iniciar en septiembre de 2001).

La tienda del museo merece ser mencionada: las curiosas camisetas con el lema «Mind the Gap» («cuidado con el escalón») se exponen junto a libros dedicados a la historia del metro de Londres. Y, si es demasiado para usted, siéntese un poco y relájese en la cafetería Aroma, situada junto a la tienda.

www.ltmuseum.co.uk

St. Giles-in-the-Fields

St. Giles High Street, WC2 (7240 2532). Metro: Tottenham Court Road. **Abierto** de 09.00 a 15.00 horas, de lunes a viernes; cerrado los sábados; abierto por servicios los domingos, llamar para pedir información. **Plano 6 K6**

Es difícil de creer, pero esta iglesia (fundada en 1101) estuvo, en su momento, rodeada de campos. La Gran Peste comenzó en la parroquia de St. Giles en 1665; el número de cuerpos enterrados ahí era tan elevado que el suelo se hundió provocando graves daños en la estructura del edificio. Henry Flitcroft recibió el encargo de diseñar la nueva iglesia, y lo hizo bajo la influencia de la nueva **St. Martin-in-the-Fields** (*véase* pág. 91) de Gibbs, con un resultado que ha permanecido inalterable desde el siglo XVIII. El poeta Andrew Marvell fue enterrado en esta iglesia en 1678 y el pintor sir Godfrey Kneller, en 1723.

www.store.yahoo.net/giles-in-the-fields

St. Paul's

Bedford Street, WC2 (7836 5221). Metro: Covent Garden. **Abierto** de 09.30 a 16.30 horas, de lunes a viernes; de 09.00 a 12.30 horas los domingos; cerrado los sábados. **Plano 8 L7**

Cuando el parsimonioso conde de Bedford le pidió a Iñigo Jones que construyera una iglesia en la nueva plaza de Covent Garden, aquél le dijo: «No me la imagino mucho mejor que un granero», a lo que Jones contestó: «Bueno, entonces tendrá el granero más hermoso de Inglaterra». El resultado (terminado en 1633) fue un pastiche de estilo toscano que, de hecho, es poco más grande que una caja vacía, aunque algunos dirían que es agradablemente espaciosa. Dada la estrecha relación de Covent Garden con el teatro, no es de extrañar que se la considere la iglesia de los actores. En los muros interiores de la iglesia hay placas en recuerdo de artistas como Charles Chaplin, Boris Karloff y Vivien Leigh, mezcladas con otras de personajes no tan célebres, pero sin ninguna duda igual de interesantes, como Pantopuck, el hombre de los títeres.

Theatre Museum

Tavistock Street (entrada junto a Russell Street), WC2 (7943 4700). Metro: Covent Garden. **Abierto** de 10.00 a 18.00 horas, de martes a domingo. **Entrada** 4,50 £; estudiantes, pensionistas, parados mayores de 40 años, discapacitados, 2,50 £; menores de 16 años, gratuita. *Tarjeta GoSee* (*véase* pág. 33). **Tarjetas de crédito** AmEx, MC, V. **Plano 8 L6**

Estratégicamente situado detrás del teatro más antiguo del West End, el Royal Drury Lane, las galerías del sótano del excelente Museo del Teatro parecen un acuario sobre la historia del teatro. En lugar de agua y peces, las vitrinas contienen ilustraciones y artefactos teatrales desde la época isabelina a la actual. El efecto se logra utilizando una luz tenue en los largos pasillos y paneles de neón intermitentes. Otra galería, **From Page to Stage,** invita a los visitantes a conocer el planteamiento creativo del éxito de la compañía del Teatro Nacional *The Wind in the Willows*: pruébese los guantes de Toad e intente hacer de director de escena, o vea los vídeos de los ensayos. En el museo se encuentra el National Video Archive of Stage Performance (al que se accede con cita previa). **Picturing the players** es una colección de retratos de Somerset Maugham en la que aparecen actores legendarios y los teatros más conocidos: fíjese en el sorprendente parecido que Isabel I guarda con Bette Davis en el primer cuadro.

Entre las exposiciones destacamos la aclamada exposición interactiva **Forkbeard: Architects of Fantasy**, con elementos de decorados como un ojo gigante o un conejo de 2 m (con una «siniestra nariz»), que partió como una exhibición temporal pero que, debido al éxito, se ha ido prorrogando —la última hasta junio de 2001— y se está convirtiendo en permanente.

www.theatremuseum.org

Westminster

Pompa, política y algún que otro palacio

PLANOS 7 Y 8

Desde que Eduardo el Confesor construyó su «West Minister» y su palacio en la pantanosa Thorney Island, 4,8 km al oeste de la City, en el siglo XI, Westminster no ha dejado de ser el centro de la vida religiosa y real de Londres. El primer parlamento se reunió en la abadía en el siglo XIV y la política ha corrido por las venas de este barrio desde entonces hasta ahora. Las tiendas y los restaurantes no abundan pero, en cambio, el barrio cuenta con algunos de los edificios más impresionantes de la ciudad y concentra a muchos de sus principales atractivos turísticos.

TRAFALGAR SQUARE

La gran plaza de **Trafalgar Square**, de aire desangelado, data de hace 170 años, momento en el que se creó junto a los ya demolidos King's Mews. Su aspecto mejoraría mucho si no circulase por ella una enorme cantidad de tráfico (en la actualidad se elaboran planes para rectificar la situación) y si las ratas que la pueblan fuesen, por fin, eliminadas. Sin embargo, los visitantes acuden atraídos por las palomas. En el verano de 1999, las aves parecieron algo desencantadas con la llegada de una nueva escultura de Jesucristo de estilo moderno que se colocó en un pedestal que llevaba vacío 150 años. Esa obra pertenece a un trío de esculturas que alternaron hasta mayo de 2001; ahora se escogerá la que ocupará el lugar definitivamente.

Construidos entre 1832 y 1838, los edificios del extremo norte de la plaza, bajos y carentes de encanto, no parecen el marco adecuado para albergar la magnífica colección de la **National Gallery** (*véase* pág. 90; para la **National Portrait Gallery**, a la que se accede por la esquina de Charing Cross Road, véase pag. 90). En el extremo nordeste se encuentra un edificio mucho más impresionante, la iglesia de **St. Martins-in-the-Fields** (*véase* pág. 91), diseñada por James Gibbs, que en la actualidad alberga una cafetería en su cripta.

El elemento central de Trafalgar Square, la **Nelson's Column**, rodeada por los espléndidos leones de sir Edwin Landseer, honra al famoso marino inglés. Los frisos de la base de la columna, que mide 51 m y se levantó en 1843, se crearon con el metal fundido de los cañones españoles y franceses que cayeron en manos inglesas durante la batalla de Trafalgar, en 1805.

EN TORNO AL PARQUE ST. JAMES

Desde Trafalgar Square, la gran ruta procesional de **The Mall** (sede de la **ICA Gallery**; *véase* pág. 89) pasa bajo el arco Admiralty, junto al parque St. James hasta llegar al Victoria Memorial, frente al **Buckingham Palace** (*véase* pág. 88). Visto de cerca, el palacio parece bastante pequeño, oculto y discreto. Es preferible pasear por alrededor de los carruajes de los **Royal Mews**, situados detrás de Palacio, o por el **St. James Park** (*véase* pág. 90), que un día fue el más hermoso de Londres. En el extremo sur del parque se encuentran las Wellington Barracks, hogar de la guardia a pie y sede del **Guard's Museum** (*véase* pág. 89). Cerca se encuentran las casas georgianas, maravillosamente bien conservadas, de Queen Anne's Gate y Old Queen Street.

DE WHITEHALL A PARLIAMENT SQUARE

De nuevo en Trafalgar Square, Nelson contempla con su único ojo sano la larga y suave curva de **Whitehall,** que conduce al corazón de la burocracia gubernamental británica. Alrededor de la calle, varios de los ministerios más importantes se esfuerzan por mantener la aparente solidez del Imperio. A media calle se encuentra el edificio de la Guardia Montada (procure pasar por allí durante el cambio de guardia, *véase* pág. 4), situado frente a la **Banqueting House** (*véase* pág. 87), el edificio de estilo clásico más importante del centro de la ciudad y el lugar en el que Carlos I ordenó la primera ejecución. Cerca de allí queda el sencillo y ascético monumento de Edwin Lutyens en honor a los muertos durante las dos guerras mundiales, el **Cenotaph**, y, en **Downing Street**, pueden verse las residencias del Primer Ministro y del Canciller del Departamento de Estado (protegidas por puertas de hierro de seguridad desde 1990), que resultan sorprendentemente sosas.

En el extremo de King Charles Street están las **Cabinet War Rooms** (*véase* pág. 88), centro de operaciones que Churchill y su equipo emplearon durante los bombardeos de la segunda guerra mundial, perfectamente restaurado.

En 1868 se creó la plaza **Parliament Square**, situada junto a lo que en aquel momento era un conocido barrio marginal, y en ella se empleó una arquitectura de grandes proporciones. El **Westminster Central Hall**, con su gran cúpula oscura, construido sobre el antiguo Royal Aquarium entre 1905 y 1911, se emplea para conferencias (en él se organizó la primera asamblea de las Naciones Unidas en 1946) y para misas de la iglesia metodista. Después de una cuidada restauración, hoy en día, la **Westminster Abbey** (*véase* pág. 91) ha recuperado su blancura original (durante años, muchos londinenses pensaron que se trataba de un edificio negro), mientras que **St. Margaret's Westminster,** de forma similar pero con un tamaño mucho menor (*véase* pág. 90), se encuentra a la sombra de la abadía, como un hijo junto a un padre indulgente. Tanto Samuel Pepys como Winston Churchill se casaron en ella.

En Londres, pocos edificios brillan por su belleza, y las **Houses of Parlament** son una de las pocas excepciones (*véase* pág. 89). Construidas entre 1834 y 1858 por Charles Barry y decoradas por Augustus Pugin según la moda de la época, la temeridad de su gótico estilo «Disneyland» inspira a la vez una sonrisa y cierto sobresalto. Aunque oficialmente se sigue llamando el Palacio de Westminster, la única parte que ha llegado a nuestros días del palacio real medieval es el **Westminster Hall** (y la **Jewel Tower**, situada al sur de la abadía de Westminster; *véase* pág. 89).

Sin embargo, el verdadero icono de Londres es la torre del reloj del Parlamento, el **Big Ben**, que visto de cerca parece más bajo y gordo de lo previsto. La torre contenía originalmente una pequeña celda, y Emmeline Pankhurst fue su último ocupante en 1902. En los jardines **Victoria Tower**, al sur del Parlamento, junto al río, se puede ver una escultura de la sufragista. En ese mismo lugar se encuentra también una escultura de bronce de Rodin titulada *Los burgueses de Calais*, de aspecto algo oscuro, y una espléndida fuente neogótica. A la sombra del Big Ben, al final del puente de Westminster, hay una estatua de Boudicca y sus hijas que hacen gestos ambiguos y miran hacia el Parlamento: la reina de los icenos no debía ser muy amiga de los londinenses, puesto que redujo a ruinas el Londinium romano y masacró a todos sus habitantes en el año 61 de nuestra era.

MILLBANK

El **Millbank** va por el río desde el Parlamento hasta el puente Vauxhall. Cerca está **St. John's Smith Square,** en la que hay una iglesia construida por Thomas Archer entre 1713 y 1728 que, en la actualidad, se emplea sobre todo como sala de conciertos de música clásica (*véase* pág. 282). Esta exuberante fantasía barroca también tuvo detractores: Dickens opinaba que era una iglesia horrorosa con cuatro torres en las esquinas que la hacían parecer un monstruo de piedra aterrador y gigantesco, tumbado sobre su espalda y con las piernas en alto.

Junto al río, al norte del puente Vauxhall, se encontraba la cárcel de Millbank, un intento de prisión modélica que se construyó de acuerdo con las ideas de Jeremy Bentham. Pero, en realidad, era un lugar sucio y maloliente que sólo duró setenta años, hasta que en 1890 se derruyó y en su lugar se construyó la mucho más inspirada Tate Gallery, hoy llamada **Tate Britain** (*véase* pág. 91, **Tate en segundo lugar**). Junto a la Tate se encuentra la **Millbank Tower**, un edificio de oficinas de los años sesenta que mide 240 m y tiene muchos seguidores, y, al otro lado del río, el discreto cuartel general de los servicios de seguridad M16, un edificio que parece una enorme construcción de bloques apilables infantiles.

VICTORIA

Victoria Street va de Parliament Square hasta la Victoria Station, y une el Londres político con el de quienes viajan con mochila. La estación de autobuses Victoria Coach Station está a pocos metros de Buckingham Palace Road, y Belgrave Road está repleta de hoteles económicos (y a menudo algo siniestros).

La zona nunca ha pasado demasiado tiempo sin cambios. En el siglo XVIII y a principios del XIX, su elemento central era el Grosvenor Canal, pero en la década de 1850, éste quedó enterrado bajo Victoria Station. Un siglo después, muchas de las tiendas y oficinas que bordeaban la estación se derruyeron y se construyeron los edificios de oficinas sin personalidad que pueden verse hoy en día.

En parte oculta por los edificios de oficinas y alejada de Victoria Street, se encuentra la **Westminster Cathedral** (*véase* pág. 92), que sólo se ve al llegar a la plaza, lo que la convierte en una agradable sorpresa. Construida entre 1896 y 1903, el interior todavía no se ha terminado.

Un poco más abajo, en Victoria Street, la monstruosidad gris del edificio del **Departament of Trade and Industry** es un ejemplo de lo peor del estilo arquitectónico de los años sesenta. El *pub* **Albert**, en la esquina de Victoria Street y Buckingham Gate, está rodeado de dos enormes edificios de oficinas, lo que proporciona una curiosa yuxtaposición de lo nuevo y lo viejo.

Siguiendo por Victoria Street se llega a los **Christchurch Gardens**, donde está enterrado Thomas («Colonel») Blood, el famoso ladrón que estuvo a punto de robar las Joyas de la Corona. En el lugar hay un monumento en memoria de las sufragistas que organizaron sus primeras reuniones en **Caxton Hall**, un edificio visible desde los jardines, que necesita una restauración con carácter urgente. El **New Scotland Yard**, con su famoso logotipo, puede verse en Broadway, al final de Caxton Street.

Strutton Ground, en el otro extremo de Victoria Street, alberga un modesto mercadillo rodeado de puestos de bocadillos. En la dirección contraria se encuentra el edificio del **Channel Four,** que merece una visita por sus ascensores exteriores y su moderno diseño (en la esquina de Chadwick Street y Horseferry Road).

Pimlico cierra el triángulo formado por el puente Chelsea, Ebury Street, Vauxhall Bridge Road y el río. Thomas Cubitt empezó a construir calles y plazas elegantes en esta zona hacia 1830, al igual que había hecho en Belgravia, aunque en menor escala. El corazón de Pimlico lo forma un conjunto de pequeñas tiendas y restaurantes situados en torno a Warwick Way, pero su columna vertebral lo constituyen las impresionantes casas blancas de Belgrave Road. Cerca de allí hay varias zonas de casas adosadas muy cuidadas.

Lugares de interés

Banqueting House

Whitehall, SW1 (7930 4179). Metro: Westminster o Charing Cross; estación de tren: Charing Cross.
Abierto de 10.00 a 17.00 horas, de lunes a sábado (algunas veces cierra durante una breve temporada; llame por teléfono para confirmar). **Entrada** 3,80 £; niños de 5 a 15 años, 2,30 £; estudiantes, pensionistas, parados de más de 40 años y discapacitados, 2,80 £.
Tarjetas de crédito MC, V. **Plano 8 L8**

La innovadora aunque de inspiración clásica Banqueting House, de Iñigo Jones (1619-1622), encaja perfectamente con el resto de los edificios blancos de Whitehall, de doscientos años de antigüedad. Es lo único del palacio de Whitehall que resistió al incendio de 1698 y ha llegado hasta nuestros días. En el sótano hay una pequeña exposición que incluye una proyección de vídeo, pero su mayor tesoro

es la primera planta, diseñada para acoger ceremoniales de la corte. Su techo fue magníficamente decorado por Rubens (en 1635), pues Carlos I encargó al artista y diplomático flamenco que honrase a su influyente padre, Jaime I, y glorificase el derecho divino a reinar de los Estuardos. Resulta irónico que, el 30 de enero de 1649, Carlos anduviese bajo esas pinturas en dirección a la plataforma situada frente al edificio, en la que le esperaba el verdugo que le iba a ejecutar. El precio de la entrada incluye una excelente guía sonora que explica las pinturas y las distintas funciones que se han dado al edificio.
www.hrp.org.uk

Buckingham Palace y Royal Mews

SW1 (7930 4832/información pregrabada 7799 2331/reservas con tarjetas de crédito 7321 2233/información para discapacitados 7839 1377/info@royalcollection.org.uk). Metro: St. James's Park, Park Green o Victoria; estación de ferrocarril: Victoria. **Abierto** *del 6 de agosto al 1 de octubre* de 09.30 a 16.15 horas, todos los días *Royal Mews, de octubre a julio* de 12.00 a 16.00 horas (última entrada a las 15.30 horas); de *agosto a septiembre* de 10.30 a 16.30 horas, de lunes a jueves (última entrada a las 16.00 horas, de lunes a jueves; cerrado de viernes a domingo). **Entrada** 11 £; niños de 5 a 16 años, 5,50 £; pensionistas, 9 £. **Royal Mews** 4,60 £; niños de 5 a 16 años, 2,70 £; pensionistas, 3,60 £; familias, 10,80 £. **Tarjetas de crédito** AmEx, MC, V. **Plano 7 H9**
Jorge III compró el edificio original, la Buckingham House, construida en 1703 por encargo del duque de Buckingham, y su hijo, Jorge IV, la convirtió en palacio. En 1837, la joven reina Victoria decidió hacer de él su hogar y, desde entonces, ésta ha sido la residencia londinense de la familia real. Cuando la reina Isabel está en Londres, sobre el palacio ondea el estandarte real. De agosto a septiembre (las fechas exactas varían cada año), mientras los miembros de la familia real descansan en sus residencias estivales, se abren al público los aposentos reales que se emplean para realizar banquetes o investiduras. Entre las dieciocho habitaciones que se muestran figura el salón del trono, el comedor de estado y la sala de música. De hecho, a pesar de que hay alguna que otra joya, la mayor parte de la visita carece de interés, salvo que le interese descubrir cómo puede mejorar su casa con adornos caros. Las entradas se venden a partir de las 09.00 horas el mismo día, en la taquilla situada en Constitution Hill. Para evitar las colas, reserve por teléfono con antelación con tarjeta de crédito o rellene un formulario de petición en la Visitor Office (tenga en cuenta que sólo se pueden reservar con antelación las entradas que cuestan 11 £). La **Queen's Gallery**, en la que se puede ver la amplia colección de objetos de arte de la reina (Lizzie, para los amigos), permanecerá cerrada por reformas hasta el 2002.

En la esquina siguiente, en Buckingham Palace Road se encuentran los **Royal Mews,** que albergan la colección de carruajes reales. El Coronation Coach, el elegante Glass Coach, los caballos perfectamente adiestrados y los carruajes negros finamente trabajados convierten los establos reales en una de las colecciones más interesantes de la ciudad. El ojito derecho de su majestad es el Her Majesty's State Coach, un impresionante ejemplar cubierto por dos capas de oro que es, además, el carruaje más antiguo que se conserva en la colección (data de 1761). La muestra permanece cerrada durante la semana del Royal Ascot (en junio) y en ocasiones especiales.
www.royal.gov.uk

Si quiere ver picos, vaya a la **Westminster Abbey** *(véase pág. 91)*

Cabinet War Rooms

Clive Steps, King Charles Street, SW1 (7930 6961). Metro: St. James's Park o Westminster. **Abierto** *de octubre a marzo* de 10.00 a 18.00 horas; *de abril a septiembre* de 09.30 a 18.00 horas, todos los días (última entrada: 17.15 horas). **Entrada** 5 £; estudiantes y pensionistas 3,60 £; parados de más de 40 años, 2,30 £; discapacitados, 2,30 £. **Tarjetas de crédito** AmEx, MC, V. **Plano 8 K9**
El austero cuartel general de Churchill durante la segunda guerra mundial se ha conservado fielmente. Una visita guiada auditivamente permite recorrer las salas con bastante rapidez (aunque puede detenerse en cuestiones que le interesen en particular). Lo que el visitante no capta es el estrés, los olores, los ruidos y el caos (controlado) que debieron llenar aquel espacio durante la guerra. Entre los elementos más destacados figura la sala de mapas (que se empleaba día y noche para seguir los avances de las tropas aliadas y enemigas), el dormitorio de Churchill

(con camisa de dormir y orinal incluidos) y la línea de teléfono que los conectaba con la Casa Blanca.
www.iwm.org.uk

Guards' Museum
Wellington Barracks, Birdcage Walk, SW1 (7414 3271). Metro: St. James's Park. **Abierto** de 10.00 a 16.00 horas, todos los días (última entrada a las 15.30 horas). **Entrada** 2 £; niños de 5 a 16 años, estudiantes y pensionistas, 1 £; familias, 4 £. **Plano 7 J9**
Este pequeño museo recoge la historia de los cinco regimientos de guardias del ejército británico fundados en el siglo XVII, bajo el Imperio de Carlos II. La medalla más antigua (entregada por Oliver Cromwell a los oficiales de su New Model Army en la batalla de Dunbar en 1651) y la botella de whisky iraquí conseguida durante la guerra del Golfo son dos de los elementos más destacados de una exposición en la que imperan los uniformes y los óleos con un fondo de música marcial. El museo trata de impulsar su colección de objetos de la vida cotidiana de la guardia a lo largo de los siglos. No se pierda a los guardias en plena ceremonia (todos los días, de abril a agosto, cada dos días de septiembre a marzo, a las 10.50 horas) cuando forman para marchar hacia el palacio de St. James y el palacio de Buckingham para relevar en su deber a sus compañeros. La tienda de soldados de juguete que se encuentra en el museo presume de ser la más importante de este género de todo Londres.

Houses of Parliament
Parliament Square, SW1 (información sobre los Comunes 7219 4272/ información sobre los Lores 7219 3107). Metro: Westminster. **Abierto** (llame siempre antes para asegurarse) *Visitor's Gallery de la Cámara de los Comunes* a partir de las 14.30 horas, los lunes y martes; de 09.30 a 14.00 horas, los miércoles; de 11.30 a 19.30 horas, los jueves; 09.30 a 15.00 horas los viernes; cerrado sábados y domingos. *Visitor's Gallery de la Cámara de los Lores* a partir de las 14.30 horas, de lunes a miércoles; a partir de las 15.00 horas, los jueves; a partir de las 11.00 horas, los viernes; cerrado sábados y domingos. **Entrada** gratuita. **Plano 8 L9**
El primer Parlamento, originalmente situado en una isla, se construyó en 1275. Westminster se convirtió en la sede permanente del Parlamento en 1532, cuando Enrique VIII partió de Whitehall. Los parlamentarios se reunían en el coro de la capilla de St. Stephen sentándose los unos frente a los otros, una tradición que se ha conservado hasta nuestros días. Lo único que queda del palacio original es el el **Westminster Hall**, con su techo labrado, y la **Jewel Tower** (*véase* derecha); el resto se quemó en el Gran Incendio de 1834. Charles Barry y Augustus Pugin reconstruyeron el conjunto en estilo neogótico. Las casas cuentan con mil habitaciones, cien escaleras, once patios, ocho bares y seis restaurantes (aunque por desgracia, ninguno de ellos está abierto al público).

Cualquiera puede ver una sesión de los Comunes o de los Lores desde las Visitor's Galleries. Haga cola fuera para acceder al vestíbulo central y a los palcos para visitantes. Si llega después de las 18.00 horas (las Cámaras se reúnen hasta las 22.00 horas, de lunes a jueves), se ahorrará la cola. Sin embargo, el mejor espectáculo es la hora de las preguntas al Primer Ministro, los miércoles a las 15.00 horas (pero tenga en cuenta que para entrar necesitará comprar las entradas con antelación: solicítelas en el Parlamento o en su embajada). No hay una edad mínima de entrada, pero los niños habrán de saber escribir su nombre en el libro de entradas.

El Parlamento cierra unos días en Navidad, Semana Santa y en verano, pero los palcos siguen abiertos al público y se organizan visitas guiadas que hay que reservar con antelación (y que no son gratuitas). Las reservas son complicadas, de modo que es preferible llamar para pedir información.
www.parliament.uk

ICA Gallery
The Mall, SW1 (información pregrabada 7930 3647/ información para hacerse miembro 7873 0062). Metro: Piccadilly Circus y Charing Cross. Estación de tren: Charing Cross. **Abierto** de 12.00 a 19.30 horas, todos los días. **Tarifa miembros** *diaria* de lunes a viernes, 1,50 £; con descuento 1 £; sábados y domingos, 2,50 £; con descuento 2 £. *Anual*, 25 £; con descuento 15 £. **Tarjetas de crédito** AmEx, DC, MC, V. **Plano 8 K8**
En la inauguración del Intitute of Contemporary Arts, en 1948, el historiador del arte anarquista Herbert Read declaró que ésta sería una galería distinta a las demás. Para su fortuna, la galería ha sabido mantener su fama de ser un lugar de acogida para todas las nuevas formas artísticas que supusiesen un reto. La Upper Gallery acoge exposiciones de obras vanguardistas, mientras que la Concourse Gallery es la que llama más la atención porque se encuentra junto a la cafetería. Muchos artistas importantes hicieron su primera exposición en Londres en la ICA, entre ellos personajes de la talla de Moore, Picasso, Ernst y, más recientemente, Helen Chadwick, Damien Hirst, Gary Hume y los hermanos Chapman. Sus exposiciones nunca pasan desapercibidas, no son fáciles y provocan intensas reacciones y debates, aunque a menudo no sean capaces de lograr sus grandes propósitos.

Algunas de las programadas para el año 2001 son **Beck's Futures Awards** (30 de marzo a 30 de mayo) y la exposición de **Mike Nelson** en noviembre/diciembre; la obra arquitectónica de **Daniel Libeskind** y **Julie Becker**, así como una muestra de la obra en vídeo del iraní-estadounidense Shirin Neshat.
www.ica.org.uk

Jewel Tower
Abingdon Street, SW1 (7222 2219). Metro: Westminster. **Abierto** *de abril a septiembre* de 10.00 a 18.00 horas,todos los días; *de octubre a marzo* de 10.00 a 16.00 horas, todos los días. **Entrada** 1,50 £; niños de 5 a 16 años, 80 p; estudiantes, pensionistas y parados de más de 40 años, 1,10 £. **Tarjetas de crédito** MC, V. **Plano 8 L9**

Junto al Westminster Hall, esta torre fortificada es todo lo que queda del medieval palacio de Westminster. Se construyó entre 1365 y 1366 para albergar el oro y las joyas (no las de la Corona, como indica un cartel en la entrada) de Eduardo III, aunque de 1621 a 1864, la torre custodió los archivos de la Cámara de los Lores. Hoy, ya restaurada, contiene una exposición informativa un poco sosa que incluye una proyección de vídeo algo más interesante sobre el pasado y el presente del Parlamento.
www.english-heritage.org.uk

National Gallery

Trafalgar Square, WC2 (7747 2885). Metro: Leicester Square y Charing Cross. Estación de tren: Charing Cross. **Abierto** de 10.00 a 18.00 horas, los lunes y los martes y de jueves a domingo; de 10.00 a 21.00 horas, los miércoles; *Micro Gallery* de 10.00 a 17.30 horas, los lunes y los martes y de jueves a domingo; de 10.00 a 20.30 horas, los miércoles. **Entrada** gratuita. **Plano 8 K7**

Fundada en 1824 con sólo 38 cuadros, la National Collection of Paintings cuenta hoy con más de 2.000 obras de autores europeos desde mediados del siglo XIII hasta principios del siglo XX. Es, sin lugar a dudas, una de las mejores colecciones del mundo, y la calidad y variedad de obras en exposición es sorprendente. Los sofás de piel estilo Chesterfield y los lujosos suelos de mármol y de crujiente madera le dan un ambiente propio de un lugar sagrado. Hay una buena visita guiada introductoria que recorre la mayor parte de las obras de la planta baja, pero también puede escoger uno de los excelentes sistemas de audio gratuitos que se encuentran en las dos entradas principales.

El exterior del **Sainsbury Wing**, de Robert Venturi y Denise Scott Brown, tiene detractores, pero el espacio de exposición constituye un entorno excepcional para la excelente colección de obras de principios del Renacimiento (del norte de Europa y de Italia) y acoge, además, varias exposiciones temporales a lo largo del año. No se pierda la **Micro Gallery**, en la que al tocar la pantalla puede ver cualquiera de las obras de la colección, imprimir una reproducción o seguir una visita guiada personalizada por sus cuadros favoritos, entre ellos *Los girasoles*, de Van Gogh; *El matrimonio Arnolfini*, de Van Eyck; *El magistrado Leonardo Loredan*, de Bellini; *El carro de heno*, de Constable; *The Fighting Temeraire*, de Turner; *La Virgen y el niño con san Juan Bautista y santa Ana*, de Leonardo.

Entre las exposiciones previstas para el año 2001 incluyen *Spirit of an Age: 19th Century Painting from the National galerie* (7 de marzo a 13 de mayo), *Vermeer and the Delft School* (20 de junio a 16 de septiembre) y *Pisanello* (24 de octubre a 13 de enero de 2002).
www.nationalgallery.org.uk

National Portrait Gallery

2 St. Martin's Place, WC2 (7306 0055). Metro: Leicester Square y Charing Cross; estación de tren: Charing Cross. **Abierto** de 10.00 a 18.00 horas, de lunes a miércoles, sábados y domingos; de 10.00 a 21.00 horas, jueves y viernes. **Entrada** gratuita; exposiciones especiales, 4 £. **Plano 8 K7**

Es posible trazar la historia de Reino Unido a través de los rostros que aparecen retratados en la National Portrait Gallery. Fundada en 1856 para reunir retratos de figuras de la política y la realeza, ahora considera su máximo tesoro un retrato de un hombre que no era ni político ni miembro de la realeza: William Shakespeare. Una nueva ala abrió sus puertas en mayo de 2000, con lo que se ha aumentado el espacio disponible para los elementos antiguos y nuevos de la colección bajo el título de **Tudor Gallery** y **Balcony Gallery**. En la terraza se ha abierto un restaurante.

Si desea realizar un recorrido en orden cronológico, empiece por la planta superior y vaya descendiendo (aunque se encontrará algunas trabas por las obras de ampliación de la galería). La actual generación de la familia real se encuentra en la segunda planta, donde puede verse el retrato que Brian Organ le hizo a la princesa de Gales. Entre las exposiciones previstas para el año 2001 están la fotográfica de **Horst P Horst** (hasta el 3 de junio); la **BT Amoco Portrait Award** (del 23 de junio al 16 de septiembre), y **Painted Ladies** (de finales del siglo XVIII a principios del XIX). Pare a tomar algo en el Portrait Café.
www.npg.org.uk

St. James Park

The Mall, SW1 (7930 1793). Metro: St. James's Park. **Abierto** todos los días, desde el amanecer hasta el atardecer. **Plano 8 K8**

En el siglo XVII, Carlos II encargó al paisajista francés Le Nôtre que convirtiera en jardín el terreno lleno de ciervos del palacio de St. James, proyecto que fue finalizado por John Nash a principios del siglo XIX. La vista del palacio de Buckingham desde el puente que cruza el lago es magnífica, sobre todo por la noche, cuando el palacio está iluminado. Hoy en día, el lago se ha convertido en un santuario de pelícanos (a los que se alimenta todos los días, a las 15.00 horas), patos, gansos y cisnes negros australianos. En el extremo del Buck Palace hay una zona de juegos y una cafetería moderna con poca gracia que sustituye a la antigua Cake House de hormigón. Muchos londinenses consideran St. James como el parque más agradable y más íntimo de los que se encuentran en el centro de la capital.

St. Margaret's Westminster

Parliament Square, SW1 (7222 5152). Metro: Westminster. **Abierto** de 09.30 a 16.30 horas, de lunes a viernes (última entrada a las 15.45 horas); de 09.30 a 14.45 horas, los sábados, (última entrada a las 13.45 horas); de 14.00 a 17.00 horas, los domingos (última entrada: 16.00 horas). **Servicios** domingos, a las 11.00 horas (llamar para confirmar). **Plano 8 K9**

Fundada en el siglo XII, reconstruida entre 1486 y 1523 y restaurada en numerosas ocasiones desde entonces, esta antigua iglesia pasa desapercibida por su cercanía con la abadía, que la hace parecer más pequeña. El impresionante rosetón de la fachada este (de 1509), de estilo flamenco,

Tate en segundo lugar

Desde la primavera de 2000, la colección actual de la Tate Gallery (que comprende obras de arte moderno internacional y obras artísticas británicas tanto modernas como antiguas) queda dividida entre la sede tradicional de Millbank y la nueva **Tate Modern** en Bankside (*véase* pág. 39, **Tate, el arte en primer lugar**). La creación de un nuevo edificio hace posible que, entre las dos galerías, se exponga un 70 % del fondo, una gran mejoría con respecto al 15 % anterior. El edificio de Millbank, reabierto el 24 de marzo de 2000 convertido en la **Tate Britain**, cuenta con obras desde el siglo XVI hasta nuestros días (mostradas por temas y no con criterios cronológicos, por lo menos hasta el momento). La biblioteca de arte contemporáneo gana más espacio y surgen nuevas salas dedicadas a Blake, Constable, Spencer y Bacon. La ampliación de la Clore Gallery, diseñada por James Stirling, seguirá alojando una maravillosa colección de obras de Turner.

Sin embargo, los visitantes pueden encontrar ciertas reiteraciones en lo relativo al arte británico contemporáneo entre la Tate Britain y la Tate Modern, aunque esta última muestra a los artistas británicos en un contexto internacional y la primera sigue exponiendo los premios **Turner Prize**. La gran novedad del Tate Britain para el 2001 es el **Centenary Development**, que en octubre abrirá las nuevas **Linbury Galleries,** incrementando en un 35 % su capacidad de llevar a cabo exposiciones. Para el 2001 están previstas las exposiciones: **Tacita Dean** (15 de febrero al 6 de mayo), que funcionará parcialmente al mismo tiempo que la Stanley Spencer (del 22 de marzo al 24 de junio); un reciente pintor, pero ahora casi olvidado, **Michael Andrews** podrá ser visitado en los meses de verano (19 de julio al 7 de octubre), y el acontecimiento más importante del año será el **The Victorian Nude** (25 de octubre al 20 de enero de 2002).

Tate Britain

Millbank, SW1 (7887 8000/www.tate.org.uk). Metro: Pimlico; autobuses: C10, 77A, 88. **Abierto** de 10.00 a 17.50 horas, todos los días. **Entrada** gratuita; el precio varía para las exposiciones temporales.
Plano 8 K11

conmemora el matrimonio de Enrique VIII y Catalina de Aragón. Las ventanas posteriores están dedicadas al primer impresor inglés, William Caxton, enterrado en esta iglesia en 1491, al explorador sir Walter Raleigh, ejecutado en Old Palace Yard, y al escritor John Milton (1608-1674) que oraba en esta iglesia y se casó en ella con su segunda esposa. La ventana de John Piper, que recuerda a las obras de Braque, se encuentra en la fachada sur y data de 1966.
www.westminster-abbey.org

St. Martin-in-the-Fields

Trafalgar Square, WC2 (7766 1100). Metro: Charing Cross; estación de tren: Charing Cross.
Abierto de 08.00 a 18.00 horas, todos los días.
Plano 8 L7

En este lugar ha habido una iglesia desde el siglo XIII, época en la que se encontraba, como su nombre indica «en los campos», entre la City y Westminster. La iglesia actual, diseñada por James Gibbs (1726), tiene un interior decorado con tallas de madera oscuras y figuras de yeso de estilo italiano. Fíjese en el Royal Box (palco real) situado a la izquierda de la galería: ésta es la iglesia oficial del palacio de Buckingham. Los lunes, martes y viernes se organizan conciertos gratuitos a la hora de comer (a las 13.05 horas; *véase* pág. 282), y en la cripta hay una cafetería, una tienda de regalos y el London Brass Rubbing Centre.
www.stmartin-in-the-fields.org

Tate Britain (antigua Tate Gallery)

Véase superior, **Tate en segundo lugar**.

Westminster Abbey

Dean's Yard, SW1 (7222 5152 / visitas guiadas 7222 7110). Metro: St. James Park o Westminster.
Abierto *Nave y capillas reales* de 09.30 a 16.45 horas, de lunes a viernes (última entrada: 15.45 horas); de 09.00 a 14.45 horas, los sábados (última entrada: 13.45 horas). *Chapter House, de noviembre a marzo* de 10.00 a 16.00 horas, todos los días (última entrada: 15.50 horas); *de abril a octubre* de 10.00 a 17.30 horas (última entrada: 17.00 horas). *Pyx Chamber y museo de la abadía* de 10.30 a 16.00 horas, todos los días. *Jardines (College Gardens) de abril a septiembre* de 10.00 a 18.00 horas, de martes a jueves; de *octubre a marzo*, de 10.00 a 16.00 horas, de martes a jueves.
Entrada *Naves y capillas reales* 5 £; niños de 11 a 15 años, 2 £; estudiantes y pensionistas, 3 £; familias, 10 £. *Chapter House, Pyx Chamber y Museo de la Abadía* 2,50 £; 1 £ con la entrada general; gratuita con guía con audífonos (*guía con audífonos* 2 £).
Plano 8 K9

Desde que Eduardo el Confesor construyó una iglesia dedicada a San Pedro (consagrada en 1065) sobre el original sajón, la abadía ha permanecido ligada a la realeza británica. Salvo dos únicas excepciones, todos los reyes y reinas de Inglaterra han sido coronados en este lugar desde que lo hiciera Guillermo el Conquistador (1066), y muchos de ellos están enterrados en las capillas y tumbas reales, donde puede verse el sarcófago de Eduardo el Confesor y una silla de coronación que data de 1296.

De la abadía original sólo han llegado a nuestros días la **Pyx Chamber** y la **cripta**; la nave y el coro góticos fueron reconstruidos por Enrique III en el siglo XIII; la **Henry VII Chapel**, con su espectacular bóveda en abanico, fue un añadido realizado entre 1503 y 1512, mientras que las torres del oeste (obra de Hawksmoor) completaron el conjunto en 1745. El interior está lleno de monumentos dedicados a hombres de estado, científicos, músicos y poetas. La pieza central de la **Chapter House** (1253), maravillosamente iluminada y de base octagonal, es el suelo de mosaicos del siglo XIII, pero el **claustro** que rodea un pequeño jardín es un lugar encantador en el que descansar del exceso de gente, sobre todo en los martes de julio y agosto, cuando se organizan conciertos al aire libre a la hora de comer. Merece la pena echar un vistazo a las diez **estatuas** del siglo XX dedicadas a los mártires cristianos y a los quince nichos situados junto a la puerta oeste.

Si puede evitar las manadas de turistas que siguen la visita guiada, se hará una mejor idea de la abadía. Acuda lo más pronto o lo más tarde que pueda o a mediados de semana, por la tarde, cuando los grupos de turistas se han desplazado ya a la catedral de Saint Paul. La visita guiada con audífonos («Seguimos hablando mientras camina») no es nada del otro mundo, pero permite ir viendo poco a poco la impresionante grandiosidad de la abadía.
www.westminster-abbey.org

Westminster Cathedral

Victoria Street, SW1 (7798 9055). Metro: Victoria; estación de tren: Victoria. **Abierto** de 07.00 a 19.00 horas, de lunes a viernes y domingos; de 08.00 a 19.00 horas, los sábados. **Entrada** gratuita (se agradecen los donativos); *guía con audífonos* 2,50 £; niños de 5 a 16 años, estudiantes, pensionistas y parados de más de 40 años, 1,50 £. **Plano 7 J10**
La primera catedral católica de Inglaterra es una rareza de exquisito estilo neobizantino con piedra rayada y franjas de ladrillo. La estructura, obra de John Francis Bentley, se terminó en 1903, pero la decoración todavía no se ha acabado y las cúpulas no tienen ningún adorno. Sin embargo, las columnas y los mosaicos (realizados con cien tipos de mármoles distintos) son magníficos, la nave es la más ancha de Inglaterra, las esculturas de Eric Gill para los pasos del viacrucis (1914-1918) son muy interesantes y la vista desde el campanario es fantástica.
www.westminstercathedral.org.uk

Knightsbridge y South Kensington

Knightsbridge lo tiene todo para satisfacer a aquellos que deseen dar trabajo a sus tarjetas de crédito, proseguir su educación o relajarse en un parque

Si busca oro, lo encontrará en este magnífico **Albert** *sentado (véase pág. 94)*

PLANOS 2, 4 Y 7

Hubo un tiempo en el que el pueblo de **Knightsbridge** era famoso por sus tabernas y por sus asaltantes de caminos. Hoy en día, el único riesgo de atraco a plena luz del día son los abultados precios de las exclusivas tiendas de Sloane Street y Brompton Road. Sea o no cierta la leyenda que afirma que el lugar debe su nombre a una lucha entre dos caballeros sobre el puente que cruzaba el hoy subterráneo río Westbourne (cerca de la Albert Gate de Hyde Park), lo que sí está claro es que en la actualidad, Knightsbridge es una de las zonas más elegantes de Londres.

La mayoría de los visitantes no van más allá de una visita protocolaria al conocido templo de las compras llamado **Harrods** (*véase* pág. 220). Pero si lo que busca es apreciar el caché de Knightsbridge, siga a las mujeres que compran calle arriba hasta el hiper **Harvey Nichols** (su fuerte es la comida y la moda, *véase* pág. 220) donde se encuentra el restaurante **Fifth Floor** (*véase* pág. 167) que sigue siendo la meca de aquellas para quienes «trabajar» equivale a decidir si vestirán un Christian Lacroix o un Dolce & Gabbana; el Fifth Floor Café y el restaurante Foundation (en el sótano) son las otras opciones que ofrece Harvey Nick. Si su presupuesto para comida está más cerca de las 5 £ que de las 50, sentirá un inmenso alivio al descubrir el económico restaurante **Stockpot** en la cercana Basil Street (*véase* pág. 186, **Locales muy económicos**), donde llevan sirviendo buena comida y realmente barata desde 1956.

El triángulo de la moda formado por Sloane Street, Brompton Road y Beauchamp (pronunciado a la francesa *boo-sán*) Place reúne todas las marcas de alta costura del planeta. Si los delirantes precios no le dejan helado, las gélidas miradas de los fríos dependientes probablemente sí lo harán.

BELGRAVIA

Belgravia se encuentra al este de Sloane Street. Hasta su desarrollo, llevado a cabo por lord Grosvenor y Thomas Cubitt hacia 1820, la zona estaba formada por campos abiertos y era un lugar famoso para los duelos. En cuanto se levantaron las primeras casas de estuco, Belgravia se convirtió en un barrio residencial exclusivo, y hoy en día lo sigue siendo, aunque todo el que se pierda por este barrio impersonal de embajadas estará de acuerdo con Benjamin Disraeli que lo calificó como «monótono… y tan artificial que resulta a la vez insípido y de dudoso gusto». El *pub* **Grenadier**, en Old Barrack Yard, junto a Wilton Row (*véase* pág. 197) es todo lo contrario: rebosa personalidad. El duque de Wellington frecuentaba este *pub* y se dice que por el lugar merodea el fantasma de uno de sus oficiales, que murió a causa de una paliza por hacer trampa a las cartas.

HYDE PARK

La calle Knightsbridge se dirige al oeste hacia Kensington Road y desemboca en Kensington High Street, en el extremo de uno de los parques reales más grandes de Londres: **Hyde Park** (*véanse* págs. 94-95), sede de la sobresaliente **Serpentine Gallery** (*véase* pág. 95). Cada mañana, a las 10.28 horas (los domingos, a las 09.28 horas) los soldados de la Household Cavalry dejan sus barracones y recorren a caballo el parque hacia Horse Guards Road para el **cambio de Guardia** (*véase* pág. 4). En los **Kensington Gardens**, unidos a Hyde Park (*véase* pág. 95), se encuentra la residencia en la que nació la reina Victoria y en la que vivió Diana, la princesa de Gales: el **Kensington Palace** (*véase* pág. 95). Tal vez lo más sorprendente es que la oposición de la gente del lugar hiciese abandonar el plan de construir un jardín en honor a Diana por valor de 10 millones de libras, aunque lo que no se ha anulado es el plan de erigir un monumento en su memoria en uno de los parques reales.

SOUTH KENSINGTON: MUSEOLANDIA

El mayor legado del príncipe Alberto a la nación se encuentra al sur de esta zona, en **South Kensington**. Con las 186.000 libras de beneficio que dejó la Gran Exposición de 1851 y el beneplácito del Gobierno, el príncipe compró 35 hectáreas de tierra para construir instituciones que «extendieran la influencia de las ciencias y el arte en la industria productiva». El soberano no vivió para ver completada su «Albertópolis», pero su plan fue un éxito rotundo. Concentrados en un área relativamente pequeña se encuentran el Imperial College, la Royal Geographical Society, el Royal College of Art, el Royal College of Music (que cuenta con un pequeño museo) y el influyente triunvirato formado por el **Science Museum**, el **Natural History Museum** y, probablemente lo mejor de los tres, la estupenda colección de arte y artes aplicadas del **Victoria & Albert Museum** (para todos ellos, *véanse* págs. 96-97, **Tres son multitud**).

El peculiar **Albert Memorial** (*véase* inferior) honra la memoria del príncipe en los confines de Hyde Park, situado frente al **Royal Albert Hall**, de influencia romana, donde se organizan conciertos de fin de curso (*véase* pág. 281). Otro lugar de interés cercano, conocido por su tradición musical es el **Brompton Oratory**, de estilo italiano, lugar que durante la guerra fría fue utilizado por la KGB como buzón de cartas. Otras de las conexiones con la antigua Europa del este de esa parte de la ciudad son la **iglesia ortodoxa rusa**, situada junto a los jardines de Ennismore, y el atemporal restaurante polaco **Daquise**, junto a la parada de metro South Kensington, en el 20 de Thurloe Street.

La zona residencial de South Kensington se va estrechando hasta llegar al lugar donde empieza Chelsea, en Fulham Road. Cerca de su extremo norte, en el número 81, se encuentra el exuberante edificio de estilo Art Nouveau **Michelin Building**, diseñado por Espinasse para el fabricante de neumáticos, en 1905. En la actualidad es la sede de varias editoriales, del hermoso y caro restaurante **Bibendum** (*véase* pág. 166) y de la meca del diseño de sir Terence Conran, **The Conran Shop** (*véase* pág. 228). Fulham Road, con sus tiendas de antigüedades suizas, sus bares y restaurantes (**Wok Wok**, en el número 140, es el lugar ideal para comer un buen bol de pasta oriental; *véase* pág. 184), sigue hacia el estadio de fútbol de Chelsea, **Stamford Bridge**, hasta llegar a Putney Bridge.

Lugares de interés

Albert Memorial

Kensington Gardens, SW7. Metro: Knightsbridge o High Street Kensington y, después, autobuses 9, 33, 49, 52 o 73. **Plano 2 D8**

Este grandioso monumento en memoria del amado esposo de la reina Victoria fue inaugurado por la reina en octubre de 1998, tras un programa de restauración que duró una década. Diseñado por sir George Gilbert Scott y terminado en 1872, el monumento gira en torno a una figura dorada de Alberto que sostiene un catálogo de la Gran Exposición de 1851. Cuesta creer que el modesto príncipe germano que dijo explícitamente «preferiría no ser un elemento prominente en esta clase de monumentos» hubiese aprobado el pomposo resultado final ni el hecho de que su restauración costase 11 millones de libras (aunque se precisaron 3 millones menos de los presupuestados y se terminó un año antes de lo previsto). En cualquier caso, merece la pena verlo. Se pueden reservar visitas guiadas al monumento llamando al 7495 0916 o en la página web *www.tourguides.co.uk*. En las visitas guiadas se puede acercar más al monumento y examinarlo con mayor detalle, sobre todo el friso, maravillosamente labrado, que cuenta con 168 figuras artísticas y literarias de la historia.

Flores en el **Kensington Palace** *(véase pág. 95)*

London Oratory

Thurloe Place, Brompton Road, SW7 (7808 0900). Metro: South Kensington. **Abierto**: de 06.30 a 20.00 horas, todos los días. **Entrada** gratuita; se agradecen los donativos. **Plano 4 E10**

Aunque pasa facilmente desapercibido, merece la pena echar un vistazo en su interior, aunque sólo sea para escapar al rugido del tránsito. La London Oratory es un monumento al resurgimiento del estilo católico inglés de finales del siglo XIX, construido entre 1880 y 1884 a partir del diseño del poco conocido arquitecto Herbert Gribble, que fue quien ganó el concurso. Se trata de un vergonzoso intento de imitar una iglesia barroca italiana, y gran parte de los adornos interiores son el resultado de apropiaciones, como es el caso de los apóstoles de Mazzuoli, unas estatuas de finales del siglo XVII que habían pertenecido a la catedral de Siena.

Hyde Park

W2 (7298 2100). Metro: Hyde Park Corner, Knightsbridge, Lancaster Gate, Marble Arch

Arte en el parque: la **Serpentine Gallery**

o Queensway. **Abierto**: de 05.00 a 24.00 horas, todos los días. **Plano 2**
Hyde Park es el mayor parque del centro de Londres. Mide 2,4 km de largo y poco menos de 1,6 km de ancho, y fue el primero que se abrió al público (a principios del siglo XVII). El parque se convirtió en un lugar elegante en el que ver y ser visto, a pesar de estar plagado de ladrones y de nobles batiéndose en duelo. La reina Carolina, una gran aficionada a los jardines, fue la que mandó sumergir el río Westbourne para poder crear el elemento central del parque: la **Serpentine**, construida en la década de 1730. El magnífico Crystal Palace de Joseph Paxton se situó entre el lago y la Prince of Wales Gate. En el parque se organizó la «**Gran Exposición** de las obras e industrias de todas las naciones», en 1851. A pesar de su gran aceptación y de haber recibido cerca de seis millones de visitantes en seis meses, el Crystal Palace fue desmantelado y se reconstruyó en el sudeste de Londres, en 1854, pero se quemó en 1936.

Hoy, Hyde Park cuenta con un buen número de atractivos: descansar sobre una tumbona, jugar a béisbol o a *softball*, dar un paseo en barca por el lago, montar a caballo por la **Rotten Row** (del francés *route du roi*, la ruta que el rey Guillermo III trazó para ir desde el West End hasta el palacio de Kensington) o escuchar a los oradores de los domingos que reviven la tradición de hablar libremente en el **Speaker's Corner**, cerca del Marble Arch. Sin embargo, su relativa falta de vegetación le da un aspecto bastante apagado durante los meses de frío. En los cumpleaños reales y otras ocasiones especiales, se dispara una salva de 41 cañones desde el parque, frente al hotel Dorchester, en Park Lane.

Kensington Gardens

W8 (7298 2100). Metro: Bayswater, High Street Kensington, Lancaster Gate o Queensway. **Abierto** desde el amanecer hasta el anochecer, todos los días. **Plano 1**
Los atractivos y extensos jardines del **Kensington Palace** (*véase* derecha) que a John Evelyn le parecieron «deliciosos», son el principal motivo por el que Guillermo III y María se decidieron a comprarlo. Aunque hoy en día los jardines se funden con Hyde Park, en el siglo XVIII tenían un diseño formal de estilo holandés; ahora tienen un aire mucho más natural. Dé un paseo por el jardín hundido,

tome un té en la **Orangery** o contemple los cuadros de la **Serpentine Gallery** (*véase* inferior). El enorme **Round Podd,** situado en el centro, atrae a los niños (la mayoría de más de cuarenta años) que acuden al lago a fletar sus barcos en miniatura. Cerca de Long Water se encuentra la **estatua de Peter Pan**. También para los niños está el Elfin Oak, donde hay representaciones de guiñol en verano y dos zonas de juegos (una junto a Broad Walk y otra cerca de la Black Lion Gate).

Kensington Palace

W8 (7937 9561). Metro: Bayswater, High Street Kensington o Queensway. **Abierto** de 10.00 a 16.00 horas, todos los días. **Entrada** 8,50 £; niños de 5 a 15 años, 6,10 £; pensionistas, estudiantes y parados de más de 40 años, 6,70 £; familias, 26,10 £. **Tarjetas de crédito** AmEx, MC, V. **Plano 1 B8**
Vivir cerca del río en Whitehall agravaba el asma crónica de Guillermo III así que en 1689, él y María se decidieron a buscar un hogar más saludable. Compraron la modesta mansión jacobina conocida como Nottingham House y contrataron a Wren y a Hawksmoor (y más tarde a William Kent) para que rediseñaran el edificio. El palacio de Kensington siguió siendo la residencia favorita de los reyes hasta el reinado de Jorge III, que prefirió el palacio de Buckingham, y la futura reina Victoria nació en él en 1819, aunque lo que le ha hecho más famoso es haber sido la última residencia de la princesa Diana (aunque ésta no era más que una de sus varias residencias). Hace unos años se pensó en convertir todo el palacio en un monumento a la memoria de la princesa fallecida y en una sala de exposiciones para la magnífica (aunque hoy dispersa) Royal Collection of Art. El palacio tiene abiertas al público los State Apartments, que incluyen la sala en la que la reina Victoria fue bautizada, la galería de los reyes, con excelentes retratos del siglo XVII, y la colección de vestidos reales.
www.hrp.org.uk

Serpentine Gallery

Kensington Gardens (cerca del Albert Memorial), W2 (7402 6075). Metro: Lancaster Gate o South Kensington. **Abierto** de 10.00 a 18.00 horas, todos los días. **Entrada** gratuita. **Plano 2 D8**
La Serpentine Gallery ha seguido un criterio independiente y vital de selección de obras que la ha llevado a conseguir un buen número de visitantes fieles. Se encuentra en un tranquilo antiguo salón de té con vistas a Hyde Park, lo que otorga a las exposiciones una gran cantidad y calidades de luz natural (según la época del año). La primera exhibición del 2001 es una aventura común con el V&A: Serpentine; Hans Haacke expondrá objetos pertenecientes a la **V&A's Collection**, mientras que el V&A incluye a Marc Quinn y Andreas Selano, quienes mostrarán su trabajo entre las de la colección del museo. Más tarde, durante el mismo año, Serpentine expondrá a Rachel Whiteread (programado para verano), y a Dong Aitkin y, extraña presencia en el Reino Unido, a Richard Artschwager (ambos previstos para otoño).
www.serpentinegallery.org

Tres son multitud

Un viaje a Londres no estaría completo sin una visita a, por lo menos, uno de los tres grandes museos de South Kensington. Los tres están cerca, pero es poco probable que pueda ver más de uno en un día (y sería una locura intentarlo). Es preferible que le dedique un día a cada uno, aunque ni siquiera eso es suficiente para apreciar plenamente sus colecciones.

Los tres museos cuentan con una única entrada para adultos que cubre el acceso a los tres durante un año y que cuesta 24 £ (42 £, para dos adultos; socios, sólo 13 £).

Natural History Museum
Cromwell Road, SW7 (7942 5000). Metro: South Kensington. **Abierto** de 10.00 a 17.50 horas, de lunes a sábado; de 11.00 a 17.50 horas, los domingos. *Visitas guiadas* cada hora de 11.00 a 16.00 horas, todos los días. **Entrada** 7, 50 £; estudiantes, pensionistas y parados de más de 40 años, 4,50 £; a partir de las 16.30 horas, de lunes a viernes, gratuita; a partir de las 17.00 horas, los sábados, domingos y días festivos. *Tarjeta GoSee* (*véase* pág. 33). **Tarjetas de crédito** AmEx, MC, V. **Plano 4 D10**
El Museo de Historia Natural se construyó en el mismo sitio donde tuvo lugar la segunda y no tan exitosa Gran Exposición de 1881 para mostrar las incipientes colecciones de especímenes de historia natural del British Museum. Dividido en **Life Galleries** y **Earth Galleries**, se trata de uno de los museos más innovadores, apasionantes y divertidos de Londres. El impresionante edificio diseñado por Alfred Waterhouse, de color rosa y oro, con mezcla de terracota y ladrillo, es tan extraordinario como lo que contiene, sobre todo el fantástico techo pintado y los detalles sobre fauna del vestíbulo central, donde se encuentra el famoso esqueleto del Diplodocus.

Las Life Galleries albergan a los populares **dinosaurios**, la sección interactiva dedicada a la **biología humana**, la **Creepy Crawlies** y las excelentes galerías dedicadas a los **mamíferos** y a la **ecología**. La inauguración de las Earth Galleries ha transformado el viejo museo de geología y conseguido lo que parece casi imposible: que las piedras se vuelvan algo interesante. Una escalera mecánica que atraviesa un globo terráqueo conduce a los visitantes a un viaje bajo la capa superficial de la Tierra hacia la exposición **The Power Within**, en la que es posible sentir la fuerza de un terremoto en un supermercado ficticio y ser testigo de la erupción y devastación provocada por un volcán. **From the Beginning** pasa revista a la historia de la Tierra y a su desarrollo, y plantea algunas preguntas relevantes acerca de su futuro. Todo un gran ejemplo de cómo conseguir que el aprendizaje sea divertido.

La exposición **British Natural History** abrió de nuevo sus puertas en el año 2000, al igual que su nueva sección **Investigate**, una galería para que los niños participen.

A finales de 1999 se dio a conocer el ambicioso proyecto de desarrollo del **Centro Darwin**, destinado a ayudar al público a entender la ciencia y a permitir un mejor acceso a las colecciones. La primera parte del proyecto estará acabada en el 2002.
www.nhm.ac.uk

Science Museum
Exhibition Road, South Kensington, SW7 (7942 4454/4455/sciencemuseum@nmsi.ac.uk). Metro: South Kensington. **Abierto** de 10.00 a 18.00 horas, todos los días. **Entrada** 6,95 £; estudiantes y pensionistas, 3,50 £; se venden entradas para toda una temporada; menores de 16 años, parados de más de 40 años, discapacitados y acompañantes, gratuita; a partir de las 16.30 horas, gratuita. *Tarjeta GoSee* (*véase* pág. 33). **Tarjetas de crédito** AmEx, MC, V. **Plano 4 D9**
El Museo de la Ciencia saca el máximo partido a la herencia industrial de Inglaterra, y muchas de las máquinas originales que impulsaron a las sociedades hacia el nuevo milenio están amorosamente conservadas entre sus muros. Una gran cantidad de pantallas interactivas estratégicamente situadas y fáciles de usar ayudan al visitante a orientarse a través de los cinco pisos repletos de peculiaridades tecnológicas. Las visitas guiadas diarias y las proyecciones sobre una amplia variedad de temas son dinámicas y fascinantes. El lugar está repleto de información, y la **Synopsis** (situada en una galería aparte), que proporciona una visión general de las exposiciones, ya es prácticamente un museo en sí. Entre los elementos más destacados figura el cohete de Stephenson, un misil V2 y el panel de control del Apollo 10. También se exponen inventos que fueron rechazados en su tiempo como, por ejemplo, la máquina de contar de Charles Babbage, una precursora del ordenador.

Si esto le suena un poco árido, no tema: el museo es un éxito seguro con los niños, sobre todo la **Launch Pad** —una sala interactiva de aventuras tecnológicas—, el **Flight Lab,** laboratorio de vuelo donde pueden comprobar sus habilidades para volar, y **On Air**, en el que alumnos de secundaria pueden producir su propio programa de radio. El sótano está dedicado por entero a los visitantes más pequeños, con grandes cantidades de juegos para niños de tres a doce años.

Una de las últimas adquisiciones del museo es el **Challenge of Materials**, una exposición permanente que estudia el diseño, la creación, el empleo y el desecho de productos naturales y confeccionados por el hombre por medio de expositores interactivos y de actividades. El elemento central es un impresionante puente de vidrio y de acero que une los dos extremos de la galería de la primera planta y que responde a la presión que ejerce la gente al pasar sobre él emitiendo sonidos, efectos de luces y proyecciones de vídeos. En la segunda planta se albergó la exposición centrada en los logros de Leonardo y los ingenieros del Renacimiento **Leonardo and Renaissance Engineers** que incluía maquetas y animaciones.

Sin embargo, la mejor noticia con respecto al año 2000 fue la inauguración del **Welcome Wing** en junio,

un amplio espacio de cuatro plantas (con un coste de 48 millones de libras), con salas de exposición que se ocupan de la ciencia contemporánea, la medicina y la tecnología, con muestras multimedia y también con el recurso de un cine IMAX. La nueva exposición permanente **Making the Modern World**, con dibujos extraídos de los fondos existentes, une la parte antigua del museo con la nueva.
www.sciencemuseum.org.uk

Victoria & Albert Museum

Cromwell Road, SW7 (7938 8500). Metro: South Kensington. **Abierto** de 10.00 a 17.45 horas, lunes, martes y de jueves a sábado; de 10.00 a 22.00 horas, los miércoles (visita de tarde según la temporada de 18.30 a las 21.30 horas, los miércoles; llame para pedir información). **Entrada** 5 £; pensionistas, 3 £; menores de 18 años, estudiantes, discapacitados y acompañantes, parados de más de 40 años, gratuita; gratuita después de las 16.30 horas, de lunes a viernes después de las 17.00 horas, los sábados, domingos y festivos; entrada para toda la temporada, 15 £. *tarjeta GoSee (véase* pág. 33). **Tarjetas de crédito** AmEx, MC, V. **Plano 4 E10**

El Victoria & Albert Museum (habitualmente llamado V&A) acoge la colección de artes decorativas más importante del mundo, así como una importante colección nacional de esculturas. Fundado en 1852, con sede en un inmenso, extenso y excepcionalmente grandioso edificio de Webb (1890), el V&A muestra una visión del éxito humano a través de las diferentes culturas.

Las galerías de **arte y diseño** están organizadas temáticamente, por lugares y fechas, y las galerías de **materiales y técnicas**, por tipo de material. Es preferible que escoja lo que más le interese ver (intentar ver las 145 galerías en un solo día sería una locura y, probablemente, algo imposible desde el punto de vista físico). Recomendamos la parte de la **India,** que reúne la colección de arte indio más importante fuera de ese país, o la excepcional **Japonese Gallery** (no se pierda el famoso *Great Wave* de Hokusai) o la **Samsung Gallery of Korean Art**, que expone cerámicas que datan aproximadamente del año 300 de nuestra era. Si prefiere algo más actual, no se pierda la **Frank Lloyd Wright Gallery**, en la que se muestran algunas de las creaciones del arquitecto. La exposición más famosa del V&A es la de los **dibujos de Rafael**: siete diseños de alfombras basados en episodios de los hechos de los apóstoles, pero las fantásticas colecciones de **vestidos** y **joyas** (*véase* ilustración) son casi tan populares como aquella.

Entre las exposiciones más interesantes programadas para el año 2001 destacan: **Inventing New Britain: The Victorian Vision** (5 de abril al 29 de julio); American Designer Dak Chiuly (21 de junio al 23 de octubre), y **Radical Fashion** (18 de octubre al 6 de enero de 2002).

El V&A organizó la primera exposición de fotografía de la historia en 1858, lo que la convierte en el lugar adecuado para conservar la National Collection of the Art of Photography. La **Canon Photography Gallery** acoge exposiciones temporales entre las que, en el 2000, destacó **Breathless: Photography and Time**, una investigación del movimiento, la velocidad, el crecimiento y la reflexión a través del objetivo de una cámara.

La tienda del museo también es excelente, al igual que el caro café, y el almuerzo que sirven los domingos se ha convertido en una verdadera institución (9,50 £, con entrada del museo incluida).

En 1999 se iniciaron las obras de la ampliación del museo en forma de espiral de ocho plantas diseñada por Daniel Libeskind, que se preveía que se terminaran en el año 2004, aunque es posible que lleve algo de tiempo vencer las reticencias de algunos conservadores aguafiestas.
www.vam.ac.uk

Chelsea

Un mundo propio

PLANO 4

El nombre en sí denota una gran categoría. Es posible que Chelsea ya no sea «un pueblo de palacios», como era en el siglo XVI; puede que ahora sea demasiado caro para servir de hogar a una comunidad de empobrecidos artistas de gran talento, como hizo en el siglo XIX; las modas innovadoras de King's Road de los años sesenta han quedado atrás y los *punk* se han convertido en memoria popular, pero Chelsea sigue vibrando. Esta parte de la ciudad, embutida entre Kensington y el Támesis, se ha convertido en la residencia de rubias despampanantes e idénticas (que llevan el móvil pegado a la oreja y mantienen muy erguida la cabeza), de grandes damas venerables y de escritores en potencia (el centenario Chelsea Arts Club, en el 143 de Old Church Street, no ha perdido ni un ápice de su popularidad). Esa estrecha relación con el arte, mezclada con una abundante oferta comercial, proporciona a Chelsea una vida y una chispa que barrios vecinos como Knightsbridge (en los que la riqueza es el único bien) no pueden sino envidiar.

El eje central del Chelsea es la siempre vibrante **King's Road**, que en sus orígenes fue una carretera real privada que conducía a Hampton Court, y se prolonga hacia el sudoeste desde la esnob Sloane Square, perdiendo *glamour* a medida que se acerca al *pub* World's End, para ir a morir a Putney Bridge (ya convertida en New King's Road).

El arte y el comercio se miran en **Sloane Square**, en la que los selectos grandes almacenes **Peter Jones** (que se encuentran en uno de los primeros edificios de cristal de la ciudad construido entre 1935 y 1938) se encuentran frente a frente con el **Royal Court Theatre** (*véase* pág. 306). Entre las obras que se estrenaron en este teatro figuran distintas composiciones de George Bernard Shaw, *Look Back in Anger*, de John Osborne, y *Roots*, de Arnold Wesker, aunque el teatro sigue promocionando autores nuevos y desafiantes.

Las compras han sido la razón de ser de King's Road desde siempre y la moda sigue siendo un factor determinante. Entre las grandes cadenas que se han instalado en la calle sobreviven algunas boutiques que venden ropa económica para jóvenes. En la parte menos concurrida de King's Road se encuentra **World's End**, una tienda de ropa de Vivienne Westwood (en el número 430), con su suelo en pendiente y su gran reloj que retrocede. A mediados de los años setenta, la tienda se llamaba Sex y en ella nació la estética *punk*. Las antigüedades son otro de los puntos fuertes del barrio: visite el excelente **Antiquarius** (números 131-141; *véase* pág. 210). Los utensilios para la casa se pueden adquirir en **Habitat** (en el número 206; *véase* pág. 228) y en **Heal's** (en el número 224; *véase* pág. 228). Probablemente la creación más reciente y mejor acogida de King's Road es el **Bluebird,** el «gastródomo» de sir Terence Conran (en el número 350; *véase* pág. 166), una mezcla de restaurante, café, tienda de comidas y un fabuloso mercado. Sorprendentemente, excepción hecha del Bluebird, no hay una zona decente para *gourmets*: los precios elevados y la falta de imaginación son la norma. En el **Chelsea Kitchen** (en el número 98) se puede comer bien y por poco dinero al igual que en el **Stockpot** (en el número 273). Aquellos que puedan gastar un poco más deben acudir a alguno de los tranquilos locales del Chelsea Farmers' Market, en Sydney Street, cerca de Kensington y del Chelsea Town Hall.

JUNTO AL RÍO

Los lugares de interés no comerciales de Chelsea, así como las asociaciones históricas y artísticas, se encuentran entre King's Road y el río. Al sur de la enorme Lots Road Power Station (una central eléctrica que proporciona la mayor parte de la energía que utiliza el metro de Londres) se encuentra el complejo **Chelsea Harbour**, con apartamentos para multimillonarios, un hotel, oficinas, tiendas de diseño suizas con precios inalcanzables y una serie de restaurantes rodeando los inmensos yates que aguardan en el río. ¿Pero dónde está la gente?

Más hacia el norte, en **Cheyne Walk**, la vista es mucho más agradable. Las hermosas casas azules acogieron a una importante concentración de talentos artísticos y literarios que llegaron a la zona en el siglo XIX. George Eliot vivió las últimas semanas de su vida en el número 4, mientras que Dante Gabriel Rossetti, Algernon Charles

*¿Un posible cliente para el **World's End**?*

Swinburne y George Meredith se mudaron al número 16 (Queen's House) en 1862. Allí Rossetti criaba una pequeña pero ruidosa cantidad de animales, para desespero de los vecinos. Henry James vivió y murió en Carlyle Mansions, mientras que entre otros distinguidos residentes de la calle figuran Mrs. Gaskell (en el número 93), James McNeill Whistler (en el número 96), Hilaire Belloc (en el número 104) y J. M. W. Turner (en el número 119).

Cerca de allí, Oscar Wilde decoró amorosamente su casa del número 16 de Tite Street (hoy el 34) en tonos blancos, amarillos, rojos y azules. El historiador Thomas Carlyle, mucho más sobrio, aplicó las pautas victorianas a su casa del número 24 de Cheyne Row. La **Carlyle House** ha llegado a nuestros días como era en aquella época.

El primer residente importante de Chelsea fue Thomas More, que no se libró de ser decapitado por Enrique VIII en 1535 por negarse a admitir el divorcio entre éste y Catalina de Aragón. La residencia de More desapareció hace mucho, pero frente a la **Chelsea Old Church** (*véase* derecha) puede verse una escultura dorada que representa al «académico, santo y hombre de estado» contemplando estoicamente el tráfico que recorre el Chelsea Embankment.

Más allá del encantador jardín vallado **Chelsea Physic Garden** (*véase* esta misma pág.), en la Royal Hospital Road se encuentra el impresionante **National Army Museum**. Su sede parece un búnker (lo que resulta muy apropiado para la temática del museo), y ofrece una visión interior de la vida de los soldados desde hace siglos hasta nuestros días. Después de una vida de servicio, los veteranos con suerte pueden pasar sus últimos años junto al majestuoso **Royal Hospital Chelsea** (*véase* pág. 100), diseñado por Wren. En el terreno que actualmente ocupa el hospital estaban hace tiempo los **Ranelagh Gardens**, los jardines preferidos por los caballeros elegantes del siglo XVIII. «No es posible dar un paso sin encontrar a un príncipe o al duque de Cumberland», escribía a este respecto Horace Walpole. Con ocho años, Mozart dio un concierto en los jardines en 1764, y los cuadros en los que Canaletto los retrata pueden verse en la National Gallery.

Recuerde que la mayor parte de esta zona no está bien comunicada por metro, de modo que prepárese para caminar un poco desde la parada de Sloane Square. La mejor forma de llegar a los lugares de interés de este barrio es en autobús.

Lugares de interés

Carlyle's House

24 Cheyne Row, SW3 (7352 7087). Metro: Sloane Square y, después, autobuses 11, 19, 39, 45, 49 o 219.
Abierto *de abril a octubre*, de 11.00 a 17.00 horas, de viernes a domingo; de noviembre a marzo, cerrado.
Entrada 3,50 £; niños de 5 a 16 años, 1,75 £.
Plano 3 E12

Tal era la fama del «Sabio de Chelsea», el historiador Thomas Carlyle que, en 1881, pocos años después de su muerte, la casa de ladrillo rojo estilo reina Ana en la que vivía desde 1834 se convirtió en museo por decisión popular. El museo, a cargo del National Trust desde 1930, cuenta en la actualidad con un conserje que hace las delicias de los visitantes con sus historias sobre las visitas que Carlyle y su esposa Jane recibieron en esa casa: Dickens, Thackeray, George Eliot y Ruskin. La residencia, amplia pero modesta, sigue más o menos como en la época de Carlyle y es fácil imaginar a la tempestuosa pareja en su residencia. Carlyle y Tennyson fumando junto al hogar de la cocina del sótano para que Jane no tuviese que soportar el humo.

Chelsea Old Church

Cheyne Walk, SW3 (7352 5627). Metro: Sloane Square y, después, autobuses 11, 19, 22, 45, 49 y 319. **Abierto** de 12.00 a 17.00 horas, de lunes a viernes; de 08.00 a 13.00 horas y de 14.00 a 19.00 horas, los domingos.
Entrada gratuita; se agradecen los donativos.
Plano 4 E12

A pesar de su nombre (la Chelsea del Chuck), no parece demasiado antigua, por lo menos desde fuera, pero los orígenes de All Saints (como también se la conoce) se remontan a 1157. Los bombardeos de la segunda guerra mundial derruyeron la iglesia, aunque el interior (bastante recargado) tiene varios puntos de interés, como la capilla sur construida en 1528 por encargo de sir Thomas More para orar en privado; una fuente de 1673; monumentos dedicados a familias locales pudientes como los Lawrence y los Cheyne; y un monumento en memoria de Henry James. No se pierda los únicos libros encadenados en una iglesia, regalo de sir Hans Sloane, de quien hay un monumento en el patio exterior. Se dice que Enrique VIII se casó con Jane Seymour en esta iglesia antes de su matrimonio oficial.
www.domini.org/chelsea-old-church

Chelsea Physic Garden

66 Royal Hospital Road (entrada por Swan Walk), SW3 (7352 5646). Metro: Sloane Square; autobuses 11, 19, 22 o 239. **Abierto** *del 2 de abril al 29 de octubre*, de 12.00 a 17.00 horas, los miércoles; de 14.00 a 18.00 horas, los domingos. **Entrada** 4 £; niños de 5 a 16 años y socios (sin incluir a los pensionistas), 2 £.
Tarjetas de crédito *Sólo en la tienda* MC, V.
Plano 4 F12

El primer jardín botánico amurallado de Londres (es un siglo más antiguo que los Kew Gardens) permite descansar del ruido del tráfico del Chelsea Embankment (eso sí, dentro de sus estrictos horarios de apertura). Creado por la Apothecaries' Company en 1676, sir Hans Sloane lo remodeló a principios del siglo XVIII para que «manifestase la gloria, el poder y la sabiduría de Dios en las obras de la creación». En la actualidad, se trata básicamente de un espacio de investigación y educación, aunque incluso los no iniciados harán sus propios descubrimientos. Entre las plantas que se emplean para crear tintes, destaca la *Isatis tinctoria*, que los bretones romanos hacían fermentar en orina para lograr una pintura azul violeta. En los invernaderos se encuentran los distintos tipos de patata dulce a partir de los cuales se sintetizó la mayor parte de los anticonceptivos y esteroides modernos, al igual que *Spiraea*, fuente

Acuda al paraíso de los gourmets, *el* **Bluebird** *de Conran (véase pág. 166)*

del principio activo de la aspirina, descubierta en 1899. Otros aspectos de interés son los jardines de rocalla del Grade I. Las semillas de algodón que se enviaron de Chelsea a Georgia en 1732 permitieron la creación de la industria algodonera en Estados Unidos. El jardín tiene un microclima que se pone de manifiesto en algunas de las especies de árboles que contiene y que no son propias de Londres como, por ejemplo, el olivo o el alcor-noque. Si hay suficientes personas, se organizan visitas guiadas; en caso contrario, existen dos visitas autoguiadas.
www.cpgarden.demon.co.uk

National Army Museum

Al lado del Chelsea Royal Hospital, Royal Hospital Road, SW3 (7730 0717). Metro: Sloane Square; autobuses 11, 19 o 239. **Abierto** de 10.00 a 17.30 horas, todos los días. **Entrada** gratuita. **Plano 4 F12**

Un admirable intento por hacer más accesible la historia del soldado, desde Agincourt hasta Bosnia, a los no aficionados a lo marcial británico. Entre las imaginativas exposiciones permanentes destaca **The Victorian Soldier**, que explica la historia del ejército británico en todo el mundo entre 1816 y 1914; **The Road to Waterloo** (en la que se encuentra una gran maqueta de la batalla con 75.000 soldados en miniatura y tres películas encargadas para la exposición) y **The Modern Army**, con exposiciones sobre la guerra del Golfo y de Bosnia, donde los visitantes pueden poner a prueba sus conocimientos de argot militar y aprender a leer mapas. El museo está repleto de figuras de soldados a escala real de distintas épocas, películas y recuerdos como, por ejemplo, cartas de soldados enviadas desde Japón o elementos de dudoso gusto como, por ejemplo, el esqueleto del caballo árabe de Napoleón, Marengo. La **Art Gallery** contiene retratos de Reynolds y Gainsborough. Llame para pedir información sobre las exposiciones. El museo cuenta asimismo con un pequeño café y una tienda.
www.national-army-museum.ac.uk

Royal Hospital Chelsea

Royal Hospital Road, SW3 (7730 5282). Metro: Sloane Square; autobuses 11, 19, 22 o 137. **Abierto** *museo, capilla y vestíbulo* de 10.00 a 12.00 horas y de 14.00 a 16.00 horas, de lunes a sábado; de 14.00 a 16.00 horas, los domingos, (en invierno, cerrado). **Entrada** gratuita. **Plano 4 F12**

La mayor residencia de ancianos del país, el Royal Hospital, se inspiró en el Hôtel des Invalides de París encargado por Luis XIV. Carlos II quería una residencia de idéntico esplendor para sus soldados veteranos y, en 1682, le encargó a Christopher Wren la construcción del edificio actual con tres patios. En el hospital que Thomas Carlyle definía como «tranquilo y digno, obra de un caballero», siguen residiendo cerca de 400 antiguos soldados cuyos uniformes azul marino (los de diario) y granate (los de gala) son famosos en todo el país. Los visitantes pueden echar un vistazo a la capilla con cúpula en forma de barril, que cuenta con una florida descripción de la *Resurrección* en el altar, obra de Sebastiano Ricci, así como al vestíbulo que se encuentra enfrente y que es, aún hoy, el comedor de los antiguos soldados. En el patio central, y orientada al sur, se encuentra una escultura de Carlos II de estilo romano obra de Grinling Gibbons (1676), que parece contemplar la propiedad (en la que se organiza la **Chelsea Flower Show** todos los meses de mayo, *véase* pág. 6). El Oak Apple Day (el 29 de mayo), los veteranos organizan un desfile en el patio y visten la escultura con hojas de roble para conmemorar el nacimiento del rey y su huida de la batalla de Worcester, cuando se escondió en el tronco de un roble (conocido como *Boscobel Oak*). El museo tiene una colección de medallas y archivos del hospital que se remontan a su fundación.

El norte de Londres

Lugares de interés o vistas pintorescas... usted elige

Camden Town

En **Camden** hay que meterse a fondo, pues es un lugar que no admite medias tintas. Nada más salir de la estación de metro y empezar a caminar por sus descuidadas calles, ordas de *grunges*, *punks*, locos y *hippies* intentarán endiñarle folletos con anuncios de pequeños clubes o de tiendas diminutas. Los habitantes de las calles más respetables del barrio esquivan con maestría a los borrachos y un fuerte olor a cebolla frita y a *kebabs*, impregna el aire. Todo ello forma parte de la experiencia de visitar Camden. Mucha gente acude al barrio para ver uno de sus mercadillos llenos de trastos, otros por el placer más sereno que supone ojear libros un domingo por la tarde y otros para dar una vuelta en barco por el canal. De todos modos, siendo realista, lo más probable es que después de pasar unas horas en el barrio durante el fin de semana (en el momento más intenso, cuando todos los mercadillos están abiertos) su lugar preferido sea un asiento en un metro que le conduzca a un lugar considerablemente más tranquilo.

Camden Town, una área que abarca (por lo menos para los vernáculos) desde la escultura del político victoriano Richard Cobden hasta Mornington Crescent y, subiendo por la calle Camden High Street hasta los extremos de **Chalk Farm**, ha sufrido un cambio espectacular en los últimos treinta años. En 1816, tras la construcción del canal Regent primero, y del ferrocarril después, en la zona se construyó una gran cantidad de casas baratas que tenían fama de estar llenas de delincuentes. Después de 1905, el artista Walter Sickert, que se alojó en Mornington Crescent y en Fitzroy Street, inició y lideró el llamado «grupo de Camden Town», que se rebeló contra las composiciones simbolistas.

Primero, Camden acogió a inmigrantes irlandeses y, después de 1945, a griegos chipriotas. Las huellas de estos últimos todavía son patentes en las numerosas tabernas y cafeterías griegas del barrio y en la iglesia griega ortodoxa cercana al Royal Veterinary College (fundada en 1791), en la calle Royal College. Hasta finales de los años sesenta, la zona era un barrio marginal, pero el aumento de los precios de las viviendas, unido a la popularidad de Camden entre los *hippies* que lo consideraban un lugar bohemio y relativamente económico (no es de extrañar que los actores de *Withnail & I* vivieran allí), fue cambiando la reputación del barrio. Luego, profesionales y algunas celebridades (como Alan Bennett o Michael Palin) se mudaron a la zona y reformaron las casas de los adorables *crescents* de Camden. El influjo del dinero se pone de manifiesto en edificios como el moderno supermercado Sainsbury de Camden Road y el nuevo **Glass Building** de Jamestown Road, que acoge los locales de una famosa cadena de pasta oriental, **Wagamama**, y una tienda que The Body Shop acaba de abrir en la zona; las plantas superiores son lujosos apartamentos tipo *loft*.

Camden y sus alrededores tienen mucho que ofrecer a los visitantes. En primer lugar, en todos los sentidos, se encuentran los **mercados** (*véanse* págs. 226-227, **Las fuerzas del mercado**). Desde principios de los años setenta, éstos han crecido mucho y se han convertido en uno de los principales atractivos turísticos de Londres. Los días de mercado, la estación de metro se llena tanto que se ha temido por la seguridad de los viajeros, lo que ha llevado a la empresa London Transport a convertir la parada de metro de Camden Town en una estación sólo de entrada. Durante los fines de semana, los visitantes están obligados a salir de la zona a través de las estaciones de Mornington Crescent o Chalk Farm; ésta última se encuentra a un agradable (y más corto) paseo desde el mercado. El caos se remediará en parte con los planes para transformar en peatonal High Street, al norte de la parada de Camden Town.

El impresionante **Jewish Museum** (*véase* pág. 102), de Albert Street, junto al Parkway, también merece una visita, además de los restaurantes y bares que confieren diversidad cultural al barrio. No se pierda el restaurante caribeño **Mango Room** (*véase* pág. 171), las irreverentes *moules frites* (mejillones con patatas fritas) del **Belgo Noord** (*véase* pág. 169) o el **Engineer** (*véase* pág. 188), un *pub* con comida de gran calidad.

Si hace un calor sofocante, refrésquese tomando uno de los sorbetes o helados de **Marine Ices,** situada frente a la parada de metro de Chalk Farm. Cerca de allí se encuentra la famosa **Roundhouse**, en Chalk Farm Road, una antigua estación de tranvía que actualmente se ha transformado en un local polifacético en el que se organizan desde exposiciones hasta obras de teatro o circos, espectáculos cómicos, tertulias extravagantes. Está previsto convertir el laberinto de túneles situados bajo la estación en un centro artístico para talleres de la comunidad y para producciones multimedia.

LOS ALREDEDORES DE CAMDEN

Hacia el norte, **Primrose Hill** aporta un toque verde al paisaje y, en el extremo de Hampstead Heath, **Gospel Oak**, que se encuentra cerca de **Parliament Hill**, lugar en el que se reúnen los aficionados a las cometas. Al crecer, Camden ha ido absorbiendo los alrededores, y la zona se ha llenado de grandes superficies que hacen peligrar los pequeños comercios del barrio. **Kentish Town** está formado por una serie de tiendas de saldos y locales de comidas económicas que une Camden con **Highgate** y **Tufnell Park**. De todos modos, el ascenso social de su vecino del sur también ha supuesto algunas ventajas como, por ejemplo, la conversión de las tascas en «gastropubs» (aunque no todo el mundo lo considera un «avance»). Dé una vuelta por Highgate Road, donde encontrará una de las tiendas de música más concurridas de Londres, **Forum**, y pare para tomar una cerveza en **The Vine** o en **Bull & Last** (en los números 86 y 168 respectivamente; *véase* pág. 188).

Somers Town está entre Camden y King's Cross. Lo más característico son unos conjuntos de apartamentos de los años sesenta y setenta, aunque también es famoso por las tensiones raciales entre los jóvenes blancos y la comunidad asiática. En Eversholt Street se encuentra el extraordinario **Transformation** (cuyo eslogan es «De él a ella»), el mayor emporio trasvestí del mundo. El escaparate ya es digno de una foto. Algo más al este puede verse el **Camley Street Natural Park**, que supone una inyección de encanto bucólico entre las vías de tren y las obras del barrio. El **Regent's Canal** recorre uno de los laterales del parque. Los entusiastas de los canales artificiales no deben perderse el cercano **Canal Museum** (*véase* inferior).

Canal Museum

12-13 New Wharf Road, N1 (7713 0836). Metro: King's Cross; estación de tren: King's Cross.
Abierto de 10.00 a 16.30 horas, de martes a domingo. **Entrada** 2,50 £; niños de 8 a 16 años y estudiantes, entrada libre; pensionistas, 1,25 £. **Plano 6 L2**
La sede de este pequeño museo situado sobre el Regent's Canal Battlebridge Basin, es un almacén construido en la década de 1850 por encargo de un inmigrante italiano llamado Carlo Gatti, que se hizo rico importando hielo de Noruega. Los grandes bloques de hielo llegaban al puerto y de allí se desplazaban por el canal hasta llegar al almacén. El museo narra la historia de Gatti y de otras familias que se ganaron la vida trabajando en los canales.
www.canalmuseum.org.uk

Jewish Museum, Camden

129-131 Albert Street, NW1 (7284 1997). Metro: Camden Town. **Abierto** de 10.00 a 17.00 horas, de lunes a jueves; cerrado sábados y domingos. **Entrada** 3,50 £; niñosde 5 a 16 años, 2,50 £; estudiantes, pensionistas y discapacitados, 2,50 £; menores de 5 años, gratuita.
El museo judío de Londres cuenta con dos sedes (*véase también* pág. 109, **Jewish Museum Finchley**) y está considerado uno de los museos más importantes de Inglaterra. No es difícil averiguar el porqué: ambas sedes son bastante pequeñas, pero contienen una gran cantidad de información. La parte de Camden es más formal, con tres galerías dedicadas a la historia de los judíos en Inglaterra, una sala de exposiciones y, en la planta superior, una muestra de objetos ceremoniales, como un *rimmonim* (la cubierta decorativa de plata de los manuscritos de la Torah), lámparas Hanukkah y un magnífico soporte de Torah veneciano del siglo XVI. El edificio, tranquilo y con aroma a madera recién cortada, ya es en sí una experiencia. No le costará encontrar a un voluntario que le facilite la información que requiera.
www.jewmusm.ort.org

St. John's Wood

Al oeste de Regent's Park se encuentra un enclave privilegiado en el que está el que tal vez sea el campo de cricket más famoso del mundo, **lord's**, sede del **MCC Museum** (*véase* inferior). Grove End Road desemboca en **Abbey Road**, el lugar en el que los Beatles grabaron su legendario disco del mismo nombre, en los estudios EMI (en el número 3). El paso de cebra situado enfrente siempre está lleno de turistas japoneses y estadounidenses que toman fotos a este escenario de los Beatles y escriben sus nombres en la pared. Un poco más arriba de Abbey Road, en el 98A de Boundary Road, se encuentra la antigua fábrica de pinturas que hoy acoge la **Saatchi Gallery** (*véase* pág. 103). La galería, uno de los mayores espacios dedicados al arte contemporáneo, ha ayudado a introducir artistas desconocidos en el mercado actual.

Lord's Tour & MCC Museum

Marylebone Cricket Club, lord's Ground, St. John's Wood Road, NW8 (7432 1033). Metro: St. John's Wood; autobuses 13, 46, 82, 113 y 274. **Abierto** *visitas guiadas* (llame para pedir información), *de octubre a marzo*, 12.00 y las 14.00 horas; todos los días, *de abril a septiembre*, a las 10.00, 12.00 y a las 14.00 horas; todos los días. **Entrada** visitas guiadas 6,50 £; niños de 5 a 15 años, estudiantes, pensionistas y parados de más de 40 años, 4,50 £. Entrada libre a menores de 5 años. **Tarjetas de crédito** MC, V.
A los aficionados al críquet les encantará esta entretenida exposición en la que se muestran algunos de los recuerdos más famosos de este deporte. Además de cuadros, fotografías y bates de figuras célebres, encontrará una reproducción del lanzamiento que mató a un gorrión en pleno vuelo en 1936 junto al animal en cuestión disecado y la bola. En el museo está el *Ashes*, el trofeo más difícil de ganar de este deporte, a pesar de no ser mayor que una copa. La visita guiada incluye ver el campo vacío desde uno de los palcos y continúa por los vestuarios y por la histórica Long Room. Cuando no se está utilizando (casi siempre en invierno), también se visita el impresionante e innovador **NatWest Media Centre** (*véase también* pág. 31).
www.lords.org

Saatchi Gallery
98A Boundary Road, NW8 (7624 8299/7328 8299). Metro: St. John's Wood o Swiss Cottage; autobuses: 139 y 189. **Abierto** de 12.00 a 18.00 horas, de martes a domingos. cerrado lunes y jueves. **Entrada** 5 £; socios, 3 £; menores de 12 años, gratuita. **Tarjetas de crédito** MC, V.

La fortuna que Charles Saatchi ganó con la publicidad le permitió convertirse en una figura importante en el mercado del arte. Hace una década visitó la exposición de Freeze en Docklands y se enamoró del arte contemporáneo británico. Hoy, compre lo que compre, todo el mundo le está observando de cerca. No es de extrañar que su gran local especialmente diseñado como galería acoja también extraordinarias exposiciones temporales. Responsable de buena parte de los jóvenes artistas británicos contemporáneos y de sus creaciones, Saatchi acuñó el término Neurotic Realism («realismo neurótico») para definir las obras de dos exposiciones realizadas en la galería que llevaron ese título. La expresión es buena, aunque insuficiente. **Neurotic Realism Part Two** (que fue la segunda parte) duró hasta diciembre de 1999, e incluía obras de Dexter Dalwood, Peter Davies, David Falconer, Mark Hosking y Tom Hunter, el tiempo dirá si la expresión ha tenido o no fortuna. Desde principios del año 2000 hasta abril la Saatchi Gallery presentó **Eurovision**, una exposición en la que se mostraba cuadros y fotografías de cinco artistas procedentes de Alemania, Holanda, Finlandia, Suiza y España. La instalación de Richard Wilson *20:50*, una combinación de bomba de gasolina y acero galvanizado, es la única obra permanente de la galería. Se expone en una sala contigua y merece la pena visitar la galería sólo por verla.

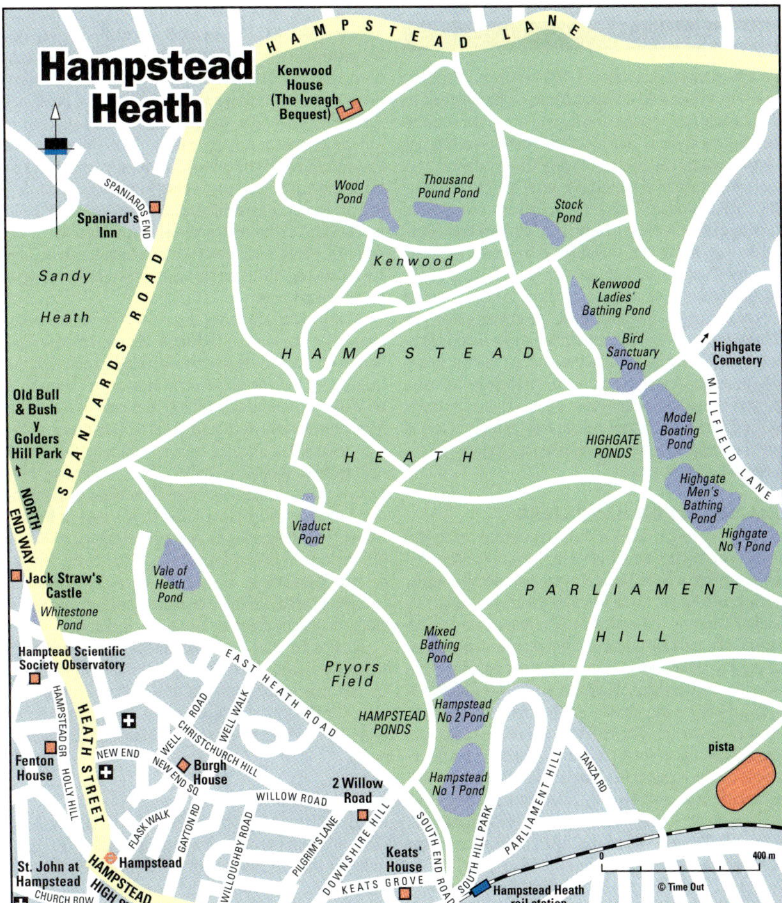

Hampstead Heath *(véase inferior)*

Hampstead

Situado en una colina sobre las 325 hectáreas de terreno de Heath, el pequeño e insular barrio de **Hampstead** ha sido durante mucho tiempo un lugar muy popular entre los artistas y los literatos (aunque a Ezra Pound le parecía una odiosa imitación de Boston). Pope y Gay acudieron a bañarse aquí durante el breve lapso en el que fue un balneario. Wilkie Collins, Thackeray y Dickens bebieron en **Jack Straw's Castle** (en North End Way); y Keats deambulaba por Heath con Coleridge y Wordsworth. Keats compuso la mejor parte de su obra en su casa de Wentworth Place, y en el jardín de la misma fue donde oyó al famoso pájaro que menciona en ella. Afortunadamente, las colinas de Hampstead han impedido que este barrio sufriese la misma urbanización que transformó Camden, lo que le ha permitido seguir siendo, junto con Highgate, un refugio para intelectuales adinerados y para el mundillo literario londinense, por lo que resulta muy apropiado que el miembro del parlamento que representa a Hampstead sea la ex actriz Glenda Jackson.

UNA VISITA POR HAMPSTEAD

La parada de metro de Hampstead está situada en lo alto de la cuesta de High Street, una calle llena de tiendas y bares carentes de interés. Hacia el norte y un poco más arriba queda Heath Street. No se pierda la oscura pero atractiva **Louis Pâtisserie** (en el número 32) y tome un té y un pedazo de su estupendo pastel de estilo centroeuropeo. El local es un recordatorio de lo importante que ha sido la contribución de los emigrantes alemanes, vieneses y húngaros al NW3 desde los años treinta. En el extremo sur de Heath Street se encuentra **Church Row**, una de las calles más hermosas de Hampstead, con sus elegantes hileras de casas que conducen hacia **St. John at Hampstead**, en cuyo cementario descansan el pintor John Constable y su esposa. Cerca de allí, en Holly Hill, está el *pub* más agradable de la zona, **Hollybush** (*véase* pág. 199); mientras que algo más arriba se halla **Fenton House** (*véase* pág. 105), en Hampstead Grove, con sus finos cuadros y objetos de porcelana. Los aficionados a la astronomía pueden acercarse a mirar el cielo en el **Hampstead Scientific Society Observatory** (Lower Terrace; 8346 1056; abierto de septiembre a marzo, de 08.00 a 22.00 horas, los viernes y los sábados, y de 11.00 a 13.00 horas, los domingos y en ocasiones especiales como, por ejemplo, cuando esté previsto el paso de un cometa; entrada gratuita). En el extremo sur de Hampstead, en Maresfield Gardens, puede verse la casa en la que Sigmund Freud pasó el último año de su vida, después de huir de la persecución nazi en la Viena de 1938 (en la actualidad, la casa es la sede del **Freud Museum**; *véase* pág. 105). Cerca de allí se encuentra el **Camden Arts Centre** (*véase* pág. 105), que cuenta con un ecléctico programa de exposiciones.

Al este de Heath Street, hay un laberinto de agradables calles que acogen la **Burgh House**, en New End Square (una casa de la época de la reina Ana que, en la actualidad, es sede de un pequeño museo) y el **número 2 de Willow Road** (*véase* pág. 106), una casa de estilo moderno que construyó el húngaro Ernö Goldfinger en los años treinta. Ian Fleming odiaba la obra de Goldfinger (que también diseñó la Trellick Tower; *véase* pág. 138) hasta el punto de que puso su apellido a uno de sus villanos. Cerca de allí, junto a Keats Grove, está la **Keat's House** (*véase* pág. 106). En la esquina siguiente, en South Hill Park, Ruth Ellis disparó a su antiguo novio delante del *pub* Magadala, en 1955, y aún se ven las marcas de bala en la pared. Así logró el dudoso privilegio de ser la última mujer que murió en la horca en Inglaterra.

En Rosslyn Hill, cerca de allí (la continuación de Hampstead High Street al sur), está uno de los locales con más historia y estilo para comer o tomar una copa: **Giraffe** (número 46; *véase* pág. 184) junto a las delicias del excelente **Rosslyn Delicatessen** (en el número 56).

HAMPSTEAD HEATH

El área de **Heath** (*véase* plano pág. 103) es la clave de la gloria de Hampstead. Pasar una tarde de domingo paseando por sus variados paisajes es la mejor terapia para cualquier londinense estresado. Sus estanques, en los que se puede nadar, y los pícnics que se organizan durante los

La gloriosa y ecléctica **Fenton House**

conciertos que tienen lugar junto al lago en la **Kenwood House** (*véase* pág. 106) son igualmente famosos.

Cerca de Kenwood, en el perímetro norte, se encuentra en el antiguo *pub* **Spaniard's Inn** (en el que, según la leyenda, ronda el espíritu de un soldado muerto). Al oeste queda el *pub* **Jack Straw's Castle** (llamado así por uno de los líderes de la revuelta campesina de 1381) y el **Whitestone Pond**, un estanque al que acuden a jugar con maquetas de barcos más adultos que niños. Si lo desea, puede ignorar a los *gays* que cruzan por el **West Heath**, y dirigirse hacia **Golders Hill Park**, donde se pueden ver ciervos, cabras y aves. Ya que está en la zona, dése una vuelta por el *pub* **Old Bull & Bush**, en North End Road, para cantar el estribillo de la conocida canción que dice: «*Come, come, come and make eyes to me/ Down at the old Bull and Bush*».

Si prefiere estar tranquilo, siga el camino de piedra de la izquierda que queda detrás del nuevo complejo de viviendas de North End Way (y viene desde Jack Straw's Castle), para llegar al sereno **Hill Garden**, con sus estanques de peces dorados y su hermosa colección de plantas y de árboles y su cuidado diseño. En los días claros, los jardines tienen unas vistas espectaculares.

Camden Arts Centre

Arkwright Road, esquina con Finchley Road, NW3 (7435 2643). Metro: Finchley Road. **Abierto** de 11.00 a 19.00 horas, de martes a jueves; de 11.00 a 17.30 horas. de viernes a domingo. **Entrada** gratuita. **No se aceptan tarjetas de crédito.**

El centro de arte de Camden incluye tres galerías que acogen exposiciones temporales y una muestra histórica cada año. Cuenta con un programa de conferencias dadas por artistas, a menudo en relación con las exposiciones (llame para obtener más información). También hallará una selección de obras contemporáneas e históricas seleccionadas por Susan Hiller en una muestra internacional titulada **Dream Machine**. La galería estará cerrada por reformas durante un año (de mayo a junio de 2002). A partir de esta fecha, llame para más detalles.

Fenton House

Hampstead Grove, NW3 (020 7435 3471). Metro: Hampstead. **Abierto** *de abril a octubre* de 14.00 a 17.00 horas, de miércoles a viernes; de 11.00 a 17.00 horas, sábados, domingos y festivos (última entrada a las 16.30 horas). De noviembre a febrero cerrado. **Entrada** 4,30 £; niños de 5 a 15 años, 2,15 £. **No se aceptan tarjetas de crédito.**
Plano *véase* pág. 103

Esta joya arquitectónica, construida en 1693 en estilo Guillermo y María, es una de las mayores y más antiguas casas de Hampstead. Acoge la excelente colección Benton Fletcher de instrumentos de teclado antiguos, que se pueden escuchar en pleno rendimiento durante el verano en los conciertos barrocos que se organizan cada quince días (llame para pedir información). En otras exposiciones, figuran una serie de objetos de loza de dudoso gusto, así como cajas chinas y de porcelana en la Sala Oriental. Las cuatro estancias del ático conservan el ambiente original de esta propiedad del siglo XVII y ofrecen, además, unas impresionantes vistas sobre Londres. La entrada al jardín (que por un lado tiene un atractivo diseño formal y por el otro es un huerto) es gratuita.

Freud Museum

20 Maresfield Gardens, NW3 (7435 2002). Metro: Finchley Road; estación de tren: Finchley Road o Frognal. **Abierto** de 12.00 a 17.00 horas, de miércoles a domingos. Cerrado lunes y martes. **Entrada** 4 £; estudiantes, pensionistas, discapacitados y parados de más de 40 años, 2 £; menores de 12 años, gratuita. **Tarjetas de crédito** AmEx, MC, V.

En esta residencia de estilo *Arts and Crafts* pasó Sigmund Freud su último año de vida (1938-1939) después de dejar su Viena natal debido a la persecución nazi. En ella terminó su obra *Moisés y el monoteísmo* y recibió visitas de la talla de H. G. Wells y Salvador Dalí. En la planta baja se encuentra una fiel reproducción del estudio vienés de Freud con el sofá y unas cuantas antigüedades de las que gustaba coleccionar. En la planta superior, pueden verse objetos pertenecientes a su hermana Anna, una célebre analista infantil que vivió en esa casa hasta su muerte, en 1982. Varios paneles informativos y una corta proyección de vídeo ahondan en la historia del clan Freud, que también incluye al hermano pequeño, Lucian. En el museo se venden recuerdos y una pequeña selección de libros. *www.freud.org.uk*

Hampstead Heath

NW3 (Parliament Hill 7485 4491 / Golders Hill 8455 5183). Metro: Belzise Park o Hampstead;

estación de tren: Gospel Oak o Hampstead Heath; autobuses 24, C2, C11. **Abierto** las 24 horas del día, todos los días. **Plano** *véase* pág. 103

Se trata de uno de los espacios verdes más populares y variopintos de Londres. Las colinas semiajardinadas de Heath atraen a un público de todas las edades, pues en el parque se pueden hacer malabarismos, pasear, tomar el sol, hacer pícnics, nadar en los lagos o en Parliament Hill Lido, pasear al perro, jugar al fútbol, pescar o lanzar una cometa desde Parliament Hill. Si nada de eso le interesa, siéntese y admire las vistas del centro de Londres que se divisan en los días claros. En verano, se organizan conciertos de bandas los domingos por la tarde en las colinas Golders y Parliament, así como partidas de bolos (7284 3779) y paseos guiados (7482 7073). Visite la **Kenwood House** para contemplar la maravillosa colección de cuadros **Iveagh Bequest** (*véase* inferior) y busque uno de los tesoros ocultos de Kenwood: la bellamente restaurada **Romany Buckland Caravan**, situada en un pequeño edificio cerca del restaurante Coach House. En verano, los sábados por la tarde se organizan **conciertos** junto al lago (*véase* pág. 283), que congregan a un gran número de personas. En los extremos superiores e inferiores de Heath se instalan ferias en Semana Santa, en mayo y durante las vacaciones de agosto (*véase* pág. 4). En los centros de información se facilitan folletos con los eventos previstos en Heath.

Estanques para bañarse: sólo hombres, sólo mujeres y mixtos (en verano, todos los días, de las 07.00 horas a la puesta de sol; entrada: gratuita). Pistas de tenis (7284 3779).

Keats House

Wentworth Place, Keats Grove, NW3 (7435 2062). Metro: Hampstead Heath; estación de tren: Hampstead Heath; autobuses: 24, 46, 168. **Abierto** llame para pedir información. **Entrada** gratuita. **Plano** *véase* pág. 103

Keats se enamoró de Fanny Brawne y escribió algunos de sus poemas más populares mientras vivía en esta bonita casa de estilo Regencia (de 1818 a 1820). En el jardín, un ciruelo marca el lugar en el que se encontraba el árbol original bajo el cual se cree que compuso su *Ode to a Nightingale*. En los armarios del interior de la vivienda se conservan manuscritos del poeta y los visitantes pueden echar un vistazo al dormitorio, la sala de estar y la cocina. La casa volvió a abrir sus puertas en 1998, después de una importante restauración del techo. Están previstas más obras, de modo que es preferible llamar antes de ir para asegurarse de que el museo esté abierto.

www.keatshouse.org.uk

Kenwood House/Iveagh Bequest

Kenwood House, Hampstead Lane, NW3 (8348 1286). Metro: Golders Green y, luego, autobús 210. **Abierto** *de abril a septiembre*, de 10.00 a 18.00 horas, todos los días; *de octubre a marzo*, de 10.00 a 16.00 horas, todos los días. **Entrada** gratuita; se agradecen los donativos. **Plano** *véase* pág. 103

Esta elegante mansión con vistas al Hampstead Heath desde su fachada norte, fue reconstruida en estilo clásico por Robert Adam para el Conde de Mansfield, entre 1767 y 1769 y pasó a manos del Estado en 1927. En su interior, la casa alberga una gran cantidad de muebles de interés, pero la estrella es la colección de cuadros **Iveagh Bequest**. No se pierda el autorretrato de Rembrandt (uno de los pocos originales confirmados); un curioso Vermeer en el comedor; y un retrato de la amante de Nelson, lady Hamilton, vestida de monja, realizado por Romney. Para redondear esta colección no faltan obras de Botticelli, Guardi y un par de coqueteos con el clasicismo de Boucher. Merece la pena echar un vistazo a la suntuosa biblioteca. Entre las exposiciones del 2000 figuraron **The British at Table: 1600-2000**, una muestra centrada en la comida y en los hábitos alimenticios de los británicos.

Busto de Marx en el **cementerio de Highgate**

2 Willow Road

2 Willow Road, NW3 (7435 6166). Metro: Hampstead; estación de tren: Hampstead Heath. **Abierto** *de marzo a octubre* de 12.00 a 17.00 horas, de martes a sábados. Cerrado los lunes, miércoles y domingos; de noviembre al 15 de diciembre de 12.00 a 17.00 horas, únicamente los sábados. Cerrado del 15 de diciembre a febrero (última entrada: 16.00 horas). **Entrada** 4,30 £; niños de 5 a 15 años, 2,15 £. **No se admiten tarjetas de crédito. Plano** *véase* pág. 103

Este ejemplo de arquitectura moderna de Ernö Goldfinger sigue resultando tan impresionante hoy como lo fue en 1939, año de su construcción. Su compra por parte del National Trust no fue fácil, pero ha merecido la pena. Antes de la visita guiada por la casa, los visitantes pueden ver un cortometraje que explica la filosofía del diseño de Goldfinger, llamada «racionalismo estructuralista». Las visitas guiadas duran una hora y salen cada 45 minutos, de las 12.15 a las 16.00 horas.

www.nationaltrust.org.uk

Highgate

Al este de Hampstead Heath, sobre una colina, se encuentra el elegante **Highgate**. Antiguamente infranqueable en invierno a causa de la nieve, la zona debe su nombre a una vieja torre de aduanas muy elevada que estuvo en el lugar que ahora ocupa el *pub* **Gate House**, en High Street. Hoy, la zona está llena de pequeñas tiendas, y desde lo alto de **Highgate Hill** se puede disfrutar de una buena vista. Se dice que estando en la falda de la colina, **Dick Whittington**, a punto de dejar la ciudad oyó repicar las campanas diciendo: «Vuelve Whittington y serás lord Mayor de Londres tres veces». (Las campanas subestimaron su potencial: lo fue en cuatro ocasiones desde finales del siglo XIV a principios del XV.) Esta leyenda se conmemora en la Whittington Stone, cerca del hospital del mismo nombre. Tampoco tuvo nunca un gato, aunque se afirme lo contrario.

Al norte de la parada de metro de Highgate, se encuentran **Highgate Wood** y **Queen's Wood**, que ofrecen paseos a la sombra y pausas refrescantes en el antiguo **Oshobasho Café** (cierra los lunes). El lugar de interés más conocido de Highgate es el **cementerio**, en Swain's Lane (*véase* inferior), uno de los camposantos más ilustres de la capital, junto al cual se encuentra el hermoso **parque Waterlow** (*véase* inferior). Un poco más abajo, en la misma Swain's Lane, está la entrada al **Holly Village**, un pueblo privado construido en 1865, que tiene incluso su propio parque. Hornsey Lane, del otro lado de Highgate Hill, conduce a **Archway** («el puente del suicida»), un viaducto victoriano construido sobre lo que hoy es la A1, que cuenta con vertiginosas vistas de la City y del East End.

Cementerio de Highgate

Swain's Lane, N6 (8340 1834). Metro: Archway; autobuses: C11 y 271. **Abierto** *cementerio este, de abril a octubre* de 10.00 a 17.00 horas, de lunes a viernes; de 11.00 a 17.00 horas, los sábados y los domingos, *de noviembre a marzo*, de 10.00 a 16.00 horas, de lunes a viernes; de 11.00 a 16.00 horas, los sábados y los domingos. *Cementerio oeste, de abril a octubre* visita guiada a las 12.00, las 14.00 y a las 16.00 horas, de lunes a viernes; a las 11.00, las 12.00, las 13.00, las 14.00, las 15.00 y a las 16.00 horas, los sábados y los domingos; *de noviembre a marzo*, a las 11.00, las 12.00, las 13.00, las 14.00 y las 15.00 horas, los sábados y los domingos. **Entrada** cementerio este, 2 £; visita guiada al cementerio oeste: 3 £.

Abierto en 1839, Highgate es el cementerio más famoso y exótico de Londres. El cementerio este, al margen de ser el lugar de reposo eterno de Karl Marx, está algo dejado y es poco interesante, aunque merece la pena echarle un vistazo a la tumba de Mary Anne Evans (alias George Eliot). Sin embargo, el cementerio oeste es una romántica y salvaje sucesión de tumbas y catacumbas que sólo se puede visitar de la mano de un guía experimentado. Entre los elementos más destacados figura la mística Egyptian Avenue, las espaciosas catacumbas y el elaborado mausoleo del siglo XVII de Julius Beer. Entre las figuras victorianas «residentes» en el cementerio se encuentran personajes tan contrapuestos entre sí como el químico Michael Faraday y el famoso luchador Tom Sayers (a cuyo funeral asistieron 100.000 personas). Tenga en cuenta que no se permite la entrada a menores de ocho años. Sólo se pueden hacer fotos si ha pagado el permiso de 2 £ a la entrada.

Waterlow Park

Highgate Hill, N6 (020 7272 2825). Metro: Archway; autobuses: C11 y 271. **Abierto** de 07.30 horas hasta la puesta de sol, todos los días.

Este pequeño pero agradable parque situado junto al cementerio de Highgate tiene cuestas, lagunas, árboles impresionantes y un pequeño aviario. Su antiguo dueño, Sydney Waterlow, lo donó al Estado afirmando que era «un jardín para los que no tienen jardín». Además de pistas de tenis, un minigolf y una zona de juegos para niños de menos de cinco años, el parque cuenta con un café con terraza del siglo XVI, **Lauderdale House** (8348 8716). El parque participa en el festival anual **Jazz in the Park**, que tiene lugar en junio (llame para pedir información).

Islington

PLANO 9

La fortuna de **Islington** ha tenido sus más y sus menos a lo largo de los años. Enrique VIII poseía varias casas en la zona y le gustaba ir a cazar cerca. «Merry Islington», entonces un pueblo en una colina, era famoso por sus productos de granja y por el agua mineral de la zona. En el siglo XIX, se dio a conocer por sus centros comerciales, sus teatros y sus salas de fiestas, pero a principios del siglo XX su fama decayó y la zona se fue quedando en ruinas y sin habitantes.

En la actualidad, Islington está dividido claramente en dos partes, y al igual que la mayoría de Londres, cuenta con plazas georgianas y casas victorianas remodeladas en los últimos veinticinco años. El aumento de los precios ha hecho huir de allí a las familias más pobres, mientras las clases medias (y hasta hace poco, la quintaesencia del socialismo de Richmond Crescent, Tony Blair y familia) han colonizado la zona. En el lugar se han instalado locales apropiados a la nueva situación como los anticuarios de **Camden Passage**, la librería **Waterstone** (en la sede de lo que fue el Collins Music Hall), restaurantes de lujo (como el **Granita**, en el que Blair y su corte gestaron la idea del «nuevo laborismo»; *véase* pág. 167), la música en la fantástica **Union Chapel** victoriana, el teatro de **King's Head** (*véase* pág. 311) y la maravillosa **Almeida** (*véase* pág. 310), un centro para conciertos de música clásica contemporánea y teatro de arte y ensayo. Es fácil olvidar que Islington y sus elegantes vecinos, Canonbury y Highbury, están muy cercanos a proyectos de mala calidad como el Marquess Estate de Essex Road.

Islington se ve mejor dando un paseo desde la parada de metro **Angel**, subiendo por **Upper Street**, pasando por el **Business Design Centre** (que oculta el antiguo Royal Agricultural Hall) y un jardín triangular, hasta Highbury, donde puede verse una piscina rodeada por una zona de juegos infantiles que ha recibido varios premios. Ese recorrido permite ver las tiendas como, por ejemplo, la de lámparas Art Déco **Out of Time**, en el número 21 de

Canonbury Lane o la de discos de vinilo **Reckless Records** (en el número 79 de Upper Street). Si quiere comer algo, pruebe el pescado con patatas fritas (*fish and chips*) del **Upper Street Fish Shop** (número 324; *véase* pág. 185) o vaya al **Alfredo's**, frente a Islington Green, en Essex Road. Alrededor de Penton Street, los restaurantes indios y los puestos de verduras del mercado **Chapel Market** completan la oferta. Entre los residentes famosos de la zona se encuentran Charles Lamb (número 64 de Duncan Terrace) y Joe Orton, que fue asesinado por su amante, Kenneth Halliwell, en la cama de su apartamento del número 25 de Noel Street, en 1967.

Antes de ir hacia **Highbury** y más allá, visite las finezas arquitectónicas de estilo Regencia de **Canonbury Square** y **Compton Terrace**, dos enclaves de valor histórico muy bien conservados. En la plaza, en la que vivieron George Orwell (en el número 27) y Evelyn Waugh (en el número 17A) está la **Canonbury Tower**, que ofrece grandes vistas (llame a la Canonbury Academy al 7359 6888 para pedir cita). Se trata del monumento más antiguo de Islington y es más que probable que sus cimientos sean romanos. De todos modos, en su estado actual, se trata de un edificio de estilo Tudor. **Canonbury House**, entre cuyos residentes se han contado sir Francis Bacon y Oliver Goldsmith, fue restaurada en 1907, y dos de sus torres contienen paneles de roble de la era isabelina. En la plaza se encuentra también la **Estorick Collection of Modern Italian Art** (*véase* inferior), una exposición de arte permanente.

El **Little Angel Theatre** está cerca de la iglesia de **St. Mary** (en la que oraba Wesley), en el Dagmar Passage, y, un poco más allá, las elegantes casas del siglo XVIII de Cross Street ascienden hacia Essex Road. **Highbury Fields**, en el extremo norte de Upper Street, es el lugar al que acudieron 200.000 londinenses para escapar del Gran Incendio de 1666 (*véase* pág. 15). Pasado ese espacio abierto, camino hacia el parque Finsbury, se encuentra el compacto **Highbury Stadium**, sede del club de fútbol **Arsenal**, apodado The Gunners («los pistoleros»), debido a que el origen del club se sitúa en un arsenal de armas del sur de Londres.

Estorick Collection of Modern Italian Art

39A Canonbury Square, N1 (entrada principal por Canonbury Road; 7704 9522). Metro: Highbury e Islington; estación de tren: Highbury e Islington; autobús: 271. **Abierto** de 11.00 a 18.00 horas, de miércoles a sábado; de 12.00 a 17.00 horas, los domingos. Cerrado lunes y martes. **Entrada** 3,50 £; menores de 16 años, gratuita; pensionistas y jubilados, 2,50 £.

Con sede en un edificio georgiano considerado patrimonio nacional, Estorick es el primer museo de Inglaterra dedicado al arte italiano. La colección del académico y galerista de arte estadounidense Eric Estorick y su mujer Salomé contiene obras magníficas del movimiento futurista entre las que destacan producciones de Luigi Russolo, Umberto Boccioni y Gino Severini. La colección cuenta, además, con obras de otros grandes artistas como Modigliani y de Chirico. Los intercambios prolongados con otras colecciones y la cafetería completan la oferta. *www.estorickcollection.com*

Dalston y Stoke Newington

La calle Bishopsgate, en la City, atraviesa Shoreditch y se convierte en Kingsland High Street, también conocida como la A10, la congestionada carretera principal que pasa por Dalston, Stoke Newington, hacia el enclave de Stamford Hill, vía Tottenham, hasta salir de Londres.

A pesar de resultar algo sucio y, a veces, intimidante, **Dalston** es, también, un lugar lleno de vida: cuenta con varias tiendas de productos *kosher* como la **Bagel Bakery**, en el número 13-15 de Ridley Road, y puestos de mercadillos en los que se venden verduras afrocaribeñas. La mayoría de los pequeños cafés y restaurantes, que abren hasta tarde, denotan la influencia de la comunidad turca que vive en la zona.

Los compradores de clase media empezaron a mudarse a **Stoke Newington** en gran medida después de 1980. Si busca espacios verdes, los encontrará en **Clissold Park** (que incluye un pequeño zoo y salones de té) y paseando por el antiguo camposanto **Abney Park Cementery**, que tomó el relevo de Bunhill Fields como lugar de entierro de los que disentían y de los inconformistas; el General Booth, fundador del Ejército de Salvación, está enterrado allí. La atractiva y campestre Church Street, de Stoke Newington, cuenta con un buen número de buenos restaurantes: **Rasa Samudra** (en el número 55; *véase* pág. 176) es famoso por su fantástica comida vegetariana del sur de la India y el café *hippie* **Blue Legume** (en el número 101) tiene un ambiente distendido muy agradable. **Vortex** (en el número 139) es una mezcla de local de jazz, cafetería y vinatería en un espacio lleno de encanto. Los fines de semana, la calle cobra vida por medio de un mercadillo de artesanías.

Más al norte

Avanzando un poco más hacia el perímetro norte de Londres, las calles grises de los suburbios se llenan de vida gracias a las comunidades que las han convertido en su hogar. **Golders Green, Hendon** (donde se encuentra el impresionante **Royal Air Force Museum**; *véase* pág. 109) y **Finchley** albergan a una importante comunidad judía, de modo que en ellos encontrará gran cantidad de restaurantes judíos y tiendas de productos *kosher*. Finchley acoge la segunda sede del **Jewish Museum** (*véase* pág. 109), mientras que Golders Green es, a su vez, el centro de una creciente población china y japonesa que trabaja en el centro. En Hoop Lane ha habido un cementerio judío desde 1895: la violoncelista Jacqueline du Pré está enterrada en él. Al otro lado de la calle, el fuego del **Golders Green Crematorium** ha consumido a varios cuerpos notables entre los que figuran T. S. Eliot, Marc Bolan y Anna Pavlova.

Tottenham y **Haringey** mantienen un marcado sabor grecochipriota y turcochipriota. Ambos lugares son ideales para los amantes de lo dulce, deseosos de probar unos cuantos pastelillos bañados en miel o los fabulosos *kebabs* de Green Lanes. La población india de **Cricklewood** ha contribuido a la maravillosa serie de tiendas que han abierto sus puertas en el barrio en las que se venden toda clase de dulces. El principal atractivo de **Muswell Hill** es la enorme casa de cristal llamada **Alexandra Palace**, situada dentro del **Alexandra Park** (*véase* inferior) y sus magníficas vistas.

Alexandra Park

Muswell Hill, N22 (parque, 8444 7696/ información 8365 2121). Metro: Wood Green; estación de tren: Alexandra Palace; autobuses: W3, W7, 84A, 144, 144A. **Abierto** las 24 horas del día.

La vista de Londres que se puede contemplar desde el Alexandra Palace, situado en lo alto de un parque en pendiente, es impresionante en los días claros. El palacio (al que se llama también, cariñosamente, Ally Pally) fue antaño sede del primer estudio de televisión de la BBC. Hoy en día es un centro de ocio y de exposiciones con una pista de hielo interior. Los jardines públicos del parque cuentan con una gran cantidad de entretenimientos para niños e instalaciones deportivas. Los días festivos, se instala una feria en el parque (*véase* pág. 4) y la noche del Bonfire Night (el 5 de noviembre; aunque a menudo se celebra el sábado más cercano) se lanzan fuegos artificiales.

Barcas (8889 9089); conciertos de jazz en el Grove (en verano; 8883 7173).

www.alexandrapalace.com

Jewish Museum, Finchley

80 East End Road, N3 (8349 1143). Metro: Finchley Central; autobuses: 13, 82, 112, 143, 260. **Abierto** de 10.30 a 17.00 horas, de lunes a jueves; de 10.30 a 16.30 horas, los domingos. **Cerrado** los viernes y sábados; los domingos, en agosto, durante las festividades judías, festivos y del 24 de diciembre al 4 de enero. **Entrada** 2 £; estudiantes, pensionistas, discapacitados y parados de menos de 40 años, 1 £; menores de 12 años, gratuita.

Situado en el Sternberg Centre for Reform Judaism, la sede **Finchley** del museo carece del esplendor de la sede situada en el NW1, pero lo compensa con creces con lo apasionante de sus exposiciones sobre la historia social de los judíos. El museo, que cuenta con dos plantas, incluye un taller de costura, detalles sobre la vida de los obreros explotados a principios de siglo, así como objetos relacionados con la vida en el East End e información práctica sobre los que huyeron de Alemania y se refugiaron en Inglaterra. En la planta superior, hay una exposición sobre el holocausto que narra la vida de Leon Greenman, un judío británico que sobrevivió a Auschwitz pero perdió a toda su familia. Esta sede cuenta asimismo con un archivo de 12.000 impactantes imágenes y 2.000 cintas con testimonios orales, gestionadas por un personal muy amable.

www.jewmusm.ort.org

Royal Air Force Museum

Grahame Park Way, NW9 (8205 2266/ información pregrabada 8205 9191). Metro: Colindale; estación de tren: Mill Hill Broadway; autobuses: 32, 226, 292 y 303.
Abierto de 10.00 a 18.00 horas, todos los días. **Entrada** 7,50 £; niños de 5 a 16 años y estudiantes, 4,90 £; pensionistas, discapacitados con acreditación, gratuita; familias, 16,60 £. **Tarjetas de crédito** MC, V.

El aeródromo de Hendon se considera la cuna de la aviación británica y en él se puede apreciar cómo ha crecido en los últimos años. Los aviones de alta tecnología como los Phantom substituyen a los Spitfires y Hurricanes que ganaron la Batalla de Inglaterra. Puede echar un buen vistazo a todos estos modelos por medio de una visita guiada (reserve plaza con antelación, llamando por teléfono). El hangar principal contiene documentos relacionados con la historia de la aviación. Enfrente, podrá ver las avanzadillas de las terribles lluvias de bombas de los Bomber Command (comandos de bombardeo). También hay un simulador de vuelo Red Arrows y un objetivo de tiro simulado para probar puntería, así como la posibilidad de dar un paseo en la lancha rápida Sunderland. A los niños les encantará la divertida sala interactiva Fun 'n' flight.

www.rafmuseum.org.uk

El este de Londres

Además de un sorprendente número de museos y lugares de interés, el este de Londres está repleto de ambiente y entusiasmo

Whitechapel y Spitalfields

PLANOS 10 Y 12

Whitechapel siempre ha sido la City de los pobres, así como un vecindario muy unido. Situado en la carretera principal que unía Londres con Essex, sirvió, primero, de hogar a los fundidores de campanas y otros trabajadores del metal que habían sido expulsados del centro de la ciudad por resultar demasiado ruidosos. La **Whitechapel Bell Foundry** creada en 1570 y la **Gunmaker's Company Proof House** siguen existiendo en las calles Fieldgate Street y Commercial Road, respectivamente. En la época victoriana, la zona era claramente pobre y un historiador social contemporáneo la describía así: «Es un lugar sorprendente... una demoníaca sucesión de calles de mala muerte donde se encuentra lo peor de la condición humana». Lo único que prosperaba era el crimen y, sobre todo, la prostitución.

La pobreza se traducía en alquileres bajos, lo que ha atraído a las sucesivas oleadas de inmigrantes que han ido enriquecido Whitechapel en los últimos siglos. Primero llegaron los protestantes franceses, los hugonotes, a principios del siglo XVIII; luego, los irlandeses y los alemanes, a principios del siglo XIX; tras ellos, llegaron los refugiados judíos procedentes de la antigua Europa del este entre 1880 y 1914 y, cuando los judíos prosperaron y se mudaron más al norte, los sustituyeron los indios y los bengalíes, quienes entre las décadas de 1950 y 1970 se hicieron cargo de los negocios textiles de Commercial Street y Commercial Road.

¿Soy yo? **Whitechapel Road Market**

EXPLORAR EL EAST END

La mejor forma de entrar en el East End es tomando el autobús 15 en la City y bajándose en Aldgate East, en la parada situada entre Goulston Street y Old Castle Street (no se pierda la tienda de Tubby Isaacs, inaugurada en 1919, junto al *pub* Aldgate Exchange). Commercial Street, que se desvía a la izquierda a través de Spitalfields hacia Shoreditch, es una calle repleta de almacenes victorianos.

A media calle, en Commercial Street, se encuentra el **Spitalfields Market** (*véase* pág. 227). El famoso mercado de frutas y verduras inaugurado en 1682 se desplazó hacia Leyton, al noreste, hace unos años. En su lugar, se encuentra un mercado de productos orgánicos, rodeado de toda una plétora de compradores potenciales deseosos de dar un paseo y adquirir libros, música, ropa, tanto nueva como de segunda mano, accesorios de cocina y accesorios o artesanías diversas. Los locales circundantes en los que sirven comida económica son inimitables. Entre ellos destaca el inigualable **Arkansas Café** (*véase* pág. 181).

Frente al mercado, se encuentra la majestuosa **Christ Church Spitalfields** (*véase* pág. 111). Al anochecer, esta parte de Commercial Street tiene un aspecto infernal, con prostitutas de pie a intervalos más o menos regulares en la acera y figuras anónimas reunidas en cafeterías móviles que sólo abren de noche y que aparcan delante de la iglesia.

Fournier Street, que pasa junto a la Christ Church y une Commercial Street y Brick Lane, es mucho más respetable: un núcleo de hugonotes cuya habilidad para tejer seda les hizo prosperar. La calle está llena de casas elevadas, con ventanas distintivas y porches adornados. En los alrededores de las calles Elder Street y Folgate Street se encuentran casas similares, entre las que destaca la única residencia georgiana, la **Dennis Severs' House** (*véase* pág. 112), con sus características lámparas de gas ante la puerta principal.

SALDOS E INMIGRANTES

Hubo una época en la que las dos razones de peso para visitar **Brick Lane** y sus alrededores eran el **Brick Lane Market** y la miríada de pequeños restaurantes económicos de platos con curry. Por desgracia, muchos de ellos carecen de interés hoy en día. Entre las excepciones más notables figuran, en la parte más baja de la escala, el **Sweet & Spicy** (en el número 40) y el más selecto **Le Taj** (en el número 134). La herencia judía de Brick Lane pervive en el **Beigel Bake**, en el número 159 (abre las 24 horas del día). El escritor Arnold Wesker creció en Fashion Street y el compositor de *Oliver!*, Lionel Bart, vivió en el piso situado sobre la tienda de la esquina de Brick Lane y Princelet Street, enfrente del restaurante Eastern Eye. El **Pride of Spitalfields**, en Heneage Street, es uno de los pocos *pubs* a la antigua que quedan en la zona, y en él se reúne mucha gente de la localidad. Varias *brasseries* más modernas han echado raíces en los alrededores, y la más conocida es **Vibe Bar** (en el número 91). Esas recién llegadas ponen de manifiesto el cambio que experimenta la mezcla social de Brick Lane al adentrarse en el siglo XXI. Los profesionales de la moda acuden al lugar para ver lo último en diseño de muebles, ropa y creaciones artísticas desde que la Truman Brewery y sus aledaños abrieron sus puertas a los emprendedores que tenían ideas distintas, más novedosas e interesantes que las de sus predecesores de los años ochenta.

Whitechapel recibe un gran número de visitantes que acude a los mercadillos de los domingos en Brick Lane y en la cercana **Petticoat Lane** (*véase* pág. 226), pero merece la pena echar un vistazo a todo el barrio. La **Whitechapel Art Gallery** (*véase* pág. 112), en Whitechapel High Street, está especializada en arte contemporáneo, a pesar de que su sede sea de estilo Art Nouveau. El vestíbulo de la **Whitechapel Public Library** está adornado con un mural que ilustra el mercado del heno que se organizó en High Street durante 300 años, antes de su abolición en 1928. Un modesto mercadillo de ropa sigue creciendo a lo largo de la Whitechapel Road. Merece la pena desviarse hacia Fieldgate Street (que pasa junto a la enorme **East London Morgue**) para contemplar la delirante **Tower House** victoriana, una antigua residencia para los sin hogar. Stalin y Lenin se hospedaron en ella cuando asistieron al quinto congreso del partido socialdemócrata ruso, que tuvo lugar en la cercana Fulbourne Street. El «hombre elefante», Joseph Merrick, se mostraba en lo que hoy es la Bombay Saree House, antes de que sir Frederick Treves, cirujano del **Royal London Hospital**, situado enfrente, lo descubriese y lo acogiese en el hospital. En la actualidad, el hospital tiene, en la azotea, un helipuerto y un museo con una sala dedicada a Merrick, además de una propuesta de recorrido por la historia de la medicina y por el mismo hospital (*véase* pág. 112).

ASESINATOS EN WHITECHAPEL

El *pub* **Blind Beggar** (en la esquina de las carreteras de Whitechapel y Cambridge Heath) es famoso por su relación con varios crímenes. En él, el 8 de marzo de 1966, el gánster George Cornell murió a consecuencia de los disparos de Ronnie Kray (que se molestó porque le había llamado «gordo»). Ronnie y su hermano gemelo Reggie dirigieron el crimen organizado desde Woolwich hasta la City durante algo más de diez años. Cornell era miembro de la banda rival: los Richardson. En la actualidad, el Blind Beggar es un *pub* cómodo, aunque sin nada especial, muy apreciado por los compradores y turistas que acuden al mercado de Whitechapel Road. **Sidney Street**, que desemboca en Whitechapel Road, enfrente de Cambridge Heath Road, fue el escenario de un famoso acontecimiento histórico que tuvo lugar el 3 de enero de 1911. Varios anarquistas se encerraron en una casa y la policía y los soldados apostados en la puerta les sacaron antes de que la casa se incendiase. Se encontraron dos cuerpos calcinados, pero el del jefe de la banda, un ruso de enigmático de nombre Pedro el Pintor, nunca apareció.

Durante décadas, la calle de **Wood's Building** (cerca de la Bombay Saree House, cruzando Whitechapel Road desde el Royal London Hospital) conducía a lo que probablemente era el rincón más desolador del East End; una franja de terreno prácticamente olvidada y dominada por una enorme escuela victoriana en ruinas. Éste es el barrio en el que **Jack el Destripador** mató a su primera víctima. Hoy, la escuela se ha transformado en lujosos pisos, pero la vista de la calle hacia Whitechapel Road sigue siendo propia de una novela de Dickens. El viejo East End está desapareciendo a gran velocidad: aprovéchelo mientras pueda.

La **Christ Church** *de Hawksmoor*

Christ Church Spitalfields

Commercial Street, E1 (7247 7202). Metro: Aldgate East o Liverpool Street; estación de tren: Liverpool Street; autobús: 67. **Abierto** para las misas, a las 10.30 horas y a las 19.00 horas, los domingos. Llame para pedir información acerca de otros horarios de apertura. **Plano 10 S5**

Una de las obras maestras de Nicholas Hawksmoor, la Christ Church resulta más interesante por la noche, cuando está iluminada y destaca sobre las masas oscuras del resto de los edificios de Commercial Street. Construida en 1714 para que los hugonotes tejedores de seda tuviesen un lugar donde orar, la iglesia cayó después en el olvido, y ahora está en pleno proceso de restauración (sobre todo el interior), aunque eso no impide que abra al público.

Dennis Severs' House

18 Folgate Street, E1 (7247 4013). Metro: Liverpool Street; estación de tren: Liverpool Street. **Abierto** de 12.00 a 14.00 horas, los lunes; el horario varía el primer lunes de mes (llamar para reservar día y hora); de 14.00 a 17.00 horas el primer domingo de mes: o previa cita (llamar para reservar día y hora). **Entrada** 7 £, los domingos; 10 £, los lunes. **Plano 10 R5**

El actual dueño de esta residencia de ladrillo rojo y estilo georgiano bellamente restaurada (su construcción data de 1724), el excéntrico estadounidense mister Severs, invita a los visitantes a un viaje a través del tiempo (que dura dos horas y media) y los convierte en los huéspedes de una familia imaginaria que vivió en esa casa de 1685 a 1919. Esa especie de espectáculo es un fiel retrato de la vida en los últimos 250 años de historia de Londres. Es conveniente reservar plaza para el espectáculo con tres semanas de antelación, pero no está de más llamar para preguntar si ha habido alguna cancelación. Las visitas guiadas a la luz de las velas que se organizan los domingos o los lunes por la tarde no incluyen el espectáculo teatral, pero siguen siendo interesantes. Una advertencia: Dennis prefiere no recibir a niños, típicos hombres de negocios ni turistas, y espera que todos los que acudan a la cita se integren totalmente en la experiencia. Es algo caro, pero inolvidable.

Royal London Hospital Archive & Museum

St Philip's Church, Newark Street, E1 (7377 7608). Metro: Whitechapel. **Abierto** de 10.00 a 16.30 horas, de lunes a viernes. **Entrada** gratuita.

Joseph Merrick, el «hombre elefante», fue primero paciente y luego exposición del Royal London Hospital, a finales de la década de 1880. Parte del museo del hospital está dedicado a su trágica existencia, mientras que el resto narra la historia del hospital y comenta aspectos de medicina y de enfermería en general. Cuenta con una sala dedicada a la heroica enfermera Edith Cavell, que fue ejecutada en 1915 por los soldados alemanes por ayudar a los aliados a escapar de la Bélgica ocupada.

www.mushm.link.com

Whitechapel Art Gallery

80-82 Whitechapel High Street, E1 (7522 7888/ información pregrabada 7522 7878). Metro: Aldgate East; autobuses: 15 y 253. **Abierto** de 11.00 a 17.00 horas, martes y de jueves a domingo; de 11.00 a 20.00 horas, los miércoles. **Entrada** gratuita. **Plano 12 S6**

Esta galería de dos plantas sigue siendo una de las galerías independientes más interesantes de Londres, con exposiciones temporales que rompen constantemente con lo establecido. En 1999, la galería acogió una importante retrospectiva de la obra de Rosemary Trockel y la llamativa exposición Speed (Velocidad). Este año, la Centenary Exhibition de la galería (mediados de marzo a mediados de mayo) expone trabajos clave que hayan sido expuestos a lo largo de sus 100 años de historia, junto con otros actos de celebración. Los artistas Toba Khedoori y Raymond Pettibon están previstos para el verano.

Shoreditch y Hoxton

Shoreditch o Score's Ditch, como se conocía en la época anglosajona, se creó en el cruce de dos vías romanas: Old Street, que va de este a oeste, y Kingsland Road, que va de norte a sur. Contrariamente a lo que ocurre con la City o con el East End, este barrio carece de identidad clara y su principal centro de interés, situado en torno a la parada de metro de Old Street, es oscuro y carece de fuerza. Sin embargo, la zona ha conocido tiempos mejores. James Burbage fundó el primer teatro en la esquina de Great Eastern Street y New Inn Yard. Se llamaba sencillamente The Theatre, y duró casi veinte años, hasta que se trasladó a Southwark donde recibió el nuevo nombre de **Shakespeare's Globe** (*véase* pág. 307). Ese mismo año, en 1598, Ben Jonson, el dramaturgo británico más sobresaliente después de Shakespeare, se batió en duelo con un actor llamado Gabriel Spencer, en Hoxton Fields (hoy Hoxton Square) y lo mató. Como Jonson era clérigo, se salvó de ir a la horca, pero le marcaron a fuego el dedo gordo de la mano izquierda. A la víctima la enterraron en la **St. Leonard Church,** en Shoreditch High Street.

Hoxton corresponde a la parte de Shoreditch que queda al norte de Old Street y al oeste de Kingsland Road. Desde la época victoriana hasta la segunda guerra mundial, el barrio era famoso por su animada vida nocturna y por sus locales musicales. Ambas características han desaparecido para dar pie a edificios de apartamentos carentes de interés, pero la influencia de un grupo de artistas, músicos y demás personajes bohemios le ha conferido a Hoxton cierto encanto, del que antes carecía. Alrededor de la **Hoxton Square**, donde se encuentra el excelente **Lux Cinema** (*véase* pág. 270), puede verse una legión de bares (como el **Home** y el **Shoreditch Electricity Showrooms;** para ambos, *véase* pág. 200), aunque las tiendas, los restaurantes y otros elementos de interés siguen brillando por su ausencia. Cerca de allí se encuentra uno de los mejores museos de la ciudad, el **Geffrye Museum** (*véase* inferior).

Geffrye Museum

Kingland Road, E2 (7739 9893 / información pregrabada 7739 8543 / info@geffrey-museum.org.uk). Metro y estación de tren: Old Street y, después, autobus 243; o metro y estación de tren: Liverpool Street y, después, autobús 149 o 242. **Abierto** de 10.00 a 17.00 horas, de martes a sábado; de 12.00 a 17.00 horas, domingos, lunes y festivos. **Entrada** gratuita (los menores de 8 años han de entrar acompañados por un adulto). **Plano 10 R3**

Este hermoso asilo construido en 1715 se convirtió en un museo de muebles y diseño de interiores en 1914 y, en la actualidad, es uno de los museos más fascinantes y agradables de Londres. Una serie de habitaciones, reconstruidas según el estilo de cada época, permiten viajar al pasado y conocer los interiores británicos desde la época isabelina hasta nuestros días. Las salas y exposiciones que corresponden al siglo XX se encuentran en la ampliación del museo, que costó 5,3 millones de libras. Las habitaciones eduardinas, de los años treinta, las salas de estar de los años sesenta y una fiel reproducción de un *loft* de los años noventa se sitúan en una estructura circular que rodea a la escalera que conduce al centro de diseño, las salas educativas de arte y a la galería de exposiciones temporales.

El **Geffrye Design Centre** sirve de escaparate para las creaciones actuales de los diseñadores del East End. Entre las exposiciones previstas para el año 2001 están **At Home with Plastic** (mediados de abril a mediados de julio) y **London Furniture 1660-1715** (noviembre a marzo de 2002). Cada diciembre, el Geffrey organiza la muestra **Christmas Past**, en la que se decoran todas las habitaciones con adornos que son réplicas exactas de los de cada época para recrear el ambiente y las tradiciones navideñas de los últimos cuatro siglos. En verano, en los jardines se organizan sesiones de jazz gratuitas y conciertos de músicas de todo el mundo. El restaurante, luminoso y espacioso, separa la parte vieja del museo de la nueva y tiene vistas a la zona de césped vallada que se convierte en una excelente y agradable «habitación exterior» cuando llega el buen tiempo.
www.geffrey-museum.org.uk

Bethnal Green y Hackney

En la época victoriana, **Bethnal Green** era el barrio más pobre de Londres. En 1889, prácticamente la mitad de su población vivía bajo mínimos y el **Jago**, situado alrededor de Old Nichol Street, era un centro de marginación y criminalidad. En el siglo XX, la zona se transformó por completo: se limpió el barrio y se construyeron nuevos complejos de edificios, pero a pesar de ello Bethnal Green sigue siendo un barrio marginal. El **Bethnal Green Museum of Childhood,** en Cambridge Heath Road (*véase* inferior), era, en sus orígenes, la sede este del Victoria & Albert Museum, y abrió sus puertas en 1872. El interior Art Déco del café angloitaliano **E Pellicci** (332 Bethnal Green Road) que la familia Pellicci regenta desde hace prácticamente un siglo, es casi igual de antiguo.

Hackney, situado al norte, era originalmente un pueblo muy popular entre los comerciantes de los siglos XV y XVI que querían vivir cerca de la City, pero no demasiado. La casa más antigua de Hackney, **Sutton House** (*véase* lateral), data de esa época. En las anotaciones que Pepys hizo en su diario el 11 de junio de 1664, comenta que fue muy agradable viajar con su mujer «a Bowe y Old Ford; y por lo tanto a Hackney. Allí jugamos a lanzar discos, comimos crema y buenas cerezas y, así, volvimos descansados a casa». El idilio rural continuó hasta el siglo XIX, momento en el que los mercados de jardinería de Hackney dejaron paso a las casas con terrazas y a los talleres, los cuales, a su vez, sucumbieron bajo los bloques de viviendas que se construyeron después de la segunda guerra mundial.

Dado que Hackney es una zona amplia y pobre, es aconsejable seleccionar antes los lugares que desee visitar. **Columbia Road** (*véase* pág. 226) y **Ridley Road** cuentan con excelentes mercados, y en la primera se encuentra, asimismo, un gran número de tiendas de objetos de cerámica especializadas en terracota. Tampoco pasará hambre: la **Ridley Bagel Bakery** (13-15 Ridley Road) abre las 24 horas del día, y no hay mejor lugar para comer pescado y patatas fritas que **Faulkners** (424-426 Kingsland Road). Gracias a la comunidad kurda, en la zona hay también muchos restaurantes turcos.

En Mare Street se encuentra el espléndido **Hackney Empire** (*véase* pág. 288), que en sus días de gloria fue una de las mayores salas musicales de Londres, y hoy sigue siendo un teatro muy popular. No se pierda el mural con forma de rostro humano situado en el edificio de ladrillos de enfrente. El Hackney Central Hall se construyó para servir de centro de reunión a los metodistas, en 1907, y hasta hace poco era la sede del ecléctico museo Hackney. El edificio está en pleno proceso de expansión: tras su reapertura, en septiembre del 2000, cuenta con la **Ocean Music Venue**, con tres espacios para actuaciones además de salas para ensayar, barras, etcétera. Asimismo, se va a construir un centro de aprendizaje y tecnología al sur del Town Hall Square, que incorporará tanto la nueva biblioteca Central Library como el Hackney Museum.

Bethnal Green Museum of Chilhood

Cambridge Heath Road, E2 (8983 5200 / información pregrabada 8980 2415). Metro: Bethnal Green; estación de tren: Bethnal Green. **Abierto** de 10.00 a 17.50 horas, de lunes a jueves, los sábados y los domingos. **Entrada** gratuita (los menores de 8 años deben ir acompañados de un adulto).
Esta enorme colección de muñecas, trenes, coches, ropa de niños, libros y peluches se encuentra alojada en un edificio del siglo XIX. Las casas de muñecas surgieron en Holanda, en el siglo XVII; no se pierda las muñecas ceremoniales japonesas. En la planta superior, encontrará una selección de juguetes educativos que se pueden tocar, pero el museo es más interesante para los adultos nostálgicos que para los niños. Los sábados, el museo organiza un taller y, los domingos, una sesión de juegos.
www.vam.ac.uk

Sutton House

2 y 4 Homerton High Street, E9 (8986 2264). Metro: Bethnal Green y, luego, autobús 253, 106 o D6; estación de tren: Hackney Central. **Abierto** *salas históricas, de febrero a noviembre* de 11.30 a 17.30 horas, miércoles, domingos y festivos (última entrada a las 17.00 horas). **Entrada** 2,10 £; niños de 5 a 16 años, 60 p; familias, 4,80 £. **Tarjetas de crédito** MC, V.
Este edificio de ladrillo rojo y estilo Tudor es la residencia más antigua del este de Londres y, ahora, es propiedad del National Trust. Se construyó en 1535 para uso del

Un lugar para sentarse en la **Sutton House**

primer secretario de Enrique VIII, y se convirtió en un centro para la comunidad a finales de los años ochenta, después de un fiero debate sobre su futuro que, por fortuna, condujo a la magnífica restauración que puede apreciarse en la actualidad. La casa cuenta con interiores de estilo Tudor, jacobino y georgiano, además de una capilla eduardiana y de cimientos medievales en el sótano. También presume de tener el que probablemente sea el cuarto de baño más antiguo de todo Londres: un *garderobe* del siglo XVI. En uno de los muros hay una serie de *graffitis* que se cree fueron realizados por unos *okupas* a principios de los años ochenta. La cafetería y la tienda permanecen abiertas todo el año.

Docklands

La historia de los **Docklands**, los muelles de Londres, que se extienden al este desde el Tower Bridge hasta la Isle of Dogs y algo más allá, es la historia de un microcosmos. Con la expansión del Imperio británico en los siglos XVIII y XIX, aumentó de igual modo el tráfico en el río Támesis, pues llegaban barcos procedentes de distintos rincones del mundo. Se construyeron distintos muelles especializados en distintos tipos de carga: el ron y la madera llegaban al muelle West India Dock, en la Isle of Dogs; la lana, el azúcar y la goma, al St. Katharine's Dock, junto al Tower Bridge; y el marfil, el café y el cacao, al London Dock, en Wapping. Durante la segunda guerra mundial, los muelles sufrieron 57 noches de bombardeos constantes, pero en los años cincuenta ya volvían a estar al máximo de su capacidad. Sin embargo, la caída del Imperio, una serie de huelgas y, sobre todo, la introducción de barcos cargueros con contenedores provocó el cierre de los muelles de la ciudad, desde el Tower Bridge hasta Barking Creek, entre 1967 y 1984.

REGENERACIÓN

En 1981, el gobierno conservador puso en marcha la London Docklands Development Corporation (LDDC), cuya función era regenerar las 2.200 hectáreas de muelles construyendo nuevas oficinas y viviendas y atrayendo a nuevas empresas. Acusada de favorecer a los extranjeros ricos en lugar de responder a las necesidades de los ciudadanos, la LDDC resultó un fracaso a principios de 1990, cuando los promotores se vieron con pisos nuevos y vacíos que nadie quería comprar. Desde entonces, la situación ha mejorado y la población de los Docklands ha crecido: de las 39.400 personas que había en 1981, se pasó a 77.000 en marzo de 1998. Los Docklands siguen siendo una de las zonas más fascinantes de Londres, y los nuevos e imaginativos puentes peatonales que se han construido sobre el río ayudan a que el lugar resulte más agradable. En 1999, la línea Docklands Light Railway se unió a la tan esperada ampliación de la línea Jubilee.

ST. KATHARINE

Situada al este del Tower Bridge, en la orilla norte del Támesis, St. Katherine albergó antaño cerca de 1.000 casas, una destilería y una iglesia del siglo XII dedicada a santa Catalina. Todo se demolió (sin compensación alguna) para crear un nuevo y grandioso proyecto de muelles, en 1828. El muelle de St. Katharine, construido sobre la antigua población, estuvo abierto hasta 1968 y resurgió en 1973 como el primero de los muelles en volver a ponerse en marcha en el plan de recuperación, mientras que el **St. Katharine Haven** es, hoy en día, un tranquilo muelle para yates. Los restaurantes, cafés y *pubs* hacen lo posible por llamar la atención de los turistas.

WAPPING: CRÍMENES, CASTIGOS Y *PUBS*

En 1598, el historiador londinense John Stowe describía Wapping High Street como un «lugar corrupto, con callejuelas que conducen a pequeñas casas de campo, construidas y habitadas por pescadores». Hoy, se trata de un lugar tranquilo, en el que casi no da el sol, pero que está lleno de encanto, rodeado por los grandes almacenes situados detrás (los de Wapping Wall son los más espectaculares) y nuevos bloques de apartamentos.

El río, al pasar por **Wapping**, al este de St. Katharine, también está lleno de historia. Hasta bien entrado el siglo XIX, los piratas convictos eran lanzados desde el **Execution Dock** (cerca de la River Police Station, en Wapping New Stairs) cuando había marea baja, y ahorcados, y los cadáveres no se retiraban hasta transcurridas tres mareas. El *pub* **Captain Kidd** (en el número 108 de Wapping High Street) honra la memoria de uno de los ajusticiados por este método: Kidd fue enviado por la corona para apresar piratas en el océano Índico pero decidió convertirse en uno de ellos. Otro *pub* con historia es el **Town of Ramsga-**

te (en el número 62 de Wapping High Street), el lugar en el que el sangriento juez Jeffreys, que mandó a decenas de piratas al muelle de las ejecuciones, trató de escapar hacia Hamburgo disfrazado de marinero (murió en la Torre de Londres). El Coronel «Blood» también estuvo preso aquí cuanto intentaba robar las Joyas de la Corona, en 1671.

Ya que está cerca, eche un vistazo a la calle **Scandrett Street** (al salir de Wapping High Street, frente a las escaleras de Wapping Old Stairs). Ésta fue en el pasado una pequeña comunidad que contaba con un *pub*, una iglesia, una escuela, construida en 1760, y dos figuras de yeso de un alumno y una alumna del siglo XVIII en la puerta principal.

El **Prospect of Whitby** (en el número 57 de Wapping Wall; *véase* pág. 200), de 1520, es el *pub* más antiguo y famoso de Wapping, y entre sus clientes habituales figuraban Pepys, Dickens, Whistler y Turner. El **White Swan & Cuckoo** (en la esquina de Wapping Lane y Prusom Street) no tiene vistas al río, pero el servicio es amable y la comida es buena.

Las calles que quedan al norte de la autopista pertenecen a barrios obreros y, aun no siendo un lugar maravilloso, también esconden un colorido pasado. El gran mural del Town Hall de St. Georges, a unos minutos de **Cable Street** andando, recuerda la batalla entre los hombres de la localidad y un grupo de soldados que vestían camisas negras y marchaban dirigidos por el fascista sir Oswald Mosley, el 4 de octubre de 1936. La marcha pretendía asustar a la población judía pero los componentes la abandonaron y ya no se volvió a ver a tantos camisas negras juntos en el East End. La iglesia de **St. George-in-the-East,** situada junto a la Highway, en Canon Street Road, fue construida entre 1714 y 1729 siguiendo el diseño de Nicholas Hawksmoor. Aunque el interior fue reconstruido después de los bombardeos del Blitz, el exterior y la torre monumental son típicos de este arquitecto.

LIMEHOUSE

Limehouse, situado entre Wapping y la Isle of Dogs, debe su nombre a los hornos de limo que existían en el lugar en la época medieval. Pero, al igual que Wapping, Limehouse se debe su prosperidad al mar. En 1610, un censo reveló que la mitad de sus habitantes trabajaban como marineros y, más tarde, se convirtió en un centro de construcción de barcos. El **Sail Makers' & Ship Chandlers' Building** todavía sigue en pie, en el número 11 de la West India Dock Road.

La importancia de Limehouse queda patente en el tamaño de la **St. Anne's Limehouse** (en las esquina de Commercial Road y Three Colt Street). Construida entre 1712 y 1724, en lo que entonces eran campos, se trata, sin duda, de la obra más impresionante de Nicholas Hawksmoor. La torre del campanario es la segunda más alta de Inglaterra después del Big Ben y fue construida por los mismos hombres.

La primera oleada de inmigrantes chinos (sobre todo marineros) llegó a Limehouse en el siglo XIX. Su influencia queda patente en el nombre de algunas calles (Ming Street; Canton Street) y en los pocos restaurantes chinos que siguen existiendo alrededor de la West India Dock Road. En la época victoriana, Limehouse era famoso por el juego y las drogas (el personaje de Oscar Wilde, Dorian Gray, compraba opio en este barrio). Y aparece en los escritos de Sax Rohmer (creador del villano oriental Fu Manchú) y sir Arthur Conan Doyle. Dickens conocía bien Limehouse; solía visitar a su padrino en Newell Street y se inspiró en la pequeña y oscura, aunque no por eso menos majestuosa, fonda **Grapes** (en el número 76 de Narrow Street; *véase* pág. 200) para crear su Six Jolly Fellowship Porters de *Our Mutual Friend* (1865). El otro camino que bordea el canal, en el extremo opuesto a Narrow Street, conduce al Limehouse Basin que, a pesar de las remodelaciones y de los adornos que luce, parece un poco desangelado.

LA ISLE OF DOGS

Para mucha gente, la **Isle of Dogs** equivale a los Docklands. Los planes de desarrollo han sido sumamente intensos en esta zona y se han centrado, sobre todo, en el **Canary Wharf**. La torre en forma de cohete de 500 m diseñada por Cesar Pelli es el edificio más alto del Reino Unido y ha dominado el panorama de Londres desde que se erigió, en 1991. La lástima es que el miedo a un atentado del IRA (una bomba en South Quay, en febrero de 1996, provocó muchos daños y mató a dos personas) hace que no se permita el acceso al público, que no puede disfrutar de las vistas. De todos modos, ver la torre a través del techo abovedado de la estación de DLR de Canary Wharf ya es en sí espectacular.

Prácticamente todo lo referente a la Isle es objeto de disputa. Algunos afirman que no se trata de una isla sino de una península (aunque la principal sección del West India Docks esté, en realidad, dividida en dos) y nadie se pone de acuerdo con respecto al término *dogs* («perros»). Hay quien considera que el nombre se debe a que antaño se guardaban los perros de la reina mientras que otros creen que deriva de la palabra «dique» y remite a los que construyeron los ingenieros flamencos en el siglo XIX. Pero el principal motivo de discordia es determinar si la Isle of Dogs resulta crucial para el desarrollo económico y constituye un espacio enorme para establecer un gran negocio.

La mejor forma de ver los muelles es desde arriba, desde el Docklands Light Railway. En el extremo sur de la isla, todavía sin desarrollar, se encuentra la **Mudchute City Farm** (un éxito total con los niños; *véase* pág. 241). **Island Gardens**, en el extremo final, ofrece una vista privilegiada del río hacia **Greenwich** (el DLR llega ahora hasta Lewisham, así que los visitantes ya no tienen que bajar en Island Gardens y atravesar a pie el túnel). Otra alternativa, dado que ya se ha ampliado la línea Jubilee, es llegar a través de una de las paradas de metro más amplias (y caras) del mundo; la parada de Canary Wharf Tower, diseñada por Foster y realizada en vidrio y acero, de la que se dice que es tan larga como la torre. Cerca, en el West India Quay, se encuentra el **Museum in Docklands** que, con sede en un edificio considerado patrimonio nacional, repasará la historia de Londres como ciudad comercial. El museo debía abrir sus puertas a principios del año 2000, pero todavía no lo ha hecho; su apertura está prevista para septiembre del 2001.

Pistas de lo inesperado...

Lugares históricos del East End

A principios de 1888, todo hombre que visitase **Ten Bells** (en Commercial Street) corría el riesgo de ser abordado por una posible víctima de Jack el Destripador, ya que la calle estaba llena de prostitutas. Hoy, como mucho, se le puede acercar un adolescente untado de aceite bailando y desnudándose. De hecho, en lenguaje *cockney* (un tipo de argot de Londres) *stripper* («bailarín de *striptease*») es «Jack the Ripper» (Jack el Destripador), lo cual no deja de resultar curioso.

Según varias guías de Londres, los agujeros de bala producidos por Reggie Kray se conservan «primorosamente» en el **Blind Beggar** (en el número 337 de Whitechapel High Street, un poco más al este). Por desgracia no indican con precisión dónde están y parece algo maleducado acercarse a la barra y preguntar dónde saltaron por los aires los sesos de George Cornell en 1966. El crimen de Cornell fue llamar «gordo» a Reggie. El Hermano Ronnie ya había matado a Jack «The Hat» McVitie y Reggie estaba deseando igualar la marca. Así, le disparó a Cornell a plena luz del día, en un bar repleto de gente, pensando que nadie se molestaría en decir nada en su contra. El East End pasó a convirtirse en el reino de la extorsión y del terror, hasta que en 1969 los cabecillas de cada banda de gángsters tuvieron unas condenas de un mínimo de treinta años, por lo que el juez afirmó que la sociedad iba a poder descansar de sus actividades delictivas.

Hacia el sur, en el sótano del medieval **Town of Ramsgate** (en el número 62 de Wapping High Street) están los muros de hierro tras los cuales se encerraba a los convictos antes de mandarlos a Australia. Poco antes del motín del Bounty, el capitan Bligh (Trevor Howard) y Fletcher Christian (Marlon Brando) cenaron juntos en este lugar. El patio Thameside está en el mismo lugar que el antiguo muelle en el que se ahorcaba a los piratas, a unos metros de Wrapping Old Stairs, donde también cogieron al Coronel «Blood» (Errol Flynn) con las Joyas de la Corona bajo su capa.

Saliendo de Town of Ramsgate, en el número 57 de Wapping Wall, se encuentra el **Prospect of Whitby**, el *pub* junto al río más antiguo de Londres, que ya tuvo que ser reconstruido en 1549. Hasta 1777 se le llamaba Devil's Tavern y era un antro para ladrones y piratas (como Mudlarks, Heavy Horsemen, Scuffle Hunter, etcétera). En la actualidad, es un lugar mucho más turístico y carece del ambiente auténtico que caracteriza al Town of Ramsgate. Por último, siguiendo recto en paralelo al río desde el Town of Ramsgate puede verse el **Angel** (en el número 101 de Bermondsey Wall), que es el tugurio en el que asesinan al gángster Bob Hoskins en la película *The Long Good Friday*. Desde el balcón del local pueden verse las mejores vistas del Tower Bridge, que son realmente impresionantes.

Para comer y beber, la isla no dispone de muchas opciones. La mayor concentración de locales se halla en torno al complejo de Canary Wharf, pero la mayor parte de ellos son caros y nada interesantes. Es preferible acudir al **Landy's at the Space** (en el número 269 de Westferry Road), en Island Gardens, que ofrece desayunos de calidad y comidas en la planta superior de la galería de arte Space.

Mile End, Bow y Stratford

Mile End, formado en su mayor parte por terrenos vacíos hasta el siglo XVI, experimentó una pequeña explosión demográfica en el siglo XIX con la llegada de la industrialización. La zona nunca sufrió la pobreza de los barrios vecinos de Whitechapel y Bethnal Green. Sin embargo, allí se construyeron los asilos **Trinity Almshouses** en 1695 (cerca del cruce de Cambridge Heath Road) para «veintiocho capitanes de barco venidos a menos». No se pierda las maquetas de galeones situadas a ambos lados de la entrada. En la década de 1860, William Booth fundó aquí el Ejército de Salvación.

La mayor parte de Mile End Road la ocupa el **Queen Mary and Westfield College**, inaugurado por la reina Victoria en 1887, que acogía un instituto de trabajo para hombres. Más al este, pasada la parada de metro de Mile End, se encuentra la impresionante aunque poco conocida **Tredegar Square** y las calles Tredegar Road y Lichfield Road, que están bordeadas de casas restauradas o bien conservadas de hacia 1830.

Hacia el sudoeste, **Mile End Park** linda con Copperfield Road, sede del **Ragged School Museum** (*véase* pág. 117) y la **Matt's Gallery** (*véase* pág. 252). Hasta no hace mucho, la poco pintoresca Mile End Road dividía de forma abrupta el parque, pero tras una remodelación de veinticinco millones de libras, el parque ha quedado organizado por áreas temáticas como, por ejemplo, «el jardín de los sentidos», en el que se hace hincapié en el color, el olor y el tacto de las plantas. El puente **Green Bridge**, diseñado por Piers Gough, mide 25 m y proporciona el vínculo necesario entre ambas partes del parque. Al norte queda el **Victoria Park** (*véase* pág. 117), un agradable espacio verde que se extiende hacia Hackney.

Bow, situado al este, ha desempeñado un importante papel en el crecimiento de Londres. En el siglo XII se sumó al estrecho puente romano situado sobre el río Lea, en Old Ford, un nuevo puente río abajo, cuya forma curva (en inglés, *bow*) le dio nombre a la zona. Antaño se transportaba grano desde Hertfordshire y se descargaba en los molinos situados en el río. A mediados del siglo XIX, se empezaron a construir fábricas entre las que destacaba la de Bryant y May, escenario de una huelga de mujeres que tuvo un gran impacto en 1888. Un cuarto de siglo después, Bow volvió a hacer historia en la lucha a favor de los derechos de la mujer cuando Sylvia Pankhurst (hermana de Emmeline) fundó la Federación de sufragistas del este de Londres.

Stratford (de *street*, «calle», y *by the ford*, «junto al fuerte») surgió al norte de la entrada de un puente del siglo XII. La abadía de Stratford Langthorne, un rico monasterio cisterciense, ayudó a que se hiciese conocido y, aunque Enrique VIII cerró la abadía en 1538, para aquel entonces Stratford ya tenía la prosperidad asegurada gracias al desarrollo de nuevas industrias como, por ejemplo, la fabricación de pólvora. A mediados del siglo XIX, llegaron a la zona las vías del ferrocarril y las carreteras. Stratford sigue siendo un importante núcleo de transporte con una estación de ferrocarril, el tren rápido DLR y el metro, además de una flamante estación de autobuses situada bajo un paraguas invertido.

El Stratford moderno tiene un centro dinámico y bien definido que gira entorno a Broadway, donde un obelisco honra la memoria del filántropo del siglo XIX Samuel Gurney. No se pierda la característica cúpula verde de la sede del Transport and General Workers Union, en la cercana West Ham Lane. Atraviese el gran centro comercial interior y llegará a la plaza **Gerry Raffles Square**, donde la innovadora **Stratford Picture House**, de vidrio y neón, contrasta con el venerable **Stratford East Royal Theatre**, situado enfrente y que permaneció cerrado por las obras de ampliación que daban al Newham Council. Reabrió sus puertas en la primavera del 2001, y tiene un nuevo vecino: el **Stratford Circus**, un centro de artes con cinco espacios que pueden albergar 2.000 actuaciones al año, y que incluye una sala de ensayos y un bar. Durante los años cincuenta y sesenta, Joan Littlewood impartía en este local clases de teatro, lo que sirvió de impulso a talentos musicales como Lionel Bart.

Ragged School Museum

48-50 Copperfield Road, E3 (8980 6405). Metro: Mile End. **Abierto** de 10.00 a 17.00 horas, los miércoles y los jueves; de 14.00 a 17.00 horas, el primer domingo de mes. **Entrada** gratuita.

Las «Ragged Schools» se crearon para educar y alimentar a los niños pobres. Fundada por el doctor Barnardo, este almacén junto al río alojó una de las mayores de Londres (hubo un total de 144). Hoy, restaurada de acuerdo con su forma original, contiene una reproducción de una clase victoriana en la que los escolares que visitan el museo pueden jugar a ser niños de otra época. Durante las vacaciones escolares, el museo organiza actividades para los niños, al igual que el primer domingo de mes, y también realiza interesantes exposiciones temporales sobre asuntos de interés local. La cafetería es un buen lugar para reponer fuerzas puesto que el museo está un poco alejado.

www.ics-london.co.uk/rsm

Victoria Park

Old Ford Road, E3 (8533 2057). Metro: Mile End; estación de tren: Cambridge Heath; autobuses: 2, 8, 26, 30 55, 253, 277 y S2. **Abierto** desde las 06.00 horas hasta el anochecer.

Situado junto al Hertford Union Canal, Victoria Park supone un respiro agradable para aquellos que estén cansados de las extensiones de cemento de Hackney. Busque los «perros de Alcibíades», de aspecto algo extraño y que están en el parque desde 1912 en la entrada de Sewardstone Road. Los lagos y las salas de té del parque le proporcionan un ambiente que recuerda al del Regent's Park.

Walthamstow

El nombre procede del inglés antiguo *Wilcumestowe*, que significa «lugar en el que los huéspedes son bien recibidos», y esta descripción sigue siendo válida hoy en día, pues **Walthamstow** es un barrio especialmente hospitalario. Al norte, linda con el **Epping Forest** (*véase* pág. 334) y, al oeste, con **Walthamstow Marshes**, y los primeros pobladores de la zona se remontan a la Edad de Bronce, cuanto todo el lugar estaba cubierto por un espeso bosque. En la época medieval, se taló gran parte del bosque para instalar granjas en las tierras. De hecho, hasta entrado el siglo XIX, Walthamstow no se convirtió en una zona plenamente urbana, aunque su población, mayoritariamente obrera, se ha ahorrado los horrendos bloques de viviendas que tanto abundan en otros barrios humildes del este de Londres.

Walthamstow tiene dos arterias principales. La estrecha **High Street** cuenta con el mercado más grande y, después del de Brixton, más variado de Londres: el **Walthamstow Market**, que cuenta con una extensión de 1,6 km y está bordeado de tiendas económicas. La segunda arteria corresponde a la zigzagueante **Hoe Street**, con una sucesión poco inspirada de locales de *kebabs* y pequeños mercados, aunque el **Dhaka Tandoori** (en el número 103) es bastante bueno.

Al norte de Forest Road se encuentran algunas calles que hacen de Walthamstow un lugar inimitable: Holmes Avenue, Diana Road y Winns Avenue, con sus casas de ladrillo rojo, sus amplios porches y sus chirriantes verjas de hierro. Es la clase de suburbio de ensueño que inmortalizó William Sansom en su novela *The Body*, publicada en 1949.

Dentro del **Lloyd Park** se halla el **Waltham Forest Theatre,** así como una gran variedad de aves acuáticas importadas. El aviario y el cuidado y podado jardín, frecuentados por ancianos de la localidad de tez tan blanca como la leche, son especialmente agradables en las tardes de verano. El edificio del siglo XVIII que se encuentra de espaldas al parque es la **William Morris Gallery** (*véase* pág. 118), desde donde, si da un paseo subiendo por Forest Road, se verá recompensado por la visión del impresionante **Walthamstow Town Hall**. Se trata de una de las obras municipales más brillantes de Londres; sus hermosas proporciones, su torre del reloj verde y dorada y su lago circular, en cuyas aguas se refleja todo el conjunto, le han valido salir en numerosas producciones cinematográficas y televisivas durante la Guerra Fría (se utilizaba como escenario para fingir estar en Moscú o Leningrado).

El edificio más antiguo de la zona se encuentra en un enclave semioculto conocido como **Walthamstow Vi-**

llage. En Vestry Road está el **Vestry House Museum** (*véase* inferior) y las **Monoux Almshouses**, construidas en 1795 «para uso exclusivo de seis decrépitas viudas de comerciantes de esta parroquia». El exterior de **St. Mary Church** oculta un modesto pero tranquilo interior, y la **Ancient House** de madera, situada enfrente de la iglesia y que en otro tiempo había sido una granja (fue restaurada en 1934), se hunde como un helado derretido. El Village sigue por Oxford Road, con una serie de restaurantes italianos y acogedores *pubs*.

Vestry House Museum

Vestry Road, E17 (8509 1917). Metro: Walthamstow Central; estación de tren: Walthamstow Central.
Abierto de 10.00 a 13.00 horas y de 14.00 a 17.30 horas, de lunes a viernes; de 10.00 a 13.00 horas y de 14.00 a 17.00 horas, los sábados. **Entrada** gratuita.
Este diminuto pero encantador museo muestra la fascinante historia fotográfica de Walthamstow, además de centrarse en dos de los hijos predilectos del lugar: Alfred Hitchcock, que nació en Leytonstone, y Frederick Bremer, que diseñó el primer motor de coche de Inglaterra (para el vehículo de 1894 que está expuesto). Sorprendentemente, no se menciona el primer vuelo con motor realizado en 1909 por A. V. Roe, quien cruzó por aire los Walthamstow Marshes. Las secciones de ropa y juguetes merecen una visita.
www.lbwf.gov.uk/vestry/vestry.htm

William Morris Gallery

Lloyd Park, Forest Road, E17 (8527 3782). Metro: Walthamstow Central; estación de tren: Walthamstow Central y, después, autobuses 34, 97, 215 o 257.
Abierto de 10.00 a 13.00 horas y de 14.00 a 17.00 horas, de martes a sábado y el primer domingo de mes.
Entrada gratuita. **Tarjetas de crédito** MC, V.
Inaugurada en 1950, en esta casa vivió su infancia William Morris, el influyente diseñador y artesano socialista de finales de la época victoriana. En las cuatro salas de la planta baja se expone una muestra biográfica del artista a través de su obra y sus escritos políticos. En la planta superior se dedican varias salas a sus socios, Burne-Jones, Philip Webb y Ernest Gimson, que le ayudaron a lograr la popularidad de la que hoy en día el estilo Morris sigue disfrutando. También se exponen cuadros de uno de los discípulos de Morris, Frank Brangwyn.
www.lbwf.gov.uk/wmg

Leyton y Leytonstone

Después de sufrir graves bombardeos durante la segunda guerra mundial, el desarrollo urbanístico de **Leyton** durante la posguerra fue muy caótico, por lo que hoy carece del encanto y la coherencia del vecino barrio de Walthamstow. Gran parte del fértil terreno que ocupa estaba, en sus orígenes, dedicado a la actividad ganadera y durante el siglo XVIII la zona era famosa por sus mercados de jardinería. La inevitable industrialización que se produjo a mediados del siglo XIX trajo consigo que los terrenos se llenasen de vías de tren y tubos de conducción del gas, lo que conllevó la disminución del nivel de vida de sus habitantes, quienes se convirtieron en su mayoría en empleados del ferrocarril con sueldos bajos. La proliferación de supermercados económicos y tiendas de muebles y electrodomésticos de segunda mano indica claramente que Leyton sigue siendo una de las zonas más pobres de Londres. Probablemente, su mayor «éxito» haya sido su deficiente equipo de fútbol, el **Leyton Orient**.

Leytonstone, situado al este de Leyton, debe su nombre a un mojón (del inglés *stone*) situado en la vía romana que unía el centro de Londres y Epping Forest. La gasolinera situada en la esquina de la Leytonstone High Road ocupa el lugar en el que se encontraba la tienda de frutas y verduras donde **Alfred Hitchcock** pasó gran parte de su infancia. Hitchock contaba que un día, después de alguna de sus travesuras, su padre le dio una nota y le pidió que la entregara en la cercana comisaría de Harrow Green. Al llegar allí, el sargento que estaba de guardia leyó la nota y procedió a encerrarle veinte minutos en una celda, al tiempo que afirmaba: «Esto es lo que hacemos con los chicos malos».

Más al este

Aunque la London Dockland Development Corporation intenta revivir los muelles de Londres que quedan al este de la Isle of Dogs, lo cierto es que más allá del **Blackwall** hay poco que ver. **Canning Town**, situada cerca del río Lea, perdió su principal industria en 1912, cuando se cerró la Thames Ironworks and Shipbuilding Company, situada en Bow Creek. Los bombardeos alemanes de la segunda guerra mundial destruyeron gran parte de la zona, reconstruida con enormes edificios sin gracia durante la posguerra que hicieron imposible que el barrio recuperara su esplendor. El vecino **Newham** corrió peor suerte si cabe: el derrumbamiento de un edificio alto, el Ronan Point, en 1968, provocó varias muertes. **Beckton**, situado al este, ha tenido mayor fortuna y sus casas están por encima de la media. Al sur de Beckton se encuentra el **London City Airport**, inaugurado en 1987, que utiliza la carretera, larga y estrecha, que une el muelle Royal Albert y el muelle George V como pista de despegue para aviones pequeños (desde el DLR se divisa una magnífica vista del aeropuerto).

El sur de Londres

Desde Greenwich a Richmond, en el sur de Londres hay mucho más para ver de lo que los londinenses del norte intentarán hacerle creer

Charlton House, *una verdadera belleza* (véase *pág. 120)*

Charlton, Woolwich y Eltham

En los siglos pasados, pocos viajeros se alegraban de tener que tomar la Old Dover Road. En **Shooters Hill** la carretera se volvía especialmente empinada y el paisaje, más agreste. Era el lugar favorito para los ladrones y salteadores de caminos que esperaban agazapados la llegada de una presa fácil. Cuando se cogía a un ladrón, no tenía perdón: se le colgaba en una horca situada en el extremo de Shooters Hill y se dejaba su cuerpo pendiendo de la cuerda. En 1661, Samuel Pepys comentaba la «podredumbre que emana del cuerpo de los ahorcados en Shooters Hill y lo desagradable que resulta ver la carne separarse de los huesos».

Charlton era un pueblo vecino edificado en torno a la mansión jacobina **Charlton House** (*véase* pág. 120). El cercano **Hornfair Park** debe su nombre al Charlton Horn Fair, una «feria de cuernos» que se organizaba cada año desde 1872. Según cuentan los lugareños, la feria se inició después de que el rey Juan sedujese a la mujer de un molinero de la zona y, como recompensa, le cediese a su deshonrado marido todas las tierras que podían verse desde Charlton hasta Rothershithe. Los vecinos del molinero apodaron al lugar Cuckold's Point («el lugar del cornudo») e iniciaron una feria anual de cuernos, símbolo del adulterio. En la actualidad, el Hornfair Park forma parte de una mansión, mientras que el **Maryon Park**, que aparece en la película de Antonioni *Blow-Up*, está más cerca del río y resulta más agradable.

La **Thames Barrier** es uno de los lugares más impresionantes del río, que va de Silvertown, en la orilla norte, a Woolwich, en la sur. El cercano **Visitors' Centre** detalla la historia de dicha estructura (*véase* pág. 136).

Woolwich atrae menos visitantes que su esplendoroso vecino Greenwich, aunque tiene mucho que ofrecer, incluido un centro comercial de buena calidad. La larga y peatonal Powis Street cuenta con dos espectaculares edificios que dan al río: el edificio de ladrillo rojo y estilo eduardino de los Central Stores y, enfrente, la Co-op, de estilo Art Déco y azulejos de color crema.

Woolwich ha estado siempre muy ligada a la vida militar y naval, y su arsenal, creado en la época Tudor, era la principal fuente de municiones del país. Con los siglos, alcanzó proporciones descomunales, sobre todo durante la primera guerra mundial, cuando llegó a ocupar 5,5 km y a emplear a 72.000 personas. Cuando cerró, en 1967, se utilizó gran parte del terreno para construir el nuevo pueblo de **Thamesmead** y se descuidaron los elementos originales, como puertas de acceso con valor histórico, fundiciones o talleres de grabado. El Greenwich Council ha anunciado su voluntad de restaurar los edificios para restablecer su valor inicial y abrirlos al público por primera vez; mientras tanto, puede admirar la **Woolwich Garrison**, la sede histórica de la Royal Artillery, que cuenta con la fachada georgiana más grande del país. Las mejores vistas del edificio son las que se aprecian desde Woolwich Common o desde Grand Depot Road, donde se encuentran los restos de la iglesia **Royal Garrison Church of St. George**, considerados tierra sagrada después de que le cayera una bomba encima en 1944 (el muro del fondo y el altar quedaron en pie). Los aficionados a lo militar deben acudir al **Museum of Artillery** (*véase* pág. 120).

Enrique VIII creó la Royal Dockyard en Woolwich, en 1512, para construir allí su nuevo buque insignia, el Great Harry. Los astilleros cerraron en 1869 y se mudaron a Chatham. Río abajo, desde la terminal del *ferry* de Woolwich, el caudal se estrecha en una zona conocida como Gallions Reach. Allí, en 1878, se produjo el peor accidente naútico de toda la historia de Londres, cuando un vapor cargado de viajeros, el Princess Alice, chocó con un carguero que llevaba carbón, causando 700 muertes.

El *ferry* de Woolwich existe desde el siglo XIV. En 1963, los viejos barcos de vapor se substituyeron por otros con motor diesel (también hay un túnel para los peatones), y en la actualidad, sentarse en el exterior del Waterfront Leisure Centre es una buena forma de ver trabajar en el río. Los apasionados por el ferrocarril no deben dejar de tomar el *ferry* para que los conduzca al **North Woolwich Old Station Museum** (*véase* inferior).

A pesar de lo mucho que la han estropeado las casas sin gracia, la zona cuenta con un sorprendente número de espacios verdes conectados por la excelente **Green Chain Walk** (llame al 8921 5028 para pedir planos). La ruta recorre parajes tan encantadores como el bosque **Oxleas** (al que se puede acceder desde la estación de ferrocarril de Falconwood), a 3 km escasos al sur de Woolwich. A 2,5 km hacia el sudoeste se encuentra el maravilloso palacio medieval **Eltham Palace**, que ha sido recientemente restaurado (*véase* inferior).

Charlton House

Charlton Road, SE7 (8856 3951). Estación de tren: Charlton; autobuses: 53, 54, 380 y 442. **Abierto** de 09.00 a 11.00 horas, de lunes a viernes; de 09.00 a 17.30 horas, los sábados. Los domingos cerrado.

Charlton House, la mejor casa jacobina de Londres y, posiblemente, de todo el país, fue construida en ladrillo rojo en 1612 como regalo para Adam Newton, tutor del príncipe Enrique, hijo de Jaime I. No se sabe a ciencia cierta quién la diseñó, pero se cree que fue John Thorpe, y parece claro que la *orangerie* (un lugar cerrado pensado para el cultivo de naranjos) es obra de Iñigo Jones. En la actualidad, el edificio lleva una vida tranquila como biblioteca pública y centro para la comunidad.

Eltham Palace

Junto a Court Road, Eltham, SE9 (8294 2577). Estación de tren: Eltham. **Abierto** *de abril a septiembre*, de 10.00 a 18.00 horas, de miércoles a viernes y los domingos; *en octubre*, de 10.00 a 17.00 horas, de miércoles a viernes y los domingos; *de noviembre a marzo*, de 10.00 a 16.00 horas, de miércoles a viernes y los domingos; los lunes, martes y sábados de todo el año **Entrada** *a la casa y la propiedad* 6 £; niños de 5 a 16 años, 4,50 £; estudiantes, pensionistas, discapacitados y parados de más de 40 años, 3 £. **Tarjetas de crédito** MC, V.

El nombre, Eltham Palace, no hace justicia a esta maravilla de los años treinta. Es cierto que la parte más antigua del edificio, el Great Hall medieval, formaba parte de un palacio real que existió antaño en ese lugar, pero la casa debe su encanto al estilo Art Déco de sus interiores. A mediados de los años treinta, el gran vestíbulo era una reliquia en ruinas y su dueño, el artista Stephen Courtauld, lo reconstruyó y lo amplió con la ayuda de arquitectos y diseñadores de talento para crear una casa de campo anexa. El interior, de estilo Art Déco, juega con la geometría, las líneas y los contrastes de claroscuros, desde los acabados en madera hasta la cúpula de hormigón y cristal que ilumina el vestíbulo de la entrada. Se trata de un espacio peculiar por el que la mascota de Courtauld se movía a sus anchas. El jardín también es espléndido y cuenta con vistas de Londres en la distancia y de los campos de Kent. El palacio se encuentra a veinte minutos a pie desde la estación de ferrocarril de Eltham (que está a veinticinco minutos de la de Charing Cross), y el precio de la entrada incluye una guía con audífonos.

www.english-heritage.org.uk

Los soberbios interiores Art Déco del **Eltham Palace**

Museum of Artillery

The Rotunda, Repository Road, SE18 (8316 5402). Estación de tren: Woolwich Dockyard. **Abierto** de lunes a viernes, de 13.00 a 16.00 horas. **Entrada** gratuita.

Merece la pena visitarlo, aunque sólo sea por contemplar la hermosa obra arquitectónica diseñada en el siglo XVIII por John Nash. Pero, además, encontrará piezas de artillería que abarcan desde «bombarderos» de 1346 (una especie de grandes cañones) hasta una metralleta antiaérea de cuatro cañones de 14,5 mm utilizada en la guerra del Golfo, así como un apartado dedicado a la superpistola de Saddam Hussein, que casi derrumba un gobierno británico sin disparar un solo tiro. En las distintas plantas se exponen maquetas de armas y de otros sistemas de ataque. Tenga en cuenta que el museo se está mudando de forma progresiva a una nueva sede, lo que lo convertirá en el **Royal Artillery Museum**, que abrirá sus puertas en el año 2001. En el momento de imprimir esta guía, se desconocía si el actual museo de artillería seguiría abierto después del traslado.

North Woolwich Old Station Museum

Pier Road, E16 (7474 7244). DLR: Beckton; estación de tren: North Woolwich, Woolwich Dockyard o Woolwich

Arsenal y, después, atraviese el túnel peatonal o cruce en lancha hasta el North Woolwich Pier. **Abierto** *de enero a noviembre,* de 13.00 a 17.00 horas, los sábados y los domingos; cerrado de lunes a viernes. *Durante las vacaciones escolares* llamar para pedir información. **Entrada** gratuita.

El mejor momento para visitar este museo dedicado al London & North Eastern Railway es el primer domingo de mes, fecha en la que se ponen en marcha las locomotoras Coffee Pot y Pickett y sus chimeneas lanzan vapor y silban. En el interior del museo se exponen trenes, billetes, señales de estaciones y una taquilla de los años veinte. Los aficionados al ferrocarril harán bien en darse una vuelta por este barrio que, por lo demás, carece de atractivo.
www.newham.net/museums

Greenwich y Blackheath

Greenwich era el campo de juegos de los reyes y las reinas. Tanto Enrique VIII como sus hijas María I e Isabel I nacieron en este lugar, y el palacio de Greenwich (entonces llamado Placentia) era la residencia predilecta de Enrique. Allí podía cazar en el parque de Greenwich y visitar su amada flota (la llamada «muro de madera de Inglaterra») anclada en el río. También fue en Greenwich donde sir Walter Raleigh puso su capa sobre un charco para que la reina Isabel I no se mojara los pies.

Después de los Tudor, el palacio atravesó un período difícil. Con Oliver Cromwell se convirtió, primero, en una fábrica de galletas y, después, en prisión. En 1660, Carlos II, recién llegado de nuevo al trono, se propuso el ambicioso proyecto de devolver a Greenwich su esplendor, y se iniciaron las obras para la creación de un nuevo palacio, aunque sólo se llegó a construir un ala cerca del río. Guillermo y María, los sucesores de Carlos, preferían los palacios reales de Kensington y Hampton Court y encargaron a sir Christopher Wren que diseñase otra ala para el edificio inacabado con el fin de convertirlo en sede del Royal Naval Hospital, en la actualidad el **Old Royal Naval College** (la marina lo dejó en 1998; *véase* pág. 127). A esa ala corresponde la magnífica fachada que se puede apreciar desde el río en la actualidad, que incluye un hueco a través del cual se puede ver la **Queen's House** (la casa de la reina) situada detrás (*véase* pág. 128), hoy parte del fantástico **National Maritime Museum** (*véase* pág. 127). No es, pues, de extrañar que la UNESCO declarara patrimonio universal el Greenwich marítimo en 1997.

La mejor manera de acceder a Greenwich sigue siendo por barco, arrancando en el muelle de Greenwich (*véase* pág. 42, **Cuestión de orillas**), desde donde parte el *ferry* hacia el Dome (*véase también* pág. 126, **Cómo llegar al Dome**). Antes, los visitantes procedentes del norte del río tenían que llegar a la estación de Island Gardens y atravesar el túnel peatonal que cruza el Támesis para llegar a Greenwich, pero ahora pueden recorrer el tramo que les separa de Greenwich en el Docklands Light Railway (DLR): las paradas de Cutty Sark y Greenwich se hallan cerca de los principales lugares de interés. Sea como fuere, se encontrará a la sombra del **Cutty Sark** (*véase* pág. 123), construido en 1869 y en dique seco desde 1954, después de una vida llena de aventuras mientras fue uno de los veleros más rápidos del mundo. En comparación, el yate **Gipsy Moth IV** parece enano (actualmente está cerrado por restauración; llame al 8858 2698 a partir de 2001 para averiguar si ya lo han vuelto a abrir). En él, sir Francis Chichester hizo el primer viaje solo alrededor del mundo, entre 1966 y 1967 (a su regreso, lo nombraron caballero con la misma espada que Isabel I utilizó para nombrar a Francis Drake). El nuevo **Centro de información turística de Greenwich** (0870 608 2000) se encuentra en la Pepys House, junto al Cutty Sark, y en él le proporcionarán toda la información que requiera para acceder al Dome. Al otro lado del barco está el **Greenwich Reach**, un local de ocio y comercio premiado que, cuando esté terminado, incluirá una multisala de cine con diez pantallas, bares, restaurantes, pisos de lujo y la principal terminal de cruceros de la ciudad. La primera fase del proyecto se terminó en el año 2000.

Greenwich es un lugar congestionado por el tráfico, y todas las semanas se llena de visitantes que recorren los puestos de artesanía del **Greenwich Market** (*véase* pág. 226). En lo relativo a restaurantes, no hay mucho donde elegir; la mayoría acude al **Goddard's Ye Old Pie House**, en el número 45 de Greenwich Church Street, en el que sirven pasteles de carne caseros desde 1890; el **Time** y el **North Pole** (para ambos, *véase* pág. 125, **Toda la verdad sobre el Dome**) son otras dos buenas alternativas. Sin embargo, los no residentes en la zona tendrán que tener en cuenta las restricciones de aparcamiento en un radio de 3 km alrededor del Dome, lo que implica que sólo se puede aparcar en las zonas marcadas durante dos horas, entre las 10.00 y las 21.00 horas y que los conductores no pueden volver a ocupar una plaza de párking hasta al cabo de tres horas.

La iglesia de **St. Alfege Greenwich** (1712-1718), en Greenwich High Road, debe su nombre al arzobispo de Canterbury que fue martirizado en este lugar durante una invasión vikinga, en 1012, después de negarse valerosamente a pedir un rescate que hubiese asegurado su liberación. La iglesia suele estar cerrada al público salvo los fines de semana.

Un paseo bordeando el Támesis cerca del Cutty Sark le hará pasar por delante del Old Royal Naval College y por la **Trafalgar Tavern**, construida directamente sobre el río. Éste era el local predilecto de Dickens, Thackeray y Collins, que acudían con frecuencia a comer marisco (Dickens ambientó en este local el banquete de boda que aparece en su obra *Our Mutual Friend*). La calle Tiny Crane Street, en el extremo más alejado del *pub*, conduce a varias casas de estilo victoriano y al Highbridge Wharf, hoy en desuso, así como al peculiar edificio blanco en forma de castillo del Trinity Hospital, que en 1617 era el hogar de «21 ancianos retirados de Greenwich». A pesar de su proximidad con el centro de Greenwich, es uno de los lugares más tranquilos del Támesis urbano. Los vecinos tuvieron que sentirse horrorizados al ver cómo construían, en 1903, una enorme central eléctrica en pleno barrio, aunque su masa también oculta cierta grandiosidad. El camino prosi-

gue hasta alcanzar la **Cutty Sark Tavern,** que data de 1695. Los asientos del exterior proporcionan una buena vista de los cobertizos, que todavía se utilizan, así como del controvertido **Dome** (*véanse* págs. 124-126), que se encuentra a unos 3 km río abajo. Del centro de Greenwich al Dome se tardan treinta minutos andando y, para llegar a la **Thames Barrier** (*véase* pág. 136), veinte minutos más.

El **Greenwich Park** (*véase* pág. 123) está lleno de colinas y en lo alto de una de ellas puede verse el **Royal Observatory** (*véase* pág. 128), un observatorio construido durante el reinado de Carlos II. La franja horaria del meridiano de Greenwich, introducida en 1890, marca la pauta horaria de los relojes de todo el mundo. En ese punto, usted podrá poner un pie a cada lado de la línea y estar, a la vez, en el hemisferio oriental y en el occidental. Desde 1833, cada día, el reloj rojo de la torreta nordeste del observatorio emite una señal a la una en punto de la tarde para que los capitanes de los barcos que navegan por el río puedan ajustar sus cronómetros. En el extremo sur del parque se encuentra la **Ranger's House** (*véase* pág. 128), del siglo XVIII, en la que se exponen cuadros de estilos que van desde el jacobino hasta el contemporáneo. Los visitantes que deseen ahorrarse el tener que subir la colina, pueden tomar el autobús especial de la casa (8853 0035, cerrada por reformas, llamar para confirmar su fecha de reapertura), un minibús azul marino que recoge a los pasajeros en los muelles y los conduce al parque de Greenwich, haciendo escala en el National Maritime Museum y en el Royal Observatory. Las entradas son válidas cualquier día y cuestan 1,50 £ en el caso de los adultos, y 50 p, en el de los niños.

El límite este del parque de Greenwich lo forma la larga carretera Maze Hill, que va por el sur de Trafalgar Road. En la cima de la colina, en la confluencia entre Maze Hill y Westcombe Park Road, se encuentra la casa en forma de castillo construida por el arquitecto y escritor John Vanbrugh, que vivió en ella de 1719 a 1726. Desde ese punto, se obtienen unas estupendas vistas del Old Royal Naval College y de la City. En Croom's Hill, al oeste del parque, está el **Fan Museum,** cuyo sencillo nombre significa «museo del abanico».

Maze Hill le conducirá hasta el extremo de **Blackheath**. Blackheath Village, al final del llano, queda un poco más allá del *pub* **Princess of Wales**, en el que se fundó el primer club de rugby, el Blackheath FC, en 1858. La iglesia de piedra **All Saints Church** no queda muy lejos. Su tamaño poco habitual y el pináculo del extremo le dan una forma que recuerda a la de un sombrero. Blackheath Village, con su gran número de restaurantes y agentes de la propiedad, rezuma valores de clase media. **The Parangon**, en uno de los extremos, es una calle bordeada de casas con columnatas que se construyó a finales del siglo XVIII con el fin de atraer a la gente adecuada a la zona, cuando ésta seguía luchando por librarse de la fama de «lugar al que no se debe ir» que se ganó cuando era un lugar infestado de ladrones. Abandonada durante los años veinte y treinta, la calle sufrió graves daños durante los bombardeos de la segunda guerra mundial, pero ya ha sido restaurada y ha recuperado su aspecto original.

La península de Greenwich, que sobresale en el Támesis, es famosa por albergar el controvertido **Dome** (*véanse* págs. 124-126). El verdadero legado del Dome, que se vaciará en 2001 y se desmontará salvo que surja una buena razón para mantenerlo en pie, es haber servido de motor para transformar un enorme pedazo de tierra contaminada en un lugar al que la gente desea acudir e incluso en el que le gustaría vivir. Además de la estructura, se ha planeado un **Millennium Village** con un presupuesto de 250 millones de libras. El Village cubriría el diez por ciento de sus necesidades energéticas por medio de placas solares y molinos eólicos, pero, por desgracia, el proyecto no marcha a buen ritmo: estaba previsto para el año 2000, pero la primera parte de este complejo de viviendas lleva un enorme retraso.

Cutty Sark

King William Walk, SE10 (8858 3445). DLR: Greenwich o Cutty Sark. **Abierto** de 10.00 a 17.00 horas, todos los días (última entrada a las 16.30 horas). **Entrada** 3,50 £; niños de 5 a 15 años, estudiantes, pensionistas, discapacitados y parados de más de 40 años, 2,50 £; familias, 8,50 £; menores de 5 años, gratuita. *Entrada combinada con el National Maritime Museum y el Royal Observatory* 12 £; estudiantes, pensionistas, discapacitados y parados de más de 40 años, 9,60 £; menores de 16 años, 2,50 £. **Tarjetas de crédito** MC, V. **Plano** *véase* pág. 122.

El único velero que transportaba té y lana que queda en el mundo, este barco data de 1869 y ha batido récords de velocidad. Los visitantes pueden dar un paseo por sus puentes, bellamente restaurados, y por la zona de la tripulación, o analizar los nudos y las cuerdas que sujetan las velas. En su interior hay una colección de fotografías y reliquias marinas, además de una de las mayores colecciones de bustos tallados y pintados. Los fines de semana de verano se organizan sesiones de relatos con disfraces que ayudan a imaginar cómo era la vida a bordo.
www.cuttysark.org. uk

Cutty Sark. *¡Leven anclas!*

Fan Museum

12 Crooms Hill, SE10 (020 8305 1441). DLR: Greenwich o Cutty Sark. **Abierto** de 11.00 a 17.00 horas, de martes a sábado; de 12.00 a 17.00 horas, los domingos. Los lunes cerrado. **Entrada** 3,50 £; niños de 7 a 15 años, estudiantes y pensionistas, 2,50 £; menores de 7 años, pensionistas y discapacitados, los martes de 14.00 a 17.00 horas, gratuita. **Tarjetas de crédito** MC, V. **Plano** *véase* pág. 122.

Ubicado en dos atractivas casas pareadas de estilo georgiano, constituye una de las dos únicas colecciones permanentes de abanicos y demás instrumentos para dar aire (la otra, está en París). Debido a su uso, sólo se expone parte de la muestra, ya que para mantener su elasticidad los abanicos necesitan descansar un tiempo. Las piezas se ordenan por temas como, por ejemplo, diseño, procedencia o historia social. Entre las exposiciones planeadas para el año 2001 destaca **Abanicos japoneses,** que presenta abanicos creados por los mercados europeos en los siglos XVIII y XIX.
www.fan-museum.org

Greenwich Park

Charlton Way, SE10 (8858 2608). Metro: Blackheath o Maze Hill; DLR: Cutty Sark y Greenwich; estación de tren: Greenwich. **Abierto** *para peatones* de las 06.00 horas hasta el anochecer, todos los días*; para los coches* de las 07.00 horas hasta el anochecer. **Plano** *véase* pág. 122.

En este hermoso parque situado junto al río se han encontrado restos de 20 tumbas sajonas y de un templo romano, pero el conjunto es famoso por su historia durante la dinastía Tudor y Estuardo. Enrique VIII nació en el palacio de Greenwich y ésta fue siempre su residencia favorita, a la que rodeó de un magnífico parque en el que cazaba con perros y halcones. En 1616, Jaime I le encargó a Iñigo Jones que reconstruyera el palacio Tudor, y el resultado fue **Queen's House** (*véase* pág. 128), la primera villa paladiana de Inglaterra. En la década de 1660, André Le Nôtre, el paisajista que creó Versalles, volvió a diseñar el parque, pero el proyecto de Carlos II de crear un nuevo palacio no prosperó y dio lugar al **Old Royal Naval College** (*véase* pág. 127). En la cima de la colina, en lo alto del parque, puede verse el **Royal Observatory** (*véase* pág. 128) y la **Flamsteed House**, ambos diseñados por Wren. También merece la pena ver la **Ranger's House** (*véase* pág. 128), en el sur del parque. La vista del río que se aprecia desde el observatorio es una de las mejores de Londres, y en las tardes de verano tocan en el parque grupos de música, mientras que en agosto se organizan espectáculos de marionetas en la zona de juegos infantiles.

¿Dome dulce Dome?

Después de tanto escándalo, controversia y crítica, por fin, el Dome abrió sus puertas. Así pues, ¿es la Experiencia del Milenio, el «acontecimiento relacionado con la llegada del 2000 más espectacular del mundo», o por el contrario ha sido la forma más impresionante de tirar el dinero a la basura con motivo del nuevo milenio? Tan pronto como los relaciones públicas lo presentaron, la prensa se encargó de demostrarlo; en realidad, cada uno pudo decidir por sí mismo.

No se puede negar que la estructura era, en sí, algo digno de verse. Diseñada por Richard Rogers Partnership, el mayor techo del mundo (cubre 20 hectáreas) estaba sujeto por doce mástiles y proporcionaba un espacio interior enorme en el que podrían caber trece Albert Halls. Hubo una gran discusión acerca de lo que representaba el Dome. ¿Era un lugar de ocio? ¿Educativo? ¿Sirvió para promocionar la nación? El fin de la Experiencia del Milenio fue loable pero, ¿funcionó? («Explorar las posibilidades del futuro personal en el próximo milenio a través de una impresionante serie de atracciones y sonidos»).

La respuesta inicial del público fue tan mala que se tuvieron que ir añadiendo atracciones. Quienes apoyaban el Dome recuerdan cuántos buenos proyectos han sufrido críticas y reacciones hostiles de entrada, a pesar de acabar siendo valoradas como grandes éxitos (la torre Eiffel, el Festival de Inglaterra, etcétera). Sin embargo, lo cierto es que las exposiciones (¡demasiados espónsores y marcas!) contaron con pocas piezas que no fueran de segunda clase, y la falta de coherencia, imaginación y visión innovadora era demasiado evidente. En este sentido, se podría decir que el Dome captó a la perfección el ambiente de la nueva Inglaterra, que acepta sin rechistar la mediocridad. Pudo ser una forma de pasar un día fuera, sobre todo para quienes tienen hijos pequeños, pero hubiera tenido que aportar algo más para que los 758 millones de libras invertidos (sin olvidar los gastos individuales que generó cada visitante) no se consideraran dinero perdido.

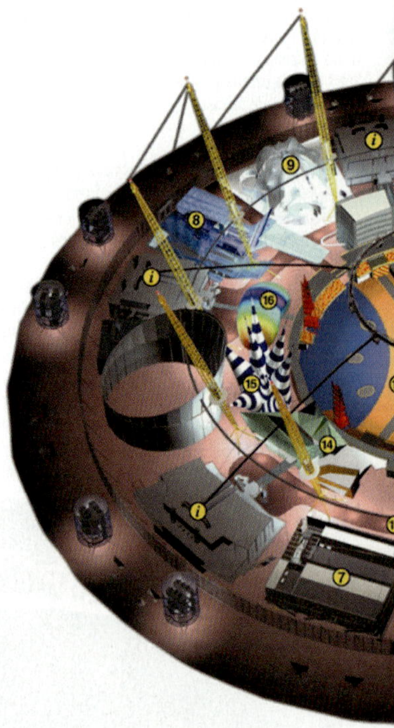

Claves de las exposiciones

Los números de las zonas encajan con los del diagrama de la página anterior.

1 Home Planet Una visita virtual por el planeta Tierra.

2 Living Island Una recreación del típico complejo turístico de la costa británica, con su playa, su plataforma para los músicos, un muelle, un faro y acantilados hechos con virutas de metal.

3 Shared Ground Una mirada a cómo los espacios privados (dormitorio, comedor, etcétera) reflejan nuestra personalidad y al potencial de experiencias compartidas que implican.

4 Play Una de las exposiciones más divertidas en la que los niños (y los padres) podían marcar goles, tocar un concierto o pasarlo bomba en un campo de juego electrónico.

5 Body Viaje a través del cuerpo humano que permitía descubrir los retos de los avances científicos, genéticos y médicos.

6 Entrada principal

7 Learning & work Para revivir días de escuela en el pasillo de un colegio, y ver cómo ha cambiado el mundo laboral y cómo seguirá cambiando; para poner a prueba su capacidad enfrentándose a retos interactivos.

8 Mind En esta zona en la que se potencia la mente y la imaginación se pasó revista a los sentidos y a las percepciones.

9 Faith Una celebración de 2.000 años de religiones que han convertido a Inglaterra en un país multiconfesional.

10 Self Portrait Las actitudes, imágenes y cultura de los británicos, como reflejo de la Inglaterra moderna.

11 Journey Un viaje de realidad virtual que recorre los medios de transporte del pasado y llega a proponer posibles medios futuros (con la inevitable orientación hacia soluciones ecologistas).

12 High Way Ruta más interior del Dome.

13 Mast Way Ruta más exterior del Dome.

14 Money Qué es, cómo lo usamos y cómo funciona el mercado global.

15 Our Town Stage Una sala en la que se dieron representaciones procedentes de distintas comunidades. Durante la World Stage Season «Escenario mundial», participaron visitantes internacionales.

16 Rest Para relajarse en un tanque de flotación en el que los sonidos, la luz y las formas proporcionan un antídoto contra el ajetreo exterior.

17 Talk Una exploración de las formas de comunicación; con la posibilidad de participar en un programa televisivo en directo.

18 The Milennium Show Arena Con una capacidad para 12.000 espectadores, en esta plaza actuaron acróbatas, trapecistas, artistas, bailarines, actores teatrales y trampolinistas que crearon una historia de amor alegórica.

Fuera del Dome

Skyscape Durante el día se emitió la serie especialmente concebida para el Dome, *Blackadder*. Por la noche, se organizaron conciertos y espectáculos.

Learning Experience Centre

Pavellón Greenwich La historia de Greenwich y el Dome.

Dónde se situó el Dome

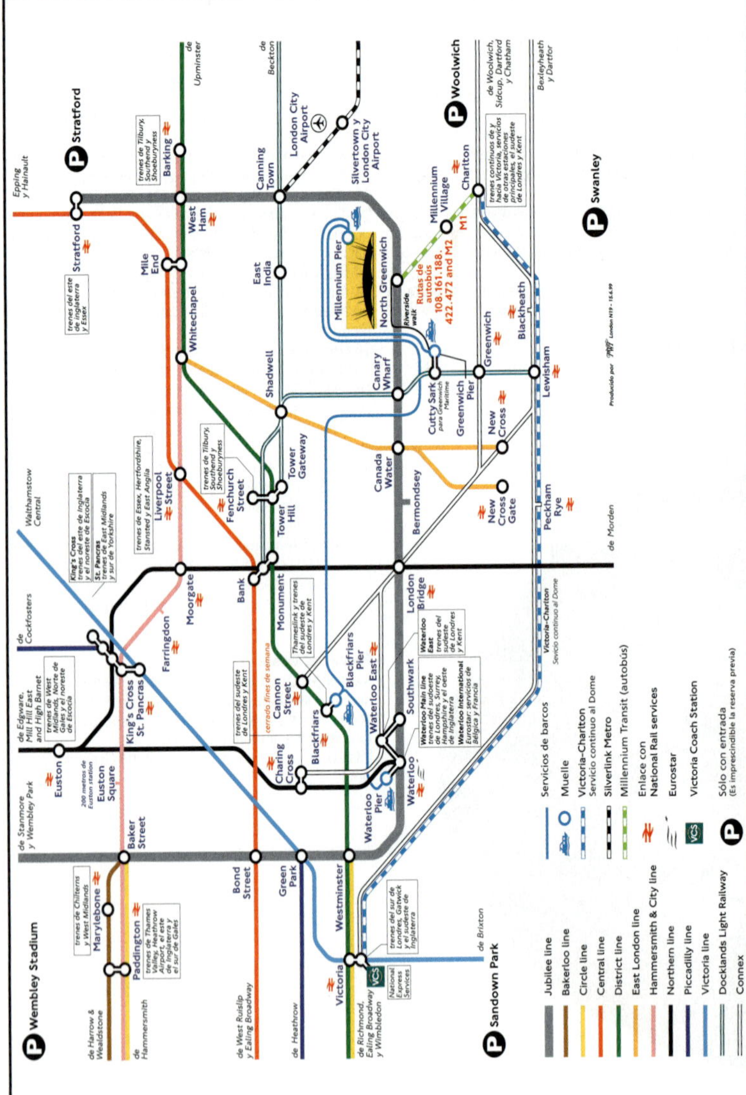

National Maritime Museum

National Maritime Museum
Romney Road, SE10 (8858 4422/información 8312 6565). DLR: Greenwich o Cutty Sark; estación de tren: Greenwich. **Abierto** de 10.00 a 17.00 horas, todos los días. **Entrada** 7,50 £; estudiantes, pensionistas, discapacitados y parados mayores de 40 años, 6 £; menores de 16 años, gratuita. *Combinado con el billete del Cutty Sark y del Royal Observatory* 12 £; estudiantes, pensionistas, discapacitados y parados mayores de 40 años, 9,60 £; menores de 16 años y mayores de 60 años, 2,50 £. *Tarjeta GoSee* (*véase* pág. 33). **Tarjetas de crédito** AmEx, MC, V. **Plano** *véase* pág. 122.

No se desanime si no siente un interés especial por la náutica: este museo, que mejora sin parar, es un lugar entretenido para cualquier persona que tenga un mínimo de curiosidad. Las distintas salas logran con acierto trazar una perspectiva de la historia náutica británica, con una inteligente combinación de exposiciones tradicionales y elementos multimedia. En el centro del museo se encuentra el **Neptune Court** (que abrió sus puertas en la primavera de 1999), un amplio y etéreo espacio cubierto con salas de exposición en sus cuatro laterales y una zona de exposición en el centro.

Un código de colores, algo confuso, guía a los visitantes por la primera planta a través de las exposiciones temáticas. En la sección dedicada al **Londres marítimo**, pueden verse fotografías antiguas y litografías que recuerdan la historia marítima de la capital, con vídeos que muestran el actual peso económico de la ciudad y su función como centro de la industria naviera. Las dos salas dedicadas a los **exploradores** pasa revista a los esfuerzos del hombre por ir más allá de las fronteras del mundo conocido; se muestran los métodos de navegación, la arqueología marina y los primeros viajes y descubrimientos de los polinesios y los vikingos, además de las exploraciones imperialistas realizadas con posterioridad desde Europa. Entre los muchos objetos expuestos destaca el saco de dormir que Scott utilizó en su expedición al Antártico y los escasos restos de la fallida expedición de sir John Franklin que, en 1845, partió con idea de encontrar un paso noroeste que comunicase el Atlántico con el Pacífico. Además, hay algunas innovaciones como **Rank & Style**, un estudio sobre los uniformes de la marina y su influencia en la moda; **Art and the Sea**, en la que se estudia el papel que el mar ha desempeñado en el arte europeo, y la muestra ecologista **Future of the Sea**.

A pesar del lujo de las nuevas exposiciones, la **Nelson Gallery** sigue siendo una de las más populares del museo. Se trata de un completo homenaje al héroe naval que narra sus éxitos en el mar y su influencia en tierra. No es de extrañar que la batalla de Trafalgar tenga un peso considerable en la exposición: no se pierda el cuadro más grande pintado por J. M. W. Turner (sobre la batalla) y, en un plano más morboso, el uniforme que Nelson llevaba cuando fue herido de muerte, manchado de sangre.

Las galerías **All Hands** y **Bridge** son salas interactivas en las que los visitantes más jóvenes pueden aprender cómo enviar una señal de socorro en código Morse, con banderas o por radio, y a dirigir un barco vikingo, un barco de vapor y un *ferry* moderno.
www.nmm.ac.uk

Old Royal Naval College
King William Walk, SE10 (8269 4744). DLR: Greenwich o Cutty Sark; estación de tren: Greenwich. **Abierto** de 10.00 a 17.00 horas, todos los días (última entrada, a las 16.15 horas). **Entrada** 3 £; estudiantes, pensionistas, discapacitados y parados mayores de 40 años, 2 £; menores de 16 años acompañados de un adulto, gratuita. Entrada libre todos los días a partir de las 15.30 horas. **Plano** *véase* pág. 122.

Fundado por Guillermo III como hospital naval en una sede diseñada por Wren situada en el recinto del palacio de Greenwich, el Royal Naval College se dividió en dos para permitir una vista ininterrumpida de la **Queen's House** (*véase* pág. 128) desde el río y viceversa. Después de 125 años de uso, la marina dejó el edificio vacante en 1998, y la Universidad de Greenwich tomó el relevo. El espectacular Painted Hall (decorado por James Thornhill de 1708 a 1727) y la capilla están abiertas al público, al igual que antes, y se ha inaugurado un espacio suplementario para exposiciones temporales con visitas guiadas. Durante el año 2001 tiene lugar la exposición **Millennium Crown Jewels**, una colección de perfectos facsímiles sobre las joyas de la corona de toda Europa.
www.greenwichfoundation.org.uk

Queen's House

Romney Road, SE10 (8312 6565/información 8312 6565). DLR: Greenwich o Cutty Sark; estación de tren: Greenwich. **Abierto** desde abril de 2001 de 10.00 a 17.00 horas, todos los días. **Entrada** Llamar para información. **Tarjetas de crédito** AmEx, DC, MC, V. **Plano** *véase* pág. 122.

Este edificio, que conserva los muebles del siglo XVII, fue la primera villa de estilo paladino. Diseñada por Iñigo Jones, en 1616, para la mujer de Jaime I, Ana de Dinamarca, ésta murió antes de que el palacio estuviese terminado. En 1999, se realizaron mejoras para permitir el acceso a los visitantes discapacitados, aumentar la seguridad y adaptar las habitaciones como salas de exposición. Entre otras exposiciones, la casa ha acogido **The Story of Time**, un estudio detallado sobre lo que significa el tiempo en todo el mundo y de lo que ha significado a lo largo de las épocas. La muestra incluía desde cuadros con referencias al tiempo, como algunas obras de Tiziano y Canaletto, hasta relojes de sol y toda clase de equipos para medir y cuantificar las horas, los días, los meses y los años.

Ranger's House

Chesterfield Walk, SE10 (8853 0035). DRL: Greenwich; estación de tren: Blackheath o Greenwich; autobús: 53. **Abierto** *de abril a septiembre* de 10.00 a 18.00 horas, todos los días; *en octubre* de 10.00 a 17.00 horas, todos los días; *de noviembre a marzo* de 10.00 a 16.00 horas, de miércoles a domingo. **Entrada** 2,50 £; niños de 5 a 15 años, 1,30 £; estudiantes, pensionistas, discapacitados y parados mayores de 40 años, 1,90 £. **Plano** *véase* pág. 122.

Esta encantadora villa de ladrillo rojo del siglo XVIII acoge la colección Suffolk de retratos de estilos jacobino y Estuardo. En la sala de exposiciones de la planta baja pueden verse obras contemporáneas en muestras temporales que cambian cada tres meses. Entre las obras expuestas recientemente figuran cuadros de pintores de Greenwich, tejidos y la obra del artista Tom Phillips. En la Coach House hay un estudio dedicado a la arquitectura urbana británica del siglo XVII al XIX.

www.english-heritage.org.uk

Royal Observatory

Romney Road, SE10 (8312 6565/ información pregrabada 8312 6565). DLR: Greenwich o Cutty Sark; estación de tren: Greenwich. **Abierto** de 10.00 a 17.00 horas, todos los días. **Entrada** 6 £; estudiantes, pensionistas, discapacitados y parados mayores de 40 años, 4,80 £; menores de 16 años, gratuita. *Entrada combinada con el Cutty Sark y el National Maritime Museum* 12 £; estudiantes, pensionistas, discapacitados y parados mayores de 40 años, 9,60 £; menores de 16 años, 2,50 £. *Tarjeta GoSee* (*véase* pág. 33). **Tarjetas de crédito** AmEx, DC, MC, V. **Plano** *véase* pág. 122.

Carlos II fundó el Observatorio Real en 1675 para dar solución al problema que planteaba determinar la longitud del mar. El relojero John Harrison, sin duda motivado por el premio de 20.000 £, encontró la solución en 1763. Desde 1954, ya no se realizan observaciones astronómicas en este espacio, y el conjunto de los edificios aloja, en la actualidad, exposiciones en las que se detalla cómo se estableció la medición del tiempo partiendo del meridiano de Greenwich y cómo se determinó el meridiano cero (el que divide el mundo entre Este y Oeste), ambos basados en este punto. También hay un **planetario** que proyecta documentales pedagógicos que duran unos cuarenta minutos y suelen pasarse a las 14.30 horas, de lunes a viernes (2 £; niños y socios, 1,50 £), aunque es preferible llamar primero para confirmarlo.

www.rog.mmm.ac.uk

Rotherhithe

Más allá de Greenwich, el Támesis hace una curva al pasar por **Deptford** (donde la Royal Naval Yards construía antaño los barcos de guerra con los que Inglaterra llegó a controlar los mares del mundo) camino de **Rotherhithe**. Pepys llamaba Redriffe a Rotherhithe, aunque ambos nombres derivan de los términos anglosajones «redhra» y «hyth» que significan «el puerto de los marineros». El antiguo nombre sigue teniendo sentido, pues Rotherhithe es un lugar tranquilo que casi no recibe visitantes y que cuenta con las mejores vistas del Támesis hacia Wapping y dos de los mejores *pubs* de Londres. Se dice que el infame juez Jeffreys utilizaba **The Angel** (en el número 101 de Bermondsey Wall East) como palco para observar las ejecuciones de piratas que se realizaban en la orilla. El campo situado enfrente del *pub*, con los restos de unos cuantos muros, es todo lo que queda de la mansión que había mandado construir Eduardo III en 1355. A unos cuantos metros se encuentra **The Mayflower** (en el número 117 de Rotherhithe Street) que data de 1550 y, al igual que The Angel, se construyó sobre pilares directamente sobre el río. Debe su nombre actual al momento en el que el barco Mayflower llegó al muelle en 1620, antes de partir rumbo a América. El capitán Christopher Jones, que dirigía el barco, está enterrado en la cercana iglesia **St. Mary's Rotherhithe** (*véase* inferior). No deje de echar un vistazo a la vieja escuela que se encuentra enfrente de la iglesia, con tallas que representan a escolares del siglo XVIII.

St. Mary's Rotherhithe

St Marychurch Street, SE16 (7231 2465). Metro: Rotherhithe. **Abierto** de 07.00 a 18.00 horas, de lunes a jueves; de 08.00 a 18.00 horas, los sábados y los domingos. Los viernes cerrado. **Entrada** gratuita.

Esta iglesia, que es una verdadera joya, fue construida en 1715 por los pescadores y los marineros de la localidad. En la actualidad, a consecuencia de los numerosos robos y actos vandálicos sufridos, el interior sólo puede visitarse a través de cristales, bajo la estrecha vigilancia de una cámara de vídeo. La mesa de comunión de la Lady Chapel y dos sillas de obispo se hicieron con la madera sacada de los restos del buque de guerra Fighting Temeraire, que Turner inmortalizó en un cuadro que ahora se muestra en la National Gallery.

Camberwell, Dulwich y Peckham

La mayor parte del sur de Londres se considera un lugar amorfo y sin gracia, pero ese prejuicio (frecuente en el norte de Londres) no permite descubrir un rico entramado de culturas y personalidades que cuentan con un gran encanto (a veces oculto).

Encontrar dicho encanto en **Peckham** parece, hemos de admitirlo, todo un reto. Al igual que muchos barrios del sur de Londres, en sus orígenes era una zona rural tranquila hasta que llegó la revolución industrial. Era el lugar favorito de los pastores y los ganaderos, que paraban a tomar una copa, de camino a algún mercado o feria en la ciudad. Dejaban a los animales pastando en el **Peckham Rye** y se iban a refrescar a alguna de las tabernas de Peckham High Street. Siendo niño, William Blake creó ver a unos ángeles entre el centeno y, en su novela *The Ballad of Peckham Rye* (1960), el personaje Muriel Spark se refiere, sin aparente ironía, a «la visión de un atardecer en los amplios y líricos campos de centeno» (a los bebedores les gustará saber que también menciona los *pubs* más interesantes en la primera página de la novela). Las casas de estilo victoriano que se describen en la novela han desaparecido casi por completo y han dejado paso a complejos monolíticos de protección oficial y a bloques de apartamentos. Sin embargo, Peckham también puede resultar sorprendente: en la nueva plaza y parque público inaugurados en enero de 2000, se puede ver una biblioteca de cinco millones de libras diseñada por los arquitectos Alsop y Stormer. La biblioteca es impresionante, colgada sobre el hormigón con muy poco soporte aparente.

Al oeste, en **Lordship Lane**, se encuentra la concurrida aunque tranquila **Dulwich** (cuyo único *pub* de interés es la **East Dulwich Tavern**, en la esquina de Spurling Road, aunque tiene un buen número de restaurantes económicos y correctos). El parque **Dulwich Park** cuenta con una vista impresionante del transmisor de TV Crystal Palace (en **Crystal Palace Park**; *véase* derecha) y el **Dulwich Village** se encuentra cerca, al final de Lordship Lane. La sede de la **Dulwich Picture Gallery** (*véase* derecha), con sus modernas esculturas, es un lugar agradable para sentarse (la galería abrió de nuevo sus puertas en mayo de 2000, después de una amplia remodelación). El ambiente rancio del Village, con sus distintivos ladrillos oscuros, contrasta intensamente con el violento Peckham. Si se dirige hacia el sur, saliendo del Village, encontrará la College Road, bordeada por casas más elegantes. En **Dulwich Common** le dará la bienvenida una vista espectacular: el **Dulwich College**, de ladrillo rojo y estilo clásico romano, que transmite serenidad, rodeado por un entorno ajardinado. Entre sus antiguos estudiantes figuran P.G. Wodehouse y Raymond Chandler. Cerca de allí se encuentra el excéntrico y maravilloso **Horniman Museum** (*véase* pág. 130).

Entre Brixton y Peckham queda **Camberwell**, una localidad que fue un pueblo rural hasta mediados del siglo XIX. El compositor Felix Mendelssohn vivió en la Southampton Street, y su *Spring Song* (Canción de primavera), escrita en 1842, se titulaba originalmente *Camberwell Green* en honor al antiguo parque del pueblo (que hace poco se remodeló con pésimo gusto), cercano al actual cruce de Camberwell Road y Denmark Hill. Lo mejor de Camberwell es **Camberwell Grove**, una colina llena de altas casas de estilo georgiano. El dorado de las salas de estar iluminadas recuerda a las novelas de Henry James y es algo digno de ver al atardecer. En el extremo oriental de Camberwell Church Street se encuentra la **St. Giles Church**, construida por sir George Gilbert Scott, en 1844. Con los años, se ha ido cubriendo de musgo y su pináculo de 72 m parece embarazosamente grande para su entorno actual.

Crystal Palace Park

SEIA (no tiene teléfono/museo 020 8676 0700). Estación de tren: Crystal Palace; autobuses: 2B, 3, 63, 108B, 122, 137, 157, 227, 249. **Abierto** *parque* hasta el atardecer todos los días. *Museo* de 11.00 a 17.00 horas, los domingos y los lunes festivos. **Entrada** gratuita; se agradecen donativos.

Construido para albergar la Gran Exposición de 1851, este palacio de cristal se erigió al principio en **Hyde Park** (*véase* pág. 95), pero al acabar la exposición, el edificio se desplazó a Sydenham, donde se empleó como sala para exposiciones, representaciones y conciertos. Los alrededores contenían un parque de entretenimiento con algunas maquetas de dinosaurios a escala natural salpicados aquí y allá. En 1936, el Crystal Palace se incendió y quedó reducido a cenizas. El pequeño pero informativo **Crystal Palace Museum**, situado en la antigua escuela de ingeniería en la que John Logie Baird inventó la televisión, narra la historia del palacio (tenga en cuenta que su horario de apertura es limitado). Las maquetas de dinosaurios que sobrevivieron a la quema están consideradas patrimonio arquitectónico nacional y sirven de recordatorio de las dimensiones del proyecto original. Las vistas que se pueden observar desde el parque, en el que también está el **National Sports Centre** (*véase* pág. 305), son impresionantes.

Dulwich Picture Gallery

College Road, SE21 (8693 5254). Estación de tren: North Dulwich o West Dulwich; autobuses: 3, 12, 37, 176, P4. **Abierto** de 10.00 a 17.00 horas, de martes a viernes; de 11.00 a 17.00 horas, los sábados y los domingos; lunes cerrado. **Entrada** 4 £; socios, 3 £; OAP'S. Entrada libre para todos los pensionistas, jubilados y menores de 15 años. Los viernes todo el día entrada libre. **Tarjetas de crédito** MC, V.

La **Dulwich Picture Gallery**, la galería pública más antigua de Inglaterra, volvió a abrir sus puertas a finales de mayo de 2000. El edificio, diseñado por sir John Soane ha sido remodelado por Rick Mather Architects, quienes han mantenido algunos de los elementos principales del edificio original pero han añadido nuevos equipamientos como, por ejemplo, una cafetería, una sala de prácticas artísticas (para el programa pedagógico de la galería) y

una mayor cantidad de salas para exposiciones temporales. Durante el cierre de la galería, la mayor parte del fondo estaba en una exposición itinerante (que genera unas ganancias más que necesarias) por todo el mundo, pero los cuadros de los viejos maestros de los siglos XVII y XVIII ya han vuelto a su restaurada casa.
www.dulwichpicturegallery.org.uk

Horniman Museum

100 London Road, SE23 (8699 1872 /información pregrabada 8699 23390). Estación de tren: Forest Hill; autobuses: 63,122, 176, 185, 312, 352, P4. **Abierto** de 10.30 a 17.30 horas, de lunes a sábado; de 14.00 a 17.30 horas, los domingos. **Entrada** gratuita. Se aceptan donativos.

Merece la pena dejar el centro de Londres y acercarse a este personalísimo museo para descubrir sus muchos atractivos. A los niños les encanta. Lo esencial de la peculiar colección de historia natural del comerciante de té del siglo XIX Frederick Horniman está expuesto en el vestíbulo, presidido por una inmensa morsa disecada rodeada de otras especies sin aparente orden. El sorprendente Apostle's Clock representa un famoso episodio de los Evangelios todos los días, a las 16.00 horas, y el Living Waters Aquarium es igualmente popular, ya que muestra la vida de un río en su trayecto hacia el mar. En verano, los jardines de estilo clásico se convierten en un atractivo más y cuentan con excelentes vistas, además de un pequeño zoo con animales de granja.

El museo está en pleno programa de remodelación y ha abierto sus puertas durante la primavera de 2001; si piensa visitarlo, llame para confirmar. Una vez terminadas las obras, el museo Horniman cuenta con nuevos espacios dedicados a colecciones de música y antropología, una nueva galería para exposiciones temporales, una tienda y una cafetería. Sin embargo, lo más emocionante de todo es la apertura de la primera galería permanente de Inglaterra dedicada a la escultura del arte africano: **African Worlds**. Todas las salas, así como una tienda y cafetería estarán abiertas en la primavera del 2003. Hay un gran número de actividades y acontecimientos destinados tanto a los adultos como a los niños.
www.horniman.demon.co.uk

Stockwell, Kennington y Vauxhall

Stockwell fue, en otro tiempo, una propiedad señorial medieval con una mansión situada en los actuales jardines Stockwell Gardens, junto a la Stockwell Road. Stockwell siguió siendo un pueblo hasta que llegó la fiebre por la construcción de casas y ferrocarriles que surgió hacia 1840. South Lambeth Common, en cuyos campos solía pastar el ganado, ha quedado reducido a un pedazo de verde alrededor de una torre con reloj y de un monumento en memoria de los caídos en la guerra, en el exterior de la parada de metro de Stockwell.

La iglesia **St. Mark's**, situada entre Prima Road y Camberwell New Road, fue construida en 1824, sobre el lugar donde se erigía la antigua horca en la que murieron muchos de los jacobinos que lucharon en la rebelión de 1745. El cercano **Kennington Park** era el antiguo Kennington Common. En los siglos XVIII y XIX, los oradores, entre los que se encontraba John Wesley, se dirigían a un público muy numeroso en este lugar. Hoy en día, Kennington es famoso por su relación con el mundo deportivo. El campo de críquet **Foster's Oval** (*véase* pág. 303) es la sede del Surrey County Cricket Club. Desde su inauguración, en 1845, el estadio no sólo ha acogido partidos convencionales, sino también la final de la copa FA entre 1870 y 1890.

Si sigue por Kennington Lane, pasado el cruce con Kennington Road, llegará a algunas de las calles más encantadoras del sur de Londres: **Cardigan Street, Courtney Street** y **Courtney Square,** compuestas por hileras de casas de color marrón oscuro, construidas todas ellas en 1914, con vallas y porches blancos. La inesperada vista del palacio de Westminster desde Cardigan Road nos recuerda lo cerca que queda esta zona del centro de Londres.

Vauxhall se encuentra entre Kennington y el Támesis. Un terreno abandonado rodeado por Tyers Street, Goding Street y Glasshouse es todo lo que queda de un parque del siglo XVIII conocido como **Vauxhall Gardens**. La novela de Henry Fielding *Amelia* y la de Thackeray, *Vanity Fair*, dan idea de lo que supusieron estos jardines en su momento de esplendor.

Vauxhall no es un barrio bonito. Su centro, cerca de la estación Vauxhall consiste en un impresionante cruce de carreteras a las que se suman las vías del tren. En la noche del viernes y el sábado, el lugar se llena de vida porque abre la **Royal Vauxhall Tavern** (*véase* pág. 274), uno de los locales *gays* más famosos de Londres. En la zona vive una importante comunidad portuguesa (lo que da pie a la existencia de buenos restaurantes como el **Bar Estrela**, 111-115 South Lambeth Road). Por otro lado, en Lambeth Road se encuentra uno de los mejores museos de la capital, el **Imperial War Museum** (*véase* inferior).

Imperial War Museum

Lambeth Road, SE1 (7416 5000). Metro: Lambeth North, Southwark o Waterloo. **Abierto** de 10.00 a 18.00 horas, todos los días. **Entrada** 5,50 £; estudiantes, pensionistas y parados mayores de 40 años, 4,50 £; discapacitados, 2,75 £; menores de 16 años, gratuita; de 16.30 a 18.00 horas, todos los días, gratuita. **Tarjetas de crédito** MC, AmEx, V.
Plano 11 N10

El manicomio más famoso del siglo XIX, Bedlam, es la actual sede de un museo nacional en memoria de las guerras del siglo XX. El reloj del sótano simboliza el coste en vidas humanas de la guerra, una estimación que ya supera los cien millones de cuerpos.

En el amplio atrio se pueden ver ejemplos de armas como el Sopwith Camel, el V2 y el Spitfire, y en la planta baja, se expone una muestra permanente que cuenta en cuatro partes la historia de la guerra en el siglo XX. Dos de las partes más populares, que más que exposiciones parecen «experiencias», son **The Blitz** y **The Trench,** que consiguen dar vida a la guerra sin grandes excesos de parafernalia. En la primera planta, la muestra **Secret War** arroja luz sobre el clandestino mundo del espionaje, desde 1909 a nuestros días. En la exposición pueden verse desde el uniforme de Brezhnev hasta una máquina codificadora alemana llamada «Enigma». La segunda planta está dedicada a la colección de arte del museo, que incluye un enorme cuadro que John Singer Sargent pintó en 1919 titulado *Gassed* así como obras de C. R. W. Nevinson y Stanley Spencer.

En 1999, el museo inició un amplio programa de reformas que terminará en 2001. Uno de los fines de la remodelación es la creación del tercer **Museo del Holocausto** más grande del mundo, al que se dedicarán dos plantas del ala nueva del edificio. Éste substituirá a la pequeña pero interesante exposición **Belsen**, que en la actualidad ocupa la planta inferior y se volvió a abrir al público en julio de 2000. La nueva galería acogerá también la exposición **The Age of Total War** y unas valiosas instalaciones pedagógicas.

Las exposiciones temporales previstas durante 2001 son: la recreación a escala de una casa típica de la década de los cuarenta durante la guerra, hasta agosto de 2001. Los niños podrán tocar con las manos la exposición sobre los submarinos británicos y su historia, abierta hasta abril de 2001 y una exposición sobre la guerra civil española en octubre de ese mismo año.
www.iwm.org.uk

Brixton

Brixton existe, de una forma u otra, desde hace dos mil años, de los cuales los primeros 985 fueron relativamente tranquilos. El pequeño asentamiento que existía en el lugar a principios del siglo XIX experimentó un importante desarrollo entre 1860 y 1890, momento en el que los ferrocarriles y los tranvías lo unieron con el centro de Londres. Al cambiar el siglo, el carácter social de Brixton empezó a cambiar: las grandes casas que se habían construido cien años antes se empezaron a dividir en apartamentos y a transformar en pensiones. Estas últimas eran las preferidas por los actores de teatro que trabajaban en el West End.

La identidad étnica de Brixton cambió durante los años cuarenta y cincuenta con la llegada de inmigrantes procedentes de las Antillas. Una generación después, la hostilidad entre la comunidad negra y la policía, unida a una crisis económica, culminó en las graves revueltas callejeras de 1981, 1985 y 1995.

Sin embargo, el ambiente que se respira hoy en día en Brixton es optimista. Los problemas (sobre todo los relacionados con las drogas) siguen existiendo y eso contribuye a que todo pueda estallar con facilidad en cualquier momento. Pero la influencia de los nuevos residentes jóvenes de clase media con algo de dinero ha permitido el surgimiento de bares, clubes y restaurantes en el centro de Brixton que están cambiando la fama del barrio.

De todos modos, de día Brixton sigue resultando poco atractivo. El mercado y los vendedores que se colocan alrededor de la parada de metro se levantan temprano, pero nadie más pone un pie en la calle hasta el final de la mañana. Después del trabajo, el ambiente se distiende. Los que van al cine, se reúnen delante del **Ritzy** (*véase* pág. 269) o en locales en los que se bebe y se baila como, por ejemplo, el **Dogstar**, el **Bug Bar** (para ambos, *véase* pág. 248), el **Isobar** y el **Fridge Bar** (*véase* pág. 250), que son los primeros en llenarse. Por su parte, el **Fujiyama** y el **Satay Bar** sirven el primer cóctel a los aficionados al arroz y a la pasta oriental. Más adelante, toman el relevo locales como el **Mass** o **The Fridge** (para ambos, *véase* pág. 247). Entre las opciones para comer algo se encuentra el vegetariano **Bah Humbug** (*véase* pág. 189), oculto en una cripta, el moderno e internacional **Helter Skelter** (*véase* pág. 173), el ejemplar restaurante de comida caribeña **Brixtonian Havana Club** (*véase* pág. 171), y el recién llegado **Ichiban**, especializado en *sushi*, situado en Atlantic Road. Brixton cuenta, asimismo, con uno de los pocos B&B («bed and breakfast») de Londres que no ponen reparos a las parejas homosexuales, **Number Seven** (*véase* pág. 278).

De todos modos, Brixton sigue siendo un caos. Es cierto que hay signos esperanzadores: en el centro se está rehabilitando un gran edificio para crear más zonas comerciales y, en los últimos años, se han instalado en Coldharbour Lane y Atlantic Road boutiques de moda, muebles y de obras de arte. Pero, en la actualidad, la mayor parte del barrio está sucio o en ruinas. Si no está preparado para ello, salir de la boca de metro y encontrarse con un coro de gritos procedentes de los vendedores de incienso, los repartidores de *Big Issue*, los borrachos y la multitud de grupos religiosos deseosos de salvar su alma puede ser demasiado. Y en el mercado (**Brixton Market**, *véase* pág. 226) encontrará aún más ruido, desorden y colorido, puesto que en él se vende la mayor selección de comida africana y caribeña de Europa, además de cualquier otra cosa, desde tupés hasta tablas de planchar. Si quiere descansar un poco del bullicio del mercado, siéntese en una de las mesas del diminuto **Eco Brixton** (4 Market Row) o, si éste está demasiado lleno, vaya al **Pangaea**, en el número 15 de Atlantic Road. El mercado se extiende, en parte bajo techo, desde la Electric Avenue hasta la Brixton Station Road. La primera debe su nombre («avenida de la electricidad») al hecho de haber sido la primera calle iluminada de la zona en la década de 1880 (más tarde, Eddy Grant la inmortalizó en una canción). Entre los lugares de interés más serenos figuran el **Brockwell Park**, a quince minutos andando desde la boca de metro, en el que hay una isleta construida en los años treinta.

Clapham

Clapham tiene dos centros: **Clapham Junction** (que técnicamente se considera parte de Battersea) y **Clapham Common**. Hasta la llegada del ferrocarril, Clapham Junction era un cruce de caminos rurales en el que se encontraba **The Falcon**, un local en el que los viajeros podían descansar y tomar algo. En la actualidad, el *pub* se ha convertido en lugar de descanso para los compradores: los grandes almacenes de Clapham, **Arding & Hobbs**, situados enfrente, se inauguraron en 1885. Clapham Jucntion es una de las estaciones con más tráfico del mundo: cada día circulan por sus vías más de 2.500 trenes.

Battersea Rise, que llega hasta el Common, es una calle con pretensiones artísticas y está llena de restaurantes, entre los que destaca **La Pampa**, un local de comida argentina (*véase* pág. 169). **Northcote Road**, perpendicular a Battersea Rise, es una zona de restaurantes y bares en rápida extensión, situados a unos pasos del mercado de frutas y verduras. Pasado el cruce con Bramfield Road, se encuentra una zona de tiendas de antigüedades. **The Hive**, en el número 53 de Webb's Road (paralela a Northcote Road), es una de las tiendas más sorprendentes del sur de Londres; está enteramente dedicada a las abejas y a los productos que fabrican y cuenta con un enorme panal de vidrio con 20.000 abejas vivas conectadas con el exterior a través de un túnel que da a la calle.

Battersea Rise se convierte en Clapham Common North Side, en cuyo extremo se encuentra una zona de casas altas y elegantes, con unas vistas envidiables sobre el Common. **Clapham Common** es un triángulo de verde entre carreteras, a medio camino entre un parque y una zona agreste; nadie ha evocado su equívoco encanto como Graham Greene en su *The End of the Affair*. Algunas zonas del Common tienen fama de ser lugar de encuentro de homosexuales una vez caída la noche (aquí se gestó el final de la carrera del secretario de Estado de Gales, Ron Davies, quien vivió lo que él definió como «un momento de locura» en este lugar, a finales de 1998).

Las calles que se encuentran cerca del extremo norte de Clapham Common están pasando de convertirse en una zona poco apreciada a ser una zona de moda a una velocidad pasmosa. Buena prueba de ello son los nuevos bares y restaurantes que proliferan en el área (no se pierda el francés **Gastro**, en el número 67 de Venn Street; las pizzas del **Eco**, en el número 162 de Clapham High Street; o la económica comida tailandesa del **Pepper Tree**, en el número 19 de Clapham Common Southside).

En **Clapham Old Town**, al nordeste del Common, hay un ambiente algo esnob, pero merece la pena visitarlo por disfrutar del aire provinciano que se respira en su centro, una plaza plagada de *pubs* del siglo XVIII (con una estación de autobuses de aspecto rural). El autobús 88, que recibe el pomposo nombre de «The Clapham Omnibus», inicia su recorrido en ese punto.

La lujosa iglesia situada en el extremo del Common, la **Holy Trinity Church**, fue, en el siglo XIX, el cuartel general de la llamada secta de Clapham, un grupo de acaudalados anglicanos que defendían la «cristiandad muscular»; uno de ellos era William Wilberforcer, un conocido activista que trabajaba para abolir la esclavitud. En 1945, la iglesia fue destruida por una V2, aunque fue reconstruida años más tarde. Si desea desayunar o tomar un té por la tarde, le recomendamos el **Tea-time**, en el número 21 de The Pavement.

Battersea

En la época sajona, **Battersea** era un pequeño asentamiento conocido como Batrices Ege («la isla de Badric»), que lindaba al norte con el Támesis y al sur con unas marismas. Famoso durante siglos como mercado de jardinería —parte de su extensión se llama Lavender Hill—, su carácter cambió por completo con la revolución industrial. En el siglo XIX, surgió un gran número de fábricas y la zona se cubrió con una red de líneas ferroviarias.

Lo mejor para llegar a Battersea sigue siendo el ferrocarril. El trayecto desde Victoria Station permite disfrutar de las mejores vistas del principal atractivo de la zona, la enorme **central eléctrica de Battersea**, diseñada por sir Giles Scott y construida entre 1929 y 1933. La central se cerró en 1983 y, desde entonces, se han ideado distintos planes de remodelación. De momento, se emplea esporádicamente para la celebración de algún acto, pero su futuro sigue siendo incierto.

El **parque de Battersea** (*véase* inferior), que corre paralelo al río, tiene una historia sangrienta: en 1671, el coronel Blood se ocultó cerca de lo que hoy es un tranquilo lago de paseo con barcas con idea de disparar al rey Carlos II mientras éste se bañaba, pero le traicionaron los nervios; y en 1829, el duque de Wellington escogió el lugar para llevar a cabo un duelo con pistolas contra lord Winchilsea, que le había acusado de traición por presentar la *Catholic Emancipation Bill*.

Battersea ha sido durante muchos años el lugar preferido por muchos artistas y escritores: el antiguo **puente de Battersea** protagoniza uno de los *Nocturnes* de Whistler, y Turner solía pintar las puestas de sol sobre el río desde **St. Mary's Battersea** (en la que William Blake se casó con la hija de un vendedor del mercado de jardinería). Más recientemente, los Pogues rindieron homenaje al vecino del puente de Battersea con *Misty Morning, Albert Bridge*.

Battersea Park

Albert Bridge Road, SW11 (8871 7530). Metro: Sloane Square; estación de tren: Battersea Park o Queenstown Road. **Abierto** de 08.00 horas hasta la puesta de sol (si hay una celebración, se cierra más tarde). **Plano 4 F13**

El alegre parque de Battersea fue inaugurado en 1858 por la reina Victoria, que estaba deseosa de dar a las clases humildes una ocupación saludable para evitar que se descontrolaran. En la actualidad, el diseño del parque se ha perdido en parte, pero sigue teniendo buen aspecto. Su enclave más conocido, los **Festival Gardens**, fueron uno de los atractivos del Festival de Inglaterra que tuvo lugar en 1951. Cuenta con zonas para hacer deporte y áreas de juego, un lago con barcas, una cafetería, un zoo para niños, ferias durante las vacaciones y otros acontecimientos que tienen lugar a lo largo del año. La Pagoda de la Paz, situada junto al Támesis, la construyeron unos monjes japoneses en 1985 para conmemorar el día de la bomba de Hiroshima. En la actualidad, el parque está en pleno programa de remodelación en el que se han invertido 12 millones de libras, y las obras empezaron en la primavera de 2000. Entre los elementos que se incluyen figura un muelle con servicio de transporte con el Dome y un nuevo almacén para lanchas. Los planes a largo plazo incluyen restaurar los jardines subtropicales, el elegante paseo que bordea el Támesis y los Festival Gardens.

Putney, Barnes, Mortlake y Kew

Putney, que en sus orígenes era una comunidad de pescadores y granjeros, puede presumir de haber sido el primer suburbio de Londres. Thomas Cromwell fue el mayor de los cortesanos de la época Tudor que compraron una casa en el pueblo y se desplazaba cada día para desempeñar sus funciones en los palacios reales situados en el oeste de Londres.

Excepción hecha de la estrecha y concurrida High Street, Putney es un lugar tranquilo, sobre todo al oeste del puente, en la zona del embarcadero, repleta de Land Rovers con una canoa en la baca. Cada año se organiza la **Boat Race** (*véase* pág. 5) entre esta localidad y Mortlake.

Bordeando la península de Putney se llega hasta **Mortlake**. Por el camino, la carretera principal, Queen's Ride, cruza la línea de ferrocarril en **Barnes Common**. En el extremo oeste del puente se encuentra un árbol que siempre está decorado con flores y ofrendas a Marc Bolan; el 16 de septiembre de 1977, el mini del cantante del grupo T-Rex chocó contra el árbol y éste murió al instante. En mayo de 2000 se inauguró en Barnes el **WWT Wetland Centre** (*véase* derecha), un mosaico único de hábitats húmedos creado a partir de la nada, donde se encontraba el Thames Water Barn Elm.

Al igual que Putney, Mortlake es un antiguo pueblo junto al río que fue tomado poco a poco por la gente de la ciudad y convertido en suburbio de la misma. La Christ Church Road conserva algo de su sabor original, con sus viviendas obreras de ladrillos rojos y su agradable **Plough** (*véase* pág. 156) pintado de blanco. Mortlake High Street conduce a la antigua destilería de cerveza así como a **The Limes** (123 Mortlake High Street), una mansión georgiana construida para la condesa de Strafford que en la actualidad alberga unas oficinas.

Kew es hoy sinónimo de los jardines **Kew Gardens** (cuyo nombre oficial es **Royal Botanic Gardens**; *véase* derecha) que sigue siendo el principal centro de investigación botánica del mundo. En Kew Village se puede tomar algo en el *pub* **Flower & Firkin**, que cuenta con un invernadero que da a la estación, o en el sofisticado y amplio café bar **Hothouse**.

Si se dirige a los jardines, podrá llegar a una de las entradas tomando la Lichfield Road. Unos metros al norte se encuentra el algo anticuado salón de té **Maids of Honour** (288 Kew Road), en el que sirven deliciosos pasteles y pastas caseros. El **Kew Green** cuenta con un campo de cricket rodeado de *pubs* y, en una esquina, se encuentra la amplia, baja y elegante iglesia de **St. Anne,** construida para la reina Ana en 1714. Su interior, rodeado de vidrieras, es de una claridad y luminosidad impresionantes.

Royal Botanic Gardens (Kew Gardens)

Richmond, Surrey (8332 5000/ información pregrabada 8940 1171). Metro: Kew Gardens; estación de tren: Kew Gardens o Kew Bridge; barco hasta el muelle Kew. **Abierto** desde las 09.30 horas, todos los días. Los horarios de cierre cambian según la época del año: de las 16.30 horas de mediados del invierno, a las 19.30 horas de mediados del verano. **Entrada** adultos, 5 £; niños de 5 a 16 años, 2,50 £; estudiantes, pensionistas, discapacitados y parados mayores de 40 años, 3,50 £; familias, 13 £; menores de 5 años, gratuita. **Tarjetas de crédito** MC, V.

Siguiendo la curva del Támesis, Kew Gardens se desarrolló en los siglos XVII y XVIII en el terreno que ocupa el actual **palacio de Kew**. Diseñado por William Chambers y «Capability» Brown, en él se plantaron especies de todos los continentes aportadas por sir Joseph Banks. La Corona donó los jardines al Estado en 1841, y desde entonces, Kew se ha convertido en un importante centro de investigación en horticultura de fama mundial (cuenta con la mayor colección de orquídeas del mundo).

La **Palm House** (de Decimus Burton y Richard Turner, 1848) es la estructura de hierro y vidrio mejor conservada del país. Se ve mejor desde las galerías, lugar donde se puede echar un vistazo a la húmeda y cálida jungla de palmeras y helechos. La **Temperate House** también es obra de Burton y Turner. No se pierda la vaporosa **Aroid House** (John Nash, 1836), en la que se encuentra una selva tropical. Alrededor de los invernaderos hay 120 hectáreas de terreno llenas de todas las variedades de árboles, arbustos y flores imaginables. Ocultos entre los árboles, se encuentran edificios y esculturas de interés como, la **Great Pagoda,** de William Chambers (1762), o una entrada de estilo japonés. La **Marianne North Gallery** y el **Wood Museum** también están abiertos al público. El antiguo nombre del jacobino **Kew Palace** era la Dutch House (casa holandesa), por su característico tejado a dos aguas. Construido en 1631, Jorge III lo compró en 1781 y fue residencia rural de la familia real hasta 1820.

www.rbgkew.org.uk

WWT The Wetland Centre

Queen Elizabeth's Walk, SW13 (8409 4400). Metro: Hammersmith y, luego, autobuses 33, 72, 209 o 283; estación de tren: Barnes. **Abierto** *de abril a septiembre* de 09.30 a 18.00 horas, todos los días; *de octubre a marzo* de 09.30 a 17.00 horas, todos los días. Última entrada: 1 hora antes del cierre. **Entrada** 6,75 £; niños, 5,50 £; pensionistas y estudiantes, 5,25 £; menores de 16 años, 4,25 £. **Tarjetas de crédito** MC, V.

Resulta impresionante encontrar una fauna tan rica y agreste tan cerca del centro de Londres, pero el Wildfowl y Wetlands Trust (WWT) de sir Peter Scott ha hecho un trabajo extraordinario y ha convertido en reserva con varios hábitats lo que era un antiguo embalse. En las 42,5 hectáreas el visitante puede ver lagos, lechos de juncos, zonas de hierba inundadas según la temporada y marismas (la mayor parte a través de cámaras submarinas CCTV situadas en todo el recinto). Además, el visitante encontra-

rá el Peter Scott Centre, una sala de exposiciones, un restaurante, una cafetería y tiendas.
www.wetlandcentre.org.uk

Wimbledon

Al igual que mucha gente identifica Kew con sus jardines, la mayor parte de la gente que no vive en Londres asocia **Wimbledon** con su torneo de tenis de dos semanas de duración (*véase* pág. 7); el resto del año, el lugar tiene poco que ofrecer. En la **Wimbledon Broadway** se encuentra el enorme **Centre Court**, un centro comercial, y, más al este, el **Wimbledon Theatre**, un teatro que es un ejemplo del más puro estilo eduardiano. Hay una serie de bares y restaurantes en los que puede tomar algo o comer si no le apetece ascender por la empinada Wimbledon Hill Road hasta **Wimbledon Village**. Este último es una especie de réplica de pueblo adinerado que mira por encima del hombro al suburbio que se encuentra a los pies de la colina. El mejor de los *pubs* es el **Rose & Crown** (junto al cruce de Marryat Road y Parkside), del siglo XVII.

Un poco más allá está el **Wimbledon Common**, una gran zona verde parcialmente reforestada, repleta de caminos y rutas para recorrer a caballo; resulta muy fácil perderse en su interior. El molino de viento que está en el extremo nordeste data de 1817. Baden-Powell escribió parte de su *Scouting for Boys* mientras vivía en el molino, en 1908, y en la actualidad, alberga un museo que cierra en invierno, aunque cuenta con un amplio salón de té que permanece abierto todo el año. El cementerio Putney Vale Cementery, situado en el extremo nordeste del Common (se accede desde Roehampton Vale) es uno de los mayores de Londres; Lillie Langtry fue enterrada en él, en 1929.

El **Bluegate Gravel Pit** forma un idílico lago situado al este del Common, cuya paz y tranquilidad apenas se ve alterada por el tráfico que circula por Parkside. Cruce la calle y vaya por Calonne Road para descubrir la mayor sorpresa de Wimbledon: en medio de un mar de casas típicas de los suburbios de Londres (la mayoría de antes de la guerra, con nuevos modelos de Rover parados a la puerta) puede verse un impresionante templo budista tailandés, el **templo Buddhapadipa**. Los visitantes pueden echar un vistazo al mismo de 13.00 a 18.00 horas, los sábados; de 08.30 a 10.30 horas y de 12.30 a 18.00 horas, los domingos. Cerca de allí se encuentran el All England Lawn Tennis Club y el **Wimbledon Lawn Tennis Museum** (*véase* inferior). El vecino **Wimbledon Park** cuenta con canchas de tenis públicas y un gran lago con barcas.

Wimbledon Lawn Tennis Museum

Church Road, SW19 (8946 6131). Metro: Southfields; autobús: 39, 93, 200. **Abierto** de 10.30 a 17.00 horas, todos los días; durante los campeonatos sólo se permite el paso a los espectadores con entrada. **Entrada** 5 £; niños de 5 a 15 años, estudiantes y pensionistas, 4 £. **Tarjetas de crédito** MC, V.
Este museo de diseño moderno y buena iluminación recoge 150 años de historia social y deportiva. Más interesante que las hileras de raquetas o pelotas es la recreación de un partido de tenis eduardiano y la sección dedicada al tenis a partir de 1968, con pantallas táctiles que facilitan información sobre las estrellas del torneo pasadas y presentes y pasan vídeos de antiguos campeonatos. El museo está lleno de datos sorprendentes: ¿sabía usted que las pelotas amarillas se utilizaron por primera vez en 1986? ¿O que se conservan a 20 grados y que pueden alcanzar los 140 kilómetros por hora? La colección de recuerdos personales sólo llamará la atención de los devotos del tenis que encontrarán, entre otros, la cinta que llevaba en la cabeza Pat Cash o un autógrafo de Boris Becker.
www.wimbledon.org/museum

Richmond

No es difícil imaginar **Richmond** como el concurrido pueblo rural inglés que fue en otra época: aunque la tranquilidad bucólica ha dado paso al bullicio del tráfico y al rugido de los motores de los aviones que se aproximan a Heathrow. Hasta el siglo XVI, toda la zona se llamaba Sheen, nombre que debía al hecho de que Enrique VII compró una propiedad y la llamó como su condado de Yorshire. Isabel I pasó los últimos veranos de su vida en Richmond y murió en el palacio en 1603, pero éste fue abandonado. Lo único que queda de él es una puerta de acceso en Richmond Green con el escudo de Enrique VII y el patio Old Palace Yard. El edificio alargado de la izquierda es el Wardrobe, que se empleaba para guardar los adornos del palacio.

La estación de Richmond se encuentra enfrente del *pub* **Bull & Bush**, antes Station Hotel, y, en sus primeros días, a mediados de los años sesenta, cuartel general de varios músicos de *blues*. Los Rolling Stones fueron el grupo musical de la casa durante varios años, y Elton John, Rod Stewart, Small Faces y Long John Baldry hicieron sus pinitos en este local.

George Street y **The Quadrant** constituyen el centro de Richmond, que está repleto de tiendas y restaurantes. Brewer's Lane, bordeada de tiendas de antigüedades, desemboca en el **Richmond Green**, mayor y menos atractivo que el Kew Green, aunque en uno de los extremos cuenta con un edificio de dos cúpulas: el **Richmond Theatre**. Merece la pena echar un vistazo a la iglesia de **St. Mary Magdalene**, en Paradise Road, que combina varios estilos arquitectónicos de entre 1507 y 1904.

A pesar de que parece antiguo, **Richmond Riverside**, cerca del puente **Richmond Bridge**, data de los años ochenta, y las fachadas que imitan el estilo georgiano, ocultan pisos y oficinas contemporáneos. En uno de los edificios victorianos se encuentra la biblioteca pública, la oficina de turismo y el **Museum of Richmond** (*véase* pág. 135).

En Richmond no abundan las oportunidades de comer bien. Entre las destacadas excepciones figura la marisquería especializada en *pancake* **Chez Lindsay** (*véase* pág. 174) y el moderno **Canyon**, junto al puente de Richmond. Para comer en domingo, acuda al **White Cross**, junto al río, al final de Water Lane.

De paseo por el **Richmond Park** *(véase inferior).*

En cualquier caso, Richmond es el lugar ideal para disfrutar de los exteriores. Excepción hecha del bosque Epping, el **Richmond Park** (*véase* inferior) es el último vestigio de los grandes bosques de robles que rodeaban Londres en la época medieval. En 1727, el poeta James Thomson exclamaba refiriéndose a la colina **Richmond Hill**: «¡Cielos! ¡Qué hermosa vista de colinas, valles, bosques, prados, campanarios, brillantes pueblos y dorados riachuelos!». La vista apenas ha cambiado desde entonces, salvo que los brillantes pueblos se han unido y han formado una brillante ciudad. Cerca de la cima de Richmond Hill se encuentran los **Terrace Gardens**, que cubren una ladera que desciende hacia el río (a mitad de camino, hay una cafetería). Si el río no está crecido, podrá seguir los meandros de su curso hasta **Petersham** y **Ham**. El Támesis está especialmente tranquilo en esta zona, y a primera hora de la mañana o de la tarde, **Petersham Meadows** tienen un aire extremadamente bucólico, con sus vacas de color marrón bebiendo junto al río rodeado de niebla.

Museum of Richmond

Old Town Hall, Whittaker Avenue, Richmond, Surrey (8332 1141). Metro: Richmond; estación de tren: Richmond. **Abierto** *de mayo a octubre* de 11.00 a 17.00 horas, de martes a sábado; de 13.00 a 16.00 horas, los domingos; los lunes cerrado. *De noviembre a abril* de 11.00 a 17.00 horas, de martes a sábado; los domingos y lunes cerrado **Entrada** 2 £; estudiantes, pensionistas y parados mayores de 40 años, 1 £; menores de 16, gratuita. **No se aceptan tarjetas de crédito.**
En el museo se insiste sobre todo en la popularidad de Richmond como residencia estival de la realeza, pero también se narra la historia de la zona desde la época prehistórica (a menudo aparecen armas y objetos de esa época en el río) hasta la segunda guerra mundial. Los empleados son amables y están bien informados.
www.museumofrichmond.com

Richmond Park

Richmond, Surrey (8948 3209). Metro: Richmond; estación de tren: Richmond y, luego, autobús 371. **Abierto** *de marzo a septiembre* de las 07.00 horas hasta el atardecer todos los días; *de octubre a febrero* de 07.30 horas a la puesta de sol, todos los días.
Antiguo coto de caza, el Richmond Park cubre 1.010 hectáreas y cuenta con fantásticas vistas de Londres y Surrey. Es ideal para pasear, ir en bicicleta o montar a caballo, y acoge una gran variedad de vida salvaje como, por ejemplo, el ciervo rojo. Entre los edificios notables del parque se encuentran el **Pembroke Lodge** (ahora convertido en cafetería), que fue la casa de infancia del filósofo Bertrand Russell, y la elegante villa paladiana **White Lodge**. No se pierda la deliciosa **Isabella Plantation**, un bosque con un riachuelo, varios lagos y una espectacular variedad de flores.

Más al sur

Siguiendo el curso del Támesis, al sur de Richmond (un encantador paseo para hacer a pie o en bicicleta), se llega a una zona de casas de campo de postín. La **Marble Hill House** y la vecina **Orleans House** quedan frente a la **Ham House** (para ambas, *véase* inferior). Pasando **Twickenham** (sede del **Museum of Rugby**; *véase* pág. 136) se encuentra la personalísima casa de Horace Walpole, **Strawberry Hill**, antes de que el río llegue al concurrido centro comercial de **Kingston** y dibuje una curva alrededor del espectacular **Hampton Court Palace** (*véase* inferior).

Ham House

Ham, Richmond, Surrey (8940 1950). Metro o estación de tren: Richmond y, después, autobús 371. **Abierto** *casa, de abril a octubre* de 13.00 a 17.00 horas; de lunes a miércoles, y los sábados y los domingos, cerrado los jueves y viernes *jardines* de 10.30 a 18.00 horas o hasta el atardecer, de lunes a miércoles y los sábados y los domingos. **Entrada** 6 £; niños de 5 a 15 años, 3 £; familias, 15 £; *sólo jardines* 2 £; niños de 5 a 15 años, 75 p. **Tarjetas de crédito** AmEx, MC, V.
El carácter único de esta hermosa mansión de ladrillo rojo situada junto al río se debe a que conserva los muebles, cuadros y adornos originales del siglo XVII. La distancia que separa la casa del río está cubierta de césped, y en la actualidad, se están restaurando los jardines para devolverles su esplendor original. Parte del terreno se conoce como Wilderness («tierra virgen»), aunque lo cierto es que está meticulosamente diseñado y dividido en zonas.
www.nationaltrust. org.uk/southern

Hampton Court Palace

East Molesey, Surrey (8781 9500). Estación de tren: Hampton Court; barco desde el muelle de Westminster o Richmond hasta el de Hampton Court (de abril a octubre). **Abierto** *palacio, de abril a octubre* de 10.15 a 18.00 horas, los lunes; 09.30 a 18.00 horas, de martes a domingo; *de noviembre a marzo* de 10.15 a 16.30 horas, los lunes; de 09.30 a 16.30 horas, de martes a domingo (última entrada: 45 minutos antes del cierre). *Parque* del alba al anochecer, todos los días. **Entrada** *palacio, patio, claustro y laberinto* 10,50 £; niños de 5 a 15 años, 7 £; estudiantes, pensionistas, discapacitados y parados mayores de 40 años, 8 £; familias, 31,40 £. *Sólo laberinto*, 2,50 £; niños de 5 a 15 años, 1,60 £; niños menores de 5 años, entrada libre. **Tarjetas de crédito** AmEx, MC, V.

Bueno, está claro que es caro, pero merece la pena porque podrá pasar el día vagando por los pasillos y los jardines de la mansión. En 1514, el poderoso cardenal Wolsey empezó a construir Hampton Court para que fuese su casa de campo. Después de su destitución, en 1529, Enrique VIII compró el palacio, lo que incluía también el fabuloso techo de la **Chapel Royal**, que precisó cien hombres y nueve meses para terminarse. En la década de 1690, Guillermo y María encargaron a Wren que reconstruyese los **State Apartments** con estilo renacentista clásico (King's Apartment, dañada en un incendio en 1986, ha sido magníficamente restaurada).

Afortunadamente, la visita del palacio se divide en varias partes. Entre los elementos más destacados se encuentran la **Renaissance Picture Gallery**, el **Great Hall** de Enrique VIII, con un techo muy trabajado, y las **cocinas de estilo Tudor**. Estas últimas son tal vez la parte más divertida de la visita: cocineras vestidas de criadas de época preparan platos del siglo XVI, asan la carne en una varilla y charlan con los visitantes. Los guías también van vestidos de época y varias veces al día se organiza una algarabía frente al **Clock Court**, sobre el que se encuentra el magnífico reloj astronómico que Enrique VIII encargó en 1540 a Nicholas Oursian.

Los amplios jardines hacen que merezca la pena el viaje. Busque la **Great Vine**, la parra más antigua del mundo. Se cree que la plantó «Capability» Brown en torno a 1770, y sigue dando una cosecha anual de entre 230 y 320 kg de uvas negras que se venden a los visitantes. Otro de los elementos que no debe perderse o, mejor dicho, en el que debe perderse, es el famoso laberinto. Muchos de los que se burlaban, se han desorientado en su interior.
Página web: www.hrp.org.uk

Marble Hill House

Richmond Road, Twickenham, Middlesex (8892 5115). Metro: Richmond; estación de tren: Richmond; autobuses: 33, 90, 290, H22 y R70. **Abierto** *de abril a octubre* de 10.00 a 18.00 horas, todos los días; *de noviembre a marzo* de 10.00 a 16.00 horas, de miércoles a domingo. Cerrado lunes y martes. **Entrada** 3,30 £; niños de 5 a 15 años, 1,70 £; estudiantes, pensionistas, parados mayores de 40 años, 2,50 £. Niños menores de 5 años, gratis. **Tarjetas de crédito** MC, V.

Marble Hill House, situada en Marble Hill Park, con vistas al Támesis, es una perfecta villa palladiana. Se construyó para Henrietta Howard, la amante de Jorge II, y, más tarde, la ocupó la señora Fitzherbert, la esposa secreta de Jorge IV. El vestíbulo interior tiene hermosos adornos y la casa está perfectamente restaurada, al igual que los muebles de estilo georgiano. En las tardes de verano se organizan conciertos en el parque (*véase* pág. 283).
www.english-heritage.org.uk

Museum of Rugby/Twickenham Stadium

Puerta K, Estadio de rugby Twickenham, Rugby Road, Twickenham, Middlesex (8892 8877). Metro: Hounslow East y, luego, autobús 281; estación de tren: Twickenham. **Abierto** *museo* de 10.00 a 17.00 horas, de martes a sábado; de 14.00 a 17.00 horas, los domingos (última entrada: 16.30 horas). Visita guiada de 10.30 a 12.00 horas y de 13.00 a 15.00 horas, de martes a sábado, los domingos a las 15.00 horas. **Entrada** *conjunta* 6 £; niños de 5 a 15 años, estudiantes, pensionistas y discapacitados, parados mayores de 40 años, 4 £; familias, 19 £. **Tarjetas de crédito** MC, V.

La creciente popularidad del rugby hace aumentar el número de visitantes que recibe esta muestra interactiva situada en la meca de este deporte, el estadio de Twickenham. En el museo hay puntos de información con pantallas táctiles que facilitan datos acerca de equipos y jugadores, una máquina de formaciones y una réplica de los vestuarios del antiguo West Stand. La visita guiada que recorre el estadio desde los vestuarios hasta el césped merece la pena.
www.rfu.com

Orleans House

Riverside, Twickenham, Middlesex (8892 0221). Estación de tren: St. Margaret. **Abierto** *de abril a septiembre* de 13.00 a 17.30 horas, de martes a sábado; de 14.00 a 17.30 horas, los domingos; *de octubre a marzo* de 13.00 a 14.30 horas, de martes a sábado; de 14.00 a 16.30, los domingos. **Entrada** gratuita.

Construida en 1710 para James Johnston, el secretario de Estado para Escocia de Guillermo III, más tarde se convirtiría en residencia del duque de Orleans en el exilio, y de ahí su nombre. El edificio se demolió en 1926, a excepción del Octágono, una torreta de ocho lados que formaba parte del ala oeste. En el lugar que ocupaba la casa, se construyó una galería y se empleó el Octágono como sala de exposiciones.
www.richmond.gou.uk/depts/opps/leisure/arts/orleans house

Thames Barrier Visitors' Centre

1 Unity Way, SE18 (8305 4188). Metro: North Greenwich; estación de tren: Charlton; barcos desde y hasta el muelle de Greenwich (8305 0300) y hasta el muelle de Westminster (7930 3373); autobuses: 177 y 180. **Abierto** de 10.00 a 17.00 horas, de lunes a viernes; de 10.30 a 17.30 horas, los sábados y los domingos. **Entrada** 3,40 £; niños de 5 a 16 años, pensionistas, 2 £; familias, 7,50 £. *billete Greenwich.* **Tarjetas de crédito** MC, V.

Desde que se terminó, en 1982, la barrera del Támesis, que costó 500 millones de libras, se ha levantado más de veinte veces para proteger a Londres de una inundación. Cuando se emplea, las cuatro puertas tienen la altura de un edificio de cinco plantas cada una (normalmente están planas sobre el lecho del río por lo que no impiden el paso de los barcos). El centro de visitantes cuenta con maquetas y presentaciones audiovisuales en las que se explica cómo se construyó la estructura. La barrera se suele levantar una vez al mes (las fechas y los horarios varían; llame para solicitar más información).
www.environment-agency.gov.uk

El oeste de Londres

No todo se resume a Notting Hill: el encanto de Chiswick y la belleza de Holland Park demuestran que el oeste está a la altura de lo mejor

Paddington y Bayswater

PLANOS 1 Y 2

El nombre de **Paddington** procede del antiguo jefe anglosajón Padda, pero los londinenses actuales asocian este barrio situado al norte de Hyde Park con la estación de ferrocarril y con su majestuoso techo elevado sobre pilares de hierro que recuerda al de una catedral, diseñado por Kingdom Brunel en 1851. La estación y el Grand Junction Canal (1801) originaron un *boom* de población que inundó Paddington y la vecina **Bayswater** a mediados del siglo XIX. Antiguamente, la zona no se consideraba residencial por la cercanía del penal de Tyburn, situado cerca de donde ahora se encuentra Marble Arch. A pesar del otro bajón de popularidad que supuso el que a principios del siglo XX se asociase con la prostitución, la pobreza y la dejadez, hoy en día el barrio es próspero y está lleno de clásicas casas blancas de estilo victoriano. También cuenta con un ambiente cosmopolita muy agradable gracias a la presencia de comunidades judías, griegas y de Oriente Medio. A pesar de contar con muchos hoteles y hostales, el **Alexander Fleming Laboratory Museum** (*véase* derecha), situado en St. Mary's Hospital, es uno de los pocos valores turísticos del barrio. La cercana estación **Paddington Station** se ha beneficiado de un presupuesto de reformas de 63 millones de libras, cuya pieza central es **The Lawn**, un espacio de acero y cristal que alberga tiendas, cafeterías y mostradores de embarque para los pasajeros que toman el tren Heathrow Express desde la estación.

Queensway constituye el corazón de Bayswater, pero a pesar de contar con restaurantes correctos (sobre todo de comida china; *véase* pág. 171), parece más un lugar pensado para los turistas carentes de gusto. El palaciego centro comercial Whiteley tiene el dudoso honor de haber sido uno de los edificios favoritos de Adolf Hitler, pero es fácil olvidar esto y disfrutar de sus numerosos cafés, sus ocho salas de cine y su variedad de tiendas.

Al girar hacia la izquierda en el extremo norte de Queensway se llega a **Westbourne Grove**, también llamado el «pasillo del curry». Los restaurantes que se encuentran en esta calle ya no son demasiado buenos, pero sigue habiendo excelentes locales especializados en platos de Oriente Medio y de África como el sudanés **Mandola** (*véase* pág. 187). A medida que la calle se extiende hacia el oeste, en dirección a Portobello Road y Notting Hill, empieza a surgir un mayor número de tiendas de antigüedades. No se pierda el baño público con mayor estilo de todo Londres (una gran estructura triangular de azulejos verdes) que se encuentra en Colville Road y cuenta con su propio puesto de flores, **Wild at Heart** (*véase* pág. 215). Algunos locales de diseño como **Aero** o **Space** (*véase* pág. 208) también merecen una visita.

Alexander Fleming Laboratory Museum

St. Mary's Hospital, Praed Street, W2 (7725 6528). Metro: Paddington; estación de tren: Paddington; autobuses: 7, 15, 27, y 36. **Abierto** de 10.00 a 13.00 horas, de lunes a viernes; de 14.00 a 17.00 horas, de lunes a jueves, de 10.00 a 17.00 horas, los viernes. **Entrada** 2 £; socios, 1 £. **Plano 2 D5**

El 3 de septiembre de 1928, cuando una muestra de bacteria se vio contaminada por un misterioso moho, Alexander Fleming se dio cuenta de que algo de gran importancia estaba a punto de ocurrir. El descubrimiento de la penicilina tuvo enormes consecuencias, y la recreación (en la misma habitación) del laboratorio de Fleming se completa con paneles informativos y proyecciones de vídeo que permiten adentrarse en la vida del científico y en la función de la penicilina en la lucha contra las enfermedades.

Maida, Vale, Kilburn y Queen's Park

Al norte de Westway se encuentran Edgware Road, Maida Vale, Kilburn y Queen's Park. La recta Edgware Road sigue el curso de la antigua Watling Street, una vía congestionada famosa por contar con los mejores locales de *kebab* de todo Londres (visite el **Patogh**; *véase* pág. 184), por cortesía de la creciente comunidad de Oriente Medio instalada en la zona.

Maida Vale (que debe su nombre a la victoria de los ingleses contra los franceses en la batalla de Maida, al sur de Italia, en 1806) es una zona próspera llena de pisos eduardinos cuya belleza mejora en la zona conocida como **Little Venice** (la pequeña Venecia). Puede dar un paseo por los canales hasta llegar al **London Zoo** de Londres (*véase* pág. 70) o tomar una lancha.

Kilburn High Road es conocida por el bullicio de sus *pubs*, regentados en su mayoría por inmigrantes irlandeses, y constituye asimismo un buen lugar para encontrar saldos. Su población, en su mayoría formada por irlandeses y caribeños, puede disfrutar del emprendedor centro de arte de la localidad: el **Tricycle** (*véanse* págs. 311-312).

Queen's Park es un remanso de paz alejado del caos de Kilburn High Road donde los niños pueden jugar y los adultos practicar sus habilidades en un minigolf o en una de las seis cuidadas canchas de tenis, o bien tomar algo en la excelente cafetería.

Notting Hill

PLANO 1

Antiguo barrio marginal, hoy en día, **Notting Hill** está lleno de modelos, profesionales de los medios de comunicación y bohemios que cenan y hacen películas sobre sí mismos. Nunca se había visto nada parecido en el lugar. Desde que una serie de edificios blancos de estuco dieron pie al asentamiento de Notting Hill a principios de la década de 1880, en la zona había poco más que granjas de cerdos. La fortuna del barrio decayó durante el siglo XX y éste se convirtió en un lugar de residencia para las clases blancas trabajadoras. En los años cincuenta, la influencia de las comunidades de inmigrantes de las Antillas, seriamente explotados por el casero Peter Rachman, provocó serios conflictos raciales.

Notting Hill Gate es poco más que una calle llena de tráfico, aunque cuenta con dos cines: el **Gate** y el **Notting Hill Coronet** (para ambos, *véase* pág. 269), este último uno de los pocos cines de la ciudad en los que se puede fumar. Enfrente está el bar y restaurante medicinal Pharmacy, de Damien Hirst, mientras que en la esquina siguiente, en la intersección de Pembridge Road y Prince Albert, se encuentra el diminuto **Gate Theatre** (*véase* pág. 311), uno de los mejores «*pubs* teatros» de la ciudad. De todos modos, cuando la gente habla de Notting Hill, en realidad se refieren a **Portobello Road**. Esta estrecha y tortuosa calle, famosa por su **mercado** (*véase* pág. 227) y sus tiendas de antigüedades, constituye la espina dorsal del vecindario. En él encontrará cafés, bares, restaurantes, tiendas de novedades y de *delicatessen*, dirigidas por rastas semiaristócratas que viven de las rentas de su familia. La parte que rodea a Westbourne Park Road y Talbot Road se hizo famosa (y tal vez fue destruida) por la película de Hugh Grant y Julia Roberts. Un poco más arriba, en Portobello Road, bajo la Westway, se encuentra un enorme mercadillo en el que venden ropa de moda de segunda mano los viernes y los sábados.

En el extremo norte de Portobello Road, tras una serie de cafeterías, se encuentra **Golborne Road**, el lugar ideal para comprar dulces y pasteles portugueses y marroquíes. El otro elemento característico de Golborne Road es la **Trellick Tower**, que algunos consideran un mamotreto sin gracia y otros, una impresionante muestra de la arquitectura moderna. Construida en 1973 por Ernö Goldfinger (Ian Fleming odiaba tanto su obra que puso su nombre a uno de los villanos más conocidos de la serie Bond), era el mayor edificio de apartamentos del país. Se distinguía por su ascensor exterior, que se comunica con el edificio por medio de pasillos de hormigón. A pesar de la mala intención de Fleming, los propietarios de los pisos dicen estar satisfechos de vivir en la torre y los precios de sus viviendas están siempre en alza (*véase también* pág. 106, **2 Willow Road**). Yendo hacia el este por Westbourne Park Road, desde Portobello Road, al pasar All Saints Road (que en otra época fue un centro de *crack* y cocaína y hoy es una moderna zona

Pistas de lo inesperado...

La pantalla de Notting Hill

¿Dónde mejor que en la librería de viajes que Hugh Grant regentaba en la película para empezar un recorrido cinematográfico por **Notting Hill**? Situada junto a Portobello Road, en el número 13 de Blenheim Crescent, tiene el prosaico nombre de The Travel Bookshop y hace exactamente lo que anuncia su nombre, aunque lo hace bien; por no hablar de la posibilidad de que un desconocido se encuentre en ella con una artista famosa y se enamoren en el acto...

Michelangelo Antonioni filmó **Blow Up!** en las calles de Notting Hill, en 1966. Aunque Maryon Park, en el que David Hemmings fotografiaba sin saberlo al asesino de la película, está en Charlton, su estudio se encontraba en Princedale Road. Nic Roeg y Donald Cammell le cerraron la puerta en las narices a toda una década al filmar **Performance**, en el número 25 de Powis Square.

En **Bedknobs and Broomsticks** aparecía una versión Disney de Portobello Road. En esta película, militares de todo el mundo bailaban su danza nacional con miembros de la población local: el calipso de las Antillas, el Gurkha Banghra, bailes irlandeses de la época dorada... Tal vez de ahí surgió el primer carnaval de Notting Hill.

¿Pero, cuál es la anécdota fílmica más extraña de Portobello? No, no es Paddington Bear en la tienda de antigüedades del señor Brown. Durante la segunda guerra mundial, el necrófilo asesino en serie John Christie (que tan mal representó Richard Attenborough en **10 Rillington Place**) era el operador de cine de la histórica Electric Cinema de 1910 (191 Portobello Road).

Un elegante ave en el **Holland Park**

de restaurantes), se llega al *pub* **Westbourne** (*véase* pág. 202) que todo el año está lleno de modernos y de estrellas de la canción en potencia.

En Ladbroke Grove, pasado el supermercado Sainsbury, se encuentra el cementerio **Kensal Green Cementery**, en Harrow Road. Inaugurado en 1833, es un amplio y hermoso camposanto en el que reposan los restos de famosos londinenses como Thackeray, Trollope y Isambard Kingdom Brunel, a los que se unió en 1997, el bebedor más famoso de Londres: Jeffrey Bernard.

Kensington y Holland Park

PLANOS 1-4

Para satisfacción de sus residentes, de clase alta y preocupados por el patrimonio arquitectónico, **Kensington** aparece mencionado en el Domesday Book de 1086. El barrio surgió alrededor de Holland House (1606) y Campden House (1612) y un historiador contemporáneo lo describió, en 1705, como un lugar «habitado por personas de relieve» entre las que figuran «artesanos y dueños de pequeños comercios». *Plus ça change, plus c'est la même chose.* Ambos aspectos se ponen de manifiesto en la High Street de Kensington. Una dinámica mezcla de cadenas y de tiendas pequeñas se agolpa en las concurridas calles y plazas bordeadas de casas señoriales. La más famosa de sus plazas, **Kensington Square**, está repleta de placas azules en las que se hace mención de los residentes ilustres del barrio como William Makepeace Thackeray (en el número 16) y el filósofo John Stuart Mill (en el número 18).

Kensington Square se encuentra detrás de los grandes almacenes de espléndido estilo Art Déco, **Barker's** (construidos entre 1905 y 1913). Al lado, en la sexta planta del edificio que antes ocupaba Derry & Toms, se encuentra uno de los mayores **jardines de azotea** de Europa (al que se accede por Derry Street). En el lugar hay un club restaurante de lujo. En la calle que se ve desde allí, a los pies de Kensington Church Street, se encuentra la iglesia de **St. Mary Abbots**, que se distingue porque cuenta con el pináculo más alto de Londres (85 m) y por sus agradables jardines situados en la parte trasera. El **Kensington Market** es una sombra de lo que fue; enfrente, se encuentra el moderno **Urban Outfitters**, así como las tiendas **Amazon** (*véase* pág. 221) con su ropa de diseñadores a precio de saldo cerca de Kensington Church Street. Más hacia el oeste, bajando por High Street, puede verse el clásico cine Odeón, que data de 1926, y, enfrente, tras un verdadero bosque de mástiles de banderas, se oculta el **Commonwealth Institute**, un monumento al pobre diseño de los años cincuenta.

Detrás del Instituto se encuentra el **Holland Park** (*véase* inferior), el parque más dinámico de Londres. En el extremo sur del espacio verde está la **Holland House** que debe su nombre a su propietario, sir Henry, conde de Holland. La casa sufrió graves desperfectos durante la segunda guerra mundial, debido a los bombardeos, y sólo resistieron la planta baja y las arcadas. El ala este, restaurada, contiene el albergue de juventud con la ubicación más romántica de la ciudad (*véase* pág. 161).

De todas las casas con historia de la localidad, recomendamos visitar la **Leighton House** (*véase* pág. 140), el hogar que en el siglo XIX ocupó el pintor lord Leighton, y la **Linley Sambourne House**, residencia de Edward Linley Sambourne (*véase* pág. 141), caricaturista de la revista satírica *Punch*.

Holland Park

Entradas al parque por Abbotsbury Road, Holland Walk y Kensington High Street, W8. Metro: High Street Kensington o Holland Park. **Abierto** de 07.30 a 30 minutos antes de la puesta de sol todos los días.
Plano 1 A8

Éste es uno de los parques más románticos de Londres. Cuenta con hermosos bosques y jardines clásicos que rodean la reconstruida **Holland House**, de estilo jacobino. La sala de baile de verano se ha transformado en un moderno restaurante lleno de estilo, **The Belvedere**, y también hay una cafetería. En verano, se organizan representaciones de teatro y de ópera al aire libre, bajo una elegante canopia. Los niños disponen de una zona de aventura con tres rutas y cuerdas en las que balancearse mientras los conejos, ardillas y pavos reales patrullan por la zona. El jardín japonés Kyoto constituye un rincón tranquilo en el que alejarse del bullicio.

Tiempo de carnaval

Si el oeste de Londres es famoso en todo el mundo por algo es porque organiza la mayor fiesta callejera de toda Europa: El **Notting Hill Carnival**. Cada año, el carnaval atrae a más de un millón de curiosos durante los dos días que dura: el domingo y el lunes del fin de semana de vacaciones oficiales de agosto. Lo que empezó siendo una celebración local impulsada por la comunidad antillana, en los años sesenta, se ha convertido en una fiesta tan importante que muchos de los residentes de Notting Hill huyen de sus casas durante el carnaval. Si soporta bien las aglomeraciones, le encantará este espectacular evento que consta de impresionantes desfiles de disfraces y bandas de música que recorren una ruta de 5 km que pasa por Ladbroke Grove, Westbourne Grove, Chepstow Road y la Great Western Road. Hay varios escenarios con música en directo (Portobello Green, Powis Square y delante del local de Sainsbury, en el extremo de Ladbroke Grove). Los puestos de comida callejeros sirven platos especiados de buena calidad y los altavoces reproducen toda clase de música, tanto para los amantes del rock como para los del sonido *drum'n bass*. El domingo es el día que se dedica más a los niños (aunque no sea el único) y el gran día es el lunes, momento en el que las calles están llenas de gente y el público, como sardinas enlatadas, casi no puede moverse. La celebración empieza en torno al mediodía y dura hasta las 19.00 o las 20.00 horas. A menudo hay fiestas después de esta hora, pero suelen ser privadas. A pesar de que cada vez atrae a un mayor número de turistas extranjeros y a visitantes de otros barrios de Londres, el carnaval sigue siendo una fiesta afrocaribeña tan auténtica como la del primer año. Afortunadamente, la mala época de los disturbios que tuvo lugar en los años setenta y ochenta terminó. De todos modos, no está de más ser precavido: no lleve demasiadas cosas encima, no utilice joyas, bolsos ni carteras. Es recomendable que se lleve la bebida de casa para evitar pagar precios realmente abusivos, pero vigile la cantidad de líquido que ingiere porque los lavabos son escasos y, a menudo, están en un estado lamentable.

Leighton House

12 Holland Park Road, W14 (7602 3316). Metro: High Street Kensington. **Abierto** de 11.00 a 17.30 horas, de lunes a sábado. **Entrada** gratuita; se agradecen los donativos.

Situada en una tranquila calle secundaria de Kensington, la casa Leighton es un diseño del que fuera presidente de la Royal Academy, Frederic lord Leighton (1864-1879), con la colaboración de George Aitchison. Leighton pasó gran parte de su vida viajando por el mundo, lo que explica que la casa sea de inspiración oriental. El elemento más sorprendente es el vestíbulo árabe que se añadió en 1879, inspirado en un palacio morisco de Palermo, Sicilia. La visita con audífonos, a pesar de emplear un tono ligeramente seco, cuenta anécdotas que permiten comprender mejor la vida de Leighton. Las visitas guiadas se pagan (a las 12.00 horas, los miércoles y los jueves); llame para pedir más información.

Leighton, que era un buen artista, coleccionó una gran variedad de obras de arte victorianas creadas por sus contemporáneos; hoy, la colección está expuesta al público. La casa también acoge exposiciones temporales

El **Fulham Palace,** *a la medida de un obispo*

como **Shaker Hassan El Said**; **Patricia Milns**; **Fibre Art,** una muestra de arte textil; **Khosrow Hassan Zadeh**; **Ghanoum y Faraj**; **Galliardi Gallery**; **Silver Show** y **Leighton Open**, la exposición anual de artistas que viven, trabajan o estudian en el Royal Borough de Kensington y Chelsea.

Linley Sambourne House

18 Stafford Terrace, W8 (preguntas 8994 1019). Metro: High Street Kensington. **Abierto** *de marzo a octubre* de 10.00 a 16.00 horas, los miércoles; *visitas guiadas* 14.15, 15.15 y 16.15 horas, los domingos. **Entrada** 3,50 £; niños de 5 a 15 años, 2 £; estudiantes, pensionistas, discapacitados y parados mayores de 40 años, 2,50 £. **Plano 3 A9**
Este edificio de la década de 1870 es la antigua residencia del caricaturista de la revista victoriana y eduardiana *Punch*. El interior se ha mantenido intacto, con cuadros de Sambourne y sus compañeros. Este excepcional ejemplo de casa victoriana permite vislumbrar cómo trabajaban y vivían los artistas de éxito de la época. La vivienda es un homenaje al movimiento *Arts & Crafts* y el papel de las paredes es el original, diseñado por William Morris. *www.victorian-society.org.uk*

Earl's Court y Fulham

PLANOS 3 y 4

Earl's Court pasó de ser una aldea a una zona urbana con la llegada del Metropolitan Railway en 1860 y, en 1914, sus enormes casas se dividieron en pisos. Hasta ahora, sigue siendo el típico barrio en el que todo el mundo ha vivido pero en el que nadie se ha quedado. Esta zona, antes llamada el Kangaroo Valley, pues los viajeros de las Antípodas buscaban alojamientos económicos en su abundante oferta de camas y hoteles baratos, siempre ha tenido fama de ser algo cutre, aunque no peligrosa. A finales de los años setenta y principios de los ochenta, se convirtió en el centro *gay* de Londres, con su principal sede en el *pub* **Coleherne** (en la esquina de Brompton Road y Coleherne Road). Lindy St. Clair, una de las prostitutas especializada en servicios masoquistas más famosa de Inglaterra (alias Miss Whiplash), abrió un negocio en Eardley Crescent que acabó siendo desbancado por el de Inland Revenue. Freddie Mercury también vivió en esta zona, en Garden Lodge, en el número 1 de Logan Place, y Earl's Court sigue manteniendo su ambiente *gay*.

El barrio se conoce más por su **Exhibition Centre**, situado frente a la parada de metro. Este edificio de 1937, el más grande de hormigón que había en Europa en su época, se utilizó como campo de internamiento durante la segunda guerra mundial.

El agradable trazado del **Brompton Cementery** en ocasiones se aprovecha para encuentros sexuales (al parecer, la cercanía de las tumbas aumenta la excitación del momento), aunque también es posible dar un paseo tranquilo, en búsqueda, por ejemplo, de la tumba de Emmeline Pankhurst. La paz sólo se rompe los sábados, cuando el **Chelsea FC** juega en casa. La enorme masa del estadio de Stamford Bridge sobresale por encima de las tumbas.

Los vecinos **Parsons Green** y **Fulham** no tienen tanto color ni promiscuidad como Earl's Court, y en ellos sólo viven dandys pasados de moda. Parsons Green gira en torno a un jardín que daba a una parroquia; a los residentes les gustará saber que esta zona era considerada la parte aristocrática de Fulham aún en 1705, cuando Bowack afirmó que el barrio estaba lleno de «personas con clase y posición». El *pub* **White Horse** (*véase* pág. 202) situado en la zona verde, sirve una de las mejores selecciones de cervezas de barril y embotelladas de todo Londres.

Aparte del elegante **Hurlingham Sports Club** y del **Queen's (Tennis & Rackets) Club**, en el que se organiza el torneo Stella Artois, previo al de Wimbledon, hay un lugar en Fulham en el que puede entrar sin necesidad de tener una gran suma de dinero en el banco: el **Fulham Palace** (*véase* inferior). El cercano **Bishop's Park** (literalmente «del obispo») contiene una pista de *paddle* y agradables zonas de paseo que bordean una de las partes más hermosas del Támesis.

Fulham Palace

Bishop's Avenue, junto a Fulham Palace Road, SW6 (7736 3233). Metro: Putney Bridge; autobuses: 220 y 74. **Abierto** *museo, de marzo a octubre* de 14.00 a 17.00 horas, de viernes a domingo; *de noviembre a febrero* de 13.00 a 16.00 horas, de jueves a domingo. **Entrada** *museo*, 1 £; estudiantes, pensionistas, discapacitados

El idílico **Strand-on-the-Green** *(véase pág. 142)*

y parados de más de 40 años (acompañantes de niños, gratuita), 50 p; visitas guiadas, 2 £; menores de 16 años, gratuita.
Fulham Palace fue la residencia oficial del obispo de Londres del 704 a 1973. El actual edificio de ladrillo rojo es una mezla de distintos estilos y épocas arquitectónicas. Las partes más antiguas son de 1480, mientras que la capilla neogótica de William Butterfield es relativamente reciente, ya que data de 1866. El edificio contaba con uno de los fosos más grandes de Inglaterra, aunque fue cubierto en 1921. El museo narra la historia del edificio y tiene expuesta una rata momificada. Los agradables jardines se abren a diario, pero para ver el interior del palacio es preciso apuntarse a una de las visitas guiadas que tienen lugar dos veces al mes en verano y una en invierno (siempre en domingo, llame para confirmar las fechas).

Shepherd's Bush y Hammersmith

Al acercarse a **Shepherd's Bush** desde Holland Park Avenue se llega a la rotonda en cuyo centro está la **Thames Water Tower**. Esta torre, que parece una cisterna de lavabo vanguardista es, de hecho, una cañería de agua que alimenta los conductos de agua del metro. Diseñada por los alumnos del Royal College of Art, es también un enorme barómetro.

El **Shepherd's Bush Common** solía llamarse Gagglegoose Green y era el centro de lo que fuera, hace tan sólo 150 años, un «pueblo tranquilo». Se cree que el nombre de Shepherd procede de un apellido, pero una leyenda dice que el lugar se llama Shepherd's Bush porque los pastores vigilaban a sus ovejas que pastaban en el campo, ocultos tras los matorrales. Sin embargo, hoy, el Common es una isla en medio del tráfico, cerca de uno de los edificios más feos de Londres: el Shepherd's Bush Centre.

Pero no todo es antiestético en el W12, un barrio en el que se encuentra el teatro joven más prestigioso de Londres, **The Bush** (*véase* pág. 310) y la cercana sala de conciertos **Shepherd's Bush Empire** (*véase* pág. 288). El **mercado** de Shepherd's Bush (entre las paradas de metro de Shepherd's Bush y Goldhawk Road) es uno de los mercados más concurridos del oeste de Londres y, contrariamente a lo que ocurre con el de Portobello Road, está muy orientado a la población local (afrocaribeña).

Shepherd's Bush y la vecina **White City** son la sede de la BBC TV y el **Television Centre**, situado en Wood Lane, destaca por sus enormes antenas parabólicas. Cerca de allí queda Loftus Road, hogar del **Queens Park Rangers FC**. Los espacios abiertos de **Wormwood Scrubs**, situados al norte, acogen una de las cárceles victorianas más famosas e imponentes de Reino Unido. A menos de 2 km, en Goldhawk Road, se llega a **Ravenscourt Park**, un lugar mucho más agradable con una zona para hacer ejercicio y varias pistas de tenis.

Hammersmith, al sur de Shepherd's Bush, es un barrio menos deprimente, pero en cambio es famoso por su gran volumen de tráfico y por la monstruosidad del Broadway Centre, aunque también cuenta con edificios notables. Por un lado, el **Olympia Exhibition Centre**, en Hammersmith Road, y el original **London Ark**, en forma de barco, que es el primer edificio ecológico de Londres, a pesar de que, paradójicamente, está en una de las calles menos ecológicas de la ciudad, la A4. Luego está el **London Apollo**, antiguo Hammersmith Odeon, en el que han actuado muchos grupos de rock famosos. Y por último, el huesudo **Hammersmith Bridge**, construido en 1824 con 144 m de tramo, y que fue el primer puente colgante de Londres (en la actualidad está cerrado al tráfico y es ideal para dar un paseo). El **Lower Mall**, que bordea el río desde el puente, es un buen lugar para caminar o para tomar una cerveza en alguno de los varios *pubs* que dan al río (no se pierda **The Dove**; *véase* pág. 202).

En Hammersmith también hay cultura. En la principal calle comercial, King Street, se encuentra el teatro **Lyric** (*véase* pág. 311), mientras los **Riverside Studios**, en Crisp Road, son tres centros con exposiciones y salas de cine de arte y ensayo contemporáneo.

Chiswick

Un barrio lleno de espacios verdes, en el que viven muchos directivos de la BBC, actores y celebridades menores. **Chiswick** es un mundo aparte. Si da la espalda a Hammersmith, por ejemplo, y camina hacia el oeste, por el río, atravesando el Hammersmith Bridge, llegará a **Chiswick Mall**, que goza de un ambiente totalmente distinto. Bordeando el río se encuentran una serie de elegantes casas de los siglos XVII al XIX, con sus consiguientes verjas de hierro forjado y sus jardines con flores. La cercana **Fuller's Griffin Brewery**, en Chiswick Lane South, lleva en el mismo sitio desde el siglo XVII y se puede ver en visitas guiadas de una hora y media de duración (8996 2063; salidas a las 11.00, 12.00, 13.00 y 14.00 horas; 5 £). El Chiswick Mall va a dar a la iglesia de **St. Nicholas**, de cuyo edificio original, del siglo XV, sólo queda la torre, mientras que el resto de la iglesia data del siglo XIX. Hay dos lápidas en memoria de dos pintores locales, Hogarth y Whistler, aunque están enterrados en otro lugar. Al norte, las tiendas y restaurantes de Chiswick High Road ponen de manifiesto la prosperidad de la zona. La calle termina en el apacible **Turnham Green**, en el que se sigue jugando a críquet en verano.

Entre otros atractivos de Chiswick destaca la majestuosidad palladiana de la **Chiswick House** (*véase* pág. 143) y de la **Hogarth's House** (*véase* pág. 143), la casa de campo del famoso artista satírico del siglo XVIII. Más al oeste, está el **Kew Bridge Steam Museum** (*véase* pág.

143), alojado en una impresionante estación de bomberos del siglo XIX. Al sur se encuentra la **Syon House** (*véase* derecha), que tiene vistas al río desde la otra orilla. Un agradable paseo junto al río parte al este del puente Kew Bridge, en la orilla norte, y llega hasta el pequeño pueblo de **Strand-on-the-Green**, y en su recorrido se encuentran tres de los mejores *pubs* de la zona.

Chiswick House

Chertsey Road, W4 (8995 0508). Metro: Turnham Green y, luego, autobús E3 hasta Edensor Road; estación de tren: Chiswick o Hammersmith y, luego, autobús 190. **Abierto** *de abril a septiembre* de 10.00 a 18.00 horas, todos los días; *en octubre* de 10.00 a 17.00 horas, todos los días; *de noviembre a marzo* de 10.00 a 16.00 horas, de miércoles a domingos (última entrada: 30 minutos antes del cierre). **Entrada** 3,30 £; niños de 5 a 16 años, 1,70 £; estudiantes, pensionistas y parados de más de 40 años, 2,50 £. **Tarjetas de crédito** MC, V.

El diseño que lord Burlington realizó en 1727 para esta mansión está inspirado en la Villa Capra de Palladio (la Rotonda), en Vicenza. El interior es de un gran esplendor barroco y la habitación con más excesos es la Blue Velvet Room. Los jardines, clásicos, están plagados de estatuas, templos y obeliscos además de gente haciendo pícnic; también hay una buena cafetería. Jonathan Swift, Alexander Pope y George Frideric Handel se alojaron en esta casa.

www.english-heritage.org.uk

Hogarth's House

Hogarth Lane, Great West Road, W4 (8994 6757). Metro: Turnham Gree; estación de tren: Chiswick. **Abierto** *de abril a octubre* de 13.00 a 17.00 horas, de martes a viernes; de 13.00 a 18.00 horas, sábados y los domingos; *Noviembre, diciembre, febrero y marzo* de 13.00 a 16.00 horas, de martes a viernes; de 13.00 a 17.00 horas los sábados y domingos. **Entrada** gratuita.

La casa de campo de Hogarth ha sido totalmente restaurada de acuerdo con la estética del siglo XVIII. En sus paredes caben doscientos de los cuadros del comentarista social, aunque su obra más famosa, *The Rake's Progress*, está representada por una copia. (El original está en el sir John Soane's Museum; *véase* pág. 62).

Kew Bridge Steam Museum

Green Dragon Lane, Brentford, Middlesex (8568 4757). Metro: Gunnersbury; estación de tren: Kew Bridge; autobuses: 65, 237, 267 y 391. **Abierto** de 11.00 a 17.00 horas, todos los días. **Entrada** *de lunes a viernes* 3 £; niños de 5 a 15 años, 1 £; estudiantes, pensionistas y discapacitados, 2 £; familias, 7 £; *sábado, domingo y festivos*, 4 £; niños de 5 a 15 años, 2 £; estudiantes, pensionistas y discapacitados, 3 £; familias, 10,50 £. **Tarjetas de crédito** MC, TC, V.

Una estación de bomberos de la época victoriana, situada cerca del extremo norte del puente Kew Bridge, es la sede de un museo sobre el suministro de agua. La exposición The Water of Life detalla la historia del uso y abuso del bien más común y precioso de la humanidad, e incluye un paseo por las cloacas. Los fines de semana, a las 15.00 horas, se pone en marcha uno de los motores de vapor más grandes del mundo (229 cm), el Cornish Beam, construido en 1845 para utilizarlo en las minas de estaño. Al igual que la noria de agua y otros cinco motores de vapor, éste ha sido restaurado por entusiastas voluntarios.

Syon House

Syon Park, Brentford, Middlesex (8560 0881). Metro: Gunnersbury; estación de tren: Kew Bridge; autobuses: 237 y 267. **Abierto** *casa, de mediados de marzo a octubre*, de 11.00 a 17.00 horas, miércoles, jueves, domingos y festivos (última entrada a las 16.15 horas). *Jardines* de 10.00 horas, todos los días, hasta el anochecer. **Entrada** *casa y jardines*, 6,25 £; niños de 5 a 15 años, pensionistas, discapacitados y parados mayores de 40 años, 5,25 £; familias, 15 £; *sólo jardines* 3 £; niños de 5 a 15 años, 2,50 £; pensionistas, discapacitados y parados mayores de 40 años, 2,50 £; familias, 7 £. **Tarjetas de crédito** MC, V.

Syon, un antiguo y próspero monasterio, fue creado por Enrique V y utilizado por Enrique VIII como cárcel para su mujer Katherine Howard, antes de ejecutarla. Residencia de la familia Percy desde la década de 1590, Robert Adam remodeló su interior en 1761 y el resultado fue una de las casas más elegantes y majestuosas del Londres del siglo XVIII. Entre los muchos cuadros expuestos destacan obras de Gainsborough, Reynolds y Van Dyck. El diseño de los jardines situados junto al río es obra del prolífico «Capability» Brown, y contienen un impresionante invernadero del siglo XIX, un tren de vapor en miniatura y la **London Butterfly House**. A los niños les encanta la **Aquatic Experience**, en la que se pueden ver en su hábitat natural a peces, reptiles, anfibios, pájaros y pequeños mamíferos.

www.syonpark.co.uk

Más al oeste

A unos 3 km hacia el oeste de Chiswick puede verse la **Osterley House** (*véase* pág. 144) en el gigantesco **Osterley Park**, otra de las restauraciones de Robert Adam.

Al norte queda el colorido y el olor a curry que caracteriza a **Southall**. Al igual que la mayor parte de las zonas del oeste de Londres que antes estaban apagadas, ésta ha vuelto a la vida gracias a los inmigrantes indios. La comunidad punjabí dominante mantiene intacta su identidad, lo que permite probar auténticos platos del norte de la India en cualquiera de los innumerables restaurantes económicos que bordean la calle **Broadway** (*véase* pág. 187). Dé un paseo por la zona un domingo para disfrutar de los puestos callejeros de comida , las tiendas de saris y los videoclubes con películas indias (del llamado «Bollywood»). Hacia el norte, la comunidad gujarati se ha encargado de dar vida a **Wembley**, aunque el suburbio es mucho más famoso por su estadio deportivo nacional (*véase* pág. 295) y por las dos torres gemelas (que se añadieron en 1963, para celebrar los cien años de la liga de fútbol). Está previsto un importante plan de remodelación del estadio y es posible que las torres gemelas corran la misma suerte que los dinosaurios.

El cercano **Neasden** es otro barrio en expansión, duramente ridiculizado por los Monty Python. Allí, una secta hindú construyó la **Shri Swaminarayan Mandir**, una réplica multimillonaria del Akshardam de Ahmedabad, en Gujarat, al oeste de la India. En este templo, construido en 1995, se utilizaron 5.000 toneladas de mármol y piedra caliza que trabajaron 1.500 escultores en una obra sin precedentes en Reino Unido desde la Edad Media. Se aceptan visitantes (eso sí, vestidos púdicamente) y hay una exposición titulada Understanding Hinduism, con claros fines pedagógicos. En el templo hay, asimismo, una cafetería india económica y de calidad. Neasden nunca volverá a ser el mismo.

Osterley House

Osterley Park, junto a Jersey Road, Isleworth, Middlesex (8232 5050 / información pregrabada 01494 755566). Metro: Osterley. **Abierto** *parque* de 09.00 horas hasta el anochecer, todos los días; *casa, de 31 marzo a 4 noviembre*, de 13.00 a 16.30 horas, de miércoles a domingo. **Entrada** 4,30 £; niños de 5 a 15 años, 2,15 £; familias, 10,50 £.

Sir Thomas Gresham (fundador del Royal Exchange) construyó Osterley House en 1576, pero Robert Adam la remodeló en 1761. Las reformas consistieron básicamente en añadir pilares blancos frente al patio de ladrillo rojo de la casa. La majestuosidad de las habitaciones justifica una visita por sí misma, pero los establos de estilo Tudor (aún en uso), los largos paseos por el parque y el fantasma que, según la leyenda, vaga por el sótano, contribuyen a aumentar su atractivo.

www.nationaltrust.org.uk

Consumo

Alojamiento

Tanto si desea derrochar dinero como si sólo busca un lugar en el que dormir, nuestra lista con los mejores alojamientos de la ciudad le ahorrará tener que dormir en un hotel desastroso

El año 2000 marcó un hito histórico para los hoteleros londinenses. En 1999 ya se produjo un aumento espectacular en lo que se refiere a la oferta de nuevos establecimientos. El lanzamiento más renombrable del año pasado fue el del **Great Eastern Hotel**, que debe a Conran la decoración de su interior y del restaurante. También se inauguró en el 2000 el **Sanderson,** en Berners Street, W1; el **N.º 5 de Maddox Street**, pequeño pero con un diseño magnífico (*véase* pág. 149); y el **myhotel bloomsbury,** un paraíso al más puro estilo *feng shui* (*véase* pág. 151).

A pesar de esta gran actividad, la demanda aún supera con creces la oferta, por lo que no es recomendable ni deseable visitar la ciudad sin haber reservado hotel con antelación. Lo más fácil es llamar a alguna de las cadenas de hoteles (encontrará reseñado el número de teléfono de la central de reservas de cada una de ellas; *véase* pág. 154, **Los clanes hoteleros**). No obstante, si busca un poco, encontrará alojamientos con mayor encanto y personalidad y más acogedores.

Pero tenga cuidado. Hay que reconocer que las habitaciones de los hoteles en Londres son *a)* caras, *b)* pequeñas y *c)* poseen un estilo decorativo de dudoso gusto. Por todo ello, debe aprender a leer entre líneas al ver comentarios del tipo: «las habitaciones son amplias» (para Londres), «los precios son razonables» (para Londres), etc. Es tristemente fácil acabar en un hotel que no sea de su agrado y con un precio absolutamente desorbitado, ya que, por desgracia, pagar precios exorbitantes no es garantía de calidad. En Londres faltan muchos hoteles de precios moderados; tanto es así que, en nuestro listado, una habitación doble en alguno de los hoteles de precio «moderado» cuesta de 100 £ en adelante (el **Highfield Guesthouse** es una excepción y ha sido premiado por ello, *véase* pág. 159*)*. Hemos tratado de separar el grano de la paja en cada una de las categorías.

Sin embargo, no todo son malas noticias. Hay indicios claros de que los hoteleros han comprendido que el Imperio ya se ha acabado y que no todos los visitantes de Londres quieren beber un té Darjeeling arrullados por la música de un cuarteto de cuerdas. El hotel **Blakes** (*véase* pág. 147*)*, regentado por Anouska Hempel, fue uno de los primeros en romper con esta norma, introduciendo en los años ochenta una discreta elegancia en un mercado bastante enmohecido. En segundo lugar, **The Hempel** (*véase* pág. 148*)* es un excelente ejemplo del minimalismo de los años noventa, aunque llevado al extremo. Este tipo de hotel con estilo empieza a ganar fuerza y adeptos. Todo esto no quiere decir que el lujo y la comodidad hayan desaparecido de los hoteles londinenses: los relativamente recientes **St. Martins Lane** (*véase* pág. 149), **N.º 5 Maddox Street** (*véase* pág. 149) y **One Aldwych** (*véase* pág. 149) son sólo tres ejemplos de un nuevo estilo de hotel en el que el lujo discreto es el común denominador.

INFORMACIÓN Y RESERVAS

Si no ha realizado ninguna reserva de antemano, los centros de la oficina de turismo de Londres –*London Tourist Board* (LTB)– pueden ayudarle *(véase* pág. 338*)*; el precio por la reserva es de 5 £. Además, si reserva con unas cuantas semanas de antelación, puede que le obliguen a dejar una fianza por la habitación. La guía *London – Where to Stay & What to Do* (4,99 £) que publica anualmente la LTB, se puede adquirir en los centros de información y en las mejores librerías. Hoy en día, muchos hoteles tienen *e-mail* y/o página *web* desde los que se pueden hacer las reservas.

London Tourist Board Hotel Booking Line
(7604 2890/www.londontown.com). **Abierto**
de 09.00 a 18.00 horas, de lunes a viernes; de 09.00 a 13.00 horas, los sábados.

Visitantes con discapacidades

Es conveniente que los visitantes con discapacidades llamen al hotel que hayan elegido antes de hacer la reserva para informarse sobre si éste está preparado para ellos. El servicio **Holiday Care** también puede resultar muy útil. *Véase* también pág. 351, **Acceso a todas las zonas**.

Holiday Care *2º piso, Imperial Buildings, Victoria Road, Horley, Surrey RH6 7PZ* (01293 774535/ *holiday.care@virgin.net).*
Abierto de 09.00 a 17.00 horas, de lunes a viernes.
Tarjetas de crédito AmEx, MC y V.
Este servicio de consulta puede ayudar a los visitantes con discapacidades a conseguir un alojamiento confortable.
freespace.virgin.net/hol.care

RECLAMACIONES

Si tiene alguna queja de cualquier local de Londres, informe a la dirección en ese mismo instante y, posteriormente, deje constancia por escrito. De vez en cuando, la LTB responde a las quejas (independientemente de si se ha utilizado o no su servicio de reservas). Por favor, háganos saber si alguno de los hoteles que figuran en nuestro listado no reúne las condiciones necesarias.

Hoteles

La mayoría de los hoteles más conocidos de Londres están en Mayfair, aunque los alojamientos con un precio más

myhotel bloomsbury: *para consultar con la almohada* (véase *pág. 151*)

ajustado se encuentran en los alrededores de las estaciones de ferrocarril. En muchas ocasiones estos últimos pueden defraudar sus expectativas, pero en Ebury Street, SW1 (cerca de Victoria), y en Gower Street, WC1 (cerca de Euston), hay hoteles baratos de calidad aceptable. En Earl's Court y en los alrededores de Queensway, W2, hay asimismo muchos hoteles. Para alojamientos orientados a *gays* y lesbianas, *véase* pág. 271.

PRECIOS Y CLASIFICACIÓN

Hasta hace poco, la clasificación de los hoteles era sumamente confusa, debido a la variedad de sistemas empleados según la organización. Afortunadamente, ya se ha puesto en marcha (aunque sólo en Inglaterra, ya que en Escocia y en Gales se mantiene el sistema antiguo, por lo menos en parte) una forma de clasificación por estrellas, que va desde una estrella para un aceptable *Bed and Breakfast* (un tipo de pensión que ofrece cama y desayuno y que a partir de ahora aparecerá abreviado como B&B) hasta las cinco estrellas que corresponden a los hoteles de lujo.

En esta guía no se indica la clasificación por estrellas. En su lugar se clasifican los hoteles según el precio de una habitación **doble** por noche, desde los más baratos, **incluyendo** el 17,5 % de IVA. Muchos de los hoteles de mayor categoría indican sus precios sin IVA, por lo que es aconsejable preguntar antes (los precios que aparecen más adelante en esta guía tienen el IVA incluido). **Los precios eran los vigentes antes de la impresión de la guía, pero están sujetos a un incremento anual del 5 % aproximadamente**. Los precios de hoteles tienden a mantenerse estables durante el año; pero siempre es mejor preguntar si hay tarifas especiales (sobre todo para fines de semana).

Todos los hoteles denominados «de lujo» y «caros» tienen baño en la habitación y bañera o ducha, mientras que la mayoría de los hoteles económicos disponen de un baño comunitario. «Incluye desayuno» se refiere a un desayuno continental, que normalmente consta de un café con leche o un té y tostadas. El «desayuno inglés» es más consistente y consta de una variada oferta de platos calientes.

De lujo (de 250 £ en adelante)

Aunque no pueda pagar la estancia en alguno de los hoteles más famosos de la ciudad, puede acudir a uno de sus restaurantes y bares, la mayoría de los cuales está abierto al público y sirve té por la tarde (*véase* pág. 180, **La hora del té**). A menos que se indique lo contrario, los hoteles de esta categoría ofrecen servicio de guardería, salones para negocios, salones y sala de conferencias, cambio de moneda, fax, servicio de lavandería, servicio de habitaciones las 24 horas, un personal profesional con conocimientos de idiomas, servicio de aparcacoches, habitaciones para no fumadores y, como mínimo, un bar y un restaurante; todas las habitaciones disponen de aire acondicionado, están equipadas con secador de pelo, enchufe para el módem, un minibar, aparato de música, caja de seguridad, teléfono y televisión por satélite.

Blakes

33 Roland Gardens, South Kensington, SW7 3PF (7370 6701/fax 7373 0442/blakes@easynet.co.uk). Metro: Gloucester road o South Kensington.
Habitaciones 51. **Precios** *habitación individual*, 194 $; *habitación doble*, entre 282 y 382 $; *suite* entre 605 y 934 $. **Tarjetas de crédito** AmEx, DC, MC, V. **Plano 4 D11**

Un hotel con una decoración exclusiva, situado entre los jardines de dos mansiones de estilo victoriano. Decorado por Anouska Hempel con un diseño osado y espectacular en tonos negros, ocres, rojos y blancos; la decoración individualizada de las habitaciones está inspirada en temas históricos o de viajes, y una de las habitaciones contiene la cama original de la emperatriz Josefina. Blakes presume de proteger la intimidad de sus clientes, una política que deja entrever el tipo de clientela que atrae este establecimiento. Es un hotel discreto, pero absolutamente consciente de su elevada posición. El retirado patio ajardinado y el restaurante son atracciones adicionales, y sólo algunas de las habitaciones tienen aire acondicionado.
Servicios del hotel salones de negocios, *patio, terraza, facilidades para cocinar, habitaciones para no fumadores, aparcamiento.* **Servicios de las habitaciones** *aparato de disco compacto; fax (si lo solicita); teléfono móvil (si lo solicita); vídeo, televisión: satélite.*
www.hempelhotel.com

Covent Garden Hotel

10 Monmouth Street Covent Garden, WC2H (7806 1000/fax 020 7806 1100/covent@firmdale.com). Metro: Covent Garden o Leicester Square.
Habitaciones: 58. **Precios** *habitación individual* 223 $; *habitación doble* 258-329 $; *suite* 382-699 $.
Tarjetas de crédito AmEx, MC, V. **Plano 6 L6**

En medio del barrio de los teatros, el Covent Garden Hotel, regentado por Tim y Kit Kemp, es un escenario ideal para huéspedes con sentido de lo dramático. Todas las habitaciones son diferentes en cuanto a tamaño y decoración, lo cual es impresionante, y de tonos muy atrevidos. El curioso mobiliario, la tapicería de vivos colores y los maniquíes de sastre (la marca del hotel) hacen de este establecimieto un lugar muy agradable. Los cuartos de baño son de caoba y granito. Se ha instalado una nueva floristería en el hotel que suministra las llamativas flores del vestíbulo, y la **Brasserie Max** sirve comidas ligeras y tentempiés. Los Kemp también regentan el distinguido hotel **Pelham** *(véase pág. 152)*.
Servicios del hotel *gimnasio, salones de negocios.* **Servicios de las habitaciones** *aparato para discos compactos (en algunas habitaciones), fax, teléfono móvil; vídeo, televisión: satélite, películas de pago.*
www.firmdale.com

The Halcyon Hotel

81 Holland Park, Kensington, W11 3RZ (7727 7288/ fax 7229 8516/halcyon_hotel@compuserve.com). Metro: Holland Park. **Habitaciones** 42. **Precios** *habitación individual* 205-258 £; *habitación doble* 323 £; *suite* 370-775 £. **Tarjetas de crédito** AmEx, DC, MC, V.
El hotel Halcyon presume de ser un refugio discreto para ricos y famosos. Maravillosamente decorado, las flores perfuman el ambiente de la recepción, donde el mobiliario antiguo contrasta con la alfombra verde y las cortinas color crema. Las espaciosas habitaciones pueden no estar a la última en diseño, pero sus tonos claros y relajantes y sus adornos y volantes tienen un aire marcadamente inglés. En el restaurante, la tenue luz y la modesta decoración no hacen justicia a un menú brillantemente ejecutado con toques modernos, que juega con los sentidos de su joven y sorprendida clientela. Si quiere derrochar de más de una manera, pida una habitación con *jacuzzi*.
Servicios del hotel *terraza*; *aparcamiento, salones de negocios.* **Servicios de las habitaciones** *aparato para discos compactos (en algunas habitaciones); fax (en algunas habitaciones), teléfono móvil (si lo solicita); vídeo (en algunas habitaciones), televisión: cable/ películas de pago/satélite/web TV.*
www.thehalcyon.com

The Hempel

31-35 Craven Hill Gardens, Bayswater W2 3EA (7298 9000 / fax 020 7402 4666/ the-hempel@easynet.co.uk). Metro: Lancaster Gate, Queensway o Paddington; estación de tren: Paddington. **Habitaciones** 47; 6 apartamentos. **Precios** *habitación individual* 300 £; *habitación doble* 347 £; *suite* 517-1.529 £. **Tarjetas de crédito** AmEx, DC, MC, V. **Plano 1 C6**
El más minimalista de los hoteles londinenses está «pegando fuerte». Su precisa puesta en escena tiene en cuenta hasta el detalle de las flores: doscientas orquídeas blancas recién cortadas en una larga mesa que ocupa casi toda la entrada no pueden pasar desapercibidas. El vestíbulo, blanco sobre blanco y con su hueco abierto hasta el quinto piso, carece de decoración o mobiliario alguno, a excepción de cuatro antiguos carros de bueyes birmanos que se utilizan como mesa. Las habitaciones, diseñadas individualmente, están decoradas con tejidos naturales y los cuartos de baño son de pizarra y vidrios al ácido. Un jardín de estilo zen, el Shadows Bar y el restaurante minimalista **I-Thai** (tai italiano) completan el conjunto.
Servicios del hotel *habitaciones para discapacitados, jardín, aparcamiento.* **Servicios de las habitaciones** *aparato para discos compactos; fax; teléfono móvil (si lo solicita); vídeo, televisión: cable/películas de pago/ satélite, web TV.*
www.the.hempel.co.uk

The Lanesborough

Hyde Park Corner, Belgravia, SW1X 7TA (7259 5599/ fax 7259 5606/info@lanesborough.co.uk). Metro: Hyde Park Corner. **Habitaciones** 95. **Precios** *habitación individual* 311-376 £; *habitación doble* 435-429 £; *suite* 670-5.288 £. **Tarjetas de crédito** AmEx, DC, MC, V. **Plano 7 G8**
El hotel Lanesborough se esconde detrás de la relativamente sobria fachada del antiguo St. George's Hospital. La lujosa decoración de estilo regencia va desde de los dormitorios hasta la sala de estar y el bar biblioteca, que presume de contar con una de las mejores colecciones de coñacs de Londres. El restaurante situado en el invernadero, en el Brighton Pavilion, es la antítesis de tanta grandiosidad, con una discreta ambientación chinesca pero con cocina mediterránea y del Pacífico (con una selección de platos vegetarianos impresionante) que se sirve entre palmas y fuentes. Sólo magnates o ganadores de la lotería con 5.000 £ de más para gastar deberían preguntar por la Royal Suite.
Servicios del hotel *habitaciones para minusválidos; salones de negocios; habitaciones para no fumadores; gimnasio; aparcamiento.* **Servicios de las habitaciones** *aparato para discos compactos, fax; teléfono móvil; vídeo, televisión: cable/satélite/DVD/ web TV.*
www.lanesborough.com

The Metropolitan

Old Park Lane Mayfair W1Y 4LB (7447 1000/ fax 7447 1147/sales @metropolitan.co.uk). Metro: Green Park o Hyde Park Corner. **Habitaciones** 155. **Precios** *habitación individual* 300 £; *habitación doble* 341-382 £; *suite* 482-1645 £. **Tarjetas de crédito** AmEx, DC, MC, TC, V. **Plano 7 G8**
Christina Ong, propietaria también del **Halkin**, éste más orientado a hombres de negocios pero con un estilo asimismo muy personal (5 Halkin Street, SW1; 7333 1000), invirtió 45 millones de libras en crear su hotel más exclusivo cerca del antiguo Londonderry. No es un buen lugar para los tímidos: el servicio, con tipo de modelo y vestido de Donna Karan New York, es sumamente atento. Si, por el contrario, desea sentirse como una estrella de cine, aquí se encontrará como en casa: reclínese en los sillones en piel color crema del vestíbulo y disfrute de la música

hip-hop de Nueva York, intentando fingir una estudiada indiferencia. La decoración de las habitaciones es abiertamente contemporánea, minimalista y *chic*, con una interesante combinación de maderas, mármoles y tejidos naturales. Muchos aspirantes a estrella intentan (aunque no lo consiguen) acceder al **Met Bar,** punto de reunión de las estrellas más rutilantes. El restaurante japonés **Nobu** (*véase* pág. 178) es excelente.
Servicios del hotel *salón de belleza; gimnasio; pisos para no fumadores; aparcamiento (limitado).*
Servicios de las habitaciones *aparato para discos compactos; fax; vídeo (si lo solicita), televisión: cable/películas de pago/satélite.*
www.metropolitan.co.uk

N.° 5 Maddox Street

5 Maddox Street, Mayfair W1R 9LE (7647 0200/fax 7647 0300/no5maddoxst@living-rooms.co.uk). Metro: Oxford Circus. **Habitaciones** 12. **Precios** *habitación doble* 265 £; *suite* 294-390 £; *dos suites* 470 £; *tres suites* 646 £. **Tarjetas de crédito** AmEx, DC, MC, V. **Plano 5 J6**
«Maravilloso» es la única palabra que califica este hotel abierto en febrero de 1999. En las habitaciones (todas son suites) predomina lo orgánico (sin que eso impida que sean lujosas), encarnado en materiales naturales, sofás suaves y suelos de bambú. Las suites de lujo tienen el aliciente añadido de contar con chimenea y balcón. Los huéspedes pueden ponerse sus kimonos de lino y saquear su gran minibar provisto de productos «buenos y malos». No hay nada que el personal no intente para conseguir que sus huéspedes sean felices, desde hacer venir a un experto de la Jet Lag Clinic hasta alquilar bicicletas. El hotel no posee ni bar ni restaurante, pero se le indicarán las mejores opciones para comer o beber en los alrededores del mismo. A pesar de sus elevados precios, sólo tiene doce habitaciones, por lo que puede haber dificultad a la hora de reservar.
Servicios del hotel *salones de negocios; facilidades para cocinar.* **Servicios de las habitaciones** *aire acondicionado; disco compacto; fax; minibar conexión telefónica para módem; radio; caja de seguridad; televisión por satélite; vídeo.*
www.living-rooms.co.uk

One Aldwych

1 Aldwych, Holborn, WC2B 4BZ (7300 1000/fax 7300 1001/sales@onealdwych.co.uk). Metro: Covent Garden o Temple/tren Charing Cross, **Habitaciones** 105. **Precios** *habitación individual:* 323 £; *habitación doble* 347-417 £; *suite* 523-1.339 £. **Tarjetas de crédito** AmEx, DC, MC, V. **Plano 8 M7**
Ganador de numerosos premios importantes (entre ellos el AA Hotel del Año 2000), **One Aldwych** representa el nuevo concepto de hoteles londinenses: moderno, *chic* y claramente a la moda. La imponente fachada gris deja paso a un vestíbulo de amplios ventanales, brillante, con azulejos blancos, esculturas modernas y una pequeña, pero bien pensada, coctelería. El copropietario, Gordon Campbell Gray, ha convertido este espacio en un homenaje multimillonario al arte moderno, pues en él se encuentran alrededor de trescientas piezas de su propia colección. En las habitaciones, las tonalidades atrevidas contrastan con la del fondo (tenga en cuenta que para la estética minimalista hasta dos frutas en un sencillo plato blanco son *chic*). Desde el minigimnasio de las lujosas suites hasta las sinfonías submarinas de Mozart en la piscina, la clientela está rodeada de lujo en todo momento. En el gimnasio se ofrecen entrenamientos personalizados, masajes y tratamientos de belleza. A la hora de comer acérquese al **Axis,** un restaurante situado en el sótano al que se accede a través de una escalera de caracol, o al **Indigo**; ambos sirven comida europea actual.
Servicios del hotel *habitaciones para disminuidos; salón de belleza; facilidades para cocinar; pisos para no fumadores; aparcamiento; gimnasio (con piscina).*
Servicios de las habitaciones *aparato para discos compactos; fax; teléfono móvil (si lo solicita); vídeo (algunas habitaciones); televisión: cable/películas de pago/satélite.*
www.onealdwych.com

St. Martins Lane

45 St. Martin's Lane, Covent Garden, WC2N 4HX (reservas 0800 634 5500/fax 7300 5501). Metro: Covent Garden or Leicester Square. **Habitaciones** 204. **Precios** *habitación individual* 288 £; *habitación doble* 323-411 £; *suite* 423-529 £. **Tarjetas de crédito** AmEx, DC, MC, V. **Plano 8 L7**
Aunque sólo está abierto desde septiembre de 1999, este hotel de Londres regentado por Ian Schrager (quien también puso en marcha El Paramount y el Royalton en Nueva York, y el Delano en Miami) es un clamoroso éxito. Mientras el genio de Schrager trabaja constantemente en crear un «hotel que sea como un teatro», su socio Philippe Starck prefiere evitar cualquier elemento superfluo. ¿El resultado? Habitaciones que son una invitación minimalista (sábanas blancas, duchas abiertas, una iluminación en varios colores para que se adapte a su estado anímico, una única planta en la estancia y artículos curiosos diseñados por Starck y repartidos por la habitación). No es necesario estar hospedado en el hotel para disfrutar de sus opciones culinarias: basta con acudir al **Asia de Cuba**, con sus librerías y su cocina de múltiples influencias, que no ha contado con la aprobación unánime de la crítica; el original **Sea bar,** especializado en *sushi*; la excelente pero cara brasería **Saint M**, y el **Light Bar**.
Servicios del hotel *habitaciones para minusválidos; salones de negocios; pisos para no fumadores; terraza; gimnasio; aparcamiento.* **Servicios de las habitaciones** *aparatos para discos compactos; fax (si lo solicita); vídeo, televisión: satélite.*

The Savoy

Strand, Covent Garden, WC2R OEU (7836 4343/fax 7240 6040/info@the-savoy.co.uk). Metro Covent Garden, Embankment o Charing Cross; estación de tren: Charing Cross. **Habitaciones** 228. **Precios** *habitación individual* 329-347 £; *habitación doble*

388-435 £; *suite* 523-1.739 £. **Tarjetas de crédito** AmEx, DC, MC, V. **Plano 8 L7**

Construido por Richard d'Oyly Carte en 1889, el Savoy conserva sin grandes esfuerzos su fama debido a su esplendor y a su tradicional estilo británico. Escoffier, su gran jefe de cocina, consiguió situarlo en el mapa culinario, y aún hoy es posible cenar elegantemente en el restaurante (en el que Ho Chi Minh fue un honrado fregaplatos), tomar el té en el Foyer del Támesis o comer en la refinada **Grill Room,** junto a miembros del Parlamento. Además, dispone de lujosos salones para banquetes, un gimnasio y una piscina.

Servicios del hotel *salón de belleza; gimnasio (con piscina); salones de negocios; habitaciones de no fumadores.* **Servicios de las habitaciones** *aparato para discos compactos; fax; teléfono móvil (si lo solicita); vídeo, televisión: cable/películas de pago/satélite.*
www.savoy-group.co.uk

Lo mejor para...

- **cuando es el jefe quien paga**
  The Lanesborough, *pág. 148.*
- **mirar las estrellas**
  The Metropolitan, *pág. 148*; St. Martins Lane, *pág. 148.*
- **evitar el contacto visual con las estrellas que quieren estar solas**
  Blakes, *pág.147*; Hazlitt's, *pág. 151.*
- **encontrar interiores curiosos**
  The Hempel, *pág. 148.*
- **buena relación calidad-precio**
  Five Sumner Place, *pág. 153.*
- **encontrar algo totalmente orgánico, una experiencia al estilo *feng shui***
  myhotel bloomsbury, *pág. 151.*
- **buscar un hotel muy céntrico a precio de ganga**
  London County Hall Travel Inn Capital, *pág. 159.*
- **ir al Millennium Dome (y estar cerca de la estación de metro de Waterloo, en la Jubilee Line)**
  London County Hall Travel Inn Capital, *pág. 158*; The Mad Hatter, *pág. 159.*

Caros (151-250 £)

A menos que el hotel especifique lo contrario, todos los hoteles de esta categoría tienen servicio de habitaciones las 24 horas, un bar como mínimo, una caja de seguridad, un servicio conocedor de idiomas, guardería, servicio de limusinas, fax, servicio de lavandería y salones para negocios; todas las habitaciones están equipadas con un secador de pelo, teléfono y televisión. Los servicios que aparecen especialmente indicados en las reseñas de este apartado hay que sumarlos a los ya citados.

Academy Hotel

17-25 Gower street, Bloonsburg WC1E 6HG (7631 4115/ fax 7636 3442/restaurante 7636 7612). Metro: Goodge Street o Tottenham Court Road. **Habitaciones** 49 (todas son suites). **Precios** (incluyen desayuno inglés) *habitación individual* 135 £; *habitación doble* 170-194 £; *suite* 217-265 £. **Tarjetas de crédito** AmEx, DC, MC, V. **Plano 6 K4**

Un proyecto de mejora de las instalaciones de un millón de libras ha dejado este hotel pulcro y de buen tono con las paredes relucientes, pintadas en tonos pasteles, y con 17 habitaciones más, grandes y espaciosas. Entre los servicios que ofrece figuran dos jardines, un invernadero y una biblioteca. En las habitaciones que dan a la calle casi no se oye el ruido del tráfico y el hotel está muy cerca del British Museum. Su personal es de una gran amabilidad.

Servicios del hotel *guardería; bar; salones para negocios; sala de conferencias; jardín; biblioteca; habitaciones para no fumadores; restaurante; terraza.* **Servicios de las habitaciones** *aire acondicionado; minibar; servicio de habitaciones (de 07.00 horas hasta medianoche); té o café; caja de seguridad; televisión por satélite.*
www.etontownhouse.com

Blooms

7 Montague Street, Bloomsburg, WC1B 5BP (7323 1717/fax 7636 6498/blooms@mermaid.co.uk). Metro: Holborn o Russell Square. **Habitaciones** 27 (todas son suites). **Precios** (incluyen desayuno inglés) *Habitación individual* 130 £; *habitación doble/doble con dos camas* 195-205 £. **Tarjetas de crédito** AmEx, DC, MC, V. **Plano 6 L5**

Este pequeño y elegante hotel situado en Bloomsbury se encuentra puerta con puerta con el British Museum. El edificio, del siglo XVIII, está decorado con mobiliario de la época y cuenta con detalles pensados para impresionar al visitante, como, por ejemplo, flores recién cortadas en cada habitación. El jardín privado, situado en la parte de atrás de la casa, permite refugiarse del bullicio de la calle, y es uno de los pocos hoteles de su tamaño que tiene ascensor.

Servicios del hotel *sala de conferencias; jardín; bar, lavandería; restaurante.* **Servicios de las habitaciones** *minibar; radio; televisión por satélite.*
www.bloomshotel.com

Dorset Square Hotel

39-40 Dorset Square, Marylebone, NW1 6QN (7723 7874/fax 7724 3328/dorset@firmdale.com). Metro: Baker Street o Marylebone; estación de tren: Marylebone. **Habitaciones** 38 (todas son suites). **Precios** *habitación individual* 135 £; *habitación doble* 154-247 £; *suite* 282 £. **Tarjetas de crédito** AmEx, MC, V. **Plano 1 F4**

Situado justo al sur de Regent's Park, en una gran zona ajardinada, este elegante hotel ha logrado mantener el

ambiente íntimo que muchos otros han perdido. Las habitaciones tienen un ligero aire regencia que combina con las paredes con estampados atrevidos y telas de flores impactantes. En el reformado salón, los huéspedes se reúnen en los sofás situados alrededor de la chimenea. En comparación con el resto del edificio, el restaurante Potting Shed, que sirve básicamente comida inglesa, parece una estancia sorprendentemente humilde.
Servicios del hotel; *habitaciones para no fumadores aire acondicionado; bar(es); salón de negocios; jardín; gimnasio.* **Servicios de las habitaciones** *minibar; teléfono móvil (si lo solicita); conexión telefónica para módem; radio; caja de seguridad; televisión por satélite; vídeo (si lo solicita).*
www.firmdale.com

The Gore

189 Queen's Gate, South Kensington, SW7 5EX (7584 6601/fax 7589 8127/ reservations@gorehotel.co.uk). Metro: Gloucester Road. **Habitaciones** 53. **Precios** *habitación individual:* 164-182 £; *habitación doble* 206-311 £; *suite* 335 £. **Tarjetas de crédito**: AmEx, DC, MC, TC, V. **Plano 4 D9**
Las pequeñas palmeras que se encuentran a la entrada de este hotel de estilo victoriano tradicional le dan un toque exótico. Abierto hace más de un siglo, el Gore ha conservado todo su encanto, con sus paredes cubiertas de caoba y sus cortinas de color escarlata intenso. El personal, tranquilo y sin demasiadas pretensiones, consigue dar un servicio que no llega a ser engreído. Los toques individuales realzan el encanto del lugar: una colección de 5.000 bocetos del hotel adornan las paredes, la habitación de estilo Tudor tiene unas preciosas vigas de roble, una galería y una cama dorada labrada en la que durmió Judy Garland cuando se encontraba en la habitación Venus. El ruidoso **Bistro 190** (*véase* pág. 179) sirve una imaginativa comida mediterránea, pero sus precios no son de *bistro*.
Servicios del hotel *sala de conferencias; pisos para no fumadores; bar; salones de negocios; restaurantes.* **Servicios de las habitaciones** *aparato para discos compactos (si lo solicita); minibar; conexión telefónica para módem; caja de seguridad; vídeo (si lo solicita); televisión: satélite.*
www.gorehotel.com

Hazlitt's

6 Frith Street, Soho, W1V 5TZ (7434 1771/ fax 7439 1524/reservations@hazlitts.co.uk). Metro: Tottenham Court Road. **Habitaciones** 23. **Precios** *habitación individual* 164 £; *habitación doble* 206 £; *habitación triple* 241 £; *suite* 352 £. **Tarjetas de crédito** AmEx, DC, MC, V. **Plano 6 K6**
Favorecido por la definición que de él dio el escritor Bill Bryson como «involuntariamente oscuro», este pequeño y discreto hotel rezuma un encanto estrafalario y goza de una ubicación privilegiada en el Soho. El ensayista William Hazlitt pasó sus últimos días en una de las casas que conforman el hotel, que aún se mantiene como lugar predilecto para literatos y periodistas: la biblioteca del salón contiene copias de libros firmadas por antiguos huéspedes y una rápida ojeada a sus estanterías nos da una veloz visión del panorama de la literatura de los años noventa. Las veintitrés habitaciones, con nombres de residentes y clientes ilustres, están exquisitamente decoradas, cuentan con camas antiguas con cuatro columnas, y bañeras con pies. No hay bar en el hotel, pero si sale a la calle no necesitará ir muy lejos.
Servicios del hotel *aire acondicionado; salones de negocios.* **Servicios de las habitaciones** *conexión telefónica para módem; caja de seguridad; vídeo (si lo solicita); televisión: satélite.*
www.hazzlittshotel.com

myhotel bloomsbury

11–13 Bayley Street, Fitzrovia, WC1B 3HD (7667 6000/fax 7667 6001/ guest_services@myhotels.co.uk). Metro: Goodge Street o Tottenham Court Road. **Habitaciones** 76. **Precios** *habitación individual* 200 £; *habitación doble* 247-288 £; *suite* 417 £. **Tarjetas de crédito** AmEx, DC, MC, V. **Plano 6 K5**
Un relativamente recién llegado a la escena del hospedaje en Londres (abrió sus puertas en marzo de 1999), este hotel de curioso nombre es fruto del ingenio de su propietario Andrew Thrasyvoulou, y cuenta con un servicio inmejorable y con un «asistente personal» al cuidado de cada uno de los clientes (se recomienda no dejar propinas). En lo que respecta a la decoración, se da una fusión de Oriente y Occidente con interiores y mobiliario del estudio de diseño de Conrad y un completo tratamiento *feng shui* para asegurar una corriente de energía positiva por todo el edificio. Este mismo concepto se extiende al bar (**mybar**) y al restaurante (**mychi**), que sirve comida de aire oriental muy bien presentada (*véase* fotografía, pág. 147).
Servicios del hotel *sala de conferencias; cambio de moneda; gimnasio; pisos para no fumadores; aire acondicionado; bar; salón de belleza.* **Servicios de las habitaciones** *aparato para discos compactos; fax; minibar; teléfono móvil (si lo solicita); conexión telefónica para módem; radio; caja de seguridad; televisión por satélite; vídeo (si lo solicita).*
www.myhotels.co.uk

Number Sixteen

16 Sumner Place, SW7 3EG (7589 5232/fax 7584 8615/reservations@numbersixteenhotel.co.uk). Metro: South Kensington. **Habitaciones** 36 (33 suites). **Precios** (incluyen desayuno) *habitación individual* 90-125 £; *habitación doble/doble con dos camas* 160-195 £; *suite* 205 £. **Tarjetas de crédito** AmEx, DC, MC, V. **Plano 4 D11**
Cuatro casas pareadas de la época victoriana conforman este pequeño y a la vez acogedor (aunque caro) B&B, situado en una calle con árboles. Las habitaciones se llaman según su color y han sido decoradas con muy buen gusto. En invierno, los huéspedes se pueden reunir junto a la chimenea de la sala de estar o leer ociosamente en la biblioteca, mientras que, en días de calor, pasear por el

invernadero y los senderos del jardín, con sus fuentes y estatuas, constituye un verdadero placer. No tiene sala de conferencias.
Servicios del hotel *jardín; habitaciones para no fumadores.* **Servicios de las habitaciones** *minibar; radio; servicio de habitaciones (de 07.00 a 23.00 horas); caja de seguridad.*
www.numbersixteenhotel.co.uk

The Pelham
15 Cromwell Place, South Kensington, SW7 2LA (7589 8288/fax 020 7584 8444/pelham@firmdale.com). Metro: South Kensington. **Habitaciones** 51 (todas son suites). **Precios** *habitación individual* 170 $; *habitación doble* 211-276 $; *suite* 347-669 $. **Tarjetas de crédito** AmEx, MC, V.
Kit y Tim Kemp (propietarios también del **Covent Garden Hotel**; *véase* pág. 147) han diseñado personalmente cada una de las habitaciones de esta lujosa casa pareada. Las habitaciones de estilo clásico inglés contrastan con el diseño contemporáneo de los baños revestidos en granito y con accesorios modernos. En las áreas comunes, el restaurante, el salón y el modesto bar, hay antigüedades inglesas y grabados ecuestres. Knightsbridge y Hyde Park están a un paso.
Servicios del hotel *sala de conferencias; cambio de moneda; habitaciones para no fumadores; aparcamiento; aparcacoches; aire acondicionado; bar; retaurante.* **Servicios de las habitaciones** *minibar; teléfono móvil; conexión telefónica para módem; radio; caja de seguridad (algunas habitaciones); televisión por satélite/cable/películas de pago; vídeo.*
www.firmdak.com

Pembridge Court Hotel
34 Pembridge Gardens, Notting Hill, W2 4DX (7229 9977/fax 7727 4982/reservations@pemct.co.uk). Metro Notting Hill Gate. **Habitaciones** 20. **Precios** (incluyen desayuno inglés) *habitación individual* 125-165 $; *habitación doble* 155-195 $. **Tarjetas de crédito** AmEx, DC, MC, V. **Plano 1 A7**
El Pembridge Court es un lugar particularmente acogedor, situado cerca del mercado de Portobello Road y de los restaurantes de moda de Notting Hill. La mayoría de las habitaciones están decoradas con telas con motivos florales y en las paredes cuelgan unas fascinantes colecciones de objetos de estilo victoriano, como abanicos, guantes y bolsos. El restaurante, **Caps**, ofrece un ingenioso menú europeo. Dos de los huéspedes más queridos del hotel son los gatos, Spencer y Churchill, quienes a menudo rondan por el pintoresco patio. El hotel es muy cálido y relajado, y en él se sentirá como en casa.
Servicios del hotel *bar; salones de negocios; guardería; aire acondicionado; habitaciones para no fumadores; aparcamiento (gratis).* **Servicios de las habitaciones** *aparato para discos compactos; secador de pelo; radio; caja de seguridad; televisión por satélite; vídeo; servicio de habitaciones (24 horas).*
www.pemct.co.uk

Duerma como los ángeles en la suite Rook's Nest de **The Rookery**

Portobello Hotel
22 Stanley Gardens, Notting Hill, W11 2NG (7727 2777/fax 020 7792 9641/ reception@portobello-hotel.demon.co.uk). Metro: Holland Park o Notting Hill Gate. **Habitaciones** 24. **Precios** (incluyen desayuno) *habitación individual* 140 $; *habitación doble* 185-350 $. **Tarjetas de crédito** AmEx, MC, DC, V. **Plano 1 A6**
La blanca fachada victoriana del hotel Portobello no ofrece pista alguna de las extravagantes curiosidades que caracterizan su particular interior: la cama redonda de una de las habitaciones, por ejemplo, es de una exquisitez peculiar. Todas las habitaciones son diferentes y, en el desorden, puede tropezar con globos terráqueos, palmeras o una maravillosa máquina de baño Heath Robinson con tubos y grifos por doquier. El restaurante es luminoso y espacioso.
Servicios del hotel *gimnasio (con piscina); aire acondicionado; bar; salones de negocios; restaurante.* **Servicios de las habitaciones** *aire acondicionado (en algunas habitaciones); minibar; teléfono móvil (si lo solicita); conexión telefónica para módem; radio; televisión por satélite; vídeo.*
www.portobello-hotel.co.uk

The Rookery
12 Peter's Lane, Cowross Street, EC1M 6DS (7336 0931/fax 7336 0932/ reservations@rookery.co.uk). Metro y estación de tren: Farringdon. **Habitaciones** 33 (todas son suites). **Precios** *habitación individual* 206 $; *habitación doble*

241 £; *suite* 311-588 £. **Tarjetas de crédito** AmEx, DC, MC, DC, V. **Plano 9 05**
La discreta entrada de este pequeño hotel puede encontrarse a lo largo de un callejón de ambiente dickensiano situado cerca del mercado de carne de Smithfield. Popular entre los hombres de negocios, el Rookery (emparentado con el hotel **Hazlitt's**; *véase* pág. 151) tiene reminiscencias de los clubes para caballeros. La decoración tradicional no cuenta ni con cretona ni con nada que pueda resultar ostentoso, ya que se busca un estilo más elegante y fuertemente masculino. Cada dormitorio tiene un espacio para trabajar con un escritorio antiguo provisto de fax y conexión para módem. Todos los cuartos de baño tienen bañeras con pies de estilo victoriano y duchas. Si tiene previsto hospedarse aquí para una ocasión especial, intente reservar la estupenda suite principal –la *Rook's Nest*– que tiene un techo retráctil hexagonal que da a una estancia privada. Los huéspedes pueden elegir entre tomar el desayuno en su habitación o en el soleado comedor.
Servicios del hotel *sala de conferencias;jardín; bar; pisos para no fumadores.* **Servicios de la habitación** *fax (si lo solicita); minibar; teléfono móvil (si lo solicita); conexión telefónica para módem;caja de seguridad; televisión por satélite; vídeo (si lo solicita); servicio de habitaciones (07.00 a 22.00 horas).*
www.rookeryhotel.com

Moderados (101-150 £)

Además de los servicios citados en la lista, en todos los hoteles de esta categoría el personal es políglota, y cuentan con servicio de fax y lavandería. Asimismo, todas las habitaciones disponen de televisor y de teléfono.

Abbey Court Hotel

20 Pembridge Gardens, Notting Hill, W2 4DU (7221 7518/fax 7792 0858/ info@abbeycourthotel.co.uk). Metro: Notting Hill Gate. **Habitaciones** 22 (todas son suites). **Precios** (incluyen desayuno) *habitación individual* 99-135 £; *habitación doble/doble con dos camas* 145-165 £; *habitación con camas en columnas/suite*: 175-195 £. **Tarjetas de crédito** AmEx, DC, MC, V. **Plano 1 A7**
Se trata de un hotel elegante y confortable situado cerca de la Notting Hill Gate. Las habitaciones, de tamaño adecuado, se han decorado todas ellas de forma distinta, aunque en muchas se han utilizado telas del Gremio de Diseñadores, con mobiliario y tocadores antiguos. Por su parte, los cuartos de baño, de estilo tradicional en mármol, tienen el lujo añadido de disponer de un *jacuzzi*. Las áreas comunes incluyen una encantadora y confortable recepción y un pequeño pero agradable invernadero. Muy, muy recomendable.
Servicios del hotel *guardería; bar; salones para negocios; habitaciones para no fumadores; jardín; restaurante.* **Servicios de las habitaciones** *secador de pelo; radio; servicio de habitaciones las 24 horas; caja de seguridad.*
www.etontownhouse.com

Commodore Hotel

50 Lancaster Gate, W2 3NA (7402 5291/fax 7262 1088/reservations@commodore-hotel.com). Metro: Lancaster Gate. **Habitaciones** 90 (todas son suites). **Precios** (incluyen desayuno) *habitación individual* 99 £; *habitación doble* 129 £; *habitación triple* 160 £; *suite* 180-250 £. **Tarjetas de crédito** AmEx, DC, MC, V. **Plano 2 D7**
Cercano a Hyde Park, el Commodore está a un paso de los lugares de interés turístico de Londres y del bullicioso Queensway, pero en cambio se encuentra en un barrio más tranquilo. El elegante vestíbulo, restaurado, cuenta con muebles antiguos y candelabros, lo que se repite en las magníficas suites que parecen galerías de arte (vale la pena pagar un poco más); las habitaciones normales son menos pretenciosas y van acorde con su precio.
Servicios del hotel *bar; salones de negocios; sala de conferencias; habitaciones para no fumadores; restaurante; caja de seguridad.* **Servicio de las habitaciones** *secador de pelo; conexión telefónica para módem; radio; servicio de habitaciones (de 08.00 a 20.00 horas); té o café.*
www.commodore-hotel.com

Cranley Gardens Hotel

8 Cranley Gardens, South Kensington, SW7 3DB (7373 3232/fax 7373 7944/cranteygarden@aol.com). Metro: Gloucester Road. **Habitaciones** 85 (todas son suites). **Precios** (incluyen desayuno) *Habitación individual* 85-95 £; *habitación doble* 135 £; *habitación triple* 109-115 £. **Tarjetas de crédito** AmEx, DC, MC, V. **Plano 4 D11**
Cuatro casas pareadas de estilo victoriano y reformadas conforman este hotel familiar. En contraste con la agradable entrada engalanada de plantas, el acogedor salón y el bar revestido de madera, las habitaciones no son nada del otro mundo, aunque sean cómodas y estén decoradas con mobiliario moderno. Los huéspedes pueden coger fuerzas en su restaurante pintado de amarillo chillón para pasar el día haciendo turismo.
Servicios del hotel *guardería; bares; salones de negocios; restaurantes.* **Servicios de las habitaciones** *secador de pelo; radio; servicio de habitaciones (desde las 08.00 horas hasta medianoche); televisión por satélite.*

Five Sumner Place

5 Sumner Place, South Kensington, SW7 3EE (7584 7586/fax 7823 9962/ reservations@sumnerplace.com). Metro: South Kensington. **Habitaciones** 15 (todas son suites). **Precios** (incluyen desayuno inglés) *habitación individual* 99 £; *habitación doble/doble con dos camas* 150 £. **Tarjetas de crédito** AmEx, MC, V. **Plano 4 D11**
Situado en una elegante calle bordeada de árboles en South Kensington, esta joya de los B&B cuenta con habitaciones amplias decorados con muebles de buena calidad: madera noble, techos altos y grabados florales. El espacioso invernadero pintado en amarillo y azul es

un lugar encantador para disfrutar del desayuno y, por la tarde, del té. Merecido ganador del *London Tourism Awards' Best B&B of 1999*. *Véase* fotografía pág. 155.
Servicios del hotel *ascensor; pisos para no fumadores; caja de seguridad; aparcamientos.*
Servicios de las habitaciones *secador de pelo; minibar; radio; nevera; servicio de habitaciones (de 08.00 a 20.00 horas); té o café.*
www.sumnerplace.com

London Elizabeth Hotel

4 Lancaster Terrace, Bayswater, W2 3PF (7402 6641 / fax 7224 8900). Metro: Lancaster Gate. **Habitaciones** 49 (todas son suites). **Precios** (incluyen desayuno) *habitación individual* 110 £; *habitación doble* 125-160 £; *suite* 180-250 £. **Tarjetas de crédito** AmEx, DC, MC, V. **Plano 2 D6**

Ubicado cerca de los jardines italianos de Hyde Park, este hotel se construyó a partir de tres casas pareadas tradicionales. Las habitaciones varían según su tamaño y su decoración, y las suites son, como cabe esperar, las que ofrecen mayor comodidad frente a las habitaciones normales, que se caracterizan por su sencillez (la suite *Hyde Park*, que tiene una chimenea original de época victoriana, al igual que los espejos, bien vale las 250 £ que cuesta). El servicio es impecable y el menú del restaurante incluye las verduras que se recogen en el huerto del hotel.
Servicios del hotel *aire acondicionado; guardería; bar; salones de negocios; sala de conferencias; cambio de moneda extranjera; jardín; pisos para no fumadores; aparcamiento; restaurante; caja de seguridad.* **Servicios de las habitaciones** *habitaciones para discapacitados; secador de pelo; radio; servicio de habitaciones las 24 horas; vídeo.*
www.londonelizabethhotel.co.uk

Mornington Lancaster Hotel

12 Lancaster Gate, Bayswater, W2 3LG (7262 7361/ fax 7706 1028/london@mornington.co.uk). Metro: Lancaster Gate. **Habitaciones** 66 (todas son suites). **Precios** (incluyen desayuno) *habitación simple* 115 £; *habitación doble* 130-140 £; *suite* 155 £. **Tarjetas de crédito** AmEx, DC, MC, V. **Plano D7**

Parte de una filial de los Best Westerns suecos, el Mornington es una curiosa mezcla de formalidad inglesa y pragmatismo escandinavo. El tradicional verde oscuro y la madera del vestíbulo y la biblioteca no parecen encajar con la sencilla decoración en pino y colores pastel de las habitaciones. Sin embargo, esta combinación funciona sorprendentemente bien. La amplia y luminosa estancia en la que se sirve el desayuno está perfectamente surtida de cereales, zumos recién exprimidos y arenques (ésta es la parte sueca del desayuno). El servicio es amable, por eso no debe extrañarle que algunos huéspedes repitan año tras año.
Servicios del hotel *bar; salones de negocios; cambio de moneda extranjera; conexión telefónica para módem; pisos para no fumadores; aparcamiento; caja de seguridad.* **Servicios de la habitación** *secador de pelo; radio; té o café; vídeo; servicio de habitaciones (07.00 a 10.00 horas y 16.00 a 23.00 horas); televisión por cable y películas de pago.*
www.mornington.com

Sandringham

3 Holford Road, NW3 1AD (7435 1569/ fax 7431 5932/sandringham.hotel@virgin.net). Metro: Hampstead. **Habitaciones** 17 (15 son suites). **Precios** *habitación individual* 75-95 £; *habitación doble/doble con dos camas* 125-140 £; *habitación triple y cuádruple* 115-180 £; *suite junior* 150 £. **Tarjetas de crédito** AmEx, DC, MC, V.

Este elegante hotel está decorado a la moda y parece una casa de campo. Los dormitorios de la planta baja son los más espaciosos, mientras que los de arriba disfrutan de unas estupendas vistas de la ciudad. Cerca de Hampstead Heath, el Sandringham permite realizar saludables paseos y disfrutar del aire fresco, y, además, el centro de Londres se encuentra sólo a 15 minutos en metro.

Los clanes hoteleros

Algunas veces, simplemente a uno no le interesa alojarse en el hotel con más encanto de la ciudad. A continuación adjuntamos un listado con los números de teléfono de las oficinas centrales de las mayores cadenas hoteleras, así como los horarios de atención al público para reservas telefónicas y el número de hoteles que poseen en Londres.
Best Western *(0345 747474/ www.bestwestern.co.uk)*. **Abierto** de 08.00 a 20.00 horas, de lunes a viernes; y de 09.00 a 18.00 horas, los sábados y los domingos. **Hoteles** 13.
Forte Hotels Reservations Line *(0345 404040/ www.forte-hotels.co.uk)*. **Abierto** de 07.00 a 22.00 horas, todos los días. **Hoteles** 16.
Hilton *(0800 856 8000/www.hilton.com)*. **Abierto** de 08.00 a 23.00 horas, de lunes a viernes; de 09.00 a 18.00 horas, los sábados y los domingos. **Hoteles** 12.
Holiday Inn *(0800 897121)*. **Abierto** de 07.00 a 22:40 horas todos los días. **Hoteles**: 17.
Marriott *(0800 221222/ www.marriotthotels.com)*. **Abierto** las 24 horas, todos los días. **Hoteles** 6.
Radisson Edwardian *(0800 374411/ www.radisson.com)*. **Abierto** las 24 horas, todos los días. **Hoteles** 11.
Travel Inn *(01582 414341/ www.travelinn.co.uk)*. **Abierto:** de 08.00 a 18.00 horas, de lunes a viernes; de 08.00 a 16.00 horas, los sábados y los domingos. **Hoteles** 4.

El premiado **Five Sumner Place** *(véase* *pág. 153)*

Servicios del hotel *bar; aparcamiento (sólo para cinco coches); jardín; servicio de limusina; salones; habitaciones para no fumadores; caja de seguridad.* **Servicios de las habitaciones** *secador de pelo; servicio de habitaciones las 24 horas; té o café.*

Topham's Belgravia

28 Ebury Street, Belgravia; SW1 W OLU (7730 8147/ fax 7823 5966/TophamsBelgravia@compuserve.com). Metro y estación de tren: Victoria. **Habitaciones**: 39. **Precios** (incluyen desayuno inglés) *habitación individual* 115 £; *habitación doble* 130-150 £; *habitación triple* 170 £. **Tarjetas de crédito** AmEx, DC, MC, V. **Plano 7 H10**

En este precioso hotel situado en el corazón de Belgravia, el visitante parece sentirse enseguida como en casa y supone un agradable respiro con respecto a la zona de Victoria Station que queda a un par de calles. Las luminosas y espaciosas habitaciones, muchas de las cuales han sido redecoradas recientemente, están pintadas en bonitos tonos pastel blancos y rosas. El personal es muy agradable, por lo que muchos huéspedes regresan año tras año. El hogareño salón aumenta la placentera sensación del lugar. Los huéspedes también pueden tomar alguna bebida en el bar o cenar en el acogedor restaurante de tonos rojos.

Servicios del hotel *bar; habitaciones para disminuidos; ascensor; restaurante; caja de seguridad.* **Servicios de las habitaciones** *secador de pelo; té o café; servicio de habitaciones (24 horas).*
www.tophams.co.uk

Asequible (75-100 £)

Salvo que se indique lo contrario, todos los hoteles de esta categoría tienen fax y las habitaciones están equipadas con teléfono, televisor y secadores de pelo, que hay que solicitar. Los servicios que aparecen en la lista han de añadirse a los que acabamos de enumerar.

Crescent Hotel

49-50 Cartwright Gardens, Bloomsbury, WC1H 9EL (7387 1515/fax 7383 2054). Metro: Russell Square o Euston; estación de tren: Euston. **Habitaciones** 27. **Precios** (incluyen desayuno inglés) *habitación individual* 43-70 £; *Habitación doble* 82 £; *habitación triple* 93 £; *habitación cuádruple* 102 £. **Tarjetas de crédito** MC, V. **Plano 6 L3**

Regentado por la misma familia desde 1956, esta agradable casa de estilo regencia está repleta de antigüedades. El desayuno se sirve en un banco de cocina de estilo georgiano, descubierto durante las recientes restauraciones. Los huéspedes pueden utilizar las cercanas pistas de tenis.

Servicios del hotel *salón; personal plurilingüe; caja de seguridad.*
www.crescenthoteloflonolar.com

Gate Hotel

6 Portobello Road, W11 3DG (7221 0707/fax 7221 9128/gatehotel@thegate.globalnet.co.uk). Metro: Notting Hill Gate. **Habitaciones** 6 (5 son suites). **Precios** (incluyen desayuno) *habitación individual* 50-65 £; *habitación doble* 80-85 £. **Tarjetas de crédito** MC, V. **Plano 1 A6**

El Gate disfruta de una ubicación privilegiada a sólo dos pasos del mercado de Portobello y los modernos bares y restaurantes de Notting Hill. El alojamiento es sencillo, pero las habitaciones están muy bien equipadas, la presencia de flores recién cortadas es abundante y sus propietarios son muy amables. Tenga en cuenta que hay un 3 % de recargo si paga con tarjeta de crédito.

Servicios de las habitaciones *radio; nevera; té o café.*

Harlingford Hotel

61-63 Cartwright Gardens, Bloomsbury WC1H 9EL (7387 1551/fax 7387 4616). Metro: Russell Square Euston; estación de tren: Euston. **Habitaciones** 43. **Precios** (incluyen desayuno inglés) *habitación individual* 70 £; *habitación doble* 88 £; *habitación triple* 98 £; *habitación cuádruple* 108 £. **Tarjetas de crédito** AmEx, DC, MC, V. **Plano 6 L3**

Situado al final de una preciosa calle de estilo regencia en forma de medialuna, en Bloomsbury, el Harlingford es un lugar relativamente tranquilo para encontrarse en el centro de Londres. Restaurado, todas las habitaciones disponen de cuartos de baño nuevos y tiene un impresionante salón de desayuno, grande y luminoso. Puede utilizar las pistas de tenis.

Servicios del hotel *caja de seguridad; sala de televisión.* **Servicios de las habitaciones** *té o cafés.*

Hart House Hotel

51 Gloucester Place, W1H 3PE (7935 2288/ fax 7935 8516/reservations@harthouse.co.uk). Metro: Baker Street o Marble Arch. **Habitaciones**: 16 (11 son suites). **Precios** (incluyen desayuno inglés) *habitación simple* 53-65 £; *habitación doble/doble con dos camas* 75-93 £; *habitación triple* 110 £; *habitación cuádruple* 130 £. **Tarjetas de crédito** AmEx, V. **Plano 5 G6**

Este bonito hotel de estilo georgiano, situado en una elegante zona cerca de Oxford Street, se encuentra a un paso de Hyde Park y Regent's Park. Las habitaciones están amuebladas correctamente y muy bien conservadas, y su personal es amable y competente.

Servicios del hotel *caja de seguridad.* **Servicios de las habitaciones** *té o café.*

Hotel 167

167 Old Brompton Road, South Kensington, SW5 OAN (7373 0672/fax 7373 3360). Metro: Gloucester Road. **Habitaciones**: 19 (18 son suites). **Precios** (incluyen desayuno) *habitación individual* 72-86 £; *habitación doble* 90-99 £. **Tarjetas de crédito** AmEx, MC, V. **Plano 4 D11**

El Hotel 167, protagonista de la novela de Jane Soloman del mismo nombre, ofrece un alojamiento confortable y con encanto. Las tranquilas habitaciones se han decorado delicadamente, con tonos suaves y mobiliario de pino. La luminosa recepción, que está unida al comedor en el que se sirve el desayuno, cuenta con mesas de mármol y grandes cuadros modernos.

Servicios del hotel *personal plurilingüe; caja de seguridad.* **Servicios de las habitaciones** *nevera; servicio de habitaciones (de las 08.00 hasta las 23.00 horas); televisión por satélite; té o café. www.hotel167.com*

Jenkins Hotel

45 Cartwright Gardens, BloomsburysWC1H 9EH (7387 2067/fax 7383 3139/ reservations@jenkinshotel.demon.co.uk). Metro: Russell Square o Euston; estación de tren: Euston. **Habitaciones** 14. **Precios** (incluyen desayuno inglés) *habitación individual* 52-72 £; *habitación doble* 85 £; *habitación triple* 95 £. **Tarjetas de crédito** MC, V. **Plano 6 L3**

Tres simpáticos perros labradores negros dan la bienvenida a los huéspedes que llegan a este recomendable B&B situado en una tranquila y preciosa calle en forma de medialuna de estilo georgiano cerca del British Museum. Las habitaciones están muy limpias y son amplias.

Servicios del hotel *jardín. No se permite fumar.* **Servicio de las habitaciones** *secador de pelo; minibar; nevera; caja de seguridad; té o café; teléfono; televisor. www.jenkinshotel.demon.co.uk*

Kensington Gardens Hotel

9 Kensington Gardens Square, Bayswater, W2 4BH (7221 7790/fax 7792 8612). Metro: Baywater o Queensway. **Habitaciones** 16. **Precios** (incluyen desayuno) *habitación individual* 53-58 £; *habitación doble* 79 £; *habitación triple* 100 £. **Tarjetas de crédito** AmEx, DC, MC, V. **Plano 1 B6**

Situado en una tranquila manzana donde predomina el estilo victoriano, este confortable B&B ofrece muy buenas habitaciones a buen precio y se enorgullece de su excelente ubicación, con vistas a una frondosa plaza privada cerca de los restaurantes y al bullicio multicultural de Queensway.

Servicios del hotel *salón; personal plurilingüe.* **Servicios de las habitaciones** *minibar; servicio de habitaciones (desde las 14.00 hasta las 23.00 horas); televisión por satélite; té o café.*

Morgan Hotel

24 Bloomsbury Street, Bloomsbury, WC1B 3QJ (7636 3735/fax 7236 3045). Metro: Tottenham Court Road. **Habitaciones** 20. **Precios** (incluyen desayuno inglés) *habitación individual* 57-67 £; *habitación doble* 83 £; *habitación triple* 125 £; *suite* 110 £. **Tarjetas de crédito** AmEx, MC, V. **Plano 6 K5**

Los agradables propietarios de este hotel, situado en una zona de estilo georgiano cercana al British Museum, son londinenses y están orgullosos de serlo; los guardias de la torre de Londres que hay en las paredes y las jarras de cerveza en forma de hombre en el alféizar de la habitación del desayuno son buena prueba de ello. Los dormitorios son limpios y cómodos. El hotel está dividido en dos casas, y en la segunda de ellas se encuentran algunas de las suites y las habitaciones más grandes, reservadas a los huéspedes fieles o a aquellos que realizan estancias más prolongadas. Si hace la reserva con tarjeta de crédito, tendrá que pagar un suplemento del 3 %.

Servicios del hotel *servicio de planchado; aire acondicionado; teléfono de pago.* **Servicios de las habitaciones** *caja de seguridad; televisión.*

The Plough Inn

42 Christchurch Road, East Sheen, SW14 7AF (8876 7833/fax 8392 8801/ ploughthe@hotmail.com). Metro Richmond, después enlazar con autobuses 33, 337; estación de tren: Mortlake. **Habitaciones** 8 (todas son suites). **Precios** (incluyen desayuno inglés) *habitación individual* 60 £; *habitación doble* 80 £; *habitación triple/cuádruple* 100 £. **Tarjetas de crédito** AmEx, MC, TC, V.

Una pequeña joya. Esta encantadora hostería del siglo XVI conserva sus techos con vigas y paredes gruesas, aunque incorpora una serie de comodidades impresionante. El desayuno se sirve en el bar del piso de abajo, donde los húespedes coinciden con vecinos del barrio. Tanto el Richmond Park como el río están a un paseo.

Servicios del hotel *aparcamiento (gratis); jardín; servicio de lavandería; personal plurilingüe; bar de* *copas; restaurante; caja de seguridad.* **Servicios de las habitaciones** *servicio de habitaciones (a mediodía, a las 15.00, a las 19.00 y a las 21.30 horas); televisión; té o café.*

Riverside Hotel
23 Petersham Road, Richmond-upon-Thames, Surrey TW10 6UH (teléfono/fax 020 8940 1339). Metro: Richmond. **Habitaciones** 22 (todas son suites). **Precios** (incluyen desayuno inglés) *habitación individual* 60 £; *habitación doble* 80-115 £.
Tarjetas de crédito AmEx, MC, V.
Ubicado en el centro de la ciudad de Richmond, este agradable B&B ofrece estupendas vistas del Támesis a sólo 20 minutos en metro desde Londres. Otros aspectos que se pueden destacar son las limpias y cómodas habitaciones de razonables precios y unos propietarios notablemente amables. Pida una habitación con vistas al río o la habitación número 22, que dispone de un jardín propio.
Servicios del hotel *cambio de moneda extranjera; jardín; servicio de lavandería; plurilingüe, caja de seguridad; habitaciones para no fumadores.* **Servicios de las habitaciones** *té o café; televisión por satélite; servicio de habitaciones (10.00 a 23.30 horas).*

Rushmore Hotel
11 Trebovir Road, Earl´s Court, SW5 9LS (7370 3839/ 6505/fax 7370 0274). Metro Earl's Court.
Habitaciones 22. **Precios** (incluyen desayuno) *habitación individual* 59 £; *habitación doble* 79 £; *habitación triple* 89 £; *familiar* 99 £.
Tarjetas de crédito AmEx, MC, V. **Plano 3 B11**
Un delicioso hotel con habitaciones decoradas en una imaginativa gama de estilos y colores, usando las técnicas de *trompe £'oeil* y telas estampadas, todas ellas diferentes. El espíritu italiano del Rushmore se hace evidente en el mobiliario en hierro forjado de estilo toscano y las mesas de vidrio del espacioso invernadero en el que se sirve el desayuno.
Servicios del hotel *salones de negocios; servicio de lavandería; salón; personal plurilingüe; habitaciones para no fumadores; caja de seguridad.* **Servicios de las habitaciones** *televisión por satélite; té o café.*

Swiss House Hotel
171 Old Brompton Road, South Kensington, SW5 OAN (7373 2769/fax 7373 4983/recep@swiss-hh.demon.co.uk). Metro: Gloucester Road.
Habitaciones 15 (todas son suites). **Precios** (incluyen desayuno) *habitación individual* 48-68 £; *habitación doble* 85-99 £; *habitación cuádruple* 114-128 £. **Tarjetas de crédito** AmEx, DC, MC, V. **Plano 4 D11**
Este edificio, que fue propiedad de Swiss Air, tiene una atractiva fachada cubierta de hiedras trepadoras y bojs con flores. En el interior, las habitaciones son grandes y la mayoría conserva su chimenea original. El amable personal sirve el desayuno en un comedor de estilo campestre.
Servicios del hotel *servicio de lavandería; personal plurilingüe; habitaciones para no fumadores; caja de seguridad; guardería; servicio de limusina.* **Servicios de las habitaciones** *servicio de habitaciones (de 12.30 a 21.00 horas); televisión por satélite.*
www.swiss-hh.demon.co.uk

30 King Henry's Road
30 King Henry's Road, Primrose Hill, NW3 3RP (7483 2871/fax 7483 4587/ingram30kh@aol.com). Metro: Chalk Farm; estación de tren: Primrose Hill.
Habitaciones 3 (todas con sus propios cuartos de baño). **Precios** (incluyen desayuno) *habitación individual* 90-100 £; *habitación doble* 100 £.
Este elegante y familiar B&B de estilo victoriano situado en Primrose Hill cuenta con habitaciones encantadoras y una atmósfera muy relajante. Sus propietarios, Carole y Andrew Ingram, se encargan de tratar a todo el mundo como si fuera de la familia. El desayuno se sirve a los huéspedes en una impresionante cocina tradicional que cuenta, además, con una cocina de leña. *Véase* inferior.
Servicios del hotel *jardín; personal plurilingüe, no se permite fumar.* **Servicios de las habitaciones** *radio; televisión.*
www.30kinghenrysroad.co.uk

Vicarage Hotel
10 Vicarage Gate, Kensington, W8 4AG (7229 4030/ fax 7792 5989/reception@londonvicaragehotel.com). Metro: High Street Kensington o Notting Hill Gate.
Habitaciones 18. **Precios** (incluyen desayuno inglés) *habitación individual* 45 £; *habitación doble* 74-98 £; *habitación familiar* 90-98 £. **Tarjetas de crédito**.
Plano 1 B8
Este gran edificio cuenta con un acogedor B&B con vistas a una preciosa manzana de estilo victoriano. Las habitaciones no son gran cosa pero están limpias. Se encuentra cerca del palacio y los jardines de Kensington y de las tiendas de Kensington High Street.
Servicios del hotel *teléfono (debe pagarse); sala de televisión.* **Servicios de las habitaciones**; *té o café; jofaina; televisión (en algunas habitaciones).*

Desayuno en el **30 King Henry's Road** *(véase superior)*

Baratos (menos de 75 £)

Los hoteles de esta categoría disponen de fax, además de los servicios que figuran en la lista siguiente.

Abbey House

11 Vicarage Gate, Kensington, W8 4AG (7727 2594). Metro: High Street Kensington o Notting Hill Gate. **Habitaciones**: 16. **Precios** (incluyen desayuno inglés) *habitación individual* 45 £; *habitación doble* 74 £; *habitación triple* 85 £. **Tarjetas de crédito** MC, V. **Plano 1 B8**

El Abbey House es uno de los B&B de mejor calidad en este rango de precios. Este hotel es una elegante casa de estilo victoriano, que conserva la mayoría de sus adornos originales, con espaciosas habitaciones decoradas con sencillez y cómodas camas ortopédicas. *Véase* fotografía, pág. 159.

www.abbeyhousekensington.com

Arosfa

83 Gower Street, Bloomsbury,WC1E 6HJ (teléfono/ fax 7636 2115). Metro: Goodge Street o Euston Square; estación de tren: Euston Square. **Habitaciones** 16. **Precios** (incluyen desayuno inglés) *habitación individual* 37 £; *habitación doble* 50 £; *habitación triple* 68 £. **Tarjetas de crédito** MC, V. **Plano 6 K4**

Arosfa, que significa «lugar para quedarse» en galés, está regentado por los encantadores señores Dorta, quienes alquilan habitaciones sencillas, pero agradablemente decoradas, en el antiguo hogar de estilo georgiano del artista John Everett Millais. Hay un suplemento del 2 % para los pagos realizados con tarjetas de crédito.

Servicios del hotel *jardín; salón; personal plurilingüe; cabina de teléfonos.* **Servicios de las habitaciones** *televisión; jofaina.*

Ashlee House

261-265 Gray's Inn Road, King's Cross WC1X 8QT (7833 9400/fax 7833 9677/info@ashleehouse.co.uk). Metro: King's Cross. **Habitaciones** 26 (175 camas). **Precios** (por persona, incluyen desayuno) *habitación con 4-6 camas* 17-19 £; *habitación con 8-10 camas* 15-17 £; *habitación con 16 camas* 13-15 £; *habitación doble con dos camas* 22-24 £; *habitación individual* 34-36 £. **Plano 6 M3**

A este alojamiento tipo albergue acuden principalmente jóvenes mochileros. En las habitaciones (todas con literas) duermen entre una y dieciséis personas y el precio por persona baja cuanto más compartida esté la habitación. Dispone de un amplio comedor y un área de comidas *self service* en el piso de abajo. El personal es alegre y atento.

Servicios del hotel *almacén para el equipaje; acceso a Internet; servicio de lavandería; teléfono (debe pagarse); caja de seguridad; salones de autoservicio de comidas; facilidades para cocinar; lavandería; habitaciones para no fumadores, teléfono de pago; sala de televisión.* **Servicios de la habitación** *jofaina.*

www.ashleehouse.co.uk

Cartref House & James House

129 Ebury Street, Belgravia, SW1W 9QU & 108 Ebury Street, SW1W 9QD (Cartref 7730 6176/James 7730 7338/jandchouse@cs.com). Metro y estación de tren: Victoria. **Habitaciones** (incluye desayuno inglés) *Cartref* 11; *James* 6. **Precios** *habitación individual* 50-60 £; *habitación doble* 68-82 £; *habitación triple* entre 90-105 £; *habitación cuádruple* 130 £. **Tarjetas de crédito** AmEx, MC, V. **Plano 7 H10**

Ubicados en una elegante calle de estilo georgiano, estos dos B&B, cuyos propietarios son los mismos, aseguran habitaciones sencillas y luminosas y una buena acogida.

Servicios del hotel *personal plurinlingüe; no se permite fumar; cabina de teléfonos.* **Servicios de las habitaciones** *secador de pelo; té o café; televisor.*

www.jamesandcartref.co.uk

Garden Court Hotel

30-31 Kensington Gardens Square, Bayswater, W2 4BG (7229 2553/7727 2749). Metro: Bayswater o Queensway. **Habitaciones** 32 (16 son suites). **Precios** (incluyen desayuno inglés) *habitación individual* 35-52 £; *habitación doble* 56-84 £; *habitación triple* 72-92 £; *habitación cuádruple* 56-84 £. **Tarjetas de crédito** MC, V. **Plano 1 B6**

Este B&B familiar tiene vistas a un tranquilo jardín de estilo victoriano. Las habitaciones son cómodas, cálidas y limpias. Otras características interesantes son el bonito jardín pavimentado y un amplio salón. Uno de los hoteles de mejor calidad en este apartado.

Servicios del hotel *jardín; salón; personal plurilingüe; caja de seguridad.* **Servicios de las habitaciones** *secador de pelo; teléfono; televisión por cable.*

www.gardencourthotel.co.uk

The Generator

Compton Place (off 37 Tavistock Place), Bloomsbury, WC1H 9SD (7388 7666/fax 7388 7644/ info@the-generator.co.uk). Metro: Russell Square. **Habitaciones** 217 (833 camas; no tiene ninguna suite). **Precios** (por persona, incluye desayuno) *habitación individual* 36,50-38,50 £; *habitación doble con dos camas* 23-26,50 £; *habitación con 3-6 camas* 20-22,50 £; *habitación con 7-8 camas* 19-21,50 £; *dormitorio compartido* 15 £. **Tarjetas de crédito** MC, V. **Plano 6 K4**

Las literas de las habitaciones y los dormitorios de este antiguo cuartel de la policía le dan un aspecto de celda. Las áreas comunitarias, iluminadas con neón y de estilo industrial, constan de una enorme sala de juegos, un comedor con autoservicio y una sala dedicada a Internet. Los huéspedes pueden relacionarse entre ellos en el bullicioso bar del piso de abajo (abierto hasta las 02.00 horas). Ideal para grupos de estudiantes y aventureros.

Servicios del hotel *almacén para el equipaje; bar; acceso a Internet; habitaciones para no fumadores; caja de seguridad; aire acondicionado; teléfono de pago; sala de televisión.* **Servicios de las habitaciones** *jofaina.*

www.the-generator.co.uk

Abbey House, *en Kensington* (véase *pág. 158*)

Hampstead Village Guesthouse
2 Kemplay Road, Hampstead, NW3 1SY (7435 8679/ fax 7794 0254/hvguesthouse@dial.pipex.com). Metro: Hampstead; estación de tren: Hampstead Heath. **Habitaciones** 6. **Precios** *habitación individual* 48-66 £; *habitación doble* 72-84 £; *estudio* 90-150 £. **Tarjetas de crédito** AmEx, DC, MC, V.

Un auténtico refugio para excéntricos. Ubicado en una laberíntica casa de estilo victoriano en Hampstead, cada una de sus seis habitaciones está llena de una fabulosa colección de libros antiguos en un desorden familiar, acumulados y amorosamente ordenados por su eufórica propietaria, Annemarie van der Meer. Existe una dependencia separada con una diminuta cocina, disponible para usarse como suite privada (pueden dormir de una a cinco personas). Los huéspedes deben saber que existe un recargo del 5 % si pagan con tarjeta de crédito.

Servicios del hotel *guardería; facilidades para cocinar; aparcamiento; jardín; servicio de lavandería; personal plurinlingüe; no se permite fumar.* **Servicios de las habitaciones** *secador de pelo; plancha; nevera; té o café; teléfono; televisor.*
www.hampsteadguesthouse.com

Highfield Guesthouse
12 Dowanhill Road, Hither Green SE6 1HJ (8698 8038/ fax 8698 8039). Estación de tren: Hither Green. **Habitaciones** 3 (sólo una suite). **Precios** (incluyen desayuno inglés). *habitación individual* 30-45 £; *habitación doble/doble con dos camas* 45-65 £; *habitación triple* 60-65 £. **Tarjetas de crédito** MC, V.

Esta inmaculada y pequeña casa de huéspedes se enorgullece de contar con un buen servicio y habitaciones confortables decoradas con muebles bien elegidos de estilo IKEA. El propietario, el francés Michel Tournier, se esfuerza por complacer a sus huéspedes (no tiene problema en ir a buscarlos a la estación de Hither Green, desde donde parten trenes con frecuencia hacia el centro de Londres). Las habitaciones de este tipo doblarían su precio si se encontraran más al norte.

Servicios del hotel *jardín; personal plurilingüe; no se permite fumar; aparcamiento gratuito.* **Servicios de las habitaciones** *secador de pelo; servicio de lavandería; radio; nevera; té o café; televisión por satélite.*

London County Hall Travel Inn Capital
County Hall, Belvedere Road, South Bank, SE1 7PB (7902 1600/fax 7902 1619). Metro y estación e tren: Waterloo. **Habitaciones** 313 (todas son suites). **Precios** 62,95 £. **Tarjetas de crédito** AmEx, DC, MC, V. **Plano 8 M9**

Uno de los dos hoteles de County Hall, el Travel Inn cuenta con la mejor relación calidad-precio del centro de Londres. Todas las habitaciones cuestan lo mismo, ya sean para una, dos, tres o cuatro personas. No tienen demasiados lujos, pero son amplias y están limpias. Su ubicación es todo un lujo, porque se encuentra cerca del British Airways London Eye y justo al sur del puente de Westminster. El restaurante Potters sirve desayunos y comidas, mientras que en el bar contiguo se pueden tomar tentempiés.

Servicios del hotel *bar; cambio de moneda extranjera; habitaciones para discapacitados; ascensor; personal plurinlingüe; habitaciones para no fumadores; restaurante; caja de seguridad; teléfono de pago; restaurante; sala de televisión.* **Servicios de las habitaciones** *secador de pelo (a solicitud); té o café; teléfono; televisor.*
www.travelinn.co.uk

The Mad Hatter Hotel
3-7 Stamford Street, South Bank, SE1 9NY (7401 9222/ fax 7401 7111/madhatter@fullers.demon.co.uk). Metro: Blackfriars o Waterloo; estación de tren: Waterloo. **Habitaciones** 29. **Precios** *habitación individual/doble/doble con dos camas/ familiar* 69-89 £. **Tarjetas de crédito** AmEx, DC, MC, V. **Plano 11 N8**

Londres sufre una invasión de *pubs* Fuller con hoteles que ofrecen calidad a buen precio. Aunque el Mad Hatter está en una calle muy concurrida, el hecho de que las ventanas sean de cristal doble hacen que el ruido del tráfico sea mínimo. Las habitaciones son grandes y están decoradas en suaves tonos pasteles. Hay tres habitaciones adaptadas para discapacitados, y otras tienen puertas que las relacionan entre sí. Los huéspedes pueden comer e incluso desayunar en el *pub*.

Servicios del hotel *bar; habitaciones para discapacitados (3); servicio de lavandería; ascensor; personal plurinlingüe; pisos para no fumadores; restaurante; caja de seguridad; teléfono de pago.* **Servicios de las habitaciones** *televisión por satélite; té o café.*
www.fullers.co.uk

Oxford House Hotel

92-94 Cambridge Street, Pimlico, SW1 (7834 6467/ fax 7834 0225). Metro y estación de tren: Victoria. **Habitaciones** 17 (no hay ninguna suite). **Precios** (incluyen desayuno inglés) *habitación individual* 36 £; *habitación doble* 50-52 £; *habitación triple* 63-66 £; *habitación cuádruple* 84-88 £. **Tarjetas de crédito** MC, LTC y V. **Plano 7 H11**
Este hotel es realmente un gran hallazgo: luminoso, con habitaciones confortables y a la vuelta de la esquina de la estación Victoria. Las áreas compartidas son limpias y están bien cuidadas.
Servicios del hotel *secador de pelo (a solicitud); salón; personal plurilingüe; teléfono (debe pagarse).* **Servicios de las habitaciones** *radio; jofaina.*

Parkwood

4 Stanhope Place, W2 2HB (7402 2241/fax 7402 1574). Metro: Marble Arch. **Habitaciones** 17 (13 son suites). **Precios** (incluyen desayuno inglés) *habitación individual* 49,50-69,50 £; *habitación doble* 64,50-87,50 £; *habitación triple* 77-97 £. **Tarjetas de crédito** MC, V. **Plano 2 F6**
Un tranquilo y céntrico B&B cerca de Hyde Park y a sólo unos minutos de Oxford Street. Las aseadas habitaciones están decoradas en colores serenos y con fotos de flores.
Servicios del hotel *salón; personal plurilingüe; habitaciones para no fumadores; terraza.* **Servicios de las habitaciones** *radio; televisión por satélite; té o café.*

St. Margaret Hotel

26 Bedford Place, WC1B 5JL (7636 4277/ fax 7323 3066). Metro: Holborn o Russell Square. **Habitaciones** 64. **Precios** (incluyen desayuno inglés) *habitación individual* 48,50-50,50 £; *habitación doble* 60,50-62,50 £; *habitación triple* 88-95 £. **Tarjetas de crédito** MC, V. **Plano 6 L5**
Este agradable B&B familiar cuenta con habitaciones espaciosas y un personal muy atento. Las habitaciones de atrás del hotel tienen vistas a los jardines privados del duque de Bedford, a los que los huéspedes tienen acceso.
Servicios del hotel *jardín; secador de pelo (si lo solicita); salón;. personal plurilingüe; caja de seguridad; habitaciones adaptadas para disminuidos.* **Servicios de las habitaciones** *televisión por satélite; teléfono.*

Woodville House & Morgan House

107 Ebury Street, Belgravia, SW1W 9QU (7730 1048/ fax 7730 2574) y 120 Ebury Street, SW1W 9QQ (7730 2384/fax 7730 8442). Metro y estación de tren: Victoria. **Habitaciones** *Woodville* 12 (no hay ninguna suite); *Morgan* 11 (3 son suites). **Precios** (incluyen desayuno inglés) *habitación individual* 42 £; *habitación doble* 60-80 £; *habitación cuádruple* 110-115 £. **Tarjetas de crédito** MC, V. **Plano 7 H10**
Ubicados cerca de Victoria Station, estos dos B&B de estilo georgiano están regentados por la exuberante pareja formada por Rachel Joplin y Ian Berry. Woodville House se caracteriza por una decoración tradicional y florida; Morgan es más contemporánea. Las familias están muy bien atendidas y una de las suites tiene una terraza contigua que puede utilizarse como zona de pícnic.
Servicios del hotel *guardería; secador de pelo (si lo solicita); plancha; cocina; personal plurilingüe; cabina de teléfonos; terraza; aire acondicionado (algunas habitaciones Woodville).* **Servicios de las habitaciones** *té o café, sólo Morgan House; televisor; cocinilla.*
www.woodvillehouse.co.uk

Alojamiento sólo para mujeres

Townsend House

126 Quen's Gate, South Kensington, SW7 5LQ (teléfono/fax 7225 3777/platform@gfs.u-net.com). Metro: Gloucester Road. **Abierto** *teléfono de información* de 09.00 a 13.00 horas y de 16.00 a 17.30 horas, de lunes a viernes. **Precios** (B&B) *habitación doble con dos camas* 18 £; (hostal) *habitación doble/doble con dos camas* 68,27 £ a la semana; *habitación triple* 62,80 £ a la semana. **Plano 4 D10**
Situado en una buena zona, Townsend House es un limpio B&B/hostal sólo para mujeres dirigido por la *Girls' Friendly Society*. La mayoría de las habitaciones de esta casa se reservan para estancias largas (un mes como mínimo y sólo para mujeres entre 18 y 30 años); el B&B (14 días como máximo) consta de unas pocas habitaciones en el piso de arriba, pero todos los huéspedes pueden usar los servicios de la casa, que incluyen una gran cocina, dos amplios salones, zonas de lavandería y una capilla. Busque el pequeño símbolo «GFS» en la puerta de entrada.

Alojamiento para *gays* y lesbianas

Véase pág. 271.

Albergues para jóvenes

Las camas están en habitaciones dobles o en dormitorios colectivos. Si no es miembro de la International Youth Hostel Federation (IYHF), deberá pagar un extra de 2 £ por noche si se queda a dormir (al cabo de seis noches pasa a ser miembro automáticamente). También puede hacerse miembro por 12 £ (6 £ si es menor de 18 años) de cualquier albergue de juventud. Llame siempre con antelación para asegurarse de que hay camas libres. Los hostales que aquí aparecen aceptan MasterCard, Visa y cheques de viaje. Puede hacerse miembro o reservar habitación a través de la página *web* del IYHF (*www.yha.org.uk*).

City of London Youth Hostel *36-38 Carter Lane, The City, EC4 (7236 4965/fax 7236 7681). Metro: St. Pauls.* **Camas** 193. **Recepción abierta** de 07.00 a 23.00 horas, todos los días; acceso las 24 horas. **Precios** (incluyen desayuno) 23,50-26 £; 19,50-21,50 £, menores de 18 años. **Plano 11 06**

Earl's Court Youth Hostel *38 Bolton Gardens, Earl's Court, SW5 (7373 7083/fax 7835 2034). Metro: Earl's Court.* **Camas** 154. **Recepción abierta** de 07.00 a 23.00 horas, todos los días; acceso las 24 horas. **Precios** (incluyen desayuno) 18,95 £; 17,95 £ menores de 18 años. **Plano 3 B11**

Hampstead Heath Youth Hostel *4 Wellgarth Road, Golders Green, NW11 (8458 9054/fax 8209 0546). Metro: Golders Green.* **Camas** 199. **Recepción abierta** de 06.45 a 23.00 horas, todos los días; acceso las 24.00 horas. **Precios** (incluyen desayuno) 19,90 £; 17,70 £ menores de 18 años.

Holland House Youth Hostel *Holland House, Holland Walk, Kensington, W8 (7937 0748/ fax 7376 0667/hollandhouse@yha.org.uk). Metro: High Street Kensington.* **Camas** 201. **Recepción abierta** de 07.00 a 23.00 horas, todos los días; acceso las 24 horas. **Precios** (incluyen desayuno) 20,50 £; 18,50 £ menores de 18 años. **Plano 1 A8**

Oxford Street Youth Hostel *14 Noel Street, Soho, W1 (7734 1618/fax 7734 1657). Metro Oxford Circus.* **Camas** 75. **Recepción abierta** de 07.00 a 23.00 horas, todos los días; acceso las 24 horas. **Precios** 21,50-23,50 £; 16,85-17,50 £, menores de 18 años. **Plano 5 J6**

Rotherhithe Youth Hostel *Island Yard, Salter Road, Rotherhithe, SE16 (7232 2114/fax 7237 2919). Metro: Rotherhithe.* **Camas** 320. **Recepción abierta** de 07.00 a 23.00 horas; acceso las 24 horas. **Precios** 23,50 £; 19,90 £, menores de 18 años.

YMCAs

Puede que sea necesario hacer la reserva con varios meses de antelación para alojarse en un YMCA, y muchos se especializan en alojamientos para largas estancias. La siguiente lista incluye algunos de los hostales más grandes (todos son para ambos sexos), pero el National Council of YMCAs (8520 5599/www.ymca.org.uk) puede facilitar un listado completo. Los precios rondan entre las 25 y las 30 £ por noche la habitación individual y entre las 40 y las 45 £, la doble.

Barbican YMCA *2 Fann Street, The City, EC2Y (7628 0697/fax 7638 2420). Metro: Barbican.* **Camas** 240. **Plano 9 P5**

London City YMCA *Errol Street, EC1 (7628 8832/ fax 7628 4080). Metro y estación de tren: Old Street.* **Camas** 111. **Plano 9 F4**

Wimbledon YMCA *200 The Broadway, Wimbledon, SW19 1RY (8542 9055/fax 8540 2526). Metro: South Wimbledon/estación de tren: Wimbledon.* **Camas** 110.

Casas particulares

Hospedarse en casa de alguien es más divertido que quedarse en un hotel impersonal. Las organizaciones que aparecen a continuación facilitan esa clase de viviendas (los precios incluyen el desayuno).

At Home in London *70 Black Lion Lane, Hammersmith, W6 9BE (8748 1943/fax 8748 2701/ athomeinlondon@compuserve.com/ www.athomeinlondon.co.uk).* **Abierto** llame para pedir información, de 09.30 a 17.30 horas, de lunes a viernes. **Precios** (por habitación, incluye desayuno) individual 29-65 £; doble 52-90 £. **Tarjetas de crédito** MC, V.

The Bulldog Club *14 Dewhurst Road, Kensington, W14 OET (7371 3202/fax 7371 2015/ jackson@bulldogclub.u-net.com/www.bulldogclub.com).* **Precios** desde 85 £ por noche; socios 25 £ (3 años). **Tarjetas de crédito** MC, V. Pague una cuota de socio de 25 £ durante tres años y disfrute de algunos de los más fabulosos y exclusivos B&B del país.

Host & Guest Service *103 Dawes Road, Fulham, SW6 7DU (7385 9922/fax 7386 7575/www.host-guest.co.uk). Metro: Fulham Broadway.* **Abierto** de 09.00 a 17.30 horas, de lunes a viernes. **Precios** desde 16,50 £ por persona; estudiantes desde 85,90 £ por semana. **Tarjetas de crédito** MC, V. **Estancia mínima** 2 noches.

London Bed & Breakfast Agency *71 Fellows Road, NW3 3JY (7586 2768/fax 7586 6567/ stay@londonbb.com/www.londonbb.com)* **Abierto** llame para pedir información de 09.00 a 18.00 horas, de lunes a viernes; de 10.00 a 14.00 horas los sábados. **Precios** 20-42 £ por noche. **Tarjetas de crédito** MC, V. **Estancia mínima** 2 noches.

London Homestead Services *Coombe Wood Road, Kingston-upon-Thames, Surrey KT2 7JY (8949 4455/ fax 8549 5492).* **Abierto** *teléfono de información* de 09.00 a 19.00 horas, todos los días. **Precios** *habitación individual* desde 18 £; *habitación doble* desde 35 £. **Tarjetas de crédito** MC, y V. **Estancia mínima** 3 noches.

Apartamentos con autoservicio

Puede ser muy caro proveerse de un alojamiento en Londres, pero si va en grupo puede ahorrarse un dinero si alquila un piso. Las siguientes agencias están especializadas en alquiler para vacaciones. *Véase también* **Páginas amarillas** *(Yellow Pages).*

Accommodation Outlet *2º piso, 32 Old Compton Street, W1V 5PD (7287 4244/fax 7734 2249/ holiday@outlet.co.uk/www.outlet.co.uk). Metro: Leicester Square o Tottenham Court Road.* **Abierto** de 10.00 a 18.00 horas, de lunes a viernes; desde el mediodía hasta las 17.00 horas, los sábados. **Precios** *estudio doble* desde 65 £ por noche; *apartamento para 4 personas* desde 103 £ por noche. **Plano 6 K6**

The Apartment Service *1er piso, 5-6 Francis Grove, SW19 4DT (8944 1444/fax 8944 6744). Metro y estación de tren: Wimbledon.* **Abierto** de 09.00 a 18.30 horas, de lunes a viernes. **Precios** *estudio doble* desde 90 £ por noche. **Tarjetas de crédito** AmEx, MC, DC, V.

Astons Apartments *31 Rosary Gardens, South Kensington, SW7 4NH (7590 6000/fax 7590 6060/ sales@astons-apartments.com/www.astons-apartments.com). Metro: Gloucester Road.* **Abierto** de 08.00 a 21.00 horas, todos los días. **Precios** *estudio individual* 70,50 £ por noche; *estudio doble* 99,87 £ por noche. **Tarjetas de crédito** AmEx, MC, V. **Plano 3 C11**

Holiday Serviced Apartments *273 Old Brompton Road, Earl's Court, SW5 9JA (7373 4477/ fax 7373 4282/reservations@holidayapartments.co.uk/ www.holidayapartments.co.uk). Metro: Earl's Court.* **Abierto** de 09.30 a 18.00 horas, de lunes a viernes. **Precios** *estudio individual o doble*, desde 80 £ por noche. **Tarjetas de crédito** AmEx, MC,V. **Plano 3 C11**

The Independent Traveller *Thorverton, Exeter, Devon EX5 5NT (01392 860807/fax 01392 860552/ independenttrav@cs.com/www.gowithit.co.uk).* **Precios** *apartamentos* 250-2.000 £ por semana. **Tarjetas de crédito** MC, V. **Estancia mínima** 3 noches.

London Holiday Accommodation Bureau *(teléfono/fax 8809 1899/07957 384924/ sales@londonholiday.co.uk).* **Precios** desde 30 £ por noche. **Tarjetas de crédito** AmEx, MC, V. Apartamentos para vacaciones en todo Londres, incluyen recogida en el aeropuerto o en el metro, entradas para el teatro e incluso un recorrido con guía por la ciudad.

Palace Court Holiday Apartments *1 Palace Court, Bayswater Road, Bayswater, W2 4LP (7727 3467/ fax 7221 7824). Metro: Notting Hill Gate o Queensway.* **Abierto** de 08.30 a 23.00 horas, todos los días. **Precios** *estudio individual* desde 60 £ por noche; *doble* 76 £ por noche; *triple* 84 £ por noche. **Tarjetas de crédito** AmEx, MC, V.

Perfect Places *53 Margravine Gardens, Hammersmith, W6 8RN (8748 6095/fax 8741 4213/ permatch@netcomuk.co.uk/ www.perfectplaceslondon.co.uk). Metro: Barons Court.* **Abierto** llame para pedir información, de 09.00 a 23.00 horas, todos los días. **Precios** desde 550 £ por semana. **Tarjetas de crédito** AmEx, MC, V. Apartamentos en Kensington, Knightsbridge y Chelsea.

Residencias universitarias

La mayoría de los alojamientos para estudiantes de Londres se abren a los visitantes durante las vacaciones universitarias. Son una opción sencilla y económica para pasar una temporada.

Arcade Halls *The Arcade, 385-401 Holloway Road, Holloway, N7 ORN (7607 5415/fax 7609 0052/ summerlets@unl.ac.uk/www.unl.ac.uk/ accomodation). Metro: Holloway Road.* **Habitaciones** *apartamentos con entrada particular (para 4-6 personas).* **Precios** 117 £ por noche; 80 £ por semana. **Disponible** del 2 de julio al 3 de septiembre de 2001.

Butlers Wharf LSE Residence *11 Gainsford Street, Bankside, SE1 2NE (7407 7164/fax 7403 0847/ butlers.wharf@lse.ac.uk). Metro: Tower Hill o London Bridge; estación de tren: London Bridge.* **Habitaciones** *apartamento con entrada particular (pueden dormir hasta 7 personas)* 46. **Precios** desde 22,50 £ por persona (menores de 12 años mitad de precio). **Disponible** del 1 de julio al 23 de septiembre de 2001. **Plano 12 R9.**

Cartwright University Halls *36 Cartwright Gardens, Bloomsburg, WC1H 9BZ (7388 3757/fax 7388 2552/ carthalla@aol.com). Metro: Russell Square o Euston; estación de tren: Euston.* **Habitaciones** *individuales*, 153; *dobles con dos camas*, 40. **Precios** *habitación individual* 28-33 £; *habitación doble con dos camas* 39-47 £. **Disponible** todo el año. **Plano 6 L3**

Goldsmid House *36 North Row, Mayfair, W1R 1DH (información 01273 207 481/7493 8911/ fax 7491 0586). Metro: Marble Arch o Bond Street.* **Habitaciones** *individual* 10; *doble con dos camas* 120. **Precios** *habitación individual* 22 £; *habitación doble con dos camas* 30 £. **Disponible**: del 8 de junio al 22 de septiembre de 2001. **Plano 5 G6**

High Holborn Residence *178 High Holborn, Holborn, WC1V 7AA (7379 5589/fax 7379 5640/ high.holborn@lse.ac.uk/www.lse.ac.uk/vacations). Metro: Holborn.* **Habitaciones** *individuales* 400; *doble con dos camas* 48. **Precios** *habitación individual* 34 £; *habitación doble con dos camas* 57-67 £. **Disponible** del 30 de junio al 29 de septiembre de 2001. **Plano 6 M5**

International Students House *229 Great Portland Street, Marykbone, W1N 5HD (7631 8300/8310/ fax 7631 8315/accom@ish.org.uk/www.ish.org.uk). Metro: Great Portland Street.* **Habitaciones** *individuales* 158; *dobles con dos camas* 107. **Precios** *habitación individual* 31 £; *habitación doble con cama doble* 22,50 £ por persona; *dormitorio* 22,50 £. **Disponible** todo el año. **Plano 5 H5**

King's College Conference & Vacation Bureau *King's College, Riddell House, St. Thomas Campus, Lambeth Palace Road, SE1 7EH (7928 5777/ fax 7928 3777/vac.bureau@kcl.ac.uk). Metro y estación de tren: Waterloo.* **Precios** *habitación individual* 17-33 £; *habitación doble con dos camas* 29-47 £. King's cuenta con ocho residencias con alrededor de 2.000 camas. **Plano 11 N8**

Passfield Hall *1-7 Endsleigh Place, Bloomsburg, WCIH OPW (7387 7743/3584/fax 7387 0419/ passfield@lse.ac.uk/www.lse.ac.uk/vacations). Metro y estación de tren: Euston.* **Habitaciones** *individuales* 100; *dobles con dos camas* 34; *triple* 57. **Precios** *habitación individual* 22,50-24 £; *habitación doble con dos camas* 44 £; *triple* 57 £. **Disponible** del

17 de marzo al 21 de abril y del 30 de junio al 27 de septiembre del 2001. **Plano 6 K4.**

Walter Sickert Hall *29 Graham Street, Islington, N1 8LA (7477 8822/fax 7477 8825/ www.city.ac.uk/ems). Metro: Angel.* **Habitaciones** *individuales* 225; *dobles con dos camas* 6. **Precios** *habitación individual* 30-40 £; *habitación doble con dos camas* 55-60 £. **Plano 9 P3**

Cámping y *caravanning*

Crystal Palace Caravan Club Site *Crystal Palace Parade, Parade, SE19 1UF (8778 7155). Estación de tren: Crystal Palace/autobús: 3.* **Abierto** *oficinas de marzo a octubre de* 08.30 a 20.00 horas, todos los días; *de noviembre a febrero* de 09.00 a 20.00 horas, todos los días. **Precios** 13,80-16 £ *en caravana.* **Tarjetas de crédito** MC, V.

Capacidad para 60 tiendas de campaña y 84 caravanas. Dispone de buenos servicios, así como de pan fresco en verano y restaurantes en las proximidades.

Lea Valley Campsite *Sewardstone Road, Chingford, E4 7RA (8529 5689/fax 8559 4070/ scs@lecvalleypark.org.uk). Metro y estación de tren: Walthamstow, después enlazar con el autobús 215.* **Abierto** *de abril a octubre* de 08.00 a 22.00 horas, todos los días. **Precios** 5,50 £; menores de 16 años, 2,40 £; **Tarjetas de crédito** MC, V.

Este gran solar tiene muchas ventajas y es barato, aunque se encuentre a 19 km del centro de Londres. No admite grupos del mismo sexo.

Lea Valley Leisure Centre Camping & Caravan Park *Meridian Way, N9 OAS (8803 6900/ fax 8884 4975/leisvaccentre@leevalleypark.org.uk). Estación de tren: Edmonton Green/autobús W8; o bien metro Tottenham Hale/autobús 363.* **Abierto** de 08.00 a 22.00 horas, todos los días. **Precios** 5,65 £; de 5 a 16 años, 2,35 £; **Tarjetas de crédito** MC, V.

Ubicado detrás de un centro de ocio, es el cámping ideal para fanáticos del deporte. Hay 160 plazas para caravanas de turismo y 100 plazas para tiendas de campa-

Hoteles por zonas

Este listado no incluye ni los hoteles para *gays* y lesbianas ni los albergues para jóvenes ni los YMCAs.

ña, además de zonas para lavar la ropa, duchas y una tienda.

Tent City Acton *Old Oak Common Lane, Acton. W3 7DP (8376 3432/tentcity@btinternet.com/ www.tentcity.co.uk). Metro: East Acton.* **Abierto** *de junio a septiembre* las 24 horas, todos los días. **Precios** 6 £; menores de 12 años, 3 £; menores de 5 años, gratuito; 10 % de descuento para grupos.
Esta venerable institución proporciona 320 camas en un campamento además de 200 parcelas para tiendas de campaña. Duchas gratuitas, lavabos, zonas para lavar y cocinar. Todos los beneficios van dirigidos a obras de caridad.

Tent City Hackney *Millfields Road, E5 OAR (8376 3432/tentcity@btinternet.com/ www.tentcity.co.uk). Metro: Liverpool Street; estación de tren: Liverpool Street o Hackney Downs, enlazar con autobuses 242 o 38.* **Abierto** *de junio a septiembre* las 24 horas, todos los días. **Precios** 5 £ por persona; menores de 15 años, 2,50 £; menores de 5 años, gratuito.
Este lugar está también dirigido por **Tent City Acton** (*véase* superior) y ofrece las mismas facilidades, incluyendo 90 camas en un campamento y 200 parcelas para tiendas de campaña.

Alojamiento de emergencia

Si le ha fallado la reserva y le han dejado plantado, **Tonbridge Club** puede serle de ayuda.

Tonbridge Club *120 Cromer Street, WC1H 8BS (7837 4406). Metro y estación de tren: King's Cross/ Russell Square.* **Abierto** de 21.30 a 24.00 horas, todos los días. **Precios** 5 £. **Plano 6 L3**
De día, un gimnasio escolar y, de noche, el hostal más barato de Londres. Si «se ha quedado colgado», el Tonbridge es la solución. Deberá dormir en un colchón en el suelo del gimnasio, pero hay duchas con agua caliente, televisor y sala de juegos, todo por sólo 5 £. Sólo los visitantes extranjeros y los estudiantes pueden alojarse aquí.

Estancias prolongadas

Si está planeando quedarse durante unos meses en lugar de unas semanas, puede resultarle más barato alquilar una casa (aunque normalmente se debe pagar el alquiler del mes completo y un depósito de varios meses). Aun así, el alojamiento sigue siendo caro y la competencia feroz. La mejor fuente de información para conocer las casas que se alquilan es *Loot*, de publicación diaria; cómprelo a primera hora y corra al teléfono. Capital Radio publica una lista de pisos compartidos que se puede adquirir en su vestíbulo cada jueves hacia las 16.00 horas (30 Leicester Square, WC2H 7LA; metro: Leicester Square). Asimismo, consulte la revista *Time Out (*disponible los martes en el centro de Londres y los miércoles en los demás sitios) y *Midweek*, una publicación gratuita que se distribuye en todas las paradas de metro los jueves.

Como norma general, alquilar un estudio (sin dormitorio separado y a veces sin cocina) o un apartamento con un dormitorio le costará, por lo menos, 500 £ al mes, y eso si se queda en uno de los barrios menos apetecibles. Si prefiere quedarse en una zona más *chic,* como Notting Hill, prepárese para pagar entre 800 y 1.200 £ a la semana; el mismo alojamiento puede costarle en Covent Garden, entre 900 y 1.300 £; si sólo le va bien Knightsbridge no espere pagar menos de 1.400 £ al mes. Si es capaz de aguantar una habitación en un piso compartido, puede encontrar alojamiento por menos de 300 £ al mes en la mayoría de las zonas de East End y South London, aunque el precio sube hasta alrededor de las 600 £ al mes en Fulham o Hampstead.

Restaurantes

Biriani, *sopa de remolacha* (borscht), *bacalao,* bento: *pida lo que quiera, seguro que lo tenemos*

La calidad de los restaurantes londinenses es incuestionable. Tanto si es un gran aficionado a la alta cocina de tres estrellas de la guía Michelin como si se conforma con un simple plato de espaguetis, si le gusta dar una vuelta por el restaurante más de moda del momento o prefiere tomar algo rápido con unos taxistas en un chiringuito, en esta ciudad siempre encontrará la respuesta que se ajuste a sus necesidades culinarias. Pero no se confunda: también hay mucha oferta sin interés. Si desea probar algo de los viejos y malos tiempos, no le costará encontrar tugurios para turistas donde sirven unos platos hervidos sin gracia que no le daría ni a su perro.

A pesar de los muchos restaurantes que se han abierto en los últimos años (no siempre con la aprobación entusiasta de los clientes), y de los que siguen apareciendo (el **Sugar Reef,** para 1.000 comensales, se inauguró a finales de 1999 en Great Windmill Street, en el Soho), salir a cenar sigue siendo uno de los pasatiempos favoritos de los Londinenses. Sin embargo los consumidores cada vez son más exigentes a la hora de decidir dónde y qué quieren comer, lo que ha dado lugar a una buena cantidad de locales orientados a las dietas saludables (*véase* pág. 179, **Bares de sopa**), así como a «bares de pasta» (encabezados por la exitosa cadena **Wagamama,** *véase* pág. 181), mientras que, por otro, los *chefs* continúan experimentando y desarrollando nuevas propuestas. Esto ha dado resultados tan brillantes como los de **Nobu** (*véase* pág. 178), o mejoras generalizadas como las que toman forma en las variadas propuestas de cocina india que van más allá de la simple receta del curry.

ASPECTOS PRÁCTICOS

Hoy en día los locales que exigen vestir de etiqueta son pocos; por lo general, cuanto más caro sea el local, más elegante será su clientela. Es evidente que para ir a Chez Nico no se pondrá una camisa hawaiana, aunque nada le obliga a llevar traje y corbata.

La práctica más extendida es dejar una propina de un diez por ciento de la factura. Algunos restaurantes añaden el tanto por ciento por el servicio automáticamente (pero insisten en que es opcional; por lo que si el servicio es malo, no dude en pedir que le deduzcan la propina). De hecho, añadir propinas del 12,5 o del 15 % a la cuenta se está convirtiendo en una práctica habitual sumamente molesta. Desconfíe de los locales que incluyen el servicio en la factura, pero dejan el espacio destinado a la propina vacío en el recibo de la tarjeta de crédito.

Los precios aproximados que aparecen en esta guía corresponden a una comida de tres platos (o su equivalente en los restaurantes étnicos), sin incluir las bebidas ni la propina. Observe que los restaurantes de mejor calidad-precio (15 £ o menos para un entrante, segundo plato y postre) se destacan mediante el símbolo **económico**. Para opciones económicas, *véase* pág. 186, **Locales muy económicos**; para restaurantes para toda la familia, *véase* pág. 241; para conocer los mejores cafés-Internet, *véase* pág. 358, **Cibercafés**; para una información más detallada, compre la guía anual *Time Out Eating & Drinking Guide* (9 £).

Tenga presente que, en los restaurantes que aparecen a continuación, si no se incluyen las tarjetas de crédito, significa que no se acepta ninguna de ellas.

Alta cocina

Alta cocina acostumbra a ser, por lo general, igual a lujo: elegancia en la decoración y el servicio, precios altos y comida clásica y de gran calidad. Vístase de etiqueta y disfrute al máximo. Además de los lugares abajo mencionados, puede estar seguro de la magnífica cocina de Pierre Koffmann, **La Tante Claire** (The Berkely Hotel, Wilton Place, SW1; 7823 2003), **Pied à Terre** (23 Charlotte Street, SW1; 7636 1178) y **L'Oranger** (5 St. James's Street, SW1; 7839 3774).

Chez Nico at Ninety Park Lane

90 Park Lane, W1 (7409 1290). Metro: Hyde Park Corner o Marble Arch. **Comida** de 12.00 a las 14.00 horas, de lunes a viernes. **Cena** de 17.00 a 23.00 horas, de lunes a sábado. **Menú de mediodía** 25 £, 40 £, tres platos. **Menú de noche** 53 £ dos platos, 64 £ tres platos. **Tarjetas de crédito** AmEx, MC, V. **Plano 7 G7**

El consumado dominio de sabores, colores y texturas de Nico Ladenis –tanto en cocina clásica francesa como en sus toques asiáticos y de Oriente Medio– asegura una excelente calidad en todas las creaciones, así como un ambiente tranquilo e incluso relajado.

Gordon Ramsay

68-69 Royal Hospital Road, SW3, Chelsea, (7352 4441/3334). Metro: Sloane Square. **Comida** de 12.00 a 14.00 horas. **Cena** de 18.45 a 22.00 horas, de lunes a viernes. **Precio medio** 50 £. **Menú de mediodía** 30 £, tres platos. **Menú degustación** 75 £, tres platos; 65 £, siete platos. **Tarjetas de crédito** AmEx, DC, MC, V. **Plano 4 F12**

Tras su despedida (juntamente con todo el personal de cocina y recepción) de Aubergine en 1998, el *chef* Ramsay, un ex jugador de fútbol, tímido y reservado, con dos estrellas Michelin, se ha establecido con éxito por su cuenta.

Oak Room

Meridien Hotel, 21 Piccadilly, W1 (020 7437 0202). Metro: Piccadilly Circus. **Comida** de 12.00 a 14.30 horas, de lunes a viernes. **Cena** de 19.00 a 23.15 horas, de lunes a sábado. **Precio medio** 90 £. **Menú de mediodía** 37,50 £, tres platos. **Menú de noche** 55 £, tres platos; 90 £, siete platos. **Tarjetas de crédito** AmEx, MC, LTC, V. **Plano 7 J7**

Vaya preparado para hurgar en sus bolsillos si desea disfrutar de la estupenda cocina de tres estrellas Michelin en el restaurante dirigido por Robert Reid y Marco Pierre White. Pida el menú del mediodía, a menos que sea otro el que pague.

Stefano Cavallini Restaurant at the Halkin

Halkin Hotel, 5-6 Halkin Sreet, Belgravia, SW1 (7333 1234). Metro: Hyde Park Corner. **Comida** de 12.30 a 14.30 horas, de lunes a viernes. **Cena** de 19.00 a 22.30 horas, de lunes a sábado; de 19.00 a 22.00 horas, los domingos. **Precio medio** 50 £. **Menú de mediodía** 24-30 £, tres platos. **Menú de noche** 55 £, seis platos. **Tarjetas de crédito** AmEx, DC, MC, V. **Plano 7 G9**

Uno de los restaurantes más finos de Londres. Espere profundos sabores, una gran habilidad culinaria y un refinado toque luminoso en este comedido y elegante restaurante de los alrededores. El menú de mediodía es una de las mejores elecciones que puede tomar en la ciudad.

Cocina moderna europea

Los restaurantes de este apartado representan las últimas tendencias de la cocina moderna en Londres. La cocina europea clásica generalmente proporciona la base, pero los ingredientes y la inspiración se toman de cualquier lugar del mundo. Además de los que aparecen aquí, el **Red Room,** en el interior de la inmensa librería de Waterstone (203 Piccadilly, 7851 2464), es muy recomendable.

Alastair Little

49 Frith Street, Soho, W1 (7734 5183). Metro: Tottenham Court Road. **Comida** de 12.00 a 15.00 horas, de lunes a viernes. **Cena** de 18.00 a 23.00 horas, de lunes a sábado. Domingo cerrado. **Tarjetas de crédito** AmEx, MC, V. **Plano 6 K6**

Pocos restaurantes han tenido un éxito tan clamoroso en Londres como Alastair Little. Su pequeño e informal restaurante en el Soho todavía sorprende gratamente con la presentación de atrevidos platos, como la pechuga de pato asada con mantequilla, judías y chorizo.
Sucursal: 136 A Lancaster Road, W11 (7243 2220).

Andrew Edmunds

46 Lexington Street, Soho, W1 (7437 5708). Metro: Oxford Circus o Piccadilly Circus. **Comida** de 12.30 a 15.00 horas, de lunes a viernes; de 13.00 a 15.00 horas, los sábados y los domingos. **Cena** de 18.00 a 22.45 horas, de lunes a sábado; y domingos de 18.00 a 22.30 horas. **Precio medio** 24 £. **Tarjetas de crédito** AmEx, MC, V. **Plano 5 J6**

Este informal *bistro* es bastante pequeño, y sus clientes, trabajadores del Soho, son fieles y numerosos. Pero si ama la simplicidad y la buena ejecución de los platos, vale la pena gastarse el dinero.

Bank

1 Kingsway, Holborn, WC2 (7379 9797). Metro: Covent Garden. **Desayuno** de 07.30 a 10.30 horas, de lunes a viernes. **Comida** de 12.00 a 15.00 horas, sábados y domingos. de lunes a viernes. **Cena** de 17.30 a 23.30 horas, todos los días. **Precio medio** 30 £. **Tarjetas de crédito** AmEx, DC, MC, V. **Plano 6 M6**

Es enorme, ruidoso y costó cinco millones de libras. Pero si está de humor, cenar en el Bank es estimulador siempre (con platos del estilo de «besugo con salsa de judías negras y mantequilla de lima»). Sin embargo, el servicio puede ser incómodamente rápido.
www.bankrestaurant.co.uk

Bibendum

Michelin House, 81 Fulham Road, Chelsea, SW3 (7581 5817). Metro: South Kensington. **Comida** de 12.00 a 14.30 horas, de lunes a viernes; de 12.30 a 15.00 horas, los sábados y los domingos. **Cena** de 19.00 a 23.00 horas, de lunes a sábado; de 19.00 a 22.30 horas, los domingos. **Precio medio** 55 £. **Tarjetas de crédito** AmEx, DC, MC, LTC, V. **Plano 4 E10**

El diseño de sir Terence Conran y la habilidad culinaria del *chef* Simon Hopkinson dieron nombre a este precioso restaurante en los años ochenta. Bajo las órdenes de Matthew Harris, se continúan elaborando platos clásicos y sencillos de la mejor calidad.
www.bibendum.co.uk

Bluebird

350 King's Road, Chelsea, SW3 (7559 1000). Metro: Sloane Square. Autobuses: 19, 22, 319. **Comida** de 12.00 a 15.00 horas, de lunes a viernes; de 11.00 a 15.30 horas sábados y domingos. **Cena** de 18.00 a 23.00 horas, de lunes a sábado; de 18.00 a 22.00 horas, los domingos. **Precio medio** 33 £. **Tarjetas de crédito** AmEx, DC, MC, V. **Plano 4 D12**

Este antiguo garaje es ahora un complejo gastronómico que incluye un restaurante, un bar, un café, un puesto de frutas y verduras, una tienda de comestibles y una tienda de cocina preparada. El bullicioso restaurante del primer piso es un relajante lugar para disfrutar de un copioso almuerzo durante los fines de semana.
www.conran.com

Circus

1 Upper James Street, Kensington, W1 (7534 4000). Metro: Piccadilly circus. **Abierto** *en invierno* de 12.00 a 24.00 horas, de lunes a sábado y de 12.00 a 15.00 horas, los domingos; en verano de 12.00 a 24.00 horas, de lunes a viernes; de 18.00 a 24.00 horas, los sábados. **Precio medio** 26 £. **Menú degustación** (de 12.00 a 15.00 horas, de 17.45 a 19.30 horas, y de 22.15 a 24.00 horas) 14,75 £, dos platos; 16,75 £, tres platos. **Tarjetas de crédito** AmEx, DC, MC, LTC, V. **Plano 7 J6**

Aunque el diseño de Circus es bastante aséptico, hay muchas propuestas interesantes de platos con marisco en su recomendable menú, como la langosta con calabacines y tomates o el pichón asado con chalotes y beicon de Alsacia.

Clarke's

124 Kensington Church Street, Kensington, W8 (7221 9225). Metro: Notting Hill Gate. **Comida** de 12.30 a 14.00 horas. **Cena** de 19.00 a 22.00 horas, de lunes a viernes. **Precio medio** 29 £. **Menú de noche** 44 £, cuatro platos. **Tarjetas de crédito** AmEx, MC, V. **Plano 1 B7**

Sally Clarke introdujo la cocina de estilo californiano en Londres. Su restaurante, íntimo y cuidado hasta el último detalle, continúa siendo un punto de referencia después de más de una década. Los menús cambian todos los días, excepto en la cena donde no hay elección, por lo que, si es un comensal exigente, lo mejor es que llame primero. El servicio es estupendo.

www.sallyclarke.com

Coast

26B Albemarle Street, W1 (7495 5999). Metro: Green Park. **Comida** de 12.00 a 14.45 horas, de lunes a viernes; de 12.00 a 15.30 horas, los sábados. **Almuerzo** de 12.00 a 16.00 horas, los sábados y los domingos. **Cena** de 18.00 a 23.45 horas, de lunes a sábado. **Precio medio** 35 £. **Menú de mediodía** 19,50 £, dos platos. **Tarjetas de crédito** AmEx, DC, MC, LTC, V. **Plano 7 H7**

Vístase con sus mejores galas para visitar esta enorme y sorprendente pecera de diseño. Su *chef*, Stephen Terry, combina los ingredientes de manera inusual pero acertada. Es caro.

The Fifth Floor

Harvey Nichols, Knightsbridge, SW1 (7235 5250). Metro: Knightsbridge. **Comida** de 12.00 a 15.00 horas, de lunes a viernes; y de 12.00 a 15.30 horas, los sábados y los domingos. **Cena** de 18.30 a 23.30 horas, de lunes a sábados. **Precio medio** 30 £, la cena. **Tarjetas de crédito** AmEx, DC, MC, V. **Plano 4 F9.**

Vaya a comprar hasta que sea el momento de acudir a este concurrido restaurante, todavía de moda, situado en el mismo piso que el bar, la cafetería y la tienda de comestibles. Si bien la decoración no es digna de mención, sí lo es su menú, que se complementa diariamente con platos especiales a la altura de los mejores.

French House Dining Room

1er piso, The French House, 49 Dean Street, Soho, W1 (7437 2477). Metro: Piccadilly Circus o Tottenham Court Road. **Comida** de 12.00 a 15.00 horas de lunes a sábado. **Cena** de 18.00 a 23.15 horas, de lunes a sábado. Domingo cerrado. **Precio medio** 23 £. **Tarjetas de crédito** AmEx, DC, MC, V. **Plano 6 K6**

Este inimitable e inolvidable pedazo de Soho se encuentra siempre lleno de tranquilos y asiduos clientes que se relamen con los impactantes platos presentados por Margot Clayton, como la lengua de buey con zanahorias y salsa verde.

The Glasshouse

14 Station Parade, Kew, Surrey (8940 6777). Metro y estación de tren: Kew Gardens. **Comida** de 12.00 a 14.30 horas, de lunes a sábado; de 12.30 a 15.00 horas los domingos. **Cena** de 19.00 a 22.30 horas, de lunes a jueves; de 18.30 a 22.30 viernes y sábado. **Precio medio** 17,50 £, la comida; 23,50 £, la cena. **Tarjetas de crédito** AmEx, MC, V.

Este restaurante fue un éxito desde el momento en que se abrió, a principios de 1999. El pequeño, sencillo y moderno comedor es un lugar tranquilo donde se pueden paladear platos tradicionales muy logrados como, por ejemplo, pintada asada con morcilla blanca.

Granita

127 Upper Street, Islinton, N1 (7226 3222). Metro: Angel o Highbury & Islington; estación de tren: Highbury & Islington. **Comida** de 12.30 a 14.30 horas, de miércoles a domingo. **Cena** de 18.30 a 22.30 horas, de martes a domingo. Lunes cerrado. **Precio medio** 20 £. **Tarjetas de crédito** MC, V. **Plano 9 O3**

El elegante y pulcro Granita ha madurado hasta convertirse en uno de los mejores restaurantes de Islington. Algunos de sus platos, como los calamares fritos en cazuela china con tamarindo y salsa de ají y lima, son tan innovadores como los uniformes usados por su encantador y eficiente personal.

The Ivy

1 West Street, Covent Garden, WC2 (7836 4751). Metro: Covent Garden o Leicester Square. **Comida** de 12.00 a 15.00 horas, de lunes a sábado; de 12.00 a 15.30 horas, los domingos. **Cena** de 17.30 a 24.00, todos los días. **Precio medio** 30 £. **Tarjetas de crédito** AmEx, DC, MC, V. **Plano 6 K6**

Prepárese para reservar con varios meses de antelación si quiere conseguir una mesa en hora punta en este discreto restaurante, frecuentado por actores. El menú es deliciosamente retro: en ninguna parte encontrará una hamburguesa con pan y queso tostado o un pescado frito con patatas con más clase.

Mash

19-21 Great Portland Street, W1 (7637 5555). Metro: Oxford Circus. **Almuerzo** de 11.00 a 16.00 horas, los sábados y los domingos. **Comida** de 12.00 a 15.00 horas, de lunes a viernes. **Cena** 18.00 a 23.30 horas, de lunes a sábado. **Precio medio** 20 £. **Tarjetas de crédito** AmEx, DC, MC, V. **Plano 5 H5**

Pruebe un menú inmejorable en el **Orrery**

Si considera la decoración de la sala del aeropuerto, de los años setenta como *chic*, Mash es su lugar ideal. Entre las alternativas que ofrece este popular lugar de reunión dirigido por Oliver Peyton, encontramos un bar donde tomar tentempiés, cócteles, pizzas, pastas alimenticias y platos cocinados en horno de leña. La cerveza se elabora en el mismo local.

Odette's
130 Regent's Park Road, Primrose Hill, NW1 (7586 5486). Metro: Chalk Farm. Vinacoteca **Abierta** de 12.30 a 14.30 horas, y de 17.30 a 22.30 horas, de lunes a sábado; de 12.30 a 14.30 horas, los domingos. *Restaurante* **Comida** de 12.30 a 14.30 de lunes a viernes. **Cena** de 19.00 a 23.00 horas, de lunes a sábado. **Precio medio** 25 £. **Tarjetas de crédito** AmEx, DC, MC, V.
En Odette's podrá revivir (o iniciar) una relación gracias a su magnífica exposición de espejos dorados en el piso superior y a los reducidos reservados de la planta baja. Afortunadamente, la calidad de la comida (por no mencionar su espléndida carta de vinos) iguala el entorno.

Orrery
55 Marylebone High Street, Marylebone, W1 (7616 8000). Metro: Baker Street o Regent's Park. **Comida** de 12.00 a 15.00 horas. **Cena** de 19.00 a 23.00, todos los días. **Precio medio** 40 £. **Tarjetas de crédito** AmEx, DC, MC, V. **Plano 5 G4**
El más comedido y subestimado de los restaurantes de Londres dirigidos por Terence Conran. En el alargado restaurante del primer piso se pone un verdadero énfasis en la presentación de los platos, desde las tapas hasta la elaboración de artísticos postres, aunque la realización es igualmente diestra.
www.orrery.co.uk

Oxo Tower Restaurant
Oxo Tower Wharf, Barge House Street, South Bank, SE1 (7803 3888). Parada de metro y estación de tren: Blackfriars, Southwark o Waterloo. Brasería **Comida** de 12.00 a 15.30 horas, de lunes a sábado. **Cena** de 17.30 a 23.30 horas, de lunes a sábado; de 18.00 a 22.30 horas, los domingos. **Precio medio** 30 £. *Restaurante* **Comida** de 12.00 a 15.00 horas, de lunes a viernes; de 12.00 a 15.30 horas, los sábados y domingos. **Cena** de 18.00 a 23.00 horas, de lunes a sábado; de 18.30 a 22.30 horas, los domingos. **Precio medio** 50 £. **Tarjetas de crédito** AmEx, DC, MC, V. **Plano 11 N7**
El Oxo Tower Restaurant está dirigido por el mismo personal que el **Fifth Floor** de Harvey Nichols (*véase* pág. 167). Las fabulosas vistas sobre el Támesis desde el octavo piso tienden a eclipsar la cara (aunque fiable) carta. La brasería es más económica, pero tampoco barata. Ambos locales se adaptan mejor a una comida de negocios que a una romántica cena.

The People's Palace
Piso 3 del Royal Festival Hall, South Bank Centre, SE1 (020 7928 9999). Metro y estación de tren: Waterloo. **Comida** de 12.00 a 15.00 horas todos los días. **Cena** de 17.30 a 23.00 horas, todos los días. **Precio medio** 23 £. **Tarjetas de crédito** AmEx, DC, MC, V. **Plano 8 M8**
Si está disfrutando del espectáculo en el South Bank Centre, este restaurante es la mejor elección para cenar. Existe una indicación en la sala del aeropuerto sobre el restaurante, pero el menú, de influencia mediterránea, es de fiar, la carta de vinos está bien elegida y las vistas del río son fantásticas.
www.peoplesplace.co.uk

Quaglino's
16 Bury Street, St. Jame's, SW1 (7930 6767). Metro: Green Park. Bar **Abierto** de 11.30 a 01.00 horas, de lunes a jueves; de 11.30 a 02.00 horas, los viernes y los sábados; de 12.00 a 23.00 horas, los domingos. *Restaurante* **Comida** de 12.00 a 14.30 horas, todos los días. **Cena** de 17.30 a 24.00 de lunes a jueves; de 17.30 a 01.00 horas, los viernes y los sábados; de 17.30 a 23.00 horas, los domingos. **Precio medio** 30 £. **Tarjetas de crédito** AmEx, DC, MC, V. **Plano 7 J7**
El elegante y reluciente comedor de Quaglino, en la planta baja, resulta tan impresionante como siempre. La comida, de calidad superior y a base de marisco o pescado (pastel de pescado con hígado y beicon), por lo general alcanza la puntuación exigida, pero los comensales pueden sentir que son sólo una pieza más de una máquina culinaria sumamente eficiente.
www.conran.com

Stephen Bull
5-7 Blandford Street, Marylebone, W1 (7486 9696). Metro: Bond Street. **Comida** de 12.15 a 14.30 horas, de lunes a viernes. **Cena** de 18.30 a 22.30 horas, de lunes a sábado. Domingos cerrado. **Tarjetas de crédito** AmEx, DC, MC, V. **Plano 5 G5**
El autodidacta Stephen Bull, uno de los primeros exponentes de la «cocina británica moderna», abrió este original restaurante en 1989. El menú cambia con frecuencia y, después de una década en el mundo del arte culinario, sigue siendo tan hábil, organizado y satisfactorio como siempre.

Sucursal: **Stephen Bull Smithfield** 71 St. John Street, EC1 (7490 1750).

Sugar Club

21 Warwick Street, Soho, W1 (7437 7776). Metro: Oxford Circus o Piccadilly Circus. **Comida** de 12.00 a 15.00 horas, de lunes a sábado; de 12.30 a 15.00 horas, los domingos. **Cena** de 18.00 a 22.30 horas, de lunes a sábado; de 18.00 a 22.00 horas el domingo. **Precio medio** 28 £. **Tarjetas de crédito** AmEx, DC, MC, V. **Plano 7 J7**

Peter Gordon es un virtuoso cuya cocina del Pacífico encaja perfectamente con el entorno agradable y contemporáneo del restaurante. Los platos se nutren de las despensas de todo el mundo, ya que Gordon tiene el don de saber casar combinaciones inverosímiles.

www.thesugarclub.co.uk

Teatro

93-107 Shaftesbury Avenue, Soho, W1 (7494 3040). Metro: Piccadilly Circus. **Comida** de 12.00 a 15.00 horas, de lunes a viernes. **Cena** de 18.00 a 23.45 horas, de lunes a sábado. Domingos cerrado **Precio medio** 35 £. **Tarjetas de crédito** AmEx, MC, V. **Plano 6 K6**

Los propietarios de este restaurante, el ex jugador de fútbol Lee Chapman y la actriz Leslie Ash, lo han convertido en el paraíso de los enamorados. Además, la comida está a la altura de ellos, y entre los platos más destacados figura el filete de salmón con salsa de soja y vainilla.

Afganos

Afghan Kitchen económico

35 Islington Green, N1 (7359 8019). Metro: Angel. **Comidas** de 12.00 a 15.30 horas, de martes a sábado. **Cenas** 17.30 a 23.00. **Precio medio** 8 £. **No se aceptan tarjetas de crédito. Plano 9 02**

En este pequeño restaurante que da a Islington Green, se sirve la auténtica y deliciosa cocina afgana, y a muy buen precio. Posiblemente tenga que compartir mesa y haya poco para elegir en su breve menú, pero todo es bueno (no se pierda el *chutney* –condimento con frutas) y los adobos afganos.

Argentinos

La Pampa Grill

60 Battersea Rise, SW11 (020 7924 4774). Estación de tren: Clapham Junction. **Comidas** de 18.00 a 24.00 horas, de lunes a sábado; de 18.00 a 23.00 horas, los domingos. **Precio medio** 20 £. **Tarjetas de crédito** MC, LTC, V.

Si desea revivir el verdadero ambiente argentino, no hay lugar mejor que La Pampa Grill. La decoración es sencilla, el menú, muy jugoso, el personal, sumamente solícito y la atmósfera, increíblemente divertida.

Belgas

Belgo Centraal

50 Earlham Street, Coven Garden, WC2 (7813 2233). Metro: Covent Garden. **Comidas** de 12.00 a 23.30 horas, de lunes a sábado; de 12.00 a 22.30 horas, los domingos. **Precio medio** 20 £. **Menú de mediodía** 5 £. **Tarjetas de crédito** AmEx, DC, MC, V. **Plano 6 L6**

Este restaurante hace honor a las dos glorias nacionales belgas, los mejillones con patatas fritas y la cerveza. El local, extraordinariamente ruidoso y situado en un sótano tipo *Blade Runner*, goza de una gran popularidad.

Sucursales: **Belgo Noord** 72 Chalk Farm Road, NW1 (7267 0718); **Belgo Zuid** 124 Ladbroke Grove, W10 (8982 8400).

www.belgo-restaurants.com

Birmanos

Mandalay económico

444 Edgware Road, Puddington, W2 (7258 3696). Metro: Edgware Road. **Comida** de 12.00 a 15.00 horas. **Cena** de 18.00 a 23.00 horas, de lunes a sábado. **Precio medio** 11 £. **Menú de mediodía** 3,90 £, un plato; 6,90 £, tres platos. **Tarjetas de crédito** AmEx, DC, MC, V. **Plano 2 E4**

Edgware Road puede ser la calle más atestada de tráfico de la zona, pero la calurosa bienvenida de Dwight y Gary Ally y la calidad de su comida aseguran estómagos satisfechos y sonrisas de felicidad.

www.bcity.com/mandalay

Brasileños

Rodizio Rico

111 Westbourne Grove, Bayswater, W2 (7792 4035). Metro: Bayswater o Notting Hill Gate. **Comida** de 12.30 a 16.30 horas, sábados, y de 12.30 a 23.30 horas, domingos. **Cena** de 18.30 a 23.00 horas, de lunes a sábado. **Comida o cena** de 12.30 a 23.30 horas, los domingos. **Precio medio** 18 £. **Menú de mediodía** 9 £, dos platos. **Menú de noche** 10 £, vegetariano, 16,90 £, dos platos. **Tarjetas de crédito** MC, AmEx, V. **Plano 1 B6**

Por sólo 16,90 £ tendrá entremeses calientes, una amplia gama de ensaladas donde elegir y tanta carne como pueda comer, servida en sables por hombres vestidos con escandalosos pantalones.

Británicos

Boisdale

13 y 15 Eccleston Street, Belgravia, SW1 (7730 6922). Metro y estación de tren: Victoria. **Comida** de 12.00 a 14.30 horas, de lunes a viernes. **Cena** de 19.00 a 22.00 horas, de lunes a sábado. Domingo cerrado **Precio medio** 30 £. **Tarjetas de crédito** AmEx, DC, MC, V. **Plano 7 H10**

Este íntimo restaurante sirve excelente comida escocesa, como *haggis* asado –estómago de cordero relleno con el

El minimalismo de los mejillones con patatas del **Belgo Centraal** *(véase pág. 169)*

hígado, el corazón y la lengua del animal, avena, etc.– con puré de patatas y nabos, o pescado con patatas fritas en salsa de cerveza. Tentempiés parecidos se sirven también en el bar de al lado, donde además se enorgullecen de contar con una fantástica selección de whiskies.
www.boisdale.co.uk

Greenhouse
27 A Hay's Mews, Mayfair, W1 (7499 3331/ 3314). Metro: Green Park o Hyde Park. **Comida** de 12.00 a 14.30 horas, de lunes a viernes; de 12.30 a 15.00 horas, los domingos. **Cena** de 19.00 a 23.00 horas, de lunes a sábado; de 18.30 a 22.00 horas, los domingos. **Precio medio** 25 £ la comida y 35 £ la cena. **Tarjetas de crédito** AmEx, DC, MC, V. **Plano 7 H7**
Su ubicación en el sótano de un edifico de Mayfair y su decoración carente de estilo no son muy prometedoras, pero el antiguo local de Gary Rhodes sigue estando a la cabeza de la ingeniosa cocina británica moderna.
www.capitalgrp.co.uk

Lindsay House
21 Romilly Street, Soho, W1 (7439 0450). Metro: Leicester Square o Piccadilly Circus. **Comida** de 12.00 a 14.30 horas, de lunes a viernes. **Cena** de 18.00 a 23.00 horas, de lunes a sábado. Domingo cerrado. **Precio medio** 30 £ la comida. **Menú de cena/noche** 43 £, tres platos. **Tarjetas de crédito** AmEx, DC, MC, LTC, V. **Plano 6 K6**
El *chef* irlandés Richard Corrigan es un hombre con una gran visión de futuro y su moderna cocina británica, siempre en evolución, resulta interesante y, con frecuencia, sorprendente. El entorno de la casa pareada es íntimo y original.

Rules
35 Maiden Lane, Coven Garden, WC2 (7836 5314). Metro: Covent Garden o Charing Cross. Estación de tren: Charing Cross. **Comidas:** de 12.00 a 23.30 horas, de lunes a sábado; de 12.00 a 22.30 horas, los domingos. **Precio medio** 35 £. **Tarjetas de crédito** AmEx, DC, MC, V. **Plano 8 L7**
Fundado en 1798, este antiguo establecimiento rezuma historia y elegancia, a pesar de que no es el único restaurante inglés de esta categoría. Las modernizadas e imaginativas versiones de clásicos ingleses se cocinan con esmero y se sirven con una bonita presentación. Un éxito seguro.
www.rules.co.uk

St. John
26 St. John Street, Clerkenwell, EC1 (7251 0848). Metro y estación de tren: Farringdon. Bar, **abierto** de 11.00 a 23.00 horas, de lunes a viernes; de 18.00 a 23.00 horas, los sábados. Domingo cerrado **Precio medio** 7 £. *Restaurante* **Comida** de 12.00 a 15.00 horas, de lunes a viernes. **Cena** de 18.00 a 23.00 horas, de lunes a sábado. **Precio medio bar** 15 £; **restaurante** 25 £. **Tarjetas de crédito** AmEx, DC, MC, V. **Plano 9 O5**
Existe un espíritu algo rígido como de trabajo en cadena, en esta reformada *smokehouse* (casa para fumar), aunque los aficionados a las menudencias se sentirán en el mismo cielo disfrutando con platos como tuétano de hue-

so de ternera asado con ensalada de perejil, por un precio bastante módico. Puede comer en el bar si lo desea.
www.stjohnrestaurant.co.uk

Veronica's
3 Hereford Road, Bayswater, W2 (7229 5079). Metro: Bayswater o Queensway. **Comida** de 12.00 a 15.00 horas, de lunes a viernes. **Cena** de 18.00 a 23.30 horas, de lunes a sábado. Domingo cerrado. **Precio medio** 25 £. **Tarjetas de crédito** AmEx, DC, MC, V. **Plano 1 B6.**
El extraordinario restaurante de Veronica Shaw sirve platos británicos antiguos utilizando recetas que se remontan a los tiempos de los romanos. Los resultados son siempre interesantes y la experiencia resulta divertida e instructiva a la vez.

Caribeños

Brixtonian Havana Club
11 Beehive Place, Brixton, SW9 (7924 9262). Metro y estación de tren: Brixton. **Comida** de 12.00 a 15.00 horas, todos los días. **Cena** de 19.00 a 22.30 horas, de lunes a jueves y los domingos; de 19.00 a 23.00 horas, los viernes y los sábados. **Precio medio** 21 £. **Tarjetas de crédito** MC, V.
La versión actual del animado Brixtonian, de Vincent Osborne, ha resultado un gran éxito. El bar, de techos altos, ofrece una magnífica variedad de rones, y el pequeño restaurante situado en uno de los extremos ofrece comida caribeña y criolla.
www.brixtonian.co.uk

Mango Room económico
10 Kentish Town Road, Camdem, NW1 (7482 5065). Metro: Camden Town. **Comidas** de 12.00 a 15.00 horas, todos los días. **Cenas:** de 18.00 a 24.00 de martes a sábado. **Precio medio** 15 £. **Tarjetas de crédito** MC, V.
Mango Room lleva la comida caribeña más allá de la cocina casera de calidad y la coloca en otro nivel. Además, el bar restaurante es todo lo agradable que cabe esperar de Camden.

Chinos

Golden Harvest económico
17 Lisle Street, Chinatown, WC2 (7287 3822). Metro: Leicester Square o Piccadilly Circus. **Comidas** de 12.00 a 02.45 horas, todos los días. **Precio medio** 14 £. **Precio mínimo** 5 £ a partir de las 17.00 horas. **Menú degustación** 7 £ y 20 £ por persona (mínimo dos). **Tarjetas de crédito** MC, V. **Plano 8 K7**
Este excelente restaurante combina con acierto sabores tradicionales con ingredientes nuevos. Sus propietarios también poseen una pescadería en Chinatown, así que el pescado –la perca, el rodaballo, la corvina y la carpa– es una de sus especialidades. Cada penique que se paga por el pescado estofado (20 £ por persona) vale la pena.

Hunan
51 Pimlico Road, Pimlico, SW1 (7730 5712). Metro: Sloane Square. **Comida** de 12.00 a 14.30 horas. **Cena** de 18.00 a 23.00 horas, de lunes a sábado. **Precio medio** 27 £. **Menú degustación** 22 £ y 150 £ por persona (mínimo dos). **Tarjetas de crédito** AmEx, MC, V. **Plano 7 G11**
Éste es posiblemente el único restaurante de Londres que ofrece la auténtica cocina de la China del oeste. Sea atrevido y pida al encantador *maître* Mr. Peng que le monte una fiesta para usted e insista en que le pongan el auténtico picante, de fuerte sabor.

Magic Wok
100 Queensway, W2 (020 7792 9767). Metro: Bayswater o Queensway. **Comidas** de 12.00 a 23.00 horas, todos los días. **Precio medio** 16 £. **Menú degustación** 10,50 £-22 £ por persona (mínimo dos). **Tarjetas de crédito** AmEx, DC, MC, V. **Plano 1 C6**
Escoja platos de la lista de especiales y disfrutará de la mejor y más auténtica cocina cantonesa de Londres, tales como codorniz con hierbas especiales y ají, o melón de invierno cocido a fuego lento en una vasija bien tapada.

Mandarin Kitchen
14-16 Queensway, Bayswater, W2 (7727 9012). Metro: Bayswater o Queensway. **Comidas** de 12.00 a 24.00 horas, todos los días. **Precio medio** 25 £. **Menú degustación** 10 £ por persona (mínimo dos). **Tarjetas de crédito** AmEx, DC, MC, V. **Plano 1 C6**
Lleno cada noche de profesionales cantoneses, este veterano restaurante tiene algunos de los mejores mariscos de Londres. El bogavante es magnífico.

Mr. Kong
21 Lisle Street, Chinatown, WC2 (7437 7341 / 9679). Metro: Leicester Square o Piccadilly Circus. **Comidas** de 12.00 a 03.00 horas, todos los días. **Precio medio** 24 £. **Precio mínimo** 7 £ a partir de las 17.00 horas. **Menú degustación** 9,30 £ por persona (mínimo dos)-22 £ por persona (mínimo cuatro). **Tarjetas de crédito** AmEx, DC, MC, V. **Plano 8 K7**
El lugar puede carecer de encanto y espacio para moverse, pero el menú de Mr. Kong es uno de los más tentadores de Chinatown, con especialidades cantonesas poco frecuentes tales como guisantes salteados con vieiras secas.

New Diamond económico
23 Lisle Street, Chinatown, WC2 (7437 2517). Metro: Leicester Square o Piccadilly Circus. **Comidas** de 12.00 a 03.00 horas, todos los días. **Precio medio** 25 £. **Precio mínimo** 7 £. **Tarjetas de crédito** AmEx, DC, MC, V. **Plano 8 K7**
El restaurante favorito de Mel Brooks no es muy espectacular, pero prepara algunas de las más ricas y deliciosas salsas de la capital. Los amplios horarios de apertura son otra de sus bazas.

New Four Seasons

84 Queensway, Bayswater, W2 (7229 4320). Metro: Bayswater o Queensway. **Comidas** de 12.00 a 23.30 horas, de lunes a sábado; de 12.00 a 23.00 horas, los domingos. **Precio medio** 28 £. **Tarjetas de crédito** AmEx, MC, V. **Plano 1 C6**

Queensway compite ahora con Chinatown por la excelencia de su comida china. El New Four Seasons, a pesar de su decoración un tanto oscura, ofrece una fabulosa lista de especialidades y el que posiblemente sea el mejor pato asado al estilo cantonés de Londres.

Oriental

Dorchester Hotel, 55 Park Lane, Mayfair, W1 (7317 6328). Metro: Green Park, Hyde Park Corner o Marble Arch. **Comida** de 12.00 a 14.30 horas, de lunes a viernes. **Cena** de 19.00 a 23.00 todos los días. **Precio medio** 35 £ la comida y 55 £ la cena. **Tarjetas de crédito** AmEx, DC, MC, V. **Plano 7 G7**

Es caro y bastante formal, pero si es de los que sólo se conforman con lo mejor, el Oriental de Dorchester es único. Platos como la carne de vaca rehogada con hierbas aromáticas y pimienta negra son excepcionales, y la política del restaurante de utilizar productos sin aditivos (como, por ejemplo, el glutamato de monosodio) es loable.

Dim sum económico

Londres es uno de los mejores lugares del mundo para probar la que quizá sea la especialidad más notable de la cocina cantonesa, el *dim sum*. Estas pequeñas y exquisitas bolas de masa hervida se sirven desde el mediodía hasta la tarde (aunque nunca después de las 18.00 horas) a precios económicos (una selección suele rondar de las 10 £ por persona).

Golden Dragon

28-29 Gerrard Street, Chinatown, W1 (7734 2763). Metro: Leicester Square o Piccadilly Circus. **Comidas** de 12.00 a 23.30 horas, de lunes a jueves; y de 12.00 a 24.00 horas, de viernes a sábado; de 11.00 a 23.00 horas, los domingos. ***Dim sum*** de 12.00 a 17.00 horas, de lunes a sábado; de 11.00 a 17.00 horas, los domingos. **Precio medio** 8 £ por un *dim sum*, 25 £ por un menú completo. **Precio mínimo** 10 £. **Tarjetas de crédito** AmEx, DC, MC, V. **Plano 8 K7**

Un alegre y bullicioso punto de reunión para tomar *dim sum* que ofrece versiones clásicas de platos como el arroz glutinoso en hojas de loto o los calamares fritos, además de servir algunas de las más estupendas bolas de masa hervida de la ciudad.

Sucursal: **Royal Dragon** 30 Gerrard Street, W1 (7734 0935).

Harbour City

46 Gerrard Street, Chinatown, W1 (7439 7859). Metro: Leicester Square o Piccadilly Circus. **Comidas** de 12.00 a 23.30 horas, de lunes a jueves; de 12.00 a 24.00 horas, los viernes y los sábados; de 11.00 a 22.30 horas, los domingos. ***Dim sum*** de 12.00 a 17.00 horas, de lunes a sábado; de 11.00 a 17.00 horas, los domingos. **Precio medio** 8 £ por un *dim sum*, 18 £ por un menú completo. **Tarjetas de crédito** AmEx, DC, MC, V. **Plano 8 K7**

Este popular *dim sum*, con una larga trayectoria, ofrece una sección «exótica» que incluye placeres tan poco frecuentes como lenguas de pato en salsa de guisantes negros y ají. Pida una mesa en el primer piso.

Pato asado en el **New Four Seasons**

Royal China

13 Queensway, Baywater, W2 (7221 2535). Metro: Bayswater o Queensway. **Comidas** de 12.00 a 23.00 horas, de lunes a jueves; de 12.00 a 23.30 horas, los viernes y los sábados; 11.00 a 22.00 horas, los domingos. ***Dim sum*** de 12.00 a 17.00 horas, de lunes a sábado; de 11.00 a 17.00 horas, los domingos. **Precio medio** 10 £ por un *dim sum*; 29 £ por un menú completo. **Tarjetas de crédito** AmEx, DC, MC, V. **Plano 1 C7**

Indudablemente el *dim sum* más fino de Londres, exquisito en su sabor y presentación, e increíblemente barato. Vaya durante la semana si desea comer tranquilo y con calma, porque los domingos son más febriles y las colas largas.

Sucursal: 40 Baker Street, W1 (7487 4688).

Cocina internacional

Bali Sugar

33A All Saints Road, Nothing Hill, W11 (7221 4477). Metro: Westbourne Park. **Comida** de 12.30 a 15.00 horas, todos los días. **Cena** de 18.30 a 23.00 horas, todos los días. **Precio medio** 27 £. **Tarjetas de crédito** AmEx, DC, MC, V.

Las paredes sin adornos y los suelos desnudos, de madera, no ofrecen ninguna distracción a los preparados platos del Bali Sugar, que, a pesar de la cantidad de condimentos que utiliza (algunos de ellos asiáticos), todos ellos se meclan con habilidad y entusiasmo.

www.thesugarcube.co.uk

Helter Skelter

50 Atlantic Road, SW9 (7274 8600). Metro y estación de tren: Brixton. **Cena** de 19.00 a 23.00 horas, de lunes a jueves; de 19.00 a 23.30 horas, los viernes y sábados. **Precio medio** 17 £. **Tarjetas de crédito** AmEx, MC, LTC, V.

El pulcro Helter Skelter puede estar situado en las calles alejadas del centro de Brixton, pero la calidad de su cocina internacional y el servicio, amable y profesional, asegura fieles grupos de gente joven y comensales de estética *hippie*.

Jindivick

201 Liverpool Road, N1 (020 7607 7710). Metro: Angel. **Almuerzo** de 10.30 a 15.15 horas, los sábados y los domingos. **Comida** de 12.00 a 15.00 horas, de martes a viernes. **Cena** de 18.00 a 22.45 horas, de lunes a sábado. **Precio medio** 23 £. **Menú degustación** (de 12.00 a 15.00 horas, de martes a viernes, y de 18.00 a 19.30 horas, de lunes a viernes) 6,95 £, un plato; 9,95 £, dos platos, y 11,95 £, tres platos. **Tarjetas de crédito** DC, MC, LTC, V. **Plano 9 N1**

El premiado almuerzo de este restaurante, limpio y luminoso, es una verdadera atracción. Su nombre es aborigen de Australia, pero el menú cada vez se está volviendo más internacional.

The Lavender

171 Lavender Hill, Clapham, SW11 (7978 5242). Estación de tren: Clapham Junction. **Comidas** de 12.00 a 23.30 horas, de lunes a sábado; de 12.00 a 22.30 horas, los domingos. **Precio medio** 16 £. **Tarjetas de crédito** AmEx, MC, V.

Alegre y ruidoso como sus clientes, The Lavender es un bar restaurante lleno de diversiones y con un arco iris pintado, que ofrece no sólo un ambiente fresco y una carta de vinos con clase, sino también una fina y moderna comida de estilo internacional.

Coreanos

La mayor concentración de habitantes (y restaurantes) coreanos de Londres se encuentra en New Malden (a 20 minutos de la estación de Waterloo). Visite el **Chisshine** (74 Burlington Road; 8942 0682) o, para comer, el **Erae Café** (169 Hight Street; 8949 0049).

Han Kang

16 Hanway Street, Fitzrouia, W1 (7637 1985). Metro: Tottenham Court Road. **Comidas** de 12.00 a 15.00 horas **Cena** de 18.00 a 23.00 horas, de lunes a sábado. **Precio medio** 20 £. **Tarjetas de crédito** AmEx, DC, MC, V. **Plano 6 K5**

Un pequeño callejón que une Tottenham Court Road con Oxford Street no es el mejor lugar para un restaurante, pero Han Kang sobrevive gracias a su buen servicio y a su excelente comida. En el sótano, se organiza un karaoke coreano (*noraebang*).

Kaya

42 Albermarle Street, Mayfair, W1 (7499 0622). Metro: Green Park o Piccadilly Circus. **Comida** de 12.00 a 15.00 horas, de lunes a sábado. **Cena** de 18.00 a 23.00 horas, todos los días. **Precio medio** 25 £. **Tarjetas de crédito** AmEx, DC, MC, V. **Plano 7 J7**

Kaya es el restaurante coreano más atractivo de Londres. Las camareras visten el traje típico del país y se toca música folclórica coreana. Sirven platos tan auténticos como el *pibimbap*.

Españoles

Cambio de Tercio

163 Old Brompton Road, Earl's Court, SW5 (7244 8970). Metro: Gloucester Road. **Comida** de 12.30 a 14.30 horas, todos los días. **Cena** de 19.00 a 23.30 horas, de lunes a sábado; de 19.00 a 23.00 horas, los domingos **Precio medio** 20 £; tapas, 14 £. **Tarjetas de crédito** AmEx, MC, V. **Plano 3 C11**

Este restaurante se encuentra en una de las zonas más de moda de la ciudad y es muy popular. Cuando pruebe la fantástica cocina española contemporánea de Diego Ferrer entenderá por qué.

Gaudí

63 Clerkenwell Road, clerkenwell, EC1 (7608 3220). Metro: Farringdon; estación de tren: Farringdon; autobuses: 55 y 243. **Comida** de 12.00 a 14.30 horas. **Cena** de 19.00 a 22.30 horas, de lunes a viernes. **Precio medio** 30 £. **Tarjetas de crédito** AmEx, DC, MC, LTC, V. **Plano 9 N4**

La exuberancia del decorado gaudiniano repleto de hierro forjado y azulejos multicolores encaja a la perfección con la cocina de Nacho Martínez Jiménez: ambos están basados en la tradición española, pero son altamente creativos.

www.turnmills.co.uk

Moro

34-36 Exmouth Market, Clerkenwell, EC1 (7833 8336). Metro: Farringdon; estación de tren: Farringdon. **Comida** de 12.30 a 14.30 horas. **Cena** de 19.00 a

22.30 horas, de lunes a viernes. De 19.00 a 22.30 los sábados **Precio medio** 21 £. **Tarjetas de crédito** AmEx, MC, LTC, V. **Plano 9 N4**
Moro ha llamado mucho la atención, y con razón, desde su inauguración, en 1997. Se trata de un local minimalista, a la moda, que ofrece una carta innovadora y, a menudo, cambiante, en la que se encuentran influencias españolas pero también del norte de África.

Navarro's Tapas Bar económico

67 Charlotte Street, W1 (7637 7713). Metro: Goodge Street. **Comida** de 12.00 a 15.00 horas, de lunes a viernes. **Cena** de 18.00 a 22.30 horas, de lunes a sábado. **Precio medio** 12 £. **Tarjetas de crédito** AmEx, DC, JCB, MC, LTC, V. **Plano 5 J5**
Las tapas de Navarro figuran entre las mejores de la ciudad. Las deliciosas y refrescantes ensaladas encajan bien en la hermosa decoración del local y las ofertas más consistentes como, por ejemplo, las lentejas con chorizo, son igualmente buenas.

Franceses

Otros restaurantes franceses dignos de visitar son el **Elena's £'Etoile** (30 Charlotte Street, W1; 7636 7189), **Amandier/Bistro Daniel** (26 Sussex Gardens, W2; 7262 6073) y **Saint M.**, la cara brasería que se encuentra dentro del hotel St. Martins Lane (*véase* pág. 148).

Chez Bruce

2 Bellevue road, Wandsworth Common, SW17 (8672 0114). Estación de tren: Wandsworth Common. **Comidas** de 12.30 a 14.00 horas, de lunes a jueves; de 12.00 a 14.30 horas, los viernes; de 12.30 a 15.00 horas, los domingos. **Cenas** de 19.00 a 22.30 horas, de lunes a jueves; de 18.30 a 22.30 los viernes y los sábados. **De lunes a sábado** 21,50 £. **Domingos** 25 £, tres platos **Menú de noche** 27,50 £, tres platos. **Tarjetas de crédito** Amex, DC, MC, V.
Este restaurante de Wandsworth, de calidad superior a la de muchos del West End, aunque estos últimos sean más conocidos, cuenta con un interior sencillo y un ambiente relajado. La cocina de Bruce Poole es seria y sumamente apetitosa.

Chez Lindsay económico

11 Hill Rise, Richmond, Surrey (8948 7473). Metro y estación de tren: Richmond. **Comidas** de 11.00 a 23.00 horas, de lunes a sábado; de 12.00 a 22.00 horas, los domingos. **Precio medio** 17,50 £. **Tarjetas de crédito** MC, V.
Marisco y *crêpes*, las dos especialidades de la cocina bretona, se presentan con gran brío en este relajado restaurante. Pruebe la *gallette* de vieira, una copa de sidra bretona y una *crêpe* dulce.

Club Gascon

57 West Smithfield, Clerkenwell, EC1 (7253 5853). Metro: Barbican o Farringdon; estación de tren: Farringdon. **Comida** de 12.00 a 14.00 horas, de lunes a viernes. **Cena** de 19.00 a 22.30 horas, de lunes a viernes; de 19.00 a 22.30 horas, los sábados cerrado. **Precio medio** 30 £. **Tarjetas de crédito** MC, V **Plano 9 O5**
Especializado en la cocina de la Gascuña, en el sudoeste de Francia, el Club Gascon ofrece platos elaborados, fruto de un consciente deseo de experimentación. La comida, sencilla y clásica, se prepara realmente con gracia y convicción. Reserve con antelación.

The Criterion

224 Piccadilly, St. James's, W1 (7930 0488). Metro: Piccadilly Circus. **Comida** de 12.00 a 14.30 horas, de lunes a sábado. **Cena** de 18.00 a 23.30 horas, de lunes a sábado; de 19.30 a 22.30 horas, los domingos. **Precio medio** 32 £. **Tarjetas de crédito** AmEx, DC, MC, V. **Plano 8 K7**
Pocas cosas hay más impresionantes que el restaurante Criterion, de Marco Pierre White. Los relucientes mosaicos, las enormes cortinas, los fanales del techo y los espejos armonizan con la carta.

£'Escargot

48 Greek Street, Soho, W1 (7437 2679). Metro: Tottenham Court Road. Restaurante en la planta baja. **Comida** de 12.15 a 14.15 horas, de lunes a viernes. **Cena** de 18.00 a 23.30 horas, de lunes a sábado. **Precio medio** 26 £. **Menú degustación** 12,95 £, dos platos y 14,95 £, tres platos. *Salón Picasso.* Cerrado domingo y lunes. **Comida** de 12.00 a 14.15 horas **Cena** de 19.00 a 23.00 horas de martes a viernes, **Menú degustación** 29,50 £, tres platos. **Menú de noche** 42 £, tres platos. **Tarjetas de crédito** AmEx, DC, JCB, MC, LTC, V. **Plano 6 K6**
Un clásico en el Soho desde finales de los años setenta, este famoso local tiene un aura especial. La moderna pero austera comida ha evolucionado con los tiempos y se puede saborear con gusto en el tranquilo restaurante de la planta baja o en el salón Picasso del primer piso, más caro, de martes a viernes.
www.whitestarline.org.uk

Frith Street

63-64 Frith Street, W1 (020 7734 4545). Metro: Tottenham Court Road. **Comida** de 12.00 a 14.30, de lunes a viernes. **Cena** de 18.00 a 22.45 horas, de lunes a sábado. **Precio medio** 23,50 £. **Menú degustación** (comida, y de 18.00 a 19.00 horas) 15 £, dos platos; 19,50 £, tres platos. **Tarjetas de crédito** AmEx, MC, V. **Plano 6 K6**
Íntimo y sencillo, y sin embargo amplio y lujoso, el diseño de Frith Street ofrece una pequeña distracción de la magnífica cocina de Jason Atherton, extraordinariamente fiable y nada recargada.

Mirabelle

56 Curzon Street, W1 (020 7499 4636). Metro: Green Park. **Comida** de 12.00 a 14.30, todos los días. **Cena** de 18.00 a 23.30 horas, de lunes a sábado; de 18.00 a

22.30 horas, los domingos. **Precio medio** 35 ₤. **Menú de mediodía** 14,95 ₤, dos platos; 17,95 ₤, tres platos. **Tarjetas de crédito** AmEx, DC, MC, V. **Plano 7 H7.**
Marco Pierre White ha hecho un estupendo trabajo devolviendo al Mirabelle todo el esplendor de los años treinta, que armoniza con su cocina clásica y sin formalidades. El menú del mediodía merece la pena.

Rousillon

16 St Barnabas Street, Pimlico, SW1 (7730 5550). Metro: Sloane Square. **Comida** de 12.00 a 14.15 horas, de lunes a viernes. **Cena** de 18.30 a 22.30 horas, de lunes a sábado. Domingo cerrado. **Menú de mediodía** 15 ₤, dos platos. **Menú cena** 29 ₤, dos platos; 35 ₤, tres platos; 35 ₤, vegetariano y 42 ₤, cuatro platos. **Tarjetas de crédito** AmEx, DC, MC, V. **Plano 7 G11**
Algo poco frecuente en un restaurante francés, Rousillon tiene un sensacional menú para vegetarianos, para que tanto los carnívoros como los que no lo son puedan disfrutar de lo mejor de la cocina francesa
www.rousillon.co.uk

Schnecke económico

80-82 Upper Street, Islington, NI (7226 6500). Metro: Ángel. **Comida** de 12.00 a 24.00 horas, de martes a sábado, y de 12.00 a 22.30 horas, los domingos. **Precio medio** 12 ₤. **Tarjetas de crédito** AmEx, DC, JCB, MC, V. **Plano 5 J6**
Es absurdo y algo cursi (alsaciano al fin y al cabo), pero por suerte el abundante menú va más allá del repollo en escabeche, los caracoles, las tartas flambeadas (como pizzas rectangulares), los vinos de calidad y la cerveza.
www.schnecke-restaurants.com

Georgianos

Little Georgia económico

2 Broadway Market, London Fields, E8 (7249 9070). Metro: Bethnal Green; autobuses: 26, 48, 55, 106 y 236. **Comida** de 13.00 a 16.00 horas, los domingos. **Cena** de 18.30 a 22.30 horas, de martes a sábado. **Precio medio** 13,50 ₤. **Tarjetas de crédito** MC, V.
En el lugar de un antiguo *pub* reformado, el minimalismo moderno del Little Georgia se ha matizado con pinceladas de objetos georgianos. Un alegre personal sirve magníficas reproducciones de platos nacionales, no muy conocidos en Londres, en un ambiente tranquilo.

Griegos

Halepi

48-50 Belsize Lane, Belsie Park, NW3 (7431 5855). Metro: Belsize Park o Swiss Cottage. **Comida** de 12.00 a 15.00 de miércoles a sábado. **Cena** de 18.00 a 23.00 horas, de lunes a viernes, sábados de 12.00 a 15.00 horas y de 18.00 a 23.00 horas. Domingos de 12.00 a 23.00. **Precio medio** 24 ₤. **Tarjetas de crédito** AmEx, DC, MC, V.
¿Hay algo mejor que un moderno restaurante griego chipriota? La contemporánea decoración minimalista complementa un menú muy variado, aunque poco original, y particularmente consistente en el apartado de pescados.

The Real Greek

15 Hoxton Market, Houston, N1 (7739 8212). Metro y estación de tren: Old Street; autobuses: 26, 48, 55, 149 y 242. **Comida** de 12.00 a 15.00 horas. **Cena** de 17.30 a 22.30 horas, de lunes a sábado. **Precio medio** 25 ₤. **Tarjetas de crédito** MC, V. **Plano 10 R3**
En ninguna otra parte de la ciudad encontrará una comida griega como ésta. En un ambiente de *pub* gastronómico, la ambiciosa cocina de Theodore Kyriakou da una idea de lo poco imaginativos que son los mejores restaurantes griegos de la ciudad.

Indios

En el centro de Londres no se pueden encontrar demasiados restaurantes indios, y los pocos buenos que hay son caros. Para disfrutar de una auténtica experiencia culinaria y cultural de la India, visite alguno de los poco encantadores, pero vibrantes, centros del Londres indio: Wembley, Southall o Tooting. Los domingos, a la hora de comer, es el mejor momento para ver los locales mientras uno pasea y prueba alguna de sus especialidades: tome el metro hasta Tooting Broadway y diríjase a Upper Tooting Road y Tooting High Street; o bien vaya en tren hasta Southall y continúe a pie hasta The Broadway. También puede ir en metro hasta Alperton o Wembley Central y callejear por Ealing Road.

Café Spice Namaste

16 Prescot Street, Withechapel, E1 (7488 9242). Metro: Tower Hill; Tower Gateway Aldgate East DLR. **Comida** de 12.00 a 15.00 horas. **Cena** de 18.15 a 22.30 horas, de lunes a viernes; de 18.30 a 22.00 horas, los sábados. **Precio medio** 20 ₤. **Tarjetas de crédito** AmEx, DC, MC, V. **Plano 12 S7**
Aquí no encontrará platos de pasta al curry precocinados ni *popadums* rancios. El restaurante de Cyrus Todiwala, con su aspecto luminoso y espacioso, muestra lo exquisita y extraordinariamente diversa que puede llegar a ser la moderna cocina india.

Gifto's Lahore Karahi económico

162-164 The Broadway, Southall, Middlesex (8813 8669). Estación de tren: Southall; autobús: 207. **Comidas**: de 12.00 a 23.30 horas, de lunes a viernes; de 12.00 a 24.00 horas, los sábados y domingos. **Precio medio** 12 ₤. **Tarjetas de crédito** AmEx, DC, MC, V
El primer restaurante pakistaní abierto en Southall es un popular y espacioso local en el que un equipo de *chefs* preparan *nans* en el *tandoor*, *kebabs* en carbón vegetal y *karahis* en hornillos.
www.gifto.com

Karahi King económico

213 East Lane, North Wembley, Middlesex (8904 2760). Metro: North Wembley; autobús: 245. **Comidas** de 12.00 a 24.00 horas, todos los días. **Precio medio** 12 £. **No se aceptan tarjetas de crédito.**

Su ubicación fuera de la ruta habitual demuestra que el aburguesamiento no ha significado un especial problema para el Karahi King. Así, familias de Kenia o Asia, bien vestidas, acuden al local, con el deseo de inspeccionar los estrechos suburbios y disfrutar de algunos de los *karahi* mejor cocinados de la ciudad.

Kastoori económico

188 Upper Tooting Road, Tooting, SW17 (8767 7027). Metro: Tooting Bec o Tooting Broadway. **Comida** de 12.30 a 14.30 horas, de miércoles a sábado. **Cena** de 18.00 a 22.30 horas, de lunes a miércoles. **Precio medio** 15 £. **Tarjetas de crédito** MC, V.

El más conocido de los muchos restaurantes Gujarati de África oriental, que se sitúan a lo largo de esta concurrida calle. El Kastoori, con su decoración sencilla y su notable iluminación, se caracteriza por su atención a los detalles, especialmente a la hora de condimentar los platos con sus originales especias.

Porte des Indes

32 Bryanston Street, Marylebone, W1 (7224 0055). Metro: Marble Arch. **Comida** de 12.00 a 14.30 horas, de lunes a viernes; de 12.00 a 15.00 horas, los domingos. **Cena** de 19.00 a 23.30 horas, de lunes a sábado; de 19.00 a 22.30 horas, los domingos. **Precio medio** 40 £. **Tarjetas de crédito** AmEx, DC, MC, V. **Plano 2 F6**

Una antigua sala de baile de época eduardiana es el mejor emplazamiento para un restaurante indio en Londres. El imaginativo menú compite en brillantez con el local.

www.blueelephant.com

Rasa Samudra

5 Charlotte Street, Fitzroula, W1 (7637 0222). Metro: Goodge Street. **Comida** de 12.00 a 15.00 horas, de lunes a sábado. **Cena** de 18.00 a 23.00 horas, de lunes a sábado. **Precio medio** 40 £. **Tarjetas de crédito** AmEx, MC, DC, V. **Plano 5 J5**

Éste es, con diferencia, el restaurante más caro y ambicioso de los tres que posee Siva Das Sreedharan. En él se puede disfrutar de la ejemplar cocina del marisco de Keralan. Original y exquisito.

Sucursales: **Rasa** 55 Stoke Newington Church Street, N16 (020 7249 0344); **Rasa W1** 16 Dering Street, W1 (020 7629 1346).

Tamarind

20 Queen Street, Mayfair, W1 (7629 3561). Metro: Green Park. **Comida** de 12.00 a 15.00 horas, de lunes a viernes; de 12.00 a 14.30 horas, los sábados. **Cena** de 18.00 a 23.30 horas, de lunes a sábado; de 18.00 a 22.30 horas, los domingos. **Precio medio** 35 £. **Tarjetas de crédito** AmEx, DC, MC, V. **Plano 7 H7**

Uno de los mejores restaurantes indios de Londres, el Tamarind está situado en uno de los sótanos mejor decorados de la ciudad. La calidad de la cocina del *chef* Atul Kochhar asegura un trato económico con los ingredientes más frescos.

www.tamarindrestaurant.com

Vama

438 King's Road, Chelsea, SW10 (7351 4118). Metro: Sloane Square, luego enlazar con los autobuses 11, 22 o 211. **Comida** de 12.30 a 15.00 horas, de lunes a domingo. **Cena** de 18.30 a 23.30 horas, de lunes a sábados, y domingos de 18.00 a 22.30 horas. **Precio medio** 25 £. **Tarjetas de crédito** AmEx, DC, MC, V. **Plano 4 D12**

A pesar de ser un restaurante regentado por indios, su aspecto es más el de un elegante restaurante italiano que el de un local en el que se sirve curry con su característico papel pintado de colores chillones. Su conciso menú es asimismo poco frecuente, pues ofrece platos bien elaborados que proceden de la frontera de Pakistán con Afganistán y de Baluchistán.

www.vama.co.uk

Zaika

257-259 Fulham Road, Chelsea, SW3 (7351 7823). Metro: South Kensington; autobús: 14. **Comida** de 12.00 a 14.30 horas, de lunes a viernes. **Cena** de 18.30 a 22.30 horas, de lunes a viernes y domingos. De 18.30 a 22.30 horas los sábados. **Precio medio** 28 £. **Tarjetas de crédito** AmEx, MC, V. **Plano 4 D11**

El *chef* Vineet Bhatia, que cuenta con una gran reputación, dirige este restaurante maravillosamente decorado de Fulham Road, atestado de gente de los alrededores maravillosamente ataviada. Espere tradición con alguna salida de tono.

Italianos

Las cadenas de comida italiana de mayor calidad, con sucursales por todo el centro de la ciudad, son **Spaghetti House** y **Café Pasta**. *Véanse Páginas amarillas (Yellow Pages)* para sucursales.

Arancia

52 Southwark Park Road, SE16 (7394 1751). Metro o estación de tren: Elephant y Castle; luego enlazar con autobuses 1 o 199; estación de tren: South Bermondsey. **Comida** de 12.30 a 15.00 horas, de martes a sábado. **Cena** de 19.00 a 23.00 horas. **Precio medio** 20 £. **Menú degustación** 7,50 £, tres platos. **Tarjetas de crédito** DC, JCB, MC, LTC, V.

Situado en Bermondsey, una zona nada de moda, el Arancia es más elegante y limpio que en sus inicios sin haber perdido su encanto. El breve menú continúa siendo muy interesante y presenta los clásicos italianos con la mayor confianza.

Assaggi

The Chepstow, 39 Chepstow Place, Nothing Hill, W2 (7792 5501). Metro: Notting Hill Gate. **Comida** de 12.30 a 14.30 horas, de lunes a sábado. **Cena** de 19.30 a 23.00 horas, de lunes a sábado. **Precio medio** 33 £. **Tarjetas de crédito** AmEx, DC, MC, V. **Plano 1 B6**
Este restaurante tiene tanto éxito, que a menudo se debe reservar con un mes de antelación. La rudimentaria decoración no se corresponde en absoluto con la calidad de los platos ni con la factura.

Enoteca Turi

28 Putney High Street, Putney, SW15 (8785 4449). Metro: East Putney; estación de tren: Putney; autobús: 14. **Comida** de 12.30 a 14.30 horas, de lunes a viernes. **Cena** de 19.00 a 23.00 horas, de lunes a sábado. **Precio medio** 22 £. **Tarjetas de crédito** AmEx, DC, MC, V.
Esta enoteca, situada en una esquina, parece una invitación al estilo de vida espartano, su carta de vinos resulta especialmente notable, y los platos están cocinados con maestría y cariño.

Ibla

89 Marylebone High Street, Marylebone, W1 (7224 3799). Metro: Baker Street, Bond Street o Regent's Park. **Comida** de 12.00 a 14.30 horas, de lunes a viernes. **Cena** de 19.00 a 22.30 horas, de lunes a sábado. **Menú degustación** 15 £, dos platos; 18 £, tres platos. **Tarjetas de crédito** AmEx, MC, DC, V. **Plano 5 G5**
El alargado local en forma de «S» es un marco inusual para este moderno y a la vez refrescante restaurante italiano no muy a la moda. El menú de precio fijo, que cambia regularmente obtiene una puntuación muy alta, tanto por su calidad como por su presentación.
www.ibla.co.uk

Isola

145 Knightsbridge, SW1 (7838 1044). Metro: Knightsbridge. **Comida** de 12.00 a 15.00 horas. **Cena** de 18.00 a 24.00 horas, de lunes a sábado; de 18.00 a 22.30 horas, los domingos. **Precio medio** 45 £. **Tarjetas de crédito** AmEx, DC, MC, V. **Plano 2 F9**
El más nuevo de los restaurantes de Oliver Peyton (abierto a finales de 1999), es también el más maduro hasta el momento. Con Bruno Loubet en la cocina, se sirven platos italianos del más alto refinamiento y calidad. El sótano **Osteria**, más económico (aunque no mucho más), sirve comida todo el día.

Passione

10 Charlotte Street, Fitzroula, W1 (7636 2833). Metro: Goodge Street. **Comida** de 12.30 a 14.30 horas, de lunes a viernes. **Cena** de 19.00 a 22.30 horas, de lunes a sábado. **Precio medio** 22 £. **Tarjetas de crédito** AmEx, MC, V. **Plano 5 J5**
Passione, en clara contradicción con su nombre, transmite un ambiente tranquilo y calmado y presenta platos de la cocina clásica italiana perfectamente ejecutados. La calidad de los ingredientes es impecable y su brillantez está asegurada.
www.passione.com

Vasco & Piero's Pavilion

15 Poland Street, Soho, W1 (7437 8774). Metro: Oxford Circus o Tottenham Court Road. **Comida** de 12.00 a 15.00 horas, de lunes a viernes. **Cena** de 18.00 a 23.00 horas, de lunes a viernes; de 19.00 a 23.00 horas, los sábados. **Precio medio** 25 £ la comida. **Menú de noche** 16,50 £, dos platos; 19,50 £ ,tres platos. **Tarjetas de crédito** AmEx, DC, JCB, MC, LTC, V. **Plano 5 J6**
Un antiguo teatro del Soho, digno de toda confianza, que sirve platos confeccionados con mimo en una reducida atmósfera de club inglés. El servicio es muy amable, sobre todo si eres uno de los habituales famosos que acuden al local.

Zafferano

15 Lowndes Street, Belgravia, SW1 (7235 5800). Metro: Knightsbridge. **Comida** de 12 a 14.30 horas. **Cena** de 19.00 a 23.00 horas, de lunes a sábado. Los domingos de 19.00 a 22.30 horas. **Menú de mediodía** de lunes a viernes 18,50 £, dos platos, 21,50 £ ,tres platos. **Menú de noche** sábado y domingo comida o cena 29,50 £ dos platos, 35,50 £ tres platos, 39,50 £, cuatro platos. **Tarjetas de crédito** AmEx, DC, MC, V. **Plano 4 F9**
Uno de los mejores restaurantes italianos en Londres, de los más elegantes y al que acude un mayor número de celebridades. La comida es abundante, desde las imaginativas pastas hasta platos no tan conocidos, como las mollejas al estilo siciliano con salsa agridulce.

Pizzerías económico

Entre las cadenas de pizzerías, **Pizza Express** (con sucursales en toda la ciudad) sigue siendo la mejor, aunque la reciente **ASK** está creciendo rápidamente y ganando una gran reputación. Otras buenas opciones en el centro de Londres son **Condotti** (4 Mill Street, Mayfair, W1; 7499 1308), **Pizza on the Park** (11-13 Knightsbridge, SW1; 7235 5273), **Soho Pizzeria** (16-18 Beak Street, Soho, W1; 7434 2480), **Purple Sage** (90-92 Wigmore Street, Marylebone, W1; 7486 1912), **Spiga** (84-86 Wardour Street, Soho, W1; 7734 3444) y **La Spighetta** (43 Blandford Street, Marylebone, W1; 7486 7340). **Calzone** es una exitosa aunque pequeña cadena con filiales en Notting Hill (2A Kensington Park Road; 7243 2003), Hampstead (66 Heath Street, NW3; 7794 6775), Chelsea (335 Fulham Road, SW10; 7352 9797), South Kensington (335 Fulham Road, SW10; 7352 9797) e Islington (35 Upper Street, N1;7359 9191).

Japoneses

Asakusa

265 Eversholt Street, Soho, NW1 (7388 8533). Metro: Camden Town o Mornington. **Cena** de 18.00 a 23.30 horas, de lunes a viernes; de 18.00 a 23.00 horas, los

sábados. **Precio medio** 18 £. **Menú de noche** 5,20-18 £. **Tarjetas de crédito** AmEx, DC, MC, LTC, V. **Plano 5 J2**
La acertada combinación de comida recién hecha, precios asequibles y un servicio imbatible atrae al Asakusa a japoneses y occidentales. Se recomienda hacer reserva.

Kulu Kulu económico

76 Brewer Street, Soho, W1 (7734 7316). Metro: Piccadilly Circus. **Comida** de 12.00 a 14.30 horas, de lunes a viernes; de 12.00 a 16.00 horas, los sábados. Domingos cerrado. **Cena** de 17.00 a 22.30 horas, de lunes a sábado. **Precio medio** 12 £. **Tarjetas de crédito** MC, V. **Plano 7 J7**
Se trata de un local de *sushi* serio, que ofrece productos auténticos, bien de precio y sin excesos.

Matsuri

15 Bury Street, Mayfair, SW1 (7839 1101). Metro: Green Park o Piccadilly Circus. **Comida** de 12.00 a 14.30 horas. **Cena** de 18.00 a 22.30 horas, de lunes a sábado. **Precio medio** 30 £ la comida y 40 £ la cena. **Tarjetas de crédito** AmEx, DC, MC, V. **Plano 7 J7**
Matsuri no está tan lleno como algunos de los restaurantes japoneses de moda, pero tiene una calidad de servicio y de comida similar al resto. Tiene un excelente *sushi* y su especialidad es el *teppanyaki*. A pesar de estar situado en un sótano, su comedor resulta amplio y luminoso.
www.matsuri-restaurant.com

Nobu

Hotel Metropolitan, Mayfair, 19 Old Park Lane, W1 (7447 4747). Metro: Hyde Park Corner. **Comida** de 12.00 a 14.15 horas, de lunes a viernes. **Cena** de 18.00 a 22.00 horas, de lunes a jueves, de 18.00 a 23.00 horas los viernes y sábados y de 18.00 a 21.30 los domingos. **Precio medio** 30 £ la comida y 57 £ la cena. **Tarjetas de crédito** AmEx, DC, MC, V. **Plano 7 H8**
Si pensaba haberlo visto todo en cocina japonesa, cambiará de idea. Las influencias sudamericanas se vuelven evidentes en platos como el *sashimi* de pescado con guarnición de jalapeños y salsa de cítricos. Fantástico y único.

Ramen Seto económico

19 Kingly Street, Soho, W1 (7434 0309). Metro: Oxford Circus. **Comida** de 12.00 a 15.00 horas de lunes a sábado. **Cena** de 18.00 a 22.00 horas, de lunes a sábado. **Tarjetas de crédito** MC, V. **Plano 5 J6**
Aunque el plato principal es la pasta, en este tranquilo local también sirven una pequeña pero correcta selección de *sushi*, *sashimi* y *tempura*. Probablemente uno de los mejores restaurantes de la ciudad.

Yo! Sushi/Yo! Bellow

52 Poland Street, Soho, W1 (7287 0443). Metro: Oxford Circus. **Servicio de comedor** de 12.00 a 24.00 horas, todos los días. **Precio medio** 16 £. **Tarjetas de crédito** AmEx, DC, MC, V. **Plano 5 J6**
El local cuenta con la cadena de *sushi* más larga del mundo (60 m), máquinas para fabricarlo y carritos de bebidas en forma de robots. En el Yo! Sushi, no hay marcha atrás. La comida pierde un poco de calidad en comparación, pero la diversión y el carácter innovador del local son difíciles de superar.
www.yosushi.com

Yumi

101 George Street, Marylebone, W1 (7935 8320). Metro: Baker Street, Bond Street o Marble Arch. **Cena** de 17.30 a 22.30 horas, todos los días. **Precio medio** 40 £. **Tarjetas de crédito** AmEx, DC, MC, V. **Plano 5 G5**
El nombre de este restaurante se pronuncia «*yumi*» (el equivalente a nuestro «ñam, ñam»), lo que hace honor a su comida, que es deliciosa (aunque algo cara) y tiene una presentación magnífica. Los empleados son tan refinados como la comida.

Judíos

Solly's

148A Golders Green Road, Golders Green, NW11 (planta baja y para llevar a casa 8455 2121/ planta superior 8455 0004). Metro: Golders Green. **Comida** de 11.30 a 15.00 horas, los viernes. **Servicio de comedor** *en la planta baja* de 11.00 a 23.30 horas, de lunes a jueves y los domingos; de 11.00 a 15.00 horas, los viernes; desde una hora después del sabat a 01.00 horas del sábado. *Planta superior* **Cena** de 18.30 a 23.30 horas, de lunes a jueves; de 12.00 a 23.00 los sábados *en invierno*, desde una hora después del sabat a 23.00 horas, los sábados. Viernes cerrado. **Precio medio**: 20 £. **Menú de noche** 20 £, cuatro platos. **Tarjetas de crédito** AmEx, DC, MC, V.
El comedor situado en la planta superior (considerado el mayor restaurante *kosher* de Europa) tiene un estilo propio de Oriente Medio, con murales, alfombras y dagas decorativas. Un menú bien ejecutado y un servicio atento garantizan una buena velada.

Malayos e indonesios

Melati económico

21 Great Windmill Street, Soho, W1 (7437 2745). Metro: Piccadilly Circus. **Servicio de restaurante** de 12.00 a 23.30 horas, de lunes a jueves y domingos; de 12.00 a 24.30 horas, viernes y sábados. **Precio medio** 15 £. **Tarjetas de crédito** AmEx, MC, V. **Plano 8 K7**
Este restaurante indonesio que siempre está lleno lleva ya bastantes años en marcha. Entre su clientela destaca una amplia colonia holandesa así que las raciones son grandes y la comida, de calidad.

Selasih económico

114 Seymour Place, Marylebone, W1 (7724 4454). Metro: Edgware Road. **Comida** de 12.00 a 15.00 horas, de lunes a sábado. **Cena** de 18.00 a 20.30 horas, todos los días. **Tarjetas de crédito** AmEx, MC, V. **Plano 2 F5**
Decoración interior exótica, empleados vestidos con *sarongs* y comida deliciosa. Pruebe el sabroso *ikan pais*

Bares de sopa

Después de la moda de las cafeterías especializadas en capuchinos con mucha espuma de los últimos años, llega otro fenómeno inspirado en Nueva York. Es barato (¿quién puede resistir una oferta así?), es saludable (¿quién puede no apuntarse?), ayuda a entrar en calor (¿quién no lo necesita en esta ciudad?) y, a menudo, tiene muy buen sabor. Todos los locales que aparecen reseñados a continuación proponen todos los días una selección de imaginativos productos para llenar el estómago. Sólo apuntamos las direcciones del centro de la ciudad.

Soup
1 Newburgh Street, W1 **Plano 5 J6**;
37 Marylebone High Street, W1 **Plano 5 G5**

Souperdouper
Euston Station, NW1 **Plano 6 K3**; Baker Street Station, NW1 **Plano 5 G4**; Vestíbulo Central, Victoria Station, SW1 **Plano 7 H10**; Maryleborne Station **Plano 2 F4**

Soup Opera
12 Kingsway, WC2 **Plano 6 M6**;
2 Hanover Street, W1 **Plano 5 J6**

Soup Works
9 D'Arblay Street, W1 **Plano 5 J6**;
58 Goodge Street, W1 **Plano 5 J5**; 15 Moor Street, W1 **Plano 6 K6**; 29 Monmouth Street, WC2 **Plano 6 L6**

(pescado asado en hojas de platano) o la especiada *pajri nenas* (piña con una salsa de curry dulce).
www.selasih.co.uk

Singapore Garden II
83 Fairfax Road, Belsize Park, NW6 (7634 8233). Metro: Swiss Cottage y South Hampstead estación de tren. **Comida** de 12.00 a 14.45 horas, de lunes a jueves y domingos; de 12.00 a 14.45 horas, los viernes y sábado. **Cena** de 18.00 a 22.00 horas, de lunes a jueves y de 18.00 a 23.15 horas, los viernes y sábados. **Tarjetas de crédito** AmEx, DC, JCB, MC, V. **Plano 2 F5**
Chefs de China y Vietnam sirven comida malasia y cantonesa, platos tai y de Singapur son dignos de una cocina moderna y brillante en este restaurant de alta categoría.

Singapura
31 Broadgate Circle, The City, EC2 (7256 5044). Metro Liverpool Street y estación de tren. **Servicio de comedor** de 11.30 a 21.30 horas, de lunes a viernes. Sábado y domingo cerrado. **Precio medio** 30 £. **Tarjetas de crédito** AmEx, DC, MC, V. **Plano 10 Q5**
La decoración de Singapura es de estilo inglés contemporáneo y cuenta con un cielo bajo muy bien iluminado y mesas lujosamente adornadas. El menú resulta muy atractivo y cuenta con una amplia oferta de platos poco habituales.

Formalmente es conocido como Suan Neo, cuenta con una apreciable cocina de Singapore, especialmente si quiere total libertad en el menú, pero el mérito sigue siendo el buen servicio.
www.singapura.co.uk

Mediterráneos

Bistro 190
190 Queen's Gate, South Kensington, SW7 (7581 5666). Metro: Gloucester Road o South Kensington. **Servicio de comedor** de 07.00 a 24.00 horas, de lunes a viernes; de 07.30 a 24.00 horas, los sábados; de 07.30 a 23.30 horas, los domingos. **Precio medio** 20 £. **Tarjetas de crédito** AmEx, DC, MC, V. **Plano 4 D9**
Este espacioso local, de techos altos y muros decorados con fotos y cuadros, es un buen lugar para comer platos inspirados como el salmón hervido o una ensalada de fresas silvestres.

Snow's on the Green
166 Sheperd's Bush Road, Hammersmith, W6 (7603 2142). Metro: Hammersmith. **Comida** de 12.00 a 15.00 horas, de lunes a viernes de 12.00 a 15.00 horas el domingo. **Cena** de 18.00 a 23.00 horas, de lunes a sábado. **Precio medio** 20 £. **Tarjetas de crédito** AmEx, DC, MC, V.
El soleado y sereno restaurante Snow's de Sebastian ofrece una selección de platos de estación de primera calidad que van desde los más clásicos (pichón con *rösti*) a los más originales (pizza de plátano y Nutella).

Norteafricanos

Momo
25 Heddon Street, Mayfair, W1 (7434 4040)). Metro: Piccadilly Circus. **Comida** de 12.00 a 14.30 horas, todos los días. **Cena** de 19.00 a 23.00 horas, de lunes a sábado; de 18.30 a 22.30 horas los domingos. **Precio medio** comida, 15 £; cena, 30 £. **Tarjetas de crédito** AmEx, DC, MC, V. **Plano 7 J7**
Momo ha sobrevivido a las modas y se ha afianzado como uno de los mejores restaurantes norteafricanos de Londres. La decoración es tan maravillosa como la comida: un interior de piedra, con luces de velas y tallas de madera con motivos árabes.

Original Tajines económico
7A Dorset Street, Marylebone, W1 (7935 1545). Metro: Baker Street. **Comida** de 12.30 a 15.00 horas, de lunes a viernes. **Cena** de 18.00 a 23.00 horas, de lunes a sábado. Domingos cerrado. **Precio medio** 15 £. **Tarjetas de crédito** MC, V. **Plano 5 G5**
Un restaurante sencillo y cálido en el que se sirven grandes raciones de comida marroquí auténtica como la espe-

La hora del té

Uno de los principales atractivos de la hora del té es la posibilidad que ofrece de echar un vistazo a hoteles en los que nunca podría alojarse. A los hoteles también les interesa eso, así que no es preciso ser un millonario o una estrella de Hollywood para que le permitan entrar. En el Ritz, el Savoy y el Claridges exigen vestir con chaqueta y corbata. En otros hoteles se prefiere, pero no se impone. Pregúntelo al llamar para hacer la reserva.

En cuanto a la comida, pagar 20 £ por unas pastas, un pastel de crema, mermelada y bocadillos puede parecerle algo caro, pero, en realidad, paga porque le traten como a un rey y por disfrutar de un lujoso entorno durante una o dos horas. En ese rato, el mundo le parecerá un lugar infinitamente mejor.

Para ver un interior impresionante, acuda al **Waldorf Meridien**; si prefiere un lugar más acogedor, diríjase al **Brown's**; para degustar los mejores bocadillos y el mejor té, visite el **The Lanesborough,** y para escuchar al mejor pianista, vaya al **The Dorchester**. La oferta con mejor relación calidad-precio es la del **Basil Street Hotel**, un establecimiento de menor categoría, aunque nadie supera al **Claridge** en calidad de servicio. El **Ritz** es el más conocido, y para tomar el té un fin de semana, es preciso reservar plaza con tres meses de antelación.

Té de primera calidad en **The Lanesborough**

Basil Street Hotel
Basil Street, Brompton, SW3 (7581 3311). Metro: Knightsbridge. **Horario del té** de 15.30 a 17.45 horas, todos los días. **Tarjetas de crédito** AmEx, DC, MC, V. **Plano 4 F9**

Brown's
33-34 Albermarle Street, Mayfair, W1 (7518 4108). Metro: Green Park. **Horario del té** dos turnos a las 15.00 y a las 16.45 horas, de lunes a viernes; los sábados y los domingos se sirve a medida que llegan los clientes. **Tarjetas de crédito** AmEx, DC, MC, V. **Plano 7 J7**

Claridge's
Brook Street, Mayfair, W1 (7629 8860). Metro: Bond Street. **Horario del té** de 15.00 a 17.30 horas, todos los días. **Tarjetas de crédito** AmEx, DC, MC, V. **Plano 5 H6**

The Dorchester
54 Park Lane, Mayfair, W1 (7629 8888). Metro: Hyde Park Corner. **Horario del té** de 15.00 a 18.00 horas, todos los días, y un turno de *high tea* de 17.00 a 20.00 horas. **Tarjetas de crédito** AmEx, DC, MC, V. **Plano 7 G7**

The Lanesborough
Hyde Park Corner, Belgravia, SW1 (7259 5599). Metro: Hyde Park Corner. **Horario del té** de 15.30 a 18.00 horas, todos los días. **Tarjetas de crédito** AmEx, DC, MC, V. **Plano 7 G8**

Ritz
Piccadilly, St Jame's, W1 (7493 8181). Metro: Green Park. **Horario del té** de 14.00 a 18.00 horas, todos los días; plazas reservadas a las 15.30 horas y a las 17.00 horas. **Tarjetas de crédito** AmEx, DC, MC, V. **Plano 5 J7**

St. James, Fortnum & Mason
181 Piccadilly, W1 (7734 8040). **Horario del té** de 15.00 a 17.00 horas, de lunes a sábado. **Tarjetas de crédito** AmEx, DC, MC, V. **Plano 7 J7**

The Savoy
Strand, Covent Garden, WC2 (7836 4343). Metro: Charing Cross. Estación de tren: Charing Cross. **Horario del té** de 15.00 a 17.30 horas, todos los días. **Tarjetas de crédito** AmEx, DC, MC, V. **Plano 8 L7**

Waldorf Meridien
Aldwych, Holborn, WC2 (7836 2400). Metro: Covent Garden o Temple. **Horario del té** de lunes a viernes, de 15.00 a 17.30 horas. **Baile y té** de 14.30 a 17.00 horas, los sábados; de 16.00 a 18.30 horas, los domingos. **Tarjetas de crédito** AmEx, DC, MC, V. **Plano 8 M7**

cialidad con berenjenas llamada *zaalouk* y una amplia variedad de *tajines*.

Norteamericanos

Arkansas Café económico
Unit 12, Old Spitalfields Market, Commercial Street, E1 (7377 6999). Metro y estación de tren: Aldgate East/Liverpool Street. **Comida** de 12.00 a 14.30 horas, de lunes a viernes; de 12.00 a 16.00 horas, los domingos. **Cena** por encargo. **Precio medio** 12 £. **Tarjetas de crédito** DC, MC, V. **Plano 10 R5**
El estadounidense Keir Helberg sirve las mejores hamburguesas y carnes hechas a la barbacoa de la ciudad en su agradable cafetería del interior del Spitalfields Market.

Cactus Blue
86 Fulham Road, Chelsea, SW3 (7823 7858). Metro: South Kensington. **Comida** de 12.00 a 23.45 horas, los sábados. **Cena** de 17.30 a 23.45 horas, de lunes a viernes; de 12.00 a 23.00 horas, los domingos. **Precio medio** 30 £. **Tarjetas de crédito** AmEx, MC, V. **Plano 4 D11**
Este clásico establecimiento es serio en lo que respecta a la comida y a su manera de presentarla. Combinando una amplia gama de chiles, condimentos y otros ingredientes regionales de que se nutre la cocina del sudoeste de Estados Unidos, Cactus Blue supone un cambio agradable con respecto a las fajitas y a los tacos.
www.cactusblue.com

Dakota
127 Ledbury Road, Notting Hill, W11 (7792 9191). Metro: Notting Hill Gate; autobús: 52. **Comida** de 12.00 a 15.30 horas, de lunes a viernes, y los domingos de 12.00 a 15.30 horas. **Cena** de 19.00 a 23.00 horas, de lunes a sábado; de 19.00 a 22.30 horas, los domingos. **Precio medio** 23 £. **Tarjetas de crédito** AmEx, MC, V.
El restaurante que esta cadena posee en Notting Hill es impresionante, desde el tranquilo blanco roto del espacio hasta la estupenda y moderna comida del sudoeste de Estados Unidos. Se trata de una cadena de restaurantes: **Montana** (125-129 Dawes Road, Fulham; SW6; 7385 9500); **Idaho** (13 North Hill, Highgate, N6; 78341 6633); **Canyon** (Riverside, Richmond; 8948 2944); **Utah** (18 High Street, Wimbledon; 8944 1909), y el recién inaugurado **Congress** (North Court, 1 Great Peter Street, SW1; 7654 3000) continúa el buen trabajo en otra parte.
www.hartfordgroup.co.uk

Orientales

Birdcage
110 Whitfield Street, Fitzrovia, W1 (7383 3346). Metro: Goodge Street o Warren Street. **Comida** de 12.00 a 14.30 horas, de lunes a sábado. **Cena** de 18.00 a 23.15 horas, de lunes a sábado. Domingos cerrado. **Menú de mediodía** 19,50 £, dos platos, 26,50 £, tres platos. **Menú de cena** 32,50 £ dos platos, 38,50 £, tres platos. **Tarjetas de crédito** AmEx, DC, MC, V. **Plano 5 J4**
Las esculturas tailandesas, las jaulas y las bandejas en forma de barco forman parte de la atmósfera de este atractivo restaurante. La cocina de Michael von Hruschka es una mezcla de estilos igualmente original y, a menudo, sorprendente.

Itsu
118 Draycott Avenue, Chelsea, SW3 (7584 5522). Metro: South Kensington; autobús: 49. **Servicio de comedor** de 12.00 a 23.00 horas, de lunes a sábado; de 12.00 a 22.00 horas, los domingos **Precio medio** 10 £. **Tarjetas de crédito** AmEx, MC, V. **Plano 4 E10**
Occidente y Oriente se dan la mano en este tranquilo local de *sushi* propiedad de Julian Metcalfe (el fundador de la cadena de bocadillos Prêt à Manger). No se pierda el *sushi* de gambas con pesto asiático.
www.itsu.com

Silks & Spice económico
23 Foley Street, Fitzrouda, W1 (7636 2718). Metro: Goodge Street/ Oxford Circus. **Servicio de comedor** de 12.00 a 23.00 horas, de lunes a viernes; de 17.30 a 23.00 horas, los sábados; de 17.30 a 22.30 horas, los domingos. **Precio medio** 15 £. **Tarjetas de crédito** AmEx, MC, V. **Plano 5 J5**
Este bar cafetería y restaurante tailandés-malayo es uno de los locales orientales de mejor calidad de la ciudad. La decoración es cálida y la comida, imaginativa y fiable.
Sucursales: 42 Northampton Road, EC1 (7278 9983); 11 Queen Victoria Street, EC4 (7236 7222); 28 Chalk Farm Road, NW1 (7267 5751); 96 Chiswick High Road, W4 (8995 7991); 561 King's Road, SW6 (7833 5577).

Vong
Berkeley Hotel, Wilton Place, Knightsbridge, SW1 (7235 1010). Metro: Hyde Park Corner o Knightsbridge. **Comida** de 12.00 a 14.30 horas, de lunes a viernes; de 11.30 a 14.00 horas los sábados y domingos. **Cena** de 18.00 a 23.30 horas, de lunes a sábado; de 18.00 a 22.30 horas, los domingos. **Precio medio** 38 £. **Tarjetas de crédito** AmEx, DC, MC, V. **Plano 7 G8**
En esta minimalista y elegante filial del conocido restaurante neoyorkino de Jean-Georges Vongerichten se unen la cocina oriental y la occidental. Ahorre un poco para darse un capricho y no se pierda los impresionantes postres.
www.jean-georges.com

Wagamama económico
101A Wigmore Street, Marylebone, W1 (7409 0111). Metro: Bond Street o Marble Arch. **Servicio de comedor** de 12.00 a 23.00 horas, de lunes a sábado; de 12.30 a 22.00 horas los domingos. **Precio medio** 8 £. **Tarjetas de crédito** AmEx, MC, V. **Plano 5 G6**
El Wagamama se ha convertido en una especie de institución en Londres. Sus cenas saludables y económicas lle-

Cafeterías, café y comidas ligeras

Londres cuenta con la mejor oferta de cafeterías de calidad (desde las tradicionales hasta las más modernas), tiendas de café, bares de sopa (*véase* pág. 179, **Bares de sopa**) y locales de comida rápida. Si todo lo que busca es una dosis de cafeína y un trozo de pastel, las cadenas **Aroma, Caffè Nero, Coffee Republic, Costa** y **Starbucks** tienen sucursales por todo el centro de la ciudad. La cadena de bocadillos más innovadora es **Pret à Manger**. A continuación, encontrará una lista con una selección de los lugares más curiosos de Londres para alimentar el cuerpo y la vista. Para comer muy barato, *véanse* págs. 186 y 187, **Locales muy económicos**.

Bloomsbury

Coffee Gallery *23 Museum Street, WC1 (7436 0455). Metro: Holborn o Tottenham Court Road.* **Abierto** de 08.00 a 17.30 horas, de lunes a viernes; de 12.00 a 17.30 horas, los sábados; domingos cerrado. **Hora del té** de 15.00 a 17.30 horas. **Menú de té** 3,40 £. **Tarjetas de crédito** MC, V. **Plano 6 L5**
Comidas ligeras, cafés y pasteles deliciosos en un alegre y luminoso espacio cerca del British Museum.

October Gallery Café *24 Old Gloucester Street, WC1 (7242 7367). Metro: Holborn.* **Abierto** de 12.30 a 14.30 horas, de martes a sábado. Cerrado sábado, domingo y lunes. **Plano 6 L5**
Cocina y arte internacional en una tranquila galería.

Pâtisserie Deux Amis *63 Judd Street, WC1 (7383 7029). Metro: Russell Square o King's Cross; estación de tren: King's Cross.* **Abierto** de 09.00 a 17.30 horas, de lunes a sábado; de 09.00 a 13.30 horas, los domingos. **Plano 6 L3**
Un oasis de sofisticación en una zona gris, que ofrece *baguettes* con diversos rellenos, pasteles y pastas en un ambiente muy mediterráneo.

The City

Véanse también **The Place Below** (pág. 190) y **Arkansas Café** (pág. 181).

Lococo *9A Cullum Street, EC3 (7220 7722). Metro: Monument o Bank.* **Abierto** de 07.00 a 17.30 horas, de lunes a viernes. **Plano 12 R7**
Pequeño bar con gran ambiente y buenos pasteles.

Covent Garden

Véanse también **Rock & Soul Plaice** (pág. 185), **World Food Café** (pág. 190) y **Food for Thought** (pág. 190).

Hammock Café, *186 Drury Lane, WC2 (7404 7808). Metro: Covent Garden o Holborn.* **Abierto** de 09.00 a 20.00 horas, de lunes a sábado. **Plano 6 L6**
En esta pequeña y acogedora cafetería se sirve una estupenda y atrevida comida brasileña.

Juice *7 Earlham Street, WC2 (7836 7376). Metro: Covent Garden o Leicester Square.* **Abierto** de 10.00 a 22.00 horas, de lunes a sábado; de 10.00 a 19.00 horas, los domingos.
Cafetería y bar de zumos de dos plantas. Estupendas bebidas, bocadillos, ensaladas y pasteles.

Neal's Yard Beach Café *13 Neal's Yard, WC2 (7240 1168). Metro: Covent Garden.* **Abierto** de 11.00 a 19.00 horas, todos los días. **Plano 6 L6**
Lugar pintoresco para tomar tentempiés a partir de las once y estupendos batidos de leche. El servicio es lento.

Photographers' Gallery Café *5 Great Newport Street (7831 1772). Metro: Leicester Square.* **Abierto** de 11.00 a 17.30 horas, de lunes a sábado; de 12.00 a 17.30 horas, los domingos. **Plano 8 K6**
Tentempiés saludables para la hora de comer, además de exposiciones fotográficas.

Holborn & Clerkenwell

Goodfellas *50 Lamb's Conduit Street, WC1 (7405 7088). Metro: Holborn; autobuses: 19 y 38.* **Abierto** de 08.00 a 19.00 horas, de lunes a viernes; de 10.00 a 18.00 horas, los sábados. Los domingos cerrado. **Plano 6 M4**
Estupendos bocadillos y, a la hora de comer, un bufet enormemente popular (de 11.30 a 14.00 horas).

Comida *60 Exmouth Market (7278 2420). Metro: Farringdon; estación de tren: Farringdon.* **Abierto** de 08.30 a 16.00 horas, de lunes a viernes; de 10.00 a 16.00 horas, los sábados. **Tarjetas de crédito** LTC. **Plano 9 N4**
Pequeña y moderna cafetería con una tienda en la que se vende comida para llevar, que se caracteriza por sus buenos platos calientes, ensaladas, *bagels* rellenos y pastas.

Saints' *1 Clerkenwell Road, EC1 (7490 4199). Metro: Barbican.* **Abierto** de 08.00 a 18.00 horas, de lunes a viernes (no se sirve comida caliente después de las 16.00 horas). **Plano 9 04**
Se trata de un encantador y económico local, aunque en algunos casos, el servicio puede ser algo lento.

Knightsbridge

Gloriette Pâtisserie *128 Brompton Road, SW3 (7589 4750).* **Abierto** de 07.00 a 19.00 horas, de lunes a sábado; de 09.00 a 18.00 horas, los domingos. **Tarjetas de crédito** MC, V. **Plano 4 E9**
Un lugar pequeño y agradable para degustar dulces austriacos, pastas y exquisitos pasteles.

Marylebone

Delizioso *90B Cleveland Street, W1 (7383 0497). Metro: Great Portland Street.* **Abierto** de 08.00 a 17.00 horas, de lunes a viernes; cerrado sábado y domingo. **Plano 5 J4**
Algo más que un simple bar de bocadillos.

Mad Dog Café *35 James Street, W1 (7486 1511). Metro: Bond Street.* **Abierto** de 12.00 a 23.00 horas, de lunes a sábado; de 12.00 a 18.00 horas, domingos. **Tarjetas de crédito** AmEx, DC, MC, V. **Plano 5 G6**
En esta cafetería revestida de hormigón, que ofrece comida internacional y abundantes pudines se respira un aire masculino.

Pâtisserie Valerie at Sagne *105 Marylebone High Street, W1 (7935 6240). Metro: Baker Street o Bond Street.* **Abierto** de 07.30 a 19.00 horas, de lunes a viernes; de 08.00 a 19.00 horas, los sábados; de 09.00 a 18.00 horas los domingos. **Tarjetas de crédito** AmEx, MC, V. **Plano 5 G5**
Elegante cafetería que ofrece sabrosos y apetitosos tentempiés, así como fabulosos pasteles y tartas.

Mayfair & St. James's

Richoux Coffee Co, *171 Piccadilly, W1 (7629 4991). Metro: Green Park o Piccadilly Circus.* **Abierto** de 07.00 a 19.00 horas, de lunes a viernes; de 09.00 a 19.00 horas, los sábados y los domingos. **Tarjetas de crédito** AmEx, DC, MC, V. **Plano 7 J7**

Amplia cafetería que sirve, además, platos muy imaginativos.

Victory Café *Sótano del Gray's Antiques Market, South Molton Lane, W1 (7495 6860). Metro: Bond Street.* **Abierto** de 10.00 a 17.30 horas, de lunes a viernes. **Plano 5 H6**

Una cafetería sorprendente de estilo años cincuenta situada en el sótano de un antiguo mercado. La comida es mucho más actual.

Soho

Para tomar un *dim sum*, *Véase* pág. 172. *Véase también* **Mildred's** (pág. 190), **Kulu Kulu** (pág. 178) y **Ramen Seto** (pág. 178). **Bar Italia** *22 Frith Street, W1 (7437 4520). Metro: Leicester Square o Tottenham Court Road.* **Abierto** 24 horas, todos los días. **Plano 6 K6**

Este popularísimo bar-cafetería italiano está abierto a cualquier hora.

Borders Café, *Second floor, 203 Oxford Street, W1 (7292 1600). Metro: Oxford Circus.* **Abierto** de 08.00 a 10.30 horas, de lunes a sábado; de 12.00 a 17.30 horas, los domingos. **Tarjetas de crédito** AmEx, JCB, MC, LTC, V. **Plano 5 J6**

Cafetería-librería de estilo estadounidense con vistas a Oxford Street y con buenas bebidas y tentempiés.

EAT *16A Soho Square, W1 (7222 7200). Metro: Tottenham Court Road.* **Abierto** de 07.00 a 18.00 horas, de lunes a viernes; de 10.00 a 17.00 horas, los sábados; los domingos cerrado. **Plano 6 K6**

En los locales de esta cadena en expansión encontrará entre otros alimentos, excepcionales *muffins*, bollos, galletas y cafés (*véase* ilustración).

Maison Bertaux *28 Greek Street, W1 (7437 6007). Metro: Leicester Square, Piccadilly Circus o Tottenham Court Road.* **Abierto** de 09.00 a 20.00 horas, todos los días. **Plano 6 K6**

Una cafetería francesa perdida en el tiempo (fue fundada en 1871), con exquisitas pastas y un ambiente que no tiene precio.

Pâtisserie Valerie *44 Old Compton Street, W1 (7437 3466). Metro: Leicester Square o Tottenham Court Road.* **Abierto** de 07.30 a 20.00 horas, de lunes a viernes; de 08.00 a 20.00 horas, los sábados; de 09.30 a 19.00 horas, los domingos. **Plano 6 K6**

Tartaletas de frutas de maravillosos sabores, pasteles y pastas desde 1926. El problema es su popularidad.

Sucursales: 215 Brompton Road, SW3; RIBA, 66 Portland Place, W1; 8 Russell Street, WC2.

Star Café *22 Great Chapel Street, W1 (7437 8778). Metro: Tottenham Court Road.* **Abierto** de 07.00 a 16.00 horas, de lunes a viernes. Cerrado sábados y domingos. **Plano 6 K6**

Acogedor oasis situado junto a Oxford Street, que ofrece pastas, ensaladas y cinco platos del día.

The South Bank

Konditor & Cook, *Young Vic, 66 The Cut, SE1 (7620 2700). Metro: Southwark o Waterloo; estación de tren: Waterloo.* **Abierto** de 08.30 a 23.00 horas, de lunes a viernes; de 10.30 a 23.00 horas, los sábados; los domingos cerrado. **Tarjetas de crédito** MC, V. **Plano 11 N8**

Los estupendos pasteles de su propia panadería y la comida internacional son los dos atractivos principales de esta popular cafetería.

RSJ Café *123 Stamford Street, SE1 (7928 5224). Metro: Southwark o Waterloo; estación de tren: Waterloo.* **Abierto** de 07.00 a 18.00 horas, de lunes a viernes. **Plano 11 N8**

Esta cafetería ofrece bocadillos de gran calidad, algunos de ellos elaborados con productos naturales, buenos pasteles y galletas.

Westminster & Victoria

Café in the Crypt *Crypt of St. Martin-in-the-Fields, Duncannon Street, WC2 (7839 4342). Metro: Charing Cross; estación de tren: Charing Cross.* **Abierto** *cafetería*, de 10.00 a 20.00 horas, de lunes a jueves; de 10.00 a 22.30 horas de martes a sábado; de 12.00 a 20.00 horas, los domingos; *bufet*, de 12.00 a 15.15 horas y de 17.00 a 19.30 horas, todos los días. **Plano 8 K7**

Acogedor local situado en la cripta de una iglesia, especializado en la preparación de ensaladas y bocadillos de buena calidad.

Jenny Lo's Tea House *14 Eccleston Sreet, SW1 (020 7259 0399). Metro: Victoria; estación de tren: Victoria.* **Abierto** de 11.30 a 15 horas y de 18.00 a 22.00 horas, de lunes a viernes. de 12.00 a 15.00 horas y de 18.00 a 22.00 horas, los sábados. **Tarjetas de crédito** LTC. **Plano 7 H10**

La especialidad de este bar de decoración sencilla y temática oriental es la pasta china.

nan las largas mesas de madera en las que los clientes beben *ramen* y comen boles de pasta oriental. Suele ser preciso hacer cola, pero merece la pena.
Sucursales: 4 Streatham Street, WC1 (7323 9223); 10A Lexington Street, W1 (7292 0990); 26-40 Kensington High Street, W8 (7376 1717); 11 Jamestown Road, NW1 (7428 0800).
www.wagamama.com

Wok Wok económico
10 Frith Street, W1 (020 7437 7080). Metro: Piccadilly Circus o Tottenham Court Road. **Servicio de comedor** de 12.00 a 23.00 horas, de lunes a miércoles; de 12.00 a 24.00 horas, de jueves a sábado. **Cenas** de 18.00 a 22.30 horas los domingos. **Precio medio** 12 £. **Menú de comida** 6,95 £, dos platos. **Menú para grupos** tres platos (mínimo seis personas), de 14,50 a 19,20 £. **Tarjetas de crédito** AmEx, DC, JCB, MC, LTC, V. **Plano 6 K6**
Este local aspira a ser un bar de pasta oriental elegante aunque tiene un ambiente informal, y propone una atractiva combinación de platos del sudeste asiático. El servicio es agradable y jovial.
Sucursales: 7 Kensington High Street, W8 (020 7938 1221); 140 Fulham Road, SW10 (020 7370 5355); 67 Upper Street, N1 (020 7288 0333); 51-53 Northcote Road, SW11 (020 7978 7181).

Oriente Medio

Fairuz
3 Blandford Street, Marylebone, W1 (7486 8108). Metro: Baker Street. **Servicio de comedor** de 12.00 a 23.30 horas, todos los días. **Precio medio** 18 £. **Tarjetas de crédito** AmEx, DC, MC, V. **Plano 5 G5**
Este pequeño y amarillento restaurante debe su nombre Fairuz, a la diva libanesa. Carece de la categoría de los grandes restaurantes libaneses pero, aún así, es un local correcto que sirve comida razonablemente buena.

Maroush
21 Edgware Road, Marylebone, W1 (7723 0773). Metro: Marble Arch. **Servicio de comedor** de 12.00 a 02.00 horas, todos los días. **Precio medio** 27 £ (de 12.00 a 22.00 horas); 48 £ (de 22.00 a 02.00 horas). **Mínimo** 48 £, después de las 22.00 horas. **Tarjetas de crédito** AmEx, DC, MC, V. **Plano 2 F6**
Este caro restaurante libanés tiene un maravilloso don para la ocasión y ofrece enormes *meze* y versiones auténticas de platos originales como el *tawayeh*, un impresionante guiso de carne.

Patogh económico
8 Crawford Place, Marylebone, W1 (7262 4015). Metro: Edgware. **Abierto** de 12.00 a 24.00 horas, todos los días. **Precio medio** 8 £. **No aceptan tarjetas de crédito. Plano 2 E5**
No parece tanto un restaurante como un agradable y acogedor puesto de *kebabs new age*, especializado en brochetas de estilo iraní. Le desafiamos a que se acabe la suculenta pero ingente selección de carnes a la brasa.

Pescado

fish!
Cathedral street, Bourough Market, Bankside,SE1 (020 7836 3236). Metro y estación de tren: London Bridge. **Comida** de 11.30 a 14.45 horas,de lunes a sábado. **Cena** de 17.30 a 22.30 horas, de lunes a sábado. Domingo de 12.00 a 15.30 horas. **Precio medio** 20 £. **Tarjetas de crédito** AmEx, DC, MC, V. **Plano 11 P8**
Oculto bajo una extraordinaria construcción de cristal dentro del mercado de Borough, **fish!** ofrece un menú sencillo y sin pretensiones especializado en el mejor pes-

fish! *¿Qué más se puede decir?*

cado disponible del mercado cocinado como usted elija y servido con una de las cinco salsas sencillas que prepara el *chef*. El restaurante se surte en la pescadería situada justo al lado.
www.fishdiner.co.uk

J. Sheekey
28-32 St. Martin's Court, Covent Garden, WC2 (7240 2565). Metro: Leicester Square. **Comida** de 12.00 a 15.00 horas, de lunes a sábado; de 12.00 a 15.30 horas, los domingos. **Cena** de 17.30 a 24.00 horas, todos los días. **Precio medio** 30 £. **Tarjetas de crédito** AmEx, DC, MC, V. **Plano 8 K7**
Con una estética muy parecida a The Ivy (los dueños son los mismos; *véase* pág. 167), J. Sheekey ofrece la misma cocina experta y con clase (con preferencia por el pescado), y con idéntica política.

Livebait
21 Wellington Street, Covent Garden, WC2 (7836 7161). Metro: Covent Garden. **Comida** de 12.00 a 15.00 horas, de lunes a sábado. **Cena** de 17.30 a 23.30, de lunes a sábado; domingo cerrado. **Precio medio** 32 £. **Tarjetas de crédito** AmEx, DC, MC, V. **Plano 8 L7**
Livebait es uno de los restaurantes que prepara el pescado más original y divertido de la capital. El sensacional interior adornado con azulejos y la exposición de mariscos son una original réplica de Waterloo, la gran sucursal de Covent Garden.
Sucursal: 41-43 The Cut, SE1 (020 7928 7211).

Fish & chips

Rock & Sole Plaice económico
47 Endell Street, Covent Garden, WC2 (7836 3785). Metro: Covent Garden. **Comidas** de 11.30 a 22.00 horas, de lunes a sábado; de 11.30 a 21.00 horas, los domingos. **Precio medio** 10 £. **Tarjetas de crédito** MC, V. **Plano 6 L6**
Abierto desde 1871, Rock & Sole Plaice afirma ser la *fish & chip shop* (tienda donde venden pescado con patatas fritas) más antigua de Londres. En cualquier caso, es verdaderamente el mejor lugar en el centro de la ciudad para probar el plato nacional.
www.rockandsoleplaice.com

Seashell económico
49-51 Lisson Grove, Maylebone, NW1 (7224 9000). Metro y estación de tren: Marylebone. **Comida** de 12.00 a 14.30 horas, de lunes a viernes y los domingos de 12.00 a 22.30 horas. **Cena** de 17.00 a 22.30 horas, de lunes a viernes. **Precio medio** 20 £. **Tarjetas de crédito** AmEx, MC, V. **Plano 2 E4**
Seashell es, con mucho, uno de los restaurantes más conocidos por los expertos del *fish & chip* (esta categoría incluye a los taxistas y a Ken Hom). Este local de dos pisos, en madera oscura y decorado con cretona, mantiene una clientela tenazmente fiel.

Upper Street Fish Shop económico
324 Upper Street, N1 (7359 1401). Metro: Angel; autobuses: 4, 19, 30 y 43. **Comida** de 12.00 a 14.15 horas, de martes a viernes; de 12.00 a 15.00 horas, los sábados. **Cena** de 18.00 a 22.15 horas, de lunes a jueves; de 17.30 a 22.15 horas, los viernes y los sábados. **Precio medio** 12 £. **Precio mínimo** 7,50 £. **Tarjetas de crédito** LTC. **Plano 9 O1**
El imaginativo y con frecuencia cambiante menú ofrece mucho más que el típico bacalao con patatas fritas. Pocas pescaderías sirven mejillones y tempura. Los pudines, si son de su agrado, son asimismo exquisitos.

Pie & mash (pastel y puré) económico

Puede que a algunas personas les sorprenda saber que Londres también tiene cocina propia. Es cierto que carece de delicadeza, pero el último bastión de locales con pasteles de carne, anguilas y purés (situados principalmente en el este de Londres) permiten llenar el estómago a precios de risa. Los dos mejores son: **G. Kelly** (414 Bethnal Green Road, E2; 7739 3603) y **Manze's** (87 Tower Bridge Road, Bermondsey, SE1; 7407 2985).

Polacos

Patio económico
5 Goldhawk Road, Sheperd's Bush, W12 (8743 5194). Metro: Goldhawk Road o Shepherd's Bush. **Comida** de 12.00 a 15.00 horas, de lunes a viernes. **Cena** de 18.00 a 24.00 horas, todos los días **Precio medio** 10 £. **Tarjetas de crédito** AmEx, DC, MC, V.
Tras la fachada sin gracia de un local poco prometedor se oculta un restaurante único, en el que Ewa, la enigmática propietaria, recibe a los clientes, mientras que su marido, Michalik, cocina platos tan exquisitos como el *blinis* o un pescado al estilo polaco. Un lugar sin adornos superfluos y lleno de encanto.

Wódka
12 St. Alban's Grove, Kensington, W8 (7937 6513). Metro: Gloucester Road o High Street Kensington. **Comida** de 12.30 a 14.30 horas, de lunes a viernes. **Cena** de 19.00 a 23.15 horas, todos los días **Precio medio** 20 £. **Tarjetas de crédito** AmEx, DC, MC, V. **Plano 3 C9**
Jan Woroniecki se ha propuesto modernizar la cocina polaca. La carta incluye todos los clásicos: sopas fuertes y saludables, col rellena, etc., pero también incorpora combinaciones innovadoras como el cuscús con aceitunas.
www.wodka.co.uk

Portugueses

Golborne Road, W10 (Metro: Ladbroke Grove) cuenta con las mejores *pastelarias* («pastelerías») portuguesas.

Locales muy económicos

Además de nuestros locales favoritos señalados como **económico** en este capítulo, la mayoría de los locales del centro de Londres reseñados a continuación sirven un buen menú de tres platos (las bebidas se pagan aparte) por menos de 15 £ (a menudo mucho menos). Si prefiere platos para picar o una cena ligera, *véanse* págs. 182-183, **Cafeterías, café y comidas ligeras**.

Bloomsbury

Véase también **Wagamama** (pág. 181), **Navarro's Tapas Bar** (pág. 174) y **Silks & Spice** (pág. 181).

Diwana Bhel Poori House *121 Drummond Street, NW1 (7387 5556). Metro: Euston Square o Euston.* **Abierto** de 12.00 a 23.30 horas, todos los días **Tarjetas de crédito** AmEx, DC, V. **Plano 5 J3**
Buenos tentempiés vegetarianos del sur de la India. Hay otros locales de *bhel poori* en la misma calle.

North Sea Fish Restaurant *7-8 Leigh Street, WC1 (7387 5892). Metro: Russell Square o King's Cross.* **Abierto** de 12.00 a 14.30 horas y de 17.30 a 22.30 horas, **Tarjetas de crédito** AmEx, DC, MC, TC, V. **Plano 6 L3**
La decoración es retro, pero las patatas fritas con pescado son estupendas.

Chelsea

Véase también **Stockpot** (*derecha*, **Knightsbridge**) y **Silks & Spice** (pág. 181).

Chelsea Bun Diner *9A Limerston Street, SW10 (7352 3635). Autobuses: 11, 19, 22 y 31.* **Abierto** de 07.00 a 12.00 horas, de lunes a sábado; de 08.00 a 12.00 horas, los domingos. **Tarjetas de crédito** MC, V. **Plano 4 D12**
Local divertido, de estilo estadounidense y menú abundante. Buenos desayunos.

Chelsea Kitchen *98 King's Road, SW3 (7589 1330). Metro: Sloane Square.* **Abierto** de 08.00 a 23.30 horas, todos los días. **Plano 4 F11**
En este clon del **Stockpot** (*véase* inferior) se sirve una cantidad de comida desproporcionada a un precio de ganga.

The City

Véase también **Silks & Spice** (pág. 181).

Noto Ramen House *Bow Bells House, 7 Bread Street, EC4 (7329 8056). Metro: Bank, Mansion House o St. Paul's.* **Abierto** de 11.30 a 20.45 horas, de lunes a viernes. **Tarjetas de crédito** LTC. **Plano 11 P6**
Auténtico bar de pasta japonés. Tiene una sucursal en los números 2-3 de Bassishaw Highwalk, London Wall, EC2.

Covent Garden

Véase también **Rock & Soul Plaice** (pág. 185) y **Food For Thought** (pág. 190).

India Club *Segunda planta del Stand Continental Hotel, 143 Strand, WC2 (7386 0650). Metro: Covent Garden o Temple.* **Abierto** de 12 a 14.30 horas, lunes a sábado y de 18.00 a 23.00 horas, **Plano 8 M7**
Este caótico local, de dudoso gusto y claramente práctico lleva cerca de cincuenta años sirviendo comidas económicas.

Knightsbridge

Stockpot *6 Basil Street, SW3 (7589 8627). Metro: Knightsbridge.* **Abierto** de 09.30 a 23.00 horas, de lunes a sábado; de 12.00 a 22.30 horas los domingos; **Plano 4 F9**
Increíblemente barato aunque la comida es excesivamente sencilla y carente de interés. Se pueden encontrar más Stockpots en 18 Old Compton Street, W1; 40

A Viga **económico**

127 Westbourne Park Road, W2 (7792 1399). Metro: Royal Oak o Westbourne Park. **Servicio de comedor** todos los días. **Precio medio** 12 £. **Tarjetas de crédito**: MC, LTC, V. **Plano 1 A5**

A pesar de ser poco más que un hueco en la pared, este bar a nivel de calle con un restaurante en el sótano es de lo más auténtico. Los guisos hacen entrar en calor y las tapas son de primera categoría. El servicio no es demasiado bueno, pero sí es solícito.

O Cantinho de Portugal

137 Stockwell Road, Stockwell, SW8 (7924 0218). Metro: Stockwell o Brixton; estación de tren: Brixton; autobuses: 2, 322 y 345. **Servicio de comedor** de 10.00 a 24.00 horas, todos los días. **Precio medio** 16 £. **Tarjetas de crédito** LTC.

Puede escoger entre el luminoso y moderno restaurante o la brillante zona de bar con azulejos verdes, luces intensas y el sempiterno televisor encendido, en el que se sirven auténticas tapas como, por ejemplo, ensalada de oreja de cerdo. Toda una experiencia ibérica.

Rusos

Nikita's

65 Ifield Road, Chelsea, SW10 (7352 6326). Metro: Earl's Court o West Brompton **Cena** de 19.30 a 23.30 horas, de martes a sábado. Cerrado domingo y lunes. **Precio medio** 20 £. **Tarjetas de crédito** AmEx, MC, V. **Plano 3 C12**

Todo el local es encantador, desde el teatral decorado hasta los clásicos platos rusos que aparecen en el detallado menú. El dueño, el señor Borsi, lleva más de veinticinco años presenciando el éxito de los *zakuski* (entrantes), los vodkas helados y el caviar.

Sudafricanos

Springbok Café

42 Devonshire Road, Chiswick, W4 (8742 3149). Metro: Turnham Green. **Cena** de 18.30 a 23.00 horas, de lunes a sábado. Domingos cerrado. **Precio medio** 17 £. **Tarjetas de crédito** MC, V, DC.

Panton Street, SW1; 273 King's Road, SW3; 50 James Street, W1.

Marylebone

Véase también **Stockpot** (**Knightsbridge**, pág. 186), **Wagamama** (pág. 181), **Selasih** (pág. 178) y **Patogh** (pág. 184).

Giraffe *6-8 Blandford Street, W1 (7935 2333). Metro: Baker Street o Regent's Park.* **Abierto** de 08.00 a 24.00 horas, de lunes a viernes; de 09.00 a 24.00 horas, los sábados y los domingos.
La segunda filial del muy imaginativo y versátil café Hampstead. Fantástico para tomar un desayuno, una comida, un té y un pastel o una cena.

Soho

Véase también **Stockpot** (**Knightsbridge**, pág. 186), **Wagamama** (pág. 181), **Wok Wok** (pág. 184) y **Melati** (pág. 178).

Café Emm *17 Frith Street, W1 (7437 0723). Metro: Tottenham Court Road.* **Abierto** de 12.00 a 15.00 horas, de lunes a viernes; de 17.30 a 22.30 horas, de lunes a jueves; de 17.30 a 00.30, los viernes; de 17.00 a 00.30 horas, los sábados; de 17.00 a 22.30 horas, los domingos **Tarjetas de crédito** MC, V. **Plano 6 K6**
Ambiente relajado, raciones descomunales y una muy buena selección de platos vegetarianos.

Ed's Easy Diner *12 Moor Street, W1 (020 7287 1951). Metro: Leicester Square o Tottenham Court Road.* **Abierto** de 11.30 a 24.00 horas, de lunes a jueves y los domingos; de 11.30 a 01.00 horas, los viernes y los sábados. **Plano 6 K6**
Ambiente norteamericano y excelentes hamburguesas.

Hing Loon *25 Lisle Street, W1 (7437 3602). Metro: Leicester Square.* **Abierto** de 12.00 a 23.30 horas, todos los días. **Plano 8 K7**
Uno de los mejores restaurantes del barrio chino.

Pollo *20 Old Compton Street, W1 (7734 5917). Metro: Leicester Square o Tottenham Court Road.* **Abierto** de 12.00 a 24.00 horas, todos los días. **Plano 6 K6**
Éste es, probablemente, el restaurante económico más popular de Londres. Buen ambiente y una pasta de calidad razonable. Los cercanos **Presto** (4 Old Compton Street) y **Centrale** (16 Moor Street) ofrecen comida similar en un entorno menos dinámico.

Tibetan Restaurant *17 Irving Street, W1 (7839 2090). Metro: Leicester Square.* **Abierto** de 12.00 a 14.45 horas, los lunes y los martes, y de jueves a sábado; 17.00 a 22.45 horas, de lunes a sábado. **Tarjetas de crédito** DC, MC, V. **Plano 8 K7**
Otro local dedicado a la comida del Tíbet, situado junto a Leicester Square.

South Bank

Véase también **Konditor & Cook** (pág. 183) y **Tas** (pág. 189).

Gourmet Pizza Company *Muelle Gabriel, 56 Upper Ground, SE1 (7928 3188). Metro: Southwark o Waterloo; estación de tren: Waterloo.* **Abierto** de 12.00 a 23.00 horas, de lunes a sábado. **Tarjetas de crédito** AmEx, DC, MC, V. **Plano 11 N7**
Pizzería junto al río famosa por sus osadas cubiertas y por lo lento que suele ser el servicio.

Masters Super Fish *191 Waterloo Road, SE1 (7928 6924). Metro: Southwark o Waterloo; estación de tren: Waterloo.* **Abierto**, de 17.00 a 22.30 horas, los lunes; de 12.00 a 23.00 horas, de martes a jueves; de 12.00 a 23.00 horas, los viernes y los sábados. **Tarjetas de crédito** MC, V. **Plano 11 N8**
Si desea una buena ración de patatas fritas con pescado, apueste por el viejo y experimentado restaurante Masters.

El único restaurante sudafricano de Londres ofrece unas maravillas tan difíciles de ver como *kudu* a la pimienta, pescado de la bahía de Plettenberg y samosas de cebra. La cocina, de muy buena calidad, tiene mucho más que ofrecer que su mera originalidad y los empleados son encantadores. Un lugar único.
www.springbokcafecuisine.com

Sudanés

Mandola económico

139-141 Westbourne Grove, W11 (020 7229 6391). Metro: Notting Hill Gate; autobús: 23. **Servicio de comedor** de 12.00 a 23.30 horas, de lunes a sábado; de 12.00 a 22.30 horas, los domingos. **Precio medio** 12 £. **Sin licencia. Precio por abrir una botella traída de fuera** 1 £. **Tarjetas de crédito** LTC. **Plano 1 A6**
Es preciso reservar plaza para poder comer en este restaurante sudanés de decoración sencilla aunque acogedora. La comida no es demasiado sofisticada pero está deliciosa y recién hecha. El menú incluye muchos platos para vegetarianos y, si trae la bebida de casa, el precio se mantendrá bajo.

Tailandeses

Busabong/Tree

112 Cheyne Walk, Chelsea, SW10 (7352 7414). Autobuses 11 y 22. **Comida** de 12.00 a 14.45 horas, todos los días. **Cena** de 18.00 a 23.15 horas, todos los días. **Precio medio** 22 £. **Tarjetas de crédito** AmEx, MC, V. **Plano 4 D13**
El elegante entorno, de relajante diseño oriental, sirve de fondo a los sabores nítidos y poco disfrazados de una cocina de primera clase.

Sri Siam

16 Old Compton Street, Soho, W1 (7434 3544). Metro: Leicester Square o Tottenham Court Road. **Comida** de 12.00 a 15.00 horas, de lunes a sábado. **Cena** de 18.00 a 23.15 horas, de lunes a sábado; de 18.00 a 22.30 horas, los domingos. **Precio medio** 25 £. **Tarjetas de crédito** AmEx, DC, V. **Plano 6 K6**

La invasión de los «gastropubs»

Hubo un momento en el que la idea de comer en un *pub* atraía sólo a unos cuantos masoquistas: como mucho, de un *pub*, uno podía esperar unas lonchas de tocino pasado hecho en el microondas y un pastel de cartílago, un marchito bocadillo de carne de cerdo enlatada o vesta de curry deshidratado y con muchas pasas. Pero los tiempos han cambiado. **The Eagle**, en Farrington, fue uno de los primeros *pubs* que, en 1991, volvió a abrir sus puertas convertido en una exitosa combinación de bar bohemio y elegante restaurante de comida mediterránea. En pocos años, muchos se sumaron a la propuesta y, hoy, hay un «gastropub» en cada esquina. Tenga cuidado con los precios, ya que los de algunos de estos locales son equiparables a los de un restaurante de categoría y es necesario hacer reserva. La mayoría sirve comida y cena cada día (y los domingos, sólo comida), pero es preferible llamar para confirmarlo.

The Atlas *16 Seagrave Road, SW6 (7385 9129). Metro: West Brompton.* **Plano 3 B12**
Belle Vue *1 Clapham Common Southside, SW4 (7498 9473). Metro: Clapham Common. Véase también* pág. 201.
Builders Arms *13 Britten Street, SW3 (7349 9040). Metro: South Kensington.* **Plano 4 E11**
Bull & Last *168 Highgate Road, NW5 (7267 3641). Metro o estación de tren: Kentish Town y, después, autobús C2 o 214.*
The Chapel *48 Chapel Street, NW1 (7402 9220). Metro: Edgware Road.* **Plano 2 E5.** *Véase también* pág. 197.
Duke of York *7 Roger Street, WC1 (7242 7230). Metro: Russell Square.* **Plano 6 M4.** *Véase también* pág. 192.
The Eagle *159 Farringdon Road, EC1 (7837 1353). Metro o estación de tren: Farringdon; autobuses: 19, 38 y 171.* **Plano 9 N4.** *Véase también* pág. 196.
The Engineer *65 Gloucester Avenue, NW1 (020 7722 0950). Metro: Chalk Farm; autobuses: 31 y 168.*
Lansdowne *90 Gloucester Avenue, NW1 (7483 0409). Metro: Chalk Farm; autobuses: 31 y 168.*
The Lord Stanley *51 Camden Park Road, NW1 (7428 9488). Metro: Camden Town; estación de tren: Camden Road y, después, autobús 29 o 253.*
Prince Bonaparte *80 Chepstow Road, W2 (7229 5912). Metro: Notting Hill o Westbourne Park; autobuses: 7, 20 y 31.* **Plano 1 A5**
The Vine *86 Highgate Road, NW5 (7209 0038). Metro: Tufnell Park o Kentish Town; estación de tren: Kentish Town.*
The Westbourne *101 Westbourne Park Villas, W2 (7221 1332). Metro: Royal Oak o Westbourne Park.* **Plano 1 B5**. *Véase también* pág. 202.
William IV *786 Harrow Road, NW10 (8969 5944). Metro: Kensal Green.*

Un restaurante tailandés minimalista puede parecer una contradicción en Londres, pero el Sri Siam, con su suelo de madera y sus paredes de colores claros es un local distinto en el que podrá encontrar comida de calidad y un menú vegetariano impresionante.

Tawana

3 Westbourne Grove, Bayswater W2 (7229 3785). Metro: Bayswater, Queensway o Royal Oak.
Comida de 12.00 a 15.00 horas, todos los días. **Cena** de 18.00 a 23.00 horas, todos los días. **Precio medio**. 16 £. **Tarjetas de crédito** AmEx, DC, MC, V.
Plano 1 B6
Decorado como una visión del Asia colonial descrita por el escritor Somerset Maugham, el Tawana es uno de los mejores restaurantes tailandeses de la ciudad por su eficiente y discreto servicio, su ambiente relajado y su magistral comida.

Thai Bistro económico

99 Chiswick High Road, W4 (020 8995 5774). Metro: Turnham Green; autobuses 27, 237 y 267.
Comida de 12.00 a 15.00 horas, los lunes, los miércoles y de viernes a domingos. **Cena** de 18.00 a 23.00 horas, de lunes a sábado; de 18.00 a 22.30 horas, los domingos. **Precio medio** 15 £. **Tarjetas de crédito** MC, V.
El Thai Bistro de Vatcharin Bhumichitr ha conseguido hacerse un hueco en el competitivo mundo de los restaurantes de Chiswick. El local, minimalista, recuerda a una cantina, los empleados son amables y el trato, familiar. Pero lo más sobresaliente es su oferta de comida de calidad a precios de saldo.

Thai Pot

1 Bedfordbury, Coven Garden, WC2 (7379 4580). Metro: Covent Garden o Charing Cross; estación de tren: Charing Cross. **Comida** de 12.00 a 15.00 horas, de lunes a sábado. **Cena** de 17.30 a 23.15 horas, de lunes a sábado; domingos cerrado. **Precio medio** 17 £. **Tarjetas de crédito** AmEx, DC, MC, V. **Plano 8 L7**
El aire neoclásico poco habitual que tiene el Thai Pot lo convierte en un agradable fondo para un menú tailandés que ofrece pocas sorpresas, pero está lleno de versiones acertadas de los grandes clásicos de la gastronomía de ese país. Recomendamos muy especialmente los platos con curry.
Sucursal: **Thai Pot on the Strand** 148 Strand, WC2 (7497 0904).

Turcos

Muchos de los mejores restaurantes turcos son los poco atractivos y descuidados locales de *kebabs* en los que come la comunidad turca de Londres. Dar un paseo por Green Lane o Stoke Newington Road puede resultar una revelación desde el punto de vista culinario.

Efes I

80 Great Titchfield Street, W1 (7636 1953). Metro: Great Portland Street. **Servicio de comedor** de 12.00 a 23.30 horas, de lunes a sábado. **Precio medio** 20 £. **Menú** 17 £ por persona (mínimo dos personas). **Tarjetas de crédito** AmEx, DC, MC, V. **Plano 5 J5**

Este restaurante de Marylebone, elegantemente amueblado, tiene una aire noble otomano. La comida es fantástica y de gran calidad, sobre todo los platos de carne.

Istanbul Iskembecisi económico

9 Stoke Newington Road, N16 (7254 7291). Estación de tren: Dalston Kingsland. Autobús: 30, 38, 56, 149. **Servicio de comedor** de 12.00 a 05.00 horas, todos los días. **Precio medio** 12 £. **No se aceptan tarjetas de crédito.**

La especialidad de la casa, el *iskembe* (una sopa con trocitos de tripa), puede no ser del gusto de todos, pero la maravillosa frescura de los ingredientes de todos los platos, unida al solícito servicio, complacerá a la mayoría. *www.londraturk.com/istambuliskembecisi*

Iznik económico

19 Highbury Park, N5 (7354 5697). Metro: Highbury e Islington; autobús: 19. **Comidas** de10.00 a 15.30 horas, todos los días. **Cenas** de 18.30 a 23.00 horas, todos los días. **Precio medio** 15 £. **Tarjetas de crédito** MC, V.

La decoración es tan oriental y neutra como el propio retrato de Selim the Grim, que vigila a los clientes. La comida del Iznik es igualmente respetuosa con la cultura turca e incluye platos de cordero de estilo otomano de preparación muy laboriosa y, por lo tanto, muy poco habituales.

Sofra

18 Shepherd Market, Restaurant Mayfair, W1 (7493 3320). Metro: Green Park. **Servicio de comedor** de 12.00 a 24.00 horas, todos los días. **Precio medio** 17 £. **Tarjetas de crédito** AmEx, MC, V. **Plano 7 H8**

Aunque el local es pequeño y el servicio algo temperamental, este restaurante de Mayfair sirve una amplia variedad de excelentes platos turcos. Es aconsejable reservar mesa.

Tas económico

33 The Cut, Bankside, SE1 (7928 2111). Metro: Southwark o Waterloo; estación de tren: Waterloo. **Servicio de comedor** de 12.00 a 23.30 horas, de lunes a sábado; de 12.00 a 22.30 horas, los domingos. **Precio medio** 15 £. **Tarjetas de crédito** AmEx, MC, V. **Plano 11 N8.**

Las delicias vegetarianas del **Bah Humbug** *(véase inferior)*

Cocina turca con un toque original en lugar de los típicos platos clásicos, un cambio que se agradece. Podrá encontrar sopas de muselina con cilantro y jengibre e inspirados platos de marisco.

Vegetarianos

Entre los restaurantes indicados para vegetarianos destacan, además, los siguientes: **Café Emm** (pág. 187), **Rousillon** (pág. 175), **Rasa Samudra** (pág. 176), **Mandola** (pág. 187) y **Sri Siam** (pág. 187).

Bah Humbug

The Crypt, St. Matthew's Peace Garden, Brixton Hill, SW2 (7738 3184). Metro: Brixton; estación de tren: Brixton. **Cena** de 17.00 a 23.00 horas, de lunes a jueves; de 17.00 a 23.30 horas, los viernes y los sábados; de 11.00 a 23.30 horas los domingos. **Precio medio** 16 £. **Tarjetas de crédito** MC, V.

A pesar de estar en una cripta, el Bah Humbug está lleno de vida. La diversión llega hasta los techos abovedados bajo los que los modernos de Brixton comen platos vegetarianos de calidad como pato al estilo cantonés pero sin carne. También cuenta con un moderno bar. *www.bahhumbug.co.uk*

Blah Blah Blah

78 Goldhawk Road, W12 (020 8746 1337). Metro: Goldhawk Road; autobús: 94. **Comida** de 12.00 a 14.30 horas, de lunes a sábado. **Cena** de 19.00 a

23.00 horas, de lunes a sábado. **Precio medio** 16 £. **Sin licencia. Precio por abrir una botella traída de fuera** 95 p por persona.
El *chef* Andy Young crea platos exquisitos, de estilo francés, con una presentación digna de una obra de arte. El amor por el color que se pone de manifiesto en la comida se aplica también a la decoración.

Food for Thought económico

31 Neal Street, Covent Garden, WC2 (7836 0239). Metro: Covent Garden. **Comida** de 12.00 a 20.30 horas, de lunes a sábado; de 12.00 a 17.00 horas los domingos. **Precio medio** 8 £. **Mínimo** 2,50 £, de 12.00 a 15.00 horas y de 18.00 a 19.30 horas. **No se aceptan tarjetas de crédito. Plano 6 L6**
La larga cola de clientes que se forma en la calle Neal Street habla por sí sola de la creciente popularidad del local. En la planta baja se encuentra el servicio de comida para llevar; en el comedor del sótano, atiborrado, se sirve un menú que cambia a menudo, en el que se incluyen opciones como *quiches*, ensaladas y platos calientes.

The Gate

51 Queen Caroline Street, Hammersmith, , W6 (8748 6932). Metro: Hammersmith. **Comida** de 12.00 a 15.00 horas, de lunes a viernes. **Cena** de 18.00 a 22.45 horas, de lunes a sábado; domingos cerrado. **Precio medio** 16 £. **Tarjetas de crédito** AmEx, MC, DC, V.
Este apartado local situado en el frondoso patio de una iglesia es, con sus muros amarillo girasol y su suelo de madera a rayas, el entorno ideal en el que relajarse y disfrutar de unos platos elaborados e inspirados, aunque no excesivamente ambiciosos. Probablemente se trate del mejor restaurante vegetariano de Londres.
www.gateveg.co.uk

Mildred's económico

58 Greek Street, Soho,, W1 (7494 1634). Metro: Leicester Square o Tottenham Court. **Servicio de comedor** de 12.00 a 23.00 horas, de lunes a sábado; los domingos cerrado. **Precio medio** 11 £. **No se aceptan tarjetas de crédito. Plano 6 K6**
Este bullicioso, informal y agradable local basa su breve selección de platos en elementos básicos como los salteados de verduras, el falafel y la hamburguesa de judías con ensalada. Hágase a la idea de que tendrá que compartir mesa.

The Place Below económico

St. Mary-le-Bow, Cheapside, The City, EC2 (7329 0789). Metro: St. Paul o Bank; DLR: Bank. **Comida** de 11.30 a 14.30 horas, de lunes a viernes; sábados y domingos cerrado. **Precio medio** 12 £. **Tarjetas de crédito** MC, V. **Plano 11 P6**
Este café, situado en la cripta normanda de la iglesia de St. Mary-le-Bow (*véase también* pág. 49), permite escapar del bullicio del centro y, además, sirve comida vegetariana bastante buena.
www.theplacebelow.co.uk

World Food Café económico

Neal's Yard Dining Room, primera planta, 14 Neal's Yard, Covent Garden, WC2 (7379 0298). Metro: Covent Garden o Leicester Square. **Servicio de comedor** de 11.30 a 15.45 horas, de lunes a viernes; de 12.00 a 17.00 horas, los sábados; domingo cerrado. **Precio medio** 10 £. **Tarjetas de crédito** MC, V. **Plano 6 L6**
Una de las mejores opciones si busca comida vegetariana en el centro de la ciudad. La comida es imaginativa y acertada, y el ambiente, amigable y relajante. Los clientes se sientan en taburetes alrededor de la cocina, que queda a la vista.

Vietnamitas

Huong-Viet económico

An Viet House, 12-14 Englefield Road, N1 (020 7249 0877). Autobuses: 67, 149, 236, 242 y 243A. **Comida** de 12.00 a 15.30 horas, de lunes a viernes y los domingos; de 12.00 a 16.00 horas, los sábados. **Cena** de 17.30 a 23.30 horas, todos los días. **Precio medio** 8 £. **Tarjetas de crédito** JCB, MC, V.
Este café y centro social vietnamita ofrece una amplia selección de cerca de cien platos vietnamitas, recién hechos y con ingredientes de calidad. En su agradable comedor se sirven raciones abundantes que contrastan con sus precios, bastante bajos.

Saigon

45 Frith Street, Soho, W1 (7437 7109). Metro: Leicester Square. **Servicio de comedor** de 12.00 a 23.30 horas, de lunes a sábado; domingo cerrado. **Precio medio** 22 £. **Tarjetas de crédito** AmEx, DC, MC, V. **Plano 6 K6**
El restaurante Saigon es el mejor de Londres para iniciarse en la comida vietnamita. Si quiere probar un poco de todo, pida uno de los menús.

Viet Hoa económico

70-72 Kingsland Road, Shoreditch, E2 (7729 8293). Metro: Old Street. Autobuses: 26, 48, 55, 67, 149 y 242. **Comida** de 12.00 a 15.30 horas, todos los días. **Cena** de 17.45 a 23.30 horas, todos los días. **Precio medio** 8 £. **Tarjetas de crédito** MC, V.
Este enorme y sencillo restaurante se ha ganado a pulso su popularidad. La decoración no es nada del otro mundo, pero podrá saborear acertadas especialidades vietnamitas realizadas con productos frescos de calidad, en un entorno distendido y propicio para la charla. El servicio es eficiente.

Restaurantes por zonas

Véase también el listado de restaurantes que se encuentra tras los apartados **La hora del té** (pág. 180), **Cafeterías, café y comidas ligeras** (págs. 182-183), **Locales muy económicos** (págs. 186-187) y **La invasión de los «gastropubs»** (pág. 188).

Bloomsbury
Birdcage, pág. 181; **Navarro's Tapas Bar** pág. 174; **Passione**, pág. 177; **Rasa Samudra**, pág. 176; **Silks & Spice**, pág. 181; **Wagamama**, pág. 181.

Chelsea y South Kensington
Bibendum, pág. 166; **Bistro 190**, pág. 179; **Bluebird**, pág. 166; **Busabong Tree**, pág. 187; **Cactus Blue**, pág. 181; **Calzone**, pág. 177; **Cambio de Tercio**, pág. 173; **Gordon Ramsay**, pág, 165; **Itsu**, pág. 181; **Vama**, pág. 176; **Zaika**, pág. 176.

City
Café Spice Namaste, pág. 175; **The Place Below**, pág. 190; **Silks & Spice**, pág. 181.

Covent Garden
Bank, pág. 166; **Belgo Centraal**, pág. 169; **Food For Thought**, pág. 190; **The Ivy**, pág. 167; **Livebait**, pág. 185; **Rock & Sole Plaice**, pág. 185; **Rules**, pág. 170; **J. Sheekey**, pág. 185; **Thai Pot**, pág. 188; **Worl Food Café**, pág. 190.

Este de Londres
Arkansas Café, Shoreditch, pág. 181; **Little Georgia**, Bethnal Green, pág. 175; **The Real Greek**, Hoxton, pág. 175.

Holborn y Clerkenwell
Club Gascon, pág. 174; **Gaudí**, pág. 173; **Moro**, pág. 173; **St. John**, pág. 170; **Stephen Bull**, pág. 168.

Knightsbridge
The Fifth Floor, pág. 167; **Isola**, pág. 177; **Pizza on the Park**, pág. 177; **Vong**, pág. 181; **Zafferano**, pág. 177.

Marylebone
Efes I, pág. 189; **Fairuz**, pág. 184; **Ibla**, pág. 177; **Mandalay**, pág. 169; **Maroush**, pág. 184; **Mash**, pág. 167; **Original Tajine**, pág. 179; **Orrery**, pág. 168; **Patogh**, pág. 184; **Porte des Indes**, pág. 176; **Purple Sage**, pág. 177; **Seashell**, pág. 185; **Selasih**, pág. 178; **Singapore Garden II**, pág. 179; **La Spighetta**, pág. 177; **Stephen Bull**, pág. 168; **Wagamama**, pág. 181, **Yumi**, pág. 178.

Mayfair
Chez Nico at Ninety Park Lane, pág. 165; **Coast**, pág. 167; **Condotti**, pág. 177; **The Criterion**, pág. 174; **Greenhouse**, pág. 170; **Kaya**, pág. 173; **Matsuri**, pág. 178; **Mirabelle**, pág. 174; **Momo**, pág. 179; **Nobu**, pág. 178; **Oak Room**, pág. 166; **Oriental**, pág. 172; **Quaglino's**, pág. 168; **Rasa Samudra**, pág. 176; **Sofra**, pág. 189; **Sugar Club**, pág. 169; **Tamarind**, pág. 176.

Norte de Londres
Afghan Kitchen, Islington, pág. 169; **Asakusa**, Camden, pág. 177; **Granita**, Islington, pág. 167; **Halepi**, Belsize Park, pág. 175; **Huong Viet**, Dalston, pág. 190; **Istanbul Iskembecisi**, Dalston, pág. 189; **Iznik**, Highbury, pág. 189; **Jindivick**, Islington, 173; **Karahi King**, Wembley, pág. 176; **Mango Room**, Camden, pág. 171; **Odette's**, Primrose Hill, pág. 168; **Solly's**, Golders Green, pág. 178; **Upper Street Fish Shop**, Islington, pág. 185; **Viet Hoa**, Hoxton, pág. 190.

Oeste de Londres
Assaggi, Notting Hill, pág. 177; **Bali Sugar**, Notting Hill, pág. 173; **Blah, Blah, Blah**, Shepherd's Bush, pág. 190; **Clarke's**, Kensington, pág. 167; **Dakota**, Notting Hill, pág. 181; **The Gate**, Hammersmith, pág. 190; **Gifto's Lahore Karahi**, Southall, pág. 175; **Magic Wok**, Bayswater, pág. 171; **Mandarin Kitchen**, Bayswater, pág. 171; **Mandola**, Notting Hill, pág. 187; **New Four Seasons**, Bayswater, pág. 172; **Nikita's**, Earl's Court, pág. 186; **Patio**, Shepherd's Bush, pág. 185; **Rodizio Rico**, Bayswater, pág. 169; **Royal China**, Bayswater, pág. 172; **Snow's on the Green**, Hammersmith, pág 179; **Springbok Café**, Chiswick, pág. 186; **Tawana**, Bayswater, pág. 188; **Thai Bistro**, Chiswick, pág. 188; **A Viga**, Notting Hill, pág. 186; **Veronica's**, Bayswater, pág. 171; **Wódka**, Kensington, pág. 185.

Soho y Chinatown
Alastair Little, pág. 166; **Andrew Edmunds**,pág. 166; **Circus**, pág. 166; **French House Dining Room**, pág. 167; **Frith Street**, pág. 174; **Golden Dragon**, pág. 172; **Golden Harvest**, pág. 171; **Han Kang**, pág. 173; **Harbour City**, pág. 172; **Kulu Kulu**, pág. 178; **Mildred's**, pág. 190; **Mr. Kong**, pág. 171; **L'Escargot**, pág. 174; **Lindsay House**, pág. 170; **Melati**, pág. 178; **New Diamond**, pág. 171; **Ramen Seto**, pág. 178; **Saigon**, pág. 190; **Schnecke**, pág. 175; **Soho Pizzeria**, pág. 177; **Spiga**, pág. 177; **Sri Siam**, pág. 187; **Teatro**, pág. 169; **Vasco & Piero's Pavilion**, pág. 177; **Wagamama**, pág. 181; **Wok Wok**, pág. 184; **Yo! Sushi**, pág. 178.

South Bank
fish!, pág. 184; **Oxo Tower Restaurant**, pág. 168; **The People's Palace**, pág. 168; **Tas**, pág. 189.

Sur de Londres
Arancia, Bermondsey, pág. 176; **Bah Humbug**, Brixton, pág. 189; **Brixtonian Havana Club**, Brixton, pág. 171; **Chez Bruce**, Wandsworth, pág. 174; **Chez Lindsay**, Richmond, pág. 174; **Enoteca Turi**, Putney, pág. 177; **The Glasshouse**, Kew, pág. 167; **Helter Skelter**, Brixton, pág. 173; **Kastoori**, Tooting, pág. 176; **La Pampa Grill**, Battersea, pág. 169; **The Lavender**, Battersea, pág. 173; **O Cantinho de Portugal**, Stockwell, pág. 186.

Westminster y Victoria
Boisdale, pág. 169; **Hunan**, pág. 171; **Rousillon**, pág. 175; **Stefano Cavallini Restaurant**, pág. 166.

Pubs y bares

Guiños al pasado victoriano, tabernas atemporales y bares de estilo futurista

Londres no ha tenido nunca una gama tan variada de locales donde se sirven bebidas como ahora. Primero llegó la moda de las vinacotecas, en los años ochenta, que puso en serio peligro la hegemonía de los locales llenos de humo y alcohol; luego, en los años noventa surgió un nuevo estilo de bares de diseño, cosmopolitas, y de *pubs* elegantes que servían platos de una calidad más propia de un restaurante (para los mejores de esta categoría, *véase* pág. 188, **La invasión de los «gastropubs»**). Algunos de los bares más conocidos de Londres se transforman en clubes nocturnos al caer la noche, cuando el pinchadiscos se adueña de la pista y el baile gana la partida a las bebidas. Para más información sobre estos lugares, *véase* pág. 244, **Discotecas**. Se habla de la necesidad de liberar las arcaicas leyes y licencias de Inglaterra (por el momento, a menos que tengan una licencia reciente, los *pubs* deben dejar de servir alcohol a las 23.00 horas de lunes a sábado, y a las 22.30 horas los domingos; para averiguar en qué lugares puede tomarse una copa después de este horario, *véase* pág. 194, **Alcohol a altas horas de la noche**).

Pero para algunas personas, la revolución producida en los *pubs* británicos, antiguo terreno sagrado, ha llegado demasiado lejos. Aunque está claro que los locales de bebidas de la ciudad necesitaban un cambio, empieza a imponerse una preocupante homogeneidad, alimentada por una serie de *pubs* y bares idénticos que se han extendido por la capital más rápido de lo que la levadura fermenta en un tonel de cerveza. La omnipresencia de locales tipo *garaje* como el **Pitcher & Piano** y el **All Bar One**, de los *pubs* como el **JD Wetherspoon** o el **Firkin**, y de vinacotecas como **Balls Brothers**, **Corney & Barrow** y **Davy's** son ejemplos de un tipo de locales que se encuentra en casi cada esquina (generalmente ofrecen bebidas de calidad) y que no dejan espacio para la individualidad o la diferencia. Los aficionados a los *pubs* descuidados pero acogedores se han convertido en una tribu cada vez más acosada.

Para información sobre bares de *gays* y lesbianas, *véase* pág. 271.

Centro de Londres

Bloomsbury y Fitzrovia

Duke of York

7 Roger Street, WC1 (7242 7230). Metro Chancery Lane o Russell Square; autobuses 19, 38 y 55
Abierto de 12.00 a 23.00 horas, de lunes a viernes; sábados, de 18.00 a 23.00 horas. **Tarjetas de crédito** MC, V. **Plano 6 M4**
A pesar de haber dejado atrás su desaliño primitivo, este local sigue pareciendo el lugar ideal para que se reúnan unos cuantos viejos con boina en torno a unas cervezas. Sin embargo, el moderno y ecléctico menú pone de manifiesto la voluntad que tiene este *pub* de avanzar con los tiempos.

Denim: *su aspecto es aterrador, pero sorprendentemente atractivo (véase pág. 194)*

The Lamb
Lamb's Conduit Street, WC1 (7405 0713). Metro Holborn o Russell Square. **Abierto** de 11.00 a 23.00 horas, de lunes a sábado; de 12.00 a 16.00 horas y de 19.00 a 22.30 horas, los domingos. **Tarjetas de crédito** MC, V. **Plano 6 M4**
Este maravilloso y anticuado *pub* atrae a una curiosa mezcla de gente que acude a tomar una cerveza en su espléndida barra de madera con pequeños paneles giratorios de vidrio esmerilado que separa a los clientes de los camareros.

Old Crown
33 New Oxford Street, WC1 (7836 9121). Metro: Holborn o Tottenham Court Road. **Abierto** de 11.00 a 23.00 horas, de lunes a sábado. **Plano 6 L5**
Pintado en una divertida combinación de marfil y verde, este bar, lleno de encanto contemporáneo, ofrece a los clientes un ambiente moderno y relajado. El local es pequeño, aunque ocupa parte del piso de arriba, y la comida es buena.

Point 101
101 New Oxford Street, WC1 (7379 3112). Metro: Tottenham Court Road. **Abierto** de 10.00 a 02.00 horas, de lunes a jueves; de 10.00 a 02.30 horas, viernes y sábados; de 12.00 a 23.30 horas, los domingos. **Plano 6 K6**
Este bar de ambiente retro situado detrás del Centrepoint es sumamente popular. Por fuera parece una estación de autobús y, por dentro, un bar de estudiantes. La primera planta puede parecer algo desolada al principio, pero cobra vida cuando se llena de clientes que acuden a las fiestas animadas por pinchadiscos.

Truckles of Pied Bull Yard
Junto a Bury Place, WC1 (7404 5338/ www.davy.co.uk). Metro: Holborn. **Abierto** de 11.00 a 22.00 horas, de lunes a viernes; de 11.30 a 15.00 horas, los sábados. **Tarjetas de crédito** AmEx, DC, MC, V. **Plano 6 L5**
Uno de los locales de la importante cadena de vinacotecas Davy's, cuenta con dos plantas muy espaciosas y un atractivo patio pavimentado. Se venden botellas de las marcas más prestigiosas, desde un vino clarete a un jerez o un oporto. Una buena comida completa la oferta.

Chelsea y South Kensington

Orange Brewery
37 Pimlico Road, SW1 (7730 5984). Metro: Sloane Square; autobuses: 11 y 211. **Abierto** de 11.00 a 23.00 horas, de lunes a sábado; de 12.00 a 22.30 horas, los domingos. **Tarjetas de crédito** AmEx, DC, MC, V. **Plano 7 G11**
Ésta es una de las muchas pequeñas destilerías que empiezan a surgir en Londres, y en ella destacan las cervezas de la estación y las cervezas especiales. El local está organizado como si fuese una casa.

Phene Arms
9 Phene Street, SW3 (7352 3294). Metro: Sloane Square o South Kensington. **Abierto** de 11.00 a 23.00 horas, de lunes a sábado; de 12.00 a 22.30 horas, los domingos. **Tarjetas de crédito** AmEx, DC, MC, V. **Plano 4 E12**
Este excelente local, situado entre King's Road y el Chelsea Embankment, tiene una gran personalidad (aunque resulta ligeramente excéntrico) y cuenta con una terraza en verano. George Best se encuentra entre sus clientes habituales.

La City (centro histórico)

City Limits
16-18 Brushfield Street, E1 (7377 9877). Metro y estación de tren: Liverpool Street. **Abierto** de 11.30 a 15.00 horas y de 17.00 a 22.00 horas, de lunes a viernes. **Plano 10 R5**
Este bar del esperto enólogo David Hughes, situado en la primera planta, es el favorito del público más sofisticado. Se trata de un local pequeño, etéreo y luminoso, donde se pueden encontrar algunas de las botellas menos habituales del mercado.

Jamaica Wine House
St. Michael's Alley, junto a Cornhill, EC3 (7626 9496). Metro: Bank o DLR. **Abierto** de 11.00 a 23.00 horas, de lunes a viernes. **Tarjetas de crédito** AmEx, DC, MC, V. **Plano 12 Q6**
Este bar, antaño lleno de vendedores de ron, es un maravilloso local sin temática concreta, a pesar de que recuerda un decorado victoriano de la BBC.

Old Dr. Butler's Head
2 Mason's Avenue (entre Coleman Street y Basinhall Street), EC2 (7606 3504). Metro: Bank, DLR o Moorgate; estación de tren: Moorgate. **Abierto** de 11.00 a 23.00 horas, de lunes a viernes. **Plano 11 P6**
Un clásico *pub* de los de antes situado en el centro de la ciudad. Construido en 1610 por el médico de Jaime I, William Butler, y reconstruido después del Gran Incendio, es agradablemente oscuro y sugerente a la hora de la comida.

Water Poet
9 Stoney Lane, E1 (7626 4994). Metro: Liverpool Street; estación de tren: Liverpool Street. **Abierto** de 07.30 a 23.00 horas, de lunes a viernes. **Plano 12 R6**
El bar de este popular local de estilo neoyorquino está en un extremo de una habitación blanca y baja; el restaurante se encuentra en el otro extremo. Forma parte de la cadena Slug & Lettuce.

Ye Olde Mitre
1 Ely Court, junto a la Ely Place, EC1 (7405 4751). Metro: Chancery Lane y Farringdon; estación de tren:

Farringdon. **Abierto** de 11.00 a 23.00 horas, de lunes a viernes. **Plano 9 N5**
Un verdadero viaje al pasado. Esta antigua posada del siglo XVI se encuentra al final de un callejón olvidado, y cuenta con las clásicas vigas negras y paredes amarillentas.

Covent Garden

American Bar

Hotel Savoy, Strand, WC2 (7836 4343/ www.savoygroup.co.uk). Metro: Charing Cross; estación de tren: Charing Cross. **Abierto** de 11.00 a 23.00 horas, de lunes a sábado; de 12.00 a 15.00 horas y, de 19.00 a 22.00 horas, los domingos. **Tarjetas de crédito** AmEx, DC, MC, V. **Plano 8 L7**
Este local Art Déco resulta sorprendentemente informal para ser el bar de un hotel de cinco estrellas. Las bebidas son de primera calidad y se sirven con tapas y aceitunas. Los hombres han de llevar traje (no se admite la entrada con pantalones tejanos).

Angel

61 St. Giles High Street, WC2 (7240 2876). Metro: Tottenham Court Road. **Abierto** de 11.00 a 23.00 horas, de lunes a sábado; de 12.00 a 22.30 horas, los domingos. **Tarjetas de crédito** AmEx, DC, MC, V. **Plano 6 K6**
Rodeado de bares modernos, este admirable *pub* tradicional (que tiene mesas en el jardín) sigue gozando de una merecida popularidad. Además, para encontrarse en Londres, la cerveza es bastante barata.

Bar des Amis

11-14 Hanover Place, WC2 (7379 3444). Metro: Covent Garden. **Abierto** de 11.30 a 23.00 horas, de lunes a sábado. **Plano 6 L6**
La carta de bebidas y quesos de primera calidad es un excelente motivo para ser cliente de este agradable bar.

Denim

4A Upper St. Martin's Lane, WC2 (7497 0376). Metro: Leicester Square. **Abierto** de 12.00 a 01.00 horas, de lunes a sábado; de 15.00 a 24.00 horas, los domingos. **Plano 8 L6**
El interior futurista y el sótano rojo del Denim le impresionarán. Pero al margen del diseño, el local destaca por lo atento del servicio y los tentempiés que se sirven en el bar. Atrae a una multitud de jóvenes.

Freedom Brewing Company

41 Earlham Street, WC2 (7240 0606). Metro: Covent Garden. **Abierto** de 11.00 a 23.00 horas, de lunes a sábado; de 12.00 a 22:30 horas,

Alcohol a altas horas de la noche

¿Le han echado del *pub* a las once de la noche? A continuación encontrará una selección de locales del centro de Londres que tienen licencia para cerrar más tarde. Las horas reseñadas son las horas oficiales de cierre, no las horas en las que se sirven las últimas bebidas. Tenga cuidado porque algunos de los lugares mencionados tienen porteros, y la mayoría no son demasiado amables. Si su cara y forma de vestir no les parecen adecuadas, no le dejarán entrar; no pierda el tiempo discutiendo. Para información sobre lugares que abren hasta más tarde, *véase* pág. 244, **Discotecas.**

Bloomsbury y Fitzrovia

Point 101 *véase* pág. 193
Sevilla Mía *22 Hanway Street, W1.* A la 01.00 de lunes a sábado; a las 24.00 horas, los domingos. **Plano 6 K5**

Covent Garden

Denim *véase* superior; **Fuel** *véase* pág. 195.
Café Baroque *33 Southampton Street, WC2.* A las 24.00 horas, de lunes a sábado. **Plano 8 L7**
Covent Garden Wine Bar *1-2 The Piazza, WC2.* A las 24.00 horas, todos los días. **Plano 8 L6**
La Perla *28 Maiden Lane, WC2.* A las 24.00 horas, de lunes a sábado. **Plano 8 L7**
Queen Mary *Victoria Embankment, WC2.* A las 24.00 horas, los viernes y sábados en el club se sirven copas hasta las 02.00 horas. **Plano 8 M7**
Roadhouse *Jubilee Hall, 35 The Piazza, WC2.* A las 03.00 horas, de lunes a sábado. **Plano 8 L7**
Saint *8 Great Newport Street, WC2.* A la 01.00, los lunes; a las 02.00 horas, de martes a jueves; a las 03.00 horas, los viernes y los sábados. **Plano 8 K6**
Salsa! *96 Charing Cross Road, WC2.* A las 02.00 horas, de lunes a sábado. **Plano 6 K6**
The Spot *29 Maiden Lane, WC2.* A la 01.00, todos los días. **Plano 8 L6**

Este de Londres

Cantaloupe *véase* pág. 200; **Great Eastern Dining Room** *véase* pág. 200; **Home** *véase* pág. 200; **Hoxton Square Bar y Kitchen** *véase* pág. 200; **Shoreditch Electricity Showrooms** *véase* pág. 200.

Holborn y Clerkenwell

Fluid *véase* pág. 196; **Match** *véase* pág. 197
Mint *182-186 St. John Street, EC1.* A las 24.00 horas, de lunes a sábado. **Plano 9 O4**
Vic Naylor *38-40 St. John Street, EC1.* A las 24.00 horas, de lunes a jueves y los sábados; a la 01.00, los viernes. **Plano 9 O5**

Marylebone

Mash *19-21 Great Portland Street, W1.* A la 01.00 horas, los lunes y los martes; a las 02.00 horas, de miércoles a sábado. **Plano 5 H5**

Mayfair

Trader Vic's y **Windows** *véase* pág. 197.

los domingos. **Tarjetas de crédito** AmEx, DC, MC, V. **Plano 6 L6**
Aunque recuerda a una máquina de calderas de un barco de vapor, este bar situado en un gran sótano (que antes ocupaba la empresa Soho Brewing) es famoso por su cerveza casera y por la calidad de la comida de su restaurante. Tiene una sucursal en 14-16 Ganton Street, W1.

Freud
198 Shaftesbury Avenue, WC2 (7240 9933). Metro: Covent Garden o Tottenham Court Road. **Abierto** de 11.00 a 23.00 horas, de lunes a sábado; de 12.00 a 22:30 horas, los domingos. **Plano 6 L6**
Este bar, situado en un sótano, cuenta con grandes candelabros, paredes desgastadas y mesas de pizarra. Los cócteles no son malos, hay una buena selección de cervezas internacionales embotelladas y comida ligera, y la clientela es agradable y diferente.

Fuel
41 Earlham Street, Covent Garden, WC2 (7836 2137). Metro: Covent Garden. **Abierto** de 10.30 a 02.00 horas, de lunes a sábado; de 10.30 a 23.30 horas, los domingos. **Entrada** 5 £ después de las 22.00 horas, los viernes y los sábados. **Tarjetas de crédito** AmEx, DC, MC, V. **Plano 8 L6**

La espaciosa **Jerusalem Tavern** *(véase pág. 196)*

Dover Street *8-10 Dover Street, W1.* A las 03.00 horas, de lunes a sábado. **Plano 7 J7**
Havana *17 Hanover Square, W1.* A las 02.00 horas, de lunes a miércoles; a las 3 horas, de jueves a sábado; a la 01.00, los domingos. **Plano 5 H6**
Q Bar *12 New Burlington Street, W1.* A las 03.00 horas, de lunes a sábado. **Plano 7 J7**

Norte de Londres
Bar Gansa *véase* pág. 199; **Bierodrome** *véase* pág. 199.

Oeste de Londres
Wine Gallery *véase* pág. 202.

Soho
Cork y Bottle *véase* pág. 198.
Atlantic Bar y Grill *20 Glasshouse Street, W1.* A las 03.00 horas, de lunes a sábado. **Plano 7 J7**
Bar Rumba *36 Shaftesbury Avenue, W1.* A las 03.30 horas, lunes, miércoles y jueves; a las 03.00 horas, los martes; a las 04.00 horas, los viernes; a las 06.00 horas, los sábados; a las 02.00 horas, los domingos. **Plano 8 K7**
Bar Soho *23-25 Old Compton Street, W1.* A la 1, de lunes a jueves; a las 03.00 horas, los viernes y los sábados. **Plano 6 K6**
Circus *1 Upper James Street, W1.* A la 01.30 horas, de lunes a jueves; a las 03.30 horas, los viernes y los sábados. **Plano 7 J6**
De Hems *11 Macclesfield Street (entre Shaftesbury Avenue y la Gerrard Street), WI.* A las 24.00 horas, de lunes a sábado. **Plano 8 K6**
Detroit *35 Earlham Street, WC2.* A las 24.00 horas, de lunes a sábado. **Plano 6 L6**
Little Italy *21 Frith Street, W1.* A las 03.00 horas, de lunes a sábado. **Plano 6 K6**
Lupo *50 Dean Street, W1.* A las 24.00 horas, los lunes; 01.00, los martes; a las 02.00 horas, los miércoles; a las 03.00 horas de jueves a sábado. **Plano 6 K6**
Mezzo *100 Wardour Street, W1.* A la 01.00 horas, de lunes a jueves y los domingos; a las 03.00 horas, los viernes y los sábados. **Plano 6 K6**
Mondo *12-13 Greek Street, W1.* A las 03.00 horas, de lunes a sábado. **Plano 6 K6**
O Bar *83 Wardour Street, W1.* A las 03.00 horas, de lunes a sábado. **Plano 6 K6**
Sak *49 Greek Street, W1.* A las 02.00 horas, los lunes y los martes; a las 03.00 horas, de miércoles a sábado. **Plano 6 K6**
Signor Zilli *40-41 Dean Street, W1.* A la 01.00 horas, de lunes a sábado. **Plano 6 K6**
Soho Spice *124-126 Wardour Street, W1.* A las 23.30 horas, de lunes a jueves; a las 02.30 horas, los viernes y los sábados. **Plano 6 K6**
Tiger Tiger *29 Haymarket Street, SW1.* A las 03.00 horas, de lunes a sábado. **Plano 8 K7**

South Bank
Auberge *véase* pág. 198.

Sur de Londres
Brixtonian Havana Club *véase* pág. 201.

Victoria
Boisdale *véase* pág. 199.

El rojo, el marrón y el azul dan vida a un sótano lleno de arcos de piedra que fue la bodega de una frutería. Los hambrientos encontrarán pizzas, y los sedientos, cervezas, cócteles y vino. La clientela es bastante variada.

Gordon's

47 Villiers Street, WC2 (7930 1408). Metro: Embankment o Charing Cross; estación de tren: Charing Cross. **Abierto** de 11.00 a 23.00 horas, de lunes a sábado. **Tarjetas de crédito** MC, V. **Plano 8 L7**

Situada en un sótano con poca luz, esta vinacoteca clásica es famosa por su ambiente. Los precios son bajos, y su fuerte son los vinos de calidad. La comida, aunque algo simple, acompaña bien a los vinos.

Lamb & Flag

33 Rose Street, WC2 (7497 9504). Metro: Covent Garden. **Abierto** de 11.00 a 23.00 horas, de lunes a jueves; de 11.00 a 22.45 horas, los viernes y los sábados; de 12.00 a 22.30 horas, los domingos. **Plano 8 L7**

Este pequeño *pub*, situado junto a un callejón, fue donde Dryden fue derrotado en el siglo XVII. Ahora es un popular lugar de encuentro y uno de los pocos *pubs* decentes de Covent Garden. El piso de arriba es algo más tranquilo, aunque no mucho.

Holborn y Clerkenwell

Bleeding Heart Tavern

Bleeding Heart Yard, junto a Greville Street, EC1 (7242 8238). Metro: Chancery Lane o Farringdon. Estación de tren: Farringdon. **Abierto** de 12.00 a 23.00 horas, de lunes a viernes. **Tarjetas de crédito** AmEx, DC, MC, V. **Plano 9 N5**

Restaurado recientemente para recuperar el aspecto que tenía en 1746, este popular, divertido, informal y a veces caótico bar (con un comedor muy interesante) tiene una carta impresionante con bastantes botellas por menos de 15 £.

Café Kick

43 Exmouth Market EC1 (7837 8077). Metro y estación de tren: Farringdon. **Abierto** de 11.00 a 23.00 horas, de lunes a sábado. **Plano 9 N4**

El Café Kick, un local ideal para los aficionados al ping pong, organiza concursos de este juego. Después de competir, los participantes pueden relajarse en el bar situado en la parte de atrás tomando una cerveza o una taza de café.

Cicada

132-136 St. John Street, EC1 (7608 1550). Metro y estación de tren: Farringdon. Bar **Abierto** de 12.00 a 23.00 horas, de lunes a viernes; de 18.00 a 23.00 horas, los sábados. **Tarjetas de crédito** AmEx, DC, MC, V. **Plano 9 O5**

El moderno y varonil interior de Cicada cuenta con grabados y grandes ventanales, y en el bar y en el restaurante se sirven platos orientales. Es un local de moda, pero tiene un ambiente tranquilo.

The Eagle

159 Farringdon Road, EC1 (7837 1353). Metro y estación de tren: Farringdon. **Abierto** de 12.00 a 23.00 horas, de lunes a sábado; de 12.00 a 17.00 horas, los domingos. **Plano 9 N4**

Este *pub* gastronómico londinense sigue siendo sumamente popular: si desea conseguir sitio, llegue temprano. Afortunadamente, la calidad de la comida, esencialmente mediterránea, es muy buena. Muchos de los vinos se venden también por copas.

Fluid

10 Charterhouse Street, EC1 (7253 3444). Metro y estación de tren: Farringdon. **Abierto** de 12.00 a 24.00 horas, los martes y los miércoles; de 12.00 a 02.00 horas, los jueves y los viernes; de 19.00 a 02.00 horas, los sábados; de 19.00 a 24.00 horas, los domingos. **Tarjetas de crédito** AmEx, DC, MC, V. **Plano 9 O5**

La interesante combinación de diseño actual y comida japonesa de Fluid se suma a la gran oferta de locales de moda de Clerkenwell. Los jueves y los domingos cuentan con un pinchadiscos, y algunas noches cobran entrada, aunque ésta no cuesta nunca más de 2 £.

Fox & Anchor

115 Charterhouse Street, EC1 (7253 5075). Metro y estación de tren: Farringdon. **Abierto** de 07.00 a 23.00 horas, de lunes a viernes. **Tarjetas de crédito** AmEx, MC, V. **Plano 9 O5**

Fíjese en las horas de apertura de este *pub* único: están diseñadas para cubrir las necesidades de los trabajadores del mercado de carne Smithfield (y, de paso, satisfacen las de los más trasnochadores). La cerveza es buena, y la comida es de lo mejor, sobre todo la carne frita.

Jerusalem Tavern

55 Britton Street, EC1 (7490 4281). Metro y estación de tren: Farringdon. **Abierto** de 11.00 a 23.00 horas, de lunes a viernes. **Tarjetas de crédito** AmEx, MC, V. **Plano 9 O5**

Los profesionales de los medios de comunicación que trabajan en Farringdon se juntan en el pequeño salón georgiano restaurado de este bar, con sus originales chimeneas y sus murales. Pero una de las principales razones para visitarlo es que sirven la irresistible cerveza de St. Peter's Brewery, en Suffolk.

L.e.d.

17 Farringdon Road, EC1 (7278 4400). Metro y estación de tren: Farringdon. **Abierto** de 12.00 a 24.00 horas, de lunes a sábado. **Plano 9 N4**

Otro bar que sigue conservando algo del estilo Farringdon. Su alegre personal es muy cálido, y hay un bar reservado en el sótano con sillones negros de estilo años setenta, una gran televisión y consolas de Playstation.

Match

45-47 Clerkenwell Road, EC1 (7250 4002). Metro y estación de tren: Farringdon. **Abierto** de 11.00 a 24.00

horas, de lunes a viernes; de 18.00 a 24.00 horas, los sábados. **Plano 9 O4**
El Match es algo poco habitual: una auténtica coctelería moderna. Encontrará sofás de piel, poca luz y una mezcla años noventa de martinis, clásicos y divertidos, propuestas nuevas, bebidas con frutas y mezclas más peligrosas.

Knightsbridge

Grenadier
Old Barrack Yard, junto a Wilton Row, SW1 (7235 3074). Metro: Hyde Park Corner o Knightsbridge. **Abierto** de 12.00 a 23.00 horas, de lunes a sábado; de 12.00 a 22.30 horas, los domingos. **Tarjetas de crédito** AmEx, DC, MC, V. **Plano 7 G9**
Este local, famoso por sus bloody mary y sus bocadillos de salchicha, cuenta entre sus principales atractivos con una barra de aluminio de 200 años de antigüedad y con el fantasma de uno de los soldados del duque de Wellington (que murió flagelado por hacer trampa jugando a las cartas). *www.lanesborough.com*

The Library
Hotel Lanesborough, Hyde Park Corner, SW1 (7259 5599). Metro: Hyde Park Corner. **Abierto** de 11.00 a 23.00 horas, de lunes a sábado; de 12.00 a 22.30 horas, los domingos. **Tarjetas de crédito** AmEx, DC, MC, V. **Plano 7 G8**
Este bar de Lanesborough tiene un aire antiguo y extraño en comparación con el resto de las decoraciones generosas del hotel, pero ofrece fabulosos cócteles, gran servicio y bocadillos de alta calidad. No dejan entrar con tejanos o ropa deportiva.

Nag's Head
53 Kinnerton Street, SW1 (7235 1135). Metro: Hyde Park Corner o Knightsbridge. **Abierto** de 11.00 a 23.00 horas, de lunes a sábado; de 12.00 a las 22.30 horas, los domingos. **Plano 7 G9**
Este local, un estupendo *pub* para charlar con los amigos, está situado junto a Wilton Place. El personal es muy amable y trata muy bien a los clientes nuevos, aunque, en verano, la falta de espacio puede resultar algo agobiante.

Marylebone

The Chapel
48 Chapel Street, NW1 (7402 9220). Metro: Edgware Road. **Abierto** de 12.00 a 23.00 horas, de lunes a sábado; de 12.00 a 15.00 horas y de 19.00 a 22.30 horas, los domingos. **Tarjetas de crédito** AmEx, DC, MC, V. **Plano 2 E5**
Este premiado bar cuenta con un interior sencillo y acogedor, un agradable jardín con sombra, muchos vinos y licores que se venden por copas, buena cerveza de barril y excelente comida.

Dover Castle
43 Weymouth Mews, W1 (7580 4412). Metro: Regent's Park. **Abierto** de 11.30 a 23.00 horas, de lunes a viernes; de 12.00 a 23.00 horas, los sábados. **Tarjetas de crédito** MC, V. **Plano 5 H5**
Un *pub* excelente que sirve cerveza de Sam Smith, buena y económica. Situado en un callejón, el Dover Castle está lleno de rincones sugerentes y tiene un gran ambiente.

Windsor Castle
29 Crawford Place, W1 (7723 4371). Metro: Edgware Road. **Abierto** de 11.00 a 23.00 horas, de lunes a sábado; de 12.00 a 22.30 horas, los domingos. **Tarjetas de crédito** MC, V. **Plano 2 F5**
Un clásico bar a la vieja usanza. Sirve comida tailandesa, pero en todo lo demás es claramente tradicional, desde la amabilidad de los empleados hasta los canosos clientes habituales, pasando por la gran colección de recuerdos de la familia real que decora las paredes y las fotos de personajes celebres con autógrafo que se exponen sobre la barra.

Mayfair

Claridge's Bar
Hotel Claridge, Brook Street, W1 (7629 8860/ www. savoygroup.com). Metro: Bond Street. **Abierto** de 11.00 a 23.00 horas, de lunes a sábado; de 12.00 a 22.30 horas, los domingos. **Tarjetas de crédito** AmEx, DC, MC, V. **Plano 7 H6**
El aristocrático hotel Claridge inauguró un impresionante bar *art déco* con motivo de su centenario, en 1998. No olvide ir bien vestido y diviértase (y no piense en la cuenta).

Trader Vic's
Hotel Hilton, Park Lane, W1 (7493 8000 ext. 420). Metro: Hyde Park Corner o Green Park. **Abierto** de 17.00 a 01.00 horas, de lunes a sábado; de 17.00 a 22.30 horas, los domingos. **Tarjetas de crédito** MC, V. **Plano 7 G8**
A pesar de que siempre está lleno y es bastante caro, si le apetece un cóctel en un ambiente *kitsch*, este bar de estilo hawaiano es una opción divertida e interesante. En la planta 28 se encuentra el bar **Windows**, que dispone de una de las vistas más espectaculares de Londres. Podrá observar la ciudad mientras toma una copa.

Ye Grapes
16 Shepherd Market, W1 (7499 1563). Metro: Green Park. **Abierto** de 11.00 a 23.00 horas, de lunes a sábado; de 12.00 a 22.30 horas, los domingos. **Tarjetas de crédito** MC, V.**Plano 7 H8**
Como casi todos los *pubs* de Mayfair, Ye Grapes tiene clientes de todas las clases sociales. La decoración es casi ofensivamente antigua, pero el ambiente es vital y alegre.

L.e.d., *otro bar futurista de Farringdon (véase pág. 196)*

Soho

Alphabet

61-63 Beak Street, W1 (7439 2190). Metro: Oxford Circus. **Abierto** de 11.00 a 23.00 horas, de lunes a viernes; de 16.30 a 23.00 horas, los sábados. **Tarjetas de crédito** MC, V. **Plano 7 J6**

Cuando se inauguró, hace años, el Alphabet era muy moderno, pero hoy se ha convertido en víctima de su propio éxito. Las bebidas son buenas pero si sufre claustrofobia, absténgase de visitarlo.

Cork & Bottle

44-46 Cranbourn Street, WC2 (7734 6592). Metro: Leicester Square. **Abierto** de 11.00 a 24.00 horas, de lunes a sábado; de 12.00 a 22.30 horas, los domingos. **Tarjetas de crédito** AmEx, DC, MC, V. **Plano 8 K7**

Esta vinacoteca, situada en un viejo sótano, pertenece a Don Hewitsones y lleva treinta años abierta. Es una de las mejores de Londres. Cuando está llena (que es casi todo el tiempo), uno siente que le falta espacio y que le cuesta respirar, pero los clientes soportan esa incomodidad por su excelente carta de vinos y por la calidad de la comida.

Dog & Duck

18 Bateman Street, W1 (7437 4447). Metro: Piccadilly Circus o Tottenham Court Road. **Abierto** de 12.00 a 23.00 horas, de lunes a viernes; de 18.00 a 23.00 horas, los sábados; de 19.00 a 22.30 horas, los domingos. **Plano 6 K6**

Un *pub* pequeño, acogedor y de estilo antiguo, con un hermoso interior eduardiano, espejos con grabados y azulejos verdes y naranjas. Cuenta con pocos asientos: algunos taburetes y bancos.

The Dog House

187 Wardour Street, W1 (7434 2116/2118). Metro: Tottenham Court Road. **Abierto** de 17.00 a 23.00 horas, de lunes a viernes; de 18.00 a 23.00 horas, los sábados. **Plano 6 K6**

Se trata de un local íntimo, con mesas en el jardín y una clientela moderna y agradable, y cuenta con una importante selección de vodka aromatizado con frutas o incluso con chile picante.

French House

49 Dean Street, W1 (7437 2799). Metro: Leicester Square. **Abierto** de 12.00 a 23.00 horas, de lunes a sábado; de 12.00 a 22.30 horas, los domingos. **Tarjetas de crédito** AmEx, DC, MC, V. **Plano 6 K6**

Este pequeño, tranquilo y divertido establecimiento fue durante mucho tiempo un lugar frecuentado por escritores y artistas. No pida jarras de cerveza, solo sirven medias jarras, buen vino y licores fuertes.

South Bank

Anchor Bankside

34 Park Street, SE1 (7407 1577). Metro y estación de tren: London Bridge **Abierto** de 11.00 a 23.00 horas, de lunes a sábado; de 12.00 a 22.30 horas, los domingos. **Tarjetas de crédito** MC, V. **Plano 11 P8**

Una histórica taberna junto al río que últimamente se ha vuelto demasiado turística, aunque sigue contando con un ambiente excéntrico, una terraza que da al Támesis y la gracia añadida de saber que el doctor Johnson escribió parte de su diccionario en este establecimiento.

Auberge

1 Sandell Street, junto a Cornwall Road, SE1 (7633 0610). Metro y estación de tren: Waterloo. **Abierto** de 11.00 a 24.00 horas, de lunes a viernes; de 12.00 a 23.00 horas, los sábados. **Tarjetas de crédito** AmEx, DC, MC, V. **Plano 11 N8**

Una discreta entrada lateral da acceso a esta cafetería bar que tiene un ligero aire eclesiástico y está especializada en cerveza belga. En la planta superior hay un restaurante.

Fire Station
150 Waterloo Road, SE1 (7620 2226). Metro y estación de tren: Waterloo. **Abierto** de 11.00 a 23.00 horas, de lunes a sábado; de 12.00 a 22.30 horas, los domingos. **Plano 11 N8**
Este popular bar —que cuenta con un buen restaurante en la parte de atrás— fue antaño una estación de bomberos (tal y como su nombre indica en inglés). La altura de los techos compensa en parte lo reducido del espacio.

George Inn
77 Borough High Street, SE1 (7407 2056). Metro: Borough; estación de tren: London Bridge. **Abierto** de 11.00 a 23.00 horas, de lunes a sábado; de 12.00 a 22.30 horas, los domingos. **Plano 11 P8**
El George, uno de los locales más famosos de Londres, es la única posada con cochera que se conserva hasta nuestros días. Es muy laberíntico, y las mesas situadas al aire libre y su peculiar atmósfera atraen por igual a trabajadores locales y a turistas.

Studio Six
Gabriel's Wharf, 56 Upper Ground, SE1 (7928 6243). Metro y estación de tren: Waterloo. **Abierto** de 12.00 a 23.00 horas, de lunes a sábado; de 12.00 a 22.30 horas, los domingos. **Plano 11 N7**
Este local, situado junto al río, destaca especialmente por la riqueza de su exterior. Cuenta con una buena selección de vinos y una comida aceptable. El interior es muy sencillo; vaya en un día soleado.

Victoria

Boisdale
15 Eccleston Street, SW1 (7730 6922). Metro y estación de tren: Victoria. **Abierto** *Bar* de atrás de 12.00 a 23.00 horas, de lunes a viernes; *MacDonald* de 12.00 a 01.00 horas, de lunes a sábado; de 01.00 a 22.30 horas, los domingos. **Plano 7 H10**
El bar de este restaurante francoescocés tiene la mayor selección de whisky de malta de Londres, así como una gama de champañas y puros igual de impresionante. Es preferible llevar traje, pero el ambiente es distendido.

Norte de Londres

The Albion
10 Thornhill Road, Barnsbury, N1 (7607 7450). Metro: Angel; estación de tren: Highbury o Islington. **Abierto** de 11.00 a 23.00 horas, de lunes a sábado; de 12.00 a 22.30 horas, los domingos. **Tarjetas de crédito** AmEx, DC, MC, V. **Plano 9 N1**
La hiedra cubre la amplia fachada de este *pub* de Barnsbury, que posee un jardín bastante grande en la parte de atrás en el que también hay hiedra.

Bar Gansa
2 Inverness Street, NW1 (7267 8909). Metro: Camden Town. **Abierto** de 10.00 a 24.00 horas, los lunes; de 10.00 a 01.00 horas, de martes a sábado; de 10.00 a 23.00 horas, los domingos.
Este pequeño bar de tapas está lleno de vida. El local, angosto y pintado con colores intensos, está lleno de pequeñas mesas decoradas con flores y velas, y es muy popular.

Bierodrome
173-174 Upper Street, N1 (7226 5835/www.belgo-restaurant.com). Metro: Angel, Highbury y Islington; estación de tren: Highbury o Islington. **Abierto** de 12.00 a 24.00 horas, de lunes a sábado; de 12.00 a 22.30 horas, los domingos. **Tarjetas de crédito** MC, V. **Plano 9 O1**
Todas las excelencias de la cerveza belga se hacen patentes en este bar tremendamente divertido, formado por una habitación alargada cubierta de madera pero de estilo minimalista.

The Clifton
96 Clifton Hill, NW8 (7624 5233). Metro: Maida Vale o St. John's Wood. **Abierto** de 11.00 a 23.00 horas, de lunes a sábado; de 12.00 a 22.30 horas, los domingos. **Tarjetas de crédito** AmEx, MC, V.
Este local tradicional está situado en una casa antigua de St. John's Wood. Las mesas, dispuestas en la frondosa terraza de enfrente, hacen de éste un lugar agradable para tomar algo en verano, mientras que el invernadero lo convierte en un *pub* para cualquier estación del año.

Crown & Goose
100 Arlington Road, NW1 (7485 8008). **Abierto** de 11.00 a 23.00 horas, de lunes a sábado; de 12.00 a 22.30 horas, los domingos.
El ambiente del Crown & Goose, un original *pub* gastronómico, recuerda al de una cafetería durante el día pero, por la noche, se transforma en un local lleno de vida.

The Flask
14 Flask Walk, NW3 (7435 4580). Metro: Hampstead. **Abierto** de 11.00 a 23.00 horas, de lunes a sábado; de 12.00 a 22.30 horas, los domingos. **Tarjetas de crédito** V. **Plano** *véase* pág. 103.
Este fascinante y tranquilo local de Hampstead tiene una decoración sin estridencias y un bar muy cómodo y relajante, en el que se sirve cerveza y comida de excelente calidad.

The Hollybush
22 Holly Mount, NW3 (7435 2892). Metro: Hampstead. **Abierto** de 12.00 a 15.00 y de 17.30 a 23.00 horas, de lunes a viernes; de 12.00 a 23.00 horas, los sábados; de 12.00 a 22.30 horas, los domingos. **Tarjetas de crédito** MC, V. **Plano** *véase* pág. 103.

Si usted está buscando un lugar tranquilo para conversar y un bar lleno de rincones y lejos de la ostentación del pueblo de Hampstead, éste es el lugar ideal.

O'Hanlons
8 Tysoe Street, EC1 (7837 4112). Metro: Angel o Farringdon; estación de tren: Farringdon; autobuses 19,38 y 171A. **Abierto** de 11.00 a 23.00 horas, de lunes a viernes; de 12.00 a 23.00 horas, los sábados; de 12.00 a 22.30 horas, los domingos. **Plano 9 N3**
Tome una cerveza de malta de O'Hanlons (un germen sin pasteurizar y sin filtrar) en uno de los sillones de piel de este bar. Añada un plato de ostras, pan hecho en casa y una buena conversación, y tendrá los ingredientes para una velada entrañable.

Sauce
214 Camden High Street, NW1 (7482 0777). Metro: Camden Town. **Abierto** de 12.00 a 23.00 horas, de lunes a viernes; de 12.00 a 23.30 horas, los sábados; de 12.00 a 16.30 horas, los domingos.
Un bar pequeño e íntimo, cuyo austero diseño se acaba de completar con manteles de colores intensos y una iluminación suave. Además de nutritivos zumos, el local ofrece una amplia carta de bebidas alcohólicas. La comida también es buena.

Este de Londres

Cantaloupe
35-42 Charlotte Road, Shoseditch, EC2 (7613 4411/ www.cantaloupe.co.uk). Metro y estación de tren: Old Street. **Abierto** de 11.00 a 24.00 horas, de lunes a viernes; de 12.00 a 24.00 horas, los sábados; de 12.00 a 22.30 horas, los domingos. **Tarjetas de crédito** AmEx, MC, V. **Plano 10 R4**
Cantaloupe cuenta con una clientela formada por los nuevos habitantes de Hoxton (diseñadores, artistas, fotógrafos, etcétera), pero, afortunadamente, no es nada *snob*. El local es grande, tiene taburetes en la barra y una pequeña zona de restaurante en la parte de atrás. El menú cambia cada semana.

Grapes
76 Narrow Street, Limehouse, E14 (7987 4396). DLR West Ferry. **Abierto** de 12.00 a 15.00 horas y de 19.00 a 23.00 horas, de lunes a viernes; de 19.00 a 23.00 horas, los sábados; de 12.00 a 15.00 horas y de 19.00 a 22.00 horas, los domingos. **Tarjetas de crédito** AmEx, DC, MC, V.
Establecido en 1583 y reconstruido en 1720, el tranquilo y artístico Grapes se encuentra afortunadamente junto a la parada de autobuses y es uno de los *pubs* más populares de mucha gente del este de Londres a orillas del río.

Great Eastern Dining Room
54-56 Great Eastern Street, Shoreditch, EC2 (7613 4545). Metro: Old Street. **Abierto** de 12.00 a 00.00, de lunes a viernes; de 18.00 a 24.00 horas, los sábados. **Tarjetas de crédito** AmEx, DC, MC, V. **Plano 10 R4**
Un espacio estupendo y muy actual situado en un antiguo almacén, con una mezcla de detalles retro y modernos. La comida y las bebidas son excelentes.

Home
100-106 Leonard Street, EC2 (7684 8618). Metro y estación de tren: Old Street. **Abierto** de 17.30 a 24.00 horas, de lunes a sábado; de 14.00 a 22.30 horas, los domingos. **Tarjetas de crédito** AmEx, DC, MC, V. **Plano 10 Q4**
En este enorme sótano, lleno de viejas mesas y destartalados sillones, se respira un ambiente tranquilo. La clientela es gente sin pretensiones que entra en busca de una mezcla de músicas retro. No se debe confundir con el club de mismo nombre.

Hoxton Square Bar & Kitchen
2-4 Hoxton Square, N1 (7613 0709). Metro y estación de tren: Old Street. **Abierto** de 11.00 a 24.00 horas, de lunes a viernes; de 12.00 a 24.00 horas, los sábados. **Plano 10 R3**
Este fantástico local, fresco y austero (las paredes son de cemento con textura de arena), resulta mucho más acogedor y cómodo gracias a las confortables sillas y a la comida.

Prospect of Whitby
57 Wapping Wall, Wapping, E1 (7481 1095). Metro: Wapping. **Abierto** de 11.30 a 15.00 horas y de 17.30 a 23.00 horas, de lunes a viernes; de 11.30 a 23.00 horas, los sábados; de 12.00 a 22.30 horas, los domingos. **Tarjetas de crédito** AmEx, DC, MC, V.
Los suelos de baldosa, la chimenea con estructura de hierro, las pequeñas ventanas redondas y un famoso bar de metal de estilo isabelino son las principales características de esta antigua posada. El *pub* data de 1520, y tuvo como cliente a Samuel Pepys. Hoy recibe a boquiabiertos turistas.

Shoreditch Electricity Showrooms
39A Hoxton Square, Hoxton, N1 (7739 6934). Metro y estación de tren: Old Street. **Abierto** de 12.00 a 23.00 horas, de lunes a miércoles; de 12.00 a 24.00 horas, los jueves; de 12.00 a 01.00 horas, viernes y sábados. **Tarjetas de crédito** MC, V. **Plano 10 R3**
La función que desempeñaba el local antes de convertirse en *pub* está muy clara. La decoración mezcla mesas y sillas estropeadas con pulcros puestos de comida en la parte de atrás, y transmite una fuerte sensación alpina. La cerveza y la comida también están muy bien.

Sur de Londres

Alma Tavern
499 Old York Road, SW18 (8870 2537). Estación de tren: Wandsworth Town. **Abierto** de 11.00 a 23.00 horas, de lunes a sábado; de 10.30 a 22.30 horas, los domingos.
Este hermoso *pub* restaurado cuenta con una gran barra central y gigantescos espejos pintados. A un lado, hay un

comedor con una enorme mesa de pino, en el que se sirve comida internacional. La carta de vinos es excelente.

Belle Vue

1 Clapham Common Southside, SW4 (7498 9473). Metro: Clapham Common. **Abierto** de 12.00 a 23.00 horas, de lunes a sábado; de 12.00 a 22.30 horas, los domingos.

La mezcla de mesas y sofás, lo afable del personal y la excelente comida de uno de los *pubs* más informales de Clapham atraen una clientela joven y divertida. La carta de vinos es mejor que la de cervezas.

Bread & Roses

68 Clapham Manor Street, Clapham, SW4 (7498 1779). Metro: Clapham Common o Clapham North. **Abierto** de 11.00 a 23.00 horas, de lunes a sábado; de 12.00 a 22.30 horas, los domingos. **Tarjetas de crédito** MC, V.

La decoración austera, con fotos elegantes en las paredes y una gran cantidad de luz y espacio, convierte a este local tranquilo, en el que se puede tomar copas, en uno de los mejores lugares de Londres para pasar un domingo. Cada semana hay un espectáculo de música de diferentes ciudades de África.

Brixtonian Havana Club

11 Beehive Place, Brixton, SW9 (7924 9262/ www.brixtonian.co.uk). Metro y estación de tren: Brixton. **Abierto** de 12.00 a 02.30 todos los dias. **Tarjetas de crédito** AmEx, DC, MC, V.

En la barra de este exuberante bar y restaurante de altos techos *(véase* pág. 171) encontrará más de trescientos tipos de ron y fulminantes cócteles.

Mayflower

117 Rotherhithe Street, Rotherhithe, SE16 (7237 4088). Metro: Rotherhithe; autobuses 188, P11 y P13. **Abierto** de 12.00 a 23.00 horas, de lunes a sábado; de 12.00 a 22.30 horas, los domingos. **Tarjetas de crédito** AmEx, DC, MC, V.

El barco de los padres peregrinos ancló aquí al inicio de su viaje y, al ver sus crujientes suelos de madera, las pequeñas habitaciones de madera y los angostos pasillos, da la sensación de que el *pub* no ha cambiado mucho desde entonces.

North Pole

131 Greenwich High Road, SE10 (8853 3020). Estación de tren: Greenwich. **Abierto** de 17.30 a 23.00 horas, los lunes; de 12.00 a 23.00 horas, de martes a sábados; de 12.00 a 22.30 horas, los domingos. **Plano** *véase* pág. 122.

Por fin, un bar agradable en Greenwich. Pruebe un cóctel en el «Leopard Lounge», échele un vistazo a los peces que nadan en las peceras o pruebe la excelente comida del restaurante de la primera planta.

The Ship

41 Jews Row, SW18 (8870 9667). Estación de tren: Wandsworth Town; autobuses 28 y 295. **Abierto** de 11.00 a 23.00 horas, de lunes a sábado; de 12.00 a 22.30 horas, los domingos.

El interior de este popular *pub* está formado por una hermosa habitación grande con enormes ventanales, suelo de madera, mesas de encina, un restaurante en un extremo y un pequeño bar en la parte de atrás. Pero realmente, el mejor momento es el verano, cuando ponen en marcha la barbacoa.

Sun & Doves

61-63 Coldharbour Lane, SE5 (7733 1525). Metro y estación de tren: Brixton y luego autobuses 35 o 45 o bien metro: Oval, y luego autobús 36. **Abierto** de 11.00 a 23.00 horas, de lunes a viernes; de 12.00 a 23.00 horas, los sábados; de 12.00 a 22.30 horas, los domingos.

Este *pub* luminoso y pulcro, que ha sido restaurado, sirve platos poco elegantes, pero tiene un ambiente lleno de vida. El jardín es ideal para tomar el aire mientras bebe un cóctel, una cerveza, un zumo o alguno de los vinos que incluye la carta.

Trafalgar Tavern

Park Row, SE10 (8858 2437/ www.trafalgartavern.co.uk). Estación de tren: Greenwich o Maze Hill. **Abierto** de 11.30 a 23.00 horas, de lunes a sábado; de 00.12 a 22.30 horas, los domingos. **Tarjetas de crédito** MC, V. **Plano** *véase* pág 122.

A pesar de ser bastante desconocido, es uno de los mejores *pubs* de Greenwich. Cuenta con un enorme local y saca partido a su situación privilegiada, a orillas del río y con unas maravillosas vistas del Millennium Dome.

White Cross

Riverside, Richmond, Surrey (8940 6844). Metro y estación de tren: Richmond. **Abierto** de 11.00 a 23.00 horas, de lunes a sábado; de 12.00 a 22.30 horas, los domingos.

Este local de Richmond es uno de los más conocidos de los que se encuentran situados a orillas del río. El White Cross es caro, pero su decoración es original, y sirve una buena cerveza Young y una comida de domingo muy copiosa.

Oeste de Londres

Albertine

1 Wood Lane, Shepherd; Bush W12 (8743 9593). Metro: Shepherd's Bush. **Abierto** de 11.00 a 23.00 horas, de lunes a viernes; de 18.30 a 23.00 horas, los sábados. **Tarjetas de crédito** MC, V.

Esta vinacoteca, intemporal y algo infravalorada, cuenta con mesas de madera, velas colocadas en botellas viejas y grandes bandejas de madera con comida integral. La larga y completa carta de vinos es un tesoro repleto de perlas a precios notablemente bajos.

Anglesea Arms

35 Wingate Road, Hammersmith, W6 (8749 1291). Metro: Goldhawk Road o Ravenscourt Park. **Abierto**

de 11.00 a 23.000 horas, de lunes a sábado; de 12.00 a 22.30 horas, los domingos. **Tarjetas de crédito** DC, MC, V.
Este pequeño *pub* lleno de humo recibe a una clientela local que espera pacientemente a que se libere una de las caras mesas de la parte de atrás donde Dan Evans y su equipo sirven platos sencillos.

Archery Tavern
4 Bathurst Street, Paddington, W2 (7402 4916). Metro: Lancaster Gate. **Abierto** de 11.00 a 23.00 horas, de lunes a sábado; de 12.00 a 22.30 horas, los domingos. **Tarjetas de crédito** AmEx, MC, V. **Plano 2 D6**
Un ejemplo clásico de lo que es un *pub* londinense tradicional. No encontrará música, sólo buena cerveza, buena conversación y una clientela variada.

Churchill Arms
119 Kensington Church Street, Kensington, W8 (020 7727 4242). Metro: High Street Kensington o Notting Hill Gate. **Abierto** de 11.00 a 23.00 horas, de lunes a sábado; de 12.00 a 22.30 horas, los domingos. **Tarjetas de crédito** MC, V. **Plano 1 B8**
Este *pub* tradicional, ganador de un premio y merecidamente popular, está abarrotado de recuerdos de Churchill. Cuenta con una clientela variada y sirve buenas cenas de cocina tailandesa en la parte de atrás.

The Cow
88 Westbourne Park Road, Notting Hill, W2 (7221 0021). Metro: Westbourne Park. **Abierto** de 12.00 a 23.00 horas, de lunes a sábado; de 12.00 a 22.30 horas, los domingos. **Tarjetas de crédito** AmEx, MC, V. **Plano 1 B5**
Este pequeño local de Tom Conran tiene un aire irlandés aunque las voces que se escuchan en él no parecen del County Cork. Los mariscos son lo más caro de la carta y también lo más solicitado. En la planta de arriba hay un restaurante independiente del bar.

The Dove
19 Upper Mall, Hammersmith, W6 (8748 5405). Metro: Hammersmith. **Abierto** de 11.00 a 23.00 horas, de lunes a sábado; de 12.00 a 22.30 horas, los domingos. **Tarjetas de crédito** AmEx, MC, V.
Tres pequeños cuartos con el techo bajo rodean la barra central de esta taberna de 300 años que se conserva en buen estado y se distancia de la parafernalia de los *pubs* temáticos clásicos. Cuenta con una pequeña terraza con vistas sobre el Támesis.

Elbow Room
103 Westbourne Grove, W2 (7221 5211/www.elbow-room.co.uk). Metro: Bayswater, Notting Hill Gate o Westbourne Park; autobuses: 7, 23 y 52. **Abierto** de 12.00 a 23.00 horas, de lunes a sábado; de 12.00 a 22.30 horas, los domingos. **Tarjetas de crédito** DC, MC, V. **Plano 1 B6.**
Una sala de billar sin igual, con aspecto industrial pero con un ambiente muy relajante. La gran zona destinada al bar abarca hasta la parte de atrás, donde hay mesas de billar. Acude tanta gente a beber —y a comer tentempiés— como a jugar.

The Westbourne
101 Westbourne Park Villas, Notting Hill, W2 (7221 1332). Metro: Royal Oak o Westbourne Park. **Abierto** de 17.00 a 23.00 horas, los lunes; de 12.00 a 23.00 horas, de martes a viernes; de 11.00 a 23.00 horas, los sábados; de 11.00 a 22.30 horas, los domingos. **Tarjetas de crédito** AmEx, DC, MC, V. **Plano 1 B5**
Este bar gastronómico es sumamente popular. Ofrece buena comida y una buena selección de cervezas. Durante el día, está tranquilo y el ambiente es pacífico; por la noche, la terraza puede competir con las más modernas de Notting Hill.

White Horse
1-3 Parsons Green, Fulham, SW6 (7736 2115). Metro: Parsons Green. **Abierto** de 11.00 a 23.00 horas, de lunes a sábado; de 11.00 a 22.30 horas, los domingos. **Tarjetas de crédito** AmEx, MC, V.
Conocido como el Sloaney Pony, este bar ofrece una espectacular gama de cervezas (60 variedades embotelladas, entre ellas cerveza de raíz, cerveza oscura de Bavaria y unas cuantas Trappist) y, al menos, seis cervezas de barril.

Windsor Castle
114 Campden Hill Road, W8 (7243 9551). Metro: Kensington High Street o Notting Hill Gate. **Abierto** de 12.00 a 23.00 horas, de lunes a sábado; de 12.00 a 22.30 horas, los domingos. **Plano 1 A8**
Este famoso y antiguo *pub* tiene como marco tres acogedoras barras relacionadas entre sí y un hermoso jardín privado. Vaya en verano, coma un plato de salchichas y una cerveza y descanse tomando el sol.

Wine Gallery
49 Hollywood Road, SW10 (7352 7572). Metro: Earl's Court. **Abierto** de 12.00 a 16.00 horas y de 19.00 a 24.00 horas, de lunes a sábado; de 12.00 a 16.00 horas y de 19.00 a 22.30 horas, los domingos. **Plano 3 C12**
Aunque parezca increíble, este hermoso bar, que cuenta con un patio soleado, vende el vino a precios muy razonables (las botellas cuestan de 3,50 £ en adelante y el champán cuesta un mínimo de 17,50 £). De todos modos, para poder aprovechar esta ganga, tendrá que comer algo.

Tiendas y servicios

A pesar de la fama de Londres como la meca de los adictos a las compras, no siempre es fácil separar el grano de la paja. A continuación encontrará un listado de las mejores tiendas de la ciudad

BARRIOS PARA IR DE COMPRAS

Además de las áreas tradicionales **(Oxford Street, Covent Garden, King's Road)**, destaca **Regent Street**, que se está sumando rápidamente al conjunto con nuevos establecimientos de moda como **Zara** (*véase* pág. 222), que han pasado a substituir las aburridas tiendas de porcelana y jerséis características de estas calles.

Si busca un gran centro comercial del estilo de los que proliferan en Estados Unidos, no hay nada como el enorme **Bluewater**, junto a la salida 2 de la M25 en Greenhithe, Kent (08456 021021). El centro comercial ocupa 50 hectáreas e incluye más de 40 restaurantes y 12 salas de cine. Otra alternativa es el pequeño pero bien equipado **Lakeside** (01708 869933), en la salida 30/31 de la M25, cruzando el Támesis desde Bluewater en West Thurrock, Essex.

LOS DERECHOS DEL CONSUMIDOR

La ley establece los derechos de los consumidores y los protege. Los artículos importantes o caros deben tener una garantía que le permita devolver o cambiar el producto o exigir que le devuelvan el dinero si éste sale defectuoso (conserve siempre el comprobante de compra). Si devuelve el artículo por cualquier otra razón, el comercio puede decidir libremente si le devuelve o no su dinero. Si tiene alguna queja sobre la forma en que la empresa responde a su reclamación, denúnciela al **Trading Standards Departament** del municipio de Londres. Las **Office of Fair Trading** publica gratuitamente folletos informativos acerca de distintos aspectos del consumo y pone a su disposición una línea de atención al consumidor (0345 224499) que atiende de lunes a viernes, de 09.00 a 17.00 horas. Los folletos también se pueden obtener en el **Citizens' Advice Bureaux** (*véase* pág. 343), cuyo personal le informará acerca de sus derechos ante la ley.

HORARIOS

Las tiendas del centro de Londres abren hasta tarde un día a la semana (habitualmente hasta las 19.00 o 20.00 horas). Como regla de oro, los establecimientos del West End (de Oxford Street a Covent Garden) permanecen abiertos

Antoni & Alison, *cómo vender alegremente trapos y bolsas*

hasta tarde los jueves, mientras que los de Chelsea/ Knightsbridge/Kensington lo hacen los miércoles.

Accesorios de moda y servicios

De carácter general

Accessorize
Puesto 22, mercado de Covent Garden, Covent Garden, WC2 (7240 2107). Metro: Covent Garden. **Abierto** de 10.00 a 20.00 horas, de lunes a sábado; de 11.00 a 19.00 horas, los domingos. **Tarjetas de crédito** AmEx, DC, MC, V. **Plano 8 L6/7**
Un lugar que demuestra que los objetos de moda de temporada también pueden venderse a bajo precio. Collares, vestidos, joyas floreadas, sombreros, bolsas, cosméticos y colonias.
Sucursales: tiene muchas. Consulte las páginas amarillas para localizar la más cercana.

American Retro
35 Old Compton Street, Soho, W1 (7734 3477). Metro: Leicester Square. **Abierto** de 10.30 a 19.30 horas, de lunes a viernes; de 10.15 a 19.00 horas, los sábados. **Tarjetas de crédito** AmEx, DC, MC, V. **Plano 6 K6**
Este clásico del Soho, que lleva más de una década en marcha, vende una amplia gama de material de acampada como, por ejemplo, sacos, tiendas, capuchas y ropa contra el frío.
www.americanretro.com

Antoni & Alison
43 Rosebery Avenue, Clerkenwell, EC1 (7833 2002). Metro: Farringdon y estación del tren; autobús: 19, 38, 341. **Abierto** de 10.30 a 18.30 horas, de lunes a viernes; de 12.00 a 16.00 horas, los sábados. **Tarjetas de crédito** MC, V. **Plano 9 N4**
En esta antigua tienda de material eléctrico, de estilo victoriano, hoy se venden atrevidos accesorios, originales camisetas y ropa para hombre y mujer.
www.antoniandalison.co.uk

Emma Bernhardt
301 Portobello Road, Nothing Hillm, W10 (8960 2929). Metro: Ladbroke Grove. **Abierto** de 10.30 a 17.30 horas, de martes a viernes; de 10.30 a 18.30 horas, los sábados. **Tarjetas de crédito** MC, V. **Plano 1 A6.**
Esta tienda, que importa toda clase de productos mexicanos, ha aportado al distrito un toque *kitsch* latino en tecnicolor, barato y atrevido.
www.emmabernhardt.co.uk

Octopus
King's Walk Mall, 122 King's Road, SW3 (7589 7715). Metro: Sloane Square. **Abierto** de 09.30 a 18.30 horas, de lunes a sábado; de 12.00 a 18.00 horas, los domingos. **Tarjetas de crédito** AmEx, MC, V. **Plano 4 F11**
En esta tienda se puede encontrar toda clase de accesorios, desde los más baratos a los de mayor calidad. Entre los más solicitados figuran las lámparas hechas a mano, los espejos, las pajaritas y los tirantes.
Sucursales: 54 Neal Street, WC2 (7836 2911); 28 Carnaby Street, W1 (7287 3916).

Joyería

Angela Hale
5 The Royal Arcade, 28 Old Bond Street, Mayfair, W1 (7495 1920). Metro: Green Park. **Abierto** de 10.00 a 18.00 horas, de lunes a sábado. **Tarjetas de crédito** AmEx, MC, V. **Plano 7 J7**
Joyas originales para una ocasión especial, estilo Art Déco o piezas de los años cincuenta.
www.angelahale.co.uk

Argenta
82 Fulham Road, Chelsea, SW3 (7584 4480). Metro: South Kensington. **Abierto** de 09.30 a 17.30 horas, de lunes a viernes; de 09.30 a 17.00 horas, los sábados. **Tarjetas de crédito** AmEx, MC, V. **Plano 4 D11**
Uno de los mayores surtidos de joyería (plata y otros metales preciosos), con más de mil anillos de compromiso y boda, muchos de ellos de diseñadores contemporáneos.
www.argenta.co.uk

Butler & Wilson
189 Fulham Road, SW3 (7352 8255). Metro: South Kensington. **Abierto** de 10.00 a 18.00 horas, los lunes, martes, jueves y sábados; de 10.00 a 19.00 horas, los miércoles. **Tarjetas de crédito** AmEx, MC, V. **Plano 4 D11**
Bisutería fina.
Sucursal: 20 South Molton Street, W1 (7409 2955).
www.butlerandwilson.co.uk

Electrum Gallery
21 South Molton Street, Mayfair, W1 (7629 6325). Metro: Bond Street. **Abierto** de 10.00 a 18.00 horas, de lunes a sábados; de 12.00 a 17.00 horas, los domingos. **Tarjetas de crédito** AmEx, DC, MC, V. **Plano 5 H6**
Este establecimiento cuenta con uno de los surtidos de joyería artesanal y moderna más amplios de la ciudad, con diseños de más de cien creadores internacionales.

Frontiers
37 & 39 Pembridge Road, Nothing Hill, W11 (7727 6132). Metro: Notting Hill Gate. **Abierto** de 11.00 a 18.30 horas, de lunes a sábado; de 12.00 a 16.30 horas, los domingos. **Tarjetas de crédito** AmEx, DC, MC, V. **Plano 1 A7**
Esta galería, espaciosa y con paredes blancas, exhibe joyas de estilo antiguo y tribal de todo el mundo (en especial de Asia y del Norte de África).

Great Frog
10 Ganton Street, Soho, W1 (7439 9357). Metro: Oxford Circus. **Abierto** de 10.30 a 18.30 horas, de lunes

a sábado. **Tarjetas de crédito** AmEx, DC, MC, TCL, V. **Plano 5 J6**
Casa fundada en 1971, especializada en anillos de plata y oro macizo y con incrustaciones de piedras preciosas. *Página web: www.greatfrog.com.*

Into You
144 St. John Street, Finsbury, EC1 (7253 5085). Metro: Angel; metro y estación de tren: Farringdon. **Abierto** de 12.00 a 19.00 horas, de martes a sábados. **Tarjetas de crédito** MC, V. **Plano 9 03**
Un acogedor salón de tatuajes y *piercing* con joyas de estilo extremado. También hay diseños clásicos.
www.into-you.co.uk

Janet Fitch
37A Neal Street, Covent Garden, W1 (7240 6332). Metro: Covent Garden. **Abierto** de 10.30 a 19.00 horas, de lunes a sábado; de 12.00 a 18.00 horas, los domingos. **Tarjetas de crédito** AmEx, MC, TCL, V. **Plano 6 L6**
Joyas procedentes de más de trescientos diseñadores contemporáneos.
Sucursales: 25A Old Compton Street, WC2 (7287 3789); 188A King's Road, SW3 (7352 4401); 1 The Market, Covent Garden, WC2 (7379 8666).

Lesley Craze Gallery/Craze 2
34-35 Clerkenwell Green, Clerkenwell, EC1 (Lesley Craze Gallery 7608 0393/Craze 2 7251 0381). Metro y estación de tren: Farringdon. **Abierto** de 10.00 a 17.30 horas, de lunes a sábado. **Tarjetas de crédito** AmEx, MC, V. **Plano 9 N4**
Trabajos poco corrientes y de gran belleza artística realizados por diseñadores contemporáneos británicos. El número 34 está especializado en piezas hechas con metales preciosos; Craze 2 tiene joyas de materiales no preciosos.
www.lesleycrazegallery.co.uk

Tiffany
25 Old Bond Street, Mayfair, W1 (7409 2790). Metro: Green Park. **Abierto** de 10.00 a 17.30 horas, de lunes a sábados. **Tarjetas de crédito** AmEx, MC, V. **Plano 7 J7**
Refinadas joyas de estilo romántico. Los precios son elevados, aunque no desorbitados.
www.tiffany.com

Objetos de piel

Anya Hindmarch
91 Walton Street, SW3 (7584 7644). Metro: South Kensington. **Abierto** de 10.00 a 17.30 horas, de lunes a sábado. **Tarjetas de crédito:** AmEx, MC, V. **Plano 4 E10**
Maletas elegantes y modernas a precios elevados.
Sucursal: 15-17 Pont Street, SW1 (7838 9177).

Bill Amberg
10 Chepstow Road, Nothing Hill, W2 (7727 3560). Metro: Notting Hill Gate o Westbourne Park. **Abierto** de 10.00 a 18.00 horas, lunes, martes y de jueves a sábados; de 10.00 a 19.00 horas, los miércoles. **Tarjetas de crédito** AmEx, MC, V. **Plano 1 A5**
Artículos de piel famosos por su diseño y sus intensos colores, aunque lo más conocido son sus maletas. La tienda de Notting Hill cuenta con un gran surtido de mochilas urbanas para señora, neceseres, estuches para relojes y zapatillas de viaje.

Mulberry
11-12 Gees Court, St. Christopher's Place, Marylebone, W1 (7493 2546). Metro: Bond Street. **Abierto** de 10.00 a 18.00 horas, de lunes a miércoles, viernes y sábados; de 10.00 a 19.00 horas, los jueves. **Tarjetas de crédito** AmEx, DC, MC, V. **Plano 5 H6**
En esta tienda se pueden encontrar prendas de vestir del más puro estilo británico, así como maletas y accesorios. **Sucursales**: son muy numerosas. Consulte las páginas amarillas para localizar la más cercana.
www.mulberry-england.co.uk

Osprey
11 St. Christopher's Place, Marylebone, W1 (7935 2824). Metro: Bond Street. **Abierto** de 11.00 a 18.00 horas, los martes, miércoles, viernes y sábados; de 11.00 a 19.00 horas, los jueves. **Tarjetas de crédito** AmEx, MC, V. **Plano 5 H6**
Objetos hechos a mano y maletas que parecen más caras de lo que son en realidad. Hay también cinturones muy bonitos.

Paraguas y bastones

James Smith & Sons
53 New Oxford Street, WC1 (7836 4731). Metro: Tottenham Court Road. **Abierto** de 09.30 a 17.25 horas, de lunes a viernes; de 10.00 a 17.25 horas, los sábados. **Tarjetas de crédito** MC, V. **Plano 6 K6**
Casa fundada en 1857, de aspecto antiguo y atractivo, que ofrece un amplio surtido de paraguas y bastones. Mientras espera, le hacen una sombrilla a medida.
www.james-smith.co.uk

Relojes

City Clocks
31 Amwell Street, Islington, EC1 (7278 1154). Metro: Angel. **Abierto** de 08.30 a 17.30 horas, de martes a viernes; de 09.30 a 14.30 horas, los sábados. **Tarjetas de crédito** AmEx, DC, MC, V. **Plano 9 N3**
Empresa centenaria que se dedica a reparar cualquier tipo de reloj, así como a restaurar antiguos relojes de bolsillo y de pulsera. Si precisa otro buen especialista en reparaciones, acuda a **CR Frost & Son** (60-62 Clerkenwell Road, EC1; 7253 0315).
www.cityclocks.co.uk

Simon Carter
15 Quadrant Arcade, 80-82 Regent Street, Mayfair, W1 (7287 4363). Metro: Oxford Circus o Piccadilly

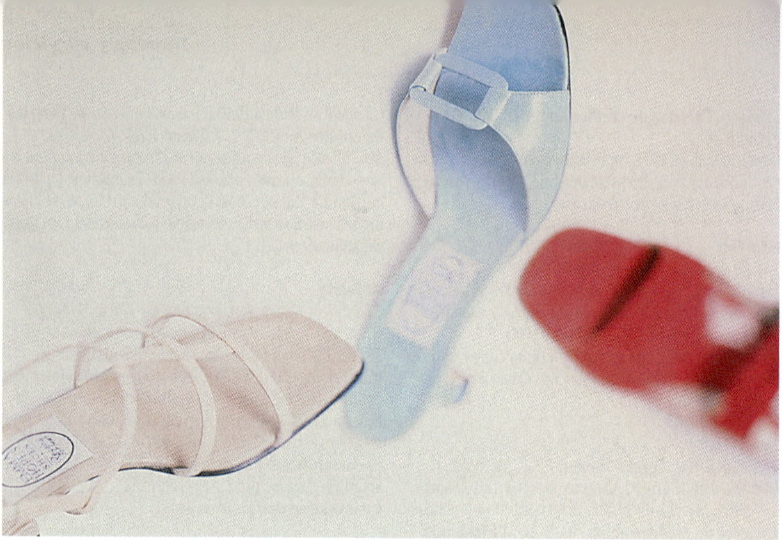

Los maravillosos zapatos de **Emma Hope** *(véase pág. 207)*

Circus. **Abierto** de 10.30 a 18.30 horas, de lunes a sábado. **Tarjetas de crédito** AmEx, MC, V. **Plano 7 J7**
Carter fabrica y vende sus propios diseños de relojes de estilo retro, muchos de ellos inspirados en las décadas de 1920 a 1960. Precios a partir de 89 £.
www.simoncarter.net

The Swatch Store
313 Oxford Street, Mayfair, W1 (7493 0237). Metro: Bond Street u Oxford Circus. **Abierto** de 10.00 a 19.00 horas, de lunes a miércoles, viernes y sábados; de 10.00 a 20.00 horas, los jueves; de 12.00 a 18.00 horas, los domingos. **Tarjetas de crédito** MC, V. **Plano 5 H6**
Distribuidor de los 160 modelos de relojes Swatch, con precios que oscilan entre las 17,95 a las 75 £.
Sucursal: 104-106 Long Acre, Covent Garden, WC2 (7836 7868).
www.swatch.com

Sastres

Véase también pág. 229, **Gieves & Hawkes**.

47/47A Carnaby Street
Carnaby Street, W1. Metro: Oxford Circus. **Plano 5 J6**
El Westminster Council se ha propuesto que el tradicional gremio de sastres del Soho no desaparezca completamente. Para ello, ha tomado algunas medidas: nadie puede utilizar los edificios de sastrería tradicionales con otro propósito. En ellos se encuentran comercios como **Keith Watson** (7437 2327), **Franco Santoro** (7437 8440) y **Brian Staples** (7734 5069).

Ozwald Boateng
9 Vigo Street, Mayfair, W1 (7734 6868). Metro: Piccadilly Circus. **Abierto** de 10.00 a 18.00 horas, de lunes a sábado. **Tarjetas de crédito** AmEx, MC, V. **Plano 7 J7**
Sastrería para hombres en la que destacan la línea y la gama de colores. Confecciones a medida desde 1.800 £; prendas elaboradas en tallas estándar desde 895 £.

Richard James
31 Savile Row, W1 (7434 0605). Metro: Green Park o Piccadilly Circus. **Abierto** de 10.00 a 18.00 horas, de lunes a viernes; de 11.00 a 18.00 horas, los sábados. **Tarjetas de crédito** AmEx, DC, MC, V. **Plano 7 J7**
Algo poco habitual: una sastrería de éxito en la que los dependientes no son antipáticos. Se confeccionan trajes hechos a medida con tejidos que van desde el cachemir hasta el dril. Entre sus clientes se encuentran Noel Gallagher, del grupo Oasis, y Madonna.
www.richardjames.co.uk

Timothy Everest
32 Elder Street, The City, E1 (7377 5770). Metro y estación de tren: Liverpool Street. **Abierto** de 09.00 a 18.00 horas de lunes a viernes; de 09.30 a 15.00 horas, los sábados; también a horarios convenidos. **Tarjetas de crédito** AmEx, MC, V. **Plano 10 R5**
Una de las mejores sastrerías modernas (tradicionales pero con estilo actual). También hay accesorios, camisas y zapatos.

Sombreros

Véase también pág. 229, **James Lock.**

Stephen Jones
36 Great Queen Street, Covent Garden, WC2 (7242 0770). Metro: Covent Garden o Holborn. **Abierto** de

11.00 a 18.00 horas, de martes a viernes. **Tarjetas de crédito** AmEx, DC, MC, V. **Plano 7 J7**
La especialidad de Jones son los diseños impresionantes e inteligentes. Cuenta con una serie de modelos unisex muy versátiles, cuyos precios van de las 70 £ a las 250 £.

Tintorerías, lavado en seco y arreglos

Buckingham Dry Cleaners
83 Duke Street, Mayfair, W1 (7499 1253). Metro: Bond Street. **Abierto** de 08.00 a 18.00 horas, de lunes a viernes; de 09.30 a 12.30 horas, los sábados. **Tarjetas de crédito** MC, V. **Plano 5 G6**
La clave de Buckingham reside en su servicio ejemplar.

Danish Express
16 Hinde Street, Marylebone, W1 (7935 6306). Metro: Bond Street. **Abierto** de 08.30 a 17.30 horas, de lunes a viernes; de 09.30 a 12.30 horas, los sábados. **Tarjetas de crédito** AmEx, DC, MC, V. **Plano 5 G5**
Danish Express recoge la ropa sucia y la entrega limpia. Si la ropa se entrega antes de las 10.00 horas, el servicio de entrega en el mismo día no tiene suplemento.

KS Tailoring Services
Planta baja, 13 Saville Row, W1 (7437 9345). Metro: Piccadilly Circus. **Abierto** de 09.00 a 18.00 horas, de lunes a viernes; de 09.00 a 16.00 horas, los sábados.
Empresa con gran experiencia, muy fiable, capaz de arreglar y retocar cualquier tipo de ropa.

Michael's Shoe Care
7 Southampton Row, Bloomsbury, WC1 (7405 7436). Metro: Holborn. **Abierto** de 08.00 a 18.30 horas, de lunes a viernes. **Tarjetas de crédito** AmEx, MC, V. **Plano 6 M5**
Esta cadena de zapateros vende en sus tiendas toda clase de elementos para el cuidado de los zapatos, además de bufandas, cinturones, paraguas y maletines.
Sucursales: son muy numerosas. Consulte las páginas amarillas para localizar la más cercana.

Zapatos

Si tiene dinero, vaya a dos de las mejores tiendas de calzado de moda: **Jimmy Choo** (20 Motcomb Street, SW1; 7235 0242) y **Manolo Blahnik** (49-51 Old Church Street, SW3; 7352 3863). Para algo más tradicional, *véase* pág. 229, **John Lobb**.

Camper
39 Floral Street, Covent Garden, WC2 (7379 8678). Metro: Covent Garden. **Abierto** de 10.30 a 19.00 horas, de lunes, a sábados; de 12.00 a 18.00 horas, los domingos. **Tarjetas de crédito** AmEx, DC, MC, V. **Plano 8 L6**
Zapatos cómodos y con estilo hechos en Mallorca, para hombre y mujer.
www.camper.es

Dr. Marten Department Store
1-4 King Street, Covent Garden, WC2 (7497 1460). Metro: Covent Garden. **Abierto** de 10.00 a 19.00 horas, de lunes a miércoles, viernes y sábados; de 10.00 a 20.00 horas, los jueves; de 12.00 a 18.00 horas, los domingos. **Tarjetas de crédito** AmEx, MC, V. **Plano 8 L7**
Cinco plantas de calzado y de ropa muy duraderos.
www.drmartens.com

Emma Hope
53 Sloane Square, SW1 (7259 9566). Metro: Sloane Square. **Abierto** de 10.00 a 18.00 horas, lunes, martes, jueves, viernes y sábados; de 10.00 a 19.00 horas, los miércoles. **Tarjetas de crédito** AmEx, MC, V. **Plano 4 F10**
Zapatos elegantes de diferentes materiales diseñados por Emma Hope, una creadora muy famosa en Inglaterra. También cuentan con una colección de zapatos de novia.
Sucursales: 33 Amwell Street, EC1 (7833 2367); 207 Westbourne Grove, W11 (7243 6233).

Natural Shoe Store
21 Neal Street, Covent Garden, WC2 (7836 5254). Metro: Covent Garden. **Abierto** de 10.00 a 18.00 horas, los lunes y martes; de 10.00 a 19.00 horas, de miércoles a viernes; de 10.00 a 18.30 horas, los sábados; de 12.00 a 17.30 horas, los domingos. **Tarjetas de crédito** AmEx, DC, MC, V. **Plano 6 L6**
Estos zapatos se fabrican respetando el medio ambiente y a los animales.
Sucursal: 325 King's Road, SW3 (7351 3721).
www.naturesco.com

Office
57 Neal Street, Covent Garden, WC2 (7379 1896). Metro: Covent Garden. **Abierto** de 10.00 a 19.00 horas, de lunes a miércoles y los viernes; de 10.00 a 20.00 horas, los jueves; de 10.30 a 19.00 horas, ls sábados; de 12.00 a 18.00 horas, los domingos. **Tarjetas de crédito** AmEx, MC, V. **Plano 6 L6**
Calzado urbano con una amplia gama de estilos, desde el más sobrio hasta el más desenfadado.
Sucursales: tiene muchas. Consulte las páginas amarillas para localizar la más cercana.
www.officelondon.co.uk

Patrick Cox
129 Sloane Street, Chelsea, SW1 (7730 8886). Metro: Sloane Square. **Abierto** de 10.00 a 18.00 horas, los lunes, martes,y de jueves a sábados; de 10.00 a 19.00 horas, los miércoles; de 11.00 a 17.00 horas, los domingos. **Tarjetas de crédito** AmEx, V. **Plano 4 F10.**
La inagotable imaginación de las creaciones de Cox es tan popular que la gente hace cola para comprar sus productos.

Shellys
266-270 Regent Street, Marylebone, W1 (7287 0939). Metro: Oxford Circus. **Abierto** de 10.00 a 19.00 horas,

de lunes a miércoles y viernes; de 10.00 a 20.00 horas, los jueves; de 09.30 a 19.00 horas, los sábados; de 12.00 a 18.00 horas, los domingos. **Tarjetas de crédito** AmEx, DC, MC, V. **Plano 5 J6**
Amplio surtido de botas urbanas, zapatos y zapatillas deportivas para hombre y mujer.
Sucursales: tiene muchas. Consulte las páginas amarillas para localizar la más cercana.
www.shellys.co.uk

Accesorios para la casa

Véase también **The Conran Shop, Purves & Purves** y **Heal's**, págs. 228 y 230.

After Noah
121 Upper Street, Islington, N1 (7359 4281). Metro: Angel. **Abierto** de 10.00 a 18.00 horas, de lunes a sábado; de 12.00 a 17.00 horas, los domingos. **Tarjetas de crédito** AmEx, MC, V. **Plano 9 01**
Una mezcla de accesorios de segunda mano y nuevos, y muebles con un esmerado estilo en los adornos.
Sucursal: 261 King's Road, Chelsea, SW3 (7351 2610).
www.afternoah.com

Cath Kidston
8 Clarendon Cross, W11 (7221 4000). Metro: Holland Park. **Abierto** de 10.30 a 18.00 horas, de lunes a viernes; de 11.00 a 18.00 horas, los sábados. **Tarjetas de crédito** MC, V.
Artículos nuevos y de segunda mano de los años cincuenta o inspirados en ellos: muebles pintados, telas y vajillas, entre otros objetos. También hay cuadros de flores y telas estampadas.

Designers Guild
267-271 y 275-277 King's Road, Chelsea, SW3 (7351 5775). Metro: Sloane Square y, después autobuses 11, 19 y 22. **Abierto** de 09.30 a 17.30 horas, los lunes y los martes; de 10.00 a 18.00 horas, de miércoles a sábado; de 12.00 a 17.00 horas, los domingos (sólo los números 261-271). **Tarjetas de crédito** AmEx, MC, V. **Plano 4 E12**
Los colores luminosos y fuertes son el sello de la línea Tricia Guild. Encontrará vajillas, cristalerías y delicadas piezas de mobiliario.
www.designersguild.com

David Wainwright
28 Rosslyn Hill, Hampsteads, NW3 (7431 5900). Metro: Hampstead. **Abierto** de 10.00 a 19.00 horas, de lunes a sábado; de 11.00 a 19.00 horas, los domingos. **Tarjetas de crédito** AmEx, DC, MC, V.
Preciosos artículos entre los que se encuentran mesas de centro en madera de teca y bambú, procedentes de Rajastán, Indonesia, Java y Malasia.
Sucursales: 251 Portobello Road, Nothing Hill, W11 (7792 1988); 63 Portobello Road, Portobello Road, W11 (7727 0707).

Divertimenti
45-47 Wigmore Street, Marglebone, W1 (7935 0689). Metro: Bond Street. **Abierto** de 09.30 a 18.00 horas, los lunes, martes, miércoles y viernes; de 09.30 a 19.00 horas, los jueves; de 09.30 a 18.00 horas, los sábados. **Tarjetas de crédito** AmEx, DC, MC, V. **Plano 5 G6**
Utensilios de cocina de estilo sobrio.
Sucursal: 139-141 Fulham Road, Chelsea, SW3 (7581 8065).
www.divertimenti.co.uk

Elephant Furniture
230 Tottenham Court Road, Fitzgrova, W1 (7637 7930). Metro: Goodge Street o Tottenham Court. **Abierto** de 10.00 a 18.30 horas, de lunes a viernes; de 10.00 a 18.00 horas, los sábados; de 11.00 a 17.00 horas, los domingos. **Tarjetas de crédito** MC, V. **Plano 6 K5**
Esta cadena en plena expansión vende alfombras de inspiración étnica, cojines, espejos, jarrones y otros accesorios para la casa.
Sucursales: 169-171 Queensway, Bayswater, W2 (7467 0630).

The Holding Company
241-245 King's Road, Chelsea, SW3 (7352 1600). Metro: Sloane Square; autobuses 11, 19, 22. **Abierto** de 10.00 a 18.00 horas, lunes, martes, jueves y viernes; de 10.00 a 19.00 horas, miércoles y sábados; de 12.00 a 18.00 horas, los domingos. **Tarjetas de crédito** AmEx, MC, V.
Un maravilloso e ingenioso surtido de ideas.
www.theholdingcompany.co.uk

Muji
187 Oxford Street, Soho, W1 (7437 7503). Metro: Oxford Circus. **Abierto** de 10.00 a 19.00 horas, de lunes a miércoles de 10.00 a 20.00 horas, los jueves; de 10.00 a 19.30 horas, los viernes; de 12.00 a 18.00 horas, los domingos. **Tarjetas de crédito** AmEx, DC, MC, V. **Plano 6 K6**
Esta cadena japonesa ofrece diseños de serie limitada en papelería, accesorios para la cocina y el baño y ropa.
Sucursales: tiene muchas. Consulte las páginas amarillas para localizar la más cercana.
www.muji.co.jp

Space
214 Westbourne Grove, Nothing Hill, W11 (7229 6533). Metro: Notting Hill Gate. **Abierto** de 10.00 a 18.00 horas, de lunes a sábado. **Tarjetas de crédito** AmEx, MC, V.
Esta luminosa tienda blanca vende todo tipo de accesorios para la casa, desde jarrones de Jonathan Adler hasta espléndidas mochilas de lana a un precio desorbitado (desde 1.600 £).
www.spaceshop.co.uk

Artesanías

Véase también pág. 205 **Lesley Craze Gallery/Craze 2**.

Contemporary Applied Arts

2 Percy Street, W1 (020 7436 2344). Metro: Tottenham Court Road. **Abierto** de 10.30 a 17.30 horas, de lunes a sábado. **Tarjetas de crédito** AmEx, MC, TCL, V. **Plano 6 K5**
Uno de los surtidos más grandes, variados y dinámicos de nueva artesanía londinense.
www.caa.org.uk

Contemporary Ceramics

William Blake House, 7 Marshall Street, W1 (7437 7605). Metro: Oxford Circus. **Abierto** de 10.00 a 17.30 horas, de lunes a miércoles, los viernes y sábados; de 10.00 a 19.00 horas, los jueves. **Tarjetas de crédito** AmEx, MC, V. **Plano 5 J6**
La Craft Potters'Asociation vende al por menor una selección de los trabajos de sus miembros. También hay exposiciones periódicas.

Crafts Council Gallery Shop

44A Pentonville Road, Islington, N1 (7806 2559). Metro: Angel. **Abierto** de 11.00 a 17.45 horas, de martes a sábado; de 14.00 a 17.45 horas, los domingos. **Tarjetas de crédito** AmEx, MC, V. **Plano 9 N2**
Esta tienda pequeña y agradable ofrece trabajos de alta calidad. La oferta es variada y además renuevan los productos con frecuencia.
Sucursal: Victoria & Albert Museum, Cromwell Road, South Kensington, SW7 (7589 5070).
www.craftscouncil.org.uk

Gabriel's Wharf & Oxo Tower

Upper Ground, South Bank, SE1 (información grabada 7401 2255). Metro y estación de tren: Waterloo. **Abierto** de 11.00 a 18.00 horas, de martes a domingo. **Tarjetas de crédito** varían. **Plano 11 N7**
Gabriel's Wharf cuenta con tiendas de artesanía y talleres de trabajo con especialistas en fabricación y reparación de objetos de plata y papel *mâché*, y ceramistas. A unos cien metros, **Oxo Tower** ofrece un selecto surtido de artículos de artistas y diseñadores, como la ceramista Caterina Fadda, persianas modulares de Salt, cortinas y colgadores, muebles rústicos de estilo minimalista de Hive y otros objetos.
www.oxotower.org.uk

Aficiones

The Bead Shop

21A Tower Street, Covent Garden, WC2 (7240 0931). Metro: Leicester Square. **Abierto** de 13.00 a 18.00 horas, los lunes; de 10.30 a 18.00 horas, de martes a viernes; de 11.30 a 17.00 horas, los sábados. **Tarjetas de crédito** AmEx, MC, V. **Plano 6 K6**
Una caleidoscópica selección de cuentas de collar, correas, broches y otros adornos.

Beatties

202 High Holborn, Holborn, WC1 (7405 6285). Metro: Holborn. **Abierto** de 10.00 a 18.00 horas, de lunes a viernes; de 09.00 a 17.30 horas, los sábados; de 11.00 a 17.00 horas, los domingos. **Tarjetas de crédito** AmEx, MC, V. **Plano 6 L5**
Piezas para todo tipo de maquetas, y especialmente cualquier material para los aficionados a los trenes.
Sucursales: tiene muchas. Consulte las páginas amarillas para localizar la más cercana.
www.beatties.net

London Doll House Company

Unidad 29, The Market, Covent Garden, WC2 (7240 8681). Metro: Covent Garden. **Abierto** de 10.30 a 19.00 horas, de lunes a sábado; de 12.00 a 17.00 horas, los domingos. **Tarjetas de crédito** AmEx, MC, V. **Plano 8 L7**
Reproducciones de casas de muñecas de estilo victoriano y otras más modernas, además de un amplio surtido de accesorios.

London Graphic Centre

16-18 Shelton Street, WC2 (7240 0095). Metro: Covent Garden. **Abierto** de 09.30 a 18.00 horas, de lunes a viernes; de 10.30 a 18.00 horas, los sábados. **Tarjetas de crédito** AmEx, MC, V. **Plano 6 L6**
Casa con un gran surtido de artículos para bellas artes, materiales gráficos y de reprografía y ordenadores.
Sucursales: 13 Tottenham Street, W1 (7637 2199); 254 Upper Richmond Road, SW15 (8785 9797).
www.londongraphics.co.uk

Spink & Son

69, Southampton Row, Bloomsbury, WC1 (7563 4000). Metro: Holborn o Russell Square. **Abierto** de 09.00 a 17.30 horas, de lunes a viernes. **Tarjetas de crédito** AmEx, MC, V. **Plano 7 J8**
Es la casa de monedas y medallas más importante de Reino Unido, y una tienda fascinante y con gran encanto.
www.spink-online.com

Stanley Gibbons International

399 Strand, WC2 (7836 8444). Metro: Covent Garden; estación de tren: Charing Cross. **Abierto** de 8.30 a 18.00 horas, de lunes a viernes; de 09.00 a 17.30 horas, los sábados. **Tarjetas de crédito** AmEx, DC, MC, V. **Plano 8 L7**
Fundado en 1856, es el establecimiento filatélico más grande y famoso de Londres: vende más de tres millones de sellos, un tercio de los cuales cuesta menos de 1 £.

Anticuarios

Para el **Bermondsey (New Caledonian) Market** y el **Portobello Road Market**, *véase* pág. 227. La siguiente

Dónde encontrar trastos viejos

Las tiendas de antigüedades de Londres no suelen estar aisladas, sino que tienden a agruparse. Si dispone de una tarde para echar un vistazo, dé una vuelta por:

Old Bond Street, New Bond Street, W1
Metro: Bond Street o Green Park.
Sede de las mejores tiendas y galerías. Mire a sus escaparates y sueñe.

Church Street, NW8
Metro: Edgware Road o Marylebone; estación de tren: Marylebone.
El **Alfie's Antique Market** (*véase* inferior) está al final del extremo oriental, junto con varias tiendas llenas de objetos de los siglos XIX y XX.

Kensington Church Street, W8
Metro: High Street Kensington.
Comerciantes especializados en grandes e impresionantes objetos de deseo.

King's Road/New King's Road, SW3, SW6
Metro: Fulham Broadway.
En ambas calles se encuentra de todo, desde lo más sublime hasta lo más cotidiano. Combine el paseo con una visita a **Antiquarius** (*véase* inferior).

Lillie Road, SW6
Metro: Fulham Broadway o Hammersmith; autobuses 11, 74.
Este *conjunto* de tiendas ofrece una variada mezcla de antigüedades decorativas.

Portobello Road/Westbourne Grove, W11
Metro: Notting Hill Gate.
Mézclese con la muchedumbre que invade cada sábado el lugar y no tema regatear (*véase* pág. 227).

Tower Bridge Road, SE1
Metro: Borough, Tower Hill o London Bridge; estación de tren: London Bridge; DLR Tower Gateway.
Calle en la que hay varias tiendas de muebles para el hogar. Se pueden encontrar algunas gangas, pero deberá ser muy ágil para conseguirlas antes que nadie. Es fácil conseguir una amplia colección de antigüedades en el cercano **Bermondsey (New Caledonian) Market** (*véase* pág. 227).

lista es de grandes centros o mercados, que suelen contar con cientos de puestos distintos.

Admiral Vernon
141-149 Portobello Road, Nothing Hill, W11 (7727 5242). Metro: Notting Hill Gate. **Abierto** de 05.00 a 17.00 horas, los sábados. **Tarjetas de crédito** varía. **Plano 1 A6**
Uno de los mercados de antigüedades más interesantes de Londres. Encontrará telas, encajes, juguetes, cerámica oriental, arte en vidrio y dibujos de gran calidad.
www.portobello.antiques.org.uk

Alfie's Antique Market
13-25 Church Street, Marylebone, NW8 (7723 6066). Metro: Edgware Road; estación de tren: Marylebone.
Abierto de 10.00 a 18.00 horas, de martes a sábado. **Tarjetas de crédito** varía. **Plano 2 E4**
Se trata de un centro comercial extenso y algo desordenado, que dispone de varias plantas (y cerca de 400 tiendas). Habitualmente, en el sótano encontrará cuadros, lámparas de estilo Art Nouveau, marcos y artículos de cocina de antes de la guerra. En las plantas superiores, encontrará vidrio, grabados, plata y mucho más. Más barato que los comercios del West End.
www.ealfies.com

Antiquarius
131-141 King's Road, Chelsea, SW3 (7351 5353). Metro: Sloane Square; autobuses: 19, 22 y 319.
Abierto de 10.00 a 108.00 horas, de lunes a sábado. **Tarjetas de crédito** varía. **Plano 4 F11**
El fuerte de este centro comercial de antigüedades, que cuenta con cerca de 120 comercios son las esculturas Art Nouveau, los portarretratos, la plata, las joyas y los relojes.

Camden Passage
Camden Passage, junto a Upper Street, N1 (7359 0190). Metro: Angel. **Abierto** *tiendas de dentro* de 10.00 a 17.00 horas; martes, jueves y viernes; de 08.00 a 17.00 horas, los miércoles; de 09.00 a 17.00 horas, los sábados; *tiendas* de fuera de 08.00 a 14.00 horas, los miercoles; de 08.00 a 16.00 horas, los sábados.
Tarjetas de crédito varía. **Plano 9 O2**
Esta tienda de antigüedades se encuentra en Islington, no en Camden, y cuenta con varias tiendas especializadas, a las que se suman los puestos exteriores que se instalan fuera los miércoles y los sábados. Al final del extremo norte, el edificio del **Georgian Village** contiene algunas buenas obras de metal de estilo Art Nouveau, cerámica azul y blanca y cerámica conmemorativa. **The Mall** es lo más impresionante y vende buenas piezas de porcelana, piezas artísticas de barro y acuarelas.
www.antiquescamdenpassage.co.uk

Grays Antiques Market y Grays in the Mews
58 Davies Street y 1-7 Davies Mews, Mayfair, W1 (7629 7034). Metro: Bond Street. **Abierto** de 10.00 a 18.00 horas, de lunes a viernes. **Tarjetas de crédito** varía. **Plano 5 H6**
Dos espacios: el Grays Antigues Market está especializado en joyería (además de textiles, grabados y algo de cerámi-

ca y vidrio), mientras que Grays in the Mews es más adecuado para los que buscan gangas. En el sótano hay un grupo de comerciantes de originales juguetes antiguos que conservan, por ejemplo, coches o trenes impecables, además de otros anticuarios. **Biblion** es una de las novedades; se trata de un local construido expresamente para la venta de libros. En la actualidad, más de 100 comercios venden libros antiguos y de segunda mano.
www.graysantiques.com

London Silver Vaults
Chancery House, 53-64 Chancery Lane, Holborn, WC2 (7242 3844). Metro: Chancery Lane. **Abierto** de 09.00 a 17.20 horas, de lunes a viernes; de 09.00 a 12.50 horas, los sábados. **Tarjetas de crédito** AmEx, MC, V. **Plano 6 M5**
Estos fascinantes sótanos abovedados que albergan a un promedio de cuarenta comerciantes están llenos de objetos de plata modernos y antiguos, con precios que oscilan entre las 20 y las 20.000 £ más. A buen seguro encontrará algo que le interese. Algunos comerciantes se han especializado asimismo en relojes de pared, relojes de pulsera y joyería.

Comida y bebida

Para mayor información sobre grandes almacenes, *véanse* págs. 220-221. Para información sobre pescado, *véase* pág. 184.

Café y té

Algerian Coffee Stores
52 Old Compton Street, Soho, W1 (7437 2480). Metro: Leicester Square o Piccadilly Circus.
Abierto de 09.00 a 19.00 horas, de lunes a sábado. **Tarjetas de crédito** AmEx, DC, MC, V. **Plano 6 K6**
Desde 1887 se vende café en grano, tés, chocolates y objetos para su preparación. Todo ello en el ambiente propio del Soho, lleno de encanto.
www.algcoffee.co.uk

The Tea House
15A Neal Street, Covent Garden, WC2 (7240 7539). Metro: Covent Garden. **Abierto** de 11.00 a 19.00 horas, de lunes a miércoles; de 10.00 a 19.30 horas, los jueves; de 10.00 a 19.00 horas, los viernes y sábados; de 12.00 a 18.00 horas, los domingos. **Tarjetas de crédito** AmEx, MC, V. **Plano 6 L6**
Un verdadero templo dedicado a la divinidad del té. Encontrará todas las infusiones imaginables, además de un amplio surtido de teteras.

R. Twining & Co
216 Strand, Covent Garden, WC2 (7353 3511). Metro: Temple; metro y estación de tren: Charing Cross. **Abierto** de 09.30 a 16.45 horas, de lunes a viernes. **Tarjetas de crédito** AmEx, MC, V. **Plano 6 M6**
Con casi trescientos años en el negocio, Twining & Co ofrece una gran selección de tés. Hay también un museo de la historia de la empresa.
www.twinings.com

Whittard
65 Regent Street, W1 (7734 2170). Metro: Piccadilly Circus. **Abierto** de 09.30 a 18.00 horas, de lunes a miércoles; de 09.30 a 19.00 horas, de jueves, a sábados; de 11.00 a 17.00 horas, los domingos. **Tarjetas de crédito** AmEx, MC, V. **Plano 7 J7**
Caprichosas teteras, tazas y platitos, además de un impresionante surtido de tés y cafés, desde el más tradicional hasta el más exótico.
Sucursales: tiene muchas. Consulte las páginas amarillas para localizar la más cercana.
www.whittard.com

Cerveza

The Beer Shop
14 Pitfield Street, Hoxton, N1 (7739 3701). Metro y estación de tren: Old Street. **Abierto** de 11.00 a 19.00 horas, de lunes a viernes; de 10.00 a 16.00 horas, los sábados. **Tarjetas de crédito** MC, V. **Plano 10 Q4**
Amplia selección de cervezas de botella y barril; además, todo el equipo necesario para prepararla usted mismo.
www.pitfieldbeershop.co.uk

Confiterías

Véase también pág. 229, **Charbonnel & Walker**.

Godiva
247 Regent Street, Mayfair, W1 (7495 2845). Metro: Oxford Circus. **Abierto** de 9.30 a 19.00 horas, de lunes a sábado; de 12.00 a 18.00 horas, los domingos. **Tarjetas de crédito** AmEx, DC, MC, V. **Plano 5 J6**
No vaya a Godiva si le preocupan las calorías, porque no podrá resistirse a los deliciosos chocolates elaborados artesanalmente. Una de las especialidades son los dulces de temporada.
Sucursales: son muy numerosas. Consulte las páginas amarillas para localizar la más cercana.
www.godiva.com

Rococo
321 King's Road, Chelsea, SW3 (7352 5857). Metro: Sloane Square. **Abierto** de 10.00 a 18.30 horas, de lunes a sábado; de 12.00 a 17.00 horas, los domingos. **Tarjetas de crédito** AmEx, MC, V. **Plano 4 D12**
Chantal Coady, de la famosa Chocolate Society, fundó este paraíso para los adictos al chocolate. La oferta es muy variada, desde la seriedad de las tabletas de chocolate Valrhorna hasta la frivolidad de las aceitunas de chocolate. La **Chocolate Society** tiene ahora su propia tienda en 36 Elizabeth Street, SW1 (7259 9222).
www.rococochocolates.com

Delicatessen

Bluebird
350 King's Road, Chelsea, SW3 (7559 1000). Metro: Sloane Square y después autobuses: 11, 19, 22, 49, 211, 319 y 345. **Abierto** de 09.00 a 20.00 horas, de lunes a miércoles; de 09.00 a 21.00 horas, de jueves a sábados; de 12.00 a 18.00 horas, los domingos. **Tarjetas de crédito** AmEx, DC, MC, V. **Plano 4 D12**
Bienvenido al paraíso de los manjares. El establecimiento de sir Terence Conran (para el restaurante, *véase* pág. 166) se encuentra en la planta baja y contiene un fabuloso surtido de provisiones que incluyen aceite, fruta, verdura y varios tipos de pan.
www.conran.com

Carluccio's
28A Neal Street, Covent Garden, WC2 (7240 1487). Metro: Covent Garden. **Abierto** de 11.00 a 19.00 horas, de lunes a sábados; de 11.00 a 18.00 horas, los domingos. **Tarjetas de crédito** AmEx, MC, V. **Plano 6 L6**
Colmado de productos italianos (muy bien presentados) a precios elevados. Hay también verduras frescas de calidad y platos preparados.
www.carluccios.com

Lina Stores
18 Brewer Street, W1 (7437 6482). Metro: Piccadilly Circus. **Abierto** de 07.00 a 17.45 horas, de lunes a viernes; de 07.00 a 17.00 horas, los sábados. **Tarjetas de crédito** AmEx, MC, V. **Plano 7 J7**
Una pequeña selección de casi todas las delicias italianas imaginables. Pruebe, por ejemplo, los *tortellini* frescos rellenos de calabaza o setas silvestres. Es algo único.

Villandry
170 Great Portland Street, Marylebone, W1 (7631 3131). Metro: Great Portland. **Abierto** de 08.30 a 22.00 horas, de lunes a sábado; de 09.00 a 16.00 horas, los domingos. **Tarjetas de crédito** MC, V. **Plano 5 H5**
Ahora que el Villandry (*delicatessen* y restaurante) se ha mudado al edificio nuevo, queda más sitio para una amplia selección de quesos de degustación, pan y especialidades de todo el mundo.
www.villandry.com

Embutidos

Simply Sausages
93 Berwick Street, W1 (7287 3482). Metro: Leicester Square o Tottenham Court Road. **Abierto** de 08.00 a 18.00 horas, de lunes a viernes; de 09.00 a 18.00 horas, los sábados. **Plano 5 J6**
Esta tienda hace maravillosos embutidos de cerdo, muchos con recetas británicas centenarias y otros con ingredientes típicos de otros países.
Sucursal: 341 Central Markets, EC1 (7329 3227).

Panaderías y pastelerías

Para otras pastelerías-cafeterías, *véase también* pág. 180.

& Clarke's
122 Kensington Church Street, Kensington, W8 (7229 2190). Metro: Notting Hill Gate. **Abierto** de 08.00 a 20.00 horas, de lunes a viernes; de 09.00 a 16.00 horas, los sábados. **Tarjetas de crédito** AmEx, MC, V. **Plano 1 B8**
Este diminuto local situado junto al restaurante Sally Clarke ofrece productos selectos (confituras, trufas, quesos de Neal's Yard), pero su especialidad son los más de 35 tipos de pan (de higo e hinojo, de avena, de miel...).
www.sallyclarke.com

Konditor & Cook
22 Cornwall Road, South Bank, SE1 (7261 0456). Metro y estación de tren: Waterloo; autobús: 27. **Abierto** de 07.30 a 18.30 horas, de lunes a viernes; de 8.30 a 14.30 horas, los sábados. **Tarjetas de crédito** MC, V. **Plano 11 N8**
Encontrará una selección de pasteles y pastas que le harán la boca agua. El pan es de **& Clarke's** (*véase* pág. 212). Puede probar la mayoría de ellos en la cafetería del teatro **Young Vic**, en The Cut, SE1.
Sucursales: 10 Stoney Street, Bankside, SE1 (7407 5100).

Los embutidos de **Simply Sausages**

Pâtisserie Valerie
44 Old Compton Street, Soho, W1 (7437 3466). Metro: Tottenham Court Road. **Abierto** de 07.30 a 20.00 horas, de lunes a sábado; de 09.30 a 19.00 horas, los domingos. **Tarjetas de crédito** AmEx, DC, MC, V. **Plano 6 K6**
Toda una institución en el Soho: esta venerable pastelería ofrece un selecto surtido de repostería, pasteles y tartas. **Sucursales**: son muy numerosas. Consulte las páginas amarillas para localizar la más cercana.
www.patisserievalerie.co.uk

Productos internacionales

Para los mejores productos afrocaribeños, *véase* pág. 226, **Brixton Market**. Para artículos de China, **Chinatown** es el mejor lugar; vaya también al enorme **Loon Fung Supermarket**, en 42-44 Gerrard Street. Para la mejor comida turca, **Green Lanes**, en N4 y N5 (metro: Manor House o Turnpike Lane; autobuses: 29, 141 y 171 A). Para productos de la India, **Southall** (estación de tren: Southall; autobuses 83, 105 y 207). Para exquisiteces asiáticas, **Oriental City**, en 399 Edgware Road, NW9 (metro: Colindale).

Quesos

Véase también pág. 229, **Paxton & Whitfield.**

Neal's Yard Dairy
17 Shorts Gardens, Covent Garden, WC2 (7240 5700). Metro: Covent Garden. **Abierto** de 09.00 a 19.00 horas, de lunes a sábado; de 10.00 a 17.00 horas, los domingos. **Tarjetas de crédito** MC, V. **Plano 6 L6**
Esta tienda es, más que ninguna, la responsable del renacimiento de los quesos caseros en Inglaterra e Irlanda. Muchos de los quesos que se venden se hacen en los sótanos de la tienda y llegan al mostrador en un estado de insólita perfección. También hay aceites, salsas y panes. **Sucursal**: 6 Park Street, Bankside, Borough Market, SE1 (7378 8195).

Salud y alimentos orgánicos

Véase también pág. 227, **Spitalfields Market.**

Freshlands
49 Parkway, NW1 (7428 7575). Metro: Camdem Town. **Abierto** de 08.00 a 21.30 horas, todos los días. **Tarjetas de crédito** MC, V.
Esta tienda está dedicada a los productos orgánicos. Ofrece una estupenda selección de vitaminas, remedios, libros, alimentos frescos y productos naturales.
Sucursales: 196 Old Street, EC1 (7250 1708); **Wild Oats** 210 Westbourne Grove, W11 (7229 1063).

Planet Organic
42 Westbourne Grove, Bayswater, W2 (7221 7171). Metro: Bayswater o Queensway. **Abierto** de 09.30 a 20.00 horas, de lunes a sábado; de 12.00 a 17.00 horas, los domingos. **Tarjetas de crédito** AmEx, MC, V. **Plano 1 B6**
Un impresionante supermercado de comida naturista. Además de los diez o más estantes de ultramarinos, hay una carnicería con salchichas orgánicas, una pescadería, un bar de cafés y zumos ecológicos y una pequeña floristería. También se venden vinos sin aditivos ni conservantes.
www.planetorganic.com

Vinos y licores

Para consumo diario, es difícil superar a **Oddbins** (sucursales en todo Londres; *véanse* las páginas amarillas). *Véase también* pág. 229, **Berry Bros & Rudd**.

Milroy's of Soho
3 Greek Street, Soho, W1 (7437 9311). Metro: Tottenham Court Road. **Abierto** de 10.00 a 19.00 horas, de lunes a sábados. **Tarjetas de crédito** AmEx, DC, MC, V. **Plano 6 K6**
Whisky en abundancia. Los artículos de Milroy's superan las cuatrocientas especialidades, e incluyen un gran surtido de singulares maltas, bourbons y whiskys irlandeses.
www.milroys.co.uk

Deportes

The Kite Store
48 Neal Street, Covent Garden, WC2 (7836 1666). Metro: Covent Garden. **Abierto** de 10.00 a 18.00 horas, de lunes a miércoles y los viernes; de 10.00 a 19.00 horas, los jueves; de 10.30 a 18.00 horas, los sábados. **Tarjetas de crédito** AmEx, MC, V. **Plano 6 L6**
Más de cien modelos diferentes de cometas, desde los más sencillos hasta los más sofisticados. El personal aconseja los modelos más convenientes para los que se inician en este deporte.
www.pollocks-coventgarden.co.uk

Lillywhite's
24-36 Lower Regent Street, St. James's, SW1 (7930 3181). Metro: Piccadilly Circus. **Abierto** de 10.00 a 20.00 horas, de lunes a sábados; de 12.00 a 17.00 horas, los domingos. **Tarjetas de crédito** AmEx, MC, V. **Plano 8 K7**
Edificio de seis plantas lleno de ropa deportiva de todas las marcas estadounidenses. Además, todos los accesorios necesarios para practicar el buceo.

Skate Attack
95 Highgate Road, Kentish Town, NW5 (7485 0007). Metro: Kentish Town. **Abierto** de 09.30 a 18.00 horas, de lunes a viernes; de 09.00 a 18.00, los sábados. **Tarjetas de crédito** AmEx, MC, V.
Tienda especializada en todo lo necesario para el patinaje. Es la tienda más grande de este estilo en toda Europa, y también realiza reparaciones.
www.skateattack.com

Ponga sus manos en **Micro Anvika**

World of Football
119-121 Oxford Street, W1 (7287 5088). Metro: Oxford Circus o Tottenham Court Road. **Abierto** de 10.00 a 19.00 horas, de lunes a miércoles, los viernes y sábados; de 10.00 a 20.00 horas, los jueves; de 12.00 a 18.00 horas, los domingos. **Tarjetas de crédito** AmEx, MC, V. **Plano 5 J6**
Gran superficie de dos plantas dedicadas fútbol.
www.hargreaves-sports.co.uk

YHA Adventure Shop
14 Southampton Street, Covent Garden, WC2 (7836 8541). Metro: Covent Garden. **Abierto** de 10.00 a 18.00 horas, los lunes y los martes; de 10.30 a 18.00 horas, los miércoles; de 10.00 a 19.00 horas, los jueves y los viernes; de 09.00 a 18.30 horas, los sábados; de 11.00 a 17.00 horas, los domingos. **Tarjetas de crédito** AmEx, DC, MC, V. **Plano 8 L7**
Un buen surtido de artículos para ir de acampada y caminar.
www.yhaadventure.co.uk

Electrónica

Tottenham Court Road, W1, es conocida por sus tiendas de electrónica y de ordenadores. Es preferible saber qué necesita y buscar el mejor precio para comprar, y no esperar que los empleados sean amables. Pregunte qué descuento le harían por pagar en efectivo.

Alta fidelidad

The Cornflake Shop
37 Windmill Street, W1 (7631 0472). Metro: Goodge Street. **Abierto** de 10.00 a 18.00 horas, martes, miércoles, viernes y sábados; de 10.00 a 19.00 horas, los jueves. **Tarjetas de crédito** AmEx, MC, V. **Plano 6 K5**
Esta tienda está pensada principalmente para vanidosos dispuestos a pagar una fuerte cantidad de dinero por un equipo, pero también vende cosas para aficionados entendidos con poco presupuesto.

Hi-Fi Experience
227 Tottenham Court Road, Fitzrovia, W1 (7580 3535). Metro: Tottenham Court Road. **Abierto** de 10.00 a 19.00 horas, de lunes a viernes; de 9.00 a 18.00 horas, los sábados. **Tarjetas de crédito** AmEx, DC, MC, V. **Plano 6 K5**
Un excelente conjunto de gran calidad, con ocho salas de demostraciones y empleados expertos en la materia. Los equipos de *surround* para cine en casa son una de sus especialidades.
www.hifilondon.co.uk

Richer Sounds
2 London Bridge Walk, Borough, SE1 (7403 1201). Metro y estación de tren: London Bridge. **Abierto** de 10.00 a 18.00 horas, de lunes a miércoles y los viernes; de 10.00 a 19.00 horas, los jueves; de 10.00 a 17.00 horas, los sábados. **Tarjetas de crédito** MC, V. **Plano 12 Q8**
Amplia gama de equipos de alta fidelidad a precios bajos, con una sala de demostraciones. Sucursales en todo Londres.
www.richersounds.com

Fotografía

Jessops
63-69 New Oxford Street, St. Giles´s, WC1 (7240 6077). Metro: Tottenham Court Road. **Abierto** de 09.00 a 18.00 horas, lunes, miércoles y sábados; de 09.00 a 20.00 horas, los jueves; de 09.00 a 19.00 horas, los viernes; de 11.00 a 17.00 horas, los domingos. **Tarjetas de crédito** AmEx, DC, MC, V. **Plano 6 L5**
Se trata de una de las principales tiendas de fotografía de Londres. Jessops se ocupa de todas sus necesidades, incluido el revelado y los retoques.
www.jessops.com

Snappy Snaps
23 Garrick Street, Covent Garden, WC2 (7836 3040). Metro: Leicester Square. **Abierto** de 08.30 a 18.00 horas, de lunes a viernes; de 12.00 a 17.00 horas, los sábados. **Plano 8 L7**
Probablemente la mejor cadena de revelado rápido. **Sucursales**: tiene muchas. Consulte las páginas amarillas para averiguar cuál es la más cercana.

Ordenadores y juegos

Virgin Megastore (*véase* pág. 233) cuenta con uno de los mejores fondos de juegos para ordenadores.

Pétalos sobre pétalos en **Wild Bunch**

Computer Exchange
32 Rathbone Place, Fitzrovia, W1 (7636 2666). Metro: Tottenham Court Road. **Abierto** de 10.00 a 19.00, de lunes a sábado. **Tarjetas de crédito** MC, V.
Plano 6 K5
Toneladas de juegos de segunda mano, muchos de ellos razonablemente actuales. Una tienda cercana, en el número 219 de Tottenham Court Road, es una importante fuente de ordenadores y de portátiles usados. Los precios son bajos y el personal sabe de qué habla.
www.cex.co.uk

Gultronics
52 Tottenham Court Road, Fitzrovia, W1 (7637 1619/ reservas por correo 7436 3131). Metro: Tottenham Court Road. **Abierto** de 09.00 a 18.00 horas, de lunes a miércoles, los viernes y los sábados; de 9.00 a 19.00 horas, los jueves. **Tarjetas de crédito** AmEx, MC, V.
Plano 6 K5
Desde máquinas de escribir eléctricas hasta máquinas de fax y ordenadores personales, Gultronics vende de todo, a pesar de que su especialidad son los portátiles. Hay ofertas especiales cada semana.
Sucursales: 45 New Oxford Street, W1 (7240 0070).

Micro Anvika
245 Tottenham Court Road, Fitzgrovia, W1 (7636 2547). Metro: Goodge Street o Tottenham Court Road. **Abierto** de 09.30 a 18.00 horas, de lunes a miércoles, los viernes y los sábados; de 09.30 18.30 horas, los jueves; de 11.00 a 17.00 horas, los domingos. **Tarjetas de crédito** AmEx. MC, V.
Plano 6 K5
Un especialista en Mac, a pesar de que también vende una amplia gama de ordenadores personales. Buen servicio de reparación. También hay tiendas en los números 16-17 y 53-54 de Tottenham Court Road.
www.microanvika.co.uk

Floristerías

Véase también pág. 227, **Columbia Road Flower Market**.

Wild at Heart
49A Ledbury Road, Nothing Hill, W11 (7727 3095). Metro: Notting Hill Gate o Westbourne Park.
Abierto de 08.30 a 19.00 horas, de lunes a sábado. **Tarjetas de crédito** AmEx, MC, V.
Plano 1 A6
Suntuosa floristería con mucho estilo y precios elevados. No se pierda la sede central, cerca de Westbourne Grove.

Wild Bunch
17 Earlham Street, Covent Garden, WC2 (7497 1200). Metro: Coven Garden. **Abierto** de 09.30 a 19.30 horas, de lunes a sábado. **Tarjetas de crédito** MC, V.
Plano 6 K6
Espaciosa floristería de varios puestos y con mucho encanto. Se venden todo tipo de estilos florales, desde flores tropicales hasta ramos de narcisos, todo servido con esmero. El personal prepara las flores con mucha gracia.

Woodhams at One Aldwych
1 Aldwych, Holborn, WC1 (7300 0777). Metro: Covent Garden o Temple; Metro y estación de tren: Charing Cross. **Abierto** de 10.00 a 18.00 horas, de lunes a viernes; de 10.00 a 17.00 horas, los sábados. **Tarjetas de crédito** MC, V.
Plano 8 M6
La floristería del hotel One Aldwych (*véase* pág. 149) es impresionante. Colores atrevidos y arreglos innovadores.
www.woodhams.co.uk

Instrumentos musicales

La meca de los apasionados de la música está en **Denmark Street,** más allá de Charing Cross Road, WC2.

Andy's Guitar Centre & Workshop
27 Denmark Street, St. Gile's, WC2 (7916 5080). Metro: Tottenham Court Road. **Abierto** de 10.00 a 19.00 horas, de lunes a sábado; de 12.00 a 18.30 horas, los domingos. **Tarjetas de crédito** AmEx, DC, MC, V. **Plano 6 K6**
Centro de reparaciones y venta al por menor. En la planta baja, guitarras eléctricas; en la superior, guitarras acústicas, todas ellas modelos exclusivos: después de todo, aquí es donde muchos famosos guitarristas compran y reparan sus instrumentos.
andysguitarnet.com

Boosey & Hawkes
295 Regent Street, W1 (0800 731 4778/7580 2060). Metro: Oxford Circus. **Abierto** de 09.30 a 18.00 horas, de lunes a viernes; de 10.00 a 17.00 horas, los sábados. **Tarjetas de crédito** AmEx, DC, MC, V. **Plano 5 J6**
Especialistas en música clásica y partituras.
www.boosey.com/musicshop

Hobgoblin Music
24 Rathbone Place, Fitzrovia, W1 (7323 9040). Metro: Tottenham Court Road. **Abierto** de 10.00 a 18.00 horas, de lunes a sábado. **Tarjetas de crédito** AmEx, DC, MC, V. **Plano 6 K5**
Especialistas en música *folk*, desde música tradicional irlandesa a sonidos asiáticos. Instrumentos, partituras, compactos, etcétera.
www.hobgoblin.com

Music & Video Exchange
56 Notting Hill Gate, W11 (7229 4805). Metro: Notting Hill. **Abierto** de 10.00 a 20.00 horas, todos los días. **Tarjetas de crédito** AmEx, DC, MC, V. **Plano 1 A7**
Aquí encontrará verdaderas gangas de segunda mano, entre ellas, instrumentos *pop* y clásicos.

Rayman
54 Chalk Farm Road, Camdem, NW1 (7692 6261). Metro: Camden Town o Chalk Farm. **Abierto** de 10.30 a 18.00 horas, de martes a domingo. **Tarjetas de crédito** AmEx, MC, V.
A pesar de que Rayman se ha reubicado en Camden, todavía vende una amplia colección de instrumentos, como gaitas, pinquillos y bastones rellenos de piedras y agua.
www.raymancasternmusic.co.uk/enter

Turnkey & Soho Soundhouse
114-116 Charing Cross Road, St. Gile´s, WC2 (7379 5148). Metro: Tottenham Court Road. **Abierto** de 10.00 a 18.00 horas de lunes a miércoles, los viernes y sábados; de 10.00 a 19.00 horas, los jueves. **Tarjetas de crédito** AmEx, MC, V. **Plano 6 K6**
Excelentes precios en equipos electrónicos de todo tipo, desde amplificadores de potencia, luces y previos para guitarras hasta amplificadores y teclados.
www.turnkey.demon.co.uk

Juguetes, juegos y magia

Además de los que aparecen a continuación, también son dignas de una visita las secciones de juguetes y juegos de **Debenhams** (334-338 Oxford Street, W1; 7580 3000), **Harrods, Marks & Spencer, John Lewis** y **Selfridges** (*véanse* págs. 220-221). Para juegos de ordenador, *véanse* págs. 214-215, **Electrónica**. *Véase también* pág. 222, **Daisy & Tom**.

Benjamin Pollock's Toy Shop
44 The Market, Covent Garden, WC2 (7379 7866). Metro: Covent Garden. **Abierto** de 10.30 a 18.00 horas, de lunes a sábado; de 12.00 a 17.00 horas, los domingos. **Tarjetas de crédito** AmEx, MC, V. **Plano 8 L7**
Esta tienda está especializada en juguetes de estilo antiguo.
www.pollocks-coventgarden.co.uk

Cheeky Monkey
202 Kensington Park Road, Ladbroke Grove, W11 (7792 9022). Metro: Notting Hill Gate. **Abierto** de 09.30 a 17.30 horas, de lunes a viernes; de 10.00 a 17.30 horas, los sábados. **Tarjetas de crédito** AmEx, MC, V. **Plano 1 A6**
Esta tienda ofrece un selecto surtido de juguetes y otros objetos para la habitación de los niños. Hay colchas hechas a mano, cunas, tiras decorativas y juguetes de madera. También hay ropa nueva y de segunda mano.
Sucursales: 24 Abbeville Road, Clapham, SW4 (8673 5215); 1 Bennet Court, Bellevue Road, Wandsworth, SW17 (8672 2025).

Davenport's Magic Shop
7 Charing Cross Underground Shopping Concourse, Strand, WC2 (7836 0408). Metro y estación de tren: Charing Cross. **Abierto** de 09.30 a 17.30 horas, de lunes a viernes; de 10.15 a 16.00 horas, los sábados. **Plano 8 L7**
Esta casa, situada bajo unos arcos subterráneos, funciona desde hace más de cien años. Vende artículos tanto para profesionales de la magia como para aficionados, y el personal es experto en asesorar a los principiantes.

Disney Store
140-144 Regent Street, W1 (7287 6558). Metro: Oxford Circus. **Abierto** de 10.00 a 20.00 horas, de lunes a sábado; de 12.00 a 18.00 horas, los domingos. **Tarjetas de crédito** AmEx, JCB, MC, TCL, V. **Plano 7 J7**
Aquí encontrará su disfraz de Blancanieves y Hércules, así como un gran número de vídeos de las películas de Disney.
Sucursales: tiene muchas. Consulte las páginas amarillas para localizar la más cercana.

Early Learning Centre
Unit 7, King's Mall, Hammersmith, W6 (8741 2469). Metro: Hammersmith. **Abierto** de 09.00 a 17.30 horas, de lunes a sábado; de 11.00 a 17.00 horas, los domingos. **Tarjetas de crédito** AmEx, V.
En esta cadena de juguetes con buenos precios encontrará también las series de Duplo y Brio.

Sucursales: tiene muchas. Consulte las páginas amarillas para localizar la más cercana.
www.elc.co.uk

Hamleys
188-196 Regent Street, Mayfair, W1 (7494 2000). Metro: Oxford Circus. **Abierto** de 10.00 a 20.00 horas, de lunes a viernes; de 09.30 a 20.00, los sábados; de 12.00 a 18.00 horas, los domingos. **Tarjetas de crédito** AmEx, DC, MC, V. **Plano 7 J7**
Esta tienda es como una atracción turística: cinco plantas de ruido, color, empleados sonrientes, niños chiflados y padres agobiados. Dispone del surtido más grande de juegos de mesa y vídeos en el sótano. Precios altos.
Sucursal: Unit 3, The Market, Covent Garden, WC2 (7240 4646).
www.hamleys.com

Tridias
25 Bute Street, Kensington, SW7 (7584 2330). Metro: South Kensington. **Abierto** de 09.30 a 18.00 horas, de lunes a viernes; de 10.00 a 18.00 horas, los sábados. **Tarjetas de crédito** MC, V. **Plano 4 D10**
Tienda de juguetes británica de corte tradicional. Los juguetes son originales y el precio es razonable. Encontrará juguetes ideales para los días de lluvia, juguetes científicos y artículos para disfraces.
www.tridias.co.uk

Warner Brothers Studio Store
178-182 Regent Street, Mayfair, W1 (7434 3334). Metro: Oxford Circus. **Abierto** de 10.00 a 20.00 horas, de lunes a sábados; de 12.00 a 18.00 horas, los domingos. **Tarjetas de crédito** AmEx, DC, MC, TCL, V. **Plano 7 J7**
La imagen de Bugs Bunny, el pato Lucas y todos sus compañeros aparecen en camisetas, tazas y cepillos de dientes. También hay figuras de plástico de estos personajes.

Librerías

También merece la pena echar un vistazo a los libros de bolsillo que se venden en el **Riverside Walk Market** (de 10.00 a 17.00 horas, los sábados, domingos y días festivos) en el South Bank, bajo el puente de Waterloo.

Las grandes cadenas de libros —**Waterstone's, Books Etc** y **Borders**— tienen sucursales en todo Londres; a continuación se facilitan las más importantes.

Antiguos y de segunda mano

Véase también pág. 211, **Grays in the Mews: Biblion**.

Bertram Rota
1er piso, 31 Long Acre, WC2 (7836 0723). Metro: Covent Garden. **Abierto** de 09.30 a 17.30 horas, de lunes a viernes (se recomienda pedir cita). **Tarjetas de crédito** MC, V. **Plano 6 L6**
Inaugurada en 1923, Bertram Rota ofrece una amplia selección de primeras ediciones desde 1890 hasta la actualidad.

Maggs Brothers
50 Berkeley Square, W1 (7493 7160). Metro: Green Park. **Abierto** de 09.30 a 17.00 horas, de lunes a viernes. **Tarjetas de crédito** MC, V. **Plano 7 H7**
La librería de lo «augusto» más majestuosa de Londres vende libros de antes del siglo XX y de temas tan variados como el turismo, la literatura, la historia natural, bibliografías y primeras ediciones previas a los años cincuenta. Es preferible concertar una cita.
www.maggs.com

Skoob Books
15 Sicilian Avenue, Bloomsbury, WC1 (7404 3063). Metro: Holborn. **Abierto** de 10.30 a 18.30 horas, de lunes a sábado; de 12.00 a las 17.00 horas, los domingos. **Tarjetas de crédito** AmEx, MC, V. **Plano 6 L5**
Impecables estanterías bien ordenadas de ejemplares de segunda mano de libros de no ficción sobre arte y ciencia. Skoob procede de la inversión de la palabra *books* («libros» en inglés).
www.skoob.com

Ulysses
40 Museum Street, Bloomsbury, WC1 (7831 1600). Metro: Tottenham Court Road. **Abierto** de 10.30 a 18.00 horas, de lunes a sábado. **Tarjetas de crédito** AmEx, DC, MC, V. **Plano 6 L5**
Esta interesante librería cuenta, probablemente, con la colección más grande de primeras ediciones modernas de la ciudad. Los libros se conservan en vitrinas de cristal, por lo que resulta difícil echarles un vistazo.

Unsworths Bookseller
12 Bloomsbury Street, Bloomsbury, WC1 (7436 9836). Metro: Tottenham Court Road. **Abierto** de 10.00 a 20.00 horas, de lunes a sábado; de 12.00 a las 20.00 horas, los domingos. **Tarjetas de crédito** AmEx, DC, MC, TCL, V. **Plano 6 K5**
La tienda está llena de modernas repisas que, en su interior, albergan una serie de saldos de ediciones y libros ya no editados, así como de antigüedades propiamente dichas. Merece la pena echarle un buen vistazo a la sección de libros de segunda mano.
www.unsworths.com

Woburn Book Shop
10 Woburn Walk, Bloomsbury, WC1 (7388 7278). Metro: Russell Square; Metro y estación de tren: Euston. **Abierto** de 11.00 a 18.00 horas, de lunes a viernes; de 11.00 a 17.00 horas, los sábados. **Tarjetas de crédito** MC, V. **Plano 6 K3**
Una de las tiendas de libros más fascinantes de Londres, cuyos amables dueños sienten un interés especial por el anarquismo y los temas socialistas. Las fachadas curvas de los edificios de esta calle son un regalo de por sí.

Especializadas

Books for Cooks
4 Blenheim Crescent, Nothing Hill, W11 (7221 1992). Metro: Ladbroke Gove. **Abierto** de 09.30 a 18.00 horas, de lunes a sábado. **Tarjetas de crédito** AmEx, DC, MC, V.
El pequeño local cuenta con 8.000 libros de cocina, y unos pocos sobre café. También se imparten cursos de cocina.
www.booksforcooks.com

Children's Book Centre
237 Kensington High Street, Kensington, W8 (7937 7497). Metro: High Street Kensington. **Abierto** de 09.30 a 18.30 horas, lunes, miércoles, viernes y sábados; de 09.30 a 18.00 horas, los martes, de 09.30 a 19.00 horas, los jueves; de 12.00 a 18.00 horas, los domingos. **Tarjetas de crédito** AmEx, MC, V. **Plano 3 A9**
Una atractiva tienda, bien situada. En la planta baja hay libros, material de lectura, casetes, CD-ROMS y vídeos. En el sótano hay libros de no ficción, juegos y juguetes.
www.childrensbookcentre.co.uk

Cinema Bookshop
13-14 Great Russell Street, Fitzrovia, WC1 (7637 0206). Metro: Tottenham Court Road. **Abierto** de 10.30 a 17.30 horas, de lunes a sábado. **Tarjetas de crédito** MC, V. **Plano 6 K5**
Una enorme colección de libros (algunos raros), revistas y fotografías de películas.

Daunt Books
83-84 Marylebone High Street, Marylebone, W1 (7224 2295). Metro: Baker Street o Bond Street. **Abierto** de 09.00 a 19.30 horas, de lunes a sábado; de 11.00 a 18.00 horas, los domingos. **Tarjetas de crédito** MC, V. **Plano 5 G5**
Tres plantas de libros sobre turismo conforman esta bella librería de suelo de madera. Los empleados son amables y de gran ayuda.
Sucursal: 193 Haverstock Hill, Belsize Park, NW3 (7794 4006).

Edward Stanford
12-14 Long Acre, Covent Garden, WC2 (7836 1321). Metro: Covent Garden o Leicester Square. **Abierto** de 09.00 a 19.30 horas, los lunes, miércoles, jueves y viernes; de 09.30 a 19.30 horas, los martes; de 10.00 a 19.00 horas, los sábados. **Tarjetas de crédito** MC, V. **Plano 8 L6**
La venerable Stanford es la mejor fuente de planos de Londres y cuenta con una envidiable selección de escritos sobre turismo, guías, revistas y globos terráqueos.
www.stanfords.co.uk

Forbidden Planet
71-75 New Oxford Street, St. Gile´s, WC1 (7836 4179). Metro: Tottenham Court Road. **Abierto** de 10.00 a 18.00 horas, los lunes, miércoles y sábados; de 10.00 a 19.00 horas, los jueves y los viernes. **Tarjetas de crédito** AmEx, MC, V. **Plano 6 L5**
Cómics, revistas y libros (ciencia ficción, fantasía y terror).

Gay's the Word
66 Marchmont Street, Bloomsbury, WC1 (7278 7654). Metro: Russell Square. **Abierto** de 10.00 a 18.30 horas, de lunes a sábado; de 14.00 a 18.00 horas, los domingos. **Tarjetas de crédito** AmEx, JCB, MC, TCL, V. **Plano 6 L4**
La única librería especializada en homosexuales y lesbianas. Es un lugar cálido y acogedor y dispone de una impresionante selección de libros de ficción y biografías.
www.gaystheword.co.uk

Grant & Cutler
55-57 Great Marlborough Street, W1 (7734 2012). Metro: Oxford Circus. **Abierto** de 09.00 a 17.30 horas, los lunes, miércoles, viernes y sábados; de 09.00 a 19.00 horas, los jueves. **Tarjetas de crédito** MC, V. **Plano 5 J6**
La librería de idiomas más importante de la ciudad.
www.grant-c.demon.co.uk

Serpentine Gallery Bookshop
Serpentine Gallery, Kensington Gardens, W2 (7298 1502). Metro: Lancaster Gate o South Kensington. **Abierto** de 10.00 a 18.00 horas, todos los días. **Tarjetas de crédito** AmEx, MC, V. **Plano 5 J4**
Desde Adorno a Zizek, SG dispone del fondo más completo de libros de arte y cultura de todo el centro de Londres.
www.serpentinegallery.org

Silver Moon Women's Bookshop
64-68 Charing Cross Road, Covent Garden, WC2 (7836 7906). Metro: Leicester Square. **Abierto** de 09.30 a 19.30 horas, de lunes a viernes, de 10.00 a 18.30 horas los sábados; de 12.00 a 18.00 horas, los domingos. **Tarjetas de crédito** AmEx, MC, V. **Plano 8 K6**
Considerada «la tienda de libros para mujeres más grande de Europa», esta librería vende todos los libros de ficción escritos por mujeres, además de biografías y libros de no ficción. La sección de lesbianas está en el sótano.
www.silvermoonbookshop.co.uk

Sportspages
Caxton Walk, 94-96 Charing Cross Road, St. Giles's, WC2 (7240 9604). Metro: Leicester Square. **Abierto** de 09.30 a 19.00 horas, de lunes a sábado; de 12.00 a 18.00 horas, los domingos. **Tarjetas de crédito** AmEx, DC, MC, V. **Plano 8 K6**
Libros de deportes, *fanzines*, revistas y vídeos.
www.sportspages.co.uk

Talking Bookshop
11 Wigmore Street, Marylebone, W1 (7491 4117). Metro: Bond Street. **Abierto** de 09.30 a 17.30 horas, de lunes a viernes; de 10.00 a 17.00 horas, los sábados. **Tarjetas de crédito** AmEx, MC, V. **Plano 5 G6**

Diseño para toda la vida

En Londres se encuentran todos los grandes nombres de la moda. Si tiene dinero y el deseo de invertirlo en esa clase de tiendas, lo más probable es que ya sepa dónde se encuentran. Si más que nada le apetece echar un vistazo y quedarse con la boca abierta al descubrir cómo vive el 0,00 % de la población, proponemos a continuación un lista de lugares.

Si quiere ver varias marcas juntas bajo un mismo techo, vaya a **Harvey Nichols**, **Harrods** o **Liberty** (*véase* pág. 220).

Chelsea, SW3
Metro: Sloane Square.
King's Road: Joseph (tienda de rebajas), World's End (Vivienne Westwood).

Covent Garden, WC2
Metro: Covent Garden.
Floral Street: Agnès B Jones (para hombres), Paul Smith.

Knightsbridge, SW1, SW7
Metro: Knightsbridge.
Sloane Street: Alberta, Ferreti, Armani, Chanel, Christian Dior, Gucci, Hermès, MaxMara, Tommy Hilfiger.

Mayfair, W1
Metro: Bond Street.
Avery Row: Paul Smith (tienda de ofertas)
Brook Street: Comme des Garçons, Pleats Please (Issey Miyake).
Conduit Street: Alexander McQueen, Issey Miyake, Moschino, Krizia, Vivienne Westwood.
Davies Street: Vivienne Westwood, Yohji Yamamoto.
New Bond Street: Burberry, Calvin Klein, Donna Karan, Collezioni Armani, Emporio Armani, Fenwick, Louis Vuitton, Miu Miu, MaxMara, Nicole Farhi, Polo Ralph Lauren, Tommy Hilfiger, Yves Saint Laurent.
Old Bond Street: Anna Molinari Bluemarine, Dolce & Gabbana, DKNY, Gianni Versace, Prada.
South Molton Street: Browns.

South Kensington, SW1, SW3
Metro: South Kensington
Brompton Road: Emporio Armani, Issey Miyake, Betty Jackson, Paul Costelloe.
Draycott Avenue: Galerie Gaultier.
Sloane Avenue: Paul Smith.

La mayor selección de libros grabados en compactos y casetes del mundo.
www.talkingbooks.co.uk

Zwemmer Media Arts
80 Charing Cross Road, Covent Garden, WC2 (7240 4157). Metro: Leicester Square.
Abierto de 10.00 a 18.30, de lunes a miércoles y viernes; de 10.00 a 18.00 horas, los jueves y sábados. **Tarjetas de crédito** AmEx, DC, MC, V.
Plano 8 K6
Fotografía, cine y diseño forman parte de esta fascinante librería de la cadena Zwemmer de tiendas especializadas.
www.zwemmer.com

Quioscos

A Moroni & Son
68 Old Compton Street, Soho, W1 (7437 2847). Metro: Piccadilly Circus o Totteham Court Road. **Abierto** de 07.30 a 20.00 horas, todos los días. **Plano 6 K6**
Esta diminuta tienda está tapizada, desde el suelo hasta el techo, con periódicos internacionales y revistas.
Sucursal: 308 Regent Street, Marylebone, W1 (7580 3835).

Títulos generales

Blackwell's
100 Charing Cross Road, WC2 (7292 5100). Metro: Tottenham Court Road. **Abierto** de 09.30 a 20.30 horas, de lunes a sábado; de 12.00 a 18.00 horas, domingos.
Tarjetas de crédito AmEx, MC, V. **Plano 6 K6**
A pesar de que en un principio era conocida como librería académica, Blackwell's cuenta con una gran selección de títulos, tanto de ficción como de no ficción.
www.bookshop.blackwell.co.uk

Borders
203 Oxford Street, Soho, W1 (7292 1600). Metro: Oxford Circus. **Abierto** de 08.00 a 23.00 horas, de lunes a sábado; de 12.00 a 18.00 horas, los domingos.
Tarjetas de crédito AmEx, MC, V. **Plano 5 J6**
Cuatro pisos completos, llenos de libros estadounidenses (y un departamento de música en el último piso). Tome un café en la segunda planta y haga una concesión al **Paperchase** (*véase* pág. 230). Sin llegar a ser especialista en la materia, recibe una gran cantidad de libros importados de Estados Unidos.
www.borders.com

Foyles
113-119 Charing Cross Road, Soho, WC2 (7437 5660). Metro: Tottenham Court Road. **Abierto** de 09.00 a 18.00 horas, de lunes a miércoles, viernes y sábados; de 09.00 a 19.00 horas, los jueves. **Tarjetas de crédito** AmEx, MC, V. **Plano 6 K6**
La completa gama de títulos disponibles hace que merezca la pena visitar Foyles, aunque los libros de bolsillo están ordenados por editoriales, lo que resulta bastante incómodo, y los empleados no siempre están a la altura del fondo de la librería.
www.foyles.co.uk

Grandes almacenes

En el peor de los casos, los grandes almacenes son aprendices de muchos oficios y maestros de ninguno. Afortunadamente, en Londres hay muchos ejemplos que desmienten tal afirmación, pues algunos grandes almacenes ofrecen una gran calidad de servicio y fomentan la innovación. La mayoría de éstos los encontrará en Oxford Street y Regent Street o en las zonas colindantes a Knightsbridge. Hay que tener en cuenta que el término «grandes almacenes» puede ser engañoso: exceptuando Harrods, John Lewis, Liberty y Selfridges, en la mayoría de los grandes almacenes encontrará fundamentalmente tiendas de ropa con otras secciones anexas.

Dickens & Jones

224-244 Regent Street, Mayfair, W1 (7734 7070). Metro: Oxford Circus. **Abierto** de 10.00 a 18.30 horas, los lunes y martes; de 10.00 a 19.00 horas, los miércoles, viernes y sábados; de 10.00 a 20.00 horas, los jueves; de 10.00 a 19.00 horas, los viernes y los sábados; de 12.00 a 18.00 horas, los domingos. **Tarjetas de crédito** AmEx, DC, MC, V. **Plano 5 J6**

Después de una restauración interior, se ha convertido en uno de los grandes almacenes con mejor presencia de Londres (aunque no es precisamente el más innovador). La ropa de hombre es bastante corriente, pero en la de mujer hay más variedad y los accesorios de moda sí merecen que les eche un vistazo.

Sucursales: George Street, Richmond, Surrey (8940 7761); **Army & Navy Stores** 101 Victoria Street, Westminster, SW1 (7834 1234); **D. H. Evans** 318 Oxford Street, Marylebone, W1 (7629 8800); **Barkers of Kensington** 63 Kensington High Street, Kensington, W8 (7937 5432).

www.houseoffraser.co.uk

Fortnum & Mason

181 Picadilly, St. James's, W1 (7734 8040). Metro: Piccadilly Circus. **Abierto** de 09.30 a 18.30 horas, de lunes a sábado. **Tarjetas de crédito** AmEx, DC, MC, V. **Plano 7 J7**

F&M representa el más puro estilo inglés. Ofrece al resto del mundo una versión idealizada del tópico inglés de clase alta: los comedores de la planta baja son majestuosos y el servicio viste con un gusto exquisito. En las plantas superiores hay diseños de ropa para mujer (YSL, etcétera) de estilo sobrio; también antigüedades y otros muebles. Si necesita tomar un poco el aire después de una «terapia de compras», diríjase a **Fountain** para tomar el té de la tarde.

www.fortuneandmason.co.uk

Harrods

87 Brompton Road, Knightsbridge, SW1 (7730 1234). Metro: Knightsbridge. **Abierto** de 10.00 a 19.00 horas, de lunes a sábados. **Tarjetas de crédito** AmEx, DC, MC, V. **Plano 4 F9**

Harrods celebró su 150 aniversario en 1999. El departamento de alimentación, distribuido en siete salas decoradas cuidadosamente, ocupa 3.250 m^2, aunque no todos los departamentos están igual de bien. Hay sesenta secciones de moda, y los juguetes son siempre dignos de atención. Exceptuando la gran variedad de productos, en Harrods no se puede hacer mucho más que en Harvey Nichols o Peter Jones. Por otro lado, algunos clientes encuentran que el personal de seguridad resulta intimidante y le pueden expulsar de los grandes almacenes si consideran que su vestimenta es demasiado escasa (esto incluye los pantalones cortos). Con todo, si no le importa encontrarse rodeado de una verdadera multitud, no se pierda el departamento de alimentación de Harrods en Navidad.

www.harrods.com

Harvey Nichols

109-125 Knightsbridge, Knightsbridge, SW1 (7235 5000). Metro: Knightsbridge. **Abierto** de 10.00 a 19.00 horas, los lunes, martes y sábados; de 10.00 a 20.00 horas, miércoles a viernes; de 12.00 a 18.00 horas, los domingos. **Tarjetas de crédito** AmEx, DC, MC, V. **Plano 4 F9**

Es el paraíso de los derrochadores y los seguidores de la moda y ésta ocupa casi toda la superficie; hay más de doscientas marcas conocidas y otras que no lo son tanto. En la quinta planta se encuentra un complejo destinado a comedor, cafetería, bar y restaurante (*véase* pág. 166). Los escaparates de Harvey Nichols son legendarios.

John Lewis

278-306 Oxford Street, Marylebone, W1 (7629 7711). Metro: Oxford Circus. **Abierto** de 9.30 a 18.00 horas, de lunes a miércoles y viernes; de 10.00 a 20.00 horas, los jueves; de 09.00 a 18.00 horas, los sábados. **Tarjetas de crédito** MC. **Plano 5 H6**

John Lewis está especializado en artículos a los que otros grandes almacenes no se han dedicado tanto, en especial los relacionados con la ropa del hogar y los utensilios de cocina. Además, es famoso por su política de «nunca vender por debajo del precio». En lo que respecta a la moda, recientemente está ganando importancia. **Peter Jones**, en Sloane Square (7730 3434), forma parte del mismo grupo, pero con un cierto esnobismo añadido.

Sucursales: Brent Cross Shopping Centre, NW4 (8202 6535); Wood Street, Kingston, Surrey (8547 3000).

www.johnlewis.co.uk

Liberty

214-220 Regent Street, Brent Cross, W1 (7734 1234). Metro: Oxford Circus. **Abierto** de 10.00 a 18.30 horas, de lunes a miércoles; de 10.00 a 20.00 horas, los jueves y viernes; de 10.00 a 19.00 horas, los sábados; de 12.00 a 18.00 horas, los domingos. **Tarjetas de crédito** AmEx, DC, MC, TC, V. **Plano 5 J6**

La herencia del movimiento de *Arts and Crafts* y el edificio de imitación Tudor dan a Liberty un gran encanto, pero estos grandes almacenes no se han dormido en los laureles. Sus orginales diseños de moda femenina se están haciendo famosos en Londres y muchas de las secciones, especialmente las de accesorios, muebles, telas y joyas,

ofrecen una selección de artículos de calidad media-alta. En un reducido espacio de la planta baja está la sección de cosmética, en la que se pueden encontrar productos de gran prestigio.
www.liberty.co.uk

Marks & Spencer
458 Oxford Street, Marylebone, W1 (7935 7954). Metro: Bond Street o Marble Arch. **Abierto** de 09.00 a 20.00 horas, de lunes a viernes; de 09.00 a 19.00 horas, los sábados; de 12.00 a 18.00 horas, los domingos. **Tarjetas de crédito** AmEx, MC, V. **Plano 5 G6**
La ropa interior femenina y las comidas preparadas representan la mayor parte de las ventas de M&S. Aunque se está promocionando la ropa del hogar y los muebles en serie, lo mejor es la ropa (bien hecha) y la comida. Últimamente, sin embargo, M&S ha perdido encanto y también algunos clientes. Entre los intentos que se han hecho para evitarlo se encuentra la contratación de personal para diseñar ropa interior más descocada (Agent Provocateur, *véase* pág. 225). Hay otro gran M&S en Oxford Street (nº 173), cerca de Oxford Circus. Desde la primavera del 2000, se aceptan tarjetas de crédito.
www.marks-and-spencer.com
Sucursales: tiene muchas. Consulte las páginas amarillas para localizar la más cercana.

Selfridges
400 Oxford Street, Marylebone , W1 (7629 1234). Metro: Bond Street o Marble Arch. **Abierto** de 10.00 a 19.00 horas, de lunes a miércoles; de 10.00 a 20.00 horas, los jueves y los viernes; de 09.30 a 19.00 horas, los sábados; de 12.00 a 18.00 horas, los domingos. **Tarjetas de crédito** AmEx, DC, MC, V. **Plano 5 G6**
Selfridges (*véase* fotografía) cuenta con uno de los mejores departamentos de alimentación de Londres, así como con una de las secciones de cosmética más grandes de Europa que trabaja con las mejores marcas (Bobbi Brown, MAC y otras por el estilo). En la planta baja hay una enorme sección, **Spirit**, donde se pueden encontrar artículos de Ted Baker, Diesel, Oasis, Warehouse, Red o Dead o Karen Millen, entre otros, y también propios de Miss Selfridges.
www.selfridges.co.uk

Waterstone's
203-206 Piccadilly, St. Jame´s, W1 (7851 2400). Metro: Piccadilly Circus. **Abierto** de 10.00 a 23.00 horas, de lunes a sábado; de 12.00 a 18.00 horas, los domingos. **Tarjetas de crédito** AmEx, DC, MC, V. **Plano 7 J7**
De nuevo en manos de su fundador, Tim Waterstone, aunque como parte del grupo de telecomunicaciones HMV. Waterstone sigue siendo un jugador lleno de vida a la hora de vender libros: se trata de la librería más grande de Europa, y cuenta con una cafetería, una barra de zumos, un área de Internet, bar para comida y la **Red Room**, que sirve una gran comida europea moderna.
www.waterstones.co.uk

Moda

Alquiler de trajes

Moss Bros
88 Regent Street, Mayfair, W1 (7494 0666). Metro: Oxford Circus o Piccadilly Circus.
Abierto de 09.00 a 18.00 horas, de lunes a miércoles y los viernes; de 09.00 a 19.00 horas, los jueves y los sábados; de 11.00 a 17.00 horas, los domingos. **Tarjetas de crédito** AmEx, DC, MC, V. **Plano 7 J7**
Esta tienda y la sucursal de Covent Garden son las que tienen una mayor variedad de trajes, pero todos los establecimientos Moss Bros son famosos por alquilar trajes.
Sucursales: tiene muchas. Consulte las páginas amarillas para localizar la más cercana.
www.mossbros.com

Bajo presupuesto

Oxford Street es un buen lugar para buscar ofertas. Entre en **New Look** (números 175 y 309; 7499 8497) para ropa de calle deslumbrante, en **Tribe** (números 67-71; 7494 1798) si prefiere los conjuntos elegantes de mujer, o en **Jeffrey Rugers** (Unit G6, The Plaza, 120 Oxford Street; 7580 5545) para ropa de mujer de calidad aceptable.

Amazon
1-22 Kensington Church Street, W8 (no tiene teléfono). Metro: High Street Kensington. **Abierto** a las 10.00, de lunes a miércoles y los viernes; de 10.00 a 19.00 horas, los jueves; de 09.00 a 18.00 horas, los sábados; de 12.00 a 17.00 horas, los domingos. **Tarjetas de crédito** AmEx, DC, MC, V. **Plano 1 B8**
Una serie de tiendas propone diseños de ropa de los gustos de Nicole Farhi, Jasper Conrad y Calvin Klein con notables rebajas.

H & M
261-271 Regent Street, Marylebone, W1 (7493 4004). Metro: Oxford Circus. **Abierto** de 10.00 a 19.00 horas, de lunes a miércoles y los sábados; de 10.00 a 20.00 horas, los jueves y los viernes; de

12.00 a 18.00 horas, los domingos. **Tarjetas de crédito** AmEx, MC, V. **Plano 7 J7**
Esta cadena sueca de ropa económica de mujer es una de las que más vende. Las secciones de ropa de niños y regalos para las mujeres más mayores también merecen una visita. **Sucursales**: tiene muchas. Consulte páginas amarillas para localizar la más cercana.
www.hm.com

Miss Selfridge
221 Oxford Street, Soho, W1 (7434 0405). Metro: Oxford Circus. **Abierto** de 10.00 a 20.00 horas, de lunes a sábados; de 12.00 a las 18.00 horas, los domingos. **Tarjetas de crédito** AmEx, MC, V. **Plano 5 G6**
Moda disponible a buenos precios mayormente para jóvenes, en especial ropa deportiva. También hay cosméticos de estilo *funky*. No es extraño que haya una gran gama de prendas de Miss Selfridge en Selfridges (*véase* pág. 221). **Sucursales**: tiene muchas. Consulte las páginas amarillas para localizar la más cercana.

Pink Soda
22 Eastcastle Street, W1 (7636 9001). Metro: Oxford Circus. **Abierto** de 10.00 a 17.00 horas, de lunes a viernes. **Plano 5 J6**
Esta pequeña tienda es la meca de los apasionados de la moda sofisticada y extrovertida que cuentan con un presupuesto limitado. La ropa es alegre, divertida y muy atractiva.

Top Shop/Top Man
214 Oxford Street, Marylebone, W1 (7636 7700). Metro: Oxford Circus. **Abierto** de 09.00 a 20.00 horas, de lunes a miércoles, viernes y sábado; de 12.00 a 18.00 horas, los domingos. **Tarjetas de crédito** AmEx, DC, MC, V. **Plano 5 J6**
Una remodelación realizada hace tres de años convirtió este local en la tienda de modas más grande del mundo. La ropa es moderna pero económica, al igual que los zapatos, y a menudo la crean grandes diseñadores. Además de una cafetería, cuenta con una peluquería llamada «Essensuals».
Sucursales: son muy numerosas para mencionarse aquí. Consulte las páginas amarillas para localizar la más cercana.

Zara
118 Regent Street, Mayfair, W1 (7534 9500). Metro: Oxford Circus o Piccadilly Circus.
Abierto de 10.00 a 19.00 horas, de lunes a miércoles y los viernes y los sábados; de 10.00 a 20.00 horas, los jueves; de 12.00 a 18.00 horas, los domingos. **Tarjetas de crédito** AmEx, DC, MC, V. **Plano 7 J7**
En esta tienda española se pueden encontrar diseños de pasarela a precios de risa. Se trata de una impresionante tienda de tres plantas con mucho *glamour*.
www.indtex.com

Fetichismo

Regulation
17A St. Alban's Place, Islington, N1 (7226 0665). Metro: Angel. **Abierto** de 10.30 a 18.30 horas, de lunes a sábado; de 12.00 a 17.00 horas, los domingos. **Tarjetas de crédito** AmEx, MC, V. **Plano 9 O2**
Impresionante tienda llena de marcas fetichistas y ropa industrial. Sólo en lo referente a capuchas, tienen cerca de 200 tipos de goma y de piel.
www.regulation-ltd.com

Niños

Véase también pág. 216, **Cheeky Monkey**

Baby Gap/Gap Kids
146-148 Regent Street, Mayfair, W1 (7287 5095). Metro: Oxford Circus o Piccadilly Circus. **Abierto** de 09.30 a 19.00 horas, de lunes a miércoles y los viernes y los sábados; de 09.30 a 20.00 horas, los jueves; de 12.00 a las 18.00 horas, los domingos. **Tarjetas de crédito** AmEx, MC, V. **Plano 7 J7**
Ropa moderna, aunque un poco cara. Busque las ofertas. **Sucursales**: tiene muchas. Consulte las páginas amarillas para localizar la más cercana.
www.gap.com

Daisy & Tom
181 King's Road, Chelsea, SW3 (7352 5000). Metro: Sloane Square, y luego autobús 11, 19, 22. **Abierto** de 10.00 a 18.00 horas, de lunes a sábado; de 12.00 a 18.00 horas, los domingos. **Tarjetas de crédito** AmEx, MC, V. **Plano 4 E12**
En esta tienda hay una planta entera dedicada a la ropa de niños. Añada, además, juguetes novedosos, un tiovivo en el interior, una barra de refrescos gaseosos y ganas de jugar y el éxito está garantizado.

Jigsaw Junior
97 Fulham Road, Chelsea, SW3 (7823 8915). Metro: South Kensington. **Abierto** de 10.00 a 18.00 horas, de lunes a sábado; de 12.00 a las 18.00 horas, los domingos. **Plano 4 D11**
El último grito para niños preocupados por la moda y con una buena billetera. Mientras los padres compran, los niños pueden divertirse en la zona de juegos, montar en una gran pelota de plástico o jugar a ping pong. **Sucursales**: tiene muchas. Consulte las páginas amarillas para localizar la más cercana.

Trotters
34 King's Road, Chelsea, SW3 (7259 9620). Metro: Sloane Square. **Abierto** de 09.00 a 18.30 horas, los lunes y los martes, y de jueves a sábado; de 09.00 a 19.00 horas, los miércoles; de 10.00 a 18.00 horas, los domingos. **Tarjetas de crédito** AmEx, MC, V.
La ropa es moderna y con estilo, ideal para jóvenes víctimas de la moda. Los empleados son especialmente atentos

con los niños. Hay peluquería y una biblioteca para niños. **Sucursales**: 127 Kensington High Street, W8 (7937 9373). *www.trotters.co.uk*

Precios moderados

Egg

36-37 Kinnerton Street, Belgravia, SW1 (7235 9315). Metro: Hyde Park Corner o Knightsbridge. **Abierto** de 10.00 a 18.00 horas, de martes a sábado. **Tarjetas de crédito** AmEx, MC, V. **Plano 7 G9**

Ropa cara y elegante con hermosos accesorios inspirados en diseños chinos e indios. Una tienda poco habitual y muy atractiva.

French Connection

99-103 Long Acre, Covent Garden, WC2 (7379 6560). Metro: Covent Garden. **Abierto** de 10.30 a 19.00 horas, de lunes a miércoles, los viernes y los sábados; de 11.00 a 20.00 horas, los jueves; de 12.00 a las 18.00 horas, los domingos. **Tarjetas de crédito** AmEx, DC, MC, V. **Plano 8 L6**

Una tienda de ropa con estilo, que cuenta con una amplia variedad de modelos tanto para hombres como para mujeres. Tiene, además, una cafetería.

Sucursales: tiene muchas. Consulte las páginas amarillas para localizar la más cercana.

www.frenchconnection.com

Gap

30-31 Long Acre, Covent Garden, WC2 (7379 0779). Metro: Covent Garden. **Abierto** de 10.00 a 20.00 horas, de lunes a viernes; de 10.00 a 19.00 horas, los sábados; de 12.00 a las 18.00 horas, los domingos. **Tarjetas de crédito** AmEx, MC, V. **Plano 8 L6**

No encontrará nada arrebatador pero es un buen lugar para comprar ropa informal a buen precio.

Sucursales: tiene muchas. Consulte las páginas amarillas para localizar la más cercana.

www.gap.com

Hackett

137-138 Sloane Street, SW1 (7730 3331). Metro: Sloane Square. **Abierto** de 09.30 a 18.00 horas, los lunes y los martes, y de jueves a sábado; de 09.30 a 19.00 horas, los miércoles. **Tarjetas de crédito** AmEx, DC, MC, V. **Plano 4 F10**

En este enorme emporio encontrará ropa clásica, pero nada que se salga de la rancia tradición británica. En la sucursal de Jermyn Street (número 87), Sloane se encuentra con Mod.

Sucursales: tiene muchas. Consulte las páginas amarillas para localizar la más cercana.

www.hackett.co.uk

Hobbs

Unit 17, The Market, Covent Garden, WC2 (7836 9168). Metro: Covent Garden. **Abierto** de 10.00 a 19.00 horas, lunes, miércoles, viernes y sábados; de 10.30 a 19.30 horas, los jueves; de 12.00 a 17.30 horas, los domingos. **Tarjetas de crédito** AmEx, DC, MC, V. **Plano 8 L7**

En esta tienda de ropa de mujer se comercializan modelos nada osados, pero sí de un clasicismo brillante. Hay una gran colección de zapatos.

Sucursales: tiene muchas. Consulte las páginas amarillas para localizar la más cercana.

Jigsaw

126-127 New Bond Street, Mayfair, W1 (7491 4484). Metro: Bond Street. **Abierto:** de 10.00 a 18.30 horas, de lunes a miércoles, los viernes y los sábados; de 10.00 a 19.30 horas, los jueves. **Tarjetas de crédito** AmEx, MC, V. **Plano 5 H6**

La moda y el arte se encuentran en esta tienda con bandera de barco, diseñada por el arquitecto John Pawson. Los artistas exponen sus obras entre trajes bien cortados y telas de gran calidad. En Jigsaw sólo se vende ropa de mujer; otro de los puntos de venta queda en los números 9-10 de Floral Street (7240 5651) en Covent Garden, que cuenta con una gran colección de ropa para hombre.

Sucursales: tiene muchas. Consulte las páginas amarillas para localizar la más cercana.

www.jigsaw-online.com

Karen Millen

22-23 James Street, Covent Garden, WC2 (7836 5355). Metro: Covent Garden. **Abierto** de 10.00 a 19.00 horas, de lunes a miércoles y los viernes y los sábados; de 10.00 a 20.00 horas, los jueves; de 12.00 a 18.00 horas, los domingos. **Tarjetas de crédito** AmEx, DC, MC, V. **Plano 3 B9**

Inteligentes trajes y vestidos realizados en telas interesantes y colores intensos. En sus colecciones más recientes, ha introducido ropa de deporte y zapatos.

Sucursales: tiene muchas. Consulte las páginas amarillas para localizar la más cercana.

Monsoon

5 James Street, Covent Garden, WC2 (7379 3623). Metro: Covent Garden. **Abierto** de 10.00 a 20.00 horas, de lunes a sábado; de 11.00 a 18.00 horas, los domingos. **Tarjetas de crédito** AmEx, DC, MC, V. **Plano 8 L6**

Ropa exuberante, algo étnica y encantadoras prendas de vestir adornadas con bordados de colores hechos a mano.

www.monsoon.co.uk

Oasis

13 James Street, Covent Garden, WC2 (7240 7445). Metro: Covent Garden. **Abierto** de 10.00 a 19.00 horas, de lunes a miércoles y los viernes y sábados; de 10.00 a 20.00 horas, los jueves; de 12.00 a 19.00 horas, los domingos. **Tarjetas de crédito** AmEx, DC, MC, V. **Plano 8L6**

Oasis interpreta los temas clave de la moda y los pasa a su colección empleando una gran variedad de telas.

Sucursales: tiene muchas. Consulte las páginas amarillas para localizar la más cercana.

Ted Baker
1-4 Langley Court, Covent Garden, WC2 (7497 8862). Metro: Covent Garden. **Abierto:** de 10.00 a 19.00 horas, de lunes a viernes; de 09.30 a 18.30 horas, los sábados; de 12.00 a 17.00 horas, los domingos. **Tarjetas de crédito** AmEx, DC, MC, V. **Plano 8 L6**
Los artículos más destacados son las camisas y las corbatas, pero se vende toda clase de ropa (para hombre y mujer), incluyendo algunas prendas de telas y colores bastante osados.
Sucursales: 7 Foubert's Place, Soho, W1 (7437 5619).
www.tedbaker.co.uk

Warehouse
96 King's Road, Soho, SW3 (7584 0069). Metro: Sloane Square. **Abierto** de 10.00 a 18.30 horas, los lunes, martes, jueves y sábados; de 10.00 a 19.00 horas, los miércoles; de 12.00 a 18.00 horas, los domingos. **Tarjetas de crédito** AmEx, MC, V.
Plano 4 F11
Tienda de ropa de mujer de gran calidad que siempre responde a las necesidades de la moda.
Sucursales: tiene muchas. Consulte las páginas amarillas para localizar la más cercana.

Ropa de calle

Boxfresh
2 Shorts Gardens, WC2 (7240 4742). Metro: Covent Garden. **Abierto** de 10.30 a 18.30 horas, de lunes a miércoles, los viernes y los sábados; de 10.30 a 19.30 horas, los jueves; de 12.00 a 17.00 horas, los domingos. **Tarjetas de crédito** AmEx, MC, V.
Plano 6 L6
Boxfresh suele proponer ropa informal y deportiva. Además de sus propios diseños, es capaz de lanzar nuevas marcas. Su línea femenina la lanzó hace relativamente poco tiempo.
www.boxfresh.co.uk

Burro
29 Floral Street, WC2 (7240 5120). Metro: Covent Garden. **Abierto** de 10.30 a 18.30 horas, de lunes a miércoles, los viernes y los sábados; de 10:30 a 19.00 horas, los jueves; de 13.00 a 17.00 horas, los domingos. **Tarjetas de crédito** AmEx, MC, V.
Plano 8 L6
La moda de esta tienda de Javis Cocker constituye un punto intermedio entre la ropa de calle y la de diseño.

CM Stores
121 King's Road, SW3 (7351 9361). Metro: Sloane Square/autobús 11,19, 22. **Abierto** de 10.00 a 19.00 horas, de lunes a sábado; de 12.00 a 18.00 horas, los domingos. **Tarjetas de crédito** AmEx, MC, V.
Plano 4 F11
Amplio espacio abierto con suficiente ropa de calle y marcas para satisfacer a los más devotos de la ropa informal y deportiva. Cada vez mejor.

Diesel
43 Earlham Street, Covent Garden, WC2 (7497 5543). Metro: Covent Garden. **Abierto** de 10.30 a 18.00 horas, de lunes a miércoles, los viernes y los sábados; de 10.00 a 20.00 horas, los jueves. **Tarjetas de crédito** AmEx, MC, V. **Plano 6 L6**
A pesar de que la calidad del mercado no para de subir, Diesel no pierde su frescura. Esta marca italiana apuesta por las nuevas tecnologías en la fabricación de telas y sigue con el estilo *kitsch-retro* que la hizo famosa.
www.diesel.com

The Dispensary
25 Pembridge Road, Nothing Hill, W11 (7221 9290). Metro: Notting Hill Gate. **Abierto** de 10.30 a 18.30 horas, de lunes a sábado. **Tarjetas de crédito** AmEx, MC, V. **Plano 1 A7**
Una colección concisa, pero llena de fuerza, de ropa para hombre y mujer.
Sucursales: *ropa de mujer* 9 Newburgh Street, Soho, W1 (7287 8145); *ropa de hombre* 15 Newburgh Street,Soho, W1 (7734 4095); 200 Kensington Park Road, Nothing Hill, W11 (7727 8797).

Duffer of St. George
29 Shorts Gardens, Covent Garden, WC2 (7379 4660). Metro: Covent Garden o Leicester Square. **Abierto** de 10.30 a 19.00 horas, de lunes a sábados; de 13.00 a 17.00 horas, los domingos. **Tarjetas de crédito** AmEx, MC, V. **Plano 6 L6**
Para los hombres que gustan de ir a la última, Duffer es una tienda de parada obligada donde se vende ropa de todas las marcas, además de la suya propia.

Shop
4 Brewer Street (sótano). Soho, W1 (7437 1259). Metro: Leicester Square o Piccadilly Circus. **Abierto** de 10.30 a 18.30 horas, de lunes a viernes; de 11.00 a 18.30 horas, los sábados. **Tarjetas de crédito** AmEx, MC, V. **Plano 7 J7**
Aunque no es el tipo de ropa con la que saldría a la calle normalmente, Shop tiene las estanterías llenas de prendas sexys y modernas, tejanos Hysteric Glamour, camisetas Stüssy, vestidos ajustados Tocca, etcétera.

Souled Out
Unit 25 Portobello Green Arcade, 281 Portobello Road, W10 (8964 1121). Metro: Ladbroke Grove o Westbourne Park. **Abierto** de 10.00 a 18.00 horas, los lunes; de 11.00 a 18.00 horas, de martes a jueves; de 09.00 a 18.00 horas, los viernes y los sábados. **Tarjetas de crédito** AmEx, MC, V.
En esta tienda encontrará ropa étnica como blusas tipo sari, túnicas y corpiños bordados.

Urban Outfitters
36-38 Kensington High Street, Kensington, W8 (7761 1001). Metro: High Street Kensington. **Abierto** de 10.00 a 19.00 horas, de lunes a miércoles, los viernes

Los trajes más innovadores en **Urban Outfitters**

y los sábados; de 10.00 a 20.00 horas, los jueves; de 12.00 a 18.00 horas, los domingos. **Tarjetas de crédito** AmEx, MC, V. **Plano 3 A9**
Una excelente tienda para comprar de todo: ropa divertida, cosméticos, accesorios, revistas, cosas de casa... todo en el mismo sitio.
www.urban.com

Ropa interior

Marks & Spencer (*véase* pág. 221) vende ropa de buena calidad a precios asequibles, y últimamente ha lanzado una nueva línea diseñada por Agent Provocateur.

Agent Provocateur
6 Broadwich Street, Soho, W1 (7235 0229). Metro: Knightsbridge. **Abierto** de 10.00 a 18.00 horas, de lunes a sábado. **Tarjeta de crédito** AmEx, MC, V. **Plano 4 F10**
Se vende ropa interior de mujer bastante *kitsch*, con el aire de la que usaban las modelo de calendario en Francia y en Estados Unidos durante los años cincuenta. Los empleados son bastante agradables y el ambiente es divertido e informal.
www.agentprovocateur.com

Rigby & Peller
22A Conduit Street, W1 (7491 2200). Metro: Oxford Circus. **Abierto** de 09.30 a 18.00 horas, de lunes a miércoles, los viernes y los sábados; de 09.30 a 19.00 horas, los jueves. **Tarjetas de crédito** AmEx, DC, MC, V. **Plano 7 J6**
R&P es la corsetería de la reina, pero no se lo tienen muy creído. Los empleados son tan profesionales que son capaces de adivinar la talla de sujetador de una mujer a simple vista. Además de su propia marca de ropa interior, venden otras tan prestigiosas como La Perla, Gottex y Prima Donna, así como trajes de baño y vestidos de noche. **Sucursales**: 2 Hans Road, SW3 (7589 9293).
www.rigbyandpeller.com

Wolford
3 South Molton Street, W1 (7499 2549). Metro: Bond Street. **Abierto** de 10.00 a 18.00 horas, de lunes a miércoles, los viernes y los sábados; de 10.00 a 19.00 horas, los jueves. **Tarjetas de crédito** AmEx, DC, MC, V. **Plano 5 H6**
Wolford se ha hecho con el mercado de las medias y los calcetines, y cuenta con productos de todos los estilos, desde los más sencillos a los más sexys.
Sucursal: 28A Kensington Church Street, W8 (7937 2995).
www.wolford.com

Segunda mano

Blackout II
51 Endell Street, Covent Garden, WC2 (7240 5006). Metro: Covent Garden. **Abierto** de 11.00 a 19.00 horas, de lunes a viernes; de 11.30 a 18.30 horas, los sábados. **Tarjetas de crédito** AmEx, DC, MC, V. **Plano 6 L6**
Ropa de los años cincuenta a los ochenta: trajes de noche, pantalones acampanados y pantalones pitillo. Trapos sin gracia y prendas esplendorosas a partes iguales.
www.blackout2.com

Cornucopia
12 Upper Tachbrook Street, Pimlico, SW1 (7828 5752). Metro y estación de tren: Victoria. **Abierto** de 11.00 a 18.00 horas, diariamente. **Tarjetas de crédito** MC, V. **Plano 7 J7**
Dispone de una gran variedad de ropa de mujer del siglo XX en diversos estados de conservación, lo que se complementa con un buen surtido de accesorios de joyería. Encontrará algo para cada bolsillo.

Oxfam Originals
26 Ganton Street, Soho, W1 (7437 7338). Metro: Oxford Circus. **Abierto** de 11.30 de a 19.00 horas, de lunes a sábado. **Tarjetas de crédito** MC, V. **Plano 5 J6**
Estas tiendas, cuyos beneficios van destinados a obras de caridad, poseen un gran variedad de artículos viejos pero buenos y una bien escogida (y limpia) selección de juegos. **Sucursales**: 123A King's Road, Chelsea, SW3 (7351 7979); 22 Earlham Street, Covent Garden, WC2 (7836 9666).

Pandora
16-22 Cheval Place, Knightsbridge, SW7 (7589 5289). Metro: Knightsbridge. **Abierto** de 09.00 a 18.00 horas, de lunes a sábado. **Tarjetas de crédito** AmEx, MC, V. **Plano 4 E9**
Probablemente ésta sea la agencia de ropa más grande y famosa de Londres, con espacios dedicados a las propuestas de Chanel, Armani y otros grandes diseñadores.

Las fuerzas del mercado

Hubo un tiempo en el que todos los distritos de Londres tenían un mercado local, que era, hasta cierto punto, lo que los definía. Actualmente, muchos mercados locales se ven amenazados tanto por el descuido de los ayuntamientos locales como por la competencia de los supermercados. Los mercados que aparecen a continuación son algunos (los más grandes) de los que aún sobreviven.

Todo tipo de productos

Véase también pág. 227, **Columbia Road Flower Market**.

Brick Lane Market

Brick Lane (al norte de las vías del tren), Cygnet Street, Sclater Street, E1; Bacon Street, Cheshire Street, Chilton Street, E2. Metro: Aldgate East o Shoreditch; metro o estación de tren: Liverpool Street. **Abierto** de 08.00 a 13.00 horas, los domingos. **Plano 10 S5**

El edificio del mercado es una verdadera institución en el East End. A las 06.00 de la mañana los comercios inician la actividad en Bethnal Green Road con una oferta muy variada. A las 07.30 horas toma el relevo Cygnet Street, con sus puestos de comida para animales de compañía, alimentos, electrodomésticos y herramientas. A lo largo de Cygnet Street se pueden encontrar bicicletas nuevas, carne y frutas y verduras al alcance de cualquiera. En Brick Lane hay chaquetas de piel, bisutería barata, una caseta de frutas y verduras y una tienda de anguilas. En los alrededores de Cheshire Street hay cintas de música a buen precio, artículos para la casa, trastos viejos y artículos de segunda mano, de colección y libros de ocasión. Muy cerca está **Dray Walk,** que ha incorporado recientemente nuevas e interesantes tiendas, entre ellas, algunas de moda *funky* y la tienda Eat My Handbag Bitch, de decoración retro.

Brixton Market

Electric Avenue, Pope's Road, Brixton, Brixton Station Road, SW9. Metro y estación de tren: Brixton. **Abierto** de 08.00 a 18.00 horas, los lunes, martes, jueves, viernes y sábados; de 08.00 a 15.00 horas, los miércoles.

Aquí se encuentra la mayor cantidad de artículos y comida afrocaribeña de toda Europa. Si busca alimentos de calidad, vaya a la Electric Avenue, a Granville o a las encantadoras arcadas de Market Row. Pero aquí no sólo hay comida: el *reggae* impera en las tiendas de discos, se vende incienso y símbolos religiosos, así como ropa de segunda mano y otras muchas cosas.

Camden Market

(7284 2084) Metro: Camden Town o Chalk Farm.
Camden Market *confluencia de Camden High Street con Buck Street,* NW1. **Abierto** de 09.00 a 17.30 horas, de jueves a domingo. **Camden Lock Market** *Camden Lock Place, Chalk Falm Road (fuera), NW1.* **Abierto** de 10.00 a 18.00 horas, los sábados, y los domingos (dentro, abierto de 10.00 a 18.00 horas, de martes a domingo). **Stables Market** *Chalk Farm Road (fuera), frente a la confluencia con Hartland Road, NW1.* **Abierto** de 08.00 a 18.00 horas, los sábados y los domingos. **Camden Canal Market** *Chalk Farm Road (fuera), al sur de la confluencia con Castle Haven Road, NW1.* **Abierto** de 10.00 a 18.00 horas, los sábados y los domingos. **Electric Market** *Camden High Street, al sur de la confluencia con Dewsbury Terrace, NW1.* **Abierto** de 09.00 a 17.30 horas, los domingos.

El mercado de Camden se ha vuelto uno de los cuatro lugares más visitados de Londres. Llena todos los rincones desde Chalk Farm Road hasta la parada de metro de Camden Town y Hawley Street. Para llegar, salga del metro y vaya hacia la derecha por Dewsbury Terrace, donde está el Electric Ballroom, en el que se vende ropa de segunda mano. En Buck Street hay ropa nueva y de segunda mano (éste es el verdadero mercado de Camden) en un patio adoquinado que desemboca en el canal y que siempre está lleno de gente. Lo más destacado del mercado son las artesanías, la ropa *hippie* y los puestos de comida rápida vegetariana. En la zona de Chalk Farm Road encontrará antigüedades, muebles de pino, libros de segunda mano, discos y ropa. Si quiere evitar las aglomeraciones, acuda pronto al mercado. Aunque hay tal variedad de productos y tanta gente interesante que, lo más probable, es que se quede todo el día. De todos modos, sea precavido: el mercado se ha convertido en una víctima de su propio éxito y a veces es difícil encontrar algo bueno o de interés. Hoy, las autoridades han previsto grandes planes para el mercado de Camden, así que es posible que las cosas cambien.

Greenwich Market

Estación de tren: Cutty Sark DLR o Greenwich DLR.
Antiques Market *Greenwich High Road, SE10.* **Abierto** sábados y domingos, de 09.00 a 17.00 horas. **Central Market** *Stockwell Street (fuera), SE10.* **Abierto** (mercado exterior) sábados, de 07.00 a 18.00 horas; domingos, de 07.00 a 17.00 horas; (*Village Market*) viernes y sábados, de 10.00 a 17.00 horas; domingos de 10.00 a 18.00 horas. **Crafts Market** *College Approach, SE10.* **Abierto** *antigüedades* jueves, de 07.30 a 17.00 horas; *general* de viernes a domingo, de 09.30 a 17.30 horas. **Food Market** *Stockwell Street (fuera), frente al Hotel Ibis, SE10.* **Abierto** sábados de 10.00 a 16.00 horas. **Plano** *véase* pág. 122.

Un domingo en Greenwich es casi como un viaje a la playa, un lugar repleto de restaurantes *fish and chips* y tiendas de *souvenirs* de estilo marino. En la parte cubierta del Mercado de artesanías se pueden encontrar jerséis, muñecas de porcelana, maquetas de barcos y otros objetos que van desde las artesanías hasta los puramente turísticos. El Mercado central, con un cierto aire al Camden Market, es más interesante. Ahí hay desde ropa de segunda mano de buena calidad hasta tiendas de trastos viejos y raros, además de un par de buenas librerías en el interior (Village Market), y muy cerca, una zona de tiendas de comida. El mercado de antigüedades tiene sobre todo pequeños objetos del siglo XX y objetos de colección.

Petticoat Lane Market

Middlesex Street y alrededores, The City, E1. Metro y estación de tren: Liverpool Street. **Abierto** los domingos, de 09.00 a 14.00 horas (Wentworth Street abre también de lunes a viernes, de 10.00 a 14.30 horas). **Plano 12 R6**

Los autocares de los turistas y los buscadores de gangas causan verdaderos atascos peatonales aquí cada domingo, lo que hace muy difícil lograr una buena oferta en el amplio surtido de ropa y calzado. En uno de los extremos, cerca del metro Aldgate East, hay una amplia sección dedicada a chaquetas de piel. Los precios casi nunca están marcados, y hay que regatear un poco.

Portobello Road Market
Portobello Road, W10, Notting Hill, W11; Golborne Road, W10. Metro: Notting Hill Gate o Westbourne Park. **Antiques Market Abierto** los sábados, de 04.00 a 18.00 horas. **General Market Abierto** de lunes a miércoles, de 08.00 a 18.00 horas; jueves, de 09.00 a 13.00 horas; viernes y sábados, de 07.00 a 19.00 horas. **Organic Market Abierto** los jueves, de 11.00 a 18.00 horas. **Clothes & Bric-a-Brac Market Abierto** viernes, de 07.00 a 16.00 horas; sábados, de 08.00 a 17.00 horas; domingos de 09.00 a 16.00 horas. **Golborne Road Market Abierto** de lunes a sábado, de 09.00 a 17.00 horas. **Plano 1 A6**
La fama de Portobello es mundial, así como el ambiente aristocrático del barrio de Notting Hill, antaño bohemio. Sin embargo, lo realmente interesante del mercado es su enorme diversidad. Pasar un sábado aquí reconforta a cualquiera. El mercado, en realidad, es un grupo de varios mercados: uno de los extremos es especialmente interesante por las antigüedades, objetos de piel, alhajas, monedas y metales, cuadros, artículos de plata y otros objetos coleccionables. En el otro lado hay un mercado de frutas y verduras (de lunes a sábado) de precios generalmente bajos. En el lado oeste, la comida deja paso a la ropa (de segunda mano y de diseñadores jóvenes), joyería, discos y libros. Desde aquí y hacia Golborne Road el mercado va desapareciendo, aunque aún se puede echar un vistazo a las gangas, y entrar en alguno de los grandes cafés de estilo portugués.

Walthamstow Market
Walthamstow High Street, Walthamstow, E17. Metro y estación de tren: Walthamstow Central. **Abierto** de lunes a sábado, de 08.00 a 18.00 horas.
Este mercado callejero es el más grande de Europa y, a diferencia del de Petticoat Lane, tiene un horario muy amplio. Consta de 450 puestos que venden ropa barata, verduras y frutas y objetos para la casa.

Antigüedades

Véase también más arriba los mercados **Camden, Greenwich** y **Portobello Road.**

Bermondsey (New Caledonian) Market
Bermondsey Square, SE1. Metro: Bermondsey. **Abierto** los viernes de 05.00 a 14.00 horas (se comienza a recoger a partir del mediodía). **Plano 12 Q10**
Este mercado es la meca de los auténticos coleccionistas y atrae a comerciantes de todo el sudeste. Tanto es así que la mayoría de los mejores artículos ya han desaparecido hacia las 09.00 horas.

Artesanías

Apple Market
North Hall, Covent Garden Market, WC2 (020 7836 9136). Metro: Covent Garden. **Abierto:** lunes de 09.00 a 19.00 horas; de martes a domingo, de 10.30 a 19.00 horas. **Plano 7 L8**
Se puede encontrar un surtido bastante decente de objetos británicos hechos a mano y otras artesanías. Los puestos de los lunes son sobre todo de antigüedades y artículos de colección de calidad. El recorrido por Jubilee Market y Jubilee Hall, al sur de Covent Garden Piazza, sólo es interesante los lunes, ya que los puestos típicos para turistas quedan reemplazados por bisutería, monedas, medallas, adornos y cosas por el estilo.

Comida

Berwick Street Market
Berwick Street y Rupert Street, W1. Metro: Leicester Square o Piccadilly Circus. **Abierto** de lunes a sábado, de 08.00 a 18.00 horas. **Plano 5 J6**
Tiene la selección mejor y más barata de frutas y verduras en el centro de Londres, en una de las últimas zonas del Soho. Los productos tienen un aspecto excelente. Además, hay también buenos quesos, pescado, pan y puestos de hierbas y especias.

Borough Market
Borough Market, entre Borough High Street, Bedale Street, Winchester Walk y Stoney Street, SE10. Estación de tren: London Bridge. **Abierto** viernes, de 12.00 a 18.00 horas; sábados de 09.00 a 16.00 horas. **Plano 11 P8**
Este mercado de comida (*véase* imagen) se está expandiendo. Antes era mensual, ahora ya funciona semanalmente. Entre las paradas está la **Fresh Olive Company, de Gustibus** y la **Monmouth Coffee Company**. Cerca están también la **Konditor & Cook, Neal's Yard Dairy** (*véase* pág. 211), y también **fish!** situado junto a la pescadería que lo surte (*véase* pág. 184). *www.londonslarder.org.uk*

Flores

Columbia Road Flower Market
Columbia Road (entre Gosset Street y el pub *Royal Oak), E2. Estación de tren: Old Street; autobuses 26, 48, 55.* **Abierto:** los domingos, de 08.00 a 13.00 horas. **Plano 10 S3**
Es, sin ninguna duda, el mercado callejero más bonito de la ciudad. Hay flores, arbustos, plantas para adornar el dormitorio y otras maravillas vegetales. En las tiendas situadas a lo largo de la calle también se pueden comprar accesorios para el jardín. Últimamente, el mercado se ha vuelto una especie de meca para las compras de los domingos; se venden regalos, muebles, perfumes, bisutería...

Productos orgánicos

Spitalfields Market
Comercial Street (entre las calles Lamb y Brushfield), E1 (020 7377 1496). Estación de tren: Liverpool Street. **Mercado orgánico Abierto** viernes, domingos, de 10.00 a 17.00 horas. **Mercado general Abierto** de lunes a viernes, de 11.00 a 15.00 horas; domingos, de 10.00 a 17.00 horas. **Plano 10 R5**
Durante la semana hay puestos de artesanías y antigüedades y, el viernes y especialmente el domingo, el mercado toma vida con más de una docena de productos orgánicos: conservas, hierbas, especias, panes, pasteles, frutas, verduras. Buena calidad a buen precio.

No se devane los sesos: vaya a **Purves & Purves** *y encontrará muebles increíbles (véase pág. 230)*

Steinberg & Tolkien
193 King's Road, SW3 (7376 3660). Metro: Sloane Square/autobús 11, 19, 22, 49. **Abierto**, de 11.30 a 19.00 horas, de lunes a sábados. **Tarjetas de crédito** AmEx, DC, MC, V. **Plano 4 E12**
Este enorme y bien considerado establecimiento de ropa y accesorios de segunda mano cuenta con una buena selección de ropa de diseñadores.

Tallas grandes

Base
55 Monmouth Street, WC2 (7240 8914). Metro: Leicester Square. **Abierto** de 10.00 a 18.00 horas, de lunes a sábado. **Tarjetas de crédito** AmEx, DC, MC. V. **Plano 6 L6**
Esta tienda vende dos líneas de ropa de tallas grandes (de la 44 a la 56), una más cara y otra más asequible.

High & Mighty
81-83 Knightsbridge, Knightsbridge, SW1 (7589 7454). Metro: Knightsbridge. **Abierto** de 09.00 a 18.30 horas, de lunes a viernes; de 10.00 a 18.00 horas, los sábados. **Tarjetas de crédito** AmEx, DC, MC, V. **Plano 4 F9**
Los hombres que midan más de 1,88 m o tengan una cintura de entre 112 y 152 cm encontrarán solución a su problema en esta tienda que vende trajes, camisas y ropa informal.
Sucursales: 145-147 Edgware Road, Paddington, W2 (7723 8754); The Plaza, 120 Oxford Street, Fitzrovia, W1 (7436 4861).
www.highandmighty.co.uk

Sixteen 47
69 Gloucester Avenue, NW1 (7483 4174). Metro: Chalk Farm o Camden Town. **Abierto** de 10.00 a 18.00 horas, de martes a sábado. **Tarjetas de crédito** MC, V.
Esta tienda, propiedad de la actriz Dawn French y la diseñadora Helen Teague, pretende proporcionar algo diferente al 47 % de las británicas que utilizan más de una talla 44. Los diseños son amplios y cómodos pero también modernos.
www.sixteen47.com

Muebles

The Conran Shop
Michelin House, 81 Fulham Road, Chelsea, SW3 (7589 7401). Metro: South Kensington. **Abierto** de 10.00 a 18.00 horas, lunes, martes y viernes; de 10.00 a 19.00 horas, los miércoles y jueves; de 10.00 a 18.30 horas, los sábados; de 12.00 a 18.00 horas, los domingos. **Tarjetas de crédito** AmEx, MC, V. **Plano 5 G5**
En la planta baja hay muebles modernos y clásicos (incluida la colección Conran) y tejidos para la casa; los accesorios están en el sótano.
Sucursales: 55 Marylebone High Street, Marylebone, W1 (7723 2223)
www.conran.co.uk

Habitat
196 Tottenham Court Road, Fitzrovia, W1 (7631 3880). Metro: Goodge Street. **Abierto** de 10.00 a 18.00 horas, los lunes, martes y miércoles; de 10.00 a 20.00 horas, los jueves; de 10.00 a 18.30 horas, los viernes; de 9.30 a 18.30 horas, los sábados; de 12.00 a 18.00 horas, los domingos. **Tarjetas de crédito** AmEx, MC, V. **Plano 5 J4**
Muebles sobrios y bien construidos; también accesorios para la casa. Diseño contemporáneo para las masas.
Sucursales: tiene muchas. Consulte las páginas amarillas para localizar la más cercana.
www.habitat.net

Heal's
196 Tottenham Court Road, Fitzrovia, W1 (7636 1666). Metro: Goodge Street. **Abierto** de 10.00 a 18.00 horas, de lunes a miércoles; de 10.00 a 20.00 horas, los jueves; de 10.00 a 18.30 horas, los viernes; de 09.30 a 18.30 horas,

Valores victorianos

El club de los caballeros de St. James, al sur de Piccadilly, y la zona sur de Mayfair (*véase también* pág. 78) cuentan con un fantástico y anacrónico surtido de artículos de la época imperial, cuyos altos precios están en consonancia con un servicio de calidad excepcional. Al contemplar estos lugares fantásticos, se podría llegar a pensar que Gran Bretaña aún tiene un imperio.

Comida y bebida

Berry Bros & Rudd
3 St. James's Street, SW1 (7396 9600/9666).
Metro: Green Park. **Abierto** de 09.00 a 17.30 horas, de lunes a viernes; de 10.00 a 16.00 horas, los sábados. **Tarjetas de crédito** AmEx, DC, MC, V. **Plano 7 J8**
Los vinos más conocidos Berry Bros son alemanes y franceses, pero también hay bastantes de Estados Unidos.

Charbonnel & Walker
1 The Royal Arcade, 28 Old Bond Street, W1 (7491 0939).
Metro: Green Park o Piccadilly Circus. **Abierto** de 09.00 a 18.00 horas, de lunes a viernes; de 10.00 a 17.00 horas, los sábados. **Tarjetas de crédito** AmEx, DC, MC, V.
Plano 7 J7
Chocolates tradicionales. No se pierda las deliciosas trufas al champaña.

J. J. Fox (St. James's)
19 St. James's Street, SW1 (7493 9009). Metro: Green Park.
Abierto de 09.00 a 17.30 horas, de lunes a sábado. **Tarjetas de crédito** AmEx, DC, MC, V. **Plano 7 J8**
Esta deliciosa y antigua tienda de madera vende un fabuloso surtido de puros (Churchill y Oscar Wilde probaron los selectos cigarros de Fox en el pasado).
www.jjfox.co.uk

Paxton & Whitfield
93 Jermyn Street, SW1 (7930 0259). Metro: Green Park o Piccadilly Circus. **Abierto** de 09.30 a 18.00 horas, de lunes a viernes; de 09.00 a 17.30 horas, los sábados.
Tarjetas de crédito AmEx, DC, MC, V. **Plano 7 J7**
Un genuino y anticuado establecimiento que contiene alrededor de doscientas variedades de quesos europeos, jamones, panes, tés, salsas y conservas.
www.cheesemonger.co.uk

Moda

Gieves & Hawkes
1 Savile Row, W1 (7434 2001). Metro: Piccadilly Circus. **Abierto** de 09.00 a 19.30 horas, los lunes, martes y jueves; de 10.00 a 19.30 horas, los miércoles; de 09.00 a 18.00 horas, los viernes; de 10.00 a 18.00 horas, los sábados. **Tarjetas de crédito** AmEx, DC, MC, V.
Plano 7 J7
Los venerables sastres de Savile Row hoy se dedican más a la confección de trajes por tallas. Tendrá que desembolsar al menos 1.800 £ por un traje de tres piezas.
Sucursal: 18 Lime Street, EC3 (7283 4914).

James Lock
6 St. James's Street, SW1 (7930 5849). Metro: Green Park. **Abierto** de 09.00 a 17.30 horas, de lunes a viernes; de 09.30 a 17.30 horas, los sábados.
Tarjetas de crédito AmEx, DC, MC, V.
Plano 7 J8
Este negocio familiar lleva fabricando sombreros de altísima calidad desde 1686. Entre los clientes que han pasado por la casa se encuentran lord Byron y Harrison Ford.
www.lockhatters.co.uk

John Lobb
9 St. James's Street, SW1 (7930 3664). Metro: Green Park. **Abierto** de 09.00 a 17.30 horas,de lunes a viernes; de 09.00 a 16.30 horas, los sábados.
Tarjetas de crédito AmEx, MC, V. **Plano 7 J8**
Dispóngase a pagar a partir de 1.500 £ y espere ocho meses para calzar un magnífico par de zapatos para hombre de John Lobb.

Turnbull & Asser
23 Bury Street, SW1 (7808 3000). Metro: Green Park o Piccadilly Circus. **Abierto** de 09.00 a 18.00 horas, de lunes a viernes; de 9.30 a 18.00 horas, los sábados. **Tarjetas de crédito** AmEx, DC, MC, V. **Plano 7 J7**
Las confecciones a medida y las camisas de este establecimiento vistieron en el pasado a Winston Churchill y James Bond.
Sucursal: 71-72 Jermyn Street, SW1 (7808 3000).

Salud y belleza

Floris
89 Jermyn Street, SW1 (7930 2885). Metro: Green Park o Piccadilly Circus. **Abierto** de 09.30 a 17.30 horas, de lunes a viernes; de 10.00 a 17.00 horas, los sábados. **Tarjetas de crédito** AmEx, DC, MC, V. **Plano 7 J7**
Esta elegante perfumería se ha dedicado desde 1730 a los productos tradicionales de aseo personal. Hay, entre otras, esencias florales para mujeres y colonias para hombres muy acertadas.

GF Trumper
9 Curzon Street, W1 (7499 1850). Metro: Green Park.
Abierto de 09.00 a 17.30 horas, de lunes a viernes; de 09.00 a 13.00 horas, los sábados. **Tarjetas de crédito** AmEx, DC, MC, V. **Plano 7 H7**
Ambiente victoriano y un servicio impecable que ofrece tratamientos tradicionales al estilo de los barberos de clase alta. También se venden excelentes colonias.
Sucursal: 20 Jermyn Street, SW1 (7734 1370).

Penhaligon's
16-17 Burlington Arcade, W1 (7629 1416). Metro: Green Park o Piccadilly Circus. **Abierto** de 9.30 a 17.30 horas, de lunes a sábado. **Tarjetas de crédito** AmEx, DC, MC, V.
Plano 7 J7
Representa la quintaesencia de los perfumes ingleses. También se venden productos para el aseo personal y para acicalarse, tanto hombres como mujeres.
Sucursales: 20A Brook Street, W1 (7493 0002); 41 Wellington Street, WC2 (7836 2150); 8 Cornhill, EC3 (7283 0711); 18 Beauchamp Place, SW1
(020 7584 4008).
www.penhaligons.co.uk

los sábados; de 12.00 a 18.00 horas, los domingos. **Tarjetas de crédito** AmEx, DC, MC, V. **Plano 6 K5**
Una de las tiendas de muebles más antiguas de Londres y una de las más innovadoras en los diseños que ofrece. Tiene varias plantas de mobiliario de diseño, objetos para la cocina y accesorios, entre los que se incluyen artículos de grandes diseñadores.
Sucursales: 234 King's Road, Chelsea, SW3 (7349 8411).

Purves & Purves

220-224 Tottenham Court Road, Fitzrovia, W1 (7580 8223). Metro: Goodge Street o Warren Street. **Abierto** de 09.30 a 18.00 horas, los lunes, miércoles, viernes y sábados; de 10.00 a 18.00 horas, los martes; de de 09.30 a 19.30 horas, los jueves. **Tarjetas de crédito** AmEx, MC, V. **Plano 5 J4**
Andrew y Pauline Purves combinan lo mejor del diseño británico con toques de los principales diseñadores europeos, y todo ello sin presuntuosidad. Una de las tiendas está especializada en accesorios.
www.purves.co.uk

Tom Tom

42 New Compton Street, WC2 (7240 7909). Metro: Covent Garden, Leicester Square o Tottenham Court Road. **Abierto** de 12.00 a 19.00 horas, de martes a viernes; de 11.00 a 18.00 horas, los sábados. **Tarjetas de crédito** AmEx, JCB, MC, TCL, V. **Plano 6 K6**
Divertida y excéntrica tienda con accesorios *kitsch* y una larga lista de artículos inspirados en el arte de la posguerra (se incluyen trabajos de Andy Warhol y Richard Hamilton); muebles de estilo años cincuenta y tresillos de Charles y Ray Eames.

Papelería y regalos

Además de las tiendas citadas a continuación, muchos museos de Londres cuentan con excelentes tiendas de regalos, en especial el **London Transport Museum** (*véase* pág. 85), el **British Museum** (*véanse* págs. 66-67) y el **Victoria & Albert Museum** (*véase* pág. 97). *Véase también* pág. 204, **Emma Bernhardt**.

BBC World Service Shop

Bush House, Strand, Covent Garden, WC2 (7557 2576). Metro: Temple; metro y estación de tren: Charing Cross. **Abierto** de 10.00 a 18.00 horas, lunes a viernes; de 10.00 a 17.30 horas, los sábados. **Tarjetas de crédito** AmEx, MC, V. **Plano 8 M6.**
Amplio surtido de series y documentales de la BBC y libros de temas audiovisuales.
www.bbc.co.uk/worldservice

Graham & Green

4, 7 y 10 Elgin Crescent, W11 (7727 4594). Metro: Ladbroke Grove. **Abierto** de 10.00 a 18.00 horas, de lunes a sábado; de 11.00 a 17.00 horas, los domingos. **Tarjetas de crédito** AmEx, DC, MC, V.
Los artículos que se venden están hechos con buen gusto. Entre otros objetos se pueden encontrar discretas joyas, plumas estilográficas, piezas de porcelana, accesorios de moda y marcos para cuadros.
Sucursales: 164 Regent's Park Road, NW1 (7586 2960).
www.grahamandgreen.co.uk

Mysteries

11 Monmouth Street, Covent Garden, WC2 (7240 3688). Metro: Covent Garden o Tottenham Court Road. **Abierto** de 10.00 a 18.00 horas, de lunes a sábado. **Tarjetas de crédito** MC, V. **Plano 6 L6**
Tienda de estilo *New Age.* Está llena de libros y folletos, música psicodélicas carteles, joyas, amuletos, velas e incluso un cráneo para estudiar frenología.
www.mysteries.co.uk

Neal Street East

5 Neal Street, Covent Garden, WC2 (7240 0135). Metro: Covent Garden. **Abierto** de 11.00 a 19.00 horas, de lunes a miércoles; de 10.00 a 19.00 horas, de viernes a sábado; de 12.00 a 18.00 horas, los domingos. **Tarjetas de crédito** AmEx, MC, V. **Plano 6 L6**
Amplio surtido de artículos orientales (tallas de animales de Bali, vestidos bordados chinos, utensilios de cocina japoneses).

Paperchase

213 Tottenham Court Road, Fitzrovia, W1 (7467 6200). Metro: Goodge Street. **Abierto** de 09.30 a 18.30 horas, los lunes, miércoles, viernes y sábados; de 10.00 a 18.30 horas, los martes; de 09.30 a 19.30 horas, los jueves; de 12.00 a 18.30 horas, los domingos. **Tarjetas de crédito** AmEx, MC, V. **Plano 6 K5**
Esta innovadora cadena de papelerías tiene la mejor selección de postales, papeles para envolver regalos, plumas, accesorios de escritorio y una sección de materiales para trabajos artísticos.
Sucursales: tiene muchas. Consulte las páginas amarillas para localizar la más cercana.

The Pen Shop

199 Regent Street, Mayfair, W1 (7734 4088). Metro: Oxford Circus. **Abierto** de 09.30 a 18.00 horas, los lunes, martes, viernes y sábados; de 10.00 a 18.00 horas, los miércoles; de 09.30 a 19.00 horas, los jueves. **Tarjetas de crédito** AmEx, DC, MC, V. **Plano 7 J7**
Amplio surtido de utensilios de escritura y accesorios, desde los modelos más corrientes (un bolígrafo de 2 £) hasta los más notables (estilográfica Mont Blanc, 85.000 £).
Sucursales: 10 West Mall, Liverpool Street Station, EC2 (020 7628 4416).
www.penshop.co.uk

The Tintin Shop

34 Floral Street, Covent Garden, WC2 (7836 1131). Metro: Covent Garden. **Abierto** de 10.00 a 17.30 horas, de lunes a sábado. **Tarjetas de crédito** AmEx, DC, MC, V. **Plano 8 L6**

Los olores más suntuosos están a la orden del día en el **Aveda Institute**

Esta tienda está dedicada al más famoso de los personajes ficticios belgas (junto a Hércules Poirot). En el pequeño local podrá encontrar llaveros, camisetas, toallas y, por supuesto, los álbumes de Hergé.
Sucursal: **The Big Kids Store** 394 King's Road, SW10 (7795 0801).

Salud y belleza

Centros de belleza

The Green Room
21 Earl's Court Road, Kensington, W8 (7937 6595). Metro: High Street Kensington. **Abierto** de 09.00 a 21.00 horas, de lunes a jueves; de 09.00 a 18.00 horas, los viernes y sábados; de 10.00 a 17.00 horas, los domingos. **Tarjetas de crédito** AmEx, MC, V. **Plano 3 A9**
En los salones de Green Room se utilizan los productos de Body Shop y también productos propios, como aceites de aromaterapia. Se hacen limpiezas de cutis, manicuras, masajes y bronceados.
Sucursales: tiene muchas. Consulte las páginas amarillas para localizar la más cercana.

Porchester Spa
225 Queensway, W2 (7792 3980). Metro: Bayswater, Queensway o Royal Oak. **Abierto** *sólo para mujeres* de 10.00 a 22.00 horas, los martes, jueves y viernes; de 10.00 a 16.00 horas, los domingos; *sólo para hombres* de 10.00 a 22.00 horas, lunes, miércoles y sábados; *para ambos sexos*, de 16.00 a 22.00 horas, los domingos. **Socios** 36,80 £ al año. **Entrada** para socios 13,50 £; para no socios 18,20 £. **Tarjetas de crédito** MC, V. **Plano 1 B5**
Equipado con dos saunas de vapor, un *jacuzzi*, una piscina, sauna y (sólo para masoquistas) una piscina de agua helada, este balneario conserva la magnífica estructura original de los años veinte.

The Sanctuary
11-12 Floral Street, Covent Garden, WC2 (087 000/630 300). Metro: Covent Garden.
Abierto *balneario* de 10.00 a 18.00 horas, los lunes, martes y domingo; de 09.30 a 22.00 horas, de miércoles, a viernes; de 09.30 a 20.00 horas, los sábados. *Gimnasio* de 07.00 a 21.30 horas, de lunes a viernes; de 10.00 a 17.00 horas, los sábados y los domingos. **Tarjetas de crédito** AmEx, DC, MC, V. **Plano 8 L6**
Este complejo está equipado con un gimnasio, dos piscinas, *jacuzzi*, sauna de vapor y sauna, y ofrece más de setenta tratamientos de belleza. Puede hacerse socio allí mismo. Un grato toque de lujo en la ciudad.
www.thesanctuary.co.uk

Cosmética y herbolarios

Para las perfumerías más tradicionales de Londres, *véase* pág. 229, **Penhaligon's** y **Floris**.

Aveda Institute
28-29 Marylebone High Street, Marylebone, W1 (7224 3157). Metro: Baker Street o Bond Street.
Abierto de 09.30 a 19.00 horas, de lunes a viernes; de 09.00 a 18.00 horas, los sábados; de 12.00 a 17.00 horas, los domingos. **Tarjetas de crédito** AmEx, MC, V. **Plano 5 G5**
Los productos no son baratos, pero hay una buena relación calidad-precio: el 97 % de los ingredientes son naturales. Y las flores también.
www.aveda.com

Crabtree & Evelyn
6 Kensington Church Street, Kensington, W8 (7937 9335). Metro: High Street Kensington. **Abierto** de 10.00 a 18.00 horas, los lunes, miércoles, viernes y sábados; de 10.00 a 19.00 horas, los jueves; de 11.00 a 17.00 horas, los domingos. **Tarjetas de crédito** AmEx, MC, V. **Plano 1 B8**
Tienda especializada en artículos para el baño muy imaginativos y productos alimenticios para regalar, todo muy bien envuelto y con un estilo rústico. Regalos ideales para señoras de edad. Los nuevos surtidos de herramientas de jardinería y utensilios de cocina se han hecho muy populares.
Sucursales: tiene muchas. Consulte las páginas amarillas para localizar la más cercana.
www.crabtree-evelyn.com

Jo Malone
150 Sloane Street, Sloane Square, SW1 (7730 2100). Metro: Sloane Square. **Abierto** de 10.00 a 18.00 horas, de lunes a miércoles y los viernes y los sábados; de 10.00 a 19.00 horas, los jueves. **Tarjetas de crédito** MC, V. **Plano 4 E10**
Fragancias olorosas cuidadosamente empaquetadas y productos para el cuerpo a juego. Toda una caricia.
www.jomalone.co.uk

Lush
Units 7 y 11, The Piazza, Covent Garden, WC2 (7240 4570). Metro: Covent Garden. **Abierto** de 10.00 a 19.00 horas, de lunes a sábado; de 12.00 a 18.00 horas, los domingos. **Tarjetas de crédito** AmEx, MC, V. **Plano 8 L7**
Famoso por sus grandes botes de cosméticos ecológicos, pastillas de jabón, esencias exóticas y espumas de baño.
Sucursales: 123 King's Road, SW3 (7376 8348); 40 Carnaby Street, Soho, W1 (7287 5874).
www.lush.co.uk

Neal's Yard Remedies
15 Neal's Yard, Covent Graden, WC2 (7379 7222). Metro: Covent Garden. **Abierto** de 10.00 a 18.00 horas, los lunes; de 10.00 a 19.00 horas, de martes a viernes; de 10.00 a 17.30 horas, los sábados; de 11.00 a 17.00 horas, los domingos. **Tarjetas de crédito** AmEx, MC, V. **Plano 6 L6**
Más de doscientas plantas medicinales, productos para el cuidado de la piel y artículos para el baño. El surtido de aceites de aromaterapia es de alta calidad y el personal conoce bien sus productos.
Sucursales: tiene muchas. Consulte las páginas amarillas para localizar la más cercana.

Nelsons Pharmacy
73 Duke Street, W1 (7629 3118). Metro: Bond Street. **Abierto** de 09.00 a 17.30 horas, de lunes a viernes; de 09.00 a 16.00 horas, los sábados. **Tarjetas de crédito** MC, V. **Plano 5G6**
Más de dos mil remedios, entre los que se encuentran las mezclas de Flor de Bach. Hay aceites de aromaterapia, libros y complementos nutricionales. El personal conoce bien cada una de las recetas homeopáticas.

Space.NK
4 Thomas Neal Centre, 37 Earlham Street, Covent Garden, WC2 (7379 7030). Metro: Covent Garden. **Abierto** de 10.00 a 19.00 horas, de lunes a miércoles, los viernes y sábados; de 10.00 a 19.30 horas, los jueves; de 12.00 a 17.00 horas, los domingos. **Tarjetas de crédito** AmEx, DC, MC, V. **Plano 6 L6**
Cadena de gran éxito en plena expansión, en la que Nicky Kinnaird ofrece, entre otros productos, cosméticos para depilación (Stila, Kiehl's, Laura Mercier) y velas Diptyque.
Sucursales: tiene muchas. Consulte las páginas amarillas para localizar la más cercana.
www.spacenk.co.uk

Ópticas

Boots Opticians
127A Kensington High Street, W8 (7938 1620). Metro: High Street Kensington. **Abierto** de 08.30 a 18.30 horas, de lunes a sábado; de 11.00 a 17.00 horas, domingos. **Tarjetas de crédito** AmEx, MC, V. **Plano 3 B9**
No encontrará el surtido más grande de monturas, pero a menudo hay ofertas interesantes y, como hay muchas tiendas Boots, siempre puede echar una ojeada por si acaso. Servicio de reparaciones en una hora.
Sucursales: tiene muchas. Consulte las páginas amarillas para localizar la más cercana.

Kirk Originals
36 Earlham Street, Covent Garden, WC2 (7240 5055). Metro: Covent Garden. **Abierto** de 10.30 a 18.30 horas, lunes, martes, miércoles, viernes y sábados; de 10.30 a 19.00 horas, jueves. **Tarjetas de crédito** AmEx, MC, V. **Plano 6 L6**
Monturas discretas y actuales de Jason Kirk. Sus gafas de acetato grueso adornan las caras de muchos famosos.
www.kirkorig.co.uk

Vision Xpress
263-265 Oxford Street, Mayfair, W1 (7409 7880). Metro: Oxford Circus. Esta óptica ofrece exámenes de vista en 20 minutos. Además, Vision Express asegura poder hacer gafas nuevas al 95 % de sus clientes en el período máximo de una hora.
Sucursales: tiene muchas. Consulte las páginas amarillas para localizar la más cercana.

Peluquerías

Véase también pag. 229 **GF Trumper**.

Fish
30 D'Arblay Street, Soho, W1 (7494 2398). Metro: Tottenham Court Road. **Abierto** de 10.00 a

Escucha, escucha sin parar en **Virgin Megastore**

19.00 horas, de lunes a miércoles y los viernes; de 10.00 a 20.00 horas, jueves; de 10.00 a 17.00 horas, sábados. **Tarjetas de crédito** MC, V. **Plano 6 K6**
Cuenta con un estilo propio. Peinados muy bien hechos en un ambiente amistoso. El corte cuesta a partir de 25 £.
www.fishweb.co.uk

Essensuals
34 Southampton Street, Covent Harden, WC1 (020 7631 3114). Metro: Oxford Circus. **Abierto** de 09.00 a 20.00 horas, de lunes a viernes; de 09.00 a 19.00 horas, los sábados; de 12.00 a 18.00 horas, los domingos. **Tarjetas de crédito** AmEx, MC, V. **Plano 5 J6**
Tiene un estilo joven, elegante y moderno. Esta creación de Toni & Guy es más barata que otras de sus cercanas rivales (desde 34 £ lavado y corte hasta 60 £ el baño de color). También ofrece cambios de imagen y tratamientos de belleza.
www.essensuals.co.uk

Vidal Sassoon
60 South Molton Street, Mayfair, W1 (7491 8848). Metro: Bond Street. **Abierto** de 10.30 a 18.00 horas, de lunes a miércoles; de 10.30 a 18.45 horas, los jueves; de 10.30 a 17.15 horas, los viernes; de 09.00 a 15.15 horas, los sábados. **Tarjetas de crédito** AmEx, MC, V. **Plano 5 H6**
La característica principal de esta famosa cadena es la precisión en el corte. Llame a Vidal Sassoon School para un corte más barato realizado por algún alumno en prácticas (siempre supervisado). VS School está en 56 Davies Mews, W1 (7629 4635). Si no, el corte cuesta a partir de las 45 £.
Sucursales: tiene muchas. Consulte las páginas amarillas para localizar la más cercana.
www.vidalsassoon.co.uk

Tiendas de música

Grandes superficies

HMV
150 Oxford Street, Fitzrovia, W1 (7631 3423). Metro: Oxford Circus. **Abierto** de 09.00 a 20.00 horas, de lunes a sábado; de 12.00 a 18.00 horas, los domingos. **Tarjetas de crédito** AmEx, DC, MC, V. **Plano 5 J6**
La planta baja está dedicada a las secciones de rock, *pop* y *soul*; en el sótano están las secciones de jazz, bandas sonoras de películas, música clásica y músicas de diferentes partes del mundo. Ir a HMV es menos agotador que ir a otras grandes superficies musicales.
Sucursales: 363 Oxford Street, Mayfair, W1 (7514 3600); Trocadero, 18 Coventry Street, St. James', W1 (7439 0447).
www.hmv.co.uk

Tower Records
1 Piccadilly Circus, Mayfair, W1 (7439 2500). Metro: Piccadilly Circus. **Abierto** de 09.00 a 24.00 horas, de lunes a sábado; de 12.00 a 18.00 horas, los domingos. **Tarjetas de crédito** AmEx, MC, V. **Plano 7 J7**
En términos de cantidad, no hay quien supere a Tower. El surtido de compactos de importación, especialmente de Japón, es una de sus características más relevantes.
Sucursales: tiene muchas. Consulte las páginas amarillas para localizar la más cercana.
www.towerrecords.co.uk

Virgin Megastore
14-16 Oxford Street, Fitzrovia, W1 (7631 1234). Metro: Tottenham Court Road. **Abierto** de 09.00 a 21.00 horas, de lunes a sábado; de 12.00 a 18.00 horas, los domingos. **Tarjetas de crédito** AmEx, MC, V. **Plano 6 K6**
La música aún gobierna la cuarta planta de este gigante, aunque cada vez más los juegos de ordenador, los vídeos y los libros (hay incluso un quiosco) se van apoderando de la mayor parte del espacio. Hay una selección bastante decente de música clásica en la última planta.
Sucursales: 225-229 Piccadilly, St. James's, W1 (7930 4208); King's Walk Shopping Centre, King's Road, Chelsea, SW3 (7591 0957).

Tiendas de música especializadas

Párese en una esquina (entre Tottenham Court Road y Oxford Street, una de las esquinas menos agradables de Londres) y sumérjase en Hanway Street para encontrar música de segunda mano: en el número 22 está **On the Beat** y en el 86, **Division One**. El Soho también cuenta con un gran número de tiendas: **Selectadisc** (número 34) y **Sister Ray** (número 94), para música *indie*, **Reckless**

Records (número 30), para jazz de calidad, **Daddy Kool** (número 12), para música jamaicana, y **Mr. CD** (número 80), para otras ofertas de compactos.

Black Market

25 D'Arblay Street, Soho, W1 (7437 0478). Metro: Oxford Circus. **Abierto** de 11.00 a 19.00 horas, de lunes a sábado. **Tarjetas de crédito** AmEx, MC, V. **Plano 6 K6**

Puede que la música esté alta y que el personal que atiende sea de leyenda, pero el mostrador está siempre abarrotado de gente. Los sonidos de la casa, las ofertas y los instrumentos de percusión y bajos son los rasgos que caracterizan esta tienda.

www.blackmarket.co.uk

Cheapo Cheapo Records

53 Rupert Street, W1 (7437 8272). Metro: Piccadilly Circus. **Abierto** de 11.00 a 22.00 horas, de lunes a sábado. **Plano 8 K7**

Artículos legendarios, en grandes cantidades y a buen precio.

Harold Moores Records

2 Great Marlborough Street, Soho, W1 (7437 1576). Metro: Oxford Circus. **Abierto** de 10.00 a 18.30 horas, de lunes a sábado; de 12.00 a 18.30 horas, los domingos. **Tarjetas de crédito** MC, V. **Plano 5 J6**

Una tienda legendaria de rarezas en discos clásicos. También hay una considerable selección de compactos.

www.hmrecords.co.uk

Honest Jon's

276 y 278 Portobello Road, Ladbroke Grove, W10 (8969 9822). Metro: Ladbroke Grove. **Abierto** de 10.00 a 18.30 horas, de lunes a sábado; de 11.00 a 18.30 horas, los domingos. **Tarjetas de crédito** AmEx, DC, MC, TCL, V. **Plano 1 A6**

Una de las mejores tiendas de música negra, con jazz, *soul*, música latina, *reggae* y *dance*. Todo ello con un buen repertorio.

www.honestjons.co.uk

Intoxica!

231 Portobello Road, Ladbroke Grove, W11 (7229 8010). Metro: Ladbroke Grove. **Abierto** de 10.30 a 18.30 horas, de lunes a viernes; de 10.00 a 18.30 horas, los sábados; de 12.00 a 17.00 horas, los domingos. **Tarjetas de crédito** AmEx, DC, MC, V. **Plano 1 A6**

Esta tienda se centra en lo raro y lo esotérico. Cuenta con música psicodélica, así como con exóticos y codiciados discos de jazz. Los precios no son caros.

www.intoxica.co.uk

MDC Classic Music

437 Strand, Covent Garden, WC2 (7240 2157). Metro y estación de tren: Charing Cross. **Abierto** de 09.00 a 19.00 horas, de lunes a sábado; de 12.00 a 18.00 horas, los domingos. **Tarjetas de crédito** AmEx, MC, V. **Plano 8 L7**

Famosa cadena de música clásica que ha dado la vuelta al mundo. Tiene buenas ofertas.

Sucursales: tiene muchas. Consulte las páginas amarillas para localizar la más cercana.

www.mdcmusic.co.uk

Mole Jazz

311 Gray's Inn Road, King's Cross, WC1 (7278 0703). Estación de tren: King's Cross. **Abierto** de 10.00 a 18.00 horas, de lunes a jueves y sábados; de 10.00 a 20.00 horas, los viernes. **Tarjetas de crédito** AmEx, DC, MC, V. **Plano 6 M3**

Tienda especializada en jazz (desde los inicios hasta los artistas actuales). En la planta baja hay compactos y libros; arriba hay discos de segunda mano y otros artículos de coleccionista.

www.molejazz.co.uk

Rare Discs

18 Bloomsbury Street, WC1 (7580 3516). Metro: Holborn o Tottenham Court Road. **Abierto** de 10.00 a 18.30 horas, de lunes a sábado. **Tarjetas de crédito** AmEx, DC, MC, V. **Plano 6 K5**

Insuperable colección de bandas sonoras de películas, espectáculos y musicales, la mayoría de discos de vinilo.

Rhythm Records

281 Camden High Street, NW1 (7267 0123). Metro: Camden Town. **Abierto** de 10.30 a 18.30 horas, de lunes a miércoles; de 10.30 a 19.00 horas, los jueves y los viernes; de 10.30 a 19.30 horas, los sábados y los domingos. **Tarjetas de crédito** MC, V.

Esta tienda tiene una de las mejores selecciones de música independiente de Londres: *hardcore punk*, música psicodélica de los años sesenta, música con sintetizador, *folk* y *country* en compactos y discos de vinilo.

Rough Trade

130 Talbot Road, Notting Hill, W11 (7229 8541). Metro: Notting Hill Gate. **Abierto** de 10.00 a 18.30 horas, de lunes a sábado; de 13.00 a 17.00 horas, los domingos. **Tarjetas de crédito** AmEx, MC, V. **Plano 1 A5**

Gran surtido de música independiente, desde *punk* hasta *hop* y otras músicas internacionales. También hay artículos para coleccionistas.

Sucursal: 16 Neal's Yard, Covent Garden, WC2 (7240 0105).

www.roughtrade.com

Stern's African Record Centre

293 Euston Road, NW1 (7387 5550). Metro: Warren Street. **Abierto** de 10.30 a 18.30 horas, de lunes a sábado. **Tarjetas de crédito** AmEx, MC, V. **Plano 5 J4**

Tienda especializada en música africana de todos los países del continente y en todos los formatos. También se incorpora música de otras partes del mundo.

www.sternsmusic.com

Cultura y ocio

Niños

Disfrutar con los niños en la capital británica

Es sabido que los británicos quieren a sus animales de compañía más que a sus propios hijos, por eso no deja de ser sorprendente que la oferta de lugares para divertirse con los niños sea tan amplia en Londres: retozar en el parque, capturar alienígenas en vídeo, cazar una iguana o reír en un espectáculo de marionetas son algunas de las propuestas. Para estar al día y conocer todas las actividades, consulte la publicación mensual *Kids Out*.

Pasar el día fuera

Durante el año 1999 se cerraron dos lugares emblemáticos de Londres: en febrero, el London Toy and Model Museum y, en septiembre del mismo año, el Museum of the Moving Image en el South Bank. Este último está previsto que vuelva a abrirse en el 2003, más grande y en mejores condiciones. Además de esos dos museos, hay también otras posibilidades que reseñamos a continuación. Para otras propuestas, *véanse* págs. 360-366, **Índice**.

SOUTH BANK

Comience por el gran edificio de County Hall, al lado de Westminster Bridge. Allí está el **London Aquarium**, con los tiburones como principales residentes; el **FA Premier League Hall of Fame**, y el caro palacio de vídeojuegos de **Namco Station**. Siguiendo por esta zona se encuentra el magnífico observatorio en forma de noria **British Airways London Eye**. Fuera de Waterloo Station se erige el **BFI London IMAX Cinema**, que se inauguró en la primavera de 1999. Cerca están el **Royal Festival Hall** (en una parte del South Bank Centre), donde hay cafés, exposiciones y actuaciones especiales los fines de semana en verano; el **National Film Theatre,** y el **Royal National Theatre.** Otra posibilidad es pasear por el **Gabriel's Wharf**, con sus tiendas, teterías, restaurantes, teatros al aire libre y actuaciones musicales durante la época estival. Por su parte, el enigmático **Museum Of...** va cambiando sus exposiciones, todas ellas interesantes tanto para mayores como para jóvenes.

BANKSIDE

Continuando por la orilla del río encontramos la magnífica y nueva **Tate Modern**, con actividades orientadas a los niños. Otro edificio colindante que merece la pena es el **Shakespeare's Globe**, en el que los niños más mayores disfrutarán con los recorridos guiados. Siguiendo por la orilla del río, y muy cerca del London Bridge, está la maravillosa reconstrucción del **Golden Hinde,** el barco con el que sir Francis Drake dio la vuelta al mundo, donde los visitantes pueden participar en los talleres Tudor o Stuart con guías disfrazados. Río abajo, con más de 350 años de historia, se encuentra el barco **HMS Belfast**, un fabuloso lugar para los niños, que podrán explorar libremente sus siete enormes cubiertas. Mientras permanezca en la zona, no dude visitar la **Hay's Galleria** para ver la escultura *Los Navegantes*, de David Kemp. Esta parte del río, sin duda está dominada por la **Tower Bridge** y, al norte, la gran **Tower of London**. Finalmente, se recomienda visitar la **London Dungeon**, mazmorras no recomendables para mentes sensibles.

COVENT GARDEN

Es una de las zonas exclusivamente peatonales de Londres. El antiguo mercado de frutas y verduras está ahora lleno de tiendas, casetas, artistas callejeros y algunas tiendas de juguetes. El **Cabaret Mechanical Theatre**, junto al mercado, contiene más de 60 artilugios para entretener a los niños más hiperactivos. Muy cerca están el **London Transport Museum** (sorprendentemente divertido para los niños), el **Theatre Museum** y el jardín de **St. Paul's Church** (retirado y bonito, es un lugar excelente para un pícnic, aunque en los días soleados está atestado de gente).

PICCADILLY CIRCUS

Las grandes atracciones que se encuentran aquí son generalmente comerciales: **Rock Circus, Planet Hollywood** y **Pepsi Trocadero**, que alberga un cine **IMAX**. Hay suficiente para hacer feliz a los niños durante todo el día, pero el coste de las atracciones puede dejar desplumados a los padres. El mejor momento para visitar estos lugares es por la tarde, ya que no hay ninguna atracción que abra pronto. Muy cerca se encuentra la ajetreada **Chinatown**, y los **cines** de la plaza Leicester Square (*véase* pág. 267).

TRAFALGAR SQUARE

Es una opción barata. Maravíllese al ver a los niños divertirse durante un buen rato dando de comer a las palomas, subiendo a lomos de los leones (no de verdad, claro), jugando alrededor de las fuentes y observándolo todo. Después, cruce la calle para dirigirse a la **National Gallery**, donde puede contemplar cuadros mientras les sigue la pista a sus hijos. Muy cerca están la **National Portrait Gallery** (en dirección al **Buckingham Palace**) y el parque **St. James's Park**, lleno de aves acuáticas. Después, puede ir a **St. Martin-in-the-Fields** y, desde allí, dirigirse primero al café de la Cripta y luego aplacar toda la energía negativa en el **Brass Rubbing Centre**.

LA CITY

Es obvio que el barrio financiero de Londres no es el más adecuado para los niños. Sin embargo, es muy recomendable hacer una visita a la **Saint Paul's Cathedral** y subir a la cúpula para tomar aire y contemplar las vistas de la ciudad (necesitará tener buena resistencia para soportar la altura). También hay otros puntos de interés, como el **Museum of London**, donde hay talleres regularmente y espectáculos de cine, y entre ambos el **Postman's Park**, un lugar ideal para ir de pícnics

EL LONDRES REAL

La primera parada tiene que ser en el **Buckingham Palace** (sólo abre en verano), y el mejor lugar para ver el **cambio de la guardia real** es al lado de los cuarteles, en Birdcage Walk, aunque en **Royal Mews** también podrá contemplar los caballos y los carruajes. Si la reina no está en casa, posiblemente estará en el **Windsor Castle**, un lugar precioso fuera de Londres, como también lo es **Hampton Court**. Si los niños lloran, llévelos a la **Tower of London** y explíqueles la historia de los príncipes que eran llevados allí.

GREENWICH

Escoja un día soleado y tome una barca para explorar Greenwich y Greenwich Park (a 15 minutos a pie desde el muelle). En el parque encontrará el National Maritime Museum, con una sala interactiva para los niños más pequeños, la **Queen's House** y el observatorio **Royal Observatory**, donde hay un planetario que funciona todos los días. A una considerable distancia están Cutty Sark, Gipsy Moth IV y Greenwich Market. No lejos de aquí está la esperada Dome, donde se desarrollan numerosas actividades para los niños. Para más información o detalles, o para saber cómo llegar ahí, *véanse* págs. 124-126 **¿Dome dulce Dome?**

PASEOS EN BARCO

Realice un crucero por los canales de Londres. Los viajes se pueden hacer por el Regent's Canal, al norte de Londres, entre la Little Venice y el **London Zoo** –llame a la London Waterbus Company (7482 2550) o a Jason's Trip (7286 3428)–. Otra posibilidad es hacer el viaje por el Támesis, entre **Hampton Court**, al oeste, y **Thames Barrier**, al este. Hay varias empresas que organizan estos recorridos (para más información llame al teléfono 7345 5122). *Véase también* la pág. 353.

MUSEOS Y COLECCIONES

El **Science Museum** es quizá el más popular entre los niños. Una de las atracciones más interesantes que este museo de la ciencia ofrece es la Launch Pad, con experimentos tanto para los pequeños como para los adolescentes. El museo organiza también noches de ciencia, en las que los niños pueden explorar el museo después de que anochezca (edades comprendidas entre los 8 y los 11 años; reservas por adelantado). Tampoco hay que perderse la sala para los más pequeños, The Garden (entre 3 y 6 años; llame primero para comprobar que esté abierto). Desde el 2000 se ha abierto una atracción nueva (Wellcome Wing) en la que hay varias salas y un cine IMAX. El **Natural History Museum** es también uno de los favoritos entre los niños, en especial la sala de los dinosaurios y la de simulación de terremotos, en el área dedicada a la Tierra (Earth Galleries).

Un simpático cachorro en el **Battersea Park Children's Zoo** *(véase pág. 249), con una encantadora niña*

Jugando con las ramas en **Highgate Wood** *(véase pág. 239)*

La magnitud de los robos que se han llevado a cabo en el **British Museum** impresiona a todo el mundo; hay un guía excelente para que los niños conozcan las colecciones y también existe la posibilidad de participar en temas sobre el antiguo Egipto o los nativos americanos. Desde finales de 2000 el museo ha incorporado un nuevo centro (Centre for Young Visitors), que acoge a grupos escolares y, durante los fines de semana y las vacaciones escolares, también a familias.

El **Bethnal Green Museum of Childhood** es recomendable tanto para jóvenes como para adultos, ya que está dedicado especialmente a las casas de muñecas de la época victoriana. Otro de los museos más peculiares de la ciudad es el **Horniman Museum**, al sur de Londres, que expone una colección global de instrumentos musicales, además de una morsa disecada.

Si desea algo un poco diferente, lleve a los niños a una de esas charlas sobre armaduras de la **Wallace Collection** (reserve por adelantado). La colección se terminó en junio de 2000, tras un ambicioso proyecto centenario.

La popularidad de los espectáculos de **Madame Tussaud** no parece que vaya a descender, aunque su Cámara de los Horrores es francamente aburrida después de haber estado en las mazmorras de Londres (**London Dungeon**).

Parques y zonas de recreo

Los parques de Londres son divertidos para todas las edades. A continuación le proporcionamos un pequeño listado de parques, aunque existen muchos más. En **Regent's Park** hay dos lagos navegables con barca (uno de ellos para los niños), tres zonas de recreo, un teatro al aire libre y el **zoo**; en **Kensington Gardens** hay dos zonas de recreo y un estanque para veleros en miniatura. **Hampstead Heath** y **Parliament Hill** son conocidos por sus paisajes y por las cometas que ondean en el aire. Por otro lado está **Richmond Park,** en el que los niños pueden perseguir a unos cuantos cervatillos. En **Battersea Park** hay una zona de recreo ideal para vivir aventuras y un zoo pequeño (*véase* pág. 240). Tres parques especialmente diseñados para los niños son **Alexandra Park** y **Clissold Park** (al norte de la ciudad), así como **Victoria Park** (al este). Por otra parte, en **Crystal Palace Park** hay granjas de animales y un lago navegable; llame al 8676 0700 para saber los horarios de apertura. Todos los parques mencionados son gratuitos. Para las actividades deportivas en la mayoría de los parques, *véase* pág. 130.

Coram's Fields

93 Guildford Street, WC1 (7837 6138). Metro: Russell Square. **Abierto** *desde Semana Santa hasta octubre* de 09.00 a 20.00 horas, todos los días; *de noviembre a marzo* de 09.00 horas hasta que oscurezca, todos los días. **Plano 6 L4**

Este parque tiene 4 km^2, y cinco de ellos están destinados a zonas de juego, piscina para *paddle*, un rincón para animales de compañía con cabras, ovejas y un cerdo, y una cafetería. No se permite llevar perros, y no está permitido que los adultos acudan sin niños.

Highgate Wood
Muswell Hill Road, N6 (8444 6129). Metro: Highgate. **Abierto** todos los días desde las 07.30 horas, hasta una hora antes del anochecer.
En este parque encontrará pistas naturales, una zona de recreo enorme, una cabaña, montones de espacios para el esparcimiento y el Café Oshobasho. Todo ello lo convierte en un lugar ideal para que los niños aplaquen toda su energía.

Syon Park & London Butterfly House
Syon Park, Brentford, Middlesex (8560 0833/ Butterfly House 8560 0378/información gravada 8560 7272 / Snakes and Ladders 8847 0946 / Aquatic Experience 8847 4730) Metro: Gunnerbury, autobuses 237, 267. **Abierto** Syon Park House & Garalens *de mayo a septiembre* de 10.00 a 17.30 horas, todos los días; *de octubre a abril* de 10.00 a 15.30 horas, todos los días. **Entrada** *London Butterfly House*, 3,30 £; familias 7,75 £; menores de 3 años, gratuito; *Snakes and Ladders* menores de 5 años, 2,85 £; para mayores de 5 años, 3,95 £; fines de semana y días fijados. **Tarjetas de crédito** MC, V.
Además de un invernadero tropical enorme, hay un tren de vapor en miniatura (domingos, desde la primavera hasta octubre), una zona de esparcimiento, la Aquatic Experience (representaciones de peces y reptiles), y la famosa aventura de las Snakes and Ladders (todos los días, de 10.00 a 18.00 horas). *Véase también* pág. 143.
www.syonpark.co.uk
www.snakeandladders.co.uk
www.aquatic-experience.org

Áreas de esparcimiento supervisadas

Kids Active
Kids active abarca bastantes zonas de recreo en todo Londres. En ellas todos los niños (con discapacidades y sin ellas) pueden jugar con la seguridad de estar controlados por el personal de servicio. Para obtener la lista de estas zonas, llame al teléfono 7731 1435.

Zonas de recreo cubiertas

Bramley's Big Adventure
136 Bramley Road, W10 (8960 1515). Metro: Ladbroke Grove o Latimer Road. **Abierto** todos los días, de 10.00 a 18.30 horas. **Entrada** *fines de semana y vacaciones escolares* 4,25 £, mayores de 5 años; 3,25 £, menores de 5 años; *fines de semana y días fijados* 3,50 £, mayores de 5 años; 2,75 £, menores de 5 años. **Tarjetas de crédito** MC, V.
Esta zona de recreo tiene un área para niños menores de cinco años y bebés, y otra para niños mayores. En ésta hay lugares para practicar la escalada (con sonidos que provocan efectos especiales), mientras que para los adultos hay café, comida y revistas. Se hacen fiestas para niños, desde 1 £ por niño.

The Playhouse
The Old Gymnasium, Highbury Grove School, esquina con Highbury Grove y Highbury New Park, N5 (7704 9424). Metro: Highbury & Islington. **Abierto** de 10.00 a 18.00 horas, de lunes a jueves; de 10.00 a 19.00 horas, de viernes a domingo. **Entrada** 2,95 £; 2,20 £, el tercero y el siguiente; 2,20 £, niños menores de 2 años que ya caminan; 1,50 £, bebés.
No es una sala demasiado grande, tiene capacidad para unos 70 niños de edades comprendidas entre los 6 y los 12 años. Las instalaciones tienen tres niveles, hay un tobogán de 14 m, estanques artificiales con pelotas, túneles para pasar por debajo arrastrándose y cuerdas para subir o bajar de los puentes. Hay también una zona blanda para los menores de 5 años.

Rascals Adventure Centre
Waterfront Leisure Centre, High Street Woolwich, SE18 (8317 5000). Estación de tren: Woolwich Arsenal, autobuses: 177, 180. **Abierto** de 09.30 a 18.00 horas, de lunes a viernes; de 9.30 a 14.00 horas, los sábados y los domingos. **Entrada** *socios* 2,10 £ primer niño; 1,10 £ los niños siguientes (hasta dos más); *no socios* 3,10 £; 1,10 £ por sesión (máximo dos horas).
El centro tiene una capacidad para un máximo de 70 niños. Está dividido en un área de juego espaciosa y blanda para los pequeñines y otra para niños entre 5 y 18 años, con lugares para correr, toboganes y otras atracciones. Hay también un rincón con vídeos para relajarse. No olvide que sólo se admiten tres niños por adulto. En el centro también hay instalaciones para que los niños naden.

Natación

Hay piscinas y centros de ocio en todo Londres. A continuación se nombran sólo algunas de las mejores para los niños, así como dos locales especializados en clases de natación. Tenga en cuenta que la ley sólo permite un máximo de dos niños menores de cinco años por adulto en las piscinas públicas.

Dolphin Swimming Club
ULU Pool, Malet Street, WC1 (8349 1844). Metro: Euston, Russell Square o Tottenham Court Road. **Abierto** de 09.15 a 14.45 horas, los sábados y los domingos. **Entrada** *curso de 11 clases de 30 minutos* 203,50 £, individual; 101,75 £, grupos de dos personas; 166 £, grupos de cinco personas. **Plano 6 K4**
Clases de natación para niños a partir de 3 años. Las clases constan de actividades de salvamento, salto en trampolín, habilidades de supervivencia y natación sincronizada con métodos de la ASA (American Standards Association).

Finchley Lido
Great North Leisure Park, High Road, N12 (8343 9830). Metro: Finchley Central o East Finchley. **Abierto** de 06.45 a 08.30 horas, 09.00-18.30 horas los lunes; de 06.45 a 21.30 horas, martes, jueves y viernes; de 06.45 a 20.00 horas, los miércoles; de 09.00 a 16.30 horas, los

sábados y los domingos. La última admisión es media hora antes del cierre. **Entrada** 2,70 £; 1,35-1,95 £ con descuento; menores de 5 años, gratuita.
Hay una piscina de 25 m y otra para actividades lúdicas, con olas artificiales, zonas de agua caliente, chorros de agua, una zona poco profunda para los bebés y toboganes para los niños. Los martes, de 16.30 a 18.00 horas, los niños pueden participar en una sesión muy divertida con flotadores. La piscina exterior abre de mayo a septiembre. Los menores de 8 años tienen que ir acompañados de un adulto.

Latchmere Leisure Centre

Burns Road, SW11 (7207 8004). Metro: Clapham Common; autobús 345; estación de tren: Clapham Junction; autobuses 49, 319 o 344.
Abierto de 07.00 a 21.30 horas, de lunes a miércoles, jueves y domingos; de 07.00 a 18.00 horas, los viernes; de 07.00 a 19.30 horas, los sábados.
Entrada de 09.00 a 17.00 horas 2,40 £;de 06.00 a 21.00 horas 2,60 £; de 5 a 6 años, 1,80 £; menores de 5 años y discapacitados, gratuita.
Piscina para disfrutar de sus ratos libres, con una zona de arena, toboganes, una máquina de olas artificiales, una piscina de agua caliente para principiantes, un gimnasio y una cafetería.

Swimming Nature

Kensington Sports Centre, Walmer Road, W11 (7221 6520). Metro: Holland Park o Ladbroke Grove.
Abierto *recepción* de 9.30 a 17.30 horas, lunes a viernes.
Entrada *clases para niños* 4-30 £; *cursos* 60-145 £.
Clases muy divertidas para niños entre tres y diez años. Las clases se imparten semanalmente y varían en función del tipo de destreza que se desee desarrollar. También hay cursos durante las vacaciones para bebés, siempre con sus madres.
Sucursal: Queen Mother Sports Centre, Vauxhall Bridge Road, SW1 (7630 6871).

Waterfront Leisure Centre

High Street Woolwich, SE18 (8317 5000). Estación de tren: Woolwich Arsenal; autobuses 177, 180. **Abierto** de 7.15 a 23.00 horas, de lunes a viernes; de 09.00 a 22.00 horas, los sábados; de 9.00 a 21.30 horas, los domingos.
Entrada 1,20-3,80 £; niños 2,80 £ (costes adicionales según actividades).
El Wild and Wet Adventure Park (abierto de 15.00 a 20.00 horas, de lunes a viernes; de 9.00 a 17.00 horas, los sábados y los domingos) tiene una piscina deportiva de 25 m y otras cuatro piscinas dedicadas a otros temas. El Safari Oasis cuenta con juguetes interactivos para los más pequeños y un tobogán con cinco bifurcaciones para todas las edades. Anaconda es un tobogán serpenteante de 65 m; la bajada es rápida y en algunos tramos profunda, por lo que sólo es apta para niños que midan a partir de 1 m. La atracción principal es, sin embargo, la zona donde hay olas artificiales, rápidos, saltos de agua, un «volcán» y una zona de agua caliente. Todo ello con monitores disfrazados que organizan juegos. *Véase también* pág. 239, **Rascals Adventure Centre.**

Encuentros con animales

Si sus hijos quieren conocer a los animales de cerca, hay muchos lugares en la ciudad donde pueden ver tiernos animalitos (y otros no tan cariñosos). Hay unas veinte granjas en Londres y sus alrededores. Para más información, contacte con la Federation of City Farms & Community Gardens, Green House, Hereford Street, Bedminster, Bristol BS3 4NA (0117 923 1800/fax 0117 923 1900/*www.farmgarden.org.uk*).

Battersea Park Children's Zoo

Battersea Park, SW11 (8871 7540). Metro: Sloane; autobuses 19, 137; estación de tren: Battersea Park.
Abierto *de abril a septiembre* de 10.00 a 17.00 horas (última entrada a las 16.30 horas) todos los días; *de octubre a marzo* de 11.00 a 15.00 horas, los sábados.
Entrada aproximadamente 1,80 £; 90 p con descuento; menores de 2 años, gratuita. **Plano 4 F13**
Pequeño zoo cerca del río, donde se puede pasear en poni, ver la única llama, acercarse a una colina llena de gatos, visitar jaulas con monos y muchos otros animalitos como cabras enanas, conejos y un cerdo bien rellenito. El zoo también abre media jornada en febrero y octubre.

London Zoo

Regent's Park, NW1 (7722 3333). Metro: Camden Town; autobús: 274. **Abierto** *de noviembre a febrero* de 10.00 a 16.00 horas, todos los días; *de marzo a octubre* de 10.00 a 17.30 horas, todos los días. **Entrada** 9 £; de 3 a 14 años, 7 £; 8 £ con descuento; menores de 4 años, gratuita. **Tarjetas de crédito** AmEx, MC, USDTC, V. **Plano 5 G2**
El zoo de Londres es uno de los más famosos en el mundo. Tiene una clara intención educativa, aunque muchos niños acudan sólo para gritar a los gorilas, a los rinocerontes, a los elefantes o a los lobos. Es impresionante el nuevo pabellón de cristal, la Web of Life, enfocado a la conservación. Por otro lado, la Bear Mountain siempre causa sensación. Mientras usted esté allí, puede adoptar a una bestia (o animal, que es lo mismo). Intente hacer coincidir su visita con el momento en que dan de comer a los animales o hacen algún espectáculo con ellos (llame por teléfono para más información). *Véase también* pág. 70.

Una actividad nueva en el zoo es **aka Rampage**, desde las 10.00 hasta las 13.00 horas, todos los días excepto domingos. Se hacen actividades variadas, visitas por el zoo, juegos, bailes de disfraces y actividades especiales para niños a partir de cinco años, todo ello supervisado por profesionales. No hay ninguna sesión durante el mes de enero, aunque eso se ve compensado con el amplio horario desde abril hasta el final del verano. En esta temporada se incorporan actividades deportivas en el Regent's Park (voleibol y otros deportes). Los precios son a partir de 15 £ al día (llame al 7722 5909 para más información).
www.londonzoo.co.uk/londonzoo

Mudchute City Farm
Pier Street, Isle of Dogs, E14 (7515 5901/reservas para paseos a caballo 7515 0749). Crosshharbour & London Arena DLR. **Abierto** de 10.00 a 16.00 horas (paseos en poni de 14.00 a 15.00 horas), todos los días. **Entrada** gratuita (los precios varían según los paseos).
Treinta y dos acres de tierra con vacas, cabras, pollos en libertad y caballos.

Westway Stables
20 Stable Way, W10 (8964 2140). Estación de tren: Latimer Road o Ladbroke Grove. **Abierto** todos los días, de 10.00 a 18.00 horas.
Se imparten clases de hípica para todos los niveles durante todo el año. Además, durante las vacaciones, el centro organiza las «semanas del poni», en las que se enseña a los niños a cuidar de un poni y a montar en él dos veces al día (150 £ por semana). También se da la opción de un día por 35 £. Además, el centro organiza fiestas de cumpleaños.

Parques temáticos

Hay numerosos parques temáticos en los alrededores de Londres, por ejemplo **Chessington World of Adventures**, **Thorpe Park** y **Legoland Windsor**. Para más información sobre éstas y otras atracciones para la familia fuera de la capital, *véase* pág. 316.

Restaurantes para niños

Los restaurantes londinenses están incorporando paulatinamente lugares apropiados para comidas familiares; muchos de ellos ya ofrecen menús para niños, payasos y guarderías, aunque los locales especializados en niños siguen siendo los que ofrecen mejor calidad. A continuación le proporcionamos un listado con algunos de ellos.

Babe Ruth's
172-176 The Highway, E1 (7481 8181/ www.boberuths.com).Metro: Shadwell/DLR/D1; autobús 100. **Comidas** de 12.00 a 23.00 horas, de lunes a jueves; de 12.00 a 24.00 horas, viernes y sábados; de 12.00 a 22.30 horas, los domingos. **Tarjetas de crédito** AmEx, MC, V.
Este restaurante familiar es inmenso. Hay muchos juegos de todo tipo y un menú para niños con *puzzles* incorporados, todo ello por 7,99 £. También hay una minicancha de baloncesto y videojuegos (1 £ por partida).
Sucursal: 020 Complex, Finchley Road, NW3 (7433 3388).

The Big Easy
332-334 King's Road, SW3 (7352 4071). Metro: Sloane Square; autobuses: 11, 19 o 22. **Comidas** de 12.00 a 24.00 horas, de lunes a jueves; de 12.00 a 24.30 horas, los viernes y los sábados; de 12.00 a 23.30 horas, los domingos. **Tarjetas de crédito** AmEx, MC, V. **Plano 4 D12**
En este restaurante tan animado hay todo lo que el «tío Sam» estaría orgulloso de ofrecer: lápices, sillas altas y un menú para niños. Además, ofrece un menú gratuito para niños menores de diez años acompañados por un adulto (los demás niños que los acompañen sólo pagan 3,95 £). También hay una sala exclusiva para fiestas (de lunes a viernes, durante el día).

Boiled Egg & Soldiers
63 Northcote Road, SW11 (7223 4894). Estación de tren: Clapham Junction; autobuses: 45, 219 o 319. **Comidas** de 09.00 a 18.00 horas, de lunes a sábado; de 10.00 a 17.00 horas, los domingos.
Este restaurante ofrece estupendos menús para niños en un ambiente agradable. Los padres apreciarán también los desayunos por 4,50 £. Hay juguetes, sillas altas y un jardín al fondo para la temporada estival.

Fatboy's Diner
Spitalfield Market, en la calle comercial (exterior), E1 (7375 2763). Estación de tren: Liverpool Street. **Comidas** de 10.00 a 16.00 horas, de lunes a viernes; de 10.00 a 18.00 horas, los sábados; de 09.00 a 19.30 horas, los domingos. **Plano 10 R5**
Un comedor de estilo años cincuenta donde se sirven patatas fritas y batidos. El menú para niños cuesta alrededor de las 3 £. El restaurante está más tranquilo los sábados, día en que el personal prepara fiestas para los niños. Los papás pueden aprovechar para ir al mercado (mejor en domingo; sábados cerrado).

Maxwell's
8-9 James Street, WC2 (7836 0303). Metro: Covent Garden. **Comidas** de 11.00 a 24.00 horas, todos los días. **Tarjetas de crédito** AmEx, DC, MC, V. **Plano 8 L6**
Maxwell's está muy cerca de la plaza Covent Garden. Ofrece menús para niños con temática de Navidad, Halloween y día de Acción de Gracias, y el personal lleva la vestimenta acorde con esas fiestas. Hay mucho colorido y concursos para divertir a los pequeños.
Sucursal: son numerosas. Consulte las páginas amarillas.

Rainforest Café
20 Shaftesbury Avenue, W1 (7434 3111). Metro: Piccadilly Circus. **Comidas** de 12.00 a 22.30 horas, de lunes a jueves; de 12.00 a 22.00 horas, los viernes; de 11.30 a 22.30 horas, los sábados; de 11.30 a 19.45 horas, los domingos. **Tarjetas de crédito** AmEx, MC, V. **Plano 8 K7**
A los niños les encantará comer la comida de estilo americano escuchando sonidos de animales salvajes, cascadas y rayos y truenos. Hay menús para niños (7,95 £), pasteles, personas que pintan la cara de los niños y otras muchas actividades y fiestas para los más pequeños.

Smollensky's on the Strand
105 Strand, WC2 (7497 2101). Estación de tren: Charing Cross. **Comidas** de 12.00 a 24.00 horas, de lunes a miércoles; de 12.00 a 0.30 horas, de jueves a sábado; de 12.00 a 23.00 horas, los domingos. **Tarjetas de crédito** AmEx, DC, MC, V. **Plano 8 L7**

Esta *brasserie* tiene muchas atracciones para los niños: payasos y magos los fines de semana a la hora de comer, el espectáculo de Punch y Judy los sábados y un espectáculo de magia los domingos (ambos a las 14.30 horas). También hay una persona que pinta la cara a los niños (4,50 £), una zona de recreo, juegos Nintendo, juguetes y lápices. Los adultos, mientras tanto, podrán disfrutar con el pianista (desde las 19.00 hasta la medianoche, de lunes a sábado), o la banda de jazz los domingos, desde las 20.00 hasta las 22.30 horas; 4,50 £.

Sticky Fingers

1A Phillimore Gardens, W8 (7938 5338). Metro: High Street Kensington. **Comidas** de 12.00 a 23.00 horas, de lunes a jueves y domingos; de 12.00 a 23.30 horas, los viernes y los sábados. **Tarjetas de crédito** AmEx, DC, MC, V. **Plano 3 A9**

Este restaurante de Bill Wyman se ha hecho famoso entre los niños por sus hamburguesas. Hay un menú para niños que cuesta unas 5 £, y una persona que pinta la cara a los niños todos los domingos. La comida no tiene nada de especial, pero tanto el personal como el ambiente es muy divertido. Si a los niños les gusta este tipo de local, también les gustará **Planet Hollywood** (Trocadero, 13 Coventry Street, W1; 7287 1000) y el **Hard Rock Café** (150 Old Park Lane, W1; 7629 0382).

TGI Friday's

6 Bedford Street, WC2 (7379 0585). Metro: Covent Garden; estación de tren: Charing Cross. **Comidas** de 12.00 a 23.30 horas, de lunes a sábado; de 12.00 a 23.00 horas, los domingos. **Tarjetas de crédito** AmEx, MC, V. **Plano 8 L7**

La diversión está asegurada en este ruidoso local, y el personal es atento y encantador. Los niños pueden elegir entre dos menús (6,25 £/7,35 £) y pueden conseguir adhesivos, lápices, pelotas y juguetes. También hay una persona que pinta la cara a los niños todos los fines de semana (de 13.00 a 17.00 horas) y un mago los domingos. Se divertirá. **Sucursales**: tiene muchas. Llame al 019 0866 9911 para saber cuál es la más cercana.

Espectáculos

Little Angel Theatre

14 Dagmar Passage, Cross Street (fuera), N1 (7226 1787). Metro: Angel; estación de tren: Highbury & Islington. **Actuaciones** *de septiembre a julio* vacaciones escolares y de Navidad, 11.00 horas, 15.00 horas, sábados, domingos. **Entrada** 5-7,50 £. **Tarjetas de crédito** AmEx, MC, V. **Plano 9 01**

Es el único teatro de marionetas permanente en Londres. Fundado en 1961, tiene capacidad para 110 personas y es un local encantador que ofrece funciones regularmente todos los fines de semana. Actúa la compañía residente y también otros titiriteros visitantes. Funciones recomendadas a partir de 3 años, aunque ocasionalmente hay actuaciones para edades más avanzadas; llame para informarse.

London Symphony Orchestra Family Concerts

Barbican Centre, Silk Street, EC2 (020 7638 8891). Metro: Barbican. **Actuaciones** una vez cada sesión (normalmente los domingos). **Entrada** 6 £; menores de 16 años, 3 £. **Tarjetas de crédito** AmEx, MC, V. **Plano 9 P5**

Los conciertos que se dan aquí introducen al niño en el aprendizaje de la música clásica en un ambiente divertido y a la vez estimulante. Durante el descanso, pueden hablar con los músicos de la orquesta y conocer mejor los instrumentos en el vestíbulo. También se invita a los niños a tocar un instrumento.

National Film Theatre

South Bank, SE1 (7928 3232). Metro: Embankment; estación de tren: Waterloo. **Entrada** 6,50 £; 5 £, estudiantes; 1 £, socios. **Tarjetas de crédito** AmEx, V. **Plano 8 M7**

Matinées para niños cada sábado y domingo entre las 15.00 y las 16.00 horas.

www.bfi.org.uk.nft

Polka Theatre for Children

240 The Broadway, SW19 (8543 4888). Metro: Wimbledon South; estación de tren: Wimbledon. **Entrada** 5-10 £. **Tarjetas de crédito** MC, V.

Ubicado en un precioso edificio, este teatro está pensado para niños menores de 13 años y tiene una capacidad de 300 butacas. Hay una sala para niños menores de 5 años (Adventure Room), una zona de recreo, una cafetería y dos tiendas. La compañía teatral, de gran fama, ha ganado varios premios por sus espectáculos. Hay talleres regulares durante las temporadas anunciadas; llame para más información. Cerrado en septiembre.

Puppet Theatre Barge

Blomfield Road, W9 (7249 6876). Metro: Warwick Avenue. **Actuaciones** *previo anuncio* a las 15.00 horas, sábados y domingos; *vacaciones escolares* a las 15.00 horas, todos los días. **Entrada** 6.50 £; 6 £ con descuento. **Tarjetas de crédito** MC, V. **Plano 2 D4**

Moored Henley, Marlow y Richmond de junio a octubre, y Little Venice en invierno, este teatro flotante de marionetas realiza actuaciones periódicas para toda la familia, además de representaciones para adultos. Se organizan sesiones para escuelas y funciones privadas previamente acordadas.

Unicorn Theatre for Children

Unicorn at the Pleasance Theatre, Carpenters Mews, North Road, N77 (7700 0702/7609 8753). Metro: Leicester Square. **Actuaciones** *previo anuncio* a las 10.15 y a las 13.30 horas, de martes a viernes (llame para asegurarse); a las 11.00 y a las 14.30 horas, los sábados; a las 14.30 horas, los domingos; *durante las vacaciones escolares* llame para asegurarse. **Entrada** 5-10 £. **Tarjetas de crédito** AmEx, MC, V.

Este teatro para niños se fundó en 1948 y es el más antiguo de Londres. Ofrece un programa emprendedor, lleno de juegos y otros entretenimientos para los niños en edades comprendidas entre los 4 y los 12 años.

Eventos anuales

Hay varias actuaciones en Londres dedicadas especialmente a los niños, aunque los jóvenes en general también disfrutan con espectáculos como el desfile del alcalde, el **lord Mayor's Show**, que organiza un deslumbrante despliegue de fuegos artificiales (*véase* pág. 8), el **Trooping the Colour** (*véase* pág. 6) o el cambio de guardia (*véase* pág. 4). Otro espectáculo de gran éxito es el **Punch and Judy Festival** en Covent Garden (*véase* pág. 8). Para más información sobre los espectáculos de marionetas que se llevan a cabo en los parques de Londres, llame al 7298 2100. Hay también varias atracciones anuales en el parque **Alexandra Park** (*véase* pág. 109), en el parque **Battersea Park** (*véase* pág. 132), en **Hampstead Heath** (*véase* pág. 104) y en **Clapham Common** (llame al 8671 0994 para más información).

Teddy Bears' Picnic

Battersea Park, SW11 (8871 8107). Estación de tren: Battersea Park; autobús 49. **Fechas** normalmente coincide con la tarde del primer viernes de agosto. **Entrada** gratuita. **Plano 4 F13**

Pícnic anual en el que participan cientos de niños (y sus mascotas). Se organizan espectáculos y actividades como pintarse la cara o talleres diversos.

Compras para niños

Véanse págs. 216 y 222.

Tomarse un respiro

Childminders

6 Nottingham Street, W1 (7935 3000/2049). **Abierto** de 8.45 a 17.00 horas, de lunes a viernes; de 08.45 a 15.30 horas, los jueves; de 08.45 a 17.00 horas, los viernes; de 09.00 a 16.30 horas, los sábados. **Plano 5 G5**

Esta agencia tiene más de 1.500 canguros con referencias (enfermeras, niñeras y profesores para niños). Los canguros viven en distintas zonas de Londres y alrededores.
www.babysitter.co.uk

Pippa Pop-ins

430 Fulham Road, SW6 (7385 2458). **Abierto** de 08.00 a 19.00 horas, de lunes a viernes; cerrado los sábados y domingos. **Honorarios** desde 28 £. **Tarjetas de crédito** MC, V.

Este jardín de infancia es muy agradable, y en él trabajan profesores de NNEB y Montessori especializados en puericultura. También hay niñeras que organizan fiestas infantiles, actividades para las vacaciones y períodos escolares, y una guardería infantil.

Universal Aunts

(canguros durante todo el día 7738 8937/ canguros por la tarde 7386 5900).
Abierto de 09.30 a 17.00 horas, de lunes a jueves; de 09.30 a 16.00 horas, los viernes.
Tarifas durante el día, desde 6 £/hora; por la tarde, 5 £/hora.

Puede confiar totalmente en el personal de esta agencia fundada en 1921, especializado en cuidar niños, ir a buscarlos al aeropuerto, a la estación o al puerto, o llevarlos de excursión.

Información

Para más información, *véase* la revista *Kids Out* (puede comprarla en cualquier quiosco o bien suscribirse llamando al 01454 620070). Para las actuaciones locales, póngase en contacto con el ayuntamiento municipal.

Kidsline *(7222 8070).* **Abierto** *vacaciones de mediados de trimestre* de 16.00 a 18.00 horas, de lunes a viernes; *vacaciones de verano* de 09.00 a 16.00 horas, de lunes a viernes.
Información sobre películas, espectáculos, atracciones y actividades dirigidas a los niños.
Parentline *(0808 800 2222).* **Abierto** de 09.00 a 21.00 horas, de lunes a viernes; de 09.30 a 17.00 horas, los sábados; de 10.00 a 15.00 horas, los domingos.
www.parentlineplus.org.uk
Teléfono de ayuda a los padres, gratuito y confidencial.
The Register *(7701 6111).*
Revista quincenal donde aparecen listados de agencias de canguros/guarderías.
www.simplychildcare.com

Discotecas

Esta ciudad tiene de todo: desde locales diminutos y subterráneos en los que se suda a mares hasta modernas macrodiscotecas de postín

Londres tiene más locales para bailar que nunca. En 1999, abrieron sus puertas tres grandes espacios y siguen proliferando las discotecas pequeñas que abren hasta tarde y tienen pista de baile y pinchadiscos. Salir de noche forma parte de la cultura londinense actual. Además de las opciones comerciales, existe una gran oferta alternativa que aporta nuevas ideas y renueva la energía de todos los locales, incluidas las discotecas con más solera. La cultura musical británico-asiática, el *breakbeat*, el nuevo *house* inglés y el resurgir del *hip hop* han hecho posible que Londres conserve su fama de capital de la innovación musical, sin olvidar ritmos tan locales como el *garage* inglés (también llamado «*speed garage*»). Si sale por la noche en Londres, podrá descubrir que el lugar más vanguardista, lo último en música experimental, está al lado de una glamurosa megadiscoteca.

En la descripción que sigue nos hemos centrado en los locales, pero somos conscientes de que el estilo y la música de la mayoría de ellos puede cambiar. Destacamos lo que en nuestra opinión merece la pena, pero para una información más detallada, es preferible consultar la revista *Time Out*. Los espectáculos especiales se anuncian en la radio, en folletos o en las revistas especializadas. Cuanto más marginales sean los locales, más difícil será encontrarlos: un buen punto de partida es dar una vuelta por una tienda de discos o escuchar una emisora de radio pirata. Por lo general, entrar en una discoteca le costará entre 3 y 10 £. Si es estudiante, pida la tarifa reducida.

Discotecas estrella

La diversidad está muy bien, pero en Londres hay un local estrella en el que se congregan los aficionados al baile cada fin de semana: el **Ministry of Sound**. Situado al sur del río, cerca del Elephant & Castle (una parte bastante sucia de la ciudad), por fuera parece el patio de una prisión pero atrae a los aficionados al baile como la miel a las moscas. Los pinchadiscos de fama mundial (norteamericanos y británicos) que pinchan música *garage* y *house* son la principal atracción, pero la energía compartida y el entusiasmo que allí se respira le dejará sin aliento. Lo malo es que puede tener que hacer una larga cola para entrar, y que los porteros y los empleados de seguridad no son muy amables. Tendrá que pagar entre 10 y 15 £ de entrada, pero por ese precio, podrá seguir de fiesta hasta las 09.00 horas.

El éxito de su «marca» (tiene revista propia, casa discográfica y una emisora de radio por Internet) ha convertido al Ministry en parada obligada dentro de la ruta de los fans de las discotecas, pero ya le han salido duros competidores. La apertura de **Scala**, **Home** y **Fabric** (*véase* pág. 245, **Tres iguales**), que entre todos son capaces de albergar de 7.000 a 8.000 clientes, ha hecho que los londinenses tengan donde elegir a la hora de acudir a un local enorme con impresionantes equipos de sonido y pinchadiscos de fama mundial.

La discoteca del West End **The End** es la pista de baile más sofisticada del centro de Londres: un monumento al minimalismo decorativo y a la calidad de sonido. Regentado por Mr. C, del grupo de música tecnopop The Shamen, que suele actuar en el local, The End cuenta con

Déjese contagiar por la fiebre del **Scala** *(véase pág. 245)*

Tres iguales

Para las direcciones de los locales que se mencionan a continuación, véase pág. 250, **Índice de discotecas**.

Como suele ocurrir, uno ha de esperar una eternidad a que abran una nueva discoteca y, de pronto, inauguran tres a la vez. De hecho, la aparición de **Scala**, **Home** y **Fabric** aumentó de forma tan espectacular la capacidad de pistas de baile en Londres que los más escépticos cuestionaban que pudiesen sobrevivir las tres. Hasta la fecha no ha habido problema a ese respecto: los tres locales han apasionado a los críticos y se han hecho con una clientela fiel.

El **Scala** (cuya capacidad oficial es de 800 personas y costó 1,8 millones de libras) fue el primero que abrió sus puertas, en la primavera de 1999. El local, un antiguo cine de King's Cross, famoso por sus sesiones nocturnas, estuvo cerrado durante varios años hasta que el empresario Sean McCluskey lo convirtió en una discoteca de varias plantas. Además de organizar veladas musicales con una clara tendencia hacia el *hip hop* y el *breakbeat*, la discoteca acoge de vez en cuando espectáculos impresionantes que incluyen música en directo, pantallas e incluso juegos. No se pierda el «Sonic Mook Experiment» de los sábados, un festín de *breaks* y *beats*, ni el gran «Scratch» que tiene lugar una vez al mes.

El **Home** (con capacidad para 2.700 personas; costó 8 millones de libras), un club nocturno de siete plantas, sería muy distinto si no estuviese en plena Leicester Square. Los destellos de su pantalla de vídeo y su ubicación tan turística desaniman a la mayoría de los londinenses, que prefieren los ambientes de las callejuelas oscuras y los antiguos almacenes de aspecto peligroso. La finalidad de Home era hacer todo lo que hacen las demás discotecas, pero mejor; así, su restaurante ha impresionado incluso a los críticos gastronómicos. Es una lástima que su elegante diseño y su excelente equipo de sonido sea algo que sólo disfruten los extranjeros, por lo menos durante los fines de semana. La música corre a cargo del pinchadiscos con más éxito del mundo, Paul Oakenfold, que es socio del local y «director musical» del mismo. Oakey pretende hacerse con un público fiel como el que tenía cuando trabajaba en el Cream de Liverpool y, para ello, invita a un equipo estelar de pinchadiscos como Danny Rampling y Pete Tong. Además de disfrutar los fines de semana, no se pierda el «Highrise» del jueves, una de las mejores noches de la discoteca, en la que podrá deleitarse con una atractiva combinación de música *house*, *funky* y *breakbeat* entre otros estilos.

Debido a los problemas que supuso acondicionar una antigua y enorme cámara frigorífica victoriana, el **Fabric** (con una capacidad para 2.500 personas; costó 4,8 millones de libras) no estaba del todo terminado cuando llegó su tan anunciada fecha de inauguración (una de las dificultades de la reforma consistía en que

De superior a inferior: **Home, Fabric, Scala**

había que eliminar 60 cm de grosor de material aislante en cada muro). Sin embargo, abrió sus puertas con gran éxito en octubre de 1999 y se ha convertido en cita obligada para los aficionados al baile de la capital. La belleza del local radica en su calidad arquitectónica; sus amplios y sencillos espacios están dotados de un equipo de sonido de primera clase y adornados con poco más. No hay una decoración peculiar o excesiva, sólo los grandes espacios, un equipo de grandes pinchadiscos y un permiso para funcionar las 24 horas del día. La política musical del local trata de evitar lo que más suena en cada momento (aunque el Sasha también tiene su lugar) y centrarse en propuestas alternativas realizadas por pinchadiscos de culto como Danny Tenaglia y François Kevorkian, además de nuevas estrellas surgidas en la discoteca como Bill Brewster y Terry Francis. Por último, como su pista de baile «Bodysonic» es un enorme altavoz de bajos, si visita el Fabric, sentirá el mundo vibrar bajo sus pies.

un buen sistema de aire acondicionado y con unos baños modernos y espectaculares, además de sesiones mensuales dedicadas a fiestas *funky techno*, *drum 'n' bass* y música *house*. Ademán tiene al lado un bar y un restaurante «hermanados», **AKA** (*véase* pág. 248, **Bares musicales**), que son un buen lugar en el que empezar la noche o acabarla cuando se canse de bailar.

Turnmills, en Farringdon, es famosa por sus noches de música *underground* , pero tiene muchos rincones donde sentarse para descansar y sudar fuera de la pista de baile. La fiesta *house* de los viernes, «The Gallery», y el paraíso de los borrachos, el «Headstart» de los sábados, son cada vez más populares. La primera acaba a las 03.30 horas, y le sigue «Trade», un maratón sobre todo *gay* que se prolonga diez horas más, hasta el domingo por la tarde (*véase* pág. 275). La mayoría de las veladas no requieren tanta resistencia, ya que acaban a unas «prudentes» 06.00 horas durante los fines de semana. Al igual que The End, Turnmills ha crecido en el último año con dos plantas que mejoran de forma espectacular el diseño del local.

Heaven, un laberinto de bares, pistas de baile y pasillos situado detrás de la estación de Charing Cross, ha sido remodelado recientemente. Es el local *gay* más famoso de Londres (*véase* pág. 273) y los clientes heterosexuales sólo pueden disfrutar de su encanto en las fiestas que se organizan una vez al mes, como «Bedrock», los jueves, y la famosa fiesta mixta «There», los viernes, donde se puede bailar *house* y *breakbeat* en tres pistas distintas.

Otros locales nocturnos que vale la pena conocer son **The Complex** (el antiguo Blue Note; *véase* pág. 250) y el **Fridge** (*véase* pág. 251).

Vestidos para matar

Imaginemos que no busca el bar más de moda o el equipo de sonido más potente, sino un lugar al que acudir vestido de fiesta y en el que pasar un buen rato. En el West End, encontrará el **Browns**, el **Café de Paris** y el **Stringfellows**, pero es probable que **Roof Gardens**, en Kensington, sea el local más hermoso de toda la ciudad. Estos lugares atraen a personas de todas las edades y permiten vestirse con la mayor elegancia.

Browns es una discoteca de Holborn de dos plantas, muy de moda, conocida por ser un lugar ideal para ver a famosos y por sus fiestas *after-show*. El **Café de Paris**, un salón de baile clásico de los años veinte, tiene una zona alta encantadora, ideal para espiar a los que están en la pista; también cuenta con un restaurante que es ideal para pasar una noche fuera sin problemas. El **Roof Gardens** es un local privado que admite a los no socios los martes y los sábados (es preciso pagar 40 libras, que no resultan tan excesivas si tenemos en cuenta que incluyen una cena de tres platos) y tiene más el aspecto de restaurante de lujo que de discoteca. Cuenta con seis pisos y, como su nombre indica, con tres jardines impresionantes en el terrado, además de un restaurante y una pista de baile. Sin embargo, si está vestido para matar y no sabe adónde ir, acuda a **The Emporium**, en el centro de la ciudad, un lugar famoso por las celebridades que lo visitan. Tiene tanto éxito que no aceptó la reserva de Prince (¿o deberíamos decir The Artist...?), que quería hacer una fiesta privada, porque estaba demasiado lleno.

Mucho más famosa y menos discreta, **Stringfellows** es otra de las discotecas que puede presumir de tener un restaurante francés con platos a la carta. Es toda una institución en el West End y cuenta con una clientela de hedonistas con traje y corbata. Su dueño es el inimitable «rey de las discotecas», por no hablar del «rey del salmonete», Peter Stringfellow. El local, al igual que su dueño, no es ni nuevo en la ciudad ni moderno. De hecho, entre semana se convierte en un local de *striptease* (de lunes a jueves), mientras que la discoteca toma el relevo durante los fines de semana.

Mayfair

Mayfair es un barrio con una vida nocturna tranquila, en el que las discotecas se centran más en obtener una fama duradera que en ser flor de un día, y son locales más cómodos y con más estilo que la mayoría del resto de las salas de baile de la ciudad. El **Hanover Grand** (junto a Regent Street) tiene una pista de baile en la planta superior y un bar muy agradable en la inferior. Organiza la mejor noche de *hip hop* y R&B de mediados de semana, («Fresh 'n' Funky») los miércoles, y varias noches de música moderna los jueves, viernes y sábados, momento en el que sólo los clientes de

¿Esto podría ser **The End**? *(véase pág. 244)*

Las puertas de la discordia

Las discotecas londinenses son famosas por la longitud de sus colas de entrada y por lo peculiar de sus políticas de acceso. Aún en los locales que se precian de mimar a sus clientes, suelen tratarlos como ganado mientras esperan en la acera. Si no es un especialista en colarse en las discotecas ni figura en la lista de invitados del pinchadiscos, lo mejor es que se arme de paciencia y espere. Cuando tenga que dirigirse a los porteros, tenga en cuenta que la clave está en ser amable y perseverante. De todos modos, piense que en casi ninguna discoteca le dirán que no le dejan entrar, lo que harán será dejar pasar antes a los que estén detrás de usted en la cola. Si pregunta directamente, le responderán con alguna respuesta estereotipada como, por ejemplo, «hoy hay una fiesta privada» o «éste no es un local para usted». Injusto e injustificable, pero en la mayoría de los casos, es totalmente legal.

Algunos locales llevan la selección al extremo y contratan a porteros especiales que se dedican a distinguir los «buenos» de los «malos» y los «feos». Algunas discotecas gays obligan a besar a un miembro del mismo sexo, para probar que se trata del tipo de clientela adecuada para el local, mientras que en otras discotecas preguntan a los que desean entrar cuál es el nombre del pinchadiscos que trabajará esa noche para ver hasta qué punto son asiduos. A nadie le gusta quedarse fuera, con los pies fríos, así que para evitar esa mala experiencia, **llame a la discoteca** con antelación para comprobar qué velada está prevista (las discotecas cambian rápidamente: ya que tendrá que hacer cola, por lo menos asegúrese de no hacerla en el lugar equivocado), cuál es el mejor momento para llegar y qué requisitos de vestimenta tiene el local, si los tiene. Tenga en cuenta que la mayoría de las discotecas no permiten la entrada a las personas que visten tejanos o pantalones de deporte, pero incluso las discotecas que no exigen una vestimenta concreta suelen ejercer cierta tiranía de moda a la hora de permitir la entrada. De todos modos, si el portero opina que no tiene el aspecto apropiado para el local, cabe la posibilidad de que esté en lo cierto y no sea el lugar más divertido para usted, aunque le dejara entrar. Para averiguar lo que ocurre de semana en semana, lo mejor es consultar la revista *Time Out*. Buena suerte y ¡feliz vida nocturna!

aspecto más elegante tienen garantizado que el portero les permita acceder al local. **Legends**, cerca de Piccadilly, es un local de diseño impecable y moderno, obra de Eva Jiricka. El restaurante y el bar que se encuentran en la planta superior cuenta con un gran ventanal que da a la calle (si la calle estuviese más concurrida, sería el lugar ideal para quienes desean ser vistos). Los fines de semana, se llena de una clientela bien vestida que baila música *house*.

El Soho y Covent Garden

En el Soho y Covent Garden hay decenas de bares, discotecas y restaurantes. La mejor forma de descubrirlos es dar un paseo, aunque algunos locales llaman más la atención que otros. El **Bar Rumba** es una de las mejores salas de baile de la ciudad, y organiza excelentes sesiones de una sola noche: los lunes están dedicados al jazz, el *funk* y el *drum 'n' bass*; los martes se organizan las noches latinas; los miércoles, se escucha música *house*; los jueves, *drum 'n' bass*; los viernes, música *new skool*, y los sábados, ritmos *garage*. Independientemente del estilo, cada noche figura entre las mejores del género. **The Wag** es una discoteca con estilo igualmente popular, que cuenta con tres plantas dedicadas a distintas tendencias musicales. A mediados de semana se organizan veladas de *indie-rock*; los viernes hay sesión retro con música de los ochenta, mientras que la fiesta del sábado, «Blow Up», que figura entre las mejores de la ciudad, es una velada inspirada en el *soul* y el pop de los años sesenta, con canciones lentas pero también algo de movimiento.

La sala **Velvet Room**, en Charing Cross Road, es un bar discoteca de lujo que organiza una excelente sesión de *drum 'n' bass* los miércoles («Swerve»), así como una fantástica noche tecno y *house*, los jueves («Ultimate BASE»); si viste a la moda, tendrá garantizado el acceso al local. Cerca de allí, en el edificio Centrepoint, se encuentra **LA2**, que organiza la fiesta «Carwash» los sábados, la mejor noche de música disco de la ciudad, aunque es preciso vestirse de forma adecuada (es decir, como si fuese un extra de la película *Fiebre del sábado noche*).

Lo mejor del oeste

Si se aloja en el oeste o en el sudoeste de Londres, el **Subterania** es una de las mejores opciones. Entre semana hay actuaciones en directo, y los fines de semana los pinchadiscos pinchan música *funky* para una clientela elegante de esta zona. No podrá entrar en las «Rotation» de los viernes ni en las «Soulsonic» de los sábados si no llega con suficiente antelación (y vestido para la ocasión). El **Leopard Lounge**, en Fulham Broadway, es otra buena razón para no salir del West End. Es una discoteca amplia y elegante, decorada con pieles de cebra y leopardo, y los martes por la noche, ponen luces de baile al estilo de los años setenta.

Las noches del norte de Londres

Después de haber sido considerado como el mejor lugar del planeta hace dos años, el barrio Hoxton, paraíso de los amantes de los *lofts*, se ha llenado de bares de moda y de restaurantes que animan a tomar una copa de noche y a bailar en las pistas los sones propuestos por los pinchadiscos. Las autoridades locales obligaron al Blue Note, uno de los

Bares musicales

El término «bar musical» se creó para describir un creciente número de bares que no cierran a las 23.00 horas, cuentan con pinchadiscos y exigen el pago de una entrada (a partir de cierta hora). Al hacerlo, mezclan la cultura de la charla, que impera en los bares, con el estilo, la música y la moda que caracteriza a las discotecas. Si busca algo que tenga buena música y cubra la laguna creada entre un bar al que se acude antes de ir a la discoteca y un local lleno de aficionados a la noche, le proponemos una lista con nuestros bares musicales favoritos. Además de los que aparecen a continuación, *véase también* **The Velvet Room** (pág. 247, **El Soho y Covent Garden**).

AKA

18 West Central Avenue, WC2 (7836 0110). Metro: Holborn o Tottenham Court Road. **Abierto** de 18.00 a 01.00 horas, los martes; de 18.00 a 03.00 horas, de miércoles a viernes; de 19.00 a 03.00 horas, los sábados. **Plano 6 L6**

Bar-restaurante muy bien considerado, propiedad del antiguo portero de Shamen, Mr C, que también es dueño de la discoteca **The End** (*véase* pág. 244), situada al lado.

Blue Bar

257-259 Pentonville Road, N1 (7837 3218). Metro y estación de tren: King's Cross. **Abierto** de 17.00 a 01.00 horas, los miércoles; de 21.00 a 03.00 horas, de jueves a sábado; de 19.30 a 01.30 horas, los domingos. **Plano 6 M3**

Este original local supone un respiro en el habitual ambiente vulgar de King's Cross. El antes llamado Cross Bar ofrece comida de calidad razonable y un ambiente prometedor incluso antes de que empiece la música.

Bug Bar

The Crypt, St Mattey's Peace Garden, Brixton Hill, SW2 (7738 3184). Metro y estación de tren: Brixton. **Abierto** de 19.00 a 1.00 horas, de lunes a jueves; de 19.00 a 03.00 horas, los sábados; de 07.00 a 23.00 horas, los domingos. **Entrada** 3 £, después de las 21.00 horas; 5 £, después de las 23.00 horas.

Este local, relajado pero lleno de vida, es popular desde hace años y cuenta con entretenimientos habituales como orquestas, conciertos y varios pinchadiscos.

Dogstar

389 Coldharbour Lane, SW9 (7733 7515). Metro y estación de tren: Brixton. **Abierto** de 12.00 a 01.00 horas, de lunes a jueves; de 12.00 a 03.00 horas, los viernes y los sábados; de 12.00 a 23.00 horas, los domingos. **Entrada** los viernes y los sábados, 3 £, de 21.00 a 22.00 horas; 4 £, de 22.00 a 23.00 horas; 5 £, de 23.00 a 03.00 horas.

Los crecientes aficionados a los *pubs* de la zona sur de la ciudad estarían perdidos sin este vibrante bar lleno de vida.

Dust

27 Clerkenwell Road, EC1 (7490 5120). Metro y estación de tren: Farringdon. **Abierto** de 11.00 a 23.00 horas, de lunes a miércoles; de 11.00 a 24.00 horas, los jueves y los viernes; de 18.00 a 24.00 horas, los sábados; de 12.00 a 18.00 horas, los domingos. **Plano 9 N4**

Este elegante bar con pinchadiscos se encuentra a escasa distancia del Turnmills (*véase* pág. 246). Es un local sencillo y bien planteado, decorado con madera y tonos cobrizos. La comida y las bebidas son bastante buenas.

Ego

23 Bateman Street, W1 (7437 1977). Metro: Tottenham Court Road. **Abierto** de 17.00 a 01.00 horas, de lunes a sábado. **Plano 6 K6**

Este bar de dos plantas situado en el corazón del Soho cuenta con una pequeña pista de baile que se llena con la clientela de las discotecas, que se reúne en él para iniciar la noche.

Embassy Bar

119 Essex Road, N1 (7226 9849). Metro: Angel; autobuses: 38, 56, 73, y 171A. **Abierto** de 17.00 a 23.00 horas, de lunes a jueves; de 17.00 a 01.00 horas, los viernes; de 14.00 a 01.00 horas, los sábados; de 14.00 a 22.30 horas, los domingos. **Plano 9 01**

El Embassy Bar tiene un ligero aire retro, al estilo de Hollywood, y una política basada en la música más actual. Los viernes y sábados cuenta con pinchadiscos especiales.

Fridge Bar

1 Town Hall Parade, SW2 (7326 5100). Metro y estación de tren: Brixton. **Abierto** de 10.00 a 14.00 horas, de lunes a jueves; de 10.00 a 16.00 horas, los viernes y los sábados; de 10.00 a 12.30 horas, los domingos.

Durante los fines de semana, el Fridge Bar es el lugar ideal para relajarse después de bailar en la discoteca de al lado (*véase* pág. 251, **Hacia el sur**). La clientela es agradable y eso siempre garantiza un buen ambiente.

Ion

165 Ladbroke Grove, W10 (8960 1702). Metro: Ladbroke Grove. **Abierto** de 12.00 a 24.00 horas, todos los días.

Este bar de pinchadiscos es muy amplio y luminoso, y cuenta con una terraza estupenda. El restaurante, situado en un entresuelo, es bastante bueno.

Jerusalem

33-34 Rathbone Street, W1 (7255 1120). Metro: Tottenham Court Road. **Abierto** de 12.00 a 02.00 horas, de lunes a jueves; de 12.00 a 03.00 horas, los viernes y los sábados. **Plano 5 J5**

Se trata de un amplio bar situado en un sótano en el que enormes tablones de madera sirven de mesas y un moderno grupo de empleados sirve platos actuales a una clientela igualmente moderna. A mediados de semana cuentan con muy buenos pinchadiscos.

Medicine Bar

181 Upper Street, N1 (7704 9536). Metro: Highbury e Islington; estación de tren: Islington. **Abierto** de 17.00 a 24.00 horas, de lunes a jueves; de 12.00 a 01.00 horas, los viernes y los sábados;

de 12.00 a 23.00 horas, los domingos. **Entrada** (puede que tenga que hacerse socio) de 19.00 a 01.00 horas, los viernes; de 18.00 a 01.00 horas, los sábados.
Un bar cómodo y con estilo situado en Islington, con clientela formada por los que esperan para ir a una discoteca y los que salen a tomar una copa al salir del trabajo, antes de volver a casa.

Notting Hill Arts Club
21 Notting Hill Gate, W11 (7460 4459). Metro: Notting Hill Gate. **Abierto** de 17.00 a 1.00 horas, de lunes a sábado; de 16.00 a 23.00 horas, los domingos. **Entrada** 3 £- 5 £ de 20.00 a 1.00 horas, de lunes a sábado; de 19.00 a 23.00 horas, los domingos.
Plano 1 A7
En este amplio y blanco sótano se reúnen los lugareños y los bebedores después de salir de las discotecas. También cuenta con un buen pinchadiscos.

The Social Bar
5 Little Portland Street, W1 (7636 4992). Metro: Oxford Circus. **Abierto** de 12.00 a 24.00 horas, de lunes a sábado; de 17.00 a 22.30 horas, los domingos.
Plano 5 J5
Un bar elegante y bien concebido, con dos plantas en las que se puede escuchar buena música toda la noche. The Social es el lugar ideal para ver a más maníacos depresivos, adictos a las drogas y más encargados de prensa de discográficas borrachos de lo que hubiese deseado ver.

WKD
18 Kentish Town Road, NW1 (7267 1869). Metro y estación de tren: Camden Road. **Abierto** de 12.00 a 02.00 horas, de lunes a jueves; de 12.00 a 03.00 horas, los viernes y sábado; 12.00 a 01.00 horas, los domingos.
Todos los días hay música en directo y pinchadiscos a partir de las 21.30 horas. Los tentempiés son aceptables.

Locales de samba

Para las direcciones de los locales que se mencionan a continuación, véase pág. 250, **Índice de discotecas**.

Londres cuenta con una gran selección de discotecas de música latina y no es preciso ser Jennifer López o Ricky Martin para bailar en ellas. Son lugares acogedores, siempre dispuestos a aceptar a personas interesadas y entusiastas de este tipo de música de todas las edades. Además, su ambiente es más cosmopolita que los locales «de moda» y son mucho más agradables. La mayoría de los clientes no son latinos, aunque muchos han asistido a las clases de baile que facilita el local y se han convertido en bailarines consumados: no se desanime, puede acudir a algunas clases antes de ir a uno de esos locales para desempolvar el cuerpo y aprender algunos pasos que le permitan empezar a pasarlo bien...

Cuba, en Kensington High Street, es un buen punto de partida. Es una discoteca de ambiente relajado (con un bar y restaurante en la planta superior) y dedica seis noches por semana (de lunes a sábado) a seis ritmos latinos distintos, a menudo con orquestas y música en directo. Si se aloja en el centro del West End, acuda a **Salsa!**, en Charing Cross Road, un bar con discoteca que merece la pena visitar, con un enfoque orientado tanto a los aficionados al baile como a los apasionados por los cócteles de caipiriña. Si se encuentra al sur del río, visite el **Loughborough Hotel**, en Brixton, que ha pasado de ser un bar de barrio a convertirse en un excelente local de música latina de dos plantas (los jueves y los viernes). Cerca de allí, en Vauxhall (al sur del río), está el **Club Soneros**, famoso por sus orquestas latinas en directo tres noches por semana (de jueves a sábado): no permiten la entrada a personas vestidas con tejanos o con pantalones de deporte.

Además de las discotecas especializadas en música latina, hay un par de locales que dedican una noche a la semana a la música latina y que merece la pena conocer: la noche de «Rumba Pa'ti» del **Bar Rumba** (martes, *véase* fotografía superior) es ideal para los principiantes y cuenta con una clientela joven y bien vestida. Por otro lado, la «Sunday School» de **Villa Stefano** (los domingos) está dedicada a la salsa y está pensada para los aficionados algo más entendidos.

motores del Hoxton moderno, a cambiar de sitio, de modo que, en la actualidad, la única discoteca grande de la zona es el **333**, un local desvencijado que ofrece una gran variedad de entretenimientos en sus tres plantas, incluyendo poesía y jazz. Las noches de entre semana, se puede bailar música *house* y tecno.

El Blue Note abrió de nuevo en Islington convertido en **The Complex**, un local de cuatro plantas que ha conseguido captar las tendencias musicales de los últimos dos años; en su diversidad va desde el *funk* más lleno de alma hasta el *breakbeat* más radical, a menudo en la misma noche. En la planta superior, en el «Love Lounge», se reponen fuerzas y se hace vida social bajo una cálida iluminación de color rojo. Los sábados por la noche es el mejor lugar, después de un almacén del East End, para ver un espectáculo de música *garage* en la fiesta dedica-

Índice de discotecas

Bagley's Studios *King's Cross Freight Depot, (almacén de mercancías), junto a York Way, N1 (7278 2777). Metro y estación de tren: King's Cross.* **Plano 6 L2**

Bar Rumba *36 Shaftesbury Avenue, Soho, W1 (7287 2715). Metro: Piccadilly Circus.* **Plano 8 K7**

Browns *4 Great Queen Street, Covent Garden, WC2 (7831 0802). Metro: Holborn.* **Plano 6 L6**

Café de Paris *3 Coventry Street, St. James's, W1 (7734 7700/www.cafedeparis.com). Metro: Leicester Square o Piccadilly Circus.* **Plano 8 K7**

Camden Palace *1A Camden High Street, Camden, NW1 (7387 0428). Metro: Camden Town o Mornington Crescent.*

Club Soneros *The Gallery, Bondway, SW8 (7820 0671). Metro y estación de tren: Vauxhall.*

The Complex *1-5 Parkfield Street, N1 (7288 1986). Metro: Angel.* **Plano 9 N2**

The Cross *Goods Way Depot, junto a York Way, King's Cross, N1 (7837 0828). Metro y estación de tren: King's Cross.* **Plano 6 L2**

Cuba *11-13 Kensington High Street, W8 (7938 4137/ www.the-croo.co.uk). Metro: High Street Kensington.* **Plano 3 A9**

The Emporium *62 Kingly Street, Soho, W1 (7734 3190). Metro: Oxford Circus.* **Plano 5 J6**

The End *18A West Central Street, St. Giles's, WC1 (7419 9199). Metro: Holborn o Tottenham Court Road.* **Plano 6 L6**

Fabric *77 A Charterhouse Street, Cleckenwell, EC1 (7490 0444). Metro y estación de tren: Farringdon.* **Plano 9 05**

The Fridge *Town Hall Parade, Brixton Hill, SW2 (7326 5100). Metro y estación de tren: Brixton.*

Grace *Olmar Street, junto a Old Kent Road, SE1 (7252 1199). Metro: Elephant & Castle o London Bridge; estación de tren: London Bridge, luego coger lanzadera (llame para más detalles).*

Hanover Grand *6 Hanover Street, Mayfair, W1 (7499 7977). Metro: Oxford Circus.* **Plano 5 J6**

Heaven *debajo de los arcos, fuera de Villiers Street, WC2 (7930 2020/ www.heaven-london.com). Metro y estación de tren: Charing Cross.* **Plano 8 L7**

Home *1 Leicester Square, WC2 (7909 0000/información 0900 120 0107/ www.homecorp.com). Metro: Leicester Square.* **Plano 8 K7**

The Junction *242 Coldharbour Lane, SW9 (7738 4000). Metro y estación de tren: Brixton.*

LA2 *157 Charing Cross Road, WC2 (7434 0403). Metro: Tottenham Court Road.* **Plano 6 K6**

Legends *29 Old Burlington Street, Mayfair, W1 (7437 9933). Metro: Oxford Circus.* **Plano 6 K6**

Leopard Lounge *The Broadway, Fulham Road, SW6 (7385 0834). Metro: Fulham Broadway.* **Plano 3 A13**

Loughborough Hotel *en la esquina de Loughborough y Evandale Road, SW9 (sin teléfono). Metro: Brixton y de tren: Brixton.*

Mass *en El Brix, St. Matthew's Church, Brixton Hill, Brixton, SW2 (7738 5255). Metro y estación de tren: Brixton.*

Ministry of Sound *103 Gaunt Street, Walworth, SE1 (7378 6528). Metro y Estación de tren: Elephant & Castle.* **Plano 11 O10**

Roof Gardens *99 Kensington High Street (entrada por Derry Street), Kensington, W8 (7937 7994). Metro: High Street Kensington.* **Plano 3 B9**

Salsa! *96 Charing Cross Road, WC2 (7379 3277). Metro: Leicester Square.* **Plano 6 K6**

Scala *275 Pentonville Road, King's Cross, N1 (7833 2022). Metro y estación de tren: King's Cross.* **Plano 6 L3**

Stringfellows *16-19 Upper St. Martin's Lane, WC2 (7240 5534). Metro: Leicester Square.* **Plano 8 L6**

Subterania *12 Acklam Road (debajo de Westway), Ladbroke Grove, W10 (8960 4590). Metro: Ladbroke Grove.*

333 *333 Old Street, Hoxton, EC1 (7739 5949). Metro: Old Street.* **Plano 10 Q4**

Turnmills *63 Clerkenwell Road, Clerkenwell, EC1 (7250 3409). Metro y estación de tren: Farringdon.* **Plano 9 N4**

Velvet Room *143 Charing Cross Road, Soho, WC2 (7734 4687/www.velvetroom.co.uk). Metro: Tottenham Court Road.* **Plano 6 K6**

Villa Stefano *227 High Holborn, WC2 (7831 7318). Metro: Holborn.* **Plano 6 L5**

da al *funk*, al *swing* y al *garage*, y que se denomina «Camouflage».

A pesar de su situación, en un terreno baldío detrás de King's Cross, **The Cross** tiene fama por sus fiestas de fin de semana, entre ellas «Renaissance», la superdiscoteca de Midlands que toma el relevo cada mes, cuando los arcos de ladrillo ven partir a los últimos incondicionales. Merece la pena pagar un taxi, pero al igual que otras muchas discotecas, tiene un gran éxito entre la gente del lugar por lo que es mejor llegar pronto. Enfrente de un pequeño aparcamiento puede verse **Bagley's Studios**, un laberinto de habitaciones relacionadas entre sí que pertenecían a un antiguo estudio de grabación, en el que se organizan grandes fiestas, por lo general de música *house*. En la zona de King's Cross está también el **Scala**, un local que se ha hecho famoso por sus veladas de *breakbeat* y *hip hop* (*véase* pág. 245, **Tres iguales**).

El enorme local de un antiguo music-hall, el **Camden Palace**, se ha convertido en un infierno de sonido de varias plantas con una iluminación propia de principios de los años ochenta. Se le nota la antigüedad, pero sigue mereciendo la pena dar una vuelta por allí, sobre todo los martes por la noche, cuando organizan la «Feet First», una fiesta *indie-rock*, y los sábados, en los que hay actuaciones especiales. De lo contrario, es mejor pasar.

Hacia el sur

Brixton y sus alrededores tienen cada vez una mayor vida nocturna. El local más grande es **The Fridge**, un antiguo teatro que no tiene nada de *glamouroso* pero que puede resultar espectacular con un buen uso de la luz y la decoración. La noche del sábado está dedicada a los *gays*, pero los viernes puede ir todo el mundo a bailar música *trance* y tecno durante toda la noche en un espectáculo llamado «Escape from Samsara». Enfrente del The Fridge se encuentra **Mass**, un club nocturno de dos espacios unidos por una escalera circular en lo que fue una iglesia. El local es fantástico, con una decoración interesante, aunque ha optado por una iluminación y un sonido nada espectaculares. Los «bares musicales» son menores en cuanto a tamaño pero no en cuanto a ambición (se trata de una mezcla de bar y discoteca; *véanse también* págs. 248 y 249). **The Dogstar**, en Coldharbour Lane, abrió el camino; se puede entrar libremente durante la mayor parte de la noche y cuenta con algunos de los pinchadiscos más interesantes de Londres. **The Junction**,un poco más arriba, en la misma Coldharbour Lane, y el **Bug Bar** (junto al Mass) tienen una decoración osada, mientras que el **Fridge Bar** (como es lógico, situado junto a The Fridge) adopta una perspectiva musical más amplia.

Por último, pegado a los talones del Scala, el Fabric y el Home (*véase* pág. 245, **Tres iguales**) se encuentra **Grace**, una discoteca con capacidad para 2.000 personas que abrió sus puertas a finales de 1999. Situada junto a Old Kent Road, la discoteca aporta vida a una zona que no es especialmente famosa por su ambiente nocturno. Además de atraer a grandes figuras del mundo de los pinchadiscos, la discoteca pretende organizar barbacoas en verano, cuando el tiempo acompañe.

Espectáculos de humor

Escuchen algo gracioso...

Tiene que reírse. Si considera que Londres ofrece más actuaciones de humor que ninguna otra ciudad del mundo, no le queda otra elección. Cualquier semana (excepto, quizá, en agosto, cuando algunos cómicos londinenses se dirigen hacia el norte al Edinburgh Fringe Festival), en las salas de decenas de clubes se ofrece una apasionante mezcla de monólogos, improvisaciones y espacios dedicados a descubrir nuevos talentos. Los principales locales, como el **Comedy Store** y **Jongleurs Battersea**, presentan a los cómicos más consagrados, mientras que los clubes más modestos combinan cómicos de cierta fama con concursos de búsqueda de nuevos talentos. A pesar de que la mayor parte de las actuaciones sigue teniendo lugar en *pubs*, en los últimos años han aparecido locales dedicados exclusivamente al humor, con representaciones fijas durante la semana, lo cual es un claro indicio de que los humoristas tienen un gran futuro.

Mire la cartelera de la revista *Time Out* para saber quién actúa y dónde. En esta sección están algunos de los mejores lugares para ver actuaciones humorísticas de la ciudad. Al final, citamos las mejores sesiones nocturnas dedicadas al humor en lugares no especializados, además de una breve introducción al reducido circuito de lecturas de poemas.

Humor

Backyard Comedy Club

231-237 Cambridge Heath Road, E2 (7739 3122). Metro: Bethnal Green. **Funciones** a las 20.30 horas, viernes y los sábados. **Entrada** 10 £; estudiantes, pensionistas y parados mayores de 40 años, 7 £. **Tarjetas de crédito** MC, V.

Este club, construido en memoria del cómico Lee Hurst, abrió sus puertas en una antigua fábrica de ropa en Bethnal Green en septiembre de 1998. La influencia del entorno industrial y la voluntad de tratar a los cómicos con el respeto que no siempre se impone en otros clubes logran amasar buenos beneficios. Tras el espectáculo, hay discoteca y servicio de restaurante. Las actuaciones nuevas se dan el último jueves de cada mes.

Banana Cabaret

The Bedford, 77 Bedford Hill, Balham, SW12 (8673 8904). Metro: Balham; estación de tren: Balham. **Funciones** a las 21.00 horas, los viernes y los sábados; 20.30 horas el segundo domingo de cada mes. **Entrada** 10 £; tarifa reducida, 8 £.

El Banana Cabaret es uno de los clubes más divertidos y con más iniciativa de Londres, con dos espacios diferenciados que funcionan a la vez, en el mismo edificio, los sábados por la noche. También sirve de estudio para el Mark Thomas Comedy Product. Debe llegar a la función antes de las 20.45 horas los viernes, y de las 20.00 horas, los sábados. Se preparan cenas hasta las 21.00 horas. Después de la función, hay discoteca y pinchadiscos hasta las 02.00 horas. *www.bananacabaret.co.uk*

Bearcat Club

Turk's Head, Winchester Road, Twickenham, Middlesex (8891 1852). Estación de tren: St. Margaret's. **Funciones** a las 21.15 horas, los sábados. **Entrada** 8 £; socios y tarifa reducida, 7 £.

Uno de los clubes con más tradición, y un selecto programa garantizado.

Canal Café Theatre

The Bridge House, Delamere Terrace, Little Venice, W2 (7289 6054). Metro: Royal Oak o Warmick Avenue. **Funciones** 19.30 horas y 21.30 horas de lunes a sábados; 19.00 horas y 21.00 horas, los domingos. **Entrada** varía; llame para más información. **Socios anuales** 1 £. **Tarjetas de crédito** MC, V. **Plano 1 C4**

Situado en la planta superior de un *pub* cerca del pintoresco canal que pasa por la Little Venice, este local presenta una gran variedad de espectáculos, desde la típica y tan representada parodia «Newsrevue» (jueves a domingos) hasta cabarets y dramas. Se puede cenar hasta las 22.00 horas.

www.newsreune.com

Chuckle Club

London School of Economics, Houghton Street, Holborn, WC2 (7476 1672). Metro: Holborn. **Funciones** a las 19.45 horas, los sábados (durante el trimestre). **Entrada** 8 £; estudiantes, pensionistas, discapacitados y parados mayores de 40 años, 6 £. **Plano 6 M6**

El Chuckle Club ha estado en diferentes locales en los últimos quince años, y su nombre se ha convertido en sinónimo de cómicos de gran calidad. Su localización actual en el bar del London School of Economics añade la peculiaridad de servir bebidas a precios de bar estudiantil.

Comedy Brewhouse
Camden Head, 2 Camden Walk, Camden Passage, N1 (7359 0851). Metro: Angel. **Funciones** a las 21.00 horas, los viernes y los sábados. **Entrada** 5 £; estudiantes, pensionistas y parados mayores de 40 años, 4 £. **Plano 9 02.**
Improvisaciones de los Laughing Cavaliers, además de una selección de las actuaciones más recientes.

Comedy Café
66 Rivington Street, Shoreditch, EC2 (7739 5706). Metro: Old Street; estación de tren: Old Street.
Funciones a las 21.00 horas, de miércoles a sábado. **Entrada** *miércoles* gratuita; *jueves* 3 £; *viernes* 10 £; *sábado* 12 £. **Tarjetas de crédito** MC, V. **Plano 10 R4**
Uno de los pocos clubes de Londres sólo dedicado al humor. Las funciones gratuitas de los miércoles están destinadas a presentar nuevos números, y los viernes y sábados se convierte en discoteca desde que acaba la función hasta las 02.00 horas. Hay servicio de comedor hasta las 21.00 horas.
www.comedycafe.com

Comedy Store
Haymarket House, 1A Oxendon Street, St. James's, SW1 (7344 0234). Metro: Leicester Square o Piccadilly Circus. **Funciones** a las 20.00 horas, de martes a domingo. También a las 24 horas, los viernes y sábados. **Entrada** de 11 a 15 £, *reducida*, 8 £.
Plano 8 K7
El club más famoso del país y el lugar donde se dieron a conocer las nuevas tendencias en humor hacia finales de los años setenta. Los mejores monólogos nacen aquí, sobre todo en los espacios de improvisación de los actores de la Comedy Store Players los miércoles y los domingos.
www.thecomedystore.co.uk

Cosmic Comedy Club
177 Fulham Palace Road, Hammersmith, W6 (7381 2006). Metro: Hammersmith. **Funciones** a las 21.00 horas, los martes y los jueves; a las 20.30 horas, los viernes y los sábados. **Entrada** *martes* gratuita; *jueves*, pague lo que le parezca; *viernes* 10 £; *sábado* 12 £. **Tarjetas de crédito** MC, V.
Un *pub* encantador pensado expresamente para este tipo de funciones y con una firme reputación, que ofrece una buena mezcla de estilos de hacer humor. Las noches de los martes se presentan números nuevos, pero en el resto de noches actúan rostros conocidos. Se puede comer algo si se desea y hay discoteca hasta las 02.00 horas los viernes y los sábados.
www.cosmiccomedy.demon.co.uk

Jongleurs: *¡menudo arte!*

Downstairs at the King's Head
2 Crouch End Hill, esquina con The Broadway, Crouch End, N8 (8340 1028/ administración 01920 823265). Metro: Finsbury Park; estación de tren: Finsbury Park, después autobús W7. **Funciones** a las 20.30 horas, de miércoles a domingo. **Entrada** de gratuita a 7 £; de gratuita a 6 £ con tarifa reducida.
Uno de los clubes más antiguos de la capital, merecidamente popular, en el que suelen darse las mejores condiciones posibles a los humoristas. El cómico fijo es Huw Thomas, y uno de cada dos jueves se cede el local a los noveles.

Upstairs at the EDT
East Dulwich Tavern, 1 Lordship Lane, SE22 (8299 4138). Estación de tren: East Dulwich.
Funciones a las 21.00 horas, lunes, jueves y sábados. **Entrada** *lunes y jueves* 3 £, tarifa reducida, 2 £; *sábados* 6 £, tarifa reducida, 5 £.
En este veterano club bien dirigido encontrará teatro, música y humor, y en él actúan algunas de las figuras más importantes del mundo de la comedia. Los lunes se presentan los números nuevos. Todo esto en un ambiente relajado y agradable: ¿qué más se puede pedir?

Jongleurs Battersea
The Cornet, 49 Lavender Gardens, SW11 (7564 2500). Estación de tren: Clapham Junction.
Funciones a las 20.45 horas, los viernes; a las 19.15 horas, 23.15 horas, los sábados. **Entrada** *viernes* 14 £, pensionistas, estudiantes, discapacitados y parados mayores de 40 años, 11 £; *sábados* 12 £, estudiantes, pensionistas, discapacitados, mayores de 40 años, 9 £. **Tarjetas de crédito** MC, V.
Uno de los principales clubes de Londres, Jongleurs cuenta con una impresionante sala en la primera planta y presenta una amplia variedad de cómicos –a menudo, primeras figuras de la escena– que no se limitan sólo a los monólogos. Sirven comidas y, los viernes, tras el espectáculo, hay discoteca.
www.jongleurs.com

Jongleurs Bow
221 Grove Road, E3 (7564 2500). Metro: Mile End.
Funciones a las 20.15 horas, los viernes y los sábados. **Entrada** 12 £; estudiantes, pensionistas, discapacitados y parados mayores de 40 años, 9 £. **Tarjetas de crédito** MC, V.
Es el más reciente de los locales de los Jongleurs. Este club, construido expresamente para este fin, presenta a algunas de las figuras más importantes del humor lon-

dinense. Tras la función hay bar y discoteca hasta la 01.00 horas. Se sirven cenas.
www.jongleurs.com

Jongleurs Camden
Dingwalls, Middle Yard, Camden Lock, Camden High Street, NW1 (7564 2500). Metro: Camden Town o Chalk Farm. **Funciones** a las 20.45 horas, los viernes; a las 19.15 horas y a las 23.15 horas, los sábados. **Entrada** *viernes* 14 £, estudiantes, pensionistas, discapacitados y mayores de 40 años, 11 £; *sábados*, 12 £, estudiantes, pensionistas, discapacitados y mayores de 40 años, 9 £. **Tarjetas de crédito** MC, V.
Un buen punto de reunión construido para este fin e inspirado en el modelo estadounidense, con excelentes programas y, más tarde, bar y cena. Asegúrese de reservar con antelación para poder lograr un buen asiento, y recuerde que quien se siente delante debe estar preparado para participar en el espectáculo. De vez en cuando, dan cancha a cómicos noveles y, los viernes por la noche, hay discoteca tras el espectáculo, y hasta las 02.00 horas.
www.jongleurs.com

Meccano Club
The Dove Regent, 65 Graham Street, Islington (7813 4478). Metro: Angel. **Funciones** a las 21.00 horas, los viernes y los sábados. **Entrada** 6 £; estudiantes y mayores de 40 años, 5 £. **Plano 9 O2**
Un espléndido y modesto local situado en un sótano en el que los cómicos adoran actuar, por lo que les verá ofrecer lo mejor de sí mismos. Tendrá garantizada una excelente velada, aunque a veces cargada de humo.
www.themeccanoclub.co.uk

Up the Creek
302 Creek Road, Greenwich, SE10 (8858 4581). Estación de tren: Greenwich; DLR: Greenwich. **Funciones** a las 21.00 horas, de viernes a domingo. **Entrada** *viernes* 10 £, tarifa reducida, 6 £, estudiantes residentes, 2 £; *sábados* 12 £, tarifa reducida, 8 £; *domingos* 6 £, tarifa reducida, 4 £, estudiantes residentes, 2 £. **Tarjetas de crédito** MC, V.
Un magnífico y ruidoso club que pone a prueba incluso a los cómicos con mayor reputación. No apto para pusilánimes. Sirven cenas y, los viernes y los sábados, hay discoteca hasta las 02.00 horas.

Stewart Lee, *siempre de gira*

Clubes no especializados

Las actuaciones en locales que no se dedican al humor varían con asombrosa rapidez. Es recomendable llamar antes para asegurarse de que los clubes que aparecen a continuación siguen ofreciendo este tipo de funciones. Si no se indica lo contrario, en todos los clubes hay funciones semanales.
Aztec Comedy Club *The Borderland, 47-49 Westow Street, Norwood, SE19 (8771 0885).* Viernes.
BAC *Lavender Hill, SW11 (7223 2223).* Llame para mayor información.
Bound & Gagged Palmers Green *The Fox, 413 Green Lanes, Palmers Green, N13 (7483 3456).* Los viernes.
Bound & Gagged Tufnell Park *Tufnell Park Tavern, 162 Tufnell Park Road, Tufnell Park, N7 (7483 3456).* Sábados.
Buccaneers Comedy *The Hope, Fitzrovia, Tottenham Street, W1 (8761 5319).* Martes. **Plano 5 J5**

Chiswick Comedy Club *Rowans Café Bar, Stile Hall Parade, Chiswick High Road, W4 (8742 1649).* Sábados.
Comedy at Soho Ho *Crown & Two Chairmen, 31 Dean Street, Dean Street, W1 (996690).* Sábados. **Plano 6 K6**
Comedy Spot *The Spot, Maiden Lane, Covent Garden, WC2 (7379 5900).* Lunes. **Plano 8 L7**
Downstairs at the Troubadour *The Troubadour, 265 Old Brompton Road, SW5 (7370 1434).* Martes. **Plano 3 C11**
Fortnight Club *Moriarty's, 57 Liverpool Road, N1 (7837 5370).* Lunes. **Plano 9 N1**
Ha Bloody Ha *Ealing Studios (entrada por Whitehouse) Ealing Green, St. Mary's Road, Ealing, W5 (8566 4067).* Viernes.
Hampstead Comedy Club *The Washington, England's Lane, Hampstead, NW3 (7207 7256).* Sábados.
Hecklers Comedy Club *Upstairs at the Heathcote Arms, 344 Grove Green Road, E11 (8923 2127).* Sábados.
Oranje Boom Boom *Upstairs at De Hems, Macclesfield Street, Chinatown, W1 (7437 2494).* Miércoles. **Plano 8 K6**
Oval Comedy Club *The Grosvenor, Sidney Road, SW9 (7733 1799).* Miércoles.
Red Rose Comedy Club *129 Seven Sisters Road, Finsbury Park, N7 (7281 3051).* Sábados.
Screaming Blue Murder *Dog & Fox, 24 High Street, Wimbledon Village, SW19 (8946 6565).* Viernes.
Tut & Shive Cabaret *The Tut & Shive, 235 Upper Street, N1 (7359 7719).* Los martes y los domingos. **Plano 9 01**

Poesía

La **Poetry Society** es una de las mejores fuentes de información sobre lecturas de poesía y otros acontecimientos relacionados. La sociedad organiza veladas de poesía (donde se sirve excelente comida y vino) en su **Poetry Café** (22 Betterton Street, WC2; 7420 9880); pregunte por las sesiones a micrófono abierto (los martes a las 19.00 horas). El conocido grupo **Apples & Snakes** pone en escena funciones cada quince días en el **BAC** de Battersea (*véase* pág. 310). Las representaciones de **Express Excess** los miércoles a las 20.30 horas (The Enterprise, 2 Haverstock Hill, NW3; 7485 2659), figuran entre las más dinámicas. **The Voicebox** (5ª planta, Royal Festival Hall, SE1; 7960 4242) ofrece una serie de conferencias y lecturas durante todo el año, mientras que **Vox'n'Roll,** en Filthy McNasty's (68 Amwell Street; EC1; 7837 6067), mezcla lecturas de poesía y novelas contemporáneas realizadas por famosos, con música, en un *pub* lleno de ambiente (a las 20.30 horas, los martes y los jueves). El **Blue Nose Poetry Club** (Quaker International Centre, 1-3 Byng Place, WC1; 8997 2127) organiza un taller de lectura cada dos martes por la noche.

Arte contemporáneo

Descubra algunas telas impresionantes a lo largo y lo ancho de la capital

Londres cuenta con colecciones de arte de primera categoría y está dotado de grandes espacios de exposición (que se citan en distintos capítulos de esta guía; para una lista detallada, véase pág. 34), pero ningún verdadero aficionado al arte debe obviar la plétora de pequeñas galerías en las que se puede encontrar de todo, desde un gran maestro hasta la instalación más reciente y novedosa.

Las galerías de Mayfair son el centro del comercio de arte en Londres. En el resto de la ciudad, sobre todo en la parte este, se pueden encontrar obras más variadas (tanto en estilo como en calidad). Dado que en Hackney se encuentra la mayor concentración de artistas de Europa, no es de extrañar que la mayoría de sus pequeñas galerías sean propiedad de los creadores y que se sustenten de pobres presupuestos financiados a menudo por mecenas del arte contemporáneo. La organización de diseño y artesanía de Hackney, **Hidden Art**, facilita información detallada acerca de lo que ocurre en la zona (7729 3301, *www.hiddenart.co.uk*). En este capítulo figuran también las variadas y dispersas galerías londinenses dedicadas a la fotografía.

La entrada en todas las galerías que aquí se citan es gratuita, si no se especifica lo contrario. Algunas cierran en agosto; llame para comprobar que estén abiertas.

Centro: Mayfair

Annely Juda Fine Art

23 Dering Street, W1 (7629 7578/ ajfa@annelyjudafineart.co.uk). Metro: Bond Street. **Abierto** de 10.00 a 18.00 horas, de lunes a viernes; de 10.00 a 13.00 horas, los sábados. **Plano 5 H6**

Annely Juda suele exponer sobre todo cuadros y esculturas de estilo abstracto e impresionista. La galería representa a algunas de las figuras artísticas británicas más destacadas del siglo XX, como Anthony Caro, Leon Kossoff y David Hockney, además de algunos recién llegados, como la ganadora del Jerwood Painting Prize 1999, Prunella Clough.

Anthony d'Offay

9, 23 y 24 Dering Street, W1 (7499 4100. Metro: Bond Street u Oxford Circus. **Abierto** de 10.00 a 17.30 horas, de lunes a viernes; de 10.00 a 13.00 horas, los sábados. **Plano 5 H6**

Desde su inauguración, en 1980, d'Offay se ha hecho famoso por sus importantes exposiciones de arte moderno. En la galería es frecuente ver obras de artistas de gran renombre como, Warhol, Lichtenstein y Richter, además de figuras más actuales como Rachel Whiteread. D'Offay también posee un amplio espacio de exposiciones en Haunch of Venison Yard, al que probablemente se mudará. Ya que está en la zona, eche un vistazo a la galería **Anthony Reynolds**, situada en la misma calle, algo más abajo (en el número 5), especializada en arte británico.

www.doffay.com

Entwistle

6 Cork Street, W1 (7734 6440/info@entwistle.net). Metro: Green Park o Piccadilly Circus. **Abierto** de 10.00 a 17.30 horas, de lunes a viernes; de 11.00 a 16.30 horas, los sábados. **Tarjetas de crédito** MC, V. **Plano 7 J7**

Entwistle está especializada en artistas jóvenes, tanto británicos como norteamericanos. Entre las exposiciones ya realizadas figuran desde esculturas e instalaciones de Edward Lipski hasta los cuadros realistas de Jason Brooks.

Sadies Coles HQ

35 Heddon Street, Mayfair, W1 (7434 2227). Metro: Oxford Circus o Piccadilly Circus. **Abierto** de 10.00 a 18.00 horas, de martes a sábado. **Plano 7 J7**

Esta galería, en forma de cubo, situada en un callejón sin salida junto a Regent's Street, siempre está llena de nuevos talentos. Las artistas con talento como Sarah Lucas y Sue Williams son las favoritas de la sala.

www.sadiescoles.com

Victoria Miro

21 Cork Street, Islington, W1 (7734 5082/ vicmir@dircon.co.uk). Metro: Green Park o Piccadilly Circus. **Abierto** de 10.00 a 17.30 horas, de lunes a viernes; de 11.00 a 13.00 horas, los sábados. **Plano 7 J7**

La galería de Victoria Miro, diseñada por Claudio Silvestrin, resulta muy apropiada para la peculiar mezcla de artistas contemporáneos a los que representa: Thomas Demand, Peter Doig, Andreas Gursky, Alex Hartley, Robin Lowe, Chris Ofili, Tracey Moffatt y Abigail Lane.

Waddington Galleries

11 y 12 Cork Street, W1 (7437 8611/ mail@waddington-galleries.com. Metro: Green Park o Piccadilly Circus. **Abierto** de 10.00 a 17.30 horas,

de lunes a viernes; de 10.00 a 13.00 horas, los sábados. **Plano 7 J7**
Las galerías de arte de Leslie Waddington son uno de los puntos de referencia de los compradores y vendedores de arte moderno y contemporáneo. A veces expone a artistas de la talla de Picasso, Matisse y Dubuffet. En 1999, expuso a Peter Halley, Ben Nicholson y Patrick Heron, y en el 2000, los visitantes pudieron ver la obra de **Ian Davenport** y **Michael Craig-Martin**.
www.waddington-galleries.com

Centro: otras galerías

Eagle

159 Farringdon Street, Farringdon, EC1 (7833 2674). Metro: Farringdon; estación de tren: Farringdon.
Abierto de 11.00 a 18.00 horas, de lunes a viernes; de 11.00 a 16.00 horas, los sábados; también previa cita. **Plano 9 N4**
Situada sobre el *pub* Eagle (*véase* pág. 196) se encuentra esta galería de ambiente amigable y relajado. Emma Hill la creó en 1991 con la esperanza de acercar el arte abstracto a un público poco acostumbrado a visitar galerías de arte (y, de paso, incitarles a comprar). Entre las exposiciones figuran obras de Andrew Bick, Tom Hammick y Jeff Gibbons. La galería cuenta con un pequeño catálogo de sus publicaciones y libros de edición limitada de artistas como Bruce McLean, Terry Smith y Mel Gooding.

Frith Street

60 Frith Street, Soho, W1 (7494 1550/ frith-st@dircon.co.uk). Metro: Tottenham Court Road.
Abierto de 10.00 a 18.00 horas, de miercoles a viernes; de 11.00 a 16.00 horas, los sábados. **Plano 6 K6**
Las cuatro salas vinculadas de la galería Frith Street proporcionan un espacio íntimo para la obra de artistas contemporáneos, tanto británicos como extranjeros, entre los que han expuesto destacan Juan Muñoz, Callum Innes, los fotógrafos Craigie Horsfield y John Riddy y las nominadas al premio Turner, Tacita Dean y Cornelia Parker.
www.frithstreetgallery.co.uk

Jerwood Gallery

171 Union Street, Bankside, SE1 (7654 0171). Metro: Borough o Southwark. **Abierto** de 10.00 a 18.00 horas, de martes a sábado; de 12.00 a 18.00 horas, los domingos. **Plano 11 O8**
Inaugurado en septiembre de 1998 en una antigua escuela victoriana, el espacio Jerwood (que incluye la Jerwood Gallery) está especializado en la obra de jóvenes artistas contemporáneos británicos. Ha conseguido llamar la atención con una buena programación de exposiciones en la que figuraron, por ejemplo, cuadros de Glenn Brown y una muestra colectiva de artistas jóvenes británicos y del resto de Europa. Las obras de los aspirantes al **Jerwood Painting Prize** se exponen en la galería de septiembre a octubre.
www.jerdwoodspace.co.uk

White Cube

44 Duke Street, St. James's, SW1 (7930 5373). Metro: Green Park. **Abierto** de 10.00 a 18.00 horas, de jueves a sábado; los lunes, previa cita. **Plano 7 J7**
Con su techo flotante y sus muros que casi no tocan el suelo, la White Cube es ya una obra de arte en sí misma. Diseñada por Claudio Silvestrin, la galería de una sola sala propiedad de Jay Jopling ha presentado en sociedad a algunos de los artistas más prometedores de la escena británica. Jopling tiene buen ojo para descubrir a futuros talentos y eso ha colocado a la White Cube en el centro de la vanguardia artística. Si no lo cree, analice la lista de los artistas expuestos entre los que figuran Damien Hirst, Tracey Emin, Gary Hume o finalistas del Turner como Sam Taylor-Wood, Antony Gormley y Mona Hatoum.
www.whitecube.com

Norte

Lisson

52-54 Bell Street, Marylebone, NW1 (7724 2739). Metro: Edgware Road. **Abierto** de 10.00 a 18.00 horas, de lunes a viernes; de 10.00 a 17.00 horas, los sábados. **Tarjetas de crédito** AmEx, MC, V. **Plano 2 E5**
A pesar de estar alejada de las demás, esta galería moderna bien merece una visita. Lisson ofrece sus salas tanto a autores consagrados como a futuras promesas, y representa a un buen número de escultores de fama internacional como Sol Lewitt, Tony Cragg, Anish Kapoor, Richard Deacon, Robert Mangold, Dan Graham y Julian Opie, así como a futuras promesas como Simon Patterson, Douglas Gordon, Jane y Louise Wilson, Christine Borland, Mat Collishaw y Jason Martin.

Chuck Close en **White Cube** *a finales de 1999*

Este

Anthony Wilkinson Gallery

242 Cambridge Heath Road Bethnal Green (en el cruce con Hackney Road), E2 (8980 2662/ wilk@ndirect.co.uk). Metro: Bethnal Green. **Abierto** de 11.00 a 18.00 horas, de martes a sábados; de 12.00 a 18.00 horas, los domingos; también citas previas.

Las tres salas de la Anthony Wilkinson Gallery están iluminadas con una luz suave y difusa que favorece las discretas obras minimalistas que se exponen. Tiene el mismo espíritu que la galería **Lisson** (*véase* pág. 257), aunque con un espacio y un presupuesto considerablemente menores

www.anthonywilkinsongallery.co.uk

The Approach

1ª planta de la Approach Tavern, 47 Approach Road, Bethnal Green, E2 (8983 3878). Metro: Bethnal Green. **Abierto** de 12.00 a 18.00 horas, de jueves a domingo, también citas previas.

La sala que se encuentra sobre la Approach Tavern acoge a autores jóvenes que desean llegar a ser alguien en el mundo del arte, mientras que el bar, situado debajo, parece estar lleno de antiguos aspirantes a artistas. Sin embargo, es algo más que un lugar en el que colgar obras en las paredes, y las exposiciones están muy pensadas y suelen ser muy originales.

Chisenhale Gallery

64 Chisenhale Road, Bow, E3 (8981 4518/ mail@chisenhale.org.uk). Metro: Mile End o Bethnal Green; autobuses: D6, 8 y 277. **Abierto** de 13.00 a 18.00 horas, de miércoles a domingo, también citas previas.

Un antiguo almacén victoriano que da a un canal sirve de foro para formas de arte innovadoras. **New York UK** es una exposición anual que se inicia en julio y consta de tres muestras de una semana, en las que se da a conocer la obra de nuevos talentos del arte británico. Uno de los éxitos del año 2000 fue la exposición de Ori Gersht llamada «Pitch», fotografías en los 360° del Wembley Stadium tomadas desde el círculo central del mismo antes de un encuentro en el que jugaba Inglaterra.

www.chisenhale.org.uk

Lara Croft, de Milton Manetas, en la **Lux Gallery**

Flowers East

199-205 Richmond Road, Hackney, E8 (8985 3333/ gallery@flowerseast.co.uk). Metro o estación de tren: Bethnal Green y, después, autobús 106 o 253. **Abierto** de 10.00 a 18.00 horas, de martes a sábado. **Tarjetas de crédito** AmEx, MC, V.

Con sus cuatro salas, dos en Flowers East y dos en London Fields (282 Richmond Road, E8; 020 8533 5554), Flowers no tiene problemas de espacio para exponer a sus treinta artistas más importantes. Las obras son casi en su totalidad británicas y los estilos van de lo abstracto a lo figurativo. Entre los nombres a los que representan destacan Nicola Hicks, Peter Howson y Patrick Hughes.

www.flowerseast.com

Gallery Westland Place

13 Westland Place, Hoxton, N1 (7251 6456/ gallery@westlandplace.co.uk). Metro: Old Street. **Abierto** de 10.00 a 18.00 horas, de lunes a sábado.

Esta galería tiene un objetivo bastante amplio: el arte contemporáneo de calidad de toda Europa. La primera exposición reunió obras de artistas escoceses e ingleses, mientras que la segunda se centró en la obra de un pintor alemán. También se sirve té y pastas.

www.westlandplace.co.uk

Interim Art

21 Herald Street, Bethnal Green, E2 (7729 4112). Metro: Bethnal Green. **Abierto** de 11.00 a 18.00 horas, de jueves a domingo, y previa cita.

Esta importante galería situada en una casa victoriana remodelada ha dado un importante giro a su política pasando de interesarse por obras internacionales e innovadoras a centrarse en jóvenes artistas británicos. Parece una estrategia arriesgada, pero Interim ha sabido mantener intacta su reputación con exposiciones de obras de Gillian Wearing, Wolfgang Tillmans, Sarah Jones, y Paul Noble, Ross Blecker y Rebecca Warren.

Lux Gallery

1ª planta, The Lux Centre, 2-4 Hoxton Square, Hoxton, N1(7684 2785). Metro y estación de tren: Old Street. **Abierto** de 12.00 a 19.00 horas, de martes a domingos. **Plano 10 R3**

Pertenece al centro Lux, que cuenta con estudios de vídeo y de imagen digital y con una colección de cine. Así pues, no es de extrañar que la galería tienda a exponer obras de vídeo y cine, lo que hace con acierto. El año pasado expuso *to my work*, de Peter Land.

www.lux.org.uk

Matt's Gallery

42-44 Copperfield Road, Mile End, E3 (8983 1771). Metro: Mile End. **Abierto** de 12.00 a 18.00 horas, de miércoles a domingo. También citas previas.

La **South London Gallery** *expone los enormes trabajos de Julian Schnabel (véase pág. 260)*

En la Matt's Gallery se puede contemplar lo último en instalaciones. La galería da plena libertad a los artistas para que hagan lo que quieran con el espacio, y los resultados van desde lo más racional hasta lo puramente incomprensible. En el año 2001, **Carl von Weiler** y **Elisabeth Baller** crean instalaciones en este espacio.

Paton Gallery

282 Richmond Road, E8 (8986 3409). Metro: Bethnal Green y, después, autobús 106 o 253; estación de tren: London Fields y, después, autobús 30 o 38. **Abierto** de 11.00 a 18.00 horas, de martes a sábado; de 12.00 a 18.00 horas, los domingos.

La dinámica galería Paton vende obras al New York's Metropolitan Museum, a la Saatchi Gallery y a las principales instituciones artísticas de Londres. Después del éxito de los primeros años, fue representada por Rosie Snell, Kate Palmer, Ellie Howitt, Tim Ollivier y Alexander Guy en el **ART2000** de Islington, en enero del 2000, y durante ese mismo año se han expuesto obras de **Ellie Howitt**, **Alex Veness** y **Mary Mabutt**.

The Showroom

44 Bonner Road, Bethnal Green, E2 (8983 4115). Metro: Bethnal Green. **Abierto** de 13.00 a 18.00 horas, de miércoles a domingo. También citas previas.

El peculiar espacio triangular de esta sala suele dictar el tipo de exposiciones que mejor convienen a la galería. De hecho, muchos artistas han creado obras especialmente concebidas para este espacio. La galería cuenta con cuatro grandes exposiciones de obras nuevas cada año en las que participan tanto autores consagrados como artistas noveles. En el año 2000 se expusieron obras de **Claire Barclay**, **Alan Kane**, **Rachel Lowe** y **Eva Rothchild**, entre otros.

www.theshowroom.org

Sur

Hales Gallery

70 Deptford High Street, Deptford, SE8 (8694 1194/ halesgallery@btinternet.com). Metro: New Cross; estación de tren: Deptford. **Abierto** de 09.00 a 17.00 horas, de lunes a sábado. **Tarjetas de crédito** AmEx, MC, V.

La galería Hales lleva desde 1992 sirviendo tés y bocadillos arriba y mostrando arte en la planta de abajo. Algunos de los artistas representados por esta galería comercial han conseguido cierta notoriedad, como es el caso de Tomoko Takahashi, Andrew Bick, Martin McGinn y Sarah Beddington. La galería no está totalmente aislada; en esa misma zona se encuentra el **Museum of Installation** (MOI), en el número 175 de High Street (8692 8778), que también merece una visita.

Milch

2-10 Tinworth Street, Vauxhall, SE11 (7735 7334/ milchgallery@yahoo.com). Metro y estación de tren: Vauxhall. **Abierto** llame para pedir información.

Milch es una galería dirigida por artistas, comisarios de exposiciones y críticos. Su razón de ser es, principalmente, encargar obras nuevas a una impresionante variedad de

artistas. Además de disponer de un amplio espacio de exposición, la galería cuenta con siete estudios.
www.milch.co.uk

South London Gallery
65 Peckham Road, Camberwell, SE5 (7703 9799/ mail@southlondonart.com). Metro: Oval y, después, autobús 36; metro y estación de tren: Elephant & Castle y, después, autobús 12 o 171. **Abierto** de 11.00 a 18.00 horas, los martes, miércoles y viernes; de 11.00 a 19.00 horas, los jueves; de 14.00 a 18.00 horas, los sábados y los domingos.
Esta gran sala de exposiciones ha acogido a una ecléctica mezcla de artistas en los últimos años, desde la presentación de talentos contemporáneos como Tracey Emin y Mark Quinn hasta la revisión de clásicos con tanto peso como Julian Schnabel. En el 2001 se puede ver a Barbara Kruger y una nueva propuesta del escultor Bill Woodrow.
www.southlondongallery.org

Otras salas de exposiciones

Architecture Association
36 Bedford Square, Fitzgrovia, WC1 (7887 4000/ arch-assoc@arch-assoc.org.uk). Metro: Tottenham Court Road. **Abierto** de 10.00 a 19.00 horas, de lunes a viernes; de 10.00 a 15.00 horas, los sábados.
Plano 6 K5
Esta asociación suele organizar provocativas exposiciones que tratan de integrar la arquitectura en un contexto lo más amplio posible. Además, suelen convocar conferencias y debates relativos a los temas de cada muestra.
www.arch-assoc.org.uk

British Cartoon Centre
7 Brunswick Centre, Bernard Street, Bloomsbury, WC1 (7278 7172/fax 7278 4243/skp@escape.u-net.com). Metro: Russell Square. **Abierto** de 12.00 a 18.00 horas, de lunes a viernes; horarios variables los sábados y domingos. **Plano 9 N5**
Este centro depende del Cartoon Art Trust, que organiza exposiciones y talleres sobre dibujos animados, caricaturas y cómics. A lo largo del año, expertos en la materia dan conferencias y cursos; llame para pedir más información. La entrada es gratuita, pero se agradecen los donativos. En el 2001 se incluyen exposiciones sobre los dibujos manga, *Los Simpsons* y Ronald Searle.
www.cartooncentre.com

Crafts Council
44 APentonville Road, Irlington, N1 (7278 7700). Metro: Angel. **Abierto** de 11.00 a 18.00 horas, de martes a sábado; de 14.00 a 18.00 horas, los domingos.
Tarjetas de crédito AMEX, MC, V. **Plano 9 N2**
El Council muestra en su sede, una casa georgiana restaurada, lo mejor de la artesanía nacional en varios campos (tejidos, madera, joyas, muebles y objetos de cerámica). Las exposiciones suelen ser temáticas y muestran obras relacionadas con el tema elegido. Las obras de los finalistas del premio de joyería **Jerwood Applied Art Prize: 2000 Jewellery** se exponen en otoño.
www.craftscouncil.org.uk

Royal Institute of British Architects (RIBA)
66 Portland Place, Marylebone, W1 (7580 5533). Metro: Oxford Circus o Regent's Park. **Abierto** de 10.00 a 18.00 horas, lunes y de miércoles a viernes; de 10.00 a 21.00 horas, los martes; de 10.00 a 17.00, los sábados. **Tarjetas de crédito** MC, V. **Plano 5 H5**
El Royal Institute of British Architects (RIBA) tiene como sede un impresionante edificio diseñado en 1934 por Grey Wornham. La galería hace publicidad de la profesión exponiendo la obra del ganador de la medalla de oro del RIBA en 1999, Oscar Niemaeyer, y pasando revista a las casas construidas en Inglaterra a lo largo del siglo XX. En el mismo edificio se encuentra una sucursal de la excelente pastelería Pâtisserie Valérie (*véase* pág. 211).
www.architecture.com

Fotografía

Association Gallery
Association of Photographers, 81 Leonard Street, EC2 (7739 6669/aop@dircon.co.uk). Metro y estación de tren: Old Street. **Abierto** de 09.30 a 18.00 horas, de lunes a viernes; de 12.00 a 17.00 horas, los sábados.
Tarjetas de crédito AmEx, MC, V. **Plano 9 P4**
La sala de exposiciones de dos plantas de la asociación de fotógrafos muestra obras (tanto de encargo como libres) realizadas para el ámbito de la publicidad o de la edición, y cada marzo se fallan los premios Association of Photographers. La sala acoge una veintena de exposiciones de fotografía contemporánea al año.

Camerawork
121 Roman Road, E2 (8980 6256/ info@camerawork.net). Metro: Bethnal Green.
Abierto de 13.00 a 18.00 horas, de martes a sábado.
La finalidad de Camerawork es de las que vale la pena: mostrar obras atrevidas, que reten al espectador. La exposición que en 1999 se hizo de la obra de John Hansard es una buena prueba de ello. Además, cuenta con laboratorio fotográfico y equipo informático para trabajar en CD-ROM.

Hamilton's
13 Carlos Place, W1 (7499 9493/ photography@hamiltonsgallery.com). Metro: Bond Street o Green Park. **Abierto** de 10.00 a 18.00 horas, de martes a sábado. **Tarjetas de crédito** AmEx, MC, V.
Plano 7 H7
Situada cerca de las galerías de arte de Mayfair, Hamilton's siempre ha contado con una clientela exclusiva e internacional y ha expuesto siempre a fotógrafos de mucho prestigio. En ella, la fotografía se vende como obra de arte: con precios desde 250 libras. El cliente puede elegir entre 3.000 copias de nombres tan ilustres como Bailey, McCullin, Penn y Avedon. El lugar es estupendo, sobre

todo la parte trasera, y presenta excelentes exposiciones centradas en nombres actuales, desde Peter Linbergh hasta el controvertido Joel-Peter Witkin.
www.hamiltonsgallery.com

Photofusion

17A Electric Lane, Brixton, SW9 (7738 5774/ info@photofusion.org). Metro y estación de tren: Brixton. **Abierto** de 10.00 a 18.00 horas, los martes, jueves y viernes; de 10.00 a 20.00 horas, los miércoles; de 11.00 a 17.00 horas, los sábados. **Tarjetas de crédito** MC, V.
Con la ayuda del Council y de subvenciones comerciales, esta cooperativa se ha mantenido fiel a sus raíces y cuenta con una impresionante fototeca de imágenes documentales.
www.photofusion.org

Photographers' Gallery

5-8 Great Newport Street, Covent Garden, WC2 (7831 1772/ info@photonet.org.uk). Metro: Leicester Square. **Abierto** de 11.00 a 18.00 horas, de lunes a sábado; de 12.00 a 18.00 horas, los domingos. **Carnet de socio** 25 £ anuales; tarifa reducida, 15 £ al año. **Tarjetas de crédito** AmEx, DC, MC, V. **Plano 8 K6**
La Photographers' Gallery fue la primera de este tipo que abrió en Inglaterra y lo hizo en 1971. Desde entonces, no ha cesado de promocionar la fotografía contemporánea, aunque en la actualidad se está empezando a distanciar del documento social y del reportaje. Su influencia fue vital a la hora de convencer a las grandes galerías nacionales para que organizasen exposiciones fotográficas, además de las 24 anuales que se llevan a cabo aquí.
www.photonet.org.uk

Special Photographers' Company

21 Kensington Park Road, Nothing Hill, W11 (7221 3489/ info@specialphotographers.com). Metro: Ladbroke Grove o Notting Hill Gate. **Abierto** de 10.00 a 18.00 horas, de lunes a jueves; de 10.00 a 17.30 horas, los viernes; de 11.00 a 17.00 horas, los sábados. **Tarjetas de crédito** AmEx, MC, V. **Plano 1 A6**
La Special Photographers' Company expone una amplia variedad de obras. Sus fondos no se limitan al ámbito de la fotografía artística o la tradición documental, sino que contienen un buen número de imágenes que van desde paisajes hasta fotografías abstractas (los precios giran en torno a las 80 £). En el año 2000 se expusieron las imágenes que **Wolfgang Suschitzky** tomó del East End de Londres durante los bombardeos alemanes de la segunda guerra mundial; las instalaciones contemporáneas de **Jimmy Symonds**, que combinan poesía e imágenes de la vida cotidiana, y las fotografías en blanco y negro sobre música de **John «Hoppy» Hopkins**, que incluyen retratos de grandes mitos como los Rolling Stones o los Beatles.
www.specialphotographers.com

Zelda Cheatle Gallery

99 Mount Street, Mayfair, W1 (7408 4448/ photo@zcgall.demon.co.uk). Metro: Bond Street o Green Park. **Abierto** de 10.00 a 18.00 horas, de martes a viernes; de 11.00 a 16.00 horas, los sábados. **Tarjetas de crédito** AmEx, MC, V. **Plano 7 G7**
Zelda Cheatle tiene un importante fondo documental y varios coleccionistas interesados en sus obras (sobre todo estadounidenses). Expone excelentes fotografías de autores de la talla de Eve Arnold, Manuel Álvarez Bravo, Steve Pyke, Helen Sear y John Deakin.

Danza

¿Tiene ganas de ver danza? No hay problema: Londres lo tiene todo para complacerle

La danza en Londres es cada vez más apasionante, ya que cuenta con una gran variedad de espectáculos, clases y talleres, así como con un creciente número de teatros y locales dedicados a ella. Cada vez son más las compañías extranjeras, consagradas y de principiantes, que traen sus propuestas a la capital, por lo que el público tiene ante sí un completo panorama que le permite estar al día en el mundo de la danza.

La **Royal Opera House** volvió a abrir sus puertas en diciembre de 1999, y ahora, además del teatro remodelado, cuenta con dos nuevos espacios para actuaciones (*véase* pág. 280). Otros lugares están pendientes de mejoras: **The Place**, que cerró en la segunda mitad del 2000 y que reabrirá en octubre de 2001, y el **South Bank Centre**, en el que ya se han iniciado las obras para un ambicioso proyecto de reformas que, en principio, no debe impedir que el centro cumpla con su calendario de actuaciones.

Consulte la cartelera semanal de *Time Out* para completar la información sobre locales y espectáculos que figura a continuación. En las páginas que la revista dedica a la danza, encontrará información detallada sobre espectáculos marginales y sobre producciones más «comerciales», que suelen tener lugar en locales que no se dedican sólo a la danza (como *Lord of the Dance*, en la Wembley Arena, *El lago de los cisnes*, en el Royal Albert Hall o *De la Guarda* en la Roundhouse de Camden, además de espectáculos basados en la danza y musicales como *Chicago* y *El rey león* (para más información, *véase* pág. 281).

La página web **London Dance Network** (*www.london-dance.net*) tiene datos sobre cincuenta artistas, locales, productores y agencias y su fin es facilitar información actualizada de la fuerza e importancia de la danza en Londres. Visite la librería **Dance Books**, en el número 15 de Cecil Court, WC2 (junto a Charing Cross Road, cerca de la National Portrait Gallery; 7836 2314), la única del mundo especializada en libros de danza nuevos y de segunda mano; también venden compactos y vídeos sobre el tema.

Por último, si Terpsicora, la diosa de la danza, le ha inspirado y desea aprender a bailar, tenga en cuenta que en cuanto a oferta de clases de danza, Londres no tiene rival (*véase* pág. 265).

Principales locales

Barbican Centre

Silk Street, The City, EC2 (taquilla 7638 8891/ información 7638 4141). Metro: Barbican o Moorgate; estación de tren: Moorgate. **Abierto** *taquilla* de 09.00 a 20.00 horas, todos los días. **Entradas** de 6 a 30 £. **Tarjetas de crédito** AmEx, MC, V. **Plano 9 P5**

Este centro artístico, situado en el corazón del casco antiguo, ha acogido algunos espectáculos excelentes desde que entró en el mundo de la danza, hace un par de años. La temporada **Bite:00** incluyó las actuaciones de la premiada **Compagnie Montalvo-Hervieu** con *Le jardin de Io Io Ito Ito*; el **Ballet Atlantique Régine Chopinot**, con *La Danse du Temps*, en colaboración con el artista británico Andy Goldsworthy; y la inefable **Merce Cunningham**, con el estreno en el Reino Unido de *Biped*, un encargo del Barbican con música de Gavin Bryars.

www.barbican.org.uk

ICA

The Mall, Westminster, SW1 (7930 3647/información para hacerse socio 7873 0062/info@ica.org.uk/ tickets@ica.org.uk). Metro: Piccadilly Circus o Charing Cross; estación de tren: Charing Cross. **Abierto** *taquilla* de 12.00 a 21.30 horas, todos los días. **Entradas** los precios varían; precio medio 8 £. **Tarjetas de crédito** AmEx, DC, MC, V. **Plano 8 K8**

En el íntimo escenario de que dispone el Institute of Contemporary Arts (ICA) se realizan espectáculos experimentales, teatro gestual y actuaciones con un marcado aire vanguardista. La programación se basa en un acertado equilibrio entre artistas noveles y compañías consolidadas, tanto extranjeras como británicas. Cada mes de enero, el Instituto acoge el **London International Mime Festival** (*véase* pág. 10). El precio de la entrada incluye el derecho de acceso durante todo un día a la galería de arte y al moderno café.

www.ica.org.uk

London Coliseum

St. Martin's Lane, Covent Garden, WC2 (taquilla 7632 8300/ centralita 7836 7666). Metro: Leicester Square o Charing Cross; estación de tren: Charing Cross. **Abierto** *taquilla* las 24 horas del día, todos los días. **Entradas** de 3 a 58 £. En taquilla, de lunes a viernes, a partir de las 10.00 horas; por teléfono, a partir de las 14.30 horas, de lunes a viernes. **Tarjetas de crédito** AmEx, DC, MC, V. **Plano 8 L7**

El amplio y hermoso Coliseum acoge a la **English National Opera** (ENO) durante la mayor parte del año. En verano y en Navidad recibe la visita de importantes compañías de danza de todo el mundo. Por ejemplo, en el verano de 1999 actuó el Bolshoi representando a clásicos inmortales y, después, en el mismo año, el English National Ballet representó el *Cascanueces*. Durante la tempo-

rada de junio y julio del 2000 destacó la colaboración de **Mark Morris** y el talentoso **Peter Sellars,** con el *Nixon en China* de John Adams, además de una interpretación en grupo del *Dido y Enea*, de Purcell, que se sumó al *Four Saints in Three Acts*, de Virgil Thomson, y el *L'Allegro, il Penseroso ed il Moderato*, de Handel. Los trabajos de restauración impedirán que haya danza durante el verano, pero en Navidad ya deberá reiniciar su actividad.
www.eno.org

The Place
17 Duke's Road, Somers Town, WC1 (7380 1268)/ placetheatre@easynet.co.uk). Metro y estación de tren: Euston. **Abierto** *taquilla* de 10.30 a 18.00 horas, de lunes a viernes; de 12.00 a 18.00 horas, los sábados. **Entradas** de 7 a 12 £. **Tarjetas de crédito** MC, V. **Plano 6 K3**
Se trata de un local enteramente dedicado a la danza que inició un programa de reformas durante la segunda mitad del 2000 tras representar **Spring Loaded** y **Resolution!** Está previsto que reanude su actividad en octubre del año 2001 con el Dance Umbrella, seguida, en el 2002, por Resolution! El centro incluye además una completa videoteca de danza, un centro de información, un programa de formación para profesionales y clases para todos los niveles por las tardes, además de una excelente cafetería en la que se sirven platos vegetarianos.
www.theplace.org.uk

Riverside Studios
Crisp Road, Hammersmith, W6 (8237 1000/taquilla 8237 1111). Metro: Hammersmith. **Abierto** *taquilla* de 12.00 a 19.00 horas, todos los días. **Entradas** de 7 a 15 £. **Tarjetas de crédito** MC, V.
Este importante centro de arte y comunicación acoge de vez en cuando espectáculos de danza contemporánea de compañías británicas y extranjeras en tres auditorios. Dispone de un agradable bar cafetería, un restaurante, una librería y accesos para disminuidos en todas las plantas. Riverside organiza un festival de danza anual, el Dance Umbrella (*véase* pág. 266), que tiene lugar en octubre y noviembre.

Royal Opera House
Bow Street,Covent Garden, WC2 (taquilla/información 7304 4000/ información 7240 1200/ centralita 7212 9228/ webmaster@roh.org.uk). **Abierto** *taquilla* de 10.00 a 20.00 horas, de lunes a sábado. **Entradas** de 6 a 65 £. **Tarjetas de crédito** AmEx, DC, MC, V. **Plano 8 L7**
Majestuoso teatro. Además del teatro principal (sede del **Royal Ballet**), ahora existe también el **Linbury Studio Theatre**, con una capacidad para 420 personas, en el que se organizan sesiones de ópera a la hora de comer y recitales de música, y el **Clore Studio Upstairs**, en el que hay talleres de danza, eventos y espectáculos a pequeña escala para un público reducido de hasta 200 personas; este último está a cargo de la bailarina principal del Royal Ballet, Deborah Bull.

The Place: *no se lo puede perder*

La ROH está haciendo un gran esfuerzo por librarse de su imagen elitista. Ahora, el público puede acceder durante el día al restaurado **Vilar Floral Hall**, al nuevo **Amphitheatre Bar**, que tiene vistas sobre la Covent Garden Piazza, a una tienda y a una cafetería. Existe también un programa de conciertos gratuitos a la hora de comer, exposiciones, visitas guiadas, conferencias, cursos y accesos adaptados para disminuidos. Además, se han rebajado los precios de las entradas, aunque los de los mejores asientos aún son increíblemente elevados (tenga en cuenta que, como es de esperar, las entradas más económicas corresponden a lugares con peor visibilidad).

La calidad del Royal Ballet varía bastante y el programa no es precisamente osado, pero podrá ver a bailarines de la talla de Sylvie Guillem, Viviana Durante, Roberto Bolle y Carlos Acosta. En el año 2000 representó el triple programa de **Ashton,** y **Diaghilev** interpretó obras de Nijinska, Fokine y dos de Nikinsky creadas especialmente para el Ballet Ruso de Diaghilev. En el 2001 se representa *Romeo y Julieta* en marzo y abril; *Giselle* en abril y mayo, y, dentro del «Stravinsky Staged», *The Firebird, Agan* y *Les Noces.*Durante el verano de 2001 se espera también la visita del Kiroj Ballet así como del Opera Ballet de La Scala de Milán.
www.royaloperahouse.org

Sadler's Wells
Rosebery Avenue, Islington, EC1 (taquilla 7863 8000). Metro: Angel. **Abierto** *taquilla* de 10.00 a 20.30 horas, de lunes a sábado. **Entradas** 8,50-37,50 £. **Tarjetas de crédito** AmEx, MC, V. **Plano 9 N3**

Peacock Theatre, Portugal Street, junto a Kingsway, Holborn, WC2 (taquilla 7863 8222). Metro: Holborn. **Abierto** *taquilla* de 12.00 a 20.00 horas, *los días en los que hay actuación;* de 10.00 a 18.00 horas, *los días en los que no hay actuación.* **Entradas** 7,50- 35 £. **Tarjetas de crédito** AmEx, MC, V. **Plano 6 M6**
Sadler's Wells, una institución en el mundo de la danza londinense, cuenta ahora con actuaciones de compañías de ballet clásico y contemporáneo de todo el mundo. En su moderno y reformado teatro se vio durante el año 2000: *Carmen*, del **Northern Ballet Theatre**; la compañía holandesa **Nederlands Dans Theatre 2**, aclamada por la crítica; *The King*, un ballet sobre la vida de Elvis Presley a cargo del **Peter Schaufuss Ballet** y la primera actuación en este local de la **Rambert Dance Company**.

El **Lilian Baylis Theatre**, pequeño en comparación, acaba de volver a abrir sus puertas. La organización mantiene su segunda sede, el céntrico Peacock Theatre, en Holborn, para las compañías noveles y actuaciones más populares (tango, flamenco y bailes populares y urbanos).
www.sadlers-wells.com

South Bank Centre

South Bank, Belvedere Road, South Bank, SE1 (taquillas 7960 4242/información pregrabada 7921 0682). Metro: Embankment o Waterloo; estación de tren: Waterloo. **Abierto** *taquilla* de 10.00 a 21.00 horas, todos los días. **Entradas** 5-60 £. **Tarjetas de crédito** AmEx, DC, MC, V. **Plano 8 M8**
Este enorme y austero complejo artístico cuenta con unas vistas impresionantes del Támesis y con una excelente programación. En sus tres escenarios actúan compañías británicas e internacionales: el enorme **Royal Festival Hall (RFH)**, el **Queen Elizabeth Hall** (QEH), de tamaño medio, y el pequeño **Purcell Room** (PR). Entre los espectáculos previstos para el año 2001 se incluyen Candolo, interpretación de piezas de Javier de Frutos y Poneg Elkins (mayo), y de la Arc Dance Company, que celebra su 150 aniversario con un cartel que incluye la premiada *Orfeo*. Cada mes de agosto, el South Bank Centre organiza el **Blitz**, un festival de danza, y acoge algunas de las actuaciones importantes del Dance Umbrella (*véase* pág. 266).
www.sbc.org.uk

Otros locales

The Bhavan Centre

Old Church Building, Castletown Road, W14 (7381 3086). Metro: West Kensington. **Abierto** de 09.30 a 17.30 horas, todos los días. **Entradas** 5-15 £. **Tarjetas de crédito** MC, V.
Este instituto de arte y cultura indios promociona y acoge actuaciones de danza tradicional de la India además de cursos informativos y talleres de bailes tradicionales.

The Bull Theatre

68 High Street, Barnet, Herts (8449 0048). Metro: High Barnet. **Abierto** de 10.00 a 20.30 horas, de lunes a sábado; de 13.00 a 20.30 horas, los domingos. **Entradas** 6-10 £. **Tarjetas de crédito** MC, V.
El Bull acoge una amplia variedad de espectáculos de danza (un promedio de dos al mes) realizados en su mayoría por compañías contemporáneas británicas y extranjeras (principalmente asiáticas).

Chisenhale Dance Space

64-84 Chisenhale Road, Bow, E3 (8981 6617)/ mail@chisenhale.demon.co.uk). Metro: Bethnal Green o Mikel End. **Abierto** *taquilla* de 10.00 a 18.00 horas, de lunes a sábado. **Entradas** de gratuito a 4 £.
Este centro de investigación sobre danza contemporánea y de actuaciones basadas en el movimiento, el primero de este tipo, ofrece actuaciones vanguardistas y muestras de trabajos en curso. También organiza distintas actividades como talleres, a menudo dirigidos por artistas internacionales, y clases infantiles.
www.chisenhale.demon.co.uk

Cochrane Theatre

Southampton Row, Holborn, WC1 (7242 7040). Metro: Holborn. **Abierto** *taquilla* de 10.00 a 18.00 horas, de lunes a viernes; de horarios variables, los sábados. **Entradas** 4- 15 £. **Tarjetas de crédito** MC, V. **Plano 6 L5**
Este pequeño teatro del West End tiene un programa de actuaciones de danza que van desde lo más clásico hasta lo más contemporáneo.

Jacksons Lane Dancebase

269A Archway Road, Highgate, N6 (8341 4421/ jacksonslane@pop3.poptel.org.uk). Metro: Highgate. **Abierto** de 10.00 a 22.00 horas, todos los días. **Entradas** 8 £; tarifa reducida, 6 £. **Tarjetas de crédito** MC, V.
Este centro acoge una admirable cantidad de actuaciones y actividades relacionadas con la danza contemporánea y con las producciones de compañías jóvenes, tanto británicas como extranjeras. En el verano del 2000, tuvo lugar **Zone 3**, un festival con lo último en danza contemporánea y **Mosaics** (*véase* pág. 266).

Laban Centre

Laurie Grove, New Cross, SE14 (8692 4070/ info@laban.co.uk). Metro: New Cross o New Cross Gate; estación de tren: New Cross Gate. **Abierto** de 08.30 a 17.30 horas, de lunes a viernes; de 09.00 a 15.30 horas, los sábados. **Entradas** 6.50 £; reducidas, 5 £.
El Laban Centre es un conservatorio independiente en el que se investiga y se dan clases de danza. Ofrece cursos de licenciatura y posgrado, clases nocturnas y de fin de semana, cursos breves especializados y una escuela internacional en Semana Santa y en verano. El centro cuenta con una biblioteca dedicada a la danza y el estudio del «control del cuerpo», que se basa en el método Pilatos. El centro es asimismo la sede de la compañía de danza dinámica **Transitions**, y en su **Bonnie Bird Theatre** pueden verse actuaciones de danza contemporánea de coreógra-

fos noveles. El centro publica la excelente revista *Dance Theatre Journal* (que se solicita contrarreembolso).
www.laban.co.uk

Studio Theatre
North Westminster Community School, North Wharf Road, Paddington, W2 (taquilla e información 7641 8424/ studiot@globalnet.co.uk). Metro: Edgware Road. **Abierto** de 10.00 a 17.00 horas, de lunes a viernes. **Entradas** 6 £; tarifa reducida, 4 £.
Plano 2 D5
En este teatro se presenta un promedio de veinte espectáculos de danza al año, con estilos que van desde lo clásico hasta lo contemporáneo. La compañía del teatro es la **Bullies Ballerinas**, pero BiMa y Union Dance actúan con frecuencia en su escenario.

Clases de danza

Además de las clases mencionadas en el apartado anterior, en los lugares que se detallan a continuación se ofrecen cursos de danza que le ayudarán a pulir y mostrar su estilo. Y esto no es más que la punta del iceberg de todo lo que la ciudad pone a su disposición. Si desea una lista de los cursos oficiales de danza, llame al **Council for Dance Education and Training** (8746 0076) o consulte su página web (www.cdet.org.uk). Busque los programas de **Feet First**, talleres de danza étnica que incluyen desde zulú hasta cajún y que se organizan en distintos locales de la ciudad (para mayor información, llame al 7354 3030).

Dance Attic
368 North End Road, Fulham, SW6 (7610 2055). Metro: Fulham Broadway. **Cuota de socio** *diaria* 1,50 £; *medio año* 30 £; *anual* 50 £. **Clases** 3 o 4 £.
Plano 3 A12
Este centro de Fulham ofrece una gran variedad de clases, desde ballet, jazz o flamenco hasta lambada, salsa y *hip hop* para todos los niveles; también tiene gimnasio, por si le sobra energía. Es preciso hacerse socio.

Danceworks
16 Balderton Street, Mayfair, W1 (7629 6183). Metro: Bond Street. **Cuota de socio** *diaria* 1-4 £; *mensual* 5 £; *anual* 90 £. **Clase** 4-7 £.
Plano 5 G6
En Danceworks es posible acudir a una sorprendente variedad de cursos de danza (africana, contemporánea, salsa, ballet y tango, entre otros) y de otro tipo (aeróbic, yoga, método Pilatos, artes marciales...). Para algunas clases de danza es preciso hacerse socio.

Drill Hall
16 Chenies Street, Fitzrovia, WC1 (7637 8270). Metro: Goodge Street. **Curso** 25-60 £. **Plano 6 K5**
Este centro de la periferia da clases de danza egipcia y latinoamericana, tango, tai-chi, *butoh* y danza contemporánea, entre otras.

Greenwich Dance Agency
Borough Hall, Royal Hill, Greenwich, SE10 (8293 9741/greenwich.dance@ukonline.co.uk). DLR y estación de tren: Greenwich. **Clases** 3,50-5 £.
Este centro ofrece clases de nivel profesional todos los días, y cursos intensivos dirigidos por conocidos bailarines de vez en cuando, así como cursos de nivel principiante e intermedio de danza egipcia, flamenco, jazz, salsa y otras disciplinas.
www.ukonline.co.uk/greeenwich.dance

Islington Arts Factory
2 Parkhurst Road, Holloway, N7 (7607 0561). Metro: Caledonian Road o Holloway Road; autobuses 29, 43, 91, 253 y 279. **Cuota de socio** *trimestral* 3 £; *anual* 8 £. **Clases** 3,50-6 £.
En este vital centro artístico se dan clases de ballet, danza egipcia, jazz, danza contemporánea, salsa y mimo. Es preciso hacerse socio; el proceso es inmediato.
www.cerbernet.co.uk/iaf

London School of Capoeira
1 y 2 Units, Leeds Place, Tollington Park, Finsbury Park, N4 (7281 2020). Metro y estación de tren: Finsbury. **Clases** de 19.00 a 21.00 horas, lunes, miércoles y viernes. **Cuota** cursos para principiantes (cuatro clases) 75 £; tarifa reducida, 65 £; menores de 18 años, 55 £. **Plano 6 K3**
La *capoeira*, un estilo que nació en Brasil, se está volviendo una mezcla de danza, gimnasia y artes marciales cada vez más popular. Todos los viernes (de 20.00 a 22.00 horas) se dan clases de prueba gratuitas, y cada mes se organiza un taller para principiantes.

Morley College
61 Westminster Bridge Road, Lambeth, SE1 (7450 9232). Metro: North Tube. **Cuota de socio** anual, 1,50 £. **Clases** talleres de un día, 6-14 £; diez clases, 7-43 £. **Plano 8 M9**
En este centro de educación para adultos encontrará un amplio abanico de clases y talleres de danza para todos los niveles. El local es bastante espartano, pero nadie se podrá quejar de los precios ni del esfuerzo que realizan por encontrar un hueco a los principiantes. Es preciso hacerse socio.
www.morleycollege.ac.uk

Pineapple Dance Studio
7 Langley Street, Covent Garden, WC2 (7836 4004). Metro: Covent Garden. **Cuota de socio** *diaria*, 1-4 £; *anual*, 50-100 £. **Clases** 4-6 £. **Plano 6 L6**
Este céntrico, popular y moderno estudio ofrece una amplia variedad de clases, aunque se hace especial hincapié en las de ballet, jazz y en los estilos comerciales. Asimismo, tiene un gimnasio y un estudio de método Pilatos, tratamientos, un terapeuta, un café e incluso un vidente. Hay clases para todos los niveles, pero es preciso hacerse socio.
www.pineapple.uk.com

Festivales

El apreciado **Dance Umbrella** (8741 5881/*www.danceumbrella.co.uk*), que entra en su vigesimotercera edición, es uno de los festivales de danza contemporánea más importantes del mundo. Empieza a principios de octubre y dura cinco semanas, y presenta una atractiva serie de compañías británicas e internacionales de renombre (además de algunos descubrimientos menos conocidos), que actúan en distintos locales de Londres.

BITE abrió en mayo de 2001 y ofrece un programa ecléctico de teatro, danza, y música en el Barbican Centre. Se presentan actuaciones de Mats Ek y Anne Teresa de Keersmaeker.

Cada agosto, el **South Bank Centre** (*véase* pág. 264) acoge el **Blitz**, el mayor y más diverso festival de danza, que a lo largo de un mes ofrece una miríada de actuaciones, conferencias y talleres gratuitos. En el mes de agosto se organiza también el **Sadler's Wells** (*véase* pág. 263), y el **Jacksons Lane Dancebase** (*véase* pág. 264) que copresentan **Mosaics**. Este ambicioso programa presenta un verdadero maratón (o «danzatón») de danza y teatro de expresión corporal que cuenta con la actuación de treinta compañías jóvenes.

Cine

La escena cinematográfica londinense está en constante desarrollo. Proponemos una selección de los mejores cines y festivales de la ciudad

En Londres hay cine para todos los gustos. El centro de la industria y el mejor lugar para filmar una película es el Soho y el West End, mientras que en Leicester Square hay grandes cines donde se proyectan casi siempre películas muy comerciales (*véase* pág. 268, **El tamaño sí importa**), pero lo hacen bien: grandes pantallas e impresionantes sistemas de sonido. Si prefiere ver películas más variadas o internacionales, lo ideal son las salas de cine pequeñas, que cuentan con una selección muy cuidada, aunque tal vez sea mejor acudir a alguna de las varias filmotecas de la capital.

Las películas están clasificadas de acuerdo con las siguientes categorías: **U**, para todos los públicos; **PG,** para todas las edades pero se recomienda que los menores vayan acompañados de adultos; **12**, no se permite la entrada a menores de 12 años; **15**, no se permite la entrada a menores de 15 años; **18**, no se permite la entrada a menores de 18 años. En el West End, ver un estreno le costará entre 8 y 10 £; las filmotecas son más económicas. Algunos cines tienen tarifa reducida para los niños, los estudiantes y los parados, y otros las tienen por las tardes. No es mala idea reservar con tarjeta de crédito en las noches de estreno, aunque eso le costará un poco más (unos 50 p). Para conocer la cartelera del momento, consulte la revista *Time Out*.

Salas de cine

Cine comercial y estrenos

El número de información y reservas de los cines **Odeon** es el **0870 505 0007**. Puede reservar entradas o consultar la cartelera a través de Internet, en www.odeon.co.uk. Otras páginas webs útiles son las de **ABC** (*www.abccinemas.co.uk*), **Warner Village** (*www.warnervillage.co.uk*) y los cines **Screen** (*www.screencinemas.co.uk*).

Lo mejor para...

- **estrenos ostentosos**: Odeon Leicester Square; Empire.
- **fumar**: Notting Hill Coronet.
- **un entorno cómodo**: Curzon Minema.
- **ver películas internacionales**: Goethe Institut (películas alemanas subtituladas); Ciné Lumière (películas francesas subtituladas).
- **entradas baratas**: Prince Charles (cine de autor).
- **forofos del cine**: NFT (películas clásicas).
- **para llevar a los niños**: Ritzy.
- **tomar una copa en el bar antes o después de la película**: Curzon Soho; Ritzy.

Bloomsbury y La City

ABC Tottenham Court Road *Tottenham Court Road, W1 (información pregrabada 7636 6148/reservas con tarjeta de crédito 8795 6400). Metro: Tottenham Court Road.* **Plano 6 K5**

Barbican Centre *Silk Street, EC2 (información pregrabada y reservas 7382 7000). Metro: Barbican o Moorgate.* **Plano 9 P5**

Renoir *Brunswick Centre, Brunswick Square, WC1 (7837 8402). Metro: Russell Square.* **Plano 8 L4**

Marylebone

Odeon Marble Arch *10 Edgware Road, W2. (0870 505 0007/www.odeon.co.uk). Metro: Marble Arch.* Cinco salas. **Entradas** 7.50 £; jubilados, pensionistas, etc., 5 £ (no a todas horas). **Tarjetas de crédito** AmEx, MC, V. **Plano 2 F6**

Screen de Baker Street *96 Baker Street, NW1 (7935 2772/información pregrabada 7486 0036/reserva de entradas/www.screencinemas.co.uk). Metro: Baker Street.* **Entradas** 6,50 £ ; primeras funciones, 4 £. **Tarjetas de crédito** MC, V. **Plano 5 G5**

Mayfair y St. James's

ABC Panton Street *Panton Street, SW1 (información pregrabada 7930 0631/reservas con tarjetas de crédito 8795 6401). Metro: Piccadilly Circus.* **Plano 8 K7**

ABC Piccadilly *Piccadilly, W1 (información pregrabada 7287 4322). Metro: Piccadilly Circus.* **Plano 7 J7**

Curzon Mayfair *38 Curzon Street, W1 (7465 8865). Metro: Green Park o Hyde Park Corner.* Una sala. **Entradas** 7,50 £, 5 £ y 4 £ dependiendo de la función, 5 £ primeras funciones. **Tarjetas de crédito** AmEx, MC, V. **Plano 7 H8**

ICA Cinema *Nash House, The Mall, SW1 (información pregrabada 7930 6393/reservas con tarjetas de crédito 7930 3647/www.ica.org.uk). Metro y estación de tren: Piccadilly Circus o Charing Cross.* Dos salas. **Entradas** 6,50 £; primeras funciones, 4,50 £; socios 15 y 25 £ anuales; descuento de 2 £ en todas las entradas. **Tarjetas de crédito** AmEx, MC, V. **Plano 8 K8**

Odeon Haymarket *Haymarket, SW1 (0870 505 0007/ www.odeon.co.uk). Metro: Piccadilly Circus.* Una sala. **Entradas** 6,50 £; 8 £; primeras sesiones; 3,50 £; 5 £. **Tarjetas de crédito** AmEx, MC, V. **Plano 8 K7**

Plaza *17-25 Regent Street, W1 (información pregrabada y reservas con tarjetas de crédito 0870 010 2030/www.uci-cinemas.co.uk). Metro: Piccadilly Circus.* Cuatro salas. **Entradas** 6 £; jubilados, pensionistas, etc., 4 £; primeras funciones 4 £. **Tarjetas de crédito** AmEx, MC, V. **Plano 8 K7**

UGC Haymarket 63-65 *Haymarket, W1 (información pregrabada y reservas con tarjetas de crédito 0870 907 0712). Metro: Piccadilly Circus.* Tres salas. **Entradas** 8,50 £; 5 £ y 6 £ jubilados, pensionistas y primeras funciones. **Tarjetas de crédito** AmEx, MC, V. **Plano 8 K7**

De Soho a Leicester Square

En esta zona está el **Pepsi London IMAX Theatre** (*véase* pág. 270).

Odeon Shaftesbury Avenue *Shaftesbury Avenue, W1. (0870 505 0007/www.odeon.co.uk) Metro: Leicester Square o Tottenham Court Road.* Cinco salas. **Entradas** 7,50 £; jubilados, pensionistas, etc., 5 £ (no a todas horas). **Tarjetas de crédito** AmEx, MC, V. **Plano 6 K6**

Odeon Swiss Centre *Swiss Centre, 10 Wardour Street, W1. Metro: Leicester Square o Piccadilly Circus.* Seis salas. **Entradas** 6,50 £; 3,50-4,50 £ jubilados, pensionistas a determinadas horas. **Tarjetas de crédito** AmEx, MC. V. **Plano 8 K7**

El tamaño sí importa

Generalmente, el tamaño de la pantalla es proporcional al número de asientos de la sala, así que si desea verlo todo a lo grande, consulte la siguiente lista de las quince mayores pantallas de salas comerciales. Los dos IMAX de Londres cuentan con las pantallas más grandes de la ciudad (*véase* pág. 270).

	Asientos
Odeon Leicester Square	1.943
Empire 1	1.330
Odeon West End 2	838
Plaza 1	752
Chelsea Cinema	713
Odeon Swiss Cottage 1	686
ABC Shaftesbury Avenue 1	615
ABC Shaftesbury Avenue 2	581
Odeon Haymarket	566
UGC Trocadero 1	548
Curzon Mayfair	542
Odeon Kensington 1	520
Odeon West End	503
Prince Charles	488
UGC Haymarket	448

Curzon Soho *93-107 Shaftesbury Avenue, W1 (información pregrabada 7439 4805/reservas con tarjetas de crédito 7734 2255). Metro: Leicester Square o Piccadilly Circus.* Tres salas. **Entradas** 8 £; 5 £ jubilados, pensionistas a determinadas horas. Primeras funciones, 5 £. **Tarjetas de crédito** MC, V. **Plano 8 K6**

Empire *Leicester Square, WC2 (información y reservas con tarjetas de crédito 0870 603 4567/0990 888990). Metro: Leicester Square o Piccadilly Circus.* Tres salas. **Entradas** 7,50 £, 9,50 £; jubilados y pensionistas a determinadas horas 5 £, 6 £; primeras funciones, 5 £, 6 £. **Tarjetas de crédito** AmEx, MC, V. **Plano 8 K7**

Metro *Rupert Street, W1 (información pregrabada 7437 0757/reservas con tarjetas de crédito 7734 0757/ www.metrocinema.co.uk). Metro: Leicester Square o Piccadilly Circus.* Dos salas. **Entradas** 6,50 £; jubilados y pensionistas a determinadas horas, 5 £; primeras funciones, 6 £, 6,50 £. **Tarjetas de crédito** AmEx, MC, V. **Plano 8 K7**

Odeon Leicester Square *Leicester Square, WC2. Metro: Leicester Square.* Una sala. **Entradas** 9,50 £, 10 £; jubilados y pensionistas a determinadas horas 6 £, 6,50 £. Primeras funciones, 6 £, 6,50 £. **Tarjetas de crédito** AmEx, MC, V. **Plano 8 K7**

Odeon Mezzanine *junto a Odeon Leicester Square, WC2. Metro: Leicester Square.* Cinco salas. **Entradas** 7,50 £; jubilados y pensionistas a determinadas horas, 5 £. Primeras funciones, 5 £. **Tarjetas de crédito** AmEx, MC, V. **Plano 8 K7**

Odeon West End *Leicester Square, WC2. (0870 505 0007/www.odeon.co.uk). Metro: Leicester Square.* Dos salas. **Entradas** 9,50 £; jubilados y pensionistas a determinadas horas 6 £. Primeras funciones, 6 £. **Tarjetas de crédito** AmEx, MC, V. **Plano 8 K7**

Prince Charles *Leicester Place, WC2 (información pregrabada 7437 8181). Metro: Leicester Square o Piccadilly Circus.* **Plano 8 K7**

Virgin Trocadero *Trocadero, WC2 (información pregrabada y reservas 0870 907 0716). Metro: Leicester Square o Piccadilly Circus.* Siete salas. **Entradas** 8,50 £; jubilados y pensionistas a determinadas horas 5 £, 6 £. **Tarjetas de crédito** AmEx, MC, V. **Plano 8 K7**

Warner Village West End *Leicester Square, WC2 (información pregrabada y reservas con tarjeta de crédito 7437 4343/www.warnervillage.co.uk). Metro: Leicester Square.* **Plano 8 K7**

Knightsbridge y Chelsea

Chelsea Cinema *206 King's Road, SW3 (7351 3742). Metro: Sloane Square.* Una sala. **Entradas** 7 £; jubilados y pensionistas 3 £; primeras sesiones, 8 £. **Tarjetas de crédito** AmEx, MC, V. **Plano 4 E12**

Curzon Minema *45 Knightsbridge, SW1 (7369 1723/ www.minema.com). Metro: Hyde Park Corner o Knightsbridge.* **Plano 7 G9**

El impresionante **BFI London IMAX Cinema**

UGC Chelsea *279 King's Road, SW3 (información pregrabada y reservas con tarjetas de crédito 0870 907 0710). Metro: Sloane Square y, después, autobús 11, 19 o 22.* Cuatro salas. **Entradas** 8 £; jubilados y pensionistas 5,50 £; menores de 15 años 5,20 £ a determinadas horas. **Tarjetas de crédito** MC, V. **Plano 4 E12**

Norte de Londres

ABC Hampstead *Pond Street, NW3 (información pregrabada 7794 4000/reservas con tarjetas de crédito 8795 6406). Estación de tren: Hampstead Heath; autobuses: 24 y C11.*
Finchley Road Warner Village *Finchley Road, NW3 (taquilla e información 7604 3066/ información pregrabada y reservas 7604 3110). Metro: Finchley Road.*
Odeon Camden Town *Parkway, NW1. Metro: Camden Town (0870 505 0007/www.odeon.co.uk).* Cinco salas. **Entradas** 6,50 £; jubilados y pensionistas a determinadas horas 3,50 £, 4,50 £. **Tarjetas de crédito** AmEx, MC, V.
Odeón Swiss Cottage *Finchley Road, NW6 (0870 505 0007/www.odeon.co.uk). Metro: Swiss Cottage.* Nueve salas. **Entradas** 6,50 £; jubilados y pensionistas a determinadas horas 3,50 £, 4,50 £. Primeras sesiones, 7 £. **Tarjetas de crédito** AmEx, MC, V.
Screen on the Green *83 Upper Street (enfrente de Islington Green), N1 (7226 3520/ screencinemas.co.uk). Metro: Angel.* Una sala. **Entradas** 6,50 £. Primeras sesiones, 4 £. **Tarjetas de crédito** MC, V. **Plano 9 O2**
Screen on the Hill *203 Haverstock Hill, NW3 (7435 3366). Metro: Belsize Park.* Una sala. **Entradas** 6,50 £. Primeras sesiones, 4 £. **Tarjetas de crédito** MC, V.

Sur de Londres

Clapham Picture House *76 Venn Street, SW4 (información pregrabada 7498 2242/ reservas con tarjetas de crédito 7498 3323/ www.picturehouse-cinemas.co.uk). Metro: Clapham Common.* Cuatro salas. **Entradas** 6 £; primeras sesiones, 5 £; pensionistas y jubilados, 4 £. **Tarjetas de crédito** MC, V.
Greenwich Cinema *180 Greenwich High Road, SE10 (información pregrabada 07626 919020/reservas con tarjetas de crédito 020 8293 0101). Estación de tren: Greenwich.*
Ritzy *Brixton Oval, Coldharbour Lane, SW2 (información pregrabada 7737 2121/ reservas con tarjetas de crédito 7733 2229). Metro y estación de tren: Brixton.* Cinco salas. **Entradas** 6,50 £; jubilados y pensionistas 2,50 £, 3,50 £; primeras sesiones, 4 £. **Tarjetas de crédito** MC, V.
UGC Fulham Road *142 Fulham Road, SW10 (información pregrabada y reservas con tarjetas de crédito 0870 907 0711). Metro: South Kensington.* Seis salas. **Entradas** 8 £; jubilados y pensionistas a determinadas horas 5,50 £. **Tarjetas de crédito** AmEx, MC, V. **Plano 4 D11**

Oeste de Londres

Gate Cinema *87 Notting Hill Gate, W11 (taquilla e información 7727 4043). Metro: Notting Hill Gate.* Una sala. **Entradas** 6,50 £; jubilados y pensionistas a determinadas horas 3,50 £; primeras sesiones, 3 £. **Tarjetas de crédito** MC, V. **Plano 1 A7**
Notting Hill Coronet *Notting Hill Gate, W11 (7727 6705). Metro: Notting Hill Gate.* Dos salas. **Entradas** 6,50 £; jubilados y pensionistas a determinadas horas, 4 £; primeras sesiones, 4 £. **Tarjetas de crédito** MC, V. **Plano 1 A7**
Odeon Kensington *Kensington High Street, W8 (0870 505 0007/www.odeon.co.uk). Metro: High Street Kensington.* Seis salas. **Entradas** 7,80 £; jubilados y pensionistas 5 £; primeras sesiones, 5 £. **Tarjetas de crédito** AmEx, MC, V. **Plano 3 A9**
UCI Whiteleys *Segunda planta, centro comercial Whiteleys, Queensway, W2 (0870 010 2030/ www.uci-cinemas.co.uk). Metro: Bayswater o Queensway.* Ocho salas. **Entradas** 8 £; jubilados y pensionistas a determinadas horas 4 £, 5 £; primeras sesiones, 5,50 £. **Tarjetas de crédito** AmEx, MC, V. **Plano 1 C6**

Filmotecas especializadas

En las siguientes salas encontrará películas selectas no comerciales. En el **Phoenix** y el **Watermans Arts Centre** también se proyectan estrenos. En el momento de imprimir esta guía, el **Everyman Cinema** de Hampstead estaba cerrado y sin perspectiva de reapertura. *Véase también* pág. 267, **ICA Cinema, Metro** y **Ritzy**.

Ciné Lumière *Institut Français, 17 Queensberry Place, SW7 (7838 2144/ 2146/ www.institut.ambafrance.org.uk). Metro: South Kensington.* Una sala. **Entradas** 6 £; jubilados y pensionistas 4,50 £; socios 4 £. Abono válido un año 18 £. **Tarjetas de crédito** MC, V. **Plano 4 D10**
Goethe Institut *50 Princes Gate, Exhibition Road, SW7 (020 7596 4000/www.goethe.de/london). Metro: South Kensington.* **Plano 4 D9**

Lux Cinema *2-4 Hoxton Square, N1 (7684 0201/684 0200/www.lux.org.uk). Metro y estación de tren: Old Street.* Nueve salas. **Entradas** 6 £; jubilados y pensionistas 4 £. Socios 12 £, 15 £ por un año, después, 1 £ por cada entrada. **Tarjetas de crédito** AmEx, MC, V. **Plano 10 R3**

National Film Theatre (NFT) *South Bank, SE1 (7633 0274; reservas con tarjeta de crédito 7928 32 32/www.bfi.org.uk). Metro: Embankment o Waterloo; estación de tren: Waterloo.* Tres salas. **Entradas** 6,50 £; jubilados y pensionistas 5 £. Socios 11 £, 15,95 £ al año, despues 1 £ por cada entrada. **Tarjetas de crédito** AmEx, MC, V. **Plano 8 M7**

Phoenix *52 High Road, N2 (8444 6789/información pregrabada 7633 0274). Metro: East Finchley.*

Rio Cinema *107 Kingsland High Street, E8 (7254 6677). Estación de tren: Dalston Kingsland; autobuses: 30, 38, 56, 67, 76, 149, 242 y 243.*

Riverside Studios Cinema *Crisp Road, W6 (reservas con tarjeta de crédito 8237 1111/ www.riversidestudios.co.uk). Metro: Hammersmith.* Una sala. **Entradas** 5 £; jubilados y pensionistas 4 £. **Tarjetas de crédito** MC, V.

Watermans Arts Centre *40 High Street, Brendtford, Middlesex (8568 1176/www.watermans.org.uk). Metro: Kew Bridge; estación de tren: Brentford; autobús 237.* Una sala. **Entradas** 3,50 £, 4,95 £; jubilados y pensionistas 2,75 £, 3,95 £. **Tarjetas de crédito** MC, V.

IMAX

La capital cuenta con dos salas IMAX, el **Pepsi London IMAX Theatre**, para 298 personas, y el **BFI London IMAX Cinema**, que con sus diez plantas resulta mucho más impactante visualmente. En esta sala se encuentra la pantalla más grande de Inglaterra y un sistema acústico compuesto por 80 millones de agujeros diminutos que permiten que el sonido de alta fidelidad penetre en todo el auditorio por igual. El majestuoso edificio, situado cerca del puente de Waterloo, está construido de forma que aísla el ruido del tráfico. Ambos cines proyectan películas en 2 y 3 dimensiones (no se deje impresionar por el armazón que debe colocarse en la cabeza para estas últimas: es esencial para vivir de lleno la experiencia). La nueva ala del Science Museum inaugurada en junio de 2000 también tiene un cine IMAX (*véanse* págs. 96-97, **Tres son multitud**).

BFI London IMAX Cinema

Waterloo Bullring, South Bank, SE1 (información 7902 1234/ www.bfi.org.uk). Metro: Embankment o Waterloo; estación de tren: Waterloo. **Entradas** 3,50 £; jubilados y pensionistas 2,75 £ y 3,95 £. **Tarjetas de crédito** MC, V (*véase* también pág. 34). **Plano 8 M8**

Pepsi London IMAX Theatre

Pepsi Trocadero, Piccadilly Circus, W1 (información y reservas 7494 4153). Metro: Piccadilly Circus. **Plano 8 K7**

Festivales

La industria cinematográfica londinense ha renacido en los últimos años, en especial con éxitos como *Notting Hill* y *Lock, Stock and Two Smoking Barrels*, que han hecho de Londres una ciudad muy cinematográfica.

El festival más importante de la capital (y uno de los principales del mundo) es el **London Film Festival** (dos semanas durante el mes de noviembre de 2001. Comprobar fechas en la página *web*; 7928 3232/*www.lff.org.uk* o *www.bfi.org.uk*). Durante el festival se proyectan cerca de 150 películas en distintas salas de la ciudad, sobre todo en la NFT y la Odeon West End, y en 1999, el festival contó con la presencia de estrellas de Hollywood como Spike Lee, Susan Sarandon y Tim Robbins.

En el NFT se organiza también el **London Lesbian and Gay Film Festival** (del 29 de marzo al 12 de abril de 2001; 7928 3232/*www.llgff.org.uk o www.bfi.org.uk*) en el que participan cerca de sesenta películas nuevas de todo el mundo, así como varios cortometrajes. También se organizan espectáculos especiales.

Raindance (dos semanas durante el mes de octubre de 2001. Llame para confirmar fechas; 7287 3833/ *www.raindance.co.uk*), se organiza en el cine Metro, en el Soho, y muestra obras de talentos poco conocidos. Es el mayor festival de Reino Unido dedicado sólo al cine independiente: el 85 % de su producción es de directores noveles. El Metro acoge asimismo el **Latin American Film Festival** (que se organiza en septiembre; para conocer las fechas exactas, llame al 7434 3357 o consulte la página *web www.metrocinema.co.uk*).

Los directores jóvenes suelen iniciarse creando cortos. Hoy en día, Londres tiene varios festivales especializados en estas obras entre los que destacan: el **BBC British Short Film Festival** (en septiembre; para conocer la fecha exacta, llame al 8743 8000 extensión 6222) y el **Rushes Short Film Festival** (una semana durante el mes de agosto. Confirme en la página *web* las fechas exactas; 7851 6207/*www.sohoshorts.com*).

Gays y lesbianas

Vengan por aquí

En los años noventa, Londres experimentó un importante aumento de bares y cafeterías *gays*, sobre todo en Old Compton Street y sus alrededores, a pesar de la explosión que tuvo lugar en el *pub* Admiral Duncan. Sin embargo, muchos bares del centro y de los suburbios en la actualidad están abriendo también sus fachadas y colocando mesas en las aceras. A pesar de ello, a medida que nos acercamos al nuevo milenio, parece que los locales de la ciudad empiezan a estar algo anticuados, y para encontrar lugares refrescantes y nuevos es preciso alejarse un poco. La antigua homogeneidad de la cultura *gay* está siendo suplantada por una saludable heterodoxia que, en su mayoría se aleja de Old Compton Street. Ahora, los *gays* y lesbianas pueden disfrutar de todo: salsa, *soul*, rock, pop, *bhangra*, *house*, *garage*, *funk*, tecno y valses de Strauss..., aunque a veces eso implique coger un autobús, desde el N19 o el SE11, para volver a casa. Hoy en día, todo vale, lo diferente es la norma para todo y para todos, y la gente huye de lo aburrido y limitado.

Otro signo positivo es la creciente presencia de locales de lesbianas y de *gays* de otras culturas. Ya se ha organizado el primer concurso de belleza para *gays* y lesbianas negros y asiáticos de Europa, y esperamos impacientes ver qué nos deparará el próximo milenio. En 1999, el canal 4 emitió la película *Queer as Folk* y el programa *gay The Staying in Show* presentado por Amy Lamé, que contaba con el humor ácido del vanguardista Divine David, lo que no deja de ser una prueba de la importancia y seguridad que está adquiriendo la comunidad *gay*.

El desfile del orgullo *gay*, uno de los festivales más importantes de Londres, ha tenido una historia corta y compleja. El desfile y el festival que le seguía se convirtieron en dos acontecimientos distintos. En 1999, el festival se organizó en Finsbury Park. Las entradas se vendían por anticipado. Consulte la revista *Time Out* cuando se aproxime la fecha (en julio). Se canceló en el 2000.

La noche londinense para *gays* y lesbianas está muy bien organizada. Las discotecas anuncian las fiestas en la prensa y en la revista *Time Out*, así como en publicaciones especializadas como *Boyz*, *QX* y *Fluid*, que se distribuyen en los bares y discotecas citados en este apartado. En cuanto al resto de prensa *gay*, el *Pink Paper* destaca por sus noticias y por sus comentarios sobre estilos de vida. Por otro lado, destacan las revistas lesbianas *Diva* y *Attitude*, esta última centrada en la moda.

Los precios de entrada varían según el día y el lugar, y las discotecas más conocidas cobran una tarifa distinta en función de la hora a la que acceda al local. Busque folletos con descuentos. La mayoría de los *pubs* no cobran entrada, aunque no siempre es así.

Discotecas

Soho aún es la meca de los *gays*, pero hoy en día están surgiendo nuevos centros de vida nocturna alejados del West End, en lugares como Brixton o Camden. Earl's Court, que fue el centro *gay* de Londres en los años setenta, también está viviendo cierto renacer. Las discotecas abren y cierran a una velocidad pasmosa, así que es preferible llamar para contrastar la información antes de decidirse por una de las que aparecen a continuación. Tenga en cuenta que los locales que abren más de tres noches por semana se citan por su nombre, mientras que de los demás, se facilita el nombre del club nocturno en el que están.

El centro de Londres está muy bien comunicado por autobuses nocturnos (aquellos cuyo número va precedido de una N); en la lista que aparece a continuación, sólo se mencionan los que llevan a locales situados fuera del centro. La mención «sólo mujeres» indica que se trata de un local para lesbianas. No olvide que algunos bares también cuentan con pista de baile o discoteca; *véase* pág. 275. También vale la pena ver el **Helmut Slang**, que antes se organizaba en Gossips, los miércoles. En la primavera del 2000, pasó a un nuevo local en el Soho y desde entonces se organiza los sábados (para más información, *véase Time Out* o llame al 7733 4506).

100% Babe

147 Kentish Town Road, NW1 (07956 514574). Metro: Kentish Town. **Abierto** de 19.30 a 24.00 horas, los domingos.

Un local para mujeres y sus amigos *gays*. El pinchadiscos pone música *house* y *garage*.
www.wowbar.dircon.co.uk

The Artful Dodger

139 Southgate Road, N1 (7226 0841). Metro: Angel, Highbury o Islington. **Abierto** de 18.00 a 24.00 horas, de lunes a miércoles; de 18.00 a 01.00 horas, los martes; de 18.00 a 02.00 horas, los viernes y los sábados; de 13.00 a 24.00 horas, los domingos.
Plano 10 Q1

El Club Artful se organiza los viernes y los sábados, y los domingos hay una *Underwear Party* (fiesta de ropa interior) de 15.00 a 24.00 horas (7 £; y 5 £ más de cuota de socio si es la primera vez que va), lo que da derecho a usar la sauna y el gimnasio de la planta inferior. Si en vez de ropa inte-

No hay como un buen **Coco Latté** *para pasar una fantástica noche*

rior, prefiere una toalla, vaya a la **Towel Party** (fiesta de la toalla), los miércoles.

Club Travestie Extraordinaire

Stepney's, 373 Commercial Road (entrada por Aylward Street), E1 (7790 1763). Metro: Whitechapel. **Abierto** de 21.00 a 2.00 horas, todos los sábados. **Entrada** 5 £. **No se aceptan tarjetas de crédito.**

Ahora, este local abre todos los sábados. Se trata de un lugar muy popular, que lleva veinte años funcionando y en el que se pueden encontrar no sólo famosos de la televisión sino también *gays*, lesbianas y heterosexuales: de todo. El pinchadiscos Keith DeMaggio mezcla con maestría ritmos de música disco y las noches suelen ser temáticas: compruebe la lista para averiguar qué tema corresponde a cada noche. Periódicamente, se organiza una velada de cabaret.

Club V

The Garage, 20-22 Highbury Corner, N5 (7607 1818). Metro: Highbury e Islington; estación de tren Islington; autobús: N43. **Abierto** de 21.00 a 03.00 horas, cada dos sábados.

Una excelente alternativa al **Popstarz** (*véase* pág. 274). Los pinchadiscos, Mel, Neil, Phil y Sarit divierten a los clientes con una interesante mezcla de Smashing Pumpkins y otros grupos de música *indie*.

Coco Latté

59 Berkeley Square, W1 (07956 198267). Metro: Green Park. **Abierto** de 22.00 a 03.00 horas, los viernes. **Plano 7 H7**

En este local *gay*, caro y con clase, se ofrece una mezcla de música *funky*, *house* y *garage* en la planta baja, y de clásicos de los años setenta y otros ritmos poco habituales en la planta superior. Muy recomendable.

Crash

Arch 66, Goding Street, SE11 (7820 1500). Metro: Vauxhall. **Abierto** de 22.30 horas hasta 06.00 horas, los sábados. **Entrada** 10 £. **Tarjetas de crédito** AmEx, OC, MC, V (sólo para la entrada).

Local del sur de Londres en el que se viven noches divertidas y sensuales. Cuenta con cuatro bares, dos pistas de baile, dos reservados y muchos músculos. Entre los pinchadiscos destacan Tom Stephan, Antoine, Princess Julia y Alan X, entre otros.

www.crashlondon.co.uk

DTPM

Fabric, 77A Charterhouse Street, EC1 (7439 9009). Metro: Barbiban o Farringdon. **Abierto** de 22.00 horas hasta tarde, los domingos. **Plano 9 O5**

Este nuevo local acoge a los empleados del DTPM (una de las nuevas superdiscotecas; *véase* pág. 245, **Tres iguales**), y en él se puede escuchar *funk*, jazz, *hard house*, música latina y un poco de todo.

www.dtpm.net

Exilio Latino

Houghton Street, Holborn, WC2 (07956 983230 móvil/ 07931 374391/www.exilio.co.uk). Metro: Holborn.

A la espera en el **Substation South**, *un martes por la noche (Véase pág. 274)*

Abierto de 22.00 a 03.00 horas los sábados. **Entrada** 6 £. **No se aceptan tarjetas de crédito. Plano 5 H4**
El último viernes de mes se organiza una noche loca latina (Exilio Latino) y una fiesta especial cada dos sábados (Exilio), a la que acude una mezcla de *gays* y lesbianas.

G.A.Y

Astoria (LA1) y LA2, 157 Charing Cross Road, WC2 (7734 6963/0906 100 0160 premium rate). Metro: Tottenham Court Road. **Abierto** de 22.30 a 04.00 horas, los lunes y los jueves; de 23.00 a 04.00 horas, los viernes; de 22.30 a 04.30 horas, los sábados. **Plano 6 K6**
Jeremy Joseph organiza las mayores fiestas *gays* de Londres, a las que llega un público joven y sin pretensiones. Los lunes y los jueves tiene lugar la **G.A.Y Pink Pounder**, en LA2, y los viernes, la **G.A.Y Camp Attack** (con música de los años setenta y ochenta) en el Astoria, en la que hay bebidas baratas y la entrada no es cara (1 o 2 £, con un folleto de descuento). Si prefiere la música comercial y los sistemas de sonido impresionantes acuda a **G.A.Y,** en el Astoria, los sábados.
www.g-a-y.co.uk

LTD: Limelight Tea Dance

The Limelight, Shaftesbury Avenue, W1 (7437 4303). Metro: Leicester Square. **Abierto** de 18.00 a 24.00 horas, los domingos. **Tarjetas de crédito** AmEx, MC, V. **Plano 6 K6**
Esta institución de los domingos es una fiesta con música de los años setenta, ochenta y noventa dirigida por Dusty O, con un sonido algo más potente en la planta inferior.
www.ku-bar.co.uk

Heaven

The Arches, Villiers Street, WC2 (7930 2020). Metro: Embankment o Charing Cross; estación de tren: Charing Cross. **Abierto** de 22.30 a 03.00 horas, los lunes y los miércoles; de 22.30 a 05.00 horas, los viernes; de 22.00 a 05.00 horas, los sábados. **Plano 8 L7**
Éste es el local *gay* más famoso y más antiguo de Londres. Un importante proyecto de reformas llevado a cabo hace poco dio como resultado la creación de la discoteca **Substation Soundshaft** (*véase* pág. 274), a la que se accede desde el Heaven, que sirve de barra extra, cafetería y zona VIP para la discoteca. Cada planta cuenta con música distinta, lo que permite tener contento a un público muy variado. La magnífica Miss Kimberly se encarga de que en la planta superior suene música disco, clásicos y canciones coreadas por los clientes (al igual que en el **Powder Room** de los miércoles), mientras que en la planta intermedia hay una selección de los mejores pinchadiscos británicos, que animan a una clientela aficionada a la música *house* al estilo de Nueva York y al *R&B*. La planta inferior está siempre llena de turistas y extranjeros que tienen la esperanza de cruzarse con una estrella mientras bailan al son de ritmos tecno. La fiesta del lunes, **Popcorn**, ofrece una divertida mezcla de pop, disco, *trash* y *dance*, así como el bar de cabaret Dakota (en el Star Bar organizan una noche *indie*, **Room Two**); durante la fiesta de los miércoles, **Fruit Machine**, se escucha

soul en el Star Bar y *funk* en la planta baja. El viernes por la noche es el día de **There**: una fiesta con música *house* y tecno. De todos modos, la noche más famosa es la de los sábados, llamada igual que el local, **Heaven**, y en la que se baila música *house* al estilo de Nueva York y *garage*. Tenga en cuenta que la gran popularidad del local lo ha convertido en un lugar de moda al que acuden muchas personas que no son *gays*, y que los camareros empiezan a hacer gala de una arrogancia más que molesta.
www.heaven-london.com

Love Muscle
The Fridge, Town Hall Parade, Brixton Hill, SW2 (7326 5100). Metro y estación de tren: Brixton; autobuses: N2, N3, N35 y N109. **Abierto** de 22.00 a 06.00 horas, los sábados.
Las colas para acceder a esta concurrida fiesta parecen infinitas. Una vez dentro, podrá escuchar música *dance* y un tecno algo ñoño orientado a una mayoría de clientes formados, sobre todo, por chicos musculosos, amantes de la música disco y adictos a las discotecas. Un estupendo juego de luces, una pista de baile llena de vapor y un buen reservado completan la diversión. Si aguanta hasta el final, no se pierda el desayuno que sirven el domingo por la mañana en el Fridge Bar (de 06.00 a 11.00 horas), al que llaman **Post Love Muscle**.
www.fridge.co.uk

Mis-shapes
Liquid Lounge, 256 Pentonville Road, N1 (020 7738 2336). Metro y estación de tren: King's Cross. **Abierto** de 17.30 a 03.00 horas, los sábados. **Plano 6 M3.**
Una discoteca *gay* mixta, para chicos deformes con los que se metían en el colegio y para aquellos a los que no gusta la escena *gay* convencional: música *indie*, pop, *funky rock* y *beaty swing*.

Popstarz
Scala, 278 Pentonville Road, N1 (7833 2022). Metro y estación de tren: King's Cross. **Abierto** de 22.00 a 05.00 horas, los viernes. **Entrada** 8 £; 7 £ con cupón de descuento; 5 £ estudiantes, socios entrada libre a partir de las 23.00 horas. **Tarjetas de crédito** MC, V. **Plano 6 L3**
El maravilloso Popstarz de Simon Hobart ha vuelto a cambiar. En una de las salas puede oír música *indie* y en la otra, clásicos de los años setenta y de los ochenta. Si le parece demasiado, descanse en uno de los reservados.
www.popstarznightclub.com

Royal Vauxhall Tavern
Kennington Lane, SE11 (7582 8212). Metro y estación de tren; Vauxhall; autobuses: N2, N36 y N44.
Abierto de 21.00 a 2.00 horas, de lunes a sábado; de 12.00 a 24.00 horas, los domingos. **Entrada** libre entre semana, 4 £, los sábados y 3 £, los domingos. **No se aceptan tarjetas de crédito. Duckie** *(7737 4043 www.duckie.co.uk).*
En el escenario se toca *rock 'n' roll* homosexual durante las noches *gays* **Duckie** (los sábados), presentadas por Amy Lamé y con el **Divine David** el cuarto viernes de cada mes. Hay previstas fiestas otros días de la semana para el año 2001 (si desea información consulte *Time Out).*

Substation Soundshaft
Detrás de Heaven, Hungerford Lane, junto a Villiers Street, WC2 (7320 1500). Metro: Charing Cross o Embankment; estación de tren: Charing Cross.
Abierto de 22.30 a 05.00 horas, los viernes. **Entrada** 5 £. **No se aceptan tarjetas de crédito. Plano 8 L7**
Lo último del grupo Substation, la sala Soundshaft organiza dos noches *gays*: Fat Tony y Slammer ponen música *house* en **Twisted** los jueves, mientras que los viernes, en **Spunk**, colaboran Tom Stephan y Antoine, que deleitan a los clientes con *spin* al estilo Nueva York, *garage* y *funk*.

Substation South
9 Brighton Terrace, SW9 (7737 2095). Metro y estación de tren: Brixton; autobuses: N2, N3, N37 y N109. **Abierto** de 22.00 a 03.00 horas, los lunes; de 22.30 a 02.00 horas, los martes; de 22.30 a 03.00 horas, los miércoles; de 22.30 hasta tarde, los jueves; de 22.30 a 05.00 horas, los viernes; de 22.30 a 06.00 horas, los sábados; de 22.00 horas hasta tarde, los domingos.
La gente que sabe lo que quiere acude a este local. En el práctico Substation South no hay ni un solo adorno de más. **Y-front** (los lunes) es una fiesta de marcado tono sexual sólo para hombres: únicamente se puede entrar en ropa interior; **Massive** (los martes) es para «hombres grandes y para sus admiradores» y **Blackout** (los miércoles) es para hombres fetichistas (uniformes, cuero, botas...) y la recaudación se destina al Eddie Surman Trust. Los fines de semana empiezan con una fiesta *gay* y lesbiana, **Dirty Dishes** (los viernes), seguida de otra, los sábados, con música *house* al estilo de Nueva York y ritmos *garage*, **Queer Nation** (mixta). Los domingos, **Marvellous**, una fiesta *gay* también mixta, se llena de aficionados a la música *indie*.

Sundays at Home
Home, 1 Leicester Square, W1 (8964 1999). Metro: Leicester Square. **Abierto** de 16.00 a 24.00 horas, los domingos. **Plano 8 K6**
Home, junto con Fabric y Scala, pertenece a una nueva serie de megadiscotecas que abrieron en 1999 (*véase* pág. 245, **Tres iguales**). Este enorme local de siete plantas ofrece un ambiente amigable y cálido, una clientela variada repleta de chicos musculosos y lesbianas con carmín, bebidas a precios razonables y música *funky* y *house* a la última. Muy recomendable.

Trade
Turnmills, 63B Clerkenwell Road, EC1 (7250 3409). Metro: Farringdon; estación de tren: Farringdon.
Abierto de 04.30 horas hasta tarde, los domingos. **Plano 9 N4**

Los domingos por la mañana, en Trade, (pre)dominan los chicos musculosos cuando los pinchadiscos Alan Thompson, Malcolm Duffy y los demás pinchan música en la planta baja y, en el Lite Lounge, a los pinchadiscos Fat Tony, Sharp Boys, Chris McCoy y Guy Williams se les unen voces en directo. También hay una zona sólo para socios y un sistema de iluminación y de efectos visuales nuevo.

Tube

The Tube, Falconberg Court, W1 (7287 3726). Metro: Tottenham Court. **Abierto** de 22.30 a 05.00 horas, miércoles y jueves; de 22.30 a 05.00 horas, los sábados; de 22.30 a 04.00 horas, los domingos.
Plano 6 K6
En este popular local, situado junto a Sutton Row, en el extremo norte de Charing Cross Road, se reúne todos los sábados por la noche una alegre clientela que acude a bailar al son de clásicos de los setenta, ochenta y noventa.
www.tube-club.co.uk

Pubs y bares

La mayoría de los locales que se reseñan a continuación están abiertos a *gays* y lesbianas, salvo que se indique lo contrario; hemos intentado dejar claro qué locales tienen menos que ofrecer al público femenino.

The Bar

Chariots House, Fairchild Street, EC2 (7247 5222). Metro: Old Street, Shoreditch o Liverpool Street.
Abierto de 11.00 a 23.00 horas, de lunes a sábado; de 12.00 a 22.30 horas, los domingos. **Plano 10 R4.**
Amplio y espacioso café situado junto al Chariots Roman Spa, que cuenta con pinchadiscos y cabaret. El servicio es amable y la comida, excelente.

BarCode

3-4 Archer Street, W1 (7734 3342). Metro: Piccadilly Circus. **Abierto** de 13.00 a 01.00 horas, de lunes a sábados; de 13.00 a 01.30 horas los domingos. **Tarjetas de crédito** MC, V.
Recientemente remodelado, este bar de dos pisos es relajante y más barato que otros del Soho. La diferencia consiste en abrir de 20.00 a 01.00 horas de miércoles a sábado.

BJ's

White Swan, 556 Commercial Road, E14 (7780 9870). DLR: Limehouse. **Abierto** de 21.00 a 1.00 horas, los lunes; de 21.00 a 02.00 horas, de martes a jueves; de 21.00 a 03.00 horas, los viernes y los sábados; de 17.30 a 24.00 horas, los domingos. **Plano 12 S6**
Concurrido bar discoteca que los martes y los jueves cuenta con cabaret y música disco, los lunes y los miércoles con un espectáculo de *striptease* y los domingos, con un baile de tarde.

The Box

32-34 Monmouth Street, WC2 (7240 5828). Metro: Leicester Square. **Abierto** *café*, de 11.00 a 17.00 horas, de lunes a sábado; de 12.00 a 18.00 horas, los domingos; *bar*, de 17.00 a 23.00 horas, de lunes a sábado; 18.00 a 22.30 horas, los domingos.
Tarjetas de crédito AmEx, DC, MC, V.
Plano 6 L6
Este bar, recientemente remodelado, lleva seis años cerca de Seven Dials, en Covent Garden. Es luminoso, claro y está muy concurrido. La comida, bebida y café corre a cargo de la cocinera Jane Pettigrew, que cuenta con una clientela muy variada. Las paredes están adornadas con una serie de cuadros que se cambian cada mes.

Brief Encounter

42 St. Martin's Lane, WC1 (no tiene teléfono). Metro y estación de tren: Charing Cross. **Abierto** de 11.00 a 23.00 horas, de lunes a sábado; de 12.00 a 22.30 horas, los domingos. **Plano 8 K7**
Concurrido bar sólo para hombres.

Brompton's

En la esquina de Old Brompton Road y Warwick Road, SW5 (7370 1344). Metro: Earl's Court.
Abierto *bar*, de 20.00 a 02.00 horas, de lunes a sábados; de 18.00 a 24.00 horas, los domingos; *discoteca*, de 22.30 a 02.00 horas, de lunes a jueves; de 22.00 a 02.00 horas, viernes y sábados; de 17.30 a 24.00 horas, los domingos. **Tarjetas de crédito** MC, V.
Plano 3 B11
Conocido local masculino, con dos bares y una pista de baile. El bar, que también es discoteca (los lunes y los martes hay actuaciones musicales), acepta a *gays* y lesbianas todos los días menos los martes, cuando sólo se permite la entrada a hombres. No se pierda **Privates on Parade**, los domingos, que incluye un *striptease* masculino.
www.bromptons-club.com

Candy Bar

23-24 Bateman Street, Soho, W1 (7494 4041). Metro: Tottenham Court Road. **Abierto** *bar*, de 17.00 a 01.00 horas, lunes y martes; de 17.00 a 03.00 horas, los viernes; de 16.00 a 003.00 horas sábados y de 17.00 a 05.00 horas los domingos; *discoteca*, de 20.00 a 24.00 horas, de lunes a jueves; de 20.00 a 02.00 horas, los viernes y los sábados; de 19.00 a 23.00 horas, los domingos. **No se aceptan tarjetas de crédito**. **Plano 6 K6**
Éste fue el primer bar de Reino Unido que dedicó todas las noches de la semana al universo lésbico. La noche del miércoles tiene el fantástico nombre de **Opportunity Knockers** («la llamada de la oportunidad»), el jueves se puede escuchar música poco habitual en **Tunes** y, el viernes, en **Booby Trap**, Camilla caldea el ambiente para la llegada de la pinchadiscos Princess Julia. **Dolly Mixtures** es la fiesta para mujeres del sábado, mientras que en **Precious Brown**, los domingos, se puede escuchar música *soul*, *funk* y ritmos raros con algo de *garage*. Se permite el acceso a hombres todos los días.
www.candybar.easynet.co.uk

Déjese caer por **First Out**

Central Station

37 Wharfdale Road, N1 (7278 3294). Metro y estación de tren: King's Cross. **Abierto** de 17.00 a 02.00 horas, de lunes a miércoles; de 17.00 a 03.00 horas, los jueves; de 17.00 a 04.00 horas, los viernes; de 13.00 a 04.00 horas, los sábados; de 13.00 a 24.00 horas, los domingos. **Tarjetas de crédito** MC, V. **Plano 6 L2**

Este *pub* de barrio ganador de un premio combina a la perfección sus distintas facetas de lugar de encuentro, local con actuaciones y discoteca. La noche de los miércoles se celebra la fiesta **Bulk**, en la que sólo se aceptan hombres. Los segundos martes de mes tiene lugar **Handsome Devil**, una sesión nocturna de música *indie*. Los aficionados al látex no deben perderse la fiesta del segundo domingo de mes, **Gummi**, a la que sólo se puede asistir vestido con trajes de goma.

www.centralstation.co.uk

Duke of Clarence

140 Rotherfield Street, N1 (no tiene teléfono). Metro: Angel y, después, autobús 38, 73, 171A o 277. **Abierto** de 18.00 a 24.00 horas, de lunes a viernes; de 19.00 a 24.00 horas, los sábados; de 15.00 a 23.30 horas, los domingos. **Plano 9 P1**

Variado *pub gay* que cuenta con una barra especial sólo para mujeres.

First Out

52 St. Giles High Street, WC2 (7240 8042). Metro: Tottenham Court Road. **Abierto** de 10.00 a 23.00 horas, de lunes a sábado; de 11.00 a 22.30 horas, los domingos. **No se aceptan tarjetas de crédito. Plano 6 K6**

Se trata del primer bar y restaurante vegetariano *gay* y lesbiano de Londres. Los viernes, se organiza una fiesta antes de la discoteca llamada **Girl Friday** (de 20.00 a 23.00 horas, tanto para hombres como para mujeres) que los dueños del local describen como «una fiesta *house* y *garage* con un toque *funky*». También cuenta con exposiciones de arte que cambian cada mes.

Freedom Café-Bar

60-66 Wardour Street, W1 (7734 0071). Metro: Piccadilly Circus. **Abierto** de 11.00 a 03.00 horas, de lunes a sábado; de 12.00 a 24.00 horas, los domingos. **Entrada** 3 £ a partir de las 23.00 horas, de lunes a jueves y sábados; 5 £ a partir de las 22.00 horas, los domingos; 6 £ a partir de las 22.30 horas los viernes y sábados. **Tarjetas de crédito** MC, V. **Plano 6 K6**

Un concurrido local que sirve bebida y comida a una clientela muy variada. Organizan varias noches temáticas; para mayor información, consulte la revista *Time Out*.

Glass Bar

West Lodge, Euston Square Gardens, 190 Euston Road, NW1 (7387 6184). Metro y estación de tren: Euston. **Abierto** de 17.00 horas hasta tarde, de martes a viernes; de 18.00 horas hasta tarde, los sábados; de 14.00 a 19.00 horas, los domingos. **Entrada** 3 £ a partir de las 23.00 horas, lunes y martes; domingos 5 £ a partir de las 22.00 horas, 6 £ a partir de las 22.30 los viernes y sábados. **Tarjetas de crédito** MC, V. **Plano 5 J4**

El mayor bar de Londres dedicado sólo a mujeres (10.000 socias). Tiene dos plantas y sus precios son de *pub*. No se permite la entrada después de las 23.30 horas.

The Hoist

Railway Arch, 47C South Lambeth Road, SW8 (7735 9972). Metro y estación de tren: Vauxhall. **Abierto** lunes y martes de 22.00 a 03.00 horas, los viernes y sábados; de 21.00 a 01.00 horas, cerrado los domingos.

Bar de ligue para hombres. Ropa: de cuero, goma, uniforme, etc.

King Edward VI

25 Bromfield Street, N1 (7704 0745). Metro: Angel. **Abierto** de 12.00 a 24.00 horas, todos los días. **Tarjetas de crédito** MC, V. **Plano 9 N2**

Concurrido *pub gay* con café bar en la planta superior y una terraza. La clientela es amigable y cálida.

www.eddyui.freeserve.co.uk

King William IV

77 Hamsptead High Street, NW3 (7435 5747). Metro: Hampstead. **Abierto** de 12.00 a 23.00 horas, de lunes a sábado; de 12.00 a 22.30 horas, los domingos. **Tarjetas de crédito** AmEx, DC, MC, V.

Pub cálido y acogedor situado en el corazón de Hampstead; sirve buena comida y tiene con una agradable terraza.

Ku Bar

75 Charing Cross Road, Soho, WC2 (7437 4303). Metro: Leicester Square. **Abierto** de 12.00 a 23.00 horas, de lunes a sábado; de 13.00 a 22.30 horas, los domingos. **No se admiten tarjetas de crédito. Plano 8 K7**

Este bar, situado en uno de los confines del Soho, tiene mucho estilo y es uno de los preferidos por los jóvenes. *www.ku-bar.co.uk*

Kudos

10 Adelaide Street, WC2 (7379 4573). Metro y estación de tren: Charing Cross. **Abierto** de 11.00 a 23.00 horas, de lunes a sábado; de 12.00 a 22.30 horas, los domingos. **Tarjetas de crédito** AmEx, MC, V. **Plano 8 L7**

Agradable bar de chicos con una gran pantalla de vídeo en la planta inferior y una cafetería en la superior. *www.kudosgroup.com*

Popstarz Liquid Lounge

275 Pentonville Road, N1 (no tiene teléfono). Metro: King's Cross St. Pancras. **Abierto** de 17.30 a 02.00 horas, los martes; de 17.30 a 01.00 horas, los viernes; de 20.00 a 03.00 horas, los sábados. **Entrada** 5 £ y gratuita. **No se admiten tarjetas de crédito**

Bar al que llegan al final de la noche los clientes del Popstarz. Cuenta con pinchadiscos, bebidas a precios razonables e instalaciones adaptadas para la noche. *www.popstarz.org*

Retro Bar

2 George Court, junto al Strand, WC2 (7321 2811). Metro y estación de tren: Charing Cross. **Abierto** de 12.00 a 23.00 horas, de lunes a sábado; de 12.00 a 22.30 horas, los domingos. **Tarjetas de crédito** MC, V. **Plano 8 K7**

Bar *gay* que mezcla la música *indie* y la retro, con sonidos de los años setenta, los ochenta, neorománticos y música alternativa. También cuenta con noches temáticas, karaoke, homenajes y veladas dedicadas a pinchadiscos.

Rupert Street

50 Rupert Srteet, W1 (7292 7141). Metro: Piccadilly Circus. **Abierto** de 12.00 a 23.00 horas, de lunes a sábados; de 12.00 a 22.30 horas, los domingos. **Tarjetas de crédito** MC, V. **Plano 8 K7**

Amplio bar de moda, con fachada de cristal, situado junto al emporio Prowler. Casi todas las noches está abarrotado de gente. Las bebidas son caras. También sirven comida.

West Central

29-30 Lisle Street, WC2 (7479 7981). Metro: Leicester Square. **Abierto** de 12.00 a 23.00 horas, de lunes a sábado; de 12.00 a 22.30 horas, los domingos; *bar del sótano*, de 22.30 a 02.00 horas, los miércoles y los jueves; de 22.30 a 3.00 horas, los viernes y los sábados. Bar cerrado domingo, lunes y martes. **Tarjetas de crédito** MC, V. **Plano 8 K7**

Un moderno y nuevo bar de tres plantas que cada dos viernes organiza una fiesta, **Pop Machine I Love You**, en la que se puede oír lo mejor y lo peor de la música de los años setenta y ochenta. Los otros viernes, podrá divertirse con el espectáculo de **Shinky Shonky**, la Stuart Alexander Experience. Los primeros martes de mes, puede escuchar música clásica en **Valley of the Dolly Birds**.

Discotecas con restaurante

Éste es un fenómeno relativamente reciente pero que ha logrado una gran aceptación al reunir (bajo un mismo precio) una cena en un restaurante y una noche de diversión para quienes estén cansados de los bares *gays* o de las discotecas. El **Champagne Dining Club** (8525 5656/*champs@diningclub.freeserve.co.uk*) organiza noches lesbianas; el **Out and Out Dining Club** (8998 5674/ *www.outandout.co.uk*) es sólo para hombres.

Deportes

The Sauna Bar

29 Endell Street, WC2 (7836 2236). Metro: Covent Garden. **Abierto** de 12.00 a 24.00 horas, todos los días. **Entrada** antes de las 16.00 horas, de lunes a viernes, 10 £; después de las 16.00 horas, 12 £; sábados y domingos, 12 £; tarifa reducida, 10 £. **Tarjetas de crédito** MC, V. **Plano 6 L6**

El antiguo Covent Garden Health Spa, recientemente remodelado, ha cambiado de nombre y se ha convertido básicamente en una sauna. Cuenta con el manantial más grande de Europa, una zona de descanso y todas las instalaciones que se esperan de una sauna *gay*. Sólo se admiten hombres.

www.thesaunabar.com

Soho Athletic Club

10-14 Macklin Street, WC2 (7242 1290). Metro: Holborn. **Abierto** de 06.30 a 22.00 horas, de lunes a viernes; de 10.00 a 22.00 horas, los sábados; de 12.00 a 18.00 horas, los domingos. **Cuota de socio** 325- 440 £ por año; 18 a 22 £ por semana, de 6 a 8 £ por día. **Plano 6 L6**

Un gimnasio enorme y muy acogedor, abierto tanto a hombres como a mujeres, que cuenta con excelentes equipos cardiovasculares y de resistencia y numerosos aparatos para hacer pesas. Fue uno de los primeros gimnasios de Londres en dar clases de *spinning*, la nueva moda en Nueva York, un tipo de ejercicio aeróbico de bajo impacto que se realiza con bicicletas estáticas. También ofrece clases de aeróbic convencionales, una sala de terapia y un salón de belleza. Lo mejor son los extras, como el Revival Café y la televisión por cable.

Alojamiento

El **London Holiday Accommodation Bureau** (*véase* pág. 162) organiza estancias en apartamentos para *gays* y lesbianas, además, pone a su alcance transporte gratuito hasta el aeropuerto, venta de entradas de teatro y una visita guiada por el Soho.

Soho Athletic Club: *un lugar de peso...*

Accommodation Outlet
32 Old Compton Street, W1 (7287 4244/ fax 7734 2249/homes@outlet.co.uk). Metro: Leicester Square. **Abierto** de 10.00 a 19.00 horas, de lunes a viernes; de 12.00 a 17.00 horas, los sábados. **Plano 6 K6**
Un servicio que busca apartamentos para *gays* y lesbianas que deseen pasar una breve estancia en Londres y que negocia con los propietarios. Puede encontrar una habitación en el West End por 45 £.
www.outlet.co.uk

Number Seven
7 Josephine Avenue, SW2 (8674 1880). Metro y Estación de tren: Brixton. **Habitaciones** 8 (todas son suites). **Precios** *individual* 36-69 £; 59-109 £ *doble*; *triple* de 99 a 129 £; de 109 a 139 £ *cuádruple.* **Tarjetas de crédito** AmEx, MC, V.
Esta tranquila casa victoriana situada en una concurrida calle de Brixton es propiedad de los amables John y Paul (que viven con su perro Dougal). Este pequeño (aunque no económico) B&B es limpio y cómodo. Los aficionados a las discotecas les conviene saber que está a un paso de Fridge (*véase* pág. 251) y de Substation South (*véase* pág. 273).
Servicios del hotel *fax; jardín; lavandería; aparcamiento; caja fuerte.* **Servicios de las habitaciones** *aire acondicionado; secador; radio; nevera; televisión vía satélite; café y té; teléfono.*
www.no7.com

Philbeach Hotel
30-31 Philbeach Gardens, SW5 (7373 1244/ 100756.3112@compuserve.com). Metro: Earl's Court. **Habitaciones** 40 (14 suites). **Precios** (incluyen desayuno continental) *individual* de 35-60 £; *doble* 60-85 £. **Tarjetas de crédito** AmEx, DC, MC, V. **Plano 3 A11**
Un hotel *gay* muy bien considerado, especialmente apreciado entre los trasvestidos (organiza una fiesta travesti cada lunes). El interior de algunas de las habitaciones no está del todo a la altura del precio, pero tiene un buen bar y un restaurante que abre hasta tarde.
Servicios del hotel *bar; fax; jardín; lavandería; servicio en varios idiomas; restaurante; caja fuerte; sala de televisión.* **Servicios de las habitaciones** *servicio durante las 24 horas; teléfono; televisión.*
www.philbeach.freeserve.co.uk

Salud e información

Para más datos, *véase* **Directorio**, especialmente págs. 340 a 342).

Audrey Lorde Clinic
Ambrose King Centre, Royal London Hospital, Whitechapel Road, E1 (7377 7312). Metro: Whitechapel. **Abierto** de 09.30 a 17.00 horas, los viernes.
Clínica de salud para lesbianas que realiza análisis de sangre, pruebas del sida y facilita información y consejos.

Axis
Mortimer Market Centre, Mortimer Market, junto a Capper Street, W1 (7530 5050). Metro: Warren Street. **Abierto** de 07.00 a 21.00 horas, los martes. **Plano 5 J4**
Clínica de salud sexual para *gays* y hombres bisexuales, y para mujeres menores de 26 años. No es preciso pedir cita. También se da información sobre drogas.

Bernhard Clinic
GU Medicine Department, Charing Cross Hospital, Fulham Palace Road, W6 (pedir cita en el 8846 1576/1577). Metro: Hammersmith o Baron's Court. **Abierto** de 14.00 a 19.00 horas, los miércoles.
Clínica de salud sexual para mujeres.

Big Up Helpline
(7501 9315/ *info@bigup.co.uk*). **Consultas por teléfono** de 18.00 a 20.00 horas, los martes y los jueves.

Esta organización dirigida por y para hombres *gays* africanos y afrocaribeños proporciona apoyo e información sanitaria. Las consultas por correo se pueden enviar a: Unit 41, Eurolink Business Centre, 49 Effra Road, London SW2 1BZ.

Black Lesbian & *Gay* Helpline
(ayuda para lesbianas y *gays* de raza negra)
(7620 3885/blgc@btinternet.com). **Consultas por teléfono** de 17.30 a 19.30 horas, los martes; de 10.00 a 13.00 horas, los jueves; de 11.00 a 16.00 horas, los sábados. También se realizan análisis y se proporciona información.

The Jewish AIDS Trust
(8200 0369/jat@ort.org).
Información, consejo, financiación, apoyo práctico y social y educación.
www.jat.ort.org

London Friend
(Lesbianas y gays *7837 3337/lesbianas 7832 2782)* **Consultas por teléfono** *lesbianas y* gays de 19.30 a 22.30 horas, todos los días; *lesbianas* de 19.30 a 22.30 horas, de lunes a jueves y los domingos.
Esta línea de ayuda a lesbianas y *gays* ofrece apoyo e información de forma confidencial.

London Lesbian Line
(7251 6911/centralita 7253 0924). **Consultas por teléfono** de 14.00 a 22.00 horas, los lunes y los viernes; de 19.00 a 22.00 horas, de martes a jueves.
Consejo, información y apoyo.

London Lesbian & *Gay* Switchboard
(7837 7324). **Consultas por teléfono** las 24 horas, todos los días.
Le explicarán todo lo que necesite saber sobre la vida *gay* en la capital... pero le costará que entre la llamada.

Naz Project
(8741 1879) **Consultas por teléfono** de 09.30 a 17.30 horas, de lunes a viernes.
El proyecto Naz está orientado a la comunidad *gay* y lesbiana asiática. Aconseja y da información sobre el sida y las enfermedades de transmisión sexual en las lenguas del sur de Asia, Oriente Medio, Sudámerica y el este y el norte de África.

Música clásica y ópera

Desde ostentosos auditorios hasta las iglesias antiguas de la City, Londres le ofrece mil lugares en los que escuchar a Handel

Auditorio principal del **Barbican Centre**

En lo que se refiere a la música clásica, la ciudad no ha sufrido grandes cambios. Aún existen las orquestas de toda la vida y los mismos conjuntos tocan lo de siempre en viejas salas de concierto, para los aficionados de siempre. ¿Suena aburrido? Pues es todo lo contrario.

La música clásica en Londres tiene tan buena salud como la ha tenido siempre, a pesar de los constantes problemas económicos de las grandes instituciones artísticas. Además de las cuatro grandes orquestas (ninguna ciudad del mundo cuenta con tantos conjuntos de fama internacional), hay muchas orquestas pequeñas que merece la pena escuchar y cientos de músicos jóvenes que inician su carrera tocando en las calles de la capital.

De entre los grandes, destaca la mejor orquesta de Londres y una de las mejores de Europa: la **London Symphony Orchestra,** que tiene su sede en el **Barbican Centre**. La segunda en cuanto a calidad e importancia es el cuarteto de **Philharmonia**, con sede en el **Royal Festival Hall** (que forma parte del **South Bank Centre**), donde ensaya también la mejorada **London Philharmonic Orchestra**. Por otro lado, la **Royal Philharmonic Orchestra** es única en dos sentidos: no está subvencionada por el Estado y no está ligada a ningún auditorio, aunque lo cierto es que es menos rigurosa que el resto.

Al margen de estas cuatro grandes (por no hablar de las decenas de orquestas de calidad que visitan cada año la ciudad, tanto británicas como extranjeras), hay una gran cantidad de pequeños conjuntos muy interesantes como, por ejemplo, la **London Sinfonietta**, el **Nash Ensemble** y el **Gabrieli Consort**. A eso se añade una verdadera algarabía de solistas (no deje de acudir a un recital en el fantástico **Wigmore Hall**, mientras esté en la ciudad), dos óperas (incluida la remodelada **Royal Opera House**), un gran número de coros, conciertos que dan los estudiantes de los tres principales conservatorios de Londres (el **Royal College of Music**, la **Guildhall School of Music & Drama** y el **Trinity College of Music**), así como varios festivales fantásticos: en la elección está el gusto.

Salas importantes

Barbican Centre

Silk Street, The City, EC2 (taquilla 7638 8891/información 7638 4141). Metro: Barbican o Moorgate; estación de tren: Moorgate. **Taquilla** de 09.00 a 20.00 horas, todos los días. **Entradas** 6-35 £. **Tarjetas de crédito** AmEx, MC, V. **Plano 9 P5**

Lo advertimos en cada ocasión, pero pensamos que es imprescindible hacerlo: cuando vaya por primera vez al Barbican Centre, lleve consigo un mapa, una brújula y un kit de supervivencia. Esta gigantesca mole de hormigón con el encanto de un aparcamiento de varias plantas es un auténtico laberinto en el que se desorientará con facilidad. Afortunadamente, el esfuerzo merece la pena, porque los conciertos suelen ser magistrales. Barbican se ha liberado por fin del aura hortera que caracterizaba programas como el Inventing America de 1998 y la serie de conciertos Only Connect del año siguiente, y ha conseguido una temporada digna del siglo XXI. En cuanto a las orquestas, la mejor es la **London Symphony Orchestra**, que tiene su sede en el mismo centro, aunque éste también organiza conciertos con orquestas invitadas. Para redondear la propuesta, nada mejor que conciertos gratuitos en el vestíbulo, dos cines, dos teatros, una serie de restaurantes y una de las mejores bibliotecas musicales de toda la ciudad.

www.barbican.org.uk

London Coliseum

St. Martin's Lane, Covent Garden, WC2 (taquilla 7632 8300/ reservas con tarjeta de crédito enviadas por fax al 7379 1264/ recepción 7836 7666). Metro: Leicester Square o Charing Cross; estación

La fiesta de la House

A veces, merece la pena esperar. A principios de diciembre de 1999, el mundo de la música esperó conteniendo la respiración la inauguración de la remodelada **Royal Opera House** (*véase* fotografía). Se realizó un proyecto de reformas caro y complejo (que, aunque parezca mentira, se acabó a tiempo y sin salirse del presupuesto...) y los problemas de gestión y de soberbia institucional parecían ya superados. Los precios de las entradas se volvieron razonables y, por primera vez, se permitió el acceso del público a la House por medio de visitas guiadas, exposiciones, conciertos gratuitos a la hora de comer o la entrada libre en la cafetería, el bar o la tienda.

Y después de todo ello, ¿qué aspecto tiene el edificio? Pues, para resumirlo en una sola palabra excelente. Además del nuevo **Vilar Floral Hall,** que cuenta con restaurante y champanería, los aficionados a la ópera y el público en general pueden contemplar el acogedor y brillante **Amphitheatre Bar & Restaurant** y la **Terrace**, con vistas al mercado de Covent Garden.

En cuanto a las actuaciones, el programa se compone de los clásicos habituales y de algunas obras contemporáneas con grandes cantantes. En el año 2000 se ha podido ver **Der Rosenkavalier**, de Strauss , **Der fliegende Holländer**, de Wagner y **Die Meistersinger von Nürnberg**, también de Wagner, además de las primeras representaciones de la última gran ópera de Martinü, **The Greek Passion**, dirigida por Charles Mackerras. Dentro del marco del London String of Pearls Millennium Festival se pudo ver **The Fleeting Opera**, una serie de óperas contemporáneas que se escenificaron en un gran barco sobre el Támesis y que se pudieron seguir desde el **Battersea Park** (*véase* pág. 132). *Véanse también* págs. 82 y 256.

Royal Opera House

Covent Garden WC2 (7304 4000). Metro: Covent Garden. **Taquilla** de 10.00 a 20.00 horas, de lunes a sábado. **Entradas** 6-150 £. **Tarjetas de crédito** AmEx, DC, MC, V. **Plano 6 L6**
www.royaloperahouse.org

de tren: Charing Cross. **Taquilla** por teléfono las 24 horas, todos los días. **Entradas** 3-58 £; las entradas del día se venden en persona, después de las 10.00 horas, de lunes a sábado, y por teléfono, a partir de las 14.30 horas, de lunes a sábado. **Tarjetas de crédito** AmEx, DC, MC, V. **Plano 8 L7**
El Coliseum, de nombre grandilocuente y enormes proporciones, es la sede de la **English National Opera** (ENO), la hermana de la más pomposa Royal Opera. A la ENO, que cede el lugar a las compañías de danza en Navidad y en verano, no le gusta considerarse una institución elitista, sino ligeramente populista. Hasta cierto punto, tiene derecho a pensar así. En el pasado, los precios de sus entradas eran considerablemente más bajos que los de la Royal Opera House y, sin embargo, sus producciones resultaban mucho más interesantes que las de Covent Garden (aunque ahora, con los cambios introducidos en la ROH, esto podría dejar de ser cierto) y, además, las canciones se cantaban en inglés. En los últimos años, la ENO ha dejado a un lado algunas producciones para centrarse en lo que la hizo tan popular en los años ochenta. Gracias al imponente «Peter Sellar's 2000» obtenido por *Nixon in China*, de John Adams, la reputación de la compañía sea tan alta como lo fue hace una década más.
www.eno.org

Royal Albert Hall

Kensington Gore, South Kensington, SW7 (taquilla 7589 8212/ información 7539 3203). Metro: South Kensington; autobuses: 9, 10, 52. **Taquilla** de 09.00 a 21.00 horas, todos los días. **Entradas** 3-100 £. **Tarjetas de crédito** AmEx, MC, V. **Plano 4 D9**
El Albert Hall, uno de los escenarios más queridos de Londres, acoge espectáculos de casi cualquier tipo (incluso algo de deporte de vez en cuando), pero figura en este capítulo porque organiza los Sir Henry Wood Promenade Concerts, una serie de conciertos también llamados **Proms**. De entrada, éstos tenían lugar en el Queens Hall, en Langham Place, pero cuando éste fue destruido por las bombas, en 1941, el Albert Hall tomó el relevo. Deben su nombre a sir Wood, que fue quien los dirigió por primera vez en 1895. Esta serie anual de conciertos, que suelen tener lugar por la noche, de julio a septiembre, tiene de todo: orquestas famosas, obras clásicas, una patriótica última noche o *Last Night* y muchos otros espectáculos que no debe perderse (sesiones de jazz, recitales nocturnos, músicas de todo el mundo). Las entradas sin derecho a asiento para la zona situada frente al escenario son bastante baratas.

St. James's Church Piccadilly

197 Piccadilly, St. James's, W1 (7734 4511). Metro: Piccadilly Circus. **Abierto** *información* de 08.00 a

18.30 horas, todos los días. **Entradas** de gratuita a 17 £; venta en la puerta de acceso una hora antes del inicio del espectáculo. **Plano 7 J7**

A pesar de estar situada cerca del barullo de Piccadilly Circus, en el interior de esta extraña pero encantadora iglesia diseñada por Wrenn reina la tranquilidad. El programa de actuaciones es increíblemente variado: además de los excelentes conciertos de la hora de comer los lunes, los miércoles y los viernes, a cargo de jóvenes músicos, se organizan también conferencias y charlas cada mes. No se pierda tampoco los conciertos nocturnos: no hay un día o plan preestablecido, ni el programa incluye nada demasiado audaz, pero la música suele ser maravillosa.

St. John's Smith Square

Smith Square, Westminster, SW1 (7222 1061). Metro: Westminster. **Taquilla** de 10.00 a 17.00 horas, de lunes a viernes; las noches de concierto abre desde las 18.00 horas hasta el inicio de la actuación y, los fines de semana, sólo la tarde del concierto. **Entradas** 5-30 £. **Tarjetas de crédito** MC, V. **Plano 8 K10**

Situada en el corazón político de Londres (las Casas del Parlamento están a un par de minutos andando y la sede central del partido conservador en la misma plaza), la iglesia de St. John ha sido sala de conciertos durante 40 de sus 270 años de antigüedad. En la actualidad cuenta con un programa de conciertos de distintos niveles. La acústica no es del todo buena cuando actúan grupos grandes, y el espacio no especialmente cómodo para el público (si va en invierno, abríguese bien), pero merece la pena y, además, cuenta con un tranquilo y romántico bar restaurante instalado en la criptas.

www.sjss.org.uk

St. Martin-in-the-Fields

Trafalgar Square, Covent Garden, WC2 (iglesia 7766 1100/información sobre conciertos y taquilla 7839 8362). Metro y estación de tren: Charing Cross. **Taquilla** de 10.00 a 18.00 horas, de lunes a sábado, hasta una hora antes de la actuación. **Entradas** *conciertos de mediodía*, se pide donativo; *conciertos nocturnos*, 6-16 £. **Tarjetas de crédito** MC, V. **Plano 8 L7**

St. Martin-in-the-Fields, una de esas curiosidades que hacen de Londres lo que es, no constituye un lugar idílico y bucólico como su nombre podría dar a entender (literalmente «St. Martin en el campo»). Por el contrario, se encuentra en Trafalgar Square, con vistas a uno de los lugares con más tráfico de la capital. De todos modos, una vez dentro, es fácil olvidar el bullicio exterior y disfrutar de la tranquilidad propia de una iglesia. En los recitales que se dan a la hora de comer (lunes, miercoles y viernes a las 13.05 horas), actúan estudiantes de música de estilos muy diversos. Cada semana se organizan a las 19.30 horas, los jueves, viernes, sábados y algunos martes), conciertos que incluyen en el repertorio música barroca. El encantador **Café-in-the-Crypt** es un excelente lugar para comer, aunque hay que acudir temprano porque se llena enseguida, sobre todo entre semana.

South Bank Centre

Belvedere Road, South Bank, SE1 (taquilla 7960 4242). Metro: Embankment o Waterloo; estación de tren: Waterloo. **Taquilla** de 09.00 a 21.00 horas, de lunes a sábado. **Entradas** 5-60 £. **Tarjetas de crédito** AmEx, DC, MC, V. **Plano 8 M8**

Aunque el programa musical de este importante escenario londinense no fuese excesivamente bueno, el marco haría que mereciese la pena acudir a uno de sus conciertos. Su situación, junto al Támesis, le otorga unas vistas impresionantes del río y de la orilla de enfrente, sobre todo de noche. El nombre genérico de South Bank Centre reúne tres salas de concierto distintas: el **Royal Festival Hall** es la mayor y está prácticamente especializada en música sinfónica y actuaciones de ámbito más popular, aunque su acústica no es la adecuada para la música con amplificadores; el **Queen Elizabeth Hall** ocupa el equivalente a un tercio del anterior y acoge conjuntos de cámara, óperas y, de vez en cuando, obras de teatro; por último, en el acogedor escenario de la **Purcell Room** tocan pequeños conjuntos de cámara y se dan recitales. Además, el recinto cuenta con una librería de buen tamaño, una sala de música, una tienda de discos con precios excesivos, varios cafés, bares y restaurantes, entre los que destaca el elegante **People's Palace** (*véase* pág. 168).

www.sbc.org.uk

Wigmore Hall

36 Wigmore Street, Marylebone, W1 (taquilla 7935 2141). Metro: Bond Street. **Taquilla** *venta en persona, de abril a octubre*, de 10.30 a 20.30 horas, de lunes a sábado; de 10.30 a 20.00 horas, los domingos; *de noviembre a marzo*, de 10.00 a 20.30 horas, de lunes a sábado; de 10.30 a 17.00 horas, los domingos. *Ventas por teléfono, de abril a octubre*, de 10.00 a 19.00 horas, de lunes a sábado; de 13.00 a 18.30 horas, los domingos; *de noviembre a marzo*, de 10.00 a 19.00 horas, de lunes a sábado; de 13.00 a 16.00 horas, los domingos. **Entradas** 5-35 £. **Tarjetas de crédito** AmEx, DC, MC, V. **Plano 5 G6**

Este edificio del 36 de Wigmore Street, construido en 1901 por el fabricante de pianos alemán Friedrich Bechstein y expropiado por considerarse propiedad del enemigo durante la primera guerra mundial, volvió a abrir sus puertas, convertido en Wigmore Hall, en 1917. Este íntimo auditorio tiene una decoración muy atractiva: la cúpula que se encuentra sobre el escenario y describe «el alma de la música» es una verdadera maravilla y el conjunto tiene un ambiente pasado de moda pero encantador. Sigue dedicándose al mismo tipo de conciertos y recitales, con espectáculos los lunes a mediodía a precios de risa (los graba y retransmite Radio 3, de la BBC). Los empleados son muy amables, los precios de las entradas, razonables y la acústica, impecable. Las series temáticas que organiza de vez en cuando lo hacen aún más interesante. En resumen: es de visita obligada.

Festivales y locales al aire libre

Londres tiene la suerte de contar con una enorme cantidad de festivales de música capaces de saciar a los amantes de la música más voraces. Desde los conciertos a la hora de comer de las iglesias de la City hasta los grandes espectáculos que tienen lugar en los parques, podría decirse que no hay día en el que no haya acontecimientos musicales de algún tipo. Nos hemos limitado a mencionar los festivales anuales, aunque el **Barbican** (*véase* pág. 280), el **Royal Albert Hall** (*véase* pág. 281) y, a veces, el **Wigmore** (*véase* pág. 282) también organizan espectáculos temáticos y temporadas especiales a lo largo del año.

BOC Covent Garden Festival

Locales de Covent Garden y los alrededores, WC2 (información 7379 0870). **Entradas** de gratuitas a 50 £. **Tarjetas de crédito** AmEx, MC, V. **Plano 6 L6**

Se trata de un festival muy interesante con inspirados artistas y actuaciones. La mayoría de los espectáculos tienen lugar en la **St Paul's Church** (que no hay que confundir con la catedral), en la *piazza* y en los vecinos **Freemasons' Hall** y **Peacock Theatre**. En el año 2000, el festival acogió actuaciones especiales dentro del marco del London String of Pearls Millennium Festival, en el que se incluyeron la **Creación** de Haydn que se representó en el patio de la Somerset House, el **Trial by Jury** de Gilbert y Sullivan, que pudo verse en el Magistrate's Court de Bow Street y en las Royal Courts of Justice, y el **HMS Pinafore**, que se estrenó en un barco sobre el río Támesis. Llame para pedir información sobre fechas y precios de las entradas.

www.cgf.co.uk

City of London Festival

Locales de la City de Londres y alrededores (taquilla 7638 8891/información 7377 0540). **Entradas** de gratuitas a 40 £. **Tarjetas de crédito** AmEx, MC, TCL, V.

Tres semanas de actuaciones dispares durante los meses de junio y julio en los alrededores de la zona financiera de Londres y en locales como el Barbican o St. Paul's, así como en iglesias de la City, salas de concierto llenas de vida y espacios al aire libre.

www.colf.org

Hampton Court Palace Festival

Hampton Court, East Molesey, Surrey (taquilla 7344 4444) Estación de tren: Hampton Court; en barco desde el muelle de Westminster o Richmond hasta el de Hampton Court (de abril a octubre). **Fechas** 7 al 17 de junio de 2001. **Entradas** 15-85 £ (aproximadamente). **Tarjetas de crédito** AmEx, MC, V.

El Festival de Hampton Court es un acontecimiento más turístico que cultural, pero está bien para pasar una tarde escuchando un repertorio clásico.

Holland Park Theatre

Holland Park, Kensington High Street, Kensington, W8 (taquilla 7602 7856). Metro: High Street Kensington o Holland Park. **Fechas** junio-agosto 2001. **Entradas** 10-25 £. **Tarjetas de crédito** AmEx, MC, TCL, V. **Fechas** julio y agosto. **Plano 1 A8**

El parque más elegante de Londres (el padrón de habitantes de las calles que lo rodean parece una lista de *Quién es quién* en Inglaterra) acoge cada año actuaciones musicales, ópera y danza al aire libre. Si el tiempo es bueno, es una verdadera delicia *(véase también* pág. 139).

Kenwood Lakeside Concerts

Kenwood House, Hampstead Lane, Highgate, NW3 (información 8233 7435/ taquilla 7413 1443). Metro: Archway, Golders Green o Highgate; autobús: 210; metro: East Finchley y autobús gratuito las noches de concierto. **Fechas** julio y agosto de 2001. **Entradas** 16,50-30 £ (aproximadamente); *venta de entradas* para el mismo día a partir de las 14.00 horas. **Tarjetas de crédito** AmEx, MC, V.

Estas actuaciones al aire libre (conciertos no es la palabra más exacta) realizadas una vez al año cuentan siempre con un repertorio clásico y barroco. Llévese algo de comer y procure ir la noche en que se lanzan fuegos artificiales.

Marble Hill Concerts

Marble Hill Park, Richmond Road, Twickenham, Middlesex (información 8233 7435/ taquilla 7413 1443). Estación de tren: St. Margaret o Richmond; metro: Richmond y, después, autobuses 33, 90, 290, H22 o R70. **Fechas** julio y agosto de 2001. **Entradas** 12,50-15 £. **Tarjetas de crédito** AmEx, MC, V.

Casi idénticos a los conciertos **Kenwood** (*véase* superior), el festival al aire libre de Marble Hill tiene lugar los sábados durante el verano y ofrece un repertorio convencional en un entorno agradable.

Spitalfields Festival

Christ Church, Commercial Street, Spitalfields, E1 (taquilla 7377 1362). Metro: Aldgate, Aldgate East o Liverpool Street; estación de tren: Liverpool Street. **Fechas** 4 a 22 de junio de 2001; de 13 al 21 de diciembre de 2001. **Entradas** de gratuitas a 25 £. **Tarjetas de crédito** AmEx, MC, V. **Plano 10 S5**

Festival organizado dos veces al año; cuenta con una increíble variedad de actuaciones que tienen lugar en el área del E1 (sobre todo en la **Christ Church Spitalfields** de Hawksmoor; *véase* pág. 111). Es uno de los mejores festivales de Londres.

Conciertos del mediodía en la City

Los conciertos que se organizan al mediodía en numerosas iglesias antiguas de la City y sus alrededores son una forma maravillosa de pasar la hora de comer. Muchas de las iglesias de esta zona tienen algún tipo de relación con la historia de la música (la **Church of the Holy Sepulchre Without Newgate**, en Giltspur Street, cuenta, incluso, con una capilla dedicada a los músicos) y se mantienen organizando conciertos a la hora de comer, principalmente a cargo de estudiantes. La acústica suele ser estupenda, el marco, incomparable, y los músicos excelentes. Es más, los conciertos suelen ser gratuitos o tener una política de donativos, aunque si realmente le gusta lo que oye, siempre puede ir al *pub* más cercano e invitar a una copa a los músicos. En el **City Information Centre** (7332 1456), frente de la catedral de St. Paul, le facilitarán más información.

Además de los locales que aparecen reseñados a continuación, algunas iglesias situadas fuera del centro también organizan conciertos al mediodía como, por ejemplo, la **Temple Church**, junto a Fleet Street, EC4 (7353 8559), la **Grosvenor Chapel**, en South Audley Street, W1 (7499 1684) y **St. James's**, en Clerkenwell Close, EC1 (7251 1190); para mayor información, llame por teléfono.

St. Anne & St. Agnes

Gresham Street, The City, EC2 (7606 4986). Metro: St. Paul. **Actuaciones** a las 13.10 horas, los lunes y los viernes. **Plano 11 P6**

Esta iglesia de ladrillo rojo, dañada durante la segunda guerra mundial y reconstruida en los años sesenta, cuenta con una programación algo desconcertante.

St. Bride's

Fleet Street, The City, EC4 (7427 0133). Metro y estación de tren: Blackfriars. **Actuaciones** a las 13.15 horas, martes, miércoles y viernes (excepto en agosto, adviento y cuaresma). **Plano 11 P6**

Gracias por la música

Si pasea por el centro de Londres, piense en los compositores que recorrieron las númerosas calles hace siglos. Habitualmente, los extranjeros no eran muy bien acogidos por los poco tolerantes habitantes de Londres; sin embargo, curiosamente, si el extranjero en cuestión parecía tener talento musical, se le recibía con los brazos abiertos. Y es que a los londinenses les encanta la música.

Wolfgang Amadeus Mozart llegó a Londres cuando tenía seis años, momento en el que su padre, Leopoldo, decidió que tenía que anunciar al mundo «que Dios había tenido a bien conceder el nacimiento de un ser prodigioso en Salzburgo». Según sus propias palabras, era su «obligación convencer al mundo del milagro». Por supuesto, pronto comprendió que un «gran *tour*» de conciertos, algo que empezaba a estar de moda, era una forma rápida de ganar dinero. La familia Mozart llegó a Londres en abril de 1764 y se alojó en Cecil Court, una pequeña calle situada junto a St. Martin's Lane. Después de varios recitales ante un nutrido grupo de dignatarios, la familia se mudó al número 180 de Ebury, en Belgravia, donde permaneció siete semanas y donde Mozart compuso su primera sinfonía siendo todavía un niño. En septiembre de 1765 se mudaron de nuevo al 20 de Thrift Street (la actual Frith Street), en el Soho, donde se alojaron durante varios meses.

Mientras estuvo en la ciudad, Mozart fue el protegido de **Johann Christian Bach**, que compartió una serie de casas en el Soho (en las calles Meard y Carlisle y en Golden Square) con el violoncelista **Karl Friedrich Abel**, antes de casarse y mudarse al número 80 de Newman Street, junto a Oxford Street. Johann Christian era hijo de Johann Sebastian y, aunque fue un compositor mucho menos relevante que su padre, era una figura muy respetada en el mundo musical de su época. Él fue quien inició los conciertos por suscripción en Londres y quien construyó las Hanover Square Rooms en Mayfair, la sala de conciertos más importante de su época (que se demolió en 1900).

De hecho, en las Hanover Square Rooms dio su primer concierto **Franz Josef Haydn** en 1791 por invitación de **Johann Salomon**, que treinta años antes había convencido a Mozart para que viniese a Londres. Haydn se quedó en Londres dieciocho meses en casa de Salomon, en el número 18 de Great Pulteney Street, en el Soho, y lo pasó tan bien que volvió en 1794 y en 1795, cuando completó las maravillosas 12 sinfonías londinenses que había iniciado en su primera visita.

Más al noroeste, saliendo del Soho, ya en Marylebone, se encuentra la que fue residencia del querido director británico **Thomas Beecham**, que vivió en el 21 de Harley House, York Gate, al sur del Regent's Park.

Felix Mendelssohn visitó Londres en varias ocasiones y se alojó en el actual número 79 de Great Portland Street (su *Canción de primavera* se titulaba originalmente *Camberwell Green* y la escribió después de una breve estancia en la cercana Denmark Hill, SE5).

Finalmente, cabe mencionar a **George Frederick Händel**, que visitó Londres por primera vez en 1710 y se instaló definitivamente en la ciudad en 1712. Primero se alojó en la Burlington House (la actual Royal Academy of Arts), en Piccadilly y, en 1720, se mudó al número 25 de Brook Street, en Mayfair, donde permaneció hasta su muerte, 39 años después. En esta casa, en la que compuso la mayoría de sus obras, incluida la famosa *Music for the Royal Fireworks*, está previsto instalar el que será el Händel House Museum. Esta obra se suele tocar con regularidad en los conciertos de verano que tienen lugar en parques londinenses como Kenwood o Marble Hill e, invariablemente, la música se acompaña de fuegos artificiales, algo que seguramente Händel aplaudiría.

Los conciertos de St. Bride's suelen estar a cargo de músicos profesionales o de estudiantes en los últimos años de carrera. Los miércoles tocan siempre organistas. Se dice que el diseño de las tartas nupciales tradicionales inglesas se basa en la forma del pináculo de esta iglesia.

St. Lawrence Jewry
Guildhall, The City, EC2 (7600 9478). Metro: Mansion House, Bank o St. Paul. **Actuaciones** a las 13.00 horas, los lunes y los martes. **Plano 11 P6**
Esta iglesia diseñada por Wren y hoy sede de la Corporation of London lleva años organizando conciertos de piano los mediodías de los lunes y recitales de órgano los mediodías de los jueves, además de un festival de conciertos a esa misma hora durante todo el mes de agosto.

St. Margaret Lothbury
Lothbury, The City, EC2 (7606 8330). Metro: Bank. **Actuaciones** a las 13.10 horas, los jueves (excepto en agosto y entre Navidad y Año Nuevo). **Plano 12 Q6**
En este armonioso interior de madera oscura y paredes claras destaca el maravilloso órgano diseñado de 1801 por George England. En la iglesia se organizan también conciertos de tarde de vez en cuando. Llame por teléfono para mayor información.

St. Martin within Ludgate
Ludgate Hill, the City, EC4 (7248 6054). Metro: St. Paul o Blackfriars; estación de tren: Blackfriars. **Actuaciones** a las 13.15 horas, los miércoles. **Plano 11 O6**
Los recitales a mediodía que se organizan en esta iglesia diseñada en 1684 por Wren son un tanto irregulares; para mayor información, llame por teléfono.

St. Mary-le-Bow
Cheapside, The City, EC2 (7248 5139). Metro: Bank o St. Paul. **Actuaciones** a las 13.05 horas, los jueves. **Plano 11 P6**
Para descansar del bullicio de Cheapside, nada mejor que un recital en esta hermosa iglesia diseñada por Wren.

St. Michael Cornhill
Cornhill, The City, EC3 (7626 8841). Metro: Bank o Monument. **Actuaciones** a las 13.00 horas, los lunes. **Plano 12 Q6**
Al parecer, Handel tocó una vez el órgano de Renatus Harris de la iglesia de St. Michael. Hoy en día es difícil dar con un virtuoso como él, pero aún así merece la pena acudir a los recitales de órgano de esta iglesia.

St. Olave Hart Street
Hart Street, The City, EC3 (7488 4318). Metro: Tower Hill; estación de tren: Fenchurch Street. **Actuaciones** a las 13.05 horas, los miércoles y los jueves. **Plano 12 R7**
St. Olave es una iglesia encantadora a la que iban Samuel Pepys y su mujer y donde ambos están enterrados. Debe su nombre al rey Olaf de Noruega, que luchó con Ethelred el Desprevenido contra los daneses en la batalla del puente de Londres, en 1014, tras la cual fue canonizado.

St. Margaret Lothbury

St. Stephen Walbrook
39 Walbrook, The City, EC4 (7283 4444). Metro: Bank o Cannon Street; estación de tren: Cannon Street. **Actuaciones** a las 12.30 horas, los viernes (salvo el Viernes Santo y el viernes antes de Navidad). **Plano 11 P7**
Esta magnífica iglesia de Wren es el marco perfecto para escuchar un recital del fabuloso órgano de William Hill.

Otros locales de conciertos

Almeida Theatre
Almeida Street, junto a Upper Street, N1 (7359 4404). Metro: Angel o Highbury & Islington; estación de tren: Highbury & Islington. **Abierto** *ventas en taquilla*, de 09.30 a 18.30 horas, de lunes a sábado; *reservas por teléfono*, las 24 horas, todos los días. **Entradas** 6,50-19,50 £. **Tarjetas de crédito** AmEx, DC, MC, V. **Plano 9 O1**
Este diminuto teatro incorpora óperas de pequeña envergadura y, de vez en cuando, conciertos, a su programa habitual de obras de teatro (*véase* pág. 306).

Blackheath Halls
23 Lee Road, Blackheath, SE3 (taquilla 8463 0100). Estación de tren: Blackheath; autobuses: 54, 89, 108, 202 y N53. **Taquilla** de 10.00 a 19.00 horas, de lunes

a sábado. **Entradas** 2,50-15 £. **Tarjetas de crédito** AmEx, MC, V.
Dado su entorno frondoso, un paseo hasta Blackheath resulta siempre una grata experiencia. La música puede ir desde el pop hasta el *rap*, pasando por un repertorio clásico convencional o música étnica.
www.blackheathhalls.com

Lauderdale House

Waterlow Park, Highgate Hill, N6 (8348 8716/ 8341 2032). Metro: Archway; autobuses: 143, 210 y 271. **Abierto** de 11.00 a 16.00 horas, de martes a domingo. **Entradas** 4-7 £.
La Lauderdale House, a medio camino entre una mansión y una casa de campo (situada en un entorno idílico como es **Waterlow Park**, *véase* pág. 107), organiza de vez en cuando conciertos de tarde en los que actúan músicos afincados en Londres.

Royal College of Music

Prince Consort Road, Knightsbridge, SW7 (7589 3643). Metro: South Kensington.
Plano 4 D9
La academia de música más importante de Londres organiza conciertos de cámara entre semana durante el curso escolar (en torno a las 13.00 horas) y, de vez en cuando, también incluye conciertos a mayor escala por la tarde. La mayoría son gratuitos y están abiertos al público y, como ocurre con el resto de escuelas de música de Londres, permite ver a los que serán futuras estrellas del mañana.
www.rcm.ac.uk

Recursos y fondos

British Music Information Centre

10 Stratford Place, Marylebone, W1 (7499 8567). Metro: Bond Street. **Abierto** de 12.00 a 17.00 horas, de lunes a viernes. **Recitales** a las 19.30 horas, los martes y los jueves (salvo en agosto). **Entradas** 3-5 £. **Plano 5 H6**
Si necesita información sobre algún compositor británico, éste es el lugar indicado. En la biblioteca hay libros, archivos, grabaciones (tanto de sonido como de vídeo) y, de vez en cuando, se dan conferencias. Además, el centro ofrece recitales de música contemporánea británica dos veces por semana.

National Sound Archive

British Library, 96 Euston Road, Somers Town, NW1 (7412 7440). Metro y estación de tren: Euston.
Abierto de 10.00 a 20.00 horas, los lunes; de 09.30 a 20.00 horas, de martes a jueves de 09.30 a 17.00 horas, los viernes y los sábados. **Plano 6 K3**
Si ha editado un disco o participado en un programa de radio, a buen seguro estará en este archivo. Las audiciones son gratuitas, pero es preferible explicar antes qué busca.
www.bl.uk/collections/sound-archive

Rock, jazz y música étnica

Busque lo que busque, le guste lo que le guste, seguro que lo encontrará

Afirmar que la vida nocturna de Londres está regida en gran medida por la música en directo no es exagerado. Tanto si toca una leyenda de la canción frente a 70.000 personas en un parque como si se trata de la actuación de un grupo en un local para varias mesas de comensales que han pagado por una cena con espectáculo, la música domina la noche de la capital, y con razón.

Por supuesto, entre uno y otro extremo hay varias opciones que, precisamente, se detallan en este capítulo. Tal y como demuestran las listas de locales que aparecen cada semana en la revista *Time Out*, la ciudad está llena de grupos con un gran potencial que esperan ansiosos poder remplazar a quienes actúan esa misma noche ante un público importante, en la Brixton Academy o en el Forum. Las opciones intermedias que encontrará a continuación le permitirán hacerse una idea de la importancia de la música en vivo en Londres. Y si acude a los locales, puede pasarlo en grande.

Entradas

Los precios de las entradas para las actuaciones musicales pueden llegar a las 50 £ cuando actúan grandes estrellas. Sin embargo, el precio medio habitual para un grupo conocido en alguno de los locales importantes o de las discotecas va de las 10 a las 15 £, aunque algunos grupos de música *indie*, jazz y música popular se pueden ver por menos en los pubs y bares recomendados en este capítulo. En este último caso, las entradas se suelen vender directamente en la puerta, pero en la mayoría de las actuaciones es aconsejable adquirirlas con antelación (si es posible), ya que en muchos casos las entradas se agotan enseguida. Procure comprar directamente la entrada en el local y se ahorrará pagar a intermediarios.

Si todas las entradas están vendidas, acuda a uno de los agentes de reventa de entradas de Londres. El mayor es **Ticketmaster** (7344 4444; *www.ticketmaster.co.uk*), pero también son recomendables **Ticketweb** (7771 2000; *www.ticketweb.co.uk*), **Stargreen** (7734 8932; *www.stargreen.com*), **ULU Ticketline** (7664 2030; *ticketline@ulu.lon.ac.uk*) y **First Call** (7420 1000; *www.firstscall-tickets.com*). Todas estas empresas aceptan las principales tarjetas de crédito. Si lo puede evitar, no compre entradas a los charlatanes que pululan alrededor de la puerta de los locales: le cobrarán una fortuna y es posible que le vendan una entrada falsa.

Locales importantes

Además de los locales que se mencionan a continuación, el **South Bank Centre** (*véase* pág. 198), el **Royal Albert Hall** (*véase* pág. 281) y, cada vez más, el **Barbican Centre** (*véase* pág. 262) acogen actuaciones de rock y pop, así como sesiones de jazz.

Astoria (LA1)

157 Charing Cross Road, Soho, WC2 (taquilla 7434 0403). Metro: Tottenham Court Road. **Taquilla** en persona, de 11.00 a 19.00 horas, de lunes a sábado; *por teléfono*, 24 horas, todos los días. **Entradas** 8-15 £. **Tarjetas de crédito** AmEx, MC, V. **Plano 6 K6**
Este local, especializado en música rock, ha recibido en los últimos tiempos a artistas como Melanie C. y Steps (éstos últimos en la popular noche G. A. Y.) pasando por Ben Folds Five y The Mission. La falta de cerveza de barril y un horrendo, aunque espectacular, mural en el hueco de las escalera son sus principales inconvenientes, mientras que las vistas constituyen su mayor ventaja.
www.meanfiddler.com

Brixton Academy

211 Stockwell Road, Brixton, SW9 (771 2000). Metro: Brixton; estación de tren: Brixton. **Taquilla** en persona, de 13.00 a 15.00 horas de lunes a viernes, de 12.00 a 15.00 horas, los sábados; *por teléfono*, de 09.00 a 19.00 horas, de lunes a viernes, de 12.00 a 18.00 horas los sábados. **Entradas** 10-20 £. **Tarjetas de crédito** MC, V.
Éste es uno de los mejores lugares de Londres para ver actuaciones de grupos musicales, en gran medida porque su suelo inclinado permite «verles» en el sentido más literal, sin tener que ponerse de puntillas. A pesar de su tamaño (tiene capacidad para 4.000 personas), resulta sorprendentemente íntimo. El inconveniente es que cuando se llena menos de dos tercios de su espacio, el sonido se vuelve cavernoso y hay eco. Dispone de barras en cada esquina de la sala.
www.brixton-academy.co.uk

Earl's Court Exhibition Centre

Warwick Road, Earl's Court, SW5 (7385 1200). Metro: Earl's Court. **Taquilla** de 09.00 a 18.00 horas, de lunes a viernes, de 9.00 a 14.00 horas, los sábados. **Entradas** 5-50 £. **Tarjetas de crédito** MC, V. **Plano 3 A11**

Brixton Academy *(véase pág. 287)*

Como su nombre indica, se trata de una sala de exposiciones y, por lo tanto, en un principio no fue pensada para albergar actuaciones en directo. Para acabar pronto: la horrorosa acústica, las carísimas entradas y el ambiente, más apagado que el de la luna, lo convierten en la clase de local que más vale evitar.

Forum

9-17 Highgate Road, Kentish Town, NW5 (información 7284 1001/ taquilla 7344 0044). Metro: Kentish Town; estación de tren: Kentish Town; autobús: N2. **Taquilla** en persona de 10.00 a 18.00 horas, de lunes a sábado; *por teléfono*, las 24 horas, todos los días. **Entradas** 5-15 £. **Tarjetas de crédito** AmEx, MC, V.
Forum, el emblemático local de la cadena Mean Fiddler de Vince Power, es el local de dimensiones medias más importante de la capital. Por supuesto, un buen sonido y unas buenas vistas ayudan, pero lo mejor es el ambiente: Forum parece capaz de sacar lo mejor de sus clientes, muchos de los cuales ya llegan entonados tras tomar unas copas en el vecino **Bull & Gate** (*véase* pág. 291).

Hackney Empire

291 Mare Street, E8 (8995 2424); estación de tren: Hackney Central; autobuses: 30, 38, 242 y 277. **Taquilla** de 10.00 a 18.00 horas, de lunes a sábado. **Entrada** 4-25 £. **Tarjetas de crédito** MC, V.
El fantástico e histórico Hackney Empire, un local amado por cientos de cómicos, actores y artistas de *music-hall*, está en una perenne cruzada en busca de fondos: cada mes busca beneficios que le permitan evitar el cierre, algo que esperan conseguir. Aunque acoge más actuaciones de humoristas y obras de teatro, sus conciertos suelen ser una maravilla.
www.hackneyempire.co.uk

London Arena

Limeharbour, Isle of Dogs, E14 (7538 1212). DLR: Crossharbour y London Arena. **Taquilla** en persona, de 09.00 a 19.00 horas, de lunes a viernes; de 10.00 a 15.00 horas, los sábados; *por teléfono*, de 09.00 a 20.00 horas, de lunes a viernes; de 10.00 a 15.00 horas, los sábados. **Entradas** 5-50 £. **Tarjetas de crédito** MC, V.
Al igual que el Earl's Court (*véase* pág. 287) y la Wembley Arena (*véase* inferior), la London Arena es un gigantesco hangar de aviación (con capacidad para más de 10.000 personas) que carece de condiciones para ejercer como sala de conciertos: la acústica es pésima, las entradas son más caras de lo habitual y está en mitad de la nada. En 1999, actuaron grupos tan «punteros» como Culture Club, Eurythmics y ABC, algo de lo más apropiado.
www.londonarena.co.uk

Shepherd's Bush Empire

Shepherd's Bush Green, Shepherd's Bush, W12 (7771 2000). Metro: Shepherd's Bush. **Taquilla** en persona de 12.00 a 18.00 horas, de lunes a sábado; *por teléfono*, de 09.00 a 19.00 horas, de lunes a viernes; de 12.00 a 18.00 horas, los sábados. **Entradas** 5-20 £. **Tarjetas de crédito** MC, V.
Aunque tiene algo de oportunidad fallida, sigue siendo un local por encima de la media. La calidad de sonido es posiblemente la mejor de Londres y el edificio (que antes era el teatro de la BBC TV) es una maravilla en sí mismo. De todos modos, los únicos que podrán ver alguna cosa desde la zona del público, serán los jugadores de baloncesto y los que utilicen zancos. Por la normativa de prevención de incendios, está prohibido fumar en las terrazas (después de todo, éste es un local de rock). Podrá ver (o no ver, si se encuentra en la planta baja) a artistas como Iggy Pop o Nitin Sawnhey.
www.shepherds-bush-empire.co.uk

Wembley Arena

Empire Way, Wembley , Middlesex (8902 0902). Metro: Wembley Park o Wembley Central; estación de tren: Wembley Central. **Taquilla** por teléfono las 24 horas, todos los días. **Entradas** 5-100 £. **Tarjetas de crédito** AmEx, DC, MC, V.
El estadio tiene capacidad para 70.000 espectadores y en él han actuado artistas de la talla de los Rolling Stones. El

cierre del estadio ha provocado, la reducción de su capacidad a 12.500 plazas de la Arena, así como las 7.500 del Conference Centre. Por razones de acústica, transporte, precio y ambiente, es mejor que pase de ambos.

Discotecas

100 Club

100 Oxford Street, Fitzgrovia, W1 (7636 0933). Metro: Tottenham Court Road. **Abierto** de 7.30 a 24.00 horas, de lunes a jueves; de 12.00 a 15.00 horas y de 20.30 a 01.00 horas, los viernes; de 07.30 a 13.00 horas, los sábados; de 07.30 a 23.30 horas, los domingos. **Entradas** 5-12 £. **Plano 6 K6**

Después de hacerse famoso con actuaciones de los grupos *punks* más famosos, en 1976, así como con conciertos de símbolos de los sesenta como los Rolling Stones o los Kinks, este peculiar local dedica ahora sus noches al jazz tradicional y a la culta música *indie*. Procure no quedar atrapado tras un pilar.

www.thélooclub.co.uk

Borderline

Orange Yard, Manette Street, junto a Charing Cross Road, Soho, W1 (7734 2095). Metro: Tottenham Court Road. **Taquilla** de 13.00 a 19.30, de lunes a viernes. **Abierto** *actuaciones*, de 20.00 a 23.00 horas, de lunes a viernes y también algunos sábados; *discoteca* de 23.30 a 3.00 horas, de lunes a jueves; de 23.30 a 04.00 horas, los sábados y domingos. **Entradas** *actuaciones*, 5-10 £; *discoteca*, 3-8 £. **Tarjetas de crédito** MC, V. **Plano 6 K6**

Este local, uno de los más desaprovechados de Londres. Hay actuaciones en directo casi todas las noches, pero la mayoría está a cargo de grupos que nadie conoce. Es una pena porque tiene un sótano encantador, está en una zona muy céntrica y en él han actuado desde Counting Crows hasta el ahora famoso grupo REM cuando todavía no lo era.

Dingwalls

Middle Yard, Camden Lock, Chalk Farm Road, Camdem Town, NW1 (información 7267 1577/ taquilla 7428 5929). Metro: Camden Town o Chalk Farm. **Taquillas** de 11.00 a 23.00 horas, de lunes a sábado. **Abierto** *actuaciones*, de 19.30 a 24.00 horas (las noches varían). **Entradas** 5-12 £.

A pesar de ser famoso por sus actuaciones humorísticas (los Jongleurs actúan allí todos los viernes y los sábados, *véase* pág. 254), en el Dingwalls también hay música en directo, aunque sin día fijo. Los distintos niveles del local invitan más a sentarse y charlar, pero si el grupo musical es bueno, consigue que el local parezca una sala de conciertos.

Embassy Rooms

16 Tottenham Court Road, W1 (7387 2414). Metro: Warren Street. **Taquilla** de 11.00 a 18.00 horas, de lunes a viernes. **Abierto** *actuaciones*, de 20.00 a 24.00 horas

El **100 Club** *después de unas copas de más (véase izquierda)*

(las noches varían). **Entradas** 5-20 £. **Tarjetas de crédito** AmEx, MC, V. **Plano 5 J4**

Este encantador local parece haber encontrado por fin su orientación, tras probar suerte como restaurante *cockney* y como club para actuaciones humorísticas (por aquel entonces se llamaba «Improv Theatre» y todavía actúan algunos cómicos que realizan monólogos). El sótano, es mediano y más ancho que largo, y el sonido es estupendo. Los grupos que actúan en el local van desde ABC hasta músicos de rock *country* como Grand Drive.

The Garage

20-22 Highbury Corner, Highbury, N5 (información 020 8963 0940/ taquilla 7344 0044). Metro: Highbury & Islington; estación de tren: Highbury & Islington. **Taquilla** en persona, de 16.00 a 19.00 horas, de lunes a sábado; *por teléfono*, las 24 horas, todos los días. **Abierto** de 20.00 a 24.00 horas, de lunes a jueves; de 20.00 a 03.00 horas, los viernes y los sábados. **Entradas** de 4 a 10 £. **Tarjetas de crédito** AmEx, MC, V.

Otro local de Mean Fiddler, aunque no de los mejores. El planteamiento es bueno, pues apuesta por grandes nombres del rock *indie* tanto británicos como de Estados Unidos. Sin embargo, la calidad del sonido es muy deficiente, el aire acondicionado es peor y los porteros son francamente groseros. Las actuaciones de menor alcance tienen lugar en Upstains At The Garage, una sala pequeña situada en la planta superior.

www.meanfiddler.com

LA2
Para más información, *véase* pág. 287, **Astoria (LA1)**
El LA2 se utiliza muy poco para actuaciones en directo, lo que no deja de ser una lástima. Las vistas no son siempre buenas, pero el sonido sí, y el local, con varias estancias y varios niveles, resulta ideal como discoteca.

Mean Fiddler
157 Charing Cross Road, Soho, WC2 (información 8963 0940/ taquilla 7344 0044). Metro: Tottenham Court Road. **Abierto** *en persona*, de 11.00 a 19.00 horas, de lunes a sábado; *por teléfono*, 24 horas, todos los días. **Entradas** 8-15 £. **Tarjetas de crédito** AmEx, MC, V.
Este pequeño local, sede del imperio de Vince Power, lleva años atrayendo al público de la zona con su mezcla de música folk, *blues* y rock. La Acoustic Room, situada en la planta superior, no mide más que una alacena y en ella actúan, como era de esperar, cantautores con el corazón partido. Si no vive en la parte norte de Londres, llegar es toda una excursión.
www.meanfiddler.com

Roadhouse
Jubilee Hall, 35 The Piazza, Covent Garden, WC2 (7240 6001). Metro: Covent Garden. **Abierto** de 17.30 a 03.00 horas, de lunes a sábado; de 17.30 a 22.30 horas, los domingos; *actuaciones*, de 19.00 a 20.00 horas, todos los días; de 22.30 a 24.00 horas, según los días. **Entradas** de gratuita a 15 £. **Tarjetas de crédito** AmEx, DC, MC, V. **Plano 8 L6**
En este local algo rancio de Covent Garden actúan grupos de segunda fila y estrellas venidas a menos. De modo que, si alguna vez se pregunta qué ha sido de grupos como Limahl o The Real Thing, es posible que si visita la Roadhouse lo averigüe. Si debería interesarle o no ya es otra cuestión.
www.roadhouse.co.uk

Rock Garden
The Piazza, Covent Garden, WC2 (7240 3961). Metro: Covent Garden. **Abierto** de 17.00 a 03.00 horas, de lunes a jueves; de 17.00 a 04.00 horas, los viernes y los sábados; de 19.00 a 24.00 horas, los domingos. **Entradas** 4-12 £. **Tarjetas de crédito** AmEx, DC, MC, V. **Plano 8 L6**
Si el aspecto de este local de Covent Garden no le ha hecho huir despavorido, probablemente lo haga su música. Los grupos que actúan en él carecen de gracia y los clientes merecen que los ignoren. Cuesta creer que fuese uno de los locales favoritos de los londinenses en los años setenta.
www.rockgarden.co.uk

The Social Bar
5 Little Portland Street, W1 (7636 4992). Metro: Oxford Circus Street. **Abierto** de 12.00 a 24.00 horas, de lunes a sábado; de 17.00 a 22.30 horas, los domingos; actuaciones, a las 19.30 horas, los miércoles. **Entradas** 3 £. **Plano 5 J5**
Este local es uno de los de más recientes creación y se agradece su presencia en el circuito musical de la ciudad. No se deje impresionar. Espere que el tipo Ben & Jason le entusiasme después de una o tres cervezas. (*Véase también* pág. 249).

Sound Republic
Swiss Centre, Leicester Square (acceso por el número 10 de Wardour Street), W1 (7287 1010). Metro: Leicester Square. **Abierto** de 12.00 a 01.00 horas, de lunes a jueves y los domingos; de 12.00 a 03.00 horas, los viernes; de 12.00 a 04.00 horas, los sábados; *actuaciones*, a las 20.00 horas (las noches varían). **Entradas** 8-15 £. **Tarjetas de crédito** AmEx, DC, MC, V. **Plano 8 K7**
The Sound Republic todavía no ha encontrado su lugar, por lo menos desde el punto de las actuaciones en directo: la música en vivo sigue estando poco presente en el lo-

Una noche ajetreada en el **Dingwalls** *de Camden (véase pág. 289)*

cal. De todos modos, teniendo en cuenta los millones de libras que se han invertido en este lugar, es de esperar que los dueños cambien pronto las cosas.

Spitz
Old Spitalfields Market, 109 Commercial Street, Spitatfields, E1 (7392 9032). Metro: Aldgate East; metro y estación de tren: Liverpool Street. **Abierto** de 11.00 a 23.00 horas, de lunes a sábado; de 11.00 a 22.30 horas, los domingos; *actuaciones*, a las 19.00 o 20.00 horas, de martes a domingo. **Entradas** 10 £. **Tarjetas de crédito** MC, V. **Plano 10 R5**
Este local es de los más completos que se pueden encontrar en Londres. Debe su nombre a su vecindad con el mercado de Spitalfields e incluye bar, restaurante, café, galería de arte, discoteca y sala de actuaciones en directo. Puede esperarse cualquier cosa, aunque lo que impera es el jazz vanguardista.
www.spitz.co.uk

Subterania
12 Acklam Road, W10 (información 8963 0940/ taquilla 7344 0044). Metro: Ladbroke Grove. **Abierto** de 20.00 a 02.00 horas (las noches varían). **Entradas** 5-15 £. **Tarjetas de crédito** AmEx, MC, V.
Otro de los locales de Mean Fiddler, Subterania, se centra sobre todo en el ambiente discoteca, lo que explica que las actuaciones en directo sean escasas y estén distanciadas en el tiempo. La decoración de los años ochenta empieza a verse ajada, pero el ambiente suele ser bueno y el sonido, bastante pasable.

ULU (University of London Union)
Manning Hall, Malet Street, Bloomsbury, WC1 (7664 2030). Metro: Goodge Street. **Abierto** de 20.00 a 23.00 (las noches varían). **Entradas** 5-10 £. **Tarjetas de crédito** MC, V. **Plano 6 K4**
Es posible que la remodelación de la ULU haya mejorado el lugar, pero lo cierto es que la sala de conciertos parece poco más que el gimnasio de una escuela moderna. De todos modos, los grupos de música *indie* que (ineludiblemente) actúan en el local conectan perfectamente con un público borracho de cerveza barata (a fin de cuentas, es un bar universitario).
www.ulu.lon.ar.uk

Underworld
174 Camden High Street, Camden Town, NW1 (7482 1932). Metro: Camden Town. **Abierto** de 19.00 a 03.00 horas (las noches varían). **Entradas** 3-12 £.
Este local supone un cambio con respecto a los clásicos pubs de Camden: sus laberínticos pasillos conducen a un sótano de extraña forma, invadido por incómodos pilares que corresponden al *pub* que se encuentra en la planta superior (el World's End). Impera la música *indie*.

West One Four
3 North End Crescent, North End Road, W14 (7381 0444). Metro: West Kensington. **Abierto** de 08.30 a 24.00 horas, de lunes a jueves; de 20.30 a 01.30 horas, los viernes y los sábados; de 19.30 a 23.00 horas, los domingos. **Entradas** 4-8 £.
Este local, antes llamado Orange, al que han decidido poner un nombre impronunciable, recibe a una serie de grupos de música mediocres, incapaces de despertar el más mínimo interés del público, aún de los más animados. Los lunes dedican la noche a los cantautores. Haga todo lo posible por evitar el *pub* situado en la planta inferior.

WKD
18 Kentish Town Road, Camden Town, NW1 (7267 1869). Metro: Camden Town; estación de tren: Camden Road. **Abierto** de 12.00 a 02.00 horas, de lunes a miércoles; de 12.00 a 02.30 horas, los jueves; de 12.00 a 03.00 horas, los viernes y los sábados; de 12.00 a 1.00 horas, los domingos. **Entradas** de gratuitas a 7 £.
Café, bar, discoteca, galería... Imagínese una versión más atrevida y libre, más propia de Camden, del Spitz (*véase* pág. 291) y no se equivocará. La música *reggae*, étnica y el *soul* se mezclan con ritmos discotequeros tradicionales en este local agradablemente iluminado (*véase también* pág. 249).

Pubs y bares

Bull & Gate
389 Kentish Town Road, Kentish Town, NW5 (7485 5358). Metro: Kentish Town; estación de tren: Kentish Town. **Abierto** de 11.00 a 23.00 horas, de lunes a sábado; de 12.00 a 22.30 horas, los domingos; *actuaciones*, de 20.30 a 23.00 horas, de lunes a sábado; de 20.30 a 22.30 horas, los domingos. **Entradas** 3 £.
El local musical de Camden por excelencia curiosamente no se encuentra en Camden. En la parte de atrás del *pub*, algo dejada pero sorprendentemente grande, suelen actuar tres grupos por noche (que interpretan «extravaganzas» musicales de estilo *indie*), de los cuales nadie ha oído y ni oirá hablar nunca.

Camden Falcon
234 Royal College Street (acceso por Wilmot Place), NW1 (7485 3884). Metro: Camden Town. **Abierto** de 14.00 a 23.00 horas, de lunes a sábado; de 16.00 a 22.30 horas, los domingos; *actuaciones*, de 07.30 a 23.00 horas, de lunes a sábados; de 19.00 a 22.30 horas, los domingos. **Entradas** 3,50-5 £.
Este antro escondido y descuidado mantiene contentos cada noche a los aficionados a la música *indie* del NW1. Si tiene que ver actuar a un grupo «importante» (eso es relativo, claro está), llegue temprano: el acceso al local se paga en la puerta del *pub* y las noches de mucha expectación, no cabe todo el mundo en la pequeña sala en la actúan los músicos.

Dublin Castle
94 Parkway, Camden, NW1 (7485 1773). Metro: Camden Town. **Abierto** de 11.00 a 24.00 horas, todos los días; *actuaciones*, de 21.00 a 24.00 horas, de lunes a

sábado; de 20.30 a 23.00 horas, los domingos. **Entradas** 3,50-5 £.
Descuidado, sucio y caótico: en otras palabras, el local perfecto para oír música *indie*. Como es de prever, la sala en la que tocan los músicos es pequeña y, cuando está llena, muy incómoda. Pero... ¡el bar abre hasta la medianoche!

Hope & Anchor
207 Upper Street, Islington, N1 (7354 1312). Metro: Highbury & Islington; estación de tren: Highbury & Islington. **Abierto** de 12.00 a 01.00 horas, todos los días; actuaciones, de 21.00 a 23.00 horas, todos los días. **Entrada** 3,50-5 £. **Plano 9 O1**
Ligeramente más pequeño que un sello de correos, el Hope & Anchor empezó a organizar conciertos hace un par de años, después de hacerse famoso en la década de los setenta como *pub* rock. Los grupos que actúan en este local suelen ser principiantes.

Station Tavern
41 Bramley Road, W10 (7221 9921). Metro: Latimer Road; autobús: 295. **Abierto** de 11.00 a 23.00 horas, de lunes a sábado; de 12.00 a 22.30 horas, los domingos; *actuaciones*, de 09.00 a 23.00 hora, de lunes a sábados; de 14.00 a 17.30 horas y de 20.30 a 22.30 horas, los domingos. **Entradas** de gratuitas a 5 £.
Un *pub* anodino que merece mención aquí por sus actuaciones de *blues* nocturnas. No espere ver aparecer a Buddy Guy ni a B. B. King. Lo que sí verá es una versión sudorosa, ruidosa y divertida de los mismos.

Water Rats
328 Gray's Inn Road, Bloomsbury, WC1 (7837 7269). Metro: King's Cross; estación de tren: King's Cross. **Abierto** de 20.00 a 24.00 horas, de lunes a sábado; *actuaciones*, de 20.30 a 23.00 horas, de lunes a sábado. **Entradas** 4-6 £. **Plano 6 M3**
En su época de éxito, en este saludable local se encontraba el Splash Club, una discoteca casi legendaria en la que actuaban grupos *indie* casi cada noche. Desde que el encargado del Splash los dejó (para programar la música en directo del Camden Falcon, *véase* pág. 291), la calidad de las actuaciones deja mucho que desear. De todos modos, dado que es el mayor *pub* de conciertos, los grupos que actúan en él tienden a estar algo más arriba en el escalafón del pop.
www.plumpromotions.co.uk

Locales de música étnica

Acoustic Café
17 Manette Street, Soho, WC1 (7439 0831). Metro: Tottenham Court Road. **Abierto** de 19.00 a altas horas, de lunes a jueves; de 19.00 a 03.00 viernes y sábados; *actuaciones* a partir de las 20.30 horas de lunes a sábado. **Entradas** 3-4 £. **Plano 8 L7**
Este minúsculo local parece el hermano pobre del **12 Bar Club** (*véase* pág. 293), pero puede dar a conocer a nuevos talentos como la difícil de olvidar Hilary.

Africa Centre
38 King Street, Covent Garden, WC2 (7836 1973). Metro: Covent Garden. **Abierto** *discoteca*, de 21.30 a 3.00 horas, viernes y sábados; *actuaciones*, de 23.30 a 3.00 horas, los viernes. **Entradas** 6-8 £. **Tarjetas de crédito** MC, V. **Plano 8 L7**
En el Africa Centre actúan grupos africanos los viernes y, de vez en cuando, también otras noches. Durante el día, la tienda situada en la planta baja vende una gran variedad de productos africanos. En la primera planta encontrará, asimismo, una librería especializada y, en el sótano, un restaurante cafetería.
www.africacentre.org.uk

Bread & Roses
68 Clapham Manor Street, Clapham, SW4 (7498 1779). Metro: Clapham Common o Clapham North; autobuses: 37, 88, 133, 137 y 345. **Abierto** de 11.00 a 23.00 horas, de lunes a sábado; de 12.00 a 22.30 horas, los domingos; *actuaciones*, de 13.00 a 17.00 horas, los domingos. **Entrada** gratuita.
Este elegante *pub* organiza el Mwalimu Express, uno de los festivales de música étnica más importantes de Londres, en el que se presentan los ritmos y la gastronomía de una ciudad diferente cada semana. También se dan talleres de música familiar (*véase también* pág. 201).

Cecil Sharp House
2 Regent's Park Road, Lamden, NW1 (7485 2206). Metro: Camden Town. **Abierto**: *actuaciones*, a las 19.00 horas (las noches varían). **Entradas** 3-6 £.
En este paraíso de la música folk, cuanto más tradicional sea ésta, mejor. El club folk de los martes es divertido para verlo desde fuera, pero tenga cuidado con las constantes invitaciones a «convertirse en uno de ellos».
www.efdss.org.com

Hammersmith & Fulham Irish Centre
Blacks Road, Hammersmith, W6 (8563 8232). Metro: Hammersmith. **Abierto** *actuaciones*, a las 20.00 horas (las noches varían). **Entradas** 4-8 £.
En este pequeño y amigable local se organizan conciertos de música irlandesa en los que figuran desde canciones anónimas hasta composiciones de los grandes creadores de ese país.
www.ibhf.uk/irishcentre

Swan
215 Clapham Road, Stockwell, SW9 (7978 9778). Metro: Stockwell. **Abierto** de 17.00 a 24.00 horas, de lunes a miércoles; de 17.00 a 14.00 horas, los jueves; de 17.00 a 3.00 horas, los viernes; de 19.00 a 3.00 horas, los sábados; de 19.00 a 2.00 horas, los domingos; *actuaciones*, a las 21.30 horas, todos los días. **Entradas** 1,50-6 £ (la entrada es gratuita de lunes a miércoles y antes de las 21.00 horas, los jueves y domingos).
Este *pub* irlandés está especializado en veladas semitradicionales entre semana y, durante el fin de semana, invita a grandes músicos y organiza sesiones de rock en el sa-

lón de baile situado en la primera planta. La vista es buena incluso cuando el local está lleno, y el ambiente es estridente y alegre, al igual que la música.
www.theswanstockwell.com

12 Bar Club
22-23 Denmark Place, junto a Denmark Street, WC2 (información 7916 6989/ taquilla 7209 2248). Metro: Tottenham Court Road. **Abierto** de 20.00 a 01.00 horas de lunes a sábado; de 20.00 a 24.00 horas los domingos; *actuaciones*, a las 21.00 horas, todos los días. **Entradas** 5-10 £. **Tarjetas de crédito** MC, V. **Plano 6 K6**
Este local diminuto, situado junto al Tin Pan Alley, en Denmark Street, es probablemente el más imitado de Londres. Posee dos niveles distintos y ninguno de ellos puede llegar a albergar a más de cien personas. La música suele ser de gran calidad: clásica, *country* y folk se mezclan con maestría para obtener un buen efecto final. Merece la pena ver la actuación *country* de Nashville Babylon, que se produce una vez al mes.
www.12barclub.com

Union Chapel
Compton Terrace, Islington, N1 (7226 1686). Metro y estación de tren: Highbury & Islington; autobuses: N19, N65 y N92. **Abierto** *actuaciones*, a las 20.00 horas (las noches varían). **Entradas** 3-13 £.
Se trata de una iglesia, pero una que sirve de escenario para actuaciones más o menos periódicas. Se puede oír desde música folk hasta electrónica, pasando por *indie* y rock, aunque en un entorno muy cálido.
www.unionchapel.org.uk

Locales de jazz

606 Club
90 Lots Road, Chelsea, SW10 (7352 5953). Metro: Fulham Broadway o Earl's Court; autobuses: 11 y 22. **Abierto** de 19.30 a 01.30 horas, de lunes a miércoles; de 20.00 a 02.00 horas, de jueves a sábado; de 20.30 a 23.30 horas, los domingos; *actuaciones* de 20.00 a 01.00 horas, de lunes a miércoles; de 21.30 a 01.30 horas, los jueves; de 10.00 a 02.00 horas, los viernes y los sábados; de 21.30 a 23.30 horas, los domingos. **Precio del concierto** lunes, jueves y domingo, 5 £; viernes y sábado, 6 £. **Tarjetas de crédito** MC, V. **Plano 3 C13**
Éste es un local poco habitual (y admirable), ya que en él actúan muchos grupos de jazz tanto locales como extranjeros. No cobran entrada, sólo se añade a la factura un extra por la música, con la que pagan al conjunto. Los viernes y los sábados es obligatorio comer algo; los lunes y los martes sólo le servirán bebidas alcóholicas si come en el local (de lo contrario, sólo podrá tomar un refresco). La comida es buena, aunque cara.
www.606club.co.uk

Bull's Head
373 Lonsdale Road, Barnes, SW13 (8876 5241). Estación de tren: Barnes Bridge. **Abierto** de 11.00 a

Hammersmith & Fulham Irish Centre
(véase pág. 292)

23.00 horas de lunes a sábado; de 12.00 a 22.30 horas, los domingos; *actuaciones* de 8.30 a 23.00 horas, de lunes a sábado; de 14.00 a 16.30 y de 20.00 a 22.30 horas, los domingos. **Entrada** 3-10 £.
Este encantador local situado junto al río es una institución en el mundo del jazz y acoge actuaciones de conocidos artistas tanto de Reino Unido como de Estados Unidos. No hay mejor sitio en la capital para pasar un soleado día de verano.

Jazz Café
5 Parkway, Camden, NW1 (información 8963 0940/ taquilla 7344 0044). Metro: Camden Town. **Abierto** de 19.00 a 02.00 horas, de lunes a jueves; de 19.00 a 02.00 horas, los viernes y los sábados; de 19.00 a 24.00 horas, los domingos; *actuaciones* a las 21.00 horas, todos los días. **Entrada** 6-20 £. **Tarjetas de crédito** AmEx, MC, V.
Éste es uno de los mejores locales de Mean Fiddler. La música es buena, aunque casi siempre actúan artistas poco conocidos; encontrará ritmos variados desde el *funk* y el *soul* hasta cantautores. A pesar de su nefasta decoración de los años ochenta, el local cuenta con un gran ambiente y el constante parloteo de personajes de la industria musical en los palcos no hace sino confirmar el peso del mismo.
www.jazzcafe.co.uk

Pizza Express Jazz Club
10 Dean Street, Soho, W1 (Jazz Club 7439 8722/ restaurante 7437 9595). Metro: Tottenham Court

Festivales

Al margen de los grandes acontecimientos festivos como el **Glastonbury Reading** y el **Notting Hill Carnival,** que dominan el panorama estival, existe un gran número de espectáculos de menor alcance. La mayoría de los espacios abiertos y parques de la ciudad alberga, en un momento u otro, algún tipo de celebración: consulte la revista *Time Out* para conocer los pormenores. Llame a los números de teléfono que se facilitan en este apartado para confirmar las fechas y los precios.

Charles Wells Cambridge Folk Festival

Cherry Hinton Hall Grounds, Cambridge (taquilla 01223 357851). **Fechas** del 27 al 29 de julio de 2001. **Entradas** 18-50 £ (aproximadamente). **Tarjetas de crédito** AmEx, MC, V.

En muchos sentidos, éste es el acontecimiento estival más relajado y amigable de Londres, y, probablemente, también el mejor. Por supuesto, si el folk, el cajún, el *blues* y el *gospel* no son lo suyo, no se divertirá en absoluto. Pero si tiene una mentalidad ligeramente abierta que le permite escuchar cosas que se salen de su esfera cotidiana, y le motiva la perspectiva de pasear por el jardín de una hermosa casa de campo en una de las ciudades con más encanto de Inglaterra, entonces, vaya a comprar las entradas de inmediato. Aunque de entrada parezca obligado, no es imprescindible llevar barba ni usar grandes jerséis de lana. Las entradas salen a la venta en mayo.

www.cam-folkfest.co.uk

Essential

Stanner Park, Brighton, East Sussex (reservas con tarjetas de crédito 01273 709709). **Fechas** 14 y 15 de julio de 2001. **Entradas** 30 £. **Tarjetas de crédito** AmEx, MC, V.

Este relativo «recién llegado» evolucionó de forma sorprendente a partir de un baile anual universitario (tiene lugar en el campus de la Sussex University). A pesar de que ya no es una celebración estudiantil, el público que acude suele ser joven y despreocupado. El fin se semana suele contar con un día de baile y otro de música étnica. Las entradas se venden día a día, y no se puede hacer cámping.

Fleadh

Finsbury Park, N4 (8961 5490/ reservas 7344 0044). Metro y estación de tren: Finsbury Park. **Fechas** junio-julio (llame para pedir información). **Entradas** 30 £ (aproximadamente). **Tarjetas de crédito** AmEx, MC, V.

Nunca falta quien cuestione el verdadero carácter irlandés del Fleadh organizado por Mean Fiddler (*Fleadh*, del gaélico, «fiesta») argumentando que, en los últimos años, este evento tremendamente popular ha contado con la presencia de James, Bob Dylan y The Pretenders. Sin embargo, una vez superados los juegos de palabras, no tardará en comprender que el Fleadh parece poco más que una excusa para emborracharse sin límite.

www.fleadhfestival.com

Glastonbury Festival

Worthy Farm, Pilton, Somerset. **Fechas** habitualmente, a finales de junio, pero no se realizará en el 2001.

Glastonbury fue idea del granjero Michael Eavis y se organizó por primera vez en losaños sesenta. Desde entonces, no ha dejado de crecer en un proceso que parece no tener fin hasta convertirse en un acontecimiento apreciado por varias generaciones. La calidad del programa sugerido por Eavis es legendaria, aunque mucha gente acude más por el ambiente que por la música. Hace un par de años, se vendieron todas las entradas del festival (cerca de 100.000) antes de que se anunciara quién iba a tocar. De todos modos, se encontrará un millón de actuaciones distintas repartidas en distintos estands con estilos dispares: del rock al folk, pasando por el jazz, la música *dance*, los ritmos étnicos o el cabaret. La taquilla abre en abril Debido a problemas de seguridad que se produjeron en el año 2000,

Road. **Abierto** de 19.45 a 24.00 horas, todos los días; *actuaciones*, de 21.00 a 24.00 horas, todos los días. **Entrada** 10-20 £. **Tarjetas de crédito** AmEx, DC, MC, V. **Plano 6 K6**

En el sótanos de esta filial de Pizza Express podrá disfrutar de un excelente jazz contemporáneo. La mayoría de los restaurantes de esta cadena cuentan con actuaciones musicales de uno u otro estilo. Mose Allison actúa en este local casi todas las semanas.

www.pizzaexpress.co.uk

Pizza on the Park

11 Knightsbridge, Knightsbridge, SW1 (7235 5273). Metro: Hyde Park Corner. **Abierto** de 08.30 a 24.00 horas, de lunes a viernes; de 09.30 a 24.00 horas, los sábados y los domingos; actuaciones de 21.15 a 24.00 horas, todos los días. **Entrada** 10-20 £. **Tarjetas de crédito** AmEx, DC, MC, V. **Plano 7 G8**

Esta pizzería de diseño algo ostentoso se encuentra en Knightsbridge y acoge a artistas de jazz bastante comerciales. La iluminación digital es una maravilla, al igual que las pizzas.

Ronnie Scott's

47 Frith Street, Soho, W1 (7439 0747). Metro: Leicester Square o Tottenham Court Road. **Abierto** de 20.30 a 03.00 horas, de lunes a sábado; de 19.30 a 23.00 horas, los domingos; *actuaciones* a las 21.30 horas, de lunes a sábados; a las 20.30 horas, los domingos. **Entradas** 4-20 £. **Tarjetas de crédito** AmEx, DC, MC, V. **Plano 6 K6**

Mr. Scott murió hace ya algunos años, pero este local del Soho, que Scott y Pete King inauguraron cuarenta años atrás, sigue tan lleno de vida como siempre. Las luces son demasiado tenues y las bebidas, caras, pero el jazz es de una gran calidad (hay actuaciones por lo menos

el festival no se realizará en el 2001. Sin embargo, se espera que el evento a programarse para el año siguiente.
www.glastonburyfestivals.co.uk.

Guildford Festival
Stoke Park, Guildford, Surrey (información 01483 536270). **Fechas** del 27 al 29 de julio de 2001. **Entradas** 30 £ por día (aproximadamente). **Tarjetas de crédito** AmEx, MC, V.
Guildford se distingue del resto de los fines de semana musicales al aire libre por varios motivos. En primer lugar, está ligeramente al margen de la industria musical liderada por Mean Fiddler y Glasto, por lo que el programa no está tan influido por lo comercial (lo que para algunos podría ser sinónimo de poco interesante). También es mucho más pequeño que Reading o Glasto, lo que le otorga un grato y sorprendente ambiente íntimo. Puede esperar cada día un par de actuaciones estelares, muchas otras de relleno y, sobre todo, un fin de semana muy agradable.
www.guildford-live.co.uk

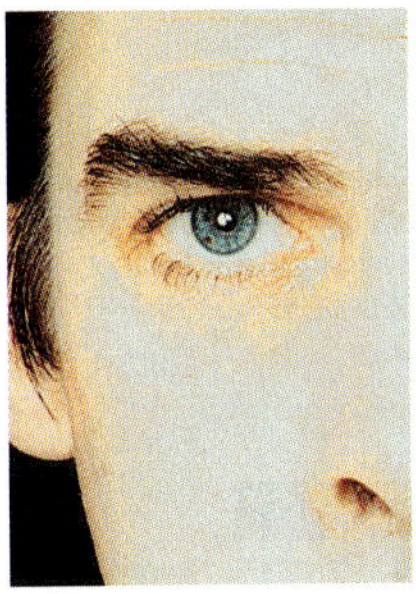

Meltdown
Royal Festival Hall, en el South Bank, SE1 (7960 4242). **Fechas** del 24 de junio al 28 de julio del 2001. **Entradas** llame para pedir información. **Tarjetas de crédito** AmEx, DC, MC, V.
Meltdown, el buque insignia del Royal Festival Hall, sorprende, emociona e indigna a partes iguales. Cada año, se invita a un artista para que se haga cargo durante dos semanas de la programación del Royal Festival Hall y del Queen Elizabeth Hall, en la que se suelen incluir actuaciones de él mismo y espectáculos de un solo acto oscuros y fascinantes. Elvis Costello y Laurie Anderson ya fueron «conservadores» y, en 1999, Nick Cave (*véase* fotografía) programó a talentos tan dispares como el conjunto de violoncelistas derwiches Crucial Three y la música clásica minimalista del compositor Arvo Pärt.
www.sbc.org.uk

Reading Festival
Richfield Avenue, Reading, Berkshire (información 8963 0940/taquilla 7344 0044). **Fechas** del 24 al 26 de agosto de 2001. **Entradas** 35 £ por día; 85 £ por fin de semana. **Tarjetas de crédito** AmEx, MC, V.
El final del verano, en Inglaterra, ya no lo determina la caída de las hojas de los árboles o el fin de la temporada de críquet. El Reading Festival, que se organiza anualmente un fin de semana festivo a finales de agosto (August Bank Holiday) se ha convertido en la señal inequívoca de que el otoño está en puertas, por lo menos para todos los aficionados a la música menores de treinta años. Este «sarao» de tres días es obra de Mean Fiddler y está formado por un variado número de actuaciones que se reparten entre varios escenarios en los que se pueden ver a los mejores de los mejores (en 1999, actuó Blur), así como a los recién llegados o a los conjuntos del verano. Es verdaderamente agotador pero, claro, de eso se trata.

V2001
Hylands Park, Chelmsford, Essex (información y reservas con tarjeta de crédito 0870 165 5555). **Fechas** del 18 al 19 de agosto de 2001. **Entradas** llame para pedir información. **Tarjetas de crédito** AmEx, MC, V.
Este largo fin de semana es a la vez un festival de música y un importante evento publicitario del omnipresente imperio empresarial de Richard Branson (la «V» del nombre procede de «Virgin»). El festival, que en años anteriores se llamó V2000,V99, V98... se ha hecho con un sitio en el apretado calendario de festivales veraniegos. En sus seis años de vida, las actuaciones no han incluido grandes sorpresas (grandes grupos *indie*), pero a los asistentes, más jóvenes de lo habitual en este tipo de juergas, no parece importarles demasiado. Consulte la revista *Time Out* durante el año 2001 para conocer la programación del festival.

una vez por semana). Tenga cuidado: los adinerados clientes que acuden al local por su fama tienden a hablar sin parar.
www.ronniescotts.co.uk

Vortex
139-141 Stoke Newington Church Street, Stoke Newington, N16 (7254 6516). Estación de tren: Stoke Newington; autobuses: 67, 73, 76, 106 y 243. **Abierto** de 10.00 a 23.30 horas, de lunes a jueves; de 10.00 a 24.00 horas, los viernes y sábados; de 11.00 a 23.00 horas, los domingos; actuaciones de 21.00 a 23.30 horas, todos los días.
Entrada de gratuita a 10 £. **Tarjetas de crédito** MC, V.
Este tranquilo local es uno de los favoritos de los aficionados al jazz londinenses por lo distendido de su ambiente, lo acogedor de la decoración y la excelente comida vegetariana que sirve. El héroe de la guitarra, Billy Jenkins, actúa aquí con frecuencia, al igual que el vocalista, más comercial, Ian Shaw.
www.palay.indirect.co.uk/vortex.jazz

Lo mejor de lo restante

El jazz es el protagonista de dos grandes producciones anuales, el **Soho Jazz Festival**, en otoño (llame al 7437 6437 para conocer las fechas exactas) y el **Oris London Jazz Festival** (7405 5974). Además, el **Coin Street Festival** (de junio a septiembre; 7620 6544) cuenta con una amplia variedad de actuaciones e incluye la **Latin American Gran Gran Fiesta** del 4 de julio (7928 0960). El festival suele terminar con fuegos artificiales junto al Támesis.

Deportes y *fitness*

Póngase en forma

Para conocer en profundidad lo que ocurre cada semana en lo que respecta a actividades y clases de todo tipo (desde tiro al arco hasta yoga), lo mejor es consultar el apartado de deportes de la revista *Time Out*. También puede llamar a **Sportsline** (7222 8000) o ponerse en contacto con el club deportivo más cercano.

Practicar un deporte

Béisbol

British Baseball Federation
PO Box 45, Hessle, East Yorkshire HU13 0YQ (01482 643551).
La BBF organiza la liga de béisbol británica, y cuenta con un comité para el norte, otro para el sur y varias divisiones. Hay equipos de todas partes de Londres. Si desea más información, escriba una carta a la federación.

Bolos

La popularidad de los bolos va en aumento tanto como deporte como para pasar una noche divertida. A continuación, presentamos una lista de las mejores boleras de la ciudad. Si quiere algo más exhaustivo, consulte las páginas amarillas. Todas sirven comidas (tanto comida rápida como de calidad) y bebidas. Los precios varían según el lugar y el momento del día pero, como promedio, cuesta unas 5 £ por juego (lo que incluye el alquiler de las zapatillas especiales). *Véase también* pág. 299, **Leisurebox**.

Airport Bowl *Bath Road, Harlington, Middlesex (8759 1396). Metro: Hatton Cross.* **Abierto** de 10.00 hasta tarde, de lunes a viernes; de 8.00 hasta tarde, los sábados y los domingos. **Número de pistas** 36.
GX Superbowl *15-17 Alpine Way,* E6 *(7511 4440). Metro: East Ham y, después, autobús 101; DLR: Beckton.* **Abierto** de 10.00 a 24.00 horas, todos los días. **Número de pistas** 22.
Rowans Bowl *10 Stroud Green Road, N4 (8800 1950). Metro y estación de tren: Finsbury Park.* **Abierto** de 10.30 a 01.00 horas, de lunes a jueves; de 10.30 a 03.30 horas, los viernes y los sábados; de 10.30 a 01.30 horas, los domingos. **Pistas** 24.
Streatham Mega Bowl *142 Streatham Hill, SW2(8671 5021). Estación de tren: Streatham Hill.* **Abierto** de 10.00 a 24.00 horas, todos los días. **Pistas** 36.

Ciclismo

Para información sobre alquiler de bicicletas, *véase* pág. 350.

Herne Hill Velodrome
Burbage Road, SE24 (7737 4647). Estación de tren: Herne Hill. **Abierto** en verano, de 10.00 a 12.00 horas, de 18.00 a 20.30 horas, los martes y los viernes; de 09.00 a 13.30 horas, los sábados; **Cerrado** lunes, viernes y domingos; *en invierno*, de 09.00 a 13.30 horas, los sábados **Tarifa** 4,15 £; menores de 16 años, a partir de 1,30 £.
El velódromo de Herne Hill, inaugurado hace unos cien años, es el estadio para ciclismo más antiguo del país y el único velódromo de Londres. Las instalaciones las pueden utilizar aficionados de todos los niveles, y se alquilan bicicletas *in situ*. De vez en cuando, el velódromo es sede de carreras internacionales.

Lee Valley Cycle Circuit
(8534 6085). Metro: Leyton. **Abierto** *en verano* de 08.00 a 20.00 horas, todos los días (pero conviene comprobar la disponibilidad de plazas); *en invierno* de 08.00 a 15.30 horas, de lunes a viernes. **Tarifa** *con el alquiler de la bicicleta* 4,30 £; menores de 16 años, 3,30 £. *Sin alquiler de bicicleta*, 2,20 £, menores de 16 años, 10 £.
El circuito ofrece rutas diseñadas para todo tipo de bicicletas y prácticas: bicicleta de montaña, trial, *cross*, carretera, etc. Además, podrá hacerse una prueba de pedaleo por ordenador (21 £ la primera prueba y 15 £ las siguientes). Durante el verano, la mayoría de los fines de semana hay carreras o eventos de carácter local e incluso internacional.

Deportes acuáticos

Los horarios y los precios varían; llame para informarse.

Capital Rowing Centre
Polytechnic Boathouse, Ibis Lane, W4 (07973 314199). Estación de tren: Chiswick. **Abierto** todos los días.

El Capital ofrece clases distendidas y sencillas a quienes deseen aprender a remar.

Docklands Sailing & Watersports Centre
Millwall Dock, Westferry Road, E14 (7537 2626). DLR: Crossharbour & London Arena. **Abierto** de 09.30 a 23.00 horas, de lunes a viernes; de 09.30 a 17.00 horas, los sábados y los domingos.
Carreras de lanchas, barcos de vela, remos y piragüismo.

Docklands Watersports Club
Puerta 14, King George V Dock, Woolwich Manor Way, E16 (7511 7000). DLR: Gallions Reach; estación de tren: North Woolwich. **Abierto** *en verano* de 10.00 horas hasta la puesta de sol, de miércoles a domingo.
Popular entre esquiadores acuáticos de todos los niveles.
www.tereza.joanne.com

Lee Valley Watersports Centre
Banbury Reservoir, Harbet Road, E4 (8531 1129). Estación de tren: Angel Road. **Abierto** horarios variables de lunes a viernes de 10.00 horas hasta el atardecer.
Windsurf, veleros, esquí acuático y piragüismo.
www.leevalleyperk.org.uk

Equitación

Véase también pág. 241, **Mudchute City Farm.**

Hyde Park Stables
63 Bathurst Mews, W2 (7723 2813). Metro: Lancaster Gate. **Abierto** *en verano* de 10.00 a 17.00 horas, de martes a viernes; de 08.30 a 17.00 horas, los sábados y los domingos. Cerrado los lunes; *en invierno* de 10.00 horas hasta la puesta de sol, de martes a viernes; de 8.30 horas hasta la puesta de sol, los sábados y los domingos. Cerrado los lunes. **Tarifa** *clases en grupo* 32 £ por hora; niños, 30 £; *clases individuales*, 55 £ por hora; *paseo por Hyde Park*, 30 £, menores de 15 años, 25 £. Es necesario reservar plaza.
Plano 2 D6
Se trata de unos establos agradables pero muy caros, que organizan bonitos paseos por Hyde Park.

Wimbledon Village Stables
24 High Street, SW19 (8946 8579). Metro y estación de tren: Wimbledon. **Abierto** de 08.00 a 17.00 horas, de martes a domingo. **Tarifa** de martes a viernes desde 25 £ por hora; los sábados y los domingos, 30 £ por hora.
En estos establos aprobados por la British Horse Society, puede encontrar clases y caballos indicados para todos los niveles, desde principiantes hasta jinetes con experiencia, a partir de los tres años de edad. Organizan paseos por Wimbledon Common, Putney Heath y Richmond Park. En la medida de lo posible, evite los fines de semana, pues hay demasiada gente.
www.wstables.com

Regent's Park Golf School (véase *pág. 298)*

Golf

Llame a la **English Golf Union** (01526 354500) para conseguir información detallada acerca de los campos de golf de la capital. Los que aparecen reseñados a continuación son públicos y no es preciso hacerse socio. Todos los campos son de 18 hoyos.

Campos
Airlinks Golf Course *Southall Lane, Hounslow, Middlesex (020 8561 1418). Estación de tren Hayes & Harlington y, después, autobús 195.* **Tarifa por partido** de lunes a viernes, 11 £; los sábados y los domingos, 17 £.
Brent Valley *Church Road, W7 (8567 1287). Estación de tren: Hanwell.* **Tarifa por partido** los lunes, 7,50 £; de martes a viernes, 10 £; los sábados y los domingos antes de las 12.00 horas, 14,50 £; los sábados y los domingos después de las 12.00 horas, 12 £.
Chingford Golf Course *Bury Road, E4 (8529 5708). Estación de tren: Chingford.* **Tarifa por partido** de lunes a viernes, 10,70 £; los sábados y los domingos, 14,80 £; menores de 18 años y pensionistas, de lunes a viernes, después de las 10.00 horas, 5,35 £.
Lee Valley Golf Course *Picketts Lock Lane, N9 (8803 3611). Estación de tren: Ponders End.* **Tarifa por partido** *socios* de lunes a viernes, 9,40 £; los sábados y los domingos, 12 £. *No socios*, de lunes a viernes, 11,30 £; los sábados y los domingos, 14,20 £.
www.leevalleypark.org.uk
Richmond Park *Roehampton Gate, Priory Lane, SW15 (8876 3205). Estación de tren: Richmond.* **Tarifa por partido** de lunes a viernes, 15 £; los sábados y los

domingos, 18 £ (el precio baja cuanto más tarde sea la hora del partido).
www.gcmgolf.com

Stockley Park Golf Course *Junto a Sotckley Road (A408), Uxbridge, Middlesex (8813 5700). Terminales de Heathrow 1, 2 y 3 y, después, autobús U5.* **Tarifa por partido** *residentes en Hillingdon* de lunes a viernes, 21 £; los sábados y los domingos, 29 £. *No residentes* de lunes a viernes, 24 £; los sábados y los domingos, 34 £.

Regent's Park Golf School
Outer Circle, Regent's Park, NW1 (7724 0643). Metro: Baker Street. **Abierto** de 08.00 a 21.00 horas, todos los días. **Tarifa de socios** a partir de 60 £; llame para pedir más información. **Plano 5 G2.**
El servicio incluye el pago por el club, las clases con profesionales (treinta minutos, 20 £; seis lecciones, 90 £) y las pelotas (miembros, 2,50 £; no miembros, 50 pelotas, 5 £). Incluso puede pedir que le analicen su golpe por ordenador por 36 £.

Karts

Todos los circuitos que aparecen a continuación se pueden alquilar por día o por horas; para mayor información, llame por teléfono.

Daytona Raceway *Atlas Road, NW10 (8961 3616). Metro: North Acton.* **Precios** sesiones de 15 minutos, 20 £; carreras privadas, a partir de 40 £.
www.daytona.co.uk

Playscape Pro Racing *Battersea Kart Raceway, Hester Road, SW11 (8677 8677). Metro: Sloane Square y, después, autobús 19.* **Precios** dos horas, 37,50 £ por conductor. **Plano 4 E13**
www.playscape.co.uk/karting

Playscape Pro Racing *Streatham Kart Raceway, 390 Streatham High Road, SW2 (020 7801 0110). Estación de tren: Streatham.* **Precios** dos horas, 37,50 £ por conductor.

Raceway *Central Warehouse, terminal North London Freight, York Way, N1 (020 7833 1000). Metro y estación de tren: King's Cross.* **Precio** 15 minutos, 20 £ por conductor; treinta minutos, 30 £ por conductor.
www.theraceway.net

Trak 1 Racing *Unit 2A, Wyvern Way, Barnsfield Place, Uxbridge, Middlesex (01895 258410). Metro: Uxbridge.* **Precios** 35 £ por persona y carrera.

Patinaje sobre hielo

Las pistas de hielo necesitan una refrigeración y un pulido constante, lo que explica que los horarios de apertura varíen según los días y según las temporadas. Por lo general, cada sesión dura dos horas y las pistas abren de 10.00 a 22.00 horas; si precisa más información, llame por teléfono.

Broadgate Ice Rink
Broadgate Circus, Eldon Street, EC2 (7505 4068). Metro: Liverpool Street. **Entrada** 5 £; menores de 16 años, estudiantes, parados mayores de 40 años y pensionistas, 3 £. **Alquiler de patines** 2 £; menores de 16 años, estudiantes, parados mayores de 40 años y pensionistas, 1 £. **Plano 10 Q5.**
Esta pista de hielo, la única situada a la intemperie, se encuentra en pleno corazón de Londres. Es una pista compacta, agradable y permite el acceso a patinadores de todas las edades y de todos los niveles. Si desea alquilar la

La vida en el parque

Los parques de Londres ofrecen un sinfín de actividades deportivas. Tenga en cuenta que, en algunos casos, es preciso reservar con antelación. A continuación le facilitamos una lista de lo que encontrará en los parques más importantes:

Battersea Park
Véase *pág. 132 (8871 7530).* **Plano 4 F13**
Pista de atletismo; lago con barcas, recorridos para bicicleta y patines; campos de fútbol, rugby y *softball*; pistas de tenis.

Hampstead Heath
Véase *pág. 105 (7485 3873).* **Plano** *véase pág. 103.*
Pista de atletismo; bolera; recorridos para bicicletas; campos de fútbol; críquet y hockey; equitación; vuelo de cometas; estanque para maquetas de barcos; minigolf; piscinas (para mujeres, para hombres y mixtas); pistas de tenis.

Hyde Park
Véase *pág. 93 (7298 2100).* **Plano 2 E7**
Lanchas; bolos; recorrido para bicicleta; pesca; caminos para montar a caballo; minigolf; pistas de tenis.

Regent's Park
Véase *pág. 69 (7486 7905).* **Plano 5 G2**
Pista de atletismo; lago con barcas; campos de fútbol; rugby y hockey (en invierno); clases de golf; campos de *softball* y críquet (en verano); pistas y clases de tenis.

Richmond Park
Véase *pág. 135 (8948 3209).*
Recorridos en bicicleta y a pie (mixtos); pesca; equitación, campo para maquetas de aviones; estanque para maquetas de barcos; piscina (descubierta).

Victoria Park
Véase *pág. 117 (8533 2057).*
Pista de atletismo; bolos; recorridos en bicicleta y a pie; campos de críquet y *softball*; pesca; campos de fútbol, fútbol sala y rugby; estanque para maquetas de barcos; pistas de tenis.

Un baile solitario en la noche, en **Leisurebox**

pista, llame por teléfono para pedir información. Abre de finales de octubre a principios de abril.

Lee Valley Ice Centre

Lea Bridge Road, E10 (8533 3154). Metro: Blackhorse Road y, después, autobús 158 o metro Walthamstow Central y, después, autobús 158. **Entrada** 4,50 £; niños, 3,50 £. **Alquiler de patines** 1 £.
Aunque es complicado llegar en transporte público, esta pista se convierte por las noches en una amplia y bien cuidada discoteca muy popular.

Leisurebox

17 Queensway, W2 (7229 0172). Metro: Bayswater o Queensway. **Entrada** 5 £ menores de 12 años 4 £. **Alquiler de patines** 1,50 £. **Plano 1 C6**.
Esta venerable pista situada en Bayswater se convierte en discoteca las noches de los viernes y los sábados mientras que, durante el día, suele emplearse para fiestas privadas y reuniones familiares. También cuenta con una bolera.

Streatham Ice Rink

386 Streatham High Road, SW16 (8769 7771). Estación de tren: Streatham. **Entrada** 5 £; menores de 12 años, 4 £. **Alquiler de patines** 1,50 £.
Hace unos años, se emplearon dos millones de libras en remodelar la pista de patinaje más personal y «más famosa» de Londres. En la actualidad, sus instalaciones son aptas tanto para principiantes como para patinadores expertos.
www.streathamicearena.co.uk

Piscinas (cubiertas)

Para averiguar cuál es la piscina más cercana, consulte las página amarillas o llame a **Sportsline** (7222 8000). A continuación encontrará reseñadas algunas de las más conocidas (*véase también* pág. 300, **Polideportivos y centros de ocio**). Para mayor información sobre piscinas para niños, *véase* pág. 239.

Highbury Pool *Highbury Crescent, N5 (7704 2312). Metro y estación de tren: Highbury & Islington.*
Abierto de 6.30 a 21.00 horas, de lunes a viernes; de 07.30 a 19.00 horas, los sábados; de 07.30 a 21.00 horas, los domingos. **Entrada** 2,80 £; menores de 16 años, 1,20 £; menores de 4 años, gratuita.
www.aquaterra.org

Ironmonger Row Baths *Ironmonger Row,* EC1 *(7253 4011). Metro: Old Street.* **Abierto** de 06.30 a 21.00 horas, los lunes; de 06.30 a 20.00 horas, de martes a jueves; de 06.30 a 19.00 horas, los viernes; de 09.00 a 18.00, los sábados; de 12.00 a 18.00 horas, los domingos. **Entrada** 2,80 £; 1,20 £; hasta 16 años, menores de 3 años, entrada libre. **Plano 9 P4**
www.aquaterra.org

Oasis Sports Centre *32 Endell Street, WC2 (7831 1804). Metro: Covent Garden o Holborn.*
Abierto *piscina cubierta* de 06.30 a 18.30 horas, de lunes a viernes; de 09.30 a 17.00 horas, los sábados y los

domingos; *piscina descubierta* de 07.30 a 21.00 horas, de lunes a viernes; de 09.30 a 17.00 horas, los sábados y los domingos. **Entrada** 2,90 £; menores de 16 años, 1,10 £; menores de 5, gratuita. **Plano 6 L6**

Piscinas (descubiertas)

Véanse también superior, **Oasis Sports Centre**, y págs. 239-240 **Finchley Lido.**

Brockwell Lido *Dulwich Road, SE24 (7274 3088). Estación de tren: Herne Hill.* **Abierto** *de mayo a septiembre* de 06.45 a 10.00 y de 12.00 a 19.00 horas, de lunes a viernes; de 11.00 a 19.00 horas, los sábados y los domingos. de octubre a abril cerrado. **Entrada** *por la mañana* 2-4 £; niños, 1,5 £; *por la tarde* 3 £; niños, 2,5 £. *www.thelido.co.uk*

Hampstead Heath Ponds *Hampstead Heath, NW3 (020 7485 4491). Metro: Hampstead Heath; estación de tren: Gospel Oak o Hampstead Heath; autobuses: C2, C11 y 214.* **Abierto** de 07.00 hasta la puesta de sol, todos los días. **Entrada** gratuita.

Parliament Hill Lido *Hampstead Heath, Gordon House Road, NW5 (7485 3873). Estación de tren: Gospel Oak; autobús: C11.* **Abierto** *de mayo a septiembre* de 07.00 a 09.30 horas y de 10.00 a 18.00 horas, todos los días. **Entrada** 1-5 £; de 07.00 a 09.30 horas, gratuita.

Richmond Pools on the Park *Old Deer Park, Twickenham Road, Richmond, Surrey (8940 0561). Metro y estación de tren: Richmond.* **Abierto** *de marzo septiembre* de 06.30 a 19.45 horas, los lunes; de 06.30 a 21.00 horas, de martes a viernes; de 07.00 a 18.00 horas, los sábados y domingos; *de octubre a febrero* llamar para detalles. **Entrada** 2,50-3,60 £. *www.springhealth.co.uk*

Serpentine Lido *Hyde Park (7298 2100). Metro: Hyde Park Corner, Knightsbridge, Lancaster Gate o Marble Arch.* **Abierto** habitualmente, dos meses en verano; llame para pedir información sobre horarios y precios de entrada.

Tooting Bec Lido *Tooting Bec Road, Tooting Bec Common, SW16 (8871 7198). Metro: Tooting Bec; estación de tren: Streatham.* **Abierto** *de junio a septiembre* de 10.00 a 20.00 horas, todos los días; *de octubre a mayo* cerrado, excepto para socios. **Entrada** de lunes a viernes, 2,60 £; niños, 1,90 £; sábados y domingos, 3,10 £, niños, 2,25 £.

Polideportivos y centros de ocio

En los centros deportivos públicos se puede practicar el badminton, el *squash*, la natación o tomar clases de gimnasia, así hacercomo varios deportes de interiores. Los socios suelen tener importantes descuentos. Si quiere una pista, llame para reservarla. Para una lista más detallada de centros, consulte las páginas amarillas (bajo el epígrafe «Leisure Centres») o llame a **Sportsline** (7222 8000).

Los precios de entrada de los polideportivos reseñados a continuación varían según la actividad. Si tiene pensado usar las instalaciones durante un periodo algo largo, pida información sobre las tarifas para socio.

Chelsea Sports Centre

Chelsea Manor Street, SW3 (7352 6985). Metro: Sloane Square. **Abierto** de 07.00 a 22.00 horas, de lunes a viernes; de 08.00 a 18.30 horas, los sábados; de 08.00 a 22.00 horas, los domingos. **Plano 4 E12**

Encontrará una piscina de 25 m, una piscina de entrenamiento, un gimnasio con sala de musculación, pistas de bádminton y clases de yoga y de gimnasia.

Jubilee Hall Leisure Centre

30 The Piazza, WC2 (7836 4835). Metro: Covent Garden. **Abierto** de 07.00 a 22.00 horas, de lunes a viernes; de 10.00 a 17.00 horas, los sábados y los domingos. **Plano 8 L7**

El amplio y bien equipado gimnasio, que cuenta con muchas máquinas de musculación, es la principal atracción del polideportivo (aunque suele estar demasiado lleno). Podrá tomar clases de artes marciales o de gimnasia y encontrará terapias complementarias (masajes, etcétera). *www.jubileehallclubs.co.uk*

Michael Sobell Leisure Centre

Hornsey Road, N7 (020 7609 2166). Metro: Finsbury Park o Holloway Road. **Abierto** de 09.00 a 23.00 horas, de lunes a viernes; de 09.00 a 18.00 horas, los sábados; de 09.00 a 21.30 horas, los domingos.

Las instalaciones de este polideportivo situado en el norte de la ciudad son excelentes, aunque empiezan a mostrar signos de deterioro y envejecimiento. En ellas se dan clases de *squash*, salto de trampolín, gimnasia, patinaje sobre hielo y se pueden practicar una gran número de deportes en la zona central. *www.aquaterra.org*

Mornington Sports & Leisure Centre

142-150 Arlington Road, NW1 (7267 3600). Metro: Camden Town. **Abierto** de 07.00 a 21.00 horas, de lunes a viernes; de 10.00 a 17.00 horas, los sábados y los domingos. **Plano 5 J2**

En este pequeño polideportivo se pueden practicar los deportes de equipo más habituales (voleibol, baloncesto y fútbol). En el gimnasio se dan varios tipos de gimnasia. *www.holmesplace-camden.co.uk*

Porchester Centre

Queensway, W2 (información general 7792 2919/ balnerario 7792 3980). Metro: Bayswater o Queensway. **Abierto** de 07.00 a 22.00 horas, de lunes a viernes; de 08.00 a 20.00 horas, los sábados y los domingos.

En este centro podrá tomar clases de natación, de gimnasia y de *squash*. En la zona de balneario encontrará áreas de relajación de estilo Art Déco, baños árabes, salas de vapor rusas, sauna, piscina y una amplia serie de terapias complementarias.

Queen Mother Sports Centre
223 Vauxhall Bridge Road, SW1 (información 7630 5522/ reservas 020 7630 5511). Metro y estación de tren: Victoria. **Abierto** de 06.30 a 22.00 horas, de lunes a viernes; de 08.00 a 20.00 horas, los sábados y los domingos. **Plano 7 J10**
Este centro cuenta con un gimnasio bien equipado, pistas de badminton, piscina y cursos de buceo, clases de artes marciales y tratamientos de belleza.

Seymour Leisure Centre
Seymour Place, W1 (7723 8019). Metro: Edgware Road o Marble Arch. **Abierto** de 07.00 a 22.00 horas, de lunes a viernes; de 07.00 a 20.00 horas, los sábados; de 08.00 a 20.00 horas, los domingos. **Plano 2 F5**
Este polideportivo estilo años treinta cuenta con una piscina, una sala de gimnasia, baño de vapor y sauna, y el gimnasio Courtney, para el que se paga una tarifa independiente. El popular programa de ejercicios *Move It* («muévete») acaba de ser renovado.
www.courtneys.co.uk

Swiss Cottage Sports Centre
Winchester Road, NW3 (7413 6490). Metro: Swiss Cottage. **Abierto** de 07.00 a 21.30 horas, de lunes a viernes; de 08.00 a 19.30 horas, los sábados y los domingos.
Además de un gimnasio y dos piscinas cubiertas, encontrará pistas de *squash*, badminton y cinco campos de fútbol independientes.
www.holmesplaces-camden.co.uk

Puenting

UK Bungee Club
Alexandra Palace, N22 (7731 5958). Metro: Wood Green; estación de tren: Alexandra Palace. **Abierto** cada dos fines de semana, llame para pedir los horarios. **Tarifa** *saltar* 50 £ (lo que incluye una tasa de socio anual y un seguro); *el paseo hasta la plataforma* 5 £.
El club se ha mudado de Chelsea Bridge a Alexandra Palace temporalmente, hasta que encuentre una ubicación definitiva para su torre de 91 m. Los saltos se realizan desde una altura de 52 m.

Softball

British Softball Federation
Bob Fromer, Birchwood Hall, Storridge, Malvern, Worcestershire WR13 5EZ (01886 884204).
En Londres hay 350 equipos de *softball*. El National Development Officer, Bob Fromer, facilita todo tipo de información a los principiantes y a los jugadores con experiencia, desde las direcciones de los equipos locales, las ligas y los entrenadores, hasta consejos sobre cómo hacerse árbitro.

Tenis

Muchos de los parques de Londres tienen pistas de tenis que habitualmente son gratuitas o cuestan muy poco (*véase* pág. 298, **La vida en el parque**). Las instalaciones privadas y las clases son más caras, pero en **Sportsline** (7222 8000) le pueden encontrar algo bien de precio. Si quiere probar sus saques sobre hierba, llame o escriba (incluyendo un sobre con su dirección y el sello de correos) al departamento de información de la **Lawn Tennis Association**, Queen's Club, London W14 9EG (7381 7000) para que le envíen los folletos con las listas de pistas disponibles. Hay una lista para cada condado: el de Middlesex incluye el centro de Londres, mientras que los de Essex, Surrey y Hertfordshire cubren el resto de zonas de la ciudad.

Islington Tennis Centre
Market Road, N7 (7700 1370). Metro: Caledonian Road. **Abierto** de 07.00 a 22.00 horas, de lunes a viernes; de 08.00 a 22.00 horas, los sábados y los domingos. **Tarifas** pistas al aire libre, 5-6 £ por hora; pistas cubiertas, 13,50-15 £ por hora.
El centro cuenta con dos pistas exteriores iluminadas y seis pistas cubiertas para uso general. Las clases de tenis se dan en el propio centro y, en verano, también en Highbury Fields, tanto para principiantes como para jugadores de cualquier nivel, con un coste de 20-38 £ por hora.

Yoga

Los lugares que se citan a continuación abren cada día, pero es preferible que llame para averiguar qué clases y qué tratamientos ofrecen en ese momento. *Véase también* pág. 300, **Chelsea Sports Centre.**

Iyengar Institute
223A Randolph Avenue, W9 (7624 3080). Metro: Maida Vale.
Iyengar está especializado en un estilo de yoga muy concreto. Organizan clases para todos los niveles y días de yoga o «yoga days».
www.iyi.org.uk

Yogahome
Bliss Studios, 11 Allen Road, N16 (7249 2425). Estación de tren: Canonbury.
Yogahome es un ejemplo del tipo de locales que se están poniendo de moda en Londres. Tiene un ambiente distendido y en él se dan clases de todos los estilos a precios que giran en torno a las 5 £.
www.yogahome.com

Yoga Therapy Centre
Homeopathic Hospital, 60 Great Ormond Street, WC1 (7419 7195). Metro: Russell Square. **Plano 6 L4**
El Yoga Therapy Centre, fundado por el Yoga Biomedical Trust, propone tratamientos contra el asma, la hipertensión, la artritis, la diabetes, problemas menstruales y enfermedades ligadas al estrés. Se dan clases para remediar el asma y el dolor de espalda, así como cursos especiales para embarazadas. Las clases se dan a mediodía y por las noches entre semana.
www.yogatherapy.org

Asistir a un evento deportivo

Automovilismo

Wimbledon Stadium
Plough Lane, SW17 (8946 8000). Metro: Wimbledon Park. Entrada 8 £; menores de 14 años y pensionistas, 4 £.
Armatostes, bólidos y prototipos proporcionan entretenimiento familiar los domingos por la tarde. La temporada se interrumpe en junio y julio.

Baloncesto

La capital cuenta con varios equipos de este deporte, que cada vez tiene más peso. El **London Towers** juega en la elitista Dairylea Dunkers Championship. Para mayor información, llame a la **English Basketball Association** (0113 236 1166).

London Towers
Crystal Palace National Sports Centre, Ledrington Road, SE19 (8776 7755). Estación de tren: Crystal Palace. **Entrada** 8 £; niños, 6 £.

Boxeo

Cuando hay una gran pelea, ésta se anuncia en carteles por toda la ciudad. Las plazas pueden costar de 20 a 200 £ o incluso más, si se lucha por un gran título. La mayor parte de los torneos tienen como escenario el **York Hall**, Old Ford Road, E2 (8980 2243), mientras que los campeonatos suelen tener lugar en el **Royal Albert Hall**, la **Earl's Court**, la **Wembley Arena** o la **London Arena** (*véase* pág. 305). Para informarse sobre cuándo y dónde ver boxeo en Londres, llame al **British Boxing Board of Control** (7403 5879).
www.bbbofc.com

Carreras de caballos

La temporada de carreras de caballos se divide entre las carreras lisas (de abril a septiembre) y el National Hunt (carreras de saltos; de octubre a abril). En verano se organizan encuentros por las noches. En las carreras participan tanto aficionados expertos como familias enteras, y en los hipódromos hay una gran variedad de restaurantes y bares. No es obligatorio apostar, pero el riesgo aumenta la diversión.

Ascot
Hight Street, Ascot, Berkshire (01344 622211). Estación de tren: Ascot. **Entrada** *silver ring* 5 £; *grandstand* 8-13 £; *socios* 12-20 £.
En junio, las pamelas y los sombreros invaden la principal carrera de caballos de la temporada, uno de los platos fuertes de la vida social londinense. En el **Royal Meeting**, el día en que la reina se deja ver por el hipódromo, las entradas se ponen por las nubes. En el año 2001, este evento tendrá lugar del 19 al 21 de junio (el día de las damas, *Ladies' Day*, también tiene lugar esos días). Es esencial reservar con antelación. *Véase también* pág. 7.

Epsom
Epsom Downs, Epsom, Surrey (01372 726311). Estación de tren: Tottenham Corner o Epsom Downs **Entrada** 5-16 £.
Tanto **Oaks** como el **Derby** se organizan en Epsom (ambos en junio), uno de los hipódromos más antiguos y personales del país. Contrariamente a lo que ocurre con el elitista Royal Meeting de Ascot, el Derby Day es un día de reunión para los londinenses de a pie. Las mujeres enjoyadas y las quiromantes le dan un ambiente especial. *Véase también* pág. 7.
www.epsomderby.co.uk

Kempton Park
Staines Road East, Sunbury-on-Thames, Surrey (01932 782292). Estación de tren: Kempton Park. **Entrada** 5-14 £.
Esta popular carrera organiza encuentros a lo largo de todo el año. Los momentos estelares son el **King George VI Stakes**, que tiene lugar en el Boxing Day (el 26 de diciembre).
www.kemptonpark.co.uk

Sandown Park
Esher Station Road, Esher, Surrey (01372 463072). Estación de tren: Esher. **Entrada** 5-17 £.
Este hipódromo, considerado el mejor equipado del sudeste, ha ganado varios premios que lo demuestran. Entre los eventos más importantes que organiza destacan la **Whitbread Gold Cup** y el **Coral Eclipse Stakes**.
www.sandownpark.co.uk

Windsor
Maidenhead Road, Windsor, Berkshire (01753 865234). Estación de tren: Windsor & Eton Riverside. **Entrada** 4-15 £.
Este hipódromo situado a la sombra del imponente castillo de Windsor saca partido de su pintoresca situación junto al río y dispone de un barco que lo une con la ciudad antes y después de las carreras. El hipódromo cuenta con ocho pistas, pero sólo se ven bien las cinco primeras, lo que hace difícil saber quién va ganando. Sin embargo, es posible que le interese más disfrutar del ambiente relajante que averiguarlo.
www.windsorracing.co.uk

Carreras de galgos

Los galgos persiguen a una liebre por la pista y los aficionados apuestan por los que creen ganadores entre cerveza y cerveza. Es una forma divertida de pasar una tarde y un método de apuestas muy sencillo incluso para los no iniciados. En los canódromos hay bares y restaurantes.

Catford Stadium *Adenmore Road, SE6 (8690 8000). Estación de tren: Catford o Catford Bridge.*

Carreras a las 19.30 horas, los jueves y los sábados. **Entrada** 4 £.

Romford Stadium *London Road, Romford, Essex (01708 762345). Estación de tren: Romford.* **Carreras** a las 19.35 horas, los lunes, los miércoles y los viernes. **Entradas** 2-4 £.

Walthamstow Stadium *Chingford Road, E4 (8531 4255). Metro: Walthamstow Central.* **Carreras** a las 19.30 horas, loas martes, los jueves y los sábados. **Entradas** 2-4,50 £.

Wimbledon Stadium *Plough Lane, SW19 (8946 8000). Metro: Wimbledon Park.* **Carreras** a las 19.30 horas, los martes, los viernes y los sábados. **Entradas** 9 £; menores de 15 años, pensionistas y jubilados, 4 £.

Críquet

Los partidos del County Championship o campeonato de los condados, duran cuatro días, así que, si no tiene mucho tiempo, le aconsejamos que acuda a uno de los partidos de la Benson & Hedges Cup, el NatWest Trophy o la CGU National League. La temporada va de abril a septiembre.

Lord's

St. John's Wood Road, NW8 (información sobre el MCC 7289 1611/entradas 7432 1066). Metro: St. John's Wood.

Lord's es el centro administrativo y espiritual de este juego. Es la sede del Marylebone Cricket Club (MCC), el rey de este deporte y del County Cricket Club de Middlesex y en él tienen lugar los partidos de las principales finales de copa. Para los partidos normales, no es preciso comprar entradas con antelación, que cuestan menos de 10 £. El futurista NatWest Multimedia Centre es un impresionante añadido que se ideó para que los comentaristas tuviesen una buena vista del terreno. Para el **MCC Museum**.

www.lords.org

Foster's Oval

Kennington Oval, SE11 (7582 7764). Metro: Oval

El Oval es el campo más popular de los dos de que dispone Londres, y se reconoce fácilmente por el gasómetro situado a uno de los lados. El último partido de la Test se juega cada verano en este campo, que también es la sede del Surrey County Cricket Club, al cual para ver jugar hay que pagar 10 £. Surrey ha acogido algunos partidos nocturnos iluminados al estilo australiano y realizará unos cuantos más este próximo verano.

www.surreyccc.co.uk

Fútbol

Cada vez es más difícil que los espectadores ocasionales consigan entradas para los partidos de liga importantes. Cualquier partido del Arsenal es un éxito de taquilla; asimismo, es probable que si se acerca a ver al Chelsea, el Tottenham o el West Ham sin entrada, se quede en la puerta. Aunque, Londres también tiene clubes de las tres divisiones de la Nationwide League y, en esos casos, las entradas son más económicas y más fáciles de conseguir. Estos clubes hacen descuentos a los niños y a los pensionistas. Los precios que figuran a continuación son para adultos que no sean socios y que compren una entrada puntual para un único partido.

Clubes

Arsenal *Arsenal Stadium, Avenell Road, N5 (7413 3366). Metro: Arsenal.* **Entradas** 16,50-32 £. FA Carling Premiership.

Barnet *Underhill Stadium, Barnet Lane, Barnet Hertfordshire (8449 6325). Metro: High Barnet.* **Entradas** *de pie* 8 £; *sentado* 10 £. Nationwide League, 3ª división.

Brentford *Griffin Park, Braemar Road, Brentford, Middlesex (8847 2511). Estación de tren: Brentford.* **Entradas** *de pie* 10 £; *sentado* 14 £. Nationwide League, 2ª división.
www.brentfordfc.co.uk

Charlton Athletic *The Valley, Floyd Road, SE7 (8333 4010). Estación de tren: Charlton.* **Entradas** 15 £. Nationwide League, 1ª división.
www.cafc.co.uk

Chelsea *Stamford Bridge, Fulham Road, SW6 (7386 7799). Metro: Fulham Broadway.* **Entradas** 24-26 £. FA Carling Premiership. **Plano 3 B13.**
www.chelseafc.co.uk

Crystal Palace *Selhurst Park, Park Road, SE25 (8771 8841). Estación de tren: Selhurst.* **Entradas** 16-25 £. Nationwide League, 1ª división.
www.cpfc.co.uk

Fulham *Craven Cottage, Stevenage Road, SW6 (7893 8383). Metro: Putney Bridge.* **Entradas** *de pie* 12 £; *sentado* 16 £. Nationwide League, 1ª división.
swww.fulhamfc.co.uk

Leyton Orient *Matchroom Stadium, Brisbane Road, E10 (8926 1111). Metro: Leyton.* **Entradas** *de pie* 11 £; *sentado* 13-15 £. Nationwide League, 3ª división.
www.leytonorient.com

Millwall *The Den, Zampa Road, SE16 (7231 9999). Estación de tren: South Bermondsey.* **Entradas** 13-17 £. Nationwide League, 2ª división.
www.millwallfc.co.uk

Queens Park Rangers *Rangers Stadium, South Africa Road, W12 (8740 2575). Metro: White City.* **Entradas** 17-19 £. Nationwide League, 1ª división.
www.qpr.co.uk

Tottenham Hotspur *White Hart Lane, High Road, N17 (0870 11222). Estación de tren: White Hart Lane.* **Entradas** 20-46 £. FA Carling Premiership.
www.spurs.co.uk

Watford *Vicarage Road, Watford, Hertfordshire (01923 496010). Estación de tren: Watford High Street.* **Entradas** 22-30 £. FA Carling Premiership.
www.watfordfc.com

West Ham United *Boleyn Ground, Green Street, E13 (8548 2700). Metro: Upton Park.* **Entradas** 36-42 £. FA Carling Premiership.
www.westhamunited.co.uk

Wimbledon *Selhurst Park, Park Road, SE25 (8771 8841). Estación de tren: Selhurst.* **Entradas** 20-22 £. FA Carling Premiership.
www.wimbledon-fc.co.uk

Golf

Dos de los campos de golf más famosos del país están cerca de Londres. En Wentworth se organiza el torneo de World Matchplay en octubre. Llame por teléfono para obtener más información.
Sunningdale *Ridgemount Road, Sunningdale, cerca de Ascot, Berkshire (01344 621681). Estación de tren: Sunningdale.*
Wentworth *Wentworth Drive, Virginia Water, Surrey (01344 842201). Estación de tren: Virginia Water.*

Hockey sobre hielo

London Knights

London Arena, Limeharbour, E14 (7538 1212). DLR: Crossharbour. **Entrada** 12-18 £; niños, 7-15 £.
Los London Knights nacieron en 1998 en el marco del ambicioso programa de expansión del hockey británico, y juegan en el Sekonda Superleague. La temporada va de septiembre a marzo y hay partidos casi cada fin de semana.
www.knightsice.co.uk

Slough Jets

Ice Arena, Montem Lane, Slough, Bershire (01753 821555). Estación de tren: Slough. **Entrada** 7 £; niños, 4 £.
Los Slough juegan en la categoría inferior de la British National League, pero cuentan con tantos jugadores norteamericanos como los equipos más importantes.
www.sloughjets.co.uk

Rugby (clubes)

La revolución de la pelota ovalada ha generado equipos muy profesionales y un importante aumento de los niveles de juego, pero a los clubes les cuesta mucho mantener a equipos con sueldos de entre 3.000 y 5.000 £. Muchos jugadores internacionales juegan en equipos de la capital como, por ejemplo, Harlequins, London Irish, London Wasps y Saracens. La Allied Dunbar Premiership y la Jewson National League, de menor categoría, van de agosto a mayo, y la mayoría de los partidos se juegan los sábados y los domingos por la tarde.

Equipos

Blackheath *Rectory Field, Charlton Road, SE3 (8858 1578). Estación de tren: Blackheath.* **Entrada** *de pie* 10 £; *sentado* 12 £. Jewson National League, 1ª división.
Harlequins *Stoop Memorial Ground, Langhorn Drive, Twickenham, Middlesex (0870 887 0230). Estación de tren: Twickenham.* **Entrada** 12-20 £. Allied Dunbar Premiership, 1ª división.
London Irish *Stoop Memorial Ground, Langhorn Drive, Twickenham, Middlesex (0870 887 0232).* **Entrada** 12-16 £. Allied Dunbar Premiership, 1ª división.
London Wasps *Rangers Stadium, South Africa Road, W12 (8743 0262). Metro: White City.* **Entrada** 11-16 £. Allied Dunbar Premiership, 1ª división.
www.wasps.co.uk
London Welsh *Old Deer Park, Kew Road, Richmond, Surrey (8940 2368). Metro: Richmond. Estación de tren: Richmond.* **Entrada** *de pie* 8 £; *sentados* 11 £. Allied Dunbar Premiership, 2ª división.
www.london-welsh.co.uk
Rosslyn Park *Upper Richmond Road, Priory Lane, Roehampton, SW15 (8876 1879). Estación de tren: Barnes.* **Entrada** 5 £. Jewson National League, 1ª división.
Saracens *Vicarage Road Stadium, Watford, Hertfordhsire (01923 496200). Estación de tren: Watford High Street.* **Entrada** 12-25 £. Allied Dunbar Premiership, 1ª división.
www.saracens.com

Twickenham

Whitton Road, Twickenham, Middlesex (8892 2000/taquilla 8831 6666). Estación de tren: Twickenham.
Twickenham es la sede del rugby británico, y acoge las finales de copa y los partidos internacionales. El estadio, remodelado en los últimos años, tiene capacidad para 60.000 espectadores y es uno de los edificios modernos más impresionantes del país. Las entradas para los partidos de la Six Nations Championship (de enero a marzo) se venden a través de los clubes afiliados y es casi imposible que un espectador ocasional consiga una. Las de finales de copa y otros partidos se pueden adquirir con más facilidad (para mayor información, llame por teléfono). Para información acerca del **Museum of Rugby,** *véase* pág. 136.

Rugby (liga)

London Broncos

Stoop Memorial Ground, Langhorn Drive, Twickenham, Middlesex (8853 8801). Estación de tren: Twickenham.
Los Broncos, un equipo propiedad del dueño de Virgin, Richard Branson, son el único equipo profesional que participa en la liga que se encuentra fuera del tradicional foro norteño y lucha por vencer la indiferencia que genera. La temporada de la Super League va de marzo a septiembre.
www.londonbroncos.co.uk

Tenis

All England Lawn Tennis Club (Wimbledon)

PO Box 98, Church Road, SW19 (8944 1066/ información pregrabada 8946 2244). Metro: Southfields.
Conseguir entrar en el torneo que todos desean ganar es algo sumamente difícil. Los asientos de las pistas central y número uno se adjudican por sorteo: pida su solicitud por

escrito del 1 de diciembre al 31 de septiembre. Las pistas exteriores son más baratas y más fáciles de conseguir y, para la mayoría del público, siguen siendo una opción atractiva. Tendrá que dedicar horas a la inevitable cola, pero una vez que haya logrado entrar, será libre para ir de pista en pista, con lo que podrá estar al tanto de todo. A medida que avance el día, podrá comprar entradas devueltas por una pequeña proporción de su coste inicial, dinero que se destina a obras de caridad. El torneo de Wimbledon tiene lugar del 25 de junio al 8 de julio de 2001.

Queen's Club
Palliser Road, W14 (7385 3421). Metro: Barons Court.
Estas atractivas pistas de hierba situadas en el oeste de Londres albergan el torneo Stella Artois, en el que participan las principales estrellas del tenis masculino que escalan puestos hasta el Big One, camino del torneo de Wimbledon. Reserve las plazas con antelación, ya que es un torneo muy popular entre los espectadores y las empresas, que suelen regalar entradas a sus clientes. Tiene lugar del 11 al 17 de junio.
www.queensclub.co.uk

Principales estadios

Crystal Palace National Sports Centre
Ledrington Road, SE19 (8778 0131). Estación de tren: Crystal Palace.
El único gran estadio de atletismo de Londres necesita una importante remodelación, lo que no impide que siga siendo la sede del Grand Prix cada verano. El polideportivo acoge una gran cantidad de partidos y torneos de baloncesto, *netball*, artes marciales, hockey y levantamiento de pesas. Tras repetidos anuncios de cierre, el Crystal Palace se libró en 1997, momento en el que pasó a ser considerado patrimonio nacional de grado II.
www.crystalpalace.co.uk

London Arena
Limerharbour, E14 (taquilla 7538 1212). DLR: Crossharbour o London Arena; autobuses: D8 y D9.
A la sombra del Canary Wharf, la Arena es un moderno, impresionante y cómodo marco para grandes actos deportivos al aire libre. Los londinenses lo conocen sobre todo por ser la sede del equipo de hockey sobre hielo, los Knights (*véase* pág. 304). Acoge a menudo grandes éxitos de taquilla.
www.londonarena.co.uk

Wembley Stadium/Wembley Arena
Empire Way, Wembley, Middlesex 8902 0902). Metro: Wembley Park; estación de tren: Wembley Stadium. **Abierto** *taquilla* de 09.00 a 21.00 horas, de lunes a sábado; de 09.00 a 19.00 horas, los domingos.
La transformación del legendario pero práctico estadio de Wembley (con capacidad para 80.000 espectadores) en un edificio polifacético y moderno capaz de albergar los mayores campeonatos del mundo (y quizá el mundial de fútbol del 2006), se inició a finales de 1999, cuando se decidió que el nuevo estadio sólo acogería partidos de fútbol y no competiciones de atletismo, como se había previsto al principio. El famoso campo con sus dos torres gemelas ha sido testigo de la final de la FA Cup (*véase* pág. 288) desde 1923 y también sede de muchos encuentros internacionales, de la final de la liga de rugby Challenge Cup y de conciertos de música pop. La Wembley Arena, situada en el interior, sirve de escenario a un gran número de acontecimientos deportivos, como exhibiciones de salto, combates de boxeo y partidos de baloncesto.
www.wembley.co.uk

Teatro

Lo bueno, lo malo y los musicales de Lloyd Webber

La vida teatral de Londres va más allá del brillo y la pompa de las representaciones más comerciales y del puñado de grandes nombres que ofrece el West End cada noche. Lejos de los neones de Shaftesbury Avenue hay mucho talento, y muchos londinenses aficionados al teatro han pasado sus noches más memorables en bares-teatro pequeños y oscuros en zonas de la ciudad nada *glamourosas*... Aunque, para ser sinceros, es posible que las peores noches de teatro también las encuentre en ese entorno. En este apartado, tratamos de proporcionarle una guía de los mejores y más interesantes espectáculos en cartelera.

Las producciones y teatros que aparecen en esta lista están organizados bajo tres epígrafes: «West End», «Fuera del West End» y «Alternativo». El primero, «**West End**» se refiere a la parte del centro de Londres que queda al oeste de la City, donde se representan la mayoría de los musicales y de las obras de gran presupuesto, pero también remite al nivel cultural de sus principales teatros (así, por ejemplo, el **Royal National Theatre** se clasifica como «West End» aunque se encuentre al sur del río). Lo mejor del West End, con una programación de larga duración, son las compañías que tienen su sede en grandes teatros como la del **Royal National Theatre** (con tres escenarios en el Bank Centre), la del **Royal Shakespeare Company** (que en los meses de invierno actúa en dos salas del **Barbican** y en otra del **Young Vic**) y la del **Shakespeare's Globe,** que ha logrado un más que respetable programa de gran valor histórico. Por otro lado, el **Royal Court** es la compañía más dinámica del país y ofrece obras de nueva creación en su nueva sede de Sloane Square.

«**Fuera del West End**» se refiere a las producciones de menor presupuesto, y bajo este epígrafe se suele encontrar una buena mezcla de calidad y originalidad. Los teatros que la componen suelen estar subvencionados y no pagan nada o casi nada a las compañías, y los grandes autores, directores y actores acuden a ellos atraídos por la libertad creativa. Pero incluso esta categoría tiene su jerarquía, con espacios más ricos como el **Young Vic** y el **Almeida** a la cabeza. Por el contrario, teatros como **The Gate** o **King's Head** suelen mostrar el talento de actores recién salidos de las escuelas de arte dramático que trabajan por poco más que por que su nombre figure en el reparto.

En la categoría de «**Alternativo**» se encuentran teatros repartidos por toda la ciudad de calidad más inconstante. Por supuesto, eso no excluye la presencia de producciones de gran calidad: muchos de los grandes artistas actuales se iniciaron (y en algunos casos se estrellaron) en estos teatros. Pero, en la práctica, dar con obras maestras es cuestión de suerte. Entre los mejores teatros figuran **The Finborough**, **The New End** y **The Grace**, que luchan, a pesar de sus problemas financieros, por ofrecer obras de la mayor calidad artística posible.

Por último, la naturaleza del teatro hace que el panorama cambie sin cesar. Para saber qué hay en cartelera, consulte la revista *Time Out*, en la que encontrará una lista detallada de los espectáculos, así como críticas.

INFORMACIÓN Y ENTRADAS

Las entradas para los espectáculos del West End son difíciles de conseguir y bastante caras. **Ticketmaster** 7344 4444/*www.ticketmaster.co.uk* y **First Call** 7420 0000/ *www.firstcall.co.uk* proporcionan entradas, pero vigile los precios porque pueden subir un 10 % o incluso más. Lo más barato es acudir a la taquilla del teatro y comprar las entradas en persona.

En la lista que figura a continuación, los horarios que aparecen entre paréntesis después del número de teléfono corresponden al momento en que se aceptan reservas por teléfono. Si no se especifica horario en ese punto, significa que el horario de reservas por teléfono coincide con el de la taquilla.

El West End

Compañías con sede propia

Royal Court Theatre
(English Stage Company)
Sloane Square, chelsea, SW1 (7565 5000). Metro: Sloane Square. **Taquilla** de 10.00 a 18.00 horas, de lunes a sábado. **Entradas** 10 p-24,50 £; lunes, 5 £. **Tarjetas de crédito** AmEx, MC, V. **Plano 7 G11**
El Royal Court es el epicentro indiscutible de los nuevos creadores británicos. Tras un exilio en el West End, vuelve ahora a su antigua sede de Sloane Square, después de una remodelación que ha costado 25 millones de libras. Cuenta con dos nuevos escenarios a los que, en un arranque de imaginación, se ha bautizado como Upstairs (literalmente «arriba», un pequeño estudio de teatro) y Downstairs («abajo»; proscenio y escenario principal), además de un restaurante y un bar de diseño.
www.royalcourttheatre.com

Royal National Theatre
South Bank, chelsea, SE1 (taquilla 7452 3000/ información 7452 3400). Metro y estación de tren: Waterloo. **Taquilla** de 10.00 a 20.00 horas,

Entradas económicas

• En la taquilla de **Half-Price Ticket Booth**, situada en el edificio Clocktower, junto a la entrada sur de los jardines de Leicester Square, WC2, venden entradas con descuento para casi todos los espectáculos del West End. Algunas entradas cuestan prácticamente la mitad, aunque hay que añadir 2 £ de comisión (o 1,25 £ en entradas de menos de 12,50 £). Las entradas se venden por orden de llegada (y se pagan en efectivo), con un máximo de cuatro por persona. Tenga cuidado con los revendedores y asegúrese de comprarlas en la taquilla indicada y no en una de las de Leicester Square, de aspecto similar pero mucho más caras.

• Las sesiones de madrugada son más baratas que las nocturnas, aunque en algunos casos, actúan estudiantes en lugar de las estrellas del espectáculo. En las representaciones del West End, las entradas de las noches del lunes al jueves son más económicas que las del viernes o el sábado por la noche.

• Compre una entrada de visión reducida (aunque no todos los teatros disponen de ellas) y cámbiese discretamente a otra mejor cuando apaguen las luces. Por supuesto, eso funcionará sólo si el teatro no está lleno y si no se presenta el espectador con la entrada legítima para ese lugar (o si éste no es más fuerte que usted).

• Los asientos más baratos suelen estar en el gallinero, es decir, en la parte alta del teatro, pero en esos lugares la visibilidad disminuye (por no hablar del vértigo que se puede sentir).

• Compre las entradas (en persona o por teléfono) directamente en el teatro para evitar el pago de comisiones del 10 % o más.

• Vaya a los ensayos generales de los espectáculos del West End y de fuera del West End. Las entradas son mucho más económicas y, a pesar de las melodramáticas afirmaciones de los puristas, verá lo mismo que en el espectáculo final: aunque la mona se vista de seda, en mona se queda...

• El **Royal National Theatre** vende una serie de entradas más económicas (10-12 £) para espectáculos matinales que empiezan a las 10.00 horas. Cada persona puede comprar sólo dos entradas y las colas de las taquillas empiezan a formarse a las 08.00 horas para los espectáculos más codiciados. Las entradas sobrantes de las sesiones de la noche también se venden más baratas en taquilla desde dos horas antes del inicio de la representación.

• Algunos teatros aplican una tarifa reducida en las actuaciones nocturnas. Por ejemplo, el **BAC** organiza una noche de «pague lo que pueda» los martes; el **Royal Court** vende entradas por diez peniques y, los lunes, todas cuestan 5 £. El **Theatre Royal Stratford East** tiene la tarifa reducida más económica de todas para estudiantes y pensionistas. De igual modo, merece la pena consultar la página *web* de la Society of London Theatres', que facilita mucha información: *www.officiallondontheatre.co.uk*.

• Consulte la revista *Time Out* en busca de ofertas puntuales.

de lunes a sábado. **Entradas** *Olivier & Lyttelton* 10-30 £; *Cottesloe* 12-22 £. **Tarjetas de crédito** AmEx, DC, MC, V. **Plano 8 M7**

Bajo la dirección del popular maestro de musicales del West End Trevor Nunn, el teatro más importante de Reino Unido ha creado una compañía de repertorio para representar musicales, clásicos y obras de teatro contemporáneas. Con sede en el mausoleo de cemento del South Bank Centre, el RNT consta de tres salas: la **Olivier**, un escenario grande y abierto, ideal para los espectáculos de envergadura; la **Lyttelton**, un proscenio tradicional para producciones de tamaño medio; y el remodelado estudio **Cottesloe**, ideal para las producciones modernas, más pequeñas. El teatro ha sufrido un proceso de transformación: se ha invertido en un nuevo equipo de sonido, en las salas y en el sistema de iluminación, así como en un espacio para representaciones exterior, la **Theatre Square**.

www.nt-online.org

Royal Shakespeare Company

Barbican Centre, Silk Street, The City, EC2 (taquilla 7638 8891). Metro: Barbican o Moorgate; estación de tren: Moorgate. **Taquilla** de 09.00 a 20.00 horas, todos los días. **Entradas** 5-35 £. **Tarjetas de crédito**: AmEx, MC, V. **Plano 9 P5**

Este teatro es el principal encargado de conservar el legado de Shakespeare en Reino Unido, pero también representa obras de otros autores clásicos y contemporáneos, así como obras más comerciales como el musical *Les Misérables*. Además de las giras nacionales, la compañía divide su tiempo entre su sede principal, el **Royal Shakeskpeare Theatre** en Stratford-upon-Avon, el **Swan** y **The Other Place**, mientras que de octubre a mayo actúa en el Barbican Centre (en el enorme **Barbican Theatre** y en el espacio más íntimo de **The Pit**) y también en el **Young Vic**, en Waterloo. En el año 2001 se representarán **The Duchess of Malfi, The Tempest, As You Like it, Romeo and Julieta, Richard II, Henry IV,** y la nueva **Bach to Methuselah**.

www.rsc.org.uk

Shakespeare's Globe

New Globe Walk, Bankside, SE1 (020 7401 9919). Metro: Blackfriars o Manson House. **Taquilla** de 10.00 a 17.00 horas, de lunes a viernes. **Entradas** 5-27 £. **Tarjetas de crédito** AmEx, MC, V. **Plano 11 O7**

Bajo la dirección del actor Mark Rylance, este fascinante local se convirtió en un teatro de categoría en el que de mayo a septiembre se puede asistir a representaciones al aire libre que imitan las que tenían lugar en la época de Shakespeare en el Globe original. El ruido de fondo de la vida moderna y el interés por las fiestas hace que el teatro no se preste a grandes matices artísticos. De todos modos, el recinto permite comprender en qué condiciones trabajaba Shakespeare y pasar un buen rato. El Íñigo Jones Theatre, un escenario interior que imita el estilo jacobino, acogerá obras durante el invierno cuando se complete en el año 2002. *Véase también* pág. 42.

www.shakespeares-globe.org

Musicales y éxitos de taquilla

La mayoría de los teatros organizan sesiones de tarde de lunes a sábado (entre las 19.30 y las 20.00 horas) y sesiones matinales un día entre semana (generalmente los miércoles), los sábados y, a veces, los domingos. Para mayor información, llame a los teatros.

An Inspector Calls

Garrick Theatre, 2 Charing Cross Road, Covent Garden WC2 (7494 5085; las 24 horas, todos los días). Metro: Leicester Square. **Taquilla** en persona de 10.00 a 20.00 horas, de lunes a sábado. **Entradas** 12-30 £. **Tarjetas de crédito** AmEx, MC, V. **Plano 8 K7**

La producción de Stephen Daldry retoma el antiguo repertorio de J. B. Priestley y lo redescubre como una parábola psicológica y social.

www.rvtheatres.com

Art

Wyndhams Theatre, Charing Cross Road, Covent Garden WC2 (7369 1736; de 9.00 a 21.00 horas, todos los días). Metro: Leicester Square. **Taquilla** en persona de 10.00 a 18.00 horas, los lunes; de 10.00 a 20.00 horas, de martes a sábados, de 10.00 a 17.00 horas, los domingos. **Entradas** 9,50-29,50 £. **Tarjetas de crédito** AmEx, DC, MC, V. **Plano 8 K7**

Sátira amable de Yasmina Reza sobre la amistad de tres hombres que se rompe cuando uno de ellos compra un cuadro muy caro.

Blood Brothers

Phoenix Theatre, Charing Cross Road, St. Giles's WC2 (7369 1733; de 09.00 a 21.00 horas, todos los días). Metro: Tottenham Court Road. **Taquilla** en persona de 10.00 a 19.45 horas, de lunes a sábado; por teléfono, 24 horas todos los días. **Entradas** 12-35 £. **Tarjetas de crédito** AmEx, DC, MC, V. **Plano 6 K6**.

El ambicioso melodrama de Willy Russell está lleno de sentimiento y de canciones con ritmo, y lleva ya la friolera de once años en cartelera en el West End.

Buddy

Strand Theatre, Aldwych, Holborn WC2 (7930 8800; de 10.00 a 20.00 horas, de lunes a sábados; de 12.30 a 16.00 horas, los domingos). Metro y estación de tren: Charing Cross **Taquilla** en persona de 10.00 a 18.00 horas, los lunes; de 10.00 a 20.00 horas, de martes a sábado; de 12.30 a 16.00 horas, los domingos. **Entradas** 13.50-35 £ (las representaciones de madrugada de los viernes, a mitad de precio). **Tarjetas de crédito** MC, V. **Plano 6 M6**

Un atractivo y nostálgico repaso a las canciones que hicieron famoso a Buddy Holly antes de que muriera en un accidente de avión.

www.trh.co.uk

Cats

New London Theatre, Drury Lane, Covent Garden, WC2 (7405 0072; las 24 horas, todos los días). Metro: Covent Garden o Holborn. **Taquilla** en persona de 10.00 a 19.45 horas, de lunes a sábado; por teléfono, 10.00 a 20.00 horas, de lunes a sábado. **Entradas** 10,50-37,50 £. **Tarjetas de crédito** AmEx, DC, MC, V. **Plano 6 L6**.

Este musical de Lloyd Webber, basado en el *Old Possum's Book of Practical Cats*, de T. S. Eliot, es la obra que más años lleva en cartelera en Londres (¡veinte años!).

www.catsthemusical.com

Chicago

Adelphi Theatre, Strand Covent Garden (ticketmaster 7344 0055; las 24 horas, todos los días). Metro y estación de tren: Charing Cross. **Taquilla** de 10.00 a 20.00 horas, de lunes a sábado. **Entradas** 16-36 £. **Tarjetas de crédito** AmEx, MC, V. **Plano 8 L7**

Este musical de estilo cabaret es una sátira sobre la ciudad de Al Capone que ha recibido muy buenas críticas. Sus creadores son Kander y Ebb.

Complet Works of William Shakespeare/Complete History of America

Criterion Theatre, Jermyn Street, W1 (7369 1737; de 09.00 a 21.00 horas, de lunes a sábado; de 10.00 a 18.00 horas, los domingos). Metro: Piccadilly Circus. **Taquilla** de 10.00 a 16.00 horas, de martes a sábado; de 10.00 a 16.00 horas, los domingos. **Entradas** 10-25 £. **Tarjetas de crédito** AmEx, DC, MC, V. **Plano 7 J7**

La RSC (Reduced Shakespeare Company), un grupo norteamericano iconoclasta que se ocupa de la obra de Shakespeare y de la historia nacional de su país, empezó a actuar en teatros alternativos pero ahora llevan cinco años en el West End.

Les Misérables

Palace Theatre, Shaftesbury Avenue, Soho, W1 (7434 0909; las 24 horas, todos los días). Metro: Leicester Square. **Taquilla** de 10.00 a 20.00 horas, de lunes a sábado. **Entradas** 7-37,50 £. **Tarjetas de crédito** AmEx, DC, MC, V. **Plano 6 K6**

El éxito de taquilla de Boubil y Schonberg lleva quince años idealizando la lucha entre los pobres y los villanos en el París revolucionario de Victor Hugo.

www.lesmis.com

The Lion King (El rey león)

Lyceum Theatre, Wellington Street, WC2 (0870 243 9000; de 08.30 a 22.00 horas, de lunes a viernes; de 08.30 a 09.30, los sábados; de 10.00 a 20.00 horas, los domingos). Metro: Charing Cross o Holborn. **Taquilla** de 10.00 a 20.00 horas, de lunes a sábado. **Entradas** 17-37,50 £. **Tarjetas de crédito** AmEx, MC, V. **Plano 8 L7**

Esta fábula de Disney acerca de un cachorro de león que lucha por sobrevivir ha tenido un gran éxito. Los «anima-

Mamma Mia! *Una gran producción del West End*

les» son el gancho del espectáculo, y todo lo demás está hecho al estilo de Hollywood.

Mamma Mia!

Prince Edward Theatre, Old Compton Street, Soho, W1 (7447 5400; las 24 horas, todos los días). Metro: Leicester Square. **Taquilla** de 10.00 a 19.00 horas, de lunes a sábado. **Entradas** 15-35 £. **Tarjetas de crédito** AmEx, MC, V. **Plano 6 K6**
Esta popular y nostálgica historia de amor ambientada en los años setenta tiene como escenario una isla griega y conecta los grandes éxitos de Abba con el argumento. Las entradas están agotadas constantemente.
www.mamma-mia.com

The Mousetrap

St. Martin's Theatre, West Street, Covent Garden, WC2 (7836 1443). Metro: Leicester Square. **Taquilla** de 10.00 a 20.15 horas, de lunes a sábado. **Entradas** 11-28 £. **Tarjetas de crédito** AmEx, MC, V. **Plano 6 K6**
Un incomprensible éxito de taquilla basado en un caso de asesinato ideado por la reina del suspense, Agatha Christie.

Phantom of the Opera

Her Majesty's Theatre, Haymarket, St. James's SW1 (7494 5000/5400; las 24 horas, todos los días). Metro: Piccadilly Circus. **Taquilla** de 10.00 a 18.00 horas, de lunes a sábado. **Entradas** 10-37,50 £. **Tarjetas de crédito** AmEx, MC, V. **Plano 8 K7**
Este musical de Lloyd Webber no autobiográfico es todo un éxito de taquilla que nos presenta a un horrible y deforme aficionado a la ópera que se obsesiona con una hermosa soprano.
www.thephantomoftheopera.com

Spend, Spend, Spend

Piccadilly Theatre, Denman Street, W1 (7369 1734; de 09.00 a 21.00 horas, de lunes a sábado; de 10.00 a 18.00 horas, los domingos). Metro: Piccadilly Circus. **Taquilla** de 10.00 a 20.00 horas, de lunes a sábado. **Entradas** 15-35 £. **Tarjetas de crédito** AmEx, DC, MC, V. **Plano 7 J7**
La historia de Nicholson, el hombre que ganó cerca de tres millones de libras en 1961, se ha convertido, de la mano de Steve Brown y Justin Greene en una producción atrevida, inteligente y llena de vida.

Starlight Express

Apollo Victoria Theatre, Wilton Road, Pimlico SW1 (0870 400 0800; de 08.30 a 22.00 horas, de lunes a viernes; de 08.30 a 21.00 horas, los sábados; de 10.00 a 20.00 horas, los domingos). Metro y estación de tren: Piccadilly Circus. **Taquilla** de 10.00 a 20.00 horas, de lunes a sábado. **Entradas** 12,50-30 £. **Tarjetas de crédito** AmEx, MC, V. **Plano 7 H10**
Este musical renovado por Lloyd Webber no se basa tanto en la música como en lo espectacular de sus actores, que van patinando por el escenario simulando ser trenes.
www.starlight-express.co.uk

Whistle Down the Wind

Aldwych Theatre, Aldwych, WC2 (7416 6003; 08.30 a 22.00 horas, de lunes a viernes; de 08.30 a 21.00 horas, los sábados; de 10.00 a 20.00 horas, los domingos). Metro: Covent Garden. **Taquilla** de 10.00 a 20.00 horas, de lunes a sábado. **Entradas** 10-35 £. **Tarjetas de crédito** AmEx, DC, MC, V. **Plano 8 M6**
Este musical de Lloyd Webber, basado en la relación de una adolescente y un asesino que huye de la justicia, y ambientado en los años cincuenta, no ha recibido buenas críticas... lo que no impide que siga llenando el teatro noche tras noche.

Phantom of the Opera *(véase pág. 309)*

The Witches of Eastwick

Prince of Walles Theatre, Coventry Street, W1 (7839 972; las 24 horas, todos los días). Metro: deicester Square. **Taquilla** de 10.00 a 19.00 horas, de lunes a miércoles y viernes; de 10.00 a 14.00 horas y de 15.00 a 19.00 horas, martes y sábados. **Por teléfono** 24 horas, todos los días. **Entradas** 12,50-37,50 £. **Tarjetas de crédito** AmEx, MC, V. **Plano 6 L6**

Este musical de Cameron Mackintosh, que llena el hueco dejado por *Miss Saigon* a finales de 1999, está inspirado en la película de Jack Nicholson que, a su vez, está basada en un libro de John Updike. Se estrenó el 13 de junio del 2000.

www.witchesofeastwick.com

The Woman in Black (La dama de negro)

Fortune Theatre, Russell Street, WC2 (7836 2238). Metro: Covent Garden. **Taquilla** de 10.00 a 20.00 horas, de lunes a sábado. **Entradas** 10-28,50 £. **Tarjetas de crédito** AmEx, MC, V. **Plano 6 L6**

La historia de fantasmas de Susan Hill, en la que actúan sólo dos actores, va camino de convertirse en un clásico del West End.

Fuera del West End

Almeida

Omega Place, Caledonian Road, King's Cross, N1 (7359 4404) Metro y estación de tren: King's Cross. **Taquilla** en persona de 17.30 a 19.00 horas, de lunes a viernes; de 13.00 a 19.00 horas, los sábados. Por teléfono, 24 horas, todos los días. **Entradas** 5-27,50 £. **Tarjetas de crédito** AmExMC, V. **Plano 9 O1**

Hace diez años que los hoy actores y directores Ian McDiarmid y Jonathan Kent ofrecen una fluida serie de obras de calidad en las que participan actores de la talla de Kevin Spacey o Cate Blanchett.

www.almeida.co.uk

BAC (Battersea Arts Centre)

Lavender Hill, Battersea, SW11 (020 7223 2223; de 10.30 a 19.00 horas, de lunes a sábado; de 16.00 a 19.00 horas, los domingos). Estación de tren: Clapham Junction; autobuses: 77, 77A y 345. **Taquilla** de 10.30 a 18.00 horas, los lunes; de 10.30 a 21.00 horas, de martes a sábado; de 16.00 a 19.00 horas, los domingos. **Entradas** 4-12,50 £; los martes, a voluntad. **Tarjetas de crédito** MC, V.

Situado en un edificio victoriano, bajo la tenaz dirección de Tom Morris, el BAC (Battersea Arts Centre) es considerado el teatro nacional de lo alternativo. Contiene tres salas (una principal y dos estudios), y en él se puede ver gran parte de las mejores obras de teatro alternativo, además de teatro visual, experimental y gestual.

www.bac.org.uk

The Bush

Shepherd's Bush Green, Shepherd's Bush, W12 (8743 3388; de 10.00 a 20.00 horas, de lunes a sábado). Metro: Goldhawk Road o Shepherd's Bush. **Taquilla** de 18.30 a 20.00 horas, de lunes a vienes; de 19.00 a 20.00 horas, los sábados. **Entradas** 7-13 £. **Tarjetas de crédito** AmEx, MC, V.

Se trata del segundo teatro más importante de la ciudad (y tal vez incluso del país) en lo que respecta a obras contemporáneas, después del Royal Court Theatre, y está especializado en obras contemporáneas de autores a menudo noveles. The Bush es además el trampolín de muchos jóvenes escritores que quieren dar el salto a teatros más importantes (tal fue el caso de Conor McPherson, autor de *The Weir*). Los asientos son bancos bastante estrechos, por lo que las mejores plazas son las del final, en las que no se corre el peligro de que nadie le clave a uno las rodillas en la espalda.

www.bushtheatre.co.uk

Donmar Warehouse

41 Earlham Street, Covent Garden, WC2 (7369 1732; de 09.00 a 21.00 horas, de lunes a sábado; de 10.00 a 18.00 horas, los domingos). Metro: Covent Garden. **Taquilla** de 10.00 a 20.00 horas, de lunes a sábado. **Entradas** 14-24 £. **Tarjetas de crédito** AmEx, MC, V. **Plano 6 L6**

Bajo la dirección de Sam Mendes, la Donmar Warehouse ha seguido ofreciendo al espectador su característica mezcla de obras clásicas y recientes, con compañías nacionales y extranjeras que han mantenido el listón alto y le han permitido cobrar entradas con precios propios del

West End. Entre los artistas más destacados que han actuado en esta sala en los últimos años puede citarse a Nicole Kidman y a William H. Macy.
www.donmar-warehouse.com

Drill Hall
16 Chenies Street, Fitzrovia, WC1 (020 7637 8270; de 11.00 a 19.00 horas, de lunes a sábado; de 11.00 a 18.00 horas, los domingos). Metro: Goodge Street. **Taquilla** de 10.00 a 19.30 horas, de lunes a viernes; de 11.00 a 19.30 horas, los sábados. **Entradas** 6-12 £. **Tarjetas de crédito** AmEx, MC, V. **Plano 6 K5**
El teatro gay y lesbiano más grande, ruidoso y lleno de vida de Londres ofrece tanto producciones propias como internacionales. Los lunes por la tarde, la representación es exclusivamente para mujeres, a partir de las 18.00 horas, y los jueves es el día de los no fumadores; sin embargo, a pesar de ello, no se trata de un local separatista u hostil. En el sótano hay una cafetería vegetariana muy popular.

The Gate
The Prince Albert, 11 Pembridge Road, Notting Hill, W11 (7229 0706). Metro: Notting Hill Gate. **Taquilla** de 10.00 a 18.00 horas, de lunes a viernes. **Entradas** 6-12 £. **Tarjetas de crédito** MC, V. **Plano 1 A7**
Situado sobre un *pub*, The Gate se ha hecho famoso por sus producciones de gran calidad y escaso presupuesto (tanto clásicas como actuales), realizadas con muy pocos medios. Una de sus características más destacables es el diseño radical de los decorados. Muchos actores y directores jóvenes dejan pasar buenas ofertas para trabajar en este teatro por amor al arte.

Hampstead Theatre
Avenue Road, Swiss Cottage, NW3 (7722 9301). Metro: Swiss Cottage. **Taquilla** de 10.00 a 19.30 horas, de lunes a sábado. **Entradas** 7-17 £. **Tarjetas de crédito** MC, V.
A pesar de estar alojado en lo que parece una caravana venida a menos, no se deje llevar por las apariencias: el Hampstead Theatre, bajo la dirección artística de Jenny Topper, ofrece obras contemporáneas de gran calidad, y es justamente famoso por ello.
www.hampstead-theatre.co.uk

King's Head
115 Upper Street, Islington, N1 (7226 1916). Metro: Angel y Highbury & Islington; estación de tren: Highbury & Islington. **Taquilla** de 10.00 a 20.00 horas, de lunes a sábado; de 10.00 a 16.00 horas, los domingos. **Entradas** 4-14 £. **Tarjetas de crédito** MC, V. **Plano 9 O1**
El café teatro más antiguo de Londres ofrece una selecta variedad de musicales de pequeña envergadura y revistas (que se pueden acompañar de una cena agradable y económica), así como de obras cortas a la hora de comer (que se ven comiendo una hamburguesa con patatas fritas). La licencia para servir bebidas alcohólicas y sus fiestas le garantizan un lleno total durante el invierno, pero en la actualidad el local corre peligro debido a que el consejo de la localidad le ha denegado la subvención.

Lyric
King Street, Hammersmith, W6 (8741 2311; de 10.00 a 19.00 horas, de lunes a sábado). Metro: Hammersmith. **Taquilla** de 10.00 a 20.00 horas, de lunes a sábado. **Entradas** 5-19 £. **Tarjetas de crédito** AmEx, DC, MC, V.
A pesar de no carecer de producciones propias, el Lyric se ha ganado la fama de ofrecer obras alternativas de gran profesionalidad. En la sala grande del proscenio se suelen representar obras más comerciales (a menudo consideradas propias del West End) de mano de compañías invitadas, mientras que el estudio se reserva para espectáculos de menor envergadura.
www.lyric.co.uk

Open Air Theatre
Regent's Park, NW1 (7486 2431). Metro: Baker Street. **Temporada de repertorio** de mayo a septiembre; llame por teléfono para mayor información. **Entradas** 9-23 £. **Tarjetas de crédito** AmEx, DC, MC, V. **Plano 5 G3**
Este teatro, perfectamente equipado con un bar que sirve bufets y barbacoas en el frondoso y verde entorno del Regent's Park, es un lugar ideal para asistir a representaciones durante los meses de verano. La compañía es muy popular (y no sólo entre turistas) y tiene una gran reputación y, aunque sus producciones están a la merced del clima inglés, es sorprendente el escaso porcentaje de representaciones que se ven obligados a cancelar. Nunca falta una obra de Shakespeare, un musical y, los domingos, un espectáculo familiar.
www.open-air-theatre.org.uk

Orange Tree
1 Clarence Street, Richmond, Surrey (8940 3633). Metro y estación de tren: Richmond. **Taquilla** de 10.00 a 19.00 horas, de lunes a sábado. **Entradas** 5-15 £. **Tarjetas de crédito** MC, V.
Este diminuto local ha florecido bajo la dirección de Sam Walters y su propuesta de obras auténticas, con un vestuario a menudo muy cuidado y poco o ningún decorado.
www.orangetreetheatre.co.uk

Riverside Studios
Crisp Road, Hammersmith, W6 (8237 1111; las 24 horas, todos los días). Metro: Hammersmith. **Taquilla** de 12.00 a 21.00 horas, todos los días. **Entradas** 10-25 £. **Tarjetas de crédito** MC, V.
El Riverside, con un espacio parecido a un hangar y un estudio, cuenta con una sala de proyecciones de cine de autor y una sala en la que se pueden ver obras de teatro, muestras artísticas, espectáculos de danza y obras de producción propia, a menudo con una clara tendencia vanguardista. Su remodelación ha sido posible gracias al dinero que les proporciona el programa televisivo de Chris Evans, *TF1 Friday*.
www.riversidestudios.co.uk

Stratford East Royal Theatre
Gerry Raffles Square, Stratford, E15 (8534 0310). Metro y estación de tren: Stratford. **Taquilla** de 10.00 a 18.00 horas, de lunes a sábado. **Entradas** 5-15 £. **Tarjetas de crédito** AmEx, MC, V.

Con su vuelta a los años cincuenta de la mano de Joan Littlewood con obras como *Oliver!*, y *Oh! What a Lovely War*, el Theatre Royal Stratford East es un punto de referencia obligado para los aficionados al teatro, los musicales y las revistas populares. Dirigido en la actualidad por el apasionado Philip Hedley, el teatro sigue ofreciendo obras vigorosas pero populares a un público multirracial, al tiempo que estrena producciones de éxito, al estilo del West End, como *East is East*. La sala ha llevado a cabo obras de mejora y abrió sus puertas en primavera del 2001 con un centro de arte, una sala de cine y nuevos escenarios. En la inauguración, se estrenó un musical.

Tricycle
269 Kilburn High Road, Kilburn, NW6 (020 7328 1000). Metro: Kilburn. **Taquilla** de 10.00 a 21.00 horas, de lunes a sábado; de 14.00 a 21.00 horas, los domingos. **Entradas** 8,50-15 £. **Tarjetas de crédito** MC, V.

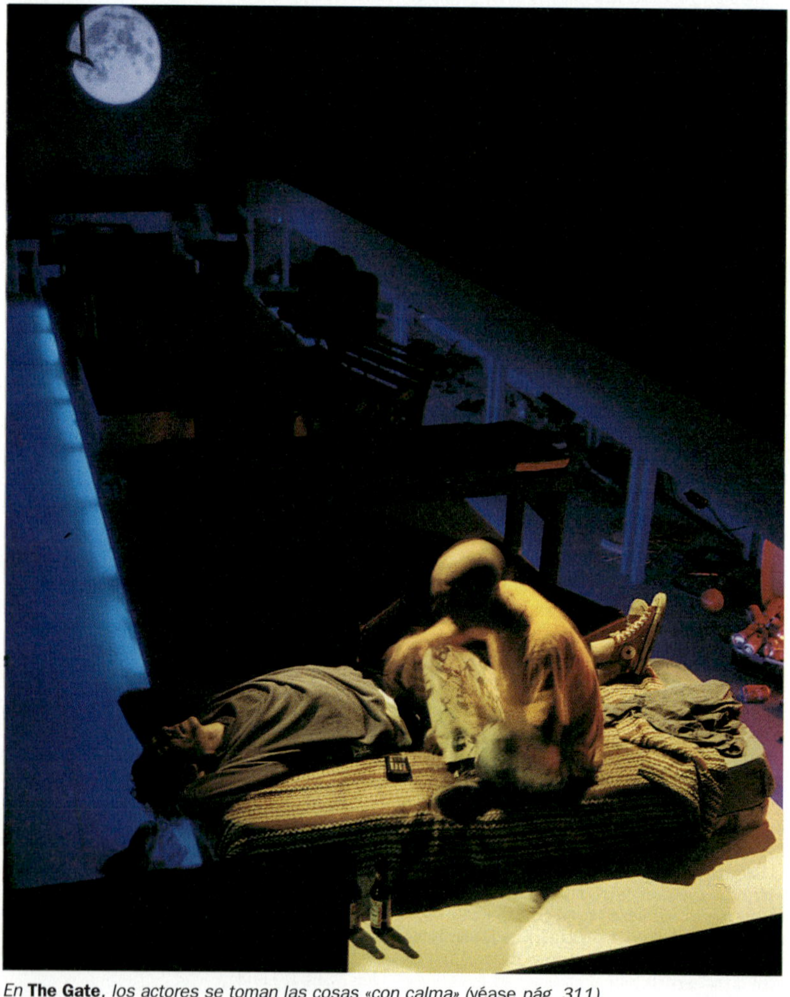

En **The Gate**, *los actores se toman las cosas «con calma»* (véase pág. 311)

El Tricycle, rival a pequeña escala del Theatre Royal Stratford East, está especializado en obras de teatro, musicales y revistas negras e irlandesas orientadas al público del barrio. Bajo la dirección de Nicholas Kent, el teatro tiene una marcada personalidad y cuenta, además, con uno de los bares más agradables de Kilburn y una sala de cine muy cómoda. En 1999, Jonny Lee Miller (*Trainspotting*) se inició en este teatro con una obra titulada *Four Nights in Knaresborough*.

Young Vic
66 The Cut, Waterloo, SE1 (7928 6363). Metro: Southwark. **Taquilla** de 10.00 a 19.00 horas, de lunes a sábado. **Entradas** 7-21 £. **Tarjetas de crédito** MC, V. **Plano 11 N8**
El director artístico de la sala, Tim Supple, ha sabido sacar partido a este teatro protegido por la sombra del Old Vic y lo ha convertido en un local de calidad, con un escenario bien proporcionado y una amplia sede que acoge a numerosas compañías invitadas de la talla de la Royal Shakespeare Company o a estrellas como Jude Law. En el 2000 se estrenó la obra *Tales from Ovid*, de Ted Hughes.
www.youngvic.org

Teatros alternativos

Para descubrir algunas de las mejores producciones alternativas de Londres, tenga en cuenta los siguientes teatros:

The Bridewell *Bride Lane, junto a Fleet Street, Blackfriars, EC4 (7936 3456). Metro y estación de tren: Blackfriars.* **Taquilla** de 12.00 a 18.00 horas, de martes a sábado. **Plano 11 N6**
www.bridewelltheatre.co.uk
Teatro de buen tamaño en el que puede verse una mezcla de musicales y obras de teatro a menudo realizadas por compañías nacionales.
Chelsea Centre *King's Road, Chelsea, SW10 (7352 1967; de 10.00 a 21.00 horas, de lunes a sábado). Metro: Sloane Square y, después, autobús 11, 22 o 211; metro: Earl's Court y, a continuación, autobús 328.* **Taquilla** de 19.00 a 21.00 horas, de lunes a sábado. **Plano 3 C13**
Este espacio amplio y versátil, aunque bastante desaprovechado, está pensado exclusivamente para usos artísticos y debe su desarrollo arquitectónico a los fondos proporcionados por la lotería.
www.btinternet.com/nchelseacentre/
Etcetera Theatre *Oxford Arms, 265 Camden High Street, Camden Town, NW1 (020 7482 4857). Metro: Camden Town.* **Taquilla** de 10.00 a 20.00 horas, de martes a domingo.
Este clásico y diminuto café teatro cuenta con una programación dinámica que corre a cargo de una serie de ambiciosos jóvenes que sueñan con dedicarse al teatro. Cada noche hay dos espectáculos distintos (llame por teléfono para mayor información).

Finborough Theatre *Finborough Arms, Finborough Road, SW10 (7373 3842). Metro: Earls' Court.* **Taquilla** de 11.00 a 20.30 horas, todos los días. **Plano 3 B12**
Este *pub* acoge a nuevos creadores, algunos de los cuales ya han trabajado en el West End y en Broadway.
http://finborougtheatre.itgo.com
Grace Theatre *Latchmere Pub, 503 Battersea Park Road, Clapham Junction, SW11 (7223 3549). Estación de tren: Clapham Junction.* **Taquilla** de 09.00 a 18.00 horas, todos los días.
Local incipiente, pero ambicioso, cuya programación mejora día a día.
Jermyn Street Theatre *16B Jermyn Street, St. James's, SW1 (7287 2875). Metro: Piccadilly Circus.* **Taquilla** de 11.00 a 19.00 horas, de lunes a viernes; de 13.00 a 19.00 horas, los sábados. **Plano 7 J7**
Pequeño estudio situado en el corazón del West End que propone una ambiciosa y personal mezcla de musicales, revistas y clásicos.
www.jermynstreet.co.uk
New End Theatre *27 New End, Hampstead, NW3 (7794 0022). Metro: Hampstead.* **Taquilla** de 10.00 a 20.00 horas, de lunes a viernes; de 13.00 a 20.00 horas, los sábados y los domingos.
Este pequeño teatro, de estilo muy propio de Hampstead, ofrece obras arriesgadas de gran calidad.
Oval House *52-54 Kennington Oval, Oval, SE11 (7582 7680). Metro: Oval.* **Taquilla** de 10.00 a 21.00 horas, de martes a viernes; de 15.00 a 21.00 horas, de martes a sábados.
Este local *gay* y lesbiano, el segundo en importancia después del Drill Hall (*véase* pág. 311) cuenta con dos salas de teatro que acogen a compañías de calidad y, a menudo, subvencionadas.
www.ovalhouse.dircon.co.uk
Pleasance Theatre *Carpenters Mews, North Road, (junto a Caledonian Road), N7 (7609 1800). Metro: Caledonian Road.* **Taquilla** de 10.00 a 18.00 horas, todos los días.
Este local, filial de uno de los locales más famosos del Edinburgh Fringe Festival, es amplio y suele proponer obras alternativas de gran calidad.
Southwark Playhouse *62 Southwark Bridge Road, Bankside, SE1 (7620 3494). Metro: Borough o Southwark; metro y estación de tren; London Bridge.* **Taquilla** de 11.00 a 19.30 horas, de lunes a sábado. **Plano 11 P8**
Este pequeño teatro situado en el Bankside se arriesga con un ambicioso programa de obras de teatro y música. Los resultados son algo irregulares.
www.southwark-playhouse.co.uk
Tristan Bates Theatre *The Actors Centre, 1A Tower Street, WC2 (7240 6283). Metro: Leicester Square.* **Taquilla** de 10.00 a 20.00 horas, todos los días. **Plano 6 K6**
Gracias a su envidiable ubicación, en pleno Actors Centre, este teatro cuenta con repartos de excepción. Debe reservarse plaza con un mínimo de 48 horas de antelación.

Warehouse Theatre *Dingwall Road, Croydon, Surrey, (8680 4060). Estación de tren: East Croydon.* **Taquilla** de 10.00 a 17.00 horas, los lunes; de 10.00 a 20.30 horas, los martes; de 10.00 a 22.00 horas, de miércoles a sábado; de 15.00 a 19.00 horas, los domingos.
Teatro alternativo y suburbano (algo más suburbano que alternativo), basado en una combinación de obras convencionales y anticonvencionales.
www.uk-live.co.uk/warehouse_theatre

White Bear *138 Kennington Park Road, Kennington, SE11 (7793 9193).*
Metro: Kennington. **Taquilla** de 10.00 a 18.00 horas, de lunes a sábado; de 12.00 a 18.00 horas, los domingos.
Este teatro, situado en el extremo de un bar bastante descuidado, es todo lo deprimente que puede resultar un teatro alternativo, pero de vez en cuando alcanza cotas de osadía y originalidad insospechadas.

Excursiones por los alrededores

Excursiones por los alrededores

Londres está todo visto, ya le ha sacado el jugo. Ha llegado la hora de salir

Pese a los muchos encantos de las grandes ciudades, siempre llega un momento en el que necesitamos escapar del tráfico, el ruido, la contaminación y el bullicio. Muchos turistas (y casi todos los londinenses) desconocen los atractivos que hay pasada la M25, y lo fácil que es acceder a ellos. Si desea información más detallada acerca de las escapadas que se pueden organizar desde Londres, consulte el libro *Time Out Book of Weekend Breaks* (Penguin, 12,99 £).

PREPARAR EL VIAJE

Para empezar, lo mejor es acudir al **British Travel Centre** (*véase* inferior), donde le facilitarán guías y folletos gratuitos y le aconsejarán sobre cualquier destino del interior de Reino Unido o Irlanda. Además, podrá comprar billetes de tren, autobús o avión al alquilar coches, reser-var plaza en recorridos guiados, adquirir entradas para el teatro y reservar alojamiento. El centro cuenta incluso con una oficina de cambio de divisas, una sucursal de Thomas Cook, una agencia de viajes y una librería. De todos modos, sigue siendo aconsejable que los visitantes acudan al centro de información turística de la localidad de destino en cuanto lleguen para que les proporcionen folletos e información concreta sobre alojamientos, restaurantes y lugares de interés de la localidad.

British Visitor Centre
1 Regent Street (al sur de Piccadilly Circus), SW1 (no tiene teléfono). Metro: Piccadilly Circus. **Abierto** *de enero a julio y de octubre a diciembre*, de 09.00 a 18.30 horas, de lunes a viernes; de 10.00 a 16.00 horas, sábados y domingos. *Agosto y septiembre*, de 09.00 a 18.30 horas, de lunes a viernes; 09.00 a 17.00 horas, los sábados; de 10.00 a 16.00 horas, los domingos. **Tarjetas de crédito** AmEx, MC, V. **Plano 8 K7**
Es preciso acudir en persona.
www.visitbritain.com

Cómo llegar

La mayoría de los lugares de interés que citamos en este apartado se encuentran a menos de hora y media en tren desde Londres (aunque en algunos casos es preciso completar el trayecto en taxi o en autobús). En los datos que se facilitan para cada destino encontrará la duración del trayecto en tren (o en autobús, de ser el caso).

En tren

Para informarse acerca de los horarios y los precios de los billetes, llame al **National Rail Enquiries** (al **0345 484950**). Si quiere reservar billete con tarjeta de crédito, pídale a quien le atienda que le dé el número de teléfono adecuado y asegúrese de que le hacen saber cuál es la tarifa más económica. En los **rail travel centres** que se encuentran en las principales estaciones de tren de Londres (así como en los aeropuertos de Gatwick y Heathrow y en el British Travel Centre; para este último, *véase* superior) también le podrán facilitar los horarios y las reservas. El tiempo de duración del trayecto que se da para cada uno de los destinos es el más corto de los posibles.

Si prefiere conseguir la información en la red, consulte la página web: www.virgintrains.co.uk. Además puede comprar billetes por Internet en: *www.thetrainline.com.*

Principales estaciones de tren de Londres
Charing Cross *Strand, WC2.* **Plano 8 L7**
Trenes con destino o procedentes del sudeste de Inglaterra (Dover, Folkestone y Ramsgate incluidos).
Euston *Euston Road, Euston, NW1.* **Plano 6 K3**
Trenes con destino o procedentes del norte y el noroeste de Inglaterra y Escocia y de la línea suburbana con destino a Watford.
King's Cross *Euston Road, King's Cross, N1.* **Plano 6 L2**
Trenes con destino o procedentes del norte y el nordeste de Inglaterra y Escocia, y líneas suburbanas con destino al norte de Londres y a Hertfordshire.
Liverpool Street *Liverpool Street, The City, EC2.* **Plano 10 R5**
Trenes con destino o procedentes de la costa este (Harwich incluido) y el aeropuerto de Stansted. También parten trenes hacia East Anglia y líneas suburbanas con destino al este y nordeste de Londres. **Paddington** *Praed Street, Paddington, W2.* **Plano 2 D5**
Trenes con destino o procedentes del sudoeste, el oeste y el sur de Gales y de Midlands.

The **Pump Room** *de* **Bath** *es el lugar ideal para tomar una taza de té*

Victoria *Terminus Place, Victoria, SW1.* **Plano 7 H10**
Trenes con destino o procedentes de los puertos del canal (Folkestone, Dover, Newhaven); también parten trenes hacia el aeropuerto de Gatwick y varias líneas suburbanas hacia el sur y el sudeste de Londres.
Waterloo *York Road, Waterloo, SE1.* **Plano 8 M8**
Trenes con destino o procedentes del sur y el sudoeste de Inglaterra (Portsmouth, Southampton, Dorset y Devon), y líneas suburbanas hacia el sudoeste de la ciudad.

En autocar

Viajar en autocar y autobús es, casi siempre, mucho más barato que viajar en tren, pero también suele ser más lento. Las rutas de la empresa **National Express** (0870 580 8080) recorren casi todo el país. Los autocares salen de la estación de autobuses Victoria Coach Station, en Buckingham Palace Road, a cinco minutos de la estación de ferrocarril y de la parada de metro Victoria. Los autocares **Green Line** (0870 608 7261/*www.greenline.co.uk*) cubren un radio imaginario de 64 km alrededor de Londres. Su punto de salida es el puente Eccleston, SW1 (Colonnades Coach Station, detrás de Victoria Station).

Victoria Coach Station
164 Buckingham Palace Road, Victoria, SW1 (7730 3466). Metro y estación de tren: Victoria.
Plano 7 H11.
La empresa que cubre un mayor número de rutas es **National Express** (en toda Inglaterra y también con destinos en Escocia y Gales)es la que **Eurolines** (01582 404511/*www.eurolines.co.uk*), viaja al continente (tienen su sede en la Victoria Coach Station). Existen muchas otras empresas que operan desde y hacia Londres (algunas salen de Marble Arch). *Véase también* pág. 347.

En coche

Si viaja con un grupo de tres o cuatro personas, le saldrá más a cuenta (y le resultará más cómodo) alquilar un coche (*véase* pág. 347). Si piensa visitar varios lugares en una misma excursión, el coche es asimismo la única opción razonable. Las indicaciones con respecto a las carreteras que se dan en este apartado deben seguirse consultando un mapa (Nota: M11 salida S13 significa que debe dejar la carretera M11 a la altura de la salida 13).

Cómo está organizado este capítulo

El presente capítulo se encuentra dividido en nueve categorías: **Escapadas a pueblos y ciudades; Castillos; Casas de campo; Lugares para toda la familia; Jardines; Casas museo; La vida junto al océano; En el campo, y La costa.**

Horarios de apertura y tarifas

En muchos de los destinos detallados se incluye información acerca de horarios de apertura, tarifas de entrada y medios de transporte, pero tenga en cuenta que esos datos pueden cambiar sin previo aviso. Si está organizando un viaje a un lugar concreto, **llame siempre antes para asegurarse de que esté abierto**. Muchos lugares de interés permanecen cerrados en invierno (habitualmente de noviembre a marzo, ambos inclusive), aunque los más importantes tienden a abrir todo el año. Encontrará los números de teléfono para que pueda llamar y comprobar los meses de apertura. En el apartado «Dónde alojarse» figuran los precios por habitación doble. **Las tarjetas de crédito sólo se aceptan en aquellos casos en los que aparece detallado.**

Escapadas a pueblos y ciudades

Bath

Bath es un lugar impresionante, impoluto e inmaculado que parece una maqueta de ciudad. Sus estrechas calles georgianas, sus piedras curtidas por el sol, sus hermosas curvas y su voluptuosa ubicación sobre una colina son la envidia del resto de Inglaterra. No es extraño que

Sol, playa, piedras... y dos niños saludando en la **playa de Brighton**

sea la única ciudad de Reino Unido que la Unesco ha considerado Patrimonio de la Humanidad.

Los romanos, que no tardaron en descubrir las propiedades curativas de sus manantiales de agua caliente, bautizaron la ciudad con el nombre de Aquae Sulis. Durante siglos, los baños romanos permanecieron enterrados bajo edificios medievales, pero en los siglos XVIII y XIX fueron descubiertos y sacados a la luz. El **Roman Baths Museum** (01225 477785/*www.romanbaths.co.uk*) ofrece una visita guiada por lo que son los restos romanos civiles más impresionantes de toda Inglaterra, los cuales resultan tanto más evocadores si tenemos en cuenta que el agua sigue manando del corazón de los baños (con un caudal de cerca de 1.200.000 litros por año y una temperatura de 46,5 ºC) igual que lo hacía 2.000 años atrás. En la vecina **Pump Room** (inmortalizada por Jane Austen) podrá probar el agua, pero puede que le guste más una taza de té Earl Grey.

La **Bath Abbey**, un edificio del siglo XV reconstruido sobre una antigua estructura normanda, está construida en el lugar en el que se encontraba la iglesia sajona donde Edgar, el primer soberano que reinó en una Inglaterra unida, fue coronado en el 973. Se trata de un edificio amplio, luminoso y armónico que cuenta con interesantes bóvedas y hermosas vidrieras.

Bath cuenta con cerca de veinte museos que, en su mayoría, son excelentes. Destacan **The Building of Bath Museum**, en Lansdown Road (01225 333 895 o 1225 422462/*www.bathabbey.org*), que cuenta con una impresionante maqueta de la ciudad, y el **Museum of East Asian Art** (01225 464640/*www.east-asian art.co.uk*), en Bennet Street, que posee una hermosa colección de figuras chinas talladas en jade. Enfrente del grandioso edificio de las **Assembly Rooms** (antiguo centro de vida social de Bath en época georgiana) se encuentra el **Museum of Costume** (01225 477789/*www.museumofcostume.co.uk*), en el que se muestra la evolución de las prendas de vestir de la zona desde el siglo XVI. El **American Museum** (01225 460503/*www.americanmuseum.org*), en Claverton Manor, ofrece una fascinante serie de reconstrucciones de interiores domésticos estadounidenses de los siglos XVII al XIX, y sólo por verlo merece la pena coger el autobús 18 y salir de la ciudad.

Pero el principal atractivo de Bath son sus calles, entre las que destaca la tan fotografiada **Royal Crescent**, un impresionante conjunto de treinta casas diseñado por John Wood el Joven (1767-1775). El número 1 de Royal Crescent (01225 428126/*www.bath-preservationtrust.org.uk*) está decorado siguiendo el estilo de la época, y su jardín georgiano restaurado está abierto al público. Cerca de allí se encuentra el majestuoso **Circus**, diseñado por John Wood y terminado por su hijo, el Joven, que se llamaba igual que él. El Circus se compone de tres calles curvas en forma de círculo. En lo que respecta a sus exquisitas proporciones (tiene el mismo diámetro que Stonehenge) y sus detalles arquitectónicos, supera al Royal Crescent. Deténgase en el centro y pruebe lo potente que es el eco en ese lugar.

No todas las calles de Bath son tan imponentes; la ciudad está repleta de callejuelas estrechas, sobre todo al norte de **Abbey Churchyard**, uno de los espacios abiertos preferidos por los artistas callejeros. En torno a las calles Milsom, Union, Stall y Southgate hay muchas tiendas.

El **Avon Avon** aumenta el encanto de la ciudad y se puede cruzar por el **Pulteney Bridge**, una obra maestra de estilo italiano creada por Robert Adam y que recuerda los puentes de Florencia y Venecia. Puede dar un paseo junto al río o por los vecinos canales Kennet y Avon. En verano, puede alquilar una barca en la Boating Station, en Forester Road.

Información detallada

Cómo llegar: *en tren* desde Paddington (1 hora, 15 minutos); *en autocar* National Express (3 horas, 20 minutos); *en coche* M4 salida 18, tomar la A46 y aparcar antes de llegar al centro.

Dónde alojarse: **Haydon House** (9 Bloomfield Park; 01225 444919/*www.haydonhouse.co.uk*; 75-95 £) es un B&B excelente con estupendos desayunos, y queda a cinco minutos en coche del centro. **Holly Lodge** (8 Upper Oldfield Park; 01225 424042/ *www.hollylodge.co.uk*; 79-97 £) es otro B&B con clase. Si busca la elegancia del estilo regencia, acuda al **Queensberry Hotel** (Russell Street; 01225 447928/*www.bathqueensberry.com*; 120-210 £), en el centro. Otra opción céntrica pero económica es el **Harington's Hotel** (8-10 Queen Street; 01225 461728/ *www.haringtonshotel.co.uk*; 88-108 £).

Dónde comer y beber: **Sally Lunn's Refreshment House & Museum** (01225 461634/ *www.sallylunns.co.uk*), en North Parade Passage, se encuentra en la casa más antigua de Bath; en este local podrá probar los famosos bollos que Sally Lunn preparaba hacia 1680. Lo mejor de los numerosos restaurantes de Bath es el curry de **Jamuna** (9-10 High Street, 01225 464631), el restaurante **Lettonie**, (35 Kelston Road, 01225 446676), el bar de vinos y *bistro* **Moon & Sixpence** (6 A Broad Street, 01225 460962), el elegante restaurante francés **Clos du Roy**, junto al Theatre Royal (01225 444450), el **Moody Goose** (Kingsmead Square, 01225 466688) y el excelente y económico **Hullaballoos** (36 Broad Street, 01225 443323). Entre los *pubs* más populares figuran el **Coeur de Lion** (Northumberland Place), el **Boater** (Argyle Street, junto al río), y el **Saracen's Head** (Broad Street).

Centro de información turística *Abbey Chambers, (Abbey Churchyard, 01225 477101/ www.visitbath.co.uk)*. **Abierto** *de octubre a abril* de 09.30 a 17.00 horas, de lunes a sábado; de 10.00 a 16.00 horas, los domingos; *de mayo a septiembre* de 09.30 a 18.00 horas,de lunes a sábado; de 10.00 a 16.00 horas, los domingos.

Brighton

Según Keith Waterhouse, «Brighton parece una ciudad volcada en ayudar a la policía en sus investigaciones». Y es que la ciudad tiene fama de pícara, extravagante e incluso algo putesca. Su edificio más conocido es el **Royal Pavilion** (01273 290900/*www.royalpavilion.brighton.co.uk*). Su extraña mezcla de estilos indio, chino y gótico es obra de John Nash, que lo creó en 1823 por encargo del entonces príncipe regente (más tarde Jorge IV). El edificio está rodeado de jardines georgianos que han sido restaurados para conservar su estilo original. El vecino **Brighton Museum & Art Gallery** (01273 290900/*www.royalpavilion.brighton.co.uk*) acoge una buena colección de obras contemporáneas y elementos étnicos.

Pero Brighton tiene mucho más que ofrecer al visitante. Por ejemplo, el English Channel: sus aguas están heladas y la playa se encuentra muy inclinada y llena de piedras en lugar de arena, pero no deja de ser el mar. El llamativo **Palace Pier** está lleno de las típicas atracciones de la costa: juegos, puestos de *Fish and Chips*... En los días claros se puede vislumbrar a lo lejos la isla de Wight o dar un paseo por el West Pier (actualmente en obras).

Por entre los muelles, la costa está llena de cafés, bares y discotecas, entre los que destacan **Zap** (01273 821588/ *www.zapproductions.co.uk*) y **Honey** (01273 202807/*www.thehoneyclub.co.uk*), que contrastan con el vecino **Brighton Fishing Museum** (01273 723064), las tiendas de artesanía y el **Sea Life Centre** (01273 604234/*www.sealife.co.uk*).

Si el mar no le fascina, dé un paseo por **The Lanes**, una zona de tiendas de antigüedades llena de *pubs* y cafés, situada entre West Street y Old Steine. Si estas tiendas le resultan demasiado caras, no deje de explorar la dinámica **North Laine**, con ropa de segunda mano, complementos de moda, discos, objetos *kitsch* y cafés de todo tipo, o bien entre en el **Duke of York's** (01273 626261), en Preston Circus, el que posiblemente sea el cine independiente con más encanto de toda Inglaterra.

De todos modos, Brighton es mucho más que el mar, las vistas y las tiendas. Cada vez es mayor el número de personas que acuden a esta localidad (y vuelven) para disfrutar de su ambiente: una ecléctica mezcla del típico pueblo de veraneo en la costa y de lugar liberal. Brighton acoge a todo el mundo, por eso tiene una enorme comunidad gay y en él se encuentran tanto anarquistas como artistas, excéntricos y personajes famosos.

Información detallada

Cómo llegar: *en tren* desde la estación Victoria (50 minutos) o desde King's Cross (1 hora y 10 minutos); *en autocar* National Express (1 hora, 50 minutos); *en coche* M23 y, después, A23.

Dónde alojarse: **The Adelaide** (51 Regency Square; 01273 205286; doble 65-86 £) es un hotel antiguo, de cuatro estrellas y precio medio; el **Twenty One** (21 Charlotte Street; 01273 686450/*www.s-h-systems.co.uk*; 60-95 £) es acogedor y sirve excelentes desayunos; el lugar más elegante de la ciudad sigue siendo **The Grand** (King's Road; 01273 224300/ *www.grandbrighton.co.uk*; 210-300 £), y en el otro extremo de la escala está el más barato, el **Brighton Backpackers** (75-76 Middle Street; 01273 777717/ *www.brightonbackpackers.co.uk*; desde 10 £ por persona).

Dónde comer y beber: a la hora de comer, no se pierda los platos angloasiáticos del discreto **Black Chapati** (12 Circus Parade, New England Road; 01273 699011); al norte de la estación queda el inspirado café vegetariano **Terre à Terre** (71 East Street, 01273 729051) y el excelente restaurante francés **La Fourchette** (101 Western Road, 01273 7322556). Para tomar una copa recomendamos **The Cricketers**

(15 Black Lion Street), el **Pump House** (45 Market Street), o la **Regency Tavern**, Russell Square, de un estilo ligeramente parecido al del Royal Pavilion. The Lanes están llenas de *pubs*.

Festivales: el segundo festival de Inglaterra después del de Edimburgo, el **Brighton Festival** (01273 00747/*www.brighton-festival.org.uk*), llena de obras de teatro la ciudad durante las tres primeras semanas del mes de mayo, y también de humor, arte y literatura. Los domingos de todo el año, en Madeira Drive, frente al mar, tienen lugar varios eventos como, por ejemplo, las carreras **London to Brighton Bike Ride**, en junio, y la **London to Brighton Veteran Car Run**, en noviembre. En los quioscos encontrará guías mensuales como *Impact* y *The List*, pero también puede informarse del programa escuchando la emisora Surf 107 FM (de 18.30 a 19.00 horas, de lunes a viernes). Si busca información sobre locales *gays*, consulte la publicación mensual *G Scene* o visite el local Scene 22 (129 St. James Street; 01273 626682).

Centros de información turística *10 Bartholomew Square (01273 7112255/www.visitbrighton.com).* **Abierto** *de enero a julio y de septiembre a diciembre*, de 09.00 a 17.00 horas, de lunes a viernes; de 10.00 a 17.00 horas, los sábados; de 10.00 a 16.00 horas, los domingos. *Julio y agosto* de 09.00 a 18.15 horas, de lunes a viernes; de 10.00 a 18.00 horas, los sábados; de 10.00 a 16.00 horas, los domingos. *Hove Town Hall, Church Road, Hove (0906 7112255).* **Abierto** *de enero a junio y de septiembre a diciembre* de 09.00 a 17.00 horas, de lunes a viernes. *Julio y agosto*, de 11.00 a 17.00 horas, de lunes a viernes.

Cambridge

Cambridge tiene una atmósfera informal que se manifiesta en los edificios de piedra del casco antiguo, se eleva con la brisa que pasa sobre las aguas del río Cam y se extiende hasta los claros verdes que rodean la ciudad por el sur y por el oeste, invadiendo zonas de casas y aparcamientos de varias plantas.

La **universidad** ha dominado la vida de Cambridge desde el siglo XIV. El *college* más antiguo es **Peterhouse**, en Trumping Street, que fue creado en 1284. Aún se conserva el vestíbulo original, aunque la mayor parte de sus edificios actuales datan del siglo XIX. Un poco más arriba, en la misma calle, se encuentra **Corpus Christi,** fundado en 1352. Su Old Court data de esa época y está unido por una galería a la **St. Bene't's Church,** una iglesia del siglo XI que es, además, el edificio más antiguo de la ciudad. Enfrente se puede ver el edificio **Queen's**, del siglo XV, del que se ha conservado gran parte de la construcción original y los patios interiores son maravillosamente pintorescos.

Cerca del Queen's está, como era de esperar, el **King's** que Enrique VI mandó construir en 1441 y que es famoso por su **capilla** (1446-1515; 01223 331155). Considerado uno de los mejores edificios góticos de Europa, el interior de la capilla, lleno de vidrieras, es francamente impresionante. Entre los alumnos más famosos del King's figuran E. M. Forster, Rupert Brooke y John Maynard Keynes. Al norte se llega al **Trinity**, fundado en 1336 por Eduardo III y remodelado por Enrique VIII en 1546. El manzano que puede verse en el patio es un descendiente directo de aquel que dejó caer su fruto sobre la cabeza de sir Isaac Newton, convirtiéndose en fuente de inspiración para él. Alrededor de la Great Court hay una serie de edificios de estilo Tudor que lord Byron hizo famosos al bañarse desnudo en la fuente acompañado de su oso. Wittgenstein estudió y dio clases en el Trinity. La biblioteca en la que pasó horas de estudio, diseñada por Wren, está abierta al público dos horas al mediodía, todos los días. Un poco más allá, en la esquina de Bridge Street y St. John's Street, se encuentra la **Round Church**, una de las cuatro iglesias más antiguas de Inglaterra que, en la actualidad, es sede del **Cambridge Brass Rubbing Centre**.

Detrás del principal grupo de *colleges* se encuentra **The Backs**, hermosos campos donde todavía pastan las vacas y por los que discurre el tranquilo río Cam, bordeado de sauces, que es cruzado por cinco puentes peatonales. Es un lugar ideal para pasear en verano por sus orillas o alquilar una barca.

La ciudad tiene, además, lugares de interés no ligados a la universidad como, por ejemplo, el **Fitzwilliam Museum**, en Trumpington Street (01223 332900/*www.fitzmuseum.cam.ac.uk*), que cuenta con una impresionante colección de antigüedades y obras de grandes maestros. Suba al campanario de la **Great St. Mary's Church**, en King's Parade, para disfrutar de las vistas, y dé un paseo por el **Scott Polar Research Institute** (01223 336540/*www.spri.cam.ac.uk*), en Lensfield Road; admire los **Botanics Gardens** (01223 336265) de Baterman Street o, simplemente, pasee por las hermosas calles de la ciudad. Como es de esperar, Cambridge es asimismo un lugar estupendo para comprar libros, tanto nuevos como de segunda mano o de anticuario.

Información detallada

Cómo llegar: *en tren* desde King's Cross (50 minutos); *en autocar* National Express (1 hora, 50 minutos); *en coche*, M11, salidas J11 o J12.

Dónde alojarse: Cambridge tiene muy pocos alojamientos con encanto. Dos de las mejores opciones son la **Arundel House** (53 Chesterton Road, 01223 367701/*www.arundelhousehotels.co.uk*; doble 68-96 £), una elegante casa victoriana con vistas al río; y **De Freville House** (166 Chesterton Road, 01223 354993; 55-60 £).

Dónde comer y beber: si busca un local con clase, pruebe la comida francesa de **Midsummer House** (Midsummer Common; 01223 369299), la cocina internacional del **22 Chesterton Road** (01223 351880) o las económicas delicias orientales del **Dojo** (Miller's Yard, Mill Lane; 01223 363471). Otra opción es tomar un plato de sopa en el acogedor **Eagle**, en St. Bene't Street, el local para no fumadores **Free Press**, en Prospect Row, que también ofrece una comida decente, o el **Pickerel Inn**, en Magdalene Street, el *pub* más antiguo de Cambridge.

Festivales: la ciudad organiza el **Cambridge Shakespeare Festival** durante los meses de julio y agosto. Las representaciones se suelen llevar a cabo al aire libre y son bastante fieles al texto original.
Centro de información turística *The Old Library, Wheeler Street (01223 322640/ www.tourismcambridge.com).* **Abierto** *de abril a octubre* de 10.00 a 18.30 horas, de lunes a viernes; de 10.00 a 17.00 horas, los sábados; *de noviembre a marzo* de 10.00 a 17.30 horas, de lunes a viernes; de 10.00 a 17.00 horas, los sábados.

Canterbury

Cuando san Agustín convirtió al rey Edelberto al cristianismo, en 597, Canterbury se convirtió en la cuna del cristianismo inglés. Esta ciudad sigue conservando grandes fragmentos de su muralla medieval y su majestuosa **Catedral** (01227 762862/*www.canterburycathedral.org*) que, con sus impresionantes vidrieras, su cúpula de piedra y su amplia cripta normanda, es en la actualidad la iglesia madre de los anglicanos de todo el mundo. Cerca del altar puede verse una placa que conmemora el lugar en el que murió asesinado el arzobispo Thomas Becket, en 1170, de la mano de cuatro caballeros que habían oído la petición del rey Enrique II cuando exclamó: «¿No habrá nadie que me libre de este molesto cura?». Desde su muerte, la tumba de Becket es un lugar de peregrinaje. La **Trinity Chapel** contiene el relicario original y las tumbas de Enrique IV y del príncipe Negro.

El pequeño centro histórico de la ciudad se llena en exceso durante el verano pero, aún así, conserva intacto todo su encanto. El **Eastbridge (St. Thomas's) Hospital** (01227 471688), en High Street, data del siglo XII y contiene un mural medieval, tesoros antiguos y una cripta. En el **Roman Museum** encontrará restos de la ciudad romana y un suelo de mosaico (Butchery Lane; 01227 785575/*www.canterbury.co.uk/museums/roman*) y en el **Royal Museum & Art Gallery** (01227 452747/*www.canterbury.co.uk.museums*), en High Street, se narra la historia de la zona. En **King's School** estudió el dramaturgo de época isabelina Christopher Marlowe, autor de *Doctor Fausto*.

Información detallada

Cómo llegar: *en tren* desde Victoria a Canterbury East (1 hora, 20 minutos) o desde Charing Cross a Canterbury West (1 hora, 30 minutos); *en autocar* National Express (1 hora, 50 minutos); *en coche* tome la A2, la M2 y, luego, la A2.
Dónde alojarse: pruebe el hotel **Falstaff** (8-10 St. Dunstan's Street; 01227 462138;*www.corushotels.com*; doble 95-105 £), de seiscientos años de antigüedad, o en el florido B&B **Magnolia House** (36 St. Dunstan's Terrace; 01227 765121; *www.freespacevirgin.net/ magnolia.canterbury*; doble 78-110 £).
Dónde comer y beber: si le gusta la comida italiana, acuda al **Tue e Mio** (16 The Borough; 01227 761471), o, si prefiere lo oriental, vaya al **Bistro Vietnam** (72 Castle Street; 01227 760022); si le apetece probar unos platos mexicanos no se pierda el **Cafés des Amis du Mexique** (95 St. Dunstan's Street; 01227 464390), pero si lo que busca es buena comida francesa, diríjase a **La Bonne Cuisine** (01227 351880), en el hotel Canterbury, 71 New Dover Road. Para tomar una copa en un ambiente distendido, nada mejor que el **Three Tuns**, en Castle Street, el **Bell & Crown**, en Palace Street, o el **Bishop's Finger,** en St. Dunstan's Street. Por otra parte, Canterbury está repleto de salones de té y de cafeterías.
Centro de información turística *34 St. Margaret's Street (01227 766567/www.canterbury.co.uk).* **Abierto** *de enero a Semana Santa*, de 09.30 a 17.00 horas, de lunes a sábado, *de Semana Santa a octubre*, de 09.30 a 17.30 horas, de lunes a sábado; de 10.00 a 16.00 horas, los domingos. *Noviembre y diciembre*, de 09.30 a 17.00 horas, de lunes a sábado; de 10.00 a 16.00 horas, los domingos.

Oxford

Fundado por los sajones, Oxford empezó a crecer a principios del siglo VIII en torno a un priorato creado por san Frideswide, en el lugar en el que hoy se encuentra la Christ Church. La población fue ganando peso e importancia hasta que Enrique I construyó el palacio de Beaumont en ese lugar, a principios del siglo XII, en la misma

La inmensa **Canterbury Cathedral**

Excursiones por los alrededores
Moreton-in-Marsh
Stow-on-the-Wold
Hacia Stratford-upon-Avon
Buckingham
Stowe
Hacia Althorp y Woburn Abbey y Safari Park
Audley End
Saffron Walden
Thaxted
Stour Valley
Aldeburgh
Colchester
Hacia Cambridge
Stansted
Mountfitchet Castle y Norman Village
Bishop's Stortford
Stevenage
Luton
Bicester
Waddesdon Manor
Whipsnade Wild Animal Park
Shaw's Corner
Woodstock
Blenheim Palace
THE COTSWOLDS
Aylesbury
Hatfield House
Hertford
Hatfield
Harlow
Clacton-on-Sea
Chelmsford
Maldon
OXFORD
Thame
BUCKINGHAMSHIRE
HERTFORDSHIRE
BEDS
St Albans
RIVER THAMES
OXFORDSHIRE
THE CHILTERNS
Amersham
Epping Forest
ESSEX
Burnham-on-Crouch
Wantage
Didcot Railway Centre
High Wycombe
Beaconsfield
Watford
Marlow
Cookham
Southend
Hacia Swindon
Henley-on-Thames
Maidenhead
Slough
City
Tilbury
Hacia Bath
BERKSHIRE
GREATER LONDON
Reading
Legoland
Windsor Castle
Heathrow
Staines
Thorpe Park
Richmond
Dartford
Sheerness
Rochester
Margate
Reculver
Broadstairs
Whitstable
Chatham
Ramsgate
WILTSHIRE
Newbury
Kingston-upon-Thames
Chislehurst Caves
Swanley
Down House
Croydon
Sutton
Lullingstone
Chessington World of Adventures
Woking
THE NORTH DOWNS
Museum of Kent Life, Cobtree
Maidstone
Canterbury
Sandwich
Deal
Leatherhead
Sevenoaks
Knole
Ightham Mote
Leeds Castle
Deal Castle
Basingstoke
Polesden Lacey
Box Hill
Reigate
Redhill
Chartwell
KENT
Walmer Castle
Andover
Guildford
Dorking
Hever Castle
Farnham
Leith Hill
Gatwick
Ashford
Dover Castle
Dover
HAMPSHIRE
SURREY
Royal Tunbridge Wells
Folkestone
Hacia Salisbury y Stonehenge
Alton
Jane Austen's House
Mid Hants Watercress Line
Crawley
East Grinstead
Groombridge Place & Gardens
Sissinghurst
The Wakes
Wakehurst Place
Horsham
Winchester
Leonardslee
Nymans
WEST SUSSEX
Bodiam Castle
New Romney
Marwell
Petersfield
Midhurst
Sheffield Park
Bluebell Railway
Bateman's
Rye
Winchelsea
Queen Elizabeth County Park
Bignor
Parham
EAST SUSSEX
Battle
SOUTHAMPTON
Portchester Castle
Lewes
Charleston Farmhouse
Hastings
Fareham
Chichester
Arundel
THE SOUTH DOWNS
Monk's
Drusillas Zoo
M1
A1M
M11
M25
M40
M4
M3
M27
M23
M20
M2
A361
A44
A41
A5
A40
A420
A34
A414
A12
A13
A4
A338
A3
A303
A31
A36
A272
A24
A23
A29
A22
A27
A21
A229
A259
A28
A2
0
20
40 km
© Time Out

época en la que llegaron los primeros estudiantes. Su número creció considerablemente en 1167, cuando se cerró la Universidad de París a los ingleses y, al final del siglo, Oxford ya era la primera ciudad universitaria de Inglaterra. En la actualidad, la universidad se compone de 41 facultades independientes, muchas de ellas con sedes en edificios francamente impactantes.

La mayoría de ellas están abiertas al público y entre las mejores cabría destacar la **Christ Church**, con su Tom Tower y una capilla tan grande que hace las veces de catedral de Oxford. La vecina **Merton**, fundada en 1264, tiene una maravillosa biblioteca medieval y un estupendo jardín. El **University College** fue el primer *college* y data de 1249, aunque **Magdalen** es considerado por muchos el de mayor encanto. En sus extensas instalaciones se puede encontrar un parque con un prado que sigue floreciendo cada mes de abril.

Entre otros centros académicos de Oxford cabe citar el **Ashmolean Museum** (01865 278000/*www.ashmol.ox.ac.uk)*, en Beaumont Street, y la **Bodleian Library** (01865 277000/*www.bodley.ox.ac.uk*), junto a Broad Street, que se inició en 1598. La elegante **Radcliffe Camera** es el primer ejemplo de sala de lectura redonda de Inglaterra. Podrá verla y descubrir parte de la historia académica del lugar en **The Oxford Story** (01865 728822), en Broad Street, un paseo virtual guiado por ordenador que, durante una hora, le explicará la historia de la universidad.

Pero Oxford es mucho más que centros de enseñanza; el **Museum of Modern Art** (01865 722733/*www.moma.org.uk*), en Pembroke Street, se hizo famoso por ser uno de los primeros que expuso arte contemporáneo y del siglo XX. En el otro extremo, el **Pitt Rivers Museum of Archaeology & Anthropology** (01865 270927/*www.prm.ox.ac.uk*), en Parks Road, tiene como sede un impresionante edificio victoriano y cuenta con una de las colecciones de objetos étnicos antiguos más impresionantes del mundo.

Little Clarendon Street y el reciente complejo de Gloucester Green cuentan con tiendas especializadas. Lo mejor es el mercado cubierto o **Covered Market**, que une High Street y Market Street. El mercado, inaugurado en 1774, es un verdadero lujo. Si quiere comprar antigüedades, acuda a Park End Street, entre las estaciones de autobús y de ferrocarril.

El paisaje introduce toques verdes en el corazón de la ciudad a través del **Oxford Canal**, el **River Thames** (que en algunos tramos se llama Isis, del latín «Thamesis») y el **Cherwell**, que ofrecen la posibilidad de dar paseos a pie o en barca. Si desea obtener una buena vista de las «agujas de ensueño» de Matthew Arnold, tendrá que ascender la colina de Boar, situada unos 5 km al sudoeste.

Información detallada

Cómo llegar: *en tren* desde Paddington (1 hora), después utilice su billete de tren para dar un paseo gratuito por el centro en uno de los primeros autobuses eléctricos (que salen cada diez minutos); *en autocar* encontrará viajes frecuentes, baratos y rápidos desde varios puntos de Londres; para mayor información llame a National Express (1 hora, 40 minutos); Stage Coach (01865 727000) u Oxford Bus Company (01865 785400); *en coche* M40, salida J8 y, después, A40. Utilice los aparcamientos situados a la entrada de la ciudad.
Dónde alojarse: la **Norham Guesthouse** (16 Norham Road; 01865 515352; 55 £), es un B&B razonable situado a quince minutos del centro de la ciudad. El popular **Old Parsonage** (1 Banbury Road; 01865 310210; *www.oxford.hotels.restaurants.co.uk*; 165-200 £), que antaño fue el hogar de Oscar Wilde, está en un edificio que data del siglo XVII. Es una alternativa más cara que cuenta con un buen bar restaurante. El hotel más clásico de la ciudad es el lujoso **Old Bank Hotel** (High Street 92-94; 01865 799599/ *www.oxford.hotels.restaurants.co.uk*; 155-300 £).
Dónde comer y beber: en los alrededores del río encontrará una oferta cara y elegante como el **Cherwell Boat House** (01865 552746/ *www.cherwellboathouse.co.uk*), junto a Bardwell Road, comida italiana en **Il Cortile**, en el Bath Place Hotel (01865 791812/*www.bathplace.co.uk*), junto a Holywell Street, y la *brasserie* suiza de Raymond Blanc **Le Petit Blanc** (71-72 Walton Street; 01865 510999/ *www.petit-blanc.com*). Oxford cuenta con un gran número de tabernas: **King's Arms**, un local del siglo XVI, en 40 Holywell Street, que suele estar lleno de estudiantes pero sirve buena cerveza y una comida pasable; el **White House**, detrás de la estación, donde encontrará buena comida; el **Eagle & Child**, el local preferido de C. S. Lewis y J. R. R. Tolkien.
Centro de información turística *The Old School, Gloucester Green (01865 726871/ www.visitoxford.org)*. **Abierto** *de Semana Santa hasta octubre* de 09.30 a 17.00 horas, de lunes a sábado; de 10.00 a 15.30 horas, los domingos. *De noviembre a Semana Santa* de 09.30 a 17.00 horas, todos los días.

Salisbury y Stonehenge

Salisbury empezó siendo un fuerte en una colina durante la Edad de Hierro que, más tarde, los romanos, los sajones y, finalmente, los normandos hicieron suyo. Estos últimos lo llamaron Sarum y construyeron allí un castillo y una catedral; merece la pena visitar los restos de **Old Sarum**, que aun en ruinas es impresionante (01722 335398). Como no era lo suficientemente grande como para abarcar ambas construcciones, en 1220 el obispo mandó construir una nueva catedral unos kilómetros al sur. En torno a la catedral surgió un nuevo asentamiento al que se llamó New Sarum y que, con el tiempo, se ha convertido en el actual Salisbury.

La **catedral** (01722 555120) se tardó en construir tan sólo 38 años, por lo que es toda de un mismo estilo, algo poco habitual (a excepción de la aguja, que es la más alta de Inglaterra y se añadió en 1334). La biblioteca de la catedral custodia una de las cuatro copias originales de la Carta Magna (1215) y en el ala norte está expuesto el reloj más antiguo del país, que aún sigue funcionando (data de 1386).

Dése una vuelta por las rocas de **Stonehenge**

El Cathedral Close es un lugar tranquilo, lleno de pastos y hermosos caballos, una visión sumamente relajante. Muchas de las casas son del siglo XIII, pero con fachadas georgianas, y entre ellas destacan dos: la **Malmesbury House** (01722 327027) y la **Mompesson House** (01722 335659), ambas abiertas al público. El **Salisbury & South Wiltshire Museum** (01722 332151), en King's House, es uno de los museos locales con más encanto del país.

El centro de la ciudad está formado por un conjunto de antiguas fachadas de madera que se inclinan sobre las calles. Nombres de calles como Butcher Row, Fish Row y Poultry Cross, que hacen referencia a los carniceros, pescateros y vendedores de aves, son indicativos de la importancia del comercio en el lugar (los martes y los sábados sigue siendo día de mercado, como desde hace cuatrocientos años).

La mayoría de los visitantes que pasan por Salisbury hacen una visita a un lugar lleno de magia: **Stonehenge** (01980 624715), un lugar considerado Patrimonio de la Humanidad por la Unesco, situado 16 km hacia el norte, cerca de Amesbury. No sabemos (ni probablemente sabremos nunca) por qué fue construido: ya resulta suficientemente complicado imaginar el cómo. Se calcula que se empezó a construir hacia el 3000 a. C. y que las obras continuaron de forma intermitente durante 1.500 años más. Las piedras procedían de lejos y fueron transportadas por tierra y agua (desde Pembrokeshire y los Marlborough Downs) por medio de trineos y balsas. Se estima que para mover cada una de las piedras grandes era necesario que quinientos hombres tiraran del trineo y que cien más preparasen el camino por delante. Lo que ha llegado hasta nuestros días no es más que los restos del gran complejo original, uno de los cerca de 5.000 restos prehistóricos encontrados en un radio de 25 km.

Información detallada

Cómo llegar: *en tren* desde Waterloo a Salisbury (1 hora, 20 minutos); *en autocar* National Express (2 horas, 45 minutos); *en coche* M3 salida 8 y, después, A303 y A338; *autocares locales* Wilts & Dorset (01722 336855) es la principal compañía de transportes de la zona y une a diario Stonehenge con las estaciones de ferrocarril y de autobús de Salisbury.

Dónde alojarse: el **Old Mill at Harnham** (01722 327517; 80 £) ofrece habitaciones confortables y un entorno encantador en los alrededores de Salisbury. En la ciudad, puede hospedarse en el **Old Bell Hotel**, situado en un edificio del siglo XIV, en la calle St. Ann (01722 327958; 50-75 £) o en el **Red Lion,** más antiguo aún, en Milford Street (01722 323334; 101-115 £).

Dónde comer y beber: en **Asia** (90 Fisherton Street; 01722 327628) sirven excelente comida india, y en el **LXIX** (67-69 New Street; 01722 340000) encontrará comida europea moderna. El **Haunch of Venison**, del siglo XIV, situado en Minster Street, es la taberna más antigua de la ciudad y sirve comida de calidad aceptable. El **King's Arms**, en St. John Street, es mucho más reciente, mientras que la **New Inn** es de todos menos *new* y suele estar bastante llena.

Centro de información turística *Fish Row, Salisbury (01722 334956).* **Abierto** *en mayo* de 09.30 a 17.00 horas, de lunes a sábado; de 10.30 a 16.30 horas, los domingos. *En junio y septiembre* de 09.30 a 18.00 horas, de lunes a sábado; de 10.30 a 16.30 horas, los domingos. *En julio y agosto* de 09.30 a 19.00 horas, de lunes a sábado; de 10.30 a 17.00 horas, los domingos. *De octubre a abril* de 09.30 a 17.00 horas, de lunes a sábado.

Stratford-upon-Avon

William Shakespeare es sinónimo de florecimiento de la industria turística: para muchos, Stratford *es* Shakespeare. Nacido en esta localidad, en 1564; el escritor volvió al final de sus días y murió en ella en 1616. Entre los lugares más visitados están (¡cómo no!) las propiedades de Shakespeare, cinco pintorescas casas de estilo tudor que se han convertido en museos y que merece la pena visitar sólo por el edificio en sí. En el centro de la ciudad hay tres: **Shakespeare's Birthplace** (la casa en que nació Shakespeare; 01789 204016), en Henley Street; **Hall's Croft** (01789 204016), hogar en el que vivió su hermana Susanna, en Old Town y **Nash's House** (01789 204016), en Chapel Street, que perteneció al primer marido de su nieta. En el jardín están los cimientos de **New Place**, la última residencia en la que vivió Shakespeare, derruida en 1759.

Anne Hathaways's Cottage (01789 204016), la casa en la que vivió la mujer de Shakespeare antes de contraer matrimonio con él, se encuentra a poco más de 2 km de Shottery y se puede ir andando desde Stratford. El hogar en el que pasó su niñez junto a su madre se encuentra en Wilmcote, a unos 5,5 km, que se pueden recorrer dando un agradable paseo por el canal de Stratford. Se trata de la **Mary Arden's House** (01789 204016). A ambas se puede llegar en autobús o en tren desde Wilmcote.

Shakespeare estudió en la **Stratford Grammar School**, que se encuentra en Church Street, y está enterrado en la **Holy Trinity Church**, una iglesia muy agradable, estratégicamente situada junto al río, en la que se supone está la tumba del escritor (aunque mucha gente afirma conocer dónde están sus verdaderos restos). Pero el mejor recordatorio del autor son sus obras, y el **Royal Shakespeare Theatre** es el lugar indicado para verlas (lo que explica que las entradas vuelen). El vecino **Swan Theatre** ofrece una variada selección de clásicos, mientras que **The Other Place** se ha especializado en obras modernas y experimentales. Para reservar plaza, llame al 01789 403403. Si no consigue entrada, tendrá que conformarse con una visita entre bambalinas y con admirar la **RSC Collection**, un museo de ropa y accesorios (visitas guiadas 01789 403405).

Si quiere olvidarse un poco de Shakespeare, no tendrá problemas para lograrlo. Stratford es, desde 1169, una ciudad de mercados. No se lo pierda los viernes, cuando colocan los toldos sobre los puestos y acude gente de todos los pueblos de la comarca. Y pasee por las calles del centro de la ciudad, que tienen un característico trazado medieval. Muchos edificios interesantes han conseguido llegar hasta nuestros días, como es el caso de la **Harvard House** (01789 704016), en High Street, que data de 1596. En ella vivió Katharine Rogers, que se casó con Robert Harvard en Londres. Su hijo John fue el fundador de la Universidad de Harvard.

El encanto del lugar aumenta con la presencia del **River Avon** y el **Stratford Canal**. Este último suele estar lleno de barcas y cuenta con paseos a ambas orillas que se pueden recorrer a pie.

Información detallada

Cómo llegar: *en tren* desde Paddington (2 horas, 10 minutos); *en autocar* National Express (2 horas, 45 minutos) o Guide Friday (01789 294466/www.guidefriday.com) desde Euston; *en coche* M40, salida J15 y, después, A46.
Dónde alojarse: entre los mejores B&B destaca la **Caterham House** (58 Rother Street; 01789 267309; 76-80 £), cerca del Royal Shakespeare Theatre. Otra opción interesante es el **Victoria Spa Lodge** (01789 267985; 60 £), en Bishopton Lane.
Dónde comer y beber: entre las muchas opciones, recomendamos el excelente *bistro* **The Opposition** (01789 269980), en Sheep Street; el imaginativo y muy valorado **Russon's** (8 Church Street; 01789 268822), y el popular y moderno restaurante **Desport's** (13-14 Meer Street; 01789 269304). Si desea tomar una copa con los artistas, acuda al **Dirty Duck** (o **Black Swan**), en Waterside, o al local lleno de vigas de **Garrick**, en High Street.
Centro de información turística *Bridgefoot (01789 293127/www.shakespeare-country.co.uk).* **Abierto** *de Semana Santa a octubre* de 09.00 a 18.00 horas, de lunes a sábado; de 11.00 a 17.00 horas, los domingos. *De noviembre a Semana Santa* de 09.00 a 17.00 horas, de lunes a sábado.

Castillos

Véase también pág. 336 **Walmer, Deal y Dover**.

Arundel

West Sussex (01903 882173). **Cómo llegar:** *en tren* desde Victoria (1 hora, 30 minutos); *en coche* A27 y, después, A280 y A24. **Abierto** *de abril al último viernes de octubre* de 12.00 a 17.00 horas, de lunes a viernes y los domingos (última entrada a las 16.00 horas). **Entrada** 7,50 £; descuentos, 4,50 £; familias, 20 £.
Es inevitable que, situado sobre una colina, el pintoresco castillo de Arundel se llene de visitantes en verano pero, aun así, el lugar no ha perdido ni un ápice de su encanto y es uno de los mejores conservados de Inglaterra. El edificio principal es el castillo, residencia de los duques de Norfolk desde el siglo XVI. La estructura original era normanda pero desde entonces se ha remodelado en varias ocasiones, la más reciente en el siglo XIX. En su interior hay mucho que ver, incluido el impresionante Barons Hall y algunos cuadros de Van Dyck y Holbein. No deje de visitar la peculiar Fitzalan Chapel; en ella se encuentran las tumbas de los duques muertos (ésta era la familia católica más relevante de la época que siguió a la Reforma en Inglaterra) y está separada del altar de la iglesia (anglicana) de St. Nicholas por una pantalla de cristal y una verja de hierro. En aquella época era preciso mantener en secreto el catolicismo.

Arundel cuenta asimismo con una impresionante **catedral** neogótica del siglo XIX, que resulta más llamativa por dentro que por fuera, así como de unas cuantas calles de tiendas y locales para tomar una copa: no deje de visitar el Eagle, en Tarrant Street.

Parham, una casa de estilo isabelino casi perfecto, se encuentra 8 km al nordeste de Arundel, en un entorno bucólico de las cercanías de South Downs (01903 742021). Unos kilómetros más al oeste se encuentran los evocadores restos de la **Bignor Roman Villa** (01798 869259), lugar en el que se conserva el suelo de mosaico más grande y antiguo que ha llegado a nuestros días en Inglaterra. Un poco más hacia el oeste, en dirección a Chichester, está el fantástico **Sculpture at Goodwood** (01243 538449). Es posible que el hecho de tener que pagar 10 £ por entrar le haga pensárselo dos veces, pero si le interesa el arte moderno, no puede dejar escapar la oportunidad de pasear entre las cuarenta piezas o más que componen esta colección de escultura contemporánea que ocupa 12 km² de bosque.
arundelcastle.org

Bodiam

Cerca de Robertsbridge, East Sussex (01580 830436). **Cómo llegar:** *en tren* desde Charing Cross a

Robertsbridge (1 hora, 15 minutos) y, después, un trayecto de diez minutos en taxi; *en coche* M25, salida 5 y, después A21. **Abierto** *de mediados de febrero a octubre* de 10.00 a 18.00 horas o hasta la puesta de sol, todos los días (última entrada a las 17.00 horas); *de noviembre a mediados de febrero* de 10.00 a 16.00 horas, todos los días (última entrada a las 15.00 horas) **Entrada** 3,60 £; niños de 5 a 15 años, 1,80 £; familias, 9 £. **Tarjetas de crédito** AmEx, MC, V.

Lo único que queda del castillo de Bodiam, del siglo XIV, es su estructura, pero aun así, éste es uno de los castillos más evocadores del sur de Inglaterra. Lo pasará bien recorriendo los vestigios, la torre, los gruesos muros, el puente levadizo, el foso... Al inicio del siglo XX, el castillo era uno de los lugares favoritos de quienes buscaban lo pintoresco y, aún hoy, sigue conservando un aura romántica. El paisaje que lo rodea también es una maravilla. Un lugar fantástico para los niños.

Hever

Hever, cerca de Edenbridge, Kent (01732 865224).
Cómo llegar: *en tren* desde Victoria a Edenbridge (1 hora) y, después, un trayecto de cinco minutos en taxi, o de Victoria a Hever (1 hora) y un kilómetro andando; *en coche* M25, salida J5 y, después B2042 y B269, o M25, salida J6 y, después, A22, A25 y B269. **Abierto** *castillo, de marzo a noviembre* de 12.00 horas al anochecer, todos los días *Jardines* de 11.00 horas al anochecer, todos los días. **Entrada** 8 £; niños de 5 a 16 años, 4,40 £; pensionistas 6,80 £; familias, 20,40 £. *Sólo jardines* 6,30 £; niños de 5 a 16 años, 4,20 £; pensionistas, 5,40 £, familias 16,80 £. **Tarjetas de crédito** MC, V.

A tan sólo 13 km al noroeste de Tunbridge Wells, se encuentran los majestuosos jardines de este encantador castillo del siglo XIII con doble foso, en el que, según la leyenda, Enrique VIII cortejó a Ana Bolena. La reina de trágico destino pasó gran parte de su niñez en este castillo. El millonario norteamericano William Waldorf compró la propiedad en 1903 y gastó una cantidad ingente de tiempo, esfuerzo y dinero en devolverle su esplendor. Hoy pueden verse sus magníficos jardines de estilo italiano con sus esculturas clásicas y su *piazza* con columnas, además de un gran lago y un jardín de rosas. Uno de los elementos más conocidos de Hever es el laberinto de agua (que abre de abril a octubre) en el que los más osados tienen que llegar al centro de un gran estanque pasando por caminos de piedras y evitando obstáculos realizados con chorros de agua.
www.hevercastle.co.uk

Leeds

Broomfield, cerca de Maidstone, Kent (01622 765400).
Cómo llegar: *en tren* desde Victoria a Bearsted (1 hora) y, después, un trayecto de diez minutos en autobús; *en coche* M20, salida J8. **Abierto** *de marzo a octubre* de 10.00 a 19.00 horas, todos los días (última entrada a las 17.00 horas); *de noviembre a febrero* de 10.00 a 17.00 horas, todos los días (última entrada a las 15.00 horas). **Entrada** *castillo* 10 £; menores de 15 años, 6,50 £; pensionistas 8,50 £; familias, 29 £. *Sólo parque* 8,50 £; menores de 15 años, 5,20 £; pensionistas, 7 £; familias, 24 £. **Tarjetas de crédito** MC, V.

El castillo de Leeds, situado a 8 km de Maidstone, cuenta con una ubicación impresionante, ya que está construido sobre dos pequeñas islas en el centro de un lago. Construido por los normandos hace novecientos años, Enrique VIII lo convirtió en palacio real y hoy contiene una mezcla de muebles, cuadros y tapices medievales combinados con una extraña colección de antiguos collares de perro única en el mundo. De todos modos, el principal atractivo del castillo es el exterior. Además de los jardines llenos de flores, el visitante encontrará el jardín Culpeper (una pequeña granja), un aviario con más de cien especies de aves raras y, lo mejor de todo, un laberinto que culmina en una espectacular cueva adornada con esculturas de bestias mitológicas y mosaicos de conchas. Las instalaciones están adaptadas para los visitantes con discapacidades (pida el folleto). A lo largo del año, el castillo acoge varios eventos (llame para pedir información). El billete combinado que incluye el precio del tren, el autobús y la entrada del castillo (con salida de la estación Victoria) supone la opción más rentable, y cuesta 18,50 £ por adulto y 9,25 £ por niño.

El excelente **Museum of Kent Life** (01622 763936) se encuentra en Sandling, a 10 km del castillo de Leeds. Se trata de una recreación al aire libre del Kent antiguo, con jardines, casas, una granja del siglo XVIII, cabañas, artesanos y una zona de juegos, que ha recibido varios premios. El **North Downs** (*véase* pág. 334) también queda cerca del castillo.
www.leeds.castle.co.uk

Lewes

169 High Street, Lewes, East Sussex (01273 486290).
Cómo llegar: *en tren* de Victoria a Lewes (1 hora); *en coche* M23, y, después A23 y A27. **Abierto** de 10.00 a 17.30 horas o hasta la puesta de sol, de lunes a sábado; de 11.00 a 17.30 horas o hasta el anochecer, los domingos. **Entrada** 3,50 £; niños de 5 a 15 años, 1,80 £; pensionistas, 3 £; familias, 10 £. **Tarjetas de crédito** MC, V.

Lewes tiene la suerte de contar con un hermoso centro histórico y un entorno privilegiado en medio de los South Downs. Desde las torres de este castillo del siglo XI, actualmente en ruinas, se pueden ver estupendas vistas del campo circundante. El precio de la entrada incluye la visita al **Barbican House Museum** (que tiene el mismo horario), un museo de gran calidad situado enfrente de la entrada al castillo. Y ya que está en la zona, no deje de visitar la casa de estilo tudor **Anne of Cleves House** (01273 474610). La reina que se casó con Enrique VIII consiguió esta casa al divorciarse de él, pero nunca llegó a vivir en ella. El dormitorio, de madera de roble, es realmente impresionante. La festividad de la **Bonfire Night** en Lewes (el 5 de noviembre) es famosa en todo el país, no sólo por sus dimensiones y por su extravagancia, sino también porque se hace en honor de los diecisiete protestantes que murieron quemados en 1556 debido a las duras medidas que María I tomó en contra de la nueva religión, más que del complot que Guy Fawkes urdió en 1605 para derrocar a Jaime I y al Parlamento (*véase* pág. 15).

Rochester

The Keep, Rochester, Kent (01634 402276). **Cómo llegar:** *en tren* desde Victoria (45 minutos); *en coche* A2. **Abierto** *de abril a septiembre* de 10.00 a 18.00 horas, todos los días; *de octubre a marzo*, de 10.00 a 16.00 horas, todos los días. **Entrada** 3,50 £; niños de 5 a 15 años, estudiantes y pensionistas, 2,50 £; familias, 9,50 £. **Tarjetas de crédito** MC, V.

Rochester, Chatham y Gillingham constituyen un espacio urbano casi continuo conocido como Medway Towns. El paisaje, lleno de colinas, es encantador, pero los pueblos en sí son bastante feos. A pesar de que la zona tiene una gran riqueza histórica, el principal atractivo de **Rochester** es su **castillo**. El edificio domina el río Medway, y lo construyó a finales del siglo XI el mismo arquitecto que diseñó la White Tower de Londres y, aún hoy, es uno de los mejores castillos normandos del país. En sus primeros años de historia sufrió diversos avatares, como la ocupación de Wat Tyler y su ejército de campesinos durante la revuelta campesina de 1381.

El castillo tiene vistas a la ciudad y a una pequeña pero hermosa **catedral**. Ésta, también de origen normando, ha sufrido muchos cambios a lo largo de los años, pero aún conserva unos cuadros originales espléndidos. Charles Dickens pasó su juventud en Rochester y, aunque el lugar no le impresionó especialmente, figura en varias de sus obras (con el nombre de Mudfog y Dullborough). La novela que dejó inacabada al morir, **The Mystery of Edwin Drood**, tenía Rochester como escenario. El **Charles Dickens Centre**, situado en la Eastgate House, en High Street, es interesante y merece la pena visitarlo (01634 844176). El **Guildhall Museum** (01634 848717), que narra la historia de la zona, también vale la pena. **Gad's Hill Place** (01474 822366), en Higham, a 5 km de Rochester, es famoso por ser el lugar en el que Dickens vivió los últimos años de su vida (de 1857 a 1870) y donde murió, y está muy bien conservado.

Windsor

High Street, Windsor (01753 831118). **Cómo llegar:** *en tren* desde Paddington a Slough con trasbordo hasta Windsor Central (45 minutos) o desde Waterloo a Windsor Riverside (1 hora); *en coche* M4, salida J6. **Abierto** *de marzo a octubre* de 09.45 a 17.15 horas, todos los días; *de noviembre a febrero*, de 10.00 a 16.15 horas (última entrada a las 15.00 horas), todos los días. **Entrada** *de lunes a sábado* 11 £; niños de 5 a 15 años, 5,50 £; pensionistas, 9 £; familias, 27,50 £. **Tarjetas de crédito** AmEx, MC, V.

El mayor castillo de Inglaterra se encuentra dominando el Támesis, cerca de Slough, y ha sido residencia real desde que Guillermo el Conquistador construyera el primer fuerte en 1070 para protegerse de los ataques que recibía Londres desde el oeste. El edificio actual es una mezcla de estilos creados al capricho de los distintos monarcas. A Jorge V le gustaba tanto el lugar que cambió su apellido en 1918 y pasó a llamarse Windsor (lo que resultaba más apropiado durante la guerra contra los alemanes). No se pierda la **Queen Mary's Dolls' House** diseñada por Edward Lutyens y creada con tal precisión que hasta los lavabos tienen agua y se puede tirar de la cadena de verdad. En su creación, que duró tres años, trabajaron cerca de 1.500 artesanos. Los **State Apartments** han vuelto a abrir sus puertas al público después del incendio de 1992. En la **St. George's Chapel**, de estilo gótico, está enterrado Enrique VIII. En ella encontrará otras tumbas reales y el techo más hermoso que haya visto jamás.

www.royalresidences.com

Casas de campo

Si desea información acerca de **Althorp**, la residencia de la familia Spencer y el lugar en el que está enterrada la princesa Diana, llame al 01604 592020 o consulte la página *web www.althorp.com.* Tenga en cuenta que la casa sólo permanece abierta al público durante los meses de julio y agosto.

Audley End

Saffron Walden, Essex (01799 522399). **Cómo llegar:** *en tren* desde Liverpool Street a Audley End (1 hora) y, después, un paseo corto o un trayecto de 2 minutos en taxi; *en coche* M11, salida J8 y, después, B1383. **Abierto** *de abril a septiembre* de 11.00 a 17.00 horas, de miércoles a domingo; *en octubre*, de 11.00 a 16.00 horas, de miércoles a domingos. **Entrada** 6,75 £; niños de 5 a

Éste es el fantástico paisaje que se ve desde la **Bignor Roman Villa** *(véase pág. 325)*

16 años, 3,40 £; pensionistas y estudiantes 5,10 £; familias, 16,90 £. **Tarjetas de crédito** MC, V.
Cuando Thomas Howard, el primer conde de Suffolk, mandó constuir en 1614 la mansión jacobina de **Audley End,** ésta se convirtió en la mayor residencia de campo del país. Carlos II la adquirió después, pero la casa volvió a ser propiedad de la familia Howard en el siglo XVIII. En esa época se demolieron dos tercios del edificio para hacerlo más manejable, y en la actualidad, la mansión tiene más de 30 habitaciones abiertas al público que, en su mayoría, se restauraron de acuerdo con el diseño de Robert Adam de la década de 1760. «Capability» Brown diseñó el jardín. Si desea una visita guiada, llame para reservar plaza.

Saffron Walden (a 1,5 km de Audley End) es un pequeño pueblo muy agradable que cuenta con casas de madera con unos adornos muy decorativos que reciben el nombre de *pargeting*. A 13 km hacia el suroeste se encuentra **Thaxted**, el pueblo en el que Gustav Holst escribió gran parte de *The Planets* y lugar en el que hay un fantástico ayuntamiento del siglo XV de tres pisos y entramado de madera (01371 831339). En la zona encontrará otros pueblos interesantes y estupendas zonas para pasear.

Blenheim Palace

Woodstock, Oxfordshire (01993 811325). **Cómo llegar:** *en tren* de Paddington a Oxford (1 hora) y, después, un trayecto de treinta o cuarenta minutos en autobús; *en coche* M40, salida J8 y, después, A40 y A44. **Abierto** *palacio y jardines, de mediados de marzo a octubre* de 10.30 a 17.30 horas, todos los días (última entrada a las 16.45 horas); *parque* de 09.00 a 16.45 horas, todos los días. **Entrada** 9,50 £; niños de 5 a 15 años, 4,80 £; pensionistas, 7,30 £; familias, 25 £; *sólo parque* 6 £ por coche (ocupantes incluidos); adultos, 2 £; tarifa reducida, 1 £. **Tarjetas de crédito** AmEx, DC, MC, V.
John Churchill, duque de Marlborugh, consiguió el dinero para construir una mansión barroca como recompensa por haber vencido a los franceses en la batalla de Blenheim. La construcción fue muy accidentada, porque el Parlamento se negó a entregar todo el dinero y la mujer de Churchill se peleó con el arquitecto, sir John Vanbrugh (ella quería haber contratado a Wren). Esta residencia barroca es tan grande que más que agradar, impresiona, y la velocidad a la que recorren las torres y las habitaciones llenas de antigüedades las visitas guiadas no deja tiempo ni para pensar. Los jardines, diseñados por el omnipresente «Capability» Brown, son fantásticos (incluyen una casa de mariposas, una zona de juegos de aventura, un laberinto, un mini golf y un mini tren que lo recorre todo). Winston Churchill nació en Blenheim en 1874 y cinco de las salas de la residencia están dedicadas a la época de la guerra. Está enterrado, junto a su esposa y sus padres, en la cercana iglesia de **Bladon**.

Woodstock es un bonito pueblo del condado de Oxford que tiene una larga historia de vinculaciones con la familia real, aunque ahora básicamente recibe visitantes que se dirigen a Blenheim y a Cotswolds; merece la pena hacer un alto allí para descansar. Si desea evitar las aglomeraciones, acuda al *pub* Black Prince, en Oxford Street, justo al norte del centro.
www.bleinheimpalace.com

Hatfield House

Hatfield, Hertfordshire (01707 262823). **Cómo llegar:** *en tren* de King's Cross a Hatfield (25 minutos); *en coche* A1, salida J4. **Abierto** *casa, de finales de marzo a septiembre* de 12.00 a 16.00, de martes a jueves; de 13.00 a 16.00 horas, los sábados y los domingos; *jardines, de finales de marzo a septiembre* de 10.30 a 18.00 horas, de martes a domingo. **Entrada** 6,60 £; niños de 5 a 15 años, 3,30 £; *sólo jardines* (este y oeste), viernes 6 £; (sólo oeste) de martes a domingo, 4 £. **Tarjetas de crédito** MC, V.
Hatfield House es una de las mansiones jacobinas más grandes e impresionantes del país. Construida entre 1607 y 1611 para sir Robert Cecil (hasta la fecha sigue en manos de la familia) está situada donde se encontraba el palacio tudor de Hatfield, en el que la reina Isabel I pasó gran parte de su niñez. Cecil derruyó buena parte del edificio del siglo XVI, del que sólo ha quedado un ala. En su interior se encuentran grandes cortinas, algunos muebles de calidad y estupendos retratos de estilo tudor y jacobino, mientras que los jardines, obra de John Tradescant, son clásicos. La entrada de la casa se encuentra enfrente de la estación de ferrocarril.

Knole

Sevenoaks, Kent (01732 450608). **Cómo llegar:** *en tren* desde Charing Cross a Sevenoaks (31 minutos); *en coche* M25, salida 5. **Abierto** *de abril a octubre* de 12.00 a 16.00 horas, de miércoles a sábado (última entrada a las 15.30 horas); de 11.00 a 17.00 horas, los sábados (última entrada a las 16.30 horas); *jardines, de marzo a septiembre* de 12.00 a 16.00 horas, el primer miércoles de cada mes. **Entrada** 5 £; niños de 5 a 15 años, 2,50 £; familias, 12,50 £. Aparcamiento 2,50 £. *Sólo jardines*, 1 £. **Tarjetas de crédito** MC, V.
Dadas sus rápidas conexiones con Londres, Sevenoaks es un buen punto de partida para visitar varios lugares del noroeste de Kent. Como pueblo, tiene poco que ofrecer a los visitantes más allá de la enorme y noble mansión de Knole, construida para el arzobispo de Canterbury, Thomas Bourchier, en 1456, y cuyo diseño se basó en el calendario (tiene 7 patios, 52 escaleras y 365 habitaciones, de las cuales sólo 13 están abiertas al público). La familia Sackville remodeló la casa en 1605 y, desde esa fecha, no ha cambiado de dueños. En los amplios terrenos circundantes pueden verse ciervos.

Polesden Lacey

Dorking Road, Surrey (01372 458203). **Cómo llegar:** *en tren* de Waterloo a Westhumble o Dorking (40 minutos) y, después, un trayecto de 10 minutos en taxi; *en coche* A3 y, después A243 y A24. **Abierto** *casa, de abril a octubre* de 13.00 a 17.00 horas, de miércoles a domingo; *jardines* de 11.00 a 18.00 horas o hasta el anochecer, todos los días. **Entrada** 7 £; niños de 5 a

16 años, 3,50 £; familias, 17,50 £. *Sólo jardines* 4 £; familias, 10 £.
La villa de estilo regencia de Polesden Lacey se encuentra 5 km al oeste de **Box Hill**, y fue el nido de amor de la Reina Madre y del que después sería Jorge VI, hace setenta años. Enmarcados por los North Downs, la casa y los jardines cuentan con hermosas vistas del bosque y los prados. La propiedad lo tiene todo para ayudarle a pasar un día «real»: paseos bordeados de árboles, un jardín de rosas y un encantador puente cubierto sobre un típico camino hundido de Surrey.

Waddesdon Manor

Waddesdon, cerca de Aylesbury, Buckinghamshire (01296 653203). **Cómo llegar:** *en tren* de Marylebone a Aylesbury (53 minutos) y, después un trayecto en autobús; *en coche* M40, salida J9 y, después, A41. **Abierto** *casa, de abril a junio y septiembre y octubre* de 11.00 a 16.00 horas, de martes a domingo; *julio y agosto* de 11.00 a 16.00 horas, de miércoles a domingo. **Entrada** 10 £; niños de 5 a 16 años, 7,50 £; *sólo jardines* 3 £; niños de 5 a 16 años, 1,50 £. **Tarjetas de crédito** MC, V.
El castillo de Waddesdon Manor se encuentra 8 km hacia el noroeste de Aylesbury, en plena campiña inglesa, en un fantástico paisaje. Construido por la familia Rothschild, escandalosamente rica, entre 1874 y 1889, la casa cuenta con una magnífica colección de objetos decorativos de los siglos XVII y XVIII. En los muros puede verse la decoración típica de las casas parisinas del siglo XIX; en el suelo, hay alfombras de Savonnerie y Aubusson y, entre los objetos expuestos, destacan cajas de oro, libros difíciles de encontrar y objetos de cerámica. La estrella de la colección es una de las mejores selecciones de porcelana de Sèvres. No se pierda el espléndido aviario rococó situado en el jardín, ni las bodegas de vino de los Rothschild (en las que podrá probar el vino que desee).
www.waddesdon.org.uk

Woburn Abbey

Woburn, Bedfordshire (01525 290666). **Cómo llegar:** *en tren* de Euston a Bletchley (30 minutos) y, después, un trayecto de 25 minutos en taxi; *en coche* M1, salida J13 y, después A4012. **Abierto** *de abril a octubre* de 11.00 a 16.00 horas, de lunes a sábado; de 11.00 a 17.00 horas, los domingos; *octubre* de 11.00 a 16.00 horas, los sábados; de 11.00 a 17.00 horas, los domingos; *del 1 de enero a marzo* de 11.00 a 16.00 horas, los sábados y los domingos. **Entrada** 7,50 £; tarifa reducida, 3-6,50 £; menores de 12 años gratuito: familias 19-24 £. **Tarjetas de crédito** MC, V.
Woburn Abbey, residencia de los duques de Bedford desde hace más de 350 años, es muy popular entre los visitantes en gran medida gracias a su **Safari Park** (que con la entrada de la abadía cuesta la mitad; *véase* pág. 330). La abadía, llamada así por estar construida sobre los restos de un monasterio cisterciense del siglo XII, es una casa grande y antigua en la que pueden verse excelentes retratos de estilo Tudor.
www.waburnabbey.co.uk

Lugares para toda la familia

La mayoría del resto de los destinos que se mencionan en este capítulo son asimismo adecuados para las familias que viajan con niños, sobre todo los castillos y las localidades de la costa.

Chessington World of Adventures

Leatherhead Road, Chessington, (A243), Chessington, Surrey (0870 4447777). **Cómo llegar:** *en tren* de Waterloo a Chessington South (30 minutos); *en autocar* Flightline 777 con salida desde la estación de autobuses Victoria (una hora); *en coche* M25, salida J9 o A3. **Abierto** llamar para solicitar información **Entrada** 19,95 £; niños de 4 a 13 años, 16 £; tarifa reducida, 12 £; menores de 4 años, gratuita; familias, 63 £. **Tarjetas de crédito** AmEx, MC, V.
Este parque temático y zoo de 26 hectáreas es ciertamente divertido y, aunque su aspecto es algo vulgar, ¡bien que se paga! Si llega en tren, muestre los billetes al comprar las entradas, ya que probablemente le harán descuento. Entre las atracciones destacan la «Vengaza de Ramsés», el «Vampiro» (una montaña rusa en la que uno queda boca abajo), el «Safari Skyway Monorrail» y el «Rattlesnake», una montaña rusa que «muerde». Si desea evitar interminables colas, vaya temprano.
www.chessington.co.uk

Chislehurst Caves

Chislehurst, Kent (8467 3264). **Cómo llegar:** *en tren* desde Charing Cross a Chislehurst (23 minutos); *en coche* A222. **Abierto** visita guiada de 45 minutos cada hora, entre 10.00 y 16.00 horas, de miércoles a domingo (durante las vacaciones escolares, cada día); los domingos, a las 14.30 horas, visita guiada de 90 minutos. **Entrada** visita guiada de 45 minutos, 3 £; tarifa reducida, 1,50 £. Visita guiada de 90 minutos, 5 £; tarifa reducida, 2,50 £.
Las cuevas de Chislehurst, muy recomendables, están al sudeste de Londres, cerca de la estación de ferrocarril de Chislehurst. Apúntese a una de las visitas guiadas con linterna (de 45 o 90 minutos) para recorrer este laberinto de túneles y de cavernas artificiales. Entre sus anteriores ocupantes figuran desde druidas hasta romanos, pasando por los londinenses que se refugiaban en ellas durante los bombardeos de la segunda guerra mundial.

Drusillas Zoo Park

Alfriston, East Sussex (01323 870656). **Cómo llegar:** *en coche* A22 y, después, A27; o M23 y, después, A23 y A27. **Abierto** *de abril a octubre* de 10.00 a 17.00 horas, todos los días; *de noviembre a marzo* de 10.00 a 16.00 horas, todos los días. **Entrada** 6,95 £; niños de 3 a 12 años, 5,75 £; pensionistas, 5,25 £. **Tarjetas de crédito** MC, V.
Este parque de vida salvaje es sorprendentemente grande y tiene un diseño muy imaginativo. Los niños y los adultos ágiles pueden arrastrarse por unos túneles y asomarse a unas minicúpulas para ver a las ratas o las mangos-

tas. Es un lugar limpio y bien organizado, hasta un grado de precisión casi militar. Los visitantes tienen que avanzar en una ruta marcada para poder tomarse por fin una taza de té en la cafetería del parque, junto a la que hay una enorme zona de juegos de libre acceso con gargantuélicos toboganes y trenes.

Legoland Windsor

Winkfield Road, Bershire (0870 504 0404). **Cómo llegar:** *en tren* de Paddington a Windsor Central, con trasbordo en Slough (30 minutos) o a Windsor & Eton Riverside (49 minutos) y, después, autobús (por un poco más); *en coche* M4 salida J6, M3 salida 3 o M25 salida J13 y, después, seguir las indicaciones; *en autocar* Green Line tiene un servicio diario que parte de Victoria (08706 087 261). **Abierto** *de mediados de marzo a noviembre* de 10.00 a 18.00 horas, todos los días; de 10.00 a 20.00 horas durante las vacaciones escolares. **Entrada** 18,50 £; niños de 3 a 12 años, 15,50 £; pensionistas, 12,50 £; menores de 3 años, gratuita. **Tarjetas de crédito** AmEx, MC, V.

Basado en el original danés, Legoland despierta pasiones y es un éxito asegurado con niños de 2 a 12 años. El parque es muy grande y está dividido en zonas por actividades. En Miniland pueden verse miniaturas de famosos edificios europeos; los jardines Duplo tienen una zona de juegos de agua con cascadas de plástico resistente, mientras que en Castleland se encuentra la zona de aventura en la que se puede dar una vuelta en la montaña rusa del Dragon Knight's. Los niños se pueden sacar su carnet de conducir de Legoland en las autoescuelas del parque antes de dirigirse a Wild Woods para buscar oro o descender por las cataratas del Pirata. Llame por teléfono para informarse sobre eventos especiales, condiciones de las instalaciones y acceso para visitantes con discapacidades.
www.legoland.co.uk

Mountfitchet Castle & Norman Village

Stansted Mountfitchet, Essex (01279 813237). **Cómo llegar:** *en tren* desde Liverpool Street a Stansted Mountfitchet (45 minutos); *en coche*, M11 salida 8 y, después, A120 y B1383. **Abierto** *castillo, de mediados de marzo a mediados de noviembre* de 10.00 a 17.00 horas, todos los días. *Museo del juguete, de mediados de enero a mediados de diciembre* de 10.00 a 16.00 horas, todos los días. **Entrada** *castillo* 4,50 £; niños de 2 a 14 años, 3,50 £; pensionistas, 3,80 £. *Museo del juguete* 3,50 £; niños de 2 a 14 años, 2,50 £; pensionistas, 3,20 £. **Tarjetas de crédito** MC, V.

Esta fantástica reconstrucción de un castillo normando del siglo XI se encuentra en Stansted Mountfitchet, 13 km al sur de Saffron Walden. Además de hacernos vivir la historia con gran intensidad, el castillo cuenta con un museo del juguete (con cerca de 50.000 objetos), por lo que es un lugar estupendo para ir con niños.

Thorpe Park

Staines Road, Chertsey, Surrey (0870 444 4466). **Cómo llegar:** *en tren* de Victoria a Staines con transbordo en Clapham Junction (45 minutos) o metro Hatton Cross y, después, un autobús del parque; *en coche* M25, salida J11 o J13. **Abierto** llame para informarse. **Entrada** 19 £; de 4 a 13 años, 15 £; jubilados 12 £. **Tarjetas de crédito** AmEx, DC, MC, V.

Este parque temático estilo Disney, situado en Surrey, recibe un millón de visitantes al año. La superficie ajardinada cubre 202 hectáreas y cuenta con los entretenimientos habituales de este tipo de parques: montañas rusas, espectáculos acrobáticos, granjas, aventuras, casas con fantasmas, enormes y amables personajes de ficción y, si se atreve, un recorrido en la oscuridad hacia atrás llamado «No Way Out».
www.thorpepade.com

Whipsnade Wild Animal Park

Cerca de Dunstable, Bedfordshire (0870 520 0123). **Cómo llegar** *en tren* desde King's Cross a Luton (33 minutos) o de Euston a Hemel Hempstead (25 minutos) y, después, un trayecto de 20 minutos en autobús o en taxi; *en coche* M1, salida J9 y, después A5 y B4540. **Abierto** *de abril a octubre* de 10.00 a 18.00 horas, de lunes a sábado; de 10.00 a 19.00 horas, los domingos; *de noviembre a marzo* de 10.00 a 16.00 horas, todos los días. **Entrada** 9,90 £; reducidas, 7-7,50 £. **Tarjetas de crédito** AmEx, MC, V.

Con sus 243 hectáreas de hermoso parque, Whipsnade es una de las mayores reservas de animales de Europa. Cuenta con cerca de 2.500 animales (muchos son especies en peligro de extinción), entre los que figuran ualabíes, ciervos, elefantes, lemures e hipopótamos. A los niños les gusta mucho la «Runwild Play Area», una zona de juegos que incita literalmenta a «hacer el salvaje», la granja «Children's Farm» y el «Great Whipsnade Railway», pero el parque también tiene atracciones para los adultos, como las exhibiciones de aves o las «Squirrel Monkey Island» y las «Tiger Falls».
www.whipsnade.co.uk

Woburn Safari Park

Woburn Park, Bedfordshire (01525 290407). **Cómo llegar:** *en coche* M1, salida 13. **Abierto** *del 11 de marzo al 29 de octubre* de 10.00 a 17.00 horas, todos los días; *de noviembre al 10 de marzo* de 11.00 a 15.00 horas, los sábados y los domingos. **Entrada** *en verano* 12 £; tarifa reducida, 8,50-9 £; menores de 3 años, gratuita. *En invierno* 6,50 £; tarifa reducida, 5-5,50 £; menores de 3 años, gratuita. **Tarjetas de crédito** MC, V.

La enorme propiedad del duque de Bedford se ha convertido en un gran safari que cuenta con leones, tigres, osos, monos y rinocerontes. Tiene cinco zonas para explorar y jugar (y dos diseñadas para menores de 5 años). A los niños les gustará ver a los animales, saber cuándo y cómo los alimentan e incluso pueden asistir a una sesión de entrenamiento de los tres elefantes asiáticos del parque. Entre otras atracciones figura el «Rainbow Landing» (en el que se ven loros de todos los colores del arco iris) y una exposición sobre la ardilla voladora. Ya que está en

esta zona, puede que le interese ver la **Woburn Abbey** (la entrada le costará la mitad si muestra la entrada del parque; *véase* pág. 329).
www.woburnsafari.co.uk

Jardines

Groombridge Place Gardens

Groombridge, Kent (01892 863999). **Cómo llegar:** *en tren* desde Charing Cross a Tunbridge Wells (53 minutos) y, después, un trayecto en taxi de 10 minutos; *en coche* M25 salida J5 y, después, A21, A264 y B2110. **Abierto** *de Semana Santa a octubre* de 09.00 a 18.00 horas (o hasta la puesta del sol), todos los días. **Entrada** 6,50 £; de 3 a 12 años y pensionistas, 5,50 £; familias, 20 £. **Tarjetas de crédito** AmEx, MC, V.
No es de extrañar que este edificio medieval haya inspirado a artistas y escritores durante siglos (incluidos el director de cine Peter Greenaway y sir Arthur Conan Doyle, que lo menciona en *The Valley of Fear*). En la actualidad, la casa, que data del siglo XVII, está cerrada al público, pero los visitantes pueden explorar libremente el jardín que la rodea. Las posibilidades líricas del lugar, que cuenta con un jardín vallado junto a la mansión del siglo XVIII, paseos por el premiado «bosque encantado», así como estanques y cascadas, son enormes. Es asimismo un lugar estupendo para los niños.

Leonardslee

Lower Beeding, West Sussex (01403 891212). **Cómo llegar:** *en tren* de Victoria a Horsham (1 hora, 8 minutos) y, después, un trayecto en taxi de 15 minutos; *en coche* M23 y, después, A23 y B2110. **Abierto** *de abril a octubre* de 09.30 a 18.00 horas, todos los días. **Entrada** llame para pedir información.
Tal vez el más encantador de los jardines de Sussex, Leonardslee se encuentra en un valle 5 km al sudoeste de Nymans (*véase* inferior) y es especialmente impresionante por su despliegue de flores. Los seis lagos construidos en el siglo XVI para proporcionar energía a las fundiciones de hierro están ligados entre sí por senderos, y los ciervos y los ualabíes andan libres por ellos y por el resto del parque.

Nymans

Handcross, West Sussex (01444 400321).
Cómo llegar: *en tren* de Victoria a Three Bridges (35 minutos) y, después, un trayecto en taxi de 10 minutos; *en coche* M23 y, después, A23 y B2114. **Abierto** *de marzo a octubre* de 11.00 a 18.00 horas, o hasta la puesta de sol, miércoles a domingo; *de noviembre a marzo* de 11.00 a 16.00 horas, los sábados y los domingos. **Entrada** 6 £; de 5 a 18 años, 3 £; familias, 15 £. **Tarjetas de crédito** MC, V.
A 6 km hacia el sur de Crawley se encuentra uno de los mejores jardines de Inglaterra. Situado en el extremo de Sussex Weald, Nymans es una galería de arbustos y árboles exóticos. Destaca especialmente el jardín vallado, el jardín hundido y sus maravillosos paseos por el bosque. En la actualidad, algunas partes de la residencia están abiertas al público.
www.nationaltrust.org.uk/southern

Sheffield Park

Cerca de Uckfield, East Sussex (01825 790231).
Cómo llegar: *en tren* de Victoria a Hayward's Heath (45 minutos) y, después, un trayecto en taxi de 15 minutos; *en coche* M23 salida J10 y, después, A264, A22 y A275. **Abierto** *enero y febrero* de 10.30 a 16.00 horas, los sábado y los domingos; *de marzo a octubre* de 10.30 a 18.00 horas (o hasta la puesta del sol), de martes a domingo; *noviembre y diciembre* de 10.30 a 16.00 horas, de martes a domingo. **Entrada** 4,20 £; de 5 a 17 años, 2,10 £; familias, 10,50 £.
El mayor atractivo del tranquilo corazón de Sussex es la serie de fantásticos jardines que alberga, y Sheffield Park es uno de los más majestuosos. Se encuentran 16 km al norte de Lewes y, a pesar de ser otra creación de «Capability» Brown en el siglo XVIII, se remodelaron a principios del siglo XX y perdieron gran parte de su diseño, aunque siguen manteniendo la misma atmósfera. Cuentan con cinco lagos conectados con cascadas y desniveles y, a principios de la primavera, florecen azaleas, en verano, rododendros, y, en otoño, los árboles se tiñen de tonos cálidos. Cerca está la estación sur del **Bluebell Railway** (01825 722370), que recorre un trayecto de 14 km, y el encantador pueblo de **Fletching**. Si desea comer, haga un alto en The Griffin Inn.

Sissinghurst

Sissinghurst, Cranbrook, Kent (01580 712850).
Cómo llegar: *en tren* de Charing Cross a Staplehurst (53 minutos) y, luego, un trayecto en taxi de 10 minutos; *en coche* M25, salida J5 y, después, A21 y A262. **Abierto** *de abril a mediados de octubre* de 13.00 a 18.30 horas, de martes a viernes; de 10.00 a 17.30 horas, los sábados y los domingos. **Entrada** llame para pedir información.
Sissinghurst es el mejor de los jardines de Kent. En él, Vita Sackville-West y su marido Harold Nicolson supieron transformar una mansión del siglo XVI que estaba en ruinas (y, por supuesto, cerrada al público) en un paraíso de colores y fragancias. Por desgracia, el encanto de este lugar es tal que cada vez llegan más autocares cargados de viajeros a visitarlo y las entradas son de tiempo restringido.

Stowe

Buckinhgamshire (jardines 01280 822850/ casa 01280 818282). **Cómo llegar:** *en tren* de Euston a Milton Keynes (40 minutos) y, después, un autobús hasta Buckingham (30 minutos) y un trayecto en taxi de 10 minutos; *en coche* M40, salida J10 y, después, A43 y A422; o M1, salida J14 y, después, A5 y A422. **Abierto** horarios según temporada, llame para pedir información. **Entrada** *jardines* 4,60 £; tarifa reducida, 3 £; familias 11,50 £. *Casa* 3 £; tarifa reducida, 1,50 £.

Unos 5 km al noroeste de Buckingham se encuentra Stowe, uno de los jardines del siglo XVIII más espectaculares e importantes del país. El diseño de sus 132 hectáreas data de 1680, pero no dejó de sufrir cambios a lo largo del siglo siguiente, durante el cual se crearon 3 zonas de árboles plantados, 6 lagos y 32 construcciones. Al diseño del paisaje de «Capability» Brown fueron añadiendo edificios casi todos los grandes nombres de la arquitectura del momento, incluidos James Gibbs, John Vanbrugh y William Kent. De la casa sólo puede verse una pequeña parte porque el resto está ocupado por la Stowe School. Buckingham es, por su parte, una localidad llena de vida y cuenta con varios *pubs* que se llenan de estudiantes. *www.nationaltrust.org.uk*

Casas museo

Bateman's

Burwash, Etchingham, East Sussex (01435 882302). **Cómo llegar:** *en coche* M25, salida 5 y, después, A21 y A265. **Abierto** *de abril al 1 de noviembre* de 11.00 a 17.00 horas, de lunes a miércoles, los sábados y los domingos (última entrada a las 16.30 horas). **Entrada** 5 £; niños de 5 a 14 años, 2,50 £; familias, 12,50 £. **Tarjetas de crédito** MC, V.

Rudyard Kipling vivió en Bateman's desde 1902 hasta su muerte, en 1938. La casa, del siglo XVII, se ha conservado tal y como la dejó el famoso autor, y en el jardín hay un molino de agua convertido en un generador de energía.

Charleston Farmhouse y alrededores

Cerca de Firle, East Sussex (01323 811265). **Cómo llegar:** *en tren* de Victoria a Lewes (1 hora, 5 minutos) y, después, un trayecto en taxi de 10 minutos; *en coche* M23 y, después, A23 y A27. **Abierto** *de abril a junio, septiembre y octubre* de 14.00 a 18.00 horas, de miércoles a domingo; *en julio y agosto* de 11.30 a 18.00 horas, de miércoles a sábado; de 14.00 a 18.00 horas, los domingos (última entrada siempre una hora antes del cierre). **Entrada** 5,50 £; niños de 5 a 16 años, pensionistas y estudiantes, 3,50 £; *sólo jardín* 2 £; niños de 5 a 16 años, pensionistas y estudiantes, 1 £. **Tarjetas de crédito** MC, V.

En esta residencia situada 10 km al este de Lewes vivió la hermana de Virginia Woolf, la escritora del grupo de Bloomsbury **Vanessa Bell**, con su marido **Clive** y su amante **Duncan Grant** durante la primera guerra mundial para que los dos hombres, ambos objetores, pudiesen librarse del servicio militar por ser granjeros. El precio de la entrada incluye una visita guiada por la casa, en la que pueden verse impresionantes obras de autores de la talla de Picasso o Renoir, así como de otros menos conocidos.

Unos 6 km al oeste hay otro lugar emblemático del grupo de Bloomsbury: **Monk's House**, en Rodmell, en el que vivieron **Leonard** y **Virginia Woolf** desde 1919 (01892 890651; *de abril a octubre* de 14.00 a 17.30 horas, los miércoles y los sábados; 2,50 £; de 5 a 16 años, 1,25 £). Cerca de allí está el famoso río Ouse en el que Virginia se suicidó en 1941 adentrándose en sus aguas con los bolsillos llenos de piedras. Tanto ella como Leonard (que vivió en la casa hasta su muerte, en 1969) están enterrados en el jardín.

Chartwell

Westerham, Kent (información pregrabada 01732 866368/01732 868381). **Cómo llegar:** *en tren* de Charing Cross a Sevenoaks (33 minutos) y, después, el autobús de Chartwell Explorer; *en coche* M25, salida J5 y, después, A25 y B2026; o M25, salida 6 y, después, A22, A25 y B2026. **Abierto** *de abril a junio* de 11.00 a 17.00 horas, de miércoles a domingo; *julio y agosto* de 11.00 a 17.00 horas, de martes a domingo; *de septiembre al 29 de octubre* de 11.00 a 17.00 horas, de miércoles a domingo (última entrada a las 16.15 horas). **Entrada** 5,50 £; niños de 5 a 16 años, 2,75 £; familias, 13,75 £. **Tarjetas de crédito** V.

Chartwell, la que fuera casa de **Winston Churchill**, es uno de los lugares turísticos más visitados del sudeste de Inglaterra y se encuentra 9 km al oeste de Sevenoaks. El primer ministro que lideró al país durante la guerra vivió en este edificio de estilo Tudor de 1924 hasta su muerte, en 1965 y, por ello, la vivienda está llena de recuerdos suyos. Los miércoles por la mañana se organizan visitas guiadas; llame para pedir información.

Down House

Luxted Road, Downe, Kent (información pregrabada 01689 859119). **Cómo llegar:** *en tren* de Charing Cross a Orpington (23 minutos) y, después, un trayecto en taxi de 20 minutos; *en coche* A223 y A21. **Abierto** *del 1 de abril al 30 de septiembre* de 10.00 a 18.00 horas, de miércoles a domingo; *octubre* de 10.00 a 17.00 horas, de miercoles a domingo; *noviembre, diciembre, febrero y marzo* de 10.00 a 16.00 horas, de miércoles a domingo. **Entrada** 5,50 £; reducida, 4,10 £; niños, 2,80 £. **Tarjetas de crédito** MC, V.

A pocos kilómetros de Orpington se encuentra la casa, hoy restaurada, de uno de los personajes más relevantes del siglo XIX: Charles Darwin. El naturalista escribió gran parte de su revolucionaria teoría acerca de la evolución de las especies en esta casa, en la que residió durante cuarenta años. En la planta baja pueden verse la sala de dibujo y el estudio, mientras que la planta superior alberga exposiciones temáticas temporales.

Jane Austen's House

Chawton, Hampshire (01420 832262). **Cómo llegar:** *en tren* de Waterloo a Alton (1 hora); *en coche* M3 salida 5 y, después, B3349. **Abierto** *de marzo a diciembre* de 11.00 a 16.30 horas, todos los días; *enero y febrero* de 11.00 a 16.30 horas, los sábados y los domingos. **Entrada** 2,50 £; niños de 8 a 18 años, 50 p; estudiantes y pensionistas, 2 £. **Tarjetas de crédito** MC, V.

Chawton, la localidad en la que vivió **Jane Austen** de 1809 a 1817, se encuentra 1,5 km al sudoeste de Alton. En esta modesta casa de ladrillo rojo escribió y revisó seis de sus obras. En la actualidad, puede verse una colección de recuerdos de la autora y una selección de las primeras ediciones de sus novelas.

Alton es estación término de la línea **Mid Hants Watercress**, por la que circulan trenes de vapor que unen Alton con Alresford (01962 733810). Unos 6 km al sur de Chawton está **Little Selborne**, donde puede verse la casa en la que vivió el naturalista del siglo XVIII, **Gilbert White, The Wakes** (01420 511275), que se ha convertido en un museo en su memoria.

Shaw's Corner

Ayot St. Lawrence, Hertfordshire (01438 820307/01494 755567). **Cómo llegar:** *en tren* de Charing Cross a Welwyn North (55 minutos) y, después, un trayecto en taxi de 10 minutos; *en coche* A1(M) salida 6. **Abierto** *de abril a octubre* de 13.00 a 17.00 horas, de miércoles a domingo. **Entrada** 3,30 £; de 5 a 16 años, 1,65 £; familias, 8,25 £.

George Bernard Shaw vivió en Ayot St. Lawrence, uno de los lugares más hermosos del condado de Hertford, durante cuarenta años (hasta su muerte en 1950). La casa, ahora convertida en museo, se ha conservado tal y como la dejó y, en 1998, se restauró su famoso cobertizo de escritura, que giraba para seguir el curso del sol. Entre las obras que escribió Shaw en esta casa figuran las famosas *St. Joan* y *Pigmalión*.

La vida junto al océano

Portsmouth Historic Dockyard

Base naval HM, College Road, Hampshire (023 9286 1512). **Cómo llegar:** *en tren* de Waterloo a Portsmouth Harbour (1 hora, 30 minutos); *en coche* A3 o M3 y M27. **Abierto** *de marzo a octubre* de 10.00 a 17.30 horas, todos los días (última entrada a las 16.30 horas); *de noviembre a febrero* de 10.00 a 17.00 horas, todos los días (última entrada a las 16.00 horas). **Entradas** entrada a todos los barcos, 11,90 £; de 5 a 14 años, 8,90 £; pensionistas, 10,40 £; familias, 28,25 £ (llame para pedir información de cada uno de los puntos por separado).

Portsmouth es un lugar lleno de connotaciones navales (porque es un puerto importante y fue bombardeado durante la segunda guerra mundial). Sin duda, el principal atractivo turístico de la ciudad son los **Historic Ships**, que engloban varios museos y tres barcos: el *Warrior*, el primer barco de guerra de Inglaterra, que data de 1860; el buque insignia de Nelson en la batalla de Trafalgar, el *Victory*, y el *Mary Rose* de Enrique VIII, que se hundió ante los ojos del monarca durante una batalla con los franceses en la costa británica, en 1545.

Asimismo, merece la pena dar un paseo en barco hasta Gosport para contemplar los claustrofóbicos submarinos que se exponen en el **Royal Navy Submarine Museum** (023 9252 9217). Los entusiastas de lo militar pueden acudir al **D-Day Museum**, en Clarence Esplanade (023 9282 7261), que conmemora la famosa operación Overlord, en la que Portsmouth desempeñó un importante papel. Junto al museo puede verse el **Southsea Castle** (023 9282 7261), desde el que Enrique VIII vio hundirse en las aguas a su querido barco *Mary Rose*. En la costa, a 1 km de allí, se encuentra el **Royal Marines Museum** (023 9281 9385).

Entre los atractivos turísticos de Portsmouth no relacionados con lo militar destaca **Dickens' Birthplace**, 393 Commercial Road, al norte del centro de la ciudad (023 9282 7261), aunque no hay mucho que ver más allá de dos habitaciones que recrean su vida cotidiana.

World Naval Base

The Historic Dockyard, Chatham, Kent (01634 823800). **Cómo llegar:** *en tren* de Victoria a Chatham, un paseo de 1,5 km y, después, un trayecto en taxi o en autobús de 2 minutos; *en coche* M25 salida 2 y, después, A2. **Abierto** *de abril a octubre* de 10.00 a 17.00 horas, todos los días (última entrada a las 16.00 horas); *febrero, marzo y noviembre* de 10.00 a 16.00 horas, los miércoles, sábados y domingos (última entrada a las 15.00 horas). **Entrada** 8,50 £; de 5 a 15 años, 5,50 £; pensionistas, 6,30 £; familias, 22,50 £. **Tarjetas de crédito** MC, V.

Esta base, vecina de la de **Rochester** (*véase pág.* 327), se encuentra en **Chatham** y fue fundada por Enrique VIII. En menos de un siglo, se ha convertido en la base naval más grande de Inglaterra. Así pues, no es de extrañar que el principal atractivo turístico de la localidad sea la **World Naval Base**, un muelle georgiano restaurado que cuenta con un «Sail and Colour Loft» en el que enseñan a hacer banderas y velas. Entre los barcos que se pueden visitar figuran naves de guerra y comerciales. También podrá ver una colección de pistolas de la Marina. El cercano **Fort Amherst** (01634 847747) se contruyó a mediados del siglo XVIII y se amplió durante las guerras contra Napoleón. Encontrará túneles, caminos, barracones y baterías por explorar y, de vez en cuando, los domingos se representan escenas militares. En cuanto al pueblo en sí, Chatham carece por completo del encanto que caracteriza al resto de la región.

En el campo

A pesar de las apariencias, Londres no se extiende hasta el infinito. Encontrará maravillosas zonas campestres en las que pasear cerca de la ciudad, sobre todo en North Downs, al sur; Chilterns, en el noroeste, y Cotswolds, al oeste (para mayor información, *véase* inferior y pág. 334).

Si quiere estar bien informado, consulte *Time Out Book of Country Walks*. El libro detalla 52 recorridos para pasear por los alrededores de Londres.

Country Lanes, *9 Shaftesbury Street, Fordingbridge, Hampshire SP6 1JF (01425 655022/www.countrylanes.co.uk).* Sólo tiene que subirse al tren de Londres y, al llegar a su destino, le estará esperando el personal de Country Lanes, que le habrá preparado un paseo o un recorrido en bicicleta por New Forest, Cotswolds, Dorset y zonas por el estilo. Organizan excursiones de un día, escapadas cortas y viajes de seis días. Llame para solicitar un folleto informativo.

The Chilterns

Cómo llegar: *en tren* de Paddington a Henley (55 minutos) o de Paddington a Maidenhead con trasbordo en Marlow (55 minutos); *en coche Henley/Marlow* M4 salida J8 y, después, A404(M) y A4130 o M40 salida J4 y, después, A404 y A4155. *Wendover*, M25 salida J20 y, después, A404 y A41, o A40 y A413.

Chilterns forma un amplio arco alrededor del sudeste de Londres, pero no suele ser objeto de demasiada atención y los turistas le echan un vistazo rápido camino de Oxford y Stratford. Sin embargo, esta región de colinas suaves tiene mucho que ofrecer a los amantes de los paseos en plena naturaleza y a los aficionados a los *pubs* rurales (aunque algunos se encuentran en pueblos carentes de interés). Además, es de rápido y fácil acceso desde la capital.

En la confluencia entre los condados de Oxford, Berk y Buckingham se encuentra el pequeño pero altivo pueblo de **Henley** (oficina de turismo: 01491 578034/*www.oxfordshire.co.uk/centres*). En junio, esta comunidad se convierte en un lugar muy concurrido y dinámico cuando llega la **Royal Regatta** (*véase* pág. 7), pero además constituye una excelente base de operaciones para descubrir los encantadores pueblos y la naturaleza que se extienden más al norte. En los alrededores de **Frieth** y **Nettlebed** se encuentran algunos de los mejores recorridos. Después de caminar o ir en bicicleta un buen rato, nada mejor que tomarse una cerveza fría en el *pub* Carpenters Arms, en Crocker End. **Wendover**, algo más al norte, también es una buena zona para dar paseos.

Si desea explorar el sur de Chilterns y el valle del Támesis, puede acudir a **Marlow**, un tranquilo pueblo con elegantes casas georgianas y un buen *pub*, Two Brewers en la calle St. Peter. Aquí, Jerome K. Jerome escribió su obra *Three Men in a Boat*. Percy y Mary Shelley o T. S. Eliot figuran también en la lista de residentes ilustres.

Cookham, 7 km al este de Marlow, es un pueblo precioso, conocido sobre todo porque en él vive uno de los pintores británicos más importantes y personales del siglo XX: **Stanley Spencer**. En la **Stanley Spencer Gallery** (01628 471885/*www.cookham.com*), en High Street, podrá ver expuestos buena parte de sus cuadros, de estilo *naïf* y con una temática sexual obsesiva.

The Cotswolds

Cómo llegar: *en tren* de Paddington a Moreton-in-Marsh (1 hora, 20 minutos); *en coche* M40 y, después, A40 y A44.

En ningún otro lugar de Inglaterra se puede encontrar una armonía tal entre los edificios y el paisaje como en Cotswolds. Los comerciantes medievales que se hicieron ricos vendiendo lana en la zona dotaron al lugar de sus característicos pueblos de piedra, llenos de encanto, y sus iglesias de «lana». La piedra, que a menudo se describe como «de color miel», posee en realidad una amplia gama tonal y su predominio en la zona ayuda a darle unidad a una región que se extiende generosamente por seis condados.

La piedra es un elemento característico de **Stowe** (véase *pág. 318*)

Algunas zonas de Cotswolds están terriblemente llenas de gente los fines de semana durante el verano, pero eso ocurre en puntos muy concretos. La gente acude en masa a **Bourton** y **Bibury**, mientras que en lugares con el mismo encanto, como son **Stanton** y **Stanway**, no hay nadie. Los pueblos pequeños suelen ser más interesantes que los grandes. No deje de visitar localidades como **Stow-on-the-Wold**, con elegantes calles del siglo XVII que dan a una plaza central, The Square (en la que se encuentra el centro de información turística; 01451 831082/*www.cotswolds.gov.uk*); **Winchcombe**, con su iglesia llena de gárgolas y un entorno maravilloso; **Broadway**, con casas con jardines llenos de flores (clemátides, rosas) bordeando High Street y, lo mejor de todo, **Chipping Camden**, con sus construcciones de seiscientos años de antigüedad y su fantástica iglesia de madera.

En Chipping Campden empieza un largo recorrido para hacer a pie conocido como **Cotswold Way**. Afortunadamente, se trata de caminos tan fáciles de transitar para quienes gustan de dar una vuelta los domingos como para aquellos que se toman el excursionismo muy en serio. Los senderos, bien mantenidos y bien señalizados, pasan por todos los pueblos. Como alojamiento, recomendamos la antigua Eight Bells Inn, en Chipping Campden (01386 840371), el Old White Lion, en Winchcombe (01242 603300) y el económico Grapevine Hotel, en Stow-on-the-Wold (01451 830344). Para **Stratford-upon-Avon**, *véase* pág. 324.

Epping Forest

Information Centre, High Beech, Loughton, Essex (020 8508 0028). **Cómo llegar:** *en tren* hasta la estación de Loughton y, después, un paseo de 3 km o un trayecto en taxi de 5 minutos; *en coche* M25, salida 26. **Abierto** *de abril a octubre* de 10.00 a 17.00 horas, de lunes a sábado; de 11.00 a 17.00 horas, los domingos; *de noviembre a marzo* de 11.00 a 15.00 horas, de lunes a viernes; de 10.00 hasta el anochecer, los sábados; de 11.00 hasta el anochecer, los domingos.

Las 2.430 hectáreas que quedan de lo que antaño fue un gran bosque siguen siendo impresionantes y perfectas

para caminar, ir en bicicleta, montar a caballo, hacer pícnics, buscar frambuesas o recoger setas. Los caminos son fáciles de transitar (incluso con silla de ruedas) y están bordeados por venerables robles; van hasta el centro de información y a Connaught Water. Los empleados son muy amables y no dudarán en aconsejarle sobre los trayectos o facilitarle folletos y mapas si así lo requiere. Tenga en cuenta que el centro de atención está a 2 km de la estación de Loughton, cuesta arriba. Es preferible que compre un mapa del parque antes (pruebe en **Edward Stanford**; *véase* pág. 218). Tómese un café al salir del metro y vaya al centro de información por el bosque en lugar de por la carretera. Otra opción consiste en seguir dos paradas más hasta Theydon Bois, un pueblo tranquilo, rodeado de verde y de estanques con patos, y adentrarse en el bosque.
www.eppingforest.org

The North Downs

Cómo llegar: *en tren* de Waterloo a Westhumble o Dorking (40-50 minutos) y, después, un trayecto en taxi de 10 minutos; *en coche* A3 y, después, A243 o A24.
Downs constituye el esqueleto del paisaje del sur de Londres (tanto North Downs como South Downs): grandes acantilados de piedra caliza situados unos frente a otros a lo largo del Weald. Los South Downs son más espectaculares, pero los North Downs están más cerca de la capital, tan cerca que sólo les separan 32 km del corazón de Londres.

El **North Downs Way** es un recorrido largo (224 km) que va desde Farnham, en Surrey, hasta los acantilados de Dover, los White Cliffs. **Dorking**, un antiguo pueblo de tradición comercial, se encuentra más o menos en el centro. Desde esa localidad es fácil acceder a **Box Hill,** un lugar muy apreciado para ir de pícnic en los días de Carlos II (si puede, evite los fines de semana). El *pub* William IV, en el cercano Mickleham, es un lugar muy recomendable para descansar y comer o beber algo. Relativamente cerca se encuentran **Polesden Lacey** (*véase* pág. 328) y **Ranmore Common**, excelentes lugares para pasear y descubrir la ladera sur de los Downs. Otro lugar interesante para hacer excursiones es **Leith Hill**, que es el punto más alto de Inglaterra y queda a 9 km de Dorking por el sudoeste.

The Stour Valley

Essex & Suffolk. **Cómo llegar:** *en tren* de Liverpool Street a Sudbury (1 hora, 7 minutos); *en coche* M25, salida 28 y, después, A12 o A134.
A pesar de su mala fama, en Essex hay zonas realmente hermosas, sobre todo cerca de Suffolk, en el valle de Stour. Esta región ondulante y tranquila es famosa por sus pueblos (que surgieron de la riqueza producida por la lana y el comercio textil durante la Edad Media) y por ser la tierra natal del pintor **John Constable**, que nació en **East Bergholt**, un pueblo desaparecido hace tiempo. Lo único que queda de la familia es **Flatford Mill**, la casa del padre de John Constable, en la que se inspiró para *The Hay Wain.*

Sudbury es una localidad relativamente grande y agradable del valle de Stour, y constituye un excelente centro de operaciones para quienes deseen descubrir el paisaje y la arquitectura de la zona. De los pueblos del valle, recomendamos especialmente **Long Melford**, **Castle Hedingham**, **Kersey** y **Lavenham**, un pueblo medieval de postal (el Great House French es un restaurante con habitaciones en el que se duerme y se come bien; 01787 204731; a partir de 140 £ con cena, cama y desayuno incluidos). Si se queda por los alrededores, dése el lujo de comer en el fantástico White Hart, en Great Yeldham, cerca de Halstead (01787 237250).

Thames Path

El Thames Path sigue el curso del río durante 288 km, desde su nacimiento, cerca de Kemble, en Gloucestershire, hasta la Thames Barrier, en Woolwich, pasando por Cotswolds, Oxford, Chilterns, Windsor y Londres. Creado por la Countryside Commission, el recorrido es la única vía que sigue el curso del río de principio a fin. Puede acceder desde cualquier punto y disfrutar de las vistas del río dando un corto paseo o caminando un buen rato.

En los centros de información turística le facilitarán folletos informativos, aunque también puede adquirir un ejemplar de la guía *National Trail Guide: The Thames Path*, de David Sharp (Aurum Press, 12,99 £), en la que encontrará mapas de Ordnance Survey y datos completos acerca del transporte público y de los lugares de descanso.

La costa

Véase también pág. 319, **Brighton**

Aldeburgh

Suffolk. **Cómo llegar:** *en coche* M25, salida 28 y, después, A12 y A1094.
La costa de Suffolk tiene algo especial, y este pequeño pueblecito, Aldeburgh, es un lugar privilegiado desde el que disfrutar de su magia y olvidarse del bullicio de la capital, algo difícil de lograr cuando el pueblo se llena de visitantes durante el famoso festival de música clásica **Aldeburgh Festival** en junio o durante las **Proms** (en agosto) y el **Aldeburgh Poetry Festival** (en noviembre; llame para pedir información al 01728 453435). **Benjamin Britten** creó el festival en 1948 y está enterrado en la iglesia de la localidad junto al que fuera su socio durante mucho tiempo, el tenor Peter Pears: ambos vivieron en la Crag House, en Crabbe Street, de 1947 a 1957. En el centro de información turística situado en High Street (01728 453637) le indicarán alojamientos, pero si lo prefiere, vaya directamente al B&B Ocean House (01728 452094; 55-65 £). El pueblo cuenta con varios restaurantes de calidad como Lighthouse (01728 453377), que ni es ni ha sido nunca un faro, como su nombre significa en inglés. Otros lugares privilegiados de la costa de Suffolk son Orford y Southwold.

Hastings y Battle

Cómo llegar: *en tren* de Charing Cross o Victoria (de 1 hora 30 minutos a 2 horas); *en coche* M25 y, después, A21.

A pesar de dar nombre a una de las batallas más famosas de la historia británica, Hastings no tiene nada especial. Este centro vacacional cuenta con un barrio en el que se reúnen numerosos pintores y un puerto de pesca que sigue en activo. En cuanto a museos, en el **castillo normando** se encuentra la exposición **The 1066 Story** (01424 781112), que cuenta la invasión de Guillermo el Conquistador. Sin duda resulta más interesante la **Smugglers' Adventure** (01424 422964), en St. Clement's Caves. Hasta principios del siglo XIX, el contrabando era una de las principales fuentes de riqueza de Hastings y las grutas que antes custodiaban la mercancía ahora cuentan con exposiciones en las que se explica cómo se realizaba el comercio ilegal. El centro de información turística se encuentra en Queens Square (01424 781111).

Battle (que literalmente significa «batalla») es un pueblo situado 8 km hacia el interior y se cree que es el lugar en el que hace novecientos años Guillermo y el rey Harold lucharon por la corona. Guillermo mandó construir sobre el lugar en el que abatió a Harold la **Battle Abbey** (01424 773792) para dar gracias a Dios por su victoria. En la actualidad, la abadía está en ruinas, aunque sigue conservando su belleza. En el museo se proyecta un vídeo en el que se describe la batalla y la dolorosa muerte del entonces rey (que murió apaleado y no de una flecha en el ojo como figura erróneamente en el tapiz de Bayeux). El pueblo es bastante turístico pero merece la pena echar un vistazo a la **Almonry** (01424 772727), en High Street, para contemplar la maqueta de la batalla de Hastings y la efigie de Guy Fawkes, que ya ha cumplido tres siglos y sigue empleándose en las fiesta de la localidad (el sábado más cercano al 5 de noviembre).

Rye

Este de Sussex. **Cómo llegar** *en tren* de Charing Cross a Ashford con trasbordo hacia Rye (1 hora, 40 minutos); *en coche* M20, salida 10 y, después, A2070 y A259, o M25, salida 5 y, después, A21 o A268.

¿Cuándo un pueblo costero puede no parecerlo? Cuando la desembocadura del río y el mar se encuentran 3 km tierra adentro. Éste es el caso del maravilloso pueblo de Rye, uno de los Cinque Ports originales. Las casitas que bordean las empinadas calles son sumamente fotogénicas (al igual que la calle empedrada Mermaid), lo que atrae a verdaderas hordas de visitantes en verano, provocando un ambiente excesivamente comercial. Aún así, no se lo pierda. El pueblo también tiene connotaciones literarias: Radclyffe Hall y E. F. Benson vivieron en él, al igual que **Henry James**, cuya residencia, **Lamb House** (01797 224982), está abierta al público. Eche un vistazo también al **Rye Castle** (01797 226728) y a la **Rye Art Gallery** (01797 222433). La Jeake's House, en Mermaid Street (01797 222828), y la Little Orchard House, en West Street (01797 223831), son dos de los mejores B&B de la localidad. En cuanto a restaurantes, destacan el Landgate Bistro (01797 222829) y el Mermaid Inn (01797 223065).

Si desea evitar las aglomeraciones que pueden darse en Rye, vaya unos kilómetros hacia el sudoeste, hacia **Winchelsea**, un pueblo abandonado junto al mar. Fue diseñado por Eduardo I en el siglo XIII siguiendo un patrón similar al de una cuadrícula y contiene una iglesia en ruinas muy evocadora. Unos kilómetros al sur hay una playa de guijarros.

Walmer, Deal y Dover

Cómo llegar: *en tren* desde Charing Cross a Walmer, Deal o Dover Priory (de 1 hora, 40 minutos a 2 horas); *en coche Walmer y Deal* M20, salida 13 y, después, A258; *Dover* M20, salida 13.

Walmer y Deal forman parte de la cadena de fuertes que Enrique VIII mandó construir para proteger Inglaterra de la furia de las naciones católicas europeas, y se encuentran tan sólo a poco más de 1 km de distancia. El **Walmer Castle** (Walmer Castle; 01304 364288), cercano a la playa a la que llegó Julio César en el 55 d. C., se ha convertido en una casa palaciega para los Warden of the Cinque Ports (su majestad la Reina Madre) y cuenta con magníficos jardines. El **Deal Castle** (Deal Castle; 01304 372762) sigue igual. Se trata de un edificio amenazador (que tiene la forma de una rosa Tudor) y largos y oscuros pasadizos.

Unos 13 km hacia el sur, está el **Dover Castle** (Dover Castle; 01304 211067) que, durante un tiempo, fue el de mayor importancia estratégica de Inglaterra por sus vistas sobre el canal, por lo que se ha utilizado ininterrumpidamente durante ochocientos años. En el interior de los acantilados sobre los que se asienta todavía quedan muchos túneles por explorar. Al pasear entre sus muros es fácil sentirse más seguro que en cualquier otro lugar de la isla. En Dover se encuentra la **White Cliffs Experience** (01304 214566), que incluye una recreación de la población en época romana y durante la segunda guerra mundial. Recientemente, el **Dover Museum** (01304 201066) ha abierto una nueva sala dedicada a la Edad de Bronce, donde se expone un impresionante barco de 3.550 años de antigüedad y herramientas de la época.

Whitstable

Kent. **Cómo llegar**: *en tren* desde Victoria (1 hora, 15 minutos); *en coche* M2 salida 7 y, después, A99.

La mayor parte de la costa norte de Kent no tiene nada de particular, pero Whitstable es la excepción. Este pequeño pueblo cuenta con una playa de guijarros despejada y pulcra, pero la mayor parte de las personas que acuden a Whistable lo hacen para comer. El pueblo es famoso por la calidad de sus ostras (que antiguamente se consideraban comida de pobres) y de los mariscos que, hoy en día, constituyen la carta de muchos de sus excelentes restaurantes. Recomendamos especialmente el **Whitstable Oyster Fishery Company** (01227 276856), que también ofrece habitaciones llenas de personalidad en el **Hotel Continental** (01227 280280) que queda a unos metros de allí. Puede mejorar su conocimiento sobre los moluscos bivalvos en la exposición **Whitstable Oyster & Fishery Exhibition** (01227 276856) o visitando el museo de la localidad, el **Whitstable Museum & Gallery** (01227 276998). Desde Whitstable es fácil llegar a Margate y, más allá del Cabo, a Broadstairs y Ramsgate.

Directorio

Recursos A-Z

Consigna de equipaje

Aeropuertos

Gatwick Airport
(01293535353/ www.baa.co.uk)
Heathrow Airport
(08700 0123/ www.baa.co.uk/heathrow)
London City Airport
(7646 0000/ wwwww.londoncityairport.com)
Luton Airport
(01582 405100/www.london-luton.co.uk)
Stansted Airport
(0870 000 0303/www.baa.co.uk/ Stansted)

Estaciones de tren

Para saber qué estaciones tienen consigna de equipaje, llame al 7928 5151.

Correos

Las oficinas de correos abren de 09.00 a 17.30 horas, de lunes a viernes; de 09.00 a 12.00 horas, los sábados. Sin embargo, la oficina de **Trafalgar Square** (24-28 William IV Street, WC2; 7484 9304; metro y estación de tren: Charing Cross) es una excepción: abre de 08.00 a 20.00 horas, de lunes a jueves; de 08.30 a 20.00 horas, los viernes; de 09.00 a 20.00 horas, los sábados. La hora punta de estas oficinas suele ser entre las 13.00 y las 14.00 horas. A continuación aparece un listado con las principales oficinas de correos del centro de Londres.
Hay una centralita de información para todas las oficinas (**0345 223344**). También puede consultar la página *web*: *www.postoffice.co.uk*.
43-44 Albemarle Street, Mayfair, W1 (7493 5620). Metro: Green Park. **Plano 7 J7**
111 Baker Street, Marylebone, W1 (7935 3701). Metro: Baker Street. **Plano 5 G5**
202 Great Portland Street, Mayfair, W1 (020 7636 9935). Metro: Great Portland Street. **Plano 5 H4**
32 A Grosvenor Street, W1 (7629 2480). Metro: Bond Street. **Plano 7 H7**
3-9 Heddon Street, Mayfair, W1 (7734 5556). Metro: Piccadilly Circus. **Plano 7 J7**
19 Newman Street, Fitzrovia, W1 (7636 9995). Metro: Tottenham Court Road. **Plano 5 J5**
43 Seymour Street, Marylebone, W1 (7723 0867). Metro: Marble Arch. **Plano 2 F6**

Lista de correos

Si piensa viajar por Gran Bretaña, sus amigos pueden escribirle a una oficina de correos donde le guardarán las cartas un período máximo de un mes. Su nombre y «Poste Restante» tienen que estar escritos claramente en el sobre y, además, la dirección siguiente: Post Office, 24-28 William IV Street, London WC2N 4DL. Lleve consigo su documento de identidad cuando vaya a recoger el envío.

Precios de los sellos

Puede comprar sellos en todas las oficinas de correos y en la mayoría de los quioscos. Los precios son 19 p para cartas normales y 27 p para cartas urgentes y envíos a los países de la UE. El envío de postales cuesta 36 p para Europa y 45 p para el resto de los países. El baremo para el resto de las cartas y paquetes varía según el peso y el destino.

Derechos de aduana

Al entrar en el Reino Unido, los ciudadanos no pertenecientes a la Unión Europea y cualquiera que compre productos libres de impuestos (*duty-free*), debe conocer los siguientes límites:
• 200 cigarrillos **o** 100 puritos **o** 50 puros **o** 250 gramos de tabaco;
• 2 litros de vino de mesa y 1 litro de alguna bebida alcohólica (más de 22 % vol.) **o** 2 litros de vino licoroso (menos de 22 % vol.), espumoso u otros licores;
• 60 cc/ml de perfume;
• 250 cc/ml de agua de colonia;
• otros productos de uso no comercial por valor de 145 £;
• la importación de productos alimenticios, como carne y derivados, frutas, así como plantas, flores y animales protegidos, está restringido;
• la importación y exportación de monedas no está restringida.

Desde que los acuerdos de la Unión Europea entraron en vigor al inicio de 1993, las personas mayores de 17 años procedentes de un país de la UE pueden importar una cantidad ilimitada de productos de uso personal, siempre y cuando no sean productos libres de impuestos (*duty-free*). En cualquier caso, los servicios oficiales de aduanas se asegurarán de que los productos que salgan del país no se utilicen para su posterior venta.

Dinero

La moneda nacional es la libra esterlina. 1 £ equivale a 100 peniques (p). Las monedas de 1 p y 2 p son de cobre; las de 5 p, 10 p, 20 p y 50 p son plateadas; la de 1 £ es dorada; la de 2 £ es plateada en el centro y dorada en el borde. Los billetes son los siguientes: el de 5 £ es azul; el de 10 £, naranja; el de 20 £, morado y el de 50 £, rojo.
Probablemente en muchos sitios encontrará también euros (pero no se fíe demasiado todavía).
Se puede cambiar moneda extranjera en los bancos y en las oficinas de cambio (*véase* inferior). Si va a permanecer en Reino Unido bastante tiempo, tendrá que abrir una cuenta en el banco. Para hacerlo, es posible que le pidan un informe de su banco original, y seguro que necesitará mostrar un documento de identificación.

Bancos

El horario obligatorio para todos los bancos es de 9.30 a 15.30 horas, aunque algunos cierran a las 16.30 horas. Se puede sacar dinero a cualquier hora mediante los cajeros automáticos. Los encontrará a la entrada de los bancos o en la mayoría de los metros y estaciones de tren.

El cambio y las comisiones varían considerablemente; algunas veces hay comisión por pagar con cheques de viaje en moneda extranjera, no en libras esterlinas. Usted paga los cheques a un banco afiliado al que le expide el dinero (pida una lista cuando compre cheques). Pagará comisión si cambia dinero en otra moneda. Cuando cambie cheques de viaje le pedirán siempre un documento de identificación, como el pasaporte.

Oficinas de cambio

Le cobrarán por cambiar cheques de viaje o por comprar o vender divisas. La comisión forma parte de un cálculo que deben explicarle claramente, ya que es variable dependiendo de muchos factores. Entre las oficinas más acreditadas están **Chequepoint** (13 sucursales en Londres), **Lenlyn** y **Thomas Cook** (149; muchas en el Midland Bank). En las grandes estaciones de tren y metro también hay oficinas de cambio, así como en las zonas turísticas. La mayoría abre de 08.00 a 22.00 horas, aunque las mencionadas arriba abren las 24 horas, todos los días.

Chequepoint
548 Oxford Street, Marylebone, W1 (7723 1005). Metro: Marble Arch. **Plano 5 G6**
222 Earl's Court Road, Earl's Court, SW5 (7370 3238). Metro: Earl's Court. **Plano 3 B10**
2 Queensway, Bayswater, W2 (7229 0093). Metro: Queensway. **Plano 1 C6**

Pérdida y robo de tarjetas de crédito

Informe inmediatamente de la pérdida o robo de sus tarjetas de crédito tanto a la policía como a los servicios de 24 horas que aparecen a continuación, así como a su banco por teléfono y por escrito.
American Express *(01273 696933).*
Diners Club International *(información general y urgencias 01252 513500/ 0800 460800).*
MasterCard/ Eurocard *0800 964767.*
Switch *(0113 277 8899).*
Visa/Connect *(0800 895082).*

Transferencias de dinero

Western Union
(0800 833833/www.westernunion.com)
Es una forma segura de hacer una transferencia sin problemas, aunque costosa. Tendrá que pagar un 10 % o más de comisión.

Embajadas

Para las embajadas, consulados y comisionados que no aparecen aquí, consulte la guía telefónica y las *páginas amarillas* (*Yellow Pages-Embassies*).
Argentina 67 Brook Street W1K4HX (7318 1300).
Brasil 32 Green Street W1K 7AT (7399 9000/fax 7399 9100/ *info@brazil.org.uk*).
Chile 6 St. Albans Street SW14 4SQ (7930 4160).
Colombia 3 Hans Crescent SWIX DLN (7589 9577).
Cuba 167 High Holborn WC1V 6PA (7240 2488).
España 39 Chesham Place SWIX 8SB (7235 5555); oficina comercial y económica: 66 Chiltern Street, Second Floor, W1M2LS (4860 101/fax 487 5586/ *buzon.oficial@londres.ofcomes.mcx.es*).
Honduras 115 Gloucester Place W1U6JZ (7486 4880).
México 42 Hertford Street W1J 7JR (7499 8586/*mexuk@easynet.co.uk*).
Perú 52 Sloane Street SW1X 9SP (7838 9223/fax 7823 2789).
República Dominicana 139 Inverness Terrace W2 6JF (7727 6285).
Venezuela
www.venezlon.demon.co.uk/consu.htm.

Información turística

El **London Tourist Board** (LTB; 7932 2000) dispensa información a los centros que se nombran a continuación; estos centros le dan también un plano de Londres gratuitamente. También puede llamar a **London Line 2000** (09068 663344; coste de la llamada 60 p por minuto). Es un contestador automático con diferentes líneas que dan información sobre eventos y espectáculos para adultos y niños. *Véase también* su página *web: www.londontown.com.*
Los horarios de apertura de las siguientes oficinas de información turística son los de invierno, aunque se suelen hacer extensivos para el resto del año.
Terminales 1, 2, 3 de Heathrow *En la confluencia de paradas de metro, aeropuerto de Heathrow.* **Abierto** de 08.00 a 18.00 horas, todos los días.
Liverpool Street Station *En la estación, The City, EC2.* **Abierto** de 08.00 a 18.00 horas, de lunes a viernes; de 08.45 a 17.00 horas, sábados y domingos. **Plano 10 R5**
Victoria Station *En la entrada de la estación, Belgravis, SW1.* **Abierto** de 08.00 a 19.00 horas, de lunes a sábado; de 8.00 a 18.00 horas, los domingos. **Plano 7 H10**
Terminal internacional Waterloo *En el vestíbulo de llegadas, South Bank, SE1.* **Abierto** de 8.00 a 22.30 horas, todos los días. **Plano 8 M8**
Para información sobre viajes por Reino Unido, *véanse* págs. 348-349. También hay oficinas de información turística en Greenwich (*véase* pág. 121), al lado de la catedral de St. Paul (*véase* pág. 55; **Plano 11 06**) y al sur del puente de Londres (**Plano 12 Q8**).

Las horas y las estaciones del año

Cada año en marzo se adelanta el reloj una hora para el horario de verano. En octubre, los relojes se retrasan una hora. Prepárese para el tiempo impredecible de Reino Unido. Para tener alguna orientación, llame al teléfono meteorológico (**Weathercall**; 0891 500401; 50 p por minuto a cualquier hora).
Primavera Desde marzo hasta mayo, aunque el invierno suele alargarse hasta febrero. Los vientos de marzo y las lluvias de abril pueden llegar un mes antes o un mes después. Normalmente mayo es un mes muy agradable.
Verano Junio, julio y agosto. Puede ser impredecible: un día caluroso y radiante y, el siguiente, lluvioso o tormentoso. La combinación de las altas temperaturas, la humedad y la contaminación de las ciudades crea problemas en las personas con dificultades respiratorias o con resfriados, así que lo mejor es ir a lugares abiertos.
Otoño Empieza en septiembre, aunque el tiempo todavía es veraniego. El verdadero otoño llega hacia octubre, cuando las hojas empiezan a caerse de los árboles. El frío se instala en el mes de noviembre.
Invierno A veces puede ser suave, pero no se confíe. Aunque no suele nevar, los meses de diciembre, enero y febrero son normalmente muy fríos en Londres. Un día soleado de invierno en la capital sigue siendo duro.

Números de teléfonos

Los códigos de Londres han cambiado desde el año 2000. Los antiguos 0171 y 0181 se han reemplazado por el nuevo código **020** al que se ha añadido un **7** o un **8** además de los siete primeros dígitos originales para crear un nuevo número de ocho dígitos. Por ejemplo, 0171 813 3000 es ahora 020 7813 3000. Si quiere llamar a un número de Londres desde Londres, debe omitir el 020 y marcar los ocho últimos números (por ejemplo 7813 3000). Si llama desde

fuera de Reino Unido, debe omitir el primer 0 del código 020 y marcar 00 44 (código de Reino Unido) y a continuación marcar 20 (código de Londres), y los ocho dígitos del número (por ejemplo 00 44 20 7813 3000). Para marcar el número de un móvil, necesita el código completo.
En esta guía sólo aparecen los números nuevos. Para más información, llame al 0800 224 2000.

Códigos internacionales
Argentina *(54)*; **Bolivia** *(591)*; **Brasil** *(55)*; **Chile** *(156)*; **Colombia** *(57)*; **Costa Rica** *(506)*; **Ecuador** *(593)*; **El Salvador** *(503)*; **España** *(34)*; **Guatemala** *(502)*; **Honduras** *(504)*; **México** *(52)*; **Nicaragua** *(505)*; **Panamá** *(507)*; **Paraguay** *(595)*; **Perú** *(51)*; **Uruguay** *(598)*; **Venezuela** *(58)*.

Servicio a través de operadora

Operadora
Llame al **100** en los siguientes casos: cuando tenga problemas al marcar un número; para un servicio de alarma despertador; para hacer una llamada con tarjeta de crédito; para pedir información sobre el coste de una llamada, y para llamadas internacionales a través de operadora.

Marque el **155** si necesita hacer una llamada a cobro revertido o bien si no puede contactar directamente. Este servicio es muy caro.

Información telefónica (para números de Reino Unido e internacionales)
Marque el **192** para cualquier número de Gran Bretaña o el **153** para números internacionales. Si llama desde un teléfono privado es bastante caro, pero si llama desde una cabina pública es gratuito. Sólo dos consultas por llamada.

Telemensajes/telegramas internacionales
Llame al **0800 190190** para grabar su mensaje. Éste se enviará por correo al día siguiente (8,99 £ por 50 palabras y 1 £ más por una postal). Llame al mismo número si quiere contactar urgentemente con alguien en el extranjero.

Talking Pages
Este servicio funciona las 24 horas y ofrece un listado de los números de teléfono de miles de empresas en Reino Unido. Marque el **0800 600900** y diga qué tipo de empresa busca y en qué zona de Londres se encuentra.

Teléfonos públicos

Las cabinas admiten monedas, tarjetas de crédito y tarjetas de teléfono (algunas admiten los tres tipos). El coste mínimo es de 20 p, pero algunas cabinas (como las que puede encontrar en un *pub*) requieren más.

Tarjetas British Telecom
Se pueden comprar en las oficinas de correos o bien en muchos quioscos.
Hay tarjetas de 2 £, 5 £, 10 £ y 20 £.
Las cabinas con el símbolo verde sólo admiten tarjetas telefónicas. Dentro de la cabina encontrará una nota que indica el lugar más próximo para conseguir una tarjeta. En cada cabina hay una pantalla que le muestra cuántas unidades le quedan.

Guías telefónicas

Hay tres guías telefónicas para Londres: dos para números privados y una para empresas. Se pueden conseguir en las oficinas de correos y bibliotecas. Los residentes y los hoteles también las tienen de forma gratuita, así como las *páginas amarillas*.

Objetos perdidos

Siempre debe informar a la policía si pierde algo (para poder reclamar al seguro). Consulte las *páginas amarillas* para encontrar la comisaría más cercana. Sólo en caso de que se haya producido algún tipo de violencia, llame al teléfono de urgencias 999. Si ha perdido el pasaporte debe comunicarlo a la policía y a su embajada *(véanse* págs. 338 y 339).

Aeropuertos

Las siguientes oficinas se ocupan exclusivamente de los objetos perdidos en los aeropuertos. Si pierde algo en el avión, póngase en contacto con la compañía aérea o con el personal del vuelo.
Gatwick Airport
(01293 503162)
Heathrow Airport
(8745 7727)
London City Airport
(7646 0000)
Luton Airport
(01582 395 219)
Stansted Airport
(01279 663293).

Autobuses y metros

London Transport *Oficina de objetos perdidos, 200 Baker Street, Marylebone, NW1 (información grabada 7486 2496). Metro: Baker Street.* **Abierto** de 09.30 a 14.00 horas, de lunes a viernes. **Plano 5 G4**
Se puede reclamar hasta los tres días después de la pérdida. Si pierde algo en el autobús, llame al 7222 1234 y pregunte por los teléfonos de las últimas estaciones del trayecto. Pida un formulario sobre objetos perdidos en cualquier parada de metro.

Estaciones de tren

Si ha perdido alguna pertenencia en una estación descubierta o en un tren, llame al 7928 5151; un operador le pondrá en contacto con la estación adecuada.

Taxis

Taxi Lost Property *200 Baker Street, Marylebone, NW1 (7833 0996). Metro: Baker Street.* **Plano**
Esta oficina se ocupa sólo de los objetos perdidos en taxis negros matriculados. Para los objetos perdidos en un minitaxi, tendrá que ponerse en contacto con la oficina en la que lo alquiló.

Policía y seguridad

La policía es una buena fuente de información sobre la localidad y está acostumbrada a ayudar a los visitantes a encontrar lo que buscan. Si le han robado, atacado, etc., busque la comisaría de policía más próxima o llame al teléfono de información 192 (gratuito desde las cabinas públicas).

Si tiene alguna queja sobre algún agente policial, puede hacer varias cosas. Asegúrese de anotar el número identificador de la placa del agente. Después diríjase a la **Police Complaints Authority** para presentar la denuncia. La dirección es 10 Great George Street, SW1P 3AE (7273 6450). Otra alternativa es ponerse en contacto con alguna comisaría o exponer el caso en un despacho de abogados.

Los delitos violentos son relativamente raros en Londres, pero como en cualquier gran ciudad, es imprudente correr riesgos. El blanco perfecto de los ladrones y los carteristas son los turistas despistados. Use el sentido común y siga estas reglas básicas:
• **Mantenga** su cartera y su bolso fuera de la vista. No lleve cartera de mano (se arrebata fácilmente). Cierre su bolso de forma segura.
• **Vigile** su bolso, cartera, maleta o abrigo, especialmente en *pubs*, cines, grandes almacenes, restaurantes de comida rápida, transportes públicos,

estaciones de tren, aeropuertos y otros lugares concurridos.

• **No deje** su bolso o abrigo debajo de la silla o en el respaldo.
• **No ponga** su bolso en el suelo cerca de la puerta de un lavabo público.
• **No lleve** joyas caras o relojes que puedan ser sustraídos fácilmente.
• **No lleve** su pasaporte junto con el dinero, las tarjetas de crédito, etc. Si perdiera una cosa, no lo perdería todo.
• **No ponga** su bolsa debajo de la mesa en un restaurante o en el mostrador de una tienda mientras examina la cuenta.
• **No lleve** la cartera en un bolsillo trasero.
• **No llame la atención** mostrando su dinero o tarjetas de crédito.
• **Evite** los parques por la noche. A esas horas suelen actuar en grupos de tres o más.

Propinas

En Gran Bretaña se suelen dar propinas en los taxis, restaurantes, peluquerías, hoteles y algunos bares (no *pubs*). Lo normal es dar un 10 %, aunque en algunos restaurantes pueda ser el 15 %. Cuando le den la cuenta en un restaurante, mire si la propina ya está incluida, a veces lo hacen.

Religiones

Anglicana

St. Paul's Cathedral
Para más información, véase *pág. 55.* **Misas** 07.30, 08.00, 12.30, 17.00 horas, de lunes a viernes; 08.00, 08.30, 12.30, 17.00 horas, los sábados; 08.00, 10.15, 11.30, 15.15, 18.00 horas, los domingos. **Plano 11 06**
Los horarios pueden cambiar cuando hay eventos especiales. Llame para asegurarse.

Westminster Abbey
Para más información, véase *pág. 91.* **Misas** 07.30, 8.00, 12.30, 17.00 horas , de lunes a viernes; 08.00, 09.20, 15.00, los sábados; 08.00, 10.00, 11.15, 15.00, 17.45, horas, los domingos. **Plano 8 K9**

Baptista

Bloomsbury Central Baptist Church
235 Shafterbury Avenue, Covent Garden, WC2 (7240 0544/ www.bloomsbury.org.uk). Metro: Tottenham Court Road. **Abierto** de 10.00 a 16.00 horas, de lunes a viernes; de 10.00 a 20.30 horas, los domingos. Centro de amistad de 12.00 a 14.30 horas, los martes; de 10.30 a 20.30 horas, los domingos; cerrado durante las misas y en agosto. **Misas** 17.30 horas, los martes; 19.30 horas los miércoles; 11.00 y 18.30 horas, los domingos. **Plano 6 L6**
www.bloomsbury.org.uk

Budismo

Templo Buddhapadipa
14 Calonne Road, Wimbledon, SW19 (8946 1357). Metro: Wimbledon; autobús: 93. **Abierto** *templo* de 13.00 a 18.00 horas, los sábados y domingos; *meditación* de 19.00 a 21.00 horas, los martes y los jueves; de 16.00 a 18.00 horas, los sábados y los domingos.
www.buddhapadipa.org

Católica

London Oratory
Para más información, véase *pág. 94.* **Misas** 07.00, 08.00 (latín), 10.00, 12.30, 18.00 horas, de lunes a viernes; 07.00, 08.00, 10.00, 18.00 horas, los sábados; 07.00, 08.30, 10.00, 11.00 (latín), 12.30, 15.30, 16.30, 19.00 horas, los domingos. **Plano 4 E10**

Westminster Cathedral
Para más información, véase *pág. 92.* **Misas** ocho diarias de lunes a viernes; siete, los sábados; 07.00, 08.00, 09.00, 10.30, 12.00, 17.30, 19.00 horas, los domingos. **Plano 7 J10**

Cuáqueros

Religions Society of Friends (quakers)
Friends House, 173-177 Euston Road, NW1 (7387 3601). Estación de tren: Euston. **Abierto** de 08.30 a 21.00 horas, de lunes a viernes. **Reuniones** 11.00 horas, los domingos. **Plano 6 K3**
www.quaker.org.uk

Hinduismo

Swaminarayan Hindu Mission
105-119 Brentfield Road, NW10 (información en 8961 5031). Metro: Neasden; estación de tren: Harlesden. **Abierto** de 09.00 a 18.30 horas, todos los días. **Misas** 11.45 y 19.00 horas, todos los días.
Este edificio de la comunidad hindú del noroeste de Londres posee, además de una gran sala para los rezos, un centro cultural con una sala de conferencias, una sala para las bodas, instalaciones deportivas, una biblioteca y una clínica sanitaria.

Islam

London Central Mosque
146 Park Road, NW8 (7724 3363). Metro: Baker Street; autobús: 74. **Abierto** desde el amanecer hasta el anochecer, todos los días. **Servicios** Llame para más información.

East London Mosque
82-92 Whitechapel Road, E1 (020 7247 1357). Metro: Aldgate East o Whitechapel. **Abierto** llame para verificar horario. *Rezos viernes* a las 13.30 horas (13.00 en invierno). **Plano 12 S6**
www.eastlondonmosque.org.uk

Judaísmo

Liberal Jewish Sinagogue
28 St. John's Wood Road, NW8 (7286 5181). Metro: St John's Wood. **Abierto** de 09.00 a 17.00 horas, de lunes a jueves; de 09.00 a 13.00 horas, los viernes. **Ceremonias** a las 18.45 horas, los viernes; a las 11.00 horas, los sábados.

West Central Liberal Sinagogue
109 Whitfield Street, SW1 (7636 7627). Metro: Warren Street. **Ceremonias** 15.00 horas, los sábados. **Plano 5 J4**

Metodismo

Metodist Central Hall
Westminster Central Hall, Storey's Gate, SW1 (7222 8010). Metro: St. James's Park. **Abierto** *capilla* de 09.00 a 17.00 horas, de lunes a viernes. **Misas** 12.45 horas, los miércoles; 10.00, 11.00 y 18.30 horas, los domingos. **Plano 8 K9**
www.mch.co.uk

Seguros

Lo mejor es asegurar las pertenencias personales antes de viajar, ya que una vez en Londres no resulta fácil. El seguro médico normalmente está incluido en el seguro de viaje y es importante tenerlo, a menos que en su país haya un convenio médico con Gran Bretaña (*véase* pág. 340). Los ciudadanos de la UE (así como los de Islandia, Noruega y Liechtenstein) tienen derecho a una atención médica de urgencia gratuita en los hospitales del Servicio Nacional de la Salud (National Health Service, NHS). Para los tratamientos específicos necesitan rellenar el formulario E112. Por otro lado, los estudiantes de esos países que vayan a estar en Reino Unido por un período inferior a seis meses, tiene derecho a tratamientos médicos en hospitales del NHS rellenando el formulario E128.

Servicios sanitarios

Las urgencias del NHS están disponibles para:

• Los países de la UE e Islandia, Noruega y Liechtenstein. Las personas procedentes de esos países también pueden seguir tratamientos específicos no urgentes rellenando el formulario E112.
• Bulgaria, República Checa, Eslovaquia, Gibraltar, Hungría, Malta, Nueva Zelanda, Rusia (antigua Unión Soviética, excepto Estonia, Letonia

y Lituania) y la antigua Yugoslavia. Indispensable el pasaporte.
• Residentes, prescindiendo de la nacionalidad, de Angola, Australia, Barbados, Islas Vírgenes Británicas, Islas Channel, Islas Falkland, Islandia, Isla de Man, Montserrat, Polonia, Rumanía, Santa Helena, Suecia, Turquía e Islas Caicos.
• Cualquiera que lleve doce meses en Reino Unido.
• Cualquiera que haya llegado a Reino Unido para una residencia permanente.
• Estudiantes y personal en prácticas cuyo período de trabajo sea superior a doce semanas durante el primer año.
A los estudiantes y a otras personas con un objetivo determinado que vayan a estar en Reino Unido por un período superior a seis meses, se les tramitará la asistencia igual que a los residentes habituales, sin gastos extraordinarios.
• Refugiados y otras personas que hayan solicitado asilo en Reino Unido.
• Cualquiera que haya sido detenido por las Autoridades de Inmigración.
• Personas con HIV/SIDA en clínicas especializadas en el tratamiento de enfermedades de transmisión sexual. El tratamiento cubre el examen de diagnóstico y consejos asociados al mismo.
No hay gastos de asistencia para los siguientes casos:
• Tratamientos en los departamentos de Accidentes y Urgencias.
• Algunos consultorios infantiles de barrio, asistencias de partos o visitadores sanitarios.
• Transporte de urgencias en ambulancia.
• Diagnóstico y tratamiento de algunas enfermedades como las de transmisión sexual.
• Servicios de planificación familiar.
• Algunos tratamientos psiquiátricos.
En los servicios de atención al paciente del hospital en que se le esté haciendo el tratamiento, podrá obtener más información.

Accidentes y urgencias

Aquí aparece un listado de la mayoría de hospitales con departamentos de Accidentes y Urgencias que funcionan las 24 horas. Los que están en el centro de Londres aparecen en los mapas del final de esta guía con una cruz blanca dentro de un cuadro rojo.

Charing Cross Hospital
Fulham Palace Road, W6 (8846 1234). Metro: Barons Court o Hammersmith.

Chelsea & Westminster Hospital
369 Fulham Road, SW10 (8746 8000). Autobuses: 14, 73 y 211.
Plano 3 C12

Guy's Hospital
St. Thomas Street (entrada por Snowsfiels, calle Weston), SE1 (7955 5000). Estación de tren: London Bridge. **Plano 11 P8**

Hackney & Homerton Hospital
Homerton Row, E9 (8510 5555). Estación de tren: Homerton; autobús: 22B.

Royal Free Hospital
Pond Street, NW3 (7794 0500). Metro: Belsize Park; estación de tren: Hampstead Heath.

Royal London Hospital
Whitechapel Road, E1 (7377 7000). Metro: Whitechapel.

St. George's Hospital
Blackshaw Road, SW17 (8672 1255). Metro: Tooting Broadway.

St. Mary's Hospital
Praed Street, W2 (7886 6666). Estación de tren: Paddington.
Plano 2 D5

St. Thomas's Hospital
Lambeth Palace Road, SE1 (7928 9292). Estación de tren: Waterloo o Westminster. **Plano 8 M9**

University College Hospital
Grafton Way, WC1 (7387 9300). Metro: Euston Square o Warren Street.
Plano 5 J4

Whittington Hospital
St. Mary's Wing, Highgate Hill, N19 (7272 3070). Metro: Archway.

Contracepción/ abortos

El servicio de planificación familiar, los anticonceptivos y los abortos realizados en el NHS son gratuitos para los ciudadanos. Esto se hace extensivo para los residentes de la UE y para los extranjeros que viven, trabajan y estudian en Gran Bretaña. Si opta por un servicio privado, póngase en contacto con alguna de las organizaciones que se nombran a continuación. También puede llamar al teléfono 7837 4044 para encontrar la sucursal más cercana de la **Family Planning Association**.

British Pregnancy Advisory Service (servicio británico de consulta sobre embarazos)
7 Belgrave Road, SW1 (7828 2484). Estación de tren: Victoria. **Horario** llame primero para concertar cita; teléfono abierto de 08.00 a 20.00 horas, de lunes a viernes; de 08.30 a 18.00 horas, los sábados; de 09.30 a 13.00 horas, los domingos.
Plano 7 H10
Consulta sobre métodos anticonceptivos, anticonceptivos y píldora del día siguiente. También pruebas de embarazo y abortos privados.
www.bpas.org

Brook Advisory Centre (centro de consulta)
233 Tottenham Court Road, W1 (información en el 020 7323 1522/ teléfono de ayuda 0800 018 5023). Metro: Tottenham Court Road. **Abierto** para información de 09.30 a 19.30 horas, de lunes a jueves; de 09.30 a 15.00 horas, los viernes; de 12.00 a 14.00 horas, los sábados.
Plano 6 K5
Hay cinco clínicas Brook en Londres; llame para saber cuál es la más cercana. Se da información sobre métodos anticonceptivos, salud sexual y abortos, y remiten a los hospitales públicos o a clínicas privadas. Brook está dirigida principalmente a los jóvenes (es gratis para los menores de 21 años).

Marie Stopes House
Clínica de planificación familiar/ Centro de asistencia para la mujer
108 Whitfield Street, W1 (planificación familiar 7388 0662/0845 300 8090). Metro: Warren Street. **Abierto** de 09.00 a 17.00 horas, los lunes, jueves, viernes y sábados; de 09.00 a 20.00 horas, los martes y los miércoles.
Plano 5 J5
Anticonceptivos, tratamientos y consultas ginecológicas, consejos para problemas sexuales y abortos. Los honorarios dependen de la consulta.
www.mariestopes.org.uk

Dentistas

El cuidado bucal es gratuito en los hospitales públicos para los siguientes residentes británicos:

Urgencias

Si se trata de un accidente grave, incendio o cualquier incidente, llame al **999** y especifique si necesita una ambulancia, bomberos o policía. *Véase también* apartado **Servicios sanitarios**.

Directorio

- Menores de 18 años.
- Menores de 19 años estudiantes.
- Mujeres embarazadas y mujeres con bebés de menos de un año cuando empieza el tratamiento.
- Personas que reciben un subsidio, una pensión, créditos familiares o pensiones por discapacidad.

Los demás pacientes, de hospitales públicos o privados, tienen que pagar. El hospital público suele cobrar 4 £ por una revisión o un empaste. Para las consultas con dentistas de hospitales públicos, póngase en contacto con el que tenga más próximo o con la oficina de atención al ciudadano (*véase* pág. 343). Las tarifas de los dentistas privados dependen exclusivamente de sus clínicas. A continuación aparece una lista de servicios de Urgencias.

Dental Emergency Care Service
(7955 2186). **Abierto** de 08.45 a 15.30 horas, de lunes a viernes.
Estos servicios remiten a hospitales públicos o privados.

Guy's Hospital Dental School
Guy's Tower, St. Thomas Street, SE1 (7955 4317). Estación de tren: London Bridge. **Abierto** de 09.00 a 15.00 horas, de lunes a viernes.
Plano 12 Q8
Servicio urgente de odontología.

Enfermedades de transmisión sexual, HIV/SIDA

Las clínicas genitourinarias (como el **Centre for Sexual Health**; *véase* a continuación) están afiliadas a la mayoría de los hospitales, y ofrecen tratamientos confidenciales y gratuitos de enfermedades de transmisión sexual y otros problemas como hongos y quistes. Dan información y consejo sobre el HIV y otras enfermedades sexuales y hacen exámenes confidenciales para determinar si hay algún problema. *Véase también* a continuación, **Teléfonos de ayuda e información** y en pág. 341, **Contracepción/abortos**.

Teléfono de ayuda SIDA (AIDS Helpline)
(0800 567123/minicom 0800 521261). **Abierto** las 24 horas, todos los días.
Servicio de información confidencial y gratuito. El teléfono (0800 917 227) da información en varios idiomas, de 18.00 a 22.00 horas, en los días indicados: gujarati (lunes), urdu (martes), árabe (miércoles), hindi (viernes), punjabi (sábados) y cantonés (domingos).

Body Positive
14 Greek Street, W1 (7287 8010/teléfono de ayuda 0800 616212). Metro: Tottenham Court Road o Leicester Square. **Abierto** de 09.00 a 21.00 horas, los lunes; de 09.00 a 19.00 horas, de martes a jueves; de 9.00 a 18.00 horas, los viernes; de 12.00 a 17.00 horas, los sábados; *teléfono de ayuda* de 07.00 a 22.00 horas, de lunes a viernes; de 16.00 a 22.00 horas, los sábados y los domingos.
Plano 6 K6
Centro especializado en tratamientos para personas con HIV positivo y sus familiares. Ofrece terapias complementarias y consultas con cita previa. Los cursos son accesibles para aquellos a quienes se les ha hecho recientemente el diagnóstico. Informes mensuales.
www.bodypositive.org.uk

Centre for Sexual Health
Clínica genitourinaria, Jefferiss Wing, St. Mary's Hospital, Praed Street, W2 (7886 1697). Estación de tren: Paddington. **Abierto** de 08.45 a 17.00 horas, los lunes; de 08.45 a 18.00 horas, los martes y viernes; de 11.45 a 18.00 horas, los jueves; de 08.00 a 13.00 horas, los miércoles; cerrado sábados y domingos; los pacientes que van por primera vez han de llegar al menos 30 minutos antes del cierre.
Plano 2 D5
Gratuito y confidencial.

Terrence Higgins Trust
52-54 Gray's Inn Road, WC1 (recepción 7831 0330/teléfono de ayuda 7242 1010/línea legal 7405 2381). **Abierto** *teléfono de ayuda* de 12.00 a 22.00 horas, todos los días; *línea legal* de 19.00 a 21.00 horas, los lunes y los miércoles.
Trust informa y aconseja a personas con HIV/sida, a sus familiares, relaciones y amigos. Folletos gratuitos sobre el sida. También informa sobre el sexo seguro.
www.tht.org.uk

Fisioterapia

Chartered Society of Physiotherapy
14 Bedford Row, WC1R 4ED (7242 1941/csp@csphysio.org.uk). **Abierto** *teléfono de información* de 09.00 a 17.00 horas, de lunes a viernes.
Es el colegio de fisioterapeutas profesionales. La sociedad puede inspeccionar a cualquier facultativo para ver si es un miembro cualificado.
www.csp.org.uk

Medicina: información complementaria

British Homeopathic Association (BHA)
27 A Devonshire Street, W1N 1RJ (7935 2163). **Abierto** *teléfono de información* de 13.30 a 17.00 horas, de lunes a viernes.
Aquí le darán la dirección de su farmacia y médico homeopático más cercano (envíe un sobre con sello de 60 p con su dirección para que le manden una lista).

Médicos y medicamentos

Si usted es un ciudadano británico o trabaja en Reino Unido, puede ir a cualquier médico de cabecera (GP). Si le visita algún facultativo que no sea el habitual, le pedirán los datos de su médico. Todas las personas q ue residen habitualmente en Reino Unido, incluidos los estudiantes de otros países, se pueden dar de alta en cualquier consultorio de sanidad pública.

Muchos medicamentos no se pueden comprar en la farmacia sin receta médica. Una receta preescrita por el NHS cuesta 5,90 £ actualmente (los menores de 16 años y los mayores de 60 no tienen que pagar, y los anticonceptivos son, en cualquier caso, gratuitos). Si no puede ser atendido por un médico de la sanidad pública, tendrá que pagar los gastos de los medicamentos recetados por un médico privado.

Centro médico Great Chapel Street
13 Great Chapel Street, W1 (7437 9360/gcs.medical@virgin.net). Metro: Tottenham Court Road. **Abierto** de 11.00 a 12.30 horas, los lunes, martes, jueves; de 14.00 a 16.00 horas, de lunes a viernes (llame para concertar cita). **Plano 6 K6**
Intervenciones quirúrgicas en centros públicos para cualquier persona que no tenga médico.

Teléfonos de ayuda y de información

Véase **Enfermedades de transmisión sexual, HIV/sida**. Para teléfonos de ayuda a *gays* y lesbianas, *véanse* págs. 278-279.

Alcohólicos anónimos
(7833 0022). **Abierto** *teléfono de ayuda* de 10.00 a 22.00 horas, todos los días.
Es un teléfono de ayuda para Londres. Los operadores le ponen

en contacto con un miembro de su zona de residencia que puede ser su acompañante en su primera reunión.
www.alcoholics-anonymous.org.uk

Capital Radio Helpline
(7484 4000.) **Abierto** *teléfono de ayuda* de 10.00 a 22.00 horas, de lunes a viernes; de 10.00 a 16.00 horas, los sábados y los domingos.
Este teléfono trata problemas de todo tipo. Si la persona que habla con usted no puede ayudarle, le pone en contacto con otras personas especializadas en ese problema concreto. El teléfono suele estar muy ocupado, así que no desespere si comunica.

Childline (teléfono de ayuda para la infancia)
Freepost 1111, London N1 OBR (0800 1111/ 7239 1000). **Abierto** *teléfonos las* 24 horas, todos los días.
Teléfono nacional que ofrece ayuda confidencial y gratuita a niños y jóvenes con problemas o en peligro.
www.childline.org.uk

Citizens' Advice Bureaux
Oficina Greater London, 136-144 City Road, EC1 (020 7549 0800). **Abierto** *teléfono de información* de 09.00 a 17.00 horas, de lunes a viernes.
Funciona a través de los ayuntamientos locales, y ofrece consultas gratuitas sobre problemas legales, financieros y personales. Esta oficina no ofrece consultas, pero da información sobre a qué oficina debe dirigirse según su zona.

Just Ask
50 Crispin Street, E1 (7247 0180). Estación de tren: Liverpool Street.
Abierto *para consejos* de 10.00 a 21.00 horas, de lunes a jueves; de 10.00 a 17.00 horas, los viernes; *teléfono de ayuda* de 10.00 a 18.00 horas, de lunes a jueves (contestador fuera de este horario).
Plano 12 R6
Los consejos están enfocados a personas mayores de 35 años sin techo, parados o con unos ingresos muy bajos, aunque también ayudan a cualquiera que tenga un problema personal. Cerrado en agosto.

London Rape Crisis Centre (violaciones)
(020 7837 1600)
Ayuda a personas violadas. Gratuito y confidencial.

Medical Advisory Service (Consultas médicas)
(8994 9874). **Abierto** de 18.00 a 21.00 horas, de lunes a viernes.
Teléfono de ayuda para la mayoría de los problemas médicos.

MIND
Granta House, 15-19 Broadway, E15 (8519 2122/teléfono de información 8522 1728/0345 660163/ info@mind.org.uk). **Abierto** *teléfono de información* de 09.15 a 17.15 horas, de lunes a viernes.
Las visitas al centro de salud y caridad MIND son remitidas a alguno de los 34 centros especializados de Londres. El personal de MIND también ofrece consejo sobre maltratos, detenciones injustas y sectas.
www.mind.org.uk

Narcóticos anónimos
(020 7730 0009). **Abierto** de 10.00 a 22.00 horas, todos los días.
El centro lo hacen funcionar los propios miembros de la asociación. En el teléfono de ayuda dan consejos e informan de las próximas reuniones.
www.ukna.org

Rape and Sexual Abuse Centre
(020 8239 1122.) **Abierto** del mediodía a las 14.30 horas y de 19.00 a 21.30 horas, de lunes a viernes; de 14.30 a 17.00 horas, los sábados y los domingos.
Ofrece apoyo e información a las personas que han sufrido una violación o abusos sexuales.

Refuge Helpline
(0990 995443) **Abierto** las 24 horas, todos los días.
Centro de acogida que atiende a mujeres que sufren violencia doméstica. Hay un contestador automático que da teléfonos alternativos para una ayuda inmediata.

Rights of Women
(7251 6577) **Abierto** de 14.00 a 16.00 horas y de 19.00 a 21.00 horas, de martes a jueves; de 12.00 14.00 horas, los viernes.
Este servicio ofrece consultas jurídicas a las mujeres.

Samaritans
(7734 2800) **Abierto** las 24 horas, todos los días.
Aquí escuchan a cualquier persona con problemas emocionales. Es un servicio muy conocido, así que tendrá que insistir cuando llame.
www.samaritans.org.uk

Victim Support
National Office, Cranmer House, 39 Brixton Road, SW9 (0845 303 0900/ fax 7582 5712). Metro: Oval.
Abierto *teléfono de apoyo* de 09.00 a 21.00 horas, de lunes a viernes; de 09.00 a 19.00 horas, los sábados y los domingos.
Este centro pone en contacto a las víctimas de actos criminales con un voluntario que les proporciona apoyo emocional y también información sobre los procedimientos legales que puede seguir así como indemnizaciones que puede reclamar. Hay intérpretes.

Trabajar en Londres

Encontrar un trabajo temporal en Londres puede convertirse, en sí mismo, en un trabajo a horario completo, pero si habla bien inglés, es un ciudadano de la UE o tiene un permiso de trabajo, puede encontrar algo en hostelería, bares y *pubs*, tiendas y otros lugares por el estilo. Los licenciados en filología inglesa u otros idiomas pueden optar por la enseñanza. Si su inglés no es muy bueno, siempre puede repartir revistas gratuitas. También puede acceder a algún trabajo temporal en los puntos turísticos; los ayuntamientos a veces solicitan personal de verano como monitores de juego o vigilantes de piscina. Puede encontrar más ideas en la revista *Summer Jobs in Britain*, publicada por Vacation Work, 9 Park End Street, Oxford OX1 1HJ (unas 11 £). El **Central Bureau for Educational Visits & Exchanges** (*véase* pág. 344) cuenta con otras publicaciones.

Para encontrar empleo, busque en el *Evening Standard*, en los anuncios locales y en tablones de anuncios de los quioscos. Algunas empresas también solicitan personal en los tablones de anuncios de los *Jobcentres*; normalmente se trata de trabajos temporales y en los que no se requiere mucha experiencia. La mayoría de los barrios de Londres tienen un *Jobcentre*; mire también el apartado «Employment Agencies» de las *páginas amarillas*.

Para trabajos administrativos, vaya a una agencia de trabajo temporal. Si es un buen taquígrafo (40 palabras por minuto o más) o tiene conocimientos en procesadores de texto y cualidades administrativas, esas agencias le pueden encontrar un trabajo bien retribuido. Si está desesperado, busque en los restaurantes de comida rápida.

Trabajo para visitantes extranjeros

Con pocas excepciones, los ciudadanos de países distintos a los de la UE (*véase* inferior) necesitan un permiso de trabajo para poder trabajar legalmente en Reino Unido. Una de las ventajas de trabajar en Reino Unido es la oportunidad de conocer gente, aunque para cualquier empleo se requiere un nivel de inglés razonable. Para los trabajos administrativos se requiere un nivel alto de inglés, además de los conocimientos oportunos.

Permisos de trabajo

Los ciudadanos de la UE, los residentes en Gibraltar y algunos ciudadanos procedentes de algunos países extranjeros no necesitan permiso de trabajo. El resto de personas necesitan un permiso que deberán obtener con anterioridad a la partida.

El empresario que tenga una vacante que no pueda cubrir con un residente o personal perteneciente a la UE, debe solicitar un permiso al Department for Education & Employment (*véase* derecha). Los permisos sólo se dan para trabajos que comporten un alto nivel de conocimientos y experiencia. El empresario debe ser capaz de demostrar que no hay ningún residente o personal de la UE disponible.

También hay un *Training & Work Experience Scheme* que capacita a los ciudadanos no pertenecientes a la UE a hacer prácticas profesionales en Reino Unido o bien a obtener experiencia laboral, pero de nuevo, debe solicitarse con anterioridad a su llegada. A continuación se dan otras posibilidades.

Au pairs

Esta opción sólo es válida para ciudadanos de ciertas nacionalidades (*véase* inferior) con edades comprendidas entre los 17 y los 27 años. Póngase en contacto con una agencia en su propio país o consulte el apartado «Employment Agencies» de las *páginas amarillas*. Este tipo de trabajo normalmente proporciona alojamiento gratuito, aunque los sueldos suelen ser bajos.

Los siguientes países están incluidos en el **Au Pair Scheme**: Andorra, Bosnia-Herzegovina, Croacia, Chipre, República checa, Islas Faroe, Groenlandia, Hungría, Macedonia, Malta, Mónaco, San Marino, Eslovaquia, Eslovenia, Suiza y Turquía.

Estudiantes

Los estudiantes procedentes de Estados Unidos, Canadá, Australia o Jamaica necesitan una tarjeta azul BUNAC para trabajar en Reino Unido por un período de seis meses. Las tarjetas BUNAC no son difíciles de obtener, aunque se deben adquirir antes de entrar en el país.

Póngase en contacto con el departamento británico de trabajo del **Council on International Educational Exchange** o llame al **BUNAC** (*véase* inferior), una organización que se encarga de programas de intercambio de trabajo para los estudiantes procedentes de los países arriba mencionados. Los estudiantes BUNAC necesitan el formulario OSS1 (BUNAC) antes de iniciar su trabajo en Reino Unido, y presentarlo en la oficina de empleo más próxima para obtener el permiso de trabajo.

Los demás estudiantes de países no pertenecientes a la UE que quieran trabajar temporalmente en Reino Unido necesitarán obtener el permiso de trabajo en su oficina de empleo local. Allí les proporcionarán el formulario OSS1, que deberá ser rellenado por el estudiante, su escuela y el futuro empresario que lo contrate.

Prácticas laborales para estudiantes

Los estudiantes de una universidad o *college* de Reino Unido pueden conseguir trabajos para la obtención de sus diplomas. La confirmación de esos trabajos se da por mediación de las instituciones desde el **Overseas Labour Service** (*véase* derecha **Department for Education & Employment**).

Trabajos de verano

Los ciudadanos de los países de la Commonwealth que tengan de 17 a 27 años pueden solicitar un trabajo de verano a tiempo parcial en Reino Unido sin necesidad de permiso. Únicamente deben ponerse en contacto con el consulado británico en sus países para obtener la correspondiente acreditación antes del viaje.

Voluntariado

El trabajo de voluntariado en albergues (*véase* pág. 160) proporciona alojamiento y algo de dinero. Para trabajos voluntarios en casas de caridad, póngase en contacto con **Home Office** (*véase* derecha).

Otras direcciones útiles

BUNAC

16 Bowling Green Lane, EC1 (7251 3472/www.bunac.org.uk). Estación de tren: Farringdon. **Abierto** de 09.30 a 17.30 horas los lunes, martes y miércoles; de 09.30 a 17.00 los viernes. Cerrado sábados y domingos.

Central Bureau for Educational Visits & Exchanges

British Council, 10 Spring Gardens, SW1 (7930 8466). Estación de tren: Charing Cross. **Abierto** de 09.00 a 17.00 horas, de lunes a viernes. **Plano 8 K8**

Esta oficina se ocupa de la organización de visitas fuera de Reino Unido, pero también puede conseguir copias de sus publicaciones.
www.britishcouncil.org

Department for Education & Employment

Overseas Labour Service, nivel 5, Moorfoot, Sheffield S1 4PQ (0114 259 4074/sec.ols@dfee.gov.uk). **Abierto** *teléfono de información* de 09.00 a 17.00 horas, de lunes a viernes. No está abierto para visitas personales. Los empresarios que busquen formularios para permisos de trabajo deben llamar al 0990 210224 o visitar la página *web*.
www.dfee.gov.uk

Home Office

Inmigración y Nacionalidad, Block C, Whitgift Centre, Wellesley Road, Croydon CR0 1AT (0870 606 7766). **Abierto** *teléfono de información* de 08.45 a 16.45 horas, de lunes a jueves; de 08.45 a 16.30 horas, los viernes. Información sobre permisos de trabajo.
www.homeoffice.gov.uk/ind/hpg.htm

Overseas Visitors Records Office

180 Borough High Street, SE1 (7230 1208). Metro: Borough o Elephant & Castle/Estación de tren: London Bridge. **Abierto** de 09.00 a 16.30 horas, de lunes a viernes. **Plano 11 P9**
Corre a cargo de la Policía Metropolitana. Registrar a una persona con permiso de trabajo cuesta 34 £.

Vacaciones

En el período de vacaciones o días festivos (conocidos como *bank holidays*) muchas tiendas siguen abiertas, pero numerosos servicios de transporte funcionan con menor frecuencia. La excepción es el día de Navidad, en el que casi todo está cerrado.
Víspera de Año Nuevo, Día de Año Nuevo, Viernes Santo, Lunes de Pascua, Día del Trabajador, vacaciones de primavera (*Spring Bank Holiday*, mayo), vacaciones de verano (agosto), día de Navidad, San Esteban (*Boxing Day*).

Visados

Los ciudadanos de la UE no necesitan visado para ir a Reino Unido; los demás países sí lo necesitan.
Para solicitarlo o comprobar el estado de su pasaporte **antes de viajar**, póngase en contacto con la Embajada Británica en su propio país. El visado permite la entrada durante un máximo

Resumen meteorológico

Temperaturas medias, precipitaciones y horas de sol en Londres

	enero	febrero	marzo	abril	mayo	junio
Temperaturas °C	6	6	8	10	13	16
Precipitaciones mm	45	30	43	37	47	44
Horas de sol	1,9	2,5	3,3	5,3	6,3	6,2

	julio	agosto	septiembre	octubre	noviembre	diciembre
Temperaturas °C	19	19	16	13	9	7
Precipitaciones mm	46	42	39	56	46	49
Horas de sol	6,7	6,6	5,0	3,5	2,3	1,5

de seis meses. Para información sobre permisos de trabajo (deben arreglarse antes de entrar en Reino Unido), *véase* pág. 344.

Para obtener un visado para otros países, póngase en contacto con las embajadas correspondientes (*véase* pág. 338) o lleve el permiso de trabajo con usted a **Rapid Visa** o **Ferguson Snell**. Sin embargo, para algunos países como Italia, Canadá, Guyana y Japón, se necesita también una instancia personal.

Ferguson Snell & Associates
10/11 Heathfield Terrace, W4 4JE (8747 3004/fs@fergusonsnell.co.uk). Metro: Chiswick Park. **Abierto** de 9.00 a 17.30 horas, de lunes a viernes.
Ferguson Snell le tramitará su permiso de trabajo y prórrogas de seis meses para su visado en Reino Unido. Cuesta desde 350 £. También tramita visados para otros países.
www.fergusonsnell.co.uk

Home Office
Departamento de Inmigración y Nacionalidad, Block C, Whitgift Centre, Wellesley Road, Croydon CR0 1AT (0870 606 7766). **Abierto** *teléfono de consultas* de lunes a jueves, de 08.45 a 16.45 horas; viernes de 08.45 a 16.30 horas.
Este departamento se ocupa de los problemas de inmigración, visados y permisos de trabajo de los ciudadanos de la Commonwealth y otros países. Si necesita una instancia, llame al 0870 241 0645.
www.homeoffice.gov.uk/ind/hpg.htm

Rapid Visa
Adventure Travel Centre, 135 Earl's Court Road, SW5 (7373 3026). Metro: Earl's Court. **Abierto** de 09.00 a 17.30 horas, de lunes a viernes; de 09.30 a 12.30 horas, los sábados. **Tarjetas de crédito** TCL. **Plano 3 B11**
Tramitan visados para la mayoría de los países.

Directorio

Cómo llegar a Londres

En tren

Eurostar
Terminal Internacional de Waterloo, SE1 (0990 186186). Estación de tren: Waterloo. **Plano 8 M8**
Probablemente el medio más divertido de salir de Londres es vía Channel Tunnel y Eurostar. Actualmente la compañía opera en cinco trayectos: París, París Disneylandia, Bruselas, Lille y el tren del esquí, que va a Bourg St. Maurice y Moutier (sólo los sábados).

Los precios de los billetes a Bruselas y París en clase turista van desde las 65 £ para un viaje de ida y vuelta de fin de semana (105 £ en primera clase) hasta las 270 £. Si hace las reservas al menos 14 días por adelantado y se queda dos noches o más de un sábado, el precio puede ser 69 £, ida y vuelta. Consulte las ofertas especiales.

El viaje a París dura 3 horas, y a Bruselas, 2 horas, 40 minutos. Hay muchos trenes al día: a París entre 16 y 19 trenes de lunes a sábado, y a Bruselas 10 u 11. Los domingos también hay 10 o 12 trenes a París y 7 u 8 a Bruselas.

Por avión

Aeropuerto Gatwick
(01293 535353) A unos 50 km hacia el sur desde el centro de Londres, M23.
Hay tres servicios de trenes que conectan Gatwick con Londres. El **Gatwick Express** tarda 30-35 minutos hasta la estación Victoria y funciona las 24 horas, todos los días. Pasa cada 15 minutos, pero entre las 12.30 y las 17.00 horas pasa cada hora. Los billetes cuestan 10,20 £, ida; 20,40 £, ida y vuelta (válido durante un mes); 11,70 £, vuelta en el mismo día (después de las 09.30 horas); mitad de precio para los menores de 15 años y gratuito para los menores de 5 años.

Connex South Central también funciona entre Gatwick y Victoria. Circula aproximadamente cada 15 minutos durante el día y cada hora entre las 13.00 y las 16.00 horas. Tarda entre 3 y 8 minutos más que el Gatwick Express, pero los billetes son más baratos: cuestan 8,20 £, ida; 16,40 £, ida y vuelta (válido durante un mes); 8,30 £, vuelta en el mismo día (después de las 09.30 horas); mitad de precio para los menores de 15 años y gratuito para los menores de 5 años.

También está el **Thameslink**. Este tren es muy apropiado si va a quedarse en la zona de Bloomsbury o quiere hacer transbordo en King's Cross o Euston. Circula vía Blackfriars, City Thameslink, Farringdon y King's Cross, y los horarios varían. Los billetes (hasta King's Cross) cuestan 9,50 £, ida; 19 £, ida y vuelta.

El autobús **Jetlink 777** (8668 7261/01737 242411) llega hasta la Victoria Coach Station (*véase* pág. 338). Es la opción más barata, aunque el viaje dura 90 minutos. Los autobuses circulan todos los días, de 5.00 a 20.00 horas, y pasan cada hora o cada dos horas (llame para asegurarse). Los billetes cuestan 8 £, ida; 12 £, ida y vuelta (válido durante tres meses); mitad de precio para los menores de 15 años y gratuito para los menores de 5 años.

Si quiere que le lleven al hotel desde el aeropuerto, puede llamar a **Berkeleys Hotel Connections** (reservas por teléfono 01442 251400, fax 01442 255656 o en la página *web www.berkeleys.co.uk)*. Este servicio cuesta 18 £ por persona (16 £ si ha hecho la reserva por Internet). Tendrá que dirigirse primero a la taquilla de Gatwick Express y desde allí le llevarán al tren Gatwick Express hasta la estación Victoria, donde le conducirán en minubús hasta su hotel.

Olvídese de los taxis a menos que sea muy rico (puede pagar unas 90 £ hasta el centro de Londres, y además el viaje dura al menos una hora).

Aeropuerto Heathrow

(0870 000 0123.) Unos 24 km al este desde el centro de Londres, salida por la M4.

El tren **Heathrow Express** (0845 6001515; 15-20 minutos hasta Paddington Station) es la forma más rápida y eficiente de viajar entre Heathrow y el centro de Londres (en Paddington Station puede coger un taxi hasta su destino final). El tren se puede coger en una de las dos estaciones que hay en el aeropuerto (Terminales 1, 2 y 3 o Terminal 4). Los billetes cuestan 12 £, ida; 22 £, ida y vuelta; mitad de precio para los menores de 15 años y gratuitos para los menores de 5 años. Muchas compañías aéreas como British Airways, American Airlines y United Airlines tienen controles de bolsos y equipajes.

Otra posibilidad es coger el metro en **Piccadilly Line**. Esta opción es barata y tarda 50-60 minutos hasta Piccadilly Circus. Los billetes hasta el centro de Londres cuestan 3,40 £ por viaje (1,40 £ para menores de 16 años). Los trenes circulan desde las 05.30 hasta las 23.30 horas, de lunes a sábado, y de 06.00 a 23.00 horas, los domingos. Hay una parada de metro en la Terminal 4 y otra en las Terminales 1, 2, 3.

También hay dos autobuses (**Airbus Heathrow Shuttle**; 7222 1234/020 8400 6655) que circulan cada hora, de 05.00 a 22.30 horas; salen de todas las terminales del aeropuerto y hacen 17 paradas por el centro de Londres. El trayecto hasta King's Cross dura alrededor de 1 hora, 45 minutos. Los autobuses están equipados con una zona para dejar las maletas y son accesibles con silla de ruedas. Los billetes cuestan 7 £, ida; 12 £, ida y vuelta (tarifa reducida 3 £ ida; 5 £ ida y vuelta; gratuito para menores de 5 años).

También hay un servicio de recepción que le puede llevar hasta su hotel (**Berkeleys Hotel Connections**; reservas por teléfono 01442 251400, fax 01442 255656 o página *web www.berkeleys.co.uk)*. Los pasajeros procedentes de las Terminales 1 y 2 son recogidos desde sus vuelos; los de las Terminales 3 y 4 deben ir a las taquillas de la zona de llegadas. A todos se les lleva a sus respectivos hoteles en un minibús. Este servicio cuesta 12 £ por persona y viaje (11 £ si se ha hecho la reserva por Internet).

Las tarifas de los taxis hasta el centro de Londres son altas (unas 45 £) y el viaje dura unos 45-60 minutos (más largo si es hora punta).

Aeropuerto London City

(7646 0000) Unos 14 km al este del centro de Londres, Docklands.

La estación de tren **Silvertown & City Airport**, en la línea Silverlink (*véase* pág. 354), está a un par de minutos caminando desde la terminal. Los trenes pasan cada 20 minutos y van vía Stratford (transbordo en la parada de metro Central Line). Mucha gente va a Londres con el **Airbus** azul y blanco (7222 1234), que llega a la estación de Liverpool Street vía Canary Wharf (tarda unos 30 minutos). El autobús pasa cada 10 minutos desde las 06.50 hasta las 21.10 horas, de lunes a viernes; de 06.50 a 22.00 horas, los sábados; de 11.00 a 22.00 horas, los domingos; los billetes cuestan 5 £ hasta la estación de Liverpool Street (2 £ hasta Canary Wharf). El viaje en **taxi** hasta la ciudad dura unos 30-40 minutos y cuesta alrededor de 21 £.

Aeropuerto Luton

(01582 405100.) Unos 50 km hacia el norte desde el centro de Londres, salida 10 por la M1.

Desde la estación de Luton Airport Parkway, en el aeropuerto, se puede viajar directamente hasta Londres. Los trenes pasan por la línea Thameslink (información en el número 08457 484950), que llega a diferentes estaciones de Londres, entre ellas King's Cross. Pasan cada 5-10 minutos y tardan 30-40 minutos. El billete de ida cuesta 9 £. Hay días en que cuesta más barato (10,10 £ ida y vuelta), después de las 09.30 horas de lunes a viernes.

Lo más barato y más largo es el autobús de la **Green Line** (8668 7261). Funciona entre Luton y Victoria Station cada 40 minutos, y tarda 90 minutos. El precio del billete de ida es 7,20 £; ida y vuelta, 11,80 £ (válido durante 3 meses); mitad de precio para menores de 15 años, y gratuito para menores de 5 años.

Un **taxi** hasta el centro de Londres tarda como mínimo 1 hora y cuesta sobre las 65 £.

Aeropuerto Stansted

(01279 680500). Unos 60 km al nordeste del centro de Londres, salida por la M11.

El medio más rápido para llegar a Londres es el tren **Stansted Express** (08457 484950), que llega a la estación de Liverpool Street en unos 40-45 minutos. Sale cada 15 o 30 minutos, dependiendo de la franja horaria, y los billetes cuestan 11 £, ida; 12,80 £, ida y vuelta (después de las 09.30 horas, de lunes a viernes); 16,10 £ si vuelve en 5 días (después de las 09.30 horas); 22 £, vuelta abierta; mitad de precio para los menores de 5 años.

Los autobuses **Jetlink 777** van hasta Victoria Coach Station; tardan alrededor de 1 hora, 40 minutos, con paradas en los metros Hendon Central, Finchley Road y Marble Arch. El billete cuesta 9 £; ida, 13 £, ida y vuelta (válido durante tres meses); mitad de precio para menores de 16 años. En coche, el trayecto hasta el centro de Londres dura alrededor de una hora.

Un **taxi** cuesta sobre las 80 £.

Cómo desplazarse por Londres

Autobuses

Algunas líneas aún utilizan los clásicos autobuses rojos, de más de 30 años, aunque se están imponiendo los modernos autobuses ya que su mantenimiento resulta más barato. Viajar en autobús es una de las formas más placenteras de conocer Londres, aunque en ocasiones pueden ser lentos, en especial en las horas punta de la mañana y de la tarde.

Autobuses nocturnos

Es el único medio de transporte público que funciona por la noche. Salen desde las 23.00 horas hasta las 06.00 horas y pasan una vez cada hora. Todos pasan por el centro de Londres y la mayoría para en Trafalgar Square, así que vaya ahí si no está seguro de dónde puede cogerlo. Todos tienen la letra N seguida de su número de identificación. Tenga en cuenta que las tarjetas de un día, de fin de semana, familiares, etc. (*véase* pág. 350) no sirven para los autobuses nocturnos. Puede conseguir un plano gratuito de las líneas y horarios de estos autobuses en los centros de información (*véase* pág. 349).

Las tarifas desde el centro de Londres son a partir de 1,50 £. Observe que no hay tarifas para niños en los autobuses nocturnos.

Autobuses de la línea verde (Green Line)

Esta línea (8668 7261/ *www.greenline.co.uk*) funciona en los barrios exteriores y ciudades alrededor de un radio de 64 km de Londres. Su punto de partida principal está en Eccleston Bridge, SW1 (Colonnades Coach Station, detrás de la estación Victoria).

Autobuses de enlace entre estaciones (Stationlink)

Las estaciones de enlace de autobuses rojos y amarillos (7222 1234) están diseñadas para facilitar el acceso a las personas con discapacidades, ancianos, personas que llevan mucho equipaje o adultos con niños pequeños. Conectan con las principales estaciones de tren en Londres (excepto Charing Cross). Los autobuses funcionan cada hora desde las 09.00 hasta las 19.00 horas (llame para más información). Las tarifas son 1 £, para adultos, y 50 p, para niños entre 5 y 15 años.

Conducir en Londres

Si ha oído decir que conducir por Londres es difícil, espere a tener que aparcar. Si aparca en un lugar prohibido, le pueden pasar varias cosas: que le pongan una multa de 60 u 80 £ (que puede ser del 50 % si la paga en menos de 14 días), que le dejen el coche inmovilizado o que la grúa se lo lleve. Recuperarse de ello no resulta nada fácil (*véase* pág. 347).

Alquiler de coches

Para alquilar un coche necesita tener el carnet desde al menos un año. El carnet de conducir expedido en otros países tiene una validez de un año, y los precios de los alquileres varían considerablemente. A continuación aparecen algunas de las empresas más conocidas (*véase también páginas amarillas).*

Avis *(Central de reservas 0990 900500).* **Abierto** las 24 horas, todos los días. **Tarjetas de crédito** AmEx, DC, MC, V. Debe ser mayor de 23 años. Los precios varían según la zona en que lo alquile. *www.avis.com*

Europcar BCR *30 Woburn Place, WC1 (7255 2339). Metro: Russell Square.* **Abierto** de 08.00 a 18.00 horas, de lunes a viernes; de 08.00 a 13.00 horas, los sábados. **Tarjetas de crédito** AmEx, DC, MC, V. **Plano 6 L4**
Debe ser mayor de 23 años. El alquiler más barato es de 36 £ por día. Hay un depósito de 150 £ en todos los alquileres. *www.europcar.com*

Alquiler de motos

Scootabout *1-3 Leeke Street, WC1 (7833 4607). Estación de tren: King's Cross.* **Abierto** de 09.00 a 18.00 horas, de lunes a viernes. **Tarjetas de crédito** MC, V. **Plano 6 M3**
Para llevar una moto de 50cc necesita, o bien el carnet de coche o bien una licencia de motos, británica o extranjera. El alquiler cuesta 15,50 £ por día y 91,50 £ por semana. El alquiler de una ST1100 cuesta 71,50 £ por día y 365 £ por semana. Todos los alquileres incluyen 400 km por día, así como un seguro. El alquiler del casco cuesta 2 £ por día y 12 £ por semana.Por seguridad, sólo se pueden alquilar con tarjeta de crédito.
www.hgbmotorcycles.co.uk

Averías

Si es miembro de una asociación de automóviles, compruebe si ésta tiene algún acuerdo con alguna asociación británica.

AA (Automobile Association) *119-121 Cannon Street, EC4 (información general 0990 500600/ averías 0800 887766/socios nuevos 0800 444999).* **Abierto** las 24 horas, todos los días. **Tarjetas de crédito** MC, V.
Puede llamar aquí si su coche sufre una avería. Si quiere ser

Información de metros, autobuses y trenes

El metro y los autobuses de Londres están a cargo de la compañía London Transport (LT). Su teléfono de información funciona las 24 horas: **7222 1234** (suele estar ocupado, así que insista o bien llame al 7222 1200, un contestador automático de información que también funciona las 24 horas).

Directorio

miembro de esta asociación, le costará 78 £.
www.theaa.co.uk

Environmental Transport Association
Freepost KT4021, Weybridge, Surrey KT13 8RS (01932 828882). **Abierto** *oficina* de 08.00 a 18.00 horas, de lunes a viernes; de 09.00 a 16.00 horas, los sábados; *servicio de averías* las 24 horas, todos los días. **Tarjetas de crédito** MC, V.
Es la alternativa verde si no quiere participar con su cuota de socio, es la presión al Gobierno para construir las carreteras como ocurre con la A y la RAC. El precio de los socios es 20 £ al año la cuota individual y 25 £ para familias.
www.eta.co.uk

RAC
RAC House, 1 Forest Road, Feltham TW13 TRR (avería urgente 0800 828282/ oficina y asociación 0990 722722). **Abierto** de 08.00 a 21.00 horas, de lunes a viernes; de 09.00 a 17.00 horas, los sábados; *servicio de averías* las 24 horas, todos los días. **Tarjetas de crédito** AmEx, DC, MC, V.
Llame al teléfono general de información y pregunte por el Rescue Service. Ser socio cuesta desde las 39 £ hasta 140 £, más 75 £ por cobertura en Europa.
www.rac.co.uk

Inmovilización de vehículos

La inmovilización de vehículos mediante cepos se está convirtiendo en una forma frecuente de combatir los estacionamientos prohibidos. Si le han puesto un cepo a su coche, encontrará una etiqueta enganchada en su vehículo indicándole a qué centro debe llamar. Algunos centros le permiten hacer el pago por teléfono con la tarjeta de crédito, pero otros prefieren que vaya en persona. En cualquier caso, tendrá que pagar 38 £ por el cepo y una multa entre 30-40 £. El personal del centro se compromete a quitarle el cepo en las siguientes cuatro horas, pero debe indicarle exactamente dónde está. Debe saber que después de quitarle el cepo, si no retira el coche pueden volver a ponérselo. Esto quiere decir que tendrá que estar esperando hasta que llegue el personal del centro.

Si desea reclamar daños y perjuicios a causa del cepo, puede llamar al 7747 4700.

Algunos de los aparcamiento que funcionan las 24 horas en el centro de Londres son:
Airlington House, Airlington Street, SW1 *(7499 3312).* **Tarifas** 12 £, 3 horas; 23,50 £, 6 horas; 34 £, 9 horas; 39 £, 12 horas; 48 £, 24 horas. **Plano 7 J8**
21 Bryanston Street, W1 *(020 7499 0313).* **Tarifas** 6,20 £, 2 horas; 11,50 £, 4 horas; 17 £, 6 horas; 23,50 £, 9 horas; 34 £, 24 horas. **Plano 2 F6**
2 Lexington Street, W1 *(7734 0371).* **Tarifas** 7,50 £, 2 horas; 14,80 £, 4 horas; 20,50 £, 6 horas; 30 £, 9 horas; 37 £, 24 horas. **Plano 7 J7**

Directorio

Viajes cortos y largos recorridos

Excursiones en globo
Adventure Balloons *London Road, Winchfield Park, Hartley Wintney, Hampshire, RG27 8HY (01252 844222).* **Vuelos** *de abril a octubre* por la mañana y por la tarde, todos los días (si el tiempo lo permite). **Tarifas** entre 125 y 175 £ por persona. **Tarjetas de crédito** MC, V.
Vuelos sobre la capital desde el lugar de despegue, a unos 3 km de la Torre de Londres.
www.adventureballoons.co.uk

Excursiones en bicicleta
Véase pág. 350.

Excursiones en autobús
Big Bus Company *(8944 7810/0800 169 1365).* **Rutas** Tres rutas diferentes de 40 minutos o 1 hora; todo con visitas comentadas. **Salidas** cada 15 minutos desde Green Park, Victoria y Marble Arch. *Verano*, de 08.30 a 19.00 horas, todos los días. **Lugar de recogida** en Green Park (cerca del hotel Ritz); Marble Arch (Speaker's Corner); Victoria (al lado del hotel Royal Westminster, Buckingham Palace Road, SW1). **Tarifas** 15 £; 6 £, niños; los billetes tienen validez para 24 horas y son intercambiables durante el itinerario, lo que permite tomar un autobús en más de cincuenta localidades diferentes.
www.bigbus.co.uk

London Pride *(01708 631122).* **Salidas** *de abril a septiembre* llame para asegurarse; *de octubre a marzo* de 08.30 a 18.00 horas, todos los días; *gran tour* 1 hora, 30 minutos. **Tarifas** desde 50 p; 12 £ (para todas las excursiones); 6 £ para los niños entre 5 y 15 años, billete válido 24 horas. También hay rutas desde Buckingham Palace, Russell Square, hasta los museos de Kensington Sur; desde Bayswater hasta Euston Station; y desde Bloomsbury hasta la Tate Gallery.
www.londonpride.co.uk
Original London Sightseeing Tour *(8877 1722).* **Salidas** *en verano* de 09.00 a 19.00 horas, todos los días; *en invierno* de 09.30 a 17.00 horas, todos los días. **Lugar de recogida** en Victoria Street; Grosvenor Gardens; Marble Arch (Speaker's Corner); metro de Baker Street; Haymarket (parada de autobús L); estación de Charing Cross. **Tarifas** 12,50 £; reducida, 7,50 £.
www.theoriginaltour.com

Excursiones en helicóptero
Cabair Helicopters *Elstree Aerodrome, Hertfordshire (8953 4411).* Estación de tren: Elstree. **Vuelos** desde las 11.30, los domingos. **Tarifas** 125 £ por persona, 30 minutos. **Tarjetas de crédito** MC, TCL, V.
www.cabair.com

Excursiones personalizadas
Guías turísticos *(7495 5504).* Excursiones con guías para una persona o grupos pequeños o grandes. A pie, en coche, en autobús o en barco.

Excursiones por el río
Véase pág. 353, **Viajes en barco por río**.

Excursiones sobre temas especializados
Diálogos sobre arquitectura *(7267 7697).* **Salidas** a las 10.15 horas, los sábados; a las 10.45 horas, los domingos.

LT Travel Centros de información

Podrá encontrar más información que la que aparece a continuación a través de la página *web* *www.londontransport.co.uk* o llamando al **020 7222 1234**.
Los centros de información LT (London Transport) proporcionan mapas e información sobre el metro, autobuses y estaciones de trenes. Los encontrará en las siguientes estaciones:
Euston Abierto: de 07.15 a 18.00 horas, de lunes a sábado; de 08.30 a 17.00 horas, los domingos.
Plano 6 K3
Hammersmith Bus Station
de 07.15 a 18.00 horas, de lunes a viernes; de 08.15 a 18.00 horas, los sábados.
Heathrow Airport *Parada de metro de las Terminales 1, 2, 3* de 06.30 a 19.00 horas, de lunes a sábado; de 07.15 a 19.00 horas, los domingos. *Terminal 1* de 07.15 a 22.00 horas, de lunes a sábado; de 08.15 a 22.00 horas, los domingos. *Terminal 2* de 07.15 a 17.00 horas, de lunes a sábado; de 08.15 a 17.00 horas, los domingos. *Terminal 4* de 06.00 a 15.00 horas, de lunes a sábado; de 07.15 a 15.00 horas, los domingos.
King's Cross de 08.00 a 18.00 horas, de lunes a sábado; de 08.30 a 17.00 horas, los domingos.
Plano 6 L2
Liverpool Street de 08.00 a 18.00 horas, de lunes a viernes; de 08.45 a 17.30 horas, los sábados y los domingos.
Plano 10 R5
Oxford Circus de 08.45 a 18.00 horas, de lunes a sábado. **Plano 5 J6**
Piccadilly Circus de 08.45 a 18.00 horas, todos los días.
Plano 8 K7
St. James's Park de 08.15 a 17.30 horas, de lunes a viernes.
Plano 8 K9
Victoria de 07.45 a 19.00 horas, de lunes a sábado; de 08.45 a 19.00 horas, los domingos. **Plano 7 H10**

Metro

Este transporte es el más rápido para viajar por Londres (aunque para distancias cortas, lo mejor es ir a pie). A pesar de esto, en ocasiones las líneas van con retraso, las escaleras eléctricas a veces no funcionan y alguna vez hay estaciones y líneas cerradas (especialmente los fines de semana, cuando se aprovecha para solucionar problemas técnicos). Fumar en las instalaciones del metro está totalmente prohibido. No hay mucha delincuencia, aunque los carteristas siempre están al acecho.

Cómo acceder al metro

Los billetes se pueden comprar en las taquillas de las estaciones, o bien en máquinas expendedoras. Desafortunadamente, el personal de las taquillas suele hablar sólo inglés, lo que puede resultarle de escasa utilidad. Cuando haya validado el billete en las puertas de entrada, consérvelo hasta la salida. En el plano del metro verá que hay

Lugar de encuentro en la puerta de la Real Academia de Bellas Artes, Piccadilly, W1. Metro: Piccadilly Circus. **Duración** 3 horas (a veces excursiones de todo el día; llame para informarse). **Billetes** 18,50 £; 13 £, para estudiantes. *Se recomienda reservar con antelación.*
Beatles Walks *(7624 3978). Beatles Magical Myster y Tour.* **Salidas** a las 14.00 horas, los miércoles; a las 11.00 horas, los jueves y los domingos. **Lugar de recogida** Dominion Theatre, Tottenham Court Road, W1. Metro: Tottenham Court Road. *Beatles In My Live Tour.* **Salidas** a las 11.00 horas, los martes y sábados. **Lugar de encuentro** en la salida de la parada de metro Baker Street. **Duración** (de las dos excursiones) 2 horas, 30 minutos. **Billetes** (para ambas excursiones) 4,50 £; reducido, 3,50 £.
Garden Day Tours (excursiones por jardines) *(01935 815924/www.gentlejourneys.co.uk).* **Salidas** *de mayo a septiembre* a las 08.45 horas, de martes a domingo, (regreso a las 18.30 horas). **Lugar de encuentro** estación de autobuses Victoria. **Billetes** 54 £ al día (comida no incluida).
Jack the Ripper Mystery Walk (La misteriosa ruta de Jack el Destripador)
(8558 9446/móvil 07957 388280). **Salidas** a las 20.00 horas, los miércoles y los domingos. **Duración** 2 horas. **Lugar de encuentro** parada de metro Aldgate. **Billetes** 5 £; reducido 3,50 £.
London Show Beat (espectáculos en embarcaciones)
Salidas *de mayo a octubre* a las 19.00 horas, de jueves a domingo; *de noviembre a abril* a las 19.00 horas, los viernes y sábados (regreso a las 22.30 horas). **Lugar de encuentro** embarcadero Westminster. **Billetes** 42 £ por persona y también están incluidas la comida, la bebida, media botella de vino, un espectáculo en directo y baile.
Royal & Celebriry Tour *(01932 854721).* **Salidas** los miércoles, viernes y sábados (llame para confirmar horarios). **Lugar de recogida** centro de información turística de Victoria Station. Para más información, llame por teléfono. **Billetes** 18 £.

Excursiones en taxi

Black Taxi Tours of London *(7289 4371).*
Precio 65 £, dos horas.

Excursiones a pie

Hay bastantes empresas que ofrecen paseos por Londres. Una de las más antiguas es **The Original London Walks** (7624 3978/*www.walks.com*), que entre otras cosas, organiza paseos recordando a Sherlock Holmes. También es recomendable **ZigZag Audio Tours** (7435 3736/ *www.zigzagtours.com)*, donde podrá conseguir casettes en varios idiomas que informan sobre la ciudad. Otras empresas dedicadas al mismo tipo de visita son **Citisights** (8806 4325), **Historical Tours** (8668 4019), **Capital Walks** (8650 7640), **Cityguide Walks** (01895 675389) y **Stepping Out** (8881 2933). Hay excursiones en hebreo (7586 1455).

Si desea hacer todo esto usted mismo, la línea de autobuses verde (**Green Chain**) le conectará con todos los espacios verdes del sudeste de Londres (8312 5884).

En la guía *Time Out Book of London Walks* (9,99 £) encontrará la descripción de los treinta paseos realizados por varios escritores.

¡Utilice la bici!

Dos ruedas mejor que cuatro. Muchos londinenses piensan así hoy en día, aunque el uso de las bicicletas se reivindica desde hace algunos años en protesta contra los altos niveles de contaminación y los atascos. Puede llamar a **Critical Mass** (fax 7326 0353/*www.critmass.org.uk*) o a **Reclaim the Streets** (7281 4621; *rts@gn.apc.org/www.gn.apc.org/rts)* para protestar por ello.
Sin embargo, a pesar de los esfuerzos de algunos ayuntamientos locales, Londres no tiene suficientes instalaciones para las bicicletas. Los usuarios deben contentarse con algunos carriles que a menudo están llenos de motoristas. Se recomienda a los ciclistas que lleven casco, una máscara para filtrar el aire y una actitud responsable, como no saltarse los semáforos en rojo, por ejemplo.

London Cycling Campaign
228 Great Guildford Business Square, 30 Great Guildford Street, SE1 0HS (7928 7220). **Abierto** *teléfono de información* de 14.00 a 17.00 horas, de lunes a viernes.
Aquí puede conseguir las mejores guías de bicicletas, *On your Bike* y *Cyclists' Route Map* (4,95 £ los dos libros).
Ser socio cuesta a partir de 5,50 £.
www.lcc.org.uk/lcc

Alquiler y depósito de bicicletas

Bikepark
11 Macklin Street, WC2 (7430 0083/ bikepark@easynet.co.uk).
Metro: Covent Garden o Holborn.
Abierto de 08.30 a 19.00 horas, de lunes a viernes; de 10.00 a 18.00 horas, los sábados. **Alquiler** 12 £, el primer día; 6 £, el segundo; 4 £, tercer día y consecutivos. **Depósito** 200 £. **Tarjetas de crédito** MC, TCL, V. **Plano 6 L6**
Deje su bicicleta en un lugar seguro (50 p por hora; 2 £, 24 horas; 20 £, un mes). También hay un servicio de reparaciones y alquiler de bicicletas y accesorios. Se pueden comprar bonos de temporada.
Sucursal: Bikepark Chelsea The Courtyard 250 King's Road, SW3 (7565 0777).
www.bikepark.co.uk

London Bicycle Tour Company
1 A Gabriel's Wharf, 56 Upper Ground, SE1 (7928 6838/ enquiries@londonbicycle.com).
Estación de tren: Blackfriars; metro: Southwark. **Abierto** *de Semana Santa a octubre* de 10.00 a 18.00 horas, todos los días; *de noviembre a Semana Santa* horario concertado. **Alquiler** 2,50 £, una hora; 12 £, un día; 6 £ por día si se alquila más de un día. **Depósito** 100 £ (si el pago no se realiza con tarjeta de crédito). **Tarjetas de crédito** AmEx, DC, MC, V. **Plano 11 N7**
Además de alquilar bicicletas, esta empresa organiza salidas todos los días, por lo general de tres horas, que cuestan unas 11,95 £. También ofrece salidas de fin de semana al campo, por los alrededores de Londres.
www.londonbicycle.com

12 líneas. La línea de Jubilee, abierta en 1999, conecta Green Park con Stratford vía Waterloo, Bermondsey, North Greenwich (Dome) y Canary Wharf.

Horarios del metro
El metro funciona todos los días. Empieza a las 05.30 horas, de lunes a sábado, y a las 07.30 horas los domingos. La única excepción es el día de Navidad, que no hay servicio de metro. Normalmente la frecuencia de los trenes no es superior a 10 minutos, y durante las horas punta suelen pasar cada 2 minutos. El horario de los últimos trenes varía, pero normalmente va desde las 23.30 hasta las 1.00 horas, de lunes a sábado, y hasta las 23.30 horas, los domingos. El único medio de transporte público durante la noche es el **autobús nocturno** (*véase* superior). Si quiere evitar las horas punta del metro, no lo tome entre las 08.00 y las 09.30 horas, ni entre las 16.30 y las 18.30 horas.

Trenes Docklands Light Railway (DLR)
(7363 9700) Esta línea funciona como parte del metro. Sus trenes circulan desde Bank (Central Line/ Waterloo y City Line) o Tower Gateway, cerca de Tower Hill, hasta Stratford, Beckton y, más abajo, desde Isle of Dogs hasta Island Gardens. Desde 1999 esta línea se ha extendido hacia el sur. Los trenes circulan desde las 05.30 hasta las 0.30 horas de lunes a viernes; de 06.00 a 0.30 horas, los sábados; de 07.30 a 23.30 horas, los domingos.

El DLR se está promocionando también como atracción turística, por lo que ofrece billetes de «Barco y Tren» que combinan viajes en tren sin límite en las líneas DLR y un paseo en barco entre Greenwich y los embarcaderos de Westminster (los horarios de los barcos son de las 10.30 hasta las 18.30 horas; *véase* superior). También ofrece descuentos en algunos museos y espectáculos. Hay trenes especiales que salen cada hora y ofrecen visitas guiadas a los pasajeros. Los billetes cuestan aproximadamente 8,50 £ para adultos y 4,50 £ para los niños.
www.dlr.co.uk

Tarifas y tarjetas de viaje (Travelcards)

Las tarifas de los autobuses y metros van por zonas. Hay seis zonas que ocupan 20 km desde el centro de Londres. Atención a las multas de 12 £ por viajar sin validar un billete.

Debe saber que las tarjetas de viaje (**Travelcard**, *véase* pág. 353), aunque no son válidas antes de las 09.30 horas de lunes a viernes, son la forma más barata de viajar por Londres.

Tarifas para adultos
El precio de un billete de **metro** sencillo para viajar por la zona 1 es de 1,50 £; para las zonas 1 y 2, 1,90 £; y para todas las zonas, 3,60 £. El billete de **autobús** sencillo cuesta 70 p cada viaje fuera de la zona 1, y 1 £ para cada viaje por la zona 1 y alrededores. Comprar billetes individuales es la forma más cara de viajar; si tiene que hacer tres o más viajes al día o si va a estar en Londres más de un día, lo mejor es comprar una Travelcard (*véase* pág. 353).

Tarifas para niños
En los autobuses, metros y trenes, se consideran niños los menores de 16 años; los que tienen menos de 5 años viajan gratis. El resto de personas menores de 16 años pagan una tarifa infantil hasta las 22.00 horas; después de esa hora, pagan como adultos. Los niños de 14 y 15 años deben llevar su documento de identidad. El billete de **metro** para viajar por la zona 1 cuesta 60 p; para las zonas 1 y 2, 80 p; para todas las zonas, 1,50 £. Los billetes de **autobús** cuestan 40 p por todas las zonas.

Acceso a todas las zonas

Comparada con otras ciudades europeas, como Madrid o Roma, Londres está relativamente equipada para la movilidad. Pero sólo relativamente. Aunque hay muchos lugares con acceso para sillas de ruedas, el problema principal sigue siendo el transporte.

La compañía de transportes de Londres publica un librito titulado *Access to the Underground*, que ofrece información sobre ascensores y rampas en las paradas del metro. Se puede conseguir gratuitamente en las taquillas o en las oficinas de transporte que se ocupan de personas discapacitadas (172 Buckingham Palace Road, SW1 9TN; 7918 3312/ fax 7918 *3876/lt.udp@ltbuses.co.uk)* y en los centros de información al viajero (*véase* pág. 349). También hay información sobre autobuses y mapas en Braille. En todas las estaciones de la DLR hay accesos para sillas de ruedas.

También recomendamos *Access in London*, de Gordon Couch, William Forrester y Justin Irwin (Quiller Press, 1996). Aquí encontrará mapas detallados de los accesos a las paradas de metro o lugares para pasear. También hay información sobre lugares para ir de compras y espectáculos. Esta guía la puede encontrar en algunas librerías por 7,95 £ o bien gratuitamente (aunque se agradece un donativo) en Access Project, 39 Bradley Gardens, W13 8 HE; o bien llamando al 7250 3222.

Hay algunas organizaciones que ofrecen ayuda a los visitantes de Londres con problemas de discapacitación. Para información sobre servicios a estudiantes discapacitados, *véase* pág. 356, **National Bureau for Students with Disabilities.**

Artsline
54 Chalton Street, NW1 (tel/minicom 7388 2227/ fax 7383 2653). Estación de tren: Euston. **Abierto** de 09.30 a 17.30 horas, de lunes a viernes.
Plano 6 K3
Ofrecen información sobre los accesos a espectáculos y galerías de arte en Londres, así como descuentos en cines, galerías de arte, teatros, etc.
www.dircon.co.uk/artsline

Can Be Done
7-11 Kensington High Street, W8 5NP (8907 2400). **Abierto** de 09.00 a 17.30 horas, de lunes a viernes; de 12.00 a 13.00 horas, los sábados.
Plano 3 A9
Esta pequeña agencia organiza vacaciones y visitas a Londres teniendo en cuenta las necesidades de las personas discapacitadas.
www.canbedone.co.uk

DAIL (Disability Arts in London)
Diorama Arts Centre, 34 Osnaburgh Street, NW1 (7916 6351/minicom 7691 4201/fax 020 7916 5396/ dail@dail.dircon.co.uk/www.dail.dircon.co.uk). **Abierto** de 10.30 a 18.30 horas, de lunes a viernes.
Publica una revista mensual con listas y artículos sobre el arte y las discapacidades. La suscripción cuesta 12 £ al año. DAIL forma parte de LDAF (London Disability Arts Forum; 7916 5484), que organiza eventos para gente discapacitada en Londres.

DIAL (National Association of Disablement Information & Advice Lines)
(01302 310123). **Abierto** de 09.00 a 17.00 horas, de lunes a jueves; de 09.00 a 16.00 horas, los viernes.
Ofrece información sobre todo tipo de discapacidades.

William Forrester
1 Belvedere Close, Guildford, Surrey, GU2 6NP (01483 575401).
William Forrester, como usuario de la silla de ruedas, conoce muy bien qué tipo de visitas son más recomendables para las personas discapacitadas. Organiza salidas individuales o en grupos. Reserve con antelación.

Greater London Action on Disability (GLAD)
336 Brixton Road, SW9 (7346 5800/infoline 7346 5819/minicom 7346 5811). Estación de tren: Brixton.
Abierto *teléfono de información* de 09.00 a 17.00 horas, de lunes a viernes; *infoline* de 13.30 a 16.30 horas, lunes, miércoles y viernes.
GLAD es una organización voluntaria que ofrece, mediante las asociaciones locales, información para personas con discapacidades tanto residentes como visitantes. Entre sus publicaciones destaca *Update*, que contiene fragmentos de artículos de periódicos nacionales y revistas relacionados con los discapacitados. También publica mensualmente la revista *London Disability News.*

Holiday Care Service
Para más detalles, *véase* pág. 146. Es un servicio especializado en lugares para hospedar a visitantes discapacitados.

Royal Association for Disability & Rehabilitation (RADAR)
12 City Forum, 250 City Road, EC1 (7250 3222). Estación de tren: Old Street. **Abierto** de 08.00 a 17.00 horas, de lunes a viernes.
Plano 9 P3
A través de esta asociación, puede recibir consejo sobre cualquier aspecto de la vida. También publica *Bulletin*, donde aparecen artículos de temas de actualidad, en especial sobre la casa y la educación.
www.radar.org.uk

Tripscope
Brentford Community Resource Centre, Alexandra House, 241 High Street, Brentford, Middlesex, TW8 0NE (tel/minicom 08457 585641/ 8994 9294/ tripscope@cableinet.co.uk). **Abierto** *teléfono de información* de 09.00 a 16.45 horas, de lunes a viernes.
Aquí le informarán de cualquier aspecto relacionado con salidas por Londres, Reino Unido o fuera de la isla para discapacitados. Si tiene problemas para contactar por teléfono inténtelo a través de Internet.
www.justmobility.co.uk/tripscope

Viajes con silla de ruedas y acceso a minibuses
1 Johnston Green, Guildford, Surrey GU2 6XS (01483 233640/ info@wheelchair-travel.co.uk).
Aquí puede alquilar vehículos como minibuses adaptados (con o sin conductor) y coches con controles manuales.
www.wheelchair-travel.co.uk

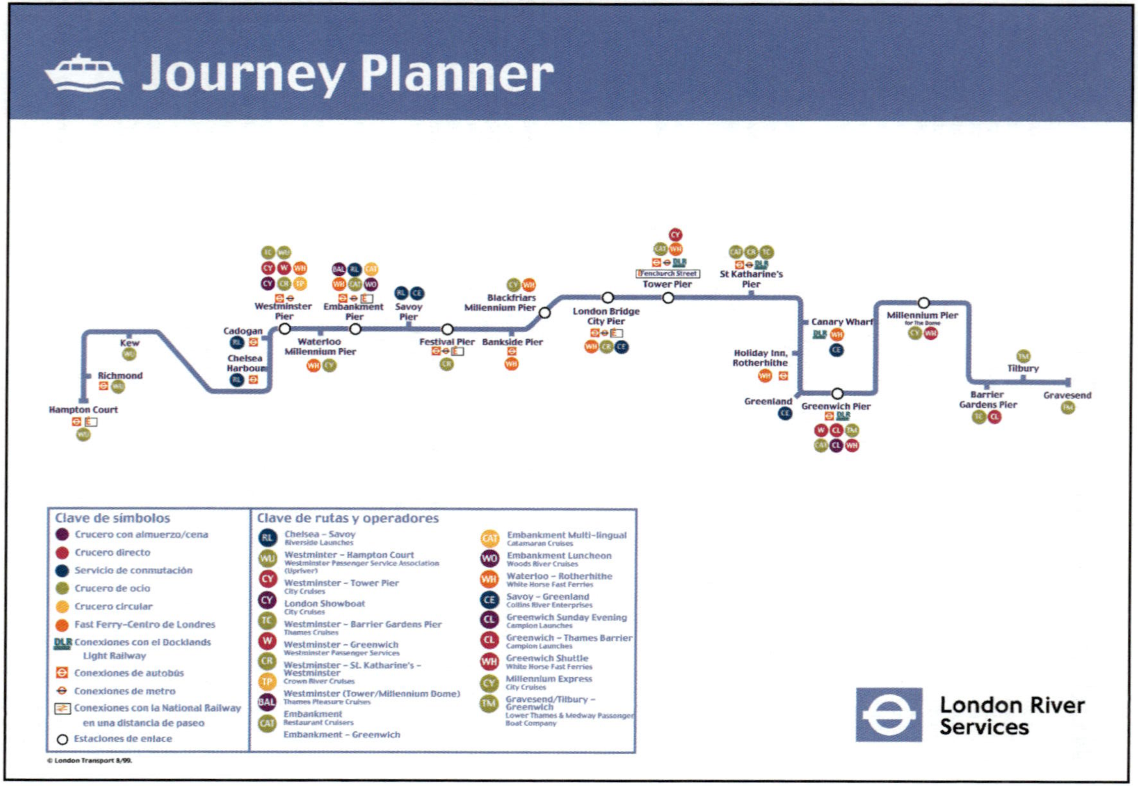

Journey Planner
Hampton Court
Richmond
Kew
Cadogan
Chelsea Harbour
Westminster Pier
Waterloo Millennium Pier
Embankment Pier
Savoy Pier
Festival Pier
Bankside Pier
Blackfriars Millennium Pier
London Bridge City Pier
Fenchurch Street
Tower Pier
St Katharine's Pier
Holiday Inn, Rotherhithe
Canary Wharf
Greenland
Greenwich Pier
Millennium Pier for The Dome
Barrier Gardens Pier
Tilbury
Gravesend
Clave de símbolos
Crucero con almuerzo/cena
Crucero directo
Servicio de conmutación
Crucero de ocio
Crucero circular
Fast Ferry-Centro de Londres
DLR Conexiones con el Docklands Light Railway
Conexiones de autobús
Conexiones de metro
Conexiones con la National Railway en una distancia de paseo
Estaciones de enlace
Clave de rutas y operadores
RL Chelsea – Savoy Riverside Launches
WU Westminter – Hampton Court Westminster Passenger Service Association (Upriver)
CY Westminster – Tower Pier City Cruises
CY London Showboat City Cruises
TC Westminster – Barrier Gardens Pier Thames Cruises
W Westminster – Greenwich Westminster Passenger Services
CR Westminster – St. Katharine's – Westminster Crown River Cruises
TP Westminster (Tower/Millennium Dome) Thames Pleasure Cruises
BAL Embankment Restaurant Cruisers
CAT Embankment – Greenwich
CAT Embankment Multi-lingual Catamaran Cruises
WO Embankment Luncheon Woods River Cruises
WH Waterloo – Rotherhithe White Horse Fast Ferries
CE Savoy – Greenland Collins River Enterprises
CL Greenwich Sunday Evening Campion Launches
CL Greenwich – Thames Barrier Campion Launches
WH Greenwich Shuttle White Horse Fast Ferries
CY Millennium Express City Cruises
TM Gravesend/Tilbury – Greenwich Lower Thames & Medway Passenger Boat Company
© London Transport 8/99.
London River Services

Viajes en barco por río

El Támesis es, al fin y al cabo, otra vía de transporte y, desde luego, menos concurrida que las demás. En el Plano están indicados los servicios más importantes. Los horarios varían, pero como norma general, los barcos zarpan cada 20 minutos o 1 hora entre las 10.30 y las 17.00 horas, aunque en verano suelen ser más frecuentes y circulan hasta más tarde. Llame a los teléfonos que aparecen a continuación para más información sobre horarios y tarifas. Los nombres en negrita indican los embarcaderos (también están señalados en el plano que aparece al final de esta guía).

Westminster-Greenwich (50 minutos). *Servicio de pasajeros de Westminster 7930 4097.*
Westminster-Tower (30 minutos). *Cruceros por la ciudad 7930 9033.*
Westminster-Festival (5 minutos)
Puente de Londres (20 minutos)-**St Katharine's** (5 minutos). *Crown River Cruises 7936 2033.*
Westminster-(Támesis) Barrier Gardens (1 hora, 10 minutos). *Thames Cruises 7930 3373.*
Westminster-Kew (1 hora, 30 minutos)
Richmond (30 minutos)-**Hampton Court** (1 hora 30 minutos). *Westminster Passenger Service Association 7930 2062.*
Muelle-Torre de Londres (30 minutos)-**St. Katharine's** (5 minutos)-**Greenwich** (25 minutos). *Catamaran Cruises 7987 1185.*
Rotherhithe Holiday Inn-Canary Wharf (5 minutos)-**Puente de Londres** (15 minutos)-**Blackfriars** (5 minutos). *White Horse Fast Ferries 01474 566220.*
Savoy-Puente de Londres (6 minutos)-**Canary Wharf** (10 minutos)-**Greenland** (4 minutos). *Collins River Enterprises 7488 4306.*
Savoy-Cadogan (18 minutos)-**Chelsea** (2 minutos). *Riverside Launches 01342 317402.*
Greenwich-(Támesis) Barrier Gardens (25 minutos). *Campion Launches 8305 0300.*

Comidas y cenas en cruceros
Hay comidas en cruceros todos los días desde Embankment (1 hora-1 hora, 15 minutos). *Woods River Cruises 7480 7770/ Bateaux London 7925 2215.*
Hay cenas en cruceros desde Westminster, Embankment y Savoy (2 horas, 30 minutos-4 horas). *City Cruises 7237 5134/Bateaux London 7925 2215/Silver Sturgeon (Woods River Cruises 7480 7770).*

Tarjetas de viaje de un día
Este tipo de tarjeta sólo es interesante **si va a viajar durante las horas punta** (por ejemplo, antes de las 09.30 horas los días laborables) y si va a hacer varios viajes al día. La tarjeta es válida para los autobuses (**no** los nocturnos), para el metro (excepto la línea que va desde y hasta Bakerloo) y para las estaciones del Docklands Light Railway (no para las de paso elevado). Las tarjetas cuestan 4 £, para las zonas 1 y 2; 4.30 £ entre las zonas 1 y 4, y 4.90 £, entre las zonas 1 y 6 (niños 2,60 £, entre las zonas 1 y 2; 3 £, entre las zonas 1 y 4; 3,30 £, entre las zonas 1 y 6).

Tarjetas de viaje (Travelcards)
La forma más económica de viajar por Londres es con una **Travelcard** (aunque no sirve antes de las 09.30 horas durante los días laborables). Se puede usar en el metro, en los autobuses (excepto los nocturnos), los trenes, el Docklands Light Railway y algunos autobuses de la línea verde. Se pueden comprar en todas las paradas de metro y tren y en los quioscos. Las tarjetas más adecuadas para un período de visita corto son las de un día (One-Day Travelcard) o una semana(One-Week Travelcard).

La **tarjeta de un día** se puede utilizar después de las 09.30 horas de lunes a viernes, y durante todo el día los fines de semana. No hay límite de viajes en cualquiera de las zonas que haya elegido. Cuesta 4,90 £, para las zonas 1a 6 (2 £ para niños; todas las zonas).

La **tarjeta de una semana** no tiene límite de viajes durante una semana en las zonas seleccionadas, y además incluye viajes en los autobuses nocturnos. Cuesta 15,90 £ la zona 1; 18,90 £, las zonas 1 y 2; 27.60 £, las zonas 1-3; 33,30 £, las zonas 1-4; 33,30 £, las zonas 1-5; 36,40 £, todas las zonas (niños 6,60 £, la zona 1; 7,70 £, las zonas 1 y 2; 10,30 £, las zonas 1-3; 12,80 £, las zonas 1-4; 14,10 £, las zonas 1-5; 15,40 £, las zonas 1-6).

Las **tarjetas de fin de semana (Weekend Travelcard)** sirven para los fines de semana y para los días festivos (no valen para los autobuses nocturnos, marcados con la N). Cuestan 6,10 £ para las zonas 1 y 2; 6,10 £, zonas 1-4; 7 £ zonas 1-6 (niños 3 £, zonas 1-6).

Las **tarjetas familiares** sirven para familias y grupos de uno o dos adultos acompañados de un máximo de cuatro niños. Son válidas después de las 09.30 horas de lunes a viernes y durante todo el día los sábado y los domingos, así como los días festivos (no sirven para los autobuses nocturnos). Cuestan 2,60 £, para las zonas 1 y 2; 2,70 £, zonas 1-4; 3,10 £, zonas 1-6 (niños 80 p, zonas 1-6).

Carnet
Si tiene que hacer varios viajes por la zona 1 durante algunos días, podría comprar un carnet de diez viajes por 11,50 £ (5 £ niños). El precio de un billete normal es de 1,60 £; con el carnet cada viaje le sale por 1,10 £. De todas formas, asegúrese de no salir de la zona 1, ya que la multa por viajar con el carnet en otras zonas es de 12 £.

Fotografías
Se precisan para todos los pases de autobús y tarjetas, excepto las que sirven sólo para un día (esto incluye a los niños de entre 5 y 15 años).

Taxis

Black cabs

Los taxis londinenses con licencia se llaman *black cabs* (aunque algunos no sean negros). Los taxistas pasan una prueba en la que deben demostrar que conocen las calles de Londres, dónde están y el modo más rápido de acceder a ellas. Cualquier reclamación que considere oportuna debe hacerla en la Public Carriage Office (7230 1631/objetos perdidos 7833 0996; de 09.00 a 16.00 horas, de lunes a viernes). No olvide anotar el número del taxi.

Puede alquilar el servicio de un taxi en la misma calle, o bien llamando a **Radio Taxis** (7272 0272) o a **Dial**

Servicios para empresas

El *Financial Times*, que se edita todos los días, es el periódico con más autoridad en lo que respecta a sucesos y personajes de Londres y del mundo. Pero si quiere conocer en profundidad los temas de economía, lea la revista *The Economist*, que sale una vez por semana.

Alquiler de equipos

ABC Business Machines
59 Chiltern Street, W1 (7486 5634). Metro: Baker Street. **Abierto** de 09.00 a 17.30 horas, de lunes a viernes; de 09.30 a 12.30 horas, los sábados. **Tarjetas de crédito** , MC, V. **Plano 5 G5**
Aparatos de fax, contestadores automáticos, ordenadores, fotocopiadoras y equipos de audio son algunos de los artículos que se pueden alquilar en ABC.

Comunicaciones

British Monomarks
Monomarks House, 27 Old Gloucester Street, WC1 (7419 5000/ 7404 5011/fax 7831 9489/ bm@monomark.co.uk). Metro: Holborn. **Abierto** de 09.30 a 17.30 horas, de lunes a viernes. **Tarjetas de crédito** AmEx, MC, V. **Plano 6 L5**
Entre los servicios que ofrece British Monomarks se incluye el *e-mail*, el fax y el teléfono las 24 horas.

Conferencias

London Tourist Board
Glen House, Stag Place, SW1 (7932 2010/fax 7932 2013). Estación de tren: Victoria. **Abierto** de 09.00 a 17.30 horas, de lunes a viernes. **Plano 4 J9**
Servicio de información para convenciones y exposiciones. Pida (por carta o fax) su guía gratuita, *Convention & Exhibition London*.
www.londontown.com

Queen Elizabeth II Conference Centre
Broad Sancturary, SW1 (7222 5000/020 7798 4000/fax 7798 4200). Metro: St Jame's. **Abierto** de 08.00 a 18.00 horas, de lunes a viernes; instalaciones para conferencias las 24 horas. **Plano 8 K9**
Este edificio tiene una de las mejores instalaciones para conferencias de toda la ciudad. Hay salas con capacidad desde 30 hasta 1.100 personas. Contiene todo el equipo necesario para las comunicaciones, incluyendo un estudio de televisión.
www.qeiicc.co.uk

Secretariado

Reed Employment, Staff Agency
143 Victoria Street, SW1 (7834 1801/ fax 020 7821 5593). Metro y estación de tren: Victoria. **Abierto** de 08.00 a 18.00 horas, de lunes a viernes. **Plano 7 J10**
Reed facilita personal administrativo, contables y servicio técnico a las empresas registradas.
www.reed.co.uk

Typing Overload (trabajos a ordenador)
67 Chancery Lane, WC2 (7404 5464/fax 7831 0878). Metro: Chancery Lane. **Abierto** de 09.30 a 17.30 horas, de lunes a viernes. **Tarjetas de crédito** AmEx, DC, MC, V. **Plano 6 M5**
Venga aquí si necesita un servicio rápido y profesional. Se pasan a ordenador todo tipo de trabajo con cualquier procesador de textos.
Sucursal: 35 Brompton Road, SW3 (7823 9955).

Traducciones

Central Translations
2-3 Woodstock Street, W1 (7493 5511). Metro: Bond Street. **Abierto** de 09.00 a 17.00 horas, de lunes a viernes. 4**Plano 5 H6**
Servicio de traductores e intérpretes en casi todos los idiomas del mundo.
www.centraltranslations.co.uk

1st Translation Company
24 Holborn Viaduct, EC1 (7329 0032/ fax 7329 0035). Metro: Chancery Lane. **Abierto** de 10.00 a 18.00 horas, de lunes a viernes. **Plano 11 N5**
Traducciones en más de cincuenta idiomas. El servicio de intérpretes cuesta entre 220 y 500 £ el día.
www.1st-translation-co.com

---

a Cab (7253 5000), durante las 24 horas.

Minicabs

Los *minicabs* son generalmente más baratos que los *black cabs*, sobre todo por la noche y los fines de semana. Sin embargo, los conductores de los minicabs a menudo no tienen la licencia oportuna, y a veces ni siquiera seguro; no siempre son fiables y muy ocasionalmente son peligrosos. De todas formas, hay muchas empresas en las que puede confiar totalmente (pregunte siempre alguna recomendación, así como el precio antes de subir en el taxi). **Addison Lee** (7387 8888) es una de las empresas más grandes y fiables.

Para las mujeres que viajen solas lo más recomendable es **Lady Cabs** (7254 3501/7923 7599), ya que sólo contrata a mujeres taxistas.

Trenes

Además de los servicios dentro de la ciudad, también circulan fuera de Londres (*véase* pág. 347), aunque los bonos dependen de las zonas. La línea de **Silverlink** (01923 207258 o 08457 484950/*www.silverlinktrains.com*) es una línea bastante útil y a menudo olvidada. Atraviesa el norte de la ciudad y circula desde Richmond (en el sudoeste) hasta North Woolwich (en el este).

La línea conecta con el metro en varias estaciones. Los trenes circulan aproximadamente cada 20 minutos de lunes a sábado, y cada 30 minutos los domingos. Ofrece una alternativa al metro, y permite ver bonitas vistas de los jardines de Londres.

Medios de comunicación

Periódicos

Los periódicos nacionales se pueden clasificar en tres categorías. *Daily Telegraph* y *The Times*, de tendencia conservadora, quedan equilibrados con los progresistas *Independent* y *The Guardian*. Todos tienen un suplemento los domingos. El periódico de derechas líder del mercado es el *Daily Mail* (y el *Mail* los domingos), aunque su rival, el *Daily Express*, ha hecho un gran esfuerzo para desbancarlo; vende un millón de ejemplares cada día, aproximadamente la mitad que el *Daily Mail*. En el otro extremo están los periódicos de formato reducido y a menudo sensacionalistas. Entre ellos, el líder es el *Sun* (y el domingo, *News of the World*), que vende alrededor de medio millón de ejemplares al día. Otros competidores son el *Daily Star* y el *Mirror*. El *People* y el *Sunday Mirror* ofrecen poca calidad los domingos. El único diario exclusivamente de Londres es el *Evening Standard*, también conservador, del estilo del *Mail* pero exclusivamente londinense. Desde 1999 existe también el *Metro*, un diario que se distribuye por la mañana en las paradas de metro, es gratuito y sólo contiene artículos para amenizar los trayectos.

Radio

BBC Radio 1 *98.8 FM*. Orientada a los jóvenes. Música pop, rock, *dance* y otros géneros menos conocidos.
BBC Radio 2 *89.1 FM*. Música suave, y también los locutores los son.
BBC Radio 3 *91.3 FM* Selección de música clásica de la BBC.
BBC Radio 4 *93.5 FM, 720 MW, 198 LW*. No hay música. Su programa de noticias *Today* (seis días a la semana) es particularmente conocido.
BBC Radio 5 Live *693, 909 MW*. Noticias de actualidad y deportes las 24 horas del día. Cubre la mayor parte de los acontecimientos deportivos.
BBC GLR (Greater London Radio) *94.9 FM*. Es, con toda seguridad, la mejor emisora y la más inteligente de Londres. A pesar de la buena música y el entretenimiento, el futuro de GLR pende de un hilo.
BBC World Service *648 MW*. Transmite a nivel mundial y recoge lo mejor de las demás BBC.
Capital FM *95.8 FM*. Esta emisora es bastante comercial. Hay música, concursos y anuncios.
Capital Gold *1548 MW*. Música pop de los años sesenta a los ochenta.
Choice FM *96.9 FM*. Es la emisora que refleja más el alma del sur del Londres.
Classic FM *100.9 FM*. Música clásica fácil de escuchar.
Country *1035 MW*. Música *country*.
Heart *106.2 FM*. Más música que comentarios.
Jazz FM *102.2 FM*. Todavía hay algo de jazz en esta cadena, que ha tenido que volverse comercial para sobrevivir.
Kiss *100.0 FM*. Música *dance*.
Liberty *963 MW*. Procede de la emisora de las mujeres Viva!
London Newstalk (LBC) *1152 MW*. Llamadas telefónicas y charlas.
News Direct *97.3 FM*. 24 horas de noticias e información sobre el tiempo, el motor y los negocios.
Spectrum *558 MW*. Presentado y producido por distintas comunidades étnicas.
Talk Radio *1053, 1089 MW*. Como el propio nombre indica...
Virgin *105.8 FM*. Rock para adultos.
XFM *104.9 FM*. Emisora de música *indie*.

Revistas

Hay más de 6.500 revistas, y el público femenino es el más asiduo a ellas (y el más saturado). Entre este público, las revistas que tienen más éxito son *Marie Claire* y *Cosmopolitan*, que venden aproximadamente medio millón de ejemplares cada mes. Por otra parte, el público masculino continúa incrementándose, y la revista *Loaded* se vende bien actualmente. Las revistas de estilo como *i-D* y *Dazed and Confused* también tienen su público particular. Tampoco las revistillas sobre la programación televisiva van a la zaga en el escalafón de ventas. Entre ellas está *Time Out*, que incluye alguna entrevista y en ocasiones habla sobre Londres; y *Heat*, cuyo fuerte son las películas y programaciones televisivas. Si lo que busca es algo más serio, no hay mucho entre qué elegir. Lo más parecido a eso son *The Spectator*, *New Statesman* y *Prospect*. Por otro lado, *Private Eye* ofrece una perspectiva satírica de las cuestiones políticas y otras noticias de actualidad. También puede echarle un vistazo a *The Big Issue*, una revista que se vende en la calle tipo *La Farola*. *The Economist* se ocupa de cuestiones relacionadas con la política internacional y los negocios. Dentro de esta línea también están *Time* y *Newsweek*, que encontrará en la mayoría de los quioscos.

Televisión

El futuro de la televisión en Reino Unido será el sistema digital. Actualmente los canales digitales Sky Digital, ONdigital y otros, ofrecen servicios que amplían los canales que a continuación se citan. Sky Digital tiene ya 170 canales, y ONdigital, alrededor de 30, además de contar con otros exclusivamente para compras, servicios de banca e información.

BBC1

En la BBC1 no hay anuncios. Entre su programación se pueden encontrar seriales, concursos y otros espacios por el estilo.

BBC2

Ofrece una programación fundamentalmente cultural llena de buenos documentales. Últimamente también compite con Channel 4 los viernes por la noche, con la emisión de telecomedias.

ITV - Carlton

Programación de masas interrumpida por frecuentes anuncios. Tiene una de las mayores audiencias, y cualquier fórmula con éxito se repite hasta el infinito.

ITV - London Weekend Television

LWT supera con creces a Carlton durante el fin de semana, con el mismo tipo de programación.

Channel 4

Este canal que tiene bastante éxito, emite mucha programación importada de Estados Unidos. Las películas son especialmente interesantes.

Channel 5

Es el canal terreste más moderno. Sólo interesante para aquellos telespectadores a los que les gustan las películas realizadas para la televisión y miran las reposiciones como un entretenimiento más.

Canal satélite y televisión por cable

Bravo Películas de serie B y series de culto.
CNN Noticias y reportajes al estilo estadounidense.
Discovery Channel Documentales sobre ciencia y naturaleza.
Eurosport Es uno de los tres canales exclusivamente dedicado a los deportes.
FilmFour Emite 12 horas de películas cada día. Entre éstas hay cortos y cine independiente.

Granada Plus Noticias, entrevistas, temas de actualidad (es como Radio 5 Live, pero en televisión).
History Channel Canal que emite reportajes de historia, como su nombre indica.
Movie Channel Más películas.
MTV Canal de música rock y pop.
Paramount Seriales estadounidenses y británicos.
Performance Danza, teatro y ópera. También entrevistas.
QVC Canal de compras desde casa.
Sky Movies Emite películas comerciales y noticias breves.
Sky Movies Gold Películas clásicas.
Sky News 24 horas de noticias.
Sky One Canal ameno sobre temas de carácter general.
Sky Sports Emite la mayoría de los acontecimientos deportivos. También hay Sky Sports 2 y Sky Sports 3.
TNT Dibujos animados y reposiciones de clásicos.
UK Arena Conciertos de música clásica y otros espacios relacionados con el mundo artístico.
UK Gold Este canal compra sus programas a la BBC y la ITV. Consiste en la repetición de éxitos anteriores.
UK Horizon Documentales sobre ciencia.
UK Living Para los que se quedan todo el día en casa.
UK Style Compras, moda y recetas de cocina.
VH-1. Canal dedicado a la música rock.

Estudiantes

Ser un estudiante en Londres puede ser emocionante, aunque también puede llegar a resultar muy caro. Si va a Londres para estudiar o sólo para visitar la ciudad, puede serle de utilidad la guía anual de *Time Out, Student Guide*, que encontrará en la mayoría de las librerías y los quioscos. En ella se explica con detalle las posibilidades que Londres ofrece a los estudiantes, y cómo sobrevivir en la ciudad.

Los estudiantes tienen precios especiales en museos, galerías de arte, acontecimientos deportivos y otros lugares. Siempre deben mostrar una identificación de estudiante, como el carnet ISIC, por ejemplo. Para los estudiantes que deseen buscar trabajo en Reino Unido, *véase* la pág. 343, **Trabajar en Londres.**

National Bureau for Students with Disabilities

Chapter House, 18-20 Crucifix Lane, SE1 (0800 328 5050). **Abierto** *teléfono de consultas* de 13.30 a 16.30 horas, de lunes a viernes.
Información y consejo.

Bares de estudiantes

Lleve siempre un carnet que acredite que es estudiante para asegurar su entrada. A continuación, los seis mejores bares estudiantiles en Londres. Éstos ofrecen una buena opción nocturna a precios razonables.

Imperial College

Beit Quad, Prince Consort Road, SW7 (7589 5111). Metro: South Kensington. **Abierto** de 12.00 a 14.00 horas y de 17.00 a 23.00 horas, lunes, martes y jueves; de 12.00 a 14.00 horas y de 17.00 a 24.00 horas, los miércoles; de 12.00 a 14.00 horas y de 17.00 a 1.00 horas, los viernes; de 12.30 a 23.00 horas, los sábados; de 12.30 a las 22.30 horas, los domingos (el horario cambia fuera del curso académico). **Plano 4 D9**
El Imperial tiene un programa de entretenimientos muy amplio. El bar principal, Da Vinci´s, está siempre animado y es muy agradable, con cerveza barata y el canal MTV permanentemente conectado. Imperial es el único *college* en Reino Unido que no está afiliado al National Union of Students (NUS), así que intente entrar antes de marcharse de Londres.

International Students House

229 Great Portland Street, W1 (7631 8300, ext. 744). Metro: Great Portland Street. **Abierto** de 12.00 a 14.00 horas y de 17.00 a 23.00 horas, de lunes a jueves; de 12.00 a 14.00 horas y de 17.00 a 2.00 horas, los viernes; de 17.30 a 23.00 horas, los sábados; de 19.00 a 22.30 horas, los domingos.
Plano 5 H4
Intenta ser refugio y lugar social de estudiantes. Y no hay duda de que lo consigue. Cuenta con habitaciones que se alquilan para los estudiantes visitantes de larga y corta duración (*véase* pág. 162); también hay instalaciones deportivas, lugares para comer y un bar en el que se organizan eventos durante el año, así como un club nocturno los viernes. Algunos *colleges* inscriben automáticamente a sus estudiantes aquí: compruébelo primero.

King's College

Macadam Building, Surrey Street, WC2 (7836 7132). Metro: Temple. **Abierto** de 12.00 a 23.00 horas, de lunes a viernes; de 08.00 a 23.00 horas, los sábados. **Plano 8 M7**
Sin duda, es el mejor lugar para estudiantes en Londres. Cuenta con un bar que está siempre animado, donde también se sirve una comida decente, y un local (Tutu's) con capacidad para seiscientas personas en el que cada dos semanas actúa alguna banda de música.

School of Oriental & African Studies (SOAS)

Thornhaugh Street, WC1 (7637 2388). Metro: Goodge o Russell Square. **Abierto** de 12.00 a 14.00 horas y de 17.00 a 21.00 horas, de lunes a viernes.
Plano 6 K4
Es un bar espacioso y de aspecto algo desorganizado, con mucho ambiente casi todas las noches de la semana. La cerveza es barata, hay tres mesas de billar, y sirven pasteles. ¿Qué más se puede pedir?

University of London Union (ULU)

Malet Street, WC1 (7664 2000). Metro: Goodge Street o Russell Square. **Abierto** de 12.00 a 23.00 horas, de lunes a viernes; de 12.00 a 01.00 horas, los viernes y los sábados; de 12.00 a 22.30 horas, los domingos.
Plano 6 K4
Este enorme local tiene dos bares, Room 101 y Duck & Dive. Este último es más *pub* que el otro, también sirven comidas y además actúan grupos de música algunos viernes y sábados.

University of North London

166-220 Holloway Road, N7 (7607 2789, ext 2532). Metro: Holloway Road. **Abierto** de 11.00 a 23.00 horas los lunes, martes y jueves; de 11.00 a 2.00 horas, los miércoles; de 12.00 a 11.00 hasta muy tarde, los viernes; de 11.00 a 18.00 horas, los sábados.
El Rocket Bar tiene un estilo postmoderno. En la planta de arriba, el Big Fish Club organiza un espectáculo cada miércoles por la noche, y es gratis.

Clases de inglés

Aspect Covent Garden Language Centre
3-4 Southampton Place, WC1 (7404 3080/fax 020 7404 3443/ 114007.3020@compuserve.com). Metro: Holborn. **Plano 6 L5**
Este centro, además de impartir clases de inglés, también pone en contacto a los estudiantes con familias que pueden hospedarlos.

Central School of English
1 Tottenham Court Road, W1 (7580 2863/fax 020 7255 1806/ efl@cselond.demon.co.uk). Metro: Tottenham Court Road. **Plano 6 K5**
Este centro lleva muchos años impartiendo clases. Entre las posibilidades que ofrece, hay clases particulares.
www.edunet.com/cselond

Frances King School of English
77 Gloucester Road, SW7 (070 0011 2233/fax 070 0011 3344/ info@francesking.co.uk). Metro: Gloucester Road. **Plano 2 F9**
Entre los programas especiales que ofrece, está el de un año de estudio en Londres.
www.francesking.co.uk

London Study Centre
Munster House, 676 Fulham Road, SW6 (7731 3549/fax 7731 6060/ lsc.uk@btinternet.com). Metro: Parsons Green.
Este centro lleva muchos años impartiendo clases. Ofrece, entre otros, útiles cursos de inglés para turistas.

Sels College
64-65 Long Acre, WC2 (7240 2581/ fax 7379 5793/english@sels.co.uk). Metro: Covent Garden. **Plano 6 L6**
Centro fundado en 1975. Grupos reducidos.
www.sels.co.uk

Shane English School
59 South Molton Street, W1 (7499 8533/fax 7499 9374/ info@shane-english.co.uk). Metro: Bond Street. **Plano 5 H6**
En esta academia muy cercana a la calle Oxford, se dan cursos intensivos de inglés durante el día y por la tarde.
www.saxoncourt.com

Descuentos para estudiantes

Londres puede ser un lugar caro. Pero si es estudiante, no se desespere. Lo primero que necesita es un carnet de estudiante: el de la **National Union of Students (NUS)**, que puede conseguir sólo si es estudiante en una Universidad de Reino Unido, o bien otros carnets que acrediten su condición de estudiante, como el **International Student Identity Card (ISIC)**.

Con esos carnets podrá ahorrar dinero en muchos servicios que ofrece la ciudad, desde ropa y cortes de pelo hasta clases para obtener el permiso de conducir. Consulte la página *web* de NUS *(www.nus.org.uk)* para más información.

Descuentos en espectáculos

Muchos actos culturales tienen descuento para los estudiantes. Para una información más detallada, *véase* la sección de estudiantes de la guía semanal *Time Out*, o el periódico gratuito *London Student*.

En los cines también hay descuentos. La mayoría de cines **ABC** y **Virgin**, en el centro de la ciudad, ofrecen entradas más baratas para estudiantes, durante todo el día y todos los días (hay alguna excepción). Otros (por ejemplo West End) ofrecen descuentos independientemente de si se es o no estudiante. Otros lugares con mucha reputación, como el **National Film Theatre** (7928 3232) también ofrecen precios reducidos para los estudiantes.

Las salas de música clásica también funcionan con el mismo sistema, así como la mayoría de conciertos en el **Royal Festival Hall** (7960 4242). Por otro lado, muchos centros culturales, desde los famosos **English National Opera** (7632 8300) y **Barbican Centre** (7638 8891) hasta otros menos conocidos como **Wigmore Hall** (7935 2141), hacen descuentos para estudiantes en la mayoría de sus actuaciones.

Para las salas de teatro de estudiantes, *véase* pág. 307.

Otro carnet útil es el **Stage Pass** (7379 6722/ *www.stagepass.yandm.og.uk*), Accesible para cualquier persona entre 16 y 29 años. Este carnet ofrece descuentos en muchos espectáculos (es aconsejable que compre la entrada con antelación).

Viajes

La competencia entre los medios de transporte ha hecho que se abaraten y, sorprendentemente, el avión es a menudo la opción más económica. Tanto los lugares que se citan a continuación como la **International Students House Travel Club** (7631 8300), están especializados en vuelos económicos y tarifas especiales de tren para jóvenes y estudiantes.

STA Travel
6 Wrights Lane, W8 (Europe 7361 6161/worldwide 7361 6262/guías y folletos 7361 6166/ www.statravel.co.uk). Metro: High Street Kensington.
Abierto de 09.00 a 18.00 horas, de lunes a viernes; de 10.00 a 16.00 horas, los sábados. **Plano 3 B9**
Sucursales: 86 Old Brompton Road, SW7 (7581 4132); 117 Euston Road, NW1 (7465 0484); 38 Store Street, WC1 (7580 7733); 11 Goodge Street, W1 (7436 7779).

Trailfinders
194 y 215 Kensington High Street, W8 (viajes por Europa y transatlánticos 7937 5400/ largo recorrido 7938 3939/3366/www.trailfinders.com). Metro: High Street Kensington. **Abierto** de 09.00 a 18.00 horas, los lunes, martes, miércoles, viernes y sábados; de 09.00 a 19.00 horas, los jueves; de 10.00 a 18.00 horas, los domingos. **Plano 3 A9**
Sucursal: 42-50 Earl´s Court Road, W8 (7938 3366).

Usit Campus
52 Grosvenor Gardens, SW1 (0870 240 1010/ www.usitcampus.co.uk). Estación de tren: Victoria. **Abierto** de 09.00 a 18.00 horas, de lunes a viernes; de 10.00 a 17.00 horas, los sábados; de 10.00 a 16.00 horas, los domingos.
Plano 7 H10
Sucursales: 32 Store Street, WC1 (7580 5522); 14 Southampton Street, WC2 (7836 3343); 174 Kensington High Street, W8 (7938 2188).

Universidades

Brunel University *Clevedon Road, Uxbridge, Middlesex (01895 274000/asociación de estudiantes 01895 462200). Metro: Uxbridge.*
City University *Northampton Square, EC1 (7477 8000/asociación de estudiantes 7505 5600). Metro: Angel o Barbican.* **Plano 9 03**
Guildhall University *2 Goulston Street, E1 (7320 1000/asociación de estudiantes 7320 2233). Metro: Aldgate East.* **Plano 12 S6**
South Bank University *Borough Road, SE1 (7928 8989/asociación de estudiantes 7815 6060). Metro: Elephant & Castle.* **Plano 11 O9**
University of Est London (Stratford Campus) *Romford Road, E15 (8590 7722/asociación de estudiantes,*

Directorio

Cibercafés

Para gozar de un buen ambiente, buena comida y un servicio agradable, el **Global Café** es la flor y nata de los cafés con Internet de la ciudad. Si lo que desea es un acceso barato a la red más que un *capuccino* y pastelitos, entonces vaya a una de las sucursales de **easyEverything**, la tienda más grande de Internet (las dos que se citan más abajo están abiertas las 24 horas al día, aunque hay más). Aquí no sirven alcohol (tampoco en **Shoot'n'Surf**); en los demás sitios que se nombran a continuación, puede navegar por Internet con una cerveza en la mano. El lugar más barato de todos (gratis) es **The Vibe Bar**, donde también hay música y sirven comidas; por otro lado, el lugar más cómodo para navegar lo encontrará en el **Buzz Bar**; y para ver dónde comenzó el fenómeno Internet, vaya al pionero **Cyberia Cyber Café.**

Buzz Bar
95 Portobello Road, W11 (7460 4906/ mike@portobellogold.com). Metro: Notting Hill Gate o Ladbroke Grove. **Abierto** de 10.00 a 21.00 horas, de lunes a viernes; de 10.00 a 19.00 horas, los sábados; de 12.00 a 19.00 horas, los domingos. **Acceso a Internet** 4 £ por hora. **Terminales** 7. **Tarjetas de crédito** DC, MC, TC £, V. **Plano 1 A6**
www.buzzbar.co.uk

Café Internet
22-24 Buckingham Palace Road, SW1 (7233 5786/ café@cafeinternet.co.uk/www.cafeinternet.co.uk). Estación de tren: Victoria. **Abierto** de 07.00 a 21.00 horas, de lunes a viernes; de 10.00 a 20.00 horas, los sábados y los domingos. **Acceso a Internet** 2 £ por hora; *prácticas de Internet* desde 15 £ media hora. **Servidores** 30. **Tarjetas de crédito** AmEx, MC, V. **Plano 7 H10**

Cyberia Cyber Café
39 Whitfield Street, W1 (7681 4200/ cyberia@easynet.co.uk/www.cybericafe.net). Metro: Goodge Street. **Abierto** de 09.00 a 21.00 horas, de lunes a viernes; de 11.00 a 19.00 horas, los sábados; de 11.00 a 18.00 horas, los domingos. **Acceso a Internet** 3 £ media hora; 6 £ por hora. **Terminales** 19. **Tarjetas de crédito** MC, V. **Plano 6 K5**

easyEverything
9-13 Wilton Road, SW1 (frente a la estación Victoria, 7233 8456). Estación de tren: Victoria. **Abierto** las 24 horas, todos los días. **Acceso a Internet** 1 £ entre 30 minutos y 2 horas (varía dependiendo del número de usuarios). **Terminales** alrededor de 400. **Plano 7 H10**
Sucursal: 9-16 Tottenham Court Road, W1 (7436 1206).

Global Café
15 Golden Square, W1 (7287 2242/ dbcox@hotmail.com/www.globalcafe.net). Metro: Oxford Circus o Piccadilly Circus. **Abierto** de 08.00 a 24 horas, de lunes a viernes; de 10.00 a 24.00 horas, los sábados; de 12.00 a 23.00 horas, los domingos. **Acceso a Internet** gratuito (hay que consumir una bebida); el acceso por persona es de 1 hora o un poco más, si no hay mucha gente. **Terminales** 10. **Plano 7 J7**

Intercafé
35 Great Portland Street, W1 (7631 0063/ managers@intercafe.co.uk/www.intercafe.co.uk). Metro: Oxford Circus. **Abierto** de 07.30 a 19.00 horas, de lunes a viernes; de 09.30 a 17.00 horas, los sábados. **Acceso a Internet** 3 £, media hora; 5 £, 1 hora. **Terminales** 9. **Tarjetas de crédito** MC, V. **Plano 5 J5**

Shoot'n'Surf
13 New Oxford Street, WC1 (7419 1183/ info@shootnsurf.co.uk/www.shootnsurf.co.uk). Metro: Holborn o Tottenham Court Road. **Abierto** de 11.00 a 19.00 horas, todos los días. **Acceso a Internet** 1,50 £, 15 minutos; 3 £, media hora. **Terminales** 12. **Tarjetas de crédito** AmEx, MC, V. **Plano 6 L5**

The Vibe Bar
The Truman Brewery, 91 Brick Lane, E1 (7247 1685/ claudine@vibe-bar.co.uk/www.vibe-bar.co.uk). Metro: Aldgate East. **Abierto** de 11.00 a 23.00 horas, de lunes a sábado; de 12.00 a 23.00 horas, los domingos. **Acceso a Internet** gratuito. **Terminales** 4. **Tarjetas de crédito** AmEx, MC, V. **Plano 10 S5**

Webshack
15 Dean Street, W1 (7439 8000/ webmaster@webshack-cafe-com/www.webshack-cafe.com). Metro: Tottenham Court Road. **Abierto** de 09.00 a 23.00 horas, de lunes a viernes; de 10.00 a 23.00 horas, los sábados; de 13.00 a 20.00 horas, los domingos. **Acceso a Internet** 3 £, media hora; 5 £, 1 hora. **Terminales** 20. **Tarjetas de crédito** MC, V. **Plano 6 K6**

World Café
394 St. John Street, EC1 (7713 8883/ theworldcafe@earthling.net/www.worldcafe.smallplanet.co.uk) Metro: Angel. **Abierto** de 11.00 a 20.00 horas, de lunes a viernes; de 12.00 a 18.00 horas, los sábados. **Acceso a Internet** 3 £, media hora, 5 £, 1 hora. **Terminales** 6. **Tarjetas de crédito** AmEx, MC, V. **Plano 9 03**

ext. 4210). Metro y estación de tren: Stratford.
University of Greenwich *Wellington Street, SE18 (8331 8000/asociación de estudiantes 8331 8268). Estación de tren: Woolwich Arsenal.*
University of Kingston *Penrhyn Road, Kingston, Surrey (8547 2000/ asociación de estudiantes 8255 2222). Estación de tren: Kinsgston.*
University of London (*véase* pág. 359).
University of Middlesex *Trent Park, Bramley Road, N14 (8362 5000/ asociación de estudiantes 8362 6450). Metro: Cockfosters o Oakwood.*
University of North London *166-220 Holloway Road, N7 (7607 2789/asociación de estudiantes*

Directorio

7753 3367). Metro: Holloway Road.
University of Westminster *309 Regent Street, W1 (7911 5000). Metro: Oxford Circus.* **Plano 5 H4**

University of London

Muchos estudiantes de Londres asisten a uno de los 34 *colleges* que hay por toda la ciudad y que, en su conjunto, constituyen la Universidad de Londres. A continuación sólo se nombran los seis más grandes. Todas las universidades londinenses (excepto el Imperial College) están afiliadas a la **National Union of Students (NUS)**.

NUS London Regional Office *(7272 8900/www.nus.org.uk).*
Abierto de 09.30 a 17.00 horas, de lunes a viernes.
Goldsmiths' College *Lewisham Way, SE14 (7919 7171/asociación de estudiantes 8692 1406). Metro y estación de tren: New Cross/New Cross Gate.*
Imperial College *Exhibition Road, SW7 (7589 5111/asociación de estudiantes 7594 8060). Metro: South Kensington.* **Plano 4 D9**
King's College *Strand, WC2 (7836 5454/asociación de estudiantes 7836 7132). Metro: Temple.*
Plano 8 M7
London School of Economics (LSE) *Houghton Street, WC2 (7405 7686/ asociación de estudiantes 7955 7158). Metro: Holborn.*
Plano 6 M6
Queen Mary & Westfield College (QMW) *Mile End Road, E1 (7975 5555/asociación de estudiantes 7975 5390). Metro: Mile End o Stepney Green.*
University College London (UCL) *Gower Street, WC1 (7387 7050/asociación de estudiantes 7387 3611). Metro: Goodge Street o Warren Street; estación de tren: Euston.*
Plano 6 K4

Directorio

Índice

Nota: *Los números de las páginas en* **negrita** *hacen referencia al apartado en el que se encuentra la información clave sobre el tema; los números en cursiva remiten a la presencia de fotografías.*

T

Mapas

Lugares de interés u ocio

Estaciones de tren

Paradas de metro

Parques

Hospitales

Centros de asistencia

Iglesias

Barrios ..... MAYFAIR

0 — 500 m

Vista general de Londres

EDMONTON
NORTH CIRCULAR ROAD
Great Cambridge Road
(Stansted)
WOODFORD
CHIGWELL
A406
Southend Road
TOTTENHAM
William Morris Gallery
Forest Road
Epping Forest
WALTHAMSTOW
HARRINGAY
Green Lanes
High Road
Eastern Ave
A12
Cambridge Park
FINSBURY PARK
Seven Sisters Road
STAMFORD HILL
A104
LEYTONSTONE
Wanstead Park
WANSTEAD
A118
A107
STOKE NEWINGTON
CLAPTON
LEYTON
A12
Leytonstone
NORTH CIRCULAR ROAD
ILFORD
A11
FOREST GATE
Stoke Newington Road
DALSTON
HACKNEY
Sutton House
River Lea
STRATFORD
High Rd
HIGHBURY
Mapa 9
Mapa 10
Kingsland Road
New North Rd
A102(M)
West Ham Park
BARKING
ISLINGTON
HOXTON
Victoria Park
Mapa 6
Museum of Childhood
BOW
Stratford High St
WEST HAM
EAST HAM
A13
City Road
SHOREDITCH
MILE END
Bow Rd
PLAISTOW
BETHNAL GREEN
Mile End Rd
Ragged School Museum
A12
NEWHAM
Newham Way
Liverpool Street
Whitechapel Rd
STEPNEY
A406
BECKTON
CITY
WHITECHAPEL
East India Dock Road
CANNING TOWN
St Paul's Cathedral
LIMEHOUSE
Blackwall Tunnel
London City Airport
Tower of London
North Woolwich Rd
Albert Rd
WAPPING
Canary Wharf
Dome
THAMESMEAD
Waterloo
River Thames
Thames Barrier
Woolwich Ferry
Tower Bridge Rd
Mapa 11
Mapa 12
ROTHERHITHE
ISLE OF DOGS
New Kent Rd
BERMONDSEY
A102(M)
Woolwich Road
Mapa 8
Maryon Park
WOOLWICH
A206
Old Kent Road
Royal Naval College
KENNINGTON
DEPTFORD
Cutty Sark
Romney Road
National Maritime Museum
CHARLTON
Museum of Artillery
A205
PLUMSTEAD
Academy Road
CAMBERWELL
GREENWICH
Greenwich Park
Camberwell New Rd
Peckham Rd
Queens Road
Royal Observatory
Shooters Hill Road
A207
NEW CROSS
Brixton Rd
PECKHAM
Lewisham Way
Oxleas Park
NUNHEAD
BLACKHEATH
Well Hall Rd
BRIXTON
Lordship Lane
LEWISHAM
Lee High Rd
East Rochester Way
A2
Dulwich Picture Gallery
Peckham Rye
Lewisham High St
Eltham Road
ELTHAM
Brockwell Park
DULWICH
Westhorne Ave
N
Horniman Museum
SOUTH CIRCULAR ROAD
Brownhill Road
Sidcup Road
Christ-Church Rd
Dulwich Common
London Road
Stanstead Rd
FOREST HILL
CATFORD
A205
A20
Crystal Palace Park
0 1 2 3 4 5 km
CRYSTAL PALACE
© Time Out
A21
BROMLEY

Mapa 1
A
B
C
4
5
6
7
8
9
Chippenham Mews
Maryland
Sutherland Ave
Amberley Road
HARROW ROAD A404
Regent's Canal
Formosa St
Warwick
CLIFTON G
Warwick Avenue
Bristol Gdns
Clifton Villas
Ave
Blomfield Road
Warwick Place
Warwick Ave
Delamere Terrace
Elkstone Road
Woodchester Square
Senior Street
Lord Hills Road
Alfred Rd
Cirencester St
Bourne Terrace
Chichester Road
Blomfield Villas
Little Venice
Warwick Crescent
Westbourne Park
Warwick Estate
PADDINGTON
Tavistock Cres
GREAT WESTERN ROAD
Tavistock
Road
Aldridge Rd Villas
Leamington Rd Villas
WESTWAY A40 (M)
Westbourne Park Villas
Royal Oak
St Lukes Rd
Lancaster Road
WESTBOURNE PARK ROAD
Shrewsbury Rd
CHEPSTOW ROAD
Westbourne Park Road
Gloucester Terrace
Westbourne Terrace
Dartmouth Close
Talbot Road
Kildare Terrace
Alexander St
Durham Terrace
Porchester Centre
PORCHESTER ROAD
Porchester Sq
Porchester Terr North
Orsett Terrace
BISHOPS BRIDGE ROAD
Powis Gdns
Powis Terr
Talbot Road
Bridstow Place
Hereford Road
Westbourne Gdns
Powis Sq
Courtnell St
Moorhouse Road
Sutherland Pl
Northumberland Place
Hatherley Gr
Queensway
Pickering Mews
Hallfield Estate
Terrace
Gloucester Terrace
Colville Terrace
Ledbury Road
Artesian Road
Newton Road
WESTBOURNE GROVE
Inverness Terrace
Cleveland
Colville Road
Lonsdale Road
Westbourne Grove
BAYSWATER
Leinster Pl
Cleveland Square
WC
PEMBRIDGE VILLAS
Chepstow Place
Hereford Road
Garway Road
Gardens Square
Kensington
Redan Place
Whiteleys
Leinster Gardens
Cleveland Square
Leinster Sq
Porchester
Gardens
Queen's Gardens
Denbigh Terr
Denbigh Rd
Chepstow Villas
Chepstow Cres
Pembridge Place
Prince's Square
Salem Rd
QUEENSWAY
Inverness Terrace
Queensborough Terrace
Porchester Terrace
Craven Hill Gdns
CRAVEN HILL
Portobello Road
Pemb'ge Mews
Dawson Place
Greek Cathedral
Ilchester Gdns
Road
Bayswater
Moscow
Poplar Place
Kensington Park Gdns
Kensington Park Road
Pembridge Cres
Pembridge Square
Chapel Side
St Petersburgh Mews
St Petersburgh Place
Bark Place
Caroline Pl
Orme Lane
Orme Ct
LEINSTER TERR
Lancaster Gate
Ladbroke Square
NOTTING HILL
PEMBRIDGE RD
Pembridge Gdns
Gardens
Linden
Clanricarde Gdns
Victoria Gdn Mews
Ossington St
Palace Court
Queensway
BAYSWATER ROAD
Ladbroke Road
Ladbroke Terr
Bulmer Place
Notting Hill Gate
Ladbroke Walk
NOTTING HILL GATE
Uxbridge Street
Hillgate St
Jameson St
Kensington Mall
PALACE GARDENS TERRACE
Palace Garden Mews
KENSINGTON
Hill Sq
Campden
Hillsleigh Rd
Campden Hill Gardens
Campden Hill Road
Hillgate Place
Kensington Place
Edge St
Kensington Palace Gardens
The Broad Walk
Aubrey Road
Aubrey Walk
Peel Street
Campden Street
KENSINGTON CHURCH STREET
Brunswick Gdns
Bedford Gardens
Round Pond
Kensington Palace
Sheffield Terrace
Tor Gdns
Gloucester Walk
Vicarage Gate
Palace Avenue
Holland Walk
Campden Grove
Holland Park
Gordon Place
Pitt Street
Dukes La
York House Place
KENSINGTON
Sheldrake Place
Holland House
Youth Hostel
Duchess of Bedford's Walk
Hornton Street
Town Hall
Holland Street
Old Court Place
Véase mapa 3
KENSINGTON ROAD
Open Air Theatre
Phillimore Gardens
Upper Phillimore Gardens
Campden Hill Road
Argyll Road
Phillimore Place
Drayton Mews
Hornton Walk
Young St
Kensington Ct
Victoria Road
De Vere Gdns

Mapa 2
D
E
F
4
5
6
7
8
9
Museum
LISSON GROVE
Marylebone Station
Marylebone
MARYLEBONE ROAD
GLOUCESTER PLACE
Edgware Rd
EDGWARE ROAD
Paddington Green
St Mary's Square
Newcastle Pl
BISHOPS BRIDGE ROAD
Paddington Basin
North Wharf Road
South Wharf Road
Herbert Road
Paddington Station
St Mary's Hospital
A Fleming Lab Museum
Paddington
EASTBOURNE TERRACE
PRAED STREET
SUSSEX GARDENS
CHAPEL ST
OLD MARYLEBONE RD
EDGWARE ROAD (A5)
See Map 5
SEYMOUR ST
Marble Arch
CUMB'LAND GATE
PARK LANE
Speaker's Corner
CRAVEN ROAD
WESTBOURNE ST
LANCASTER TERR
Lancaster Gate
BAYSWATER ROAD A40
North Carriage Drive (The Ring)
West Carriage Drive (The Ring)
See Map 7
HYDE PARK
Peter Pan Statue
The Long Water
GARDENS
Serpentine Road
The Serpentine
Serpentine Gallery
Rotten Row
Albert Memorial
South Carriage Drive
Véase mapa 4
Royal College of Art
KENSINGTON GORE
KENSINGTON ROAD
KNIGHTSBRIDGE

Mapa 3
Véase mapa 1
KENSINGTON
EARL'S COURT
FULHAM
KENSINGTON HIGH ST
High St Kensington
Linley Sambourne House
Commonwealth Institute
Leighton House Museum
Kensington Square
Holland Park Road
Melbury Rd
Melbury Ct
Edwardes Sq
Earls Walk
Pembroke Square
Pembroke Villas
Pembroke Gardens
Pembroke Gardens Close
Pembroke Walk
PEMBROKE RD
WARWICK GARDENS
WARWICK RD
WEST CROMWELL RD
EARL'S COURT ROAD
Abingdon Villas
Scarsdale Villas
Stratford Road
Lexham Mews
Lexham Gardens
Radley Mews
Marloes Road
Wrights Lane
Cromwell Hospital
Pennant Mews
Lexham Gdns
CROMWELL ROAD
Gloucester Road
GLOUCESTER ROAD
QUEEN'S GATE
Kensington Gate
Queen's Gate Mews
Petersham Place
Elvaston Place
Canning Place
Victoria Grove
Victoria Road
St Albans Grove
Cottesmore Gardens
Kelso Place
Eldon Rd
Kynance Mews
Cornwall Gardens
Emperor's Gate
McLeod's Mews
Southwell Gdns
Grenville Place
Launceston Place
Logan Place
Cromwell Crescent
Redfield Lane
Kenway Road
Hogarth Road
Knaresborough Pl
Collingham Place
Courtfield Gardens
Collingham Gardens
Ashburn Gdns
Ashburn Place
Courtfield Road
Harrington Gardens
Collingham Mews
Stanhope Mews
Longridge Road
Templeton Place
Nevern Place
Nevern Square
Nevern Rd
Earl's Court
Barkston Gardens
Earl's Ct Gdns
Bramham Gdns
Wetherby Gardens
Rosary Gdns
Philbeach Gardens
Trebovir Rd
Penywern Road
Bolton Gardens
OLD BROMPTON ROAD
Earl's Court Square
Earl's Court Exhibition Centre
Eardley Cres
Kempsford Gdns
The Little Boltons
The Boltons
Cresswell Place
Drayton Gardens
Mund St
Aisgill Avenue
Ivatt Place
Marchbank Rd
LILLIE ROAD
West Brompton
Coleherne Rd
Coleherne Mews
Redcliffe Square
REDCLIFFE GARDENS
Harcourt Terrace
Redcliffe Mews
FINBOROUGH ROAD
Westgate Terrace
Redcliffe St
Tregunter Road
Hollywood Road
Seymour Walk
Redcliffe Rd
Gilston Road
Priory Walk
Chesson Rd
Bramber Rd
Thaxton Rd
Lillie Yard
Ongar Road
Seagrave Road
BROMPTON CEMETERY
Ifield Road
Fawcett St
Cathcart Road
Redcliffe Place
Chelsea & Westminster Hospital
FULHAM ROAD
NORTH END ROAD
Sedlescombe Road
Racton Road
Anselm Road
Coomer Place
Tamworth Farm Lane
Mickelthwaite Rd
Thomas's Way
Haldane Road
Halford Road
Armstong Rd
Knivet Rd
Eustace Rd
Tournay Road
Walham Grove
Brompton Park Crescent
Stamford Bridge (Chelsea FC)
Netherton Grove
GUNTER GROVE
EDITH GROVE
Fernshaw Road
Edith Terr
Hortensia Rd
King's College
KING'S ROAD
Hartismere Road
Fabian Rd
Epirus Road
Shorrolds Road
Farm Lane
Vanston Pl
Fulham Broadway
DAWES ROAD
FULHAM BROADWAY
FULHAM ROAD
CREMORNE
Thorndike Close
Bishops Rd
Burnthwaite Road
Barclay Road
Barclay Cl
Effie Rd
HARWOOD RD
Cedarne Rd
Waterford Road
Britannia Road
MOORE PARK RD
Maxwell Rd
Rumbold Rd
Holmead Rd
Wandon Rd
Rewell St
Lots Road
Tetcott Rd
Upcerne Road
Uverdale Road
Tadema Road
Burnaby Street
Kelvedon Road
Darlan Rd
Shottendane Rd
Musgrave Cres
Kemps Rd
Cambria Rd
Michael Rd
Gwyn Close
To Chelsea Harbour
Park
WC

Mapa 4
Véase mapa 2
See Map 7
KNIGHTSBRIDGE
CHELSEA
D
E
F
9
10
11
12
13
College of Art
Royal Albert Hall
Albert Court
Prince Consort Road
Princes Gdns
Royal College of Music
Imperial College of Science and Technology
Goethe Institute
Imperial College Road
Science Museum
Victoria & Albert Museum
Natural History Museum
Brompton Oratory
Exhibition Road
Queen's Gate
Callendar Rd
Elvaston Mews
Gate Place
Ennismore Gardens
Ennismore Mews
Montpelier Terrace
Montpelier Place
Montpelier St
Montpelier Walk
Trevor Sq
Raphael St
Knightsbridge
Harrods
Basil Street
Hans Cres
Hans Rd
Hans Place
Hans St
Pavilion Road
SLOANE STREET
Cheval Place
Rutland St
Brompton Square
BROMPTON ROAD
BEAUCHAMP PL
Brompton Pl
Brompton Gdns
Walton Pl
Ovington Sq
Ovington Gdns
Yeoman's Row
Egerton Gdns
Egerton Terr
Egerton Cres
PONT ST
Lennox Gardens
Lennox Gardens Mews
Clabon Mews
Cadogan Square
Cadogan Place
Milner Street
Moore St
Halsey St
Rawlings St
Walton Street
First Street
Hasker Street
Ovington Street
Mossop Street
Denyer Street
Donne Pl
Ives St
Draycott Avenue
Draycott Terr
Draycott Place
Sloane Avenue
Rosemoor Street
Cadogan Street
Cadogan Gdns
Symons St
CROMWELL PL
EXHIBITION RD
Thurloe Place
Thurloe Square
Thurloe St
Alexander Sq
South Terrace
South Kensington
Pelham Street
Pelham Place
Pelham Cres
Michelin House
Lucan Place
Elystan Street
Makin St
Petyward
ROAD
Stanhope Mews East
Queensbury Place
Cromwell Mews
Harrington Road
Glendower Place
Bute St
Reece Mews
Stanhope Gardens
Manson Mews
Manson Place
Clareville Street
Melton Ct
ONSLOW SQ
Onslow Square
Sumner Place
Sydney Place
Sydney Close
Onslow Gdns
Cranley Place
Cranley Gardens
Cranley Mews
Royal Marsden Hospital
Foulis Terr
FULHAM ROAD
Stewart's Grove
SYDNEY STREET
Bury Wk
Pond Pl
Ixworth Pl
Marlborough St
Whitehead's Grove
Sprimont Pl
Elystan Place
Bray Place
Coulson St
Lincoln St
Blacklands Terr
Culford Gdns
Cale Street
St Luke's St
Astell St
Danube St
Godfrey St
Jubilee Place
Markham St
Markham Square
Bywater St
Tryon St
KING'S ROAD
Wellington Square
Royal Ave
Walpole St
Cheltenham Terr
Franklin's Row
Turks Row
Neville St
Selwood Terrace
Elm Place
Evelyn Gardens
Royal Brompton Hospital
South Parade
Chelsea Square
Dovehouse Street
Britten St
Chelsea Manor Street
Burnsall St
Radnor Walk
Smith Street
Woodfall St
St Leonard's Terrace
Smith Terrace
Tedworth Square
Ormonde Gate
Chelsea Royal Hospital
West Road
Old Church Street
Elm Park Gardens
Elm Park Lane
Elm Park Road
Manresa Rd
Chelsea College of Art & Design
Chelsea Old Town Hall
Shawfield St
Redesdale St
Flood Street
Flood Walk
Carlyle Square
Glebe Place
Bramerton St
Margaretta Terrace
Chelsea Manor Street
Redburn Street
Christchurch Street
Tite Street
Caversham St
ROYAL HOSPITAL ROAD
National Army Museum
Paradise Walk
Swan Wk
Dilke St
Callow St
Beaufort Street
Chelsea Park Gardens
Park Walk
The Vale
Bluebird
Chelsea Antiques Market
Paultons Square
Paultons St
Oakley Street
OAKLEY STREET
Phene St
Oakley Gdns
St Loo Ave
Upper Cheyne Row
Cheyne Row
Carlyle's House
Cheyne Mews
Cheyne Walk
Lawrence St
Chelsea Old Church
Danvers St
BEAUFORT ST
Limerston Street
Gertrude St
Hobury St
Lamont Road
Shalcomb St
Milman's St
Ann Lane
Riley St
Crosby Hall
CHEYNE WALK
CHELSEA EMBANKMENT
Chelsea Physic Garden
River Thames
ALBERT BRIDGE
Peace Pagoda
Zoo
Carriage Drive North
Carriage Drive West
Central Avenue
BATTERSEA PARK
ALBERT BRIDGE ROAD
BATTERSEA BRIDGE
BATTERSEA BRIDGE RD
Blantyre St
Lots Road
Chelsea Wharf
Lots Road Power Station
Thorney Cres
Whistlers Ave
Battersea Church Rd
Howie St
Hester Rd
Elcho St
Parkgate Road
Juer St
Searles Close
Anhalt Road
Worfield St

Mapa 5
London Zoo
REGENT'S PARK
Boating Lake
Inner Circle
Open Air Theatre
Queen Mary's Gardens
Broad Walk
Chester Road
Regent's College
Véase mapa 2
Outer Circle
Park Sq Gardens
Royal College of Physicians
Regent's Park Barracks
ALBANY STREET
Mornington Crescent
CROWNDALE
OAKLEY SQ
EVERSHOLT
HAMPSTEAD ROAD
Euston Tower
Euston Square
EUSTON
EUSTON RD
Warren Street
Gt Portland Street
Regent's Park
PARK CRES
Madame Tussaud's
London Planetarium
Royal Academy of Music
MARYLEBONE ROAD
Baker Street
BAKER STREET
University of Westminster
MARYLEBONE
PADDINGTON ST
MARYLEBONE HIGH ST
PORTLAND PLACE
RIBA
GREAT PORTLAND STREET
Telecom Tower
University College Hospital
University College London
TOTTENHAM
Middlesex Hospital
Pollock's Toy Museum
GOODGE
Broadcasting House
LANGHAM PL
MORTIMER STREET
Wallace Collection
THAYER ST
Wigmore Hall
Royal College of Nursing
WIGMORE
STREET
PORTMAN SQUARE
GLOUCESTER PLACE
ORCHARD ST
JAMES ST
VERE ST
Selfridges
M&S
John Lewis
OXFORD
OXFORD STREET
Oxford Circus
REGENT ST
REGENT STREET
Bond St
NEW BOND ST
Véase mapa 7
Liberty
Marble Arch
M & S

Mapa 6
K
L
M
2
3
4
5
6
St Pancras Gardens
Camley St Natural Park
Regent's Canal
Battle Bridge Basin
Canal Museum
Goldington Cres
ST PANCRAS ROAD
Medburn St
Goldington St
Platt St
Charrington St
Chalton St
Bridgeway St
Werrington St
Aldenham St
Polygon Road
Purchese Street
Coopers Lane
Goods Way
Battle Bridge Rd
Cheney Rd
Crinan St
York Way
New Wharf Road
Wharfedale Road
All Saints St
Killick St
Caledonian Road
Wynford Road
Carnegie St
Calshot Street
Priory Green
Rodney Street
Collier Street
Donegal St
Cumming St
Cynthia St
Railway St
Balfe St
Northdown St
Keystone Cres
King's Cross Station
St Pancras Station
Caledonia St
Pentonville Road
Thameslink Station
King's Cross St Pancras
Brill Place
British Library
Midland Road
Ossulston Street
Phoenix Road
Drummond Cres
Euston Station
Doric Way
Churchway
Chalton Street
Euston
Grafton Pl
Euston Road
Bidborough St
Judd Street
Tonbridge St
Belgrave St
Argyle St
Crestfield St
St Chad's St
Argyle Sq
Birkenhead Street
St Chad's Place
Leeke St
King's Cross Rd
Lorenzo St
Weston Rise
Penton Rise
Britannia Street
Wicklow St
Vernon Rise
Percey Circus
Great Percy St
Swinton St
Acton St
Gray's Inn Road
Frederick St
Wharton Street
Granville Square
Cromer Street
Whidborne St
Argyle Street
Hastings St
Sandwich St
Thanet St
Harrison Street
Seaford St
Ampton St
Cubitt Street
Regent Square
Sidmouth St
Leigh St
Heathcote St
Melton St
Duke's Rd
Flaxman Terr
Woburn Walk
Burton Street
Cartwright Gardens
Upr Woburn Pl
Endsleigh Gardens
Endsleigh St
Taviton St
Gordon St
Wellcome Foundation
Gower Place
University College London
Gordon Square
Tavistock Square
Tavistock Place
Woburn Place
Percival David Foundation
Petrie Museum of Egyptian Archaeology
Gower Street
Bedford Way
Woburn Square
Torrington Square
Malet Street
University of London
Marchmont Street
Herbrand Street
Kenton St
Tavistock Place
Handel St
Hunter St
Wakefield St
St George's Gardens
Mecklenburgh Square
Brunswick Centre
Brunswick Square
Coram's Fields
Lansdowne Terr
Grenville St
Guilford Street
Coram St
Bernard Street
Colonnade
Russell Square
Great Ormond St Hospital
Eastman Dental Hospital
Pakenham St
Wren St
Calthorpe St
Mount Pleasant Sorting Office
Gough Street
Phoenix Pl
Doughty Street
Doughty Mews
Millman St
Lamb's Conduit Street
Brownlow Mews
Dickens' House
Roger St
North Mews
John St
John's Mews
Coley St
Elm St
King's Mews
Mount Pleasant
Northington St
Gray's Inn Road
Véase mapa 9
Bloomsbury
Queen Square
Great Ormond Street
Orde Hall St
Rugby St
Gt James St
Dombey St
Harpur St
Emerald St
Old Gloucester St
Boswell St
New North St
Theobald's Road
Gray's Inn Gardens
Gray's Inn
Bedford Row
Jockey's Field
Raymond Buildings
Red Lion Square
Red Lion St
Princeton St
Drake St
Sandland St
Brownlow St
Fisher St
Eagle St
Catton St
Procter St
Southampton Row
Sicilian Ave
Senate House
Montague Pl
Keppel St
Huntley St
Chenies Mews
Chenies St
Torrington Pl
Ridgmount Gdns
Ridgmount St
Goodge Street
North Crescent
Alfred Pl
Store Street
South Crescent
Gower Mews
Bedford Square
Bedford Place
Montague St
Bloomsbury Square
British Museum
Bloomsbury Street
Tottenham Court Road
Whitfield Street
Windmill St
Bayley St
Morwell St
Percy Street
Rathbone Place
Gresse St
Stephen St
Bedford Ave
Great Russell St
Great Russell Street
Gilbert Pl
Museum St
Bury Place
Barter St
Bloomsbury Way
Soton Pl
High Holborn
Holborn
Chancery Lane
Stone Buildings
Sir John Soane's Museum
Whetstone Park
Lincoln's Inn Fields
Lincoln's Inn
Hanway Pl
Hanway St
Tottenham Court Road
New Oxford Street
Streatham St
Coptic St
Little Russell St
Bainbridge St
Dyott St
West Central St
Earnshaw St
Bucknall St
Grape St
High Holborn
Stukeley St
Macklin St
Newton St
Remnant St
Parker Street
Drury Lane
Freemasons' Hall
Great Queen Street
Kingsway
Wild Ct
Wild Street
Keeley St
Museums of the Royal College of Surgeons
Portugal St
Serle Street
New Square
Carey St
Grange Ct
Clement's Inn
Royal Courts of Justice
Street
Charing Cross Road
Andrew Borde St
St Giles High St
Soho Sq
Sutton Row
Denmark St
Goslett Yd
Manette St
Greek Street
Flitcroft St
New Compton St
Stacey St
Phoenix St
Shaftesbury Avenue
Covent Garden
Endell St
Betterton St
Arne St
Gt Queen
Shorts Gdns
Neal St
Seven Dials
Earlham Street
Monmouth St
Mercer St
Shelton St
Langley St
Long Acre
Bow St
Royal Opera House
Floral St
Russell St
Drury Lane
Kemble St
Kean St
LSE
Aldwych
St Clement Danes
Véase mapa 8
Gt Chapel St
Dean Street
Carlisle St
St Anne's Ct
Frith Street
Soho
Bateman St
Meard St
Bourchier St
Old Compton Street
Romilly St
Moor St
Cambridge Circus
West St
Tower St
Peter Street

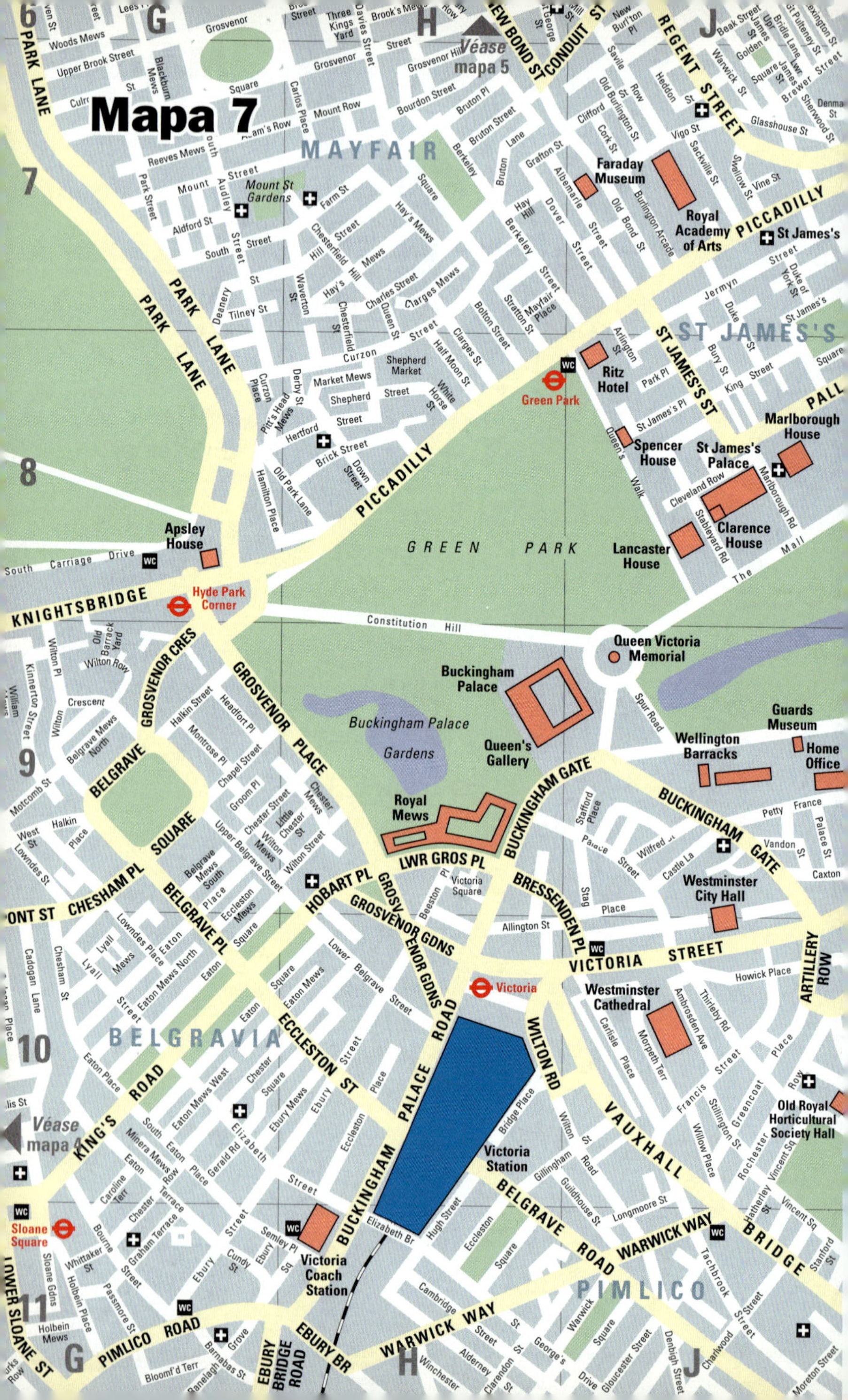

Mapa 7
Véase mapa 5
Véase mapa 4
MAYFAIR
ST JAMES'S
BELGRAVIA
PIMLICO
GREEN PARK
Park Lane
Piccadilly
Knightsbridge
Constitution Hill
Faraday Museum
Royal Academy of Arts
Ritz Hotel
Green Park
Spencer House
St James's Palace
Marlborough House
Clarence House
Lancaster House
Apsley House
Hyde Park Corner
Queen Victoria Memorial
Buckingham Palace
Buckingham Palace Gardens
Queen's Gallery
Royal Mews
Guards Museum
Wellington Barracks
Home Office
Westminster City Hall
Victoria
Westminster Cathedral
Old Royal Horticultural Society Hall
Victoria Station
Victoria Coach Station
Sloane Square
Belgrave Square
Grosvenor Place
Buckingham Gate
Buckingham Palace Road
Victoria Street
Vauxhall Bridge
Belgrave Road
Warwick Way
Eccleston St
King's Road
Pimlico Road
Ebury Bridge Road
Regent Street
New Bond St
Conduit St

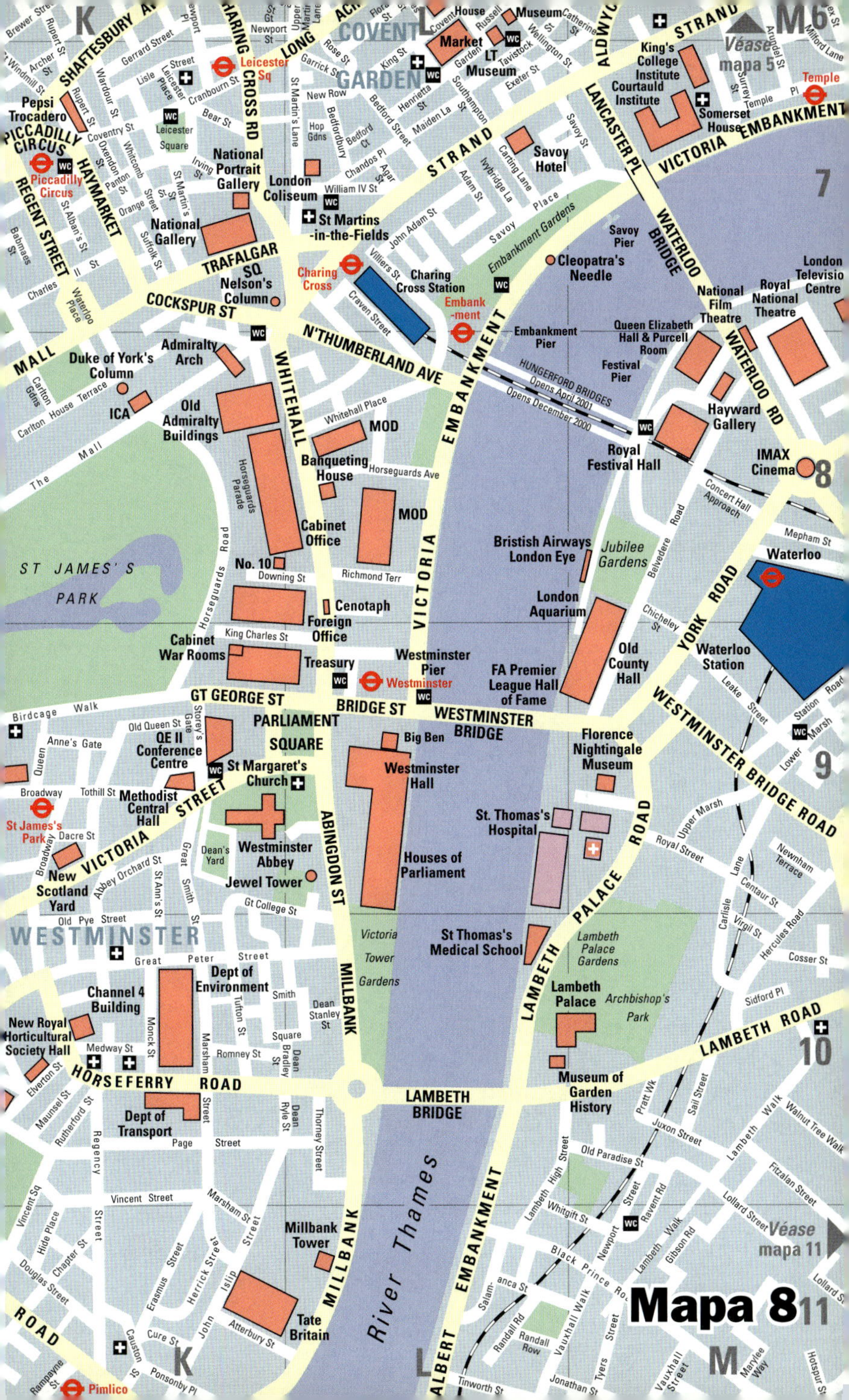
Mapa 8
Véase mapa 5
Véase mapa 11
COVENT GARDEN
Market
LT Museum
Piccadilly Circus
Leicester Sq
Pepsi Trocadero
National Portrait Gallery
London Coliseum
St Martins -in-the-Fields
National Gallery
TRAFALGAR SQ
Nelson's Column
Charing Cross
Charing Cross Station
Embankment
Savoy Hotel
King's College Institute
Courtauld Institute
Somerset House
Temple
STRAND
VICTORIA EMBANKMENT
WATERLOO BRIDGE
Savoy Pier
Cleopatra's Needle
Embankment Pier
HUNGERFORD BRIDGES
Opens April 2001
Opens December 2000
Festival Pier
Queen Elizabeth Hall & Purcell Room
National Film Theatre
Royal National Theatre
London Television Centre
Hayward Gallery
Royal Festival Hall
IMAX Cinema
COCKSPUR ST
N'THUMBERLAND AVE
Admiralty Arch
Duke of York's Column
ICA
Old Admiralty Buildings
WHITEHALL
MOD
Banqueting House
Cabinet Office
No. 10
Cenotaph
Foreign Office
Cabinet War Rooms
Treasury
Westminster
Westminster Pier
ST JAMES'S PARK
Brisitsh Airways London Eye
Jubilee Gardens
London Aquarium
Old County Hall
FA Premier League Hall of Fame
Waterloo
Waterloo Station
YORK ROAD
GT GEORGE ST
BRIDGE ST
WESTMINSTER BRIDGE
WESTMINSTER BRIDGE ROAD
PARLIAMENT SQUARE
Big Ben
Westminster Hall
Houses of Parliament
QE II Conference Centre
St Margaret's Church
Methodist Central Hall
St James's Park
VICTORIA STREET
Westminster Abbey
Jewel Tower
New Scotland Yard
Florence Nightingale Museum
St. Thomas's Hospital
St Thomas's Medical School
LAMBETH PALACE ROAD
Lambeth Palace Gardens
Lambeth Palace
Archbishop's Park
Victoria Tower Gardens
ABINGDON ST
MILLBANK
WESTMINSTER
Dept of Environment
Channel 4 Building
New Royal Horticultural Society Hall
HORSEFERRY ROAD
Dept of Transport
LAMBETH BRIDGE
LAMBETH ROAD
Museum of Garden History
River Thames
ALBERT EMBANKMENT
Millbank Tower
Tate Britain
Pimlico

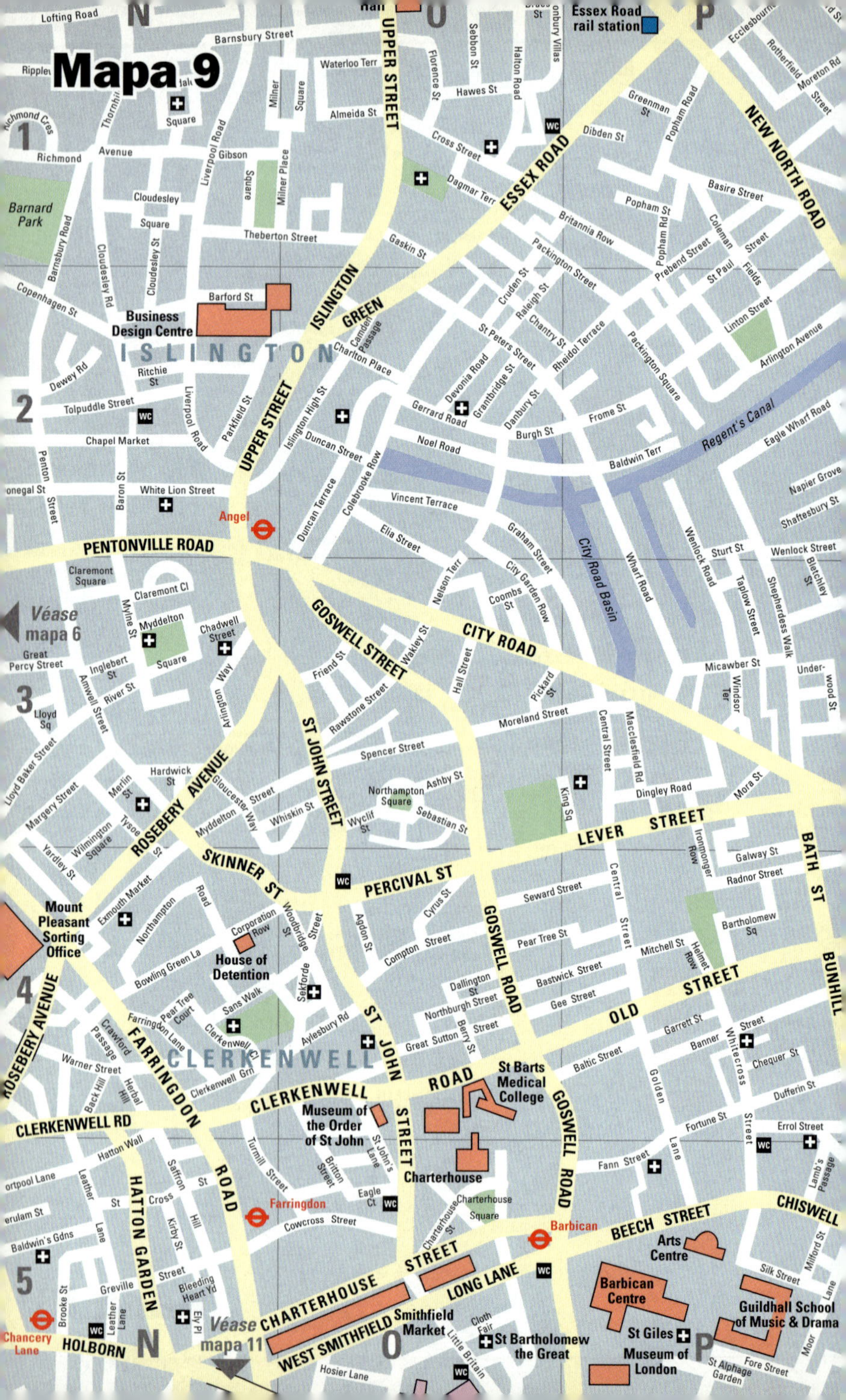

Mapa 9
N
O
P
1
2
3
4
5
Essex Road rail station
Lofting Road
Barnsbury Street
Ripplevale
Waterloo Terr
Upper Street
Florence St
Sebbon St
Halton Road
Canonbury Villas
Ecclesbourne
Rotherfield St
Moreton Rd
Thornhill
Square
Richmond Cres
Richmond
Avenue
Gibson
Milner
Square
Almeida St
Hawes St
Greenman St
Popham Road
New North Road
Cross Street
Dibden St
Essex Road
Liverpool Road
Gibson Square
Milner Place
Dagmar Terr
Barnard Park
Cloudesley Square
Basire Street
Popham St
Britannia Row
Barnsbury Road
Cloudesley Rd
Cloudesley St
Theberton Street
Gaskin St
Packington Street
Coleman Fields
Popham Rd
Prebend Street
St Paul Street
Copenhagen St
Barford St
Business Design Centre
Islington Green
Camden Passage
Cruden St
Raleigh St
Chantry St
Rheidol Terrace
Packington Square
Linton Street
Arlington Avenue
ISLINGTON
Charlton Place
St Peters Street
Dewey Rd
Ritchie St
Devonia Road
Grantbridge St
Danbury St
Regent's Canal
Eagle Wharf Road
Tolpuddle Street
Liverpool Road
Parkfield St
Upper Street
Islington High St
Gerrard Road
Frome St
Burgh St
Chapel Market
Duncan Street
Noel Road
Baldwin Terr
Penton Street
Baron St
Colebrooke Row
Donegal St
White Lion Street
Duncan Terrace
Vincent Terrace
Napier Grove
Shaftesbury St
Angel
Elia Street
Graham Street
City Road Basin
Wharf Road
Wenlock Road
Sturt St
Wenlock Street
Pentonville Road
Nelson Terr
City Garden Row
Coombs St
Taplow Street
Shepherdess Walk
Bletchley St
Claremont Square
Claremont Cl
Myddelton Square
Mylne St
Chadwell Street
Goswell Street
City Road
Véase mapa 6
Great Percy Street
Inglebert St
Amwell Street
River St
Arlington Way
Friend St
Wakley St
Hall Street
Pickard St
Micawber St
Windsor Ter
Underwood St
Lloyd Sq
Rawstone Street
Moreland Street
St John Street
Spencer Street
Central Street
Macclesfield Rd
Lloyd Baker Street
Hardwick St
Merlin St
Rosebery Avenue
Gloucester Way
Ashby St
Northampton Square
King Sq
Dingley Road
Mora St
Margery Street
Myddelton Street
Whiskin St
Wyclif St
Sebastian St
Lever Street
Bath St
Wilmington Square
Tysoe St
Yardley St
Ironmonger Row
Galway St
Skinner St
Percival St
Radnor Street
Mount Pleasant Sorting Office
Exmouth Market
Northampton Road
Corporation Row
Woodbridge St
Agdon St
Cyrus St
Seward Street
Central Street
Bartholomew Sq
House of Detention
Bowling Green La
Compton Street
Pear Tree St
Mitchell St
Helmet Row
Bunhill
Sekforde St
Dallington St
Goswell Road
Bastwick Street
Old Street
Rosebery Avenue
Farringdon Lane
Pear Tree Court
Sans Walk
Northburgh Street
Gee Street
Crawford Passage
Clerkenwell Cl
Aylesbury Rd
Great Sutton Street
Berry St
Garrett St
Banner Street
Whitecross Street
Farringdon
Clerkenwell
St John
Baltic Street
Chequer St
Warner Street
Back Hill
Herbal Hill
Clerkenwell Grn
Clerkenwell Road
St Barts Medical College
Golden Lane
Dufferin St
Clerkenwell Rd
Museum of the Order of St John
Goswell Road
Fortune St
Errol Street
Hatton Wall
St John's Lane
Turnmill Street
Britton Street
St John Street
Charterhouse
Fann Street
Lamb's Passage
Leather Lane
Saffron Hill
Cross St
Road
Eyre Street Hill
Hatton Garden
Farringdon
Eagle Ct
Charterhouse Square
Barbican
Chiswell
Bloomsbury Lane
Beech Street
Arts Centre
Milton St
Kirby St
Cowcross Street
Charterhouse St
Baldwin's Gdns
Brooke St
Greville Street
Charterhouse Street
Long Lane
Silk Street
Barbican Centre
Bleeding Heart Yd
Leather Lane
Ely Pl
Smithfield Market
Cloth Fair
Guildhall School of Music & Drama
Moor Lane
Chancery Lane
Holborn
Véase mapa 11
West Smithfield
St Bartholomew the Great
St Giles
Museum of London
Little Britain
Hosier Lane
Fore Street
St Alphage Garden

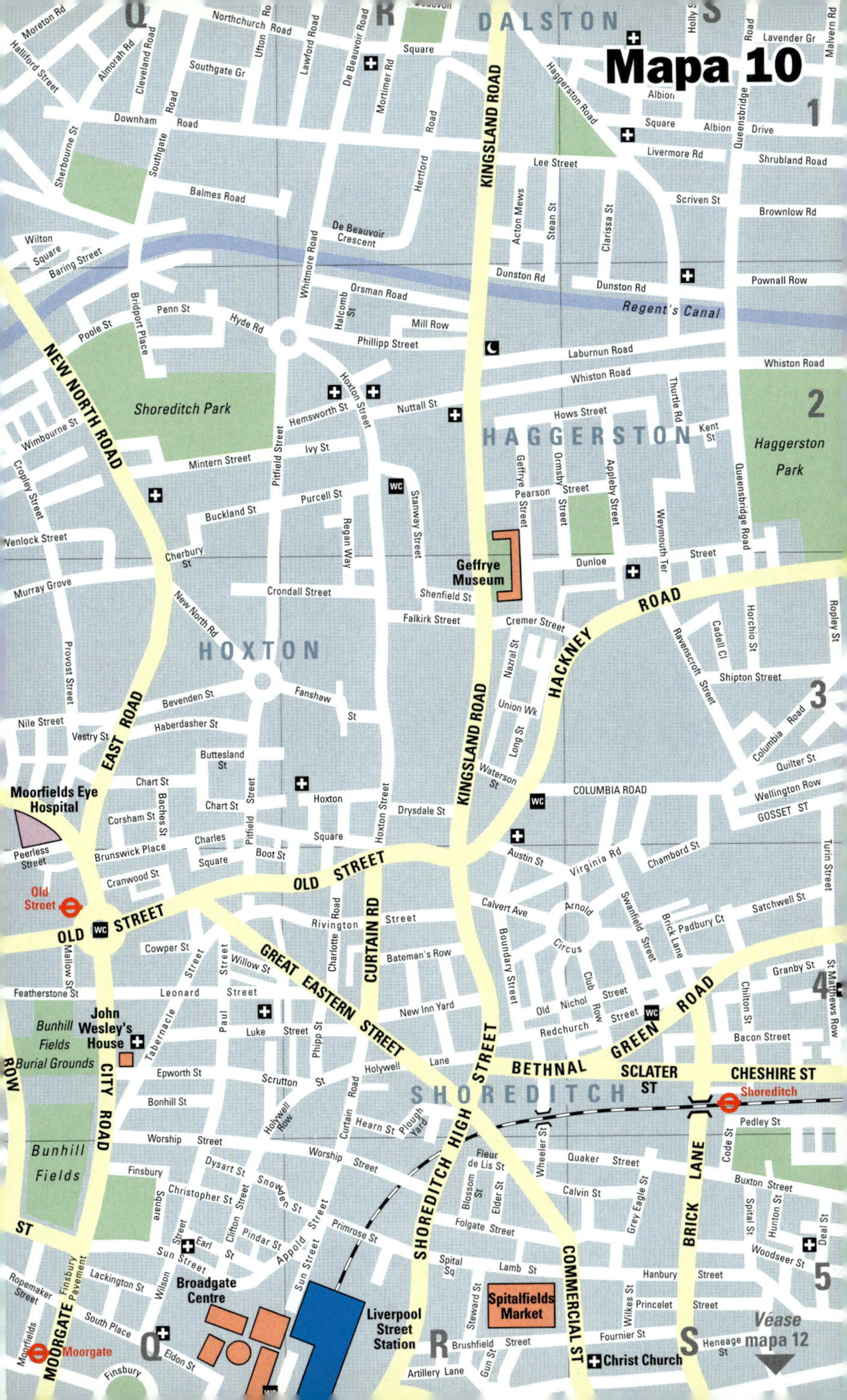
Mapa 10
DALSTON
HAGGERSTON
HOXTON
SHOREDITCH
Regent's Canal
Shoreditch Park
Haggerston Park
Bunhill Fields
Bunhill Fields Burial Grounds
Geffrye Museum
Moorfields Eye Hospital
John Wesley's House
Broadgate Centre
Liverpool Street Station
Spitalfields Market
Christ Church
Old Street
Shoreditch
Moorgate
KINGSLAND ROAD
NEW NORTH ROAD
EAST ROAD
CITY ROAD
OLD STREET
GREAT EASTERN STREET
CURTAIN RD
SHOREDITCH HIGH STREET
HACKNEY ROAD
BETHNAL GREEN ROAD
SCLATER ST
CHESHIRE ST
BRICK LANE
COMMERCIAL ST
MOORGATE
COLUMBIA ROAD
GOSSET ST
Hoxton Square
Hoxton Street
Whitmore Road
De Beauvoir Crescent
Downham Road
Balmes Road
Southgate Road
Northchurch Road
Lee Street
Whiston Road
Laburnum Road
Nuttall St
Hemsworth St
Mintern Street
Pitfield Street
Buckland St
Purcell St
Crondall Street
Falkirk Street
Cremer Street
Shenfield St
Pearson Street
Dunloe Street
Shipton Street
Columbia Road
Quilter St
Wellington Row
Virginia Rd
Chambord St
Austin St
Calvert Ave
Arnold Circus
Boundary Street
Swanfield Street
Redchurch Street
Rivington Street
Bateman's Row
New Inn Yard
Holywell Lane
Leonard Street
Luke Street
Worship Street
Scrutton St
Bonhill St
Epworth St
Tabernacle Street
Finsbury Square
Christopher St
Earl St
Sun Street
Primrose St
Folgate Street
Spital Sq
Lamb St
Brushfield Street
Artillery Lane
Fournier St
Princelet Street
Hanbury Street
Quaker Street
Buxton Street
Pedley St
Heneage St
Fashion St
Wilson St
South Place
Eldon St
Finsbury Pavement
Ropemaker Street
Lackington St
Véase mapa 12
Q
R
S
1
2
3
4
5

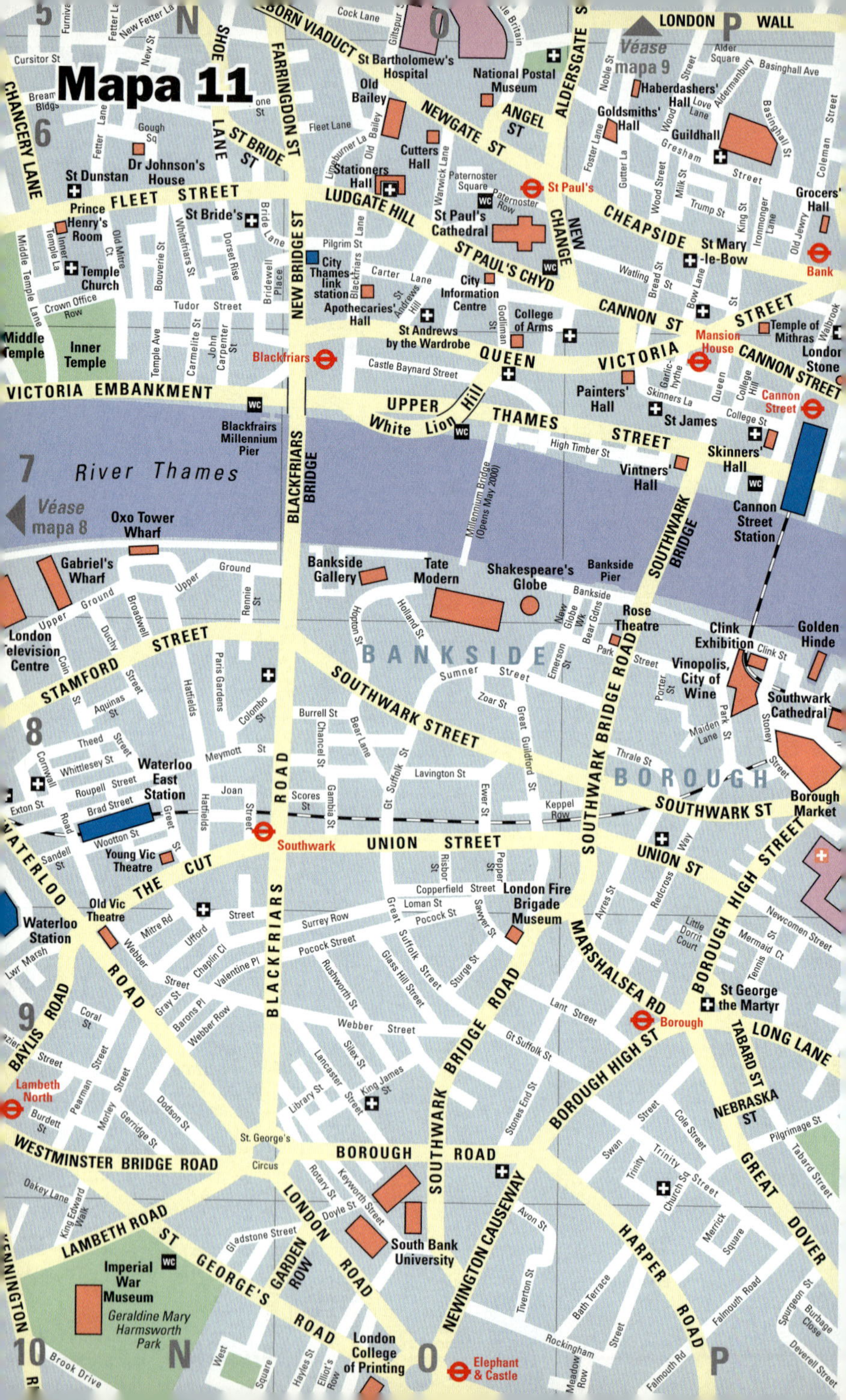

Mapa 11
Véase mapa 9
Véase mapa 8
CHANCERY LANE
SHOE LANE
FARRINGDON ST
HOLBORN VIADUCT
Cock Lane
Giltspur St
St Bartholomew's Hospital
National Postal Museum
ALDERSGATE ST
LONDON WALL
Alder Square
Basinghall Ave
Haberdashers' Hall
Goldsmiths' Hall
Guildhall
Cursitor St
Fetter Lane
New Fetter Lane
New St
Bream Bldgs
Gough Sq
Dr Johnson's House
St Dunstan
Prince Henry's Room
FLEET STREET
ST BRIDE ST
Fleet Lane
Old Bailey
NEWGATE ST
ANGEL ST
Cutters Hall
Stationers Hall
Paternoster Square
St Paul's
LUDGATE HILL
St Paul's Cathedral
NEW CHANGE
CHEAPSIDE
St Mary -le-Bow
Bank
Grocers' Hall
Gresham Street
Wood Street
Milk St
Trump St
King St
Ironmonger Lane
Old Jewry
Coleman Street
Basinghall St
Aldermanbury
Love Lane
Noble St
Foster Lane
Gutter La
St Bride's
Bride Lane
Bridewell Place
Whitefriars St
Dorset Rise
Bouverie St
Old Mitre Ct
Inner Temple La
Middle Temple Lane
Temple Church
Crown Office Row
Tudor Street
Carmelite St
John Carpenter St
Temple Ave
Middle Temple
Inner Temple
NEW BRIDGE ST
Pilgrim St
City Thameslink station
Blackfriars Lane
Carter Lane
Apothecaries' Hall
St Andrews Hill
City Information Centre
ST PAUL'S CHYD
Godliman St
College of Arms
St Andrews by the Wardrobe
Blackfriars
Castle Baynard Street
QUEEN VICTORIA
CANNON ST
Watling St
Bread St
Bow Lane
Mansion House
Temple of Mithras
Walbrook
London Stone
CANNON STREET
Cannon Street
Painters' Hall
Garlick hythe
Skinners La
Queen St
College Hill
College St
St James
Skinners' Hall
VICTORIA EMBANKMENT
UPPER THAMES STREET
White Lion Hill
High Timber St
Vintners' Hall
Blackfriars Millennium Pier
BLACKFRIARS BRIDGE
River Thames
Millennium Bridge (Opens May 2000)
SOUTHWARK BRIDGE
Cannon Street Station
Oxo Tower Wharf
Gabriel's Wharf
Upper Ground
Rennie St
Bankside Gallery
Tate Modern
Shakespeare's Globe
Bankside Pier
Bankside
New Globe Wk
Bear Gdns
Rose Theatre
Park St
Clink Exhibition
Clink St
Golden Hinde
Vinopolis, City of Wine
Southwark Cathedral
London Television Centre
Coin St
Broadwall
Duchy St
STAMFORD STREET
Hopton St
Holland St
BANKSIDE
Sumner Street
Emerson St
SOUTHWARK BRIDGE ROAD
Porter St
Maiden Lane
Stoney Street
Aquinas St
Hatfields
Paris Gardens
Colombo St
SOUTHWARK STREET
Burrell St
Chancel St
Bear Lane
Zoar St
Great Guildford St
Thrale St
BOROUGH
Borough Market
Theed Street
Cornwall Road
Whittlesey St
Waterloo East Station
Roupell Street
Meymott St
Joan Street
Scores St
Gambia St
Gt Suffolk St
Lavington St
Ewer St
Keppel Row
SOUTHWARK ST
Exton St
Brad Street
Wootton St
Sandell St
Southwark
UNION STREET
Risbor St
Pepper St
UNION ST
Redcross Way
WATERLOO
Young Vic Theatre
THE CUT
Copperfield Street
Loman St
Pocock St
London Fire Brigade Museum
Ayres St
Little Dorrit Court
BOROUGH HIGH STREET
Newcomen Street
Mermaid Ct
Tennis St
Old Vic Theatre
Waterloo Station
Mitre Rd
Ufford Street
Surrey Row
Pocock Street
Sawyer St
Lwr Marsh
Webber Street
Chaplin Cl
Valentine Pl
Gray St
Barons Pl
Webber Row
Rushworth St
Glass Hill Street
Sturge St
MARSHALSEA RD
St George the Martyr
ROAD
BLACKFRIARS ROAD
Coral St
BAYLIS ROAD
Webber Street
Silex St
Lant Street
Borough
Gt Suffolk St
LONG LANE
TABARD ST
Lambeth North
Pearman Street
Morley Street
Gerridge St
Dodson St
Burdett St
Lancaster Street
King James St
Library St
Stones End St
BOROUGH HIGH ST
NEBRASKA ST
Pilgrimage St
Swan Street
Trinity Street
Trinity Church Sq
Cole Street
St. George's Circus
WESTMINSTER BRIDGE ROAD
BOROUGH ROAD
SOUTHWARK BRIDGE ROAD
GREAT DOVER
Tabard Street
Oakey Lane
King Edward Walk
LAMBETH ROAD
LONDON ROAD
Rotary St
Keyworth Street
Doyle St
South Bank University
NEWINGTON CAUSEWAY
Avon St
HARPER ROAD
Merrick Square
Gladstone Street
ST GEORGE'S ROAD
GARDEN ROW
Imperial War Museum
Geraldine Mary Harmsworth Park
Tiverton St
Bath Terrace
Street
Rockingham
Falmouth Road
Spurgeon St
Burbage Close
Deverell Street
London College of Printing
Elephant & Castle
West Square
Hayles St
Elliot's Row
Meadow Row
Falmouth Rd
Brook Drive
KENNINGTON RD
N
O
P
5
6
7
8
9
10

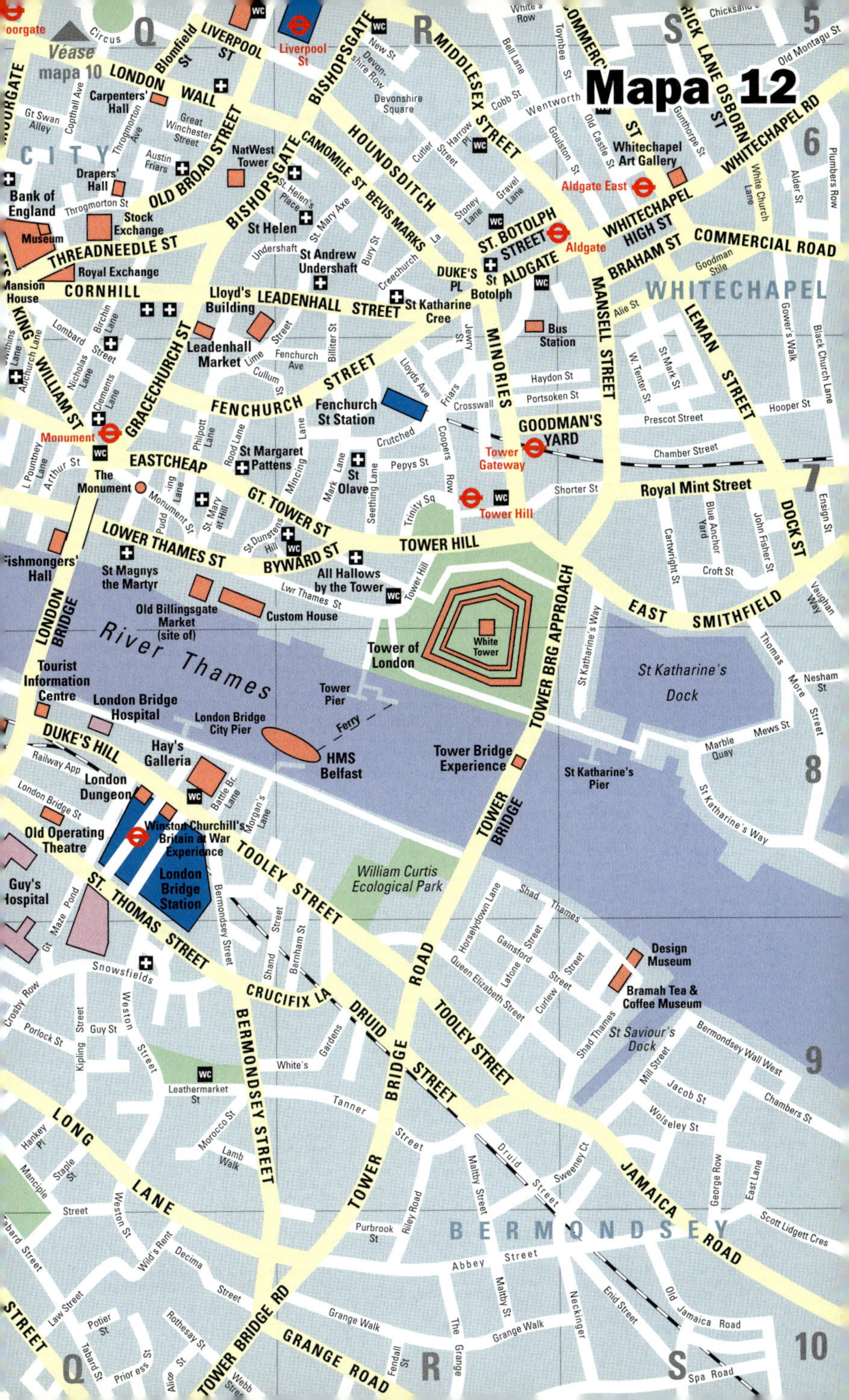

Mapa 12
Véase mapa 10
Liverpool St
Circus
Blomfield St
Liverpool St
London Wall
Carpenters' Hall
Gt Swan Alley
Copthall Ave
Throgmorton Ave
Great Winchester Street
Austin Friars
Drapers' Hall
City
Bank of England
Throgmorton St
Stock Exchange
Old Broad Street
NatWest Tower
Museum
Threadneedle St
Royal Exchange
Mansion House
Cornhill
Bishopsgate
St Helen's Place
St Helen
Camomile St
Bevis Marks
Houndsditch
St Mary Axe
Undershaft
St Andrew Undershaft
Bury St
Creechurch La
Middlesex Street
New St
Devonshire Row
Devonshire Square
Cutler Street
Harrow Pl
Cobb St
Bell Lane
Wentworth
Toynbee St
Goulston St
Gravel Lane
Stoney Lane
St. Botolph Street
Aldgate
Duke's Pl
St Botolph
Aldgate East
Whitechapel Art Gallery
Old Castle St
Gunthorpe St
White Church Lane
Whitechapel Rd
Whitechapel High St
Commercial Road
Braham St
Goodman Stile
Whitechapel
Osborn St
Brick Lane
Old Montagu St
Chicksand
Alder St
Plumbers Row
Leadenhall Street
Lloyd's Building
Leadenhall Market
Lime Street
Fenchurch Ave
Cullum St
Billiter St
St Katharine Cree
Jewry St
Minories
Bus Station
Mansell Street
Alie St
Leman Street
St Mark St
W. Tenter St
Gower's Walk
Black Church Lane
King William St
Lombard Street
Birchin Lane
Nicholas Lane
Abchurch Lane
Clements Lane
Gracechurch St
Fenchurch Street
Fenchurch St Station
Lloyds Ave
Haydon St
Portsoken St
Crosswall
Goodman's Yard
Prescot Street
Hooper St
Chamber Street
Monument
The Monument
Eastcheap
Philpott Lane
Rood Lane
St Margaret Pattens
Mincing Lane
Mark Lane
St Olave
Seething Lane
Crutched
Pepys St
Coopers Row
Tower Gateway
Trinity Sq
Tower Hill
Shorter St
Royal Mint Street
Blue Anchor Yard
John Fisher St
Dock St
Ensign St
Cartwright St
Croft St
Monument St
Pudding Lane
St. Mary at Hill
Gt. Tower St
Byward St
St Dunstan's Hill
Lower Thames St
Tower Hill
All Hallows by the Tower
Fishmongers' Hall
St Magnus the Martyr
Lwr Thames St
Old Billingsgate Market (site of)
Custom House
East Smithfield
Vaughan Way
Thomas More Street
Nesham St
London Bridge
River Thames
Tower of London
White Tower
Tower Brg Approach
St Katharine's Way
St Katharine's Dock
Tourist Information Centre
London Bridge Hospital
Tower Pier
London Bridge City Pier
Ferry
HMS Belfast
Tower Bridge Experience
St Katharine's Pier
Marble Quay
Mews St
Duke's Hill
Railway App
Hay's Galleria
London Dungeon
London Bridge St
Battle Br. Lane
Morgan's Lane
Old Operating Theatre
Winston Churchill's Britain at War Experience
London Bridge Station
Tooley Street
Tower Bridge
Guy's Hospital
St. Thomas Street
Maze Pond
William Curtis Ecological Park
Shad Thames
Horselydown Lane
Gainsford Street
Lafone Street
Queen Elizabeth Street
Curlew Street
Design Museum
Bramah Tea & Coffee Museum
St Saviour's Dock
Bermondsey Wall West
Bermondsey Street
Shand Street
Barnham St
Crucifix La
Snowsfields
Weston Street
Guy St
Kipling Street
Crosby Row
Porlock St
Leathermarket St
White's Grounds
Druid Street
Tower Bridge Road
Mill Street
Jacob St
Chambers St
Wolseley St
Tanner Street
Morocco St
Lamb Walk
Long Lane
Hankey Pl
Staple St
Manciple Street
Maltby Street
Riley Road
Sweeney Ct
Jamaica Road
George Row
East Lane
Scott Lidgett Cres
Bermondsey
Purbrook St
Abbey Street
Neckinger
Enid Street
Old Jamaica Road
Weston St
Wild's Rent
Decima Street
Tabard Street
Law Street
Potier St
Rothesay St
Grange Walk
The Grange
Grange Road
Fendall St
Prioress St
Alice St
Webb St
Spa Road
Q
R
S
5
6
7
8
9
10

Índice de calles

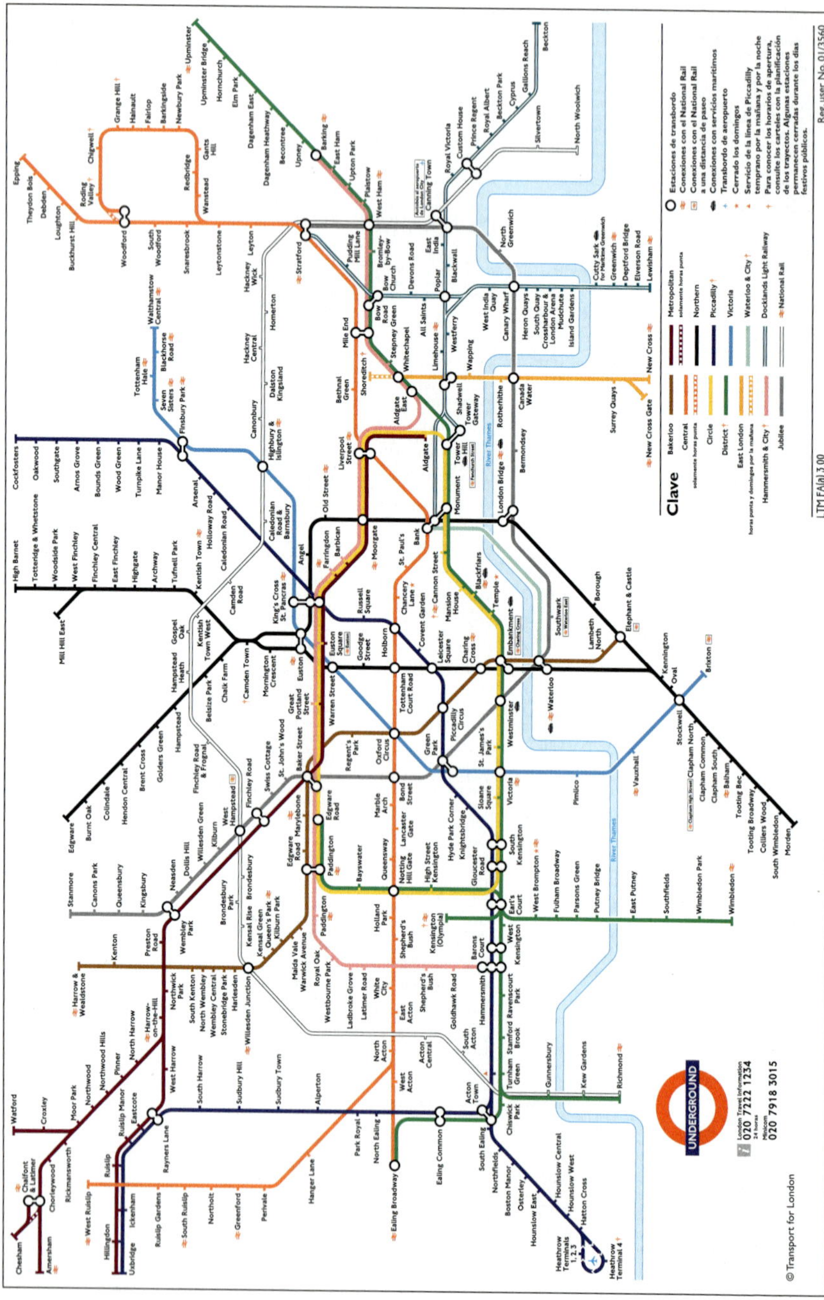
Clave
Bakerloo
Central
solamente horas punta
Circle
District
East London
horas punta y domingos por la mañana
Hammersmith & City
Jubilee
Metropolitan
solamente horas punta
Northern
Piccadilly
Victoria
Waterloo & City
Docklands Light Railway
National Rail
Estaciones de transbordo
Conexiones con el National Rail
Conexiones con el National Rail a una distancia de paseo
Conexiones con servicios marítimos
Transbordo de aeropuerto
Cerrado los domingos
Servicio de la línea de Piccadilly temprano por la mañana y por la noche
Para conocer los horarios de apertura, consulte los carteles con la planificación de los trayectos. Algunas estaciones permanecen cerradas durante los días festivos públicos.
LTM FA(a) 3.00
Reg. user No. 01/3560
UNDERGROUND
London Travel Information
020 7222 1234
24 horas
Minicom
020 7918 3015
© Transport for London